제3판

행정구제법

ADMINISTRATIVE REMEDY LAW

이 영 무

정독
DEEP READING

제3판 머리말

행정구제법 제2판이 출간된 지 3년이 지났다. 그동안 관련 법령의 개정과 더불어 새로운 판례가 다수 형성되었다. 제3판에서는 이러한 내용을 반영하고 기존의 서술 중 부족하다고 여겨지는 부분에 대한 수정·보완이 이루어졌다.

제3판에서 달라진 부분은 다음과 같다.

첫째, 제2편 행정상 쟁송의 목차를 완전히 새롭게 개편하였다. 특히 행정구제법에서 행정소송이 차지하는 역할과 중요성에 상응하여 그 목차를 편/장/절, 관/항/목 순으로 세분하여 독자들이 행정소송의 구조와 체계를 더욱 쉽게 이해할 수 있도록 배려하였다.

둘째, 지난 3년간 새로이 형성된 판례의 내용을 충실히 반영하였다.

셋째, 개정 법령의 내용을 반영하였고, 그밖에도 교재 전부분에 걸쳐 수정·보완이 이루어졌다. 새로이 추가되거나 중점적으로 보완이 이루어진 부분은 '국가배상청구권과 소멸시효', '행정기본법상의 이의신청', '처분의 재심사', '이의신청에 대한 결정', '묵시적 행정처분', '외국인의 원고적격', '취소소송의 관할', '위법판단의 기준시', '공법상 계약에 관한 소송' 등이다.

법령이란 시대의 변화와 필요에 따라 제정·개정되어야 하고, 법령 및 판례의 체계적 해설을 본질로 하는 법서도 그에 부응해야 하는 만큼 법서에 있어서의 완성은 있을 수가 없다. 능력과 시간의 부족으로 제3판에서도 아직 부족하게 여겨지는 부분이 적지 않지만, 그러한 부분은 향후 개정을 통하여 보완할 생각이다. 독자와 선배 제현들의 많은 조언과 비판을 기대한다.

2024년 8월

이영무 씀

제2판 머리말

행정구제법 제1판이 출간된 지 2년이 지났다. 그동안 행정기본법의 제정과 더불어 다수의 행정관련 법령의 개정이 이루어졌다. 아울러 새로운 판례가 다수 형성되었다. 이러한 점을 본서의 내용에 반영하고, 아울러 이 기회에 기존 서술 내용 중 부족하다고 여겨지는 부분을 보완하기로 하였다.

제2판에서 달라진 점은 다음과 같다.

첫째, 지난 2년간 새로이 형성된 판례의 내용을 교재에 반영하였다. 아울러 제1판에서 누락된 기존의 주요 판례를 보충하였다. 법학전문대학원에서의 교육은 주로 판례 위주로 이루어지고 있는 만큼 주요 판례의 동향을 수시로 교재에 반영하는 것은 필요불가결한 작업이라고 할 수 있다.

둘째, 행정기본법이 2021. 3. 23. 제정되었다. 행정기본법은 주로 통설과 기존 판례의 내용을 입법화한 것이 대부분을 차지한다고 볼 수도 있으나, 향후 행정 법령의 해석·적용과 관련하여 새로운 지평을 열게 될 것으로 보인다. 제2판에서는 이러한 행정기본법의 내용 중 행정구제와 관련된 부분을 최대한 반영하도록 노력하였다.

셋째, 제3장 행정상의 손실보상에서 '제5절 공용수용의 절차'를 새로이 추가하였다. 공용수용의 절차는 통상 행정법각론에서 다루는 것이 보통이기는 하지만, 그에 대한 선행 이해가 없이는 행정상 손실보상에 관련된 불복 구제절차를 제대로 이해하기가 곤란하다는 판단이 들었기 때문이다.

넷째, 그 밖에도 교재 전부분에 걸쳐 부분적으로 수정·보완·가필이 이루어졌다.

이번 개정으로 인하여 본서는 제1판에 비해 내용이 풍부해짐과 더불어 질적으로도 완성도가 더욱 높아졌다고 자부할 수 있다. 이 책을 가지고 강의를 듣는 학생들에게 한 차원 높은 이해와 학습의 편의를 제공할 수 있게 된 것을 기쁘게 생각한다.

2021년 8월

이영무 씀

머리말

현대 복지국가의 출현과 더불어 국민의 행정에 대한 의존도는 날로 심화되고 있다. 폭증하는 행정수요에 부응하기 위해서는 행정권의 확대·강화가 불가피하고, 그 결과 행정권의 행사에 의해 국민의 권익이 침해되는 경우도 현저하게 증대되고 있다. 행정구제법은 행정권의 행사 또는 불행사로 인하여 국민의 권익이 침해되었을 경우의 구제방안을 고찰하는 법이라고 할 수 있다.

행정구제법은 일차적으로 개인의 권익구제를 목표로 하지만, 나아가 가장 효율적인 행정통제수단으로서의 역할도 수행하고 있다. 행정구제 제도의 완비와 그 원활한 작동은 오늘날 법치국가 원리의 실현에 있어서 가장 중요한 요소가 되고 있다. 행정법학의 내용 중에서 행정구제법의 중요성은 행정법총론에 못지않다고 할 수 있다.

행정구제의 방법으로는 먼저 금전에 의한 전보와 위법·부당한 행정작용을 시정시켜 주는 방식을 상정할 수 있다. 전자를 행정상 손해전보라고 하는데 그 구체적인 제도로는 행정상 손해배상 및 행정상 손실보상이 있다. 후자의 경우 이를 행정상 쟁송이라고 하는데 구체적인 제도로는 행정심판 및 행정소송이 존재한다. 그 밖에 오늘날 행정구제 수단으로서 위헌법률심사 및 헌법소원제도 등의 역할이 날로 증대되고 있다.

현재 행정구제법이라는 형식의 단행 법률은 없다. 행정구제에 관한 대표적인 법률로는 '국가배상법', '공익사업을 위한 토지 등의 취득 및 보상에 관한 법률', '행정심판법', '행정소송법'을 들 수 있다. 앞의 2개 법률은 행정상 손해전보에, 뒤의 2개 법률은 행정상 쟁송에 관련된 법률이다.

이 책의 특징을 몇 가지 나열하면 다음과 같다.

첫째, 본서는 위 4개 법률의 해석·적용에 관련된 주요 쟁점을 빠뜨리지 않고 분석하여 기술하는 것을 목표로 하였다. 모든 법학이론이 어렵기는 마찬가지이지만, 행정구제법의 경우 그 이해를 위해서는 행정법총론뿐만 아니라 소송법에 관한 지식까지 필요하여 그 공부가 쉽지 않다. 때문에 행정구제법과 관련된 여러 법적 쟁점을 되도록이면 쉽고 평이하게 서술하려고 노력하였지만, 그러한 목적이 얼마나 달성되었는지는 독자가 판단할 몫이다.

둘째, 이 책은 일차적으로는 법학전문대학원 학생들의 강의교재로 사용할 목적으로 저술되었지만, 나아가 법조 실무가들의 참고자료로도 활용될 수 있도록 배려하였다. 그리하여 행정구제법에 관련된 이론적 분석뿐만 아니라 주문기재 방식, 헌법소송을 통한 행정구제 등 실무적 유용성에도 관심을 가지고 기술하였다.

셋째, 추상적인 이론만으로는 행정구제법을 체계적이고도 입체적으로 이해하기 어렵다. 그리하여 이론과 관련된 중요판례를 되도록이면 풍부하게 제시하려고 노력하였다. 그 결과 따로 행정판례집을 찾아보지 않아도 이 교재에 제시된 판례만으로도 행정구제와 관련된 판례를 대부분 숙지하는데 지장이 없도록 하였다.

넷째, 본문 내용에 대한 이해를 돕고, 아울러 사례형 시험문제에 대한 감각을 키워주기 위하여 각종 국가고시의 사례형 문제를 이론의 해당 부분에 적시하였다. 이는 시험대비뿐만이 아니라 해당 이론을 더 깊이 있게 이해하는 데에도 도움을 줄 것이라고 생각한다.

이 책은 원래 법학전문대학원 학생들에 대한 강의안으로 사용되던 것을 토대로 하여 저술된 것이다. 대부분의 내용은 선배 학자들의 주장과 학설·판례를 정리한 것에 불과하고, 필자의 독자적인 견해는 미미하다. 부족한 부분은 차후 더욱 연구에 정진하여 보완할 생각이다. 독자들 및 선배 제현들의 기탄없는 조언과 비판을 기대한다.

2019년 8월

이영무 씀

차 례

제1편 행정상 손해전보

제 3 편 그 밖의 행정구제 수단

제1편
행정상 손해전보

1장

개 설

행정상의 손해전보(損害塡補)라 함은 행정작용으로 인하여 국민들에게 발생한 손해를 보전하여 주는 것을 총칭하는 개념이다. 이에는 위법행위로 인하여 발생한 손해를 보전해 주는 행정상 손해배상과 적법행위로 인하여 발생한 손실을 보전해 주는 행정상 손실보상이 있다.

행정상 손해배상은 민법상의 손해배상과 마찬가지로 개인주의적 사상 및 과실책임주의를 기초로 하여 성립·발전한 것이다. 반면에 행정상 손실보상은 단체주의적 사상을 기초로 하고 사회적 공평부담이라는 이념의 실현을 위하여 발전한 것이다. 법치국가에 있어서 위법침해는 제거되어야 하지만, 적법침해는 이를 수인하여야 하는 것이므로 양 제도의 차이를 무시할 수는 없다.[1] 그리하여 우리의 실정법과 판례(대법원 2001. 9. 4. 선고 99두11080 판결)도 양자를 구분하고 있다.

그렇지만 행정상 손해배상과 행정상 손실보상은 i) 행정작용으로 인하여 개인이 입은 특별한 손해에 대한 전보, 즉 피해자구제를 목적으로 하는 점에서 공통의 성격을 지닌다는 점, ii) 위와 같이 피해자에게 발생한 손해전보라는 관점에서 고찰하면 가해행위의 적법·위법은 물론 과실의 유무는 크게 문제되지 않는다는 점, iii) 오늘날 과실의 객관화, 위험책임의 법리의 등장 등으로 인하여 과실책임주의 원칙이 수정되고 있다는 점, iv) 수용유사침해, 수용적 침해와 같이 행정상 손해배상과 손실보상 이론만으로는 구제가 쉽지 아니한 한계영역이 대두되고 그에 대한 구제를 도모할 필요성이 있다는 점 등으로 인하여 상호접근 및 융합 현상을 보이고 있다.

그리하여 오늘날에 있어서는 '공적 부담 앞의 평등'이라는 공통의 이념 하에서, 행정상 손해배상과 손실보상 양자를 통합하여 국가보상법 또는 국가책임법이라는 체계를 형성하려는 경향이 나타나고 있다.

1) 김철용, 행정법 I (제13판), 2010, 481면.

2장

행정상의 손해배상

제1절 국가배상법 제2조에 기한 배상책임

제1관 서 론

Ⅰ. 의 의

헌법 제29조 제1항은 “공무원의 직무상 불법행위로 손해를 받은 국민은 법률이 정하는 바에 의하여 국가 또는 공공단체에 정당한 배상을 청구할 수 있다”고 규정하고 있다.

이에 따라 제정된 국가배상법 제2조 제1항은 국가 또는 지방자치단체의 공무원이 그 직무를 집행하면서 고의 또는 과실로 법령을 위반하여 타인에게 손해를 입힌 때에 국가 또는 지방자치단체로 하여금 그 손해를 배상하도록 규정하고 있다. 이하에서는 국가배상법의 위 규정을 중심으로 국가배상책임의 요건 및 기타 쟁점에 대하여 알아보기로 한다.

Ⅱ. 국가배상 책임의 성질

1. 의 의

공무원이 직무상 불법행위를 저지른 경우에 그 공무원이 소속된 국가 또는 지방자치단체가 왜 배상책임을 져야 하는지가 문제된다. 이것이 국가배상책임의 성질에 관한 논의인바, 그에 관하여 어떠한 입장을 취하느냐에 따라 국가배상법상의 여러 쟁점에 대한 해석에 있어 차이가 생기게 된다.

2. 대위책임설

국가배상의 대상이 되는 손해는 공무원의 과실에 의해 야기된 것이므로 과실을 범한 공무원이 배상책임을 져야 하는 것이지만, 공무원에게 자력(資力)이 없는 경우가 적지 아니하므로 피해자의 구제를 위하여 국가가 공무원에 대신하여 책임을 지는 것으로 보는 견해이다.

이 학설은 ⅰ) 국가배상법 제2조 제1항이 공무원 자신의 불법행위책임이 성립하는 것을 그 전제로 하고 있다는 점, ⅱ) 국가·지방자치단체의 가해 공무원에 대한 구상권이 인정되고 있다는 점 등을 그 논거로 든다.[1)]

3. 자기책임설

가. 기관이론에 입각한 견해

① 전통적 입장: 국가는 기관인 공무원을 통하여 행위를 하는 것이므로 그로 인한 효과는 위법·적법을 불문하고 국가에 귀속되어야 한다는 것에 논거를 둔 견해이다.

이에 대해서는 공무원의 위법행위가 고의·중과실에 기인한 경우에도 이를 기관행위로 보는 것은 타당하지 않으며 이론적 조작에 불과하다는 비판이 제기된다.

② 새로운 입장: 공무원이 직무수행상 경과실로 타인에게 손해를 입힌 경우에 당해 공무원의 행위는 국가 등의 기관행위로 볼 수 있으므로 그 행위의 효과는 국가에 귀속되어 국가가 배상책임을 지는 것이다. 따라서 이 경우에 국가의 배상책임은 국가의 자기책임이다. 한편 공무원의 위법행위가 고의·중과실에 기인하는 것인 때에는 당해 공무원의 행위는 기관행위로서의 품격을 상실하는 것이므로 공무원 개인의 책임만이 문제되는 것이다. 하지만 그 경우에도 당해 공무원의 불법행위가 직무와 무관하지 않는 한 직무행위로서의 외형을 갖추게 되는 것이므로, 피해자와의 관계에서는 당해 행위도 국가기관의 행위로 인정하여 국가의 자기책임을 인정할 수 있다고 보는 견해이다.[2)]

나. 위험책임설에 입각한 견해

공무원의 직무집행행위는 국민에게 손해를 야기할 위험성을 항상 내포하고 있다. 그런데 국가는 위와 같은 위험성이 있는 행정권을 공무원에게 부여하였으므로, 그러한 행정

1) 홍정선, 행정법원론(상)(제19판), 2011, 701면.

2) 김동희, 행정법 I (제14판), 2008, 530면; 박균성, 행정법론(상)(제10판), 2011, 705-706면.

권이 잘못 행사되어 초래된 손해에 대하여도 책임을 져야 한다는 이론이다.

이 견해는 국가배상법의 장래의 발전방향을 제시하고 있다는 점에서 그 의미가 크다고 할 것이나, 위법·과실을 그 성립요건으로 하고 있는 현행 국가배상법에 관한 이론으로는 문제가 있다.

4. 절충설

공무원의 직무수행상의 불법행위가 경과실에 기인한 경우에는 당해 공무원의 행위는 국가 등의 기관행위로 볼 수 있으므로 이 경우에 국가의 배상책임은 국가의 자기책임이다.

그러나 공무원의 불법행위가 고의·중과실에 기인하는 것인 때에는 당해 공무원의 행위는 기관행위로서의 품격을 상실하고 공무원 개인의 불법행위로 보아야 하며 원칙상 공무원 개인이 배상책임을 지는 것으로 보아야 한다. 그런데 이 경우 공무원에게는 자력(資力)이 없는 경우가 있으므로 국가배상법은 배상자력이 충분한 국가 등이 대신 배상책임을 지도록 하여 피해자구제를 충실히 하고자 하는 것이므로 이 경우 국가의 배상책임은 대위책임이라는 견해이다.

다소 이견이 있을 수는 있지만 판례는 절충설을 취한 것으로 이해된다(대법원 1996. 2. 15. 선고 95다38677 전원합의체 판결).

제2관 국가배상책임의 성립요건

Ⅰ. 공무원

1. 공무원의 개념

국가배상법 제2조의 '공무원'은 국가공무원법 또는 지방공무원법상의 공무원뿐만 아니라 공무수탁사인 등 널리 공무를 위탁받아 실질적으로 공무에 종사하는 모든 자를 포함한다. 아울러 그러한 공무의 위탁이 일시적이고 한정적인 사항에 관한 활동을 위한 것이어도 달리 볼 것은 아니다.

여기에서 공무원이 반드시 특정되어야 하는지가 문제되는바, 가해 공무원이 반드시 특정될 필요는 없다는 것이 오늘날의 일반적인 견해이다. 따라서 다수의 공무원을 거친 사무처리로 손해가 발생한 경우, 누구인지 특정할 수는 없지만 다수의 경찰공무원에 의한 최루탄 발사로 인한 사망의 경우 등에도 국가배상책임이 성립한다.[3)]

2. 행정기관이 국가배상법 제2조의 공무원이 될 수 있는지 여부

행정기관이 국가배상법 제2조의 공무원이 될 수 있는지 여부에 관하여는 다음과 같이 학설의 대립이 있다.

가. 긍정설

긍정설은 국회, 합의제 행정기관 등 기관의 불법행위가 문제되는 경우가 있고 이 경우에는 기관 자체를 국가배상법 제2조 소정의 공무원으로 보는 것이 타당하다는 견해,[4)] 기관과 기관구성자는 구별되어야 하므로 널리 사인의 권리구제 범위를 넓힌다는 의미에서 긍정설을 취하는 것이 타당하다는 견해[5)] 등이 있다. 국가배상책임의 성질에 관하여 자기책임설을 취하는 입장에서는 불법행위를 행하는 공무원은 기관 내지는 공무수행자로서의 공무원을 의미한다고 보는 것이 논리적이라는 점에서 긍정설의 입장에 선다.

나. 부정설

이 견해는 국가배상법 제2조 소정의 공무원은 실제로 공무를 수행하는 자(자연인)를 의미하며, 행정기관은 여기에서 제외된다고 보는 입장이다. 합의제 행정청의 의사는 비록 당해 행정청의 이름으로 대외적으로 표시되기는 하지만 그 의사결정을 한 것은 개개의 공무원이므로, 기관 자체를 공무원에 포함시킬 것은 아니라는 것이다.[6)] 국가배상책임의 성질에 관하여 대위책임설을 취하는 입장에서는 공무원의 개인책임을 전제로 국가배상책임을 인정하므로 실제로 불법행위를 행하는 자로서의 공무원은 자연인인 개인으로서의 공무원을 말한다고 보는 것이 논리적이라는 점에서 부정설의 입장에 선다. 판례는 부정설의 입장이라고 할 수 있다(대법원 2010. 1. 28. 선고 2007다82950, 82967 판결).

3. 공무수탁사인

국가배상법이 2009. 10. 21. 법률 제9803호로 개정되면서 공무원 외에 ‘공무를 위탁받은

3) 김철용, 행정법 I (제13판), 2010, 487면.
4) 박균성, 앞의 책, 690면.
5) 김철용, 앞의 책, 488면.
6) 박윤흔·정형근, 최신 행정법강의(상)(개정30판), 2009, 596면.

사인'의 행위로 인한 손해에 대해서도 국가배상책임을 인정하고 있다.[7] 여기서 국가배상법에서의 '공무를 위탁받은 사인'이 무엇을 의미하는가에 대하여는 학설의 대립이 있다.

가. 보조위탁이라는 견해

강학상 공무수탁사인이란 공행정사무를 위탁받아 이를 자신의 이름으로 처리하는 권한을 가지고 있는 행정주체인 사인을 말한다. 이 학설은 국가배상법 제2조 제1항의 '공무를 위탁받은 사인'은 위와 같이 독립적인 지위를 가지는 강학상의(협의의) 공무수탁사인이 아니라, 행정보조인·행정대행자와 같이 사인이 행정기관의 지시를 받아 보조적인 임무를 수행하는데 그치는 경우만을 의미하는 것으로 파악하는 견해이다.[8]

이 견해는 협의의 공무수탁사인은 행정주체이므로 스스로가 배상책임을 지면되고, 따로 국가의 배상책임을 인정할 필요가 없다고 본다. 만약 국가배상책임을 인정할 경우, 책임의 대부분을 차지하는 경과실의 경우에 협의의 공무수탁사인은 피해자에 대한 배상책임 및 국가에 대한 구상책임을 모두 면제받게 되는 불합리한 결과를 초래하게 된다는 것이다.

나. 협의의 공무수탁사인이라는 견해

공무원과 병렬적으로 '공무를 위탁받은 사인'이 규정되어 있는 법문의 구조 및 문리해석상 '공무를 위탁받은 사인'은 강학상의(협의의) 공무수탁사인을 의미하는 것으로 파악할 수밖에 없다는 견해이다. 즉 '공무를 위탁받은 사인'을 보조위탁 등의 경우만을 의미한다고 해석하는 것은 아무리 목적론적인 고려를 한다고 하더라도 이미 해석의 범위를 벗어났다는 것이다.

이 견해에 따르면 협의의 공무수탁사인은 '공무를 위탁받은 사인'에, 행정보조인·행정대행자는 '공무원'의 개념에 포섭되어 각각 국가배상책임이 성립하게 된다.[9]

다. 자연인·법인 구분설

과거 국가배상책임이 인정되었던 '공무를 위탁받은 사인'을 구체적으로 살펴보면, 통

---

7) 국가배상법 제2조(배상책임) ① 국가나 지방자치단체는 공무원 또는 공무를 위탁받은 사인(이하 "공무원"이라 한다)이 직무를 집행하면서 고의 또는 과실로 법령을 위반하여 타인에게 손해를 입히거나, 자동차손해배상 보장법에 따라 손해배상의 책임이 있을 때에는 이 법에 따라 그 손해를 배상하여야 한다.

8) 박균성, 앞의 책, 697면.

9) 이상천, "국가배상법 제2조 제1항의 입법론상 문제점", 행정법연구 제26호, 2010. 4, 238-239면.

장(대법원 1991. 7. 9. 선고 91다5570 판결), 청원경찰(대법원 1993. 7. 13. 선고 92다47564 판결),[10] 교통봉사할아버지(대법원 2001. 1. 5. 선고 98다39060 판결) 등과 같이 국가가 배상하지 않으면 피해자가 손해를 배상받을 가능성이 의문시되는 자연인들이었다. 따라서 국가배상법 제2조 제1항의 '공무를 위탁받은 사인'에 포함되는 공무수탁사인은 법인이 아닌 자연인에 해당하는 사람만을 지칭하는 것으로 해석하여야 한다는 견해이다.

즉 이 학설은 먼저 공무수탁사인이 자연인에 해당하는 경우에는 그 변제자력이 없거나 부족할 우려가 있으므로 피해자를 두텁게 보호한다는 측면에서 국가나 지방자치단체가 배상책임을 지는 것이 타당하다고 본다. 다음으로 독자적인 법인격을 가지고 활동하는 법인은 스스로의 행위에 대하여 자기책임을 져야 하는 것이 원칙이고 아울러 변제자력이 부족할 우려가 없으므로, 공무수탁사인이 법인인 경우에까지 국가 또는 지방자치단체가 배상책임을 지는 것은 부당하고 이 경우에는 공무수탁사인이 배상책임을 져야 한다는 것이다.[11]

라. 평 가

법문의 구조 및 문리해석상 보조위탁이라는 견해와 자연인·법인 구분설은 받아들이기 어렵다. 일응 둘째 견해가 타당하다. 다만 행정보조인·행정대행자를 굳이 '공무원'의 개념에 포섭하여 국가배상책임을 인정할 필요는 없다고 생각된다. 현행 국가배상법의 문리해석상 '공무를 위탁받은 사인'은 협의의 공무수탁사인과 행정보조인·행정대행자를 모두 포괄하는 개념으로 보는 것이 타당하다.

한편 판례는 보조위탁설의 입장을 취하고 있는 것으로 보여진다(대법원 2010. 1. 28. 선고 2007다82950,82967 판결: 자세한 내용은 '제3관 공무원의 배상책임' 부분을 참고하기 바람).

II. 직무행위

1. 직무행위의 범위

국가배상법 제2조가 적용되는 직무행위에 관하여, 판례 및 다수설은 공권력행사 외에 비권력적 공행정작용(관리작용)을 포함하는 모든 공행정작용을 의미한다고 본다. 따라서

---

10) 국가기관이나 지방자치단체에 근무하는 청원경찰에 한한다.
청원경찰법 제10조의2(청원경찰의 불법행위에 대한 배상책임) 청원경찰(국가기관이나 지방자치단체에 근무하는 청원경찰은 제외한다)의 직무상 불법행위에 대한 배상책임에 관하여는 민법의 규정을 따른다.

11) 정형근, "공행정을 수행하는 사인의 법적 지위", 경희법학 제45권 제2호, 2010, 164-165면.

국가 또는 공공단체라 할지라도 공권력의 행사가 아니고 순전히 대등한 지위에서 사경제의 주체로 활동하였을 경우에는 그 손해배상의 책임에 국가배상법의 규정이 적용될 수 없고 민법이 적용된다(대법원 1969. 4. 22. 선고 68다2225 판결).

이에 대하여 소수설은 국가배상법 제2조 제1항의 '직무행위'는 공행정작용뿐만 아니라 사경제적 작용까지를 포함한 모든 국가작용을 의미한다고 한다.

양 설의 차이는 사경제적 작용에 의한 손해의 배상에 국가배상법을 적용할 것인가, 아니면 사용자책임에 관한 민법 제756조를 적용할 것인가에 있다.

양 설은 여러 가지 논거를 갖고 있지만 본질적인 것은 국가배상책임을 공법상의 책임으로 볼 것인가, 아니면 사법상의 책임으로 볼 것인가라는 국가배상책임의 법적 성격에 대한 견해의 차이에 있다.[12] 향후 당사자소송이 활성화될 것이 기대되며 국가배상소송은 당사자소송의 일종으로 규율되는 것이 타당하다는 측면에서 국가배상책임은 사경제적 작용을 제외한 공행정작용만으로 보는 것이 타당하다고 생각된다.

2. 직무행위의 내용

가. 행정작용의 경우

국가배상의 대상이 되는 직무행위는 대부분 행정작용의 영역에서 행하여진다. 법률행위적 행정행위, 준법률행위적 행정행위와 같은 법적 행위뿐만 아니라 사실행위, 부작위(거부행위 포함) 등을 가리지 아니한다. 이하에서 구체적으로 문제가 되는 경우를 살펴보기로 한다.

(1) 부작위

행정권한의 불행사, 즉 부작위도 직무행위의 내용에 당연히 포함된다. 다만 부작위가 위법성을 띠기 위해서는 행정기관의 사인에 대한 작위의무가 있어야 한다. 작위의무는 법령에 명시적으로 규정되어 있는 경우에는 당연히 인정되지만, 일정한 경우 조리에 의해서도 인정될 수 있다(자세한 내용은 Ⅴ. 법령위반 중의 '3. 부작위에 의한 국가배상책임'을 참고하기 바람).

(2) 준법률행위적 행정행위

준법률행위적 행정행위가 손해발생의 원인행위가 되는 경우는 많지 않다. 그러나 허위의 인감증명서 발급과 같이 준법률행위적 행정행위가 손해발생의 원인행위가 되는 경

12) 박균성, 앞의 책, 711면.

우도 종종 발생한다(대법원 1991. 7. 9. 선고 91다5570 판결; 대법원 1995. 8. 22. 선고 94다50328 판결 등).

판례

가. 동사무소 주민등록업무 담당공무원이 우송되어 온 주민등록표가 용지의 마멸 훼손상태, 정정방법, 기재내용 등이 비정상적이어서 위조의 의심이 있는데도 전주거지에 확인하여 보는 등의 조치를 취하지 아니한 채 접수한 잘못과 통장이 실전입 여부도 확인함이 없이 전입신고서에 날인하여 준 잘못으로 말미암아 동사무소에 허무인의 주민등록표와 인감대장이 비치되고, 그로 인하여 허위의 주민등록표와 인감증명서가 발급되어 무효인 근저당권 설정등기 등이 경료됨으로써 이를 믿고 물품을 외상판매한 피해자에 대하여 지방자치단체(서울특별시 종로구)에게 국가배상법 제2조 소정의 손해배상책임이 있다고 본 사례

나. 공무원의 직무상 과실로 허위의 주민등록표와 인감대장이 비치된 결과 허위의 인감증명서가 발급됨으로써 불실의 근저당권설정등기를 마친 저당권자가 그 저당권의 불성립으로 손해를 입었다면 공무원의 그와 같은 직무상 과실과 그와 같은 손해 사이에는 상당인과관계가 있다(대법원 1991. 7. 9. 선고 91다5570 판결).

(3) 통치행위

통치행위에 대하여 국가배상을 인정하기 위해서는 그 위법성을 판단하여야 하는데, 통치행위는 사법적 통제 밖에 놓여 있는 것이므로 직무행위에는 해당되지 않는다고 보는 것이 일반적이다.[13] 판례는 과거 이러한 입장을 취하고 있었던 것으로 보여진다(대법원 2015. 3. 26. 선고 2012다48824 판결).

그런데 통치행위 이론은 역사적으로 볼 때 행정소송(항고소송)의 한계이론으로 출발한 것이다. 따라서 통치행위가 위법하다고 할지라도 그 행위 자체의 시정을 구하는 소송은 허용되지 않지만, 행위 자체의 시정을 구하는 것이 아니라 그로 인한 손해의 배상만을 구하는 국가배상청구는 행위 자체를 다투는 것이 아니므로 가능하다고 보아야 한다는 견해도 있다.[14] 이 견해가 타당하다.

판례

긴급조치 제9호가 사후적으로 법원에서 위헌·무효로 선언되었다고 하더라도, 유신헌법에 근거한 대통령의 긴급조치권 행사는 고도의 정치성을 띤 국가행위로서 대통령은 국가긴급권의 행사에

13) 홍정선, 앞의 책, 673면; 박균성, 앞의 책, 33면; 박윤흔·정형근, 앞의 책, 600면 등.
14) 김유환, 현대 행정법강의, 2016, 8면.

관하여 원칙적으로 국민 전체에 대한 관계에서 정치적 책임을 질 뿐 국민 개개인의 권리에 대응하여 법적 의무를 지는 것은 아니므로, 대통령의 이러한 권력행사가 국민 개개인에 대한 관계에서 민사상 불법행위를 구성한다고는 볼 수 없다(대법원 2015. 3. 26. 선고 2012다48824 판결): <해설> 대통령에 의한 긴급조치의 발령이 고도의 정치성을 띤 국가행위라는 이유로 그 직무행위성을 부정한 판례의 태도는 다음과 같은 이유에서 타당하지 않다. i) 대통령의 직무행위는 대부분 고도의 정치적 성격을 지니기 마련이다. 위 판례에 따르면 대통령의 거의 모든 직무행위에 대하여 국가배상책임을 추궁하기 어렵게 만드는 결과를 초래할 우려가 있다. 오늘날의 법치국가에서 '왕은 불법을 저지르지 않는다'는 고색창연한 논리가 더 이상 통용될 수는 없는 것이다. ii) 긴급조치의 발령은 입법작용으로서의 성질을 가진다고 볼 수 있다.[15] 따라서 긴급조치의 발령에 따른 국가배상책임의 성립 여부는 통상의 입법행위의 경우와 다르게 규율될 이유가 없다. 그런데 입법행위라고 할지라도 그 입법내용이 헌법의 문언에 명백히 위배됨에도 불구하고 굳이 당해 입법을 한 것과 같은 특수한 경우에는 국가배상법 제2조 제1항 소정의 위법행위에 해당하게 된다는 것이 판례의 태도이다(대법원 2008. 5. 29. 선고 2004다33469 판결 참고). 따라서 그 직무행위성을 인정하는 것이 타당하다.

아울러 당시 (박정희) 대통령은 긴급조치가 유신헌법이 정한 발동요건에도 맞지 않고 국민들의 기본권을 심각하게 침해하는 것임을 알면서도, 유신체제에 대한 국민적 저항을 탄압하기 위해 이를 발령한 것이 명백하므로, 그 발령에 있어서의 고의·과실 또한 인정된다고 보아야 한다.

그리하여 위 판례는 대법원 2022. 8. 30. 선고 2018다212610 전원합의체 판결에 의하여 사실상 폐기되었다고 할 것이다.

(4) 사실행위

행정상의 사실행위도 직무행위에 당연히 포함된다. 사실행위는 양적으로 볼 때 행정기관의 행위의 대부분을 차지한다. 그런데 사실행위가 항고소송의 대상이 되는 경우는 매

15) 대법원은 유신헌법에 근거한 대통령의 긴급조치는 국회의 승인이나 동의를 요하는 등과 같은 입법권 행사라는 실질을 전혀 가지지 못한 것으로서 '법률'에 해당한다고 볼 수 없어 그 위헌 여부에 대한 심사권은 최종적으로 대법원에 속한다고 보고 있다(대법원 2010. 12. 16. 선고 2010도5986 전원합의체 판결). 한편 헌법재판소는 유신헌법 하의 긴급조치들에 대하여 최소한 법률과 동일한 효력을 가지는 것으로 보면서, 그에 대한 위 헌여부 심사권한도 헌법재판소에 전속한다고 판시하고 있다(헌법재판소 2013. 3. 21. 선고 2010헌바70, 132, 170(병합) 전원재판부).
대법원은 긴급조치를 법규명령에 불과한 것으로 보고 있고, 헌법재판소는 긴급조치에 대하여 법률과 동일한 효력이 있는 것으로 보고 있는바, 그 어떤 입장을 취하건 긴급조치가 법령에 해당한다는 것은 동일하다.

우 제한적이므로, 국가배상이야말로 사실행위에 대하여 가장 실효성있는 구제수단으로 작용하고 있다.

(5) 위헌 법령의 집행

행정기관이 위헌 법령을 집행하는 것도 직무행위에 해당된다. 다만 공무원에게는 법령의 위헌 여부를 심사할 권한이 없으므로, 헌법재판소의 위헌결정이 있기 전에 당해 법령을 집행한 공무원에게 과실을 인정하기는 어렵다고 할 것이다.

나. 입법작용의 경우

(1) 의 의

입법은 협의로는 법률의 제정·개정만을 의미하지만, 광의로는 법규명령, 조례 등 행정입법의 제정·개정까지도 포함한다. 그런데 입법작용으로 인한 국가배상책임을 논함에 있어서는 협의의 입법, 즉 법률의 제정·개정과 광의의 입법인 행정입법의 제정·개정을 구별하는 것이 타당하다. 후자는 사실상 행정기관이 행하는 행정작용에 가깝기 때문이다.

(2) 위법 및 과실

입법작용의 위법에 대해서는 법률의 위헌을 국가배상법상의 위법으로 보는 견해와, 입법과정에서 국회(국회의원)가 지는 국민에 대한 직무상 의무의 위반을 위법으로 보는 견해가 있다. 후자의 견해를 취하는 경우 위법과 과실은 동시에 판단된다.[16] 판례는 후자의 입장을 취하고 있는 것으로 보여진다(대법원 1997. 6. 13. 선고 96다56115 판결; 대법원 2008. 5. 29. 선고 2004다33469 판결).

입법작용으로 인한 국가배상책임에 있어서는 국회의원 개개인의 입법활동상의 위법 및 과실이 문제되는 것이 아니라, 합의체로서의 국회의 입법활동상의 위법 및 과실이 문제된다. 다만 국회 및 국회의원의 입법권 내지 입법형성의 자유를 고려할 때, 입법작용으로 인한 국가배상책임에서 그 과실을 인정하는 것에는 어려움이 있을 것이다.[17]

(3) 입법행위가 위법행위에 해당하는 경우

(가) 국회의 입법: 국회의원의 입법행위는 그 입법 내용이 헌법의 문언에 명백히 위배됨

16) 박균성, 앞의 책, 713면.
17) 박균성, 앞의 책, 714면; 석종현·송동수, 일반행정법(상)(제14판), 2013, 592면.

에도 불구하고 국회가 굳이 당해 입법을 한 것과 같은 특수한 경우가 아닌 한 국가배상법 제2조 제1항 소정의 위법행위에 해당한다고 볼 수 없다는 것이 판례의 태도이다(대법원 2008. 5. 29. 선고 2004다33469 판결 등).

(나) 행정기관의 행정입법: 행정기관이 명백히 헌법이나 법률에 위반되는 내용의 법규명령을 제정하는 경우 이는 국가배상법 제2조 제1항 소정의 위법행위에 해당한다.

한편 행정입법은 법률에서 구체적으로 범위를 정하여 위임받은 사항에 대해서만 허용되므로, 광범위한 형성의 자유가 허용된 국회의 입법행위보다는 그 위법성이 쉽게 인정될 수 있다. 즉 법규명령이 수권의 범위를 일탈하여 제정된 경우 등에는 원칙적으로 위법성을 인정할 수 있을 것이다.

(다) 집행행위와의 관계: 위법한 처분적 법령이 제정된 경우에는 바로 국가배상책임을 인정할 수 있을 것이다. 처분적 법령이 아닌 단순 입법행위의 경우, 현실적으로는 입법행위와 그에 따른 일련의 집행행위가 함께 포함되어 불법행위를 구성하게 될 것이다.

(4) 입법부작위가 위법행위에 해당하는 경우

(가) 국회의 입법부작위: 판례는 국회가 일정한 사항에 관하여 헌법에 의하여 부과되는 구체적인 입법의무를 부담하고 있음에도 불구하고 그 입법에 필요한 상당한 기간이 경과하도록 고의 또는 과실로 이러한 입법의무를 이행하지 아니하는 등 극히 예외적인 사정이 인정되는 사안에 한정하여 국가배상법 소정의 배상책임이 인정될 수 있으며, 위와 같은 구체적인 입법의무 자체가 인정되지 않는 경우에는 애당초 부작위로 인한 불법행위가 성립할 여지가 없다고 본다(대법원 2008. 5. 29. 선고 2004다33469 판결). 즉 국회의 입법부작위로 인한 배상책임은 원칙적으로 인정되기 어렵고, 극히 예외적인 경우에 한해서만 인정될 수 있다는 것이 판례의 태도이다.

판례

국회의 입법행위 또는 입법부작위가 국가배상법 제2조 제1항의 위법행위에 해당하는 경우: 우리 헌법이 채택하고 있는 의회민주주의하에서 국회는 다원적 의견이나 각가지 이익을 반영시킨 토론과정을 거쳐 다수결의 원리에 따라 통일적인 국가의사를 형성하는 역할을 담당하는 국가기관으로서 그 과정에 참여한 국회의원은 입법에 관하여 원칙적으로 국민 전체에 대한 관계에서 정치적 책임을 질 뿐 국민 개개인의 권리에 대응하여 법적 의무를 지는 것은 아니므로, 국회의원의 입법행위는 그 입법 내용이 헌법의 문언에 명백히 위배됨에도 불구하고 국회가 굳이 당해 입법을 한 것과 같은 특수한 경우가 아닌 한 국가배상법 제2조 제1항 소정의 위법행위에 해당한다고 볼 수 없고, 같은 맥락에서 국회가 일정한 사항에 관하여 헌법에 의하여 부과되는 구체적인 입법의무를 부담하고 있음에도 불구하고 그 입법에 필요한 상당한 기간이 경과하도록 고의 또는 과실로 이러한 입법의무를 이행하지 아니하는 등 극히 예외적인 사정이 인정되는 사안에 한정하여 국가배상법 소정의 배상책임이 인정될 수 있으며, 위와 같은 구체적인 입법의무 자체가 인정되지 않는 경우에는 애당초 부작위로 인한 불법행위가 성립할 여지가 없다(대법원 2008. 5. 29. 선고 2004다33469 판결): <해설> 거창사건 희생자들의 신원(伸冤) 등을 위하여 희생자 유족들이 주장하는 바와 같은 내용의 특별법을 제정할 것인지 여부는 입법정책적인 판단 문제로서 이에 관하여 국가가 구체적인 입법의무를 부담한다고 보기 어렵기 때문에, 국가가 현재까지 이러한 특별법을 제정하지 아니하였다는 사정만으로는 거창사건 이후 유족들에 대한 관계에서 부작위에 의한 불법행위가 성립한다고 볼 수 없다고 한 사례이다.

(나) 행정기관의 행정입법부작위: 국회가 특정한 사항에 대한 입법을 행정부에 위임하였음에도 불구하고 행정부가 정당한 이유 없이 이를 이행하지 않는다면 이는 권력분립의 원칙과 법치국가의 원칙에 위배된다. 따라서 이 경우 국가배상법 제2조 소정의 위법성을 인정할 수 있다.

국회에는 입법 여부에 대한 광범위한 형성의 자유가 허용되고 있다. 반면에 행정기관의 경우 법률이 구체적인 행정입법의무를 부과하고 있는 경우가 많기 때문에 상대적으로 입법부작위에 의한 국가배상책임이 인정될 여지가 많다.

판례

구 군법무관임용법 제5조 제3항과 군법무관임용 등에 관한 법률 제6조가 군법무관의 보수의 구체적 내용을 시행령에 위임했음에도 불구하고 행정부가 정당한 이유 없이 시행령을 제정하지 않은 것이 불법행위에 해당하는지 여부(적극): 입법부가 법률로써 행정부에게 특정한 사항을 위임했음에도 불구하고 행정부가 정당한 이유 없이 이를 이행하지 않는다면 권력분립의 원칙과 법치국가 내지 법치행정의 원칙에 위배되는 것으로서 위법함과 동시에 위헌적인 것이 되는바, 구 군법무관임용법(1967. 3. 3. 법률 제1904호로 개정되어 2000. 12. 26. 법률 제6291호로 전문 개정되기 전의 것) 제5조 제3항과 군법무관임용 등에 관한 법률(2000. 12. 26. 법률 제6291호로 개정된 것) 제6조가 군법무관의 보수를 법관 및 검사의 예에 준하도록 규정하면서 그 구체적 내용을 시행령에 위임하고 있는 이상, 위 법률의 규정들은 군법무관의 보수의 내용을 법률로써 일차적으로 형성한 것이고, 위 법률들에 의해 상당한 수준의 보수청구권이 인정되는 것이므로, 위 보수청구권은 단순한 기대이익을 넘어서는 것으로서 법률의 규정에 의해 인정된 재산권의 한 내용이 되는 것으로 봄이 상당하고, 따라서 행정부가 정당한 이유 없이 시행령을 제정하지 않은 것은 위 보수청구권을 침해하는 불법행위에 해당한다(대법원 2007. 11. 29. 선고 2006다3561 판결).

다. 재판작용의 경우

(1) 의 의

재판작용도 국가배상법 제2조 소정의 공무원의 직무행위에 포함되므로, 위법한 재판작용으로 손해를 입은 자는 국가에 대하여 배상을 청구할 수 있다.

다만 재판작용에 있어서는 i) 항소·상고·재심 등 특별한 구제수단이 마련되어 있고, ii) 판결이 확정된 경우에는 기판력이 발생하며, iii) 헌법상 법관의 독립성이 보장되어 있는 등의 특수성이 있으므로 이에 대한 고찰이 필요하다.

(2) 심급제도

판례는 심급제도의 존재를 국가배상책임의 배제근거로 들고 있다(대법원 2003. 7. 11. 선고 99다24218 판결). 그러나 심급제도는 재판의 오류를 시정하여 올바른 재판을 보장하기 위한 것이므로, 국가배상제도와는 다른 목적을 가진 제도이다. 따라서 심급제도 등 불복절차의 존재가 국가배상책임을 배제하거나 제한하는 근거가 될 수는 없다고 보는 것이 다수의 견해이다.[18]

생각건대 심급제도의 존재가 국가배상책임을 배제하는 근거는 될 수 없다고 보아야 한다. 그러나 심급제도를 통하여 재판의 오류를 시정할 수 있었음에도 불구하고, 불복하지 아니하여 재판이 확정된 경우에는 과실상계가 필요하므로 이를 통하여 국가배상책임을 제한하는 근거는 될 수 있다고 보는 것이 타당하다.

(3) 기판력

확정판결에 대하여 국가배상법을 적용하는 것이 기판력에 반하는 것인지 여부가 문제된다. 다음과 같은 학설의 대립이 있다.

(가) 기판력에 반한다는 견해: 국가배상책임의 인정이 확정판결의 효력 자체를 부인하는 것은 아니지만, 국가배상책임을 인정하기 위해서는 판결의 위법성을 인정하여야 하므로, 확정판결에 대한 국가배상책임의 인정은 기판력을 침해하게 된다는 견해이다.[19]

(나) 기판력에 반하지 않는다는 견해: 재판작용과 그로 인한 국가배상의 청구는 그 목적과 대상을 달리 하므로(기판력은 판결의 내용에, 손해배상은 판결의 위법에 관련된다), 국가배상책임을 인정한다고 하여도 확정판결의 기판력을 침해하는 것은 아니라는 견해이다.[20] 이

18) 박윤흔·정형근, 앞의 책, 598면; 박균성, 앞의 책, 715면 등.

19) 박균성, 앞의 책, 715면.

20) 홍정선, 앞의 책, 675면.

것이 판례의 태도로 보여진다.

(다) 절충설: 재판작용을 판결과 결정·명령으로 구분하여, 기판력을 발생시키는 재판작용(판결작용 및 일부의 결정·명령)에 대하여는 법관의 직무행위가 범죄(예: 수뢰, 직권남용 등)를 구성하는 경우에만 국가배상을 인정하고, 기판력이 발생하지 않는 여타의 결정·명령작용(예: 가압류·가처분, 강제집행절차, 호적·등기·공탁 등의 비송사건)에 대하여는 국가배상법 제2조 제1항을 제한 없이 적용하는 것이 바람직하다는 견해이다.[21]

(4) 법관의 독립

국가배상청구는 판결이 이루어진 후에 행하여지므로, 국가배상책임의 인정이 직접적으로 법관의 독립을 침해하는 것은 아니다. 아울러 법관의 독립은 법관의 직무행위에 대한 전면적인 면책을 의미하는 것이 아니다.[22]

그러나 사후에라도 재판행위에 대하여 국가배상책임을 인정하게 되면 간접적이나마 법관의 재판상 독립을 침해할 우려가 있는 것을 부인할 수는 없다. 따라서 입법론상으로는 재판작용의 경우 고의·중과실에 한하여 국가배상책임을 인정하되, 법관 개인의 피해자에 대한 배상책임은 부정하고 국가에 대한 구상책임만 인정하는 것이 타당하다고 보여진다.[23]

(5) 위법과 과실

재판이 상소심이나 재심에서 취소되었다는 것만으로 국가배상법상의 위법이 인정되는 것은 아니다. 재판작용으로 인한 국가배상책임의 인정에 있어서의 위법은 재판 자체의 위법이 아니라, 법관이 재판업무를 수행함에 있어서 공정한 재판을 위한 직무상 의무를 위반한 것으로서의 위법이라고 보아야 한다. 다른 관점에서 보면 이는 손해방지의무의 위반을 의미하는 것으로서, 이 경우 위법은 과실과 동시에 판단된다.[24]

판례는 법관의 재판에 의한 국가배상책임이 인정되기 위한 요건으로, 법관의 고의·중과실을 요구하고 있는 것으로 보여진다(대법원 2003. 7. 11. 선고 99다24218 판결).

판례

[1] **법관의 재판에 대한 국가배상책임이 인정되기 위한 요건**: 법관의 재판에 법령의 규정을 따르지 아니한 잘못이 있다 하더라도 이로써 바로 그 재판상 직무행위가 국가배상법 제2조 제1항에

21) 정하중, 행정법개론, 2007, 542면.
22) 홍정선, 앞의 책, 675면.
23) 박균성, 앞의 책, 716면.
24) 박균성, 앞의 책, 716면.

서 말하는 위법한 행위로 되어 국가의 손해배상책임이 발생하는 것은 아니고, 그 국가배상책임이 인정되려면 당해 법관이 위법 또는 부당한 목적을 가지고 재판을 하였다거나 법이 법관의 직무수행상 준수할 것을 요구하고 있는 기준을 현저하게 위반하는 등 법관이 그에게 부여된 권한의 취지에 명백히 어긋나게 이를 행사하였다고 인정할 만한 특별한 사정이 있어야 한다: <해설> 재판작용으로 인한 국가배상책임이 성립하기 위해서는, 위법성과 함께 법관의 고의 또는 중과실이 요구된다고 판시한 것으로 보여지는 부분이다.

[2] **재판에 대한 불복절차 내지 시정절차의 유무와 부당한 재판으로 인한 국가배상책임 인정 여부**: 재판에 대하여 따로 불복절차 또는 시정절차가 마련되어 있는 경우에는 재판의 결과로 불이익 내지 손해를 입었다고 여기는 사람은 그 절차에 따라 자신의 권리 내지 이익을 회복하도록 함이 법이 예정하는 바이므로, 불복에 의한 시정을 구할 수 없었던 것 자체가 법관이나 다른 공무원의 귀책사유로 인한 것이라거나 그와 같은 시정을 구할 수 없었던 부득이한 사정이 있었다는 등의 특별한 사정이 없는 한, 스스로 그와 같은 시정을 구하지 아니한 결과 권리 내지 이익을 회복하지 못한 사람은 원칙적으로 국가배상에 의한 권리구제를 받을 수 없다고 봄이 상당하다고 하겠으나, 재판에 대하여 불복절차 내지 시정절차 자체가 없는 경우에는 부당한 재판으로 인하여 불이익 내지 손해를 입은 사람은 국가배상 이외의 방법으로는 자신의 권리 내지 이익을 회복할 방법이 없으므로, 이와 같은 경우에는 배상책임의 요건이 충족되는 한 국가배상책임을 인정하지 않을 수 없다: <해설> 심급제도 등 불복절차의 존재가 국가배상책임을 제한하는 근거는 될 수 있지만, 그것을 배제하는 근거는 될 수 없다는 점에서 이 부분 판시 사항에는 의문이 제기된다.

[3] **헌법재판소 재판관이 청구기간 내에 제기된 헌법소원심판청구 사건에서 청구기간을 오인하여 각하결정을 한 경우, 이에 대한 불복절차 내지 시정절차가 없는 때에는 국가배상책임(위법성)을 인정할 수 있다고 한 사례.**

[4] **헌법소원심판청구가 부당하게 각하되지 아니하였다고 하여도 본안 판단에서 청구기각되었을 사건인 경우, 위자료 인정 여부(적극)**: 헌법소원심판을 청구한 자로서는 헌법재판소 재판관이 일자 계산을 정확하게 하여 본안판단을 할 것으로 기대하는 것이 당연하고, 따라서 헌법재판소 재판관의 위법한 직무집행의 결과 잘못된 각하결정을 함으로써 청구인으로 하여금 본안판단을 받을 기회를 상실하게 한 이상, 설령 본안판단을 하였더라도 어차피 청구가 기각되었을 것이라는 사정이 있다고 하더라도 잘못된 판단으로 인하여 헌법소원심판 청구인의 위와 같은 합리적인 기대를 침해한 것이고 이러한 기대는 인격적 이익으로서 보호할 가치가 있다고 할 것이므로 그 침해로 인한 정신상 고통에 대하여는 위자료를 지급할 의무가 있다(대법원 2003. 7. 11. 선고 99다24218 판결).

임의경매절차에서 경매담당 법관의 오인에 의해 배당표 원안이 잘못 작성되고 그에 대해 불복절차가 제기되지 않아 실체적 권리관계와 다른 배당표가 확정된 경우, 경매담당 법관이 위법·부당한 목적을 가지고 있었다거나 법이 법관의 직무수행상 준수할 것을 요구하고 있는 기준을 현저히 위반하였다는 등의 자료를 찾아볼 수 없어 국가배상법상의 위법한 행위가 아니라고 한 사례(대법원 2001. 4. 24. 선고 2000다16114 판결): <해설> 재판작용으로 인한 국가배상책임의 성립에 있어서, 위법성과 과실을 동시에 판단한 것으로 보여지는 사례이다.

[1] 압수수색 대상물의 기재가 누락된 압수수색영장에 기하여 물건을 압수하고, 일부 압수물에 대하여는 압수조서·압수목록을 작성하지 아니하고 보관한 일련의 조치가 불법행위를 구성한다고 본 사례.

[2] 법관의 재판에 법령의 규정을 따르지 아니한 잘못이 있다 하더라도 이로써 바로 그 재판상 직무행위가 국가배상법 제2조 제1항에서 말하는 위법한 행위로 되어 국가의 손해배상책임이 발생하는 것은 아니고, 당해 법관이 위법 또는 부당한 목적을 가지고 재판을 하는 등 법관이 그에게 부여된 권한의 취지에 명백히 어긋나게 이를 행사하였다고 인정할 만한 특별한 사정이 있어야 위법한 행위가 되어 국가배상책임이 인정된다고 할 것인바, 압수수색할 물건의 기재가 누락된 압수수색 영장을 발부한 법관이 위법·부당한 목적을 가지고 있었다거나 법이 직무수행상 준수할 것을 요구하고 있는 기준을 현저히 위반하였다는 등의 자료를 찾아볼 수 없다면 그와 같은 압수수색영장의 발부행위는 불법행위를 구성하지 않는다고 본 사례(대법원 2001. 10. 12. 선고 2001다47290 판결): <해설> 압수수색 대상물의 기재가 누락된 압수수색영장을 발부한 법관의 행위가 불법행위를 구성하지는 않는다고 보면서도, 피고(대한민국) 산하 인천세관 직원이 위 영장에 기하여 물건을 압수하고, 일부 압수물에 대하여는 압수조서·압수목록을 작성하지 아니하고 보관한 일련의 조치가 위법하여 불법행위를 구성한다고 본 사례이다.

라. 검사의 공소제기·불기소처분의 경우

검사의 공소권 행사도 국가배상법상의 직무행위에 해당함은 의문의 여지가 없다. 검사가 공소제기를 하였으나 법원에서 무죄판결이 확정된 경우, 또는 검사가 불기소처분을 하였으나 후에 재정신청을 통하여 법원에 의하여 공소제기가 결정되거나 헌법재판소에 의하여 헌법소원청구가 인용된 경우에 국가배상청구를 할 수 있는지가 문제된다.

판례는 "형사재판 과정에서 범죄사실의 존재를 증명함에 충분한 증거가 없다는 이유로 무죄판결이 확정되었다고 하더라도 그러한 사정만으로 바로 검사의 구속 및 공소제기가 위법하다고 할 수 없고, 그 구속 및 공소제기에 관한 검사의 판단이 그 당시의 자료에 비추어 경험칙이나 논리칙상 도저히 합리성을 긍정할 수 없는 정도에 이른 경우에만 그 위법성을 인정할 수 있다"는 입장이다(대법원 2002. 2. 22. 선고 2001다23447 판결).

판례

[1] **검사 등의 수사기관이 피의자를 구속하여 수사한 후 공소를 제기하였으나 법원에서 무죄판결이 선고되어 확정된 경우, 국가배상법 제2조에 의한 손해배상책임이 인정되기 위한 요건**: 검사는 수사기관으로서 피의사건을 조사하여 진상을 명백히 하고, 죄를 범하였다고 의심할 만한 상당한 이유가 있는 피의자에게 증거 인멸 및 도주의 염려 등이 있을 때에는 법관으로부터 영장을 발부받아 피의자를 구속할 수 있으며, 나아가 수집·조사된 증거를 종합하여 객관적으로 볼 때, 피의자가 유죄판결을 받을 가능성이 있는 정도의 혐의를 가지게 된 데에 합리적인 이유가 있다고 판단될 때에는 피의자에 대하여 공소를 제기할 수 있으므로 그 후 형사재판 과정에서 범죄사실의 존재를 증명함에 충분한 증거가 없다는 이유로 무죄판결이 확정되었다고 하더라도 그러한 사정만으로 바로 검사의 구속 및 공소제기가 위법하다고 할 수 없고, 그 구속 및 공소제기에 관한 검사의 판단이 그 당시의 자료에 비추어 경험칙이나 논리칙상 도저히 합리성을 긍정할 수 없는 정도에 이른 경우에만 그 위법성을 인정할 수 있다.

[2] **검사가 수사 및 공판과정에서 피고인에게 유리한 증거를 발견한 경우, 이를 법원에 제출하는 등으로 피고인의 정당한 이익을 옹호할 의무가 있는지 여부(적극)**: 검찰청법 제4조 제1항은 검사는 공익의 대표자로서 범죄수사·공소제기와 그 유지에 관한 사항 및 법원에 대한 법령의 정당한 적용의 청구 등의 직무와 권한을 가진다고 규정하고, 같은 조 제2항은 검사는 그 직무를 수행함에 있어 그 부여된 권한을 남용하여서는 아니된다고 규정하고 있을 뿐 아니라, 형사소송법 제424조는 검사는 피고인을 위하여 재심을 청구할 수 있다고 규정하고 있고, 검사는 피고인의 이익을 위하여 항소할 수 있다고 해석되므로 검사는 공익의 대표자로서 실체적 진실에 입각한 국가 형벌권의 실현을 위하여 공소제기와 유지를 할 의무뿐만 아니라 그 과정에서 피고인의 정당한 이익을 옹호하여야 할 의무를 진다고 할 것이고, 따라서 검사가 수사 및 공판과정에서 피고인에게 유리한 증거를 발견하게 되었다면 피고인의 이익을 위하여 이를 법원에 제출하여야 한다.

[3] 강도강간의 피해자가 제출한 팬티에 대한 국립과학수사연구소의 유전자검사결과 그 팬티에서 범인으로 지목되어 기소된 원고나 피해자의 남편과 다른 남자의 유전자형이 검출되었다는 감정결과를 검사가 공판과정에서 입수한 경우 그 감정서는 원고의 무죄를 입증할 수 있는 결정적인 증거에 해당하는데도 검사가 그 감정서를 법원에 제출하지 아니하고 은폐하였다면 검사의 그와 같은 행위는 위법하다고 보아 국가배상책임을 인정한 사례(대법원 2002. 2. 22. 선고 2001다23447 판결).

Ⅲ. 직무를 집행하면서(직무관련성)

국가배상법 제2조의 "직무를 집행하면서"라 함은 직무행위 자체는 물론, 객관적으로 직무의 범위 내에 속한다고 판단되는 행위 및 직무와 밀접하게 관련된 행위를 포함한다. 그런데 직무관련성의 판단기준으로는 다음과 같이 학설의 대립이 있다.

1. 외형설

직무관련성은 공무원의 행위가 현실적으로 정당한 권한 내의 것인지 또는 행위자인 공무원이 주관적으로 직무집행의 의사를 가지고 있는지의 여부와는 관계없이, 객관적으로 직무행위의 외형을 갖추고 있는지의 여부, 즉 외형주의(外形主義)에 따라 판단되어야 한다고 보는 것이 통설[25]과 판례의 태도이다(대법원 2005. 1. 14. 선고 2004다26805 판결 등).

외형설의 근거로는 i) 외형상 직무행위라고 볼 수 있는 상태의 행위는 대체로 적법한 행정인 것으로 국민이 신뢰하게 되는 점에 바탕을 둔 것이라고 보는 견해가 있다.[26] 그런데 위 견해에 따르면 외형상 직무관련성이 인정되더라도 가해행위가 실질적으로 공무수행행위가 아니라는 사정을 피해자가 알았거나 중대한 과실로 알지 못한 경우에는 그 신뢰관계를 인정할 수 없어 직무관련성이 부정될 수도 있게 된다.[27] 그리하여 ii) 위험책임의 법리와 피해자 보호의 관점에서 외형설의 논거를 찾는 견해가 일반적이다. 이 견해에 따르면 외형상 직무관련성이 인정되는 이상 가해행위가 실질적으로 공무수행행위가 아니라는 사정을 피해자가 알았다고 할지라도 이에 대한 국가배상책임은 원칙적으로 부인되지 않는다고 보게 된다. 판례도 이러한 입장을 취하고 있는 것으로 보여진다(대법원 1966. 6. 28. 선고 66다781 판결).

생각건대, 거래행위적 불법행위에서는 상대방의 신뢰보호라는 관점이 중요하므로 상대방이 악의·중과실인 경우 직무관련성을 부인하는 것이 타당하다.[28] 반면에 사실행위적 불법행위(대부분의 국가배상청구는 사실행위가 문제로 된다)의 경우 피해자의 사고회피가능성을 기준으로 직무관련성을 판단하는 것이 타당하다. 통상은 피해자의 사고회피가능성이 없다고 할 것이므로 가해행위가 실질적으로 공무수행행위가 아니라는 사정을 피해자가 알았거나 알 수 있었다고 할지라도 직무관련성이 인정되는 경우가 일반적일 것이다.

---

25) 홍정선, 앞의 책, 678면; 김남진·김연태, 행정법 I (제10판), 2006, 503면; 이상규, 신행정법론(상), 1997, 597면. 등

26) 석종현·송동수, 앞의 책, 597면.

27) 西埜 章, 國家賠償法, 靑林書院, 1997, 49頁.

28) 거래행위적 불법행위는 공권력의 행사에 해당하지 않으므로 그 대부분이 민법상의 사용자책임에 관한 규정의 적용을 받게 될 것이다. 국가배상청구소송에서 직무관련성의 해석이 문제가 되는 경우는 통상 사실행위이다. 宇賀克也, 國家補償法, 有斐閣, 1997, 39頁.

판례

국가배상법 제2조 제1항에서 말하는 "직무를 행함에 당하여"의 해석기준: 본조 제1항에서 말하는 "직무를 행함에 당하여"라는 취지는 공무원의 행위의 외관을 객관적으로 관찰하여 공무원의 직무행위로 보여질 때에는 비록 그것이 실질적으로 직무행위이거나 아니거나 또는 행위자의 주관적 의사에 관계없이 그 행위는 공무원의 직무집행행위로 볼 것이요 이러한 행위가 실질적으로 공무집행행위가 아니라는 사정을 피해자가 알았다 하더라도 그것을 "직무를 행함에 당하여"라고 단정하는데 아무런 영향을 미치는 것이 아니다(대법원 1966. 6. 28. 선고 66다781 판결).

한편 외형설로 일관할 경우, 수사관이 수사 중에 행한 성고문행위, 무기고를 관리하는 경찰관이 권총을 몰래 빼내어 비번 일에 사복을 입고 행한 권총강도 범행 등과 같이 외형상으로도 직무행위라고 볼 수 없는 행위의 경우, 국가배상책임의 요건을 결하여 권리구제의 공백이 발생할 수 있다는 문제가 발생한다.

2. 실질적 직무관련설

이 견해는 먼저 직무관련성을 외형상 직무관련성과 실질적 직무관련성으로 구분한다. 전자는 외형설의 논거대로, (외관상의) 행정에 대한 국민의 신뢰에 근거하여 국가책임을 인정한다. 후자는 일종의 위험책임 법리에 근거하여 국가책임을 인정하는 것이라고 할 수 있다. 즉 공무원의 불법행위가 직무의 범위 내에 속하거나 직무수행이 공무원의 불법행위에 원인을 제공하였다고 판단되는 경우에는 위험상황을 창출하여 이익을 얻고 있는 국가의 손해배상책임을 인정하는 것이 정의에 합치된다는 것이다.[29]

외형상 직무관련성은 행위자인 공무원의 주관적인 의사와 상관없이 공무원의 불법행위가 외형상 직무행위라고 판단될 수 있는지 여부가 그 판단기준이 된다. 이에 반하여 실질적 직무관련성은 직무와 공무원의 불법행위 사이의 내용면에서의 관련 여부와 시간적·장소적·도구적 관련성을 종합적으로 고려하여 구체적인 경우에 직무가 공무원의 불법행위에 원인을 제공하였다고 볼 수 있는지 여부가 그 판단기준이 된다. 그리고 이러한 실질적 직무관련성의 존재 여부를 기준으로 "직무를 집행하면서"를 판단하는 것이 타당하다는 것이다.[30]

---

29) 박균성, 앞의 책, 719면.
30) 박균성, 앞의 책, 722면.

3. 평 가

국가배상책임의 요건인 "직무를 집행하면서"에 관하여, 항상 실질적 직무관련성을 요구하는 것은 국민의 권리구제를 제한하는 결과를 가져올 수도 있다는 점에서 찬성하기 어렵다. 한편 외형설로 일관할 경우에도 권리구제의 공백이 발생할 여지가 있다. 외형상 직무행위라고 볼 수 있는 행위 및 실질적 직무관련성이 있는 행위 둘 중의 어느 하나에만 해당하면 직무관련성을 인정하는 것이 타당하다.

판례는 대체로 외형설에 입각하여 직무관련성을 인정하지만, 경우에 따라서는 실질적 직무관련성에 근거하여 직무관련성을 인정한 것으로 보이는 경우도 있다(대법원 1994. 5. 27. 선고 94다6741 판결; 대법원 1988. 3. 22. 선고 87다카1163 판결 등).

[제46회 사법시험 문제] 담당공무원이 법령의 적용과정에서 법령해석을 그르쳐 행정처분을 함으로써 특정인에게 손해를 입힌 경우에 국가배상책임의 인정 여부를 논하시오. (20점)

Ⅳ. 고의 또는 과실

1. 의 의

국가배상법은 공무원의 고의·과실을 국가배상책임이 성립되기 위한 요건의 하나로 규정하고 있으므로 원칙적으로 과실책임주의에 입각하고 있다고 볼 수 있다. 여기에서 고의란 일정한 결과가 발생하리라는 것을 알면서도 이를 행하는 심리상태를 말하며, 과실이란 위법한 결과가 발생한다는 것을 알고 있어야 함에도 불구하고 부주의로 그것을 알지 못하였음을 의미한다.

국가의 배상책임은 공무원의 선임·감독상에 잘못이 없는 경우에도 인정된다는 점에서, 민법 제756조의 사용자책임과 다르다.

2. 학설의 대립

가. 주관설과 과실 개념의 객관화

(1) 의 의

고의·과실의 의미는 국가배상책임의 성질을 대위책임으로 이해하는가, 자기책임으로 이해하는가에 따라 달라진다. 즉, 대위책임설에 의하면 고의·과실은 공무원의 주관적 귀책요건이 되므로 공무원 개인의 주관적 인식을 기준으로 하여 판단하게 된다. 따라서 공무원에게 고의·과실이 없으면 국가는 배상책임이 없다. 그런데 위와 같이 국가배상책임의 성립 여부가 가해 공무원의 주관적 요소에 의해 좌우되는 경우 피해자 입장에서 보면 불공평한 결과가 야기될 수 있다. 더욱이 고의·과실을 엄격하게 해석한다면 피해자는 구제를 받기가 더욱 어려워진다.[31]

(2) 과실의 객관화

그리하여 주관설에 입각하면서도 국가배상법상의 과실 개념을 객관화하여 되도록 피해자에 대한 구제의 폭을 넓히려는 경향이 있다.

(가) 평균적 공무원: 과실을 주관적인 심리상태로서보다는 객관적인 주의의무위반으로 파악하여 주의의무의 내용을 고도화한다. 이에 따르면 국가배상법상의 과실은 당해 가해공무원의 주의능력을 기준으로 하여 판단되지 않고, 당해 직무를 담당하는 평균적 공무원의 주의능력을 기준으로 판단되는 추상적 과실을 의미한다. 그리하여 직종에 따라서는 보다 높은 주의의무가 과해지게 된다. 판례도 "공무원의 직무집행상의 과실이라 함은 공무원이 그 직무를 수행함에 있어 당해 직무를 담당하는 평균인이 보통(통상) 갖추어야 할 주의의무를 게을리한 것을 말한다"(대법원 1987. 9. 22. 선고 87다카1164 판결)고 판시하고 있다.

(나) 가해공무원의 특정 여부: 공무원의 과실을 입증하기 위해서는 먼저 가해공무원을 특정하여 과실 여부를 판단하는 것이 원칙이다. 그러나 가해행위가 공무원의 행위에 의한 것인 이상 가해공무원의 특정이 반드시 필요하지는 않다고 보는 것이 일반적이다. 이에 의하면 누구의 행위인지가 판명되지 않더라도 공무원의 행위에 의한 것임이 확정되기만 하면 국가는 배상책임을 지게 된다(예: 야간시위 중 경찰의 집단불법구타). 이러한 생각은 독일에서의 조직적 과실의 관념과 일맥상통하는 것이라고도 할 수 있다.[32]

(다) 위법성과 과실의 일원화: 위법성과 과실을 일원적으로 파악하여 위법성과 과실 중 어느 하나가 입증되면 다른 요건은 당연히 충족된 것으로 보아야 한다는 견해가 주장되고 있다.[33]

(라) 입증책임의 완화: 피해자측에서 공무원의 위법한 행위에 의하여 손해가 발생한 것을 입증하면 공무원에게 과실이 있다는 것이 일응추정되어 반증이 없는 한 국가는 배상책

31) 김철용, 앞의 책, 490면.
32) 김남진·김연태, 행정법 I (제12판), 2008, 512면.
33) 홍준형, 행정구제법, 2012, 69면.

임을 면할 수 없다는 과실의 일응추정 이론이 원용되는 추세에 있다.

(마) 위법·무과실의 경우: 과실책임주의를 취하고 있는 현행 법체계 하에서 고의·과실의 문제는 행위의 위법성 여부와는 별도로 판단될 수밖에 없다. 위법성의 문제는 객관적 요건이고, 고의·과실은 공무원의 주관적 요건이기 때문이다. 따라서 위법·무과실 행위에 대하여는 국가 등의 배상책임이 인정될 수 없다. 이러한 위법·무과실 행위에 대한 국가책임을 인정하기 위하여 수용유사침해 이론 등이 주장되고 있으나, 우리의 현행 법제상으로는 이를 인정하기 어렵다고 보여진다.

판례

구 국가안전과 공공질서의 수호를 위한 대통령긴급조치(1975. 5. 13. 대통령긴급조치 제9호, 이하 '긴급조치 제9호'라고 한다)는 위헌·무효임이 명백하고 긴급조치 제9호 발령으로 인한 국민의 기본권 침해는 그에 따른 강제수사와 공소제기, 유죄판결의 선고를 통하여 현실화되었다. 이러한 경우 긴급조치 제9호의 발령부터 적용·집행에 이르는 일련의 국가작용은, 전체적으로 보아 공무원이 직무를 집행하면서 객관적 주의의무를 소홀히 하여 그 직무행위가 객관적 정당성을 상실한 것으로서 위법하다고 평가되고, 긴급조치 제9호의 적용·집행으로 강제수사를 받거나 유죄판결을 선고받고 복역함으로써 개별 국민이 입은 손해에 대해서는 국가배상책임이 인정될 수 있다(대법원 2022. 8. 30. 선고 2018다212610 전원합의체 판결): <해설> 국가배상책임의 성립에 있어서, 위법성과 과실을 동시에 판단하고 있다. 아울러 위 판례는 최초로 조직적 과실을 인정한 사례라고 볼 수도 있다.

나. 객관설

자기책임설에 의하면 고의·과실은 공무원 개인의 주관적 인식 유무에 있는 것이 아니라 국가 또는 지방자치단체의 자기책임을 결정하는 데에 필요한 공무운영상의 객관적인 흠의 존재라고 보게 된다. 최근의 몇몇 유력설은 프랑스의 입법례에서와 같이 국가배상법상의 과실을 객관적으로 파악하여 '공무원의 위법행위로 인한 국가작용의 흠'[34]으로 완화하여 해석하거나, '국가작용의 흠'[35] 또는 '객관적인 국가작용의 흠'[36] 등으로 보면서 명백히 객관설의 입장을 취하고 있다.

이러한 객관설에 의할 경우 공무원의 직무행위가 위법하면 바로 과실을 인정할 수 있으므로 주관설에 비하여 피해자 구제의 측면에서 바람직하다고 할 수 있다. 하지만 국가배

34) 김도창, 일반행정법론(상), 1985, 460면
35) 김동희, 행정법 I (제11판), 2005, 500면.
36) 홍준형, 앞의 책, 70면.

상법이 명백히 과실책임주의를 채택하고 있는 상황에서는 다소 무리한 해석임을 부인하기 힘들다.

3. 구체적인 적용사례

가. 공무원의 법령의 해석·적용상의 잘못

(1) 원칙상 인정: 공무원이 법령을 해석·적용하는 과정에서 잘못이 있을 경우 원칙적으로 과실이 인정된다. 공무원은 당연히 직무상 필요한 법령지식을 갖추고 있어야 하기 때문이다.

판례

법규해석을 그르쳐 위법한 행정처분을 한 행정청의 귀책사유 유무: 법령에 대한 해석이 복잡, 미묘하여 워낙 어렵고, 이에 대한 학설, 판례조차 귀일되어 있지 않는 등의 특별한 사정이 없는 한 일반적으로 공무원이 관계 법규를 알지 못하거나 필요한 지식을 갖추지 못하고 법규의 해석을 그르쳐 행정처분을 하였다면 그가 법률전문가가 아닌 행정직 공무원이라고 하여 과실이 없다고는 할 수 없다(대법원 1981. 8. 25. 선고 80다1598 판결; 대법원 2001. 2. 9. 선고 98다52988 판결 등).

행정청이 확립된 법령의 해석에 어긋나는 견해를 고집하여 계속하여 위법한 행정처분을 하거나 이에 준하는 행위로 평가될 수 있는 불이익을 처분상대방에게 계속 주는 경우, 손해배상책임이 있는지 여부(적극): 행정청이 관계 법령의 해석이 확립되기 전에 어느 한 견해를 취하여 업무를 처리한 것이 결과적으로 위법하게 되어 그 법령의 부당집행이라는 결과를 빚었다고 하더라도 처분 당시 그와 같은 처리방법 이상의 것을 성실한 평균적 공무원에게 기대하기 어려웠던 경우라면 특별한 사정이 없는 한 이를 두고 공무원의 과실로 인한 것이라고 볼 수는 없다 할 것이지만, 대법원의 판단으로 관계 법령의 해석이 확립되고 이어 상급 행정기관 내지 유관 행정부서로부터 시달된 업무지침이나 업무연락 등을 통하여 이를 충분히 인식할 수 있게 된 상태에서, 확립된 법령의 해석에 어긋나는 견해를 고집하여 계속하여 위법한 행정처분을 하거나 이에 준하는 행위로 평가될 수 있는 불이익을 처분상대방에게 주게 된다면, 이는 그 공무원의 고의 또는 과실로 인한 것이 되어 그 손해를 배상할 책임이 있다(대법원 2007. 5. 10. 선고 2005다31828 판결).

(2) 예외적 부인: 공무원이 법령을 해석·적용하는 과정에서 잘못이 있다고 할지라도 예외적으로 일정한 경우에는 과실을 인정할 수 없는 경우도 있다.

판례

법령의 해석이 복잡 미묘하여 어렵고 학설, 판례가 통일되어 있지 않을 때에 공무원이 신중을 기해 그 중 어느 한 학설에 근거하여 업무를 처리한 경우에는 그 해석이 결과적으로 위법한 것이었다 하더라도 국가배상법상 공무원의 과실을 인정할 수 없다(대법원 1973. 10. 10. 선고 72다2583 판결)

어떠한 행정처분이 뒤에 항고소송에서 취소된 경우, 그 자체만으로 그 행정처분이 공무원의 고의 또는 과실로 인한 것으로서 불법행위를 구성한다고 단정할 수 있는지 여부(소극): 어떠한 행정처분이 뒤에 항고소송에서 취소되었다고 할지라도 그 자체만으로 그 행정처분이 곧바로 공무원의 고의 또는 과실로 인한 것으로서 불법행위를 구성한다고 단정할 수는 없는바, 그 이유는 행정청이 관계 법령의 해석이 확립되기 전에 어느 한 설을 취하여 업무를 처리한 것이 결과적으로 위법하게 되어 그 법령의 부당집행이라는 결과를 빚었다고 하더라도 처분 당시 그와 같은 처리방법 이상의 것을 성실한 평균적 공무원에게 기대하기 어려웠던 경우라면 특별한 사정이 없는 한 이를 두고 공무원의 과실로 인한 것이라고는 볼 수 없기 때문이다(대법원 2001. 3. 13. 선고 2000다20731 판결).

이에 대하여 법령의 잘못된 해석·적용에 대하여 공무원의 과실이 없었다고 하기 위해서는, 확정된 판례가 존재하지 않고 법령의 해석에 대하여 학설이 통일되지 않고 대립하고 있다는 것만으로는 부족하고 공무원이 법률전문가의 자문을 구하는 등 신중한 태도를 취하여 법령을 해석·적용하였어야 한다는 견해가 있는바,[37] 이 견해가 타당하다고 생각된다.

나. 재량권의 일탈·남용

구체적인 경우 어느 행정처분을 할 것인가에 관하여 행정청 내부에 일응의 기준을 정해 두었고, 공무원이 위 재량권 행사기준에 따라 행정처분을 한 경우에는 이후 그 처분이 재량권 남용을 이유로 취소되었고 또한 그 정상을 고려할 때 재량권을 일탈한 경우라고 판단된다 하더라도 그와 같은 사실만으로는 관계공무원에게 직무상의 과실이 있다고 할 수 없다(대법원 1994. 11. 8. 선고 94다26141 판결; 대법원 2002. 5. 10. 선고 2001다62312 판결 등).

그러나 재량준칙이 심히 합리적이지 못한 경우에는 당해 재량준칙을 제정한 공무원의 과실을 인정하여 국가배상책임을 인정하여야 할 것이다.

37) 박균성, 앞의 책, 729면.

판례

영업허가취소처분이 나중에 행정심판에 의하여 재량권을 일탈한 위법한 처분임이 판명되어 취소되었다고 하더라도 그 처분이 당시 시행되던 공중위생법시행규칙에 정하여진 행정처분의 기준에 따른 것인 이상 그 영업허가취소처분을 한 행정청 공무원에게 그와 같은 위법한 처분을 한 데 있어 어떤 직무집행상의 과실이 있다고 할 수는 없다(대법원 1994. 11. 8. 선고 94다26141 판결).

이른바 편의(공익, 합목적)재량의 경우에 있어서의 처분이 재량권남용에 해당하는 경우, 그 처분에 관여한 공무원의 직무상 과실 유무의 판단 기준: …이른바 편의재량(공익재량, 합목적 재량)의 경우에는 공익상의 필요, 합목적성의 여부는 행정청의 자유재량에 따라 결정하고 그에 적합하다고 인정되는 처분을 선택하는 것이므로, 그 경우에 한 처분에 있어 관계공무원이 공익성, 합목적성의 인정·판단을 잘못하여 그 재량권의 범위를 넘어선 행정행위를 한 경우가 있다 하더라도 공익성 및 합목적성의 적절 여부의 판단 기준은 구체적 사안에 따라 각각 동일하다 할 수 없을 뿐만 아니라, 구체적인 경우 어느 행정처분을 할 것인가에 관하여 행정청 내부에 일응의 기준을 정해 둔 경우 그 기준에 따른 행정처분을 하였다면 이에 관여한 공무원에게 그 직무상의 과실이 있다고 할 수 없다(대법원 2002. 5. 10. 선고 2001다62312 판결).

다. 위헌·위법인 법령 또는 행정규칙의 적용

위헌법률 또는 위법인 법규명령을 집행하는 공권력 행사는 위법하다고 할 것이나, 위헌·위법 여부에 대한 유권적 판정이 내려지기 전에 당해 법령을 집행한 공무원에게 원칙상 과실이 있다고 보기는 어렵다(대법원 2014. 10. 27. 선고 2013다217962 판결). 공무원은 당해 법령을 집행할 의무가 있지만, 그 위헌·위법 여부를 심사할 권한이 없기 때문이다. 위헌·위법인 법령 또는 행정규칙의 제정상 과실을 물을 수도 있을 것이나 현실적으로 그 과실을 인정함에는 어려움이 많을 것이다.

다만 위헌·위법임이 헌법재판소의 결정이나 대법원의 판결을 통하여 확정되었음에도 불구하고 이를 간과한 채 당해 법령을 집행한 경우에는 과실이 인정된다고 보아야 한다. 나아가 법령의 위헌·위법이 헌법재판소의 결정이나 대법원의 판결을 통하여 확정되기 전이라고 할지라도 그 위헌·무효임이 너무나 명백한 예외적인 경우에는 그러한 법령을 집행한 공무원의 과실이 인정될 수 있다(대법원 2022. 8. 30. 선고 2018다212610 전원합의체 판결).

판례

[1] **형벌에 관한 법령이 헌법재판소의 위헌결정으로 소급하여 효력을 상실하거나 법원에서 위헌·무효로 선언된 경우, 위헌 선언 전 위 법령에 기초하여 수사가 개시되어 공소가 제기되고 유죄판결이 선고되었다는 사정만으로 국가의 손해배상책임이 발생하는지 여부(소극)**: 형벌에 관한 법령이 헌법재판소의 위헌결정으로 소급하여 효력을 상실하였거나 법원에서 위헌·무효로 선언된 경우, 그 법령이 위헌으로 선언되기 전에 그 법령에 기초하여 수사가 개시되어 공소가 제기되고 유죄판결이 선고되었더라도, 그러한 사정만으로 수사기관의 직무행위나 법관의 재판상 직무행위가 국가배상법 제2조 제1항에서 말하는 공무원의 고의 또는 과실에 의한 불법행위에 해당하여 국가의 손해배상책임이 발생한다고 볼 수는 없다.

[2] **구 '국가안전과 공공질서의 수호를 위한 대통령긴급조치'(긴급조치 제9호)에 의하여 수사를 진행하고 공소를 제기한 수사기관의 직무행위나 유죄판결을 선고한 법관의 재판상 직무행위가 공무원의 고의 또는 과실에 의한 불법행위에 해당하는지 여부(소극)**: 당시 시행 중이던 긴급조치 제9호에 의하여 영장 없이 피의자를 체포·구금하여 수사를 진행하고 공소를 제기한 수사기관의 직무행위나 긴급조치 제9호를 적용하여 유죄판결을 선고한 법관의 재판상 직무행위는 유신헌법 제53조 제4항이 "제1항과 제2항의 긴급조치는 사법적 심사의 대상이 되지 아니한다."고 규정하고 있었고 긴급조치 제9호가 위헌·무효임이 선언되지 아니하였던 이상, 공무원의 고의 또는 과실에 의한 불법행위에 해당한다고 보기 어렵다. 다만 긴급조치 제9호 위반의 유죄판결에 대하여 재심절차에서 무죄판결이 확정되었다면 피고인이나 그 상속인은 일정한 요건 아래 「형사보상 및 명예회복에 관한 법률」에 따른 형사보상을 청구하여 그 피해에 대한 정당한 보상을 받을 수 있을 것이다(대법원 2014. 10. 27. 선고 2013다217962 판결): <해설> 긴급조치 제9호에 의하여 수사를 진행하고 공소를 제기한 수사기관의 행위나 유죄판결을 선고한 법관의 재판상 행위가 국가배상책임의 요건인 '직무행위'에 해당하는 것은 인정하고 있다. 하지만 긴급조치 제9호가 위헌·무효임이 선언되지 아니한 상태에서 피해자들이 수사·재판을 받고 수감생활을 한 것만으로는, 해당 공무원의 고의·과실을 인정할 수 없으므로 국가배상책임이 성립하지 않는다고 본 경우이다.

다만 수사 및 재판과정에서의 불법감금, 고문 기타 가혹행위가 입증된 경우에는 그에 대한 고의·과실을 인정할 수 있으므로 국가배상청구가 가능하다. 하지만 그 경우 40여년 전 수사기관에서 은밀하게 행하여진 가혹행위를 입증하는 것이 쉽지 않다는 문제점이 있다.

그리하여 이후 대법원은 "긴급조치 제9호는 위헌·무효임이 명백하고 … 긴급조치 제9호의 발령부터 적용·집행에 이르는 일련의 국가작용은, 전체적으로 보아 공무원이 직무를 집행하면서 객관적 주의의무를 소홀히 하여 그 직무행위가 객관적 정당성을 상실한 것으로서 위법하다고 평가되고, 긴급조치 제9호의 적용·집행으로 강제수사를 받거나 유죄판결을 선고받고 복역함으로써 개별 국민이 입은 손해에 대해서는 국가배상책임이 인정될 수 있다"(대법원 2022. 8. 30. 선고 2018다212610 전원합의체 판결)고 판시하여 위 판례를 변경하였다.

4. 특별법에 의한 무과실책임

가. 의 의

위법하지만 과실 없는 직무행위로 인하여 손해를 입은 경우, 현행 법체계상으로는 국가배상을 청구할 수 없게 된다. 이러한 권리구제의 공백을 해결하기 위하여 손실보상법리, 즉 수용유사침해 이론을 적용하여 그 구제를 기하려는 견해도 있다. 이를 인정한 하급심판결도 있지만(서울고등법원 1992. 12. 24. 선고 92나20073 판결), 대법원은 아직 수용유사침해 이론의 도입 여부에 관하여 명확한 입장 표명을 하지 않고 있다(대법원 1993. 10. 26. 선고 93다6409 판결).

한편 위법·무과실의 국가작용에 대하여 그 책임을 인정하는 특별법이 존재할 수 있다. '형사보상 및 명예회복에 관한 법률'의 규정에 의한 형사보상이 바로 그러한 예이다. 형사보상이란 형사소송절차에서 억울하게 구금 또는 형의 집행을 받거나 재판상의 비용을 지출한 사람에 대하여 국가가 그 손해를 보상해 주는 제도를 말한다.

나. 국가배상책임과의 관계

형사보상은 공무원의 고의·과실을 요건으로 하지 아니하는 일종의 손실보상청구권으로서, 손해의 입증도 필요 없으므로 국가배상과는 그 성질이 다르다.[38] 따라서 형사보상의 청구는 국가배상 등 다른 법률의 규정에 의한 손해배상청구를 금하지 아니한다(법 제6조 제1항).

그러나 형사보상을 받을 자가 같은 원인에 대하여 다른 법률에 따라 손해배상을 받은 경우에 그 손해배상의 액수가 형사보상금의 액수와 같거나 그보다 많을 때에는 보상하지 아니한다. 그 손해배상의 액수가 형사보상금의 액수보다 적을 때에는 그 손해배상 금액을 빼고 형사보상금의 액수를 정하여야 한다(법 제6조 제2항). 마찬가지로 다른 법률에 따라 손해배상을 받을 자가 같은 원인에 대하여 형사보상을 받았을 때에는 그 보상금의 액수를 빼고 손해배상의 액수를 정하여야 한다(법 제6조 제3항).

---

38) 법원행정처, 법원실무제요 형사(Ⅱ), 2014, 745면.

Ⅴ. 법령위반(위법성)

1. 국가배상법상의 위법 개념

국가배상법상 '법령의 위반', 즉 위법의 개념을 어떻게 이해할 것인지에 대하여는 '결과불법설', '행위위법설', '상대적 위법성설' 등이 주장되고 있다. 이 문제는 특히 취소소송에 있어서의 위법성과 국가배상책임의 성립요건으로서의 위법성의 관계를 어떻게 설정할 것인지와 관련하여 의미가 있다.

가. 결과불법설

이 견해는 국가배상책임의 성립요건으로서의 위법성을 가해행위의 결과인 손해의 불법을 의미하는 것으로 본다. 이에 따라 위법성의 판단은 민법상 손해배상책임에서와 같이 국민이 받은 손해가 결과적으로 시민법상의 원리에 비추어 수인되어야 할 것인가의 여부가 그 기준이 된다. 그 결과 공무원의 행위로 인하여 국민의 권리가 침해된 이상 그 결과를 정당화할 만한 다른 사유가 없는 한 국가배상책임이 인정되게 된다.

이 견해에 따르면 취소소송에서의 위법성과 국가배상책임의 성립요건으로서의 위법성은 다른 개념이 되므로 취소소송의 본안판결의 기판력이 국가배상소송에 미치지 않게 된다.

그런데 사인 간에는 타인의 권리침해가 원칙적으로 허용되지 아니하므로 권리침해는 곧 위법이라고 말할 수 있다. 그러나 공행정작용은 관련 법규가 국민의 권익침해를 예정하고 있는 경우도 적지 아니하므로 위법성과 관련해서는 법규범에의 적합 여부가 가장 중요한 법적 평가의 기준이며, 법규범에 적합하게 행사된 이상 타인의 권리침해가 있었다고 할지라도 위법이라고 할 수 없다는 점에서 결과불법설을 받아들이기는 힘들다.[39] 판례는 결과불법설을 명시적으로 부정하고 있는 것으로 보여진다(대법원 1997. 7. 25. 선고 94다2480 판결; 대법원 2000. 11. 10. 선고 2000다26807,26814 판결).

판례

[1] **국가배상책임의 성립요건으로서의 '법령 위반'의 의미**: 국가배상책임은 공무원의 직무집행이 법령에 위반한 것임을 요건으로 하는 것으로서, 공무원의 직무집행이 법령이 정한 요건과 절차에 따라 이루어진 것이라면 특별한 사정이 없는 한 이는 법령에 적합한 것이고 그 과정에서 개인

39) 박윤흔·정형근, 앞의 책, 604면.

의 권리가 침해되는 일이 생긴다고 하여 그 법령적합성이 곧바로 부정되는 것은 아니다: <해설> 결과불법설을 명시적으로 부정하고 있는 것으로 보여지는 부분이다.

[2] **경찰관이 교통법규 등을 위반하고 도주하는 차량을 순찰차로 추적하는 직무를 집행하는 중에 그 도주 차량의 주행에 의하여 제3자가 손해를 입은 경우, 경찰관의 추적행위가 위법한 것인지 여부(한정 소극)**: 경찰관은 수상한 거동 기타 주위의 사정을 합리적으로 판단하여 어떠한 죄를 범하였거나 범하려 하고 있다고 의심할 만한 상당한 이유가 있는 자 또는 이미 행하여진 범죄나 행하여지려고 하는 범죄행위에 관하여 그 사실을 안다고 인정되는 자를 정지시켜 질문할 수 있고, 또 범죄를 실행중이거나 실행 직후인 자는 현행범인으로, 누구임을 물음에 대하여 도망하려 하는 자는 준현행범인으로 각 체포할 수 있으며, 이와 같은 정지 조치나 질문 또는 체포 직무의 수행을 위하여 필요한 경우에는 대상자를 추적할 수도 있으므로, 경찰관이 교통법규 등을 위반하고 도주하는 차량을 순찰차로 추적하는 직무를 집행하는 중에 그 도주차량의 주행에 의하여 제3자가 손해를 입었다고 하더라도 그 추적이 당해 직무 목적을 수행하는 데에 불필요하다거나 또는 도주차량의 도주의 태양 및 도로교통상황 등으로부터 예측되는 피해발생의 구체적 위험성의 유무 및 내용에 비추어 추적의 개시·계속 혹은 추적의 방법이 상당하지 않다는 등의 특별한 사정이 없는 한 그 추적행위를 위법하다고 할 수는 없다(대법원 2000. 11. 10. 선고 2000다26807,26814 판결): <해설> 이 부분 판시사항은, 법령에 따른 추적행위의 위법성을 판단함에 있어서는 추적행위 자체뿐만이 아니라 추적행위의 태양(방법·수단 등)을 함께 고려하여야 한다는 것이므로, 이는 후술하는 광의의 행위위법설에 입각한 것이라고 볼 수 있다.

나. 행위위법설

(1) 협의의 행위위법설 : 이 견해는 국가배상책임 성립요건으로서의 위법성을 취소소송에서의 위법성과 마찬가지로 공권력 행사(행위) 자체의 '법'에의 위반으로 파악한다.

이 견해에 따르면 취소소송의 기판력은 인용판결이건 기각판결이건 불문하고 국가배상소송에도 미치게 된다.

(2) 광의의 행위위법설 : 이 견해는 국가배상법상의 위법은 행위 자체의 법에의 위반뿐만이 아니라, 행위의 태양(방법·수단 등)의 위법을 포함하는 개념이라고 이해하는 입장이다.[40] 한편 판례는 행정권에게 일정한 경우(예: 경찰분야) 조리상의 위험방지의무(손해방지의무)가 있다고 하는바(대법원 2012. 7. 26. 선고 2010다95666 판결 등), 이러한 위험방지의무의 위반도 광의의 행위위법을 구성한다.

이 견해에 의하면 국가배상책임의 성립요건으로서의 위법 개념은 취소소송에서의 위법보다 넓은 개념이므로 취소소송의 인용판결의 기판력만이 국가배상소송에 미치고, 기각

---

40) 박윤흔·정형근, 앞의 책, 605면; 박균성, 앞의 책, 704면.

판결의 기판력은 국가배상소송에 미치지 않게 된다.

다. 상대적 위법성설

상대적 위법성설은 국가배상법상의 위법성을 행위 자체의 적법·위법뿐만 아니라, 피침해이익의 성격과 침해의 정도 및 가해행위의 태양 등을 종합적으로 고려하여 행위가 객관적으로 정당성을 결여한 경우를 의미한다고 보는 견해이다.

이 견해에 의하면 취소소송과 국가배상소송은 목적·역할이 다르기 때문에 양자의 위법성의 범위는 다르게 볼 수밖에 없고, 따라서 취소소송의 본안판결의 기판력은 후소인 국가배상소송에 미치지 않는다고 보게 될 것이다.

한편 위법성과 과실을 구분하지 않고 판단하여 명확하지 않은 부분이 없지 않지만, 판례 중에는 객관적 정당성을 상실한 것이 국가배상법상의 위법을 의미하는 것으로 보고 있어 상대적 위법성설을 취한 것으로 보여지는 경우도 존재한다(대법원 2000. 5. 12. 선고 99다70600 판결).

라. 검 토

광의의 행위위법설이 타당하다. 한편 행위위법설에 의할 경우, 어떠한 행정처분이 항고소송에 의해 취소되면 그 기판력(처분의 위법성에 대한 판단)은 당해 행정처분으로 인한 국가배상청구에 미친다. 그런데 국가배상청구가 성립하기 위해서는 직무행위(처분)의 위법성뿐만 아니라 공무원의 고의·과실, 손해의 발생 등을 아울러 갖추어야 하므로 처분의 위법성이 인정된다고 하여 바로 국가배상청구권이 성립한다고 볼 수는 없다. 즉 처분의 위법성뿐만 아니라, 그 밖의 다른 요건들을 모두 충족해야 국가배상청구권이 성립할 수 있는 것이다.

2. 법령위반의 구체적인 내용

가. 법령위반의 의미

공무원의 가해행위는 '법령에 위반'한 것이어야 한다. 이는 엄격한 의미의 법령위반뿐만 아니라 인권존중·권력남용금지·신의성실·사회질서 등 원칙의 위반도 포함하여, 행위가 객관적으로 정당성을 결여하고 있음을 의미한다고 보는 입장이 통설이자,[41] 판례의 태도이다(대법원 2012. 7. 26. 선고 2010다95666 판결). 여기서 공서양속이나 사회질서에 위배된

41) 김도창, 앞의 책, 460면; 홍준형, 행정구제법, 2012, 41면 등.

공무원의 행위는, 명문의 법규를 위반한 경우처럼 곧바로 위법을 구성하지는 않는다고 하더라도, 공서양속·사회질서 역시 법질서의 내용을 이루는 것이고, 위법성은 기본적으로 법질서에 비추어 허용되지 않는다는 것이므로, 결국 위법행위라고 보아야 할 것이다.

나. 행정규칙 위반

행정규칙 위반이 국가배상법상의 '법령 위반'에 해당하는지에 대하여 학설은 대체로 이 문제를 항고소송에서와 마찬가지로 행정규칙의 '법규성'의 문제, 즉 대외적 효력과 연관짓고 있다. ① 학설 중에는 행정규칙 위반도 법령위반에 해당한다고 보는 견해가 있다. ② 그러나 행정규칙이 대외적 구속력을 가지게 되거나 또는 구속력을 가진 것과 마찬가지의 결과가 되는 경우가 아니라면, 행정규칙을 위반해도 대국민적 관계에서는 아무런 위법의 문제를 발생시키지 않기 때문에 법령위반이 성립될 수 없다고 보아야 할 것이다. 판례도 대체적으로 행정규칙 위반은 법령위반에 해당되지 않는다고 보고 있다(대법원 1973. 1. 30. 선고 72다2062 판결).

다. 재량위반

재량권의 일탈·남용 등 재량처분을 위법에 이르게 하는 사유가 있는 경우에는 항고소송에서와 같이 국가배상소송에서도 위법성을 인정하는 데 문제가 없다. 그러나 '부당'에 그치는 재량권 행사의 과오는 위법성을 구성하지 않는 것으로 보는 데 학설은 일치하고 있다. 재량권 행사의 부당은 법질서에 비추어 인정되는 부당이 아니라 어디까지나 합목적성의 견지에서 판단되는 부당성이기 때문이다.[42]

라. 행정행위의 위법성 판단- 선결문제

국가배상책임의 원인행위가 행정행위에 의하여 이루어진 경우에는 민사소송절차에 의한 손해배상청구(국가배상청구)에 있어서 위 행정행위의 위법성을 확인하는 것이 선결문제가 된다. 이 때 민사법원이 위 행정행위의 위법성을 확인할 수 있는가에 대하여는 견해가 대립한다.

(1) 부정설: 부정설의 논거는 다음과 같다. ① 공정력은 행정행위의 적법성의 추정을 의미하므로 행정행위에 대한 취소권한이 없는 민사법원은 그 행정행위가 적법하다고 인정하여야 한다. ② 행정행위의 위법성은 행정행위 취소의 전제이고 행정행위의 위법성의

---

42) 홍준형, 앞의 책, 53면.

판단은 취소소송의 본질적 내용이므로 취소소송의 수소법원이 아닌 법원은 행정행위의 위법성을 인정할 수 없다. ③ 행정소송법 제11조[43]는 행정행위의 효력 유무 또는 존재 여부가 민사소송의 선결문제로 된 경우에만 당해 민사소송의 수소법원이 이를 심리·판단할 수 있다고 규정하면서 이에 관한 특수한 절차를 규정하고 있으므로, 당연무효인 행정행위가 아닌 이상 민사소송절차에서 행정행위의 위법성을 심리·판단할 수는 없다고 보아야 한다.[44]

(2) 긍정설: 긍정설의 논거는 다음과 같다. ① 공정력은 행정행위의 적법성을 추정하는 효력이 아니라 행정행위의 적법 또는 위법을 묻지 않고 잠정적으로 행정행위를 유효한 것으로 통용시키는 절차적 힘에 불과하다. ② 단지 행정행위의 위법성을 확인하는 데 그치는 것은 행정행위의 효력 자체를 상실시키는 것이 아니므로 공정력에 반하는 것이 아니다. ③ 행정소송법 제11조는 선결문제 심판권에 대한 예시적 규정에 불과하다.

(3) 판례: 판례는 국가배상사건에서 민사법원이 선결문제로서 행정행위의 위법성 여부에 대한 심사를 할 수 있다는 입장을 취하고 있다(대법원 1972. 4. 28. 선고 72다337 판결).

[제17회 입법고시 문제] 영하 15도의 추운 겨울날 A는 회식 후 귀가하던 중 새벽 1시경 충무로지구대 부근의 도로상에서 만취상태로 잠이 들었다. 충무로지구대 경찰관 B는 차량순찰 도중 잠든 A를 보았으나 "노숙자는 나라도 구제 못한다."는 생각에 순찰차에서 내리지도 않았고 아무런 조치도 취하지 않았는데, A는 새벽 5시경 싸늘한 주검으로 발견되었다.

(1) 격분한 A의 배우자 甲은 국가배상을 청구하려고 한다. 승소 가능한가?

(2) 국가배상책임이 인정되었을 경우, 국가는 경찰관 B에게 구상권을 행사할 수 있는가?

[제51회 사법시험 문제] A군(郡) 소유의 임야에 25가구가 주택을 지어 살고 있다. 이 주택가 내에는 어린이들의 놀이터로 사용되어 온 약 10여 평 정도의 공터가 있고 공터의 뒤편에는 암벽이 있는데, 이 암벽은 높이가 약 3미터로서 그 상층부가 하단부보다 약 1미터가량 앞으로 튀어나와 있다. 지역주민들은 이 암벽이 붕괴 위험이 있으므로 이를 보수해 달라는 민원을 수차례 제기하였으나, A군은 아무런 조치를 취하지 않았다. 그런데 해빙기에 얼었던 암벽이 녹아 균열이 생기면서 상층부의 암벽이 붕괴되어 이 공터에서 놀던 어린이 3명이 사망하였다. 사고 후 사망한 어린이의 부모 甲 등은 A군을 상대로 국가배상청구소송을 제기하였다.

---

43) 행정소송법 제11조(선결문제) ① 처분 등의 효력 유무 또는 존재 여부가 민사소송의 선결문제로 되어 당해 민사소송의 수소법원이 이를 심리. 판단하는 경우에는 제17조, 제25조, 제26조 및 제33조의 규정을 준용한다.

44) 이상규, 신행정법론(상), 1986, 520면.

이 경우 A군에 대하여 국가배상법 제2조의 배상책임요건 중 위법·과실을 인정할 수 있을 것인가(※ 지방자치단체가 붕괴 위험이 있는 암벽에 대한 안전관리조치를 취하여야 한다는 법령규정은 존재하지 않는다)? (20점)

3. 부작위에 의한 국가배상책임

부작위에 의하여도 국가배상책임이 성립할 수 있다. 이때의 부작위는 행정권의 불행사를 의미한다. 항고소송의 대상으로서의 부작위뿐만 아니라, 단순한 사실행위의 부작위도 국가배상책임을 발생시킬 수 있다. 오히려 사실행위의 부작위로 인하여 국가배상책임이 성립하는 경우가 일반적일 것이다. 이하에서 차례로 관련 쟁점들을 살펴보기로 한다.

가. 조리에 의한 작위의무의 인정 여부

부작위에 의한 국가배상책임이 성립하기 위해서는 작위의무의 존재를 전제로 한다. 그런데 작위의무가 법령에서 명문으로 규정되어 있는 경우에는 별 문제가 없지만 그렇지 않은 경우에도 조리에 의해서 법적 작위의무를 인정할 수 있는가 하는 문제가 대두된다. 다음과 같은 두 견해가 대립하고 있다.

(1) 긍정설: 국가배상책임을 민법상 불법행위책임과 성질을 같이 하는 것으로 보면서 공서양속·조리 내지 건전한 사회통념에 근거하여 법적 작위의무를 인정할 수 있다는 견해이다. 이 견해는 피해자의 구제를 목적으로 하는 국가배상에 있어서 법률에 의한 행정의 원리를 강조하는 것은 타당하지 않다고 주장한다.

법치행정의 목적은 인권보장이라는 점과 생명과 재산을 보호하여야 한다는 국가의 임무에 비추어 일정한 경우에는 조리에 의한 위험방지의무가 있다고 보는 견해도 있다.[45]

(2) 부정설: 이에 대하여 법률에 의한 행정의 원칙에 비추어 법률상의 근거를 결하는 작위의무를 인정할 수 없다는 견해가 있다.

(3) 판례: 판례는 형식적 의미의 법령에 명시적으로 공무원의 작위의무가 규정되어 있지 않더라도, 국민의 생명, 신체, 재산 등에 대하여 절박하고 중대한 위험상태가 발생하였거나 발생할 우려가 있는 등의 예외적인 경우에는 위험방지작위의무를 인정하고 있다.

---

45) 박윤흔·정형근, 최신행정법강의(상)(개정30판), 2009, 607면.

판례

관련 공무원에게 작위의무를 명하는 법령 규정이 없는 경우 공무원의 부작위로 인한 국가배상책임을 인정하기 위한 요건 및 그 판단 기준: 공무원의 부작위로 인한 국가배상책임을 인정하기 위하여는 공무원의 작위로 인한 국가배상책임을 인정하는 경우와 마찬가지로 "공무원이 그 직무를 집행함에 당하여 고의 또는 과실로 법령에 위반하여 타인에게 손해를 가한 때"라고 하는 국가배상법 제2조 제1항의 요건이 충족되어야 할 것이다. 여기서 '법령에 위반하여'라고 함은 엄격하게 형식적 의미의 법령에 명시적으로 공무원의 작위의무가 정하여져 있음에도 이를 위반하는 경우만을 의미하는 것은 아니고, 인권존중·권력남용금지·신의성실과 같이 공무원으로서 마땅히 지켜야 할 준칙이나 규범을 지키지 아니하고 위반한 경우를 포함하여 널리 그 행위가 객관적인 정당성을 결여하고 있는 경우도 포함한다. 따라서 국민의 생명·신체·재산 등에 대하여 절박하고 중대한 위험상태가 발생하였거나 발생할 상당한 우려가 있어서 국민의 생명 등을 보호하는 것을 본래적 사명으로 하는 국가가 초법규적·일차적으로 그 위험의 배제에 나서지 아니하면 국민의 생명 등을 보호할 수 없는 경우에는 형식적 의미의 법령에 근거가 없더라도 국가나 관련 공무원에 대하여 그러한 위험을 배제할 작위의무를 인정할 수 있을 것이다. 그러나 그와 같은 절박하고 중대한 위험상태가 발생하였거나 발생할 상당한 우려가 있는 경우가 아닌 한, 원칙적으로 공무원이 관련 법령에서 정하여진 대로 직무를 수행하였다면 그와 같은 공무원의 부작위를 가지고 '고의 또는 과실로 법령에 위반'하였다고 할 수는 없다. 따라서 공무원의 부작위로 인한 국가배상책임을 인정할 것인지 여부가 문제되는 경우에 관련 공무원에 대하여 작위의무를 명하는 법령의 규정이 없는 때라면 공무원의 부작위로 인하여 침해되는 국민의 법익 또는 국민에게 발생하는 손해가 어느 정도 심각하고 절박한 것인지, 관련 공무원이 그와 같은 결과를 예견하여 그 결과를 회피하기 위한 조치를 취할 수 있는 가능성이 있는지 등을 종합적으로 고려하여 판단하여야 한다(대법원 2012. 7. 26. 선고 2010다95666 판결).

한편 위 판례가 조리만에 의한 공무원의 개괄적 위험방지의무를 인정하고 있는 것이라고 해석하는 견해도 있다.[46]

나. 작위의무의 사익보호성

공무원의 부작위로 인하여 국가배상책임이 인정되기 위해서는 당해 직무상(작위) 의무가 공익의 보호뿐만이 아니라 국민 개개인의 사익도 보호하는 것을 목적으로 하여야 한다. 행정권의 발동으로 국민이 받는 이익이 단순한 반사적 이익에 그칠 경우에는 그 불행사가 있다고 하여도 국가배상책임이 인정될 수는 없기 때문이다. 판례도 공무원에게 부과된 직무상 작위의무의 내용이 단순히 공공 일반의 이익을 위한 것이거나 행정기관 내부의

46) 박윤흔·정형근, 앞의 책, 607면.

질서를 규율하기 위한 것이 아니고, 전적으로 또는 부수적으로라도 사회구성원 개인의 안전과 이익을 보호하기 위하여 설정된 것이어야 국가배상책임이 인정되는 것으로 보고 있다(대법원 1993. 2. 12. 선고 91다43466 판결 등).

다만 이 경우 사익보호성이 위법성의 요소인지 아니면 상당인과관계의 요소인지에 대하여는 견해가 대립한다.

(1) 적극설: 법령이 공익의 보호만을 목적으로 하는 경우에는 그 법령을 위반하여도 국가배상법상 위법성이 인정되지 않고, 법령의 규정이 공익뿐만 아니라 국민 개개인의 이익도 보호하는 것을 목적으로 하는 경우에만 국가배상법상 위법성이 인정된다는 견해이다.

(2) 소극설: 국가배상법 제2조는 단순히 '법령에 위반하여'라고만 규정하고 있을 뿐 사익보호성을 요구하고 있지는 않으며, 사익보호성은 다만 법령위반과 손해발생 사이의 인과관계의 문제에 불과할 뿐이라는 견해이다. 따라서 작위의무를 위반한 행위는 그 의무의 사익보호성 여부와 상관없이 모두 위법으로 보아야 한다. 이 견해에 의할 경우 법령에 위반되는 행위로 순수하게 반사적 이익만이 침해된 경우 즉 사익보호성이 없는 경우에도 위법성은 인정되지만, 다만 손해가 발생한 것으로 볼 수 없어 국가배상책임이 인정되지 않는 것으로 보게 된다.

(3) 판례: 과거의 경우 판례가 직무상 의무의 사익보호성을 위법성의 문제로 보았는지 아니면 상당인과관계의 문제로 보았는지의 여부가 분명하지 않았으나, 현재는 사익보호성을 상당인과관계의 문제로 보는 경향이 있다.

판례

[1] **공무원의 직무상 의무 위반으로 국가배상책임이 인정되기 위한 요건**: 공무원이 고의 또는 과실로 그에게 부과된 직무상 의무를 위반하였을 경우라고 하더라도 국가는 그러한 직무상의 의무 위반과 피해자가 입은 손해 사이에 상당인과관계가 인정되는 범위 내에서만 배상책임을 지는 것이고, 이 경우 상당인과관계가 인정되기 위하여는 공무원에게 부과된 직무상 의무의 내용이 단순히 공공 일반의 이익을 위한 것이거나 행정기관 내부의 질서를 규율하기 위한 것이 아니고 전적으로 또는 부수적으로 사회구성원 개인의 안전과 이익을 보호하기 위하여 설정된 것이어야 한다.

[2] **구 식품위생법 제7조, 제9조, 제10조, 제16조가 사회구성원 개인의 안전과 이익을 보호하기 위한 규정인지 여부(적극)**: 구 식품위생법(2005. 1. 27. 법률 제7374호로 개정되기 전의 것)은 제1조에서 "이 법은 식품으로 인한 위생상의 위해를 방지하고 식품영양의 질적 향상을 도모함으로써 국민보건의 증진에 이바지함을 목적으로 한다."고 규정하고 있고, 같은 법 제7조, 제9조, 제10조, 제16조 등에서는 식품의약품안전청장 등으로 하여금 식품 또는 식품첨가물의 제조 등의 방법과 성분, 용기와 포장의 제조 방법과 그 원재료, 표시 등에 대하여 일정한 기준 및 규격 등을 마련하도록

하고, 그와 같은 기준 및 규격 등을 준수하는지 여부를 확인할 필요가 있거나 위생상 위해가 발생할 우려나 국민보건상의 필요가 있을 경우 수입신고시 식품 등을 검사하도록 규정하고 있다. 위와 같은 구 식품위생법의 관련 규정을 종합하여 보면, 같은 법 제7조, 제9조, 제10조, 제16조는 단순히 국민 전체의 보건을 증진한다고 하는 공공 일반의 이익만을 위한 것이 아니라, 그와 함께 사회구성원 개개인의 건강상의 위해를 방지하는 등의 개별적인 안전과 이익도 도모하기 위하여 설정된 것이라고 할 수 있다(대법원 2010. 9. 9. 선고 2008다77795 판결).

다. 재량행위에 있어서의 작위의무

(1) 작위의무가 기속행위로 규정되어 있음에도 불구하고 행정권을 행사하지 않은 경우에 그 위법성을 인정하는 것에는 아무런 문제가 없다.

(2) 행정권의 발동 여부는 대체로 공무원의 재량에 맡겨져 있는 경우가 많다. 이 경우에는 행정권을 행사하지 않았다고 할지라도 위법성을 인정할 수 없는 것이 원칙이다. 그러나 오늘날에는 비록 재량행위에 있어서도 국민의 생명·재산 등 중대한 법익이 위험에 처해 있고 이를 방지하기 위하여 행정권의 발동이 절실히 요구되는 경우에는 재량권이 영으로 수축되어 행정권을 발동할 작위의무가 생긴다고 보는 것이 일반적이다.[47] 즉 재량권이 영으로 수축하는 경우 및 비례의 원칙에 위반되는 경우 등에는 아무리 재량행위라고 할지라도 그 행정권의 불행사는 위법하게 된다.

(3) 판례는 재량행위인 경우라도 공무원이 그 권한을 행사하지 아니한 것이 현저하게 합리성을 잃어 사회적 타당성이 없는 경우에는 직무상 의무를 위반한 것으로서 위법하게 된다고 보고 있다(대법원 2008. 4. 10. 선고 2005다48994 판결; 대법원 2010. 11. 25. 선고 2008다67828 판결 등). 그런데 판례가 재량행위인 경우 부작위의 위법성을 현저한 합리성의 결여라는 추상적 기준에 의해 판단하는 것은 무리가 있다. 재량행위인 경우 부작위의 위법성은 재량권의 영으로의 수축이론, 비례의 원칙 등 보다 객관적인 기준에 의해 판단되어야 한다.[48]

판례

[1] 경찰관의 경찰관직무집행법 제5조[49]에 규정된 권한의 불행사가 직무상의 의무를 위반한

---

47) 김철용, 행정법 I (제13판), 2010, 499면; 박윤흔·정형근, 앞의 책, 606면 등.

48) 박균성, 행정법론(상)(제17판), 2018, 824면.

49) 경찰관 직무집행법 제5조(위험 발생의 방지 등) ① 경찰관은 사람의 생명 또는 신체에 위해를 끼치거나 재산에 중대한 손해를 끼칠 우려가 있는 천재(天災), 사변(事變), 인공구조물의 파손이나 붕괴, 교통사고, 위험물의 폭발, 위험한 동물 등의 출현, 극도의 혼잡, 그 밖의 위험한 사태가 있을 때에는

것이 되어 위법한 것으로 되기 위한 요건: 경찰관직무집행법 제5조는 경찰관은 인명 또는 신체에 위해를 미치거나 재산에 중대한 손해를 끼칠 우려가 있는 위험한 사태가 있을 때에는 그 각 호의 조치를 취할 수 있다고 규정하여 형식상 경찰관에게 재량에 의한 직무수행권한을 부여한 것처럼 되어 있으나, 경찰관에게 그러한 권한을 부여한 취지와 목적에 비추어 볼 때 구체적인 사정에 따라 경찰관이 그 권한을 행사하여 필요한 조치를 취하지 아니하는 것이 현저하게 불합리하다고 인정되는 경우에는 그러한 권한의 불행사는 직무상의 의무를 위반한 것이 되어 위법하게 된다.

[2] 경찰관이 농민들의 시위를 진압하고 시위과정에 도로 상에 방치된 트랙터 1대에 대하여 이를 도로 밖으로 옮기거나 후방에 안전표지판을 설치하는 것과 같은 위험발생방지조치를 취하지 아니한 채 그대로 방치하고 철수하여 버린 결과, 야간에 그 도로를 진행하던 운전자가 위 방치된 트랙터를 피하려다가 다른 트랙터에 부딪혀 상해를 입은 사안에서 국가배상책임을 인정한 사례(대법원 1998. 8. 25. 선고 98다16890 판결).

[3] **식품의약품안전청장 등이 구 식품위생법 제7조, 제9조, 제10조, 제16조 등에 의하여 부여된 권한을 행사하지 않은 것이 직무상 의무를 위반한 것으로 위법하다고 인정되기 위한 요건 및 그 권한 불행사가 위법한 것으로 평가되는 경우 과실도 인정되는지 여부(적극)**: 구 식품위생법(2005. 1. 27. 법률 제7374호로 개정되기 전의 것) 제7조, 제9조, 제10조, 제16조 등 관련 규정이 식품의약품안전청장 및 관련 공무원에게 합리적인 재량에 따른 직무수행 권한을 부여한 것으로 해석된다고 하더라도, 식품의약품안전청장 등에게 그러한 권한을 부여한 취지와 목적에 비추어 볼 때 구체적인 상황 아래에서 식품의약품안전청장 등이 그 권한을 행사하지 아니한 것이 현저하게 합리성을 잃어 사회적 타당성이 없는 경우에는 직무상 의무를 위반한 것이 되어 위법하게 된다. 그리고 위와 같이 식약청장등이 그 권한을 행사하지 아니한 것이 직무상 의무를 위반하여 위법한 것으로 되는 경우에는 특별한 사정이 없는 한 과실도 인정된다.

[4] **어린이가 '미니컵 젤리'를 먹다가 질식하여 사망한 사안에서, 식품의약품안전청장 등이 그 사고 발생 시까지 구 식품위생법상의 규제 권한을 행사하여 미니컵 젤리의 수입·유통 등을 금지하거나 그 기준과 규격, 표시 등을 강화하고 그에 필요한 검사 등을 실시하는 조치를 취하지 않은 것이 현저하게 합리성을 잃어 사회적 타당성이 없다거나 객관적 정당성을 상실하여 위법하다고 할 수 있을 정도에까지 이르렀다고 보기 어렵고, 그 권한 불행사에 과실이 있다고 할 수도 없다고 한 원심의 판단이 정당하다고 한 사례**: 어린이가 '미니컵 젤리'를 먹다가 질식하여 사망한 사안에서, 그 사고 발생 전에 미니컵 젤리에 대한 세계 각국의 규제 내용이 주로 곤약 등 미니컵 젤리의 성분과 용기의 규격에 대한 규제에 머물러 있었고, 대한민국 정부도 그 수준에 맞추어 미니

다음 각 호의 조치를 할 수 있다.
1. 그 장소에 모인 사람, 사물(事物)의 관리자, 그 밖의 관계인에게 필요한 경고를 하는 것
2. 매우 긴급한 경우에는 위해를 입을 우려가 있는 사람을 필요한 한도에서 억류하거나 피난시키는 것
3. 그 장소에 있는 사람, 사물의 관리자, 그 밖의 관계인에게 위해를 방지하기 위하여 필요하다고 인정되는 조치를 하게 하거나 직접 그 조치를 하는 것

컵 젤리의 기준과 규격, 표시 등을 규제하는 조치를 취하여 위 사고 발생 전까지 미니컵 젤리와 관련한 질식사고가 발생하지 않았던 점 등에 비추어, 비록 당시의 과학수준상 미니컵 젤리의 성분에 대하여 허위신고를 하더라도 그 진위를 가려내기 어려웠고, 위 사고 발생 후 시험 등을 통하여 그러한 허위신고의 가능성이 확인되고 곤약 등을 제외한 다른 성분을 함유한 미니컵 젤리로 인한 질식의 위험성이 드러났다고 하더라도, 위 사고 발생 무렵 식품의약품안전청장 및 관계 공무원이 그러한 위험성을 인식하거나 예견하기 어려웠던 점 등 여러 사정을 고려하여 보면, 식품의약품안전청장 및 관계 공무원이 위 사고 발생 시까지 구 식품위생법(2005. 1. 27. 법률 제7374호로 개정되기 전의 것)상의 규제 권한을 행사하여 미니컵 젤리의 수입·유통 등을 금지하거나 그 기준과 규격, 표시 등을 강화하고 그에 필요한 검사 등을 실시하는 조치를 취하지 않은 것이 현저하게 합리성을 잃어 사회적 타당성이 없다거나 객관적 정당성을 상실하여 위법하다고 할 수 있을 정도에까지 이르렀다고 보기 어렵고, 그 권한 불행사에 과실이 있다고 할 수도 없다고 한 원심의 판단이 정당하다고 한 사례(대법원 2010. 9. 9. 선고 2008다77795 판결).

어린이가 미니컵 젤리를 섭취하던 중 미니컵 젤리가 목에 걸려 질식사한 두 건의 사고가 연달아 발생한 뒤 약 8개월 20일 이후 다시 어린이가 미니컵 젤리를 먹다가 질식사한 사안에서, 당시의 미니컵 젤리에 대한 국제적 규제수준과 식품의약품안전청장 등의 기존의 규제조치의 수준, 이전에 발생한 두 건의 질식사고의 경위와 미니컵 젤리로 인한 사고의 빈도, 구 식품위생법(2005. 1. 27. 법률 제7374호로 개정되기 전의 것)이 식품에 대한 규제조치를 식품의약품안전청장 등의 합리적 재량에 맡기고 있는 취지 등에 비추어, 식품의약품안전청장 등이 미니컵 젤리의 유통을 금지하거나 물성실험 등을 통하여 미니컵 젤리의 위험성을 확인하고 기존의 규제조치보다 강화된 미니컵 젤리의 기준 및 규격 등을 마련하지 아니하였다고 하더라도, 그러한 규제권한을 행사하지 아니한 것이 현저하게 합리성을 잃어 사회적 타당성이 없다고 볼 수 있는 정도에 이른 것이라고 보기 어렵다고 한 사례(대법원 2010. 11. 25. 선고 2008다67828 판결): <해설> 동일한 사망사건이 이미 8개월 전에 2건이나 발생하였던 점에 비추어 보건대, 사고의 반복적인 발생에 의한 손해발생을 방지하기 위하여 필요한 규제조치(수거, 판매금지 등과 같은 권력적 조치뿐만 아니라 행정지도, 홍보 등과 같은 비권력적 조치 포함)를 취할 의무가 행정청에 보다 강하게 요구되었다는 점에서, 국가배상책임을 인정하지 않은 위 판례의 태도에는 의문이 제기된다.

다수의 성폭력범죄로 여러 차례 처벌을 받은 뒤 위치추적 전자장치를 부착하고 보호관찰을 받고 있던 갑이 을을 강간하였고(이하 '직전 범행'이라고 한다), 그로부터 13일 후 병을 강간하려다 살해하였는데, 병의 유족들이 경찰관과 보호관찰관의 위법한 직무수행을 이유로 국가를 상대로 손해배상을 구한 사안에서, 직전 범행의 수사를 담당하던 경찰관이 직전 범행의 특수성과 위험성을 고려하지 않은 채 통상적인 조치만 하였을 뿐 전자장치 위치정보를 수사에 활용하지 않은 것과 보호관찰관이 갑의 높은 재범의 위험성과 반사회성을 인식하였음에도 적극적 대면조치 등 이를 억제할 실질적인 조치를 하지 않은 것은 범죄를 예방하고 재범을 억지하여 사회를 방위하기 위해서 이들에게 부여된 권한과 직무를 목적과 취지에 맞게 수행하지 않았거나 소홀히 수행하였던 것이고, 이는 국민의 생명·신체에 관하여 절박하고 중대한 위험상태가 발생할 우려가 있어 그 위험 배제에 나서지 않으면 이를 보호할 수 없는 상황에서 그러한 위험을 배제할 공무원의 작위의무를 위반한 것으로 인정될 여지가 있으며, 위와 같은 경찰관과 보호관찰관의 직무상 의무 위반은 병의 사망 사이에서 상당인과관계를 인정할 여지가 큰데도, 경찰관과 보호관찰관의 직무수행이 객관적 정당성을 결여하지 않아 위법하지 않다고 본 원심판단에 법리오해의 잘못이 있다고 한 사례(대법원 2022. 7. 14. 선고 2017다290538 판결): <해설> 이 판결로 대법원은 부작위에 의한 국가배상책임의 성립에 대하여 소극적인 태도를 보였던 기존 판례(대법원 2010. 11. 25. 선고 2008다67828 판결)를 사실상 변경한 것으로 보여진다.

VI. 타인에 대한 손해의 발생

1. 타 인

여기에서 '타인'이란 가해자인 공무원과 그의 위법한 직무행위에 가담한 자 이외의 모든 자를 의미하며, 자연인·법인을 가리지 않는다. 피해자가 가해자인 공무원과 동일 또는 동종의 기관에 근무하는지 여부는 문제되지 않는다. 공무원 역시 다른 공무원의 가해행위로 인하여 손해가 발생하게 되면 여기서의 타인에 해당하게 된다.

2. 손해의 발생

공무원의 불법행위가 있더라도 손해가 발생하지 않으면 국가배상책임이 인정되지 않는다. 손해는 법률상 이익의 침해에 의한 불이익을 의미하여, 반사적 이익의 침해는 여기의 손해에 해당되지 않는다.

손해는 적극적 손해인가 또는 소극적 손해인가, 재산상의 손해인가 생명·신체·정신상의 손해인가를 가리지 않는다. 실무에서는 손해를 적극적 손해, 소극적 손해(일실수익), 정신적 손해(위자료)로 3분하여 평가하고 있다.

판례

[1] 공무원의 직무상 의무가 순전히 행정기관 내부의 질서를 유지하기 위한 것이거나 전체적으로 공공 일반의 이익을 도모하기 위한 것인 경우, 그 의무를 위반하여 국민에게 가한 손해에 대하여 국가 또는 지방자치단체가 배상책임을 부담하는지 여부(소극) 및 공무원의 직무상 의무

가 오로지 공공 일반의 전체적인 이익을 도모하기 위한 것에 불과한지 판단하는 기준: 일반적으로 국가 또는 지방자치단체가 권한을 행사할 때에는 국민에 대한 손해를 방지하여야 하고, 국민의 안전을 배려하여야 하며, 소속 공무원이 전적으로 또는 부수적으로라도 국민 개개인의 안전과 이익을 보호하기 위하여 법령에서 정한 직무상 의무를 위반하여 국민에게 손해를 가하면 상당인과관계가 인정되는 범위 안에서 국가 또는 지방자치단체가 배상책임을 부담하는 것이지만, 공무원이 직무를 수행하면서 근거되는 법령의 규정에 따라 구체적으로 의무를 부여받았어도 그것이 국민의 이익과는 관계없이 순전히 행정기관 내부의 질서를 유지하기 위한 것이거나, 또는 국민의 이익과 관련된 것이라도 직접 국민 개개인의 이익을 위한 것이 아니라 전체적으로 공공 일반의 이익을 도모하기 위한 것이라면 그 의무를 위반하여 국민에게 손해를 가하여도 국가 또는 지방자치단체는 배상책임을 부담하지 아니한다. 이때 공무원이 준수하여야 할 직무상 의무가 오로지 공공 일반의 전체적인 이익을 도모하기 위한 것에 불과한지 혹은 국민 개개인의 안전과 이익을 보호하기 위하여 설정된 것인지는 결국 근거 법령 전체의 기본적인 취지·목적과 그 의무를 부과하고 있는 개별 규정의 구체적 목적·내용 및 직무의 성질, 가해행위의 태양 및 피해의 정도 등의 제반 사정을 개별적·구체적으로 고려하여 판단하여야 한다.

[2] 구 산업기술혁신 촉진법(2009. 1. 30. 법률 제9369호로 개정되기 전의 것) … 의 목적과 내용 등을 종합하여 보면, 위 법령이 공공기관에 부과한 신제품 인증을 받은 제품(이하 '인증신제품'이라 한다) 구매의무는 기업에 신기술개발제품의 판로를 확보하여 줌으로써 산업기술개발을 촉진하기 위한 국가적 지원책의 하나로 국민경제의 지속적인 발전과 국민의 삶의 질 향상이라는 공공 일반의 이익을 도모하기 위한 것이고, 공공기관이 구매의무를 이행한 결과 신제품 인증을 받은 자가 재산상 이익을 얻게 되더라도 이는 반사적 이익에 불과할 뿐 위 법령이 보호하고자 하는 이익으로 보기는 어렵다. 따라서 공공기관이 위 법령에서 정한 인증신제품 구매의무를 위반하였다고 하더라도, 이를 이유로 신제품 인증을 받은 자에 대하여 국가배상법 제2조가 정한 배상책임이나 불법행위를 이유로 한 손해배상책임을 지는 것은 아니다(대법원 2015. 5. 28. 선고 2013다41431 판결).

3. 인과관계

직무상 불법행위와 손해의 발생 사이에는 상당인과관계가 있어야 한다. 이때 상당인과관계 유무를 판단함에 있어서는 직무상 의무를 부과하는 관련 법령의 내용, 가해행위의 태양, 피해의 정도 등 제반 사정을 종합적으로 고려하여야 한다(대법원 2008. 4. 10. 선고 2005다48994 판결 등).

한편 판례는 사익보호성을 상당인과관계의 문제로 보는 경향이 있으므로, 단순한 반사적 이익만이 침해된 경우 즉 사익보호성이 없는 경우에도 위법성은 인정되지만, 다만 그 경우 인과관계가 없으므로 손해가 발생한 것으로 볼 수 없어 국가배상책임이 인정되지 않는 것으로 보게 된다.

판례

[1] **공무원의 직무상 의무 위반으로 국가 또는 지방자치단체가 배상책임을 지는 경우의 직무상 의무의 내용 및 상당인과관계 유무의 판단 기준**: 공무원에게 부과된 직무상 의무의 내용이 단순히 공공 일반의 이익을 위한 것이거나 행정기관 내부의 질서를 규율하기 위한 것이 아니고 전적으로 또는 부수적으로 사회구성원 개인의 안전과 이익을 보호하기 위하여 설정된 것이라면, 공무원이 그와 같은 직무상 의무를 위반함으로 인하여 피해자가 입은 손해에 대하여는 상당인과관계가 인정되는 범위 내에서 국가가 배상책임을 지는 것이고, 이때 상당인과관계의 유무를 판단함에 있어서는 일반적인 결과 발생의 개연성은 물론 직무상 의무를 부과하는 법령 기타 행동규범의 목적이나 가해행위의 태양 및 피해의 정도 등을 종합적으로 고려하여야 하며, 이는 지방자치단체와 그 소속 공무원에 대하여도 마찬가지이다.

[2] 유흥주점에 감금된 채 윤락을 강요받으며 생활하던 여종업원들이 유흥주점에 화재가 났을 때 미처 피신하지 못하고 유독가스에 질식해 사망한 사안에서, 지방자치단체의 담당 공무원이 위 유흥주점의 용도변경, 무허가 영업 및 시설기준에 위배된 개축에 대하여 시정명령 등 식품위생법상 취하여야 할 조치를 게을리 한 직무상 의무위반행위와 위 종업원들의 사망 사이에 상당인과관계가 존재하지 않는다고 한 사례: <해설> 식품위생법상 작위의무의 사익보호성 및 담당공무원의 작위의무 위반행위는 인정하였지만, 위 식품위생법상 작위의무 위반행위와 화재로 인한 피해자들의 사망사이에 상당인과관계는 존재하지 않는다고 본 경우이다.

[3] … 소방공무원의 행정권한 행사가 관계 법률의 규정 형식상 소방공무원의 재량에 맡겨져 있다고 하더라도 소방공무원에게 그러한 권한을 부여한 취지와 목적에 비추어 볼 때 구체적인 상황 아래에서 소방공무원이 그 권한을 행사하지 않은 것이 현저하게 합리성을 잃어 사회적 타당성이 없는 경우에는 소방공무원의 직무상 의무를 위반한 것으로서 위법하게 된다.

[4] 유흥주점에 감금된 채 윤락을 강요받으며 생활하던 여종업원들이 유흥주점에 화재가 났을 때 미처 피신하지 못하고 유독가스에 질식해 사망한 사안에서, 소방공무원이 위 유흥주점에 대하여 화재 발생 전 실시한 소방점검 등에서 구 소방법상 방염 규정 위반에 대한 시정조치 및 화재 발생시 대피에 장애가 되는 잠금장치의 제거 등 시정조치를 명하지 않은 직무상 의무 위반은 현저히 불합리한 경우에 해당하여 위법하고, 이러한 직무상 의무 위반과 위 사망의 결과 사이에 상당인과관계가 존재한다고 한 사례(대법원 2008. 4. 10. 선고 2005다48994 판결): <해설> 소방법상 작위의무의 사익보호성 및 담당공무원의 작위의무 위반행위뿐만 아니라, 위 작위의무 위반행위와 화재로 인한 피해자들의 사망 사이의 상당인과관계를 모두 인정한 경우이다.

[1] 특별송달우편물의 배달업무에 종사하는 우편집배원으로서는 압류 및 전부명령 결정 정본에 대하여 적법한 송달이 이루어지지 아니할 경우에는 법령에 정해진 일정한 효과가 발생하지 못하고

그로 인하여 국민의 권리 실현에 장애를 초래하여 당사자가 불측의 피해를 입게 될 수 있음을 충분히 예견할 수 있다고 봄이 상당하다.

[2] 우편집배원이 압류 및 전부명령 결정 정본을 특별송달하는 과정에서 민사소송법을 위반하여 부적법한 송달을 하고도 적법한 송달을 한 것처럼 우편송달보고서를 작성하여 압류 및 전부의 효력이 발생한 것과 같은 외관을 형성시켰으나, 실제로는 압류 및 전부의 효력이 발생하지 아니하여 집행채권자로 하여금 피압류채권을 전부받지 못하게 함으로써 손해를 입게 한 경우에는, 우편집배원의 위와 같은 직무상 의무위반과 집행채권자의 손해 사이에는 상당인과관계가 있다고 봄이 상당하고, 국가는 국가배상법에 의하여 그 손해에 대하여 배상할 책임이 있다(대법원 2009. 7. 23. 선고 2006다87798 판결).

제3관 공무원의 배상책임

Ⅰ. 공무원의 피해자에 대한 책임

국가배상법 제2조의 요건을 충족하여 국가 또는 지방자치단체의 배상책임이 인정되는 경우에 피해자는 국가 또는 지방자치단체 이외에 가해공무원에 대하여도 손해배상을 청구할 수 있는가. 이에 대하여는 학설의 대립이 있다.

아울러 공무원 개인의 배상책임을 인정하는 경우, 공무수탁사인이 위 공무원의 개념에 포함될 수 있는지에 대하여도 검토할 필요가 있다.

1. 학 설

가. 긍정설(선택적 청구를 전면적으로 긍정하는 견해)

국가 또는 지방자치단체의 배상책임과 공무원 개인의 배상책임은 관계가 없기 때문에 피해자는 그의 선택에 따라 국가 또는 지방자치단체 이외에 가해공무원에 대하여도 선택적으로 손해배상을 청구할 수 있다는 견해이다.

그 논거는 ① 국가배상책임을 국가의 자기책임으로 본다면, 가해행위는 국가의 행위임과 동시에 가해공무원 자신의 행위이기도 하므로 국가의 책임과 공무원 개인의 책임이 양립 가능하고 따라서 국가의 책임과 별도로 공무원의 책임을 인정하는 것이 논리적이라는 점, ② 공무원의 피해자에 대한 배상책임을 부인하는 것은 공무원을 일반 사인에 비하여 부당하게 보호하는 것이 된다는 점, ③ 공무원의 피해자에 대한 직접책임을 부인하는 것은 공무원의 책임의식을 박약하게 할 우려가 있다는 점, ④ 국가권력의 남용에 대한 통제의 측면에서도 실제의 행위자인 공무원의 피해자에 대한 책임을 인정하는 것이 국가권력의 남용에 대한 적절한 제재가 된다는 점 등을 들고 있다.

나. 부정설(선택적 청구를 부정하는 견해)

피해자는 국가 또는 지방자치단체에게 배상을 청구할 수 있는 이외에 가해공무원에 대하여는 손해배상을 청구할 수 없다는 견해이다.

그 논거는 ① 국가배상책임을 대위책임으로 보는 견해에 의하면 본래 가해공무원이 져야하는 배상책임을 국가가 갈음하여 지는 것이므로 피해자는 국가 등에 대하여만 배상을 청구할 수 있고 가해자인 공무원에 대하여는 직접배상을 청구할 수 없다고 보는 것이 논리적이라는 점, ② 정책적 견지에서 볼 때 공무원의 피해자에 대한 직접책임을 인정하게 되면 공무원의 직무집행을 위축시킬 우려가 있다는 점, ③ 공무원의 피해자에 대한 책임을 인정하지 않아도 국가는 무제한의 자력을 갖고 있으므로 피해자의 구제는 충분하다는 점, ④ 공무원 개인이 직접적으로 배상책임을 지게 되면, 고의·중과실의 경우에만 구상책임을 인정하는 것과 균형이 맞지 않는다는 점 등을 들고 있다.

다. 절충설(제한적 긍정설)

직무수행 과정에서 경과실이 있는 경우 공무원의 행위는 공무원 개인의 행위가 아니고 기관의 행위로서 국가에 귀속되는 것이므로 공무원은 일체의 책임을 지지 않고, 고의 또는 중과실이 있는 경우 공무원의 행위는 더 이상 행정기관의 행위로 볼 수 없으므로 이에 대하여는 공무원 개인도 책임을 져야 한다는 견해이다. 이로써 정책적 견지에서 공무원의 책임의식의 확보와 공무의 원활한 수행을 조화시킬 수 있다는 것이다.

판례는 절충설의 입장을 취하고 있다(대법원 1996. 2. 15. 선고 95다38677 전원합의체 판결).

판례

[2] **국가배상법 제2조 제1항 본문 및 제2항의 입법 취지**: [다수의견] 국가배상법 제2조 제1항 본문 및 제2항의 입법 취지는 공무원의 직무상 위법행위로 타인에게 손해를 끼친 경우에는 변제자력이 충분한 국가 등에게 선임감독상 과실 여부에 불구하고 손해배상책임을 부담시켜 국민의 재산권을 보장하되, 공무원이 직무를 수행함에 있어 경과실로 타인에게 손해를 입힌 경우에는 그 직무수행상 통상 예기할 수 있는 흠이 있는 것에 불과하므로, 이러한 공무원의 행위는 여전히 국가 등의 기관의 행위로 보아 그로 인하여 발생한 손해에 대한 배상책임도 전적으로 국가 등에만 귀속시키고

공무원 개인에게는 그로 인한 책임을 부담시키지 아니하여 공무원의 공무집행의 안정성을 확보하고, 반면에 공무원의 위법행위가 고의·중과실에 기한 경우에는 비록 그 행위가 그의 직무와 관련된 것이라고 하더라도 그와 같은 행위는 그 본질에 있어서 기관행위로서의 품격을 상실하여 국가 등에게 그 책임을 귀속시킬 수 없으므로 공무원 개인에게 불법행위로 인한 손해배상책임을 부담시키되, 다만 이러한 경우에도 그 행위의 외관을 객관적으로 관찰하여 공무원의 직무집행으로 보여질 때에는 피해자인 국민을 두텁게 보호하기 위하여 국가 등이 공무원 개인과 중첩적으로 배상책임을 부담하되 국가 등이 배상책임을 지는 경우에는 공무원 개인에게 구상할 수 있도록 함으로써 궁극적으로 그 책임이 공무원 개인에게 귀속되도록 하려는 것이라고 봄이 합당하다.

[3] **공무원이 직무수행 중 불법행위로 타인에게 손해를 입힌 경우, 공무원 개인의 손해배상책임 유무(=제한적 긍정설)**: [다수의견] 공무원이 직무수행 중 불법행위로 타인에게 손해를 입힌 경우에 국가 등이 국가배상책임을 부담하는 외에 공무원 개인도 고의 또는 중과실이 있는 경우에는 불법행위로 인한 손해배상책임을 진다고 할 것이지만, 공무원에게 경과실뿐인 경우에는 공무원 개인은 손해배상책임을 부담하지 아니한다고 해석하는 것이 헌법 제29조 제1항 본문과 단서 및 국가배상법 제2조의 입법취지에 조화되는 올바른 해석이다(대법원 1996. 2. 15. 선고 95다38677 전원합의체 판결).

2. 개인적으로 배상책임을 지는 공무원

국가책임 이외에 공무원 개인의 배상책임을 인정하는 경우, 공무수탁사인이 위와 같이 개인적으로 배상책임을 지는 공무원의 개념에 포함될 수 있는지에 대하여 검토할 필요가 있다. 공무수탁사인이 위 공무원에 해당되면, 경과실의 경우 면책될 수 있지만 그렇지 않을 경우 경과실의 경우에도 면책법리가 적용될 수 없기 때문이다.

먼저 협의의 공무수탁사인은 국가배상법 제2조 소정의 공무원이 아니기 때문에 경과실 면책법리가 적용되지 않는다고 보는 견해가 있다. 즉 협의의 공무수탁사인은 행정주체이므로 스스로 배상책임을 지면되고, 위와 같이 행정주체로서 국가배상책임을 지는 경우에는 공무원에게 인정되는 경과실 면책은 인정될 수 없다고 보아야 한다는 것이다.[50] 다만 이 경우에도 협의의 공무수탁사인이 아닌 행정보조인·행정대행자는 국가배상법 제2조 소정의 공무원에 해당한다고 본다.

다음으로 협의의 공무수탁사인도 국가배상법 제2조 소정의 공무원에 해당된다고 보는 견해가 있다.[51] 이 견해에 따르면 협의의 공무수탁사인이라고 할지라도 경과실의 경우

50) 박균성, 앞의 책, 760면.

51) 이상천, “국가배상법 제2조 제1항의 입법론상 문제점”, 행정법연구 제26호, 2010. 4, 238면.

면책법리의 적용을 받을 수 있게 된다.

끝으로 공무수탁사인이 자연인인 경우에는 국가배상법 제2조 소정의 공무원에 해당되므로 경과실의 경우 면책되지만, 법인인 경우에는 국가배상법 제2조 소정의 공무원이 아니기 때문에 경과실 면책법리가 적용되지 않는다고 보는 견해가 있다.[52)]

판례는 일부 불분명한 점이 없지 않지만, 첫째의 입장을 취하고 있는 것으로 보여 진다(대법원 2010. 1. 28. 선고 2007다82950,82967 판결).

판례

법령에 의해 대집행권한을 위탁받은 한국토지공사가 국가공무원법 제2조에서 말하는 공무원에 해당하는지 여부(소극): 한국토지공사는 구 한국토지공사법(2007. 4. 6. 법률 제8340호로 개정되기 전의 것, 이하 '토지공사법'이라 한다) 제2조, 제4조에 의하여 정부가 자본금의 전액을 출자하여 설립한 법인이고, 이 사건 택지개발사업은 같은 법 제9조 제4호에 규정된 한국토지공사의 사업으로서, 이러한 사업에 관하여는 공익사업을 위한 토지 등의 취득 및 보상에 관한 법률(이하 '공익사업법'이라 한다) 제89조 제1항, 토지공사법 제22조 제6호 및 같은 법 시행령 제40조의3 제1항의 규정에 의하여, 본래 시·도지사나 시장·군수 또는 구청장의 업무에 속하는 대집행권한을 한국토지공사에게 위탁하도록 되어 있는바, 한국토지공사는 이러한 법령의 위탁에 의하여 이 사건 대집행을 수권받은 자로서 공무인 대집행을 실시함에 따르는 권리·의무 및 책임이 귀속되는 행정주체의 지위에 있다고 볼 것이지 지방자치단체 등의 기관으로서 국가배상법 제2조 소정의 공무원에 해당한다고 볼 것은 아니다(대법원 2010. 1. 28. 선고 2007다82950,82967 판결): <해설> (협의의) 공무수탁사인인 한국토지공사의 경우 행정주체이고, 따라서 국가배상법 제2조 소정의 공무원에 해당한다고 볼 것이 아니므로, 경과실 면책법리가 적용되지 않는다고 본 사례이다. 한편 이와는 달리 피고 2, 피고 3 주식회사, 피고 4의 경우 한국토지공사의 업무 담당자이거나 그와 용역계약을 체결한 법인 또는 그 대표자로서 한국토지공사의 지휘·감독 하에 공무인 이 사건 대집행에 실질적으로 종사한 자라고 할 것이므로 국가배상법 제2조 소정의 공무원에 해당한다고 보아 경과실 면책법리에 따라 고의 또는 중과실이 있는 경우에 한하여 불법행위로 인한 손해배상책임을 진다고 보았다.

[1] **공법인이 국가로부터 위탁받은 공행정사무를 집행하는 과정에서 공법인의 임직원이나 피용인이 고의 또는 과실로 법령을 위반하여 타인에게 손해를 입힌 경우, 공법인의 임직원이나 피용인은 고의 또는 중과실이 있는 경우에만 배상책임을 부담하는지 여부(적극) / 공무원의 '중과실'의 의미**: 공법인이 국가로부터 위탁받은 공행정사무를 집행하는 과정에서 공법인의 임직원이나 피용인이 고의 또는 과실로 법령을 위반하여 타인에게 손해를 입힌 경우에는, 공법인은 위탁받은 공행정사무에 관한 행정주체의 지위에서 배상책임을 부담하여야 하지만, 공법인의 임직원이나

52) 정형근, "공행정을 수행하는 사인의 법적 지위", 경희법학 제45권 제2호, 2010, 165면.

피용인은 실질적인 의미에서 공무를 수행한 사람으로서 국가배상법 제2조에서 정한 공무원에 해당하므로 고의 또는 중과실이 있는 경우에만 배상책임을 부담하고 경과실이 있는 경우에는 배상책임을 면한다. 한편 공무원의 중과실이란 공무원에게 통상 요구되는 정도의 상당한 주의를 하지 않더라도 약간의 주의를 한다면 손쉽게 위법·유해한 결과를 예견할 수 있는 경우임에도 만연히 이를 간과한 경우와 같이, 거의 고의에 가까운 현저한 주의를 결여한 상태를 의미한다.

[2] 생략

[3] 갑이 선고유예 판결의 확정으로 변호사등록이 취소되었다가 선고유예기간이 경과한 후 대한변호사협회에 변호사 등록신청을 하였는데, 협회장 을이 등록심사위원회에 갑에 대한 변호사등록 거부 안건을 회부하여 소정의 심사과정을 거쳐 대한변호사협회가 갑의 변호사등록을 마쳤고, 이에 갑이 대한변호사협회 및 협회장 을을 상대로 변호사 등록거부사유가 없음에도 위법하게 등록심사위원회에 회부되어 변호사등록이 2개월간 지연되었음을 이유로 손해배상을 구한 사안에서, 대한변호사협회는 을 및 등록심사위원회 위원들이 속한 행정주체의 지위에서 갑에게 변호사등록이 위법하게 지연됨으로 인하여 얻지 못한 수입 상당액의 손해를 배상할 의무가 있는 반면, 을은 경과실 공무원의 면책 법리에 따라 갑에 대한 배상책임을 부담하지 않는다고 한 사례(대법원 2021. 1. 28. 선고 2019다260197 판결).

II. 공무원의 국가에 대한 구상책임

1. 구상권 행사의 요건

국가배상책임이 성립한 경우 국가 또는 지방자치단체는 공무원에게 고의 또는 중과실이 있는 때에는 그 공무원에게 구상할 수 있다(국가배상법 제2조 제2항). 이와 같이 고의 또는 중과실의 경우에 한하여 국가의 공무원에 대한 구상권을 인정한 것은 경과실의 경우까지 공무원의 책임을 인정하는 것은 공무원에게 가혹할 뿐만 아니라 공무원의 직무집행을 위축시킬 우려가 있기 때문이다.

다음으로 국가 등이 배상금을 실제로 지급하였어야 하는가, 아니면 법원의 판결 등에 의해 국가 등의 배상책임이 확정된 것으로 충분한 것인지가 문제된다. 배상금의 현실적인 지급은 구상권의 행사에 있어서 반드시 필요한 요건은 아니라고 보는 것이 타당하다.[53] 그러나 국가배상법 시행령 제25조는 '국가 또는 지방자치단체가 배상금을 지급한 때'에 구상권 행사를 위한 조치를 할 수 있다고 규정하고 있다.[54]

53) 박균성, 앞의 책, 768면.

54) 국가배상법 시행령 제25조(가해공무원등에 대한 조치) ① 행정기관의 장은 소속공무원의 가해행위

2. 구상권의 법적 성질

이러한 구상권의 법적 성질이 무엇이냐에 관하여는 학설의 대립이 있다. ① 대위책임설의 입장에서는 국가가 본래의 배상책임자인 당해 공무원에게 구상하는 것은 당연한 것이 되며 그 법적 성질은 일종의 부당이득반환청구권이 된다. ② 자기책임설에 의하면 국가배상책임을 유발한 공무원은 국가에 대한 직무상 의무 위반에 대하여 책임을 져야할 지위에 있으므로 그 법적 성질은 행정내부적 변상책임, 즉 채무불이행에 근거한 손해배상청구권이라고 본다.

한편 경과실의 경우에도 논리적으로는 공무원에 대한 구상권이 인정되어야 하겠지만, 공무원의 직무의욕 저하와 무사안일을 방지하기 위한 입법정책적 고려에서 그 면책을 규정한 것이라고 보는 점은 위의 양 견해 모두 동일하다.

3. 구상의 범위

위와 같은 구상권 행사의 요건을 갖춘 경우에도 국가가 실제로 구상권을 행사할 것인지 여부는 재량에 속하고 의무적인 것이 아니다. 아울러 구상권을 행사하는 경우에도 그 범위는 신의칙상 상당하다고 인정되는 한도 내에서만 행사할 수 있다는 것이 판례의 태도이다(대법원 1991. 5. 10. 선고 91다6764 판결).

판례

국가 또는 지방자치단체의 산하 공무원에 대한 구상권 행사의 범위: 국가 또는 지방자치단체의 산하 공무원이 그 직무를 집행함에 당하여 중대한 과실로 인하여 법령에 위반하여 타인에게 손해를 가함으로써 국가 또는 지방자치단체가 손해배상책임을 부담하고, 그 결과로 손해를 입게 된 경우에는 국가 등은 당해 공무원의 직무내용, 당해 불법행위의 상황, 손해발생에 대한 당해 공무원의 기여정도, 당해 공무원의 평소 근무태도, 불법행위의 예방이나 손실분산에 관한 국가 또는 지방자치단체의 배려의 정도 등 제반사정을 참작하여 손해의 공평한 분담이라는 견지에서 신의칙상 상당하다고 인정되는 한도 내에서만 당해 공무원에 대하여 구상권을 행사할 수 있다고 봄이 상당하다(대법원 1991. 5. 10. 선고 91다6764 판결).

또는 영조물의 설치·관리의 하자로 인하여 국가 또는 지방자치단체가 배상금을 지급한 때에는 법 제2조 제2항, 법 제5조 제2항 또는 법 제6조 제2항의 규정에 의하여 구상권 행사를 위한 조치를 할 수 있다.

Ⅲ. 공무원의 국가에 대한 구상권

공무원이 직무를 수행함에 있어 경과실로 타인에게 손해를 입힌 경우에 공무원 개인은 손해배상책임을 부담하지 아니한다.

위와 같이 손해배상책임을 부담하지 아니함에도 불구하고 경과실인 공무원이 피해자에게 손해를 배상하였다면 그것은 민법 제469조의 '제3자의 변제' 또는 민법 제744조의 '도의관념에 적합한 비채변제'에 해당하게 되어 피해자는 공무원에 대하여 이를 반환할 의무가 없다.

다만 이 경우 피해자의 국가에 대한 손해배상청구권이 소멸하여 국가는 자신의 출연 없이 채무를 면하게 되었으므로, 경과실임에도 불구하고 피해자에게 손해를 직접 배상한 공무원은 국가에 대하여 국가의 피해자에 대한 손해배상책임의 범위 내에서 자신이 변제한 금액에 관한 구상권을 취득하게 된다(대법원 2014. 8. 20. 선고 2012다54478 판결).

판례

[1] **공무원이 직무수행 중 불법행위로 타인에게 손해를 입힌 경우, 피해자에게 손해를 직접 배상한 경과실이 있는 공무원이 국가에 대하여 구상권을 취득하는지 여부(원칙적 적극)**: 공무원이 직무수행 중 불법행위로 타인에게 손해를 입힌 경우에 국가 등이 국가배상책임을 부담하는 외에 공무원 개인도 고의 또는 중과실이 있는 경우에는 불법행위로 인한 손해배상책임을 지고, 공무원에게 경과실이 있을 뿐인 경우에는 공무원 개인은 손해배상책임을 부담하지 아니한다. 이처럼 경과실이 있는 공무원이 피해자에 대하여 손해배상책임을 부담하지 아니함에도 피해자에게 손해를 배상하였다면 그것은 채무자 아닌 사람이 타인의 채무를 변제한 경우에 해당하고, 이는 민법 제469조의 '제3자의 변제' 또는 민법 제744조의 '도의관념에 적합한 비채변제'에 해당하여 피해자는 공무원에 대하여 이를 반환할 의무가 없고, 그에 따라 피해자의 국가에 대한 손해배상청구권이 소멸하여 국가는 자신의 출연 없이 채무를 면하게 되므로, 피해자에게 손해를 직접 배상한 경과실이 있는 공무원은 특별한 사정이 없는 한 국가에 대하여 국가의 피해자에 대한 손해배상책임의 범위 내에서 공무원이 변제한 금액에 관하여 구상권을 취득한다고 봄이 타당하다.

[2] 공중보건의인 갑에게 치료를 받던 을이 사망하자 을의 유족들이 갑 등을 상대로 손해배상청구의 소를 제기하였고, 갑의 의료과실이 인정된다는 이유로 갑 등의 손해배상책임을 인정한 판결이 확정되어 갑이 을의 유족들에게 판결금 채무를 지급한 사안에서, 갑은 공무원으로서 직무 수행 중 경과실로 타인에게 손해를 입힌 것이어서 을과 유족들에 대하여 손해배상책임을 부담하지 아니함에도 을의 유족들에 대한 패소판결에 따라 그들에게 손해를 배상한 것이고, 이는 민법 제744조의 도의관념에 적합한 비채변제에 해당하여 을과 유족들의 국가에 대한 손해배상청구권은 소멸하고 국가는 자신의 출연 없이 채무를 면하였으므로, 갑은 국가에 대하여 변제금액에 관하여 구상권을 취득한다고 한 사례(대법원 2014. 8. 20. 선고 2012다54478 판결 [구상금]).

제4관 이중배상금지

Ⅰ. 의 의

헌법 제29조 제2항은 "군인·군무원·경찰공무원 기타 법률이 정하는 자가 전투·훈련 등 직무집행과 관련하여 받은 손해에 대하여는 법률이 정하는 보상 외에 국가 또는 공공단체에 공무원의 직무상 불법행위로 인한 배상은 청구할 수 없다"라고 규정하고 있다.

나아가 국가배상법 제2조 제1항 단서는 "군인·군무원·경찰공무원 또는 향토예비군대원이 전투·훈련 등 직무집행과 관련하여 전사(戰死)·순직(殉職)하거나 공상(公傷)을 입은 경우에 본인이나 그 유족이 다른 법령에 따라 재해보상금·유족연금·상이연금 등의 보상을 지급받을 수 있을 때에는 이 법 및 민법에 따른 손해배상을 청구할 수 없다"라고 규정하고 있다. 이를 통상 이중배상금지 규정이라고 한다.

이와 같이 헌법 제29조 제2항과 국가배상법 제2조 제1항 단서는 군인 등이 직무집행 등과 관련하여 입은 손해에 대하여는 특별법에 의한 보상만을 받도록 하고, 국가배상청구는 할 수 없도록 제한하고 있다. 그런데 통상은 특별법에 의한 보상액이 국가배상법에 의한 손해배상액보다 적은 경우가 일반적이다. 그리하여 손해를 입은 군인 등은 일반국민보다 적은 배상으로 만족할 수밖에 없는 점에서 문제가 발생한다.

Ⅱ. 입법취지

이중배상금지 규정을 둔 이유로는, 첫째, 영국{영국국왕소추절차법(C.P.A) 제10조} 및 미국{미국 聯邦司法法(F.J.C.) 제2680조 J항}의 경우에서처럼 위험성이 높은 직무에 종사하는 자에 대하여는 사회보장적 위험부담으로서의 국가보상제도를 별도로 마련함으로써 그것과 경합되는 국가배상 청구를 배제하려는 취지라는 점,[55] 둘째, 국가재정이 열악한 상황하에서 국가재정의 부담을 줄이고자 하는 취지라는 점, 셋째, 전투·훈련행위 중 사고가 발생한 경우 공무원의 과실을 입증하는 것이 쉽지 않고, 위계질서가 강한 군대 등에서 전투·훈련 중에 발생한 사고가 법정에서 다투어지는 것이 타당하지 않다는 점 등이 거론된다.

이에 대하여는 다음과 같은 반론이 제기된다. 첫째, ① 이중배상을 금지하기 위하여는 특별법에 의한 보상과 국가배상청구 중 하나만을 선택적으로 청구하도록 하면 되는 것이

---

55) 김도창, 앞의 책, 464면.

지 국가배상청구만을 배제하고 특별법에 의한 보상만을 받도록 하여야 할 논리 필연성은 없다.[56] ② 아울러 양자를 경합하여 인정하더라도 손해액 산정과정에서 손익상계(損益相計) 원칙을 적용하면 이중의 이익이 부여될 가능성은 없다. ③ 또한 재해보상금·유족연금·상이연금 등은 어디까지나 사회보장적인 성격의 것이고 국가배상청구권은 일종의 불법행위책임적 성격의 것이기 때문에 양자는 성질이 전혀 다르고, 따라서 보상(報償)과 배상(賠償) 사이에는 법리상 '이중배상(二重賠償)'이라는 개념이 성립할 수 없다.[57] 둘째, 현재 국가의 경제력에 비추어 과도한 재정부담의 문제는 크게 해소된 것으로 보이고, 또한 그러한 재정부담은 일시금에 의한 배상보다 연금을 선택하도록 유도함으로써 해소할 수도 있다.[58] 셋째, 입증의 곤란과 같은 소송수행상의 어려움은 모든 소송에 공통되는 것인바, 국가배상소송에 한하여 그것을 이유로 청구권을 배제한다는 것은 본말을 전도한 것이다. 아울러 오늘날 특별권력관계 이론이 특별행정법관계로 거의 대체된 상황에서, 군대 등과 같은 조직 내에서 발생한 사고라고 해서 거기에 특별권력관계적인 특수성을 부여하는 것은 시대착오적인 사고이다.

판례

헌법 제29조 제2항 및 국가배상법 제2조 제1항 단서 규정의 입법 취지…: 헌법 제29조 제2항 및 이를 근거로 한 국가배상법 제2조 제1항 단서 규정의 입법 취지는, 국가 또는 공공단체가 위험한 직무를 집행하는 군인·군무원·경찰공무원 또는 향토예비군대원에 대한 피해보상제도를 운영하여, 직무집행과 관련하여 피해를 입은 군인 등이 간편한 보상절차에 의하여 자신의 과실 유무나 그 정도와 관계없이 무자력의 위험부담이 없는 확실하고 통일된 피해보상을 받을 수 있도록 보장하는 대신에, 피해 군인 등이 국가 등에 대하여 공무원의 직무상 불법행위로 인한 손해배상을 청구할 수 없게 함으로써, 군인 등의 동일한 피해에 대하여 국가 등의 보상과 배상이 모두 이루어짐으로 인하여 발생할 수 있는 과다한 재정지출과 피해 군인 등 사이의 불균형을 방지하고, 또한 가해자인 군인 등과 피해자인 군인 등의 직무상 잘못을 따지는 쟁송이 가져올 폐해를 예방하려는 데에 있고, 또 군인, 군무원 등 이 법률 규정에 열거된 자가 전투, 훈련 기타 직무집행과 관련하는 등으로 공상을 입은 데 대하여 재해보상금, 유족연금, 상이연금 등 별도의 보상제도가 마련되어 있는 경우에는 이중배상의 금지를 위하여 이들의 국가에 대한 국가배상법 또는 민법상의 손해배상청구권 자체를 절대적으로 배제하는 규정이므로, 이들은 국가에 대하여 손해배상청구권을 행사할 수 없는 것인바, … (대법원 2002. 5. 10. 선고 2000다39735 판결).

---

56) 박균성, "행정구제와 헌법개정", 공법연구 제34집 제1호, 2005. 11. 79면.
57) 허영, 한국헌법론(전정신판), 2005, 583면.
58) 박균성, 앞의 논문, 79면.

III. 국가배상법 제2조 제1항 단서의 위헌 여부

1. 다수설

다수설은 군인 등에 대하여서만 국가배상청구권을 제한하는 것은 헌법 제11조의 평등원칙에 반한다고 할 것이나, 이러한 제한을 헌법 자체가 규정하고 있으므로 위헌의 문제는 제기되지 아니한다고 본다. 헌법재판소의 결정도 이와 같은 취지이다.

판례

[1] **헌법의 개별규정 자체가 위헌심사의 대상이 되는지 여부(소극)**: 헌법 및 헌법재판소의 규정상 위헌심사의 대상이 되는 법률은 국회의 의결을 거친 이른바 형식적 의미의 법률을 의미하는 것이므로 헌법의 개별규정 자체는 헌법소원에 의한 위헌심사의 대상이 아니다. 한편, 이념적·논리적으로는 헌법규범 상호간의 우열을 인정할 수 있다 하더라도 그러한 규범 상호간의 우열이 헌법의 어느 특정규정이 다른 규정의 효력을 전면적으로 부인할 수 있을 정도의 개별적 헌법규정 상호간에 효력상의 차등을 의미하는 것이라고 볼 수 없으므로, 헌법의 개별규정에 대한 위헌심사는 허용될 수 없다.

[2] **군인의 국가 등에 대한 손해배상청구권을 제한하고 있는 국가배상법 제2조 제1항 단서가 헌법에 위반되는지 여부(소극)**: 국가배상법 제2조 제1항 단서는 헌법 제29조 제1항에 의하여 보장되는 국가배상청구권을 헌법 내재적으로 제한하는 헌법 제29조 제2항에 직접 근거하고, 실질적으로 그 내용을 같이하는 것이므로 헌법에 위반되지 아니한다(헌법재판소 2001. 2. 22. 선고 2000헌바38 전원재판부).

2. 소수설

이에 대하여 이중배상금지에 관한 헌법규정이 없다고 하더라도 군인 등에 대해 국가배상청구권을 제한하는 제도는 특별법에 의한 보상제도가 정당한 보상을 규정하고 있는 한 그 자체가 위헌은 아니라는 소수설이 있다.[59] 즉 문제는 특별법에 의한 보상이 제도의 취지 및 무과실책임이라는 보상의 성격 등을 고려하여도 일반 손해배상액에 비하여 심히 균형을 잃은 경우인데 이 경우에는 특별법에 의한 보상제도 자체가 위헌이 아니라 당해 보상규정이 위헌이라고 보아야 한다.

그리하여 특별보상규정에 대하여 위헌판결이 난 후에는 법률로 정해진 보상 법률이 존재하지 않는 것이 되어 국가배상법 제2조 제1항 단서가 적용되지 않게 되므로 국가배상

---

59) 박균성, 행정법론(상)(10판), 2011, 810면.

법에 근거하여 국가배상을 청구할 수 있다고 보아야 한다는 것이다. 이 견해가 타당하다고 생각된다.

IV. 이중배상금지의 구체적 내용

1. 적용대상자

이중배상이 금지되는 자는 군인·군무원·경찰공무원 또는 향토예비군대원이다. 이하 구체적으로 문제가 되는 경우를 살펴보기로 한다.

① 의무경찰(구 전투경찰): 현역병으로 입영하여 소정의 군사교육을 마치고 전임이 되어 의무경찰로 임용된 자는 군인으로서의 신분을 상실하고 의무경찰의 신분을 취득한다 할 것이므로, 군인에 해당하는 것이 아니다. 다만 의무경찰은 경찰공무원법상의 일부 조항의 준용을 받는 자로서(의무경찰대 설치 및 운영에 관한 법률 제4조 제1항) 국가배상법 제2조 제1항 단서 소정의 "경찰공무원"에는 해당된다(대법원 1995. 3. 24. 선고 94다25414 판결).

② 사회복무요원(구 공익근무요원): 사회복무요원(병역법 제2조 제1항 제10호)은 국가배상법 제2조 제1항 단서의 군인에 해당한다고 볼 수 없다(대법원 1997. 3. 28. 선고 97다4036 판결).

③ 경비교도: 현역병으로 입영하여 소정의 군사교육을 마치고 경비교도로 전임 임용된 자(병역법 제24조; 교정시설경비교도대 설치법 제3조)는 군인의 신분을 상실하고 군인과는 다른 경비교도로서의 신분을 취득하게 되었다고 할 것이어서 국가배상법 제2조 제1항 단서가 정하는 군인 등에 해당하지 아니한다(대법원 1998. 2. 10. 선고 97다45914 판결).

④ 향토예비군대원: 군인·군무원·경찰공무원은 헌법 제29조 제2항에서 이중배상금지의 적용대상자로 규정되어 있지만, 향토예비군대원은 국가배상법에 의하여 비로소 규정된 자이다. 국가배상법이 향토예비군대원을 이중배상금지의 대상자로 포함한 것은 위헌이라고 볼 여지도 있으나, 헌법재판소는 이를 합헌으로 보고 있다(헌법재판소 1996. 6. 13. 선고 94헌바20 전원재판부).

판례

가. 전투경찰순경이 군인인지 여부: 구 전투경찰대설치법(1993.12.31. 법률 제4685호로 개정되기 전의 것) 제1조, 제2조, 제2조의3 제1, 2항, 구 병역의무의특례규제에관한법률(1993. 12. 31. 법률 제4685호로 폐지) 제2조 제1호, 제5조의 규정을 종합하여 보면, 현역병으로 입영하여 소정

의 군사교육을 마치고 전임이 되어 전투경찰순경으로 임용된 자는 군인으로서의 신분을 상실하고 전투경찰순경의 신분을 취득한다 할 것이므로, 전투경찰순경은 군인이 아니라고 할 것이다.

나. 전투경찰순경이 국가배상법 제2조 제1항 단서 소정의 "경찰공무원"에 해당하는지 여부: … 전투경찰순경이 경찰청 산하의 전투경찰대에 소속되어 대간첩작전의 수행 및 치안업무의 보조를 그 임무로 하고 있어서 그 직무수행상 위험성이 다른 경찰공무원의 경우보다 낮지 않을 뿐 아니라, 전투경찰대설치법 제4조에서 경찰공무원법의 일부 조항을 준용하고 있는 점에 비추어 보면, 국가배상법 제2조 제1항 단서 소정의 "경찰공무원"이 "경찰공무원법상 경찰공무원"에 한정된다고 단정하기 어렵고, 오히려 경찰업무의 위험성을 고려하여 "경찰조직의 구성원을 이루는 공무원"을 특별취급하려는 것으로 보아야 할 것이므로 전투경찰순경은 국가배상법 제2조 제1항 단서 소정의 "경찰공무원"에 해당한다고 보아야 한다(대법원 1995. 3. 24. 선고 94다25414판결).

공익근무요원이 국가배상법 제2조 제1항 단서의 군인에 해당하는지 여부(소극): 공익근무요원은 병역법 제2조 제1항 제9호, 제5조 제1항의 규정에 의하면 국가기관 또는 지방자치단체의 공익목적수행에 필요한 경비·감시·보호 또는 행정업무 등의 지원과 국제협력 또는 예술·체육의 육성을 위하여 소집되어 공익분야에 종사하는 사람으로서 보충역에 편입되어 있는 자이기 때문에, 소집되어 군에 복무하지 않는 한 군인이라고 말할 수 없으므로, 비록 병역법 제75조 제2항이 공익근무요원으로 복무 중 순직한 사람의 유족에 대하여 국가유공자등예우및지원에관한법률에 따른 보상을 하도록 규정하고 있다고 하여도, 공익근무요원이 국가배상법 제2조 제1항 단서의 규정에 의하여 국가배상법상 손해배상청구가 제한되는 군인·군무원·경찰공무원 또는 향토예비군대원에 해당한다고 할 수 없다(대법원 1997. 3. 28. 선고 97다4036 판결).

2. 이중배상이 금지되는 직무의 범위

이중배상이 금지되는 직무는 '전투·훈련 또는 이에 준하는 직무행위'만을 의미하는 것으로 제한적으로 해석하는 것이 타당하다.[60] 그러나 판례는 '전투·훈련 또는 이에 준하는 직무집행'뿐만 아니라 '일반 직무집행'과 관련하여 전사·순직·공상(公傷)을 입은 경우에도 국가나 지방자치단체의 배상책임을 제한하는 것으로 보고 있다(대법원 2011. 3. 10. 선고 2010다85942 판결). 이중배상금지의 대상을 확대하는 것은 바람직하지 않다는 점에서, 위 판례의 태도는 타당하지 않다.

판례

경찰공무원이 낙석사고 현장 주변 교통정리를 위하여 사고현장 부근으로 이동하던 중 대형 낙

60) 박균성, 앞의 책, 811면.

석이 순찰차를 덮쳐 사망하자, 도로를 관리하는 지방자치단체가 국가배상법 제2조 제1항 단서에 따른 면책을 주장한 사안에서, 경찰공무원 등이 '전투·훈련 등 직무집행과 관련하여' 순직 등을 한 경우 같은 법 및 민법에 의한 손해배상책임을 청구할 수 없다고 정한 국가배상법 제2조 제1항 단서의 면책조항은 구 국가배상법(2005. 7. 13. 법률 제7584호로 개정되기 전의 것) 제2조 제1항 단서의 면책조항과 마찬가지로 전투·훈련 또는 이에 준하는 직무집행뿐만 아니라 '일반 직무집행'에 관하여도 국가나 지방자치단체의 배상책임을 제한하는 것이라고 해석하여, 위 면책 주장을 받아들인 원심판단을 정당하다고 한 사례(대법원 2011. 3. 10. 선고 2010다85942 판결): <해설> 이중배상금지의 대상을 확대하는 것은 바람직하지 않다는 점에서, '일반 직무집행'과 관련하여 발생한 손해까지 국가의 배상책임을 제한하는 위 대상판결에는 의문이 제기된다.

3. 이중배상이 금지되는 손해의 내용

전사·순직 또는 공상(公傷)을 입은 경우에만 이중배상이 금지된다. 따라서 전사·순직 또는 공상 이외의 사유로 인한 손해에 대해서는 국가배상청구가 배제되지 않는다.

여기서 공상이란 '교육훈련 또는 직무수행 중 상이'를 의미한다. 따라서 교육훈련 또는 직무수행과 상이 사이에 상당인과관계를 인정하기 어려운 경우는 공상에 해당된다고 할 수 없다(대법원 2012. 11. 15. 선고 2009두7639 판결).

4. 다른 법령에 따른 권리의 발생

군인·군무원·경찰공무원 또는 향토예비군대원이 다른 법령에 따른 보상을 지급받을 수 있을 때에만 이중배상금지의 법리가 적용된다. 여기서 '다른 법령'은 군인연금법, 공무원연금법, 향토예비군 설치법(제8조의2), 국가유공자 등 예우 및 지원에 관한 법률 등을 말한다.

'보상을 지급받을 수 있을 때'란 다른 법령에 보상제도가 규정되어 있고, 그 법령에 규정된 요건에 해당되어 그 권리가 발생한 것을 말한다. 실제로 그러한 보상이 이루어졌는지 여부와는 상관이 없다. 따라서 다른 법령에 의한 보상금청구권이 발생한 이상, 이후 그것이 시효로 소멸된 경우에도 여전히 이중배상금지가 적용된다(대법원 2002. 5. 10. 선고 2000다39735 판결).

판례

[2] …**다른 법령에 의한 보상금청구권이 시효로 소멸된 경우 국가배상법 제2조 제1항 단서**

규정이 적용되는지 여부(적극): …따라서 국가배상법 제2조 제1항 단서 규정은 다른 법령에 보상제도가 규정되어 있고, 그 법령에 규정된 상이등급 또는 장애등급 등의 요건에 해당되어 그 권리가 발생한 이상, 실제로 그 권리를 행사하였는지 또는 그 권리를 행사하고 있는지 여부에 관계없이 적용된다고 보아야 하고, 그 각 법률에 의한 보상금청구권이 시효로 소멸되었다 하여 적용되지 않는다고 할 수는 없다.

[3] 공상을 입은 군인이 국가배상법에 의한 손해배상청구 소송 도중에 국가유공자등예우및지원에관한법률에 의한 국가유공자 등록신청을 하였다가 인과관계가 없어 공상군경 요건에 해당되지 않는다는 이유로 비해당결정 통보를 받고 이에 불복하지 아니한 후 위 법률에 의한 보상금청구권과 군인연금법에 의한 재해보상금청구권이 모두 시효완성된 경우, 국가배상법 제2조 제1항 단서 소정의 '다른 법령에 의하여 보상을 받을 수 있는 경우'라 하여 국가배상청구를 할 수 없다고 한 사례(대법원 2002. 5. 10. 선고 2000다39735 판결).

한편 다른 법령에 보상제도가 규정되어 있지만, 그 법령에 규정된 요건에 해당되지 아니하여 처음부터 다른 법령에 따른 권리가 발생하지 아니한 경우에는 국가배상법 또는 민법에 의한 손해배상을 청구할 수 있다.

판례

[1] **공상을 입은 군인·경찰공무원 등이 별도의 국가보상을 받을 수 없는 경우, 국가배상법 제2조 제1항 단서의 적용 여부(소극)**: 군인·군무원 등 국가배상법 제2조 제1항에 열거된 자가 전투, 훈련 기타 직무집행과 관련하는 등으로 공상을 입은 경우라고 하더라도 군인연금법 또는 국가유공자예우등에관한법률에 의하여 재해보상금·유족연금·상이연금 등 별도의 보상을 받을 수 없는 경우에는 국가배상법 제2조 제1항 단서의 적용 대상에서 제외하여야 한다.

[2] **군인·경찰공무원이 공상을 입고 전역·퇴직하였으나 그 장애의 정도가 국가유공자예우등에관한법률 또는 군인연금법의 적용 대상 등급에 해당되지 않는 경우, 국가배상청구의 가부(적극)**: 군인 또는 경찰공무원으로서 교육훈련 또는 직무 수행중 상이(공무상의 질병 포함)를 입고 전역 또는 퇴직한 자라고 하더라도 국가유공자예우등에관한법률에 의하여 국가보훈처장이 실시하는 신체검사에서 대통령령이 정하는 상이등급에 해당하는 신체의 장애를 입지 않은 것으로 판명되고 또한 군인연금법상의 재해보상 등을 받을 수 있는 장애등급에도 해당하지 않는 것으로 판명된 자는 위 각 법에 의한 적용 대상에서 제외되고, 따라서 그러한 자는 국가배상법 제2조 제1항 단서의 적용을 받지 않아 국가배상을 청구할 수 있다(대법원 1997. 2. 14. 선고 96다28066 판결).

5. 공동불법행위로 인한 구상권의 문제

민간인이 직무집행 중인 군인 등과의 공동불법행위로 직무집행 중인 다른 군인 등에게 손해를 가하는 경우가 발생할 수 있다. 이때 국가에게는 국가배상법 제2조 제1항 단서가 적용되지만, 민간인인 일반국민에게는 국가배상법 제2조 제1항 단서가 적용되지 않는다. 따라서 피해 군인 등이 민간인에 대하여 손해배상을 청구할 수 있다는 것에는 이론이 없다.

그런데 위 경우 피해 군인 등이 민간인에게 손해액 전부의 배상을 청구할 수 있는지 여부, 민간인이 피해 군인 등에게 자신의 귀책부분을 넘어서 배상한 경우 국가 등에게 구상권을 행사할 수 있는지 여부가 문제된다.

가. 부정설

일반국민은 피해 군인 등에게 배상책임을 지되, 그 책임범위는 손해액 전부가 아니라 국가와의 내부관계에서 자신이 부담할 부분(자신의 과실부분)에 한하며, 따라서 일반국민이 자신의 귀책부분을 넘어서 배상한 경우에도 국가에 대하여 구상권을 행사할 여지는 없다는 견해이다. 이것이 대법원 판례의 입장이다(대법원 2001. 2. 15. 선고 96다42420 전원합의체 판결).

판례

민간인과 직무집행중인 군인 등의 공동불법행위로 인하여 직무집행중인 다른 군인 등이 피해를 입은 경우, 민간인의 피해 군인 등에 대한 손해배상의 범위 및 민간인이 피해 군인 등에게 자신의 귀책부분을 넘어서 배상한 경우 국가 등에게 구상권을 행사할 수 있는지 여부(소극): [다수의견] 헌법 제29조 제2항, 국가배상법 제2조 제1항 단서의 입법 취지를 관철하기 위하여는, 국가배상법 제2조 제1항 단서가 적용되는 공무원의 직무상 불법행위로 인하여 직무집행과 관련하여 피해를 입은 군인 등에 대하여 위 불법행위에 관련된 일반국민(법인을 포함한다. 이하 '민간인'이라 한다)이 공동불법행위책임, 사용자책임, 자동차운행자책임 등에 의하여 그 손해를 자신의 귀책부분을 넘어서 배상한 경우에도, 국가 등은 피해 군인 등에 대한 국가배상책임을 면할 뿐만 아니라, 나아가 민간인에 대한 국가의 귀책비율에 따른 구상의무도 부담하지 않는다고 하여야 할 것이다. 그러나 위와 같은 경우, 민간인은 여전히 공동불법행위자 등이라는 이유로 피해 군인 등의 손해 전부를 배상할 책임을 부담하도록 하면서 국가 등에 대하여는 귀책비율에 따른 구상을 청구할 수 없도록 한다면, 공무원의 직무활동으로 빚어지는 이익의 귀속주체인 국가 등과 민간인과의 관계에서 원래는 국가 등이 부담하여야 할 손해까지 민간인이 부담하는 부당한 결과가 될 것이고(가해 공무원에게 경과실이 있는 경우에는 그 공무원은 손해배상책임을 부담하지 아니하므로 민간인으로서는 자신이 손해발생에 기여한 귀책부분을 넘는 손해까지 종국적으로 부담하는 불이익을 받게 될 것이고, 가해 공무원에게 고의 또는 중과실이 있는 경우에도 그 무자력 위험을 사용관계에 있는 국가 등이 부담하는 것이 아니라 오히려 민간인이 감수하게 되는 결과가 된다.), 이는 위 헌법과 국가배상법의 규정에 의하여도 정당화될 수 없다고 할 것이다. 이러한 부당한 결과를 방지하면서 위 헌법 및 국가배상법 규정의 입법 취지를 관철하기 위하여는, 피해 군인 등은 위 헌법 및 국가배상법 규정에 의하여 국가 등에 대한 배상청구권을 상실한 대신에 자신의 과실 유무나 그 정도와 관계없이 무자력의 위험부담이 없는 확실한 국가보상의 혜택을 받을 수 있는 지위에 있게 되는 특별한 이익을 누리고 있음에 반하여 민간인으로서는 손해 전부를 배상할 의무를 부담하면서도 국가 등에 대한 구상권을 행사할 수 없다고 한다면 부당하게 권리침해를 당하게 되는 결과가 되는 것과 같은 각 당사자의 이해관계의 실질을 고려하여, 위와 같은 경우에는 공동불법행위자 등이 부진정연대채무자로서 각자 피해자의 손해 전부를 배상할 의무를 부담하는 공동불법행위의 일반적인 경우와 달리 예외적으로 민간인은 피해 군인 등에 대하여 그 손해 중 국가 등이 민간인에 대한 구상의무를 부담한다면 그 내부적인 관계에서 부담하여야 할 부분을 제외한 나머지 자신의 부담부분에 한하여 손해배상의무를 부담하고, 한편 국가 등에 대하여는 그 귀책부분의 구상을 청구할 수 없다고 해석함이 상당하다 할 것이고, 이러한 해석이 손해의 공평·타당한 부담을 그 지도원리로 하는 손해배상제도의 이상에도 맞는다 할 것이다(대법원 2001. 2. 15. 선고 96다42420 전원합의체 판결): <해설> 파출소 소속 의무경찰대원 甲은 뒷좌석에 동료대원 乙을 태우고 공무용 오토바이를 운행하면서 순찰업무를 수행하던 중 민간인 丙이 운전하던 트럭과 충돌하여 뒷좌석에 타고 있던 乙에게 상해를 입혔다. 이 사건 사고는 甲과 丙의 공동불법행위(甲과 丙의 과실비율은 1:3)로 발생한 것이다. 위 트럭의 보험자(원고)는 상해를 입은 乙에게 치료비 및 합의금을 지급하였다. 그 후 원고는 국가(피고)를 상대로 자신의 귀책부분을 넘어서 지급된 피고의 부담부분에 대하여 상환을 청구한 사안이다. 대법원의 판례에 의하면 甲과 丙의 乙에 대한 채무는 분할채무에 해당하게 된다.

나. 긍정설

민간인이 공동불법행위자로서 피해 군인 등에게 손해액을 (전부) 배상한 후에, 다른 공동불법행위자인 군인 등의 부담부분에 관하여 국가에게 구상권을 행사하는 것을 허용하지 않는다면, 이는 평등원칙, 재산권 보장규정 및 헌법 제37조 제2항의 비례원칙에 반한다는 보는 견해이다. 이것이 헌법재판소의 입장이기도 하다(헌법재판소 1994. 12. 29. 선고 93헌바21 전원재판부).

판례

국가배상법 제2조 제1항 단서 중 군인에 관련되는 부분의 위헌 여부: 국가배상법 제2조 제1항 단서 중 군인에 관련되는 부분을, 일반국민이 직무집행 중인 군인과의 공동불법행위로 직무집행 중인 다른 군인에게 공상을 입혀 그 피해자에게 공동의 불법행위로 인한 손해를 배상한 다음 공동불법행위자인 군인의 부담부분에 관하여 국가에 대하여 구상권을 행사하는 것을 허용하지 않는다고 해석한다면, 이는 위 단서 규정의 헌법상 근거규정인 헌법 제29조가 구상권의 행사를 배제하지 아니하는데도 이를 배제하는 것으로 해석하는 것으로서 합리적인 이유 없이 일반국민을 국가에 대하여 지나치게 차별하는 경우에 해당하므로 헌법 제11조, 제29조에 위반되며, 또한 국가에 대한 구상권은 헌법 제23조 제1항에 의하여 보장되는 재산권이고 위와 같은 해석은 그러한 재산권의 제한에 해당하며 재산권의 제한은 헌법 제37조 제2항에 의한 기본권제한의 한계 내에서만 가능한데, 위와 같은 해석은 헌법 제37조 제2항에 의하여 기본권을 제한할 때 요구되는 비례의 원칙에 위배하여 일반국민의 재산권을 과잉제한하는 경우에 해당하여 헌법 제23조 제1항 및 제37조 제2항에도 위반된다(헌법재판소 1994. 12. 29. 선고 93헌바21 전원재판부).

제5관 국가배상법과 자동차손해배상 보장법의 관계

Ⅰ. 의 의

국가배상법은 국가 또는 지방자치단체가 자동차손해배상 보장법의 규정에 의하여 손해배상의 책임이 있는 때에는 국가배상법에 따라 그 손해를 배상하여야 한다고 규정하고 있다(국가배상법 제2조 제1항 본문 후단).

위 규정과 국가배상법 제8조[61]의 규정을 종합하여 보면, 국가 등이 자동차손해배상 보장법 상의 책임성립요건을 갖추면(배상책임의 성립요건은 자배법이 국가배상법에 우선하여 적용된다는 의미이다), 그 배상책임의 범위와 절차는 국가배상법이 정한 바에 따른다고 해석할 수 있다. 차량사고로 인한 손해배상 청구에 있어서, 자동차손해배상 보장법 상의 책임성립은 통상의 경우 국가 등의 '운행자성'만 인정되면 충분하므로 일반적인 국가배상책임의 성립보다 용이하고, 그 결과 자동차사고로 인한 피해자의 구제에 있어서 더 효과적이라고 할 수 있다.[62]

Ⅱ. 자동차손해배상 보장법에 의한 배상책임의 성립요건

자동차손해배상 보장법 상의 손해배상책임이 인정되기 위해서는 i) 자기를 위하여 자동차를 운행하는 자가, ii) 자동차의 운행으로 인하여, iii) 다른 사람을 사망 또는 부상하

61) 국가배상법 제8조(다른 법률과의 관계) 국가나 지방자치단체의 손해배상 책임에 관하여는 이 법에 규정된 사항 외에는 민법에 따른다. 다만, 민법 외의 법률에 다른 규정이 있을 때에는 그 규정에 따른다.

62) 홍정선, 행정법원론(상)(제19판), 2011, 705면.

게 한 경우여야 하고, ⅳ) 자동차손해배상 보장법 상의 면책사유가 존재하지 않아야 한다(자동차손해배상 보장법 제3조[63]).

자동차손해배상 보장법 제3조 소정의 '자기를 위하여 자동차를 운행하는 자(운행자성)'라고 함은 자동차에 대한 운행지배와 운행이익을 가지고 있는 자를 의미한다(대법원 1994. 12. 27. 선고 94다31860 판결 등). 공무원이 그 직무를 집행하기 위하여 국가 또는 지방자치단체 소유의 공용차량을 운행하는 경우, 공무원이 아니라 국가 또는 지방자치단체가 운행지배와 운행이익을 가지고 있는 자로서 그 운행자에 해당하는 것이 그러한 경우의 예이다.

Ⅲ. 배상책임의 범위와 절차

자동차손해배상 보장법에 따라 국가 등의 손해배상의 책임이 성립하는 경우에, 그 배상책임의 범위와 절차는 국가배상법의 규정에 따르게 된다(국가배상법 제2조 제1항 본문 후단).

따라서 국가배상법 제2조 제1항 단서의 이중배상금지 규정은 차량사고로 인한 국가배상의 경우에도 적용되고, 아울러 피해자는 배상심의회에 배상신청을 할 수도 있다.

Ⅳ. 구체적인 고찰

1. 국가 또는 지방자치단체의 운행자성이 인정되는 경우

가. 국가 또는 지방자치단체의 배상책임

운행지배와 운행이익은 통상 자동차의 소유자 또는 보유자에게 귀속되는 것으로 이해되고 있다(대법원 1986. 12. 23. 선고 86다카556 판결). 따라서 공무원이 관용차를 공무를 수행하기 위하여 운행한 경우, 국가 등이 운행자로서 국가배상법 제2조 제1항 후단의 손해

---

63) 자동차손해배상 보장법 제3조(자동차손해배상책임) 자기를 위하여 자동차를 운행하는 자는 그 운행으로 다른 사람을 사망하게 하거나 부상하게 한 경우에는 그 손해를 배상할 책임을 진다. 다만, 다음 각 호의 어느 하나에 해당하면 그러하지 아니하다.
  1. 승객이 아닌 자가 사망하거나 부상한 경우에 자기와 운전자가 자동차의 운행에 주의를 게을리하지 아니하였고, 피해자 또는 자기 및 운전자 외의 제3자에게 고의 또는 과실이 있으며, 자동차의 구조상의 결함이나 기능상의 장해가 없었다는 것을 증명한 경우
  2. 승객이 고의나 자살행위로 사망하거나 부상한 경우

배상책임을 진다.

공무원이 사적 용무로 공용차량을 무단으로 운행하다가 사고가 난 경우에도 국가 등에게 운행지배와 운행이익을 인정할 사정이 있는 경우에는 국가 등이 운행자로서 손해배상 책임을 지게 된다. 다만 무단운전으로 인하여 자동차의 소유자가 자동차에 대한 운행지배와 운행이익을 상실하였는지 여부는 평소의 자동차나 그 열쇠의 보관 및 관리상태, 소유자의 의사와 관계없이 운행이 가능하게 된 경위, 소유자와 운전자의 인적 관계, 운전자의 차량반환의사 유무, 무단운행 후 보유자의 승낙 가능성, 무단운전에 대한 피해자의 주관적 인식 유무 등 객관적이고 외형적인 여러 사정을 사회통념에 따라 종합적으로 평가하여 이를 판단하여야 한다(대법원 1993. 7. 13. 선고 92다41733 판결).

나. 가해 공무원의 배상책임

국가 또는 지방자치단체의 '운행자성'이 인정되는 경우에는, 공무원 개인이 그 자동차에 대한 운행지배나 운행이익을 가지는 것이 아니므로, 당해 공무원에게 자동차손해배상 보장법 상의 책임은 성립할 여지가 없게 된다(대법원 1994. 12. 27. 선고 94다31860 판결 참조).

그런데 위 경우에도 그 밖의 배상책임의 내용은 민법 또는 국가배상법의 규정에 의하므로, 당해 공무원이 국가배상법 소정의 배상책임(고의·중과실인 경우 피해자에 대한 배상책임)을 면할 수는 없다.[64]

판례

공무원이 직무집행을 위하여 공용차를 운행하는 경우, 그 공무원이 자동차손해배상보장법 제3조 소정의 '자기를 위하여 자동차를 운행하는 자'에 해당하는지 여부: 자동차손해배상보장법 제3조 소정의 '자기를 위하여 자동차를 운행하는 자'라고 함은 자동차에 대한 운행을 지배하여 그 이익을 향수하는 책임주체로서의 지위에 있는 자를 뜻하는 것인바, 공무원이 그 직무를 집행하기 위하여 국가 또는 지방자치단체 소유의 공용차를 운행하는 경우, 그 자동차에 대한 운행지배나 운행이익은 그 공무원이 소속한 국가 또는 지방자치단체에 귀속된다고 할 것이고 그 공무원 자신이 개인적으로 그 자동차에 대한 운행지배나 운행이익을 가지는 것이라고는 볼 수 없으므로, 그 공무원이 자기를 위하여 공용차를 운행하는 자로서 같은 법조 소정의 손해배상책임의 주체가 될 수는 없다(대법원 1994. 12. 27. 선고 94다31860 판결).

64) 홍정선, 앞의 책, 707면.

2. 국가 또는 지방자치단체의 운행자성이 부정되는 경우

가. 국가 또는 지방자치단체의 배상책임

(1) 자동차손해배상 보장법 상의 책임

공무원이 직무수행을 위하여 자기 소유 차량을 운행하다가 사고로 타인에게 손해를 발생시킨 경우에 국가 또는 지방자치단체는 자동차손해배상 보장법 상의 운행자에 해당되지 않는다. 따라서 이 경우 국가 또는 지방자치단체에게는 자동차손해배상 보장법 제3조 소정의 책임이 성립하지 않는다.

(2) 국가배상법 상의 책임

위와 같이 국가 또는 지방자치단체에 자동차손해배상 보장법 소정의 책임이 성립하지 않는 경우, 다시 국가배상법 제2조 제1항 본문 전단의 요건 충족 여부가 문제된다.

이 경우에는 차량운행이 직무와 관련성이 있는지 여부가 문제되는바, 외형상 직무행위와의 관련성이 있다고 인정되면 국가배상법 상의 책임이 성립된다고 보는 것이 타당하고, 판례의 입장도 그러하다(대법원 1994. 5. 27. 선고 94다6741 판결).

판례

육군중사가 훈련에 대비하여 개인 소유의 오토바이를 운전하여 사전정찰차 훈련지역 일대를 돌아보고 귀대하다가 교통사고를 일으킨 경우, 오토바이의 운전행위가 국가배상법 제2조 소정의 직무집행행위에 해당하는지 여부: 국가배상법 제2조 소정의 "공무원이 그 직무를 집행함에 당하여"라고 함은 직무의 범위 내에 속한 행위이거나 직무수행의 수단으로써 또는 직무행위에 부수하여 행하여지는 행위로서 직무와 밀접한 관련이 있는 것도 포함되는바, 육군중사가 자신의 개인소유 오토바이 뒷좌석에 같은 부대 소속 군인을 태우고 다음날부터 실시예정인 훈련에 대비하여 사전정찰차 훈련지역 일대를 살피고 귀대하던 중 교통사고가 일어났다면, 그가 비록 개인소유의 오토바이를 운전한 경우라 하더라도 실질적, 객관적으로 위 운전행위는 그에게 부여된 훈련지역의 사전정찰 임무를 수행하기 위한 직무와 밀접한 관련이 있다고 보아야 한다(대법원 1994. 5. 27. 선고 94다6741 판결).

공무원이 자신의 승용차를 운전하여 공무를 수행하고 돌아오던 중 교통사고로 동승한 다른 공무원을 사망하게 한 경우 국가배상책임의 성립 여부(적극): 공무원이 자신의 소유인 승용차를 운전하여 공무를 수행하고 돌아오던 중 동승한 다른 공무원을 사망하게 하는 교통사고를 발생시킨 경우, 이는 외형상 객관적으로 직무와 밀접한 관련이 있는 행위이고, 가해행위를 한 공무원과 동일한 목적을 위한 업무를 수행한 공무원이라 할지라도 그가 가해행위에 관여하지 아니한 이상 국가배상법 제2조 제1항 소정의 '타인'에 해당하므로 국가배상법에 의한 손해배상책임이 인정된다(대법원 1998. 11. 19. 선고 97다36873 전원합의체 판결).

나. 가해공무원의 배상책임

(1) 공무원이 직무수행을 위하여 자기 소유의 차량을 운행하다가 사고를 일으킨 경우

이 경우 그 직무관련성이 인정된다고 보여지므로, 국가 또는 지방자치단체의 국가배상책임이 성립된다는 점은 앞서 본 바와 같다.

한편 판례 이론에 따르면 공무집행상의 위법행위로 인한, 공무원 개인의 피해자에 대한 배상책임은 공무원의 고의·중과실이 있는 경우에만 인정된다(대법원 1996. 2. 15. 선고 95다38677 전원합의체 판결). 하지만 자동차손해배상 보장법은 민법이나 국가배상법에 우선하여 적용되므로, 공무원이 사고차량의 소유자로서 '자기를 위하여 자동차를 운행하는 자'에 해당되는 경우에는 자배법 상의 무과실책임이 적용되게 된다. 그 결과 공무원이 직무상 자기 소유의 자동차를 운전하다가 사고를 일으킨 경우에는 그 사고가 자동차를 운전한 공무원의 경과실에 의한 것인지 중과실 또는 고의에 의한 것인지를 가리지 않고, 당해 공무원은 자동차손해배상 보장법상의 손해배상책임을 부담하게 된다(대법원 1996. 3. 8. 선고 94다23876 판결 등).

판례

공무원이 직무상 자기 소유의 자동차를 운전하다가 사고를 일으킨 경우, 공무원 개인의 손해배상책임 유무(적극): 자동차손해배상보장법의 입법취지에 비추어 볼 때, 같은 법 제3조는 자동차의 운행이 사적인 용무를 위한 것이건 국가 등의 공무를 위한 것이건 구별하지 아니하고 민법이나 국가배상법에 우선하여 적용된다고 보아야 한다. 따라서, 일반적으로 공무원의 공무집행상의 위법행위로 인한 공무원 개인 책임의 내용과 범위는 민법과 국가배상법의 규정과 해석에 따라 정하여 질 것이지만, 자동차의 운행으로 말미암아 다른 사람을 사망하게 하거나 부상하게 함으로써 발생한 손해에 대한 공무원의 손해배상책임의 내용과 범위는 이와는 달리 자동차손해배상보장법이 정하는 바에 의할 것이므로, 공무원이 직무상 자동차를 운전하다가 사고를 일으켜 다른 사람에게 손해를 입힌 경우에는 그 사고가 자동차를 운전한 공무원의 경과실에 의한 것인지 중과실 또는 고의에 의한 것인지를 가리지 않고, 그 공무원이 자동차손해배상보장법 제3조 소정의 '자기를 위하여 자동차를 운행하는 자'에 해당하는 한 자동차손해배상보장법상의 손해배상책임을 부담한다(대법원 1996. 3. 8. 선고 94다23876 판결).

공무원이 자기 소유 차량으로 공무수행 중 사고를 일으킨 경우, 공무원 개인의 손해배상책임: 헌법 제29조 제1항과 국가배상법 제2조의 해석상 일반적으로 공무원이 공무수행 중 불법행위를 한 경우에, 고의·중과실에 의한 경우에는 공무원 개인이 손해배상책임을 부담하고 경과실의 경우에는 개인책임은 면책되며, 한편 공무원이 자기 소유의 자동차로 공무수행 중 사고를 일으킨 경우에는 그 손해배상책임은 자동차손해배상보장법이 정한 바에 의하게 되어, 그 사고가 자동차를 운전한 공무원의 경과실에 의한 것인지 중과실 또는 고의에 의한 것인지를 가리지 않고 그 공무원이 자동차손해배상보장법 제3조 소정의 '자기를 위하여 자동차를 운행하는 자'에 해당하는 한 손해배상책임을 부담한다(대법원 1996. 5. 31. 선고 94다15271 판결).

(2) 공무원이 직무와 관련없이 자기 소유의 차량을 운행하다가 사고를 일으킨 경우

공무원이 통상적으로 근무하는 근무지로 출근하기 위하여 자기 소유의 자동차를 운행하다가 과실로 교통사고를 일으킨 경우에는 특별한 사정이 없는 한 '직무를 집행함에 당하여' 타인에게 불법행위를 한 것이라고 할 수 없으므로 그 공무원이 소속된 국가나 지방자치단체는 국가배상법상의 손해배상책임을 부담하지 않는다(대법원 1996. 5. 31. 선고 94다15271 판결). 다만 당해 공무원은 자동차손해배상 보장법 제3조 소정의 '자기를 위하여 자동차를 운행하는 자'에 해당하므로 자배법 상의 손해배상책임을 부담한다.

[제43회 사법시험 문제] A시의 산악도로는 평소에도 낙석의 위험이 많고 사고가 자주 발생하는 곳이다. 이에 도로 주변에 '낙석주의'라는 경고판을 세우고 철조망을 설치하였으나 관리를 제대로 하지 않아 허술한 상태였다. 그러던 중 해빙기가 되자 낙석이 철조망을 뚫고 도로 위로 굴러 떨어져 이곳을 운행 중이던 B가 낙석에 부딪혀 중상을 입었다. 이 경우 B의 권리구제 방안은? (50점)

[제52회 사법시험 문제] 甲은 공휴일을 맞아 가족과 함께 C시가 관리하는 하천으로 야유회를 갔다. 甲은 낚시를 하였고 甲의 자녀들은 물놀이를 하였다. 그 전에도 甲의 가족은 이 하천에 물놀이를 수차례 한 바 있다. 그런데 최근 하천 준설공사로 인하여 수심이 이전보다 매우 깊어져 있던 관계로 甲의 아들 乙이 수영 중 익사하고 말았다. 하천에는 위험을 알리는 표지판이나 사람의 출입을 금하는 철망 등의 시설도 없었다. 그리고 준설 공사 이전에는 홍수 때가 아니면 어린이가 익사할 만큼 깊지도 않았다. 甲이 C시를 상대로 「국가배상법」 제5조에 근거하여 배상을 청구하는 경우 제기될 수 있는 법적 쟁점을 설명하시오. (20점)

제2절 국가배상법 제5조에 기한 배상책임

Ⅰ. 서 론

국가배상법 제5조 제1항은 "도로·하천 그 밖의 공공의 영조물(營造物)의 설치나 관리에 하자(瑕疵)가 있기 때문에 타인에게 손해를 발생하게 하였을 때에는 국가 또는 지방자치단체는 그 손해를 배상하여야 한다. 이 경우에는 제2조 제1항 단서, 제3조 및 제3조의2의 규정을 준용한다"고 규정하여, 영조물 설치·관리의 하자로 인한 국가 등의 배상책임을 명시하고 있다. 이하에서 차례로 위 영조물 책임의 요건 및 관련 쟁점에 대하여 살펴보기로 한다.

Ⅱ. 영조물책임의 성립요건

1. 공공의 영조물

가. 영조물의 의의

영조물이란 본래 공적 목적을 달성하기 위하여 제공된 인적·물적 종합시설을 말한다. 그런데 국가배상법 제5조 제1항은 도로·하천을 공공의 영조물의 일종으로 규정하고 있는 바, 행정법학에서 도로·하천은 일반적으로 영조물이 아니라 공물로 이해되고 있다. 따라서 국가배상법 제5조 제1항에서 말하는 영조물은 본래의 의미의 영조물이 아니라, 직접 공적 목적을 달성하기 위하여 제공된 물건(유체물 내지 물적 설비), 즉 공물을 의미한다고 보는 것이 통설이며 판례이다(대법원 1998. 10. 23. 선고 98다17381 판결).

한편, 공물로 사용하기 위하여 시설 중인 공작물은 아직 직접적으로 일반 공중의 이용에 제공되고 있지 않는 이상 여기에서의 영조물에 해당된다고 볼 수 없다(대법원 1981. 7. 7. 선고 80다2478 판결; 대법원 1998. 10. 23. 선고 98다17381 판결 등).

판례

국가배상법 제5조 소정의 공공의 영조물이란 공유나 사유임을 불문하고 행정주체에 의하여 특정공공의 목적에 공여된 유체물 또는 물적 설비를 의미하므로 사실상 군민의 통행에 제공되고 있던 도로 옆의 암벽으로부터 떨어진 낙석에 맞아 소외인이 사망하는 사고가 발생하였다고 하여도 동 사고지점 도로가 피고 군에 의하여 노선인정 기타 공용개시가 없었으면 이를 영조물이라 할 수 없다(대법원 1981. 7. 7. 선고 80다2478 판결).

[1] **국가배상법 제5조 제1항 소정의 '공공의 영조물'의 의미**: 국가배상법 제5조 제1항 소정의 '공공의 영조물'이라 함은 국가 또는 지방자치단체에 의하여 특정 공공의 목적에 공여된 유체물 내지 물적 설비를 말하며, 국가 또는 지방자치단체가 소유권, 임차권 그 밖의 권한에 기하여 관리하고 있는 경우뿐만 아니라 사실상의 관리를 하고 있는 경우도 포함된다.

[2] 생략

[3] **공사 중이며 아직 완성되지 않아 일반 공중의 이용에 제공되지 않는 옹벽이 국가배상법 제5조 제1항 소정의 영조물에 해당하지 않는다고 한 사례**: 지방자치단체가 비탈사면인 언덕에 대하여 현장조사를 한 결과 붕괴의 위험이 있음을 발견하고 이를 붕괴위험지구로 지정하여 관리하여 오다가 붕괴를 예방하기 위하여 언덕에 옹벽을 설치하기로 하고 소외 회사에게 옹벽시설공사를 도급 주어 소외 회사가 공사를 시행하다가 깊이 3m의 구덩이를 파게 되었는데, 피해자가 공사현장 주변을 지나가다가 흙이 무너져 내리면서 위 구덩이에 추락하여 상해를 입게 된 사안에서, 위 사고 당시 설치하고 있던 옹벽은 소외 회사가 공사를 도급받아 공사 중에 있었을 뿐만 아니라 아직 완성도 되지 아니하여 일반 공중의 이용에 제공되지 않고 있었던 이상 국가배상법 제5조 제1항 소정의 영조물에 해당한다고 할 수 없다고 한 사례(대법원 1998. 10. 23. 선고 98다17381 판결): <해설> 위와 같은 경우 국가배상법 제5조 제1항 소정의 영조물 책임이 아니라, 민법 제758조의 공작물 책임이 적용되게 된다.

나. 공물의 종류

공물에는 직접 행정주체 자신의 사용에 제공된 공물인 공용물(公用物), 일반 공중의 사용에 제공된 공물인 공공용물(公共用物), 그리고 공공목적상 보존의 대상이 되는 공물인 공적 보존물(公的 保存物)이 있다. 국가배상법 제5조의 영조물은 공공용물에 한정되는 것이 아니라 위 모든 공물을 포함한다(대법원 1995. 1. 24. 선고 94다45302 판결).

한편 직접 공적 목적에 제공된 것이 아니라 사경제적 목적에 제공되고 있는 일반재산(잡종재산)은 공물이 아니므로, 국가배상법이 아닌 민법 제758조의 공작물책임이 적용된다.

다. 영조물의 관리주체

국가배상법 제5조에 있어서의 영조물은 국가나 지방자치단체가 관리주체가 되는 공물에 한한다. 이러한 관리는 국가 또는 지방자치단체가 소유권, 임차권 그 밖의 권한에 기하여 관리하고 있는 경우뿐만 아니라 사실상의 관리를 하고 있는 경우도 포함된다(대법원 1998. 10. 23. 선고 98다17381 판결). 그리하여 사인의 소유에 속하는 타유공물(他有公物)이라고 할지라도 국가나 지방자치단체가 관리하는 이상 그러한 공물에 대하여는 국가배상법 제5조가 적용된다.

위와 같이 공공의 영조물은 국가 또는 지방자치단체가 관리주체가 되는 경우에 한정되므로 공공단체 또는 사인이 관리하는 공물의 경우 국가배상법 제5조에 의한 손해배상책임의 성립 여부가 문제된다. 공공단체 또는 사인이 관리주체인 경우에도 국가배상법 제5조를 유추적용하여 행정상 손해배상책임(국가배상책임)을 인정하는 것이 타당하다는 견해가 유력하다.[65]

라. 인공공물과 자연공물

도로 등 인공공물(人工公物)뿐만 아니라 하천 등 자연공물(自然公物)도 동조의 영조물에 포함되는지에 대하여는 논란이 있을 수 있다. 종래에는 자연공물과 관련하여 자연적인 상태 그 자체는 영조물에 포함시키지 않고 하천의 제방, 수문 등과 같이 자연공물에 인공적으로 부가한 시설이 있으면 그것을 영조물로 보려는 견해도 있었다. 하지만 오늘날에는 ① 자연공물은 국가 등이 '설치'한 것은 아니지만 '관리'의 대상은 되며, ② 하천의 제방·수문 등과 같이 인공적으로 부가한 시설이 있는 경우에는 책임을 지게 되고, 자연공물을 자연상태로 방치할 경우에는 국가에 배상책임이 없게 되는 불합리한 결과가 초래되는 것을 방지할 필요가 있는 점, ③ 자연공물인 하천이 국가배상법 제5조에서 영조물의 하나로 예시되어 있는 점 등을 이유로 자연공물도 본조의 영조물에 포함시키는 것이 일반적이다.[66]

2. 영조물의 하자

가. 의 의

영조물의 하자는 '영조물이 그 용도에 따라 이용될 때 통상 갖추어야 할 안전성을 갖추지 못한 상태에 있음'을 말한다.

나. 종류 및 판단기준

판례는 영조물의 하자를 물적 하자와 기능(이용)상의 하자로 나누고 있다.

---

65) 박균성, 행정법론(상)(10판), 2011, 772면.
66) 김남진·김연태, 행정법 I (제12판), 2008, 533면.

(1) 물적 하자

물적 하자는 영조물을 구성하는 물적 시설 그 자체에 있는 물리적·외형적 흠결이나 불비로 인하여 그 이용자에게 위해를 끼칠 위험성이 있는 경우를 말한다. 판례는 물적 하자를 판단함에 있어서 영조물의 설치·관리자가 사회통념상 일반적으로 요구되는 정도의 방호조치의무(안전관리의무)를 다하였는지 여부를 그 기준으로 삼고 있다(대법원 2000. 2. 25. 선고 99다54004 판결 등).

다만 물적 하자는 객관적인 상태인데, 설치·관리자의 방호조치위반이라는 주관적인 요소로 물적 하자를 판단하는 것은 부당하다는 비판이 제기될 수 있다.

(2) 기능(이용)상의 하자

기능(이용)상의 하자는 영조물이 공공의 목적에 이용됨에 있어 그 이용상태 및 정도가 일정한 한도를 초과하여 제3자에게 사회통념상 참을 수 없는 피해를 입히는 경우를 말한다. 기능(이용)상의 하자를 판단하는 기준인 '사회통념상 참을 수 없는(수인한도를 넘는) 피해'인지의 여부는 그 영조물의 공공성, 피해의 내용과 정도, 이를 방지하기 위하여 노력한 정도 등을 종합적으로 고려하여 판단하여야 한다(대법원 2004. 3. 12. 선고 2002다14242 판결; 대법원 2010. 11. 25. 선고 2007다74560 판결 등).

이러한 기능상의 하자는 사격장이나 공항의 소음뿐만 아니라 도로의 교통소음·배기가스, 혐오시설에서 발생하는 악취 등 공공시설에서 발생하는 공해에 대하여 널리 적용될 소지가 있다.[67]

판례

[1] 국가배상법 제5조 제1항에 정하여진 '영조물의 설치 또는 관리의 하자'라 함은 공공의 목적에 공여된 영조물이 그 용도에 따라 갖추어야 할 안전성을 갖추지 못한 상태에 있음을 말하고, 여기서 안전성을 갖추지 못한 상태, 즉 타인에게 위해를 끼칠 위험성이 있는 상태라 함은 당해 영조물을 구성하는 물적 시설 그 자체에 있는 물리적·외형적 흠결이나 불비로 인하여 그 이용자에게 위해를 끼칠 위험성이 있는 경우뿐만 아니라 그 영조물이 공공의 목적에 이용됨에 있어 그 이용상태 및 정도가 일정한 한도를 초과하여 제3자에게 사회통념상 참을 수 없는 피해를 입히는 경우까지 포함된다고 보아야 할 것이고, 사회통념상 참을 수 있는 피해인지의 여부는 그 영조물의 공공성, 피해의 내용과 정도, 이를 방지하기 위하여 노력한 정도 등을 종합적으로 고려하여 판단하여야 한다.

[2] 매향리 사격장에서 발생하는 소음 등으로 지역 주민들이 입은 피해는 사회통념상 참을 수

67) 김동희, 행정법 I (제14판), 2008, 541면.

있는 정도를 넘는 것으로서 사격장의 설치 또는 관리에 하자가 있었다고 본 사례(대법원 2004. 3. 12. 선고 2002다14242 판결): <해설> 영조물에서 발생하는 소음 등 공해로 인한 피해에 대해서도 영조물책임이 성립한다는 것과 그 경우 영조물의 하자가 인정되는지 여부는 그 피해가 사회통념상 수인한도(참을 수 있는 정도)를 넘는 것인지 여부를 기준으로 한다고 본 사례이다.

다. 하자의 내용

(1) 용도에 따른 안전성

영조물의 설치·관리상 요구되는 안전성은 그 '용도'에 따른 이용에 있어서 당해 영조물이 구비하여야 할 안전성이다. 따라서 영조물을 용도 외의 방식으로 비정상적으로 이용하다가 사고가 발생한 경우, 당해 영조물이 그 용도에 따른 통상의 안전성만 갖추고 있다면 영조물책임은 원칙적으로 성립하지 않는다. 다만 그러한 비정상적인 이용이 예상되는 경우에 있어 관리자에게 관리의무위반이 인정된다면 영조물책임이 인정될 수도 있다.[68]

판례

고등학교 3학년 학생이 교사의 단속을 피해 담배를 피우기 위하여 3층 건물 화장실 밖의 난간을 지나다가 실족하여 사망한 사안에서 학교 관리자에게 그와 같은 이례적인 사고가 있을 것을 예상하여 복도나 화장실 창문에 난간으로의 출입을 막기 위하여 출입금지장치나 추락위험을 알리는 경고표지판을 설치할 의무가 있다고 볼 수는 없다는 이유로 학교시설의 설치·관리상의 하자가 없다고 본 사례(대법원 1997. 5. 16. 선고 96다54102 판결).

(2) 통상의 안전성

영조물의 설치·관리상 요구되는 안전성은 '통상'의 안전성을 말한다. 즉 위 안전성은 항상 완전무결한 상태를 유지할 정도의 고도의 안전성을 말하는 것이 아니라, 영조물의 위험성에 비례하여 사회통념상 일반적으로 요구되는 정도의 것을 의미한다.

판례

국가배상법 제5조 제1항에 정하여진 '영조물 설치·관리상의 하자'라 함은 공공의 목적에 공여된 영조물이 그 용도에 따라 통상 갖추어야 할 안전성을 갖추지 못한 상태에 있음을 말하는바, 영조물의 설치 및 관리에 있어서 항상 완전무결한 상태를 유지할 정도의 고도의 안전성을 갖추지 아니

68) 박균성, 앞의 책, 777면.

하였다고 하여 영조물의 설치 또는 관리에 하자가 있다고 단정할 수 없는 것이고, 영조물의 설치자 또는 관리자에게 부과되는 방호조치의무는 영조물의 위험성에 비례하여 사회통념상 일반적으로 요구되는 정도의 것을 의미하므로 영조물인 도로의 경우도 다른 생활필수시설과의 관계나 그것을 설치하고 관리하는 주체의 재정적, 인적, 물적 제약 등을 고려하여 그것을 이용하는 자의 상식적이고 질서 있는 이용방법을 기대한 상대적인 안전성을 갖추는 것으로 족하다(대법원 2002. 8. 23. 선고 2002다9158 판결).

3. 설치 또는 관리의 하자

가. 객관설

객관설은 '영조물의 설치 또는 관리의 하자'를 '영조물이 통상의 용법에 따라 이용될 때 통상 갖추어야 할 안전성을 결여한 것'을 말한다고 하고, 행위자인 공무원의 고의·과실은 영조물의 설치 또는 관리의 하자로 인한 국가 또는 지방자치단체의 책임에 있어서 요구되지 않는다고 본다. 이 학설은 국가배상법 제5조에서는 '설치 또는 관리의 하자'라고만 표현되어 있고, 제2조에서와 같이 '고의 또는 과실'이라는 표현이 없는데도 제5조의 책임을 과실책임에 가깝게 새기는 것은 부당하며, 주관설은 가해자인 국가의 입장만을 중시하고 피해자인 국민의 입장은 가볍게 보고 있다는 점 등을 이유로 한다.[69)]

객관설은 국가배상법 제5조의 책임을 과실책임이 아니라 일종의 위험책임인 무과실책임으로 보고 있으며, 이러한 취지의 판례도 있다(대법원 1994. 11. 22. 선고 94다32924 판결).

이 학설은 피해자 구제의 폭을 넓힐 수 있다는 장점이 있다. 하지만 이에 대하여는 국가의 배상책임의 범위가 무한정하게 확대될 우려가 있다는 비판이 제기된다.

판례

가. 국가배상법 제5조 소정의 영조물의 설치·관리상의 하자의 의미: 국가배상법 제5조 소정의 영조물의 설치·관리상의 하자라 함은 영조물의 설치 및 관리에 불완전한 점이 있어 이 때문에 영조물 자체가 통상 갖추어야 할 안전성을 갖추지 못한 상태에 있는 것을 말하는 것이다.

나. 지방자치단체가 관리하는 도로 지하에 매설되어 있는 상수도관에 균열이 생겨 그 틈으로 새어 나온 물이 도로 위까지 유출되어 노면이 결빙되었다면 도로로서의 안전성에 결함이 있는 상태로서 설치·관리상의 하자가 있다고 한 사례.

다. 국가배상법 제5조 소정의 영조물의 설치·관리상의 하자로 인한 책임은 무과실책임이고 나아가 민법 제758조 소정의 공작물의 점유자의 책임과는 달리 면책사유도 규정되어 있지 않으므로,

69) 박윤흔·정형근, 최신행정법강의(상)(개정30판), 2009, 628면.

국가 또는 지방자치단체는 영조물의 설치·관리상의 하자로 인하여 타인에게 손해를 가한 경우에 그 손해의 방지에 필요한 주의를 해태하지 아니하였다 하여 면책을 주장할 수 없다.

라. 다른 자연적 사실이나 제3자 또는 피해자의 행위와 경합하여 발생한 손해도 영조물의 설치·관리상의 하자에 의해 발생한 것으로 볼 것인지 여부: 영조물의 설치 또는 관리상의 하자로 인한 사고라 함은 영조물의 설치 또는 관리상의 하자만이 손해발생의 원인이 되는 경우만을 말하는 것이 아니고, 다른 자연적 사실이나 제3자의 행위 또는 피해자의 행위와 경합하여 손해가 발생하더라도 영조물의 설치 또는 관리상의 하자가 공동원인의 하나가 되는 이상 그 손해는 영조물의 설치 또는 관리상의 하자에 의하여 발생한 것이라고 해석함이 상당하다(대법원 1994. 11. 22. 선고 94다32924 판결).

나. 주관설

(1) 안전관리의무위반설 : 주관설은 '설치 또는 관리의 하자'라고 하는 것은 '영조물을 안전하고 양호한 상태로 보전해야 할 관리자가 그 관리의무를 위반함'을 의미한다고 본다. 이 학설은 법문언의 표현이 '영조물의 하자'로 되어 있지 않고 '설치 또는 관리의 하자'로 되어 있다는 것, 영조물의 하자 뒤에는 항상 관리자의 관리의무위반이 있다는 점, 그리고 관리자의 관리의무 위반을 책임의 근거로 보는 것이 책임의 원칙에 비추어 타당하다는 점 등에 근거하고 있다.

다만 주의할 것은 이 견해에서 말하는 영조물 관리자의 관리의무 위반이란 국가배상법 제2조의 과실, 즉 공무원의 주관적 과실과 달리 영조물의 안전확보의무 또는 손해방지의무 위반이라는 객관적인 개념이다(객관화된 주관설). 이러한 영조물의 안전확보의무 또는 손해방지의무는 공무원의 주의의무보다는 엄격한 의무이다.

이러한 입장을 취한 것으로 보이는 판례도 존재한다.

판례

가. 도로의 설치보존상 하자의 판단기준 및 도로의 설치 후 제3자의 행위에 의하여 그 본래의 목적인 통행상의 안전에 결함이 발생된 경우 도로의 보존상 하자를 인정하기 위하여 고려할 사정: 공작물인 도로의 설치보존상의 하자는 도로의 위치 등 장소적인 조건, 도로의 구조, 교통량, 사고시에 있어서의 교통사정 등 도로의 이용상황과 그 본래의 이용목적 등 제반 사정과 물적 결함의 위치, 형상 등을 종합적으로 고려하여 사회통념에 따라 구체적으로 판단하여야 할 것인바, 도로의 설치 후 제3자의 행위에 의하여 그 본래의 목적인 통행상의 안전에 결함이 발생된 경우에는 도로에 그와 같은 결함이 있다는 것만으로 성급하게 도로의 보존상 하자를 인정하여서는 안되고, 당해 도로의 구조, 장소적 환경과 이용상황 등 제반 사정을 종합하여 그와 같은 결함을 제거하여 원상

으로 복구할 수 있는데도 이를 방치한 것인지 여부를 개별적, 구체적으로 심리하여 하자의 유무를 판단하여야 할 것이다.

나. 트럭 앞바퀴가 고속도로상에 떨어져 있는 자동차 타이어에 걸려 중앙분리대를 넘어가 사고가 발생한 경우에 있어서 한국도로공사에게 도로의 보존상하자로 인한 손해배상책임을 인정하기 위하여는 도로에 타이어가 떨어져 있어 고속으로 주행하는 차량의 통행에 안전상의 결함이 있다는 것만으로 족하지 않고, 위 공사의 고속도로 안전성에 대한 순찰 등 감시체제, 타이어의 낙하시점, 위 공사가 타이어의 낙하사실을 신고받거나 직접 이를 발견하여 그로 인한 고속도로상의 안전성 결함을 알았음에도 사고방지조치를 취하지 아니하고 방치하였는지 여부, 혹은 이를 발견할 수 있었음에도 발견하지 못하였는지 여부 등 제반 사정을 심리하여 고속도로의 하자 유무를 판단하였어야 함에도 이에 이르지 않은 채 위 공사의 손해배상책임을 인정한 원심판결을 파기한 사례(대법원 1992. 9. 14. 선고 92다3243 판결).

(2) 주의의무위반설 : 이 견해는 영조물 관리자의 관리의무 위반을 공무원이 직무상 주의의무위반이라는 국가배상법 제2조의 과실과 동일한 개념으로 보는 견해이다(엄밀한 의미의 주관설). 그런데, 이 견해에 의하면 제2조와 별도로 제5조를 규정한 의의가 없게 되는 문제가 있고, 피해자 구제의 관점에서도 이 견해는 타당하지 않다.

다. 절충설

(1) 제1절충설: 이 견해는 '설치 또는 관리의 하자'라는 것은 영조물 자체의 객관적인 물적 하자, 즉 영조물 자체의 안전성의 결여뿐만 아니라, 관리자의 관리의무위반도 포함한다고 본다. 이러한 절충설에 대하여는 영조물의 설치 또는 관리의 하자가 성질을 달리하는 두 의미를 함께 포함하는 것으로 보는 것은 문제가 있다는 비판이 가능하다.

(2) 제2절충설: 이 견해는 '영조물의 설치 또는 관리의 하자'는 안전성의 결여라는 객관적인 물적 상태의 하자와 함께 관리의무위반이라는 주관적 측면도 함께 고려하여 판단하여야 한다는 견해이다. 이러한 입장을 취한 것으로 볼 여지가 있는 판례도 존재한다.

판례

[1] **국가배상법 제5조 제1항 소정의 영조물의 설치·관리상의 하자의 의미 및 그 판단 기준**: 국가배상법 제5조 제1항에 정해진 영조물의 설치 또는 관리의 하자라 함은 영조물이 그 용도에 따라 통상 갖추어야 할 안전성을 갖추지 못한 상태에 있음을 말하는 것이며, 다만 영조물이 완전무결한 상태에 있지 아니하고 그 기능상 어떠한 결함이 있다는 것만으로 영조물의 설치 또는 관리에 하자가 있다고 할 수 없고, 위와 같은 안전성의 구비 여부를 판단함에 있어서는 당해 영조물의 용

도, 그 설치장소의 현황 및 이용 상황 등 제반 사정을 종합적으로 고려하여 설치·관리자가 그 영조물의 위험성에 비례하여 사회통념상 일반적으로 요구되는 정도의 방호조치의무를 다하였는지 여부를 그 기준으로 삼아야 할 것이며, 만일 객관적으로 보아 시간적·장소적으로 영조물의 기능상 결함으로 인한 손해발생의 예견가능성과 회피가능성이 없는 경우, 즉 그 영조물의 결함이 영조물의 설치·관리자의 관리행위가 미칠 수 없는 상황 아래에 있는 경우임이 입증되는 경우라면 영조물의 설치·관리상의 하자를 인정할 수 없다.

[2] 교차로의 진행방향 신호기의 정지신호가 단선으로 소등되어 있는 상태에서 그대로 진행하다가 다른 방향의 진행신호에 따라 교차로에 진입한 차량과 충돌한 경우, 신호기의 적색신호가 소등된 기능상 결함이 있었다는 사정만으로 신호기의 설치 또는 관리상의 하자를 인정할 수 없다고 한 사례(대법원 2000. 2. 25. 선고 99다54004 판결): <해설> 피고(서울특별시)가 관할하는 서울특별시 전역에는 약 13만여 개의 신호등 전구가 설치되어 있고 그 중 약 300여 개가 하루에 소등되고, 신호등 전구의 수명은 전력변동률이 높아 예측하기 곤란하며, 신호등 전구가 단선되더라도 현장에 나가보지 않고는 이를 파악할 수 없어 평소 교통근무자 또는 도로이용자의 신고에 의하여 단선된 신호기를 교체하여 왔으나, 이 사건 신호기의 신호등 고장신고가 이 사건 사고발생 전까지 접수되지 아니한 사실 등에 비추어, 신호기의 적색신호가 소등된 기능상 결함이 있었다는 사정만으로 신호기의 설치 또는 관리상의 하자를 인정할 수 없다고 한 사례이다.

4. 타인에게 손해가 발생하였을 것

영조물의 설치·관리의 하자로 인하여 타인에게 손해가 발생하였어야 한다. 즉 영조물 설치·관리의 하자와 손해의 발생 사이에 인과관계가 있어야 한다.

하자와 손해의 발생 사이에 상당인과관계가 있으면 자연현상 또는 제3자나 피해자의 행위가 손해의 원인으로서 가세되었다고 하더라도 국가 등의 배상책임은 성립한다.[70] 그러나 불가항력에 의한 손해발생의 경우에는 상당인과관계를 인정할 수 없다.

III. 입증책임

영조물책임의 위험책임적 성격과 피해자 구제의 필요성을 고려해 볼 때, 피해자가 영조물의 하자와 그로 인한 손해의 발생을 주장·입증하면 그 설치·관리의 하자는 추정된다고 보는 것이 타당하다(일응의 추정). 판례도 동일한 입장을 취하고 있는 것으로 보여진다(대법원 1998. 2. 10. 선고 97다32536 판결 등).

---

70) 박윤흔·정형근, 앞의 책, 633면.

따라서 국가 또는 지방자치단체는 영조물의 물적·기능적 결함과 그로 인한 손해가 발생한 경우 그것이 자신의 관리행위가 미칠 수 없는 상황 하에서 발생한 것임을 입증(반증)하지 못하면 배상책임을 면하지 못한다. 다만 관리행위가 미칠 수 없는 상황의 범위는 후술하는 불가항력보다는 폭넓게 인정될 수 있다고 보아야 한다.

판례

편도 2차선 도로의 1차선 상에 교통사고의 원인이 될 수 있는 크기의 돌멩이가 방치되어 있는 경우, 도로의 점유·관리자가 그에 대한 관리 가능성이 없다는 입증을 하지 못하는 한 이는 도로의 관리·보존상의 하자에 해당한다고 한 사례(대법원 1998. 2. 10. 선고 97다32536 판결).

Ⅳ. 영조물책임의 감면사유

1. 불가항력

불가항력이란 천재지변과 같이 인간의 능력으로는 예견할 수 없거나, 예견할 수 있어도 회피할 수 없는 외부의 힘에 의하여 손해가 발생한 경우를 말한다. 불가항력으로 손해가 발생한 경우 면책사유가 된다.

가. 예견가능성

위험발생에 대한 예견가능성의 판단은 그 당시의 과학기술 수준을 기준으로 행하여져야 한다고 보는 것이 타당하다. 아울러 예견의 정도는 위험발생의 시기, 장소, 규모 등을 구체적으로 예측할 것이 요구되지는 않고, 위험발생이 현재의 학문적·기술적 수준에 비추어 개연적으로 인정되면 족하다고 보는 것이 타당하다.

나. 결과회피조치의 가능성

위험발생의 예견가능성이 있다고 하더라도 결과회피가 가능하지 않은 경우에는 손해배상책임이 면제된다. 결과회피의 가능성 여부는 그 당시의 상황에서 결과회피가 사실상 가능하였는지 여부가 아니라, 있어야 할 안전관리체제가 그 기능을 제대로 발휘하고 있는 것을 전제로 하여 판단되어야 한다.[71]

71) 박균성, 앞의 책, 789면.

판례

100년 발생빈도의 강우량을 기준으로 책정된 계획홍수위를 초과하여 600년 또는 1,000년 발생빈도의 강우량에 의한 하천의 범람은 예측가능성 및 회피가능성이 없는 불가항력적인 재해로서 그 영조물의 관리청에게 책임을 물을 수 없다고 본 사례(대법원 2003. 10. 23. 선고 2001다48057 판결).

2. 예산부족

예산부족이 면책사유가 될 수 있는가에 대하여는 다음과 같이 학설의 대립이 있다.

(가) 면책사유부정설: 재정적 제약을 이유로 면책을 인정하면 국가가 열악한 재정여건을 이유로 언제든지 법적 책임을 회피할 수 있게 되는 여지를 가져오므로, 예산의 부족은 배상액의 산정 등에 있어서 참작사유는 될지언정 면책사유는 될 수 없다고 보는 견해이다.[72] 판례는 예산부족은 원칙상 면책사유가 되지 않는다고 보고 있다(대법원 1967. 2. 21. 선고 66다1723 판결).

(나) 면책사유긍정설: 도로, 교량 등과 같은 인공공물의 경우 예산부족은 원칙적으로 면책사유가 되지 않는다고 본다. 다만 하천과 같은 자연공물의 경우 이를 안전한 상태로 유지·관리하는 데에는 사회통념상 기대가능성이 없는 정도의 막대한 예산이 소요되는 경우가 적지 아니하므로, 국가 또는 지방자치단체가 그 안전성을 증진시키기 위한 합리적인 예산투입계획을 수립하고 집행하고 있는 한 영조물 관리의 하자를 인정할 수 없을 것이므로 그 면책을 인정하자는 견해이다.[73]

판례

영조물 설치의 『하자』라 함은 영조물의 축조에 불완전한 점이 있어 이 때문에 영조물 자체가 통상 갖추어야 할 완전성을 갖추지 못한 상태에 있음을 말한다고 할 것인바 그 『하자』 유무는 객관적 견지에서 본 안전성의 문제이고 그 설치자의 재정사정이나 영조물의 사용목적에 의한 사정은 안전성을 요구하는데 대한 정도 문제로서 참작사유에는 해당할지언정 안전성을 결정지을 절대적 요건에는 해당하지 아니한다 할 것이다(대법원 1967. 2. 21. 선고 66다1723 판결).

3. 피해자의 과실

손해의 발생 및 확대에 있어 피해자의 과실이 기여한 경우 손해배상의 책임 및 그 금액

---

72) 홍정선, 행정법원론(상)(제19판), 2011, 712면; 박윤흔·정형근, 앞의 책, 631면.

73) 박균성, 앞의 책, 790면.

을 정함에 이를 참작하여야 한다. 즉 피해자의 과실에 의하여 손해가 발생하거나 그 손해가 확대된 경우에는 그 한도 내에서 국가 등의 책임이 부분적으로 감면된다고 보아야 한다.

판례

소음 등을 포함한 공해 등의 위험지역으로 이주하여 들어가 거주하는 경우와 같이 위험의 존재를 인식하거나 과실로 인식하지 못하고 이주한 경우에는 손해배상액의 산정에 있어 형평의 원칙상 과실상계에 준하여 감경 또는 면제사유로 고려하여야 한다(대법원 2010. 11. 11. 선고 2008다57975 판결).

Ⅴ. 유형별 고찰

영조물의 하자의 판단에 있어서는 영조물의 종류별로 유형적 고찰을 할 필요가 있다. 그것은 영조물의 성질이 다름에 따라 영조물의 하자의 판단기준이 달라질 수 있기 때문이다. 이는 특히 인공공물과 자연공물에 있어서 그러하다.

인공공물은 당해 영조물이 통상 갖추어야 할 안전성이 확보된 상태 하에서 공적 목적에 제공되어야 하므로 영조물의 하자가 넓게 인정될 수 있다.

그러나 자연공물은 자연상태로 공적 목적에 제공되고 당해 영조물의 안전성은 연차적으로 강화되어야 하는 것이므로 이 한도 내에서 영조물의 하자의 인정에 한계가 주어질 수 있다(대법원 2003. 10. 23. 선고 2001다48057 판결).

1. 도 로

가. 노면의 하자

도로 노면의 홈은 도로의 물적 하자이다. 다만, 도로의 홈이 단시간에 걸쳐 생긴 경우에 도로의 홈을 발견하여 표지판을 설치하거나 보수를 하는 등 안전조치를 취할 시간적인 여유가 없었을 때에는 예측가능성과 결과회피가능성이 없기 때문에 배상책임이 면제된다.

나. 자연력에 의한 통행상 안전의 결함

도로의 안전성은 안개·눈·비 등 자연조건에 의하여 영향을 받는 경우가 적지 않다. 도로관리 주체는 이러한 자연조건도 충분히 고려하여 적절한 안전조치 또는 위험방지조치를 취할 의무가 있다.

도로관리 주체는 안개·눈·비 등에 대비하여 경우에 따라 경고표시판을 세우고, 속도를 제한한다거나 도로를 부분적으로 폐쇄하여야 한다.

특히 폭설로 인한 도로 통행상의 위험에 대한 도로관리자의 안전조치의무가 문제된다. 먼저 적설지대에 속하는 지역의 도로라든가 최저속도의 제한이 있는 고속도로 등 특수 목적을 가지고 있는 도로의 경우, 도로관리자는 사전에 충분한 인적·물적 설비를 갖추어 제설작업을 하거나 통행금지조치 등의 방법으로 안전조치를 취할 의무가 강하게 요구된다(대법원 2008. 3. 13. 선고 2007다29287, 29294 판결). 반면에 일반 보통의 도로의 경우, 도로관리자에게 완전한 인적·물적 설비를 갖추고 제설작업 등을 하도록 하는 것은 타당하지 않고, 오히려 그러한 경우의 도로통행의 안전성은 그와 같은 위험에 대면하여 도로를 이용하는 통행자 개개인의 책임으로 확보되어야 한다(대법원 2000. 4. 25. 선고 99다54998 판결).

판례

도로의 설치 후 집중호우 등 자연력이 작용하여 본래 목적인 통행상의 안전에 결함이 발생한 경우에는 그 결함이 제3자의 행위에 의하여 발생한 경우와 마찬가지로, 도로에 그와 같은 결함이 있다는 것만으로 성급하게 도로의 보존상 하자를 인정하여서는 아니 되고, 당해 도로의 구조, 장소적 환경과 이용 상황 등 제반 사정을 종합하여 그와 같은 결함을 제거하여 원상으로 복구할 수 있는데도 이를 방치한 것인지 여부를 개별적·구체적으로 심리하여 하자의 유무를 판단하여야 한다(대법원 1998. 2. 13. 선고 97다49800 판결).

[2] **고속도로의 관리자가 강설에 대처하기 위하여 부담하는 관리의무의 내용**: 강설에 대처하기 위하여 완벽한 방법으로 도로 자체에 융설 설비를 갖추는 것이 현대의 과학기술 수준이나 재정사정에 비추어 사실상 불가능하다고 하더라도, 최저 속도의 제한이 있는 고속도로의 경우에 있어서는 도로관리자가 도로의 구조, 기상예보 등을 고려하여 사전에 충분한 인적·물적 설비를 갖추어 강설시 신속한 제설작업을 하고 나아가 필요한 경우 제때에 교통통제 조치를 취함으로써 고속도로로서의 기본적인 기능을 유지하거나 신속히 회복할 수 있도록 하는 관리의무가 있다.

[3] 폭설로 차량 운전자 등이 고속도로에서 장시간 고립된 사안에서, 고속도로의 관리자가 고립구간의 교통정체를 충분히 예견할 수 있었음에도 교통제한 및 운행정지 등 필요한 조치를 충실히 이행하지 아니하였으므로 고속도로의 관리상 하자가 있다고 한 사례(대법원 2008. 3. 13. 선고 2007다29287, 29294 판결): <해설> 고속도로의 관리자는 한국도로공사이다. 따라서 국가배상청구를 한 것이 아니고 한국도로공사를 상대로 민법 제758조(공작물 등의 점유자, 소유자의 책임)의 배상책임을 추궁한 사례이다. 한국도로공사는 고속국도법 제6조 제1항의 규정에 의하여 건설부장관을 대행하여 경부고속도로를 관리하여 오고 있으므로 민법 제758조 제1항이 정하는 공작물의 점유자에 해당한다(대법원 1996. 10. 11. 선고

95다56552 판결).

[2] **도로의 설치·관리상의 하자 여부에 관한 판단 기준 및 적설지대가 아닌 지역의 도로 또는 고속도로 등 특수 목적의 도로가 아닌 일반 도로에서 강설로 인하여 발생한 도로통행상의 위험을 즉시 배제하여 그 안전성을 확보할 의무가 도로의 설치·관리자에게 있는지 여부(소극):** 도로의 설치·관리상의 하자는 도로의 위치 등 장소적인 조건, 도로의 구조, 교통량, 사고시에 있어서의 교통 사정 등 도로의 이용 상황과 본래의 이용 목적 등 제반 사정과 물적 결함의 위치, 형상 등을 종합적으로 고려하여 사회통념에 따라 구체적으로 판단하여야 하는바, 특히 강설은 기본적 환경의 하나인 자연현상으로서 그것이 도로교통의 안전을 해치는 위험성의 정도나 그 시기를 예측하기 어렵고 통상 광범위한 지역에 걸쳐 일시에 나타나고 일정한 시간을 경과하면 소멸되는 일과성을 띠는 경우가 많은 점에 비하여, 이로 인하여 발생되는 도로상의 위험에 대처하기 위한 완벽한 방법으로서 도로 자체에 융설 설비를 갖추는 것은 현대의 과학기술의 수준이나 재정사정에 비추어 사실상 불가능하고, 가능한 방법으로 인위적으로 제설작업을 하거나 제설제를 살포하는 등의 방법을 택할 수밖에 없는데, 그러한 경우에 있어서도 적설지대에 속하는 지역의 도로라든가 최저속도의 제한이 있는 고속도로 등 특수 목적을 갖고 있는 도로가 아닌 일반 보통의 도로까지도 도로관리자에게 완전한 인적, 물적 설비를 갖추고 제설작업을 하여 도로통행상의 위험을 즉시 배제하여 그 안전성을 확보하도록 하는 관리의무를 부과하는 것은 도로의 안전성의 성질에 비추어 적당하지 않고, 오히려 그러한 경우의 도로통행의 안전성은 그와 같은 위험에 대면하여 도로를 이용하는 통행자 개개인의 책임으로 확보하여야 한다.

[3] 강설의 특성, 기상적 요인과 지리적 요인, 이에 따른 도로의 상대적 안전성을 고려하면 겨울철 산간지역에 위치한 도로에 강설로 생긴 빙판을 그대로 방치하고 도로상황에 대한 경고나 위험표지판을 설치하지 않았다는 사정만으로 도로관리상의 하자가 있다고 볼 수 없다고 한 사례(대법원 2000. 4. 25. 선고 99다54998 판결).

다. 낙하물 등 제3자의 행위에 의하여 통행상의 안전에 결함이 발생한 경우

도로상의 장해물로 인한 사고에 있어서는 당해 장해물을 발견하고 제거할 수 있는 합리적인 시간이 있었는지 여부(예견가능성과 회피가능성)에 따라 영조물의 하자 여부가 결정된다. 그리고 당해 장해물을 발견하고 제거할 수 있는 합리적인 시간이 있었는지 여부는 도로상의 장해물의 감시를 위한 정상적인 순찰계획을 고려하여 판단된다.

2. 하 천

가. 일반적 판단기준

하천관리의 하자의 일반적 판단기준을 일본의 판례는 다음과 같이 보고 있는바, 일응 우리나라에도 타당하다고 볼 수 있다. "하천 관리의 하자 유무는 과거에 발생한 수해의 규모, 발생빈도, 발생원인, 피해의 성질, 강우상황, 유역의 지형, 그 밖의 자연적 조건, 토지의 이용 상황, 그 밖의 사회적 조건, 개수를 요하는 긴급성의 유무 및 그 정도 등 제반의 사정을 종합적으로 고려하여 이러한 제약 하에서 동종·동규모의 하천관리의 일반수준 및 사회통념에 비추어 시인할 수 있는 안전성을 구비하고 있다고 인정될 수 있는가의 여부를 기준으로 판단되어야 한다.[74]" 즉, 하천관리의 하자를 판단함에 있어서는 재정적·사회적 및 기술적인 제약을 고려하여야 한다는 취지이다. 하지만 이 기준에 대해서는 결과적으로 치수행정의 현상을 그대로 추인하는 수단이 될 우려가 있고, 아울러 영조물책임의 성립가능성을 현저하게 축소시킬 위험성이 있다는 비판이 제기되기도 한다.[75]

판례

자연영조물로서의 하천의 관리상의 특질과 특수성 및 하천관리상 하자 유무의 판단 기준: … 하천관리의 하자 유무는, 과거에 발생한 수해의 규모·발생의 빈도·발생원인·피해의 성질·강우상황·유역의 지형 기타 자연적 조건, 토지의 이용상황 기타 사회적 조건, 개수를 요하는 긴급성의 유무 및 그 정도 등 제반 사정을 종합적으로 고려하고, 하천관리에 있어서의 위와 같은 재정적·시간적·기술적 제약하에서 같은 종류, 같은 규모 하천에 대한 하천관리의 일반수준 및 사회통념에 비추어 시인될 수 있는 안전성을 구비하고 있다고 인정할 수 있는지 여부를 기준으로 하여 판단해야 한다(대법원 2007. 9. 21. 선고 2005다65678 판결).

나. 하천기본계획과 하천의 하자

하천의 관리청은 그가 관리하는 하천에 대하여 대통령령이 정하는 바에 따라 하천의 이용 및 자연친화적 관리에 필요한 기본적인 사항 등을 내용으로 하는 10년 단위의 하천기본계획을 수립하여야 한다(하천법 제25조 제1항). 위 하천기본계획의 내용에는 기본홍수량(제방·댐·저류지·홍수조절지·방수로 등의 홍수방어시설에 의한 홍수조절계획을 반영하지 아니한 자연상태의 홍수량), 계획홍수량(하천시설의 설치계획을 수립함에 있어서 기준이 되는 홍수량), 계획홍수위(계획홍수량만큼의 물이 소통하는 경우 그 수위), 계획하폭(계획홍수량만큼의 물이 소통하는 데 필요한 양안 사이의 폭) 및 그 경계 등의 사항을 포함하도록 되어 있다(하천법 시행령 제24조 제2항).

하천에 제방이 축조될 때 및 하천기본계획을 수립할 때에는 계획홍수량을 정하게 되

74) 橋本博之, "河川管理の　瑕疵 - 大東水害訴訟", 行政判例百選Ⅱ(第5版), 2006. 6, 484頁.
75) 위의 논문, 485頁.

는데, 통상 계획홍수량이란 홍수시 예상되는 최대유량을 말한다. 계획홍수량 및 계획홍수위가 하천의 설치·관리에 대한 하자의 판단에 있어 중요한 기준이 된다는 것이 통설이다.

계획홍수량 및 계획홍수위를 충족하여 하천이 관리되고 있다면 당초부터 계획홍수량 및 계획홍수위를 잘못 책정하였다거나 그 후 이를 시급히 변경해야 할 사정이 생겼음에도 불구하고 이를 해태하였다는 등의 특별한 사정이 없는 한, 그 하천은 용도에 따라 통상 갖추어야 할 안전성을 갖추고 있다고 봄이 상당하다(대법원 2007. 9. 21. 선고 2005다65678 판결).

예를 들어, 하천에 제방이 축조될 때에는 계획홍수위를 정하고 여기에 여유고를 더하여 제방의 높이가 결정된다. 위와 같이 계획홍수위에 맞추어 적정하게 제방이 설치되었음에도 불구하고 하천이 범람한 경우에는 불가항력으로 볼 수 있다. 반면에 홍수가 계획홍수량 이하였음에도 제방이 파손된 경우에는 특별한 사정이 없는 한 제방의 설치·관리에 하자가 있는 것으로 추정된다.

판례

[2] **자연영조물로서의 하천의 관리상의 특질과 특수성 및 계획홍수위를 넘고 있는 하천의 제방이 그 후 새로운 하천시설을 설치할 때 기준으로 삼기 위하여 제정한 '하천시설기준'이 정한 여유고를 확보하지 못한 경우, 안전성이 결여된 하자가 있다고 볼 수 있는지 여부(한정 소극)**: 자연영조물로서의 하천은 원래 이를 설치할 것인지 여부에 대한 선택의 여지가 없고, 위험을 내포한 상태에서 자연적으로 존재하고 있으며, 간단한 방법으로 위험상태를 제거할 수 없는 경우가 많고, 유수라고 하는 자연현상을 대상으로 하면서도 그 유수의 원천인 강우의 규모, 범위, 발생시기 등의 예측이나 홍수의 발생 작용 등의 예측이 곤란하고, 실제로 홍수가 어떤 작용을 하는지는 실험에 의한 파악이 거의 불가능하고 실제 홍수에 의하여 파악할 수밖에 없어 결국 과거의 홍수 경험을 토대로 하천관리를 할 수밖에 없는 특질이 있고, 또 국가나 하천관리청이 목표로 하는 하천의 개수작업을 완성함에 있어서는 막대한 예산을 필요로 하고, 대규모 공사가 되어 이를 완공하는 데 장기간이 소요되며, 치수의 수단은 강우의 특성과 하천 유역의 특성에 의하여 정해지는 것이므로 그 특성에 맞는 방법을 찾아내는 것은 오랜 경험이 필요하고 또 기상의 변화에 따라 최신의 과학기술에 의한 방법이 효용이 없을 수도 있는 등 그 관리상의 특수성도 있으므로 이와 같은 관리상의 특질과 특수성을 감안한다면, 하천의 관리청이 관계 규정에 따라 설정한 계획홍수위를 변경시켜야 할 사정이 생기는 등 특별한 사정이 없는 한, 이미 존재하는 하천의 제방이 계획홍수위를 넘고 있다면 그 하천은 용도에 따라 통상 갖추어야 할 안전성을 갖추고 있다고 보아야 하고, 그와 같은 하천이 그 후 새로운 하천시설을 설치할 때 기준으로 삼기 위하여 제정한 '하천시설기준'이 정한 여유고를 확보하지 못하고 있다는 사정만으로 바로 안전성이 결여된 하자가 있다고 볼 수는 없다.

[3] 100년 발생빈도의 강우량을 기준으로 책정된 계획홍수위를 초과하여 600년 또는 1,000년 발생빈도의 강우량에 의한 하천의 범람은 예측가능성 및 회피가능성이 없는 불가항력적인 재해로

서 그 영조물의 관리청에게 책임을 물을 수 없다고 본 사례(대법원 2003. 10. 23. 선고 2001다48057 판결).

관리청이 하천법 등 관련 규정에 의해 책정한 하천정비기본계획 등에 따라 개수를 완료한 하천 또는 아직 개수 중이라 하더라도 개수를 완료한 부분에 있어서는, 위 하천정비기본계획 등에서 정한 계획홍수량 및 계획홍수위를 충족하여 하천이 관리되고 있다면 당초부터 계획홍수량 및 계획홍수위를 잘못 책정하였다거나 그 후 이를 시급히 변경해야 할 사정이 생겼음에도 불구하고 이를 해태하였다는 등의 특별한 사정이 없는 한, 그 하천은 용도에 따라 통상 갖추어야 할 안전성을 갖추고 있다고 봄이 상당하다(대법원 2007. 9. 21. 선고 2005다65678 판결).

제3절 배상책임자

Ⅰ. 일반론

1. 국가 또는 지방자치단체

국가배상법상의 배상책임자는 국가 또는 지방자치단체이다.

이러한 국가배상책임에 있어서는 ⅰ) 국가배상법 제2조에 기한 배상책임의 경우, 민법 제756조의 사용자책임과는 달리 공무원의 선임·감독상에 잘못이 없는 경우에도 국가 또는 지방자치단체의 책임이 인정된다는 점, ⅱ) 국가배상법 제5조에 기한 배상책임의 경우, 민법 제758조의 공작물 점유자의 책임과는 달리 점유자의 면책조항을 두고 있지 않을 뿐만 아니라, 그 대상을 공작물에 한정하고 있지도 않다는 점 등이 민법과는 다르다.

2. 공공단체

가. 의 의

국가는 모든 행정을 스스로 행사하지 않고, 국가로부터 독립된 행정주체를 설치하여 그로 하여금 일정범위의 행정을 자주적으로 행하게 하기도 한다. 지방자치단체·공공조합·영조물법인·공법상 재단은 일정한 공행정을 행할 목적으로 위와 같이 국가로부터 그 존립의 기초가 주어졌다. 이와 같은 광의의 공공단체 중 지방자치단체를 제외한 공공단체를 협의의 공공단체라고 한다.

나. 배상책임의 주체

공공단체가 직무수행상의 불법행위로 타인에게 손해를 입힌 경우에 그 배상책임의 주체가 누구인지가 문제된다. 공공단체를 행정주체로 보면 공공단체를 배상책임자로 보는 것이 타당하고, 단순한 행정기관으로 보게 되면 국가 또는 지방자치단체를 배상책임주체로 보아야 할 것이다. 그런데 공공단체는 법인으로서 그 자체가 행정주체에 해당하므로 공공단체를 배상책임자로 보는 견해가 타당하다.

다. 법적 근거(배상책임의 성질)

헌법 제29조는 '국가 또는 공공단체'를 배상책임자로 규정하고 있으나, 국가배상법은 국가 또는 지방자치단체로 배상책임자를 한정하고 있다. 그리하여 지방자치단체를 제외한 공공단체(공공조합·영조물법인·공법상 재단)의 공무수행 중 발생한 불법행위에 대하여 민법을 적용할 것인가 아니면 국가배상법을 적용할 것인지에 대하여는 학설의 대립이 있다.

(1) 민법상 손해배상청구설

가해행위가 공행정작용에 속하는 것이므로 그 실질에 비추어 국가배상법을 적용하는 것이 타당하나, 국가배상법이 국가와 지방자치단체의 배상책임만을 정하고 있으므로 지방자치단체가 아닌 공공단체의 경우 국가배상법이 적용될 수는 없고 일반법인 민법이 적용되어야 한다는 견해이다.[76)]

(2) 국가배상청구설

① 국가배상법유추적용설: 가해행위가 공행정작용에 속하는 것이므로 피해자의 구제 및 법적용의 형평성을 고려하여 공공단체의 공무수행 중에 발생한 손해에 대하여는 국가배상법 제2조 또는 제5조를 유추적용하는 것이 타당하는 견해이다.[77)]

② 국가배상법적용설: 헌법 제29조가 국가배상주체를 국가 또는 공공단체로 규정하고 있는 점, 오늘날 대부분의 급부행정이 공공단체에 의해 수행되고 있으며 이들 급부행정은 실질적으로 공행정에 해당된다는 점 등에 비추어 공공단체를 국가배상법상의 '국가 또는 지방자치단체'에 포함되는 것으로 보는 견해이다.[78)]

---

76) 홍정선, 행정법원론(상)(제30판), 2022, 827면.
77) 박균성, 행정법론(상)(제21판), 2022, 817면.
78) 정하중·김광수, 행정법개론(제16판), 2022, 512면.

3. 공무수탁사인

가. 배상책임의 주체

광의의 공무수탁사인은 행정보조인·행정대행자와 협의의 공무수탁사인으로 구분된다. 공무수탁사인이 직무수행상의 불법행위로 타인에게 손해를 입힌 경우에 그 배상책임의 주체가 누구인지가 문제된다.

먼저 행정보조인·행정대행자의 경우 위탁자인 국가 또는 지방자치단체가 국가배상법에 따라 배상책임을 진다.

다음으로 협의의 공무수탁사인의 경우 i) 이를 행정주체로 보는 견해에 따르면 공무수탁사인의 공행정작용으로 인한 손해에 대해서는 행정주체인 공무수탁사인이 배상책임을 진다고 보게 되고,[79] ii) 이를 행정기관에 불과한 것으로 보는 견해에 따르면 공무수탁사인의 공행정작용으로 인한 손해에 대해서는 위탁자인 국가나 지방자치단체가 배상책임을 진다고 보게 된다. 전자가 통설의 입장이다.

나. 배상책임의 성질

협의의 공무수탁사인의 공무수행상의 불법행위로 타인에게 손해가 발생한 경우에 그 배상책임의 성질이 문제된다. 이는 현행 국가배상법 제2조가 국가와 지방자치단체의 배상책임만을 규정하고 있는 것에서 기인한다. 이에 대하여는 다음과 같이 견해의 대립이 있다.

(1) 민법상 손해배상청구설

이 설은 행정주체설의 입장에 따라 공무수탁사인의 공행정작용으로 인한 손해에 대해서는 공무수탁사인이 배상책임자라고 보면서, 이 경우 이론상 국가배상책임을 지도록 하는 것이 타당하지만, 현행 국가배상법이 국가와 지방자치단체의 배상책임만을 규율하고 있으므로 민법에 근거하여 손해배상을 청구하여야 한다고 본다.

판례는 민법상 손해배상청구설을 취하고 있는 것으로 보여진다(대법원 2019. 11. 28. 선고 2017다14895 판결).

(2) 국가배상청구설

① 국가배상법적용설: 공무수탁사인을 행정기관에 불과한 것으로 보는 견해에 의하면

---

79) 공무수탁사인을 행정주체로 보는 견해에 의하더라도, 위탁기관인 국가·지방자치단체의 감독상 과실이 인정되는 경우에는 국가·지방자치단체가 배상책임을 지는 것으로 보는 것이 타당하다(박균성, 앞의 책, 111면).

공무수탁사인은 국가배상법상 공무원이고, 배상책임자는 국가나 지방자치단체이므로 국가배상을 청구하여야 한다고 본다.

② 국가배상법유추적용설: 공무수탁사인을 행정주체로 보는 견해에 의하면 공무수탁사인의 공행정작용으로 인한 손해에 대해서는 행정주체인 공무수탁사인이 배상책임을 지게 된다. 그런데 공무수탁사인은 공행정작용을 수행하고, 국가배상법상 공무원으로 취급되므로, 비록 국가배상법이 국가와 지방자치단체의 배상책임만을 정하고 있지만, 국가배상법을 유추적용하여 국가배상을 청구하여야 한다고 보는 견해이다.[80]

II. 피해자에 대한 배상책임자

1. 의 의

국가배상법 제6조 제1항은 “국가 또는 지방자치단체가 국가배상법 제2조 또는 제5조에 의한 손해배상 책임을 지는 경우에 공무원의 선임·감독 또는 영조물의 설치·관리를 맡은 자와 공무원의 봉급·급여 기타의 비용 또는 영조물의 설치·관리의 비용을 부담하는 자가 동일하지 아니한 경우에는 그 비용을 부담하는 자도 손해를 배상하여야 한다.”고 규정하고 있다. 이 규정에 의하면 피해자는 사무의 귀속주체(영조물의 관리주체)와 비용부담자에 대하여 선택적으로 배상을 청구할 수 있는바, 그 취지는 피해자 구제의 편의성과 실효성을 보장하기 위한 것이다.

2. 사무의 귀속주체(영조물의 관리주체)

일반적으로 국가배상법 제6조 제1항에서의 “공무원의 선임·감독자 또는 영조물의 설치·관리를 맡은 자”란 사무의 귀속주체 또는 영조물의 관리주체를 의미하는 것으로 해석된다.

여기서 사무의 귀속주체 또는 영조물의 관리주체란 당해 사무의 집행기관 또는 영조물의 관리기관이 속해 있는 법인격 있는 조직체를 말한다. 그리하여 그 직무가 국가사무(지방자치단체의 장에게 위임된 기관위임사무를 포함한다)인 경우에는 국가가, 지방자치단체의 사무(자치사무와 단체위임사무)인 경우에는 지방자치단체가 각 사무의 귀속주체 또는 영조물의 관리주체로서 배상책임을 진다.

---

80) 박균성, 앞의 책, 112면.

기관위임사무의 경우 위임기관이 소속된 행정주체(국가 또는 광역자치단체)는 사무의 귀속주체로서의(국가배상법 제2조 제1항) 또는 영조물의 관리주체로서의(국가배상법 제5조 제1항) 배상책임을 진다. 반면에 수임기관은 위 행정주체 산하 행정기관의 지위에서 업무를 처리하는 것에 불과하므로, 수임기관이 원래 속해 있는 지방자치단체는 사무의 귀속주체 또는 영조물의 관리주체가 되지 못한다. 다만 사무비용 또는 영조물의 관리비용을 대외적·형식적으로 지출하는 자에는 속하므로 국가배상법 제6조 제1항에 의한 비용부담자로서의 책임을 진다. 이러한 법리는 상위 지방자치단체와 하위 지방자치단체 사이에서도 동일하다(대법원 1996. 11. 8. 선고 96다21331 판결).

판례

지방자치단체장 간의 기관위임의 경우, 위임사무처리상의 불법행위에 대한 사무귀속 주체로서의 손해배상책임 주체(=상위 지방자치단체): 지방자치단체장 간의 기관위임의 경우에 위임받은 하위 지방자치단체장은 상위 지방자치단체 산하 행정기관의 지위에서 그 사무를 처리하는 것이므로 사무귀속의 주체가 달라진다고 할 수 없고, 따라서 하위 지방자치단체장을 보조하는 하위 지방자치단체 소속 공무원이 위임사무처리에 있어 고의 또는 과실로 타인에게 손해를 가하였더라도 상위 지방자치단체는 여전히 그 사무귀속 주체로서 손해배상책임을 진다(대법원 1996. 11. 8. 선고 96다21331 판결).

도로교통법시행령 제71조의2 제1항 제1호에 의하여 지방경찰청장 또는 경찰서장이 지방자치단체장으로부터 권한을 위탁받아 설치·관리하는 신호기의 하자로 인한 국가배상법 제5조 소정의 배상책임의 귀속 주체(=지방자치단체): 도로교통법 제3조 제1항에 의하여 특별시장·광역시장 또는 시장·군수의 권한으로 규정되어 있는 도로에서의 신호기 및 안전표지의 설치·관리에 관한 권한은 같은법시행령 제71조의2 제1항 제1호에 의하여 지방경찰청장 또는 경찰서장에게 위탁되었으나, 이와 같은 권한의 위탁은 이른바 기관위임으로서 경찰서장 등은 권한을 위임한 시장 등이 속한 지방자치단체의 산하 행정기관의 지위에서 그 사무를 처리하는 것이므로, 경찰서장 등이 설치·관리하는 신호기의 하자로 인한 국가배상법 제5조 소정의 배상책임은 그 사무의 귀속 주체인 시장 등이 속한 지방자치단체가 부담한다(대법원 2000. 1. 14. 선고 99다24201 판결).

지방자치단체장이 설치하여 관할 지방경찰청장에게 관리권한이 위임된 교통신호기의 고장으로 인하여 교통사고가 발생한 경우, 지방자치단체뿐만 아니라 국가도 손해배상책임을 지는지 여부(적극): …이와 같이 행정권한이 기관위임된 경우 권한을 위임받은 기관은 권한을 위임한 기관이 속하는 지방자치단체의 산하 행정기관의 지위에서 그 사무를 처리하는 것이므로 사무귀속의 주체가 달라진다고 할 수 없고, 따라서 권한을 위임받은 기관 소속의 공무원이 위임사무처리에 있어 고의 또는 과실로 타인에게 손해를 가하였거나 위임사무로 설치·관리하는 영조물의 하자로 타인에게 손해를 발생하게 한 경우에는 권한을 위임한 관청이 소속된 지방자치단체가 국가배상법 제2조 또는 제5조에 의한 배상책임을 부담하고, 권한을 위임받은 관청이 속하는 지방자치단체 또는 국가가 국가배상법 제2조 또는 제5조에 의한 배상책임을 부담하는 것이 아니므로, 지방자치단체장이 교통신호기를 설치하여 그 관리권한이 도로교통법 제71조의2 제1항의 규정에 의하여 관할 지방경찰청장에게 위임되어 지방자치단체 소속 공무원과 지방경찰청 소속 공무원이 합동근무하는 교통종합관제센터에서 그 관리업무를 담당하던 중 위 신호기가 고장난 채 방치되어 교통사고가 발생한 경우, 국가배상법 제2조 또는 제5조에 의한 배상책임을 부담하는 것은 지방경찰청장이 소속된 국가가 아니라, 그 권한을 위임한 지방자치단체장이 소속된 지방자치단체라고 할 것이나, 한편 국가배상법 제6조 제1항은 같은 법 제2조, 제3조 및 제5조의 규정에 의하여 국가 또는 지방자치단체가 손해를 배상할 책임이 있는 경우에 공무원의 선임·감독 또는 영조물의 설치·관리를 맡은 자와 공무원의 봉급·급여 기타의 비용 또는 영조물의 설치·관리의 비용을 부담하는 자가 동일하지 아니한 경우에는 그 비용을 부담하는 자도 손해를 배상하여야 한다고 규정하고 있으므로 교통신호기를 관리하는 지방경찰청장 산하 경찰관들에 대한 봉급을 부담하는 국가도 국가배상법 제6조 제1항에 의한 배상책임을 부담한다(대법원 1999. 6. 25. 선고 99다11120 판결): <해설> 기관위임사무에서 위임기관이 소속된 행정주체(지방자치단체)는 사무의 귀속주체로서 배상책임을 지고, 아울러 수임기관이 본래 소속된 행정주체(국가)도 (형식적) 비용부담자로서 배상책임을 진다고 본 사례이다.

3. 비용부담주체

가. 의 의

국가배상법 제6조 제1항에서의 "공무원의 봉급·급여 기타의 비용을 부담하는 자 또는 영조물의 설치·관리의 비용을 부담하는 자"란 사무 또는 영조물의 비용부담주체를 말한다. 여기서의 비용부담자는 원칙상 대외적으로 당해 사무의 비용 또는 당해 영조물의 설치·관리비용을 부담하여야 하는 것으로 되어 있는 자(이하 '형식상 부담자' 또는 '대외적 비용부담자'라고 한다)를 말한다.

나. 실질적 비용부담자의 포 함여부

문제는 형식상 비용부담의무자와 실질적 비용부담자가 다를 경우에 실질적 비용부담자(보조금의 지급주체, 종국적 비용부담자)도 국가배상법 제6조 제1항의 비용부담자에 해당되는가이다.

(1) 형식적 비용부담자설

이 견해는 국가배상법 제6조 제1항에서 말하는 비용부담자란 그 실질적 비용부담 관계를 고려함이 없이 대외적으로 비용을 지출하는 자를 말한다고 보는 견해이다. 이 견해는 대외적 경제주체로서 비용을 부담하는 자와 내부관계에서 실질적으로 비용을 부담하는 자가 다를 수 있음을 전제로 하여, 대외적으로 비용을 부담하는 자만을 국가배상법 제6조 제1항의 비용부담자로 본다.

(2) 병존설

이 견해는 피해자 보호의 견지에서 일정한 경우에는 국가배상법 제6조 제1항의 비용부담자에 대외적으로 경비를 지출하는 형식적 부담자 외에 실질적 비용부담자를 포함시킬 수 있다는 견해이다.

(3) 검 토

생각건대 i) 사무의 집행비용 또는 영조물의 설치·관리비용이 기관 사이에 내부적으로 어떻게 조달되는지에 관하여는 피해자가 잘 알 수 없는 것인바, 병존설이 피해자 구제에 유리하다는 점, ii) 단체위임사무의 경우 당해 사무의 귀속주체는 수임자인 자치단체라고 보아야 할 것이고,[81] 아울러 이들은 형식적 비용부담자에 해당되므로, 형식적 비용부담자설에 의할 경우 피해자인 국민은 위임자인 국가 등에 대하여는 손해배상을 청구할 수 없게 된다. 그런데 병존설에 의할 경우에는 위임자인 국가 등에 대하여도 실질적 비용부담자로서 손해배상을 청구할 수 있게 된다는 점 등에 비추어 보건대, 피해자의 권익을 두텁게 보호할 수 있는 병존설의 견해가 타당하다.

판례

가. 국가배상법 제6조 제1항 소정 '공무원의 봉급·급여 기타의 비용을 부담하는 자'의 의미: 국가배상법 제6조 제1항 소정의 '공무원의 봉급·급여 기타의 비용'이란 공무원의 인건비만을 가리키는 것이 아니라 당해사무에 필요한 일체의 경비를 의미한다고 할 것이고, 적어도 대외적으로 그러한 경비를 지출하는 자는 경비의 실질적·궁극적 부담자가 아니더라도 그러한 경비를 부담하는 자에 포함된다.

나. 지방자치단체의 장이 기관위임된 국가행정사무를 처리하는 경우, 그 지방자치단체가 같은 법 제6조 제1항 소정의 비용부담자로서 배상책임을 지는지 여부: …지방자치단체의 장이 기관위임된 국가행정사무를 처리하는 경우 그에 소요되는 경비의 실질적·궁극적 부담자는 국가라고 하

81) 홍승면, "국가와 지방자치단체간의 배상책임의 분장관계", 민사판례연구XVIII, 361면.
한편 위와는 달리 단체위임사무의 경우도 수임 지방자치단체가 그 사무를 수행할 뿐, 사무의 효과의 귀속주체는 여전히 위임자인 국가 등이라고 보는 견해도 있다. 홍정선, 행정법원론(상)(제19판), 2011, 694면.

더라도 당해 지방자치단체는 국가로부터 내부적으로 교부된 금원으로 그 사무에 필요한 경비를 대외적으로 지출하는 자이므로, 이러한 경우 지방자치단체는 국가배상법 제6조 제1항 소정의 비용부담자로서 공무원의 불법행위로 인한 같은 법에 의한 손해를 배상할 책임이 있다(대법원 1994. 12. 9. 선고 94다38137 판결): <해설> 지방자치단체의 장이 기관위임된 국가행정사무를 처리하는 경우, 당해 지방자치단체에게 사무의 귀속주체로서의 책임은 없다고 할지라도 형식적 비용부담자로서의 배상책임은 있다고 본 사례이다. 한편 위 사안에서 국가는 사무의 귀속주체이자 실질적 비용부담자에 해당된다.

4. 사무의 귀속주체와 비용부담자의 관계

사무의 귀속주체(영조물의 관리주체)의 배상책임과 비용부담자의 배상책임은 부진정연대채무의 관계에 있다. 따라서 양자는 내부적인 부담부분을 가지고 피해자에게 대항할 수 없다.

판례

국가가 육교의 관리사무의 귀속주체로서, 서울특별시가 육교의 비용부담자로서 각 손해배상책임을 지는 경우, 이들이 국가배상법 제6조 제2항을 들어 구상권자인 다른 공동불법행위자에게 대항할 수 있는지 여부(소극) 및 이러한 경우 구상권자에 대한 국가와 서울특별시의 채무의 성질(=부진정연대채무): 트랙터가 서울특별시 내의 일반국도를 주행중 육교에 충돌하여 그 육교상판이 붕괴되면서 이로 인하여 때마침 육교 밑을 통과해 오던 버스운전사가 사망함으로써 위 트랙터에 관하여 공제계약을 체결한 전국화물자동차운송사업조합연합회가 그 유족에게 손해배상금을 지급하여 공동면책된 경우, 피고 대한민국은 위 육교의 관리사무의 귀속주체로서, 피고 서울특별시는 위 육교의 비용부담자로서 각 손해배상책임을 지는 것이고, 국가배상법 제6조 제2항의 규정은 도로의 관리주체인 국가와 그 비용부담자인 시, 구 상호간에 내부적으로 구상의 범위를 정하는 데 적용될 뿐 이를 들어 구상권자인 공동불법행위자에게 대항할 수 없는 것이므로, 피고들은 부진정연대채무자로서 각자 피고들 전체의 부담 부분(전체 손해액 중 구상권자인 전국화물자동차운송사업조합연합회가 부담할 부분을 제외한 전액)에 관하여 구상권자의 구상에 응하여야 하는 것이지 피고별로 분할채무를 지는 것이 아니다(대법원 1998. 9. 22. 선고 97다42502,42519 판결).

III. 종국적 배상책임자

1. 의 의

국가배상법 제6조 제2항은 “제1항의 경우에 손해를 배상한 자는 내부관계에서 그 손해를 배상할 책임이 있는 자에게 구상할 수 있다"라고 규정하고 있다. 이 규정은 최종적인 배상책임자에 대한 구상을 인정하면서도, 사무의 귀속주체(영조물의 관리주체)와 비용부담자가 서로 다른 경우에 그중 누가 최종적인 배상책임자가 되는지에 대하여는 판단을 내리지 않고 있다.

위와 같이 사무의 귀속주체(영조물의 관리주체)와 비용부담자가 다른 경우에 이들 중 누가 종국적 배상책임자가 되는지에 대하여는 다음과 같이 견해가 대립하고 있다.

2. 사무의 귀속주체설(영조물의 관리주체설)

이 학설은 사무를 집행하거나 영조물을 관리하는 자가 속하는 행정주체, 즉 사무의 귀속주체 또는 영조물의 관리주체가 최종적인 배상책임자라고 보는 견해이다. 그 논거로는 ① 손해가 직접적으로는 사무집행상의 과실 또는 영조물 관리상의 하자에 기인하여 발생하였다고 보아야 하는바, 위와 같이 손해를 방지할 수 있는 위치에 있는 사무의 귀속주체(영조물의 관리주체) 측의 잘못으로 인하여 손해가 발생한 이상 그들이 최종적인 배상책임을 지는 것이 책임의 원칙에 비추어 타당하다. ② 사무 또는 영조물의 관리로 인하여 이익을 보는 자는 그로 인하여 발생하는 부담, 즉 사고로 인한 손해배상책임도 부담하는 것이 공평의 원칙에 비추어 타당하다. ③ 사무의 귀속주체(영조물의 관리주체)에게 책임을 부담시키는 것이 장래의 손해회피를 위한 경각심을 불러일으키는 효과가 있다. ④ 국가배상법 제6조 제1항은 "… 그 비용을 부담하는 자도 손해를 배상하여야 한다."고 규정하고 있는바, 이는 비용부담자 아닌 사무의 귀속주체(영조물의 관리주체)가 종국적 배상책임자임을 전제로 한 규정이라고 보아야 한다는 점 등을 든다.

3. 비용부담주체설

이 학설은 당해 사무의 비용을 부담하는 자(실질적 비용부담자)가 최종적인 배상책임자라고 보는 견해이다. 그 논거로는 ① 사무를 집행함에 있어서 담당 공무원의 과실이 없을 수 없고, 영조물을 설치·관리함에 있어서도 영조물의 하자로 인한 사고가 없을 수 없으므로 사무 또는 영조물의 관리비용에는 손해배상금도 포함된다. ② 비용을 공동으로 부담하는 경우에 손해배상의 최종적인 분담액을 쉽게 객관적으로 확정할 수 있다는 점 등을 든다.

4. 기여도설

이 학설은 당해 손해발생에 대한 기여도에 따라 배상책임의 부담자를 결정해야 한다는 견해이다. 책임의 원리 및 배상의 원리에 비추어볼 때 손해의 발생에 기여한 자가 여러 명인 경우에 손해배상책임자는 손해의 발생에 기여한 만큼 배상책임을 지게 된다. 관리주체인가 비용부담자인가를 불문하고 최종적인 배상책임은 실제의 사안에서 손해의 발생에 기여한 자가 지고, 그러한 손해에 대해 기여자가 여러 명인 경우에는 그 손해에 기여한 정도에 비례하여 책임을 분담하여야 한다는 것이다.

이 견해의 문제점은 기여자 및 기여의 정도를 판단함에 있어 어려움이 따르고, 위와 같이 판단기준의 불명확성으로 인하여 최종책임자 및 최종분담액을 결정하는 데 있어서 어려움이 적지 않다는 데에 있다.

판례는 기여도설의 입장을 따르고 있는 것으로 보인다(대법원 1998. 7. 10. 선고 96다42819 판결).

판례

국가배상법 제6조 소정의 사무귀속자와 비용부담자로서의 지위가 두 행정주체 모두에 중첩된 경우, 내부적 부담 부분의 결정 기준: 원래 광역시가 점유·관리하던 일반국도 중 일부 구간의 포장공사를 국가가 대행하여 광역시에 도로의 관리를 이관하기 전에 교통사고가 발생한 경우, 광역시는 그 도로의 점유자 및 관리자, 도로법 제56조, 제55조, 도로법시행령 제30조에 의한 도로관리비용 등의 부담자로서의 책임이 있고, 국가는 그 도로의 점유자 및 관리자, 관리사무귀속자, 포장공사비용 부담자로서의 책임이 있다고 할 것이며, 이와 같이 광역시와 국가 모두가 도로의 점유자 및 관리자, 비용부담자로서의 책임을 중첩적으로 지는 경우에는, 광역시와 국가 모두가 국가배상법 제6조 제2항 소정의 궁극적으로 손해를 배상할 책임이 있는 자라고 할 것이고, 결국 광역시와 국가의 내부적인 부담 부분은, 그 도로의 인계·인수 경위, 사고의 발생 경위, 광역시와 국가의 그 도로에 관한 분담비용 등 제반 사정을 종합하여 결정함이 상당하다(대법원 1998. 7. 10. 선고 96다42819 판결).

제4절 국가배상법 제2조와 제5조의 경합

영조물(공물)의 설치·관리의 하자와 공무원의 위법한 직무행위가 경합하는 경우에 피해자는 국가배상법 제2조나 제5조 그 어느 규정에 의해서도 선택적으로 배상을 청구할 수 있다.

국가배상법 제2조의 책임은 과실책임이고, 제5조의 책임은 일종의 무과실책임이므로, 입증책임과 관련하여 원고로서는 제5조의 책임을 주장하는 것이 유리할 것이다.

한편 국가배상법 제5조는 제2조와의 관계에서 보충적인 지위에 있다는 견해도 있다. 이 견해에 따른다면 국가배상법 제2조의 책임이 성립하는 경우 제5조의 책임을 주장하는 것은 허용되지 않게 될 것이다.

제5절 국가배상법상의 특례규정

Ⅰ. 배상청구권의 양도·압류 금지

생명·신체의 침해로 인한 국가배상을 받을 권리는 양도하거나 압류하지 못한다(국가배상법 제4조). 이는 사회보장적 견지에서 피해자 또는 피해자 유족을 보호하기 위한 것이다.

Ⅱ. 국가배상의 청구절차

1. 배상심의회에 대한 배상신청

국가나 지방자치단체에 대한 배상신청사건을 심의하기 위하여 배상심의회를 둔다(국가배상법 제10조). 그러나 국가배상법에 따른 손해배상의 소송은 배상심의회에 배상신청을 하지 아니하고도 제기할 수 있다(국가배상법 제9조).

즉 국가배상법은 일정한 행정절차(배상심의회의 결정절차)를 사법절차(국가배상 소송)에 앞서서 제기할 수 있는 임의적인 절차로 규정하고 있다. 따라서 배상심의회의 결정절차를 거친 다음 국가배상 소송을 제기할 수도 있고, 그러한 절차를 거치지 않고 바로 국가배상 소송을 제기할 수도 있다.

배상심의회에 대한 배상신청은 처분을 다투는 것이 아니므로 행정심판제도와는 성격을 달리하고, 이는 배상청구인의 간이·신속한 구제를 도모하기 위한 행정절차에 해당된다.

2. 사법절차에 의한 청구

국가배상 청구소송은 이론상 공법상 당사자소송의 형식에 의하여야 할 것이나, 현행 재판실무에서는 국가배상 소송을 민사사건으로 다루고 있다.

Ⅲ. 배상액의 산정

1. 배상기준

가. 의 의

국가배상의 경우에 있어서도 그 배상액은 민법상의 불법행위로 인한 손해배상의 경우와 같이, 가해행위와 상당인과관계에 있는 모든 손해를 정당한 가격으로 환산한 가액이어야 한다.

그런데 국가배상법은 생명·신체에 대한 침해와 물건의 멸실·훼손으로 인한 손해에 관해서는 배상금액의 기준을 구체적으로 정해 놓고 있으며(국가배상법 제3조 제1항 내지 제3항), 그 밖의 손해에 대해서는 불법행위와 상당한 인과관계가 있는 범위에서 배상하도록 일반적 기준만을 제시하고 있다(국가배상법 제3조 제4항).

나. 배상기준의 성격

위의 배상기준이 단지 하나의 기준만을 정한 것인지, 아니면 그 기준을 초과할 수 없다는 의미에서의 배상액의 상한을 설정한 것인지에 관해서는 견해가 대립하고 있다.

(1) 기준액설

국가배상법 제3조의 배상기준은 단순한 기준에 불과하고, 구체적 사안에 따라서는 배상액을 증감할 수도 있다고 보는 견해이다. 이 견해는 위 배상기준을 한정액으로 보는 경우에는 민법상의 불법행위책임에 따른 배상에 비하여 피해자에게 불리하게 되어 형평성을 결하게 되고, 그것은 또한 정당한 배상을 규정한 헌법 제29조에도 반하게 된다는 것을 논거로 든다.[82] 이것이 판례 및 통설의 입장이기도 하다.

(2) 한정액설

국가배상법 제3조의 배상기준은 배상액의 상한을 규정한 제한규정이라고 보는 견해이

---

82) 김동희, 행정법Ⅰ(제14판), 2008, 524면.

다. 이 견해는 i) 국가배상법의 배상기준은 배상의 범위를 객관적으로 명백히 하여 당사자 사이의 분쟁의 소지를 없애기 위한 것이라는 점, ii) 배상의 범위를 법정화한 것은 곧 그에 의한 배상액의 산정을 요구한 것이라고 보아야 한다는 점 등을 그 논거로 들고 있다.[83)]

판례

구 국가배상법(1967. 3. 3. 법률 제1899호) 제3조 제1항과 제3항의 손해배상의 기준은 배상심의회의 배상금지급기준을 정함에 있어서의 하나의 기준을 정한 것에 지나지 아니하는 것이고 이로써 배상액의 상한을 제한한 것으로 볼 수 없다 할 것이며 따라서 법원이 국가배상법에 의한 손해배상액을 산정함에 있어서 그 기준에 구애되는 것이 아니라 할 것이니 이 규정은 국가 또는 공공단체에 대한 손해배상청구권을 규정한 구 헌법(1962. 12. 26. 개정헌법) 제26조에 위반된다고 볼 수 없다(대법원 1970. 1. 29. 선고 69다1203 전원합의체 판결).

2. 공 제

가. 손익상계

국가배상법 제2조 제1항을 적용할 때 피해자가 손해를 입은 동시에 이익을 얻은 경우에는 손해배상액에서 그 이익에 상당하는 금액을 빼야 한다(국가배상법 제3조의2 제1항).

그러나 손해를 배상하는 제도와는 그 취지나 목적을 달리하는 법령(예: 의사상자 예우에 관한 법률)에 의해 지급되는 보상금 등의 혜택은 공제의 대상이 될 수 없다(대법원 2001. 2. 23. 선고 2000다46894 판결).

판례

공무원이 공무집행 중 다른 공무원의 불법행위로 인하여 사망한 경우, 사망한 공무원의 유족들이 국가배상법에 의하여 국가 또는 지방자치단체로부터 사망한 공무원의 소극적 손해에 대한 손해배상금을 지급받았다면 공무원연금관리공단 등은 그 유족들에게 같은 종류의 급여인 유족보상금에서 그 상당액을 공제한 잔액만을 지급하면 되고, 그 유족들이 공무원연금관리공단 등으로부터 공무원연금법 소정의 유족보상금을 지급받았다면 국가 또는 지방자치단체는 그 유족들에게 사망한 공무원의 소극적 손해액에서 유족들이 지급받은 유족보상금 상당액을 공제한 잔액만을 지급하면 된다(대법원 1998. 11. 19. 선고 97다36873 전원합의체 판결): <해설> 위 사안에서의 피해 공무원은 충청남도 소속 공무원으로서 군인·군무원·경찰공무원 또는 예비군대원에 해당하지 않으므로, 국가배상법 제2조 제1항 단서(이중배상금지)의 규정이 적용되지 않는다.

---

83) 이상규, 신행정법론(상)(제5전정판), 1986, 523면.

의사상자예우에관한법률 소정의 보상금 등을 국가배상법에 의한 손해배상액에서 공제할 수 있는지 여부(소극): 의상자 및 의사자의 유족에 대하여 보상금 등을 지급 및 실시하는 제도는 의상자 및 의사자의 유족의 생활안정과 복지향상을 도모한다는 사회보장적 성격을 가질 뿐만 아니라 그들의 국가 및 사회를 위한 공헌이나 희생에 대한 국가적 예우를 시행하는 것으로서 손해를 배상하는 제도와는 그 취지나 목적을 달리 하는 등 손실 또는 손해를 전보하기 위하여 시행하는 제도가 아니라 할 것이므로, 의사상자예우에관한법률에 의해 지급되거나 지급될 보상금, 의료보호, 교육보호 등의 혜택을 국가배상법에 의하여 배상하여야 할 손해액에서 공제할 수는 없다(대법원 2001. 2. 23. 선고 2000다46894 판결).

나. 중간이자의 공제

국가배상법 제3조 제1항의 유족배상과 같은 조 제2항의 장해배상 및 장래에 필요한 요양비 등을 한꺼번에 신청하는 경우에는 중간이자를 빼야 한다(국가배상법 제3조의2 제2항). 제2항의 중간이자를 빼는 방식은 대통령령으로 정한다(국가배상법 제3조의2 제3항).

중간이자의 공제방식은 복할인법(라이프니츠 방식)과 단할인법(호프만 방식)이 있는바, 단할인법이 피해자에게 더 유리하다. 현행 국가배상법 시행령은 법정이율에 의한 단할인법에 따라 중간이자를 공제하도록 하고 있다(국가배상법 시행령 제6조 제3항).

Ⅳ. 외국인의 국가배상청구

국가배상법은 상호주의를 적용하여, 외국인이 피해자인 경우에는 해당 국가와 상호보증이 있을 때에만 국가배상법을 적용한다고 규정하고 있다(국가배상법 제7조).

판례

[1] **국가배상법 제7조에서 정한 '상호보증'이 있는지 판단하는 기준**: …우리나라와 외국 사이에 국가배상청구권의 발생요건이 현저히 균형을 상실하지 아니하고 외국에서 정한 요건이 우리나라에서 정한 그것보다 전체로서 과중하지 아니하여 중요한 점에서 실질적으로 거의 차이가 없는 정도라면 국가배상법 제7조가 정하는 상호보증의 요건을 구비하였다고 봄이 타당하다. 그리고 상호보증은 외국의 법령, 판례 및 관례 등에 의하여 발생요건을 비교하여 인정되면 충분하고 반드시 당사국과의 조약이 체결되어 있을 필요는 없으며, 당해 외국에서 구체적으로 우리나라 국민에게 국가배상청구를 인정한 사례가 없더라도 실제로 인정될 것이라고 기대할 수 있는 상태이면 충분하다.

[2] 일본인 갑이 대한민국 소속 공무원의 위법한 직무집행에 따른 피해에 대하여 국가배상청구

를 한 사안에서, 일본 국가배상법 제1조 제1항, 제6조가 국가배상청구권의 발생요건 및 상호보증에 관하여 우리나라 국가배상법과 동일한 내용을 규정하고 있는 점 등에 비추어 우리나라와 일본 사이에 국가배상법 제7조가 정하는 상호보증이 있다고 한 사례(대법원 2015. 6. 11. 선고 2013다208388 판결).

Ⅴ. 국가배상청구권과 소멸시효

1. 의 의

우리 사회가 민주화된 이후에 과거사에 대한 진상규명이 다수 이루어졌다. 그런데 이를 토대로 국가배상청구권을 행사하는 경우 반드시 부딪히게 되는 문제가 바로 소멸시효의 문제이다. 국가배상청구에 있어서도 민법상의 소멸시효 규정이 준용된다. 하지만 국가권력에 의하여 조직적으로 행하여진 불법행위로 인하여 발생한 사인의 손해에 대해서는 구체적 사안에 따라 국가가 소멸시효의 항변을 되도록 자제하는 것이 타당하다고 생각된다. 아울러 특별한 사정이 있는 경우에는 소멸시효의 주장이 신의칙에 반하는 권리남용으로서 허용될 수 없는 경우도 발생한다.

2. 구체적인 내용

가. 소멸시효기간

국가배상청구권에 적용되는 소멸시효는 아래에서 보는 바와 같이 단기소멸시효와 장기소멸시효로 구분할 수 있다. 단기소멸시효와 장기소멸시효 양자의 기간 중 어느 하나가 만료하면 다른 기간의 경과를 기다리지 않고 소멸시효는 완성된다.

(1) 단기소멸시효

국가배상청구권은 피해자나 그 법정대리인이 그 손해 및 가해자를 안 날로부터 3년간 이를 행사하지 아니하면 시효로 인하여 소멸한다(국가배상법 제8조[84]; 민법 제766조[85]) 제1

---

84) 국가배상법 제8조(다른 법률과의 관계) 국가나 지방자치단체의 손해배상 책임에 관하여는 이 법에 규정된 사항 외에는 민법에 따른다. 다만, 민법 외의 법률에 다른 규정이 있을 때에는 그 규정에 따른다.

85) 민법 제766조(손해배상청구권의 소멸시효) ① 불법행위로 인한 손해배상의 청구권은 피해자나 그 법정대리인이 그 손해 및 가해자를 안 날로부터 3년간 이를 행사하지 아니하면 시효로 인하여 소

항). 단기소멸시효의 경우 피해자나 법정대리인이 그 손해 및 가해자를 안 날이라는 '주관적 기산점'이 적용된다.

판례

국가배상법에 의한 손해배상청구에 적용되는 단기소멸시효의 기산점인 민법 제766조 제1항에 정한 '손해 및 가해자를 안 날'의 의미와 그 판단 방법: 국가배상법 제2조 제1항 본문 전단 규정에 따른 배상책임을 묻는 사건에 대하여는 같은 법 제8조의 규정에 의하여 민법 제766조 제1항 소정의 단기소멸시효제도가 적용되는 것인바, 여기서 가해자를 안다는 것은 피해자나 그 법정대리인이 가해 공무원이 국가 또는 지방자치단체와 공법상 근무관계가 있다는 사실을 알고, 또한 일반인이 당해 공무원의 불법행위가 국가 또는 지방자치단체의 직무를 집행함에 있어서 행해진 것이라고 판단하기에 족한 사실까지 인식하는 것을 의미한다. 한편, 민법 제766조 제1항 소정의 '손해 및 가해자를 안 날'이라 함은 손해의 발생, 위법한 가해행위의 존재, 가해행위와 손해의 발생 사이에 상당인과관계가 있다는 사실 등 불법행위의 요건사실에 대하여 현실적이고도 구체적으로 인식하였을 때를 의미하고, 피해자 등이 언제 불법행위의 요건사실을 현실적이고도 구체적으로 인식한 것으로 볼 것인지는 개별적 사건에 있어서의 여러 객관적 사정을 참작하고 손해배상청구가 사실상 가능하게 된 상황을 고려하여 합리적으로 인정하여야 한다(대법원 2008. 5. 29. 선고 2004다33469 판결).

(2) 장기소멸시효

국가배상청구권은 불법행위를 한 날로부터 10년을 경과한 때에도 시효로 인하여 소멸한다(민법 제766조 제2항). 장기소멸시효의 경우 불법행위를 한 날이라는 '객관적 기산점'이 적용되게 된다.

한편 국가재정법 제96조[86] 제1항에서의 '다른 법률의 규정'이라 함은 다른 법률에 국가재정법 제96조 제1항에서 규정한 5년의 소멸시효기간보다 짧은 기간의 소멸시효 규정이 있는 경우를 가리키는 것이고, 이보다 긴 10년의 소멸시효를 규정한 민법 제766조 제2항은 국가재정법 제96조 제1항에서 말하는 '다른 법률의 규정'에 해당하지 아니한다. 따라서 피해자나 그 법정대리인이 손해 및 가해자를 알지 못한 경우에는 국가재정법 제96조 제2항에 따라 5년간 이를 행사하지 아니하면 국가배상청구권은 시효로 소멸한다.[87]

멸한다.
② 불법행위를 한 날로부터 10년을 경과한 때에도 전항과 같다.

86) 국가재정법 제96조(금전채권·채무의 소멸시효) ① 금전의 급부를 목적으로 하는 국가의 권리로서 시효에 관하여 다른 법률에 규정이 없는 것은 5년 동안 행사하지 아니하면 시효로 인하여 소멸한다.
② 국가에 대한 권리로서 금전의 급부를 목적으로 하는 것도 또한 제1항과 같다.

87) 박균성, 앞의 책, 795면.

(3) 과거사 사건의 경우

진실·화해를 위한 과거사정리 기본법(이하 '과거사정리법'이라 한다) 제2조 제1항[88] 제3호에 규정된 '민간인 집단희생사건', 제4호에 규정된 '중대한 인권침해·조작의혹사건'에 대하여 민법 제766조 제2항의 '객관적 기산점'을 그대로 적용하는 것은, 소멸시효 제도를 통한 법적 안정성을 지나치게 중시한 나머지 피해자의 국가배상청구권 보장 필요성을 희생시키는 것으로서 그 합리성이 인정되지 않는다는 것이 헌법재판소 결정의 취지이다. 따라서 위와 같은 과거사 사건에 있어서는 객관적 기산점을 기초로 한 장기소멸시효가 적용되지 않고, 민법 제766조 제1항이 정한 주관적 기산점 및 이를 기초로 한 단기소멸시효만이 적용되게 된다. 그 결과 i) 과거사정리법 제2조 제1항 제3호의 '민간인 집단 희생사건'의 경우에는 위원회로부터 진실규명결정을 받은 피해자 등이 진실규명결정을 안 날로부터 3년 이내에 국가배상을 청구하거나, ii) 과거사정리법 제2조 제1항 제4호의 '중대한 인권침해사건과 조작의혹사건' 중 유죄확정판결을 받았던 사건의 경우에는 피해자 등이 재심무죄판결 확정을 안 날로부터 3년 이내에 국가배상을 청구함으로써, 민법 제766조 제1항의 단기소멸시효 완성을 저지할 수 있다(헌법재판소 2018. 8. 30. 선고 2014헌바148 등 전원재판부 결정 참고).

나. 소멸시효의 기산점

소멸시효는 권리를 행사할 수 있는 때로부터 진행한다(민법 제166조 제1항). 권리가 발생하였다고 하여도 발생시부터 소멸시효가 당연히 진행하는 것은 아니다. 즉 소멸시효기간의 기산점은 '권리를 행사할 수 있는 때'이다. 여기서 '권리를 행사할 수 있다'는 것은 권리를 행사하는 데에 있어서, 기한의 미도래나 조건의 불성취와 같은 법률상의 장애가 없는 것을 가리킨다. 권리의 존재나 권리행사 가능성에 대한 부지, 그에 대한 과실 유무와 같은 사실상의 장애는 소멸시효의 진행에 영향을 미치지 않는다. 권리행사가 의무자나 제3자의 행동으로 방해받고 있는 경우에도 마찬가지이다. 사실상의 장애를 인정하게 되면 소

---

88) 진실·화해를 위한 과거사정리 기본법 제2조(진실규명의 범위) ① 제3조의 규정에 의한 진실·화해를 위한 과거사정리위원회는 다음 각 호의 사항에 대한 진실을 규명한다.

1. - 2. (생략)
3. 1945년 8월 15일부터 한국전쟁 전후의 시기에 불법적으로 이루어진 민간인 집단 사망·상해·실종사건
4. 1945년 8월 15일부터 권위주의 통치시까지 헌정질서 파괴행위 등 위법 또는 현저히 부당한 공권력의 행사로 인하여 발생한 사망·상해·실종사건, 그 밖에 중대한 인권침해사건과 조작의혹사건

멸시효의 기산점이 불명확하게 되어 법적 안정성을 침해할 우려가 있기 때문이다.

소멸시효의 기산점에 관한 일반규정이라고 할 수 있는 민법 제166조 제1항은 민법 제766조 제2항 소정의 장기소멸시효에서 뿐만 아니라, 민법 제766조 제1항 소정의 단기소멸시효의 경우에도 적용된다. 따라서 3년의 단기소멸시효의 기간은 '손해 및 가해자를 안 날'에 더하여 '권리를 행사할 수 있는 때'가 도래하여야 비로소 시효가 진행하게 된다(대법원 2012. 4. 13. 선고 2009다33754 판결).

판례

소멸시효가 진행하지 않는 '권리를 행사할 수 없는' 경우의 의미: 소멸시효는 객관적으로 권리가 발생하고 그 권리를 행사할 수 있는 때로부터 진행하고 그 권리를 행사할 수 없는 동안에는 진행하지 아니한다. 여기서 '권리를 행사할 수 없다'라고 함은 그 권리행사에 법률상의 장애사유, 예컨대 기간의 미도래나 조건불성취 등이 있는 경우를 말하는 것이고, 사실상 그 권리의 존부나 권리행사의 가능성을 알지 못하였거나 알지 못함에 과실이 없다고 하여도 이러한 사유는 법률상 장애사유에 해당한다고 할 수 없다(대법원 2010. 9. 9. 선고 2008다15865 판결).

공무원의 직무수행 중 불법행위로 납북된 피해자의 국가배상청구권에 관한 소멸시효는 납북상태가 지속되는 동안에도 진행하는지 여부(원칙적 소극): 국가배상청구권에 관한 3년의 단기시효기간을 기산하는 경우에도 민법 제766조 제1항외에 소멸시효의 기산점에 관한 일반규정인 민법 제166조 제1항이 적용되므로, 3년의 단기시효기간은 '손해 및 가해자를 안 날'에 더하여 '권리를 행사할 수 있는 때'가 도래하여야 비로소 시효가 진행한다. 그런데 공무원의 직무수행 중 불법행위에 의하여 납북된 것을 원인으로 하는 국가배상청구권 행사의 경우, 남북교류의 현실과 거주·이전 및 통신의 자유가 제한된 북한 사회의 비민주성이나 폐쇄성 등을 고려하여 볼 때, 다른 특별한 사정이 없는 한 북한에 납북된 사람이 국가를 상대로 대한민국 법원에 소장을 제출하는 등으로 권리를 행사하는 것은 객관적으로도 불가능하므로, 납북상태가 지속되는 동안은 소멸시효가 진행하지 않는다(대법원 2012. 4. 13. 선고 2009다33754 판결): <해설> 위 판례는 실질적으로 법률상의 장애가 아닌 사실상의 장애를 원인으로 소멸시효의 진행을 부정한 것으로 보여진다. 소멸시효의 진행을 인정하되, 뒤에서 보는 바와 같이 신의칙에 반하는 권리남용임을 이유로 소멸시효 항변을 배척하는 것이 타당하였을 것으로 생각된다.

다. 소멸시효 항변과 신의칙

(1) 일반적 판단기준

채권자에게 사실상의 장애사유가 있었던 것에 불과할지라도, 국가의 소멸시효의 항변이 신의성실의 원칙에 반하는 권리남용에 해당하는 경우에는 국가배상청구권은 시효로 소멸하지 않는다. 구체적으로 그 유형을 적시하면 다음과 같다. i) 채무자가 시효완성 전에 채권자의 권리행사나 시효중단을 불가능 또는 현저히 곤란하게 하였거나, 그러한 조치가 불필요하다고 믿게 하는 행동을 하였거나, ii) 객관적으로 채권자가 권리를 행사할 수 없는 장애사유가 있었거나, iii) 일단 시효완성 후에 채무자가 시효를 원용하지 아니할 것 같은 태도를 보여 권리자로 하여금 그와 같이 신뢰하게 하였거나, iv) 채권자보호의 필요성이 크고, 같은 조건의 다른 채권자가 채무의 변제를 수령하는 등의 사정이 있어 채무이행의 거절을 인정함이 현저히 부당하거나 불공평하게 되는 등의 특별한 사정이 있는 경우 등이다(대법원 2008. 5. 29. 선고 2004다33469 판결 등).

판례

[2] **국가의 소멸시효 완성 주장이 신의칙에 반하여 권리남용에 해당하는지 여부에 관한 판단 기준**: 채무자의 소멸시효에 기한 항변권의 행사도 우리 민법의 대원칙인 신의성실의 원칙과 권리남용금지의 원칙의 지배를 받는 것이어서, 채무자가 시효완성 전에 채권자의 권리행사나 시효중단을 불가능 또는 현저히 곤란하게 하였거나, 그러한 조치가 불필요하다고 믿게 하는 행동을 하였거나, 객관적으로 채권자가 권리를 행사할 수 없는 장애사유가 있었거나, 또는 일단 시효완성 후에 채무자가 시효를 원용하지 아니할 것 같은 태도를 보여 권리자로 하여금 그와 같이 신뢰하게 하였거나, 채권자보호의 필요성이 크고, 같은 조건의 다른 채권자가 채무의 변제를 수령하는 등의 사정이 있어 채무이행의 거절을 인정함이 현저히 부당하거나 불공평하게 되는 등의 특별한 사정이 있는 경우에는 채무자가 소멸시효의 완성을 주장하는 것이 신의성실의 원칙에 반하여 권리남용으로서 허용될 수 없다. 그러나 국가에게 국민을 보호할 의무가 있다는 사유만으로 국가가 소멸시효의 완성을 주장하는 것 자체가 신의성실의 원칙에 반하여 권리남용에 해당한다고 할 수는 없으므로, 국가의 소멸시효 완성 주장이 신의칙에 반하고 권리남용에 해당한다고 하려면 앞서 본 바와 같은 특별한 사정이 인정되어야 하고, 또한 위와 같은 일반적 원칙을 적용하여 법이 두고 있는 구체적인 제도의 운용을 배제하는 것은 법해석에 있어 또 하나의 대원칙인 법적 안정성을 해할 위험이 있으므로 그 적용에는 신중을 기하여야 한다.

[3] 1951년 공비토벌 등을 이유로 국군병력이 작전수행을 하던 중에 거창군 일대의 지역주민이 희생된 이른바 '거창사건'으로 인한 희생자와 그 유족들이 국가를 상대로 제기한 손해배상청구소송에서, 국가가 소멸시효 완성의 항변을 하는 것이 신의칙에 반하지 않는다고 한 사례(대법원 2008. 5. 29. 선고 2004다33469 판결).

(2) 구체적 적용사례

(가) 과거사정리위원회의 진실규명결정에 기초하여 손해배상청구를 한 경우

진실·화해를 위한 과거사정리위원회가 진실규명결정을 하고 피해자 등이 그 결정에 기초하여 상당한 기간 내에 권리행사를 한 경우에 국가가 소멸시효 완성을 주장하는 것은 신의칙에 반하는 권리남용에 해당하게 된다. 이는 위의 제iii) 유형에 해당되는 예라고 할 수 있다. 이때의 권리행사를 할 수 있는 상당한 기간은 특별한 사정이 없는 한 민법상 시효정지의 경우에 준하여 과거사정리위원회의 진실규명결정일로부터 6개월의 기간 내로 제한되고, 나아가 개별 사건에서 매우 특수한 사정이 있어 위 기간을 연장하여 인정하는 것이 부득이하더라도 불법행위로 인한 손해배상청구의 경우 그 기간은 아무리 길어도 민법 제766조 제1항이 규정한 단기소멸시효기간인 3년을 넘을 수는 없는 것이므로, 그 기간은 권리행사의 사실상의 장애사유가 객관적으로 소멸된 과거사정리위원회의 진실규명결정일로부터 3년을 넘을 수는 없다(대법원 2013. 8. 22. 선고 2013다200568 판결; 대법원 2013. 12. 12. 선고 2013다210220 판결 등)는 것이 대법원 판례의 입장이다.[89)]

위와 같은 판시는 민법 제766조 제2항이 정한 객관적 기산점 및 이를 기초로 한 장기소멸시효가 경과되었다는 것을 전제로 한 논리이다. 그런데 헌법재판소 2018. 8. 30. 선고 2014헌바148 등 전원재판부 결정에 따르면 과거사정리법 제2조 제1항 제3호의 '민간인 집단희생사건'의 경우에는 객관적 기산점 및 이를 기초로 한 장기소멸시효가 적용되지 않고, 민법 제766조 제1항이 정한 주관적 기산점 및 이를 기초로 한 단기소멸시효만이 적용되게 된다는 것이므로, 이제는 위와 같은 과거사 사건의 경우 개별 사건에서의 매우 특수한 사정의 존재 여부를 따질 필요 없이 피해자 등이 과거사정리위원회의 진실규명결정을 안 날로부터 3년 이내에는 국가배상을 청구할 수 있다고 보아야 할 것이다.

판례

[1] 채무자가 소멸시효 완성 후 시효를 원용하지 아니할 것 같은 태도를 보여 권리자로 하여금 이를 신뢰하게 하였고 그 후 권리행사를 기대할 수 있는 '상당한 기간 내'에 권리행사가 있었던 경우, 소멸시효 완성 주장이 허용되는지 여부(소극) 및 이때 '상당한 기간' 내에 권리행사가 있었는지 판단하는 기준과 불법행위에 따른 손해배상청구의 경우 '상당한 기간'의 범위: 채무자가 소멸시효 완성 후 시효를 원용하지 아니할 것 같은 태도를 보여 권리자로 하여금 이를 신뢰하게 하였고, 이후 권리행사를 기대할 수 있는 상당한 기간 내에 권리행사가 있었다면 소멸시효 완성을 주장하는 것은 신의성실 원칙에 반하는 권리남용으로 허용될 수 없다. …다만 위와 같이 신의성실의 원칙을 들어 시효 완성의 효력을 부정하는 것은 법적 안정성의 달성, 입증곤란의 구제, 권리행사

89) 한편 대법원은 '진실·화해를 위한 과거사정리 기본법'의 규정과 과거사정리위원회의 건의 등에 따라 대한민국이 입법을 통하여 망인들의 명예회복과 피해보상 등을 위한 적절한 조치를 취하리라고 기대할 만한 사정이 있었음에도 불구하고 이후 아무런 조치가 없자 망인들의 유족이 부득이 손해배상청구의 소를 제기한 사안에서, 위의 경우 그 권리행사를 할 수 있는 상당한 기간을 3년으로 연장할 만한 특별한 사정이 있다고 보았다(대법원 2013. 8. 22. 선고 2013다200568 판결).

의 태만에 대한 제재를 그 이념으로 삼고 있는 소멸시효 제도에 대한 대단히 예외적인 제한에 그쳐야 할 것이다. 따라서 위 권리행사의 '상당한 기간'은 특별한 사정이 없는 한 민법상 시효정지의 경우에 준하여 단기간으로 제한되어야 한다. 그러므로 개별 사건에서 매우 특수한 사정이 있어 그 기간을 연장하여 인정하는 것이 부득이한 경우에도 불법행위로 인한 손해배상청구의 경우 그 기간은 아무리 길어도 민법 제766조 제1항이 규정한 단기소멸시효기간인 3년을 넘을 수 없다고 보아야 한다.

[2] 생명침해의 불법행위로 인한 피해자 본인의 위자료 청구권과 민법 제752조에 의한 배우자 등 유족의 정신적 피해로 인한 그 고유의 위자료 청구권은 별개이므로 소멸시효 완성 여부도 각각 그 권리를 행사한 때를 기준으로 판단하여야 한다.

[3] '진실·화해를 위한 과거사정리 기본법'에 따라 갑 등 망인들에 대하여 진실규명결정이 이루어진 날부터 3년이 지나기 전에 유족들인 을 등이 국가를 상대로 갑 등 망인들 본인의 위자료만을 구하는 소를 제기하였다가 진실규명결정일부터 3년이 지난 후에야 청구취지 등을 변경하여 망인들의 배우자 등으로서 을 등의 고유 위자료를 구한 사안에서, 갑 등 망인들 본인의 위자료청구권과 을 등의 고유 위자료청구권은 별개의 권리로서 소멸시효 완성 여부도 따로 따져야 하는데, 갑 등 망인들 본인의 위자료에 관하여는 제소 시점이 진실규명결정일로부터 상당한 기간 내이어서 이에 대한 국가의 소멸시효 항변이 신의성실의 원칙에 반하는 권리남용에 해당하여 허용될 수 없지만, 을 등의 고유 위자료에 관하여는 진실규명결정일로부터 상당한 기간 내에 권리행사를 한 것으로 볼 수 없어 이에 대한 국가의 소멸시효 항변이 신의성실의 원칙에 반하는 권리남용에 해당하지 않는다고 한 사례(대법원 2013. 8. 22. 선고 2013다200568 판결): <해설> 여기서 권리행사를 할 수 있는 상당한 기간은 민법상 시효정지의 경우에 준하여 진실규명결정일로부터 6개월의 기간 내로 제한되는 것이 원칙이다. 다만 진실규명결정 이후 망인들의 유족인 원고들로서는 '진실·화해를 위한 과거사정리 기본법'의 규정과 과거사정리위원회의 건의 등에 따라 피고(대한민국)가 입법을 통하여 망인들의 명예회복과 피해보상 등을 위한 적절한 조치를 취하리라고 기대할 만한 특별한 사정이 있었다고 할 것이므로, 그 권리행사를 할 수 있는 상당한 기간을 3년으로 연장하는 것이 타당하다고 보았다.

'진실·화해를 위한 과거사정리위원회'가 피해자 등의 진실규명신청에 따라 진실규명신청 대상자를 희생자로 확인 또는 추정하는 진실규명결정을 하고 피해자 등이 그 결정에 기초하여 상당한 기간 내에 권리행사를 한 경우, 국가가 소멸시효 완성을 주장하는 것이 허용되는지 여부(소극) 및 이때 '상당한 기간'의 범위: 국가가 '진실·화해를 위한 과거사정리 기본법'의 적용 대상인 피해자 등의 진실규명신청을 받아 피고 산하 '진실·화해를 위한 과거사정리위원회'(이하 '정리위원회'라고 한다)에서 희생자로 확인 또는 추정하는 진실규명결정을 하였다면, 그 결정에 기초하여 피해자나 그 유족이 상당한 기간 내에 권리를 행사할 경우에, 피고가 적어도 소멸시효의 완성을 들어 권리소멸을 주장하지 않을 것이라는 데 대한 신뢰를 가질 만한 특별한 사정이 있다고 봄이 상당하고, 이에 불구하고 국가가 피해자 등에 대하여 소멸시효의 완성을 주장하는 것은 신의성실 원칙에 반하는 권리남용에 해당하여 허용될 수 없다. 다만 위와 같이 신의성실의 원칙을 들어 시효 완성의 효력을 부정하는 것은 법적 안정성의 달성, 입증곤란의 구제, 권리행사의 태만에 대한 제재를 그 이념으로 삼고 있는 소멸시효 제도에 대한 대단히 예외적인 제한에 그쳐야 할 것이므로, 위 권리행사의 '상당한 기간'은 특별한 사정이 없는 한 민법상 시효정지의 경우에 준하여 단기간으로 제한되어야 하고, 개별 사건에서 매우 특수한 사정이 있어 그 기간을 연장하여 인정하는 것이 부득이하더라도 불법행위로 인한 손해배상청구의 경우 그 기간은 아무리 길어도 민법 제766조 제1항이 규정한 단기소멸시효기간인 3년을 넘을 수는 없는 것이어서, 한국전쟁 전후 희생사건에서 정리위원회의 진실규명결정이 있은 때부터 3년의 기간을 넘어 이루어진 채권자의 권리행사에 대해 채무자가 소멸시효 완성 주장을 하는 것은 신의성실 원칙에 반하는 권리남용에 해당되지 않는다고 보아야 한다(대법원 2013. 12. 12. 선고 2013다210220 판결): <해설> 과거사정리위원회가 2009. 1. 5. 망인에 대하여 진실규명결정을 하였는데, 원고들은 위 진실규명결정일로부터 3년의 기간이 지난 2012. 1. 16. 피고(대한민국)를 상대로 이 사건 손해배상청구의 소를 제기함으로써 자신들의 권리를 행사하였다. 따라서 위와 같은 경우 피고가 한 소멸시효 완성 항변이 신의성실의 원칙에 반하는 권리남용에 해당된다고 볼 수 없다고 한 사례이다.

(나) 재심절차에서 무죄 확정판결을 받은 자가 손해배상 청구를 한 경우

수사기관의 위법행위 등으로 수집한 증거 등에 기초하여 유죄 확정판결을 받았다가 재심절차에서 무죄 확정판결을 받은 자가 그로부터 상당한 기간 내에 손해배상 청구를 한 경우에 국가가 소멸시효 완성을 주장하는 것도 신의칙에 반하는 권리남용에 해당하게 된다. 이는 위의 제ⅱ) 유형에 해당되는 예라고 할 수 있다. 이때의 경우도 권리행사를 할 수 있는 상당한 기간은 특별한 사정이 없는 한 민법상 시효정지의 경우에 준하여 재심무죄판결 확정일로부터 6개월의 기간 내로 제한된다. 다만 재심무죄판결이 확정된 경우에 채권자로서는 민사상 손해배상청구에 앞서, 그보다 간이한 절차라고 할 수 있는 '형사보상 및 명예회복에 관한 법률'에 따른 형사보상을 먼저 청구할 수도 있다. 위와 같이 국가배상청구 이전에 간이한 절차인 형사보상을 먼저 청구하여 법원의 결정을 기다린 경우에 권리행사(손해배상청구)의 '상당한 기간'은 이를 연장할 만한 특별한 사정이 있다고 할 것이고, 그때는 형사보상결정 확정일로부터 6개월 내에 손해배상청구의 소를 제기하면 상당한 기간 내에 권리를 행사한 것으로 볼 수 있다. 다만 이 경우에도 그 기간은 권리행사의 사실상의 장애사유가 객관적으로 소멸된 재심무죄판결 확정일로부터 3년을 넘을 수는 없다(대법원 2013. 12. 12. 선고 2013다201844 판결)는 것이 대법원 판례의 입장이다.

그런데 위의 판시도 민법 제766조 제2항이 정한 객관적 기산점 및 이를 기초로 한 장

기소멸시효가 경과되었다는 것을 전제로 한 논리이다.[90] 하지만 이제는 헌법재판소 2018. 8. 30. 선고 2014헌바148 등 전원재판부 결정에 따라 과거사정리법 제2조 제1항 제4호의 '중대한 인권침해사건과 조작의혹사건' 중 유죄확정판결을 받았던 사건의 경우에는 민법 제766조 제1항이 정한 주관적 기산점 및 이를 기초로 한 단기소멸시효만이 적용되게 되는 것이므로, 위의 경우 형사보상청구가 있었는지와 같은 개별 사건에서의 특수한 사정의 존재 여부를 따질 필요 없이 피해자 등으로서는 재심판결 확정을 안 날로부터 3년 이내에는 국가배상을 청구할 수 있다고 보아야 할 것이다.

판례

수사기관의 위법행위 등으로 수집한 증거 등에 기초하여 유죄 확정판결을 받았다가 재심절차에서 무죄 확정판결을 받은 자가 국가를 상대로 손해배상을 청구하는 경우에 채무자인 국가의 소멸시효 항변이 권리남용으로 되는 경우 및 채권자가 국가의 소멸시효 항변을 저지할 수 있는 권리행사의 상당한 기간: 국가기관이 수사과정에서 한 위법행위 등으로 수집한 증거 등에 기초하여 공소가 제기되고 유죄의 확정판결까지 받았으나 재심사유의 존재 사실이 뒤늦게 밝혀짐에 따라 재심절차에서 무죄판결이 확정된 후 국가기관의 위법행위 등을 원인으로 국가를 상대로 손해배상을 청구하는 경우, 재심절차에서 무죄판결이 확정될 때까지는 채권자가 손해배상청구를 할 것을 기대할 수 없는 사실상의 장애사유가 있었다고 볼 것이다. 따라서 이러한 경우 채무자인 국가의 소멸시효 완성의 항변은 신의성실의 원칙에 반하는 권리남용으로 허용될 수 없다. 다만 채권자는 특별한 사정이 없는 한 그러한 장애가 해소된 재심무죄판결 확정일로부터 민법상 시효정지의 경우에 준하는 6개월의 기간 내에 권리를 행사하여야 한다. 이때 그 기간 내에 권리행사가 있었는지는 원칙적으로 손해배상을 청구하는 소를 제기하였는지 여부를 기준으로 판단할 것이다. 다만 재심무죄판결이 확정된 경우에 채권자로서는 민사상 손해배상청구에 앞서, 그보다 간이한 절차라고 할 수 있는 '형사보상 및 명예회복에 관한 법률'(이하 '형사보상법'이라 한다)에 따른 형사보상을 먼저 청구할 수 있다. 그런데 형사보상 금액은 구금의 종류 및 기간의 장단 등 관련되는 모든 사정을 고려하여 산정하되, 구금 1일당 보상금 지급한도를 보상청구의 원인이 발생한 해의 최저임금법에 따른 일급 최저임금액을 하한으로 하여 그 금액의 5배까지로 한다고 되어 있어(형사보상법 제5조 제1항, 제2항, 그 시행령 제2조), 구체적인 형사보상금의 액수는 법원의 형사보상결정을 기다려 볼 수밖에 없다. 게다가 형사보상법 제6조 제3항은 "다른 법률에 따라 손해배상을 받을 자가 같은 원인에 대하여 이 법에 따른 보상을 받았을 때에는 그 보상금의 액수를 빼고 손해배상의 액수를 정하여

90) 위 판례의 내용을 구체적으로 분석해보면, ① 청구원인으로 국가배상청구권의 성립주장 → ② 장기소멸시효가 경과하였다는 항변 → ③ 신의칙에 반하는 권리남용이라는 재항변 → ④ 재심무죄판결 확정일로부터 6개월의 기간 내에 권리행사를 하지 아니하였다는 재재항변 → ⑤ 형사보상을 먼저 청구하여 법원의 결정을 기다린 경우에 해당한다는 재재재항변 → ⑥ 재심무죄판결 확정일로부터 3년이 경과되었다는 재재재재항변이라는 논리구조를 지니고 있다고 볼 수 있다.

야 한다."고 규정하고 있다. 따라서 채권자가 재심무죄판결 확정일로부터 6개월 내에 손해배상청구의 소를 제기하지는 아니하였더라도 그 기간 내에 형사보상법에 따른 형사보상청구를 한 경우에는 소멸시효의 항변을 저지할 수 있는 권리행사의 '상당한 기간'은 이를 연장할 특수한 사정이 있다고 할 것이고, 그때는 형사보상결정 확정일로부터 6개월 내에 손해배상청구의 소를 제기하면 상당한 기간 내에 권리를 행사한 것으로 볼 수 있다. 다만 이 경우에도 그 기간은 권리행사의 사실상의 장애사유가 객관적으로 소멸된 재심무죄판결 확정일로부터 3년을 넘을 수는 없다고 보아야 한다(대법원 2013. 12. 12. 선고 2013다201844 판결).

3장

행정상의 손실보상

제1절 의 의

행정상의 손실보상이라는 것은 적법한 공권력 행사로 인하여 사인(私人)의 재산권에 특별한 희생을 가한 경우에 재산권 보장과 공적 부담 앞의 평등이라는 견지에서 국가나 지방자치단체 또는 공익사업의 주체가 그 사인에게 조절적인 보상을 해주는 것을 말한다.

이러한 행정상의 손실보상은 첫째, '적법행위'로 인한 것이라는 점에서 위법행위로 인한 손해배상과 구별된다. 둘째, 손실보상은 '공권력의 행사'로 인한 것이라는 점에서 비권력적 행정작용이나 사실행위는 손실보상의 원인행위에서 제외된다. 셋째, 손실보상은 '재산상의 손실'을 전보하는 것이라는 점에서 사람의 생명 및 신체에 대한 침해의 보상은 포함하지 않는다. 넷째, 손실보상은 '특별한 희생'에 대한 보상이라는 점에서 일반적인 부담 또는 재산권 자체에 내재하는 사회적 제약과는 구별된다.[1)]

손실보상은 개인의 재산권 보장과 공적 부담 앞의 평등이라는 원칙의 조화를 기본이념으로 하는 것이다. 이와 관련하여 재산권 이외의 생명·건강 등의 침해에 대하여도 손실보상의 이론을 적용할 수 있는지 여부, 보상의 형태와 관련하여 금전보상 이외의 생활권보상 등이 가능한지 여부, 위법한 공용침해가 있음에도 행정상 손해배상으로는 구제가 어려운 경우(수용유사침해) 및 부수적·비의도적인 재산권 침해의 경우(수용적 침해)에 행정상 손실보상이론이 적용될 수 있는지 등에 관하여도 여러 논의가 전개되고 있다.

1) 김남진·김연태, 행정법 I (제12판), 2008, 548면.

제2절 행정상 손실보상의 근거

Ⅰ. 이론적 근거

손실보상의 이론적 근거로는, 공익을 위하여 개인에게 특별한 희생이 부과된 경우 이를 공동체 전체의 부담으로 하여 보상하여 주는 것이 정의·공평의 원칙에 합치된다는 특별희생설이 통설이다.

이에 대하여는 재산권의 보장과 평등의 원칙을 손실보상의 이론적 근거로 드는 견해도 있다. 즉 재산권은 일차적으로는 이를 보유·향유하는 것을 내용으로 하는 존속보장(存續保障)의 대상이 되는 것이지만, 나아가 공공필요에 의하여 이에 대한 침해가 행하여지는 경우에는 그 손실보상이 이루어져야 한다는 내용의 가치보장(價値保障)의 대상이 된다. 또한 공익을 위한 재산권의 침해로 인하여 특정 국민에게 특별한 손해가 발생하는 경우 당해 국민은 다른 국민에 대하여 불평등한 처지에 놓이게 되는바, 이는 평등의 원칙에 반하므로 이 불평등을 제거하기 위하여 손해를 전보하여 주는 것이 요구된다는 것이다.[2)]

Ⅱ. 실정법상의 근거

헌법 제23조 제3항은 "공공필요에 의한 재산권의 수용·사용 또는 제한 및 그에 대한 보상은 법률로써 하되, 정당한 보상을 지급하여야 한다."라고 규정하고 있다. 위 내용을 다시 설명하면 다음과 같다. ⅰ) 재산권의 수용·사용 또는 제한은 공공필요가 있는 경우에만 가능하다. ⅱ) 공용침해(공용수용·사용·제한)를 위해서는 반드시 법률에 근거가 있어야 하고, 아울러 반드시 보상에 관한 사항도 법률로 규정하여야 한다. ⅲ) 보상에 관한 사항을 정할 때 입법자는 무한정한 재량을 갖는 것이 아니라 정당한 보상이 되도록 규정하여야 한다.

손실보상의 실정법적 근거로는 위 헌법규정뿐만 아니라 다수의 개별 법률이 있다. 그 대표적인 것으로 공익사업을 위한 토지 등의 취득 및 보상에 관한 법률(이하 '공익사업법'이라고 한다)을 들 수 있는바, 위 법률은 공공필요를 위한 토지수용·사용의 근거 및 보상의 기준과 절차 등을 일반적으로 규정하고 있다. 이 외에도 하천법(제76조, 제77조), 소방기

2) 박균성, 행정법론(상)(제10판), 2011, 822면.

본법(제25조), 도로법(제99조), 도시공원 및 녹지 등에 관한 법률(제46조), 자연공원법(제73조) 등은 개별 법률에서 공공필요에 의한 재산권 침해 및 그 보상에 관한 규정을 두고 있는 대표적인 경우들이다.

[제40회 행정고시 문제] X행정청은 자연공원법의 규정에 의하여 국립공원 내 A의 사유지에 대하여 사용 및 수익을 제한하면서, 자연공원법에는 보상에 관한 규정이 없다는 이유로 이에 대한 보상을 하지 않았다. A는 국립공원 내 사유지의 보상을 청구할 수 있는가. (50점)

Ⅲ. 보상규정 흠결시의 권리구제

공용침해로 인하여 특별한 손해가 발생하는 경우에는 당해 침해에 대한 근거규정(根據規定) 뿐만 아니라 당해 손해에 대한 보상규정(補償規定)을 두어야 한다. 그런데 보상규정을 결여한 채 특별한 희생만을 부과하는 개별 법률이 존재할 수 있다. 공용사용·공용제한의 경우에 이러한 일이 자주 발생한다. 이 경우에 헌법 제23조 제3항의 규정만으로 손실보상을 청구할 수 있는가에 관하여는 다음과 같은 학설의 대립이 있다.

1. 방침규정설

헌법 제23조 제3항은 입법자에 대한 방침을 규정한 것에 불과한 것으로 본다. 이 견해에 의하면 공용침해의 근거법률에서 보상규정을 두지 않으면 피해자는 결국 손실을 수인(受忍)할 수밖에 없게 된다.

재산권 보장이 폭넓게 인정되고 있는 오늘날의 민주국가에서는 더 이상 타당하지 않은 학설이라고 볼 수 있다.

2. 위헌무효설(입법자구속설)

보상규정 없이 재산권을 침해하는 법률은 헌법 제23조 제3항에 반하는 위헌 무효인 법률이라고 본다. 따라서 위 법률에 근거하여 이루어진 공용침해는 위법한 것이므로 피해자는 행정소송의 제기를 통하여 위 행정작용(공용침해)의 취소를 구하고 아울러 국가배상법에 의거한 손해배상청구를 할 수 있다는 것이다.[3)]

---

3) 이상규, 신행정법론(상), 1997, 643-644면.

그러나 ① 위헌무효인 법률에 근거한 행정처분이라도 거기에 존재하는 하자는 특별한 사정이 없는 한 취소사유에 불과하고(대법원 1994. 10. 28. 선고 92누9463 판결), 따라서 제소기간이 지나버리면 이를 다툴 수 없게 된다는 점, ② 현행 국가배상법은 가해행위의 위법뿐만 아니라 가해공무원의 고의 또는 과실을 요건으로 하고 있는데, 통상 법률에 근거하여 공용침해를 한 공무원에게 고의 또는 과실이 있다고 보기는 어렵다는 점 등에 이 학설의 난점이 있다.[4)]

3. 직접효력설

직접효력설은 헌법 제23조 제3항을 국민에 대하여 직접적 효력이 있는 규정으로 보며 따라서 만일에 공용침해의 근거가 되는 법률이 보상규정을 두지 않고 있는 경우에는 직접 헌법 제23조 제3항에 근거하여 보상을 청구할 수 있다고 본다.[5)]

그러나 보상의 기준이나 방법이 구체적으로 존재하지 않는 상태에서 위 추상적인 헌법규정만으로는 실효성 있는 권익구제를 기대하기가 어렵다는 점에 이 학설의 문제가 있다.

4. 유추적용설

헌법 제23조 제1항(재산권보장조항) 및 제11조(평등원칙)를 직접적인 근거로 하고, 헌법 제23조 제3항 및 관계규정의 유추적용을 통하여 손실보상을 청구할 수 있다는 입장이다.[6)] 즉 특정한 재산권에 대한 공용침해의 수권법률이 보상에 대한 규정을 두지 않을 때에는, 그와 유사한 재산권에 대한 공용침해의 근거법률이 보상규정을 두고 있는 경우에 그 보상규정을 유추적용하여 보상을 하자는 견해이다.

이 견해의 문제점은 유추적용할 보상규정도 없고, 아울러 국가배상책임도 인정할 수 없는 경우에는 권리구제가 어렵다는 점이다. 현재 판례는 유추적용설의 입장을 취하고 있다(대법원 2002. 1. 22. 선고 2000다2511 판결).

판례

공유수면매립사업의 시행으로 인한 신고어업자의 손실보상청구권의 인정 여부(적극): 공공

---

4) 김동희, 행정법 I (제11판), 2005, 535-536면.

5) 박균성, 행정법론(상)(제12판), 2013, 816면; 김동희, 위의 책, 537면.

6) 홍정선, 행정법원론(상)(제14판), 2006, 631면.

필요에 의한 재산권의 수용·사용 또는 제한 및 그에 관한 보상은 법률로써 하되 정당한 보상을 지급하여야 한다는 헌법 제23조 제3항, 면허어업권자 내지는 입어자에 관한 손실보상을 규정한 구 공유수면매립법(1999. 2. 8. 법률 제5911호로 전문 개정되기 전의 것) 제16조, 공공사업을 위한 토지 등의 취득 또는 사용으로 인하여 토지 등의 소유자가 입은 손실은 사업시행자가 이를 보상하여야 한다는 공공용지의취득및손실보상에관한특례법 제3조 제1항, 일정한 사유로 인하여 면허·허가 또는 신고한 어업에 대한 처분을 받았거나 어업면허의 유효기간 연장이 허가되지 아니함으로써 손실을 입은 자는 그 처분을 행한 행정관청에 대하여 보상을 청구할 수 있다는 수산업법 제81조 제1항 제1호 등 규정의 취지를 종합하여 보면, 적법한 절차에 의하여 신고를 하고 신고어업에 종사하던 중 공유수면매립사업의 시행으로 피해를 입게 되는 어민들이 있는 경우 그 공유수면매립사업의 시행자로서는 수산업법의 위 규정 및 신고어업자의 손실보상액 산정에 관한 수산업법시행령 제62조의 규정을 유추적용하여 손실보상을 하여 줄 의무가 있다(대법원 2002. 1. 22. 선고 2000다2511 판결).

5. 보상입법부작위위헌설

이 학설은 공공필요를 위하여 공용제한을 규정하면서 손실보상 규정을 두지 않은 경우 그 공용제한 규정 자체가 헌법에 위반되는 것은 아니라고 보되, 다만 손실보상을 규정하지 않은 입법부작위(立法不作爲)가 위헌이라고 보는 견해이다.

그런데 입법부작위는 그 성질상 부작위위법확인소송(항고소송)의 대상이 되지 않는다고 보는 것이 판례의 태도이다(대법원 1992. 5. 8. 선고 91누11261 판결). 따라서 이 경우 보충성의 요건을 충족하므로 입법부작위에 대하여는 헌법소원심판의 제기가 가능하다.[7] 그리하여 이 학설에 의하면 공용제한을 규정하는 법률이 보상규정을 두지 않은 경우 피해자는 손실보상을 규정하지 않은 보상입법부작위에 대한 헌법소원을 통해 구제를 받을 수밖에 없다고 한다.

하지만 이 경우 헌법소원 후에 입법을 기다려야 하고, 그 법률에서 정한 보상액에 불복하는 경우 다시 소송을 제기하여야 하므로 손실에 대한 보상이 지나치게 우회(迂廻)적이고 불완전하게 된다는 문제점이 있다.

---

7) 헌법재판소법 제68조 ① 공권력의 행사 또는 불행사로 인하여 헌법상 보장된 기본권을 침해받은 자는 법원의 재판을 제외하고는 헌법재판소에 헌법소원심판을 청구할 수 있다. 다만, 다른 법률에 구제절차가 있는 경우에는 그 절차를 모두 거친 후에 청구할 수 있다.

제3절 행정상 손실보상의 요건

Ⅰ. 적법한 공용침해

1. 공공필요

재산권에 대한 수용·사용·제한은 공공필요가 있는 경우에 한하여 허용된다(헌법 제23조 제3항). 위와 같이 수용을 정당화하는 공공필요의 판단에는 비례의 원칙이 고려되어야 한다. 즉 사업의 공공필요성을 판단하기 위하여는 '사업으로 인하여 달성되는 공익'과 '당해 사업으로 인하여 침해되는 공익 및 사익'을 비교형량하여야 한다. 위와 같이 공공필요성의 판단에 있어서는 전문·기술적이고도 정책적인 판단이 행하여지므로 행정청에게 재량권이 인정된다고 보아야 한다.

한편 공공필요성이 있으면 사인(私人)을 위한 수용도 허용된다. 다만 사인을 위한 수용의 경우 사인에게 부당한 특혜가 주어지지 않도록 공익 실현을 위한 보장책이 마련되어야 한다.

판례

헌법 제23조 제3항은 정당한 보상을 전제로 하여 재산권의 수용 등에 관한 가능성을 규정하고 있지만, 재산권 수용의 주체를 한정하지 않고 있다. 위 헌법조항의 핵심은 당해 수용이 공공필요에 부합하는가, 정당한 보상이 지급되고 있는가 여부 등에 있는 것이지, 그 수용의 주체가 국가인지 민간기업인지 여부에 달려 있다고 볼 수 없다. 또한 국가 등의 공적 기관이 직접 수용의 주체가 되는 것이든 그러한 공적 기관의 최종적인 허부판단과 승인결정하에 민간기업이 수용의 주체가 되는 것이든, 양자 사이에 공공필요에 대한 판단과 수용의 범위에 있어서 본질적인 차이를 가져올 것으로 보이지 않는다. 따라서 위 수용 등의 주체를 국가 등의 공적 기관에 한정하여 해석할 이유가 없다.

오늘날 산업단지의 개발에 투입되는 자본은 대규모로 요구될 수 있는데, 이러한 경우 산업단지개발의 사업시행자를 국가나 지방자치단체로 제한한다면 예산상의 제약으로 인해 개발사업의 추진에 어려움이 있을 수 있고, 만약 이른바 공영개발방식만을 고수할 경우에는 수요에 맞지 않는 산업단지가 개발되어 자원이 비효율적으로 소모될 개연성도 있다. 또한 기업으로 하여금 산업단지를 직접 개발하도록 한다면, 기업들의 참여를 유도할 수 있는 측면도 있을 것이다. 그렇다면 민간기업을 수용의 주체로 규정한 자체를 두고 위헌이라고 할 수 없으며, 나아가 이 사건 수용조항을 통해 민간기업에게 사업시행에 필요한 토지를 수용할 수 있도록 규정할 필요가 있다는 입법자의 인식에도 합리적인 이유가 있다 할 것이다(헌법재판소 2009. 9. 24. 선고 2007헌바114 전원재판부).

2. 재산권

손실보상청구권을 발생시키는 침해는 재산권에 대한 것이어야 한다. 여기에서 재산권의 종류는 물권 또는 채권을 가리지 않고, 사법상의 권리만이 아니라 재산적 가치를 지니는 공법상의 권리도 포함된다.

한편 문화적·학술적 가치는 특별한 사정이 없는 한 손실보상의 대상이 되지 아니한다는 것이 판례의 입장이다(대법원 1989. 9. 12. 선고 88누11216 판결). 그런데 헌법상 재산권의 내용과 한계는 법률로 정하게 되어 있으므로(헌법 제23조 제1항), 손실보상의 대상이 되는 재산권에 해당되는가의 여부는 기본적으로 법률해석의 문제가 된다고 할 수 있다.[8]

판례

지하수 개발·이용권의 법적 성질 및 지하수 개발·이용허가 후 토지소유권이 이전되면 그 지하수 개발·이용권도 당연히 이전되는지 여부(한정 소극): 구 지하수법(1999. 3. 31. 법률 제5955호로 개정되기 전의 것) 제3조, 제5조, 제6조, 제7조 제1항, 제10조 제1항, 제12조, 제13조, 제16조, 제17조, 구 제주도개발특별법(2000. 1. 28. 법률 제6249호로 전문 개정되기 전의 것) 제25조 등의 관련 규정을 종합하면, 자연히 용출하는 지하수나 동력장치를 사용하지 아니한 가정용 우물 또는 공동우물 및 기타 경미한 개발·이용 등 공공의 이해에 직접 영향을 미치지 아니하는 범위에 속하는 지하수의 이용은 토지소유권에 기한 것으로서 토지소유권에 부수하여 인정되는 권리로 보아야 할 것이지만, 그 범위를 넘어선 지하수 개발·이용은 토지소유권에 부수되는 것이 아니라 지하수의 공적 수자원으로서의 성질과 기능 등을 고려하여 행정청의 허가·감시·감독·이용제한·공동이용 명령·허가취소 등 공적관리방법에 의한 규제를 받게 하고 있다고 할 것이고, 따라서 이러한 규제의 범위에 속하는 지하수 개발·이용권은 토지소유권의 범위에 속하지 않는 것이므로 지하수의 개발·이용허가를 받은 후 그 토지소유권이 이전된다고 하여 허가에 의한 지하수 개발·이용권이 새로운 토지소유자에게 당연히 이전되는 것은 아니다(대법원 2001. 10. 23. 선고 99두7470 판결).

3. 공권적 침해

손실보상청구권이 성립하기 위해서는 재산권에 대한 공권적 침해가 있어야 한다. 여기서 '침해'란 일체의 재산적 가치의 감소를 의미하며, '공권적'이란 '공법상의 것'을 의미한다.

공용수용·공용사용·공용제한을 포괄하여 일반적으로 공용침해라고 한다. 먼저 공용수용이란 공공필요에 의하여 타인의 토지 등 재산권을 강제적으로 취득하는 것을 말한다. 공용사용이란 공공필요에 의하여 특정인의 토지 등 재산을 강제로 사용하는 것을 말한다.

---

8) 홍정선, 행정법원론(상)(제19판), 2011, 730면.

예를 들면 도로의 개설을 위하여 사인의 토지에 구분지상권을 설정하는 것을 그 예로 들 수 있다(도로법 제28조). 공용제한이란 공공필요에 의하여 타인의 재산권에 가하여지는 제한을 말한다. 도시의 무분별한 확산을 막기 위한 개발제한구역의 지정을 그 예로 들 수 있다(개발제한구역의 지정 및 관리에 관한 특별조치법 제3조).

헌법은 재산권에 대한 공권적 침해의 전형적인 것으로서 수용·사용·제한을 들고 있다. 그러나 이러한 세 가지만이 공권적 침해의 전부는 아니다. 즉 환지나 환권 등의 방법에 의하여 재산가치가 감소되는 경우도 포함하여, 재산가치를 박탈·감소시키는 일체의 공권력의 발동이 여기에서의 공권적 침해에 해당된다고 볼 수 있다.[9]

판례

개성공단 전면중단 조치가 헌법 제23조 제3항을 위반하여 청구인들의 재산권을 침해하는지 여부(소극): 청구인들은 이 사건 중단조치가 공공의 필요에 의한 재산권의 공용 제한에 해당함에도 정당한 보상이 지급되지 않았으므로, 헌법 제23조 제3항을 위반하여 재산권을 침해한 것이라는 주장을 한다. 그러나 이 사건 중단조치는 개성공단에서의 영업활동을 중단시키는 것을 목적으로 하고, 개성공단 내에 존재하는 토지나 건물, 설비, 생산물품 등에 직접 공용부담을 가하여 개별적, 구체적으로 이용을 제한하고자 하는 것이 아니다. 개성공단에서의 영업활동을 중단시킴으로써 개성공단 내에 위치한 사업용 토지나 건물 등 재산을 사용할 수 없게 되는 제한이 발생하기는 하였으나 이는 개성공단이라는 특수한 지역에 위치한 사업용 재산이 받는 사회적 제약이 구체화된 것일 뿐이므로, 공익목적을 위해 개별적, 구체적으로 이미 형성된 구체적 재산권을 제한하는 공용제한과는 구별된다.

또한 청구인들은 개성공단에서 영업을 계속하지 못하여 발생한 기업들의 영업손실이나 개성공단 자회사나 영업소에 대하여 가지고 있던 주식 등 권리의 가치 하락 등도 재산권 제한으로서 보상이 이루어져야 한다는 취지의 주장도 한다. 그러나 헌법상 보장된 재산권은 사적 유용성 및 그에 대한 원칙적인 처분권을 내포하는 재산가치 있는 구체적인 권리이므로, 구체적 권리가 아닌 영리획득의 단순한 기회나 기업활동의 사실적·법적 여건은 기업에게는 중요한 의미를 갖는다고 하더라도 재산권보장의 대상이 아니다(헌재 1996. 8. 29. 95헌바36; 헌재 2006. 1. 26. 2005헌마424 등 참조). 이 사건 중단조치에 의한 영업중단으로 영업상 손실이나 주식 등 권리의 가치하락이 발생하였더라도 이는 영리획득의 기회나 기업활동의 여건 변화에 따른 재산적 손실일 뿐이므로, 헌법 제23조의 재산권보장의 범위에 속한다고 보기 어렵다(헌법재판소 2022. 1. 27. 선고 2016헌마364 결정).

4. 법률의 근거

공공의 필요만으로 공용침해가 가능한 것은 아니며 반드시 법률의 근거가 있어야 한

9) 김남진·김연태, 앞의 책, 555면.

다. 공익사업에 필요한 토지 등의 수용·사용을 위한 근거법률로서 공익사업법이 있다. 그 밖에도 다수의 개별 법률이 공용침해의 근거 및 보상의 방식을 규율하고 있다.

다만 법률의 근거가 있다 하더라도 공공의 필요가 없으면 공용침해는 인정될 수 없다.

5. 보상규정의 존부

헌법은 공용침해에 대한 보상과 관련하여 "… 수용·사용 또는 제한 및 그에 대한 보상은 법률로써 하되, 정당한 보상을 지급하여야 한다"라고 규정하고 있다(제23조 제3항). 위와 같이 법률상의 보상규정에 입각하여 보상을 지급하는 것이 본래의 의미의 행정상의 손실보상이므로, 보상규정이 법률상 존재하는 것이 손실보상의 중요한 요건이 된다.[10)]

그런데 위와 같은 헌법 제23조 제3항이 불가분조항을 요구하고 있는 것으로 파악하는 견해가 있다. 불가분조항이란 내용상 분리할 수 없는 사항이므로 하나의 법률 속에서 함께 규정되고 있어야 하며, 상호 불가분의 관계를 형성하고 있는 조항을 말한다. 즉 헌법 제23조 제3항은 수용규율과 보상규율이 하나의 동일한 법률에서 규정될 것을 요구한다고 해석되므로 이는 불가분조항의 원칙을 규정하고 있는 것으로 보아야 한다는 것이다.[11)] 그리하여 어떤 법률이 공용침해를 규정하면서 보상규정을 두지 아니하거나 불충분한 보상규정만을 두는 경우 그 법률은 헌법위반이 되어 무효이고, 그 결과 위 법률은 공용침해의 근거가 될 수 없다는 것이다. 따라서 이러한 경우는 수용보상이 아니라 수용유사침해 보상의 문제가 된다.[12)]

이에 대하여 독일기본법 제14조 제3항은 보상을 요하는 재산권 침해로서 공용수용만을 규정하고 있고, 이러한 공용수용의 경우에는 반드시 보상규정을 두도록 하고 있다(불가분조항원칙).[13)] 그러나 우리 헌법 제23조 제3항은 보상을 요하는 재산권 침해로서 공용수용뿐만이 아니라 공용사용 및 공용제한을 아울러 규정하고 있고, 이러한 재산권 침해 유형의 경우에까지 언제나 보상을 해야 하는 것은 아니고, 보상 여부가 입법자의 형성의 자유

10) 김남진·김연태, 앞의 책, 558면.

11) 류지태·박종수, 행정법신론(제15판), 2011, 537면.

12) 홍정선, 행정법원론(상)(제19판), 2011, 723면.

13) 독일연방기본법 제14조 ① 재산권과 상속권은 보장된다. 그 내용과 한계는 법률로 정한다.
② 재산권은 의무를 수반한다. 그 행사는 동시에 공공복리에 적합하여야 한다.
③ 공용수용은 공공복리를 위해서만 할 수 있다. 공용수용은 보상의 방법과 범위를 규정한 법률에 근거하여서만 행하여야 한다. 보상은 공공의 이익과 관계자의 이익을 정당하게 형량하여 정해져야 한다. 보상액에 관하여 분쟁이 생길 경우에는 일반법원에 소송을 제기할 수 있다.

에 맡겨져 있는 경우도 존재한다. 독일기본법과 우리 헌법 사이의 이러한 규범구조상의 차이를 고려하건대, 헌법 제23조 제3항은 이를 불가분조항으로 보기 어렵다는 부정설도 있다.[14] 부정설이 타당하다고 생각된다.

Ⅱ. 특별한 희생

1. 경계이론과 분리이론

가. 경계이론(境界理論)

재산권의 내용과 한계를 정한 헌법규정(제23조 제1항, 제2항)과 재산권에 대한 공용침해를 정한 헌법규정(제23조 제3항)은 별개의 제도가 아니며, 양자 간에는 정도의 차이가 있을 뿐이며, 내용 및 한계규정의 경계를 벗어나면 보상의무가 있는 공용침해로 전환된다는 이론을 말한다. 이 이론에 따르면 공공필요에 의한 재산권의 제한이 재산권에 내재하는 사회적 제약을 벗어나는 경우 이는 특별한 희생에 해당하는 것으로서 그에 대하여는 보상을 하여야 하는 것으로 본다.

나. 분리이론(分離理論)

입법자의 의사에 따라 재산권의 내용과 한계의 설정(헌법 제23조 제1항, 제2항)의 문제와 재산권에 대한 공용침해 및 손실보상(헌법 제23조 제3항)의 문제가 별개로 분리된다는 이론을 말한다. 이 이론에 따르면 입법자가 공용침해를 규정한 것이 아니라 재산권의 내용·한계를 규정하는 경우, 그 규정이 사회적 제약을 벗어나도 보상의 문제를 가져오는 것이 아니라, 위헌의 문제만을 가져오게 된다.[15]

분리이론에 따르면 양자는 입법의 형식 및 그 목적에 따라 구분된다. 구체적으로 살펴보면 ⅰ) 재산권의 내용·한계는 "입법자가 장래에 있어서 재산권자의 권리와 의무를 일반적·추상적 형식으로 확정하는 것" 또는 "일반적인 공익을 위하여 일반적·추상적으로 재산권을 새롭게 정의하는 것" 등으로 정의할 수 있고, ⅱ) 공용침해는 "국가가 구체적인 공적 과제의 이행을 위하여 이미 형성된 구체적인 재산권적 지위를 전면적 또는 부분적으로 박탈하는 것" 또는 "특정한 공익을 위하여 개별적·구체적으로 기존의 재산권을 박탈 내지 축소하는 것" 등으로 정의할 수 있다.

14) 김남진·김연태, 앞의 책, 558면.
15) 홍정선, 행정법원론(상)(제19판), 2011, 732면.

다. 평 가

재산권에 내재하는 사회적 제약을 벗어나는 공용침해가 존재하는 경우, 경계이론에 의하면 보상이 주어져야 하고, 분리이론에 의하면 취소소송 또는 헌법소원 등을 통한 침해행위의 폐지가 문제될 뿐 보상은 문제되지 아니한다. 경계이론은 가치의 보장에 중점을 두고, 분리이론은 위헌적인 침해의 억제를 통한 존속의 보장에 중점을 두고 있다.[16)]

생각건대 독일기본법 제14조 제3항은 공용수용 및 그에 대한 보상만을 규정하고 있으므로, 공공필요에 의한 재산권의 제한의 경우 분리이론을 적용하여 이를 재산권의 내용과 한계의 문제로 볼 수도 있다. 반면에 우리 헌법 제23조 제3항은 재산권의 수용뿐만이 아니라 '사용 및 제한'도 규정하면서 이를 보상의 대상으로 하고 있으므로, 공공필요에 의한 재산권의 제한은 공용침해 및 손실보상의 문제로 보는 것이 타당하다.

2. 특별한 희생 여부의 판단

행정상의 손실보상은 사인(私人)에게 발생한 재산권 침해의 정도가 '특별한 희생(손해)'에 해당되는 경우에만 인정된다. 그 손해가 '재산권에 내재하는 사회적 제약'에 불과한 경우에는 재산권자가 수인하여야 한다.

그러나 실제에 있어서 어떠한 손해가 '특별한 손해'인지 아니면 '재산권에 내재하는 사회적 제약'인지는 불명확한 경우가 많다. 이 문제는 주로 재산권이 박탈되는 수용(收用)의 경우가 아니라 재산권의 사용 또는 수익이 제한되는 공용침해, 즉 공용제한(公用制限)의 경우에 주로 제기된다. 대표적인 예가 도시지역에서의 개발제한구역(Green Belt)의 지정으로 인하여 개발제한구역 내에 있는 토지소유자가 받는 손실이다.[17)]

가. 형식적 기준설

재산권에 대한 침해가 특정인 또는 한정된 범위의 사람에게 가해진 경우에는 '특별한 희생'에 해당하고 재산권 침해가 일반적으로 행하여지면 '사회적 제약'에 해당한다고 보는 설이다.

이 견해의 문제점은 특정인에게 가해진 권익침해도 사회적 제약에 해당하는 경우가 있을 수 있고, 공용침해가 어느 정도 일반적인 경우에도 특별한 희생에 해당하는 경우가 있을 수 있다는 것을 간과하고 있다는 점이다.

---

16) 홍정선, 앞의 책, 732-733면.

17) 박균성, 행정법론(상)(제10판), 2011, 842면.

나. 실질적 기준설

(1) 보호가치설: 재산권을 보호가치 있는 것과 보호가치가 없는 것으로 구분하고 전자에 대한 침해만이 보상의 대상이 되는 특별한 희생이라고 보는 견해이다. 여기서 보호가치의 여부는 여러 가지 관련 사실을 종합적으로 고려하여 판단하게 된다.

(2) 수인한도설: 재산권에 대한 침해의 본질성과 강도를 구별기준으로 하여 그 침해가 재산권주체에게 보상 없이 수인가능한 것인지, 아니면 수인한도를 넘는 것인지에 따라 특별한 희생과 사회적 제약을 구별하려는 견해이다.

(3) 사적 효용설: 재산권이 제한되고 있는 상태에서도 아직 재산권의 기능에 합당한 사적인 이용이 유지되는 경우에는 단순한 사회적 제약에 불과하지만, 재산권의 침해가 재산권의 사적 효용을 본질적으로 침해하는 경우에는 특별한 희생이 된다는 견해이다.

(4) 목적위배설: 재산권의 침해가 종래 인정되어 온 재산권의 이용목적 내지 기능에 위배되는지 여부를 기준으로 종래 인정되어 온 재산권의 이용목적에 위배되는 경우에는 특별한 희생이고, 재산권의 본래의 이용목적 내지 기능에 따른 이용이 유지되고 있는 경우에는 재산권에 내재하는 사회적 제약이라고 하는 견해이다.

(5) 상황구속설: 당해 재산권이 처한 특수한 상황에 비추어 재산권주체가 이미 예상할 수 있는 단순한 재산권 행사상의 제한이 가해진 경우에 그 제한은 사회적 제약에 불과하다는 견해이다.

다. 평 가

위 각 견해들은 나름대로의 타당성을 지니고 있다. 따라서 어느 하나의 입장만을 취하기보다는, 형식적 기준설과 실질적 기준설을 종합하여 특별한 희생과 사회적 제약을 구별하는 것이 타당하다고 보여진다.

그리하여 먼저 형식적 기준설을 적용하여 재산권의 침해가 모든 국민에 대하여 균등한 손해를 발생시킨 경우에는 원칙상 보상의 대상이 되지 아니하는 사회적 제약에 해당되는 것으로 보아야 한다.

반면에 재산권에 대한 침해가 특정 범위의 사람에게만 가해진 경우에는 실질적 기준설에 따라 특별한 희생 여부를 판단하여야 할 것이다. 헌법재판소는 목적위배설을 주된 기준으로 하여 특별 우연한 희생과 사회적 제약을 구별하고 있는 것으로 판단된다(헌법재판소 1998. 12. 24. 선고 89헌마214, 90헌바16, 97헌바78(병합) 전원재판부 결정 등).

3. 개발제한구역의 지정

가. 의 의

국토교통부장관은 도시의 무질서한 확산을 방지하고 도시 주변의 자연환경을 보전하여 도시민의 건전한 생활환경을 확보하기 위하여 도시의 개발을 제한할 필요가 있거나 국방부장관의 요청으로 보안상 도시의 개발을 제한할 필요가 있다고 인정되면 개발제한구역의 지정 및 해제를 도시·군관리계획으로 결정할 수 있다(개발제한구역의 지정 및 관리에 관한 특별조치법 제3조 제1항). 이와 같이 도시의 개발을 제한할 필요가 있어서 지정된 제한구역을 개발제한구역(Green Belt)이라고 한다.

나. 제한의 내용

종전에는 개발제한구역이 구 도시계획법에서 규정되었으나, 현재는 「국토의 계획 및 이용에 관한 법률」 제38조[18]에 근거하여 제정된 「개발제한구역의 지정 및 관리에 관한 특별조치법」에서 규정되고 있다.

개발제한구역에서는 건축물의 건축 및 용도변경, 공작물의 설치, 토지의 형질변경, 죽목(竹木)의 벌채, 토지의 분할, 물건을 쌓아놓는 행위 또는 '국토의 계획 및 이용에 관한 법률' 제2조 제11호에 따른 도시·군계획사업의 시행을 할 수 없다(개발제한구역의 지정 및 관리에 관한 특별조치법 제12조 제1항). 개발제한구역의 지정은 공용제한의 대표적인 예이다.

개발제한구역에서의 개발행위는 원칙적으로 제한되지만, 개발제한구역의 지정목적에 위배되지 않는다면 허용될 수도 있다(대법원 2007. 4. 12. 선고 2005두1893 판결).

판례

개발제한구역 내에 묘지공원과 화장장 시설을 설치하는 내용의 도시계획시설결정이 개발제한구역의 지정목적에 어긋나 위법한지 여부(소극): 개발제한구역은 도시의 무질서한 확산을 방지하고 도시 주변의 자연환경을 보전하여 도시민의 건전한 생활환경을 확보하기 위하여 도시의 개발을 제한할 필요에 의하여 지정되는 것이어서 원칙적으로 개발제한구역에서의 개발행위는 제한되는 것이

---

18) 국토의 계획 및 이용에 관한 법률 제38조(개발제한구역의 지정) ① 국토교통부장관은 도시의 무질서한 확산을 방지하고 도시주변의 자연환경을 보전하여 도시민의 건전한 생활환경을 확보하기 위하여 도시의 개발을 제한할 필요가 있거나 국방부장관의 요청이 있어 보안상 도시의 개발을 제한할 필요가 있다고 인정되면 개발제한구역의 지정 또는 변경을 도시·군관리계획으로 결정할 수 있다.
② 개발제한구역의 지정 또는 변경에 필요한 사항은 따로 법률로 정한다.

기는 하지만 위와 같은 개발제한구역의 지정목적에 위배되지 않는다면 허용될 수 있는 것인바, 도시계획시설인 묘지공원과 화장장 시설의 설치가 위와 같은 개발제한구역의 지정목적에 위배된다고 보이지 않으므로, 시장이 이미 개발제한구역으로 지정되어 있는 부지에 묘지공원과 화장장 시설들을 설치하기로 하는 내용의 도시계획시설결정을 하였다 하더라도 이를 두고 위법하다고 할 수 없다(대법원 2007. 4. 12. 선고 2005두1893 판결 [도시계획시설결정취소])

다. 구제방법

개발제한구역의 지정으로 인하여 재산권 행사에 제한이 가해진 경우 이를 특별한 희생으로 볼 것인지, 아니면 재산권에 내재하는 사회적 제약으로 볼 것인지에 여부에 대하여는 견해가 갈린다. 경계이론과 분리이론에 입각하여 개발제한구역의 지정으로 인한 재산권 제한의 성질 및 그에 대한 구제방법을 살펴보기로 한다.

(1) 경계이론에 따른 권리구제

(가) 구제방법

① 개발제한구역의 지정으로 인한 재산권 행사의 제한은 공공필요(도시의 무질서한 확산을 방지하고, 도시 주변의 자연환경을 보전할 필요)를 위한 공용제한으로 보아야 한다.

② 따라서 개발제한구역의 지정으로 인한 재산권 행사의 제한과 그에 대한 권익구제는 헌법 제23조 제3항의 공용제한과 손실보상의 문제이다.

③ 개발제한구역의 지정 후에도 종전의 용법대로 토지를 사용할 수 있는 한, 즉 개발제한구역 지정 당시의 지목과 토지현황에 의한 이용방법에 따라 토지를 사용할 수 있는 한 원칙상 이는 재산권에 내재하는 사회적 제약에 불과하다.

위와 같이 종전의 용법대로 토지를 사용할 수 있는 경우, 개발제한구역의 지정으로 인한 개발가능성의 소멸 및 지가의 다소간의 하락은 재산권에 내재하는 사회적 제약으로 토지소유자가 감수하여야 한다. 다만 그 경우에도 지가의 하락이 심히 큰 경우에는 특별한 희생에 해당된다고 보아야 할 것이다.

④ 개발제한구역 지정으로 인하여 법상 토지를 종래의 목적으로도 사용할 수 없거나(대지인 토지에 건축이 금지되거나 심히 제한되는 경우) 또는 사실상 토지를 종래의 용법대로 사용할 수 없게 된 경우(수로의 폐쇄 등으로 농지에서 사실상 농사를 지을 수 없는 경우)에는 토지소유자가 수인해야 하는 사회적 제약의 한계를 넘는 특별한 희생으로 보아야 한다.

⑤ 위와 같이 특별한 희생에 해당하는 경우 그에 대한 보상이 주어져야 하는데, 보상규정이 없으므로 이는 보상규정이 흠결된 경우에 해당하며 그에 따른 구제가 행하여져야 한다.

⑥ 현행 개발제한구역의 지정 및 관리에 관한 특별조치법은 토지매수청구 제도를 두고 있으나(제17조, 제18조), 이는 손실보상과는 다른 제도이다. 따라서 개발제한구역의 지정으로 특별한 희생을 당한 경우(토지를 종래의 용법대로 사용할 수 없게 된 경우 등)에는 토지매수청구를 하거나 손실보상(직접효력설 또는 유추적용설에 따르는 경우)을 청구할 수 있다.

이에 대하여 토지매수청구 제도가 실질적으로 보상제도라고 보는 견해도 있을 수 있는바, 이 견해에 따르면 토지매수청구만을 하여야 할 것이다.[19]

(나) 대법원의 태도

사인의 구체적인 권리구제를 주된 목적으로 하는 대법원의 논리는 개발제한구역의 지정으로 인한 피해가 특별한 희생에 해당되는가의 여부 및 그에 대한 보상에 초점이 맞추어져 있다고 할 수 있다. 즉 대법원은 기본적으로 경계이론의 입장에 서있다고 볼 수 있다.

다만 대법원은 개발제한구역의 지정으로 인한 재산권 행사의 제한은 공공복리에 적합한 합리적인 제한으로서, 그로 인하여 토지소유자에게 다소간의 불이익이 발생한다고 하더라도 이러한 불이익은 특별한 희생이 아니라 재산권에 내재하는 사회적 제약이라고 파악하고 있다.

판례

개발제한구역지정에 관한 도시계획법 제21조 제1항, 제2항의 위헌 여부(소극): 도시계획법 제21조 제1항, 제2항의 규정에 의하여 개발제한구역 안에 있는 토지의 소유자는 재산상의 권리행사에 많은 제한을 받게 되고 그 한도내에서 일반 토지소유자에 비하여 불이익을 받게 되었음은 명백하지만 "도시의 무질서한 확산을 방지하고 도시주변의 자연환경을 보전하여 건전한 생활환경을 확보하기 위하여, 또는 국방부장관의 요청이 있어 보안상 도시의 개발을 제한할 필요가 있다고 인정되는 때"에 한하여 가하여지는 위와 같은 제한은 공공복리에 적합한 합리적인 제한이라고 볼 것이고, 그 제한으로 인한 토지소유자의 불이익은 공공의 복리를 위하여 감수하지 아니하면 안될 정도의 것이라고 인정되므로 이에 대하여 손실보상의 규정을 하지 아니하였다 하여 도시계획법 제21조 제1

19) 박균성, 앞의 책, 839-840면.

항, 제2항의 규정을 헌법 제23조 제3항이나 제37조 제2항에 위배되는 것이라고 할 수 없다(대법원 1990. 5. 8.자 89부2 결정).

그런데 대법원의 이러한 태도는 개발제한구역 내 토지소유자 등이 개발제한구역의 지정으로 받는 현실적 피해의 심각성을 도외시한 것일 뿐만 아니라, 개발제한구역 내에서의 규제를 모두 일괄적으로 재산권에 내재하는 사회적 제약으로 볼 수 있는지도 의문이라는 점에서 비판을 면할 수 없었다.[20]

(2) 분리이론에 따른 권리구제

(가) 구제방법

① 개발제한구역의 지정으로 인한 재산권 행사의 제한과 그에 대한 권익구제의 문제는 헌법 제23조 제1항 및 제2항의 재산권의 내용과 한계의 문제이다.

②, ③의 경우는 경계이론에서의 ③, ④의 내용과 대체로 같다.

④ 그런데 구 도시계획법에서는 위와 같이 사회적 제약의 범위를 넘는 특별한 희생에 대하여 보상 등 어떠한 구제방법도 마련하고 있지 않았으므로, 이는 비례의 원칙에 위반되어 당해 토지소유자의 재산권을 과도하게 침해하는 것으로서 헌법에 위반된다.

⑤ 헌법재판소는 위와 같은 경우에도 보상 등의 권리구제는 광범위한 입법형성권을 가진 입법자가 입법정책적으로 정할 사항이며, 토지소유자는 보상입법을 기다려 그에 따른 권리행사를 할 수 있을 뿐 개발제한구역의 지정이나 그에 따른 토지재산권의 제한 그 자체의 효력을 다투거나 위 조항에 위반하여 행한 자신들의 행위의 정당성을 주장할 수는 없다고 보고 있다(헌법재판소 1998. 12. 24. 선고 89헌마214, 90헌바16, 97헌바78(병합) 전원재판부 결정 등).

⑥ 위와 같은 취지의 헌법재판소 결정 이후 개발제한구역의 지정 및 관리에 관한 특별조치법이 제정되어 개발제한구역의 지정으로 인하여 특별한 희생을 받은 자에게 토지매수청구권을 인정하고 있으므로(제17조, 제18조), 구 도시계획법상의 개발제한구역의 지정에 관한 규정의 위헌문제는 이제 해결된 것으로 본다.[21]

(나) 헌법재판소의 태도

헌법질서의 수호를 주된 목적으로 하는 헌법재판소의 논리는 사회적 제약의 범위를 넘

20) 홍준형, 행정구제법, 2012, 212면.

21) 박균성, 앞의 책, 837-838면.

는 가혹한 부담이 발생하는 예외적인 경우에 보상규정을 두지 않은 것이 헌법에 반하는가의 여부에 초점이 맞추어져 있다. 즉 헌법재판소는 분리이론의 입장에 서있다고 볼 수 있다.

그리하여 헌법재판소는 개발제한구역의 지정으로 인한 재산권의 제한은 원칙적으로는 사회적 제약이라고 보면서도, 예외적으로 그 지정으로 인하여 토지를 종래의 목적으로도 사용할 수 없거나 또는 더 이상 법적으로 허용된 토지이용의 방법이 없기 때문에 실질적으로 토지의 사용·수익의 길이 막힌 경우에는 토지소유자가 수인해야 하는 사회적 제약의 한계를 넘는 것으로 보고 있다. 아울러 위와 같은 예외적인 경우에까지 아무런 보상없이 이를 감수하도록 하고 있는 한, 이는 비례의 원칙에 위반되어 당해 토지소유자의 재산권을 과도하게 침해하는 것으로서 헌법에 위반된다고 본다.

판례

나. 개발제한구역(이른바 그린벨트) 지정으로 인한 인한 토지재산권 제한의 성격과 한계: 개발제한구역을 지정하여 그 안에서는 건축물의 건축 등을 할 수 없도록 하고 있는 도시계획법 제21조는 헌법 제23조 제1항, 제2항에 따라 토지재산권에 관한 권리와 의무를 일반·추상적으로 확정하는 규정으로서 재산권을 형성하는 규정인 동시에 공익적 요청에 따른 재산권의 사회적 제약을 구체화하는 규정인바, 토지재산권은 강한 사회성, 공공성을 지니고 있어 이에 대하여는 다른 재산권에 비하여 보다 강한 제한과 의무를 부과할 수 있으나, 그렇다고 하더라도 다른 기본권을 제한하는 입법과 마찬가지로 비례성원칙을 준수하여야 하고, 재산권의 본질적 내용인 사용·수익권과 처분권을 부인하여서는 아니된다.

다. 토지재산권의 사회적 제약의 한계를 정하는 기준: 개발제한구역 지정으로 인하여 토지를 종래의 목적으로도 사용할 수 없거나 또는 더 이상 법적으로 허용된 토지이용의 방법이 없기 때문에 실질적으로 토지의 사용·수익의 길이 없는 경우에는 토지소유자가 수인해야 하는 사회적 제약의 한계를 넘는 것으로 보아야 한다.

라. 토지를 종전의 용도대로 사용할 수 있는 경우에 개발제한구역 지정으로 인한 지가의 하락이 토지재산권에 내재하는 사회적 제약의 범주에 속하는지 여부(적극): 개발제한구역의 지정으로 인한 개발가능성의 소멸과 그에 따른 지가의 하락이나 지가상승률의 상대적 감소는 토지소유자가 감수해야 하는 사회적 제약의 범주에 속하는 것으로 보아야 한다. 자신의 토지를 장래에 건축이나 개발목적으로 사용할 수 있으리라는 기대가능성이나 신뢰 및 이에 따른 지가상승의 기회는 원칙적으로 재산권의 보호범위에 속하지 않는다. 구역지정 당시의 상태대로 토지를 사용·수익·처분할 수 있는 이상, 구역지정에 따른 단순한 토지이용의 제한은 원칙적으로 재산권에 내재하는 사회적 제약의 범주를 넘지 않는다.

마. 도시계획법 제21조의 위헌 여부(적극): 도시계획법 제21조에 의한 재산권의 제한은 개발제한구역으로 지정된 토지를 원칙적으로 지정 당시의 지목과 토지현황에 의한 이용방법에 따라 사용

할 수 있는 한, 재산권에 내재하는 사회적 제약을 비례의 원칙에 합치하게 합헌적으로 구체화한 것이라고 할 것이나, 종래의 지목과 토지현황에 의한 이용방법에 따른 토지의 사용도 할 수 없거나 실질적으로 사용·수익을 전혀 할 수 없는 예외적인 경우에도 아무런 보상 없이 이를 감수하도록 하고 있는 한, 비례의 원칙에 위반되어 당해 토지소유자의 재산권을 과도하게 침해하는 것으로서 헌법에 위반된다

바. 헌법불합치결정을 하는 이유와 그 의미[22]: 도시계획법 제21조에 규정된 개발제한구역제도 그 자체는 원칙적으로 합헌적인 규정인데 다만 개발제한구역의 지정으로 말미암아 일부 토지소유자에게 사회적 제약의 범위를 넘는 가혹한 부담이 발생하는 예외적인 경우에 대하여 보상규정을 두지 않은 것에 위헌성이 있는 것이고, 보상의 구체적 기준과 방법은 헌법재판소가 결정할 성질의 것이 아니라 광범위한 입법형성권을 가진 입법자가 입법정책적으로 정할 사항이므로, 입법자가 보상입법을 마련함으로써 위헌적인 상태를 제거할 때까지 위 조항을 형식적으로 존속케 하기 위하여 헌법불합치결정을 하는 것인바, 입법자는 되도록 빠른 시일내에 보상입법을 하여 위헌적 상태를 제거할 의무가 있고, 행정청은 보상입법이 마련되기 전에는 새로 개발제한구역을 지정하여서는 아니되며, 토지소유자는 보상입법을 기다려 그에 따른 권리행사를 할 수 있을 뿐 개발제한구역의 지정이나 그에 따른 토지재산권의 제한 그 자체의 효력을 다투거나 위 조항에 위반하여 행한 자신들의 행위의 정당성을 주장할 수는 없다.

사. 보상입법의 의미 및 법적 성격: 입법자가 도시계획법 제21조를 통하여 국민의 재산권을 비례의 원칙에 부합하게 합헌적으로 제한하기 위해서는, 수인의 한계를 넘어 가혹한 부담이 발생하는 예외적인 경우에는 이를 완화하는 보상규정을 두어야 한다. 이러한 보상규정은 입법자가 헌법 제23조 제1항 및 제2항에 의하여 재산권의 내용을 구체적으로 형성하고 공공의 이익을 위하여 재산권을 제한하는 과정에서 이를 합헌적으로 규율하기 위하여 두어야 하는 규정이다. 재산권의 침해와 공익간의 비례성을 다시 회복하기 위한 방법은 헌법상 반드시 금전보상만을 해야 하는 것은 아니다. 입법자는 지정의 해제 또는 토지매수청구권제도와 같이 금전보상에 갈음하거나 기타 손실을 완화할 수 있는 제도를 보완하는 등 여러 가지 다른 방법을 사용할 수 있다(헌법재판소 1998. 12. 24. 선고 89헌마214, 90헌바16, 97헌바78(병합) 전원재판부 결정).

Ⅲ. 공익사업으로 인한 손실의 발생(인과관계)

손실(특별한 희생)은 당해 공익사업으로 인하여 발생한 것이어야 한다. 즉 공익사업과 손실 사이에 상당인과관계가 있어야 한다.

22) 위 헌법재판소 결정의 주문은 다음과 같다.
【주 문】
도시계획법(1971. 1. 19. 법률 제2291호로 제정되어 1972. 12. 30. 법률 제2435호로 개정된 것) 제21조는 헌법에 합치되지 아니한다.

판례

공익사업의 시행으로 토석채취허가를 연장받지 못한 경우 그로 인한 손실과 공익사업 사이에 상당인과관계의 인정 여부 및 그 손실이 적법한 공권력의 행사로 가하여진 재산상의 특별한 희생으로서 손실보상의 대상이 되는지 여부(소극): 산림 내에서의 토석채취허가는 산지관리법 소정의 토석채취제한지역에 속하는 경우에 허용되지 아니함은 물론이나 그에 해당하는 지역이 아니라 하여 반드시 허가하여야 하는 것으로 해석할 수는 없고 허가권자는 신청지 내의 임황과 지황 등의 사항 등에 비추어 국토 및 자연의 보전 등의 중대한 공익상 필요가 있을 때에는 재량으로 그 허가를 거부할 수 있는 것이다(대법원 1992. 4. 10. 선고 91누7767 판결 등 참조). 따라서 그 자체로 중대한 공익상의 필요가 있는 공익사업이 시행되어 토석채취허가를 연장받지 못하게 되었다고 하더라도 토석채취허가가 연장되지 않게 됨으로 인한 손실과 공익사업 사이에 상당인과관계가 있다고 할 수 없을 뿐 아니라(대법원 1996. 9. 20. 선고 96다24545 판결 참조), 특별한 사정이 없는 한 그러한 손실이 적법한 공권력의 행사로 가하여진 재산상의 특별한 희생으로서 손실보상의 대상이 된다고 볼 수도 없다(대법원 2009. 6. 23. 선고 2009두2672 판결): <해설> 행정청에게 허가기간 연장 여부에 대한 재량권이 인정된다는 사실이 공익사업과 손실 사이의 인과관계를 부인하는 절대적인 사유가 될 수는 없다는 점에서 위 판례의 태도는 부당하다. 당해 공익사업의 시행이 없었다면 위 허가기간의 연장이 허용되었을 것이라고 보여지는 경우에는 공익사업과 손실 사이의 상당인과관계를 인정하는 것이 타당하다.

제4절 행정상 손실보상의 기준과 내용

Ⅰ. 일반적 기준: '정당한 보상'의 원칙

헌법 제23조 제3항은 공용침해에 대한 보상과 관련하여 "… 그에 대한 보상은 법률로써 하되, 정당한 보상을 지급하여야 한다"라고 규정하고 있다. 여기에서 '정당한 보상'이 무엇을 의미하는가에 관하여는 견해의 대립이 있다.

1. 완전보상설

손실보상은 침해를 받는 재산이 가지는 객관적 가치를 완전하게 보상하여야 한다는 견해이다.

이러한 완전보상의 내용에 관하여는 다시 ① 피침해재산의 객관적 시장가치(일반가격, 시장가격, 재구입가능가격 등으로 불리어짐)만을 내용으로 하고, 부대적 손실은 포함되지 않는다는 입장과, ② 피침해재산의 객관적 시장가치뿐만 아니라, 부대적 손실(영업손실, 이전비용 등)도 포함된다고 보는 입장으로 견해가 나누어진다.[23)]

이러한 완전보상의 관념은 미국헌법 수정 제5조의 정당한 보상(just compensation) 조항의 해석을 중심으로 주로 미국에서 발전되어 왔다.

2. 상당보상설

이 견해는 재산권의 사회적 구속성과 침해행위의 공공성에 비추어 손실보상은 사회국가 원리에 바탕을 둔 적정한 보상이면 족하다고 보는 학설이다. 그리하여 '정당한 보상'이란 보상이 행하여질 당시의 사회통념에 비추어 객관적으로 타당하다고 여겨지는 보상을 의미한다고 본다. 상당보상설은 다시 ① 사회통념에 비추어 객관적으로 타당하면 완전보상 이하의 보상도 가능하다는 견해와, ② 완전보상을 원칙으로 하면서도 합리적인 이유가 있을 때에는 완전보상을 상회하거나 하회할 수도 있다는 견해로 나누어진다.

이러한 상당보상의 관념은 재산권의 사회적 구속성을 규정한 바이마르헌법 제153조에서 유래한다. 현행 독일의 연방기본법은 제14조 제3항의 "… 보상은 공공의 이익과 관계자의 이익을 정당하게 형량하여 정해져야 한다"라는 표현을 통하여 이를 계승하고 있다.

3. 평 가

우리나라 다수의 견해는 완전보상설을 지지하고 있다. 그리고 완전보상은 피침해재산의 객관적 가치뿐만 아니라, 부대적 손실의 보상도 포함하는 것으로 이해한다. 다만 정신적 손해와 개발이익은 완전보상의 범위에 포함되지 않는다고 보는 것이 일반적이다.

헌법재판소도 헌법 제23조 제3항에서 규정하고 있는 '정당한 보상'이란 원칙적으로 피수용재산의 객관적인 재산가치를 완전하게 보상하여야 한다는 완전보상을 뜻하는 것으로 보고 있다(헌법재판소 1990. 6. 25. 선고 89헌마107 전원재판부).

II. 실정법상의 구체적 보상기준 및 내용

공익사업에 필요한 토지 등을 협의 또는 수용에 의하여 취득하거나 사용함에 따른 손

---

23) 김남진·김연태, 앞의 책, 563면.

실의 보상에 관한 사항을 규정하기 위하여 '공익사업을 위한 토지 등의 취득 및 보상에 관한 법률'이 제정되어 있다. 위 법률은 공용침해 및 손실보상에 관한 일반법으로서의 역할을 하고 있다. 그밖에 '부동산 가격공시에 관한 법률' 및 '감정평가 및 감정평가사에 관한 법률', 그리고 '감정평가에 관한 규칙(국토교통부령 제356호)' 등에서도 보상의 기준에 관한 규정을 두고 있다. 이하 위 법령들을 중심으로 구체적 보상기준을 살펴보기로 한다.

1. 토지취득에 대한 보상

가. 협의 또는 재결 당시의 가격

공익사업법은 보상액 산정(算定)의 기준이 되는 시점을 '가격시점'이라고 정의하면서(법 제2조 제6호), 보상액의 산정은 협의에 의한 취득의 경우에는 협의 성립 당시의 가격을, 재결에 의한 취득의 경우에는 수용 또는 사용의 재결 당시의 가격을 기준으로 하고 있다(법 제67조 제1항).

나. 보상액의 산정방식

위와 같이 협의나 재결에 의하여 토지를 수용하는 경우에 그 보상은 협의나 재결 당시의 가격을 기준으로 한다. 그러나 당해 공익사업의 시행으로 인한 지가상승분 즉 '개발이익'을 배제하기 위하여, 협의나 재결 당시의 현실적인 토지가격이 아니라 다음과 같은 방식으로 보상액을 산정한다.

(1) 보상평가의 의뢰

사업시행자는 토지 등에 대한 보상액을 산정하려는 경우에 감정평가법인 등 3인을 선정하여 토지 등의 평가를 의뢰하여야 한다(법 제68조 제1항). 보상액의 산정은 각 감정평가업자가 평가한 평가액의 산술평균치를 기준으로 한다(법 시행규칙 제16조 제6항).

(2) 공시지가에 의한 평가

(가) 공시지가의 종류: 공시지가는 표준지공시지가와 개별공시지가로 구분된다.

표준지공시지가라 함은 국토교통부장관이 토지이용상황이나 주변 환경, 그 밖의 자연적·사회적 조건이 일반적으로 유사하다고 인정되는 일단의 토지 중에서 선정한 표준지에 대하여 매년 공시기준일 현재의 단위면적당 적정가격을 조사·평가하고, 중앙부동산가격공시위원회의의 심의를 거쳐 공시한 가격을 말한다(부동산 가격공시에 관한 법률 제3조 제1항). 공공용지의 매수 및 토지의 수용·사용에 대한 보상은 그 토지와 이용가치가 비슷하다고 인정되는 하나 또는 둘 이상의 표준지의 공시지가를 기준으로 산정한다(부동산 가격공시에 관한 법률 제8조).

한편 개별공시지가는 시장·군수 또는 구청장이 국세·지방세 등 각종 세금의 부과, 그 밖의 다른 법령에서 정하는 목적을 위한 지가산정에 사용되도록 하기 위하여 시·군·구부동산가격공시위원회의 심의를 거쳐 매년 공시지가의 공시기준일 현재 관할구역 안의 개별 토지에 대하여 결정·공시하는 단위면적당 가격을 말한다(부동산 가격공시에 관한 법률 제10조 제1항).

(나) 표준지공시지가에 의한 평가: 협의나 재결에 의하여 취득하는 토지에 대하여는 '부동산 가격공시에 관한 법률'에 따른 공시지가를 기준으로 하여 보상한다(법 제70조 제1항). 여기에서 기준이 되는 공시지가는 표준지공시지가를 의미한다. 다만, 적정한 실거래가가 있는 경우에는 이를 기준으로 할 수 있다(감정평가 및 감정평가사에 관한 법률 제3조 제1항).

판례

토지의 수용에 대한 보상을 표준지 공시지가를 기준으로 하도록 한 지가공시및토지등의평가에관한법률 제10조 제1항 제1호가 헌법 제23조 제3항의 정당한 보상 규정 등을 위배한 여부(소극): 공시지가는 그 평가의 기준이나 절차로 미루어 대상토지가 대상지역공고일 당시 갖는 객관적 가치를 평가하기 위한 것으로서 적정성을 갖고 있으며, 표준지와 지가선정 대상토지 사이에 가격의 유사성을 인정할 수 있도록 표준지 선정의 적정성이 보장되므로 위 조항이 헌법 제23조 제3항이 규정한 정당보상의 원칙에 위배되거나 과잉금지의 원칙에 위배된다고 볼 수 없고, 토지수용시 개별공시지가에 따라 손실보상액을 산정하지 아니하였다고 하여 위헌이 되는 것은 아니다(헌법재판소 2001. 4. 26. 선고 2000헌바31 전원재판부).

비교표준지의 선정 방법: 비교표준지는 특별한 사정이 없는 한 도시계획구역 내에서는 용도지역을 우선으로 하고, 도시계획구역 외에서는 현실적 이용상황에 따른 실제 지목을 우선으로 하여 선정하여야 할 것이나, 이러한 토지가 없다면 지목, 용도, 주위환경, 위치 등의 제반 특성을 참작하여 그 자연적, 사회적 조건이 수용대상 토지와 동일 또는 가장 유사한 토지를 선정하여야 한다(대법원 2001. 3. 27. 선고 99두7968 판결).

(다) 공시지가의 기준일: 사업인정 전 협의에 의한 취득에 있어서 기준이 되는 공시지가는 해당 토지의 가격시점 당시(협의성립 당시) 공시된 공시지가 중 가격시점과 가장 가까운 시점에 공시된 공시지가로 한다(법 제70조 제3항).

사업인정 후의 취득에 있어서 기준이 되는 공시지가는 사업인정고시일 전의 시점을 공시기준일로 하는 공시지가로서, 토지에 관한 협의의 성립 또는 재결 당시 공시된 공시지가 중 그 사업인정고시일과 가장 가까운 시점에 공시된 공시지가로 한다(법 제70조 제4항).

제3항 및 제4항에도 불구하고 공익사업의 계획 또는 시행이 공고되거나 고시됨으로 인하여 취득하여야 할 토지의 가격이 변동되었다고 인정되는 경우에는 해당 공고일 또는 고시일 전의 시점을 공시기준일로 하는 공시지가로서, 그 토지의 가격시점 당시 공시된 공시지가 중 그 공익사업의 공고일 또는 고시일과 가장 가까운 시점에 공시된 공시지가로 한다(법 제70조 제5항). 여기서 '공익사업의 계획 또는 시행이 공고되거나 고시됨'이란 당해 공익사업의 사업인정고시일 전에 국가·지방자치단체 또는 사업시행자 등이 관계 법령의 규정에 따라 당해 공익사업에 관한 계획 또는 시행을 일반 국민에게 공고 또는 고시한 것을 말한다. 위와 같이 일정한 경우 공익사업의 계획 또는 시행의 공고일·고시일 전의 공시지가를 기준으로 보상액을 산정하는 이유는, 협의성립시 또는 사업인정시에는 이미 개발이익이 토지가격에 부분적으로 반영되어 있는 것이 보통이므로 개발이익을 보다 철저히 배제하기 위한 것이다.

판례

공익사업을 위한 토지 등의 취득 및 보상에 관한 법률 제70조 제5항에서 정한 '공익사업의 계획 또는 시행의 공고·고시'에 해당하기 위한 공고·고시의 방법: 공익사업을 위한 토지 등의 취득 및 보상에 관한 법률(이하 '토지보상법'이라 한다) 및 같은 법 시행령은 토지보상법에서 규정하고 있는 공익사업의 계획 또는 시행의 공고·고시의 절차, 형식이나 기타 요건에 관하여 따로 규정하고 있지 않다.

공익사업의 근거 법령에서 공고·고시의 절차, 형식이나 기타 요건을 정하고 있는 경우에는 원칙적으로 공고·고시가 그 법령에서 정한 바에 따라 이루어져야 보상금 산정의 기준이 되는 공시지가의 공시기준일이 해당 공고·고시일 전의 시점으로 앞당겨지는 효과가 발생할 수 있다.

공익사업의 근거 법령에서 공고·고시의 절차, 형식 및 기타 요건을 정하고 있지 않은 경우, '행정 효율과 협업 촉진에 관한 규정'이 적용될 수 있다(제2조). 위 규정은 고시·공고 등 행정기관이 일정한 사항을 일반에게 알리는 문서를 공고문서로 정하고 있으므로(제4조 제3호), 위 규정에서 정하는 바에 따라 공고문서가 기안되고 해당 행정기관의 장이 이를 결재하여 그의 명의로 일반에 공표한 경우 위와 같은 효과가 발생할 수 있다.

다만 당해 공익사업의 시행으로 인한 개발이익을 배제하려는 토지보상법령의 입법 취지에 비추어 '행정 효율과 협업 촉진에 관한 규정'에 따라 기안, 결재 및 공표가 이루어지지 않았다고 하더라도 공익사업의 계획 또는 시행에 관한 내용을 공고문서에 준하는 정도의 형식을 갖추어 일반에게 알린 경우에는 토지보상법 제70조 제5항에서 정한 '공익사업의 계획 또는 시행의 공고·고시'에 해당한다고 볼 수 있다(대법원 2022. 5. 26. 선고 2021두45848 판결): <해설> 국토교통부가 배포한 보도자료를 언론사에서 기사화하여 이 사건 사업에 관한 정보가 일반에 알려졌다고 하여 이를 두고 국토교통부장관이 이 사건 사업의 계획이나 시행을 공고하거나 고시하였다고 보기는 어렵다고 본 사례이다. 위 판례는 토지보상법 제70조 제5항에서 규정하고 있는 '공익사업의 계획 또는 시행의 공고·고시'에 해당하기 위한 기준을 최초로 제시한 판결이라고 볼 수 있다.

(3) 시점수정 및 상황보정

협의나 재결에 의하여 취득하는 토지에 대하여는 표준지공시지가를 기준으로 하여 보상하되, 당해 공시지가의 공시기준일부터 가격시점(협의의 성립 또는 재결시)까지의 관계 법령에 따른 당해 토지의 이용계획, 해당 공익사업으로 인한 지가의 영향을 받지 아니하는 지역의 지가변동률, 생산자물가상승률과 그 밖에 그 토지의 위치·형상·환경·이용상황 등을 고려하여 평가한 적정가격으로 보상하여야 한다(법 제70조 제1항). 즉 최종 보상액은 표준지공시지가를 기준으로 산정하되, 공시지가의 공시기준일과 가격시점 사이의 지가변동률 및 물가상승률 등을 고려하여 수정하고(시점수정), 기타 토지의 여러 상황을 고려하여(상황보정) 보상액을 결정하게 된다.

(4) 현황평가의 원칙

토지에 대한 보상액은 가격시점에서의 현실적인 이용상황과 일반적인 이용방법에 의한 객관적 상황을 고려하여 산정하되, 일시적인 이용상황과 토지소유자나 관계인이 갖는 주관적 가치 및 특별한 용도에 사용할 것을 전제로 한 경우 등은 고려하지 아니한다(법 제70조 제2항).

판례

공익사업을 위한 토지 등의 취득 및 보상에 관한 법률 시행규칙 제24조가 정한 '불법형질변경토지'라는 이유로 형질변경 당시의 이용상황에 의하여 보상액을 산정하는 경우, 수용대상 토지가 불법형질변경토지라는 사실에 관한 증명책임의 소재 및 증명의 정도: 공익사업을 위한 토지 등의 취득 및 보상에 관한 법률 제70조 제2항, 제6항, 공익사업을 위한 토지 등의 취득 및 보상에 관한 법률 시행규칙 제24조에 의하면 토지에 대한 보상액은 현실적인 이용상황에 따라 산정하는 것이 원칙이므로, 수용대상 토지의 이용상황이 일시적이라거나 불법형질변경토지라는 이유로 본래의 이용상황 또는 형질변경 당시의 이용상황에 의하여 보상액을 산정하기 위해서는 그와 같은 예외적인 보상액 산정방법의 적용을 주장하는 쪽에서 수용대상 토지가 불법형질변경토지임을 증명해야 한다. 그리고 수용대상 토지가 불법형질변경토지에 해당한다고 인정하기 위해서는 단순히 수용대상 토지의 형질이 공부상 지목과 다르다는 점만으로는 부족하고, 수용대상 토지의 형질변경

당시 관계 법령에 의한 허가 또는 신고의무가 존재하였고 그럼에도 허가를 받거나 신고를 하지 않은 채 형질변경이 이루어졌다는 점이 증명되어야 한다(대법원 2012. 4. 26. 선고 2011두2521 판결 [손실보상금]).

산지전용기간이 만료될 때까지 목적사업을 완료하지 못한 경우, 사업시행으로 토지의 형상이 변경된 부분은 공익사업을 위한 토지 등의 취득 및 보상에 관한 법률에 의한 보상에서 불법형질변경된 토지로 보아 형질변경될 당시의 토지이용상황을 기준으로 보상금을 산정하여야 하는지 여부(적극) / 산지복구의무가 면제될 사정이 있는 경우, 형질변경이 이루어진 상태가 토지에 대한 보상의 기준이 되는 '현실적인 이용상황'인지 여부(적극): 토지보상법과 산지관리법 등 관련 법령의 규정과 입법 취지 등을 종합해 보면, 산지전용기간이 만료될 때까지 그 목적사업을 완료하지 못한 때에는 그 사업시행으로 토지의 형상이 변경된 부분은 원칙적으로 그 전체가 산지복구의무의 대상이 되므로, 토지보상법에 의한 보상에서도 불법 형질변경된 토지로서 형질변경될 당시의 토지이용상황이 보상금 산정의 기준이 된다. 그러나 산지전용 허가 대상 토지 일대에 대하여 행정청이 택지개발촉진법 등 법률에 근거하여 개발행위제한조치를 하고 산지 외의 다른 용도로 사용하기로 확정한 면적이 있어서 산지전용 목적사업을 완료하지 못한 경우와 같이 산지복구의무가 면제될 사정이 있는 경우에는, 형질변경이 이루어진 현상 상태가 그 토지에 대한 보상기준이 되는 '현실적인 이용상황'이라고 보아야 한다. 그것이 토지수용의 경우에 정당하고 적정한 보상을 하도록 한 헌법과 토지보상법의 근본정신에 부합하고, 토지보상법 시행규칙 제23조가 토지에 관한 공법상 제한이 당해 공익사업의 시행을 직접 목적으로 하여 가하여진 경우에는 제한이 없는 상태를 상정하여 평가한다고 정한 취지에도 부합한다(대법원 2017. 4. 7. 선고 2016두61808 판결 [손실보상금]).

(5) 평가순서(공시지가기준법)

토지를 감정평가할 때에는 공시지가기준법을 적용하여야 한다(감정평가에 관한 규칙 제14조 제1항). 공시지가기준법이란 '감정평가 및 감정평가사에 관한 법률' 제3조 제1항 본문에 따라 감정평가의 대상이 된 토지와 가치형성요인이 같거나 비슷하여 유사한 이용가치를 지닌다고 인정되는 비교표준지의 공시지가를 기준으로 대상토지의 현황에 맞게 시점수정, 지역요인 및 개별요인 비교, 그 밖의 요인의 보정(補正)을 거쳐 대상토지의 가액을 산정하는 감정평가방법을 말한다(감정평가에 관한 규칙 제2조 제9호).

즉 공시지가기준법에 따라 토지를 감정평가할 때에는 다음의 순서에 따라야 한다(감정평가에 관한 규칙 제14조 제2항). i) 비교표준지 선정: 인근지역에 있는 표준지 중에서 대상토지와 용도지역·이용상황·주변환경 등이 같거나 비슷한 표준지를 선정할 것. 다만, 인근지역에 적절한 표준지가 없는 경우에는 인근지역과 유사한 지역적 특성을 갖는 동일

수급권 안의 유사지역에 있는 표준지를 선정할 수 있다. → ii) 시점수정: '국토의 계획 및 이용에 관한 법률' 제125조에 따라 국토교통부장관이 조사·발표하는 비교표준지가 있는 시·군·구의 같은 용도지역 지가변동률을 적용할 것. → iii) 지역요인 비교. → iv) 개별요인 비교. → v) 그 밖의 요인 보정: 대상토지의 인근지역 또는 동일수급권내 유사지역의 가치 형성요인이 유사한 정상적인 거래사례 또는 평가사례 등을 고려할 것.

다. 개발이익의 배제

(1) 의 의

개발이익이란 개발사업의 시행이나 토지이용계획의 변경, 그 밖에 사회적·경제적 요인에 따라 정상지가 상승분을 초과하여 개발사업을 시행하는 자나 토지 소유자에게 귀속되는 토지 가액의 증가분을 말한다(개발이익 환수에 관한 법률 제2조 제1호).

(2) 개발이익배제의 정당성 여부

개발이익은 사업시행자 등의 투자에 의해 발생하는 것으로서 토지소유자의 노력이나 투자에 의해 발생하는 것이 아니다. 따라서 보상액의 산정과정에서 이를 배제하는 것이 타당하느냐에 관하여 견해가 대립된다.

(가) 정당성을 긍정하는 견해: 개발이익은 국가 등의 공공투자 또는 사업시행자의 투자에 의해 발생하는 것으로서 피수용자의 노력이나 자본에 의해 발생하는 것이 아닌 불로소득이다. 따라서 이를 토지소유자에게 귀속시키는 것은 타당하지 않으며 투자자인 사업시행자 또는 궁극적으로는 국민 모두에게 귀속되어야 하므로 개발이익은 보상액의 산정에서 배제하는 것이 타당하다는 입장이다.

(나) 정당성을 부정하는 견해: 이 견해는 개발이익은 사업시행자, 토지소유자 등의 이해관계인 사이에서 적정하게 배분되는 것이 타당하며, 적어도 개발이익 중 일부는 보상액에 포함되어야 한다고 주장한다. 그 논거로는 개발이익을 누리는 공익사업시행지 주변의 토지소유자와 피수용자 사이의 형평성 및 개발이익이 배제된 보상금으로는 인근지역에서 수용된 토지에 상응하는 부동산을 구입할 수 없다는 사정 등을 든다.

(다) 판례: 헌법재판소는 개발이익을 보상액 산정에서 배제하는 것이 헌법상 정당보상의 원칙에 위반되는 것은 아니라고 보고 있다. 대법원도 같은 취지이다(대법원 1992. 2. 11. 선고 91누7774 판결; 대법원 1999. 10. 22. 선고 98두7770 판결 등).

판례

공익사업의 시행으로 지가가 상승하여 발생하는 개발이익은 기업자의 투자에 의하여 발생하는 것으로서 피수용자인 토지소유자의 노력이나 자본에 의하여 발생한 것이 아니다. 따라서 이러한 개발이익은 형평의 관념에 비추어 볼 때, 토지소유자에게 당연히 귀속되어야 할 성질의 것은 아니고, 오히려 투자자인 기업자 또는 궁극적으로는 국민 모두에게 귀속되어야 할 성질의 것이다.

또한 개발이익은 공공사업의 시행에 의하여 비로소 발생하는 것이므로 그것이 피수용토지가 수용당시 갖는 객관적 가치에 포함된다고 볼 수도 없다. 개발이익이란 시간적으로 당해 공익사업이 순조롭게 시행되어야 비로소 현재화 될 수 있는 것이므로 아직 공익사업이 시행되기도 전에 개발이익을 기대하여 증가한 지가부분은 공익사업의 시행을 볼모로 한 주관적 가치부여에 지나지 않는다. 즉 수용에 의하여 토지소유자가 입은 손실과 공익사업의 시행으로 발생하는 이익은 별개의 문제이다. 그러므로 공익사업이 시행되기도 전에 미리 그 시행으로 기대되는 이용가치의 상승을 감안한 지가의 상승분을 보상액에 포함시킨다는 것은 피수용토지의 사업시행당시의 객관적 가치를 초과하여 보상액을 산정하는 셈이 된다.

따라서 개발이익은 그 성질상 완전보상의 범위에 포함되는 피수용자의 손실이라고는 볼 수 없으므로, 개발이익을 배제하고 손실보상액을 산정한다 하여 헌법이 규정한 정당보상의 원리에 어긋나는 것이라고는 판단되지 않는다(헌법재판소 1990. 6. 25. 선고 89헌마107 전원재판부).

(3) 개발이익 배제의 내용

(가) 사업인정고시일 전의 공시지가

공익사업법은 일정한 경우 i) 사업인정고시일 전의 공시지가, 또는 ii) 공익사업의 계획 또는 시행의 공고일·고시일 전의 공시지가를 기준으로 보상액을 결정하도록 하고 있다(법 제70조 제4항, 제5항). 이는 당해 공익사업의 시행으로 인한 지가상승분 즉 '개발이익'을 배제하기 위한 것이다. 보상액의 산정을 위와 같이 함으로써 i) 사업인정고시일 이후, 또는 ii) 공익사업의 계획 또는 시행의 공고일·고시일 이후, 재결시까지의 공익사업으로 인한 개발이익이 배제되게 된다.

(나) 해당 공익사업으로 인한 지가변동의 배제

보상액을 산정할 경우에 해당 공익사업으로 인하여 토지 등의 가격이 변동되었을 때에는 이를 고려하지 아니한다(법 제67조 제2항). 그러나 해당 공익사업과는 관계없는 다른 사업의 시행으로 인한 개발이익은 이를 포함한 가격으로 평가하여야 하고, 이는 개발이익이 해당 공익사업의 사업인정고시일 후에 발생한 경우에도 마찬가지이다(대법원 2014. 2.

27. 선고 2013두21182 판결).

보상액을 산정함에 있어서는 해당 공익사업으로 인한 지가의 영향을 받지 아니하는 지역의 지가변동률 등을 참작하여야 한다(법 제70조 제1항).

판례

공익사업을 위한 토지 등의 취득 및 보상에 관한 법률 제67조 제2항에서 정한 수용 대상 토지의 보상액을 산정함에 있어, 해당 공익사업과는 관계없는 다른 사업의 시행으로 인한 개발이익을 포함한 가격으로 평가할 것인지 여부(적극) 및 개발이익이 해당 공익사업의 사업인정고시일 후에 발생한 경우에도 마찬가지인지 여부(적극): 공익사업을 위한 토지 등의 취득 및 보상에 관한 법률 제67조 제2항은 '보상액을 산정할 경우에 해당 공익사업으로 인하여 토지 등의 가격이 변동되었을 때에는 이를 고려하지 아니한다'라고 규정하고 있는바, 수용 대상 토지의 보상액을 산정함에 있어 해당 공익사업의 시행을 직접 목적으로 하는 계획의 승인, 고시로 인한 가격변동은 이를 고려함이 없이 재결 당시의 가격을 기준으로 하여 적정가격을 정하여야 하나, 해당 공익사업과는 관계없는 다른 사업의 시행으로 인한 개발이익은 이를 포함한 가격으로 평가하여야 하고, 개발이익이 해당 공익사업의 사업인정고시일 후에 발생한 경우에도 마찬가지이다(대법원 2014. 2. 27. 선고 2013두21182 판결 [수용보상금증액]).

(다) 공법상 제한을 받는 토지의 평가

1) 근거규정: 공법상 제한을 받는 토지에 대하여는 제한받는 상태대로 평가한다. 다만, 그 공법상 제한이 당해 공익사업의 시행을 직접 목적으로 하여 가하여진 경우에는 제한이 없는 상태를 상정하여 평가한다(법 시행규칙 제23조 제1항). 당해 공익사업의 시행을 직접 목적으로 하여 용도지역 또는 용도지구 등이 변경된 토지에 대하여는 변경되기 전의 용도지역 또는 용도지구 등을 기준으로 평가한다(법 시행규칙 제23조 제2항).

여기서 공법상 제한을 받는 토지란 관계 법규에 의하여 이용규제나 제한을 받는 토지를 말한다.

2) 공법상 제한의 구분: 일반적 계획제한이란 용도지역·지구·구역의 지정 또는 변경과 같이 구체적인 사업의 시행을 목적으로 하지 않고 공익목적을 위해 토지의 이용을 일반적으로 제한하는 계획제한을 말하고,[24] 개별적 계획제한이란 특정 도시계획시설(도로·도시

24) 일반적 계획제한의 예로는 ⅰ) 국토의 계획 및 이용에 관한 법률의 규정에 따른 용도지역 등의 지정 및 변경, ⅱ) 군사기지 및 군사시설 보호법의 규정에 따른 군사시설보호구역의 지정 및 변경, ⅲ) 수도법의 규정에 따른 상수원보호구역의 지정 및 변경, ⅳ) 자연공원법의 규정에 따른 자연공원 및 공원보호구역의 지정 및 변경, ⅴ) 그 밖에 관련 법령의 규정에 따른 위 각 호와 유사한 토지이용계획의 제한을 들 수 있다. 한국감정원, 감정평가 실무기준 해설서(Ⅱ), 2014.2, 99-100면.

공원 등)의 설치를 위한 계획결정과 같이 구체적인 공익사업의 시행을 위해 토지 등의 이용에 가해지는 계획제한을 말한다.[25] 판례는 '공법상의 제한'을 위와 같이 일반적 계획제한과 개별적 계획제한으로 구분하여 그 효력을 달리 정하고 있다

그리하여 일반적 계획제한의 경우 그 제한이 해당 공익사업의 시행을 직접 목적으로 하여 가해진 경우에는 제한을 받지 아니하는 상태를 상정하여 평가하고, 그 제한이 해당 공익사업의 시행과 직접 관련되지 아니한 경우에는 그러한 제한을 받는 상태 그대로 평가하여야 한다고 본다(대법원 1993. 10. 12. 선고 93누12527 판결; 대법원 2012. 5. 24. 선고 2012두1020 판결 등). 반면에 개별적 계획제한의 경우 그 제한이 해당 공익사업의 시행을 직접 목적으로 하여 가해진 경우뿐만 아니라 다른 공익사업의 시행을 직접 목적으로 하여 가해진 경우에도 그 제한을 받지 아니하는 상태를 상정하여 평가하여야 한다고 본다(대법원 1998. 9. 18. 선고 98두4498 판결 등).

3) 공법상 제한의 존재 여부를 판단하는 시점: 판례는 "공법상 제한이 당해 공공사업의 시행 이후에 가하여진 경우라고 하여 달리 볼 것은 아니다"(대법원 2005. 2. 18. 선고 2003두14222 판결)라고 판시하고 있는바, 이는 사업인정 이후 수용재결시까지 신설되거나 변경된 공법상 제한도 대상토지에 대한 평가에 있어 고려요소가 된다는 취지로 보여진다. 즉 판례는 수용재결시를 기준으로 대상토지에 대한 공법상 제한의 존재 여부를 판단하고 있다.

4) 공법상 제한의 의제: 어느 수용대상 토지에 관하여 특정 시점에서 용도지역 등의 지정 또는 변경(일반적 계획제한)을 하지 않은 것이 특정 공익사업의 시행을 위한 것일 경우 이는 당해 공익사업의 시행을 직접 목적으로 하는 제한이라고 보아 용도지역 등의 지정 또는 변경이 이루어진 상태를 상정하여 토지가격을 평가하여야 한다. 여기에서 특정 공익사업의 시행을 위하여 용도지역 등의 지정 또는 변경을 하지 않았다고 볼 수 있으려면, 토지가 특정 공익사업에 제공된다는 사정을 배제할 경우 용도지역 등의 지정 또는 변경을 하지 않은 행위가 계획재량권의 일탈·남용에 해당함이 객관적으로 명백하여야만 한다(대법원 2015. 8. 27. 선고 2012두7950 판결).

---

25) 개별적 계획제한의 예로는 i) 국토의 계획 및 이용에 관한 법률 제2조 제7호에서 정한 도시·군계획시설 및 제2조 제7호에서 정한 도시·군계획사업에 관한 같은 법 제30조 제6항에 따른 도시·군관리계획의 결정고시, ii) 공익사업을 위한 토지 등의 취득 및 보상에 관한 법률 제4조에서 규정한 공익사업을 위한 사업인정의 고시, iii) 그 밖에 관련 법령의 규정에 따른 공익사업의 계획 또는 시행의 공고·고시 및 공익사업의 시행을 목적으로 한 사업구역·지구·단지 등의 지정고시 등을 들 수 있다.

판례

공원조성사업의 시행을 직접 목적으로 일반주거지역에서 자연녹지지역으로 변경된 토지에 대한 수용보상액을 산정하는 경우, 그 대상 토지의 용도지역을 일반주거지역으로 하여 평가하여야 한다고 한 사례(대법원 2007. 7. 12. 선고 2006두11507 판결).

공법상의 제한이 당해 공공사업의 시행을 직접 목적으로 하여 가하여진 경우로서 그 제한을 받지 아니하는 상태대로 평가하여야 한다고 본 사례: 구 지방공업개발법(1990.1.13. 법률 제4216호로 폐지)에 따른 지방공업개발장려지구의 지정 및 국토이용관리법에 따른 공업지역의 지정과 산업입지및개발에관한법률에 따른 사업실시계획의 승인 사이의 기간이 이례적으로 장기간이라도, 지방공업단지의 지정은 그 사업시행을 위한 일련의 조치 중의 선행조치라 할 것이고, 그 토지에 대한 공업지역으로의 용도지역 지정은 공업단지의 지정에 이은 것으로서 그 사업시행을 직접 목적으로 하여 행하여진 것이라고 보아야 하므로, 특별한 사정이 없는 한 그 사업시행을 위한 수용재결 당시의 토지가격을 평가함에 있어서 공업단지의 지정과 이에 이은 공업지역의 지정은 이를 고려함이 없이 그 이전의 상태대로 평가하여야 한다고 본 사례(대법원 1995. 4. 11. 선고 94누13879 판결): <해설> 지방공업단지의 지정과 이에 이은 공업지역의 지정은 개별적 계획제한에 해당된다.

당해 공공사업의 시행 이전에 개발제한구역으로 지정된 토지에 대한 수용보상액 평가방법: 공법상 제한을 받는 토지의 수용보상액을 산정함에 있어서는 공법상 제한이 당해 공공사업의 시행을 직접 목적으로 하여 가하여진 경우 제한을 받지 아니하는 상태대로 평가하여야 하고, 반면 당해 공공사업의 시행 이전에 이미 당해 공공사업과 관계없이 도시계획법에 의한 고시 등으로 일반적 계획제한이 가하여진 상태인 경우 그러한 제한을 받는 상태 그대로 평가하여야 하며, 도시계획법에 의한 개발제한구역의 지정은 위와 같은 일반적 계획제한에 해당하므로 당해 공공사업의 시행 이전에 개발제한구역 지정이 있었을 경우 그러한 제한이 있는 상태 그대로 평가함이 상당하다(대법원 1993. 10. 12. 선고 93누12527 판결).

수용대상 토지의 보상액 평가시 고려대상에서 배제하여야 할 당해 공공사업과 다른 목적의 공공사업으로 인한 공법상의 제한의 범위(=개별적 계획제한) 및 공원용지 지정으로 인한 제한이 이에 해당하는지 여부(적극): 공법상 제한을 받는 수용대상 토지의 보상액을 산정함에 있어서는 그 공법상의 제한이 당해 공공사업의 시행을 직접 목적으로 가하여진 경우는 물론 당초의 목적사업과는 다른 목적의 공공사업에 편입수용되는 경우에도 그 제한을 받지 아니하는 상태대로 평가하여야 할 것인바, 이와 같이 공공용지의취득및손실보상에관한특례법시행규칙 제6조 제4항 소정의 '당해 공공사업의 시행을 직접 목적으로 하여 가하여진 경우'를 확장해석하는 이유가 사업변경 내지 고의적인 사전제한 등으로 인한 토지소유자의 불이익을 방지하기 위한 것이라는 점에 비추어 볼 때, 수용대상 토지의 보상액 평가시 고려대상에서 배제하여야 할 당해 공공사업과 다른 목적의 공공사업으로 인한 공법상의 제한의 범위는 그 제한이 구체적인 사업의 시행을 필요로 하는 이른바 개별적 계획제한에 해당하는 것에 한정된다고 할 것이고, 공원용지 지정으로 인한 제한은 이러한 개별적 계획제한에 해당하는 것이다(대법원 1998. 9. 18. 선고 98두4498 판결).

[1] 구 공익사업을 위한 토지 등의 취득 및 보상에 관한 법률(2011. 8. 4. 법률 제11017호로 개정되기 전의 것, 이하 '법'이라 한다) 제70조 제6항의 위임을 받은 법 시행규칙 제23조 제1항은 "공법상 제한을 받는 토지에 대하여는 제한받는 상태대로 평가한다. 다만 그 공법상 제한이 당해 공익사업의 시행을 직접 목적으로 하여 가하여진 경우에는 제한이 없는 상태를 상정하여 평가한다."고 규정하고 있고, 제2항은 "당해 공익사업의 시행을 직접 목적으로 하여 용도지역 또는 용도지구 등이 변경된 토지에 대하여는 변경되기 전의 용도지역 또는 용도지구 등을 기준으로 평가한다."고 규정하고 있다. 따라서 공법상 제한을 받는 토지에 대한 보상액을 산정할 때에 해당 공법상 제한이 용도지역·지구·구역(이하 '용도지역 등'이라 한다)의 지정 또는 변경과 같이 그 자체로 제한목적이 달성되는 일반적 계획제한으로서 구체적 도시계획사업과 직접 관련되지 아니한 경우에는 그러한 제한을 받는 상태 그대로 평가하여야 하지만, 도로·공원 등 특정 도시계획시설의 설치를 위한 계획결정과 같이 구체적 사업이 따르는 개별적 계획제한이거나 일반적 계획제한에 해당하는 용도지역 등의 지정 또는 변경에 따른 제한이더라도 그 용도지역 등의 지정 또는 변경이 특정 공익사업의 시행을 위한 것일 때에는 당해 공익사업의 시행을 직접 목적으로 하는 제한으로 보아 위 제한을 받지 아니하는 상태를 상정하여 평가하여야 한다(대법원 2012. 5. 24. 선고 2012두1020 판결 등 참조).

[2] 용도지역 등의 지정 또는 변경행위는 전문적·기술적 판단에 기초하여 행하여지는 일종의 행정계획으로서 재량행위라 할 것이지만, 행정주체가 가지는 이와 같은 계획재량은 그 행정계획에 관련되는 자들의 이익을 공익과 사익 사이에서는 물론이고 공익 상호 간과 사익 상호 간에도 정당하게 비교·교량하여야 하고 그 비교·교량은 비례의 원칙에 적합하도록 하여야 하는 것이므로, 만약 행정주체가 행정계획을 입안·결정함에 있어서 이익형량을 전혀 행하지 아니하였거나 이익형량의 고려대상에 마땅히 포함시켜야 할 중요한 사항을 누락한 경우 또는 이익형량을 하였으나 그것이 비례의 원칙에 어긋나게 된 경우에는 그 행정계획결정은 재량권을 일탈·남용한 것으로 위법하다(대법원 2005. 3. 10. 선고 2002두5474 판결, 대법원 2012. 5. 10. 선고 2011두31093 판결 등 참조).

[3] **수용대상 토지에 관하여 특정 시점에서 용도지역 등의 지정 또는 변경을 하지 않은 것이 특정 공익사업의 시행을 위한 것인 경우, 공익사업의 시행을 직접 목적으로 하는 제한으로 보아 용도지역 등의 지정 또는 변경이 이루어진 상태를 상정하여 토지가격을 평가해야 하는지 여부(적극) 및 특정 공익사업의 시행을 위하여 용도지역 등의 지정 또는 변경을 하지 않았다고 보기 위한 요건**: 법 시행규칙 제23조 제1항, 제2항의 규정 내용, 상호 관계와 입법 취지, 용도지역·지구·구역(이하 '용도지역 등'이라 한다)의 지정 또는 변경행위의 법적 성질과 사법심사의 범위, 용도지역 등이 토지의 가격형성에 미치는 영향의 중대성 및 공익사업을 위하여 취득하는 토지에 대한 보상액 산정을 위하여 토지가격을 평가할 때 일반적 계획제한에 해당하는 용도지역 등의

지정 또는 변경이라도 특정 공익사업의 시행을 위한 것이라면 당해 공익사업의 시행을 직접 목적으로 하는 제한이라고 보아야 하는 점 등을 종합적으로 고려하면, 어느 수용대상 토지에 관하여 특정 시점에서 용도지역 등의 지정 또는 변경을 하지 않은 것이 특정 공익사업의 시행을 위한 것일 경우 이는 당해 공익사업의 시행을 직접 목적으로 하는 제한이라고 보아 용도지역 등의 지정 또는 변경이 이루어진 상태를 상정하여 토지가격을 평가하여야 한다. 여기에서 특정 공익사업의 시행을 위하여 용도지역 등의 지정 또는 변경을 하지 않았다고 볼 수 있으려면, 토지가 특정 공익사업에 제공된다는 사정을 배제할 경우 용도지역 등의 지정 또는 변경을 하지 않은 행위가 계획재량권의 일탈·남용에 해당함이 객관적으로 명백하여야만 한다(대법원 2015. 8. 27. 선고 2012두7950 판결 [토지보상금증액]).

자연공원법은 자연공원의 지정·보전 및 관리에 관한 사항을 규정함으로써 자연생태계와 자연 및 문화경관 등을 보전하고 지속가능한 이용을 도모함을 목적으로 하며(제1조), 자연공원법에 의해 자연공원으로 지정되면 그 공원구역에서 건축행위, 경관을 해치거나 자연공원의 보전·관리에 지장을 줄 우려가 있는 건축물의 용도변경, 광물의 채굴, 개간이나 토지의 형질변경, 물건을 쌓아 두는 행위, 야생동물을 잡거나 가축을 놓아먹이는 행위, 나무를 베거나 야생식물을 채취하는 행위 등을 제한함으로써(제23조) 공원구역을 보전·관리하는 효과가 즉시 발생한다. 공원관리청은 자연공원 지정 후 공원용도지구계획과 공원시설계획이 포함된 '공원계획'을 결정·고시하여야 하고(제12조 내지 제17조), 이 공원계획에 연계하여 10년마다 공원별 공원보전·관리계획을 수립하여야 하지만(제17조의3), 공원시설을 설치·조성하는 내용의 공원사업(제2조 제9호)을 반드시 시행하여야 하는 것은 아니다. 공원관리청이 공원시설을 설치·조성하고자 하는 경우에는 자연공원 지정이나 공원용도지구 지정과는 별도로 '공원시설계획'을 수립하여 결정·고시한 다음, '공원사업 시행계획'을 결정·고시하여야 하고(제19조 제2항), 그 공원사업에 포함되는 토지와 정착물을 수용하여야 한다(제22조).

이와 같은 자연공원법의 입법 목적, 관련 규정들의 내용과 체계를 종합하면, 자연공원법에 의한 '자연공원 지정' 및 '공원용도지구계획에 따른 용도지구 지정'은, 그와 동시에 구체적인 공원시설을 설치·조성하는 내용의 '공원시설계획'이 이루어졌다는 특별한 사정이 없는 한, 그 이후에 별도의 '공원시설계획'에 의하여 시행 여부가 결정되는 구체적인 공원사업의 시행을 직접 목적으로 한 것이 아니므로 공익사업을 위한 토지 등의 취득 및 보상에 관한 법률 시행규칙 제23조 제1항 본문에서 정한 '일반적 계획제한'에 해당한다(대법원 2019. 9. 25. 선고 2019두34982 판결 [손실보상금]).

(라) 공익사업시행지 주변 토지소유자 등의 개발이익

토지를 수용당하는 토지소유자의 경우에는 위와 같이 개발이익이 배제되나, 그 인근 지역의 토지소유자 등의 경우에는 당해 공익사업으로 인한 지가상승이라는 부당한 이익을 누리게 되어 수용을 당하는 토지소유자와 사이에 형평의 문제가 제기될 뿐 아니라 이는 부동산투기의 요인이 될 수도 있다. 이러한 문제점을 시정하기 위하여 i) 토지의 양도차익에 대하여 양도소득세를 부과하고, ii) 개발사업자가 당해 개발사업으로 인하여 얻게 되는 지가상승분에 대하여는 개발부담금을 부과하도록 하고 있다(개발이익 환수에 관한 법률 제2조, 제13조).[26]

2. 확장수용의 경우

가. 의 의

일정한 사유로 인하여 공익사업에 필요한 토지 이외의 토지 또는 건축물을 수용하는 것을 확장수용이라고 한다.

나. 잔여지 또는 잔여 건축물의 수용청구

(1) 의 의

동일한 소유자에게 속하는 일단의 토지의 일부가 협의에 의하여 매수되거나 수용됨으로 인하여 잔여지를 종래의 목적에 사용하는 것이 현저히 곤란할 때에는 해당 토지소유자는 사업시행자에게 잔여지를 매수하여 줄 것을 청구할 수 있으며, 사업인정 이후에는 관할 토지수용위원회에 수용을 청구할 수 있다. 이 경우 수용의 청구는 매수에 관한 협의가 성립되지 아니한 경우에만 할 수 있으며, 그 사업의 공사완료일까지 하여야 한다(법 제74조 제1항). 또한 동일한 소유자에게 속하는 일단의 건축물의 일부가 협의에 의하여 매수되거나 수용됨으로 인하여 잔여 건축물을 종래의 목적에 사용하는 것이 현저히 곤란할 때에는 그 건축물소유자는 사업시행자에게 잔여 건축물을 매수하여 줄 것을 청구할 수 있으며, 사업인정 이후에는 관할 토지수용위원회에 수용을 청구할 수 있다. 이 경우 수용 청구는 매수에 관한 협의가 성립되지 아니한 경우에만 하되, 그 사업의 공사완료일까지 하여야 한다(법 제75조의2 제2항).

위와 같이 일정한 사유에 근거하여 잔여지 또는 잔여 건축물에 대하여 행하여지는 수용은 확장수용의 대표적인 경우라고 할 수 있다.

(2) 요 건

(가) 일단의 토지 또는 건축물: 여기에서 일단(一團)의 토지란 반드시 1필지의 토지만을

---

26) 김동희, 행정법 I (제14판), 2008, 568면.

가리키는 것이 아니라 일반적인 이용 방법에 의한 객관적인 상황이 동일하다면 수필지의 토지까지 포함하는 것이다(대법원 1999. 5. 14. 선고 97누4623 판결). 여러 필지의 토지를 일단의 토지로 판단하기 위해서는 '일단의 토지로 이용되고 있는 상황이 사회적·경제적·행정적 측면에서 합리적이고 당해 토지의 가치형성적 측면에서도 타당하다고 인정되는 관계, 즉 용도상 상호 불가분성이 인정되는 관계'에 해당되어야 하며(대법원 2005. 5. 26. 선고 2005두1428 판결), 또한 부동산시장에서의 거래관행에 비추어도 그 전체가 일단으로 거래될 가능성이 높아야 한다. 따라서 지목이나 용도지역 등이 혼재되어 있는 경우 등도 이러한 요건에 해당된다면 일단의 토지로 볼 수 있다. 일단의 건축물의 경우도 일단의 토지와 마찬가지로 '그 용도상 상호 불가분성이 인정되는 관계'에 해당되는지 여부를 기준으로 판단하여야 할 것이다.

(나) 종래의 목적에 사용하는 것이 현저히 곤란하게 된 때: 다음으로 '종래의 목적'이라 함은 수용재결 당시에 당해 잔여지 또는 잔여 건축물이 현실적으로 사용되고 있는 구체적인 용도를 의미하고 장래 이용할 것으로 예정된 목적은 이에 포함되지 않는다. 또한 '사용하는 것이 현저히 곤란한 때'라고 함은 물리적으로 사용하는 것이 곤란하게 된 경우는 물론 사회적, 경제적으로 사용하는 것이 곤란하게 된 경우, 즉 절대적으로 이용 불가능한 경우만이 아니라 이용은 가능하나 많은 비용이 소요되는 경우를 포함한다(대법원 2005. 1. 28. 선고 2002두4679 판결).

종래의 목적에 사용하는 것이 현저히 곤란하게 되어 잔여지가 매수청구나 수용청구의 대상이 되는 경우를 구체적으로 살펴보면, i) 대지로서 면적이 너무 작거나 부정형(不定形) 등의 사유로 건축물을 건축할 수 없거나 건축물의 건축이 현저히 곤란한 경우, ii) 농지로서 농기계의 진입과 회전이 곤란할 정도로 폭이 좁고 길게 남거나 부정형 등의 사유로 영농이 현저히 곤란한 경우, iii) 공익사업의 시행으로 교통이 두절되어 사용이나 경작이 불가능하게 된 경우, iv) 제1호부터 제3호까지에서 규정한 사항과 유사한 정도로 잔여지를 종래의 목적대로 사용하는 것이 현저히 곤란하다고 인정되는 경우 등을 들 수 있다(법 시행령 제39조 제1항).

(3) 잔여지등 수용청구권의 성질

잔여지수용청구권은 그 요건을 구비한 때에는 토지수용위원회의 특별한 조치를 기다릴 것 없이 청구에 의하여 수용의 효과가 발생하므로 이는 형성권적 성질을 가진다(대법원 2001. 9. 4. 선고 99두11080 판결 등). 따라서 잔여지수용청구권의 발생요건을 갖춘 토지소유자 등의 수용청구를 받은 토지수용위원회는 수용한다는 내용의 결정을 할 필요는 없고 단지 보상금을 결정하는 것으로도 충분하나(재결의 주문에 수용한다는 취지의 결정이 있더라도 이는 의미가 없는 것이거나 수용청구권이 적법하게 발생·행사되었음을 확인하는 의미밖에 없을 것이다), 통상 토지수용위원회는 잔여지수용청구권을 확인하는 의미의 수용재결을 하고 손실보상액을 결정한다.

(4) 행사기간

잔여지 등 수용청구는 사업완료일까지 하여야 한다(법 제74조 제1항, 제75조의2 제2항). 여기서 사업완료일은 관계 법률에 따라 사업이 완료된 날 또는 공익사업법 제24조의2에 따른 사업완료의 고시가 있는 날을 말한다(법 제73조 제2항). 구 공익사업법(2007. 10. 17. 법률 제8665호로 일부개정되기 전의 것)은 그 일단의 토지의 일부(잔여지가 포함되지 않은 토지부분)에 대한 관할 토지수용위원회의 수용재결이 있기 전까지 수용청구를 하여야 한다고 규정하였고(제74조 제1항), 판례도 이를 따르고 있었으나(대법원 2004. 9. 24. 선고 2002다68713 판결 등), 현행 공익사업법은 잔여지 수용청구의 기회를 폭넓게 보장하기 위하여 해당 사업완료일까지 수용청구를 가능하게 하고 있다.

잔여지 등 수용청구권의 행사기간은 제척기간으로서, 토지소유자가 그 행사기간 내에 잔여지 수용청구권을 행사하지 아니하면 그 권리가 소멸된다.

(5) 행사절차

(가) 청구권자: 잔여지 또는 잔여 건축물에 대한 수용청구권자는 해당 토지 또는 건축물의 소유자이다(법 제74조 제1항, 제75조의2 제2항).

(나) 협의: 잔여지 또는 잔여 건축물에 대한 수용청구는 먼저 사업시행자에게 잔여지 등을 매수하여 줄 것을 청구하고, 그 매수에 관한 협의가 성립되지 아니한 경우에만 할 수 있다(법 제74조 제1항, 제75조의2 제2항, 제3항). 위 매수청구는 형성권인 잔여지수용청구권과는 달리 '매매에 관한 청약'에 불과하므로, 매수청구(매수협의요청)만으로 매매의 효력이 발생하거나 수용의 효과가 발생한다고 볼 수는 없다.

(다) 재결: 잔여지 또는 잔여 건축물에 대한 수용청구의 의사표시는 관할 토지수용위원회에 별도로 하여야 한다. 즉 잔여지 수용청구의 의사표시는 관할 토지수용위원회에 하여야 하는 것이므로, 사업시행자에게 행한 잔여지 매수청구의 의사표시를 관할 토지수용위원회에 대한 잔여지 수용청구의 의사표시로 볼 수는 없다(대법원 2010. 8. 19. 선고 2008두822 판결).

관할 토지수용위원회에 대한 수용청구의 의사표시에는 (보상)재결신청의 의사표시가 포함되어 있다고 보아야 한다.

관할 토지수용위원회의 재결절차를 거치지 않은 채 곧바로 사업시행자를 상대로 손실보상을 청구하는 것은 허용되지 않는다.

(6) 불복절차

토지소유자의 잔여지등 수용청구에 대하여 관할 토지수용위원회가 잔여지등 수용결정 또는 잔여지등 수용거부결정을 하고, 이에 대하여 토지소유자 또는 사업시행자가 불복하는 경우에 어떠한 절차 또는 형식을 취하여야 하는가에 대하여 살펴본다.

(가) 이의신청

관할 토지수용위원회의 잔여지등 수용결정 또는 잔여지등 수용거부결정에 대하여 이의가 있는 자는 재결서 정본을 받은 날부터 30일 이내에 관할 토지수용위원회를 거쳐 중앙토지수용위원회에 이의를 신청할 수 있다(법 제83조).

(나) 행정소송

① 토지소유자의 잔여지등 수용청구에 따라 관할 토지수용위원회가 잔여지등에 대한 수용재결을 한 경우: 이 경우에 i) 사업시행자나 토지소유자가 잔여지등 수용 자체를 다투는 것이 아니라 보상액만을 다투는 경우에는 보상금증감청구소송을 제기하여야 한다. ii) 사업시행자가 잔여지등 수용 자체를 다투는 경우에는 토지수용위원회를 피고로 하여 수용재결에 대한 취소소송을 제기하여야 한다는 견해가 있다.[27] 하지만 수용한다는 취지의 결정에 아무런 의미가 없다고 보는 이상, 수용재결의 취소를 구하는 것은 무의미하고 사업시행자는 토지소유자를 상대로 채무부존재확인소송을 제기하도록 하는 것이 논리적으로 타당하다고 보여진다.

② 토지소유자의 잔여지등 수용청구에 대하여 토지수용위원회가 잔여지등 수용의 요건 및 절차를 갖추지 못하였음을 이유로 수용거부재결을 한 경우: 이 경우에는 i) 관할 토지수용위원회의 잔여지등 수용거부재결은 행정처분이므로 토지수용위원회를 상대로 취소소송을 제기하여야 한다는 취소소송설과, ii) 잔여지등 수용은 청구에 의하여 바로 수용의 효과가 발생하고, 잔여지등 수용은 궁극적으로는 보상금 증감의 문제이므로 분쟁의 일회적 해결을 위하여 토지소유자는 사업시행자를 상대로 보상금증액청구소송을 하여야 한다는 보상금

---

27) 박균성, 앞의 책, 861면.

증액청구소송설이 대립한다.[28] 대법원은 분쟁의 일회적 해결을 위해서 취소소송이 아니라 보상금증액청구소송을 제기하는 것이 타당하다는 입장을 취하고 있다.

판례

[1] **구 '공익사업을 위한 토지 등의 취득 및 보상에 관한 법률' 제74조 제1항에 의한 잔여지 수용청구를 받아들이지 않은 토지수용위원회의 재결에 대하여 토지소유자가 불복하여 제기하는 소송의 성질 및 그 상대방**: 구 '공익사업을 위한 토지 등의 취득 및 보상에 관한 법률'(2007. 10. 17. 법률 제8665호로 개정되기 전의 것) 제74조 제1항에 규정되어 있는 잔여지 수용청구권은 손실보상의 일환으로 토지소유자에게 부여되는 권리로서 그 요건을 구비한 때에는 잔여지를 수용하는 토지수용위원회의 재결이 없더라도 그 청구에 의하여 수용의 효과가 발생하는 형성권적 성질을 가지므로, 잔여지 수용청구를 받아들이지 않은 토지수용위원회의 재결에 대하여 토지소유자가 불복하여 제기하는 소송은 위 법 제85조 제2항에 규정되어 있는 '보상금의 증감에 관한 소송'에 해당하여 사업시행자를 피고로 하여야 한다.

[2] **구 '공익사업을 위한 토지 등의 취득 및 보상에 관한 법률' 제74조 제1항의 잔여지 수용청구권 행사기간의 법적 성질(=제척기간) 및 잔여지 수용청구 의사표시의 상대방(=관할 토지수용위원회)**: 구 '공익사업을 위한 토지 등의 취득 및 보상에 관한 법률'(2007. 10. 17. 법률 제8665호로 개정되기 전의 것) 제74조 제1항에 의하면, 잔여지 수용청구는 사업시행자와 사이에 매수에 관한 협의가 성립되지 아니한 경우 일단의 토지의 일부에 대한 관할 토지수용위원회의 수용재결이 있기 전까지 관할 토지수용위원회에 하여야 하고, 잔여지 수용청구권의 행사기간은 제척기간으로서, 토지소유자가 그 행사기간 내에 잔여지 수용청구권을 행사하지 아니하면 그 권리가 소멸한다. 또한 위 조항의 문언 내용 등에 비추어 볼 때, 잔여지 수용청구의 의사표시는 관할 토지수용위원회에 하여야 하는 것으로서, 관할 토지수용위원회가 사업시행자에게 잔여지 수용청구의 의사표시를 수령할 권한을 부여하였다고 인정할 만한 사정이 없는 한, 사업시행자에게 한 잔여지 매수청구의 의사표시를 관할 토지수용위원회에 한 잔여지 수용청구의 의사표시로 볼 수는 없다(대법원 2010. 8. 19. 선고 2008두822 판결): <해설> 판시 내용 중 '일단의 토지의 일부에 대한 관할 토지수용위원회의 수용재결이 있기 전까지' 부분은 2007. 10. 17. 법률 제8665호로 공익사업법이 일부개정되면서 '해당 사업의 공사완료일까지'로 변경되었다.

다. 공용사용토지에 대한 수용청구

사업인정고시가 된 후 다음 각 호의 어느 하나에 해당할 때에는 해당 토지소유자는 사업시행자에게 해당 토지의 매수를 청구하거나 관할 토지수용위원회에 그 토지의 수용을 청구할 수 있다. i) 토지를 사용하는 기간이 3년 이상인 경우, ii) 토지의 사용으로 인하

---

28) 박균성, 앞의 책, 861-862면; 정남철, "잔여지수용청구의 소송법적 쟁점", 인권과 정의 제397호, 2009. 9, 41-42면.

여 토지의 형질이 변경되는 경우, iii) 사용하려는 토지에 그 토지소유자의 건축물이 있는 경우(법 제72조).

위와 같은 공용사용토지의 수용청구도 확상수용의 한 형태라고 볼 수 있다.

판례

공익사업을 위한 토지 등의 취득 및 보상에 관한 법률 제72조에 의한 토지소유자의 토지수용 청구를 받아들이지 않은 토지수용위원회의 재결에 대하여 토지소유자가 불복하여 제기하는 소송의 성질 및 그 상대방: 공익사업을 위한 토지 등의 취득 및 보상에 관한 법률(이하 '토지보상법'이라고 한다) 제72조의 문언, 연혁 및 취지 등에 비추어 보면, 위 규정이 정한 수용청구권은 토지보상법 제74조 제1항이 정한 잔여지 수용청구권과 같이 손실보상의 일환으로 토지소유자에게 부여되는 권리로서 그 청구에 의하여 수용효과가 생기는 형성권의 성질을 지니므로, 토지소유자의 토지수용청구를 받아들이지 아니한 토지수용위원회의 재결에 대하여 토지소유자가 불복하여 제기하는 소송은 토지보상법 제85조 제2항에 규정되어 있는 '보상금의 증감에 관한 소송'에 해당하고, 피고는 토지수용위원회가 아니라 사업시행자로 하여야 한다(대법원 2015. 4. 9. 선고 2014두46669 판결): <해설> 잔여지에 대한 수용청구가 아니라, 공용사용토지에 대하여 토지소유자가 그 수용을 청구한 사례이다. 위 수용청구에 대하여 토지수용위원회가 거부재결을 한 경우에도, 토지소유자로서는 토지수용위원회를 상대로 취소소송을 제기할 것이 아니라 사업시행자를 상대로 보상금의 증감에 관한 소송을 제기하여야 한다고 보고 있다.

3. 부대적 손실에 대한 보상

가. 의 의

완전보상이 되기 위해서는 취득의 대상이 된 재산권뿐만 아니라 취득이 원인이 되어 부수적으로 발생한 손실도 보상되어야 한다. 현행 공익사업법도 이러한 입장을 취하고 있다.

나. 잔여지 또는 잔여건축물의 감가등 보상

(1) 요 건

사업시행자는 동일한 소유자에게 속하는 일단의 토지의 일부가 취득되거나 사용됨으로 인하여 잔여지의 가격이 감소하거나 그 밖의 손실이 있을 때 또는 잔여지에 통로·도랑·담장 등의 신설이나 그 밖의 공사가 필요할 때에는 국토교통부령으로 정하는 바에 따라 그 손실이나 공사의 비용을 보상하여야 한다. 다만, 잔여지의 가격 감소분과 잔여지에 대한 공사의 비용을 합한 금액이 잔여지의 가격보다 큰 경우에는 사업시행자는 그 잔여지를 매수할 수 있다(법 제73조 제1항).

사업시행자는 동일한 소유자에게 속하는 일단의 건축물의 일부가 취득되거나 사용됨으로 인하여 잔여 건축물의 가격이 감소하거나 그 밖의 손실이 있을 때에는 국토교통부령으로 정하는 바에 따라 그 손실을 보상하여야 한다. 다만, 잔여 건축물의 가격 감소분과 보수비(건축물의 나머지 부분을 종래의 목적대로 사용할 수 있도록 그 유용성을 동일하게 유지하는 데에 일반적으로 필요하다고 볼 수 있는 공사에 사용되는 비용을 말한다. 다만, 건축법 등 관계 법령에 따라 요구되는 시설 개선에 필요한 비용은 포함하지 아니한다)를 합한 금액이 잔여 건축물의 가격보다 큰 경우에는 사업시행자는 그 잔여 건축물을 매수할 수 있다(법 제75조의2 제1항).

잔여지 또는 잔여건축물의 감가등 보상은 잔여지 또는 잔여 건축물을 종래의 목적에 사용하는 것이 현저히 곤란하게 되었는지 여부와 관계없이 인정된다(대법원 1999. 5. 14. 선고 97누4623 판결).

판례

토지수용법 제47조에 의한 잔여지 손실보상의 요건: 토지수용법 제47조는 잔여지 보상에 관하여 규정하면서 동일한 소유자에 속한 일단의 토지의 일부 수용이라는 요건 외에 잔여지 가격의 감소만을 들고 있으므로, 일단의 토지를 일부 수용함으로써 잔여지의 가격이 감소되었다고 인정되는 한, 같은 법 제48조가 정하고 있는 잔여지 수용청구에서와는 달리 잔여지를 종래의 목적에 사용하는 것이 현저히 곤란한 사정이 인정되지 않는 경우에도 그에 대한 손실보상을 부정할 근거가 없다(대법원 1999. 5. 14. 선고 97누4623 판결).

공익사업을 위한 토지 등의 취득 및 보상에 관한 법률(이하 '토지보상법'이라고 한다) 제73조 제1항 본문은 "사업시행자는 동일한 소유자에게 속하는 일단의 토지의 일부가 취득되거나 사용됨으로 인하여 잔여지의 가격이 감소하거나 그 밖의 손실이 있을 때 또는 잔여지에 통로·도랑·담장 등의 신설이나 그 밖의 공사가 필요할 때에는 국토교통부령으로 정하는 바에 따라 그 손실이나 공사의 비용을 보상하여야 한다."라고 규정하고 있다.

여기서 특정한 공익사업의 사업시행자가 보상하여야 하는 손실은, 동일한 소유자에게 속하는 일단의 토지 중 일부를 사업시행자가 그 공익사업을 위하여 취득하거나 사용함으로 인하여 잔여지에 발생하는 것임을 전제로 한다. 따라서 이러한 잔여지에 대하여 현실적 이용상황 변경 또는 사용가치 및 교환가치의 하락 등이 발생하였더라도, 그 손실이 토지의 일부가 공익사업에 취득되거나 사용됨으로 인하여 발생하는 것이 아니라면 특별한 사정이 없는 한 토지보상법 제73조 제1항 본문에 따른 잔여지 손실보상 대상에 해당한다고 볼 수 없다(대법원 2017. 7. 11. 선고 2017두40860 판결 [잔여지가치하락손실보상금청구]). <해설> 토지의 일부가 접도구역으로 지정·고시됨으로써 일정한 형질변경이나 건축행위가 금지되어 장래의 이용 가능성이나 거래의 용이성 등에 비추어 사용가치 및 교환가치가 하락하는 손실은, 고속도로를 건설하는 이 사건 공익사업에 원고들 소유의 일단의 토지 중 일부가 취득되거나 사용됨으로 인하여 발생한 것이 아니라, 그와 별도로 국토교통부장관이 이 사건 잔여지 일부를 접도구역으로 지정·고시한 조치에 기인한 것이므로, 원칙적으로 토지보상법 제73조 제1항에 따른 잔여지 손실보상의 대상에 해당하지 아니한다고 본 사례이다.

그런데 고속도로를 건설하는 이 사건 공익사업에 원고들 소유의 일단의 토지 중 일부가 취득되거나 사용되지 않았다면, 이 사건 잔여지 일부가 접도구역으로 지정·고시될 이유도 없었을 것이므로, 잔여지 손실보상의 대상성을 부인한 판례의 태도에는 의문이 제기된다. 아울러 판례의 태도를 받아들인다고 할지라도 접도구역으로의 지정·고시 조치가 없는 상태에서의 가격감소 등도 검토할 필요가 있어 보인다.

(2) 행사기간

잔여지 또는 잔여 건축물의 가격감소 등으로 인한 손실 또는 공사비용의 보상은 관계법률에 따라 사업이 완료된 날 또는 제24조의2에 따른 사업완료의 고시가 있는 날(이하 “사업완료일”이라 한다)부터 1년이 지난 후에는 청구할 수 없다(법 제73조 제2항, 제75조의2 제4항).

(3) 행사절차

(가) 재결신청권자: 잔여지 또는 잔여 건축물 가격감소 등으로 인한 손실보상에 대하여 재결을 신청할 수 있는 자는 사업시행자 또는 손실을 입은 자이다(법 제73조 제4항, 제75조의2 제3항, 제9조 제6항 및 제7항). 사업시행자만이 아니라 손실을 입은 자(잔여지 또는 잔여 건축물의 소유자)도 재결을 신청할 수 있다.

(나) 협의: 잔여지 또는 잔여 건축물 가격감소 등으로 인한 손실보상의 경우에도 손실 또는 비용의 보상이나 토지 등의 취득에 관하여 먼저 사업시행자와 보상협의를 거쳐야 하고, 이러한 협의가 성립되지 아니한 경우에 관할 토지수용위원회에 재결을 신청할 수 있다(법 제73조 제4항, 제75조의2 제3항, 제9조 제6항 및 제7항).

(다) 재결절차의 필요성: 토지소유자가 사업시행자로부터 잔여지 또는 잔여 건축물 가격감소 등으로 인한 손실보상을 받기 위해서는 공익사업법 제34조, 제50조 등에 규정된 재결절차를 거친 다음 그 재결에 대하여 불복이 있는 때에 비로소 공익사업법 제83조 내지 제85조에 따라 권리구제를 받을 수 있을 뿐이다. 따라서 이러한 재결절차를 거치지 않은 채 곧바로 사업시행자를 상대로 손실보상을 청구하는 것은 허용되지 않는다(대법원 2008.

7. 10. 선고 2006두19495 판결 등). 이는 법원의 부담경감과 관할 토지수용위원회의 판단존중 등의 관점에서 충분히 수긍할 수 있으며, 아울러 공익사업법 제73조 제4항, 제75조의2 제3항, 제9조 제6항 및 제7항의 규정내용에도 합치된다.

이에 대하여 잔여지감가보상은 수용재결을 구하는 것이 아니라 잔여지의 가격하락에 대한 금전적 보상을 다투는 것이 본질이다. 따라서 잔여지 수용청구와 같이 수용재결을 반드시 거칠 필요가 없음에도 불구하고, 관할 토지수용위원회의 재결을 필수적 전치절차로 보는 것은 잔여지보상소송(잔여지감가보상 및 잔여지공사비보상)의 본질에 부합하지 않으며, 재결절차를 거치지 아니하였음을 이유로 청구기각을 하는 것은 소송당사자의 권리구제에 가혹할 수 있다고 보는 견해도 있다.[29]

(라) 잔여지 또는 잔여 건축물의 수용청구와의 관계: 잔여지 또는 잔여 건축물의 수용청구에는 그 가격감소 등으로 인한 손실보상청구가 포함되어 있다고 보는 견해가 있다.[30] 이 견해에 따르면 잔여지 또는 잔여 건축물에 대한 수용청구 및 그에 대한 재결이 있었다면 그 가격감소로 인한 손실보상청구까지 재결절차를 거친 것으로 보게 된다. 이에 대하여 잔여지 또는 잔여 건축물의 수용청구와 잔여지 또는 잔여 건축물의 가격감소 등으로 인한 손실보상청구는 별개의 소송물로서, 잔여지 또는 잔여 건축물의 수용청구에 대한 재결절차를 거쳤다고 하여 그 가격감소 등으로 인한 손실보상청구까지 재결절차를 거친 것으로 볼 수는 없다는 견해가 있을 수 있다. 판례는 후자의 입장을 취하고 있다(대법원 2014. 9. 25. 선고 2012두24092 판결).

한편 잔여지 등의 수용청구와 잔여지 등의 가격감소로 인한 손실보상청구는 서로 양립할 수 없는 관계에 있으므로 위 두 청구를 선택적으로 병합하는 것은 허용되지 아니한다(대법원 2014. 4. 24. 선고 2012두6773 판결). 따라서 토지소유자로서는 관할 토지수용위원회에 주위적으로 잔여지 또는 잔여 건축물의 수용청구를 함과 동시에 위 주위적 청구가 받아들여지지 않을 것에 대비하여 예비적으로 잔여지 또는 잔여 건축물의 가격감소 등으로 인한 손실보상 청구를 할 필요성이 있다.

판례

토지소유자가 구 공익사업을 위한 토지 등의 취득 및 보상에 관한 법률 제34조, 제50조 등에

29) 정남철, "잔여지보상과 소송형식-잔여지감가보상의 문제를 중심으로-", 토지보상법연구 제10집, 2010. 2, 213면.

30) 박균성, 행정법론(상)(제14판), 2015, 895면.

규정된 재결절차를 거치지 않은 채 곧바로 사업시행자를 상대로 같은 법 제73조, 제75조의2에 따른 잔여지 또는 잔여 건축물 가격감소 등으로 인한 손실보상을 청구할 수 있는지 여부(원칙적 소극) 및 이는 잔여지 또는 잔여 건축물 수용청구에 대한 재결절차를 거친 경우에도 마찬가지인지 여부(적극): 구 공익사업을 위한 토지 등의 취득 및 보상에 관한 법률(2011. 8. 4. 법률 제11017호로 개정되기 전의 것, 이하 '공익사업법'이라고 한다) 제73조, 제75조의2와 같은 법 제34조, 제50조, 제61조, 제83조 내지 제85조의 규정 내용 및 입법 취지 등을 종합하면, 토지소유자가 사업시행자로부터 공익사업법 제73조, 제75조의2에 따른 잔여지 또는 잔여 건축물 가격감소 등으로 인한 손실보상을 받기 위해서는 공익사업법 제34조, 제50조 등에 규정된 재결절차를 거친 다음 그 재결에 대하여 불복할 때 비로소 공익사업법 제83조 내지 제85조에 따라 권리구제를 받을 수 있을 뿐이며, 특별한 사정이 없는 한 이러한 재결절차를 거치지 않은 채 곧바로 사업시행자를 상대로 손실보상을 청구하는 것은 허용되지 않는다 할 것이고, 이는 잔여지 또는 잔여 건축물 수용청구에 대한 재결절차를 거친 경우라고 하여 달리 볼 것은 아니다(대법원 2014. 9. 25. 선고 2012두24092 판결).

논리적으로 양립할 수 없는 수 개 청구의 선택적 병합이 허용되는지 여부(소극) / 공익사업을 위한 토지 등의 취득 및 보상에 관한 법률 제74조에 따른 잔여지 수용청구와 제73조에 따른 잔여지의 가격감소로 인한 손실보상청구의 선택적 병합이 허용되는지 여부(소극): 청구의 선택적 병합은 원고가 양립할 수 있는 수 개의 경합적 청구권에 기하여 동일 취지의 급부를 구하거나 양립할 수 있는 수 개의 형성권에 기하여 동일한 형성적 효과를 구하는 경우에 그 어느 한 청구가 인용될 것을 해제조건으로 하여 수 개의 청구에 관한 심판을 구하는 병합 형태이므로, 논리적으로 양립할 수 없는 수 개의 청구는 선택적 병합이 허용되지 아니한다(대법원 1982. 7. 13. 선고 81다카1120 판결 참조). 그런데 잔여지의 수용청구와 잔여지의 가격감소로 인한 손실보상청구는 서로 양립할 수 없는 관계에 있어 선택적 병합이 불가능한데 원심이 위 두 청구의 선택적 병합 청구를 허가한 것 또한 잘못이다(대법원 2014. 4. 24. 선고 2012두6773 판결).

(4) 쟁송절차

잔여지 또는 잔여 건축물의 가격감소 등으로 인한 손실보상청구에 대한 관할 토지수용위원회의 결정에 대하여, 토지소유자 또는 사업시행자가 불복하는 경우에 취할 수 있는 쟁송방식은 잔여지 또는 잔여 건축물의 수용청구의 경우와 같다.

다. 영업손실의 보상

(1) 의 의

영업을 폐지하거나 휴업함에 따른 영업손실에 대하여는 영업이익과 시설의 이전비용 등을 고려하여 보상하여야 한다(법 제77조 제1항). 공익사업법 제77조에서 규정하고 있는

'영업손실'이란 수용의 대상이 된 토지·건물 등을 이용하여 영업을 하다가 그 토지·건물 등이 수용됨으로 인하여 영업을 할 수 없거나 제한을 받게 됨으로 인하여 생기는 직접적인 손실, 즉 수용손실을 말하는 것이다.

따라서 위 규정은 i) 영업을 하기 위하여 투자한 비용이나 그 영업을 통하여 얻을 것으로 기대되는 이익(대법원 2006. 1. 27. 선고 2003두13106 판결) 및 ii) 수용재결 이전의 사업인정고시 등 절차의 진행으로 입은 영업상의 손실(대법원 2005. 7. 29. 선고 2003두2311 판결) 등에 대한 보상의 근거 규정이 될 수 없다. 위의 경우 피수용자로서는 사업시행자에 대하여 민사상의 손해배상이나 부당이득의 반환을 구함은 별론으로 하고 그에 대한 손실보상을 구할 수는 없다.

판례

사업시행자가 수용재결에 의한 수용의 효력이 발생하기 전에 공사에 착수하고 진입도로를 차단하는 등 사업을 시행함으로 인하여 영업상의 피해를 입은 사실이 있다고 하더라도, 이를 이유로 하여 사업시행자에 대하여 민사상의 손해배상이나 부당이득의 반환을 구함은 별론으로 하고 그에 대한 손실보상을 구할 수는 없다(대법원 2005. 7. 29. 선고 2003두2311 판결).

(2) 영업손실의 보상대상인 영업

(가) 원칙: 영업손실을 보상하여야 하는 영업은 다음 각 호 모두에 해당하는 영업으로 한다.

i) 사업인정고시일등 전부터 적법한 장소(무허가건축물등, 불법형질변경토지, 그 밖에 다른 법령에서 물건을 쌓아놓는 행위가 금지되는 장소가 아닌 곳을 말한다)에서 인적·물적 시설을 갖추고 계속적으로 행하고 있는 영업. 다만, 무허가건축물 등에서 임차인이 영업하는 경우에는 그 임차인이 사업인정고시일등 1년 이전부터 부가가치세법 제5조에 따른 사업자등록을 하고 행하고 있는 영업을 말한다(법 시행규칙 제45조 제1호).

ii) 영업을 행함에 있어서 관계법령에 의한 허가 등을 필요로 하는 경우에는 사업인정고시일등 전에 허가 등을 받아 그 내용대로 행하고 있는 영업(법 시행규칙 제45조 제2호).

(나) 특례: 사업인정고시일등 전부터 허가 등을 받아야 행할 수 있는 영업을 허가 등이 없이 행하여 온 자가 공익사업의 시행으로 인하여 제45조 제1호 본문에 따른 적법한 장소에서 영업을 계속할 수 없게 된 경우에는 제45조 제2호에 불구하고 영업손실의 보상대상이 된다. 다만 이 경우에는 3인 가구 3개월분 가계지출비에 해당하는 금액 및 영업시설등의 이전비용을 보상한다(법 시행규칙 제52조).

판례

영업손실의 보상대상인 영업을 정한 공익사업을 위한 토지 등의 취득 및 보상에 관한 법률 시행규칙 제45조 제1호에서 말하는 '적법한 장소에서 인적·물적 시설을 갖추고 계속적으로 행하고 있는 영업'에 해당하는지 여부의 판단 기준 시기: 공익사업을 위한 토지 등의 취득 및 보상에 관한 법률 제67조 제1항은 공익사업의 시행으로 인한 손실보상액의 산정은 협의에 의한 경우에는 협의성립 당시의 가격을, 재결에 의한 경우에는 수용 또는 사용의 재결 당시의 가격을 기준으로 한다고 규정하므로, 위 법 제77조 제4항의 위임에 따라 영업손실의 보상대상인 영업을 정한 같은 법 시행규칙 제45조 제1호에서 말하는 '적법한 장소(무허가 건축물 등, 불법형질변경토지, 그 밖에 다른 법령에서 물건을 쌓아놓는 행위가 금지되는 장소가 아닌 곳을 말한다)에서 인적·물적시설을 갖추고 계속적으로 행하고 있는 영업'에 해당하는지 여부는 협의성립, 수용재결 또는 사용재결 당시를 기준으로 판단하여야 한다(대법원 2010. 9. 9. 선고 2010두11641 판결).

[1] **영업손실 보상대상인 영업에 관한 구 공익사업을 위한 토지 등의 취득 및 보상에 관한 법률 시행규칙 제45조 제2호의 해석 방법**: … 그런데 구 공익사업을 위한 토지 등의 취득 및 보상에 관한 법률(2007. 10. 17. 법률 제8665호로 개정되기 전의 것, 이하 '구 공익사업법'이라 한다)의 위임에 의한 그 시행규칙(2007. 4. 12. 건설교통부령 제556호로 개정되기 전의 것, 이하 '구 공익사업법 시행규칙'이라 한다) 제45조는, 영업손실의 보상대상인 영업은 "관계 법령에 의한 허가·면허·신고 등을 필요로 하는 경우에는 허가 등을 받아 그 내용대로 행하고 있는 영업"에 해당하여야 한다고 규정하고 있다(제2호). 이는 위법한 영업은 보상대상에서 제외한다는 의미로서 그 자체로 헌법에서 보장한 '정당한 보상의 원칙'에 배치된다고 할 것은 아니다. 다만 영업의 종류에 따라서는 관련 행정법규에서 일정한 사항을 신고하도록 규정하고는 있지만 그러한 신고를 하도록 한 목적이나 관련 규정의 체제 및 내용 등에 비추어 볼 때 신고를 하지 않았다고 하여 영업 자체가 위법성을 가진다고 평가할 것은 아닌 경우도 적지 않고, 이러한 경우라면 신고 등을 하지 않았다고 하더라도 그 영업손실 등에 대해서는 보상을 하는 것이 헌법상 정당보상의 원칙에 합치하므로, 위 구 공익사업법 시행규칙의 규정은 그러한 한도에서만 적용되는 것으로 제한하여 새겨야 한다.

[2] **체육시설업의 영업주체가 영업시설의 양도나 임대 등에 의하여 변경되었으나 그에 관한 신고를 하지 않은 채 영업을 하던 중에 공익사업으로 영업을 폐지 또는 휴업하게 된 경우, 그 임차인 등의 영업이 보상대상에서 제외되는 위법한 영업인지 여부(소극)**: 구 체육시설의 설치·이용에 관한 법률(2007. 4. 6. 법률 제8338호로 개정되기 전의 것, 이하 '구 체육시설법'이라 한다) 제10조, 제22조, 구 체육시설의 설치·이용에 관한 법률 시행규칙(2007. 11. 26. 문화관광부령 제174호로 개정되기 전의 것) 제25조 제1호, 제4호 등 관련 규정의 내용과 체계 등을 종합해 보면, 자기 소유의 부동산에 체육시설을 설치하여 체육시설업을 하던 사람으로부터 그 시설을 임차하여 체육시설업을 하려는 사람은 임대계약서 등을 첨부하여 운영주체의 변경사실을 신고하여야 한다. 그런데 구 체육시설법 관련 법령을 두루 살펴보면 시설기준 등에 관해서는 상세한 규정을 두고 그 기준

에 맞는 시설을 갖추어서 체육시설업 신고를 하도록 하고 있지만, 체육시설의 운영주체에 관하여 자격기준 등을 따로 제한한 것은 보이지 않고, 신고 절차에서도 운영주체에 관하여 심사할 수 있는 등의 근거 규정은 전혀 없다. 오히려 기존 체육시설업자가 영업을 양도하거나 법인의 합병 등으로 운영주체가 변경되는 경우에도 그로 인한 체육시설업의 승계는 당연히 인정되는 전제에서 사업계획이나 회원과의 약정사항을 승계하는 데 대한 규정만을 두고 있을 뿐이다(구 체육시설법 제30조). 이러한 규정 형식과 내용 등으로 보면, 체육시설업의 영업주체가 영업시설의 양도나 임대 등에 의하여 변경되었음에도 그에 관한 신고를 하지 않은 채 영업을 하던 중에 공익사업으로 영업을 폐지 또는 휴업하게 된 경우라 하더라도, 그 임차인 등의 영업을 보상대상에서 제외되는 위법한 영업이라고 할 것은 아니다. 따라서 그로 인한 영업손실에 대해서는 법령에 따른 정당한 보상이 이루어져야 마땅하다.

[3] 구 공익사업법 시행규칙 제45조 제1호는 '사업인정고시일 등 전부터 일정한 장소에서 인적·물적시설을 갖추고 계속적으로 영리를 목적으로 행하고 있는 영업'을 영업손실보상의 대상으로 규정하고 있는데, 여기에는 매년 일정한 계절이나 일정한 기간 동안에만 인적·물적시설을 갖추어 영리를 목적으로 영업을 하는 경우도 포함된다고 보는 것이 타당하다(대법원 2012. 12. 13. 선고 2010두12842 판결).

(3) 영업손실의 종류와 그 평가

영업상 손실은 휴업 등의 손실과 폐업손실로 나누어진다.

양자를 구별하는 기준은 당해 영업을 그 영업소 소재지나 인접 시·군 또는 구 지역 안의 다른 장소로 이전하는 것이 가능한지 여부에 달려 있고, 이러한 이전 가능성 여부는 법령상의 이전 장애사유 유무와 당해 영업의 종류와 특성, 영업시설의 규모, 인접지역의 현황과 특성, 그 이전을 위하여 당사자가 들인 노력 등과 인근 주민들의 이전 반대 등과 같은 사실상의 이전 장애사유 유무 등을 종합하여 판단하여야 한다(대법원 2000. 11. 10. 선고 99두3645 판결).

(가) 휴업 등의 손실과 그 평가: 공익사업의 시행으로 인하여 영업장소를 이전하여야 하는 경우의 영업손실은 휴업기간에 해당하는 영업이익과 영업장소 이전 후 발생하는 영업이익감소액에 토지보상법 시행규칙이 정한 그 밖의 비용을 합한 금액으로 평가한다(법 시행규칙 제47조 제1항). 휴업기간은 특별한 사정이 없는 한 4개월 이내로 한다(법 시행규칙 제47조 제2항).

공익사업에 영업시설의 일부가 편입됨으로 인하여 잔여시설에 그 시설을 새로이 설치하거나 잔여시설을 보수하지 아니하고는 그 영업을 계속할 수 없는 경우의 영업손실 및 영업규모의 축소에 따른 영업손실은 다음 각 호(1. 해당 시설의 설치 등에 소요되는 기간의 영업이익, 2. 해당 시설의 설치 등에 통상 소요되는 비용, 3. 영업규모의 축소에 따른 영업용 고정자산·원재료·제품 및 상품 등의 매각손실액)에 해당하는 금액을 더한 금액으로 평가한다. 이 경우 보상액은 제1항에 따른 평가액을 초과하지 못한다(법 시행규칙 제47조 제3항). 여기서 "공익사업에 영업시설의 일부가 편입됨으로 인하여 잔여시설에 그 시설을 새로이 설치하거나 잔여시설을 보수하지 아니하고는 그 영업을 계속할 수 없는 경우"란 잔여 영업시설에 시설을 새로이 설치하거나 잔여 영업시설을 보수하지 아니하고는 그 영업이 전부 불가능하거나 곤란하게 되는 경우만을 의미하는 것이 아니라, 공익사업에 영업시설 일부가 편입됨으로써 잔여 영업시설의 운영에 일정한 지장이 초래되고, 이에 따라 종전처럼 정상적인 영업을 계속하기 위해서는 잔여 영업시설에 시설을 새로 설치하거나 잔여 영업시설을 보수할 필요가 있는 경우도 포함된다(대법원 2018. 7. 20. 선고 2015두4044 판결).

(나) 폐업손실과 그 평가: 영업의 폐지는 다음 각 호의 어느 하나에 해당하는 경우로 한다(법 시행규칙 제46조 제2항). i) 영업장소 또는 배후지(당해 영업의 고객이 소재하는 지역을 말한다)의 특수성으로 인하여 당해 영업소가 소재하고 있는 시·군·구 또는 인접하고 있는 시·군·구의 지역안의 다른 장소에 이전하여서는 당해 영업을 할 수 없는 경우, ii) 당해 영업소가 소재하고 있는 시·군·구 또는 인접하고 있는 시·군·구의 지역안의 다른 장소에서는 당해 영업의 허가 등을 받을 수 없는 경우, iii) 도축장 등 악취 등이 심하여 인근주민에게 혐오감을 주는 영업시설로서 해당 영업소가 소재하고 있는 시·군·구 또는 인접하고 있는 시·군·구의 지역안의 다른 장소로 이전하는 것이 현저히 곤란하다고 특별자치도지사·시장·군수 또는 구청장이 객관적인 사실에 근거하여 인정하는 경우.

폐업보상을 하는 것이므로 여기서 '현저히 곤란하다'는 것은 영업시설을 이전하는 것이 사실상 불가능한 정도를 의미한다. 또한 특별자치도지사·시장·군수 또는 구청장이 민원 등에 의해 합리적인 이유 없이 영업시설의 이전이 불가능하다고 인정하여 폐업보상이 확대되는 것을 방지하기 위하여 법령은 '객관적인 사실'에 근거하여 이를 인정할 것을 요구하고 있다. 따라서 단순히 영업시설의 이전이 불가능하다는 공문만으로는 부족하고, 실제적으로 해당 시·군·구에서 동종 영업의 허가 등이 이루어지지 않고 있는 등의 구체적 사실의 적시가 필요할 것이다.

공익사업의 시행으로 인하여 영업을 폐지하는 경우의 영업손실은 2년간의 영업이익(개인영업인 경우에는 소득을 말한다)에 영업용 고정자산·원재료·제품 및 상품 등의 매각손실액을 더한 금액으로 평가한다(법 시행규칙 제46조 제1항).

판례

[1] **영업손실에 관한 보상에 있어서 영업의 폐지 또는 영업의 휴업인지 여부의 구별 기준(= 영업의 이전 가능성) 및 그 판단 방법**: …규정을 종합하여 보면, 영업손실에 관한 보상의 경우 같은 법시행규칙 제24조 제2항 제3호에 의한 영업의 폐지로 볼 것인지 아니면 영업의 휴업으로 볼 것인지를 구별하는 기준은 당해 영업을 그 영업소 소재지나 인접 시·군 또는 구 지역 안의 다른 장소로 이전하는 것이 가능한지 여부에 달려 있고, 이러한 이전 가능성 여부는 법령상의 이전 장애사유 유무와 당해 영업의 종류와 특성, 영업시설의 규모, 인접지역의 현황과 특성, 그 이전을 위하여 당사자가 들인 노력 등과 인근 주민들의 이전 반대 등과 같은 사실상의 이전 장애사유 유무 등을 종합하여 판단하여야 한다.

[2] 양계장의 규모, 농촌지역이 많은 인접지역의 특성, 특별한 법령상의 이전 장애사유가 없는 점 등에 비추어 양계장을 인접지역으로 이전하는 것이 현저히 곤란하다고 단정하기는 어렵다는 이유로 영업폐지에 해당한다고 보아 폐업보상을 인정한 원심판결을 파기한 사례(대법원 2000. 11. 10. 선고 99두3645 판결).

공익사업을 위한 토지 등의 취득 및 보상에 관한 법률 시행규칙 제46조 제1항에서 정한 '제품 및 상품 등 재고자산의 매각손실액'의 의미 및 매각손실액 산정의 기초가 되는 재고자산의 가격에 당해 재고자산을 판매할 경우 거둘 수 있는 이윤이 포함되는지 여부(소극): 공익사업을 위한 토지 등의 취득 및 보상에 관한 법률 시행규칙 제46조 제1항에 의하면, 공익사업의 시행으로 인하여 영업을 폐지하는 경우에는 2년간의 영업이익에 영업용 고정자산·원재료·제품 및 상품 등의 매각손실액을 더한 금액을 평가하여 보상한다. 여기에서 제품 및 상품 등 재고자산의 매각손실액이란 영업의 폐지로 인하여 제품이나 상품 등을 정상적인 영업을 통하여 판매하지 못하고 일시에 매각해야 하거나 필요 없게 된 원재료 등을 매각해야 함으로써 발생하는 손실을 말한다. 그리고 위 영업이익에는 이윤이 이미 포함되어 있는 점 등에 비추어 보면 매각손실액 산정의 기초가 되는 재고자산의 가격에 당해 재고자산을 판매할 경우 거둘 수 있는 이윤은 포함되지 않는다(대법원 2014. 6. 26. 선고 2013두13457 판결 [수용보상금증액]).

(4) 행사절차

영업상 손실보상의 경우에도 사업시행자와의 협의가 성립되지 아니한 경우 먼저 관할 토지수용위원회에 재결을 신청하여야 한다. 이러한 재결절차를 거치지 않은 채 곧바로 사업시행자를 상대로 손실보상을 청구하는 것은 허용되지 않는다(대법원 2011. 9. 29. 선고 2009두10963 판결 등).

아울러 위와 같이 재결절차를 거치지 않고 제기된 소는 부적법한 것이므로 각하사유가 된다(대법원 2011. 9. 29. 선고 2009두10963 판결).

판례

공익사업으로 인하여 영업을 폐지하거나 휴업하는 자가 구 공익사업을 위한 토지 등의 취득 및 보상에 관한 법률 제34조, 제50조 등에 규정된 재결절차를 거치지 않은 채 곧바로 사업시행자를 상대로 영업손실보상을 청구할 수 있는지 여부(소극): …규정 내용 및 입법 취지 등을 종합하여 보면, 공익사업으로 인하여 영업을 폐지하거나 휴업하는 자가 사업시행자에게서 구 공익사업법 제77조 제1항에 따라 영업손실에 대한 보상을 받기 위해서는 구 공익사업법 제34조, 제50조 등에 규정된 재결절차를 거친 다음 재결에 대하여 불복이 있는 때에 비로소 구 공익사업법 제83조 내지 제85조에 따라 권리구제를 받을 수 있을 뿐, 이러한 재결절차를 거치지 않은 채 곧바로 사업시행자를 상대로 손실보상을 청구하는 것은 허용되지 않는다고 보는 것이 타당하다(대법원 2011. 9. 29. 선고 2009두10963 판결).

라. 기타 부대적 손실의 보상

(1) 유 형

(가) 이전비의 보상: 건축물·입목·공작물과 그 밖에 토지에 정착한 물건에 대하여는 이전에 필요한 비용으로 보상하여야 한다(법 제75조 제1항). 다만, 다음 각 호의 어느 하나에 해당하는 경우에는 해당 물건의 가격으로 보상하여야 한다. i) 건축물등을 이전하기 어렵거나 그 이전으로 인하여 건축물등을 종래의 목적대로 사용할 수 없게 된 경우, ii) 건축물등의 이전비가 그 물건의 가격을 넘는 경우, iii) 사업시행자가 공익사업에 직접 사용할 목적으로 취득하는 경우.

분묘에 대하여는 이장(移葬)에 드는 비용 등을 산정하여 보상하여야 한다(법 제75조 제4항).

판례

[1] 수목의 이식비용을 산정할 때에, 그 산정기준이 수목 1주당 가액을 기준으로 한 것이라면 대량의 수목이 이식되는 경우에는 특별한 사정이 없는 한 규모의 경제 원리가 작용하여 그 이식비용이 감액될 가능성이 있다고 봄이 경험칙에 부합한다.

[2] 그러나 고손액은 이식 과정에서 고사 또는 훼손되는 수목의 손실을 보상하기 위한 항목으로서, '수목의 가격'에 수목이 이식 후 정상적으로 성장하지 못하고 고사할 가능성을 비율로 표시한 수치인 '고손율'을 곱하는 방법으로 산정되므로, 실제로 수목을 굴취하여 차량 등으로 운반한 후 다시 식재하는 데에 소요되는 실비에 대한 변상인 이식비용과는 그 성격이 전혀 다르다. 따라서

수목을 대량으로 이식하는 경우가 낱개로 이식하는 경우에 비하여 수목이 고사할 가능성인 '고손율'이 더 낮다고 인정할 만한 특별한 사정이 없는 한, 고손액이 이식비용과 마찬가지로 규모의 경제의 원리에 따라 감액되어야 한다고 단정할 수 없다(대법원 2015. 10. 29. 선고 2015두2444 판결).

(나) 농작물에 대한 손실의 보상: 농작물에 대한 손실은 그 종류와 성장의 정도 등을 종합적으로 고려하여 보상하여야 한다(법 제75조 제2항).

(다) 모래 등의 보상: 토지에 속한 흙·돌·모래 또는 자갈(흙·돌·모래 또는 자갈이 해당 토지와 별도로 취득 또는 사용의 대상이 되는 경우만 해당한다)에 대하여는 거래가격 등을 고려하여 평가한 적정가격으로 보상하여야 한다(법 제75조 제3항).

판례

[1] **구 공익사업을 위한 토지 등의 취득 및 보상에 관한 법률 제75조 제3항에서 정한 '흙·돌·모래 또는 자갈이 당해 토지와 별도로 취득 또는 사용의 대상이 되는 경우'의 의미**: 구 공익사업을 위한 토지 등의 취득 및 보상에 관한 법률(2011. 8. 4. 법률 제11017호로 개정되기 전의 것) 제75조 제3항은 "토지에 속한 흙·돌·모래 또는 자갈(흙·돌·모래 또는 자갈이 당해 토지와 별도로 취득 또는 사용의 대상이 되는 경우에 한한다)에 대하여는 거래가격 등을 참작하여 평가한 적정가격으로 보상하여야 한다."라고 규정하고 있다. 위 규정에서 '흙·돌·모래 또는 자갈이 당해 토지와 별도로 취득 또는 사용의 대상이 되는 경우'란 흙·돌·모래 또는 자갈이 속한 수용대상 토지에 관하여 토지의 형질변경 또는 채석·채취를 적법하게 할 수 있는 행정적 조치가 있거나 그것이 가능하고 구체적으로 토지의 가격에 영향을 미치고 있음이 객관적으로 인정되어 토지와는 별도의 경제적 가치가 있다고 평가되는 경우 등을 의미한다.

[2] 갑이 자신의 토지에서 토석채취허가를 받아 채석장을 운영하면서 건축용 석재를 생산해 왔는데, 고속철도건설사업의 시행으로 토석채취기간의 연장허가가 거부된 이후 사업시행지구에 편입된 위 토지에 대하여 매장된 돌의 경제적 가치를 고려하지 않은 채 보상액을 산정하여 수용재결한 사안에서, 수용대상 토지에 속한 돌 등에 대한 손실보상을 인정하기 위한 전제로서 그 경제적 가치를 평가할 때에는, 토지수용의 목적이 된 당해 공익사업의 시행으로 토지에 관한 토석채취허가나 토석채취기간의 연장허가를 받지 못하게 된 경우까지 행정적 조치의 가능성을 부정하여 행정적 조치가 없거나 불가능한 것으로 보아서는 아니 됨에도, 위 토지에 매장된 돌을 적법하게 채취할 수 있는 행정적 조치의 가능성을 부정하여 위 토지와 별도로 구 공익사업을 위한 토지 등의 취득 및 보상에 관한 법률(2011. 8. 4. 법률 제11017호로 개정되기 전의 것) 제75조 제3항에 따른 보상의 대상이 될 수 없다고 본 원심판결에 법리오해의 위법이 있다고 한 사례(대법원 2014. 4. 24. 선고 2012두16534 판결).

(라) 권리의 보상: 광업권·어업권 및 물(용수시설을 포함한다) 등의 사용에 관한 권리에 대하여는 투자비용, 예상 수익 및 거래가격 등을 고려하여 평가한 적정가격으로 보상하여야 한다(법 제76조 제1항).

(마) 농업손실의 보상: 농업의 손실에 대하여는 농지의 단위면적당 소득 등을 고려하여 실제 경작자에게 보상하여야 한다. 다만, 농지소유자가 해당 지역에 거주하는 농민인 경우에는 농지소유자와 실제 경작자가 협의하는 바에 따라 보상할 수 있다(법 제77조 제2항).

(바) 임금손실의 보상: 휴직하거나 실직하는 근로자의 임금손실에 대하여는 「근로기준법」에 따른 평균임금 등을 고려하여 보상하여야 한다(법 제77조 제3항).

(2) 행사절차

위 규정들에 따른 부대적 손실보상은 공익사업의 시행 등 적법한 공권력의 행사에 의한 재산상의 특별한 희생에 대하여 전체적인 공평부담의 견지에서 공익사업의 주체가 그 손해를 보상하여 주는 손실보상의 일종으로 공법상의 권리임이 분명하므로 그에 관한 쟁송은 행정소송절차에 의하여야 한다. 아울러 관련 규정 및 입법 취지 등을 종합하여 보면, 위 부대적 손실에 대한 보상을 받기 위해서는 공익사업법 제34조, 제50조 등에 규정된 재결절차를 거친 다음 그 재결에 대하여 불복이 있는 때에 비로소 공익사업법 제83조 내지 제85조에 따라 권리구제를 받을 수 있을 뿐, 이러한 재결절차를 거치지 않은 채 곧바로 사업시행자를 상대로 손실보상을 청구하는 것은 허용되지 않는다(대법원 2011. 10. 13. 선고 2009다43461 판결 등).

판례

[1] **구 공익사업을 위한 토지 등의 취득 및 보상에 관한 법률 제77조 제2항에서 정한 농업손실보상청구권에 관한 쟁송은 행정소송절차에 의하여야 하는지 여부(적극) 및 공익사업으로 인하여 농업손실을 입게 된 자가 사업시행자에게서 위 규정에 따른 보상을 받기 위해서는 재결절차를 거쳐야 하는지 여부(적극)**: 구 공익사업을 위한 토지 등의 취득 및 보상에 관한 법률(2007. 10. 17. 법률 제8665호로 개정되기 전의 것, 이하 '구 공익사업법'이라 한다) 제77조 제2항은 "농업의 손실에 대하여는 농지의 단위면적당 소득 등을 참작하여 보상하여야 한다."고 규정하고, 같은 조 제4항은 " 제1항 내지 제3항의 규정에 의한 보상액의 구체적인 산정 및 평가방법과 보상기준은 건설교통부령으로 정한다."고 규정하고 있으며, 이에 따라 구 공익사업을 위한 토지 등의 취득 및 보상에 관한 법률 시행규칙(2007. 4. 12. 건설교통부령 제556호로 개정되기 전의 것)은 농업의 손실에 대한 보상(제48조), 축산업의 손실에 대한 평가(제49조), 잠업의 손실에 대한 평가(제50조)에 관하여 규정하고 있다. 위 규정들에 따른 농업손실보상청구권은 공익사업의 시행 등 적법한 공권력의 행사

에 의한 재산상의 특별한 희생에 대하여 전체적인 공평부담의 견지에서 공익사업의 주체가 그 손해를 보상하여 주는 손실보상의 일종으로 공법상의 권리임이 분명하므로 그에 관한 쟁송은 민사소송이 아닌 행정소송절차에 의하여야 할 것이고, 위 규정들과 구 공익사업법 제26조, 제28조, 제30조, 제34조, 제50조, 제61조, 제83조 내지 제85조의 규정 내용 및 입법 취지 등을 종합하여 보면, 공익사업으로 인하여 농업의 손실을 입게 된 자가 사업시행자로부터 구 공익사업법 제77조 제2항에 따라 농업손실에 대한 보상을 받기 위해서는 구 공익사업법 제34조, 제50조 등에 규정된 재결절차를 거친 다음 그 재결에 대하여 불복이 있는 때에 비로소 구 공익사업법 제83조 내지 제85조에 따라 권리구제를 받을 수 있다.

[2] 갑 등이 자신들의 농작물 경작지였던 각 토지가 공익사업을 위하여 수용되었음을 이유로 공익사업 시행자를 상대로 구 공익사업을 위한 토지 등의 취득 및 보상에 관한 법률(2007. 10. 17. 법률 제8665호로 개정되기 전의 것, 이하 '구 공익사업법'이라 한다) 제77조 제2항에 의하여 위 농작물에 대한 농업손실보상을 청구한 사안에서, 원심으로서는 농업손실보상금 청구가 구 공익사업법 제34조, 제50조 등에 규정된 재결절차를 거쳐 같은 법 제83조 내지 제85조에 따른 당사자소송에 의한 것인지를 심리했어야 함에도, 이를 간과하여 갑 등이 재결절차를 거쳤는지를 전혀 심리하지 아니한 채 농업손실보상금 청구를 민사소송절차에 의하여 처리한 원심판결에는 농업손실보상금 청구의 소송형태에 관한 법리오해의 위법이 있다고 한 사례(대법원 2011. 10. 13. 선고 2009다43461 판결).

4. 간접손실에 대한 보상

가. 의 의

공익사업의 시행으로 사업시행지 밖의 재산권자에게 손실이 발생하는 경우가 많은데 이 경우에도 위 손실을 보상하여야 하는가? 종래에 손실보상은 공용침해로 인하여 직접 발생한 손실만을 대상으로 하는 것으로 이해되었고, 따라서 간접손실은 원칙상 손실보상의 대상이 되지 않는다고 보았다. 그러나 간접손실도 공익사업이 원인이 되어 발생한 것이므로 손실보상의 개념에 포함되는 것으로 보아야 한다.

간접손실의 보상은 사업시행지 밖의 재산권자가 입는 손실의 보상이므로 사업시행지 내의 재산권자가 입는 부대적 손실의 보상과는 구별되어야 한다. 이러한 개념에 충실하면 앞서 살펴 본 잔여지 등 가격감소 및 잔여지 공사비용은 간접손실로 보는 것이 타당하다고 할 수 있다. 하지만 이를 부대적 손실로 보아야 한다는 견해도 있다.[31] 잔여지를 사업시행지 내의 토지와 동일하게 취급하고 있는 공익사업법 제79조의 규정 등에 비추어 보건대

31) 박균성, 앞의 책, 866면

후자의 견해가 타당하다고 생각된다.

한편 후술하는 수용적 침해는 '적법한 공행정작용의 결과 발생한 부수적·비의도적인 재산권침해'라고 정의되고, 간접손실은 공익사업으로 인하여 사업시행지 밖의 재산권자에게 가해지는 손실로 이해되는바, 그렇다면 간접손실은 수용적 침해의 일부에 해당된다고 보는 것이 타당하다. 즉 수용적 침해가 간접손실보다 넓은 개념이라고 할 수 있다.[32)]

나. 간접손실 보상의 요건

(1) 간접손실의 존재

간접손실이 성립하기 위해서는 ① 공익사업의 시행으로 인하여 사업시행지 밖의 재산권자(제3자)에게 손실이 발생하여야 하고, ② 공익사업의 시행으로 인하여 그러한 손실이 발생하리라는 것을 쉽게 예견할 수 있어야 하며, ③ 그 손실의 범위가 구체적으로 특정될 수 있어야 한다(대법원 1999. 12. 24. 선고 98다57419, 57426 판결; 대법원 1999. 10. 8. 선고 99다27231 판결 등).

(2) 특별한 희생의 존재

간접손실이 손실보상의 대상이 되기 위해서는 당해 간접손실이 특별한 희생에 해당되어야 하다. 간접손실이 재산권에 내재하는 사회적 제약에 해당되는 경우에는 보상의 대상이 되지 않는다.

다. 간접손실 보상의 근거

(1) 헌법적 근거

간접손실도 적법한 공용침해로 인하여 예견되는 통상의 손실이고, 헌법 제23조 제3항은 손실보상에 대한 일반적 근거규정이므로 간접손실은 헌법 제23조 제3항에서 규정한 손실보상의 대상이 된다는 것이 일반적 견해이고, 판례도 그러하다(대법원 1999. 10. 8. 선고 99다27231 판결).

(2) 법률적 근거

공익사업법 제79조 제2항은 "공익사업이 시행되는 지역 밖에 있는 토지 등이 공익사업의 시행으로 인하여 본래의 기능을 다할 수 없게 되는 경우에는 국토교통부령으로 정하는 바에 따라 그 손실을 보상하여야 한다"라고 규정하여 간접손실 보상의 원칙을 천명하

---

32) 박균성, 앞의 책, 865면.

면서, 아울러 간접손실 보상의 내용, 기준 및 절차 등을 국토교통부령에 위임하고 있다. 이에 따라 공익사업법 시행규칙(국토교통부령)은 제59조 이하에서 간접손실의 유형을 구체적으로 열거하면서 규정하고 있다. 이하에서는 이를 구체적으로 살펴보기로 한다.

라. 공익사업법령상의 간접손실 보상

(1) 유 형

(가) 사업시행지 밖의 토지에 관한 공사비 등의 보상: 사업시행자는 공익사업의 시행으로 인하여 취득하거나 사용하는 토지(잔여지를 포함한다) 외의 토지에 통로·도랑·담장 등의 신설이나 그 밖의 공사가 필요할 때에는 그 비용의 전부 또는 일부를 보상하여야 한다. 다만, 그 토지에 대한 공사의 비용이 그 토지의 가격보다 큰 경우에는 사업시행자는 그 토지를 매수할 수 있다(법 제79조 제1항).

(나) 공익사업시행지구 밖의 대지 등에 대한 보상: 공익사업시행지구 밖의 대지·건축물·분묘 또는 농지가 공익사업의 시행으로 인하여 산지나 하천 등에 둘러싸여 교통이 두절되거나 경작이 불가능하게 된 경우에는 그 소유자의 청구에 의하여 이를 공익사업시행지구에 편입되는 것으로 보아 보상하여야 한다. 다만, 그 보상비가 도로 또는 도선시설의 설치비용을 초과하는 경우에는 도로 또는 도선시설을 설치함으로써 보상에 갈음할 수 있다(법 시행규칙 제59조).

(다) 공익사업시행지구 밖의 건축물에 대한 보상: 소유농지의 대부분이 공익사업시행지구에 편입됨으로써 건축물만이 공익사업시행지구밖에 남게 되는 경우로서 그 건축물의 매매가 불가능하고 이주가 부득이한 경우에는 그 소유자의 청구에 의하여 이를 공익사업시행지구에 편입되는 것으로 보아 보상하여야 한다(법 시행규칙 제60조).

(라) 소수잔존자에 대한 보상: 공익사업의 시행으로 인하여 1개 마을의 주거용 건축물이 대부분 공익사업시행지구에 편입됨으로써 잔여 주거용 건축물 거주자의 생활환경이 현저히 불편하게 되어 이주가 부득이한 경우에는 당해 건축물 소유자의 청구에 의하여 그 소유자의 토지 등을 공익사업시행지구에 편입되는 것으로 보아 보상하여야 한다(법 시행규칙 제61조).

(마) 공익사업시행지구 밖의 공작물 등에 대한 보상: 공익사업시행지구 밖에 있는 공작물 등이 공익사업의 시행으로 인하여 그 본래의 기능을 다할 수 없게 되는 경우에는 그 소유자의 청구에 의하여 이를 공익사업시행지구에 편입되는 것으로 보아 보상하여야 한다(법 시행규칙 제62조).

(바) 공익사업시행지구 밖의 어업의 피해에 대한 보상: 공익사업의 시행으로 인하여 해당 공

익사업시행지구 인근에 있는 어업에 피해가 발생한 경우 사업시행자는 실제 피해액을 확인할 수 있는 때에 그 피해에 대하여 보상하여야 한다. 이 경우 실제 피해액은 감소된 어획량 및 수산업법 시행령 별표 4의 평년수익액 등을 참작하여 평가한다(법 시행규칙 제63조 제1항).

(사) 공익사업시행지구 밖의 영업손실에 대한 보상: 공익사업시행지구 밖에서 제45조에 따른 영업손실의 보상대상이 되는 영업을 하고 있는 자가 공익사업의 시행으로 인하여 i) 배후지의 3분의 2 이상이 상실되어 그 장소에서 영업을 계속할 수 없는 경우, 또는 ii) 진출입로의 단절, 그 밖의 부득이한 사유로 인하여 일정한 기간 동안 휴업하는 것이 불가피한 경우에는 그 영업자의 청구에 의하여 당해 영업을 공익사업시행지구에 편입되는 것으로 보아 보상하여야 한다(법 시행규칙 제64조 제1항 제1호, 제2호).

여기서 '공익사업의 시행으로 인한 그 밖의 부득이한 사유로 일정 기간 동안 휴업이 불가피한 경우'란 공익사업의 시행 또는 시행 당시 발생한 사유로 휴업이 불가피한 경우만을 의미하는 것이 아니라 공익사업의 시행 결과, 즉 그 공익사업의 시행으로 설치되는 시설의 형태·구조·사용 등에 기인하여 휴업이 불가피한 경우도 포함된다(대법원 2019. 11. 28. 선고 2018두227 판결).

판례

공익사업을 위한 토지 등의 취득 및 보상에 관한 법률 시행규칙 제64조 제1항 제2호에서 정한 공익사업시행지구 밖 영업손실보상의 요건인 '공익사업의 시행으로 인한 그 밖의 부득이한 사유로 일정 기간 동안 휴업이 불가피한 경우'에 공익사업의 시행 결과로 휴업이 불가피한 경우가 포함되는지 여부(적극): 공익사업시행지구 밖의 영업손실은 공익사업의 시행과 동시에 발생하는 경우도 있지만, 공익사업에 따른 공공시설의 설치공사 또는 설치된 공공시설의 가동·운영으로 발생하는 경우도 있어 그 발생원인과 발생시점이 다양하므로, 공익사업시행지구 밖의 영업자가 발생한 영업상 손실의 내용을 구체적으로 특정하여 주장하지 않으면 사업시행자로서는 영업손실보상금 지급의무의 존부와 범위를 구체적으로 알기 어려운 특성이 있다. 토지보상법 제79조 제2항에 따른 손실보상의 기한을 공사완료일부터 1년 이내로 제한하면서도 영업자의 청구에 따라 보상이 이루어지도록 규정한 것(시행규칙 제64조 제1항)이나 손실보상의 요건으로서 공익사업시행지구 밖에서 발생하는 영업손실의 발생원인에 관하여 별다른 제한 없이 '그 밖의 부득이한 사유'라는 추상적인 일반조항을 규정한 것(시행규칙 제64조 제1항 제2호)은 간접손실로서 영업손실의 이러한 특성을 고려한 결과이다.

위와 같은 공익사업시행지구 밖 영업손실보상의 특성과 헌법이 정한 '정당한 보상의 원칙'에 비추어 보면, 공익사업시행지구 밖 영업손실보상의 요건인 '공익사업의 시행으로 인한 그 밖의 부득이한 사유로 일정 기간 동안 휴업이 불가피한 경우'란 공익사업의 시행 또는 시행 당시 발생한 사유로 휴업이 불가피한 경우만을 의미하는 것이 아니라 공익사업의 시행 결과, 즉 그 공익사업의 시행으로 설치되는 시설의 형태·구조·사용 등에 기인하여 휴업이 불가피한 경우도 포함된다고 해석함이 타당하다(대법원 2019. 11. 28. 선고 2018두227 판결 [보상금]): <해설> 피고(한국철도시설공단)가 이 사건 노선을 완공하여 개통한 후, 한국철도공사로 하여금 이 사건 노선에서 고속열차를 운행하도록 함으로써 발생한 소음·진동·전자파로 인하여 원고 운영의 이 사건 잠업사에서 생산하는 누에씨의 품질저하, 위 누에씨를 공급받는 전라북도 농업기술원 종자사업소의 누에씨 수령 거부, 잠업농가의 누에씨 수령 거부 등의 피해가 발생한 경우이다.

(아) 공익사업시행지구 밖의 농업의 손실에 대한 보상: 경작하고 있는 농지의 3분의 2 이상에 해당하는 면적이 공익사업시행지구에 편입됨으로 인하여 당해지역에서 영농을 계속할 수 없게 된 농민에 대하여는 공익사업시행지구 밖에서 그가 경작하고 있는 농지에 대하여도 제48조 제1항 내지 제3항 및 제4항 제2호의 규정에 의한 영농손실액을 보상하여야 한다(법 시행규칙 제65조).

(자) 차액보상의 불인정: 공익사업법 시행규칙 제59조, 제60조, 제61조 제62조는 해당 간접손실을 보상함에 있어 "소유자의 청구에 의하여 이를 공익사업시행지구에 편입되는 것으로 보아 보상하여야 한다"라고 규정하고 있다. 이 규정에 따르면 공익사업법 시행규칙 제59조, 제60조, 제61조 제62조에 해당하는 간접손실에 대하여는 매수보상만을 인정하고 차액보상은 인정하지 않게 되는 문제가 있다. 즉 위의 경우 간접손실을 받는 자가 차액의 보상만을 원하는 경우에도 이것이 가능하지 않고, 매수보상을 받거나 아니면 보상청구를 포기하여야 하는 결과가 된다.[33]

(2) 행사기간

공익사업법령이 규정하고 있는 간접손실로 인한 공사비용 또는 손실의 보상은 해당 사업완료일부터 1년이 지난 후에는 청구할 수 없다(법 제79조 제5항, 제73조 제2항).

(3) 행사절차

(가) 협의: 공익사업법 제79조 제1항 및 제2항에 따른 비용 또는 손실이나 토지의 취득에 대한 보상은 사업시행자와 손실을 입은 자가 협의하여 결정한다(법 제80조 제1항). 이러한 협의가 성립되지 아니한 경우에만 관할 토지수용위원회에 재결을 신청할 수 있다(법

33) 박균성, 앞의 책, 872면.

제80조 제2항).

(나) 재결신청권자: 협의가 성립되지 아니한 경우에 재결을 신청할 수 있는 자는 사업시행자 또는 손실을 입은 자이다(법 제80조 제2항). 사업시행자만이 아니라 손실을 입은 자도 재결을 신청할 수 있다.

(다) 재결절차의 필요성: 공익사업법령이 규정하고 있는 간접손실로 인한 공사비용 또는 손실이나 토지의 취득에 대한 보상을 받기 위해서는 공익사업법 제34조, 제50조 등에 규정된 재결절차에 따라 보상청구를 관할 토지수용위원회에 별도로 하여야 한다. 이러한 재결절차를 거치지 않은 채 곧바로 공익사업법 제83조 내지 제85조에 따른 이의신청 또는 행정소송을 제기하는 것은 허용되지 않는다.

마. 보상규정의 흠결과 권리구제

위에서 본 바와 같이 공익사업법 및 공익사업법 시행규칙에서 여러 유형의 간접손실에 대한 보상을 규정하고 있지만, 그 밖에도 법령에 아무런 보상규정이 없는 간접손실이 다수 존재할 수 있다. 위와 같은 경우에도 그 보상을 청구할 수 있는가 하는 것이 문제된다.

(1) 학 설

(가) 보상부정설: 이 견해는 헌법 제23조 제3항을 입법자에 대한 방침을 규정한 것에 불과한 것으로 본다. 또한 공익사업법 시행규칙 제59조 이하의 간접손실에 대한 보상규정을 제한적 열거규정으로 보고, 따라서 위 시행규칙에서 규정되지 않은 간접손실은 보상의 대상이 되지 않는다고 보는 견해이다.

이 견해에 대해서는 ⅰ) 공익사업법 시행규칙 제59조 이하를 제한적 열거규정으로 본다면 이는 헌법상의 재산권보장 및 평등원칙에 반하여 위헌이라고 볼 여지가 있다는 점, ⅱ) 공익사업법 제79조 제4항을 기타 손실의 보상에 관한 일반적 근거조항으로 볼 수 있다는 비판이 가능하다.

(나) 손해배상설: 간접손실에 대하여 명문의 보상규정이 없는 경우에는 손해배상을 청구하여야 한다는 견해이다.

하지만 간접손실은 위법한 손해가 아니고, 가사 보상규정을 두지 않고 간접손실을 초래한 것을 위법이라고 본다 할지라도 과실을 인정하기 어렵다는 난점이 있다.

(다) 직접적용설: 이 견해는 간접손실도 헌법 제23조 제3항의 손실보상의 대상에 포함되고, 따라서 보상규정이 없는 간접손실에 대하여는 헌법 제23조 제3항의 규정에 의하여 직

접 손실보상청구가 가능하다고 보는 입장이다.

(라) 유추적용설: 헌법 제23조 제1항(재산권보장조항) 및 제11조(평등원칙)를 직접적인 근거로 하고, 헌법 제23조 제3항 및 관계규정의 유추적용을 통하여 손실보상을 청구할 수 있다는 견해이다. 판례는 유추적용설의 입장을 취하고 있다.

판례

[1] **공공사업의 시행 결과 공공사업의 기업지 밖에서 발생한 간접손실에 대하여 사업시행자와 협의가 이루어지지 아니하고, 그 보상에 관한 명문의 법령이 없는 경우, 피해자는 공공용지의 취득및손실보상에관한특례법시행규칙상의 손실보상에 관한 규정을 유추적용하여 사업시행자에게 보상을 청구할 수 있는지 여부(적극)**: 공공사업의 시행 결과 그 공공사업의 시행이 기업지 밖에 미치는 간접손실에 관하여 그 피해자와 사업시행자 사이에 협의가 이루어지지 아니하고 그 보상에 관한 명문의 근거 법령이 없는 경우라고 하더라도, 헌법 제23조 제3항은 "공공필요에 의한 재산권의 수용·사용 또는 제한 및 그에 대한 보상은 법률로써 하되, 정당한 보상을 지급하여야 한다."고 규정하고 있고, 이에 따라 국민의 재산권을 침해하는 행위 그 자체는 반드시 형식적 법률에 근거하여야 하며, 토지수용법 등의 개별 법률에서 공익사업에 필요한 재산권 침해의 근거와 아울러 그로 인한 손실보상 규정을 두고 있는 점, 공공용지의취득및손실보상에관한특례법 제3조 제1항은 "공공사업을 위한 토지 등의 취득 또는 사용으로 인하여 토지 등의 소유자가 입은 손실은 사업시행자가 이를 보상하여야 한다."고 규정하고, 같은법시행규칙 제23조의2 내지 7에서 공공사업시행지구 밖에 위치한 영업과 공작물 등에 대한 간접손실에 대하여도 일정한 조건하에서 이를 보상하도록 규정하고 있는 점에 비추어, 공공사업의 시행으로 인하여 그러한 손실이 발생하리라는 것을 쉽게 예견할 수 있고 그 손실의 범위도 구체적으로 이를 특정할 수 있는 경우라면 그 손실의 보상에 관하여 공공용지의취득및손실보상에관한특례법시행규칙의 관련 규정 등을 유추적용할 수 있다고 해석함이 상당하다.

[2] **공유수면매립사업으로 인하여 수산업협동조합이 관계 법령에 의하여 대상지역에서의 독점적 지위가 부여되어 있던 위탁판매사업을 중단하게 된 경우, 그로 인한 위탁판매수수료 수입 상실에 대하여 공공용지의취득및손실보상에관한특례법시행규칙을 유추적용하여 손실보상을 하여야 하는지 여부(적극)**: 수산업협동조합이 수산물 위탁판매장을 운영하면서 위탁판매 수수료를 지급받아 왔고, 그 운영에 대하여는 구 수산자원보호령(1991. 3. 28. 대통령령 제13333호로 개정되기 전의 것) 제21조 제1항에 의하여 그 대상지역에서의 독점적 지위가 부여되어 있었는데, 공유수면매립사업의 시행으로 그 사업대상지역에서 어업활동을 하던 조합원들의 조업이 불가능하게 되어 일부 위탁판매장에서의 위탁판매사업을 중단하게 된 경우, 그로 인해 수산업협동조합이 상실하게 된 위탁판매수수료 수입은 사업시행자의 매립사업으로 인한 직접적인 영업손실이 아니고 간접적인 영업손실이라고 하더라도 피침해자인 수산업협동조합이 공공의 이익을 위하여 당연히 수인하여야 할 재산권에 대한 제한의 범위를 넘어 수산업협동조합의 위탁판매사업으로 얻고 있는 영업상의 재산

이익을 본질적으로 침해하는 특별한 희생에 해당하고, 사업시행자는 공유수면매립면허 고시 당시 그 매립사업으로 인하여 위와 같은 영업손실이 발생한다는 것을 상당히 확실하게 예측할 수 있었고 그 손실의 범위도 구체적으로 확정할 수 있으므로, 위 위탁판매수수료 수입손실은 헌법 제23조 제3항에 규정한 손실보상의 대상이 되고, 그 손실에 관하여 구 공유수면매립법(1997. 4. 10. 법률 제5335호로 개정되기 전의 것) 또는 그 밖의 법령에 직접적인 보상규정이 없더라도 공공용지의취득및손실보상에관한특례법시행규칙상의 각 규정을 유추적용하여 그에 관한 보상을 인정하는 것이 타당하다(대법원 1999. 10. 8. 선고 99다27231 판결): <해설> 현행 공익사업법 시행규칙 제64조(공익사업시행지구 밖의 영업손실에 대한 보상)가 신설되기 이전의 판례이다. 즉 위 판례가 선고될 당시의 법령인 토지수용법 등에서는 공익사업시행지구 밖의 영업손실에 대하여는 별다른 보상규정을 두고 있지 않았다. 따라서 유추적용설에 의하지 않으면 위 수산업협동조합이 상실하게 된 위탁판매 수수료 수입에 대하여 마땅히 보상을 받을 방법이 없었다. 이후 2002. 2. 4. 토지수용법을 폐지하고 새로이 공익사업을위한토지등의취득및보상에관한법률(2003. 1. 1.시행, 법률 제6656호)이 제정되었는바, 위 법률 시행규칙 제64조에서 공익사업시행지구 밖의 영업손실에 대한 보상규정이 새로이 신설되었다. 그리하여 위 사안과 같은 경우 현재는 공익사업법 시행규칙 제64조에 근거하여 바로 손실보상을 청구할 수 있으므로, 따로 유추적용설을 적용할 필요는 없다고 할 것이다.

(마) 수용적 침해이론: 간접손실을 수용적 침해로 보고 독일법상의 수용적 침해이론을 적용하여 이를 구제해 주어야 한다는 견해이다.

그러나 독일법상의 수용적 침해이론은 독일 관습법상의 희생보상청구권에 근거하는 것인데, 우리나라에는 그러한 관습상 권리가 존재하지 아니하므로 수용적 침해이론을 간접손실에 대한 손실보상의 근거로 보기에는 난점이 있다.

(바) 평가: 생각건대 기존 손해전보제도에 의해서는 해결할 수 없는 수용적 침해의 영역이 존재하는 현실을 감안해볼 때, 헌법 제23조 제1항 및 제11조에 근거하고, 헌법 제23조 제3항 및 기타 관련 법령 규정의 유추해석을 통하여 보상을 청구할 수 있다고 보는 것이 타당하다.

(2) 손실보상청구권의 행사방법

관련 법령의 유추적용에 의해 손실보상청구권을 행사하는 경우에는 공법상 당사자소송(실질적 당사자소송)의 형식으로 보상금지급청구를 하도록 하는 것이 논리적으로 타당하다.

하지만 판례는 손실보상 관련 법령의 유추적용에 의한 손실보상청구권은 사업시행자를 상대로 한 민사소송의 방법에 의하여 행사하여야 한다고 보고 있다(대법원 2014. 5. 29. 선고 2013두12478 판결 등).

한편 관련 법령의 유추적용에 의해 손실보상청구권을 행사하는 경우에는 사업시행자와의 협의나 공익사업법 제34조, 제50조 등에 규정된 재결절차를 거칠 필요가 없다.

판례

구 수산업법 제81조의 규정에 의한 손실보상청구권이나 손실보상 관련 법령의 유추적용에 의한 손실보상청구권의 행사방법(=민사소송) 및 구 공익사업을 위한 토지 등의 취득 및 보상에 관한 법률의 관련 규정에 의하여 취득하는 어업피해에 관한 손실보상청구권의 행사 방법(=행정소송): 구 수산업법(2007. 1. 3. 법률 제8226호로 개정되기 전의 것, 이하 같다) 제81조의 규정에 의한 손실보상청구권이나 손실보상 관련 법령의 유추적용에 의한 손실보상청구권은 사업시행자를 상대로 한 민사소송의 방법에 의하여 행사하여야 한다(대법원 2001. 6. 29. 선고 99다56468 판결 참조). 그렇지만 구 공익사업을 위한 토지 등의 취득 및 보상에 관한 법률(2008. 2. 29. 법률 제8852호로 개정되기 전의 것, 이하 '구 공익사업법'이라 한다)의 관련 규정에 의하여 취득하는 어업피해에 관한 손실보상청구권은 민사소송의 방법으로 행사할 수는 없고, 구 공익사업법 제34조, 제50조 등에 규정된 재결절차를 거친 다음 그 재결에 대하여 불복이 있는 때에 비로소 구 공익사업법 제83조 내지 제85조에 따라 권리구제를 받아야 하며, 이러한 재결절차를 거치지 않은 채 곧바로 사업시행자를 상대로 손실보상을 청구하는 것은 허용되지 않는다고 봄이 타당하다(대법원 2014. 5. 29. 선고 2013두12478 판결 [어업손실보상금]).

5. 생활보상

가. 의 의

(1) 배 경

오늘날 다목적댐의 건설과 같은 대규모 개발사업이 시행될 경우에는 사업시행지내 수많은 주민의 생활근거 자체를 박탈하게 되는 것이 보통이다. 이 경우 비록 보상금으로 재산권의 가치보장을 해주더라도 종래와 같은 생활재건은 어렵게 된다. 따라서 개인의 생존과 생활을 최대한 보장하기 위한 보상은 수용이 없었던 것과 동일한 '재산상태'의 실현에 그치지 않고 개발사업의 시행 또는 수용이 없었던 것과 동일한 '생활상태'를 유지 또는 회복시켜 주는 것이라야 한다. 이처럼 재산권보상을 원칙으로 한 종래의 손실보상제도만으로는 지역 주민의 종래의 생활상태를 유지·회복할 수 없기 때문에 나타난 개념이 이른바 생활보상이라고 할 수 있다.

(2) 생활보상의 개념

(가) 광의의 생활보상: 이 견해는 생활보상이란 재산의 등가교환적 가치의 보상에 그치는 것이 아니라, 유기체적인 생활을 종전과 마찬가지 수준으로 보장해 주는 것이라고 정의한다. 따라서 생활보상은 적어도 개발사업의 시행 또는 수용이 없었던 것과 같은 생활재건을 실현시켜 재산권의 존속을 보장하는 것으로 이해한다.[34)]

광의설은 생활보상의 내용으로 주거의 총체가치의 보상,[35)] 영업상 손실의 보상, 이전료 보상, 소수잔존자 보상 등을 들고 있다.[36)]

(나) 협의의 생활보상: 이 견해는 피수용자 등이 현재 당해 장소에서 현실적으로 누리고 있는 생활이익의 상실로서 재산권보상만으로는 전보되지 아니한 손실에 대한 보상을 생활보상이라고 정의한다.[37)] 이러한 입장에서는 이주대책 등을 생활보상의 주된 내용으로 보게 된다.

(다) 검토: 광의설과 협의설은 오늘날 대규모적인 개발사업 등의 현실에서는 종래의 재산권보상만으로는 제대로 된 보상이 이루어질 수 없으며, 완전보상이 실질적으로 행하여지기 위해서는 재산권보상에 더하여 생활보상이 필요하다고 보아 재산권보상과 생활권보상의 병존을 인정한다는 점에서 서로 다르지 않다. 즉 광의설과 협의설은 어떤 본질적인 사항에 대하여 견해를 달리하는 것이 아니고, 다만 일부의 보상항목을 재산권보상으로 보는가 또는 생활권보상으로 보는가 하는 점에 차이가 있을 뿐이다. 예컨대 광의의 생활보상을 취하는 입장에서는 영업상 손실의 보상, 이전료 보상, 소수잔존자 보상 등을 생활보상으로 보는데 반하여, 협의의 생활보상을 취하는 입장에서는 그것을 재산권보상으로 보는 것이다.[38)] 본서에서는 협의의 개념에서 생활보상을 살펴보기로 한다.

결국 재산권보상이냐 생활권보상이냐가 중요한 것이 아니라 '어느 범위까지' 보상을 해 주는 것이 보다 국민의 기본권 실현에 이바지하는 것이냐가 문제의 핵심이라고 보아야 한다.

나. 법적 근거

(1) 헌법적 근거

(가) 정당보상설: 생활보상도 헌법 제23조 제3항에서 규정하고 있는 정당보상의 범주

34) 석종현·송동수, 일반행정법(상)(14판), 2013, 678면.

35) 노후화 등으로 주거용 건물의 시장가치가 매우 낮지만 거기에서 일정한 삶이 영위되고 있는 한, 그 시장가치를 초과하여 주거용으로 현실적으로 얻고 있는 총체적 가치를 보상하는 것을 말한다.

36) 이상규, 신행정법론(상), 1986, 559-561면.

37) 박윤흔·정형근, 최신행정법강의(상)(개정30판), 2009, 670면.

38) 석종현·송동수, 앞의 책, 678-679면.

내에 포함된다고 하는 견해이다.

(나) 생존권설: 헌법 제23조 제3항은 재산권의 객관적 가치의 보상을 지향하고 있으며, 만약 생활보상이 헌법 제23조 제3항에서 규정하는 정당보상의 범위에 포함된다고 본다면 경제적 약자가 아닌 자에게도 생활보상을 부여하여야 하기 때문에 생활보상의 취지에 반하게 된다. 따라서 생활보상의 근거는 "모든 국민은 인간다운 생활을 할 권리를 가진다"고 규정한 헌법 제34조의 사회권적 기본권 조항에서 찾아야 한다고 보는 견해이다.

(다) 통일설: 생활보상을 헌법 제23조 제3항의 정당보상의 범위 내에 포함되는 것으로 보면서도, 생활보상이 경제적 약자에 대한 생존배려의 관점에서 행하여지는 것이라는 것을 아울러 인정한다. 그리하여 생활보상은 헌법 제23조 제3항과 제34조에 동시에 근거하는 것이라고 보는 견해이다.

(2) 법률적 근거

공익사업법에서 생활보상이라는 용어를 명시적으로 사용하고 있지는 않다. 하지만 생활보상으로 간주될 수 있는 다수의 보상유형을 규정하고 있다. 이하에서 이를 살펴보기로 한다.

다. 생활보상의 내용

(1) 이주대책

(가) 의의

이주대책이란 공익사업의 시행으로 인하여 생활의 근거를 상실하게 되는 자가 종전과 같은 생활상태를 유지할 수 있도록 그들을 다른 지역으로 이주시키는 것을 말한다.

이하 공익사업법의 규정을 중심으로 이주대책의 내용을 살펴보기로 한다.

(나) 이주대책 수립자

이주대책을 수립하는 자는 사업시행자이다. 사업시행자가 이주대책을 수립하고자 하는 때에는 미리 관할 지방자치단체의 장과 협의하여야 한다(법 제78조 제2항).

(다) 이주대책의 수립의무

이주대책은 국토교통부령으로 정하는 부득이한 사유가 있는 경우를 제외하고는 이주대책대상자 중 이주정착지에 이주를 희망하는 자의 가구 수가 10호(戶) 이상인 경우에 수립·실시한다. 다만, 사업시행자가 택지개발촉진법 또는 주택법 등 관계 법령에 따라 이주대책대상자에게 택지 또는 주택을 공급한 경우(사업시행자의 알선에 의하여 공급한 경우를 포함한다)에는 이주대책을 수립·실시한 것으로 본다(법 시행령 제40조 제2항).

대통령령으로 정하는 공익사업의 시행으로 인하여 더 이상 해당 지역에서 공장을 가동할 수 없게 된 자가 희망하는 경우 산업입지 및 개발에 관한 법률에 따라 지정·개발된 인근 산업단지에 입주하게 하는 등 이주대책에 관한 계획을 수립하여야 한다(법 제78조의2).

사업시행자는 위의 경우 이주대책을 수립할 의무가 있지만, 이주대책의 내용결정에 있어서는 재량권을 갖는다(대법원 2009. 11. 12. 선고 2009두10291 판결 등). 이주대책의 기준은 법령(예: 주택공급에 관한 규칙)으로 정해진 경우도 있고, 재량준칙으로 정해진 경우도 있다(대법원 2007. 11. 29. 선고 2006두8495 판결).

판례

[1] **'주택공급에 관한 규칙' 제19조 제1항 제3호에서 정한 철거 주택의 소유자를 대상으로 하는 국민주택 등의 특별공급의 경우, 사업시행자가 공급 국민주택의 수량 및 대상자 결정 등에 관하여 재량을 가지는지 여부(적극)**: 주택법의 위임을 받아 제정된 '주택공급에 관한 규칙' 제19조 제1항 제3호 각 목에서 정한 철거 주택의 소유자를 대상으로 하는 국민주택 등의 특별공급은 공익사업의 시행으로 인하여 주거용 건축물을 제공함에 따라 생활의 근거를 상실하게 되는 자를 위하여 '공익사업을 위한 토지 등의 취득 및 보상에 관한 법률' 제78조 제1항 및 같은 법 시행령 제40조 제2항 단서에 근거하여 사업시행자가 실시하는 이주대책에 갈음하는 성질을 가지는 것으로, 사업시행자는 이주대책기준을 정하여 위 이주대책대상자 중에서 이주대책을 수립·실시하여야 할 자를 선정하거나 그들에게 공급할 주택 등의 내용이나 수량 등을 정하는 데 재량을 가진다. 그리고 이를 위해 사업시행자가 설정한 기준은 그것이 객관적으로 합리적이 아니라거나 타당하지 않다고 볼 만한 특별한 사정이 없는 한 존중되어야 한다.

[2] 사업시행자가 '공익사업을 위한 토지 등의 취득 및 보상에 관한 법률' 제78조 제1항, 같은 법 시행령 제40조 제2항, '주택공급에 관한 규칙' 제19조 제1항 제3호에서 정한 이주대책대상자를 선정하면서 공부상 기재된 건물의 용도를 기준으로 그 대상자를 선정한 것이 불합리하여 위법하다고 볼 수 없다.

[3] 도시계획 사업시행자가 사업부지 내 철거 건축물의 건축물대장상 용도가 '주거용'이 아닌 '근린생활시설'이라는 이유로 그 건물을 국민주택 특별공급의 대상에서 배제한 사안에서, 그 처분이 위법하지 않다고 한 사례(대법원 2009. 11. 12. 선고 2009두10291 판결).

(라) 이주대책대상자

1) 종류

① 법령이 정한 이주대책대상자: 법령상 이주대책의 대상으로 정해져 있는 자를 말한다. 공익사업법상의 이주대책대상자는 '공익사업의 시행으로 인하여 주거용 건축물을 제공함

에 따라 생활의 근거를 상실하게 되는 자'(법 제78조 제1항) 및 '대통령령으로 정하는 공익사업의 시행으로 인하여 공장부지가 협의 양도되거나 수용됨에 따라 더 이상 해당 지역에서 공장을 가동할 수 없게 된 자'(법 제78조의 2)를 말한다.

다만 다음의 어느 하나에 해당하는 자는 공익사업법 제78조 제1항의 이주대책대상자에서 제외한다(법 시행령 제40조 제5항). i) 건축물 요건: 허가를 받거나 신고를 하고 건축 또는 용도변경을 하여야 하는 건축물을 허가를 받지 아니하거나 신고를 하지 아니하고 건축 또는 용도변경을 한 건축물의 소유자, ii) 거주 요건: 해당 건축물에 공익사업을 위한 관계 법령에 따른 고시 등이 있은 날부터 계약체결일 또는 수용재결일까지 계속하여 거주하고 있지 아니한 건축물의 소유자. 다만, 질병으로 인한 요양, 징집으로 인한 입영, 공무, 취학, 그 밖에 이에 준하는 부득이한 사유로 거주하고 있지 아니한 경우에는 그러하지 아니하다. iii) 소유 요건: 타인이 소유하고 있는 건축물에 거주하는 세입자.

생활보상이 종전과 같은 생활상태를 유지시켜주는 것이라면 세입자도 이론상 이주대책대상자에 포함시켜야 할 것이다. 통상 건축물의 소유자보다는 세입자의 이주대책 필요성이 더 크다고 할 수 있으나, 현행 법령상 세입자는 이주대책대상자에 포함되지 않는다.

판례

가. 공익사업을위한토지등의취득및보상에관한법률시행령 제40조 제3항 제3호(이하 '이 사건 조항'이라 한다)가 이주대책의 대상자에서 세입자를 제외하고 있는 것이 세입자의 재산권을 침해하는지 여부(소극): 이주대책은 헌법 제23조 제3항에 규정된 정당한 보상에 포함되는 것이라기보다는 이에 부가하여 이주자들에게 종전의 생활상태를 회복시키기 위한 생활보상의 일환으로서 국가의 정책적인 배려에 의하여 마련된 제도라고 볼 것이다. 따라서 이주대책의 실시 여부는 입법자의 입법정책적 재량의 영역에 속하므로 공익사업을위한토지등의취득및보상에관한법률시행령 제40조 제3항 제3호(이하 '이 사건 조항'이라 한다)가 이주대책의 대상자에서 세입자를 제외하고 있는 것이 세입자의 재산권을 침해하는 것이라 볼 수 없다.

나. 이 사건 조항이 세입자의 평등권을 침해하는지 여부(소극): 소유자와 세입자는 생활의 근거의 상실 정도에 있어서 차이가 있는 점, 세입자에 대해서 주거이전비와 이사비가 보상되고 있는 점을 고려할 때, 입법자가 이주대책 대상자에서 세입자를 제외하고 있는 이 사건 조항을 불합리한 차별로서 세입자의 평등권을 침해하는 것이라 볼 수는 없다(헌법재판소 2006. 2. 23. 선고 2004헌마19 전원재판부).

② 시혜적인 이주대책대상자: 사업시행자가 법령에서 정한 이주대책대상자의 범위를 확대하는 기준을 수립하여 실시하는 것은 허용된다(대법원 2009. 9. 24. 선고 2009두9819 판결).

그리하여 법령상의 이주대책대상자가 아닌 자(예: 세입자)의 경우에도 사업시행자가 임의로 이를 이주대책대상자에 포함시킬 수는 있다. 위와 같이 법령상의 이주대책대상자는 아니지만, 사업시행자가 임의적으로 이주대책의 대상으로 정한 자를 시혜적인 이주대책대상자라고 한다.

2) 법령상의 이주대책대상자를 정하는 기준일

공익사업법령상의 이주대책대상자와 아닌 자를 정하는 기준일은 '공익사업을 위한 관계 법령에 따른 고시 등이 있은 날'인바(법 시행령 제40조 제3항 제2호), 토지수용 절차에 공익사업법을 준용하도록 한 관계 법률에서 사업인정의 고시 외에 주민 등에 대한 공람공고를 예정하고 있는 경우에는 위 기준일은 사업인정의 고시일 뿐만 아니라 경우에 따라서는 공람공고일도 포함될 수 있다(대법원 2009. 2. 26. 선고 2007두13340 판결 등). 그렇지만 사업시행자가 그중 하나를 마음대로 선택할 수 있다고 한다면 사업마다 기준이 달라지게 되어 혼란을 초래하고 형평에 반하는 결과를 낳을 수 있으므로, 위 기준일은 각 공익사업의 근거 법령에 따라 개별적으로 특정되어야 하되, 그 적용의 일관성을 위하여 하나로 해석함이 타당하다(대법원 2015. 7. 23. 선고 2012두22911 판결).

판례

[1] 공익사업을 위한 토지 등의 취득 및 보상에 관한 법률 제78조 제1항, 공익사업을 위한 토지 등의 취득 및 보상에 관한 법률 시행령 제40조 제3항 제2호 규정의 문언, 내용 및 입법 취지 등을 종합하여 보면, 위 법 제78조 제1항에 정한 이주대책의 대상이 되는 주거용 건축물이란 위 시행령 제40조 제3항 제2호의 '공익사업을 위한 관계 법령에 의한 고시 등이 있은 날' 당시 건축물의 용도가 주거용인 건물을 의미한다고 해석되므로, 그 당시 주거용 건물이 아니었던 건물이 그 이후에 주거용으로 용도 변경된 경우에는 건축 허가를 받았는지 여부에 상관없이 수용재결 내지 협의계약 체결 당시 주거용으로 사용된 건물이라 할지라도 이주대책대상이 되는 주거용 건축물이 될 수 없다.

[2] 이주대책기준일이 되는 공익사업을 위한 토지 등의 취득 및 보상에 관한 법률 시행령 제40조 제3항 제2호의 '공익사업을 위한 관계 법령에 의한 고시 등이 있은 날'에는 토지수용 절차에 공익사업을 위한 토지 등의 취득 및 보상에 관한 법률을 준용하도록 한 관계 법률에서 사업인정의 고시 외에 주민 등에 대한 공람공고를 예정하고 있는 경우에는 사업인정의 고시일 뿐만 아니라 공람공고일도 포함될 수 있다.

[3] 군인아파트의 관리실 용도로 신축되어 택지개발예정지구지정 공람공고일 당시까지도 관리실로 사용하다가 그 후에 주거용으로 개조한 건물은 이주대책대상이 되는 주거용 건축물에 해당하지 않는다고 한 사례(대법원 2009. 2. 26. 선고 2007두13340 판결).

도시개발사업에서 '공익사업을 위한 관계 법령에 의한 고시 등이 있은 날'에 해당하는 법정 이주대책기준일(=도시개발구역의 지정에 관한 공람공고일) 및 이를 기준으로 공익사업을 위한 토지 등의 취득 및 보상에 관한 법률 시행령 제40조 제3항 본문에 따라 법이 정한 이주대책대상자인지를 가려야 하는지 여부(적극): 토지수용 절차에 공익사업을 위한 토지 등의 취득 및 보상에 관한 법률을 준용하도록 한 관계 법률에서 사업인정의 고시 외에 주민 등에 대한 공람공고를 예정하고 있는 경우에, 공익사업의 시행으로 인하여 주거용 건축물을 제공함에 따라 생활의 근거를 상실하게 되는 자(이하 '이주대책대상자'라 한다)의 기준이 되는 '공익사업을 위한 관계 법령에 의한 고시 등이 있은 날'에는 사업인정의 고시일뿐만 아니라 공람공고일도 포함될 수 있다.

그렇지만 법령이 정하는 이주대책대상자에 해당되는지를 판단하는 기준은 각 공익사업의 근거 법령에 따라 개별적으로 특정되어야 한다. 강행규정인 이주대책의 수립·실시 또는 이주정착금의 지급에 관한 공익사업을 위한 토지 등의 취득 및 보상에 관한 법령의 적용대상은 일관성 있게 정해져야 하므로 그 기준이 되는 개별 법령의 법정 이주대책기준일은 하나로 해석함이 타당하다. 만약 그와 반대로 이를 둘 이상으로 보아 사업시행자가 그중 하나를 마음대로 선택할 수 있다고 한다면 사업마다 기준이 달라지게 되어 혼란을 초래하고 형평에 반하는 결과를 낳을 수 있어 바람직하지 않다.

따라서 이러한 사정들과 아울러, 도시개발법상 공익사업의 진행절차와 사업 시행에 따른 투기적 거래를 방지하여야 할 정책적 필요성 등을 종합하여 보면, 도시개발사업에서 '공익사업을 위한 관계 법령에 의한 고시 등이 있은 날'에 해당하는 법정 이주대책기준일은 구 도시개발법(2013. 3. 23. 법률 제11690호로 개정되기 전의 것) 제7조, 구 도시개발법 시행령(2013. 3. 23. 대통령령 제24443호로 개정되기 전의 것) 제11조 제2항, 제1항의 각 규정에 따른 도시개발구역의 지정에 관한 공람공고일이며, 이를 기준으로 공익사업을 위한 토지 등의 취득 및 보상에 관한 법률 시행령 제40조 제3항 제2호 본문에 따라 법이 정한 이주대책대상자인지를 가려야 한다(대법원 2015. 7. 23. 선고 2012두22911 판결).

(마) 이주대책의 내용

이주대책의 내용은 법령에 정하여진 것을 제외하고는 사업시행자가 정한다.

이주대책의 내용에는 이주정착지에 대한 도로, 급수시설, 배수시설, 그 밖의 공공시설 등 통상적인 수준의 생활기본시설이 포함되어야 하며, 이에 필요한 비용은 사업시행자가 부담한다. 다만, 행정청이 아닌 사업시행자가 이주대책을 수립·실시하는 경우에 지방자치단체는 비용의 일부를 보조할 수 있다(법 제78조 제4항).

이주정착지에 대한 위 생활기본시설의 설치비용은 사업시행자가 부담하는 것으로서 이를 이주자들에게 전가할 수는 없는 것이고, 위의 규정은 그 취지에 비추어 볼 때 당사자의 합의로도 그 적용을 배제할 수 없는 강행법규에 해당한다(대법원 2002. 3. 15. 선고 2001다67126 판결). 따라서 이주대책대상자들과 사업시행자 등이 체결한 택지 또는 주택에 관한 특별공급계약에서 위 조항에 규정된 생활기본시설 설치비용을 분양대금에 포함시킴으로써 이주대책대상자들이 그 비용까지 사업시행자 등에게 지급하게 된 경우, 사업시행자는 그 비용 상당액을 부당이득으로 이주대책대상자들에게 반환하여야 한다(대법원 2011. 6. 23. 선고 2007다63089,63096 전원합의체 판결).

한편 사업시행자가 생활기본시설을 설치하고 비용을 부담하도록 강제한 공익사업법 제78조 제4항의 규정은 법령이 정한 이주대책대상자를 대상으로 하여 특별히 규정된 것이므로, 이를 넘어서서 그 규정이 시혜적인 이주대책대상자에까지 적용된다고 볼 수는 없다(대법원 2015. 7. 23. 선고 2012두22911 판결).

판례

공익사업의 시행자가 법정 이주대책대상자를 포함하여 그 밖의 이해관계인에게까지 대상자를 넓혀 이주대책 수립 등을 시행할 수 있는지 여부(적극) / 시혜적으로 시행되는 이주대책 수립 등의 경우, 대상자의 범위나 그들에 대한 이주대책 수립 등의 내용을 어떻게 정할 것인지에 관하여 사업시행자에게 폭넓은 재량이 있는지 여부(적극) 및 이주대책의 내용으로서 사업시행자가 생활기본시설을 설치하고 비용을 부담하도록 강제한 공익사업을 위한 토지 등의 취득 및 보상에 관한 법률 제78조 제4항이 시혜적인 이주대책대상자에까지 적용되는지 여부(소극): 공익사업을 위한 토지 등의 취득 및 보상에 관한 법률(이하 '공익사업법'이라 한다) 및 공익사업을 위한 토지 등의 취득 및 보상에 관한 법률 시행령이 공익사업의 시행으로 인하여 주거용 건축물을 제공함에 따라 생활의 근거를 상실하게 되는 자(이하 '이주대책대상자'라 한다)의 범위를 정하고 이주대책대상자에게 시행할 이주대책 수립·실시 또는 이주정착금의 지급(이하 '이주대책 수립 등'이라 한다)의 내용에 관하여 구체적으로 규정하고 있으므로, 사업시행자는 법이 정한 이주대책대상자를 법령이 예정하고 있는 이주대책 수립 등의 대상에서 임의로 제외해서는 아니 된다. 그렇지만 규정 취지가 사업시행자가 시행하는 이주대책 수립 등의 대상자를 법이 정한 이주대책대상자로 한정하는 것은 아니므로, 사업시행자는 해당 공익사업의 성격, 구체적인 경위나 내용, 원만한 시행을 위한 필요 등 제반 사정을 고려하여 법이 정한 이주대책대상자를 포함하여 그 밖의 이해관계인에게까지 넓혀 이주대책 수립 등을 시행할 수 있다.

그런데 사업시행자가 이주대책 수립 등의 시행 범위를 넓힌 경우에, 그 내용은 법이 정한 이주대책대상자에 관한 것과 그 밖의 이해관계인에 관한 것으로 구분되고, 그 밖의 이해관계인에 관한 이주대책 수립 등은 법적 의무가 없는 시혜적인 것이다. 따라서 시혜적으로 시행되는 이주대책 수립 등의 경우에 대상자(이하 '시혜적인 이주대책대상자'라 한다)의 범위나 그들에 대한 이주대책 수립 등의 내용을 어떻게 정할 것인지에 관하여는 사업시행자에게 폭넓은 재량이 있다. 그리고 이

> 주대책의 내용으로서 사업시행자가 이주정착지(이주대책의 실시로 건설하는 주택단지를 포함한다)에 대한 도로·급수시설·배수시설 그 밖의 공공시설 등 통상적인 수준의 생활기본시설을 설치하고 비용을 부담하도록 강제한 공익사업법 제78조 제4항은 법이 정한 이주대책대상자를 대상으로 하여 특별히 규정된 것이므로, 이를 넘어서서 그 규정이 시혜적인 이주대책대상자에까지 적용된다고 볼 수 없다(대법원 2015. 7. 23. 선고 2012두22911 판결).

(바) 이주대책대상자의 법적 지위

이주대책대상자는 수분양권 등과 같은 이주대책상의 권리를 취득하게 되는바, 이러한 권리의 내용을 살펴보기로 한다.

1) 이주대책계획수립청구권

토지보상법 제78조 제1항은 사업시행자로 하여금 이주대책을 수립·실시할 의무를 부여하고 있고, 그에 대응하여 이주대책대상자는 사업시행자에게 이주대책을 수립할 것을 청구할 권리를 갖는다.[39] 이주대책계획의 수립은 이주대책대상자 확인·결정의 전제절차이고, 이주대책계획의 수립이 행하여져야 이후 이주대책대상자 확인·결정 절차의 진행이 가능하다는 점에서, 이는 공권력의 행사 또는 이에 준하는 행정작용에 해당된다고 보아야 한다(대법원 2007. 10. 11. 선고 2007두1316 판결 참고).

2) 수분양권의 취득

이주대책대상자가 취득하게 되는 수분양권의 취득시기에 관하여는 다음과 같이 견해의 대립이 있다.

① 법령상 취득설: 공익사업법 제78조 및 공익사업법 시행령 제40조의 요건을 충족하는 경우, 이주대책대상자는 바로 실체적 권리인 수분양권을 취득한다고 보는 견해이다. 공익사업법이 사업시행자에게 이주대책사업을 수립·실시하여야 할 의무를 부과하고 있고, 각 법령에서 이주대책의 구체적인 내용을 정하지 않은 것은 이주대책의 절차, 내용, 방법 등에 대하여 재량을 인정할 필요성 때문이지 그것 때문에 이주대책대상자의 구체적 권리를 부정할 사유는 되지 못한다는 것이 그 논거이다.

② 이주대책계획수립시설: 이주대책을 수립하기 이전에는 이주대책대상자의 수분양권은 아직 추상적인 권리나 법률상의 지위 내지 이익에 불과한 것이지만, 이주대책을 수립한 이후에는 이주대책대상자의 추상적인 수분양권이 그 이주대책이 정하는 바에 따라 구체

---

39) 박균성, 앞의 책, 889면.

적 권리로 바뀌게 된다고 본다. 그리하여 사업시행자가 이주대책에 관한 구체적인 계획을 수립하여 이를 해당자에게 통지 또는 공고한 경우에는 이것으로 이주대책대상자가 수분양권을 취득한다고 보는 견해이다.

③ 확인·결정시설: 이주대책에 관한 계획을 수립한 후에, 이주대책대상자가 사업시행자에게 이주대책대상자 선정신청을 하고 사업시행자가 이를 받아들여 이주대책대상자로 확인·결정하여야만 비로소 수분양권을 취득한다고 보는 견해이다. 판례는 확인·결정시설을 취하고 있으며(대법원 1994. 5. 24. 선고 92다35783 전원합의체 판결 등), 아울러 이러한 확인·결정의 법적 성질을 행정처분으로 보고 있다(대법원 2014. 2. 27. 선고 2013두10885 판결).

판례

가. 공공용지의취득및손실보상에관한특례법 소정의 이주대책의 제도적 취지: 공공용지의취득및손실보상에관한특례법상의 이주대책은 공공사업의 시행에 필요한 토지 등을 제공함으로 인하여 생활의 근거를 상실하게 되는 이주자들을 위하여 사업시행자가 기본적인 생활시설이 포함된 택지를 조성하거나 그 지상에 주택을 건설하여 이주자들에게 이를 그 투입비용 원가만의 부담하에 개별 공급하는 것으로서, 그 본래의 취지에 있어 이주자들에 대하여 종전의 생활상태를 원상으로 회복시키면서 동시에 인간다운 생활을 보장하여 주기 위한 이른바 생활보상의 일환으로 국가의 적극적이고 정책적인 배려에 의하여 마련된 제도이다.

나. 같은 법 제8조 제1항에 의하여 이주자에게 이주대책상의 택지분양권이나 아파트 입주권 등을 받을 수 있는 구체적인 권리(수분양권)가 직접 발생하는지 여부: 같은 법 제8조 제1항이 사업시행자에게 이주대책의 수립·실시의무를 부과하고 있다고 하여 그 규정 자체만에 의하여 이주자에게 사업시행자가 수립한 이주대책상의 택지분양권이나 아파트 입주권 등을 받을 수 있는 구체적인 권리(수분양권)가 직접 발생하는 것이라고는 도저히 볼 수 없으며, 사업시행자가 이주대책에 관한 구체적인 계획을 수립하여 이를 해당자에게 통지 내지 공고한 후, 이주자가 수분양권을 취득하기를 희망하여 이주대책에 정한 절차에 따라 사업시행자에게 이주대책대상자 선정신청을 하고 사업시행자가 이를 받아들여 이주대책대상자로 확인·결정하여야만 비로소 구체적인 수분양권이 발생하게 된다(대법원 1994. 5. 24. 선고 92다35783 전원합의체 판결).

공익사업을 위한 토지 등의 취득 및 보상에 관한 법률상의 공익사업시행자가 하는 이주대책대상자 확인·결정의 법적 성질(=행정처분)과 이에 대한 쟁송방법(=항고소송): 공익사업을 위한 토지 등의 취득 및 보상에 관한 법률상의 공익사업시행자가 하는 이주대책대상자 확인·결정은 구체적인 이주대책상의 수분양권을 부여하는 요건이 되는 행정작용으로서의 처분이지 이를 단순히 절차상의 필요에 따른 사실행위에 불과한 것으로 평가할 수는 없다. 따라서 수분양권의 취득을 희망하는 이주자가 소정의 절차에 따라 이주대책대상자 선정신청을 한 데 대하여 사업시행자가 이주대책대상자가 아니라고 하여 위 확인·결정 등의 처분을 하지 않고 이를 제외시키거나 거부조치한 경우에는, 이주자로서는 사업시행자를 상대로 항고소송에 의하여 제외처분이나 거부처분의 취소를 구할 수 있다. 나아가 이주대책의 종류가 달라 각 그 보장하는 내용에 차등이 있는 경우 이주자의 희망에도 불구하고 사업시행자가 요건 미달 등을 이유로 그중 더 이익이 되는 내용의 이주대책대상자로 선정하지 않았다면 이 또한 이주자의 권리의무에 직접적 변동을 초래하는 행위로서 항고소송의 대상이 된다(대법원 2014. 2. 27. 선고 2013두10885 판결).

(사) 소송의 방식

1) 이주대책계획수립청구의 경우

이주대책대상자가 이주대책계획의 수립을 청구하였음에도 불구하고 사업시행자가 이주대책을 수립하지 않는 경우에는 의무이행심판 또는 부작위위법확인소송을 제기할 수 있고, 이주대책수립을 거부한 경우에는 의무이행심판(또는 거부처분취소심판) 또는 거부처분취소소송을 제기할 수 있다고 보아야 한다.[40]

2) 수분양권 취득의 경우

판례에 따르면 이주대책대상자는 사업시행자에 의하여 이주대책대상자로 확인·결정되어야만 비로소 수분양권을 취득한다고 본다. 따라서 이주대책계획 수립 이후에 수분양권의 취득을 희망하는 이주자가 소정의 절차에 따라 이주대책대상자 선정신청을 하고, 이에 대하여 사업시행자가 이주대책대상자가 아니라고 하여 위 확인·결정 등의 처분을 하지 않고 이를 제외시키거나 또는 거부조치한 경우에는 거부처분취소소송을 제기하고, 부작위가 성립하는 경우에는 부작위위법확인소송을 제기하여야 한다.

한편 이주대책대상자로 확인·결정된 이후에는 분양의무의 주체를 상대방으로 하여 민사소송이나 공법상 당사자소송으로 이주대책상의 수분양권의 확인 등을 구하는 것이 가능하다.

판례

다. 이주자의 이주대책대상자 선정신청에 대한 사업시행자의 확인·결정 및 사업시행자의 이주대책에 관한 처분의 법적 성질과 이에 대한 쟁송방법: (1) 위와 같은 사업시행자가 하는 확인·결정은 곧 구체적인 이주대책상의 수분양권을 취득하기 위한 요건이 되는 행정작용으로서의 처분인 것이지, 결코 이를 단순히 절차상의 필요에 따른 사실행위에 불과한 것으로 평가할 수는

40) 박균성, 앞의 책, 889면.

없다. 따라서 수분양권의 취득을 희망하는 이주자가 소정의 절차에 따라 이주대책대상자 선정신청을 한 데 대하여 사업시행자가 이주대책대상자가 아니라고 하여 위 확인·결정 등의 처분을 하지 않고 이를 제외시키거나 또는 거부조치한 경우에는, 이주자로서는 당연히 사업시행자를 상대로 항고소송에 의하여 그 제외처분 또는 거부처분의 취소를 구할 수 있다고 보아야 한다.

(2) 사업시행자가 국가 또는 지방자치단체와 같은 행정기관이 아니고 이와는 독립하여 법률에 의하여 특수한 존립목적을 부여받아 국가의 특별감독하에 그 존립목적인 공공사무를 행하는 공법인이 관계법령에 따라 공공사업을 시행하면서 그에 따른 이주대책을 실시하는 경우에도, 그 이주대책에 관한 처분은 법률상 부여받은 행정작용권한을 행사하는 것으로서 항고소송의 대상이 되는 공법상 처분이 되므로, 그 처분이 위법부당한 것이라면 사업시행자인 당해 공법인을 상대로 그 취소소송을 제기할 수 있다.

라. 같은 법상의 이주대책에 의한 수분양권의 법적 성질과 민사소송이나 공법상 당사자소송으로 이주대책상의 수분양권의 확인을 구할 수 있는지 여부: 이러한 수분양권은 위와 같이 이주자가 이주대책을 수립·실시하는 사업시행자로부터 이주대책대상자로 확인·결정을 받음으로써 취득하게 되는 택지나 아파트 등을 분양받을 수 있는 공법상의 권리라고 할 것이므로, 이주자가 사업시행자에 대한 이주대책대상자 선정신청 및 이에 따른 확인·결정 등 절차를 밟지 아니하여 구체적인 수분양권을 아직 취득하지도 못한 상태에서 곧바로 분양의무의 주체를 상대방으로 하여 민사소송이나 공법상 당사자소송으로 이주대책상의 수분양권의 확인 등을 구하는 것은 허용될 수 없고, 나아가 그 공급대상인 택지나 아파트 등의 특정부분에 관하여 그 수분양권의 확인을 소구하는 것은 더더욱 불가능하다고 보아야 한다(대법원 1994. 5. 24. 선고 92다35783 전원합의체 판결).

(2) 이주정착금의 지급

사업시행자는 i) 이주대책을 수립·실시하지 아니하는 경우, 또는 ii) 이주대책대상자가 이주정착지가 아닌 다른 지역으로 이주하려는 경우에 해당하는 경우에는 이주대책대상자에게 국토교통부령으로 정하는 바에 따라 이주정착금을 지급하여야 한다(법 시행령 제41조).

이주정착금은 보상대상인 주거용 건축물에 대한 평가액의 30퍼센트에 해당하는 금액으로 하되, 그 금액이 6백만원 미만인 경우에는 6백만원으로 하고, 1천2백만원을 초과하는 경우에는 1천2백만원으로 한다(법 시행규칙 제53조 제2항).

(3) 주거이전비 및 이사비의 지급

(가) 원칙: 주거용 건물의 거주자에 대하여는 주거 이전에 필요한 비용과 가재도구 등 동산의 운반에 필요한 비용을 산정하여 보상하여야 한다(법 제78조 제5항).

주거이전비와 이사비는 당해 공익사업 시행지구 안에 거주하는 세입자들의 조기이주를 장려하여 사업추진을 원활하게 하려는 정책적인 목적과 주거이전으로 인하여 특별한 어려움을 겪게 될 세입자들을 대상으로 하는 사회보장적인 차원에서 지급하는 금원의 성격을 갖는다(대법원 2006. 4. 27. 선고 2006두2435 판결 등). 따라서 사업시행자의 세입자에 대한 주거이전비 지급의무를 정하고 있는 공익사업법 시행규칙 제54조 제2항은 당사자 합의 또는 사업시행자 재량에 의하여 적용을 배제할 수 없는 강행규정이라고 보아야 한다(대법원 2011. 7. 14. 선고 2011두3685 판결).

(나) 주거이전비: 공익사업시행지구에 편입되는 주거용 건축물의 소유자에 대하여는 당해 건축물에 대한 보상을 하는 때에 가구원수에 따라 2개월분의 주거이전비를 보상하여야 한다. 다만, 건축물의 소유자가 당해 건축물에 실제 거주하고 있지 아니하거나 당해 건축물이 무허가건축물등인 경우에는 그러하지 아니하다(법 시행규칙 제54조 제1항).

한편 공익사업의 시행으로 인하여 이주하게 되는 주거용 건축물의 세입자로서 사업인정고시일등 당시 또는 공익사업을 위한 관계 법령에 의한 고시 등이 있은 당시 당해 공익사업시행지구 안에서 3개월 이상 거주한 자에 대하여는 가구원수에 따라 4개월분의 주거이전비를 보상하여야 한다. 다만, 무허가건축물등에 입주한 세입자로서 사업인정고시일등 당시 또는 공익사업을 위한 관계법령에 의한 고시 등이 있은 당시 그 공익사업지구 안에서 1년 이상 거주한 세입자에 대하여는 본문에 따라 주거이전비를 보상하여야 한다(법 시행규칙 제54조 제2항).

(다) 이사비: 공익사업시행지구에 편입되는 주거용 건축물의 거주자가 해당 공익사업시행지구 밖으로 이사를 하는 경우에는 별표 4의 기준에 의하여 산정한 이사비(가재도구 등 동산의 운반에 필요한 비용을 말한다)를 보상하여야 한다(법 시행규칙 제55조 제2항).

판례

공익사업의 시행으로 인하여 이주하는 주거용 건축물의 세입자에게 지급되는 주거이전비와 이사비의 법적 성격, 그 청구권의 취득시기 및 이사비의 지급금액: 공익사업을 위한 토지 등의 취득 및 보상에 관한 법률 제78조 제5항 및 같은 법 시행규칙 제54조 제2항, 제55조 제2항의 각 규정에 의하여 공익사업의 시행에 따라 이주하는 주거용 건축물의 세입자에게 지급하는 주거이전비와 이사비는, 당해 공익사업 시행지구 안에 거주하는 세입자들의 조기이주를 장려하여 사업추진을 원활하게 하려는 정책적인 목적과 주거이전으로 인하여 특별한 어려움을 겪게 될 세입자들을 대상으로 하는 사회보장적인 차원에서 지급하는 금원의 성격을 갖는다 할 것이므로, 같은 법 시행규칙 제54조 제2항에 규정된 '공익사업의 시행으로 인하여 이주하게 되는 주거용 건축물의 세입자로서 사업인정고시일 등 당시 또는 공익사업을 위한 관계 법령에 의한 고시 등이 있은 당시 당해 공익사업 시행지구 안에서 3월 이상 거주한 자'에 해당하는 세입자는 이후의 사업시행자의 주거이전비 산정통보일 또는 수용개시일까지 계속 거주할 것을 요함이 없이 위 사업인정고시일 등에 바로 같은 법 시행규칙 제54조 제2항의 주거이전비와 같은 법 시행규칙 제55조 제2항의 이사비 청구권을 취득한다고 볼 것이고, 한편 이사비의 경우 실제 이전할 동산의 유무나 다과를 묻지 않고 같은 법 시행규칙 제55조 제2항 [별표 4]에 규정된 금액을 지급받을 수 있다(대법원 2006. 4. 27. 선고 2006두2435 판결): <해설> 세입자의 경우 기준일에 공익사업 시행지구 안에서 3개월 이상 거주한 자에 해당하면 이후 주거이전비 산정통보일 또는 수용개시일까지 계속하여 거주할 필요 없이 바로 주거이전비 청구권을 취득한다는 취지의 판례이다.

[1] **도시 및 주거환경정비법상 주택재개발사업에서 주거용 건축물의 세입자에 대한 주거이전비 보상대상자의 결정 기준**: 공익사업을 위한 토지 등의 취득 및 보상에 관한 법률 제78조 제5항, 같은 법 시행규칙 제54조 제2항 본문, 구 도시 및 주거환경정비법(2008. 3. 28. 법률 제9047호로 개정되기 전의 것) 제4조 제1항, 제2항, 같은 법 시행령 제11조 제1항의 각 규정 내용, 형식 및 입법 경위, 주거이전비는 당해 공익사업시행지구 안에 거주하는 세입자들의 조기이주를 장려하여 사업추진을 원활하게 하려는 정책적인 목적과 주거이전으로 인하여 특별한 어려움을 겪게 될 세입자들을 대상으로 하는 사회보장적인 차원에서 지급하는 성격의 것인 점 등을 종합하면, 구 도시 및 주거환경정비법상 주거용 건축물의 세입자에 대한 주거이전비의 보상은 정비계획이 외부에 공표됨으로써 주민 등이 정비사업이 시행될 예정임을 알 수 있게 된 때인 정비계획에 관한 공람공고일 당시 해당 정비구역 안에서 3월 이상 거주한 자를 대상으로 한다: <해설> 주거이전비 보상대상자를 정하는 기준일을 정비계획에 관한 공람공고일이 아닌 사업시행인가고시일로 본 원심판결을 파기한 사안이다.

[2] **공익사업을 위한 토지 등의 취득 및 보상에 관한 법률 제78조 제5항 등에 따른 이사비의 보상대상자**: 공익사업을 위한 토지 등의 취득 및 보상에 관한 법률 제78조 제5항, 같은 법 시행규칙 제55조 제2항의 각 규정 및 공익사업의 추진을 원활하게 함과 아울러 주거를 이전하게 되는 거주자들을 보호하려는 이사비(가재도구 등 동산의 운반에 필요한 비용을 말한다) 제도의 취지에 비추어 보면, 이사비 보상대상자는 공익사업시행지구에 편입되는 주거용 건축물의 거주자로서 공익사업의 시행으로 인하여 이주하게 되는 자로 보는 것이 타당하다(대법원 2010. 11. 11. 선고 2010두5332 판결): <해설> 기준일 당시 3개월 이상 거주한 자에 해당하지 아니하므로 주거이전비의 지급대상은 되지 않지만, 공익사업시행지구에 편입되는 주거용 건축물의 거주자로서 공익사업의 시행으로 인하여 이주하게 되는 자에는 해당하므로 이사비의 지급대상은 될 수 있다는 취지의 판시이다.

[1] **구 공익사업을 위한 토지 등의 취득 및 보상에 관한 법령에 의하여 주거용 건축물의 세입자에게 인정되는 주거이전비 보상청구권의 법적 성격(=공법상의 권리) 및 그 보상에 관한 분쟁**

의 쟁송절차(=행정소송): 구 공익사업을 위한 토지 등의 취득 및 보상에 관한 법률(2007. 10. 17. 법률 제8665호로 개정되기 전의 것) 제2조, 제78조에 의하면, 세입자는 사업시행자가 취득 또는 사용할 토지에 관하여 임대차 등에 의한 권리를 가진 관계인으로서, 같은 법 시행규칙 제54조 제2항 본문에 해당하는 경우에는 주거이전에 필요한 비용을 보상받을 권리가 있다. 그런데 이러한 주거이전비는 당해 공익사업 시행지구 안에 거주하는 세입자들의 조기이주를 장려하여 사업추진을 원활하게 하려는 정책적인 목적과 주거이전으로 인하여 특별한 어려움을 겪게 될 세입자들을 대상으로 하는 사회보장적인 차원에서 지급되는 금원의 성격을 가지므로, 적법하게 시행된 공익사업으로 인하여 이주하게 된 주거용 건축물 세입자의 주거이전비 보상청구권은 공법상의 권리이고, 따라서 그 보상을 둘러싼 쟁송은 민사소송이 아니라 공법상의 법률관계를 대상으로 하는 행정소송에 의하여야 한다.

[2] **구 공익사업을 위한 토지 등의 취득 및 보상에 관한 법령에 따라 주거용 건축물의 세입자가 주거이전비 보상을 소구하는 경우 그 소송의 형태**: 구 공익사업을 위한 토지 등의 취득 및 보상에 관한 법률(2007. 10. 17. 법률 제8665호로 개정되기 전의 것) 제78조 제5항, 제7항, 같은 법 시행규칙 제54조 제2항 본문, 제3항의 각 조문을 종합하여 보면, 세입자의 주거이전비 보상청구권은 그 요건을 충족하는 경우에 당연히 발생하는 것이므로, 주거이전비 보상청구소송은 행정소송법 제3조 제2호에 규정된 당사자소송에 의하여야 한다. 다만, 구 도시 및 주거환경정비법(2007. 12. 21. 법률 제8785호로 개정되기 전의 것) 제40조 제1항에 의하여 준용되는 구 공익사업을 위한 토지 등의 취득 및 보상에 관한 법률 제2조, 제50조, 제78조, 제85조 등의 각 조문을 종합하여 보면, 세입자의 주거이전비 보상에 관하여 재결이 이루어진 다음 세입자가 보상금의 증감 부분을 다투는 경우에는 같은 법 제85조 제2항에 규정된 행정소송에 따라, 보상금의 증감 이외의 부분을 다투는 경우에는 같은 조 제1항에 규정된 행정소송에 따라 권리구제를 받을 수 있다(대법원 2008. 5. 29. 선고 2007다8129 판결): <해설> 주거이전비 보상청구권은 그 요건을 충족하는 경우에 당연히 발생하는 것이므로, 그 지급을 구하는 소송은 행정소송법 제3조 제2호에 규정된 당사자소송에 의하여야 한다. 즉 주거이전비 보상청구의 경우 토지수용위원회의 재결절차를 거칠 필요없이 곧바로 사업시행자를 상대로 실질적 당사자소송을 제기할 수 있다.[41)]

한편 위 판례는 주거이전비 보상과 관련하여 재결이 이루어진 경우, i) 세입자가 보상액만을 다투는 경우에는 보상금증감청구소송(형식적 당사자소송)을, ii) 주거이전비 지급대상이 아님을 이유로 지급청구를 거부하는 내용의 재결인 경우에는 거부재결 취소소송을 제기하도록 하고 있다. 그런데 세입자의 주거이전비 보상청구권은 법령상의 요건을 충족하는 경우에 당연히 발생하는 것이므로, 비록 주거이전비 지급청구에 대한 거부재결이 내려진 경우에도 취소소송보다는 보상금증액청구소송을 제기하도록 하는 것이 타당하다고 여겨진다.

결론적으로 말하자면, 위 판례는 주거이전비 보상청구의 경우 재결절차를 거칠 필요없이 실질적 당사자소송을 제기할 수 있고, 재결절차가 행하여진 경우에는 형식적 당사자소송 및 항고소송을 제기할 수도 있다고 본 경우라고 말할 수 있다.

(4) 생계대책

사업시행자는 해당 공익사업이 시행되는 지역에 거주하고 있는 '국민기초생활 보장법' 제2조 제1호·제11호에 따른 수급권자 및 차상위계층이 취업을 희망하는 경우에는 그 공익사업과 관련된 업무에 우선적으로 고용할 수 있으며, 이들의 취업 알선을 위하여 노력하여야 한다(법 제78조 제7항).

6. 토지사용에 대한 보상

협의 또는 재결에 의하여 사용하는 토지에 대하여는 그 토지와 인근 유사토지의 지료(地料), 임대료, 사용방법, 사용기간 및 그 토지의 가격 등을 고려하여 평가한 적정가격으로 보상하여야 한다(법 제71조 제1항). 이때 사용하는 토지와 그 지하 및 지상의 공간 사용에 대한 구체적인 보상액 산정 및 평가방법은 투자비용, 예상수익 및 거래가격 등을 고려하여 국토교통부령으로 정한다(법 제71조 제2항).

7. 공용제한에 대한 보상

가. 의 의

공익사업법은 공용수용 및 공용사용의 경우에는 보상의 절차와 기준 등을 비교적 잘 정비하고 있으나, 이와는 달리 공용제한의 경우에는 아무런 규정을 두고 있지 않다. 한편 공용제한을 규정하고 있는 개별 법률에서 그로 인한 손실의 보상기준을 정하고 있는 경우도 있지만(하천법 제76조, 제77조 등), 대부분의 경우에는 그 보상기준이 결여되어 있는 것이 일반적이다. 이 경우 손실보상액의 산정기준과 그에 대한 소 제기의 방식 등을 알아보기로 한다.

나. 손실보상액의 산정기준

공용제한이 행하여진 경우의 손실보상액의 산정기준으로는 ① 공용제한행위와 상당인과관계가 있는 손실은 이를 모두 보상하여야 한다는 상당인과관계설, ② 토지이용제한으로 인하여 초래되는 지가하락분을 보상하여야 한다는 지가하락설, ③ 공용제한으로 토지소유자에게 초래된 적극적이고도 현실적인 지출만을 보상하면 된다는 적극적 실손보전설 등이 있다.

---

41) 임영호, "공법상 금전급부청구권과 관련된 소송형식", 법조 제53권 제3호, 2010. 3, 277면.

다. 소송의 방식

공용제한으로 인한 손실의 보상은 당사자소송의 형식을 취하여야 할 것이다. 하지만 판례는 경우에 따라 이를 당사자소송으로 보는 경우도 있고(대법원 2003. 4. 25. 선고 2001두1369 판결), 민사소송으로 보는 경우도 있어(대법원 2009. 1. 15. 선고 2007다58544 판결) 그 태도가 일정하지 않다.

판례

[2] **구 하천법 제10조와 같은법시행령 제9조 제3항의 규정에 의한 준용하천의 경우, 제외지로 편입된 토지에 대한 손실보상의 기준(=제외지 편입 당시의 현황에 따른 지료 상당액)**: …준용하천의 제외지로 편입됨에 따른 같은 법 제74조 제1항의 손실보상은 원칙적으로 공용제한에 의하여 토지 소유자로서 사용수익이 제한되는 데 따른 손실보상으로서 제외지 편입 당시의 현황에 따른 지료 상당액을 기준으로 함이 상당하다.

[3] **준용하천의 제외지로 편입된 토지 소유자가 직접 하천관리청을 상대로 민사소송으로 손실보상을 청구할 수 있는지 여부(소극)**: 토지가 준용하천의 제외지와 같은 하천구역에 편입된 경우, 토지 소유자는 구 하천법(1999. 2. 8. 법률 제5893호로 전문 개정되기 전의 것) 제74조가 정하는 바에 따라 하천관리청과 협의를 하고 그 협의가 성립되지 아니하거나 협의를 할 수 없을 때에는 관할 토지수용위원회에 재결을 신청하고 그 재결에 불복일 때에는 바로 관할 토지수용위원회를 상대로 재결 자체에 대한 행정소송을 제기하여 그 결과에 따라 손실보상을 받을 수 있을 뿐이고, 같은 법 부칙 제2조 제1항을 준용하여 직접 하천관리청을 상대로 민사소송으로 손실보상을 청구할 수는 없다(대법원 2003. 4. 25. 선고 2001두1369 판결).

토지 상공에 고압전선이 통과하여 그 이용에 제한을 받는 경우, 토지소유자가 전선소유자로부터 부당이득반환을 받을 수 있는 범위: 토지의 상공에 고압전선이 통과함으로써 토지소유자가 그 토지 상공의 이용을 제한받는 경우, 그 토지소유자는 위 전선을 소유하는 자에게 이용이 제한되는 상공 부분에 대한 임료 상당액의 부당이득금 반환을 구할 수 있고, 이 때 고압전선이 통과하고 있는 상공 부분과 관계 법령에서 고압전선과 건조물 사이에 일정한 거리를 유지하도록 규정하고 있는 경우 그 거리 내의 상공 부분은 토지소유자의 이용이 제한되고 있다고 볼 수 있다(대법원 2009. 1. 15. 선고 2007다58544 판결).

제5절 공용수용의 절차

Ⅰ. 개 설

공용수용의 절차가 어느 경우에나 동일하다고 할 수는 없으나, 대부분의 공용수용 관련 법률들은 '공익사업을 위한 토지 등의 취득 및 보상에 관한 법률'을 준용하고 있으므로, 위 법률이 규정하는 절차가 공용수용에 있어서 가장 표준이 되는 절차라고 할 수 있다.

위 법률에서 규정하고 있는 토지 등의 수용과 그에 대한 불복절차를 시간적 흐름에 따라 적시하면 다음과 같다.

(사업계획의 공고 또는 고시) → (사업인정 전의 협의) → 사업인정 → 토지조서 및 물건조서의 작성 → 사업인정 후의 협의 → 재결의 신청 및 재결·화해 → (이의신청 및 이의재결) → 행정소송

이하에서는 [사업인정] - [토지조서·물건조서의 작성] - [협의] - [재결·화해]를 중심으로 그 내용을 살펴보기로 한다.

Ⅱ. 사업인정

1. 의 의

사업시행자가 토지 등을 수용하거나 사용하려면 대통령령으로 정하는 바에 따라 국토교통부장관의 사업인정을 받아야 한다(법 제20조 제1항).

사업인정이라 함은 특정사업이 토지보상법 제4조에 규정된 공익사업에의 해당 및 그 사업의 공공필요성을 인정하여, 이후 일정한 절차를 거칠 것을 조건으로 사업시행자에게 그 사업에 필요한 토지를 수용 또는 사용하는 권리를 설정하여 주는 행위를 말한다.

한편 공익사업법 이외의 개별법에 의해 공익사업법 제20조의 사업인정이 의제되는 경우가 적지 않다. 예를 들면, 택지개발촉진법 제12조 제2항[42]에 의한 택지개발지구로 지정·고시되면 사업인정이 의제되므로, 이러한 경우에는 별도로 사업인정을 받지 않아도 된다.

---

42) 택지개발촉진법 제12조 ② 제3조에 따른 택지개발지구의 지정·고시가 있은 때에는 「공익사업을 위한 토지 등의 취득 및 보상에 관한 법률」 제20조 제1항 및 제22조에 따른 사업인정 및 사업인정의 고시가 있은 것으로 보며, 재결(裁決)의 신청은 같은 법 제23조 제1항 및 제28조 제1항에도 불구하고 실시계획에서 정하는 사업시행기간에 하여야 한다.

2. 법적 성격

가. 처분성(행정행위)

사업인정에 의하여 사업시행자와 토지소유자 사이에 구체적인 권리의무관계가 발생하므로, 사업인정은 행정행위로서의 성질을 갖는다. 즉 사업인정을 통하여 사업시행자에게는 토지수용 등을 위한 절차를 개시할 권리 및 이들 절차의 이행을 조건으로 토지 등을 수용 또는 사용할 권리가 발생된다. 토지소유자 등에게는 사업인정의 고시가 있은 후에는 고시된 토지에 대하여 사업에 지장이 될 우려가 있는 형질의 변경이나 법에 규정된 물건의 손괴 또는 수거를 하지 못하는 등(공익사업법 제25조 제1항) 일정한 의무가 부과되고, 손실보상청구권이 주어진다. 따라서 사업인정은 행정행위로서의 성질을 가지고, 항고소송의 대상이 된다.

나. 형성행위

사업인정이 형성행위인지 아니면 확인행위인지에 대하여 학설이 대립하고 있다.

형성행위설은 사업인정 후 일정한 절차를 거칠 것을 조건으로 사업시행자에게 수용권을 설정하여 주는 형성행위라고 보는 견해이다.

확인행위설은 사업인정은 특정한 사업이 공용수용을 할 수 있는 공익사업에 해당하는지의 여부를 확인·선언하는 행위이며, 사업시행자에게 수용권이 주어지는 것은 사업인정의 결과 법규정에 따른 것이라고 본다.

형성행위설이 통설이며 판례의 입장이다(대법원 1994. 11. 11. 선고 93누19375 판결 등).

판례

토지수용법 제14조 소정의 사업인정의 법적 성격과 효력: 토지수용법 제14조의 규정에 의한 사업인정은 그후 일정한 절차를 거칠 것을 조건으로 하여 일정한 내용의 수용권을 설정해 주는 행정처분의 성격을 띠는 것으로서 그 사업인정을 받음으로써 수용할 목적물의 범위가 확정되고 수용권으로 하여금 목적물에 관한 현재 및 장래의 권리자에게 대항할 수 있는 일종의 공법상의 권리로서의 효력을 발생시킨다(대법원 1994. 11. 11. 선고 93누19375 판결).

구 토지수용법에 의한 사업인정의 고시 후 수용재결 이전 단계에 있는 피수용자의 기업자에 대한 손실보상금채권의 피전부적격 유무(적극): 토지수용으로 인한 피수용자의 손실보상금채권은 관할 토지수용위원회의 수용재결로 인하여 비로소 발생하는 것이지만, 구 토지수용법 제14조, 제16조 소정의 사업인정의 고시가 있음으로써 고시된 수용대상 토지에 대하여 피수용자와의 협의 등 일정한 절차를 거칠 것을 조건으로 한 기업자의 수용권이 발생하고, 같은 법 제18조 소정의 사업의 폐지, 같은 법 제17조 소정의 사업인정의 고시가 있은 날로부터 1년 이내 혹은 같은 법을 준용하는 개개 법률 소정의 사업시행기간 내의 재결의 미신청 등의 특별한 사정이 없는 한 사업인정은 실효되지 아니하여 수용권이 소멸하지 아니하므로, 사업인정의 고시가 있으면 수용대상 토지에 대한 손실보상금의 지급이 확실시된다 할 것이니, 사업인정 고시 후 수용재결 이전 단계에 있는 피수용자의 기업자에 대한 손실보상금채권은 피전부채권의 적격이 있다(대법원 2004. 8. 20. 선고 2004다24168 판결 등).

다. 재량행위

사업시행자가 사업시행에 필요한 요건을 충족하고 있는 한, 행정청은 사업인정을 하여야 하므로 사업인정은 기속행위의 성질을 가진다는 견해도 있을 수 있다.

그러나 당해 사업이 비록 공익사업법 제4조에 규정된 공익사업에 해당된다고 할지라도, 과연 그러한 사업이 공용수용을 할 만한 공공필요성이 있는지에 대하여는 관련 이익의 형량을 포함하는 전문기술적이고 정책적인 판단이 행해지므로 행정청에게 재량권이 인정된다고 보아야 한다. 이것이 통설이며 판례의 입장이기도 하다.[43]

판례

광업법 및 토지수용법상의 토지수용을 위한 사업인정이 행정청의 재량행위인지 여부(적극): 광업법 제87조 내지 제89조, 토지수용법 제14조에 의한 토지수용을 위한 사업인정은 단순한 확인행위가 아니라 형성행위이고 당해 사업이 비록 토지를 수용할 수 있는 사업에 해당된다 하더라도 행정청으로서는 그 사업이 공용수용을 할 만한 공익성이 있는지의 여부를 모든 사정을 참작하여 구체적으로 판단하여야 하는 것이므로 사업인정의 여부는 행정청의 재량에 속한다(대법원 1992. 11. 13. 선고 92누596 판결).

3. 사업인정의 요건

사업인정처분이 행하여지기 위하여는 i) 법 제4조 각 호의 1에 해당하는 공익사업이어야 하고(법 제4조), ii) 공공필요성이 인정되어야 하며(헌법 제23조 제3항), iii) 사업시행자에게 해당 공익사업을 수행할 의사와 능력이 있어야 한다(대법원 2011. 1. 27. 선고 2009두1051 판결).

43) 홍정선, 행정법원론(하)(제25판), 2017, 632면; 박균성, 행정법론(하)(제15판), 2017, 479면; 박윤흔·정형근, 최신 행정법강의(하)(개정28판), 2009, 549면 등.

가. 사업인정의 대상이 되는 공익사업

공용수용을 할 수 있는 사업은 공익사업법 제4조의 각 호의 어느 하나에 해당하는 공익사업이어야 한다.

공익사업에 해당하는지 여부는 단순한 불확정 개념의 판단 문제이므로 법에 기속되고, 재량권이 인정되지 않는다.[44]

한편 공용수용을 할 수 있는 공익사업은 공익사업법 이외에 개별법에서 규정되는 경우도 있다.

나. 공공(公共)의 필요성

헌법 제23조 제3항에서 규정하고 있는 '공공필요'는 "국민의 재산권을 그 의사에 반하여 강제적으로라도 취득해야 할 공익적 필요성"으로서, '공공필요'의 개념은 '공익성'과 '필요성'이라는 요소로 구성되어 있다. 여기에서 필요성은 비례의 원칙에 해당하는 개념이다.

(1) 공공성(공익성)

공익사업법 제4조 각 호에 해당하는 사업이라고 하여 당연히 공공성(공익성)이 인정되는 것은 아니다(대법원 1992. 11. 13. 선고 92누596 판결). 사업의 공공성의 정도는 공용수용을 허용하고 있는 개별법의 입법목적, 사업내용, 사업이 입법목적에 이바지하는 정도 등을 개별적·구체적으로 고찰하여 판단하여야 한다.

한편 재산권의 존속보장을 위하여 사업의 공공성은 행정권 행사의 근거가 되는 공익보다 엄격한 개념으로 보아야 한다는 견해도 있으나, 공익사업의 실현 및 토지자원의 유한성을 고려하여 사업의 공공성은 행정권 행사의 근거가 되는 공익보다는 넓게 인정하여야 한다는 견해가 유력하다.[45]

이는 '사인(私人)을 위한 수용'의 인정과 무관하지 않다. '사인을 위한 수용'이라 함은 사업시행자가 사인인 경우를 말하는데, 사인을 위한 수용의 경우에도 사익을 위하여 수용권을 인정하는 것이 아니라 사인이 수행하는 사업이 공익상 필요하기 때문에 인정되는 것이다. 다만, 사인을 위한 수용의 경우에는 그 공공성을 보장하고 사인에 의한 일방적인 수용을 제어하기 위한 보장책이 마련되어야 하고, 아울러 사업인정의 요건은 엄격하게 해석되어야 한다(대법원 2017. 7. 11. 선고 2016두35120 판결 참조).

---

44) 박균성, 앞의 책, 479면.

45) 박균성, 앞의 책, 482면.

판례

헌법 제23조 제3항은 정당한 보상을 전제로 하여 재산권의 수용 등에 관한 가능성을 규정하고 있지만, 재산권 수용의 주체를 한정하지 않고 있다. 위 헌법조항의 핵심은 당해 수용이 공공필요에 부합하는가, 정당한 보상이 지급되고 있는가 여부 등에 있는 것이지, 그 수용의 주체가 국가인지 민간기업인지 여부에 달려 있다고 볼 수 없다. 또한 국가 등의 공적 기관이 직접 수용의 주체가 되는 것이든 그러한 공적 기관의 최종적인 허부판단과 승인결정하에 민간기업이 수용의 주체가 되는 것이든, 양자 사이에 공공필요에 대한 판단과 수용의 범위에 있어서 본질적인 차이를 가져올 것으로 보이지 않는다. 따라서 위 수용 등의 주체를 국가 등의 공적 기관에 한정하여 해석할 이유가 없다(헌법재판소 2009. 9. 24. 선고 2007헌바114 전원재판부).

헌법 제23조 제3항에서 규정하고 있는 '공공필요'는 "국민의 재산권을 그 의사에 반하여 강제적으로라도 취득해야 할 공익적 필요성"으로서, '공공필요'의 개념은 '공익성'과 '필요성'이라는 요소로 구성되어 있는바, '공익성'의 정도를 판단함에 있어서는 공용수용을 허용하고 있는 개별법의 입법목적, 사업내용, 사업이 입법목적에 이바지 하는 정도는 물론, 특히 그 사업이 대중을 상대로 하는 영업인 경우에는 그 사업 시설에 대한 대중의 이용·접근가능성도 아울러 고려하여야 한다. 그리고 '필요성'이 인정되기 위해서는 공용수용을 통하여 달성하려는 공익과 그로 인하여 재산권을 침해당하는 사인의 이익 사이의 형량에서 사인의 재산권침해를 정당화할 정도의 공익의 우월성이 인정되어야 하며, 사업시행자가 사인인 경우에는 그 사업 시행으로 획득할 수 있는 공익이 현저히 해태되지 않도록 보장하는 제도적 규율도 갖추어져 있어야 한다.

그런데 이 사건에서 문제된 지구개발사업의 하나인 '관광휴양지 조성사업' 중에는 고급골프장, 고급리조트 등(이하 '고급골프장 등'이라 한다)의 사업과 같이 입법목적에 대한 기여도가 낮을 뿐만 아니라, 대중의 이용·접근가능성이 작아 공익성이 낮은 사업도 있다. 또한 고급골프장 등 사업은 그 특성상 사업 운영 과정에서 발생하는 지방세수 확보와 지역경제 활성화는 부수적인 공익일 뿐이고, 이 정도의 공익이 그 사업으로 인하여 강제수용 당하는 주민들의 기본권침해를 정당화할 정도로 우월하다고 볼 수는 없다.

따라서 이 사건 법률조항은 공익적 필요성이 인정되기 어려운 민간개발자의 지구개발사업을 위해서까지 공공수용이 허용될 수 있는 가능성을 열어두고 있어 헌법 제23조 제3항에 위반된다(헌법재판소 2014. 10. 30. 선고 2011헌바129,172(병합) 전원재판부).

(2) 필요성의 판단(비례의 원칙)

(공공) 필요성의 판단은 전문기술적이고도 정책적인 판단을 내용으로 하므로 행정청의 재량에 속한다. 그러나, 재량행위라고 할지라도 그 일탈·남용이 있는 경우에는 위법하게 되므로 그 심사가 필요하다. 그에 대한 판단기준으로는 주로 비례의 원칙이 적용되는

바, 사업인정에 있어서 적합성의 원칙은 별다른 문제가 되지 않고, 주로 필요성의 원칙(최소침해의 원칙)과 상당성의 원칙(협의의 비례원칙)이 문제된다.

(가) 필요성의 원칙(최소침해의 원칙): 공익사업을 위한 방안이 여러 개인 경우에는 국민의 권익과 공익을 가장 적게 침해하는 방안을 선택하여야 한다.

판례

[1] **공용수용에 있어서 공익사업을 위한 필요에 대한 증명책임의 소재(=사업시행자)**: 공용수용은 공익사업을 위하여 특정의 재산권을 법률에 의하여 강제적으로 취득하는 것을 내용으로 하므로 그 공익사업을 위한 필요가 있어야 하고, 그 필요가 있는지에 대하여는 수용에 따른 상대방의 재산권침해를 정당화할 만한 공익의 존재가 쌍방의 이익의 비교형량의 결과로 입증되어야 하며, 그 입증책임은 사업시행자에게 있다.

[2] **공용수용의 목적물의 범위**: 이 사건 의정부북부정거장의 교통량과 교통환경 등에 비추어 의정부북부역사 앞에 보행광장과 택시베이(Taxi-bay)를 설치할 필요성이 있는 점, 그런데 이 사건 건설사업은 기존 경원선과 교외선 부지를 모두 선로의 부지로 사용하는 것을 내용으로 하는 점, 기존 출입구가 있는 역사 동쪽 부분은 기존 도로가 좁을 뿐 아니라 상가가 밀집하여 있는 반면 역사 서쪽 부분의 이 사건 토지는 밭으로 경작되고 있고 주택가의 이면도로에 접해 있으므로 수용에 따른 사회적 비용이 적게 소요될 뿐 아니라, 이 사건 토지 부분에 보행광장과 택시베이를 별도로 설치하게 되면 역사에 진출입하는 교통량을 분산시킴으로써 교통환경을 개선할 수 있는 점 등을 알 수 있는바, 사정이 이와 같다면, 의정부북부역사 동쪽에 주출입문을 설치하는 것보다는 서쪽에 주출입문을 설치하고 그 앞에 위치한 이 사건 토지에 보행광장과 택시베이를 설치하는 것이 이 사건 건설사업의 목적을 달성하기 위한 유효·적절하고 또한 가능한 한 최소침해를 가져오는 방법이라고 할 것이다(대법원 2005. 11. 10. 선고 2003두7507 판결).

(나) 상당성의 원칙(협의의 비례원칙): 상당성의 원칙이란 행정목적(공익)의 실현과 그로 인한 국민의 기본권 침해·제한 사이에는 합리적인 비례성 또는 균형성이 요구된다는 원칙을 말한다.

공용수용에 있어서의 (공공) 필요성을 판단하기 위하여는 '사업으로 인하여 달성되는 공익'과 '당해 사업으로 인하여 침해되는 이익(공익 및 사익)'을 정당하게 비교·형량하여야 한다. 즉 관련된 자들의 이익을 공익과 사익 간에서는 물론, 공익 상호 간 및 사익 상호 간에도 정당하게 비교·교량하여야 한다(대법원 2005. 4. 29. 선고 2004두14670 판결 등)..

판례

공익사업을위한토지등의취득및보상에관한법률의 규정에 의한 사업인정처분이라 함은 공익사업을 토지 등을 수용 또는 사용할 사업으로 결정하는 것으로서(같은 법 제2조 제7호) 단순한 확인행위가 아니라 형성행위이므로, 당해 사업이 외형상 토지 등을 수용 또는 사용할 수 있는 사업에 해당된다 하더라도 행정주체로서는 그 사업이 공용수용을 할 만한 공익성이 있는지의 여부와 공익성이 있는 경우에도 그 사업의 내용과 방법에 대하여 사업인정처분에 관련된 자들의 이익을 공익과 사익간에서는 물론, 공익 상호간 및 사익 상호간에도 정당하게 비교·교량하여야 하고, 그 비교·교량은 비례의 원칙에 적합하도록 하여야 한다(대법원 2005. 4. 29. 선고 2004두14670 판결).

다. 공익사업을 수행할 의사와 능력

사업시행자에게 해당 공익사업을 수행할 의사와 능력이 있어야 한다는 것도 사업인정의 한 요건에 해당된다. 해당 공익사업을 수행하여 공익을 실현할 의사나 능력이 없는 자에게 타인의 재산권을 공권력적·강제적으로 박탈할 수 있는 수용권을 설정하여 줄 수는 없는 것이기 때문이다(대법원 2011. 1. 27. 선고 2009두1051 판결).

판례

사업인정기관이 공익사업을 위한 토지 등의 취득 및 보상에 관한 법률상의 사업인정을 하기 위한 요건: 사업인정이란 공익사업을 토지 등을 수용 또는 사용할 사업으로 결정하는 것으로서 공익사업의 시행자에게 그 후 일정한 절차를 거칠 것을 조건으로 일정한 내용의 수용권을 설정하여 주는 형성행위이므로, 해당 사업이 외형상 토지 등을 수용 또는 사용할 수 있는 사업에 해당한다고 하더라도 사업인정기관으로서는 그 사업이 공용수용을 할 만한 공익성이 있는지의 여부와 공익성이 있는 경우에도 그 사업의 내용과 방법에 관하여 사업인정에 관련된 자들의 이익을 공익과 사익 사이에서는 물론, 공익 상호간 및 사익 상호간에도 정당하게 비교·교량하여야 하고, 그 비교·교량은 비례의 원칙에 적합하도록 하여야 한다. 그뿐만 아니라 해당 공익사업을 수행하여 공익을 실현할 의사나 능력이 없는 자에게 타인의 재산권을 공권력적·강제적으로 박탈할 수 있는 수용권을 설정하여 줄 수는 없으므로, 사업시행자에게 해당 공익사업을 수행할 의사와 능력이 있어야 한다는 것도 사업인정의 한 요건이라고 보아야 한다(대법원 2011. 1. 27. 선고 2009두1051 판결).

4. 사업인정의 절차

가. 사업인정의 신청

사업시행자가 토지 등을 수용하거나 사용하려면 국토교통부장관에게 사업인정을 신청하여야 한다(법 제20조 제1항).

나. 협의 및 의견청취

국토교통부장관은 사업인정을 하려면 관계 중앙행정기관의 장 및 특별시장·광역시장·도지사·특별자치도지사(이하 "시·도지사"라 한다) 및 제49조에 따른 중앙토지수용위원회와 협의하여야 하며, 대통령령으로 정하는 바에 따라 미리 사업인정에 이해관계가 있는 자의 의견을 들어야 한다(법 제21조 제1항).

여기서 i) '중앙토지수용위원회의 의견을 들어야 한다'에서 '중앙토지수용위원회와 협의하여야 하며'로 개정된 법률의 입법취지, ii) 국토교통부장관 등은 중앙토지수용위원회가 사업인정 등에 동의하지 않은 경우에는 공익성을 보완하여 다시 협의를 요청할 수 있다(법 시행규칙 제9조의3 제1항)고 규정하고 있는 점 등에 비추어 보건대, 중앙토지수용위원회와의 협의는 단순한 자문이 아니라, '합의' 또는 '동의'에 준하는 것으로 보아야 한다.[46]

다. 사업인정의 통지 및 고시

국토교통부장관은 제20조에 따른 사업인정을 하였을 때에는 지체 없이 그 뜻을 사업시행자, 토지소유자 및 관계인, 관계 시·도지사에게 통지하고 사업시행자의 성명이나 명칭, 사업의 종류, 사업지역 및 수용하거나 사용할 토지의 세목을 관보에 고시하여야 한다(법 제22조 제1항). 이를 사업인정의 고시라 한다.

사업인정은 제1항에 따라 고시한 날부터 그 효력이 발생한다(법 제22조 제3항). 고시는 사업인정의 효력발생 요건이다. 판례는 이러한 통지와 고시의 절차를 누락한 사업인정의 효력을 무효사유가 아닌 취소사유로 보고 있다(대법원 2000. 10. 13. 선고 2000두5142 판결 등).

Ⅲ. 토지조서·물건조서의 작성

1. 의 의

토지조서와 물건조서는 공익사업을 위해 수용 또는 사용할 필요가 있는 토지 및 그 토지 위에 있는 물건의 내용을 사업시행자가 법정절차를 거쳐 작성하는 문서이다.

조서를 작성하는 이유는 재결절차가 개시되기 전에 수용할 토지·물건의 내용을 확정함으로써 당사자 사이의 분쟁의 소지를 미리 예방하고, 이후 토지수용위원회의 심리와 재결 등의 절차를 신속·원활하게 하려는 데에 있다.

---

46) 박균성, 행정법론(하)(제20판), 2022, 514면.

2. 조서의 작성

사업인정을 받은 사업시행자는 토지조서와 물건조서를 작성하여 서명 또는 날인을 하고, 토지소유자와 관계인의 서명 또는 날인을 받아야 한다(공익사업법 제26조 제1항, 제14조 제1항). 다만 사업인정 이전에 협의절차를 거쳤으나 협의가 성립되지 아니하고 토지조서 및 물건조서의 내용에 변동이 없을 때에는 토지조서 및 물건조서를 다시 작성하지 않아도 된다(법 제26조 제2항).

조서의 작성에는 원칙적으로 토지소유자 및 관계인의 서명 또는 날인을 받아야 한다. 다만 ⅰ) 토지소유자 및 관계인이 정당한 사유 없이 서명 또는 날인을 거부하는 경우, ⅱ) 토지소유자 및 관계인을 알 수 없거나 그 주소·거소를 알 수 없는 등의 사유로 서명 또는 날인을 받을 수 없는 경우 중의 어느 하나에 해당할 때에는 그러하지 아니하되, 이 경우 사업시행자는 해당 토지조서와 물건조서에 그 사유를 적어야 한다(법 제26조 제1항, 제14조 제1항).

사업인정의 고시가 있은 후에는 사업시행자는 사업의 준비나 토지조서 및 물건조서를 작성하기 위하여 필요한 경우 해당 토지나 물건에 출입하여 측량하거나 조사할 수 있다(법 제27조 제1항).

3. 조서의 효력

사업인정고시가 된 후에는 토지소유자나 관계인이 토지조서 및 물건조서의 내용에 대하여 열람기간 내에 이의를 제기하는 경우를 제외하고는 토지조서 및 물건조서의 내용에 대하여 이의를 제기할 수 없다. 다만, 토지조서 및 물건조서의 내용이 진실과 다르다는 것을 입증할 때에는 그러하지 아니하다(법 제27조 제3항).

따라서 사업시행자·토지소유자 및 관계인이 서명날인 한 조서는 이의가 부기된 사항을 제외하고는 거기에 기재된 사항이 진실에 합치되는 것으로 추정된다. 이의를 부기하지 않은 사항에 대하여 후일 이의를 제기하기 위해서는 조서의 기재가 진실이 아니라는 것을 입증하여야 한다.[47)]

작성절차상 하자가 있는 조서에 근거하여 내려진 재결의 위법성 여부가 문제된다. 판례는 토지조서의 작성에 하자가 있다 하여 그것이 곧 수용재결의 취소사유가 되지는 않는다고 보고 있다(대법원 1993. 9. 10. 선고 93누5543 판결).

---

47) 박균성, 앞의 책, 491면; 김동희, 앞의 책, 396면.

판례

토지조서 작성상의 하자가 재결의 효력에 미치는 영향: 토지수용을 함에 있어 토지소유자 등에게 입회를 요구하지 아니하고 작성한 토지조서는 절차상의 하자를 지니게 되는 것으로서 토지조서로서의 효력이 부인되어 조서의 기재에 대한 증명력에 관하여 추정력이 인정되지 아니하는 것일 뿐, 토지조서의 작성에 하자가 있다 하여 그것이 곧 수용재결이나 그에 대한 이의재결의 효력에 영향을 미치는 것은 아니라 할 것이므로 토지조서에 실제 현황에 관한 기재가 되어 있지 아니하다거나 실측평면도가 첨부되어 있지 아니하다거나 토지소유자의 입회나 서명날인이 없었다든지 하는 사유만으로는 이의재결이 위법하다 하여 그 취소를 구할 사유로 삼을 수 없다(대법원 1993. 9. 10. 선고 93누5543 판결 [토지수용재결처분취소등]).

Ⅳ. 협 의

1. 의 의

공익사업법상의 협의(協議)란 수용할 토지의 범위·수용시기·손실보상 등에 관하여 사업시행자와 피수용자 사이에 행하여지는 교섭행위이다. 협의에는 사업인정 전의 협의(법 제16조)와 사업인정 후의 협의(법 제26조)가 있다. 수용절차로서의 협의는 통상 사업인정 후의 협의를 의미한다.

사업인정을 받은 사업시행자는 토지의 수용 또는 사용의 재결을 신청하기 전에 보상에 관하여 토지소유자 및 관계인과 협의하여야 한다(법 제26조 제1항). 이러한 협의는 재결의 신청 전에 반드시 거치게 되어 있으므로, 협의를 거치지 않고 재결을 신청하는 것은 위법하다. 그러나 사업인정 이전에 토지소유자 등과 협의절차를 거쳤으나 협의가 성립되지 아니하고 제20조에 따른 사업인정을 받은 사업으로서 토지조서 및 물건조서의 내용에 변동이 없을 때에는 협의절차를 거치지 아니할 수 있다(법 제26조 제2항).

2. 협의에 의한 합의의 성립

가. 의 의

협의가 성립하는 경우 사업시행자는 토지소유자 및 관계인과 계약을 체결하여야 한다(법 제17조).

나. 법적 성질

위 계약의 법적 성질에 대하여는 견해의 대립이 있다. ① 사법상의 계약설은 협의의 결과 성립하는 합의는 사업시행자와 토지소유자 및 관계인 사이의 대등한 관계에서의 협의의 결과 맺어진 임의적인 것이므로 이는 사법상 매매계약에 해당된다고 본다. ② 공법상의 계약설은 협의는 사업시행자가 국가적 공권의 주체로서 토지소유자 및 관계인에 대하여 기득의 수용권을 실행하는 방법에 불과하며, 합의가 성립되지 않으면 재결에 의하여 수용을 하게 되므로 협의의 결과 성립하는 합의는 수용계약이라고도 할 수 있는 공법상 계약으로 보아야 한다는 견해이다.[48] 생각건대 사업인정 전의 협의에 의한 합의는 사법상의 계약이나, 사업인정 후의 협의에 의한 합의는 사업시행자가 수용권의 주체의 지위에서 맺는 계약이므로 공법상 계약으로 보는 것이 타당하다.

그런데 판례는 사업인정 전후를 불문하고 협의에 의한 합의를 사법상의 계약으로 보는 입장을 취하고 있다(대법원 2004. 9. 24. 선고 2002다68713 판결 등). 사법상 계약설을 취하는 판례에 의하면, 협의성립 후에 사업시행자가 보상금을 지급하지 아니할 경우 그 보상금 지급청구는 민사소송의 방법에 의하게 되고(대법원 1969. 5. 19. 선고 67다2038 판결), 사업시행자가 토지·물건을 협의에 의해 취득하는 것의 법적 성질은 재결에 의한 수용의 경우와는 달리 원시취득이 아니라 승계취득이 된다(대법원 1994. 6. 28. 선고 94누2732 판결).

다만 뒤에서 살펴보는 바와 같이, 협의성립에 대하여 관할 토지수용위원회의 확인이 있으면 그 확인은 공익사업법상의 재결로 간주되므로, 협의에 의한 합의의 법적 성질에 대한 논의는 토지수용위원회의 확인을 받지 아니한 경우에만 의미가 있다.[49]

판례

구 공공용지의 취득 및 손실보상에 관한 특례법에 의한 협의취득시 건물소유자가 매매대상 건물에 대한 철거의무를 부담하겠다는 취지의 약정을 한 경우, 그 철거의무가 행정대집행법에 의한 대집행의 대상이 되는지 여부(소극): 행정대집행법상 대집행의 대상이 되는 대체적 작위의무는 공법상 의무이어야 할 것인데, 구 공공용지의 취득 및 손실보상에 관한 특례법(2002. 2. 4. 법률 제6656호 공익사업을 위한 토지 등의 취득 및 보상에 관한 법률 부칙 제2조로 폐지)에 따른 토지 등의 협의취득은 공공사업에 필요한 토지 등을 그 소유자와의 협의에 의하여 취득하는 것으로서 공공기관이 사경제주체로서 행하는 사법상 매매 내지 사법상 계약의 실질을 가지는 것이므로, 그 협의취득시 건물소유자가 매매대상 건물에 대한 철거의무를 부담하겠다는 취지의 약정을 하였다고

48) 박균성, 앞의 책, 493면; 박윤흔·정형근, 앞의 책, 554면.
49) 박윤흔·정형근, 앞의 책, 554면.

하더라도 이러한 철거의무는 공법상의 의무가 될 수 없고, 이 경우에도 행정대집행법을 준용하여 대집행을 허용하는 별도의 규정이 없는 한 위와 같은 철거의무는 행정대집행법에 의한 대집행의 대상이 되지 않는다(대법원 2006. 10. 13. 선고 2006두7096 판결).

공익사업을 위한 토지 등의 취득 및 보상에 관한 법률에 의한 보상을 하면서 손실보상금에 관한 당사자 간의 합의가 성립한 경우, 그 합의 내용이 같은 법에서 정하는 손실보상 기준에 맞지 않는다는 이유로 그 기준에 따른 손실보상금 청구를 추가로 할 수 있는지 여부(원칙적 소극): 공익사업을 위한 토지 등의 취득 및 보상에 관한 법률(이하 '공익사업법'이라고 한다)에 의한 보상합의는 공공기관이 사경제주체로서 행하는 사법상 계약의 실질을 가지는 것으로서, 당사자 간의 합의로 같은 법 소정의 손실보상의 기준에 의하지 아니한 손실보상금을 정할 수 있으며, 이와 같이 같은 법이 정하는 기준에 따르지 아니하고 손실보상액에 관한 합의를 하였다고 하더라도 그 합의가 착오 등을 이유로 적법하게 취소되지 않는 한 유효하다. 따라서 공익사업법에 의한 보상을 하면서 손실보상금에 관한 당사자 간의 합의가 성립하면 그 합의 내용대로 구속력이 있고, 손실보상금에 관한 합의 내용이 공익사업법에서 정하는 손실보상 기준에 맞지 않는다고 하더라도 합의가 적법하게 취소되는 등의 특별한 사정이 없는 한 추가로 공익사업법상 기준에 따른 손실보상금 청구를 할 수는 없다(대법원 2013. 8. 22. 선고 2012다3517 판결).

다. 시 기

협의에 의한 합의는 토지수용위원회의 수용재결이 있은 후에도 토지소유자 등과 사업시행자 사이에 유효하게 성립할 수 있다(대법원 2017. 4. 13. 선고 2016두64241 판결).

판례

[1] **공익사업을 위한 토지 등의 취득 및 보상에 관한 법률상 토지수용위원회의 수용재결이 있은 후 토지소유자 등과 사업시행자가 다시 협의하여 토지 등의 취득이나 사용 및 그에 대한 보상에 관하여 임의로 계약을 체결할 수 있는지 여부(적극)**: 공익사업을 위한 토지 등의 취득 및 보상에 관한 법률(이하 '토지보상법'이라 한다)은 사업시행자로 하여금 우선 협의취득 절차를 거치도록 하고, 협의가 성립되지 않거나 협의를 할 수 없을 때에 수용재결취득 절차를 밟도록 예정하고 있기는 하다. 그렇지만 일단 토지수용위원회가 수용재결을 하였더라도 사업시행자로서는 수용 또는 사용의 개시일까지 토지수용위원회가 재결한 보상금을 지급 또는 공탁하지 아니함으로써 재결의 효력을 상실시킬 수 있는 점, 토지소유자 등은 수용재결에 대하여 이의를 신청하거나 행정소송을 제기하여 보상금의 적정 여부를 다툴 수 있는데, 그 절차에서 사업시행자와 보상금액에 관하여 임의로 합의할 수 있는 점, 공익사업의 효율적인 수행을 통하여 공공복리를 증진시키고, 재산권을 적정하게 보호하려는 토지보상법의 입법 목적(제1조)에 비추어 보더라도 수용재결이 있은 후에 사법

상 계약의 실질을 가지는 협의취득 절차를 금지해야 할 별다른 필요성을 찾기 어려운 점 등을 종합해 보면, 토지수용위원회의 수용재결이 있은 후라고 하더라도 토지소유자 등과 사업시행자가 다시 협의하여 토지 등의 취득이나 사용 및 그에 대한 보상에 관하여 임의로 계약을 체결할 수 있다고 보아야 한다.

[2] 중앙토지수용위원회가 지방국토관리청장이 시행하는 공익사업을 위하여 갑 소유의 토지에 대하여 수용재결을 한 후, 갑과 사업시행자가 '공공용지의 취득협의서'를 작성하고 협의취득을 원인으로 소유권이전등기를 마쳤는데, 갑이 '사업시행자가 수용개시일까지 수용재결보상금 전액을 지급·공탁하지 않아 수용재결이 실효되었다'고 주장하며 수용재결의 무효확인을 구하는 소송을 제기한 사안에서, 갑이 수용재결의 무효확인 판결을 받더라도 토지의 소유권을 회복시키는 것이 불가능하고, 무효확인으로써 회복할 수 있는 다른 권리나 이익이 남아 있다고도 볼 수 없다고 한 사례(대법원 2017. 4. 13. 선고 2016두64241 판결 [수용재결무효확인]).

3. 협의성립의 확인

가. 신 청

사업시행자와 토지소유자 및 관계인 간에 협의가 성립되었을 때에는 사업시행자는 재결 신청기간(사업인정고시가 된 날부터 1년) 이내에 해당 토지소유자 및 관계인의 동의를 받아 대통령령으로 정하는 바에 따라 관할 토지수용위원회에 협의 성립의 확인을 신청할 수 있다(법 제29조 제1항).

나. 절 차

협의 성립의 확인에 관하여는 제28조 제2항, 제31조, 제32조, 제34조, 제35조, 제52조 제7항, 제53조 제4항, 제57조 및 제58조를 준용한다(법 제29조 제2항). 즉 협의성립의 확인을 위해서는 공익사업법상의 재결에 준하는 절차 및 방식을 갖추어야 한다.

다만 사업시행자가 협의가 성립된 토지의 소재지·지번·지목 및 면적 등 대통령령으로 정하는 사항에 대하여 「공증인법」에 따른 공증을 받아 제1항에 따른 협의 성립의 확인을 신청하였을 때에는 관할 토지수용위원회가 이를 수리함으로써 협의 성립이 확인된 것으로 본다(법 제29조 제3항). 즉 대통령령으로 정하는 사항에 대하여 공증을 받아 협의 성립의 확인을 신청하는 경우에는 공익사업법상의 재결절차에 따르는 공고 및 열람, 토지소유자 등의 의견진술 등의 절차 없이 관할 토지수용위원회의 수리만으로 협의 성립이 확인된 것으로 간주하는바, 이는 사업시행자의 원활한 공익사업 수행, 토지수용위원회의 업무 간소화, 토지소유자 등의 간편하고 신속한 이익실현을 도모하기 위함이다(대법원 2018. 12.

13. 선고 2016두51719 판결).

다. 효 과

제1항 및 제3항에 따른 확인은 재결로 보며, 사업시행자, 토지소유자 및 관계인은 그 확인된 협의의 성립이나 내용을 다툴 수 없다(법 제29조 제4항).

이 제도의 취지는 협의에 의한 당사자 간의 합의만으로는 토지보상법에 의한 권리취득으로 볼 수 없다(대법원 1992. 9. 14. 선고 92다21319 판결 등)는 전제 하에, 관계 당사자 간의 합의에 수용재결과 같은 효과를 부여함으로써 수용재결절차에 의하지 아니하고도 수용의 목적을 달성하게 하려는 데에 있다.

판례

공익사업을 위한 토지 등의 취득 및 보상에 관한 법률(이하 '토지보상법'이라 한다) 제29조에서 정한 협의 성립 확인제도는 수용과 손실보상을 신속하게 실현시키기 위하여 도입되었다. 토지보상법 제29조는 이를 위한 전제조건으로 협의 성립의 확인을 신청하기 위해서는 협의취득 내지 보상협의가 성립한 데에서 더 나아가 확인 신청에 대하여도 토지소유자 등이 동의할 것을 추가적 요건으로 정하고 있다. 특히 토지보상법 제29조 제3항은, 공증을 받아 협의 성립의 확인을 신청하는 경우에 공증에 의하여 협의 당사자의 자발적 합의를 전제로 한 협의의 진정 성립이 객관적으로 인정되었다고 보아, 토지보상법상 재결절차에 따르는 공고 및 열람, 토지소유자 등의 의견진술 등의 절차 없이 관할 토지수용위원회의 수리만으로 협의 성립이 확인된 것으로 간주함으로써, 사업시행자의 원활한 공익사업 수행, 토지수용위원회의 업무 간소화, 토지소유자 등의 간편하고 신속한 이익실현을 도모하고 있다.

한편 토지보상법상 수용은 일정한 요건하에 그 소유권을 사업시행자에게 귀속시키는 행정처분으로서 이로 인한 효과는 소유자가 누구인지와 무관하게 사업시행자가 그 소유권을 취득하게 하는 원시취득이다. 반면, 토지보상법상 '협의취득'의 성격은 사법상 매매계약이므로 그 이행으로 인한 사업시행자의 소유권 취득도 승계취득이다. 그런데 토지보상법 제29조 제3항에 따른 신청이 수리됨으로써 협의 성립의 확인이 있었던 것으로 간주되면, 토지보상법 제29조 제4항에 따라 그에 관한 재결이 있었던 것으로 재차 의제되고, 그에 따라 사업시행자는 사법상 매매의 효력만을 갖는 협의취득과는 달리 확인대상 토지를 수용재결의 경우와 동일하게 원시취득하는 효과를 누리게 된다.

이처럼 간이한 절차만을 거치는 협의 성립의 확인에, 원시취득의 강력한 효력을 부여함과 동시에 사법상 매매계약과 달리 협의 당사자들이 사후적으로 그 성립과 내용을 다툴 수 없게 한 법적 정당성의 원천은 사업시행자와 토지소유자 등이 진정한 합의를 하였다는 데에 있다. 여기에 공증에 의한 협의 성립 확인 제도의 체계와 입법 취지, 그 요건 및 효과까지 보태어 보면, 토지보상법 제29조 제3항에 따른 협의 성립의 확인 신청에 필요한 동의의 주체인 토지소유자는 협의 대상이 되는 '토지의 진정한 소유자'를 의미한다. 따라서 사업시행자가 진정한 토지소유자의 동의를 받지 못한 채 단순히 등기부상 소유명의자의 동의만을 얻은 후 관련 사항에 대한 공증을 받아 토지보상법 제29조 제3항에 따라 협의 성립의 확인을 신청하였음에도 토지수용위원회가 신청을 수리하였다면, 수리 행위는 다른 특별한 사정이 없는 한 토지보상법이 정한 소유자의 동의 요건을 갖추지 못한 것으로서 위법하다. 진정한 토지소유자의 동의가 없었던 이상, 진정한 토지소유자를 확정하는 데 사업시행자의 과실이 있었는지 여부와 무관하게 그 동의의 흠결은 위 수리 행위의 위법사유가 된다. 이에 따라 진정한 토지소유자는 수리 행위가 위법함을 주장하여 항고소송으로 취소를 구할 수 있다(대법원 2018. 12. 13. 선고 2016두51719 판결 [협의성립확인신청수리처분취소]).

Ⅴ. 재결 · 화해

1. 재결의 의의 및 법적 성질

토지수용위원회의 재결(수용재결)은 사업시행자로 하여금 토지의 소유권 또는 토지의 사용권을 취득하도록 하고 사업시행자가 지급하여야 하는 손실보상액을 정하는 결정을 말한다.

재결은 사업시행자에게 부여된 수용권의 구체적 내용을 결정하고, 그 실행을 완성시키는 형성적 행정행위의 성질을 갖는다.[50] 비록 재결이라는 명칭을 사용하고 있지만, 수용재결은 행정심판의 재결과는 구별되며 원행정행위에 해당한다. 수용재결은 일정한 쟁송절차를 거쳐 행해지는 준사법적인 행정행위이므로 불가변력이 인정된다.

2. 재결의 신청

가. 재결신청권자

당사자 사이에 협의가 성립되지 아니하거나 협의를 할 수 없을 때에는 사업시행자는 사업인정고시가 된 날부터 1년 이내에 관할 토지수용위원회에 재결을 신청할 수 있다(법 제28조 제1항). 사업시행자가 사업인정의 고시가 된 날부터 1년 이내에 재결신청을 하지 아니한 경우에는 사업인정고시가 된 날부터 1년이 되는 날의 다음 날에 사업인정은 그 효력을 상실한다(법 제23조 제1항). 일부 특별법에서는 위 재결신청의 기간을 토지보상법보다 장기로 정하거나, 연장이 가능하도록 규정하고 있는 경우도 적지 않다.[51]

---

50) 김철용, 앞의 책, 563면.

51) 기업도시개발 특별법 제14조(토지 등의 수용·사용) ④ 재결의 신청은 「공익사업을 위한 토지 등의 취득 및 보상에 관한 법률」 제23조 제1항 및 제28조 제1항에도 불구하고 제11조 제4항 본문에 따른

재결을 신청하는 동기는 사업시행자 자신의 독자적인 판단이나 토지소유자 또는 관계인의 청구에 의할 수도 있지만, 수용목적물의 취득을 위하여 관할 토지수용위원회에 재결을 신청할 수 있는 권한을 가진 자는 원칙적으로 사업시행자뿐이다. 토지소유자나 관계인은 사업시행자에게 조속히 재결을 신청할 것을 요구하는 청구는 할 수 있지만, 토지수용위원회에 직접 재결을 신청할 수는 없다. 이와 같이 재결의 신청권자를 사업시행자로만 한정하는 이유에 관하여는 종래 i) 피수용자인 토지소유자 등에게 직접 재결신청권을 인정할 경우 당해 공익사업의 계획 또는 추진에 지장을 초래할 우려가 있다는 점, ii) 사업인정고시 후 사정변경 등으로 토지 등을 취득할 필요가 없게 되는 경우도 있다는 점, iii) 재결의 효과로서 발생하는 목적물 취득권과 보상의무는 사업시행자에게 있는데, 피수용자에게 재결신청권을 인정하게 되면 사업시행자에게 권리의 행사 또는 의무의 이행을 강요하는 결과가 되는 점 등이 제시되고 있다.[52] 이에 대하여, 다분히 쟁송적 성격을 가진 재결절차의 본질을 고려한다면 그 절차의 개시권한을 사업시행자에게만 부여할 합리적인 근거를 상정하기 어렵다고 보면서, 입법론적으로 재결의 신청권을 사업시행자와 토지소유자 및 관계인에게 모두 인정하는 것이 타당하다고 보는 견해도 유력하다.[53]

위와 같이 현재 재결의 신청은 원칙적으로 사업시행자만이 할 수 있으나, 다만 법률이 특별히 규정하는 예외적인 경우에는 사업시행자 이외의 자(토지소유자 및 관계인)도 관할 토지수용위원회에 재결을 신청할 수 있다. 사업 준비를 위한 출입의 허가와 관련한 손실을 입은 경우(법 제9조 제7항), 사업인정이 실효된 경우(법 제23조 제1항), 공용사용토지의 소유자가 수용청구를 하는 경우(법 제72조), 잔여지 또는 잔여 건축물의 소유자가 수용청구를 하는 경우(법 제74조 제1항, 제75조의2 제2항, 제3항), 잔여지 또는 잔여 건축물의 소유자가 감가등보상을 청구하는 경우(법 제73조 제4항, 제75조의2 제3항, 제9조 제6항 및 제7항), 간접손실을 입은 자(법령이 보상규정을 두고 있는 경우에 한한다)가 보상을 청구하는 경우(법 제80조 제1항 및 제2항, 제79조 제1항 및 제2항) 등이 그러한 경우의 예이다.

나. 재결신청의 청구

(1) 의 의

사업인정고시가 된 후 협의가 성립되지 아니하였을 때에는 토지소유자와 관계인은

개발계획의 고시일부터 4년 이내에 할 수 있다. 다만, 대통령령으로 정하는 부득이한 사유가 있는 경우에는 국토교통부장관의 승인을 받아 그 기간을 2년 연장할 수 있다.

52) 김경렬, 토지공법, 1993, 111-112면.

53) 정기상, “수용절차상 재결신청청구제도에 관한 연구”, 인권과 정의 제428호, 2012. 9, 43면.

대통령령으로 정하는 바에 따라 서면으로 사업시행자에게 재결을 신청할 것을 청구할 수 있다(법 제30조 제1항). 토지소유자 및 관계인이 재결신청을 청구하려는 경우에는 i) 사업시행자의 성명 또는 명칭, ii) 공익사업의 종류 및 명칭, iii) 토지소유자 및 관계인의 성명 또는 명칭 및 주소, iv) 대상 토지의 소재지·지번·지목 및 면적과 토지에 있는 물건의 종류·구조 및 수량, v) 협의가 성립되지 아니한 사유를 적은 재결신청청구서를 사업시행자에게 제출하여야 한다(법 시행령 제14조 제1항).

(2) 취 지

재결의 신청은 원칙적으로 사업시행자만이 할 수 있는데, 수용을 둘러싼 법률관계의 조속한 종결은 피수용자에게도 커다란 이해관계가 있으므로 토지소유자 등을 보호하기 위하여 이 제도를 인정하고 있는 것이다.

(3) 요 건

여기서 '협의가 성립되지 아니하였을 때'라 함은 사업시행자가 토지소유자 등과 공익사업법 제26조 소정의 협의절차는 거쳤으나 그 보상액 등에 관하여 협의가 성립하지 아니한 경우는 물론 토지소유자 등이 손실보상대상에 해당한다고 주장하며 보상을 요구하는데도 사업시행자가 손실보상대상에 해당하지 아니한다며 보상대상에서 이를 제외한 채 협의를 하지 않아 결국 협의가 성립하지 않은 경우도 포함된다(대법원 2011. 7. 14. 선고 2011두2309 판결).[54] 따라서 사업시행자는 토지소유자 등과의 사이에 손실보상대상에 해당하는지 여부에 관하여 다툼이 있어 손실보상대상에서 제외한 경우에도 토지소유자 등이 재결신청의 청구를 한 경우에는 관할 토지수용위원회에 재결신청을 하여 그 재결 결과에 따라 보상여부에 관한 업무를 처리하여야 할 것이고, 사업시행자가 보상대상이 되지 않는다고 스스로 판단하여 재결신청 자체를 거부할 수는 없다.

판례

[1] **공익사업을 위한 토지 등의 취득 및 보상에 관한 법률 제30조 제1항에서 정한 '협의가 성립되지 아니한 때'에, 토지소유자 등이 손실보상대상에 해당한다고 주장하며 보상을 요구하는데도 사업시행자가 손실보상대상에 해당하지 않는다며 보상대상에서 이를 제외한 채 협의를 하지 않아 결국 협의가 성립하지 않은 경우도 포함되는지 여부(적극)**: 공익사업을 위한 토지 등의 취득 및 보상에 관한 법률(이하 '공익사업법'이라 한다) 제30조 제1항은 재결신청을 청구할 수 있는

54) 주로 지장물에 대한 보상과 관련하여 이러한 경우가 자주 발생한다.

경우를 사업시행자와 토지소유자 및 관계인 사이에 '협의가 성립하지 아니한 때'로 정하고 있을 뿐 손실보상대상에 관한 이견으로 협의가 성립하지 아니한 경우를 제외하는 등 그 사유를 제한하고 있지 않은 점, 위 조항이 토지소유자 등에게 재결신청청구권을 부여한 취지는 공익사업에 필요한 토지 등을 수용에 의하여 취득하거나 사용할 때 손실보상에 관한 법률관계를 조속히 확정함으로써 공익사업을 효율적으로 수행하고 토지소유자 등의 재산권을 적정하게 보호하기 위한 것인데, 손실보상대상에 관한 이견으로 손실보상협의가 성립하지 아니한 경우에도 재결을 통해 손실보상에 관한 법률관계를 조속히 확정할 필요가 있는 점 등에 비추어 볼 때, '협의가 성립되지 아니한 때'에는 사업시행자가 토지소유자 등과 공익사업법 제26조에서 정한 협의절차를 거쳤으나 보상액 등에 관하여 협의가 성립하지 아니한 경우는 물론 토지소유자 등이 손실보상대상에 해당한다고 주장하며 보상을 요구하는데도 사업시행자가 손실보상대상에 해당하지 아니한다며 보상대상에서 이를 제외한 채 협의를 하지 않아 결국 협의가 성립하지 않은 경우도 포함된다고 보아야 한다.

[2] **도로건설 사업구역에 포함된 토지의 소유자가 토지상의 지장물에 대하여 재결신청을 청구하였으나, 그 중 일부에 대해서는 사업시행자가 손실보상대상에 해당하지 않아 재결신청대상이 아니라는 이유로 수용재결 신청을 거부하면서 보상협의를 하지 않은 사안에서, 위 처분이 위법하다고 본 원심판단을 수긍한 사례**: 아산~천안 간 도로건설 사업구역에 포함된 토지의 소유자가 토지상의 지장물에 대하여 재결신청을 청구하였으나, 그 중 일부에 대해서는 사업시행자가 손실보상대상에 해당하지 않아 재결신청대상이 아니라는 이유로 수용재결 신청을 거부하면서 보상협의를 하지 않은 사안에서, 사업시행자가 수용재결 신청을 거부하거나 보상협의를 하지 않으면서도 아무런 조치를 취하지 않은 것은 공익사업을 위한 토지 등의 취득 및 보상에 관한 법률에서 정한 재결신청청구 제도의 취지에 반하여 위법하다고 본 원심판단을 수긍한 사례(대법원 2011. 7. 14. 선고 2011두2309 판결 [보상제외처분취소등]).

(4) 불복방법

토지소유자 등의 재결신청의 청구에 대하여, 사업시행자가 ⅰ) 재결신청을 거부한 경우에는 거부처분취소소송의 대상이 되고, ⅱ) 상당한 시일이 경과하도록 아무런 조치를 취하지 않은 경우에는 부작위위법확인소송의 대상이 된다(대법원 2019. 8. 29. 선고 2018두57865 판결).

한편 사업시행자가 토지소유자 등의 재결신청의 청구를 거부한다고 하여 이를 이유로 민사소송의 방법으로 그 절차 이행을 구할 수는 없다(대법원 1997. 11. 14. 선고 97다13016 판결).

판례

편입토지 보상, 지장물 보상, 영업·농업 보상에 관하여 토지소유자나 관계인이 사업시행자에게 재결신청을 청구했음에도 사업시행자가 재결신청을 하지 않을 경우, 토지소유자나 관계인의 불복 방법 및 이때 사업시행자에게 재결신청을 할 의무가 있는지가 소송요건 심사단계에서 고려할 요소인지 여부(소극): 공익사업을 위한 토지 등의 취득 및 보상에 관한 법률 제28조, 제30조에 따르면, 편입토지 보상, 지장물 보상, 영업·농업 보상에 관해서는 사업시행자만이 재결을 신청할 수 있고 토지소유자와 관계인은 사업시행자에게 재결신청을 청구하도록 규정하고 있으므로, 토지소유자나 관계인의 재결신청 청구에도 사업시행자가 재결신청을 하지 않을 때 토지소유자나 관계인은 사업시행자를 상대로 거부처분 취소소송 또는 부작위 위법확인소송의 방법으로 다투어야 한다. 구체적인 사안에서 토지소유자나 관계인의 재결신청 청구가 적법하여 사업시행자가 재결신청을 할 의무가 있는지는 본안에서 사업시행자의 거부처분이나 부작위가 적법한가를 판단하는 단계에서 고려할 요소이지, 소송요건 심사단계에서 고려할 요소가 아니다(대법원 2019. 8. 29. 선고 2018두57865 판결 [수용재결신청청구거부처분취소]).

(5) 지연가산금

위와 같이 재결신청의 청구가 있는 경우 사업시행자는 그 청구를 받은 날부터 60일 이내에 관할 토지수용위원회에 재결을 신청하여야 하는바(법 제30조 제2항). 사업시행자가 위 기간을 넘겨서 재결을 신청하였을 때에는 그 지연된 기간에 대하여 '소송촉진 등에 관한 특례법' 제3조에 따른 법정이율[55]을 적용하여 산정한 금액을 관할 토지수용위원회에서 재결한 보상금에 가산(加算)하여 지급하여야 한다(법 제30조 제3항). 이는 사업시행자로 하여금 법률이 규정하고 있는 기간 이내에 재결신청을 하도록 간접강제함과 동시에 재결신청이 지연된 데에 따른 토지소유자 및 관계인의 손해를 보전하는 성격을 갖는 금원이라고 할 수 있다(대법원 2012. 12. 27. 선고 2010두9457 판결). 위 지연가산금은 수용보상금에 대한 법정 지연손해금의 성격을 갖는 것이므로 이에 대한 불복은 수용보상금에 대한 불복절차에 의함이 상당하고 그 밖에 관련 규정을 고려할 때, 그에 대한 불복은 수용보상금의 증액에 관한 소(보상금증감소송)에 의하여야 한다(대법원 1997. 10. 24. 선고 97다31175 판결).

---

55) 소송촉진 등에 관한 특례법 제3조 제1항 본문의 법정이율에 관한 규정(대통령령 제29768호): 「소송촉진 등에 관한 특례법」 제3조 제1항 본문에서 "대통령령으로 정하는 이율"이란 연 100분의 12를 말한다.

3. 재결기관(토지수용위원회)

수용재결은 국민의 재산권을 강제로 박탈하는 효과를 가져 오므로 보다 전문적이고 공정한 기관에 의해 행해지도록 할 필요가 있다. 그리하여 토지보상법은 토지수용의 재결을 일반 행정기관이 아니라 독립성과 전문성이 보장된 토지수용위원회에 의해 행하도록 하고 있다.

토지 등의 수용과 사용에 관한 재결을 하기 위하여 국토교통부에 중앙토지수용위원회를 두고, 특별시·광역시·도·특별자치도에 지방토지수용위원회를 둔다(법 제49조). 국가 또는 시·도가 사업시행자인 사업 및 수용하거나 사용할 토지가 둘 이상의 시·도에 걸쳐 있는 사업에 관한 재결은 중앙토지수용위원회의 관할에 속하고, 그 외의 사업에 관한 재결은 지방토지수용위원회의 관할에 속한다(법 제51조).

수용재결을 행하는 관할 토지수용위원회는 합의제 행정청에 해당된다.

4. 재결의 내용

사업시행자가 재결을 신청한 경우에, 관할 토지수용위원회는 ⅰ) 수용하거나 사용할 토지의 구역 및 사용방법, ⅱ) 손실보상, ⅲ) 수용 또는 사용의 개시일과 기간, ⅳ) 그 밖에 이 법 및 다른 법률에서 규정한 사항 등을 재결의 형식으로 결정한다(법 제50조 제1항). 위와 같이 토지수용위원회의 재결에는 수용 등의 대상인 토지의 구역 및 보상금액과 함께 수용의 개시일이 정하여 지는바,[56] 사업시행자는 위 수용의 개시일(토지수용위원회가 재결로써 결정한 수용을 시작하는 날)에 토지 또는 물건의 소유권을 취득하고(법 제45조 제1항), 아울러 위 수용의 개시일까지 보상금을 지급하여야 할 의무를 지게 된다(법 제40조 제1항).

사업시행자가 수용 또는 사용의 개시일까지 관할 토지수용위원회가 재결한 보상금을 지급하거나 공탁하지 아니하였을 때에는 해당 토지수용위원회의 재결은 효력을 상실한다(법 제42조 제1항).

56) 참고로 (수용)재결서의 주문 기재례를 하나 적시하면 다음과 같다.
1. 사업시행자(예: 전라남도지사)는 고금-마량간 연륙교 가설공사 사업을 위하여 별지기재 토지를 수용하고, 그 손실보상금은 60,000,000원으로 정한다.
2. 수용개시일은 2017. 7. 8.로 한다.

5. 수용권의 남용과 재결의 효력

사업시행자의 수용권의 행사가 수용권의 남용에 해당되는 경우, 그에 기한 수용재결은 위법한 재결로서 취소 또는 무효확인의 대상이 될 수 있다. 수용권의 남용에 해당하는 예로는 사업시행자가 사업인정을 받은 후 그 사업이 공용수용을 할 만한 공익성을 상실하거나 사업인정에 관련된 자들의 이익이 현저히 비례의 원칙에 어긋나게 된 경우 또는 사업시행자가 해당 공익사업을 수행할 의사나 능력을 상실한 경우 등을 들 수 있다(대법원 2011. 1. 27. 선고 2009두1051 판결).

판례

사업시행자가 사업인정을 받은 후 그 사업이 공용수용을 할 만한 공익성을 상실하거나 사업인정에 관련된 자들의 이익이 현저히 비례의 원칙에 어긋나게 된 경우 또는 사업시행자가 해당 공익사업을 수행할 의사나 능력을 상실한 경우, 그 사업인정에 터잡아 수용권을 행사할 수 있는지 여부(소극): 공용수용은 헌법상의 재산권 보장의 요청상 불가피한 최소한에 그쳐야 한다는 헌법 제23조의 근본취지에 비추어 볼 때, 사업시행자가 사업인정을 받은 후 그 사업이 공용수용을 할 만한 공익성을 상실하거나 사업인정에 관련된 자들의 이익이 현저히 비례의 원칙에 어긋나게 된 경우 또는 사업시행자가 해당 공익사업을 수행할 의사나 능력을 상실하였음에도 여전히 그 사업인정에 기하여 수용권을 행사하는 것은 수용권의 공익 목적에 반하는 수용권의 남용에 해당하여 허용되지 않는다(대법원 2011. 1. 27. 선고 2009두1051 판결 [토지수용재결처분취소]): <해설> 사업시행자가 사업인정을 받은 이후 재정상황이 악화되는 등의 사유로 수용재결 당시 사업을 수행할 능력을 상실한 상태에 있었다고 볼 여지가 있고, 그럼에도 불구하고 수용재결을 신청하여 그 재결을 받은 것은 수용권의 남용에 해당한다고 볼 여지가 있다고 본 사례이다.

6. 사업인정과 수용재결의 관계

사업인정과 수용재결은 상호 독립된 별개의 행위이지만, 다른 한편으로는 공익사업에 필요한 토지를 취득하는 것을 목적으로 하는 일련의 수용절차를 이룬다. 그리하여 사업인정과 수용재결 사이에는 다음과 같은 관계가 있다.

가. 사업인정의 구속력

사업인정의 판단, 즉 사업의 공공필요성에 대한 판단은 토지수용위원회를 구속한다. 따라서 토지수용위원회는 사업인정에 반하는 재결을 할 수 없다.

공익사업법은 수용·사용의 일차 단계인 사업인정에 속하는 부분은 사업의 공익성 판단으로 사업인정기관에 일임하고 그 이후의 구체적인 수용·사용의 결정은 토지수용위원회에 맡기고 있는바, 이와 같은 토지수용절차의 2분화 및 사업인정의 성격 등에 비추어 볼 때 토지수용위원회는 행정쟁송에 의하여 사업인정이 취소되지 않는 한 그 기능상 사업인정 자체를 무의미하게 하는, 즉 사업의 시행이 불가능하게 되는 것과 같은 재결을 행할 수는 없다(대법원 2007. 1. 11. 선고 2004두8538 판결). 다만 사업시행자의 수용권의 행사가 수용권의 남용에 해당되는 경우, 그에 기한 수용재결은 위법한 재결로서 취소 또는 무효확인의 대상이 될 수 있다는 점은 이미 살펴본 바와 같다.

나. 사업인정 및 수용재결에 대한 행정쟁송의 제기와 소의 이익

사업인정과 수용재결은 상호 별개의 독립된 행위이다.

사업인정과 수용재결은 행위의 요건과 효과가 다르므로 각 소송에서 주장되는 위법사유가 다를 것이므로, 수용재결에 대한 취소소송이 제기되었다고 하더라도 사업인정의 취소를 구할 소의 이익이 소멸하지는 않는다.

사업인정이 취소되면 그것을 전제로 하는 수용재결도 취소되어야 할 것이다. 그러나 수용재결이 취소되었다고 하여 사업인정이 취소되어야 하는 것은 아니다.

수용재결은 토지수용절차에 있어서 사업인정을 전제로 하여 행해지므로 양자에 대한 취소소송은 행정소송법 제10조에 정한 관련 청구소송에 해당되고, 따라서 이송 및 병합의 대상이 될 수 있다(행정소송법 제10조).

다. 하자의 승계

사업인정의 하자가 수용재결에 승계되는지가 문제된다. 이는 수용재결에 대한 취소소송에서 이미 불가쟁력이 발생한 사업인정의 하자를 위법사유로 주장할 수 있는가의 문제이다.

① 부정설은 사업인정과 수용재결은 처분의 주체·요건이 다를 뿐 아니라, 별개의 법적 효과를 가져오는 별개의 행위이므로 사업인정의 위법은 수용재결에 승계되지 않는다고 본다. 부정설이 다수설 및 판례의 입장이다(대법원 1988. 12. 27. 선고 87누1141 판결; 대법원 2000. 10. 13. 선고 2000두5142 판결 등). ② 한편 긍정설에 의하면 수용재결은 사업인정이 있음을 전제로 하고 이와 결합하여 공익사업에 필요한 토지취득이라는 구체적인 법적 효과를 완성시키므로 사업인정의 위법을 이유로 수용재결의 취소를 구할 수 있다고 본다.

생각건대, 실무상으로 사업인정 단계에서는 이해관계인의 적극적 참여절차가 결여되어 있을 뿐만 아니라, 현실적으로 이해관계인이 사업인정 단계에서 특별한 관심을 가지기도 어렵다는 점을 고려한다면 권리구제의 원활을 기한다는 측면에서 하자의 승계를 긍정하는 것이 타당하다.

판례

토지수용법상 사업인정의 고시 절차를 누락한 것을 이유로 수용재결처분의 취소를 구하거나 무효확인을 구할 수 있는지 여부(소극): 구 토지수용법(1990. 4. 7. 법률 제4231호로 개정되기 전의 것) 제16조 제1항에서는 건설부장관이 사업인정을 하는 때에는 지체 없이 그 뜻을 기업자·토지소유자·관계인 및 관계도지사에게 통보하고 기업자의 성명 또는 명칭, 사업의 종류, 기업지 및 수용 또는 사용할 토지의 세목을 관보에 공시하여야 한다고 규정하고 있는바, 가령 건설부장관이 위와 같은 절차를 누락한 경우 이는 절차상의 위법으로서 수용재결 단계 전의 사업인정 단계에서 다툴 수 있는 취소사유에 해당하기는 하나, 더 나아가 그 사업인정 자체를 무효로 할 중대하고 명백한 하자라고 보기는 어렵고, 따라서 이러한 위법을 들어 수용재결처분의 취소를 구하거나 무효확인을 구할 수는 없다(대법원 2000. 10. 13. 선고 2000두5142 판결 [토지수용재결무효확인]): <해설> 사업인정을 함에 있어서 관계자에 대한 통지 및 관련 고시 절차를 누락한 경우 이는 절차상 위법한 행위에 해당하나 취소사유에 불과할 뿐 무효사유는 아니다. 아울러 이러한 사업인정의 위법(취소사유)은 수용재결에 승계되지 않는다고 본 사례이다.

[제59회 행정고시 문제] A주식회사는 Y도지사에게 산업입지 및 개발에 관한 법률 제11조에 의하여 X시 관내 토지 3,261,281m^{2}에 대하여 '산업단지지정요청서'를 제출하였고, 해당 지역을 관할하는 X시장은 요청서에 대한 사전검토 의견서를 Y도지사에게 제출하였다. 이에 Y도지사는 A주식회사를 사업시행자로 하여 위 토지를 '○○ 제2일반지방산업단지'(이하 "산업단지"라고 한다)로 지정·고시한 후, A주식회사의 산업단지개발실시계획을 승인하였다. 그러나 Y도지사는 위 산업단지를 지정하면서, 주민 및 관계 전문가 등의 의견을 청취하지 않았다. 한편, 甲은 X시 관내에 있는 토지소유자로서 甲의 일단의 토지 중 90%가 위 산업단지의 지정·고시에 의해 수용의 대상이 되었다. A주식회사는 甲소유 토지의 취득 등에 대하여 甲과 협의하였으나 협의가 성립되지 아니하였다. 이에 A주식회사는 Y도(道) 지방토지수용위원회에 재결을 신청하였고, 동 위원회는 금 10억원을 보상금액으로 하여 수용재결을 하였다. 다음 물음에 답하시오. (총 50점)

1) 만약 A주식회사가 수용재결을 신청하기 이전에 甲과 합의하여 甲소유의 토지를 협의취득한 경우, 그 협의취득의 법적 성질은? (10점)

2) 甲은 Y도 지방토지수용위원회의 수용재결에 대하여 취소소송을 제기하면서 Y도지사의 산업단지 지정에 하자가 있다고 주장한다. 산업단지 지정에 대한 취소소송의 제소기간이 도과한 경우에 甲의 주장은 인용될 수 있는가? (단, 소의 적법요건은 충족하였다고 가정한

다) (20점)

3) 한편, 甲은 중앙토지수용위원회의 이의신청을 거친 후, 재결에 대한 취소소송을 제기하고자 한다. 이 경우 취소소송의 대상과 피고를 검토하시오. (10점)

4) 甲은 자신의 위 토지에 숙박시설을 신축하려고 하였으나 수용되고 남은 토지만으로 이를 실행하기 어렵게 되었고, 토지의 가격도 하락하였다. 이 경우 甲의 권리구제수단을 검토하시오. (10점)

[제52회 사법시험 문제] A시는 택지개발사업을 위해 관련 법령에 따른 절차를 거쳐 甲 소유의 토지 등을 취득하고자 甲과 보상에 관하여 협의하였으나 협의가 성립되지 않았다.
이에 A시는 관할 토지수용위원회에 재결을 신청하여 "A시는 甲의 토지를 수용하고, 甲은 그 지상 공작물을 이전한다. A시는 甲에게 보상금으로 1억 원을 지급한다."라는 취지의 재결을 받았다. 그러나 甲은 보상금이 너무 적다는 이유로 보상금 수령을 거절하였다. 그러자 A시는 보상금을 공탁하였고, A시장은 甲에게 보상절차가 완료되었음을 이유로 위 토지상의 공작물을 이전하고 토지를 인도하라고 명하였다.

1. 甲이 토지수용위원회의 재결에 불복할 경우 적절한 구제수단은? (20점)
2. 甲이 공작물이전명령 및 토지인도명령에 응하지 않을 경우 A시장은 이를 대집행할 수 있는가? (8점)
3. 만약 A시장이 대집행을 했을 때, 甲이 "위법한 명령에 기초한 대집행으로 말미암아 손해를 입었다." 라고 주장하면서 관할 민사법원에 국가배상청구소송을 제기한다면 민사법원은 위 명령의 위법성을 스스로 심사할 수 있는가? (12점)
4. 甲이 위 명령에 대해 관할 행정법원에 취소소송을 제기하여 청구기각판결을 받아 그 판결이 확정되었더라도 甲은 후소인 국가배상청구소송에서 위 명령의 위법을 주장할 수 있는가? (10점)

제6절 수용재결에 대한 불복절차

Ⅰ. 개 설

사업시행자와 토지소유자 등 사이의 합의에 의하여 보상액이 결정되거나, 토지수용위원회의 재결을 거치지 않고 곧바로 법원에서의 소송에 의해 보상액이 결정되는 경우[57]에

57) 개별법에서 손실보상의 원칙만을 규정하고, 보상금결정기관, 불복절차 등 기타 보상에 관한 세부규

는 그 성질상 공익사업법 제34조, 제50조 등에 규정된 재결절차 및 그에 대한 불복절차가 존재할 수 없다.

문제는 행정청(관할 토지수용위원회)에 의하여 보상액이 결정되는 경우이다. 보상금의 액수는 대부분 토지수용위원회의 재결에 의하여 결정되는바, 그에 대한 불복절차로는 이의신청과 행정소송이 있다.

II. 이의신청

1. 의 의

지방토지수용위원회의 재결에 대하여 불복이 있는 자는 당해 지방토지수용위원회를 거쳐 중앙토지수용위원회에, 중앙토지수용위원회의 재결에 대하여 불복이 있는 경우에는 중앙토지수용위원회에 이의를 신청할 수 있다(법 제83조 제1, 2항).

구 토지수용법 하에서 판례는 이의재결을 거치지 아니하고 원처분인 수용재결취소의 소를 제기할 수는 없다고 보았다(대법원 2001. 5. 8. 선고 2001두1468 판결). 그러나 현행 공익사업을 위한 토지 등의 취득 및 보상에 관한 법률은 중앙토지수용위원회에의 이의신청을 임의적인 것으로 규정하고 있다.

2. 법적 성질

현행 공익사업법상의 이의신청이 특별행정심판인지 아니면 단순한 별도의 구제방식인지가 문제된다. 헌법 제107조 제3항에 따르면 행정심판의 절차는 법률로 정하되, 사법절차가 준용될 것을 요구하는바, 여기서 사법절차란 판단기관의 독립성과 공정성, 대심적 심리구조, 당사자의 절차적 권리보장 등을 의미한다(헌법재판소 2001. 6. 28. 선고 2000헌바30 전원재판부). 그런데 공익사업법의 경우, i) 중앙토지수용위원회 위원의 자격, 임기, 신분

정이 전혀 존재하지 않는 경우가 있을 수 있다(예: 소방기본법 제25조 제4항, 제27조 제3항 등). 이 때에도 구체적 손실보상청구권이 법규정에 의하여 이미 발생하였다고 볼 수 있는 경우에는 토지소유자 등은 재결절차를 거치지 않고 공법상 당사자소송으로 직접 보상금지급을 청구할 수 있다. 이 경우에는 법원이 직접 손실보상액을 결정한다. 유추적용설에 의하여 손실보상청구권이 인정되는 경우가 주로 그러한 예에 해당된다고 할 수 있다.

다만 판례는 위와 같이 유추적용설에 의하여 손실보상청구권을 행사하는 경우 당사자소송이 아니라 민사소송의 방법에 의하도록 하고 있다는 점은 이미 앞에서 살펴본 바와 같다(대법원 2014. 5. 29. 선고 2013두12478 판결 등).

보장 등을 엄격히 규정하고 있으므로 판단기관의 독립성과 공정성이 인정되며(법 제52조, 제54조 내지 제56조), ii) 처분청인 관할 토지수용위원회와 상대방인 사업시행자 및 토지소유자 등 사이에 대심구조가 확보되어 있으며, iii) 사업시행자, 토지소유자 등은 이의신청을 거쳤을 경우 이의재결서를 받은 날부터 60일 이내에 행정소송을 제기할 수 있는 등(법 제85조), 사법절차의 본질적 요소를 갖추고 있다.

위와 같이 공익사업법상의 이의신청 관련 규정은 준사법적 성질을 지니고 있으므로, 이는 특별행정심판 절차에 해당된다. 따라서 공익사업법상의 이의신청에 관한 규정은 행정심판법에 우선하여 적용되나, 그 밖의 사항에 대하여는 일반법인 행정심판법이 준용된다고 보아야 한다.

이의재결을 행하는 중앙토지수용위원회는 공익사업법이라는 개별법에 의하여 설치되어 특별한 행정심판을 담당하므로 특별행정심판위원회에 해당된다.

3. 신청기간

이의의 신청은 수용재결서의 정본을 받은 날부터 30일 이내에 하여야 한다(법 제83조 제3항).

4. 이의신청의 대상

이의신청의 대상은 토지수용위원회의 재결이다. 토지수용위원회의 재결은 수용재결부분(토지 등을 수용한다는 결정부분)과 보상재결부분(보상액을 결정하는 부분)으로 분리될 수 있는바, 수용재결부분과 보상재결부분 중 어느 하나만에 대하여 불복이 있는 경우에도 토지수용위원회의 재결 전체가 불복의 대상이 된다고 보는 견해가 있다.[58] 그러나 수용재결부분과 보상재결부분이 분리될 수 있는 이상 그중 불복부분만이 이의신청의 대상이 될 수 있다고 보는 것이 i) 처분권주의에 부합되고, ii) 당사자의 의사를 존중하는 것이 될 뿐만 아니라, iii) 수용 자체를 다투는 경우와 보상액을 다투는 경우를 나누어 규율하고 있는 행정소송제도와의 균형에도 합치된다고 할 것이다.

5. 집행부정지

수용재결에 대한 이의신청이나 행정소송의 제기는 사업의 진행 및 토지의 수용 또는

58) 박균성, 행정법론(상)(제10판), 2011, 903면.

사용을 정지시키지 아니한다(법 제88조).

6. 이의신청에 대한 재결(이의재결)

가. 이의재결의 유형

이의신청을 받은 중앙토지수용위원회는 원재결이 위법하거나 부당하다고 인정할 때에는 그 재결의 전부 또는 일부를 취소하거나 보상액을 변경할 수 있다(법 제84조 제1항). 다시 말하면 중앙토지수용위원회는 원재결을 취소하는 재결만을 할 수 있는 것이 아니라 적극적으로 보상액을 증액 또는 감액하는 재결을 할 수도 있는 것이다.[59]

나. 이의재결의 효력

이의재결은 행정심판재결에 해당된다. 그 결과 형성력, 기속력 등과 같은 재결의 효력이 발생한다. 따라서 수용재결을 행한 관할 토지수용위원회는 이의재결에 대하여 불복할 수 없다.

제85조 제1항에 따른 기간 이내에 소송이 제기되지 아니하거나 그 밖의 사유로 이의신청에 대한 재결이 확정된 때에는 민사소송법상의 확정판결이 있은 것으로 보며, 재결서 정본은 집행력 있는 판결의 정본과 동일한 효력을 가진다(법 제86조 제1항).

III. 행정소송

사업시행자, 토지소유자 또는 관계인은 제34조에 따른 재결에 불복할 때에는 재결서를 받은 날부터 90일 이내에, 이의신청을 거쳤을 때에는 이의신청에 대한 재결서를 받은 날부터 60일 이내에 각각 행정소송을 제기할 수 있다(법 제85조 제1항). 위 재결에 대한 불복에는 수용 자체를 다투는 경우와 보상액을 다투는 경우가 있다. 불복이 수용 자체를 다투는 것인 때에는 재결에 대하여 취소소송 또는 무효확인 소송을 제기하고, 보상금의 액수를 다투는 것인 때에는 보상액의 증감을 청구하는 당사자소송을 제기하여야 한다(법 제85조 제2항).

---

59) 박윤흔·정형근, 최신행정법강의(상)(개정30판), 2009, 684면.

1. 취소소송(또는 무효확인소송)

가. 의 의

토지수용위원회의 원재결에 대한 불복이 보상금의 액수가 아니라 수용 자체를 다투는 경우에는 이의신청을 제기함이 없이 직접 취소·무효확인 소송을 제기하거나, 이의재결을 거쳐 취소·무효확인 소송을 제기할 수 있다(법 제85조 제1항).

나. 대 상

수용재결에 대하여 이의신청을 하지 않고 직접 취소·무효확인 소송을 제기하는 경우에 소송의 대상은 수용재결이 된다.

이의신청 후에 이의재결에 불복하여 취소·무효확인 소송을 제기하는 경우에도 이의재결이 아니라 원처분인 수용재결을 그 대상으로 하여야 한다(법 제85조 제1항). 그 이유는 다음과 같다. i) 공익사업법은 행정소송에 의한 불복의 대상을 '제34조에 따른 재결' 즉 수용재결이라고 규정하고 있다(법 제85조 제1항). ii) 이의신청을 임의적인 절차로 규정하고 있다(법 제83조 제1항, 제2항). iii) 이의재결을 대상으로 한다는 명문의 규정이 없으므로, 행정소송법 제19조의 일반원칙에 따라 원처분인 수용재결을 소송의 대상으로 하여야 한다.[60]

구 토지수용법 하에서 판례는 이의재결을 대상으로 하여 취소·무효확인 소송을 제기하여야 한다고 보았다(대법원 2001. 5. 8. 선고 2001두1468 판결). 그러나 현행법 하에서의 판례는 위와 같이 원처분주의를 분명히 하고 있으므로 원칙적으로 수용재결이 취소·무효확인 소송의 대상이 된다. 다만 이의재결은 재결 자체에 고유한 위법이 있는 경우에 한하여 취소·무효확인 소송의 대상이 될 수 있을 뿐이다(대법원 2010. 1. 28. 선고 2008두1504 판결).

판례

토지소유자 등이 수용재결에 불복하여 이의신청을 거친 후 취소소송을 제기하는 경우 피고적격(=수용재결을 한 토지수용위원회) 및 소송대상(=수용재결): 공익사업을 위한 토지 등의 취득 및 보상에 관한 법률 제85조 제1항 전문의 문언 내용과 같은 법 제83조, 제85조가 중앙토지수용위원회에 대한 이의신청을 임의적 절차로 규정하고 있는 점, 행정소송법 제19조 단서가 행정심판에 대한 재결은 재결 자체에 고유한 위법이 있음을 이유로 하는 경우에 한하여 취소소송의 대상으로 삼을 수 있도록 규정하고 있는 점 등을 종합하여 보면, 수용재결에 불복하여 취소소송을 제기하는 때에는 이의신청을 거친 경우에도 수용재결을 한 중앙토지수용위원회 또는 지방토지수용위원회를 피고로 하여 수용재결의 취소를 구하여야 하고, 다만 이의신청에 대한 재결 자체에 고유한 위법이 있음을 이유로 하는 경우에는

60) 박균성, 행정법론(상)(제10판), 2011, 904면.

그 이의재결을 한 중앙토지수용위원회를 피고로 하여 이의재결의 취소를 구할 수 있다고 보아야 한다(대법원 2010. 1. 28. 선고 2008두1504 판결).

다. 원 고

수용재결에 대한 취소·무효확인 소송은 통상 수용대상 토지의 소유자 등이 제기하는 경우가 일반적일 것이다. 이 경우 토지의 소유자 등이 원고가 된다.

그러나 사업시행자와 토지소유자 등 사이에 손실보상대상에 해당하는지 여부에 관하여 다툼이 있어 사업시행자가 손실보상대상에서 제외한 물건도 토지소유자 등이 재결신청의 청구를 한 경우에 사업시행자로서는 관할 토지수용위원회에 재결신청을 하여야 하는바(법 제30조 제1항), 그로 인한 재결이 대상물건을 수용하는 내용인 경우에 사업시행자는 위 수용재결의 취소·무효확인을 구하는 소를 제기할 수 있고, 이 경우에는 사업시행자가 원고가 된다.

라. 피 고

원칙적으로 원처분인 수용재결이 취소·무효확인 소송의 대상이 되는 것이므로, 당해 취소·무효확인 소송은 그 수용재결을 행한 관할 토지수용위원회를 피고로 하여 제기하여야 한다.

다만 이의재결에 주체, 절차, 형식 등의 하자와 같은 고유한 위법이 있는 경우에는 이의재결도 취소·무효확인 소송의 대상이 되므로, 이때에는 이의재결을 행한 중앙토지수용위원회를 피고로 하여 취소·무효확인 소송을 제기하여야 한다.

마. 제소기간

수용재결에 대한 취소소송은 재결서를 받은 날부터 90일 이내에, 이의신청을 거쳤을 때에는 이의신청에 대한 재결서를 받은 날부터 60일 이내에 제기하여야 한다(법 제85조 제1항). 이는 행정소송법상의 제소기간에 관한 규정의 특칙에 해당된다.

그러나 무효확인소송을 제기하는 경우에는 제소기간의 제한을 받지 아니한다.

2. 보상액증감청구소송

가. 의의와 범위

관할 토지수용위원회가 산정한 보상금액에 불복이 있는 경우 토지소유자 또는 관계인은 보상금의 증액을 청구하는 소송을 제기하고, 사업시행자는 보상액의 감액을 청구하는 소송을 제기할 수 있다. 보상액증감청구소송은 수용재결 자체가 아니라, 보상금액만이 불만인 경우에 이를 다투는 소송이다.

한편, 잔여지수용청구의 경우 그 거부재결에 대하여 취소소송을 제기하여야 하는지 아니면 보상액증감에 관한 소송을 제기하여야 하는지에 대하여는 견해의 대립이 있는바, 잔여지수용청구는 확장수용의 경우로서 확장수용은 청구에 의해 수용의 효과가 발생하고 (대법원 2001. 9. 4. 선고 99두11080 판결), 이는 궁극적으로 보상액 증감의 문제이므로 분쟁의 일회적 해결을 위해 보상액증액청구로 보는 것이 타당하다.

어떤 보상항목이 토지보상법령상 손실보상대상에 해당함에도 관할 토지수용위원회가 사실을 오인하거나 법리를 오해함으로써 손실보상대상에 해당하지 않는다고 잘못된 내용의 재결을 한 경우에도, 피보상자는 관할 토지수용위원회를 상대로 그 재결에 대한 취소소송을 제기할 것이 아니라, 사업시행자를 상대로 공익사업법 제85조 제2항에 따른 보상금증감소송을 제기하여야 한다(대법원 2018. 7. 20. 선고 2015두4044 판결 등).

나. 피 고

보상액증감청구소송은 소송제기자가 토지소유자 또는 관계인인 경우에는 사업시행자를, 소송제기자가 사업시행자인 경우에는 토지소유자 또는 관계인을 피고로 하여 제기하여야 한다(법 제85조 제2항). 구 토지수용법 하에서는 재결청도 피고로 하였으나(대법원 1993. 5. 25. 선고 92누15772 판결), 실질적으로 이해가 대립되는 것은 사업시행자와 토지소유자 또는 관계인이고 재결청은 직접적인 이해관계가 없음에도 공동피고로 포함되어 소송부담이 컸기 때문에 현행법은 재결청을 보상금증감청구소송의 피고에서 제외하였다.

한편 사업인정의 근거가 되는 법률에서 시장·군수·구청장과 같은 행정청을 사업시행자로 규정하고 있는 경우에도, 손실을 보상하여야 할 의무를 지는 권리의무의 주체는 국가 또는 지방자치단체 등 공공단체이므로, 그 손실보상금의 증감에 관한 행정소송(당사자소송)은 그 행정청이 속하는 국가나 지방자치단체 등 공공단체를 상대로 제기하여야 하고, 그 기관에 불과한 행정청을 상대로 제기할 수는 없다.

판례

도시계획법 제23조 등에 의하여 건설부장관이나 시장·군수 등의 행정청이 토지를 수용 또는 사용할 수 있는 공익사업을 시행하는 경우에도 손실보상금의 증감에 관한 행정소송은 행정청이 속하는 권리의무의 주체인 국가나 지방공공단체를 상대로 제기하여야 하고 그 기관에 불과한 행정청을 상대로 제기할 수 없다(대법원 1993. 5. 25. 선고 92누15772 판결).

다. 청구취지

보상액증감청구소송에서 법원은 스스로 보상액의 증감을 결정할 수 있다. 이렇게 법원이 직접 보상액을 결정할 수 있도록 한 것은 신속한 권리구제를 도모하기 위함이다.

먼저 보상액증액청구소송의 경우 원고는 수용재결에서 정한 보상액 외에 추가로 지급을 구하는 금원만에 대하여 이행판결을 청구하면 된다. 예를 들면 “피고[61]는 원고에게 금 ○○○원[62] 및 이에 대하여 20××. 3. 20.[63]부터 이 사건 소장부본 송달일까지는 연 5%의, 그 다음날부터 완제일까지는 연 12%의 각 비율에 의한 금원을 지급하라.”와 같이 기재하면 되고, 나아가 종전처럼 이의재결 또는 수용재결의 취소를 같이 청구할 필요는 없다.

다음으로 보상금감액청구소송에 관하여 살펴본다. 토지수용위원회가 재결한 보상금에 대하여 사업시행자의 불복이 있는 경우에 사업시행자는 보상금을 받을 자에게 자기가 산정한 보상금을 지급하고 그 금액과 토지수용위원회가 재결한 보상금과의 차액을 공탁하여야 한다. 이 경우 보상금을 받을 자는 그 불복의 절차가 종결될 때까지 공탁된 보상금을 수령할 수 없다(법 제40조 제2항, 제4항). 위와 같은 보상금감액청구소송의 경우에는 다음과 같이 그 보상액을 확인하는 판결을 청구하면 된다. 예를 들면 “별지목록기재 토지의 수용으로 인한 원고의 피고에 대한 손실보상금 채무는 금 ○○○원[64]임을 확인한다.” 또는 “별지목록기재 토지의 수용으로 인하여 원고가 피고에게 부담하는 손실보상금 채무는 금 ○○○원을 초과하여서는 존재하지 아니함을 확인한다.”와 같이 기재하면 될 것이다.

라. 법적 성질

(1) 형식적 당사자소송

행정청의 처분·재결 등이 원인이 되어 형성된 법률관계에 다툼이 있는 경우 그 원인이 되는 처분·재결 등의 효력을 직접 다투는 것이 아니고, 처분 등의 결과로써 형성된 법률관계에 대하여 그 법률관계의 한쪽 당사자를 피고로 하여 제기하는 소송을 형식적 당사

---

61) 예를 들어, 사업시행자가 전라남도지사인 경우, 이후 그 손실보상금의 증액에 관한 소송은 전라남도지사가 속하는 권리의무의 주체인 지방자치단체(전라남도)를 상대로 제기하여야 하고, 그 반대인 보상금감액청구소송의 경우도 전라남도지사가 아닌 전라남도가 원고가 되어야 한다.

62) 추가로 지급을 구하는 금원임.

63) 수용의 개시일 다음 날임.

64) 사업시행자가 산정한 보상액임.

자소송이라고 한다(행정소송법 제3조 제2호).

현행법의 보상금증감청구소송에서 당사자가 직접 다투는 것은 수용재결(처분)이 아니고, 수용재결에 의하여 형성된 법률관계(보상금 관계)의 내용이고 아울러 그 법률관계의 한쪽 당사자를 피고로 하여 제기하는 것이므로 형식적 당사자소송으로 보는 것이 타당하다.

(2) 확인소송·형성소송·이행소송

보상금증감청구소송이 토지수용위원회가 행한 보상금에 대한 결정의 취소·변경을 구하는 형성소송인지, 아니면 발생된 보상금청구권의 내용·범위 등의 확인을 구하는 확인소송인지가 문제된다.

이에 대하여 i)설은 공익사업법상 보상금의 결정은 행정결정(재결)에 의하여 형성되는 것이고, 보상금증감청구소송에서 법원이 정당한 보상액을 확정하는 것도 그 실질은 재결에서 정한 보상액의 취소·변경을 통하여 구체적 손실보상청구권을 형성하는 것이라고 본다(형성소송설). ii)설은 정당한 보상이란 법에 구체적으로 정하여져 있고 법원이 객관적으로 확인할 수 있는 것이므로, 보상금증감청구소송은 법규에 의해 객관적으로 발생하여 확정되어 있는 보상금 지급의무의 확인 또는 그 이행을 구하는 소송이라고 본다(확인·이행소송설).[65)]

생각건대, 과거에는 공익사업법이 재결청(토지수용위원회)도 피고로 하도록 규정되어 있었기 때문에 전자의 견해가 유력하였으나, 현행법은 재결청을 피고에서 제외하고 있으므로 현행법 아래에서는 후자의 견해가 타당하다고 보여진다. 즉 보상금증액청구소송은 보상액을 확인하고 그 이행을 구하는 점에서 확인·이행소송의 성질을 가지고, 보상금감액청구소송은 보상액을 확인하는 점에서 확인소송으로서의 성질을 가진다고 보아야 할 것이다.

마. 제소기간

보상금증감청구소송의 제기기간은 수용재결에 대한 취소소송에서와 같이 이의신청을 제기함이 없이 보상금증감청구소송을 제기하는 경우에는 재결서를 받은 날부터 90일 이내이고, 이의신청을 거친 때에는 이의신청에 대한 재결서를 받은 날부터 60일 이내이다(법 제85조 제1항).

---

65) 홍정선, 앞의 책, 753면.

판례

토지수용위원회의 수용재결서를 받은 날로부터 60일 이내에 보상금증감청구소송을 제기하도록 한 '공익사업을 위한 토지 등의 취득 및 보상에 관한 법률'(2011. 8. 4. 법률 제11017호로 개정된 것) 제85조 제1항 전문 중 관련 부분(이하 '이 사건 법률조항'이라 한다)이 보상금증감청구소송을 제기하려는 토지소유자의 재판청구권을 침해하는지 여부(소극): 공익사업의 안정적인 시행을 위하여서는 수용대상토지의 수용여부 못지 않게 보상금을 둘러싼 분쟁 역시 조속히 확정하여야 할 필요가 있다. 또한 토지소유자는 협의 및 수용재결 단계를 거치면서 오랜 기간 보상금 액수에 대하여 다투어 왔으므로, 수용재결의 보상금 액수에 관하여 보상금증감청구소송을 제기할 것인지 결정하는 데에 많은 시간이 필요하지 않다. 따라서 이 사건 법률조항이 정한 60일의 제소기간은 입법재량의 한계를 벗어났다고 보기 어려우므로, 보상금증감청구소송을 제기하려는 토지소유자의 재판청구권을 침해한다고 볼 수 없다(헌법재판소 2016. 7. 28. 선고 2014헌바206 전원재판부): <해설> 구 공익사업을 위한 토지 등의 취득 및 보상에 관한 법률(2018. 12. 31. 법률 제16138호로 개정되기 전의 것)의 경우 수용재결서를 받은 날로부터 60일 이내에 행정소송을 제기하도록 규정하고 있었으나, 현행법은 국민의 재판청구권을 폭넓게 보장한다는 취지에서 수용재결서를 받은 날로부터 90일 이내에 행정소송을 제기할 수 있도록 기간을 연장하였다. 한편 보상금증감청구소송은 당사자소송으로서 행정소송의 일종에 해당하므로, 그 청구도 수용재결서를 받은 날로부터 90일 이내에 제기하여야 한다.

바. 표준지공시지가 하자의 승계 여부

표준지공시지가결정은 이를 기초로 한 수용재결 등과는 별개의 법적 효과를 목적으로 하는 독립된 처분에 해당된다. 하지만 표준지공시지가는 이를 인근 토지의 소유자나 기타 이해관계인에게 개별적으로 고지하도록 되어 있는 것이 아니어서 인근 토지의 소유자 등이 표준지공시지가결정 내용을 알고 있었다고 전제하기가 곤란하므로, 위법한 표준지공시지가를 기초로 한 수용재결 등 후행 행정처분에서 불가쟁력 등을 이유로 수용대상 토지소유자 등으로 하여금 표준지공시지가결정의 위법을 주장할 수 없도록 하는 것은 수인한도를 넘는 불이익을 강요하는 것이다. 따라서 표준지공시지가결정이 위법한 경우에는 그 자체를 행정처분으로 보아 그 위법 여부를 다툴 수 있음은 물론, 수용보상금의 증액을 구하는 소송에서도 선행처분으로서 그 수용대상 토지 가격 산정의 기초가 된 비교표준지공시지가결정의 위법을 독립한 사유로 주장할 수 있다(대법원 2008. 8. 21. 선고 2007두13845 판결).

판례

수용보상금의 증액을 구하는 소송에서 선행처분으로서 그 수용대상 토지 가격 산정의 기초

가 된 비교표준지공시지가결정의 위법을 독립한 사유로 주장할 수 있는지 여부(적극): 표준지공시지가결정은 이를 기초로 한 수용재결 등과는 별개의 독립된 처분으로서 서로 독립하여 별개의 법률효과를 목적으로 하지만, 표준지공시지가는 이를 인근 토지의 소유자나 기타 이해관계인에게 개별적으로 고지하도록 되어 있는 것이 아니어서 인근 토지의 소유자 등이 표준지공시지가결정 내용을 알고 있었다고 전제하기가 곤란할 뿐만 아니라, 결정된 표준지공시지가가 공시될 당시 보상금 산정의 기준이 되는 표준지의 인근 토지를 함께 공시하는 것이 아니어서 인근 토지 소유자는 보상금 산정의 기준이 되는 표준지가 어느 토지인지를 알 수 없으므로, 인근 토지 소유자가 표준지의 공시지가가 확정되기 전에 이를 다투는 것은 불가능하다. 더욱이 장차 어떠한 수용재결 등 구체적인 불이익이 현실적으로 나타나게 되었을 경우에 비로소 권리구제의 길을 찾는 것이 우리 국민의 권리의식임을 감안하여 볼 때, 인근 토지소유자 등으로 하여금 결정된 표준지공시지가를 기초로 하여 장차 토지보상 등이 이루어질 것에 대비하여 항상 토지의 가격을 주시하고 표준지공시지가결정이 잘못된 경우 정해진 시정절차를 통하여 이를 시정하도록 요구하는 것은 부당하게 높은 주의의무를 지우는 것이고, 위법한 표준지공시지가결정에 대하여 그 정해진 시정절차를 통하여 시정하도록 요구하지 않았다는 이유로 위법한 표준지공시지가를 기초로 한 수용재결 등 후행 행정처분에서 표준지공시지가결정의 위법을 주장할 수 없도록 하는 것은 수인한도를 넘는 불이익을 강요하는 것으로서 국민의 재산권과 재판받을 권리를 보장한 헌법의 이념에도 부합하는 것이 아니다. 따라서 표준지공시지가결정이 위법한 경우에는 그 자체를 행정소송의 대상이 되는 행정처분으로 보아 그 위법 여부를 다툴 수 있음은 물론, 수용보상금의 증액을 구하는 소송에서도 선행처분으로서 그 수용대상 토지 가격 산정의 기초가 된 비교표준지공시지가결정의 위법을 독립한 사유로 주장할 수 있다(대법원 2008. 8. 21. 선고 2007두13845 판결): <해설> 엄밀히 말하면 불가쟁력이 발생한 선행 행정행위(표준지공시지가결정)의 위법을 이유로 후행 행정행위(수용재결)의 취소를 구하는 것이 아니라, 선행행위의 위법을 이유로 후행 행정행위에 의하여 발생한 법률관계를 다툴 수도 있다고 본 경우이다.

사. 입증책임

보상금증액청구소송의 경우 재결에서 정한 손실보상금액보다 정당한 손실보상금액이 더 많다는 점에 대한 입증책임은 원고에게 있다(대법원 1997. 11. 28. 선고 96누2255 판결; 대법원 1994. 1. 25. 선고 93누11524 판결).

아. 감정평가 결과의 취사선택

보상금증감에 관한 소송에서는 재결의 기초가 된 감정평가의 오류를 주장하면서 보상금의 증감을 구하는 경우가 일반적이다. 그 결과 재결의 기초가 된 감정기관의 감정평가와 보상금증감청구소송에서 법원이 선정한 감정인의 감정평가 사이에 감정 결과의 차이가 생기는 경우가 발생한다. 이때 각 감정평가 중 어느 것을 택할 것인지는 원칙적으로 법원의 재량에 속하나, 그 경우에도 경험칙이나 논리칙을 벗어나는 감정결과를 택하는 것은 재량의 한계를 벗어난 것으로서 허용되지 않는다(대법원 2015. 11. 12. 선고 2015두2963 판결).

판례

[1] **보상금 증감에 관한 소송에서 동일한 사실에 관하여 상반되는 여러 개의 감정평가가 있는 경우, 법원이 각 감정평가 중 어느 하나를 채용하거나 하나의 감정평가 중 일부만에 의거하여 사실을 인정하는 것이 위법한지 여부(원칙적 소극) / 손실보상금 산정을 위한 감정평가가 위법한 경우 법원이 감정내용 중 위법하지 않은 부분을 추출하여 판결에 참작할 수 있는지 여부(적극)**: 감정은 법원이 어떤 사항을 판단하기 위하여 특별한 지식과 경험을 필요로 하는 경우 판단의 보조수단으로 그러한 지식이나 경험을 이용하는 데 지나지 아니하는 것이므로, 보상금의 증감에 관한 소송에서 동일한 사실에 관하여 상반되는 여러 개의 감정평가가 있고, 그 중 어느 하나의 감정평가가 오류가 있음을 인정할 자료가 없는 이상 법원이 각 감정평가 중 어느 하나를 채용하거나 하나의 감정평가 중 일부만에 의거하여 사실을 인정하였다 하더라도 그것이 논리나 경험의 법칙에 반하지 않는 한 위법하다고 할 수 없다. 그리고 손실보상금 산정을 위한 감정평가 중 어느 한 가지 점이라도 위법사유가 있으면 그것으로써 감정평가결과는 위법하게 되나, 감정평가가 위법하다고 하여도 법원은 그 감정내용 중 위법하지 않은 부분을 추출하여 판결에서 참작할 수 있다.

[2] (생략)

[3] **감정평가에 위법이 있는 경우, 법원이 취해야 할 조치**: 감정평가가 위법하다고 하여도 법원은 그 감정내용 중 위법하지 않은 부분을 추출하여 판결에서 참작하는 등 정당한 손실보상액을 스스로 산정할 수 있으나, 이러한 직권 보정방식은 객관성과 합리성을 갖추고 논리나 경험의 법칙에 반하지 않는 범위 내에서만 허용되는 것이므로, 감정평가에 위법이 있다면 법원으로서는 적법한 감정평가방법에 따른 재감정을 명하거나 감정인에게 사실조회를 하여 보는 등의 방법으로 석명권을 행사하여 충분한 심리를 거치는 것이 타당하다(대법원 2014. 12. 11. 선고 2012두1570 판결).

보상금 증감에 관한 소송에서 재결의 기초가 된 감정기관의 감정평가와 법원이 선정한 감정인의 감정평가가 개별요인 비교 등에 관하여 평가를 달리한 관계로 감정 결과에 차이가 생기는 경우 각 감정평가 중 어느 것을 택할 것인지는 원칙적으로 법원의 재량에 속하나, 어느 감정평가가 개별요인 비교에 오류가 있거나 내용이 논리와 경험의 법칙에 반하는데도 그 감정평가를 택하는 것은 재량의 한계를 벗어난 것으로서 허용되지 않는다(대법원 2015. 11. 12. 선고 2015두2963 판결).

자. 소송물

공익사업에 의하여 동일한 소유자의 여러 필지의 토지, 지장물, 영업손실 및 잔여지 등을 함께 보상하는 경우에 소송물을 어떻게 보느냐에 관하여는 다음과 같이 학설이 대립한다.

① 개인별 단일소송물설: 토지, 지장물 및 영업손실 등 모든 항목에 대한 손실보상은 피보상자에 대한 하나의 재결처분으로 행하여지므로, 전체를 하나의 소송물로 보아야 한다는 견해이다.[66] 이 견해에 따르면 항목 상호간의 유용을 허용하게 된다.

② 항목별 구분설: 소유자가 동일하더라도 각 필지별, 물건별, 손실별로 별개의 소송물로 보아야 한다는 견해이다.[67] 이 견해에 따르면 보상항목 간의 유용은 불가능하게 된다.

③ 항목별 총액주의설(절충설): 토지의 보상, 지장물의 보상, 영업손실의 보상, 잔여지의 보상 상호간에는 소송물이 다르다고 보아야 하지만, 위 각 항목 내의 손실보상 사이에는 수용대상 목적물이 여러 개라고 하더라도 하나의 소송물로 보아야 한다는 견해이다.[68]

판례는 피보상자 개인별로 단일 소송물이 된다는 ①설의 입장을 취하고 있다(대법원 1992. 9. 8. 선고 92누5331 판결). 한편 피보상자별로 어떤 토지, 물건, 권리 또는 영업이 손실보상대상에 해당하는지, 나아가 그 보상금액이 얼마인지를 심리·판단하는 기초 단위를 보상항목이라고 하는바, 판례에 따르면 소송물과 보상항목은 별개의 개념이다. 보상항목 간의 유용은 소송물의 범위 내에서 가능하다. 원칙적으로 개별 물건별로 하나의 보상항목이 되는바, 공익사업법 제34조, 제50조 등에 규정된 재결절차를 거쳤는지의 여부는 보상항목별로 판단하여야 한다(대법원 2018. 7. 20. 선고 2015두4044 판결). 이후 보상금증감소송에서 법원의 심판범위는 하나의 재결 내에서 소송당사자가 구체적으로 불복신청을 한 보상항목들로 제한되고, 구체적인 불복신청이 있는 위 보상항목들 상호 간에 있어서는 그 유용이 허용된다(대법원 2018. 5. 15. 선고 2017두41221 판결).

판례

가. 수용토지에 대하여 표준지가 특정되지 아니하고 지역적, 개별적 요인등 보상액 산정요인들도 구체적으로 명시되지 아니하여 그 요인들이 어떻게 참작되었는지 알아볼 수 없게 되어 있는 감정평가는 법령의 규정에 따라 적법하게 평가된 것이라고 할 수 없다.

나. 토지수용보상액에 관하여 행정소송이 제기된 대상물건 중 일부 항목에 관한 보상액은 과소하고 다른 항목의 보상액은 과다한 경우 항목유용의 가부(적극): 토지수용법 제45조 제2항은 토지를 수용 또는 사용함으로 인한 보상은 피보상자의 개인별로 산정할 수 없을 때를 제외하고는 피보상자에게 개인별로 하여야 한다고 규정하고 있으므로, 보상은 수용 또는 사용의 대상이 되는 물건별로 하는 것이 아니라 피보상자의 개인별로 행하여지는 것이라고 할 것이므로 피보상자는 수

66) 윤형한, "토지수용소송에 있어서의 소송물과 심판범위", 대법원판례해설 제15호, 1991, 520면.
67) 이동흡, "토지수용에 있어서 손실보상액 산정의 시기 및 방법(하)", 인권과 정의 제163호, 113면.
68) 이경민, "토지수용 사건에 있어서의 몇 가지 문제점", 사법논집 제30집, 1999, 740면.

용대상물건 중 일부에 대하여만 불복이 있는 경우에는 그 부분에 대하여만 불복의 사유를 주장하여 행정소송을 제기할 수 있다고 할 것이나, 행정소송의 대상이 된 물건 중 일부 항목에 관한 보상액은 과소하고 다른 항목의 보상액은 과다한 경우에는 그 항목 상호간의 유용을 허용하여 과다부분과 과소부분을 합산하여 보상금계액을 결정하여야 할 것이다(대법원 1992. 9. 8. 선고 92누5331 판결).

[1] 하나의 재결에서 피보상자별로 여러 가지의 토지, 물건, 권리 또는 영업(이처럼 손실보상 대상에 해당하는지, 나아가 그 보상금액이 얼마인지를 심리·판단하는 기초 단위를 이하 '보상항목'이라고 한다)의 손실에 관하여 심리·판단이 이루어졌을 때, 피보상자 또는 사업시행자가 반드시 재결 전부에 관하여 불복하여야 하는 것은 아니며, 여러 보상항목들 중 일부에 관해서만 불복하는 경우에는 그 부분에 관해서만 개별적으로 불복의 사유를 주장하여 행정소송을 제기할 수 있다. 이러한 보상금 증감 소송에서 법원의 심판범위는 하나의 재결 내에서 소송당사자가 구체적으로 불복신청을 한 보상항목들로 제한된다.

법원이 구체적인 불복신청이 있는 보상항목들에 관해서 감정을 실시하는 등 심리한 결과, 재결에서 정한 보상금액이 일부 보상항목의 경우 과소하고 다른 보상항목의 경우 과다한 것으로 판명되었다면, 법원은 보상항목 상호 간의 유용을 허용하여 항목별로 과다 부분과 과소 부분을 합산하여 보상금의 합계액을 정당한 보상금으로 결정할 수 있다.

[2] 피보상자가 당초 여러 보상항목들에 관해 불복하여 보상금 증액 청구소송을 제기하였으나, 그중 일부 보상항목에 관해 법원에서 실시한 감정 결과 그 평가액이 재결에서 정한 보상금액보다 적게 나온 경우에는, 피보상자는 해당 보상항목에 관해 불복신청이 이유 없음을 자인하는 진술을 하거나 단순히 불복신청을 철회함으로써 해당 보상항목을 법원의 심판범위에서 제외하여 달라는 소송상 의사표시를 할 수 있다.

한편 사업시행자가 특정 보상항목에 관해 보상금 감액을 청구하는 권리는 공익사업을 위한 토지 등의 취득 및 보상에 관한 법률 제85조 제1항 제1문에서 정한 제소기간 내에 보상금 감액 청구소송을 제기하는 방식으로 행사함이 원칙이다. 그런데 사업시행자에 대한 위 제소기간이 지나기 전에 피보상자가 이미 위 보상항목을 포함한 여러 보상항목에 관해 불복하여 보상금 증액 청구소송을 제기한 경우에는, 사업시행자로서는 보상항목 유용 법리에 따라 위 소송에서 과다 부분과 과소 부분을 합산하는 방식으로 위 보상항목에 대한 정당한 보상금액이 얼마인지 판단 받을 수 있으므로, 굳이 중복하여 동일 보상항목에 관해 불복하는 보상금 감액 청구소송을 별도로 제기하는 대신 피보상자가 제기한 보상금 증액 청구소송을 통해 자신의 감액청구권을 실현하는 것이 합리적이라고 생각할 수도 있다.

이와 같이 보상금 증감 청구소송에서 보상항목 유용을 허용하는 취지와 피보상자의 보상금 증액 청구소송을 통해 감액청구권을 실현하려는 기대에서 별도의 보상금 감액 청구소송을 제기하지 않았다가 그 제소기간이 지난 후에 특정 보상항목을 심판범위에서 제외해 달라는 피보상자의 일방적 의사표시에 의해 사업시행자가 입게 되는 불이익 등을 고려하면, 사업시행자가 위와 같은 사유로 그에 대한 제소기간 내에 별도의 보상금 감액 청구소송을 제기하지 않았는데, 피보상자가 법원에서 실시한 감정평가액이 재결절차의 그것보다 적게 나오자 그 보상항목을 법원의 심판범위에서 제외하여 달라는 소송상 의사표시를 하는 경우에는, 사업시행자는 그에 대응하여 법원이 피보상자에게 불리하게 나온 보상항목들에 관한 법원의 감정 결과가 정당하다고 인정하는 경우 이를 적용하여 과다하게 산정된 금액을 보상금액에서 공제하는 등으로 과다 부분과 과소 부분을 합산하여 당초 불복신청된 보상항목들 전부에 관하여 정당한 보상금액을 산정하여 달라는 소송상 의사표시를 할 수 있다고 봄이 타당하다.

이러한 법리는 정반대의 상황, 다시 말해 사업시행자가 여러 보상항목들에 관해 불복하여 보상금 감액 청구소송을 제기하였다가 그중 일부 보상항목에 관해 법원 감정 결과가 불리하게 나오자 해당 보상항목에 관한 불복신청을 철회하는 경우에도 마찬가지로 적용될 수 있다(대법원 2018. 5. 15. 선고 2017두41221 판결 [손실보상금증액등]).

공익사업에 영업시설 일부가 편입됨으로 인하여 잔여 영업시설에 손실을 입은 자가 재결절차를 거치지 않은 채 곧바로 사업시행자를 상대로 잔여 영업시설의 손실에 대한 보상을 청구할 수 있는지 여부(소극) / 이때 재결절차를 거쳤는지 판단하는 방법 및 영업의 단일성·동일성이 인정되는 범위에서 보상금 산정의 세부요소를 추가로 주장하는 경우, 별도로 재결절차를 거쳐야 하는지 여부(소극): …구 공익사업을 위한 토지 등의 취득 및 보상에 관한 법률(2013. 3. 23. 법률 제11690호로 개정되기 전의 것, 이하 '토지보상법'이라 한다) 제26조, 제28조, 제30조, 제34조, 제50조, 제61조, 제83조 내지 제85조의 규정 내용과 입법 취지 등을 종합하면, 공익사업에 영업시설 일부가 편입됨으로 인하여 잔여 영업시설에 손실을 입은 자가 사업시행자로부터 토지보상법 시행규칙 제47조 제3항에 따라 잔여 영업시설의 손실에 대한 보상을 받기 위해서는, 토지보상법 제34조, 제50조 등에 규정된 재결절차를 거친 다음 그 재결에 대하여 불복이 있는 때에 비로소 토지보상법 제83조 내지 제85조에 따라 권리구제를 받을 수 있을 뿐이다. 이러한 재결절차를 거치지 않은 채 곧바로 사업시행자를 상대로 손실보상을 청구하는 것은 허용되지 않는다.

재결절차를 거쳤는지 여부는 보상항목별로 판단하여야 한다. 피보상자별로 어떤 토지, 물건, 권리 또는 영업이 손실보상대상에 해당하는지, 나아가 보상금액이 얼마인지를 심리·판단하는 기초단위를 보상항목이라고 한다. 편입토지·물건 보상, 지장물 보상, 잔여 토지·건축물 손실보상 또는 수용청구의 경우에는 원칙적으로 개별물건별로 하나의 보상항목이 되지만, 잔여 영업시설 손실보상을 포함하는 영업손실보상의 경우에는 '전체적으로 단일한 시설 일체로서의 영업' 자체가 보상항목이 되고, 세부 영업시설이나 영업이익, 휴업기간 등은 영업손실보상금 산정에서 고려하는 요소에 불과하다. 그렇다면 영업의 단일성·동일성이 인정되는 범위에서 보상금 산정의 세부요소를 추가로 주장하는 것은 하나의 보상항목 내에서 허용되는 공격방법일 뿐이므로, 별도로 재결절차를 거쳐야 하는 것은 아니다(대법원 2018. 7. 20. 선고 2015두4044 판결 [토지수용보상금등증액]).

3. 청구의 병합

수용 자체에 대하여 불복이 있을 뿐만 아니라 보상금액에도 불복이 있는 경우에는 수용재결의 취소·무효확인 소송(이때의 피고는 관할 토지수용위원회이다)과 보상금증액청구소송(이때의 피고는 사업시행자이다)을 별도로 제기할 수 있다. 그런데 토지소유자는 우선 수용 자체를 다투고 만일 이것이 받아들여지지 않는 경우에는 보상금액의 증액을 청구하고자 하는 경우가 있을 것인바, 이 경우에 수용재결에 대한 취소·무효확인 소송에 보상금증액청구소송을 예비적으로 병합하여 제기할 수 있는지가 문제된다.

구 민사소송법에서는 주관적·예비적 병합을 인정하지 않고 있었으므로 이를 부정하여야 한다고 보는 견해가 있었다. 그러나 2002년 개정된 현행 민사소송법에서는 주관적·예비적 병합을 인정하고 있으므로(민사소송법 제70조) 재결에 대한 취소·무효확인 소송에 보상금증액청구소송을 예비적으로 병합하는 데에 아무런 문제가 없다고 할 것이다(행정소송법 제8조 제2항).[69]

제7절 공용침해와 손해배상 또는 부당이득반환의 청구

Ⅰ. 의 의

행정상 손실보상청구와 손해배상청구, 부당이득반환청구는 그 근거규정과 요건·효과를 달리하는 별개의 제도이다. 따라서 공용침해에 대해서는 손실보상청구 외에도 각 요건을 충족하면 손해배상이나 부당이득반환의 청구가 가능할 수 있다.

다만 실질적으로 같은 내용의 손해에 관하여 양자의 청구권을 동시에 행사할 수 있다고 본다면 이중배상의 문제가 발생하므로, 실질적으로 같은 내용의 손해에 관하여 양자의 청구권이 동시에 성립하더라도 토지소유자는 어느 하나만을 선택적으로 행사할 수 있을 뿐이고, 양자의 청구권을 동시에 행사할 수는 없다(대법원 2019. 11. 28. 선고 2018두227 판결).

판례

토지보상법 제79조 제2항(그 밖의 토지에 관한 비용보상 등)에 따른 손실보상과 환경정책기본법 제44조 제1항(환경오염의 피해에 대한 무과실책임)에 따른 손해배상은 그 근거 규정과 요건·

69) 박균성, 앞의 책, 910면.

효과를 달리하는 것으로서, 각 요건이 충족되면 성립하는 별개의 청구권이다. 다만 손실보상청구권에는 이미 '손해 전보'라는 요소가 포함되어 있어 실질적으로 같은 내용의 손해에 관하여 양자의 청구권을 동시에 행사할 수 있다고 본다면 이중배상의 문제가 발생하므로, 실질적으로 같은 내용의 손해에 관하여 양자의 청구권이 동시에 성립하더라도 영업자는 어느 하나만을 선택적으로 행사할 수 있을 뿐이고, 양자의 청구권을 동시에 행사할 수는 없다고 봄이 타당하다. 또한 '해당 사업의 공사완료일로부터 1년'이라는 손실보상 청구기간(토지보상법 제79조 제5항, 제73조 제2항)이 도과하여 손실보상청구권을 더 이상 행사할 수 없는 경우에도 손해배상의 요건이 충족되는 이상 여전히 손해배상청구는 가능하다고 보아야 한다(대법원 2019. 11. 28. 선고 2018두227 판결 [보상금]).

II. 손해배상의 청구

공용침해의 근거규정이 없는 상태에서 공용침해가 이루어진 경우(법률에 근거하지 않은 공용침해)는 불법행위를 구성하므로, 그에 대하여는 손해배상의 청구가 가능하다.

판례

가. 군사상의 긴급한 필요에 의하여 국민의 재산권을 수용 또는 사용하게 되었던 것이라 할지라도 그 수용 또는 사용이 법률의 근거 없이 이루어진 경우에는 재산권자에 대한 관계에 있어서는 불법행위가 된다.

나. 우리나라 헌법이 재산권의 보장을 명시(제헌당시 제15조, 80.10.27. 개정 헌법 제22조)하였는 만큼 제헌후 아직 징발에 관한 법률이 제정되기 전에 6.25.사변이 발발되었고 그로 인한 사실상의 긴급한 필요에 의하여 국민의 재산권을 수용 또는 사용하게 되었던 것이라 할지라도 그 수용 또는 사용이 법률의 근거없이 이루어진 것인 경우에는 그것을 재산권자에 대한 관계에 있어서는 불법행위라고 하지 않을 수 없다(대법원 1966. 10. 18. 선고 66다1715 판결).

공용침해의 근거규정은 있으나, 그 보상규정이 없는 상태에서 공용침해가 행하여진 경우에 불법행위가 성립하는지 여부에 대하여는 학설의 대립이 있다. 위헌무효설은 손해배상청구를 인정하나, 그 밖의 견해에서는 이를 인정하기 어려울 것이다(전술한 제2절 행정상 손실보상의 근거 중의 'Ⅲ. 보상규정 흠결시의 권리구제'를 참조할 것).

실정 법령에 공용침해와 그 보상에 관한 규정이 있음에도 불구하고, 보상없이 수용 등을 하거나 공사를 시행한 경우는 불법행위가 성립하므로 손해배상청구가 가능하다.

판례

공유수면매립사업 시행자가 손실보상의무를 이행하지 아니한 채 공사를 시행하여 허가어업자에 실질적이고 현실적인 침해를 가한 경우, 불법행위의 성립 여부(적극) 및 손해배상의 범위(=손실보상금 상당액): 정당한 어업허가를 받고 공유수면매립사업지구 내에서 허가어업에 종사하고 있던 어민들에 대하여 손실보상을 할 의무가 있는 사업시행자가 손실보상의무를 이행하지 아니한 채 공유수면매립공사를 시행함으로써 실질적이고 현실적인 침해를 가한 때에는 불법행위를 구성하는 것이고, 이 경우 허가어업자들이 입게 되는 손해는 그 손실보상금 상당액이다(대법원 1999. 11. 23. 선고 98다11529 판결).

기업자가 토지수용법상 소정의 보상을 함이 없이 수용목적물에 대한 공사를 시행한 경우 토지소유자가 그 손해금의 지급을 구하는 소의 법적 성질: 토지수용법상 기업자는 토지수용으로 인하여 토지소유자 또는 관계인이 입게 되는 손실을 수용의 시기까지 보상할 의무가 있고 그 보상금의 지급 또는 공탁을 조건으로 수용의 시기에 그 수용목적물에 대한 권리를 취득하게 되는 것이므로 이러한 보상을 함이 없이 수용목적물에 대한 공사를 시행하여 토지소유자 또는 관계인에게 손해를 입혔다면 이는 불법행위를 구성하는 것으로서 이와 같은 불법행위를 주장하여 손해금의 지급을 구하는 소는 손실보상이라는 용어를 사용하였다고 하여도 민사상의 손해배상청구로 보아야 한다(대법원 1988. 11. 3.자 88마850 결정).

다만 위와 같은 경우에도 사업시행자의 고의·과실이 인정되지 않을 경우, 해당 공용침해는 불법행위를 구성하지 못한다고 보아야 한다.

Ⅲ. 부당이득반환의 청구

i) 공용침해의 근거규정이 없는 상태에서 공용침해가 이루어지거나, ii) 공용침해의 근거규정은 있으나 그 보상규정이 없는 상태에서 공용침해가 행하여지거나, iii) 법령에 공용침해와 그 보상에 관한 규정이 있음에도 불구하고 보상 없이 수용 등을 하거나 공사를 시행하여 사인의 토지를 점유·사용하는 경우 이는 법률상 원인 없이 타인의 재산·노무로 인하여 이익을 얻은 것에 해당하므로 부당이득반환청구가 가능하다. 예를 들어 정당한 권원 없이 사인의 토지를 도로부지로 편입하여 점유·사용하는 경우 그 토지의 소유자는 도로의 관리주체를 상대로 부당이득반환을 청구할 수 있다.

부당이득반환청구를 하는 경우에는 손해배상청구의 경우와는 달리 사업시행자의 고의·과실을 요하지 아니한다.

제8절 행정상 손실보상제도의 보완

Ⅰ. 수용유사침해 이론

1. 의 의

위법한 공용침해(공공필요에 의한 재산권의 수용·사용·제한 등)로 인하여 타인의 재산권에 대하여 특별한 희생이 발생한 것을 수용유사침해라고 한다. 그것은 '위법'한 공용침해에 대한 보상이라는 점에서, '적법'한 공용침해에 대한 보상인 본래의 공용침해보상과는 구별된다.

이 이론은 원래 독일의 행정상 손해전보체계의 공백을 메우기 위하여 성립된 것이다. 즉 행정작용이 위법하고 과실이 있는 경우에는 행정상 손해배상이 성립하고, 행정작용이 적법한 경우에는 행정상 손실보상의 대상이 된다. 반면에 행정작용이 위법하지만 과실을 인정할 수 없는 한계영역의 경우에는 권리구제 제도가 공백으로 남게 되므로 실정법에 존재하는 이러한 책임체계에서의 공백을 해결하기 위하여 나타난 것이 수용유사침해 이론이라는 것이다.[70]

2. 요 건

수용유사침해의 요건 중 ① 공공필요, ② 재산권, ③ 공권적 침해, ④ 특별한 희생은 본래의 공용침해와 그 내용이 같으므로 여기서는 그 밖의 다른 요건만을 살펴보기로 한다.

가. 침해의 위법성

침해의 위법성이 수용유사침해를 통상의 수용 및 수용적 침해로부터 구별하는 본질적인 특징이다. 침해의 위법성은 ① 침해의 근거규정 및 보상규정을 갖추고 있는 수용관련 법률을 위법하게 집행하는 경우(예컨대 공용제한의 법정요건을 충족하고 있지 않음에도 불구하고 공용제한 행위를 행하는 경우), ② 침해의 근거규정은 있으나 보상규정이 없거나 불충분하게 두고 있는 경우, ③ 침해의 근거규정도 없이 오로지 공공복리를 위하여 침해가 이루어진 경우 등을 상정하여 볼 수 있다.[71]

나. 존속보호의 불가

재산권보장은 1차적으로는 그 존속보호를 목표로 한다. 따라서 자신의 재산권이 침해

70) 류지태·박종수, 행정법신론(제15판), 2011, 568면.
71) 홍정선, 행정법원론(상)(19판), 2011, 761면.

된 경우 누구든지 그 재산권의 존속을 주장할 수 있다. 그러나 구체적인 경우에 재산권에 대한 위법한 침해에 대하여 존속보호가 불가능하거나 충분하지 아니할 경우에는 보상이 주어져야 한다는 전제 하에 수용유사침해에 대한 보상청구권이 인정된다는 것이 독일의 이론과 판례의 태도이다.

그리하여 위법한 공용침해 행위에 대하여 취소소송이 가능하면 당사자는 우선 취소소송을 제기하여야 하며, 위법행위를 수인하면서 바로 수용유사침해 이론에 근거하여 손실보상청구를 할 수는 없다. 만약 취소소송이 가능함에도 불구하고 소 제기기간을 도과하여 불가쟁력이 발생한 경우에는 손실보상청구가 인정되지 않으며, 위법한 공용침해 행위에 대하여 여러 가지 이유로 취소소송을 제기할 수 없는 경우에만 수용유사침해 이론에 근거한 손실보상이 인정될 수 있다고 본다.[72)]

3. 우리나라에서의 도입 논의

가. 유 형

수용유사침해 이론에 대한 우리나라에서의 도입 논의는 주로 다음과 같은 두 경우에 행하여지고 있다.

① 침해의 근거규정은 있으나 보상규정이 없는 공용침해의 경우에 수용유사침해 이론에 의한 보상이 가능한가? 유추적용설을 취하는 입장에서는 이를 긍정한다. 그러나 헌법 제23조 제3항에 직접 근거하여 손실보상을 청구할 수 있다는 직접효력설과, 위법한 공용침해의 취소 및 손해배상청구의 방법으로 권익구제를 도모하려는 위헌무효설에 의하면 수용유사침해 이론의 도입은 필요하지 않게 된다.

② 현행 국가배상법상 위법·무과실의 경우에는 국가책임을 인정하지 않는다. 따라서 위법·무과실의 경우에도 수용유사침해 이론에 의해 보상이 가능한 것으로 보아 국가배상제도의 흠결을 보완하여야 한다는 견해가 있다. 이에 대하여는 국가배상법의 결함을 손실보상제도의 확대적용을 통해 해결하려는 시도는 타당하지 않다는 견해,[73)] 위법·무과실의 문제는 과실의 객관화 등 손해배상제도의 확대적용을 통하여 해결하는 것이 타당하다는 비판[74)] 등이 존재한다.

---

72) 류지태·박종수, 앞의 책, 570면.

73) 정하중, 행정법개론, 2007, 605면.

74) 박균성, 앞의 책, 928면.

나. 판 례

수용유사침해 이론이 직접 거론되고 나아가 이를 인정한 하급심판례가 있기는 하지만(서울고등법원 1992. 12. 24. 선고 92나20073 판결), 대법원은 아직 수용유사침해 이론의 도입 여부에 관하여 명확한 입장표명을 하지 않고 있다(대법원 1993. 10. 26. 선고 93다6409 판결).

판례

1980. 6.**말경의 비상계엄 당시 국군보안사령부 정보처장이 언론통폐합조치의 일환으로 사인 소유의 방송사 주식을 강압적으로 국가에 증여하게 한 것이 수용유사행위에 해당되지 않는다고 한 사례**: 원심이 들고 있는 위와 같은 수용유사적 침해의 이론은 국가 기타 공권력의 주체가 위법하게 공권력을 행사하여 국민의 재산권을 침해하였고 그 효과가 실제에 있어서 수용과 다름없을 때에는 적법한 수용이 있는 것과 마찬가지로 국민이 그로 인한 손실의 보상을 청구할 수 있다는 내용으로 이해되는데, 과연 우리 법제하에서 그와 같은 이론을 채택할 수 있는 것인가는 별론으로 하더라도 위에서 본 바에 의하여 이 사건에서 피고 대한민국의 이 사건 주식취득이 그러한 공권력의 행사에 의한 수용유사적 침해에 해당한다고 볼 수는 없다.

국가가 이 사건 주식을 취득한 것이 원심판시와 같이 공공의 필요에 의한 것이라고 본다 하여도 그 수단이 사법상의 증여계약에 의한 것인 경우에는 비록 공무원이 그 증여계약 체결 과정에서 위법하게 강박을 행사하였다 하더라도 그것만으로 이 사건 주식의 취득 자체를 공권력의 행사에 의한 것이라고는 볼 수 없고, 그 증여계약의 효력은 민법의 법리에 의하여 판단되어야 할 것임은 위에서 본 바와 같을 뿐만 아니라, 원래 원고로서는 위 증여계약이 강박에 의한 것임을 이유로 취소를 주장하여 구제를 받을 수 있는 것인데 이러한 수단을 취하지 않은 채 그에 대한 손실보상을 청구하는 것은 허용되지 않는다고 보아야 할 것이다(대법원 1993. 10. 26. 선고 93다6409 판결).

II. 수용적 침해이론

1. 의 의

적법한 공행정작용의 결과 개인이 비전형적(부수적)·비의도적인 재산권 침해를 입게 되었는바, 이러한 침해가 수인한도를 넘어 특별한 희생으로 인정될 경우에는 그에 대한 보상을 하여야 한다는 이론이 수용적 침해이론이다. 예를 들면 수년 동안 계속되는 지하철 공사로 인하여 인근상점이 오랫동안 영업을 하지 못하거나 또는 매출감소로 인하여 적지 않은 영업상 손실이 발생한 경우 등이 이에 해당한다.

2. 구별 개념

수용은 적법하고 의도적인 재산권 침해를 의미하고, 수용적 침해는 적법하고 비의도적인 재산권 침해를 의미한다. 또한 수용유사 침해는 위법·무과실에 의한 재산권 침해라는 점에서, 적법·무과실에 의한 재산권 침해인 수용적 침해와 구별된다.

3. 인정 여부

가. 문제점

공익사업으로 인하여 개인의 재산권에 가하여지는 일정한 정도의 부수적·비의도적인 제한은 일반적으로는 재산권에 내재하는 사회적 제약으로서 보상의 대상이 되지 않는 것이 원칙이나, 예외적으로 그 피해의 정도가 심하여 수인한도를 넘는 특별한 희생이라고 인정될 경우가 있다. 이 경우에 부수적·비의도적인 효과로서의 특별한 희생은 통상적으로는 예측할 수 없는 것이므로 공익사업법 기타 관련 법률에 그러한 특별희생에 대한 보상규정이 없는 것이 일반적이다. 위와 같은 경우에 독일에서의 수용적 침해이론을 적용하여 보상을 청구할 수 있는지 여부가 문제된다. 위 이론의 도입 가능성과 관련하여서는 다음과 같은 견해의 대립이 있다.

나. 논의의 대립

(1) 도입을 부정하는 견해

(가) 헌법에 근거한 독자적 보상론: 수용적 침해는 적법한 공권력 행사에 의하여 직접 가해진 손실이므로 헌법 제23조 제3항을 유추적용하여 보상을 청구할 수 있다는 견해이다.[75]

(나) 입법에 의한 보상론: ⅰ) 헌법 제23조 제3항은 통상적인 손실보상의 경우, 즉 법적 행위를 통하여 재산권에 대한 제약이 예정되어 있는 경우에 관한 규정이므로, 사실행위를 주된 대상으로 하고 처음부터 당사자의 재산권에 대한 제약의 결과를 예상할 수 없는 수용적 침해의 경우에는 적용 또는 유추적용 될 수 없다. ⅱ) 수용적 침해가 논의되는 상황은 당해 행정작용에 의해 사전에 예정되고 의도된 손실발생이 아닌 경우이므로, 헌법 제23조 제3항이 규정하고 있는 불가분조항원칙이 적용될 수 없는 경우에 해당하게 된다. 따라서 이러한 경우는 헌법 제23조 제3항의 적용범위 밖에 존재하는 것이라고 보아야 한다. 그러므로 헌법 제23조 제3항을 직접적용하거나 유추적용하는 논리는 따를 수 없고 결국 입법적

---

75) 박균성, 앞의 책, 931면.

으로 이에 관한 별도의 손실보상규정을 마련하여야 한다.[76]

(2) 도입을 긍정하는 견해

현실적으로 수용적 침해에 해당하는 재산권 침해 유형이 적지 않게 발생하고 있다. 한편 적법한 공권력행사와 예상치 못한 부수적인 결과로 인한 피해에 대해서는 손해배상 법리로는 대처하기가 어렵고, 아울러 이에 대하여 적절한 보상입법이 행하여지고 있지 않은 우리 현실을 감안한다면 수용적 침해보상이론을 원용하여 권리구제의 수요를 충족시키는 것이 타당하다는 입장이다.[77]

4. 요건 및 효과

그 요건으로는 ① 적법한 공용침해, ② 비의도적이고도 비전형적(부수적)인 재산권 침해, ③ 수인한도를 넘는 특별한 희생의 발생 등을 들 수 있다. 보상규정의 존재는 요건이 아니다. 그 효과로는 손실보상청구권이 발생한다.

Ⅲ. 희생보상청구 제도(비재산적 법익침해에 대한 보상)

1. 의 의

희생보상청구 제도란 행정기관의 적법한 공권력 행사에 의하여 생명·신체·자유·명예 등과 같은 개인의 비재산적(非財産的) 법익이 침해되고 그것이 특별한 희생에 해당될 경우 그로 인한 손실을 보상하는 제도를 말한다. 예를 들면 어느 사람이 해변에서 위험방지를 위한 경찰관의 도움요청에 응하다가 해일로 인해 실종된 경우, 국립병원의사로부터 예방접종을 받았는데 특이체질의 사람이 그로 인한 부작용으로 인하여 병을 얻은 경우 등이 이에 해당된다.

이러한 경우에는 '재산권'에 대한 침해가 아닌 점에서 헌법 제23조 제3항에 근거한 손실보상의 대상이 되지 아니한다. 또한 이러한 행정작용으로 인하여 개인이 입은 불이익에 대하여는 공무원의 위법·과실을 인정하기도 힘들어 국가배상의 요건을 충족하기도 어렵게 된다. 이러한 경우의 난점을 해결하기 위하여 대두된 개념이 희생보상청구권이다.

---

76) 류지태·박종수, 앞의 책, 571-572면.

77) 홍정선, 행정법원론(상)(제19판), 2011, 766면.

2. 인정 여부

위와 같은 사례에 있어 그에 관한 규율을 하고 있는 개별 법률이 있는 경우에는, 당해 법률이 정한 바에 따라 해결할 일이다. 감염병의 예방 및 관리에 관한 법률 제71조(예방접종 등에 따른 피해의 국가보상)의 규정,[78] 소방기본법 제24조(소방활동 종사 명령)의 보상규정,[79] 수상에서의 수색·구조 등에 관한 법률 제29조(수난구호를 위한 종사명령 등)의 보상규정[80]이 그 좋은 예이다.

판례

감염병의 예방 및 관리에 관한 법률 제71조에 따른 예방접종 피해에 대한 국가의 보상책임이 인정되기 위한 요건 / 예방접종과 장애 등 사이의 인과관계가 있다고 추단하기 위한 증명의 정도 / 피해자가 해당 장애 등과 관련한 다른 위험인자를 보유하고 있다거나, 해당 예방접종이 오랜 기간 널리 시행되었음에도 해당 장애 등에 대한 보고 내지 신고 또는 인과관계에 관한 조사·연구 등이 없는 경우, 이를 인과관계 유무를 판단할 때 고려할 수 있는지 여부(적극): 감염병의 예방 및 관리에 관한 법률(이하 '감염병예방법'이라 한다) 제71조에 의한 예방접종 피해에 대한 국가의 보상책임은 무과실책임이지만, 질병, 장애 또는 사망(이하 '장애 등'이라 한다)이 예방접종으로 발생

---

78) 감염병의 예방 및 관리에 관한 법률 제71조(예방접종 등에 따른 피해의 국가보상) ① 국가는 제24조 및 제25조에 따라 예방접종을 받은 사람 또는 제40조 제2항에 따라 생산된 예방·치료 의약품을 투여받은 사람이 그 예방접종 또는 예방·치료 의약품으로 인하여 질병에 걸리거나 장애인이 되거나 사망하였을 때에는 대통령령으로 정하는 기준과 절차에 따라 다음 각 호의 구분에 따른 보상을 하여야 한다.
1. 질병으로 진료를 받은 사람: 진료비 전액 및 정액 간병비
2. 장애인이 된 사람: 일시보상금
3. 사망한 사람: 대통령령으로 정하는 유족에 대한 일시보상금 및 장제비

79) 소방기본법 제24조(소방활동 종사 명령) ① 소방본부장, 소방서장 또는 소방대장은 화재, 재난·재해, 그 밖의 위급한 상황이 발생한 현장에서 소방활동을 위하여 필요할 때에는 그 관할구역에 사는 사람 또는 그 현장에 있는 사람으로 하여금 사람을 구출하는 일 또는 불을 끄거나 불이 번지지 아니하도록 하는 일을 하게 할 수 있다. 이 경우 소방본부장, 소방서장 또는 소방대장은 소방활동에 필요한 보호장구를 지급하는 등 안전을 위한 조치를 하여야 한다.
② 시·도지사는 제1항 전단에 따라 소방활동에 종사한 사람이 그로 인하여 사망하거나 부상을 입은 경우에는 보상하여야 한다.

80) 수상에서의 수색·구조 등에 관한 법률 제29조(수난구호를 위한 종사명령 등) ① 구조본부의 장 및 소방관서의 장은 수난구호를 위하여 부득이하다고 인정할 때에는 필요한 범위에서 사람 또는 단체를 수난구호업무에 종사하게 하거나 선박, 자동차, 항공기, 다른 사람의 토지·건물 또는 그 밖의 물건 등을 일시적으로 사용할 수 있다.
③ 국가 또는 지방자치단체는 제1항에 따라 수난구호 업무에 종사한 사람이 부상(신체에 장애를 입은 경우를 포함한다)을 입거나 사망(부상으로 인하여 사망한 경우를 포함한다)한 경우에는 그 부상자 또는 유족에게 보상금을 지급하여야 한다.

하였다는 점이 인정되어야 한다.

여기서 예방접종과 장애 등 사이의 인과관계는 반드시 의학적·자연과학적으로 명백히 증명되어야 하는 것은 아니고, 간접적 사실관계 등 제반 사정을 고려할 때 인과관계가 있다고 추단되는 경우에는 증명이 있다고 보아야 한다. 인과관계를 추단하기 위해서는 특별한 사정이 없는 한 예방접종과 장애 등의 발생 사이에 시간적 밀접성이 있고, 피해자가 입은 장애 등이 예방접종으로부터 발생하였다고 추론하는 것이 의학이론이나 경험칙상 불가능하지 않으며, 장애 등이 원인불명이거나 예방접종이 아닌 다른 원인에 의해 발생한 것이 아니라는 정도의 증명이 있으면 족하다.

그러나 이러한 정도에 이르지 못한 채 예방접종 후 면역력이 약해질 수 있다는 막연한 추측을 근거로 현대의학상 예방접종에 내재하는 위험이 현실화된 것으로 볼 수 없는 경우까지 곧바로 인과관계를 추단할 수는 없다. 특히 피해자가 해당 장애 등과 관련한 다른 위험인자를 보유하고 있다거나, 해당 예방접종이 오랜 기간 널리 시행되었음에도 해당 장애 등에 대한 보고 내지 신고 또는 그 인과관계에 관한 조사·연구 등이 없다면, 인과관계 유무를 판단할 때 이를 고려할 수 있다(대법원 2019. 4. 3. 선고 2017두52764 판결 [예방접종피해보상거부처분취소]): <해설> 감염병예방법 제71조에 의한 예방접종 피해에 대한 국가의 보상책임은 무과실책임이지만, 예방접종과 질병, 장애 또는 사망 사이에는 인과관계가 인정되어야 한다. 다만 그러한 인과관계의 인정은 엄격한 증명을 요하는 것이 아니고, 다소 완화된 증명으로도 족하다.

문제는 위와 같은 법률의 규정이 없는 경우에도 희생보상청구를 인정할 수 있는가이다. 이에 대하여는 다음과 같이 견해의 대립이 있다.

가. 부정설

부정설의 논거는 다음과 같다. i) 이 제도는 독일에서 전통적인 관습법적 근거를 갖는 제도로서 인정되는 것이므로, 우리나라에서 같은 논리에 의하여 이를 인정하는 것은 무리가 있다. ii) 또한 헌법 제23조 제3항의 문리해석상 법률의 규정없이 바로 희생보상청구권에 의하여 손실보상을 청구할 수는 없다고 보아야 한다. iii) 감염병의 예방 및 관리에 관한 법률 등과 같이 별도의 법률에 보상규정이 존재하는 때에는 법률의 규정에 따른 손실보상청구로 이해하면 족하고, 이를 희생보상청구권의 문제로 볼 필요가 없다.[81]

나. 긍정설

희생보상청구권을 인정하는 직접적인 헌법상의 규정은 없다. 그러나 희생보상청구권

81) 류지태·박종수, 앞의 책, 583면.

의 보호대상이 되는 생명, 신체에 관한 권리는 기본권으로서 재산권보다 우월하므로 그에 대한 침해가 있는 경우 당연히 그 희생에 대한 보상청구를 인정하는 것이 정당하며, 그 근거는 헌법상의 특정한 조항이 아니라 여러 기본권 규정, 즉 헌법 제10조, 제12조, 제23조 제3항, 제37조 제1항 및 제11조의 정신에서 간접적으로 도출된다고 보는 견해이다.[82)]

3. 성립요건 및 효과

가. 고권적 침해

희생보상청구권이 인정되기 위해서는 고권적 조치에 의하여 개인의 비재산적인 권리에 대한 침해가 있어야 한다. 이러한 침해행위에는 강제성이 있어야 하므로 사인이 임의적으로 특정 위험상황에 참여함으로써 불이익을 입게 된 경우에는 침해행위의 범주에서 제외된다. 예를 들면 사인이 임의적으로 경찰의 업무를 돕다가 신체상의 상해를 입은 경우에는 희생보상의 적용은 없고, 특별법상의 보상이 있을 뿐이다.

그런데 현대국가에서는 직접적인 강제규정에 의해서 뿐만 아니라, 간접적인 수단을 통해서도 개인이 일정한 행위를 할 것을 유도 또는 강요하는 경우(예를 들면 행정기관의 의도적인 홍보·권고, 불이익 발생의 경고 등)가 적지 않으므로, 구체적인 사안에 따라서는 그러한 간접적인 수단도 침해행위의 범주에 포함될 수 있을 것이다.[83)]

나. 비재산적 법익

희생보상청구는 비재산적 법익에 대한 침해를 그 대상으로 한다는 것이다. 이러한 비재산적 법익의 유형으로는 생명, 신체의 건강 또는 자유, 명예 등이 포함된다.

다. 특별한 희생

이는 당사자의 손실이 일반인이 통상적으로 감수하여야 할 희생의 한계를 넘어서는 경우를 의미한다. 따라서 일반적인 생활상의 위험이 현실화된 경우에 불과한 경우에는 특별한 희생에 해당되지 않는다. 특별희생 여부를 판단하는 중요한 기준의 하나는 발생된 결과가 행정주체의 원인행위를 정당화하는 법률의 규범목적에 의해 예상된 경우인가, 아니면 이를 넘어서는 경우인가에 의하여 판단하되, 후자의 경우에만 특별희생이 인정된다.[84)]

---

82) 홍정선, 앞의 책, 769면.

83) 김남진·김연태, 행정법 I (제12판), 2008, 579면.

84) 위의 책, 579면.

4. 보상의 내용

희생보상청구권의 행사에 의하여 주장될 수 있는 보상의 내용은 비재산적 법익의 침해로 발생한 재산적 손실이다. 그 내용으로는 치료비용, 요양비용, 일실이익 등이 되며, 이때 정신적 피해를 이유로 한 위자료청구는 인정되지 않는다. 희생보상청구제도의 대상인 '비재산적'이라는 개념의 의미는 불이익을 받게 되는 법익을 의미하는 것이지, 보상내용을 말하는 것은 아니다. 이때 피해자의 과실이 존재하는 경우에는 보상액의 산정시 고려사유가 된다.[85)]

Ⅳ. 공법상 결과제거청구권

1. 의 의

공법상 결과제거청구권이라 함은 위법한 공행정작용의 결과로서 남아있는 상태로 인하여 자기의 법률상의 이익을 침해받고 있는 자가 행정주체를 상대로 그 위법한 상태를 제거하여 침해 이전의 상태로 회복시켜 줄 것을 청구하는 권리를 말한다.

공법상의 결과제거청구의 예로는 토지수용재결이 취소되었음에도 불구하고 사업시행자인 행정주체가 그 토지를 반환하지 않고 있는 경우 또는 위법한 압류처분이 행정소송에 의하여 취소되었음에도 불구하고 행정기관이 압류된 물건을 반환하지 않고 있는 경우에, 행정주체에 대하여 위 토지 또는 압류된 물건의 반환을 청구하는 것을 들 수 있다.

2. 법적 성질

가. 개인적 공권

결과제거청구권을 사권의 일종으로 보는 견해도 있으나, 통설은 결과제거청구권이란 행정주체의 공행정작용으로 인하여 야기된 위법한 상태를 제거함을 그 목적으로 한다는 점에서 공권으로 보는 것이 타당하다고 본다.

나. 물권적 청구권

결과제거청구권은 사인의 물권적 지배권이 침해된 경우에 발생하므로 물권적 청구권이라고 보아야 한다는 견해가 있다. 하지만 결과제거청구권은 물권적 지배권이 아닌 권리, 예를

85) 류지태·박종수, 앞의 책, 583면.

들면 개인의 명예권이 침해된 경우에도 발생할 수 있으므로 이를 물권적 청구권으로 한정하는 것은 타당하지 않다. 결과제거청구권의 범위는 민법상의 물권적 청구권보다 포괄적이다.[86)]

다. 회복청구권

결과제거청구권은 손해의 배상청구도 아니고, 손실의 보상청구도 아니다. 결과제거청구권은 다만 계속되는 위법한 침해의 제거를 통해 원래의 상태로의 회복을 구하는 회복청구권일 뿐이다.

3. 인정근거

결과제거청구권을 직접적으로 인정하는 실정법상의 명문규정은 존재하지 않는다. 다만 헌법상의 법치행정원리(헌법 제107조 등), 기본권규정(헌법 제10조 내지 제37조 제1항), 민법상의 소유물반환청구권 및 소유물방해제거·방해예방청구권 규정(민법 제213조, 제214조)의 유추적용, 행정소송법상의 취소판결의 기속력 규정(행정소송법 제30조 제1항) 등을 그 근거로 들 수 있다.[87)]

4. 성립요건

가. 공행정작용으로 인한 침해

결과제거청구는 권력작용뿐만 아니라 관리작용에 의한 침해의 경우에도 인정된다. 또한 법적 행위뿐만 아니라 사실행위에 의한 침해의 경우에도 인정된다. 한편 행정주체의 사법적 활동으로 인한 침해에 있어서는 결과제거청구권이 아니라 민법상의 원상회복 또는 방해배제청구권만이 문제된다.

위법한 상태는 작위뿐만 아니라 부작위에 의해 발생할 수도 있다. 예를 들면 행정기관은 적법하게 압류된 물건의 압류가 해제된 경우에는 당해 물건을 반환하여야 할 의무가 있는데, 압류해제된 물건을 반환하지 않고 있는 것은 부작위에 해당하며 이 경우에는 결과제거청구(반환청구)가 가능하다고 보는 것이 다수설이다.[88)] 결과제거청구권은 처음에 적법한 행위이었으나 사후에 위법하게 되는 경우에도 인정되는 것이고, 부작위 이전에 행한 선행 작위행위에 의하여 결과제거청구권이 발생한다고 볼 수도 있으므로 부작위로 인한

86) 홍정선, 앞의 책, 773면.
87) 김남진·김연태, 앞의 책, 584면.
88) 김남진·김연태, 앞의 책, 585면; 홍정선, 앞의 책, 775면.

경우에는 별도로 결과제거청구권을 인정할 필요가 없다는 소수설도 존재한다.[89)]

나. 권익의 침해

공행정작용으로 인하여 야기된 위법한 상태로 인하여 타인의 권리 또는 법적 이익이 침해되고 있어야 한다. 여기에서 말하는 권익에는 재산상의 것 이외에 명예, 신용 등 정신적인 것도 포함된다. 예를 들면, 공직자의 공석에서의 발언으로 자신의 명예를 훼손당한 자는 명예훼손발언의 철회를 요구할 수 있다.

다. 권익의 보호가치성

결과제거청구권은 침해된 권익이 보호할 가치가 있는 경우에만 인정된다. 예컨대 경찰이 불법주차된 자동차를 다른 장소로 견인한 경우에 그 차량의 소유자는 주차금지장소에서 이를 반환해 줄 것을 요구할 수 없다.

라. 위법한 상태의 존재

결과제거청구권은 '위법'한 상태의 제거를 목적으로 하므로, 공행정작용의 결과로써 야기된 상태가 위법하여야 한다. 위법한 상태의 존재 여부는 사실심의 변론종결시를 기준으로 판단한다.

위법한 상태는 처음부터 위법한 행정작용에 의해 발생할 수도 있고, 적법한 행정작용의 효력의 상실에 의해 사후적으로 발생할 수도 있다.

위법한 행정행위에 의한 권리침해(예: 위법하게 행한 물건의 압류)에 있어서 당해 행위가 취소할 수 있는 행위에 불과한 경우에는 당해 행정행위는 취소되기 전까지는 유효한 것이므로 권익침해의 상태는 위법한 상태라고 볼 수 없다. 따라서 이 경우에는 당해 위법한 행정작용이 취소된 후에 또는 취소청구와 동시에만 결과제거청구가 가능하다.

위법한 상태가 사후에 합법화된 경우(예: 도로에 불법편입된 토지가 사후에 수용된 경우)에는 위법한 상태는 더 이상 존재하지 않으므로 결과제거청구권은 당연히 인정되지 않는다.[90)]

마. 결과제거의 가능성

원래의 상태로의 회복이 사실상 가능하며, 법적으로도 허용되어야 한다. 예를 들면,

---

89) 류지태·박종수, 앞의 책, 586면.

90) 박균성, 앞의 책, 934면.

건축물이 철거되어 버린 경우에는 사실상 원상회복이 불가능하고, 수용 등에 의해 적법한 사용권을 취득함이 없이 개인의 토지를 도로부지로 편입하여 사용하고 있는 경우에는 법률상 원상회복이 불가능하다. 왜냐하면 도로법 제5조에 의하면 도로를 구성하는 부지에 대하여는 사권을 행사할 수 없기 때문이다.

원상회복이 사실상이나 법률상으로 불가능한 경우에는 침해행위의 적법·위법에 따라 손실보상이나 손해배상에 의한 구제만이 가능하다.

5. 권리의 실현수단

결과제거청구권은 공권으로 보는 것이 타당하므로 결과제거청구소송은 공법상 당사자소송이다. 하지만 판례는 당사자소송으로서 공법상 위법상태의 제거를 구하는 소송(사실행위의 이행을 구하는 당사자소송)을 인정하고 있지 않다. 따라서 현재로는 다음과 같은 한도 내에서 공행정작용으로 인한 위법한 결과의 제거가 가능하다.

① 위법한 처분에 의해 발생한 위법한 결과는 취소판결의 기속력인 원상회복의무에 의해 제거될 수 있다.

② 개별법에서 공법상 결과제거청구권이 인정되고 있는 경우에는 결과제거청구소송을 공법상 당사자소송으로 제기할 수 있다. 개별법에서 결과제거청구권이 인정되고 있는 경우로는 징발 해제시 피징발자에게 징발물의 반환의무를 규정하고 있는 징발법 제14조 내지 제15조의 규정을 들 수 있다.

③ 처분이 무효인 경우 또는 적법한 행정작용의 효력 상실로 위법한 결과가 사후적으로 발생하고, 그로 인하여 행정청이 권원 없이 물건을 점유하고 있거나 소유권을 방해하게 된 경우에는 민법상의 소유물반환청구권(민법 제213조) 또는 소유물방해제거청구권(민법 제214조)에 근거하여 물건의 반환 또는 방해의 제거를 청구할 수 있다.

제2편 행정상 쟁송

1장

개 설

행정상 쟁송이란 위법 또는 부당한 행정작용으로 인하여 권리나 이익을 침해당한 자가 일정한 국가기관에 이의를 제기하여 그 행정작용의 위법이나 부당을 시정토록 요구하는 제도를 말한다. 행정상 쟁송에는 일정한 행정기관이 판단주체가 되는 행정심판제도와 법원이 판단주체가 되는 행정소송제도가 있다. 행정상 쟁송은 행정권의 행사로 인하여 권익이 침해되었을 경우에 금전에 의한 보상을 목표로 하는 행정상 손해전보와는 달리 침해가 있기 전의 원상을 회복시켜 주는 것을 목표로 한다.

이하에서는 행정상의 쟁송, 즉 행정심판 및 행정소송 제도에 관하여 알아보기로 한다.

2장

행정심판

제1절 서 론

현행 행정소송법은 행정심판 임의주의를 채택하고 있다. 그럼에도 불구하고 실제로는 행정심판을 통하여 권리구제를 구하는 경우가 적지 않다. 그 이유로는 행정심판은 그 절차가 비교적 간단하여 분쟁 해결에 있어 시간 및 비용을 절감할 수 있다는 점, 심판절차에서는 처분의 위법성뿐만 아니라 그 합목적성 즉 부당을 다툴 수도 있으므로 소송에 비하여 구제의 폭이 상대적으로 넓다는 점 등과 같이 나름대로의 장점이 있기 때문이다.

이하 행정심판 제도와 관련된 여러 관련 쟁점에 대하여 살펴보기로 한다.

제2절 행정심판기관

Ⅰ. 의 의

행정심판기관이란 행정심판의 청구를 수리하여 이를 심리·재결할 수 있는 권한을 가진 행정기관을 말한다. 행정심판기관을 어떻게 설치하느냐는 입법정책적으로 결정할 문제이다. 그런데 헌법 제107조 제3항은 행정심판의 절차에는 사법절차가 준용되어야 한다고 규정하고 있다. 그리고 위 사법절차에는 심판기관의 독립성과 제3자기관성이 포함된다고 보아야 한다. 행정심판기관의 독립성과 제3자기관성은 행정심판의 공정성을 보장하기 위한 필수적 요소이다.

2008. 2. 29. 개정되기 전의 구 행정심판법상의 행정심판기관은 심판청구사건에 대하여 심리·의결하는 권한을 가진 행정심판위원회와 행정심판위원회의 심리·의결에 따라 재결만을 행하는 재결청의 2원적 구조였으나, 현행 행정심판법은 접수 및 결과통보 단계에서의 불필요한 처리기간을 단축하기 위하여 재결청을 폐지하고 행정심판위원회가 심리·의결과 재결을 모두 행하도록 하는 1원적 구조를 취하고 있다.

행정심판위원회는 복수의 위원으로 구성되면서 위원의 합의로 의사를 결정한다는 점에서 합의제 기관이고, 아울러 국가의사를 행정심판위원회 스스로 결정하고 이를 외부에 표시할 권한을 가진다는 점에서 행정청으로서의 성격을 지닌다.

II. 행정심판위원회의 종류

1. 일반행정심판위원회

가. 해당 행정청 소속의 행정심판위원회

다음 각 호의 행정청 또는 그 소속 행정청(행정기관의 계층구조와 관계없이 그 감독을 받거나 위탁을 받은 모든 행정청을 말하되, 위탁을 받은 행정청은 그 위탁받은 사무에 관하여는 위탁한 행정청의 소속 행정청으로 본다)의 처분 또는 부작위에 대한 행정심판의 청구에 대하여는 다음 각 호의 행정청에 두는 행정심판위원회에서 심리·재결한다(행정심판법 제6조 제1항).

① 감사원, 국가정보원장, 그 밖에 대통령령으로 정하는 대통령 소속기관의 장

② 국회사무총장·법원행정처장·헌법재판소사무처장 및 중앙선거관리위원회사무총장

③ 국가인권위원회, 그 밖에 지위·성격의 독립성과 특수성 등이 인정되어 대통령령으로 정하는 행정청

위 내용을 설명하자면 법원행정처장의 처분에 대하여는 법원행정처 소속 행정심판위원회(대법원행정심판위원회)가 행정심판기관이 된다. 그리고 “위탁을 받은 행정청은 그 위탁받은 사무에 관하여는 위탁한 행정청의 소속 행정청으로 본다”는 것은 예컨대 감사원이 A지방공사에 행정권한을 위탁한 경우에, 위 위탁받은 권한의 행사로서 이루어진 A지방공사의 처분에 대한 행정심판은 감사원에 두는 행정심판위원회가 행정심판기관이 된다는 의미이다.[1]

---

1) 홍정선, 행정법원론(상)(19판), 2011, 814면.

나. 중앙행정심판위원회

다음 각 호의 행정청의 처분 또는 부작위에 대한 심판청구에 대하여는 「부패방지 및 국민권익위원회의 설치와 운영에 관한 법률」에 따른 국민권익위원회에 두는 중앙행정심판위원회에서 심리·재결한다(행정심판법 제6조 제2항).

① 제1항에 따른 행정청 외의 국가행정기관의 장 또는 그 소속 행정청

② 특별시장·광역시장·특별자치시장·도지사·특별자치도지사(특별시·광역시·특별자치시·도 또는 특별자치도의 교육감을 포함한다. 이하 "시·도지사"라 한다) 또는 특별시·광역시·특별자치시·도·특별자치도(이하 "시·도"라 한다)의 의회(의장, 위원회의 위원장, 사무처장 등 의회 소속 모든 행정청을 포함한다)

③ 「지방자치법」에 따른 지방자치단체조합 등 관계 법률에 따라 국가·지방자치단체·공공법인 등이 공동으로 설립한 행정청. 다만, 제3항 제3호에 해당하는 행정청은 제외한다.

예컨대 행정안전부장관의 처분 또는 부작위, 서울특별시장·대구광역시장·경기도지사의 처분 또는 부작위에 대하여는 중앙행정심판위원회가 행정심판기관이 된다.

다. 시·도지사 소속으로 두는 행정심판위원회

다음 각 호의 행정청의 처분 또는 부작위에 대한 심판청구에 대하여는 시·도지사 소속으로 두는 행정심판위원회에서 심리·재결한다.

① 시·도 소속 행정청

② 시·도의 관할구역에 있는 시·군·자치구의 장, 소속 행정청 또는 시·군·자치구의 의회(의장, 위원회의 위원장, 사무국장, 사무과장 등 의회 소속 모든 행정청을 포함한다)

③ 시·도의 관할구역에 있는 둘 이상의 지방자치단체(시·군·자치구를 말한다)·공공법인 등이 공동으로 설립한 행정청(행정심판법 제6조 제3항).

예컨대 서울특별시 서대문구청장의 처분 또는 부작위에 대하여는 서울특별시장 소속 행정심판위원회(서울특별시행정심판위원회)가 행정심판기관이 되고, 전라남도 담양군수의 처분 또는 부작위에 대하여는 전라남도지사 소속 행정심판위원회(전라남도행정심판위원회)가 행정심판기관이 된다.

라. 직근 상급행정기관에 두는 행정심판위원회

제2항 제1호에도 불구하고 대통령령으로 정하는 국가행정기관 소속 특별지방행정기관의 장의 처분 또는 부작위에 대한 심판청구에 대하여는 해당 행정청의 직근 상급행정기

관에 두는 행정심판위원회에서 심리·재결한다(행정심판법 제6조 제4항). 여기에서 "대통령령으로 정하는 국가행정기관 소속 특별지방행정기관"이란 법무부 및 대검찰청 소속 특별지방행정기관(직근 상급행정기관이나 소관 감독행정기관이 중앙행정기관인 경우는 제외한다)을 말한다(시행령 제3조).

2. 특별행정심판위원회

개별법에 의하여 설치되어 특별행정심판을 담당하는 특별행정심판위원회로는 소청심사위원회, 조세심판원, 중앙토지수용위원회 등이 있다.

Ⅲ. 행정심판위원회의 권한

1. 심리권

행정심판위원회는 심판청구사건을 심리(審理)하는 권한을 가진다. 따라서 심리를 원활하게 진행할 수 있도록 하기 위하여 행정심판위원회는 선정대표자 선정권고권(제15조 제2항), 청구인지위승계허가권(제16조 제5항), 피청구인 경정권(제17조 제2항), 대리인선임허가권(제18조 제1항 제5호), 이해관계가 있는 제3자 또는 행정청에 대한 심판참가허가권 및 요구권(제20조 제5항, 제21조), 청구의 취지 또는 청구이유 변경허가권(제29조 제6항), 심판청구 보정요구권 및 직권보정권(제32조 제1항), 증거조사권(제36조) 등을 가진다.

2. 재결권

행정심판위원회는 심판청구사건을 재결(裁決)하는 권한을 가진다. 따라서 행정심판위원회는 집행정지결정(제30조 제2항), 집행정지결정의 취소(제30조 제4항), 사정재결(제44조 제1항) 등을 행할 수 있다.

3. 불합리한 법령 등의 시정조치 요청권

중앙행정심판위원회는 심판청구를 심리·재결할 때에 처분 또는 부작위의 근거가 되는 명령 등(대통령령·총리령·부령·훈령·예규·고시·조례·규칙 등을 말한다. 이하 같다)이 법령에 근거가 없거나 상위 법령에 위배되거나 국민에게 과도한 부담을 주는 등 크게 불합리하면 관계 행정기관에 그 명령 등의 개정·폐지 등 적절한 시정조치를 요청할 수 있다(행정심판법 제59조 제1항).

제1항에 따른 요청을 받은 관계 행정기관은 정당한 사유가 없으면 이에 따라야 한다(행정심판법 제59조 제2항).

4. 조사·지도의 권한

중앙행정심판위원회는 행정청에 대하여 다음 각 호의 사항(위원회 운영 실태, 재결 이행 상황, 행정심판의 운영 현황) 등을 조사하고, 필요한 지도를 할 수 있다(행정심판법 제60조 제1항).

행정청은 이 법에 따른 행정심판을 거쳐 「행정소송법」에 따른 항고소송이 제기된 사건에 대하여 그 내용이나 결과 등 대통령령으로 정하는 사항을 반기마다 그 다음 달 15일까지 해당 심판청구에 대한 재결을 한 중앙행정심판위원회 또는 제6조 제3항에 따라 시·도지사 소속으로 두는 행정심판위원회에 알려야 한다(행정심판법 제60조 제2항).

제6조 제3항에 따라 시·도지사 소속으로 두는 행정심판위원회는 중앙행정심판위원회가 요청하면 제2항에 따라 수집한 자료를 제출하여야 한다(행정심판법 제60조 제3항).

제3절 행정심판의 당사자 및 참가인

Ⅰ. 심판청구인

1. 의 의

심판청구인이란 심판청구의 대상이 되는 처분 등에 불복하여 심판청구를 제기하는 자를 말한다. 반드시 처분 등의 상대방만을 의미하는 것은 아니다. 제3자도 경우에 따라서는 심판청구인이 될 수 있다.

2. 청구인적격

청구인적격이라 함은 행정심판을 청구할 자격을 말한다. 청구인적격이 없는 자가 제기한 행정심판은 부적법 각하된다. 행정심판은 행정심판을 제기할 '법률상 이익이 있는 자'가 제기할 수 있다(행정심판법 제13조).

그런데 행정심판법은 취소소송에 있어서와는 달리 위법한 처분뿐만 아니라 부당한 처분도 통제의 대상으로 하고 있는데, 청구인적격은 항고소송의 원고적격과 마찬가지로 법률상 이익이 있는 자로 그 범위를 한정하고 있다. 이와 같은 행정심판법상의 청구인적격에 관한 규정이 입법론상 타당한 것인가에 관하여는 다음과 같이 학설이 대립된다.

가. 입법과오설

행정심판은 '위법한 처분'만이 아니라 '부당한 처분'을 대상으로 하여서도 제기할 수 있게 되어 있는데(행정심판법 제5조 제1호, 제3호), 부당한 처분으로는 법률상 이익이 침해될 수 없기 때문에 이는 입법상의 과오라는 견해이다. 즉 부당한 처분도 행정심판의 대상이 되는 이상 반사적 이익(또는 사실상 이익)을 침해받았거나 반사적 이익을 향유하기 위해서도 행정심판을 제기할 수 있도록 되어야 하는 것이며, 만일에 반사적 이익을 배제하는 의미의 '법률상 이익이 있는 자'에게만 행정심판의 청구인적격을 인정하는 경우, 결과적으로 '부당한 처분'은 행정심판의 대상에서 제외되는 결과를 가져오게 된다는 것이다.[2)]

나. 입법무과오설

이 견해는 위법한 처분뿐만 아니라 부당한 처분에 의해서도 권리(법률상 이익)가 침해될 수 있으므로, 법률상 이익이 있는 자에게만 청구인적격을 인정해도 모순이 아니라고 한다.[3)] 또한 '행정심판 청구인적격'의 문제는 입구(쟁송제기단계)의 문제 즉 소송요건의 문제이고, '처분의 부당·위법'의 문제는 출구(본안심리)의 문제이므로 양자는 필연적으로 관련된 문제가 아니라고 주장한다.

다. 평 가

어떤 처분이 '부당'하다고 함은 당해 처분이 재량행위임을 의미하고, 재량행위에 있어서 상대방인 국민은 행정청에게 일정한 행위를 하여 줄 것을 요구하는 의미의 권리(공권)를 가질 수 없고 반사적 이익만을 가진다는 점, 만일에 행정심판 청구인적격이 없다고 입구에서 저지당하면 출구(처분의 부당여부에 대한 본안심리)에도 나아갈 수 없으니 양자는 필연적으로 관련될 수밖에 없다는 점에 비추어 입법과오설이 타당하다.

독일과 일본의 경우 행정소송의 원고적격에 관하여는 특별한 규정을 두면서도 행정심판의 청구인적격에 관하여는 아무런 규정을 두고 있지 않다. 입법론으로는 '법률상 이익

2) 김남진·김연태, 행정법 I (제10판), 2006, 599면.

3) 홍정선, 행정법원론(상)(제19판), 2011, 821면.

이 있는 자가 제기할 수 있다'는 규정을 '정당한 이익이 있는 자가 제기할 수 있다'로 개정하는 것도 생각하여 볼 만하다.[4)]

3. 청구인 지위의 보장

가. 법인이 아닌 사단이나 재단

법인이 아닌 사단 또는 재단으로서 대표자나 관리인이 정하여져 있는 경우에는 그 사단이나 재단의 이름으로 심판청구를 할 수 있다(행정심판법 제14조).

나. 선정대표자

(1) 선정과 해임: 여러 명의 청구인이 공동으로 심판청구를 할 때에는 청구인들 중에서 3명 이하의 선정대표자를 선정할 수 있다(행정심판법 제15조 제1항). 청구인들이 당사자가 아닌 자를 선정대표자로 선정한 경우 그러한 선정행위는 행정심판법 제15조에 위반되어 그 효력이 없다(대법원 1991. 1. 25. 선고 90누7791 판결). 청구인들이 제1항에 따라 선정대표자를 선정하지 아니한 경우에 위원회는 필요하다고 인정하면 청구인들에게 선정대표자를 선정할 것을 권고할 수 있다(행정심판법 제15조 제2항). 선정대표자를 선정한 청구인들은 필요하다고 인정하면 선정대표자를 해임하거나 변경할 수 있다. 이 경우 청구인들은 그 사실을 지체 없이 위원회에 서면으로 알려야 한다(행정심판법 제15조 제5항).

(2) 권한: 선정대표자는 다른 청구인들을 위하여 그 사건에 관한 모든 행위를 할 수 있다. 다만, 심판청구를 취하하려면 다른 청구인들의 동의를 받아야 하며, 이 경우 동의받은 사실을 서면으로 소명하여야 한다(행정심판법 제15조 제3항). 선정대표자가 선정되면 다른 청구인들은 그 선정대표자를 통해서만 그 사건에 관한 행위를 할 수 있다(행정심판법 제15조 제4항).

다. 청구인 지위의 승계

(1) 당연승계: 청구인이 사망한 경우에는 상속인이나 그 밖에 법령에 따라 심판청구의 대상에 관계되는 권리나 이익을 승계한 자가 청구인의 지위를 승계한다(행정심판법 제16조 제1항). 법인인 청구인이 합병(合倂)에 따라 소멸하였을 때에는 합병 후 존속하는 법인이나 합병에 따라 설립된 법인이 청구인의 지위를 승계한다(행정심판법 제16조 제2항).

---

4) 박균성, "청구인적격 확대와 청구 및 심리절차의 개선", 행정심판법 개정 공청회자료집(법제처), 2006, 40면.

(2) 허가승계: 심판청구의 대상과 관계되는 권리나 이익을 양수한 자는 위원회의 허가를 받아 청구인의 지위를 승계할 수 있다(행정심판법 제16조 제5항). 위원회는 제5항의 지위 승계 신청을 받으면 기간을 정하여 당사자와 참가인에게 의견을 제출하도록 할 수 있으며, 당사자와 참가인이 그 기간에 의견을 제출하지 아니하면 의견이 없는 것으로 본다(행정심판법 제16조 제6항). 위원회는 제5항의 지위 승계 신청에 대하여 허가 여부를 결정하고, 지체 없이 신청인에게는 결정서 정본을, 당사자와 참가인에게는 결정서 등본을 송달하여야 한다(행정심판법 제16조 제7항).

라. 대 리

(1) 선임: 청구인은 법정대리인 외에 다음 각 호의 어느 하나에 해당하는 자를 대리인으로 선임할 수 있다(행정심판법 제18조 제1항).

① 청구인의 배우자, 청구인 또는 배우자의 사촌 이내의 혈족

② 청구인이 법인이거나 제14조에 따른 청구인 능력이 있는 법인이 아닌 사단 또는 재단인 경우 그 소속 임직원

③ 변호사

④ 다른 법률에 따라 심판청구를 대리할 수 있는 자

⑤ 그 밖에 위원회의 허가를 받은 자

(2) 대리인의 권한: 대리인은 청구인을 위하여 그 사건에 관한 모든 행위를 할 수 있다. 다만, 심판청구를 취하하려면 청구인의 동의를 받아야 하며, 이 경우 동의받은 사실을 서면으로 소명하여야 한다(행정심판법 제18조 제3항, 제15조 제3항).

Ⅱ. 심판피청구인

1. 피청구인적격

행정심판은 처분을 한 행정청(의무이행심판의 경우에는 청구인의 신청을 받은 행정청)을 피청구인으로 하여 청구하여야 한다. 다만, 심판청구의 대상과 관계되는 권한이 다른 행정청에 승계된 경우에는 권한을 승계한 행정청을 피청구인으로 하여야 한다(행정심판법 제17조 제1항). 여기서 피청구인이 되는 '행정청'이란 행정에 관한 의사를 결정하여 표시하는 국가 또는 지방자치단체의 기관, 그 밖에 법령 또는 자치법규에 따라 행정권한을 가지고 있거나 위탁을 받은 공공단체나 그 기관 또는 사인(私人)을 말한다(행정심판법 제2조 제4호).

2. 피청구인의 경정

(1) 피청구인의 잘못 지정으로 인한 경정: 청구인이 피청구인을 잘못 지정한 경우에는 위원회는 직권으로 또는 당사자의 신청에 의하여 결정으로써 피청구인을 경정(更正)할 수 있다(행정심판법 제17조 제2항). 위원회는 제2항에 따라 피청구인을 경정하는 결정을 하면 결정서 정본을 당사자(종전의 피청구인과 새로운 피청구인을 포함한다. 이하 제6항에서 같다)에게 송달하여야 한다(행정심판법 제17조 제3항). 제2항에 따른 결정이 있으면 종전의 피청구인에 대한 심판청구는 취하되고 종전의 피청구인에 대한 행정심판이 청구된 때에 새로운 피청구인에 대한 행정심판이 청구된 것으로 본다(행정심판법 제17조 제4항).

(2) 권한승계로 인한 경정: 위원회는 행정심판이 청구된 후에 제1항 단서의 사유가 발생하면 직권으로 또는 당사자의 신청에 의하여 결정으로써 피청구인을 경정한다. 이 경우에는 제3항과 제4항을 준용한다(행정심판법 제17조 제5항).

Ⅲ. 참가인

1. 의 의

행정심판의 결과에 이해관계가 있는 제3자나 행정청이 그 사건에 참가하는 것을 심판참가라고 하고, 참가하는 자를 참가인이라 한다. 심판참가제도는 이해관계자를 심판절차에 참가시킴으로써 적정하고도 공정한 심리를 도모하고 아울러 이해관계자의 권익도 보호하는 것을 목적으로 한다. 여기서 이해관계자라 함은 단순한 사실상의 이해관계자가 아니라 행정심판의 재결로 인하여 자기의 법률상 이익이 침해되는 자를 말한다. 제3자효를 수반하는 행정행위에 있어서의 제3자가 이에 해당하는 경우가 많을 것이다.

2. 참가의 방식

가. 허가에 의한 참가

(1) 의의: 행정심판의 결과에 이해관계가 있는 제3자나 행정청은 해당 심판청구에 대한 제7조 제6항 또는 제8조 제7항에 따른 위원회나 소위원회의 의결이 있기 전까지 그 사건에 대하여 심판참가를 할 수 있다(행정심판법 제20조 제1항).

(2) 신청: 제1항에 따른 심판참가를 하려는 자는 참가의 취지와 이유를 적은 참가신청

서를 위원회에 제출하여야 한다(행정심판법 제20조 제2항). 위원회는 기간을 정하여 당사자와 다른 참가인에게 제3자의 참가신청에 대한 의견을 제출하도록 할 수 있으며, 당사자와 다른 참가인이 그 기간에 의견을 제출하지 아니하면 의견이 없는 것으로 본다(행정심판법 제20조 제4항).

(3) 허가: 위원회는 제2항에 따라 참가신청을 받으면 허가 여부를 결정하고, 지체 없이 신청인에게는 결정서 정본을, 당사자와 다른 참가인에게는 결정서 등본을 송달하여야 한다(행정심판법 제20조 제5항).

나. 요구에 의한 참가

위원회는 필요하다고 인정하면 그 행정심판 결과에 이해관계가 있는 제3자나 행정청에 그 사건 심판에 참가할 것을 요구할 수 있다(행정심판법 제21조 제1항). 제1항의 요구를 받은 제3자나 행정청은 지체 없이 그 사건 심판에 참가할 것인지 여부를 위원회에 통지하여야 한다(행정심판법 제21조 제2항).

3. 참가인의 지위

참가인은 행정심판 절차에서 당사자가 할 수 있는 심판절차상의 행위를 할 수 있다(행정심판법 제22조 제1항). 참가인의 대리인 선임과 대표자 자격 및 서류 제출에 관하여는 제18조, 제19조 및 이 조 제2항을 준용한다(행정심판법 제22조 제3항).

[2018년도 5급 공채시험 문제] A시에서 농사를 짓고 있는 甲 등 주민들은 최근 들어 하천에서 악취가 나고 그 하천수를 농업용수로 사용하는 경작지 작물들이 생육이 늦어지거나 고사하는 문제를 발견하였다. 이에 甲 등 주민들이 인근 대학교에 의뢰하여 해당 하천의 수질을 검사한 결과 「물환경보전법」상 배출허용기준을 초과하는 오염물질이 다량 검출되었다. 현재 甲 등 주민 다수에게는 심각한 소화기계통의 질환과 회복할 수 없는 후유증이 발생하였다. 오염물질이 검출된 곳으로부터 2km 상류 지점에는 큰 규모의 제련소가 위치하고 있다. 甲은 물환경보전법령에 따라 개선명령 권한을 위임받은 A시장 乙에게 위 제련소에 대한 개선명령을 요청하였다. 乙이 위 제련소에 대한 정밀조사를 실시한 결과, 위 제련소가 오염물질의 배출원으로 밝혀졌다. 그러나 乙은 그 제련소가 지역경제에서 차지하는 비중을 고려하여 상당한 기간 동안 별다른 조치를 하지 않고 있다. 甲이 취할 수 있는 「행정심판법」상의 구제수단을 검토하시오. (30점)

제4절 행정심판의 청구

Ⅰ. 행정심판의 대상

1. 개괄주의

어떠한 사항을 행정심판의 대상으로 할 것인가는 입법정책으로 결정할 문제이다. 행정심판 사항을 정하는 방법에는 행정청의 처분 또는 부작위에 대하여 일반적으로 행정심판을 청구할 수 있게 하는 개괄주의와, 개개의 처분 또는 부작위를 지정하여 그 지정된 처분 또는 부작위에 대하여만 행정심판을 청구할 수 있게 하는 열기주의가 있다. 행정심판 사항을 열거하여 한정하는 열기주의보다는 개괄주의가 국민의 권익구제의 범위를 확대할 수 있다는 점에서 타당하다.

행정심판법은 개괄주의를 취하여 위법 또는 부당한 '행정청의 처분 또는 부작위'에 대하여 일반적으로 행정심판을 청구할 수 있도록 하고 있다(행정심판법 제3조 제1항). 다만 대통령의 처분 또는 부작위에 대하여는 다른 법률에서 행정심판을 허용하는 특별한 규정을 둔 경우를 제외하고는 행정심판을 청구할 수 없다(행정심판법 제3조 제2항). 이는 대통령의 업무가 지나치게 과다해짐을 피하기 위한 것이라고 이해하는 견해가 있으나,[5] 국민의 심판청구권을 제약한다는 점에서 의문이 제기될 수 있다.

2. 행정청의 처분 또는 부작위

행정심판의 대상인 '처분' 또는 '부작위'는 기본적으로 행정소송의 대상이 되는 처분 또는 부작위와 동일하므로, 구체적인 내용은 후술하는 행정소송 부분에서 자세히 살펴보기로 한다(제3장 제2절 제1관 제2항 취소소송의 대상 중 '제2목 처분', 제3장 제3절 취소소송 이외의 항고소송 중 '제3관 부작위위법확인소송' 부분을 참고하기 바람).

---

5) 홍정선, 행정법원론(상)(제19판), 2011, 827면.

II. 행정심판의 종류

1. 취소심판

가. 의 의

취소심판이란 행정청의 위법 또는 부당한 처분을 취소하거나 변경하는 행정심판을 말한다(행정심판법 제5조 제1호). 즉 행정청의 위법·부당한 공권력의 행사 또는 그 거부나 그 밖에 이에 준하는 행정작용으로 인하여 권리 또는 이익을 침해당한 자가 그 취소 또는 변경을 구하는 행정심판이다.

취소에는 적극적 처분의 취소뿐만 아니라, 소극적 처분인 거부처분의 취소를 포함한다. 변경은 취소소송에서와는 달리 일부취소가 아니라 처분내용의 적극적 변경을 의미한다.

나. 특 징

취소심판은 심판청구기간의 제한(행정심판법 제27조), 집행부정지의 원칙(행정심판법 제30조), 사정재결(행정심판법 제44조) 등의 적용을 받는다.

다. 거부처분취소심판의 가능성

① 긍정설: 행정심판법 제2조 제1호 및 제5조 제1호를 근거로 거부처분에 대하여는 의무이행심판뿐만 아니라 취소심판을 제기할 수도 있는 것으로 보는 것이 통설이다.[6]

② 부정설: 행정심판법상 거부처분은 의무이행심판의 대상이지 취소심판의 대상은 아니므로, 당사자가 거부처분취소심판을 청구한다면 행정심판위원회는 청구인에게 의무이행심판으로 변경하여 청구하도록 하여야 할 것이라고 보는 소수설도 과거에는 있었다.[7]

③ 평가: 권익구제 방식의 확대라는 측면에서 긍정설의 견해가 타당하다. 판례도 긍정설의 입장을 취하고 있었다(대법원 1988. 12. 13. 선고 88누7880 판결).

그런데 현행 행정심판법(2017. 4. 18. 법률 제14832호로 일부개정된 이후의 것)은 거부처분에 대하여 취소심판 또는 무효등확인심판을 제기할 수 있다고 명문으로 규정하고 있으므로(제49조 제2항),[8] 위와 같은 학설의 대립은 이제 의미가 없어졌다.

---

6) 박균성, 행정법론(상)(제10판), 2011, 993면; 김동희, 행정법 I (제14판), 2008, 643면 등.

7) 홍정선, 행정법원론(상)(제19판), 2011, 861면.

8) 행정심판법 제49조(재결의 기속력 등) ② 재결에 의하여 취소되거나 무효 또는 부존재로 확인되는

2. 무효등확인심판

가. 의 의

무효등확인심판이란 행정청의 처분의 효력 유무 또는 존재 여부를 확인하는 행정심판을 말한다(행정심판법 제5조 제2호).

나. 특 징

무효등확인심판은 취소심판과는 달리 심판청구기간의 제한도 없고, 사정재결도 인정되지 않는다.

3. 의무이행심판

가. 의 의

의무이행심판이란 당사자의 신청에 대한 행정청의 위법 또는 부당한 거부처분이나 부작위에 대하여 일정한 처분을 하도록 하는 행정심판을 말한다(행정심판법 제5조 제3호).

취소심판이 행정청의 적극적인 행위로 인한 침해로부터 국민의 권익구제를 목적으로 하는 것이라면, 의무이행심판은 행정청의 소극적인 행위로 인한 침해로부터 국민의 권익구제를 목적으로 하는 것이다.

행정소송에 있어서는 권력분립의 원칙상 의무이행소송이 인정되고 있지 않지만, 행정심판에 있어서는 의무이행심판이 인정되고 있다.

행정소송에 있어서는 의무이행소송 대신에 부작위위법확인소송을 규정하고 있다(행정소송법 제4조 제3호). 행정심판에 있어서는 의무이행심판이 인정되므로 부작위위법확인심판을 제기하는 것은 허용되지 않는다.

나. 특 징

거부처분에 대한 의무이행심판은 심판청구기간의 제한이 따르지만, 부작위에 대한 의무이행심판은 그 성질상 심판청구기간의 제한이 없다. 의무이행심판의 경우에는 사정재결의 규정이 적용된다(행정심판법 제44조 제3항).

처분이 당사자의 신청을 거부하는 것을 내용으로 하는 경우에는 그 처분을 한 행정청은 재결의 취지에 따라 다시 이전의 신청에 대한 처분을 하여야 한다.

Ⅲ. 심판청구의 고지제도

1. 의 의

가. 개념 및 취지

행정심판법은 행정청이 처분을 할 때에는 처분의 상대방에게 ⅰ) 해당 처분에 대하여 행정심판을 청구할 수 있는지, ii) 행정심판을 청구하는 경우의 심판청구 절차 및 심판청구 기간 등을 알려야 한다고 규정하고 있는바(제58조 제1항), 이를 '고지' 또는 '불복고지' 제도라고 한다.

이는 국민에게 행정심판 기회를 폭넓게 보장하고, 아울러 행정청으로 하여금 행정심판의 제기를 예상하여 보다 신중하게 처분을 하게 함으로써, 행정의 민주화 및 적정성 확보에 기여하는 작용을 한다.

나. 법적 성질

고지는 불복청구에 필요한 사항을 알려 주는 비권력적 사실행위이다. 고지는 그 자체로서는 아무런 법적 효과가 발생하지 않는 사실행위에 불과하므로, 그것은 행정쟁송의 대상이 되지 아니한다. 다만 불고지, 오고지의 경우 법령에 의하여 일정한 효과가 주어질 뿐이다.

2. 법적 근거

가. 입법형식

불복고지를 규정하는 입법형식으로는 ⅰ) 행정절차법에서 규정하는 방식, ii) 행정심판법에서 규정하는 방식, iii) 행정소송법(행정심판과 관련된 부분)에서 규정하는 방식 등이 있다.

그런데 논리적으로 본다면 불복고지는 행정처분절차를 규정하는 행정절차법에서 규정하는 것이 합리적이다. 시간적인 관점에서 볼 때 불복고지는 행정심판이나 행정소송이 아니라, 행정처분과 동시에 이루어질 때에 사인의 권리보호가 가장 용이해지기 때문이다.[9]

---

9) 홍정선, 앞의 책, 802면; 김남진·김연태, 앞의 책, 636면.

나. 현행법의 태도

행정심판법은 직권에 의한 고지(제58조 제1항)와 청구에 의한 고지(제58조 제2항)를 규정하고 있다. 그리고 고지를 하지 아니한 경우와 고지를 잘못한 경우의 일정한 제재수단을 규정하고 있다(제23조 제2항, 제27조 제5항, 제6항).

행정절차법도 처분청에게 일정한 고지의무를 부과하고 있다(행정절차법 제27조).[10] 행정절차법은 행정심판뿐만 아니라, 행정소송 그 밖의 불복 가능성까지 포괄적으로 고지하도록 하고 있다. 하지만 행정심판법과는 달리 고지의무위반에 대한 제재수단에 대해서는 규정하는 바가 없다. 그러나 행정심판법상의 고지의무위반에 대한 제재규정은 행정절차법상의 고지에도 준용된다고 보아야 할 것이다.

향후 행정심판법상의 고지규정은 삭제하고, 이를 행정절차법에서 통일적으로 규율하는 것이 타당할 것으로 보여진다.[11]

3. 고지의 종류

가. 직권에 의한 고지

(1) 고지의 주체와 상대방

고지의무를 지는 주체는 당해 처분을 하는 '행정청'이며, 고지의 상대방은 당해 처분의 직접 상대방이다. 처분의 직접 상대방이 아닌 이해관계인은 고지의무의 상대방이 아니지만, 이들에게도 직권으로 고지를 하는 것은 가능하고 또한 바람직하다.

(2) 고지의 대상

구 행정심판법에서는 서면에 의한 처분만이 고지의 대상이 되었고, 구두에 의한 처분은 불복고지의 대상이 되지 않았다. 그러나 현행 행정심판법은 이러한 제한을 두고 있지 않으므로, 이제는 행정청이 행하는 모든 처분이 고지의 대상이 된다고 할 것이다(제58조 제1항).

고지의 대상인 처분은 행정심판법상의 심판청구의 대상이 되는 처분만이 아니라, 다른 개별 법령에 의하여 심판청구(예: 각종의 이의신청, 심사청구, 심판청구 등)의 대상이 되는 처분까지를 모두 포함한다.

---

10) 행정절차법 제26조(고지) 행정청이 처분을 할 때에는 당사자에게 그 처분에 관하여 행정심판 및 행정소송을 제기할 수 있는지 여부, 그 밖에 불복을 할 수 있는지 여부, 청구절차 및 청구기간, 그 밖에 필요한 사항을 알려야 한다.

11) 김남진·김연태, 앞의 책, 636면.

당사자가 신청한 대로 처분을 하는 경우에는 불복이 있을 수 없으므로 고지를 요하지 않는다. 그러나 신청을 거부한 처분이나, 신청한 것과 다른 내용의 처분 및 부관이 부가된 처분의 경우에는 고지를 요한다.

한편 처분 이외의 행정작용은 고지의 대상이 되지 아니한다.

(3) 고지의 내용

ⅰ) 해당 처분에 대하여 행정심판을 청구할 수 있는지의 여부, ⅱ) 행정심판을 청구하는 경우의 심판청구 절차 및 심판청구 기간 등이 고지사항이다.

위 고지사항 중의 '심판청구 절차'에는 행정심판청구서를 제출할 기관, 즉 피청구인과 위원회의 명칭이 포함되는바, 실제로 이것이 가장 중요한 고지사항이 될 것이다.

(4) 고지의 방법과 시기

행정심판법은 고지의 방식에 관하여 아무런 규정을 두고 있지 않다. 따라서 고지는 서면뿐만 아니라 구두로도 가능하다. 그러나 고지 유무나 그 내용에 관한 사후의 다툼을 방지하기 위하여 서면으로 고지를 하는 것이 바람직하다.

고지의 시기에 관하여도 행정심판법은 아무런 규정을 두고 있지 않다. 원칙적으로 처분과 동시에 행하여지는 것이 바람직하다. 처분시에 고지를 하지 못한 경우에도 행정심판 제기에 지장을 주지 않는 상당한 기간 내에 사후고지가 행하여지면 하자가 치유된다고 보아야 할 것이다.

나. 청구에 의한 고지

(1) 고지의 청구권자

고지를 청구할 수 있는 자는 '처분의 이해관계인'이다. 이해관계인은 처분으로 인하여 법률상 이익이 침해된 제3자뿐만 아니라, 처분의 직접 상대방임에도 불구하고 행정심판법 제58조 제1항에 의한 고지를 받지 못한 자도 포함한다고 보아야 할 것이다.

(2) 고지의 대상

고지의 대상은 직권에 의한 고지의 경우와 별다른 차이가 없다.

(3) 고지의 내용

고지의 내용은 ⅰ) 해당 처분이 행정심판의 대상이 되는 처분인지 여부, ⅱ) 행정심판의 대상이 되는 경우 소관 위원회 및 심판청구 기간 등이다.

(4) 고지의 방법과 시기

고지는 서면뿐만 아니라 구두로도 가능하다. 그러나 청구인으로부터 서면으로 알려 줄 것을 요구받으면 서면으로 알려 주어야 한다(행정심판법 제58조 제2항).

고지의 시기에 관하여, 행정심판법은 이해관계인이 요구하면 고지사항을 '지체 없이' 알려 주어야 한다고 규정하고 있다(제58조 제2항). 어느 때가 그에 해당하는지는 사회통념에 따라 결정될 일이지만, 통상 행정심판을 제기하는 데 지장을 주지 않는 합리적인 기간 내를 의미한다고 볼 것이다.

4. 고지의무위반의 효과

가. 의 의

고지의무를 위반한 경우 행정심판법과 행정소송법이 규정하고 있는 일정한 법적 효과가 발생한다. 그것은 고지제도의 실효성을 확보하기 위하여 행정심판법 등이 특별히 부여하는 힘에 해당된다.

나. 불고지의 효과

(1) 심판청구서의 송부

행정청이 고지를 하지 아니하여 청구인이 심판청구서를 다른 행정기관에 제출한 경우에는, 그 행정기관은 그 심판청구서를 지체 없이 정당한 권한이 있는 행정청에 송부하고, 그 사실을 청구인에게 알려야 한다(행정심판법 제23조 제2항, 제3항). 이 경우 행정심판 청구 기간을 계산할 때에는 최초의 행정기관에 심판청구서가 제출된 때에 행정심판이 청구된 것으로 본다(제23조 4항).

(2) 청구기간

행정청이 심판청구 기간을 알리지 아니한 경우에는 그 심판청구기간은 당해 처분이 있었던 날로부터 180일이 된다(행정심판법 제27조 제6항). 이 경우 청구인이 처분이 있음을 실제로 알았는지 여부 등은 문제되지 않는다. 다른 법률에서 행정심판 청구기간을 행정심판법보다 짧게 정한 경우에도 행정청이 처분시에 행정심판 청구기간을 알리지 아니한 때에는 그 처분이 있은 날부터 180일 이내에 행정심판을 제기할 수 있다고 보아야 할 것이다(대법원 1990. 7. 10. 선고 89누6839 판결 참고).

다. 오고지의 효과

(1) 심판청구서의 송부

행정청이 고지를 잘못하여 청구인이 심판청구서를 다른 행정기관에 제출한 경우에는, 그 행정기관은 그 심판청구서를 지체 없이 정당한 권한이 있는 행정청에 송부하고, 그 사실을 청구인에게 알려야 한다(행정심판법 제23조 제2항, 제3항).

(2) 청구기간

행정청이 심판청구 기간을 행정심판법 제27조 제1항에 규정된 기간(처분이 있음을 알게 된 날부터 90일)보다 긴 기간으로 잘못 알린 경우, 그 잘못 알린 기간 내에 심판청구가 있으면 그 행정심판은 적법한 기간 내에 청구된 것으로 본다(행정심판법 제27조 제5항).

(3) 행정심판 전치

행정소송을 제기하기 전에 반드시 행정심판을 거쳐야 하는 경우(행정심판 전치주의가 적용되는 경우)임에도 불구하고, 처분을 행한 행정청이 행정심판을 거칠 필요가 없다고 잘못 알린 때에는 행정심판을 제기함이 없이 바로 취소소송을 제기할 수 있다(행정소송법 제18조 제3항 제4호).

(4) 기타 관할의 창설 여부

관할에 관한 규정은 강행법규에 해당한다. 따라서 행정심판이나 행정소송의 대상이 아님에도 불구하고, 재결청에 행정심판을 청구하거나 법원에 행정소송을 제기할 수 있다고 잘못 알렸다고 하더라도, 특별한 규정이 없는 이상 그러한 잘못된 안내로 재판관할권이 생긴다고 볼 수는 없다.

판례

농지법 제62조 제1항에 따른 이행강제금 부과처분에 대한 불복절차(=비송사건절차법에 따른 재판) 및 위 이행강제금 부과처분이 행정소송법상 항고소송의 대상이 되는지 여부(소극) / 관할청이 위 이행강제금 부과처분을 하면서 재결청에 행정심판을 청구하거나 관할 행정법원에 행정소송을 할 수 있다고 잘못 안내한 경우, 행정법원의 항고소송 재판관할이 생기는지 여부(소극): 농지법은 농지 처분명령에 대한 이행강제금 부과처분에 불복하는 자가 그 처분을 고지받은 날부터 30일 이내에 부과권자에게 이의를 제기할 수 있고, 이의를 받은 부과권자는 지체 없이 관할 법원에 그 사실을 통보하여야 하며, 그 통보를 받은 관할 법원은 비송사건절차법에 따른 과태료

재판에 준하여 재판을 하도록 정하고 있다(제62조 제1항, 제6항, 제7항). 따라서 농지법 제62조 제1항에 따른 이행강제금 부과처분에 불복하는 경우에는 비송사건절차법에 따른 재판절차가 적용되어야 하고, 행정소송법상 항고소송의 대상은 될 수 없다.

농지법 제62조 제6항, 제7항이 위와 같이 이행강제금 부과처분에 대한 불복절차를 분명하게 규정하고 있으므로, 이와 다른 불복절차를 허용할 수는 없다. 설령 관할청이 이행강제금 부과처분을 하면서 재결청에 행정심판을 청구하거나 관할 행정법원에 행정소송을 할 수 있다고 잘못 안내하거나 관할 행정심판위원회가 각하재결이 아닌 기각재결을 하면서 관할 법원에 행정소송을 할 수 있다고 잘못 안내하였다고 하더라도, 그러한 잘못된 안내로 행정법원의 항고소송 재판관할이 생긴다고 볼 수도 없다(대법원 2019. 4. 11. 선고 2018두42955 판결).

라. 독자적 위법사유 여부

고지의무위반이 당해 처분을 위법하게 하는 독자적인 위법사유가 되는지 여부가 문제된다.

불고지나 오고지가 비록 잘못된 것이기는 하지만, 그것이 행정처분을 위법하게 하는 사유는 아니라는 견해가 일반적이다.[12] 즉 고지를 하지 아니하거나 잘못 하였다고 하더라도 그것이 처분의 주체·절차·형식·내용에 어떤 흠결을 가져오는 것은 아니라고 본다. 이것이 판례의 태도이기도 하다(대법원 1987. 11. 24. 선고 87누529 판결). 그러나 고지의무도 행정절차의 일종이라고 보는 입장에서는, 고지의무위반만으로도 행정처분이 위법하게 된다고 보게 될 것이다. 생각건대, 오고지는 제외하더라도, 최소한 불고지의 하자는 독자적인 위법사유가 된다고 보는 것이 타당하다. 아울러 그 하자의 치유는 행정심판 제기 이전까지만 가능하다고 보아야 한다.

판례

자동차운수사업법 제31조 등의 규정에 의한 사업면허의취소등의처분에관한규칙(교통부령) 제7조 제3항에 따른 고지의무의 불이행과 면허취소처분의 하자유무: 자동차운수사업법 제31조 등의 규정에 의한 사업면허의 취소 등의 처분에 관한 규칙(교통부령) 제7조 제3항의 고지절차에 관한 규정은 행정처분의 상대방이 그 처분에 대한 행정심판의 절차를 밟는데 있어 편의를 제공하려는데 있으며 처분청이 위 규정에 따른 고지의무를 이행하지 아니하였다고 하더라도 경우에 따라서는 행정심판의 제기기간이 연장될 수 있는 것에 그치고 이로 인하여 심판의 대상이 되는 행정처분에 어떤 하자가 수반된다고 할 수 없다(대법원 1987. 11. 24. 선고 87누529 판결).

---

12) 홍정선, 앞의 책, 806면; 박균성, 앞의 책, 1002면.

Ⅳ. 행정심판 청구기간

1. 의 의

행정심판 청구기간을 어떻게 제한하느냐는 입법정책의 문제이다. 이에는 그 기간을 가능한 길게 하여 당사자에게 충분한 권리구제의 기회를 부여하여야 한다는 요청과 행정상의 법률관계를 되도록 빨리 안정시켜야 된다는 행정상의 요청이 충돌하고 있다.

심판청구기간은 취소심판청구와 거부처분에 대한 의무이행심판의 경우에만 적용되고, 무효등확인심판청구나 부작위에 대한 의무이행심판청구의 경우에는 적용되지 않는다(행정심판법 제27조 제7항[13]).

2. 원 칙

행정심판청구는 원칙적으로 처분이 있음을 알게 된 날부터 90일 이내에, 처분이 있었던 날부터 180일 이내에 제기하여야 한다(행정심판법 제27조 제1항, 제3항). 두 기간 중에 어느 하나라도 경과하면 행정심판청구를 제기하지 못한다.

여기서 '처분이 있음을 알게 된 날'이란 통지·고지 기타의 방법에 의하여 당해 처분이 있었다는 사실을 현실적으로 안 날을 말하고,[14] '처분이 있었던 날'이란 당해 처분이 효력을 발생한 날을 말한다. 행정행위는 통상 그에 대한 통지가 상대방에게 도달됨으로써 효력을 발생한다. 처분이 있음을 알지 못한 경우에도 당해 처분이 있었던 날로부터 180일이 경과하면 심판청구를 제기할 수 없도록 규정한 것은 행정법관계의 안정성을 확보하

---

13) 행정심판법 제27조(심판청구의 기간) ① 행정심판은 처분이 있음을 알게 된 날부터 90일 이내에 청구하여야 한다.
③ 행정심판은 처분이 있었던 날부터 180일이 지나면 청구하지 못한다. 다만, 정당한 사유가 있는 경우에는 그러하지 아니하다.
⑦ 제1항부터 제6항까지의 규정은 무효등확인심판청구와 부작위에 대한 의무이행심판청구에는 적용하지 아니한다.

14) 불특정 다수인을 상대로 하는 처분(일반처분)의 경우 통상 고시 또는 공고의 방식으로 행하여지는바, 판례는 이 경우 고시·공고의 효력발생일에 그 처분이 있었음을 알았던 것으로 보고 제소기간을 기산하고 있다(대법원 2000. 9. 8. 선고 99두11257 판결 등). 하지만 고시 또는 공고에 의하여 행정처분을 하는 경우에도 개별 통지 등을 통하여 당사자가 처분이 있은 것을 알지 않는 한 명문의 규정 없이 처분이 있음을 알았다고 의제할 수는 없다는 점에서 판례의 태도는 부당하다. 그리하여 행정심판위원회는 고시·공고에 의하여 행정처분이 행하여진 경우, 처분이 있음을 현실적으로 안 경우에는 90일의 청구기간을, 그렇지 않은 경우에는 고시·공고의 효력발생일로부터 180일의 청구기간을 부여하고 있다. 국민권익위원회 중앙행정심판위원회, 행정심판 30년사, 2015, 221면.

기 위함이다.[15)]

3. 예 외

가. 90일에 대한 예외

청구인이 천재지변·전쟁·사변 그 밖의 불가항력으로 인하여 처분이 있음을 알게 된 날부터 90일 이내에 심판청구를 할 수 없었을 때에는 그 사유가 소멸한 날부터 14일 이내에 심판청구를 제기할 수 있다(행정심판법 제27조 제2항).

나. 180일에 대한 예외

(1) 의 의

처분이 있었던 날부터 180일을 경과하더라도 그 기간 내에 행정심판을 제기하지 못한 정당한 사유가 있는 경우에는 심판청구를 할 수 있다(행정심판법 제27조 제3항).

여기서 '정당한 사유'에 해당하는 것이 무엇인지가 문제된다. 이는 처분이 있었던 날부터 180일 이내에 심판청구를 하지 못함을 정당화할 만한 객관적인 사유를 의미하는바, 그 존부는 사안에 따라 개별적, 구체적으로 판단하여야 하나 전술한 천재지변·전쟁·사변 그 밖의 불가항력보다는 넓은 개념이라고 할 수 있다(대법원 1991. 6. 28. 선고 90누6521 판결).

(2) 복효적 행정행위에 있어서의 심판청구기간

복효적 행정행위에 있어서 처분의 직접 상대방이 아닌 제3자가 행정심판을 청구하는 경우에도 심판청구기간은 원칙적으로 처분이 있음을 알게 된 날부터 90일 이내, 처분이 있었던 날부터 180일 이내라 할 것이다.

그런데 행정절차법은 당사자에게 의무를 부과하거나 권익을 제한하는 처분을 하는 경우에 당사자 등에게 통지를 하도록 규정하고 있는바(제21조 제1항), 여기서 '당사자 등'이란 i) 행정청의 처분에 대하여 직접 그 상대가 되는 당사자, ii) 행정청이 직권으로 또는 신청에 따라 행정절차에 참여하게 한 이해관계인을 말한다(제2조 제4호). 그러나 이해관계 있는 모든 제3자가 그에 포함되어 행정청으로부터 처분의 통지를 받을 수는 없는 일이다. 따라서 이해관계 있는 제3자로서 행정청으로부터 처분의 통지를 받지 못하여 현실적으로 '처분이 있음을 알지 못하였고, 아울러 처분이 있은 날로부터 180일을 경과한 제3자'가 있을 수 있다.

---

15) 김남진·김연태, 앞의 책, 617면.

이에 대법원은 제3자가 행정심판법 제27조 제3항 소정의 심판청구기간 내에 심판청구를 제기하지 아니하였다 하더라도, 그 심판청구기간 내에 심판청구가 가능하였다는 특별한 사정이 없는 한 동법 제27조 제3항의 제척기간의 적용을 배제할 정당한 사유가 있는 경우에 해당한다고 판시하고 있다(대법원 1996. 9. 6. 선고 95누16233 판결; 대법원 2002. 5. 24. 선고 2000두3641 판결).

판례

행정처분의 상대방이 아닌 제3자가 행정심판법 제18조 제3항 소정의 심판청구기간을 경과하고서도 행정심판을 청구할 수 있는 같은 법조항 단서 소정의 "정당한 사유": 행정심판법 제18조 제3항에 의하면 행정처분의 상대방이 아닌 제3자라도 처분이 있은 날로부터 180일을 경과하면 행정심판청구를 제기하지 못하는 것이 원칙이지만, 다만 정당한 사유가 있는 경우에는 그러하지 아니하도록 규정되어 있는바, 행정처분의 직접 상대방이 아닌 제3자는 일반적으로 처분이 있는 것을 바로 알 수 없는 처지에 있으므로, 위와 같은 심판청구기간 내에 심판청구를 제기하지 아니하였다고 하더라도, 그 기간 내에 처분이 있은 것을 알았거나 쉽게 알 수 있었기 때문에 심판청구를 제기할 수 있었다고 볼 만한 특별한 사정이 없는 한, 위 법조항 본문의 적용을 배제할 "정당한 사유"가 있는 경우에 해당한다고 보아 위와 같은 심판청구기간이 경과한 뒤에도 심판청구를 제기할 수 있다(대법원 1992. 7. 28. 선고 91누12844 판결).

구 행정심판법상 행정처분의 상대방이 아닌 제3자가 당해 처분이 있음을 알았거나 쉽게 알 수 있는 경우, 행정심판의 청구기간: 행정처분의 상대방이 아닌 제3자는 일반적으로 처분이 있는 것을 바로 알 수 없는 처지에 있으므로 처분이 있은 날로부터 180일이 경과하더라도 특별한 사유가 없는 한 구 행정심판법(1995. 12. 6. 법률 제5000호로 개정되기 전의 것) 제18조 제3항 단서 소정의 정당한 사유가 있는 것으로 보아 심판청구가 가능하나, 그 제3자가 어떤 경위로든 행정처분이 있음을 알았거나 쉽게 알 수 있는 등 같은 법 제18조 제1항 소정의 심판청구기간 내에 심판청구가 가능하였다는 사정이 있는 경우에는 그 때로부터 60일 이내에 심판청구를 하여야 하고, 이 경우 제3자가 그 청구기간을 지키지 못하였음에 정당한 사유가 있는지 여부는 문제가 되지 아니한다(대법원 2002. 5. 24. 선고 2000두3641 판결): <해설> 구 행정심판법(1995. 12. 6. 법률 제5000호로 개정되기 전의 것)의 경우 "심판청구는 처분이 있음을 안 날로부터 60일 이내에 제기하여야 한다"(제18조 제1항)고 규정하고 있었다. 현행 행정심판법은 "행정심판은 처분이 있음을 알게 된 날부터 90일 이내에 청구하여야 한다"(제27조 제1항)고 규정하고 있다. 따라서 현재는 행정처분이 있음을 알았거나 쉽게 알 수 있는 등과 같은 사정이 있는 때로부터 90일 이내에 심판청구를 하여야 한다.

다만 위의 '정당한 사유'가 있는 경우에도 제3자가 180일이 지난 후 과연 언제까지 행정심판청구를 할 수 있는가는 여전히 문제될 수 있다. 이 문제는 행정심판법 제27조 제1항 내지 제3항 및 신의칙에 비추어 판단되어야 할 것이다. 행정심판법 제27조 제3항의 "정당한 사유가 있는 경우에는 그러하지 아니하다"는 처분이 있었던 날부터 180일 이내에 행정심판을 제기하여야 한다는 원칙이 적용되지 않는다는 의미이다. 따라서 이 경우 행정심판법 제27조 제1항만이 적용되므로 처분이 있음을 알았다고 할 수 있는 때로부터 90일 이내에 행정심판을 제기하여야 한다고 보아야 할 것이다.[16]

(3) 심판청구기간의 불고지 등의 경우

행정청이 심판청구기간을 법정기간(처분이 있음을 안 날로부터 90일)보다 긴 기간으로 잘못 알린 경우에는 그 잘못 알린 기간 내에 심판청구를 할 수 있고(행정심판법 제27조 제5항), 심판청구기간을 알리지 아니한 때에는 상대방이 처분이 있음을 알았을지라도 당해 처분이 있은 날로부터 180일 이내에 심판청구를 제기할 수 있다(행정심판법 제27조 제6항).

Ⅴ. 심판청구서의 제출

1. 심판청구의 방식(서면주의)

행정심판의 청구는 일정한 사항을 기재하여 서면으로 하여야 한다(행정심판법 제28조 제1항).

처분에 대한 심판청구의 경우에는 ① 청구인의 이름과 주소 또는 사무소, ② 피청구인과 위원회, ③ 심판청구의 대상이 되는 처분의 내용, ④ 처분이 있음을 알게 된 날, ⑤ 심판청구의 취지 및 이유, ⑥ 피청구인의 행정심판 고지 유무와 그 내용을 기재하여야 한다(행정심판법 제28조 제2항).

부작위에 대한 심판청구의 경우에는 제2항 제1호·제2호·제5호 외에 당해 부작위의 전제가 되는 신청의 내용과 날짜를 기재하여야 한다(행정심판법 제28조 제3항).

2. 심판청구서의 제출기관(임의적 경유)

가. 피청구인 또는 행정심판위원회

행정심판을 청구하려는 자는 제28조에 따라 심판청구서를 작성하여 피청구인이나 위

16) 김남진·김연태, 앞의 책, 619면.

원회에 제출하여야 한다(행정심판법 제23조 제1항). 과거에는 반드시 피청구인인 처분청을 경유하여 심판청구서를 제출하도록 하는 처분청 경유주의를 취하였는바, 이는 처분청에게 반성·시정의 기회를 제공함과 동시에 당해 심판청구에 대한 답변서의 작성·제출을 용이하게 하기 위함이었다. 그러나 이에 대하여는 ① 자신에게 불이익을 준 행정청에 반드시 심판청구서를 제출하도록 하는 것은 국민의 법감정과는 거리가 멀다는 점, ② 처분청으로부터 행정심판청구 취하의 압력을 받을 우려가 있다는 점 등을 이유로 행정편의주의라는 비판이 있었고,[17] 이에 1995년 12월 6일 행정심판법 개정에 의해 처분청 경유주의가 폐지되고 심판청구서 제출기관의 선택주의가 채택되었다.

나. 전자정보처리조직

심판청구인은 심판청구서와 그 밖의 서류를 전자문서화하고 이를 정보통신망을 이용하여 위원회에서 지정·운영하는 전자정보처리조직을 통하여 제출할 수도 있다(행정심판법 제52조 제1항).

VI. 심판청구서를 접수한 경우의 처리방식

1. 피청구인이 심판청구서를 접수한 경우

가. 정당한 권한 있는 행정청에의 송부

행정청이 제58조에 따른 고지를 하지 아니하거나 잘못 고지하여 청구인이 심판청구서를 다른 행정기관에 제출한 경우에는 그 행정기관은 그 심판청구서를 지체 없이 정당한 권한이 있는 피청구인에게 보내야 한다(행정심판법 제23조 제2항).

심판청구 기간을 계산할 때에는 제1항에 따른 피청구인이나 위원회 또는 제2항에 따른 행정기관에 심판청구서가 제출되었을 때에 행정심판이 청구된 것으로 본다(행정심판법 제23조 제4항).

나. 위원회에의 송부 등

피청구인이 제23조 제1항·제2항 또는 제26조 제1항에 따라 심판청구서를 접수하거나 송부받으면 10일 이내에 심판청구서(제23조 제1항·제2항의 경우만 해당된다)와 답변서를

17) 홍정선, 행정법원론(상)(제19판), 2011, 834면.

위원회에 보내야 한다. 다만, 청구인이 심판청구를 취하한 경우에는 그러하지 아니하다(행정심판법 제24조 제1항).

피청구인이 제1항 본문에 따라 심판청구서를 보낼 때에는 심판청구서에 위원회가 표시되지 아니하였거나 잘못 표시된 경우에도 정당한 권한이 있는 위원회에 보내야 한다(행정심판법 제24조 제3항). 이 경우에 피청구인은 송부 사실을 지체 없이 청구인에게 알려야 한다(행정심판법 제24조 제5항).

다. 제3자가 행정심판을 제기한 경우 처분의 상대방에게 통지

피청구인은 처분의 상대방이 아닌 제3자가 심판청구를 한 경우에는 지체 없이 처분의 상대방에게 그 사실을 알려야 한다. 이 경우 심판청구서 사본을 함께 송달하여야 한다(행정심판법 제24조 제2항).

라. 피청구인의 직권취소

심판청구서를 받은 피청구인은 그 심판청구가 이유 있다고 인정하면 심판청구의 취지에 따라 직권으로 처분을 취소·변경하거나 확인을 하거나 신청에 따른 처분을 할 수 있다. 이 경우 서면으로 청구인에게 알려야 한다(행정심판법 제25조 제1항).

심판청구서를 받은 행정청이 검토하여 본 결과 심판청구가 이유 있다고 인정되는 경우에는 더 이상의 시간을 허비할 것이 아니라, 그 단계에서 심판청구의 취지에 따르는 처분을 할 수 있게 하여 절차의 경제를 도모하기 위함이다.

2. 행정심판위원회가 심판청구서를 접수한 경우

가. 피청구인에게 심판청구서의 송부

행정심판위원회는 제23조 제1항에 따라 심판청구서를 받으면 지체 없이 피청구인에게 심판청구서 부본을 보내야 한다(행정심판법 제26조 제1항).

나. 청구인에게 답변서 부본의 송부

위원회는 제24조 제1항 본문에 따라 피청구인으로부터 답변서가 제출되면 답변서 부본을 청구인에게 송달하여야 한다(행정심판법 제26조 제2항).

Ⅶ. 심판청구의 효과

1. 행정심판기관 등에 대한 효과

행정심판이 청구되면 행정심판위원회는 이를 심리·재결할 의무를 진다. 한편 행정심판청구인은 심판을 받을 권리, 그 밖에 행정심판법이 인정하는 절차상의 권리를 가지게 된다.

2. 처분에 대한 효과

가. 집행부정지 원칙

행정심판법은 "심판청구는 처분의 효력이나 그 집행 또는 절차의 속행에 영향을 주지 아니한다"(제30조 제1항)고 규정하여 집행부정지의 원칙을 채택하고 있다. 집행부정지의 원칙은 심판청구의 남용을 방지하고, 행정의 원활한 수행을 도모하기 위한 입법정책적 고려에서 도입된 것이다.

나. 예외적인 집행정지

집행부정지를 지나치게 강조하면 국민의 권리보호에 역행하는 결과가 된다. 그리하여 행정심판법은 예외적으로 행정심판위원회로 하여금 일정한 요건 하에서 처분의 효력 등의 정지를 결정할 수 있도록 하고 있다.[18)]

집행정지의 요건, 내용, 효과 등은 행정소송에서의 집행정지와 별다른 차이가 없다(자세한 내용은 제3장 제2절 취소소송 중의 '제4관 취소소송에 있어서의 가구제'를 참고하기 바람).

다만 행정소송법에서는 아직까지도 '회복하기 어려운 손해를 예방하기 위하여'를 집행정지의 실체적 요건으로 규정하고 있다. 하지만 행정심판법(2010. 1. 25. 법률 제9968호로 전부개정된 이후의 것)은 심판청구인의 권리를 보다 두텁게 보호하기 위하여 2010. 1. 25.부터 집행정지의 요건 중 '회복하기 어려운 손해를 예방하기 위하여'를 '중대한 손해가 생기

---

18) 행정심판법 제30조(집행정지) ① 심판청구는 처분의 효력이나 그 집행 또는 절차의 속행에 영향을 주지 아니한다.
② 위원회는 처분, 처분의 집행 또는 절차의 속행 때문에 중대한 손해가 생기는 것을 예방할 필요성이 긴급하다고 인정할 때에는 직권으로 또는 당사자의 신청에 의하여 처분의 효력, 처분의 집행 또는 절차의 속행의 전부 또는 일부의 정지(이하 "집행정지"라 한다)를 결정할 수 있다. 다만, 처분의 효력정지는 처분의 집행 또는 절차의 속행을 정지함으로써 그 목적을 달성할 수 있을 때에는 허용되지 아니한다.

는 것을 예방할 필요성'으로 완화하여 규정하고 있다.

3. 임시처분

가. 의 의

임시처분이란 행정청의 처분이나 부작위 때문에 발생할 수 있는 당사자의 중대한 불이익이나 급박한 위험을 막기 위해 당사자에게 임시지위를 부여하는 행정심판위원회의 결정을 말한다(행정심판법 제31조).

집행정지제도는 주로 침익적 처분의 효력을 소극적으로 정지시키는 것을 목적으로 한다. 그리하여 거부처분이나 부작위의 경우 원칙적으로 집행정지의 대상이 되지 아니한다는 것이 다수설과 판례의 입장이다.

따라서 집행정지제도를 통하여는 구제할 수 없는 거부처분이나 부작위에 대한 가구제제도의 공백을 해소하기 위하여 임시적 구제제도를 마련할 필요성이 있었다. 이에 2010. 1. 25. 법률 제9968호로 전부개정된 행정심판법은 집행정지 외에도 가구제제도로서 임시처분제도를 도입하였다(행정심판법 제30조, 제31조).[19] 다만 행정심판법은 '임시지위를 정하여야 할 필요가 있는 경우'에 관한 임시처분은 규정하고 있지만, '다툼의 대상'에 관한 임시처분은 규정하고 있지 않다(행정심판법 제31조). 즉 행정심판법상의 임시처분은 민사집행법상의 임시의 지위를 정하는 가처분에 해당된다.

임시처분제도가 활용될 수 있는 예를 들면 다음과 같다. i) 국·공립학교 입학시험에서 불합격처분을 받은 자가 행정심판을 청구하여 그 거부처분(불합격처분)을 다투는 경우, 임시처분을 활용하면 재결이 내려질 때까지 임시로 학교에 다니는 것이 가능하게 된다. ii) 사법시험 1차 시험에서 불합격된 자가 행정심판을 청구하여 그 거부처분(불합격처분)을 다투는 경우, 일단 2차 시험을 볼 수 있는 자격을 임시로 부여하고 나중에 본안에서 1차 시험불합격처분의 위법여부를 판단하는 것이 가능하게 된다.

---

19) 행정심판법 제31조(임시처분) ① 위원회는 처분 또는 부작위가 위법·부당하다고 상당히 의심되는 경우로서 처분 또는 부작위 때문에 당사자가 받을 우려가 있는 중대한 불이익이나 당사자에게 생길 급박한 위험을 막기 위하여 임시지위를 정하여야 할 필요가 있는 경우에는 직권으로 또는 당사자의 신청에 의하여 임시처분을 결정할 수 있다.
② 제1항에 따른 임시처분에 관하여는 제30조 제3항부터 제7항까지를 준용한다. 이 경우 같은 조 제6항 전단 중 "중대한 손해가 생길 우려"는 "중대한 불이익이나 급박한 위험이 생길 우려"로 본다.
③ 제1항에 따른 임시처분은 제30조 제2항에 따른 집행정지로 목적을 달성할 수 있는 경우에는 허용되지 아니한다.

나. 요 건

(1) 적극적 요건

① 심판청구가 계속 중일 것: 임시처분을 위해서는 심판청구가 계속되고 있어야 한다(제31조 제2항, 제30조 제5항). 심판청구보다 임시처분신청이 먼저 이루어진 경우에도 그 신청에 대한 결정이 이루어지기 이전에 심판청구가 행하여지면 하자는 치유된다. 비록 임시처분의 결정이 있었다고 하더라도 이후 심판청구가 취하되면 임시처분의 결정은 당연히 그 효력이 상실된다.

한편 법령상 명문의 규정은 없지만, 임시처분의 성격상 의무이행심판청구의 계속을 그 전제로 한다는 견해도 있다.[20] 하지만 거부처분에 대하여 의무이행심판 이외에도 취소심판·무효등확인심판이 가능하다고 보는 이상, 취소심판·무효등확인심판 청구가 계속 중에도 임시처분은 가능하다고 보는 것이 타당하다.

② 처분 또는 부작위가 위법·부당하다고 상당히 의심되는 경우일 것(제31조 제1항).

③ 처분 또는 부작위 때문에 당사자가 받을 우려가 있는 중대한 불이익이나 당사자에게 생길 급박한 위험을 막기 위하여 임시지위를 정하여야 할 필요가 있는 경우일 것(제31조 제1항).

(2) 소극적 요건

공공복리에 중대한 영향을 미칠 우려가 없어야 한다(제31조 제2항, 제30조 제3항).

(3) 보충성 요건

임시처분은 집행정지로 그 목적을 달성할 수 있는 경우에는 허용되지 아니한다(제31조 제3항).

다. 임시처분의 결정

(1) 절차의 개시

임시처분 절차는 직권 또는 당사자의 신청에 의한다(제31조 제1항). 임시처분 신청은 심판청구와 동시에 또는 심판청구에 대한 제7조 제6항 또는 제8조 제7항에 따른 위원회나 소위원회의 의결이 있기 전까지 신청의 취지와 원인을 적은 서면을 위원회에 제출하여야 한다(제31조 제2항, 제30조 제5항).

---

20) 박균성, 행정법론(상)(제17판), 2018, 1094-1095면.

(2) 위원회의 결정

위원회는 임시처분의 요건을 갖추었다고 판단되면 직권으로 또는 당사자의 신청에 의하여 임시처분을 결정할 수 있다(제31조 제1항).

(3) 위원장에 의한 결정

제2항(위원회에 의한 임시처분 결정)에도 불구하고 위원회의 심리·결정을 기다릴 경우 중대한 불이익이나 급박한 위험이 생길 우려가 있다고 인정되면 위원장은 직권으로 위원회의 심리·결정을 갈음하는 결정을 할 수 있다. 이 경우 위원장은 지체 없이 위원회에 그 사실을 보고하고 추인을 받아야 하며, 위원회의 추인을 받지 못하면 위원장은 임시처분에 관한 결정을 취소하여야 한다(제31조 제2항, 제30조 제6항).

라. 효 력

임시처분이 결정되면, 임시처분에서 정하여진 내용대로 청구인의 법적 지위가 정하여진다. 청구인의 이러한 법적 지위는 심판청구에 대한 재결이 있기까지 지속된다.

마. 임시처분의 취소

(1) 위원회의 결정

위원회는 임시처분을 결정한 후에 임시처분이 공공복리에 중대한 영향을 미치거나 그 처분사유가 없어진 경우에는 직권으로 또는 당사자의 신청에 의하여 임시처분 결정을 취소할 수 있다(제31조 제2항, 제30조 제4항).

임시처분 결정의 취소신청은 심판청구에 대한 제7조 제6항 또는 제8조 제7항에 따른 위원회나 소위원회의 의결이 있기 전까지 신청의 취지와 원인을 적은 서면을 위원회에 제출하여야 한다(제31조 제2항, 제30조 제5항).

(2) 위원장에 의한 결정

제4항(위원회에 의한 임시처분 취소결정)에도 불구하고 위원회의 심리·결정을 기다릴 경우 중대한 불이익이나 급박한 위험이 생길 우려가 있다고 인정되면 위원장은 직권으로 위원회의 심리·결정을 갈음하는 결정을 할 수 있다. 이 경우 위원장은 지체 없이 위원회에 그 사실을 보고하고 추인을 받아야 하며, 위원회의 추인을 받지 못하면 위원장은 임시처분 취소에 관한 결정을 취소하여야 한다(제31조 제2항, 제30조 제6항).

제5절 행정심판의 심리

Ⅰ. 심리의 내용

행정심판사건의 심리는 그 내용에 따라 요건심리와 본안심리로 나누어진다.

1. 요건심리

요건심리는 행정심판을 청구하는 데 필요한 형식적인 요건을 충족하고 있는가의 여부를 심리하는 것을 말한다. 행정심판 제기에 필요한 형식적인 요건으로는 ① 행정심판의 대상인 처분 또는 부작위의 존재, ② 청구인적격의 유무, ③ 심판청구기간의 준수 여부, ④ 심판청구서 기재사항의 구비 등을 들 수 있다. 위와 같은 형식적 요건을 갖추지 못한 심판청구는 부적법한 심판청구이므로 각하재결을 하여야 한다(행정심판법 제43조 제1항). 다만 그 하자가 보정될 수 있다고 인정되는 때에는 행정심판위원회는 상당한 보정기간을 정하여 그 보정을 명하여야 하고, 보정할 사항이 경미한 경우에는 직권으로 보정할 수 있다(행정심판법 제32조 제1항).

2. 본안심리

본안심리라 함은 요건심리의 결과 당해 심판청구가 심판청구요건을 구비한 것으로 인정되는 경우 심판청구의 당부(예: 취소심판에서 처분의 위법·부당 여부)를 심리하는 것을 말한다.

Ⅱ. 심리의 범위

1. 불고불리 및 불이익변경금지의 원칙

행정의 자율적 통제를 위하여는 불고불리(不告不理)의 원칙이나 불이익변경금지(不利益變更禁止)의 원칙을 채택하는 것이 타당하지 않으나, 행정심판법은 국민의 권익구제를 강화하기 위하여 불고불리의 원칙과 불이익변경금지의 원칙을 채택하고 있다.

즉 행정심판법 제47조 제1항은 “위원회는 심판청구의 대상이 되는 처분 또는 부작위 외의 사항에 대하여는 재결하지 못한다”라고 규정하여 불고불리의 원칙을 채택하고, 행정심판법 제47조 제2항은 "위원회는 심판청구의 대상이 되는 처분보다 청구인에게 불리한 재결을 하지 못한다"라고 규정하여 불이익변경금지의 원칙을 채택하고 있다.

한편 행정심판제도의 목적이 사인의 권리보호에만 있는 것은 아니다. 즉 행정심판제도는 포괄적으로 원처분의 적법성 및 합목적성에 대한 심사를 함으로써 위법·부당한 행위를 적법·타당한 행위로 시정하는 것에도 목적이 있다. 위와 같이 행정의 자기통제라는 시각에서 보면 청구인에게 불이익한 재결도 가능하도록 하여야 한다는 결론이 도출된다.[21] 실제로 독일 행정법원법은 위와 같은 관점에서 불이익변경을 허용하고 있다(제71조, 제79조 제1항 제2호 및 제2항 제1호).

2. 법률문제와 재량문제

행정심판은 행정소송의 경우와는 달리 위법한 처분이나 부작위뿐만 아니라 부당한 처분이나 부작위에 대하여도 제기할 수 있으므로, 행정심판의 심리기관은 처분의 위법성(법률문제)뿐만 아니라 타당성(재량문제)에 관하여도 심리할 수 있다(행정심판법 제5조).

3. 처분사유의 추가·변경

행정소송뿐만 아니라 행정심판 단계에서도 처분청은 처분의 근거 사유를 추가 또는 변경할 수 있다는 것이 판례의 태도이다(대법원 2014. 5. 16. 선고 2013두26118 판결). 다만 당초 처분의 근거로 삼은 사유와 기본적 사실관계의 동일성이 인정되는 한도 내에서만 처분사유의 추가·변경이 가능하다는 점은 행정소송의 경우와 다를 바 없다.

판례

항고소송에서 행정청이 처분의 근거 사유를 추가하거나 변경하기 위한 요건인 '기본적 사실관계의 동일성' 유무의 판단 방법 및 이러한 법리가 행정심판 단계에서도 적용되는지 여부(적극): 행정처분의 취소를 구하는 항고소송에서 처분청은 당초 처분의 근거로 삼은 사유와 기본적 사실관계가 동일성이 있다고 인정되는 한도 내에서만 다른 사유를 추가 또는 변경할 수 있고, 이러한 기본적 사실관계의 동일성 유무는 처분사유를 법률적으로 평가하기 이전의 구체적 사실에 착안하여 그 기초인 사회적 사실관계가 기본적인 점에서 동일한지에 따라 결정되므로, 추가 또는 변경된 사유가 처분 당시에 이미 존재하고 있었다거나 당사자가 그 사실을 알고 있었다고 하여 당초의 처

---

21) 홍정선, 앞의 책, 854면.

분사유와 동일성이 있다고 할 수 없다. 그리고 이러한 법리는 행정심판 단계에서도 그대로 적용된다(대법원 2014. 5. 16. 선고 2013두26118 판결).

Ⅲ. 심리의 절차

1. 심리의 기본원칙

가. 당사자주의적 구조(대심구조)

당사자주의라 함은 대립되는 분쟁 당사자들의 공격·방어를 통하여 심리를 진행하는 소송원칙을 말한다. 이 경우 대립되는 당사자에게 공격·방어를 할 수 있는 대등한 지위가 보장되고, 심판기관의 중립적인 지위가 보장되어야 한다.

이에 행정심판법은 심판청구인과 피청구인이라는 대립되는 당사자를 전제로 하여(행정심판법 제13조 내지 제22조) 당사자 쌍방에게 공격과 방어방법을 제출하도록 하고 있고(행정심판법 제23조, 제33조, 제34조, 제36조 등), 원칙적으로 당사자가 제출한 공격·방어방법을 심리의 기초로 삼으며 행정심판위원회가 중립적인 지위에서 심리를 행하도록 하고 있다.

나. 직권심리주의

행정심판법은 실체적 진실을 밝히고, 심리의 간이·신속을 도모하기 위하여 직권심리주의를 인정하고 있다. 즉 행정심판법은 "위원회는 필요하면 당사자가 주장하지 아니한 사실에 대하여도 심리할 수 있다"라고 규정하여 직권탐지를 인정하고 있고(행정심판법 제39조), "위원회는 사건의 심리를 위하여 필요하다고 인정할 때에는 직권에 의하여 증거조사를 할 수 있다"고 규정하여 직권증거조사를 인정하고 있다(행정심판법 제36조 제1항).

행정심판은 개인의 권익구제뿐만이 아니라 자율적 행정통제라는 목적까지 추구하고 있기 때문에, 행정심판법이 위와 같이 직권심리주의를 보충적으로 취하고 있는 것은 당연한 귀결이라고 할 수 있다. 다만 위원회의 직권심리는 불고불리의 원칙상 심판청구의 대상이 되는 처분 또는 부작위의 적법·타당성 여부를 밝히는 데 필요한 한도 내에서만 행하여질 수 있다(행정심판법 제47조 제1항).

2. 심리의 방식(서면심리주의와 구술심리주의)

행정심판법은 "행정심판의 심리는 구술심리 또는 서면심리로 한다. 다만 당사자가 구술심리를 신청한 때에는 서면심리만으로 결정할 수 있다고 인정되는 경우 외에는 구술심리를 하여야 한다"라고 규정하고 있다(행정심판법 제40조 제1항).

위와 같은 규정만으로는 심리방식의 선택은 위원회의 재량에 속하는 것처럼 보인다. 그러나 행정심판의 다음과 같은 성질, 즉 자율적 행정통제제도라는 점, 간이·신속한 권리구제제도라는 점, 청구인의 전문성이 결여되어 있다는 점 등을 고려할 때 서면심리를 원칙으로 하되 필요한 경우에 예외적으로 구술심리를 하는 것으로 운영될 수밖에 없을 것이다.[22)]

3. 당사자의 절차적 권리

가. 위원 등에 대한 제척 및 기피신청권

당사자는 행정심판위원회의 위원에게 법령상 정해진 제척사유가 있는 경우 위원장에게 제척신청을 할 수 있다(행정심판법 제10조 제1항). 위 제척사유 이외에도, 당사자는 위원에게 공정한 심리·의결을 기대하기 어려운 사정이 있으면 위원장에게 기피신청을 할 수 있다(행정심판법 제10조 제2항).

사건의 심리·의결에 관한 사무에 관여하는 직원도 제척 및 기피신청의 대상이 될 수 있다(행정심판법 제10조 제8항).

나. 구술심리신청권

당사자는 구술심리를 신청할 수 있고, 이 경우 행정심판위원회는 서면심리만으로 결정할 수 있다고 인정되는 경우 외에는 구술심리를 하여야 한다(행정심판법 제40조 제1항).

다. 보충서면제출권

당사자는 심판청구서·보정서·답변서·참가신청서 등에서 주장한 사실을 보충하고 다른 당사자의 주장을 다시 반박하기 위하여 필요하면 위원회에 보충서면을 제출할 수 있다(행정심판법 제33조 제1항).

라. 증거제출권

당사자는 심판청구서·보정서·답변서·참가신청서·보충서면 등에 덧붙여 그 주장을 뒷받침하는 증거서류나 증거물을 제출할 수 있다(행정심판법 제34조 제1항).

---

22) 박균성, 행정법론(상)(제10판), 2011, 979면.

마. 증거조사신청권

당사자는 그의 주장을 뒷받침하기 위하여 필요하면 위원회에 다음 각 호의 방법에 따른 증거조사를 신청할 수 있고, 위원회는 사건을 심리하기 위하여 필요하면 당사자의 신청이 없는 경우에도 직권으로 위 방법에 따른 증거조사를 할 수 있다(행정심판법 제36조 제1항).

i) 당사자나 관계인(관계 행정기관 소속 공무원을 포함한다. 이하 같다)을 위원회의 회의에 출석하게 하여 신문(訊問)하는 방법

ii) 당사자나 관계인이 가지고 있는 문서·장부·물건 또는 그 밖의 증거자료의 제출을 요구하고 영치(領置)하는 방법

iii) 특별한 학식과 경험을 가진 제3자에게 감정을 요구하는 방법

iv) 당사자 또는 관계인의 주소·거소·사업장이나 그 밖의 필요한 장소에 출입하여 당사자 또는 관계인에게 질문하거나 서류·물건 등을 조사·검증하는 방법

4. 심리의 병합과 분리

위원회는 필요하면 관련되는 심판청구를 병합하여 심리할 수 있다(행정심판법 제37조). 여기서 관련 청구의 병합은 심리의 병합에 그치는 것이므로 심리만을 동일한 심판절차에서 진행하는 것이고, 재결은 병합된 각 심판청구별로 별도로 하여야 한다.[23)]

위원회는 필요하면 병합된 관련 청구를 분리하여 심리할 수 있다(행정심판법 제37조). 여기서 '병합된 관련 청구'에는 위원회가 직권으로 병합하여 심리하기로 결정한 관련 청구 외에 당사자에 의하여 병합제기된 심판청구도 포함된다.[24)]

5. 조 정

가. 의 의

위원회는 당사자의 권리 및 권한의 범위에서 당사자의 동의를 받아 심판청구의 신속하고 공정한 해결을 위하여 조정을 할 수 있다. 다만, 그 조정이 공공복리에 적합하지 아니하거나 해당 처분의 성질에 반하는 경우에는 그러하지 아니하다(행정심판법 제43조의2 제1항). 조정은 양 당사자 간의 합의가 가능한 사건의 경우 위원회가 적극적으로 개입·조정하는 절차를 통해 분쟁을 조기에 원만하게 해결하기 위한 것이다.

---

23) 김동희, 행정법 I (제14판), 2008, 636면.

24) 김동희, 앞의 책, 636면; 박균성, 앞의 책, 982면; 김남진·김연태, 앞의 책, 627면.

나. 절 차

위원회는 제1항의 조정을 함에 있어서 심판청구된 사건의 법적·사실적 상태와 당사자 및 이해관계자의 이익 등 모든 사정을 참작하고, 조정의 이유와 취지를 설명하여야 한다(행정심판법 제43조의2 제2항).

다. 성 립

조정은 당사자가 합의한 사항을 조정서에 기재한 후 당사자가 서명 또는 날인하고 위원회가 이를 확인함으로써 성립한다(행정심판법 제43조의2 제3항).

라. 효 력

제3항에 따른 조정에 대하여는 제48조부터 제50조까지, 제50조의2, 제51조의 규정을 준용한다(행정심판법 제43조의2 제4항). 즉 조정이 성립하면 그것은 재결과 같은 효력을 가지게 된다.

제6절 행정심판의 재결

Ⅰ. 일반론

1. 재결의 의의

'재결(裁決)'이란 행정심판의 청구에 대하여 제6조에 따른 행정심판위원회가 행하는 판단을 말한다(행정심판법 제2조 제3호). 다시 말하자면 행정심판위원회가 행정심판의 청구에 대하여 심리한 후 그 청구에 대하여 각하·기각·인용 여부 등을 결정하는 것을 말한다.

재결은 다툼이 있는 행정법상의 사실 또는 법률관계의 존부 또는 정부(正否)를 확정하는 행위이므로 준법률행위적 행정행위의 일종인 확인행위로서의 성질을 가진다. 아울러 재결은 일정한 쟁송절차를 거쳐 행하여지는 준사법적 성질의 행위이다. 따라서 재결에는 불가변력이 발생한다.

재결이 준사법작용이기는 하지만, 그 자체에 고유한 위법이 있는 경우에는 항고소송의 대상이 된다(행정소송법 제19조).

2. 재결기간

재결은 제23조에 따라 피청구인 또는 위원회가 심판청구서를 받은 날부터 60일 이내에 하여야 한다. 다만, 부득이한 사정이 있는 경우에는 위원장이 직권으로 30일을 연장할 수 있다(행정심판법 제45조 제1항). 위원장은 제1항 단서에 따라 재결기간을 연장할 경우에는 재결기간이 끝나기 7일 전까지 당사자에게 알려야 한다(행정심판법 제45조 제1항). 재결기간은 훈시규정이라고 보아야 한다. 행정심판위원회의 업무 과중으로 위 기간을 준수하는 것이 사실상 어려운 것이 현실이라고 할 수 있다.

행정심판청구가 있은 날로부터 60일이 지나도 재결이 없는 때에는, 행정심판의 재결을 거치지 아니하고도 취소소송을 제기할 수 있다(행정소송법 제18조 제1항 제1호).

3. 재결의 방식

재결은 서면으로 한다(행정심판법 제46조 제1항). 재결서에는 i) 사건번호와 사건명, ii) 당사자·대표자 또는 대리인의 이름과 주소, iii) 주문, iv) 청구의 취지, v) 이유, vi) 재결한 날짜가 포함되어야 한다(행정심판법 제46조 제2항). 재결서에 적는 이유에는 주문 내용이 정당하다는 것을 인정할 수 있는 정도의 판단을 표시하여야 한다(행정심판법 제46조 제3항).

4. 재결의 범위

위원회는 심판청구의 대상이 되는 처분 또는 부작위 외의 사항에 대하여는 재결하지 못한다(행정심판법 제47조 제1항). 즉 행정심판에는 불고불리의 원칙이 채택되고 있다.

위원회는 심판청구의 대상이 되는 처분보다 청구인에게 불리한 재결을 하지 못한다(행정심판법 제47조 제2항). 위와 같이 불이익변경금지의 원칙이 채택된 이유는, 행정심판제도의 의미와 목적이 사인의 권리보호에 있다고 보기 때문이다.

5. 재결의 송달과 효력발생

위원회는 지체 없이 당사자에게 재결서의 정본을 송달하여야 한다. 이 경우 중앙행정심판위원회는 재결 결과를 소관 중앙행정기관의 장에게도 알려야 한다(행정심판법 제48조 제1항).

재결은 청구인에게 제1항 전단에 따라 송달되었을 때에 그 효력이 생긴다(행정심판법 제48조 제2항).

Ⅱ. 재결의 종류

1. 각하재결

위원회는 심판청구가 적법하지 아니하면 그 심판청구를 각하한다(행정심판법 제43조 제1항). 각하재결은 행정심판의 제기요건이 결여되어 부적법한 경우에 본안심리를 거절하는 재결이다. 심판청구기간이 경과되었음을 이유로 한 각하재결이 그 대표적인 예라고 할 수 있다.

2. 기각재결

위원회는 심판청구가 이유가 없다고 인정하면 그 심판청구를 기각한다(행정심판법 제43조 제2항). 위와 같이 심판청구의 실체적 내용에 대한 심리를 거쳐 심판청구가 이유 없다고 판단되어 이를 배척하는 재결을 기각재결이라고 한다.

기각재결은 원처분이 적법·타당함을 인정함에 그칠 뿐, 기속력이 발생하지 않으므로 처분청으로 하여금 원처분을 유지하여야 할 의무를 지우는 것이 아니다. 따라서 기각재결이 있은 후에도 처분청은 원처분을 직권으로 취소 또는 변경할 수 있다.

3. 사정재결

가. 의 의

위원회는 심판청구가 이유가 있다고 인정하는 경우에도 이를 인용하는 것이 공공복리에 크게 위배된다고 인정하면 그 심판청구를 기각하는 재결을 할 수 있다(행정심판법 제44조 제1항 전단). 이를 사정재결(事情裁決)이라고 한다. 사정재결도 기각재결의 일종이다.

나. 위법·부당의 명시

사정재결을 하고자 할 경우 위원회는 재결의 주문에서 그 처분 또는 부작위가 위법하거나 부당하다는 것을 구체적으로 밝혀야 한다(행정심판법 제44조 제1항 후단).

다. 적용범위

사정재결은 취소심판·의무이행심판에만 인정되고 무효등확인심판에서는 적용되지 아니한다(행정심판법 제44조 제3항). 다만 무효인 처분에 대하여도 사정재결의 필요성은 생길 수 있다는 점 등을 이유로 무효등확인심판에도 사정재결이 인정되어야 한다는 주장

도 유력하다.[25)]

라. 구제방법

사정재결제도는 원래 심판청구가 이유 있어 인용되어야 할 것임에도 불구하고 공공복리를 위하여 도리어 심판청구를 기각하는 예외적 제도이므로, 그에 갈음하는 아무런 구제방법이 주어지지 아니한다면 그것은 청구인의 일방적 희생을 강요하는 것이 되어 반법치주의적인 불합리한 제도라고 볼 수밖에 없을 것이다. 그리하여 위원회가 사정재결을 함에 있어서는, 청구인에 대하여 상당한 구제방법을 취하거나 상당한 구제방법을 취할 것을 피청구인에게 명할 수 있다(행정심판법 제44조 제2항). 위 법문상은 "명할 수 있다"라고 규정되어 있지만 반드시 명하여야 되는 것으로 해석하는 것이 일반론이다. 위 구제방법과 관련하여 생각할 수 있는 것으로는 손해의 전보, 원상회복(결과의 제거), 제해시설의 설치 등을 들 수 있을 것이다. 한편 청구인이 위 사정재결에 불복할 경우 이에 대하여 행정소송을 제기할 수 있음은 물론이다.

4. 인용재결

인용재결이란 본안심리의 결과 심판청구가 이유 있다고 판단하여 청구인의 청구취지를 받아들이는 재결을 말한다. 인용재결은 심판청구의 내용에 따라 다음과 같이 구분된다.

가. 취소·변경재결 및 변경명령재결

위원회는 취소심판의 청구가 이유가 있다고 인정하면 처분을 취소 또는 다른 처분으로 변경하거나 처분을 다른 처분으로 변경할 것을 피청구인에게 명한다(행정심판법 제43조 제3항). 따라서 취소심판의 인용재결에는 취소재결과 변경재결 및 변경명령재결이 있다. 앞의 두 재결은 위원회가 스스로 처분을 취소 또는 변경하는 것이므로 형성적 재결이고, 변경명령재결은 위원회가 처분청에게 처분의 변경을 명령하는 것이므로 명령적 재결이다.

그런데 개정 행정심판법 제43조 제3항에서 구법과 달리 취소명령재결의 규정이 삭제되어 있는 것과 관련하여 문리해석을 하는 입장에서는 취소명령재결이 불가능하다고 해석할 수밖에 없다. 하지만 목적론적 해석을 하면 ⅰ) 소청심사의 경우 취소명령재결과 변경명령재결이 모두 가능하도록 되어 있으며(국가공무원법 제14조 제5항; 지방공무원법 제

25) 김남진·김연태, 앞의 책, 631면.

19조 제5항), ii) 의무이행심판의 경우 취소명령재결보다 더 적극적인 처분명령재결도 가능하도록 되어 있고(행정심판법 제43조 제5항), iii) 아울러 행정심판위원회가 직접 취소하는 것보다는 취소명령재결을 통해 당해 행정청에게 취소하도록 하는 것이 그 권한을 존중하는 것으로 볼 수 있어서 취소명령재결도 가능하다고 보아야 한다는 견해도 있을 수 있다. 이 견해를 취할 경우 취소심판의 인용재결에는 취소재결·변경재결 이외에도 취소명령재결·변경명령재결이 가능하게 된다.

한편 취소·변경재결에서 취소란 처분의 전부취소와 일부취소를 포함한다. 아울러 변경이란 행정소송에서와는 달리 일부취소가 아니라 처분내용의 '적극적 변경', 즉 원처분에 갈음하는 다른 처분으로의 변경을 의미한다.

나. 무효등확인재결

위원회는 무효등확인심판의 청구가 이유가 있다고 인정하면 처분의 효력 유무 또는 처분의 존재 여부를 확인한다(행정심판법 제43조 제4항).

다. 의무이행재결

(1) 의 의

의무이행재결이란 의무이행심판의 청구가 이유가 있다고 인정되는 경우에 행정심판위원회가 스스로 신청에 따른 처분을 하거나 처분을 할 것을 피청구인에게 명하는 재결을 말한다(행정심판법 제43조 제5항).

(2) 종류와 성질

(가) 처분재결

처분재결은 위원회가 스스로 신청에 따른 처분을 하는 것으로서 형성적 재결에 해당된다. 처분재결은 특정처분재결을 의미하고, 그 성질상 일정처분재결은 행하여질 수 없다.

처분재결에는 청구인의 신청 내용대로의 특정한 처분을 하는 전부인용처분재결과, 청구인의 신청 중 일부만을 받아들이는 내용의 특정처분을 하는 일부인용처분재결이 있다.

(나) 처분명령재결

처분명령재결은 처분을 할 것을 피청구인에게 명하는 재결이므로 명령적 재결에 해당된다. 처분명령재결에는 특정한 처분을 하도록 명하는 특정처분명령재결과 재결의 취지에 따라 일정한 처분을 할 것을 명하는 일정처분명령재결이 있다.

(다) 특정처분(명령)재결과 일정처분명령재결의 선택

어떠한 경우에 특정처분(명령)재결을 하고, 어떠한 경우에 일정처분명령재결을 할 것인지에 대하여는 견해의 대립이 있다.

1) 기속행위의 경우

의무이행심판청구의 대상인 행정청의 행위가 기속행위인 경우, 행정청은 법적으로 당해 행위를 하여야 할 기속을 받고 있다. 따라서 행정심판위원회는 재결로 청구인의 신청내용대로의 처분을 하거나, 이를 할 것을 명하여야 한다고 보는 견해가 유력하다.[26)]

2) 재량행위의 경우

① 위법·부당구별설: 의무이행심판청구의 대상인 행정청의 행위가 재량행위인 경우 행정청은 그 종국적 처분의 내용에 대하여 고유의 판단권(재량권)이 부여되어 있으므로 반드시 상대방의 신청대로 처분할 법적 의무는 없다. 따라서 행정청의 거부처분 또는 부작위에 대하여 행정심판위원회는 위법을 이유로 하여서는 청구인의 청구내용대로 처분을 하거나, 처분청에 이를 할 것을 명할 수는 없다. 그러나 부당을 이유로 하는 경우 행정심판위원회는 청구 내용대로의 처분을 스스로 하거나, 이를 할 것을 행정청에게 명할 수 있다고 보는 견해이다.[27)]

② 일정처분명령재결설: 재량행위의 경우에는 신청을 더 이상 방치하지 말고 지체없이 어떤 처분(신청대로의 처분 또는 기타의 처분)을 하도록 명하는 재결을 하여야 한다는 견해이다.[28)]

③ 재량권존중설: 특정처분을 해야 할 것이 관계 법령상 명백한 경우에 한하여 특정처분을 하거나 명하고, 그렇지 않은 경우에는 처분청의 재량권을 존중하여 일정한 처분을 명하는 재결(적법재량행사명령재결)을 하는 것이 타당하다는 견해이다.[29)]

(3) 재결의 기준시

의무이행심판에서 재결은 재결시를 기준으로 하여 내려진다. 즉 거부처분이나 부작위가 내려진 당시를 기준으로 하는 것이 아니라 재결시(정확히 말하면 행정심판위원회의 의

---

26) 김동희, 행정법 I (제14판), 2008, 641면; 박윤흔·정형근, 최신 행정법강의(상)(개정30판), 2009, 738면.
27) 김동희, 앞의 책, 641면.
28) 박윤흔·정형근, 앞의 책, 738면.
29) 박균성, 앞의 책, 990면.

결시)의 법령과 사실적 상황을 기초로 하여 그 위법 또는 부당을 판단하여야 한다.

(4) 형성적 재결과 명령적 재결의 선택

행정심판위원회가 형성적 재결과 명령적 재결 중 어떠한 것을 먼저 선택하여야 하는가에 대하여는 학설의 대립이 있다. i)설은 행정심판위원회가 형성적 재결과 명령적 재결의 선택에 있어서 전적으로 재량권을 갖는다고 본다. ii)설은 원칙적으로 명령적 재결을 하여야 하고, 예외적인 경우에 한하여 형성적 재결을 할 수 있다는 견해인바, 위 견해는 처분청의 처분권이 존중되어야 한다는 것을 그 논거로 들고 있다. iii)설은 원칙적으로 재량설의 입장을 취하면서도, 신속한 권리보호의 관점에서 행정심판위원회가 원처분에 대하여 충분한 심사를 할 수 있는 경우에는 형성적 재결을 활용하고, 그 밖의 경우에는 명령적 재결을 활용하는 것이 타당하다는 견해[30]와, 재량행위의 경우에는 처분청이 부관을 붙일 수 있으므로 부관을 부가할 것이 예상되는 경우에는 명령적 재결을 하여 처분청이 부관을 붙일 수 있는 여지를 주는 것이 타당하다는 견해[31] 등이 있다.

Ⅲ. 재결의 효력

1. 형성력

가. 의 의

재결의 형성력이라 함은 재결의 내용에 따라 새로운 법률관계의 발생이나 종래의 법률관계의 변경, 소멸을 가져오는 효력을 말한다. 재결의 형성력은 제3자에게도 미치므로 이를 '대세적 효력'이라고도 한다.

행정심판법에는 행정소송법 제29조 제1항과 같은 제3자효에 관한 규정이 없지만, 재결의 형성력은 제3자에게도 효력이 미친다(대세적 효력)는 것이 통설의 입장이다.[32]

형성력은 재결 중에서도 형성적 재결, 즉 취소재결, 변경재결, 의무이행재결 중의 처분재결의 경우에만 발생한다.

30) 홍정선, 행정법원론(상)(제19판), 2011, 857면.

31) 박균성, 행정법론(상)(제10판), 2011, 988면.

32) 김철용, 행정법 I (제13판), 2010, 606면; 김동희, 앞의 책, 645면. 등

판례

형성적 재결의 효력: 행정심판법 제32조 제3항[33]에 의하면 재결청은 취소심판의 청구가 이유 있다고 인정할 때에는 처분을 취소·변경하거나 처분청에게 취소·변경할 것을 명한다고 규정하고 있으므로, 행정심판 재결의 내용이 처분청에게 처분의 취소를 명하는 것이 아니라 재결청이 스스로 처분을 취소하는 것일 때에는 그 재결의 형성력에 의하여 당해 처분은 별도의 행정처분을 기다릴 것 없이 당연히 취소되어 소멸되는 것이다(대법원 1998. 4. 24. 선고 97누17131 판결).

제1차 처분이 재결청의 재결에 의해 취소된 후 동일한 사안에 대해 제2차 처분이 행해진 경우 제소기간 준수 여부의 판단기준이 되는 처분: 행정심판에 있어서 재결청의 재결내용이 처분청에 취소를 명하는 것이 아니라 처분청의 처분을 스스로 취소하는 것일 때에는 그 재결에 형성력이 발생하여 당해 행정처분은 별도의 행정처분을 기다릴 것 없이 당연히 취소되어 소멸되는 것이어서 그 후 동일한 사안에 대해 처분청이 또 다른 처분을 하였다면 이는 위 소멸된 처분과는 완전히 독립된 별개의 처분이라 할 것이고, 따라서 새로운 처분에 대한 제소기간 준수 여부도 그 새로운 처분을 기준으로 판단하여야 한다(대법원 1994. 4. 12. 선고 93누1879 판결).

나. 내 용

(1) 취소재결의 경우: 처분을 취소하는 재결이 있으면 취소된 처분은 소급적으로 효력을 상실한다. 일부취소재결의 경우에는 일부취소된 부분에 한하여 소급적으로 효력을 상실하고 일부취소되지 않은 부분에 한하여 원처분은 효력을 유지한다.

(2) 변경재결의 경우: 변경재결이 있으면 원처분은 효력을 상실하고, 변경재결로 인한 새로운 처분은 제3자의 권익을 침해하지 않는 한 소급하여 효력을 발생한다고 보는 견해가 있다.[34] 그러나 변경재결이 있는 경우에는 원처분이 그 법률효과를 변경하여 그대로 존속하는 것으로 보는 것이 타당하다(자세한 내용은 제3장 제2절 제1관 제2항 취소소송의 대상 중 '제3목 행정심판재결' 부분을 참고하기 바람).

(3) 처분재결의 경우: 의무이행재결 중 처분재결이 있는 경우에는 당해 재결은 장래에 향하여 즉시 효력을 발생한다.

한편 재결청이 재결로써 직접 처분의 취소·변경 등을 하지 않고 변경명령재결, 처분명령재결을 한 경우에는 당해 재결은 형성력을 발생시키는 것이 아니라 아래에서 보는 바와 같은 기속력(재처분의무)을 발생시키게 된다.

---

33) 현행 행정심판법 제43조 제3항에 해당된다.
34) 박윤흔·정형근, 앞의 책, 739면.

2. 기속력[35)]

가. 의 의

재결의 기속력은 피청구인인 행정청과 그 밖의 관계행정청으로 하여금 재결의 취지에 따라 행동하도록 하는 의무를 발생시키는 효과(구속력)를 말한다. 행정심판법 제49조 제1항은 "심판청구를 인용하는 재결은 피청구인과 그 밖의 관계 행정청을 기속한다"라고 규정하여 재결의 기속력을 명시하고 있다.

재결의 기속력은 인용재결의 경우에만 인정되고, 각하재결 및 기각재결(사정재결 포함)에는 인정되지 않는다. 각하·기각재결은 청구인의 심판청구를 배척하는 것에만 그칠 뿐, 피청구인인 행정청과 그 밖의 관계행정청에 대하여 원처분을 유지하여야 할 의무를 지우지 않으므로, 처분청은 재결 후에라도 정당한 사유가 있으면 직권으로 원처분을 취소·변경할 수 있다.

위와 같이 인용재결에 대하여 기속력을 인정한 이유는, 행정심판청구가 인용되어도 행정청이 재결의 취지에 반하는 태도를 고집하면 청구인의 권리구제가 실현될 수 없게 되므로 이를 방지하기 위함이다. 즉 기속력은 인용재결의 실효성을 확보하기 위한 효력이라고 할 수 있다.

나. 내 용

(1) 반복금지효

처분의 취소·변경재결, 처분의 무효등확인재결이 내려진 경우에는 관계행정청은 그들 재결에 저촉되는 행위를 할 수 없다. 즉 동일한 사정 아래서는 동일한 당사자에 대하여 같은 내용의 처분을 되풀이하지 못한다.

그러나 처분의 사실관계가 동일하지 않으면 동일한 내용의 처분을 하여도 기속력에 반하는 것이 아니다. 처분의 사실관계가 동일한지의 여부는 기본적 사실관계에 있어서의

---

35) 행정심판법 제49조(재결의 기속력 등) ① 심판청구를 인용하는 재결은 피청구인과 그 밖의 관계 행정청을 기속(羈束)한다.
② 재결에 의하여 취소되거나 무효 또는 부존재로 확인되는 처분이 당사자의 신청을 거부하는 것을 내용으로 하는 경우에는 그 처분을 한 행정청은 재결의 취지에 따라 다시 이전의 신청에 대한 처분을 하여야 한다.
③ 당사자의 신청을 거부하거나 부작위로 방치한 처분의 이행을 명하는 재결이 있으면 행정청은 지체 없이 이전의 신청에 대하여 재결의 취지에 따라 처분을 하여야 한다.
④ 신청에 따른 처분이 절차의 위법 또는 부당을 이유로 재결로써 취소된 경우에는 제2항을 준용한다.

동일성 유무에 따라 판단된다. 따라서 당해 처분에 관하여 위법한 것으로 재결에서 판단된 사유와 기본적 사실관계에 있어 동일성이 인정되는 사유를 내세워 다시 동일한 내용의 처분을 하는 것은 허용되지 않는다(대법원 2003. 4. 25. 선고 2002두3201 판결 등).

한편 처분의 사실관계 및 당사자가 동일하더라도, 처분의 내용이 동일하지 않으면 기속력에 저촉되지 않는다(대법원 1997. 2. 25. 선고 96누14784,14791 판결).

판례

[1] **행정청이 당해 처분에 관하여 위법한 것으로 재결에서 판단된 사유와 기본적 사실관계에 있어 동일성이 인정되는 사유를 내세워 다시 동일한 내용의 처분을 하는 것이 허용되는지 여부(소극)**: 행정심판법 제37조가 정하고 있는 재결은 당해 처분에 관하여 재결주문 및 그 전제가 된 요건사실의 인정과 판단에 대하여 처분청을 기속하므로, 당해 처분에 관하여 위법한 것으로 재결에서 판단된 사유와 기본적 사실관계에 있어 동일성이 인정되는 사유를 내세워 다시 동일한 내용의 처분을 하는 것은 허용되지 않는다.

[2] 건축허가권자는 건축허가신청이 건축법, 도시계획법 등 관계 법규에서 정하는 어떠한 제한에 배치되지 않는 이상 당연히 같은 법조에서 정하는 건축허가를 하여야 하고, 중대한 공익상의 필요가 없음에도 불구하고, 요건을 갖춘 자에 대한 허가를 관계 법령에서 정하는 제한 사유 이외의 사유를 들어 거부할 수는 없다(대법원 2003. 4. 25. 선고 2002두3201 판결).

[1] **재결의 기속력의 범위**: 재결의 기속력은 재결의 주문 및 그 전제가 된 요건사실의 인정과 판단, 즉 처분 등의 구체적 위법사유에 관한 판단에만 미친다고 할 것이고, 종전 처분이 재결에 의하여 취소되었다 하더라도 종전 처분시와는 다른 사유를 들어서 처분을 하는 것은 기속력에 저촉되지 않는다고 할 것이며, 여기에서 동일 사유인지 다른 사유인지는 종전 처분에 관하여 위법한 것으로 재결에서 판단된 사유와 기본적 사실관계에 있어 동일성이 인정되는 사유인지 여부에 따라 판단되어야 한다.

[2] 새로운 처분의 처분사유와 종전 처분에 관하여 위법한 것으로 재결에서 판단된 사유가 기본적 사실관계에 있어 동일성이 없으므로 새로운 처분이 종전 처분에 대한 재결의 기속력에 저촉되지 않는다고 한 사례(대법원 2005. 12. 9. 선고 2003두7705 판결)

행정처분 취소재결에 적시된 위법사유를 시정·보완하여 행한 새로운 처분이 재결의 기속력에 저촉되는지 여부(소극): 택지초과소유부담금 부과처분을 취소하는 재결이 있는 경우 당해 처분청은 재결의 취지에 반하지 아니하는 한, 즉 당초 처분과 동일한 사정 아래에서 동일한 내용의 처분을 반복하는 것이 아닌 이상, 그 재결에 적시된 위법사유를 시정·보완하여 정당한 부담금을 산출한 다음 새로이 부담금을 부과할 수 있는 것이고, 이러한 새로운 부과처분은 재결의 기속력에 저촉되지 아니한다(대법원 1997. 2. 25. 선고 96누14784, 14791 판결): <해설> 서울특별시 강북구청장의 택지초과소유부담금부과처분에 대하여 행정심판이 제기되었는바, 건축허가제한기간을 부담금 부과기간에서 제외하지 아니하였다는 등의 사유로 중앙토지수용위원회가 취소재결을 하였다.[36] 그 후 강북구청장이 건축허가제한기간을 부담금 부과기간에서 제외하는 등 재결에서 적시한 위법사유를 보완하여 새로이 부과처분을 한 경우이다. 사실관계 및 당사자는 동일하지만, 처분내용이 동일하지 아니하므로 기속력(반복금지효)에 반하지 않는다고 본 경우이다.

(2) 재처분의무

(가) 변경을 명령하는 재결이 있을 경우: 취소심판에 있어서 위원회는 그 청구가 이유 있다고 인정할 때에는 피청구인에게 처분을 다른 처분으로 변경할 것을 명할 수 있다(행정심판법 제43조 제3항).

위와 같이 취소심판에서 변경명령재결이 내려진 경우 처분청은 행정심판법 제49조 제1항(재결의 기속력)에 따라 처분을 변경하여야 할 의무를 부담한다.

(나) 처분을 명령하는 재결이 내려진 경우: 당사자의 신청을 거부하거나 부작위로 방치한 처분의 이행을 명하는 재결이 있으면 행정청은 지체 없이 이전의 신청에 대하여 재결의 취지에 따라 처분을 하여야 한다(행정심판법 제49조 제3항).

위와 같이 의무이행심판에서 처분명령재결이 내려진 경우 행정청은 재처분을 반드시 하여야 할 의무(작위의무)와 재처분을 하는 경우 재결의 취지에 따라야 할 의무(재결의 취지에 위반되는 재처분을 해서는 아니되는 부작위의무)를 부담한다.

(다) 절차의 하자를 이유로 취소재결이 내려진 경우: 신청에 따른 처분이 절차의 위법 또는 부당을 이유로 재결로써 취소된 경우에는 적법한 절차를 거치는 등 적법한 형식을 갖추어 신청에 따른 처분을 하거나 신청을 기각하는 처분을 하여야 한다(행정심판법 제49조 제4항).

(라) 거부처분취소재결 또는 거부처분무효등확인재결이 내려진 경우[37]: 재결에 의하여 취소

---

36) 구 택지소유상한에관한법률(1998. 9. 19. 법률 제5571호로 폐지되기 전의 것)에서는 택지초과소유부담금부과처분에 대하여 이의가 있는 경우 중앙토지수용위원회에 행정심판을 청구할 수 있도록 규정하고 있었다.

구 택지소유상한에관한법률 제37조(행정심판의 특례) ① 부담금의 부과징수 또는 제31조의 규정에 의한 매수가격에 대하여 이의가 있는 자는 토지수용법에 의한 중앙토지수용위원회에 행정심판을 청구할 수 있다.

② 제1항의 규정에 의한 행정심판청구에 대하여는 행정심판법 제5조 및 제6조의 규정에 불구하고 토지수용법에 의한 중앙토지수용위원회가 심리·의결하여 재결한다.

37) 구 행정심판법(2017. 4. 18. 법률 제14832호로 일부개정되기 전의 것)은 거부처분이나 부작위에 대하여 의무이행심판을 제기하여 인용재결(처분명령재결)을 받은 경우에는 그 재처분의무를 규정하

되거나 무효 또는 부존재로 확인되는 처분이 당사자의 신청을 거부하는 것을 내용으로 하는 경우에는 그 처분을 한 행정청은 재결의 취지에 따라 다시 이전의 신청에 대한 처분을 하여야 한다(행정심판법 제49조 제2항).

현행 행정심판법은 거부처분에 대하여 의무이행심판을 제기하여 인용재결(처분명령재결)을 받은 경우(행정심판법 제49조 제3항)뿐만 아니라, 거부처분에 대하여 취소심판·무효등확인심판을 제기하여 인용재결을 받은 경우(행정심판법 제49조 제2항)에도 명문으로 그 재처분의무를 규정하고 있다.

(3) 원상회복의무

행정청은 처분의 취소 또는 무효확인등의 재결이 있게 되면, 결과적으로 위법 또는 부당으로 판정된 처분에 의하여 초래된 상태를 제거하여 원상을 회복할 의무를 지게 된다.

다. 기속력의 범위

(1) 주관적 범위

재결의 기속력은 당사자인 행정청뿐만 아니라 그 밖의 관계행정청에도 미친다(행정심판법 제37조 제1항). 여기에서 '관계행정청'이라 함은 동일한 행정사무계통을 이루는 상하의 행정청에 한하는 것이 아니고, 당해 심판에 의하여 취소된 처분 등과 관련하여 어떠

고 있었지만(제49조 제2항), 거부처분에 대하여 취소심판 또는 무효등확인심판을 제기하여 인용재결을 받은 경우에는 명문으로 그 재처분의무를 규정하고 있지 않았다. 그리하여 거부처분에 대한 취소재결 또는 무효등확인재결이 내려진 경우 처분청의 재처분의무를 인정할 수 있는가에 관하여는 다음과 같이 학설이 대립하고 있었다.

1) 거부처분에 대하여 취소심판 또는 무효등확인심판을 제기할 수 있다고 보는 통설의 입장에 서면서도, ① 부정설은 행정청에게 적극적인 의무를 부여하기 위해서는 명문의 근거가 필요한데, 거부처분에 대한 취소심판 또는 무효등확인심판 청구를 인용하는 재결에 대하여는 처분청의 재처분의무를 인정하는 명시적인 규정이 없다는 것을 그 논거로 들었다(박균성, 행정법론(상)(제10판), 2011, 994면). 이 경우 심판청구인은 손해배상청구 등을 통하여 재처분의무를 간접적으로 강제할 수밖에 없을 것이다(대법원 2010. 9. 9. 선고 2008다6953 판결 참조). ② 긍정설은 ⅰ) 행정심판법은 인용재결의 기속력에 관한 일반적 규정(제49조 제1항)을 두고 있는바, 재처분의무는 기속력의 일부를 이루는 것으로 볼 수 있다는 점, ⅱ) 아울러 기속력이란 행정청이 재결의 취지에 따라야 할 구속력으로 보아야 하는데, 거부처분에 대한 취소심판 또는 무효등확인심판이 인용된 경우에는 처분청이 신청에 따른 재처분을 행하는 것이 재결의 취지에 따르는 것이라는 점 등을 논거로 들었다(김동희, 행정법 I (제14판), 2008, 643면).

2) 행정심판법상 거부처분은 의무이행심판의 대상이지 취소심판 또는 무효등확인심판의 대상이 될 수 없다고 보는 소수설의 입장에서는, 거부처분에 대하여 취소심판 또는 무효등확인심판의 제기가 있고 이에 대하여 인용재결이 이루어진다면 그러한 인용재결은 위법하다고 보아야 할 것이므로 기속력의 문제(재처분의무)가 발생할 수 없다고 보았다(홍정선, 행정법원론(상)(제19판), 2011, 861면).

한 처분권한을 가지는 행정청, 즉 취소된 처분 등을 기초 또는 전제로 하여 그것과 관련되는 처분이나 부수되는 행위를 할 수 있는 행정청을 총칭하는 것이다.

한편 국가 등으로부터 위임받은 사무가 아니라 자치사무를 행하는 경우까지 지방자치단체의 장에게 재결의 기속력을 미치게 하여 그 불복의 기회를 박탈하는 것은 지방자치의 본질을 침해하는 것으로서 부당하다는 유력한 견해가 있다[38].

(2) 객관적 범위

기속력은 '재결의 취지'에 따라 행정청을 구속하는 효력인데, 재결의 취지는 재결주문 및 그 전제가 된 요건사실의 인정과 판단까지를 포함한다(대법원 2018. 7. 12. 선고 2017두65821 판결 등). 따라서 재결이유 중에 설시된 개개의 위법 또는 부당사유에도 기속력이 미치게 된다.

(3) 시간적 범위

취소재결의 경우 기속력은 처분 당시까지 존재하던 사유에 대하여만 미치고 그 이후에 생긴 사유에는 미치지 아니한다. 의무이행심판의 경우는 재결시를 기준으로 판단하므로 재결당시까지 존재하던 사유에 대하여도 기속력이 미친다.

라. 기속력 위반의 효과

(1) 반복금지 위반의 경우

반복금지의무에 위반하여, 동일한 사실관계 하에서 동일한 당사자에 대하여 동일한 내용의 처분을 한 경우, 그러한 처분은 그 하자가 중대·명백하여 무효이다.

(2) 재처분의무 위반의 경우

(가) 재처분을 하여야 할 의무 불이행: 이 경우에는 행정심판위원회가 직접 처분을 할 수 있다. 자세한 내용은 항을 바꾸어 설명한다.

(나) 재결의 취지에 따르지 않은 재처분을 한 경우: 행정청이 재처분을 하였지만, 그것이 재결의 취지에 따르지 않음으로써 기속력에 반하는 경우 그러한 처분은 무효이다(대법원 2002. 12. 11.자 2002무22 결정). 이 경우 심판청구인은 재결의 취지에 반하는 위법한 재처분의 무효확인 또는 취소를 구할 수 있다(대법원 1988. 12. 13. 선고 88누7880 판결).

한편 행정심판위원회는 이 경우에도 직접 처분을 할 수 있다고 보아야 한다.

---

38) 김용섭, "재결의 기속력의 주관적 범위를 둘러싼 논의", 인권과 정의 제354호, 2006. 2, 224-225면.

판례

거부처분을 취소하는 재결의 효력 및 그 취지와 양립할 수 없는 다른 처분에 대한 취소를 구할 소익의 유무: 당사자의 신청을 거부하는 처분을 취소하는 재결이 있는 경우에는 행정청은 그 재결의 취지에 따라 이전의 신청에 대한 처분을 하여야 하는 것이므로 행정청이 그 재결의 취지에 따른 처분을 하지 아니하고 그 처분과는 양립할 수 없는 다른 처분을 하는 것은 위법한 것이라 할 것이고 이 경우 그 재결의 신청인은 위법한 다른 처분의 취소를 소구할 이익이 있다(대법원 1988. 12. 13. 선고 88누7880 판결).

마. 직접 처분

(1) 의 의

당사자의 신청을 거부하거나 부작위로 방치한 처분의 이행을 명하는 재결(처분명령재결)이 내려졌음에도 불구하고 행정청이 재결의 취지에 따른 처분을 하지 아니하는 경우에는, 당사자의 신청에 따라 기간을 정하여 서면으로 시정을 명하고 그 기간 내에 이행하지 아니하면 행정심판위원회가 직접 처분을 할 수 있다(행정심판법 제50조 제1항).[39] 이를 직접 처분이라고 한다. 직접 처분은 의무이행재결(처분명령재결)의 실효성을 확보하기 위하여 인정된 이행강제제도이다.

행정소송에서는 권력분립의 원칙상 법원에 의한 직접 처분이 허용되지 않지만, 행정심판은 행정의 자기통제작용이므로 행정심판위원회에 의한 직접 처분이 가능하다.

(2) 요 건

직접 처분의 요건은 다음과 같다.

① 처분명령재결이 있었을 것: 현행 행정심판법은 거부처분이나 부작위에 대하여 의무이행심판이 제기되고, 위 의무이행심판에서 처분명령재결이 내려진 경우에만 직접 처분을 인정한다.

따라서 i) 취소심판에서 변경명령재결이 내려진 경우, ii) 신청에 따른 처분이 절차의 위법 또는 부당을 이유로 재결로써 취소된 경우, iii) 거부처분에 대하여 취소재결·무효등확인재결이 내려진 경우 등에는 행정청이 재처분의무를 이행하지 않더라도 직접 처분을

---

39) 행정심판법 제50조(위원회의 직접 처분) ① 위원회는 피청구인이 제49조 제3항에도 불구하고 처분을 하지 아니하는 경우에는 당사자가 신청하면 기간을 정하여 서면으로 시정을 명하고 그 기간에 이행하지 아니하면 직접 처분을 할 수 있다. 다만, 그 처분의 성질이나 그 밖의 불가피한 사유로 위원회가 직접 처분을 할 수 없는 경우에는 그러하지 아니하다.

행할 수 없다. 향후 입법적 보완이 필요한 부분이다.

위와 같은 문제점은 후술하는 간접강제 제도를 통하여 어느 정도 보완이 가능하다고 할 수 있으나, 취소심판에서 변경명령재결이 내려진 경우에 대하여는 여전히 간접강제도 불가능하므로 문제가 완전히 해소된 것은 아니라고 할 수 있다.

② 행정청이 처분을 하지 아니하고 있을 것: 당해 행정청이 아무런 처분도 하지 아니하는 경우뿐만이 아니라, 비록 어떠한 처분을 하였다고 할지라도 그것이 재결의 취지에 따르지 아니하여 기속력에 반하는 경우에도 직접 처분의 대상이 된다고 보아야 한다. 하지만 판례는 당해 행정청이 어떠한 처분을 하였다면 그 처분이 재결의 내용에 따르지 아니하였다고 하더라도 행정심판위원회가 직접 처분을 할 수는 없다고 보고 있다(대법원 2002. 7. 23. 선고 2000두9151 판결).

③ 당사자의 신청이 있을 것: 직접 처분은 당사자의 신청을 전제로 한다. 직권에 의한 직접 처분은 인정되지 않는다.

④ 위원회가 기간을 정하여 서면으로 시정을 명하였을 것: 시정기간은 처분에 필요한 상당한 기간이어야 한다. 아울러 시정명령은 서면으로 이루어져야 한다.

⑤ 당해 행정청이 그 기간 이내에 시정명령을 이행하지 아니하였을 것: 시정명령 기간 이내에 시정이 이루어지면 직접 처분을 할 수 없다. 시정명령 기간이 경과하였다고 할지라도 위원회의 직접 처분이 있기 전까지 행정청은 처분을 할 수 있다. 행정청의 처분이 행하여진 이상 그 이후에 위원회는 직접 처분을 할 수 없다고 할 것이다.

⑥ 그 처분의 성질이나 그 밖의 불가피한 사유로 위원회가 직접 처분을 할 수 없는 경우에 해당하지 아니할 것(행정심판법 제50조 제1항 단서): 정보공개를 명하는 재결에 있어서 정보공개는 정보를 보유하고 있는 기관만이 할 수 있으므로 그 성질상 위원회가 직접 정보공개처분을 할 수 없다. 위와 같은 경우가 처분의 성질상 위원회가 직접 처분을 할 수 없는 경우의 예이다. 이러한 경우에는 후술하는 간접강제 제도를 통하여 재결의 실효성을 확보할 수밖에 없다.

(3) 인정범위

직접 처분은 처분청이 의무이행재결(처분명령재결)에 따른 처분을 이행하지 않는 모든 경우에 인정된다.

이와 관련하여 ① 처분청이 하급행정기관인 경우에 행정심판위원회가 직접 처분을 행하는 것은 아무런 문제가 없다. 반면에 처분청이 지방자치단체의 장인 경우에는 지방자치단체의 자치권을 보장한다는 측면에서 재처분의무가 국가사무(기관위임사무)인 경우에만 직접 처분을 인정하고, 재처분의무가 자치사무인 경우에는 직접 처분의 대상에서 이를 제외하여야 한다는 견해가 있다. ② 이에 대하여는 직접 처분제도는 지방자치에 대한 간섭을 위한 것이 아니라, 행정심판제도의 실효성을 위한 것이므로 자치사무에 대하여도 직접 처분이 가능하다는 비판이 있을 수 있다.

(4) 사후조치

행정심판위원회는 제1항 본문에 따라 직접 처분을 하였을 때에는 그 사실을 해당 행정청에 통보하여야 한다(행정심판법 제50조 제2항 전문).

위 통보를 받은 행정청은 행정심판위원회가 한 처분을 자기가 한 처분으로 보아 관계 법령에 따라 관리·감독 등 필요한 조치를 하여야 한다(행정심판법 제50조 제2항 후문).

(5) 직접 처분에 대한 불복

자치사무에 대하여 직접 처분이 내려진 경우에 지방자치단체가 그에 대한 취소소송을 제기할 수 있는가에 대하여는 다음과 같이 학설의 대립이 있다.

(가) 부정설: 직접 처분은 실질상 처분재결이고, 처분재결에 대하여는 행정청의 불복이 허용되지 아니하므로(행정심판법 제49조 제1항) 지방자치단체가 이의 취소를 구할 수는 없다는 입장이다. 다만 이 견해를 취할 경우 보충성이 원칙이 충족되므로 지방자치단체가 헌법소원심판을 제기하는 것은 가능하다고 보아야 할 것이다.

(나) 긍정설: 지방자치단체는 독립된 법주체이고(지방자치법 제3조 제1항)[40] 아울러 지방자치단체의 자치권도 법률상 이익으로 볼 수 있으므로, 지방자치단체는 자치권이라는 법률상 이익의 침해를 이유로 직접 처분의 취소를 구할 수 있다는 견해이다.[41]

(다) 평가: 지방자치단체의 자치권도 주관적 공권으로 볼 수 있고, 또한 지방자치단체의 자치권을 충분히 보장할 필요성이 있다는 점에서 긍정설이 타당하다고 생각된다. 다만 긍정설을 취할 경우 보충성의 원칙을 충족시키지 못하므로 헌법소원심판의 제기는 불가능하다.

(6) 직접 처분제도의 문제점 및 개선방안

(가) 자치사무의 경우: ① 직접 처분제도는 지방자치단체의 기관위임사무의 집행으로서

---

40) 지방자치법 제3조 ① 지방자치단체는 법인으로 한다.

41) 박균성, 앞의 책, 995면.

의 처분의 경우에는 타당하지만 고유사무인 자치사무의 집행으로서의 처분인 경우에는 지방자치의 취지에 비추어 문제가 있을 수 있다. 특히 거부처분 또는 부작위의 부당(不當)에 근거한 이행재결의 경우에는 더욱 그러하다는 견해가 있다. ② 이에 대하여 직접 처분제도는 지방자치단체의 사무집행에 대한 행정적 감독제도가 아니고, 행정심판재결의 실효성을 확보하기 위해 인정되는 제도이므로 문제가 없다는 반론도 가능하다.

생각건대 기관위임사무는 위법성과 합목적성의 감독이 가능하다고 할 것이나 자치사무의 경우는 위법성의 감독만이 가능하다. 따라서 자치사무에 대한 것은 위법한 경우에 한하여 직접 처분을 허용하는 것이 타당하다. 아울러 자치사무에 대한 직접 처분에 대하여는 처분청도 항고소송을 제기할 수 있다고 보아야 한다.

(나) 기타의 문제점: 현행법상은 ⅰ) 행정심판법제 제43조 제3항에 의한 변경명령재결의 경우, ⅱ) 신청에 따른 처분이 절차의 위법 또는 부당을 이유로 재결로써 취소된 경우, ⅲ) 거부처분에 대한 취소재결·무효등확인재결의 경우 등에는 처분청이 재처분의무를 이행하지 아니하여도 직접 처분을 행할 수 없다는 문제가 있다.[42] 한편 위 ⅱ), ⅲ)의 경우는 간접강제가 허용되므로 이를 통하여 어느 정도 재결의 실효성을 확보할 수 있지만, ⅰ)의 경우에 대하여 여전히 간접강제가 허용되지 않고 있는 것은 문제라고 할 수 있다. 입법의 미비라고 보여지므로, 향후 보완이 필요한 부분이다.

바. 간접강제

(1) 의 의

행정심판위원회는 ⅰ) 거부처분에 대한 취소재결·무효등확인재결, ⅱ) 당사자의 신청을 거부하거나 부작위로 방치한 처분의 이행을 명하는 재결(처분명령재결), ⅲ) 절차의 위법 또는 부당을 이유로 한 처분취소재결 등이 내려졌음에도 불구하고 피청구인이 재결의 취지에 따른 처분을 하지 아니하는 경우에는, 청구인의 신청에 의하여 결정으로 상당한 기간을 정하고 피청구인이 그 기간 내에 이행하지 아니하는 경우에는 그 지연기간에 따라 일정한 배상을 하도록 명하거나 즉시 배상을 할 것을 명할 수 있다(행정심판법 제50조의2).[43] 이를 간접강제라고 한다.

---

42) 박균성, 앞의 책, 996면.

43) 행정심판법 제50조의2(위원회의 간접강제) ① 위원회는 피청구인이 제49조 제2항(제49조 제4항에서 준용하는 경우를 포함한다) 또는 제3항에 따른 처분을 하지 아니하면 청구인의 신청에 의하여 결정으로 상당한 기간을 정하고 피청구인이 그 기간 내에 이행하지 아니하는 경우에는 그 지연기간에 따라 일정한 배상을 하도록 명하거나 즉시 배상을 할 것을 명할 수 있다.

(2) 요 건

간접강제의 요건은 다음과 같다.

① 거부처분에 대한 취소재결·무효등확인재결, 처분명령재결, 절차의 위법 또는 부당을 이유로 한 처분취소재결이 있었을 것: 행정심판법은 i) 거부처분에 대하여 취소심판 또는 무효확인심판이 제기되고 위 행정심판에서 취소재결·무효등확인재결이 내려진 경우, ii) 거부처분이나 부작위에 대하여 의무이행심판이 제기되고 위 의무이행심판에서 처분명령재결이 내려진 경우, iii) 신청에 따른 처분이 절차의 위법 또는 부당을 이유로 재결로써 취소된 경우에 간접강제를 허용하고 있다.

② 피청구인이 처분을 하지 아니하고 있을 것: 피청구인이 아무런 처분도 하지 아니하는 경우뿐만이 아니라, 비록 어떠한 처분을 하였다고 할지라도 그것이 재결의 취지에 따르지 아니하여 기속력에 반하는 경우에도 간접강제의 대상이 된다고 보아야 한다.

③ 청구인의 신청이 있을 것: 간접강제는 청구인의 신청을 전제로 한다. 직권에 의한 간접강제는 인정되지 않는다.

④ 위원회가 결정으로 재처분을 할 상당한 기간을 정할 것.

⑤ 피청구인이 그 기간 이내에 재처분을 이행하지 아니하였을 것: 상당한 기간 이내에 재처분이 이루어지면 간접강제를 할 수 없다. 상당한 기간이 경과하였다고 할지라도 간접강제 결정에 기한 배상금의 추심이 있기 전까지 행정청은 재처분을 할 수 있고, 이 경우 더 이상 배상금을 추심하는 것은 허용되지 않는다(대법원 2010. 12. 23. 선고 2009다37725 판결 등).

(3) 절 차

위원회는 사정의 변경이 있는 경우에는 당사자의 신청에 의하여 간접강제 결정의 내용을 변경할 수 있다(행정심판법 제50조의2 제2항).

위원회는 간접강제 결정을 하거나 간접강제 결정의 내용을 변경하기 전에 신청 상대방의 의견을 들어야 한다(행정심판법 제50조의2 제3항).

(4) 효 과

제1항 또는 제2항에 따른 결정의 효력은 피청구인인 행정청이 소속된 국가·지방자치단체 또는 공공단체에 미치며, 결정서 정본은 제4항에 따른 소송 제기와 관계없이 「민사집행법」에 따른 강제집행에 관하여는 집행권원과 같은 효력을 가진다. 이 경우 집행문은 위

원장의 명에 따라 위원회가 소속된 행정청 소속 공무원이 부여한다(행정심판법 제50조의2 제5항).

간접강제 결정에 기초한 강제집행에 관하여 이 법에 특별한 규정이 없는 사항에 대하여는 「민사집행법」의 규정을 준용한다. 다만, 「민사집행법」 제33조(집행문부여의 소), 제34조(집행문부여 등에 관한 이의신청), 제44조(청구에 관한 이의의 소) 및 제45조(집행문부여에 대한 이의의 소)에서 관할 법원은 피청구인의 소재지를 관할하는 행정법원으로 한다(행정심판법 제50조의2 제6항).

(5) 간접강제에 대한 불복

청구인은 간접강제의 결정 또는 결정내용의 변경에 불복하는 경우 그 결정에 대하여 행정소송을 제기할 수 있다(행정심판법 제50조의2 제4항).

피청구인은 간접강제 결정에 불복하여 행정소송을 제기할 수 없다.

3. 기판력

재결은 판결이 아니므로 확정된다고 하더라도 기판력이 발생하지 않는다.

판례

가. 행정처분이나 행정심판 재결이 불복기간의 경과로 확정된 경우 확정력의 의미: 행정처분이나 행정심판 재결이 불복기간의 경과로 인하여 확정될 경우 확정력은 처분으로 인하여 법률상 이익을 침해받은 자가 처분이나 재결의 효력을 더 이상 다툴 수 없다는 의미일 뿐 판결에 있어서와 같은 기판력이 인정되는 것은 아니어서 처분의 기초가 된 사실관계나 법률적 판단이 확정되고 당사자들이나 법원이 이에 기속되어 모순되는 주장이나 판단을 할 수 없게 되는 것은 아니다.

나. 종전의 산업재해요양보상급여취소처분이 불복기간의 경과로 인하여 확정되었더라도 요양급여청구권이 없다는 내용의 법률관계까지 확정된 것은 아니며 소멸시효에 걸리지 아니한 이상 다시 요양급여를 청구할 수 있고 그것이 거부된 경우 이는 새로운 거부처분으로서 위법 여부를 소구할 수 있다(대법원 1993. 4. 13. 선고 92누17181 판결).

4. 불가쟁력·불가변력

재결은 그 제소기간이 경과하면 더 이상 그 효력을 다툴 수 없게 된다. 이를 불가쟁력이라고 한다.

또한 재결은 쟁송절차에 의하여 행하여진 판단행위이다. 그것은 국가기관의 분쟁을 해결하기 위하여 당사자 기타의 이해관계인을 절차에 참여시켜 신중히 행하여지는 심판행위이므로, 그 재결은 일단 분쟁을 종결시키는 것이 되지 않으면 아니 된다. 만약 행정심판위원회가 재결을 한 후에 스스로 그것을 취소·변경하는 일이 있게 되면 법적 안정성을 해치고 공연히 분쟁을 재연시키는 결과를 가져오게 된다. 따라서 일단 재결이 행하여지면 비록 그것이 위법 또는 부당하다고 생각되는 경우에도 행정심판위원회 스스로는 그 재결을 취소 또는 변경할 수 없다. 이를 재결의 불가변력이라고 한다.[44]

Ⅳ. 재결에 대한 불복

1. 행정심판 재청구의 금지

심판청구에 대한 재결이 있으면 그 재결 및 같은 처분 또는 부작위에 대하여 다시 행정심판을 청구할 수 없다(행정심판법 제51조). 위와 같이 행정심판법은 처분 또는 부작위에 대하여 불복하는 경우 원칙상 한 번의 행정심판청구만을 인정하고 있다. 또한 재결은 그 자체에 고유한 위법이 있는 경우에도 거기에 다시 행정심판을 청구할 수는 없다.

다만 국세기본법 등과 같이 개별 법령에서 다단계의 행정심판절차를 규정하고 있는 경우에는 다단계의 행정심판이 인정된다.

2. 행정소송의 제기

행정심판에 대한 재결도 행정행위에 해당하므로, 그것이 위법한 경우에는 항고소송을 제기할 수 있다. 다만, 재결에 대한 항고소송은 재결 자체에 고유한 위법이 있음을 이유로 하는 경우에 한한다(행정소송법 제19조).

가. 행정심판청구인 등

행정심판청구인은 재결에 주체·절차·형식상의 하자가 있는 경우 항고소송을 제기할 수 있다. 아울러 재결에 내용상의 하자가 있는 경우에도 원칙적으로 항고소송의 제기가 가능하다(자세한 내용은 제3장 제2절 제1관 제2항 제3목 행정심판재결 중의 'Ⅲ. 재결 자체의 고유한 위법' 부분을 참고하기 바람).

복효적 행정행위에 있어서 인용재결로 인하여 피해를 입게 된 제3자도 위 인용재결에 대하여 항고소송을 제기할 수 있다.

---

44) 김남진·김연태, 앞의 책, 633면.

나. 처분청

인용재결에 대하여 처분청이 행정소송을 제기할 수 있는가에 대하여는 학설의 대립이 있다.

(1) 부정설

심판청구를 인용하는 재결은 피청구인과 그 밖의 관계 행정청을 기속한다(행정심판법 제49조 제1항). 위와 같은 기속력 규정에 근거하여 처분청은 행정심판의 재결에 대하여 불복할 수 없다고 보는 것이 통설이자[45], 판례의 태도이기도 하다(대법원 1998. 5. 8. 선고 97누15432 판결 등).

판례

… 한편 지방자치제도는 국가와는 별개의 법인격을 가지는 지방자치단체를 두어 그 권한과 책임으로 지방에 관한 여러 사무를 처리시키는 것이기 때문에 지방자치단체의 자주성·자율성은 최대한 존중되어야 하므로 이에 대한 국가의 관여는 가능한 한 배제하는 것이 바람직하다 할 것이다. 그러나 지방자치제도도 헌법과 법률에 의하여 국가법질서의 테두리 안에서 인정된 것이고, 지방자치행정도 중앙행정과 마찬가지로 국가행정의 일부이어서 상호 완전히 독립된 것이 아니고 밀접한 관계가 있는 것이므로 지방자치단체는 지방자치의 본질에 반하고, 지방자치의 제도적 보장을 파괴하지 아니하는 범위 내에서 어느 정도 국가의 지도·감독을 받지 않을 수 없는 것이다. 그리고 국가가 행정감독적인 수단으로 통일적이고 능률적인 행정을 위하여 중앙 및 지방행정기관 내부의 의사를 자율적으로 통제하고 국민의 권리구제를 신속하게 할 목적의 일환으로 행정심판제도를 도입하였는데, 심판청구의 대상이 된 행정청에 대하여 재결에 관한 항쟁수단을 별도로 인정하는 것은 행정상의 통제를 스스로 파괴하고, 국민의 신속한 권리구제를 지연시키는 작용을 하게 될 것이다. 그리하여 행정심판법 제37조 제1항은 "재결은 피청구인인 행정청과 그 밖의 관계행정청을 기속한다"고 규정하였고, 이에 따라 처분행정청은 재결에 기속되어 재결의 취지에 따른 처분의무를 부담하게 되므로 이에 불복하여 행정소송을 제기할 수 없다 할 것이며 그렇다고 하더라도 위 법령의 규정이 지방자치의 내재적 제약의 범위를 일탈하여 헌법상의 지방자치의 제도적 보장을 침해하는 것으로 볼 수는 없다(대법원 1998. 5. 8. 선고 97누15432 판결).

1. **지방자치단체의 장이 기본권 주체가 될 수 없다고 본 사례**: 공권력의 행사자인 국가, 지방자치단체나 그 기관 또는 국가조직의 일부나 공법인은 기본권의 주체가 아니라 단지 국민의 기본권을 보호 내지 실현해야 할 책임과 의무를 지는 지위에 있을 뿐이므로, 지방자치단체의 장인 이 사건 청구인(인천광역시 남구청장)은 기본권의 주체가 될 수 없다.

2. **행정심판청구를 인용하는 재결이 행정청을 기속하도록 규정한 행정심판법**(2010. 1. 25. **법**

45) 이철용, 앞의 책, 607면 등.

률 제9968호로 전부개정된 것) 제49조 제1항(이하 '이 사건 법률조항'이라 한다)이 헌법 제101조 제1항, 제107조 제2항 및 제3항에 위배되는지 여부(소극): 헌법 제101조 제1항과 제107조 제2항은 입법권 및 행정권으로부터 독립된 사법권의 권한과 심사범위를 규정한 것일 뿐이다. 헌법 제107조 제3항은 행정심판의 심리절차에서도 관계인의 충분한 의견진술 및 자료제출과 당사자의 자유로운 변론 보장 등과 같은 대심구조적 사법절차가 준용되어야 한다는 취지일 뿐, 사법절차의 심급제에 따른 불복할 권리까지 준용되어야 한다는 취지는 아니다. 그러므로 이 사건 법률조항은 헌법 제101조 제1항, 제107조 제2항 및 제3항에 위배되지 아니한다.

3. **이 사건 법률조항이 평등원칙에 위배되는지 여부(소극)**: 이 사건 법률조항은 행정청의 자율적 통제와 국민 권리의 신속한 구제라는 행정심판의 취지에 맞게 행정청으로 하여금 행정심판을 통하여 스스로 내부적 판단을 종결시키고자 하는 것으로서 그 합리성이 인정되고, 반면 행정청의 행위에 대해 행정심판이 이루어졌다는 이유로 국민이 행정청의 행위를 법원에서 다툴 수 없도록 한다면 재판받을 권리를 제한하는 것이 되므로 국민은 행정심판의 재결에도 불구하고 행정소송을 제기할 수 있도록 한 것일 뿐이므로, 이 사건 법률조항이 평등권을 침해하거나 평등원칙에 위배된다고 볼 수 없다.

4. **이 사건 법률조항이 지방자치제도의 본질적 부분을 침해하는지 여부(소극)**: 행정심판제도는 국민의 권리 또는 이익을 보호하기 위하여 행정청의 처분이나 부작위의 위법성 또는 부당성을 행정기관이 심판하는 것으로서, 이러한 행정통제기능을 수행하기 위해서는 중앙정부와 지방정부를 포함하여 행정청 내부에 어느 정도 그 판단기준의 통일성이 갖추어져야 한다. 또한 행정심판제도가 행정청이 가진 전문성을 활용하고 신속하게 문제를 해결하여 분쟁해결의 효과성과 효율성을 높이려는 취지로 마련되었음을 고려할 때, 사안에 따라 지방자치단체가 개별적으로 행정심판의 기능을 갖는 것보다 국가단위로 행정심판이 이루어지는 것이 더욱 바람직할 수 있다. 이 사건 법률조항은 다층적·다면적으로 설계된 현행 행정심판제도 속에서 각 행정심판기관의 인용재결의 기속력을 인정한 것으로서, 이로 인하여 중앙행정기관이 지방행정기관을 통제하는 상황이 발생한다고 하여 그 자체로 지방자치제도의 본질적 부분을 훼손하는 정도에 이른다고 보기 어렵다. 그러므로 이 사건 법률조항은 지방자치제도의 본질적 부분을 침해하지 아니한다(헌법재판소 2014. 6. 26. 선고 2013헌바122 결정).

(2) 긍정설

재결의 기속력은 확정재결의 효력이므로, 확정되지 않은 상태에서는 아직 기속력이 발생하였다고 볼 수 없다. 아울러 재결의 기속력은 재결의 실효성을 확보하기 위한 효력이지 그에 대한 불복을 금지하기 위한 효력은 아니므로, 처분청도 재결에 대하여 행정소송을 제기할 수 있다고 보아야 한다는 견해도 있을 수 있다.

(3) 제한적 긍정설

인용재결에 대하여 행정소송을 제기하는 것은 원칙적으로 허용할 수 없지만, 자치사무에 속하는 처분에 대한 인용재결에 대하여는 처분청이 항고소송을 제기할 수 있다고 보아야 한다는 견해이다. 즉, 행정심판위원회와 처분청이 동일한 행정주체에 속하는 경우에는 행정의사의 통일성 보장이라는 측면에 비추어 인용재결에 대한 불복을 허용하는 것은 타당하지 않다. 다만 지방자치단체의 자치사무에 속하는 처분의 경우 행정심판위원회와 처분청은 서로 다른 행정주체에 속하고 아울러 지방자치단체의 자치권을 보장할 필요가 있으므로 행정심판의 인용재결에 대하여 항고소송을 제기할 수 있다고 보아야 한다는 것이다.[46)]

제7절 행정심판과의 구별이 필요한 제도

Ⅰ. 이의신청

1. 의 의

개별 법률에서 이의신청이라는 명칭을 사용하는 불복절차를 규정하고 있는 경우가 적지 않다. 이의신청이란 위법·부당한 행정작용으로 인하여 자신의 권리 또는 이익이 침해된 자가 통상 당해 처분청에 제기하는 불복절차를 말한다.

행정심판에 있어서는 원칙적으로 처분청의 직근 상급행정기관 등에 소속된 행정심판위원회에 심사를 구하는 반면에, 이의신청은 통상 처분청 자신에 대하여 그 재심사를 구한다는 점에서 차이가 있다.

2. 이의신청과 행정심판의 관계

개별 법률에서 이의신청이라는 명칭을 사용하는 불복절차를 두고 있는 경우에는 당해 법률에서 행정심판과의 관계를 명확히 규정하여 두는 것이 바람직하다. 이러한 관계의 유형을 분류해 보면 다음과 같다.

가. 이의신청을 특별행정심판으로 보도록 규정하는 경우

개별 법률에서 이의신청이라는 불복절차를 두면서 “이의신청을 거쳤을 때에는 행정

---

46) 박균성, 앞의 책, 1000면.

소송을 제기할 수 있다"고 규정하거나(공익사업을 위한 토지 등의 취득 및 보상에 관한 법률 제85조 제1항), 이의신청 절차에 "행정심판법상의 규정을 준용한다"고 규정하거나, "이의신청에 따른 결정은 행정소송법 제18조를 적용할 때 행정심판법에 따른 행정심판으로 본다" 등으로 규정하는 방식이다. 이러한 경우에는 이의신청을 특별행정심판으로 볼 수 있다.47)

나. 이의신청으로 행정심판을 대체하는 경우

개별 법률에서 "이의신청을 한 경우에는 행정심판법에 따른 행정심판을 청구할 수 없다"는 방식으로 규정하여, 당사자에게 이의신청이나 행정심판에 대한 선택권을 부여하되 만약 이의신청을 제기한 경우에는 행정심판을 청구할 수 없도록 하는 경우이다. 난민법에서 난민인정의 신청에 대하여 거부처분을 받은 자는 법무부장관에게 이의신청을 제기할 수 있는 것으로 규정하면서(제21조 제1항), 이의신청을 한 경우에는 행정심판을 청구할 수 없도록 하고 있는 것(제21조 제2항)이 그 예라고 볼 수 있다.

다. 행정심판의 청구 이전에 반드시 이의신청을 거치도록 하는 경우

개별 법률에서 "이의신청에 따른 결정에 대하여 불복이 있는 자는 행정심판을 청구할 수 있다"의 방식으로 규정하는 방식이다. 이 경우에는 먼저 이의신청을 하고 그 결정에 대하여 불복하는 경우에만 행정심판을 청구할 수 있다. 즉 행정심판의 청구에 대하여 이의신청 전치주의를 채택하는 경우라고 할 수 있다. 은행법에서 과징금 부과처분에 불복하는 자는 금융위원회에 이의를 신청할 수 있도록 하고(제65조의6 제1항), 이의신청에 대한 결정에 불복하는 자는 행정심판을 청구할 수 있다고 규정하고 있는 것(제65조의6 제3항)이 그 예라고 할 수 있다.

라. 이의신청절차를 임의절차로 규정하고 있는 경우

개별 법률에서 "그 이의신청과 관계없이 행정심판법에 의한 행정심판을 청구할 수 있다" 내지는 "이의신청 여부와는 관계없이 행정심판법에 따른 행정심판청구 또는 행정소송법에 따른 행정소송을 제기할 수 있다" 등의 방식으로 규정하여 해당 이의신청절차를 임의절차로 규정하고 있는 경우이다.

ⅰ) 도로교통법에서 운전면허의 취소처분 또는 정지처분 등에 대하여 이의가 있는 사

---

47) 신봉기, "특별행정심판위원회 통합방안", 공법연구, 제38집 제3호, 2010. 2, 8면.

람은 이의신청을 할 수 있음을 규정(제94조 제1항)하면서 아울러 이의를 신청한 사람은 그 이의신청과 관계없이 행정심판을 청구할 수 있다고 하는 것(제94조 제3항)이나, ii) 공공기관의 정보공개에 관한 법률에서 정보공개청구인은 정보공개의 거부에 대하여 이의신청을 할 수 있는 것으로 규정(제18조 제1항)하면서 아울러 위 이의신청절차를 거치지 아니하고 행정심판을 청구할 수 있다고 하는 것(제19조 제2항), iii) 민원 처리에 관한 법률에서 법정민원에 대한 행정기관의 장의 거부처분에 불복하는 민원인은 이의신청을 할 수 있다고 규정(제35조 제1항)[48]하면서 아울러 민원인은 위 이의신청 여부와 관계없이 행정심판 또는 행정소송을 제기할 수 있다고 하는 것(제35조 제3항),[49] iv) 국가유공자 등 예우 및 지원에 관한 법률에서 제74조의5 제1항 제1호, 제3호부터 제5호까지, 제11호부터 제13호까지 및 제15호의 사항과 관련된 국가보훈처장의 처분에 이의가 있는 자는 이의신청을 할 수 있다고 규정(제74조의18 제1항)하면서 아울러 이의신청을 한 자는 그 이의신청과 관계없이 행정심판법에 따른 행정심판을 청구할 수 있다고 하는 것(제74조의18 제4항) 등이 그러한 예라고 할 수 있다.

마. 이의신청과 행정심판의 관계에 대하여 아무런 언급이 없는 경우

개별 법률에서 이의신청 제도를 두면서 이의신청과 행정심판의 관계에 대하여 아무런 언급이 없는 경우도 적지 않다. 이러한 경우에는 해당 법률의 개별 규정을 근거로 이의신청절차가 특별행정심판인지 아니면 단순한 별도의 구제방식인지 등에 대하여 판단할 수밖에 없을 것이다. 다만 이 경우에는 불필요한 혼란을 야기할 우려가 있으므로 입법적 보완을 통한 문제의 해결이 요청된다.

아래에서 특별행정심판인 이의신청과 행정심판이 아닌 단순한 별도의 구제방식으로서의 이의신청에 관하여 살펴보기로 한다.

3. 행정심판인 이의신청과 행정심판이 아닌 이의신청의 구분

가. 구별의 실익

(1) 행정심판법의 적용: 개별 법률에서 정하고 있는 불복절차(이의신청)가 행정심판법

48) 민원 처리에 관한 법률 제35조(거부처분에 대한 이의신청) ① 법정민원에 대한 행정기관의 장의 거부처분에 불복하는 민원인은 그 거부처분을 받은 날부터 60일 이내에 그 행정기관의 장에게 문서로 이의신청을 할 수 있다.

49) 민원 처리에 관한 법률 제35조(거부처분에 대한 이의신청) ③ 민원인은 제1항에 따른 이의신청 여부와 관계없이 행정심판법에 따른 행정심판 또는 행정소송법에 따른 행정소송을 제기할 수 있다.

상의 행정심판이라고 한다면 당해 절차에 관하여 개별 법률에서 정하고 있는 것을 제외하고는 일반법인 행정심판법이 적용되게 된다. 반면에 불복절차(이의신청)가 행정심판이 아니라고 한다면 행정심판법의 적용은 배제된다.

(2) 행정심판의 제기: 행정심판청구에 대한 재결이 있으면 그 재결 및 같은 처분 또는 부작위에 대하여 다시 행정심판을 청구할 수 없다(행정심판법 제51조). 따라서 이의신청을 행정심판법상의 행정심판이라고 한다면 당해 불복절차를 거친 후에는 다시 행정심판법상의 행정심판을 제기할 수 없게 된다. 반면에 이의신청이 행정심판법상의 행정심판이 아니라고 한다면 당해 불복절차를 거친 후에도 명문의 규정이 없는 이상 원칙상 행정심판을 제기할 수 있는 것으로 보아야 한다.

(3) 대상: 행정심판의 대상은 처분 또는 부작위에 한정되지만, 이의신청의 대상은 처분 또는 부작위에 한하지 않고 행정기관의 모든 결정이 그 대상이 될 수 있다. 다만 행정기본법상의 이의신청은 처분에 대해서만 인정된다.

(4) 행정심판과 행정소송의 제기기간: 이의신청이 행정심판이라고 한다면 당해 처분에 대한 제소기간은 재결서의 정본을 송달받은 날부터 기산된다(행정소송법 제20조 제1항).

반면에 이의신청이 행정심판법상의 행정심판이 아니라고 한다면 이의신청이 제기되었다고 하더라도, 특별한 규정이 없는 이상 당해 처분에 대한 행정심판이나 행정소송(취소소송)의 제기기간은 그대로 진행된다(대법원 2012. 11. 15. 선고 2010두8676 판결)고 보는 것이 논리적이다. 하지만 이 경우 법에 무지한 일반 국민의 입장에서는 행정심판이나 행정소송의 제기기간 도과라는 불이익을 받을 우려가 있다 그리하여 행정기본법은 이의신청을 한 경우에는 그 결과를 통지받은 날부터 90일 이내에 행정심판법에 따른 행정심판 또는 행정소송법에 따른 행정소송을 제기할 수 있다는 규정을 신설하였다(제36조 제4항).

(5) 처분사유의 추가·변경: 행정소송 단계뿐만 아니라 행정심판에서도 처분청은 당초 처분의 근거로 삼은 사유와 기본적 사실관계가 동일성이 있다고 인정되는 한도 내에서만 다른 사유를 추가 또는 변경할 수 있다(대법원 2014. 5. 16. 선고 2013두26118 판결).

그리하여 행정심판이 아닌 이의신청의 경우에는 기본적 사실관계의 동일성이 인정되지 않는 사유라도 이를 처분의 적법성과 합목적성을 뒷받침하는 처분사유로 추가·변경할 수 있다고 보는 견해가 있고,[50] 판례도 그러하다(대법원 2012. 9. 13. 선고 2012두3859 판결). 그러나 처분사유의 추가·변경은 쟁송단계에서야 비로소 논의되는 쟁송법상의 문제이므로, 이는 처분사유의 추가·변경이 아니라 이유제시의 하자의 치유라고 보는 것이 타당하

50) 박균성, 행정법론(상)(제15판), 2016, 1008면.

다. 이유제시의 하자의 치유는 기본적 사실관계의 동일성의 범위를 벗어나도 허용되지만, 행정쟁송 제기 이전까지만 그 치유가 가능한 행정절차법상의 문제이다.

판례

민원사항에 대한 행정기관의 장의 거부처분에 불복하여 민원사무처리에 관한 법률 제18조 제1항에 따라 이의신청을 한 경우, 이의신청에 대한 결과를 통지받은 날부터 취소소송의 제소기간이 기산되는지 여부(소극) 및 위 이의신청 절차가 헌법 제27조에서 정한 재판청구권을 침해하는지 여부(소극): … 민원사무처리법에서 정한 민원 이의신청의 대상인 거부처분에 대하여는 민원 이의신청과 상관없이 행정심판 또는 행정소송을 제기할 수 있으며, 또한 민원 이의신청은 민원사무처리에 관하여 인정된 기본사항의 하나로 처분청으로 하여금 다시 거부처분에 대하여 심사하도록 한 절차로서 행정심판법에서 정한 행정심판과는 성질을 달리하고 또한 사안의 전문성과 특수성을 살리기 위하여 특별한 필요에 따라 둔 행정심판에 대한 특별 또는 특례 절차라 할 수도 없어 행정소송법에서 정한 행정심판을 거친 경우의 제소기간의 특례가 적용된다고 할 수도 없으므로, 민원 이의신청에 대한 결과를 통지받은 날부터 취소소송의 제소기간이 기산된다고 할 수 없다. 그리고 이와 같이 민원 이의신청 절차와는 별도로 그 대상이 된 거부처분에 대하여 행정심판 또는 행정소송을 제기할 수 있도록 보장하고 있는 이상, 민원 이의신청 절차에 의하여 국민의 권익 보호가 소홀하게 된다거나 헌법 제27조에서 정한 재판청구권이 침해된다고 볼 수도 없다(대법원 2012. 11. 15. 선고 2010두8676 판결): <해설> 민원 처리에 관한 법률이 규정한 이의신청은 행정심판법상의 행정심판이 아니므로, 거부처분에 대하여 이의신청이 제기되었다고 하더라도 행정심판을 거친 경우의 제소기간의 특례가 적용된다고 할 수 없고, 따라서 민원 이의신청에 대한 결과를 통지받은 날부터 위 거부처분에 대한 취소소송의 제소기간이 기산된다고는 할 수 없다고 본 사례이다.

하지만 행정기본법 제36조 제4항의 신설로 위 판례는 이제 폐기되었다고 보아야 한다.

[1] **산업재해보상보험법상 심사청구에 관한 절차의 성격(=근로복지공단 내부의 시정절차) 및 그 절차에서 근로복지공단이 당초 처분의 근거로 삼은 사유와 기본적 사실관계의 동일성이 인정되지 않는 사유를 처분사유로 추가·변경할 수 있는지 여부(적극)**: 산업재해보상보험법 규정의 내용, 형식 및 취지 등에 비추어 보면, 산업재해보상보험법상 심사청구에 관한 절차는 보험급여 등에 관한 처분을 한 근로복지공단으로 하여금 스스로의 심사를 통하여 당해 처분의 적법성과 합목적성을 확보하도록 하는 근로복지공단 내부의 시정절차에 해당한다고 보아야 한다. 따라서 처분청이 스스로 당해 처분의 적법성과 합목적성을 확보하고자 행하는 자신의 내부 시정절차에서는 당초 처분의 근거로 삼은 사유와 기본적 사실관계의 동일성이 인정되지 않는 사유라고 하더라도 이를 처분의 적법성과 합목적성을 뒷받침하는 처분사유로 추가·변경할 수 있다고 보는 것이 타당하다:

<해설> 처분사유의 보완이 행정쟁송이 제기되기 이전에 이루어졌으므로, 처분사유의 추가·변경이 아니라 이유제시의 하자가 치유된 것으로 보는 것이 타당하다.

[2] 근로복지공단이 '우측 감각신경성 난청'으로 장해보상청구를 한 근로자 갑에 대하여 소멸시효 완성을 이유로 장해보상급여부지급결정을 하였다가, 갑이 불복하여 심사청구를 하자 갑의 상병이 업무상 재해인 소음성 난청으로 보기 어렵다는 처분사유를 추가하여 심사청구를 기각한 사안에서, 근로복지공단이 산업재해보상보험법상 심사청구에 대한 자신의 심리·결정 절차에서 추가한 사유인 '갑의 상병과 업무 사이의 상당인과관계 부존재'는 당초 처분의 근거로 삼은 사유인 '소멸시효 완성'과 기본적 사실관계의 동일성이 인정되는지와 상관없이 처분의 적법성의 근거가 되는 것으로서 취소소송에서 처음부터 판단대상이 되는 처분사유에 해당한다는 이유로, 갑의 상병과 업무 사이의 상당인과관계 부존재를 처분사유 중 하나로 본 원심판단을 정당하다고 한 사례(대법원 2012. 9. 13. 선고 2012두3859 판결).

나. 구별의 기준

(1) 심판기관기준설: 이의신청은 처분청 자체에 제기하는 쟁송인 것에 반하여, 행정심판은 원칙적으로 처분청의 직근 상급행정청에 제기하는 쟁송이라고 보는 견해이다.[51]

(2) 쟁송절차기준설: 헌법 제107조 제3항이 행정심판절차는 사법절차가 준용되어야 한다고 규정하고 있는 점에 비추어, 개별 법률에서 규정하는 이의신청 중 준사법절차가 보장되는 것만을 행정심판으로 보고, 그렇지 않은 것은 행정심판이 아닌 것으로 보는 견해이다.[52] 여기서 준사법절차의 보장 여부는 판단기관의 독립성과 공정성, 대심적 심리구조, 당사자의 절차적 권리보장 등을 기준으로 판단한다. 판례는 이 견해를 취하고 있는 것으로 보여진다(헌법재판소 2001. 6. 28. 선고 2000헌바30 전원재판부).

판례

행정심판에 관한 헌법 제107조 제3항의 의미: 헌법 제107조 제3항은 "재판의 전심절차로서 행정심판을 할 수 있다. 행정심판의 절차는 법률로 정하되, 사법절차가 준용되어야 한다"고 규정하고 있으므로, 입법자가 행정심판을 전심절차가 아니라 종심절차로 규정함으로써 정식재판의 기회를 배제하거나, 어떤 행정심판을 필요적 전심절차로 규정하면서도 그 절차에 사법절차가 준용되지 않는다면 이는 위 헌법조항, 나아가 재판청구권을 보장하고 있는 헌법 제27조에도 위반되며, 헌법 제107조 제3항은 사법절차가 "준용"될 것만을 요구하고 있으나 판단기관의 독립성과 공정성, 대심적 심리구조, 당사자의 절차

51) 김남진·김연태, 행정법 I (제12판), 2008, 600면.
52) 박균성, 행정법론(상)(제21판), 2022, 1121면.

적 권리보장 등의 면에서 사법절차의 본질적 요소를 현저히 결여하고 있다면 "준용"의 요청에마저 위반된다(헌법재판소 2001. 6. 28. 선고 2000헌바30 전원재판부).

지방자치법 제140조 제3항의 이의신청을 제기해야 할 사람이 처분청에 표제를 '행정심판청구서'로 한 서류를 제출한 경우, 서류의 내용에 이의신청 요건에 맞는 불복취지와 사유가 충분히 기재되어 있다면 이를 처분에 대한 이의신청으로 볼 수 있는지 여부(적극): 지방자치법 제140조 제3항은 사용료·수수료 또는 분담금의 부과나 징수에 대하여 이의가 있는 자는 그 처분을 통지받은 날부터 90일 이내에 그 지방자치단체의 장에게 이의신청할 수 있다고 규정하고 있고, 제5항은 사용료·수수료 또는 분담금의 부과나 징수에 대하여 행정소송을 제기하려면 제4항에 따른 결정을 통지받은 날부터 90일 이내에 처분청을 당사자로 하여 소를 제기하여야 한다고 규정하고 있다.

그런데 이와 같은 이의신청은 행정청의 위법·부당한 처분에 대하여 행정기관이 심판하는 행정심판과는 구별되는 별개의 제도라 할 것이나, 이의신청과 행정심판은 모두 본질에 있어서 행정처분으로 인하여 권리나 이익을 침해당한 상대방의 권리구제에 그 목적이 있고, 행정소송에 앞서 먼저 행정기관의 판단을 받는 데에 목적을 둔 엄격한 형식을 요하지 않는 서면행위라 할 것이므로, 이의신청을 제기하여야 할 사람이 처분청에 표제를 행정심판청구서로 한 서류를 제출한 경우라 할지라도, 서류의 내용에 있어서 이의신청의 요건에 맞는 불복취지와 그 사유가 충분히 기재되어 있다면 그 표제에도 불구하고 이를 그 처분에 대한 이의신청으로 볼 수 있다(대법원 2012. 3. 29. 선고 2011두26886 판결): <해설> 지방자치법 제140조 제3항의 이의신청은 지방자치단체의 장에게 하는 것이므로 행정심판이 아닌 이의신청으로 보는 것이 타당하다는 견해가 있는바,[53] 이 경우 심판기관기준설의 입장을 취한 것으로 볼 여지도 있다. 그러나 쟁송절차의 핵심은 '판단기관의 독립성과 공정성'에 있으므로 쟁송절차기준설에 의하여도 위 이의신청은 행정심판이 아닌 것으로 파악하는 것이 가능하다.

4. 이의신청의 성질과 효력

가. 행정심판인 이의신청의 경우

행정심판인 이의신청은 특별행정심판으로서의 성질을 지닌다. 따라서 개별 법률에서 이의신청과 관련하여 특별히 정한 사항은 개별 법률의 규정이 행정심판법에 우선하여 적용되나, 그렇지 아니한 사항에 대하여는 일반법인 행정심판법이 적용된다.

이의신청에 대한 결정은 행정심판에 대한 재결로서의 성질을 가진다.

---

53) 위의 책, 1121면.

나. 행정심판이 아닌 이의신청의 경우

개별 법률에서 이의신청과 관련하여 특별히 정한 규정이 있는 경우 당해 규정이 우선하여 적용되나, 그렇지 아니한 경우에는 일반법인 행정기본법이 적용된다(행정기본법 제36조 제5항).

이의신청에 따라 처분청이 종전처분을 취소·변경하는 결정을 하는 경우, i) 종전처분을 취소하는 처분은 직권취소에 해당한다. ii) 종전처분을 변경하는 결정통지는 종전처분을 대체하는 새로운 처분이라고 보는 견해도 있으나,[54] 이는 타당하지 않다. 이 경우에는 처분청에 의해 통상의 변경처분이 이루어진 경우와 동일하게 그 처분성 여부를 판단하여야 한다(자세한 내용은 제2편 제3장 제2절 제1관 제2항 제2목 Ⅱ. 특수한 처분 중의 '6. 변경처분' 부분을 참고하기 바람).

이의신청을 기각하는 결정은 기존의 처분을 그대로 유지하는 것으로서, 종전의 처분을 단순히 확인하는 행위이므로 독립된 처분의 성질을 가지지 않는 것으로 보는 것이 타당하다.[55] 판례도 동일한 입장이다(대법원 2012. 11. 15. 선고 2010두8676 판결).

판례

민원사무처리에 관한 법률 제18조 제1항에서 정한 '거부처분에 대한 이의신청'을 받아들이지 않는 취지의 기각 결정 또는 그 취지의 통지가 항고소송의 대상이 되는지 여부(소극): 민원사무처리에 관한 법률(이하 '민원사무처리법'이라 한다) 제18조 제1항에서 정한 거부처분에 대한 이의신청(이하 '민원 이의신청'이라 한다)은 행정청의 위법 또는 부당한 처분이나 부작위로 침해된 국민의 권리 또는 이익을 구제함을 목적으로 하여 행정청과 별도의 행정심판기관에 대하여 불복할 수 있도록 한 절차인 행정심판과는 달리, 민원사무처리법에 의하여 민원사무처리를 거부한 처분청이 민원인의 신청 사항을 다시 심사하여 잘못이 있는 경우 스스로 시정하도록 한 절차이다. 이에 따라, 민원 이의신청을 받아들이는 경우에는 이의신청 대상인 거부처분을 취소하지 않고 바로 최초의 신청을 받아들이는 새로운 처분을 하여야 하지만, 이의신청을 받아들이지 않는 경우에는 다시 거부처분을 하지 않고 그 결과를 통지함에 그칠 뿐이다. 따라서 이의신청을 받아들이지 않는 취지의 기각 결정 내지는 그 취지의 통지는, 종전의 거부처분을 유지함을 전제로 한 것에 불과하고 또한 거부처분에 대한 행정심판이나 행정소송의 제기에도 영향을 주지 못하므로, 결국 민원 이의신청인의 권리·의무에 새로운 변동을 가져오는 공권력의 행사나 이에 준하는 행정작용이라고 할 수 없어, 독자적인 항고소송의 대상이 된다고 볼 수 없다고 봄이 타당하다(대법원 2012. 11. 15. 선고 2010두8676 판결).

54) 위의 책, 1122면.
55) 위의 책, 1122면.

5. 행정기본법상의 이의신청

가. 의 의

행정기본법은 처분에 대한 이의신청을 일반적으로 규정하고 있다(제36조). 행정기본법상의 이의신청은 행정심판이 아닌 행정불복 절차의 하나이다(제36조 제3항 참고).

행정기본법이 제정되기 전에는 개별법에서 이의신청을 규정하지 않는 한 이의신청은 인정될 수 없다고 보았다. 왜냐하면 개별법의 규정없이 처분청에 대하여 자기가 한 행위를 다시 판단하도록 하는 의무를 부과할 수는 없다고 보았기 때문이다.[56] 하지만 행정기본법의 제정으로 처분에 대한 이의신청은 이제 일반적인 제도가 되었다.

다른 법률에서 이의신청과 이에 준하는 절차에 대하여 정하고 있는 경우에는 먼저 그에 따르고, 그 법률에서 규정하지 아니한 사항에 관하여는 행정기본법이 정하는 바에 따른다(제37조 제5항).

나. 이의신청의 대상

행정기본법상의 이의신청은 처분(행정심판법의 대상이 되는 처분)을 대상으로 한다. 처분이 아닌 행정결정은 행정기본법상의 이의신청의 대상이 될 수 없다. 다만 개별법에 명문의 규정이 있다면 처분이 아닌 행정결정에 대한 이의신청도 인정될 수 있다.

한편 처분에 해당된다고 할지라도, 행정기본법 제36조 제7항은 ① 공무원 인사 관계 법령에 따른 징계 등 처분에 관한 사항, ② 「국가인권위원회법」 제30조에 따른 진정에 대한 국가인권위원회의 결정, ③ 노동위원회법 제2조의2에 따라 노동위원회의 의결을 거쳐 행하는 사항, ④ 형사, 행형 및 보안처분 관계 법령에 따라 행하는 사항, ⑤ 외국인의 출입국·난민인정·귀화·국적회복에 관한 사항, ⑥ 과태료 부과 및 징수에 관한 사항은 이의신청의 대상에서 제외하고 있다.

다. 이의신청의 제기기간

행정청의 처분에 이의가 있는 당사자는 처분을 받은 날부터 30일 이내에 해당 행정청에 이의신청을 할 수 있다(행정기본법 제36조 제1항).

---

56) 홍정선, 행정법원론(상)(제30판), 2022, 957면.

라. 이의신청의 방법

이의신청을 하려는 자는 다음 각 호의 사항을 적은 문서를 해당 행정청에 제출해야 한다(행정기본법 시행령 제11조 제1항).

1. 신청인의 성명·생년월일·주소(신청인이 법인이나 단체인 경우에는 그 명칭, 주사무소의 소재지와 그 대표자의 성명)와 연락처
2. 이의신청 대상이 되는 처분의 내용과 처분을 받은 날
3. 이의신청 이유

마. 이의신청에 대한 처리기간

행정청은 제1항에 따른 이의신청을 받으면 그 신청을 받은 날부터 14일 이내에 그 이의신청에 대한 결과를 신청인에게 통지하여야 한다. 다만, 부득이한 사유로 14일 이내에 통지할 수 없는 경우에는 그 기간을 만료일 다음 날부터 기산하여 10일의 범위에서 한 차례 연장할 수 있으며, 연장 사유를 신청인에게 통지하여야 한다(행정기본법 제36조 제2항).

바. 행정쟁송과의 관계

이의신청을 한 경우에도 그 이의신청과 관계없이 「행정심판법」에 따른 행정심판 또는 「행정소송법」에 따른 행정소송을 제기할 수 있다(행정기본법 제36조 제3항). 행정기본법상의 이의신청은 행정심판이 아닌 별개의 행정불복 절차에 해당함을 분명히 하고 있다.

이의신청에 대한 결과를 통지받은 후 행정심판 또는 행정소송을 제기하려는 자는 그 결과를 통지받은 날(제2항에 따른 통지기간 내에 결과를 통지받지 못한 경우에는 같은 항에 따른 통지기간이 만료되는 날의 다음 날을 말한다)부터 90일 이내에 행정심판 또는 행정소송을 제기할 수 있다(행정기본법 제36조 제4항). 행정기본법상의 이의신청은 행정심판이 아니므로 이의신청이 제기되었다고 하더라도, 특별한 규정이 없는 이상 당해 처분에 대한 행정심판이나 행정소송(취소소송)의 제기기간은 그대로 진행된다고 보는 것이 논리적이다. 하지만 이러한 논리를 관철할 경우 법에 무지한 일반 국민의 입장에서는 행정심판이나 행정소송의 제기기간 도과라는 불이익을 받을 우려가 있으므로 이를 방지하기 위하여 특별히 둔 규정이다.

II. 처분의 재심사

1. 의 의

처분이 행정심판, 행정소송 및 그 밖의 쟁송을 통하여 다툴 수 없게 된 경우라고 할지라도, 그러한 처분에 일정한 사유가 있는 경우에는 당사자가 해당 처분을 한 행정청에 처분을 취소·철회하거나 변경하여 줄 것을 신청할 수 있는바(행정기본법 제37조 제1항), 이러한 신청에 따라 처분청이 해당 처분을 재심사하는 것을 '처분의 재심사' 제도라고 한다. 이는 민·형사 재판절차상의 재심과 유사한 제도라고 볼 수 있다.

여기서 처분이 행정심판, 행정소송 및 그 밖의 쟁송을 통하여 다툴 수 없게 된 경우란 처분에 불가쟁력이 발생한 경우를 의미한다.

2. 재심사의 사유

불가쟁력이 발생한 처분에 대하여 광범위하게 재심사를 인정하게 되면 법적 안정성과 처분에 대한 관계자들의 신뢰가 침해된다. 따라서 처분의 재심사가 필요한 예외적인 사유를 엄격하고도 명확하게 제시하는 것이 필요하며, 이를 통해 구체적 타당성과 법적 안정성을 조화시켜야 한다.[57]

행정기본법 제37조 제1항은 처분의 재심사가 허용되는 사유를 ① 처분의 근거가 된 사실관계 또는 법률관계가 추후에 당사자에게 유리하게 바뀐 경우, ② 당사자에게 유리한 결정을 가져다 주었을 새로운 증거가 있는 경우, ③ 민사소송법 제451조에 따른 재심사유에 준하는 사유가 발생한 경우 등 대통령령으로 정하는 경우 3가지로 한정하여 규정하고 있다. 제1호는 처분 후의 후발적 사정을 이유로 하므로 철회(변경 포함) 사유에 해당하고, 제2호와 제3호는 처분시에 존재하던 위법 또는 부당사유를 이유로 하므로 취소(변경 포함) 사유에 해당된다.

제1호의 '사실관계의 변경'은 처분의 결정에 객관적으로 중요했던 사실이 없어지거나 새로운 사실(과학적 지식 포함)이 추후에 발견되어 당사자에게 유리한 결정을 이끌어 낼 수 있는 경우를 말한다. 또한 '법률관계의 변경'은 처분의 근거법령이 처분 이후에 폐지되었거나 변경된 경우 등을 의미한다.

제2호의 '새로운 증거'는 i) 처분의 절차나 쟁송과정에서 사용할 수 없었던 증거, ii)

---

57) 석종현·송동수, 일반행정법총론(제17판), 2022, 680면.

당사자의 과실 없이 절차 진행 당시 제때 습득하지 못하였거나 마련할 수 없었던 증거, iii) 당사자의 과실 없이 절차 진행 당시 인지하지 못하고 있었던 증거 iv) 처분 당시 제출되어 있었으나 행정청의 무지, 오판, 불충분한 고려가 있었던 경우 등을 의미한다.

제3호의 '대통령령으로 정하는 경우'는 i) 처분 업무를 직접 또는 간접적으로 처리한 공무원이 그 처분에 관한 직무상 죄를 범한 경우, ii) 처분의 근거가 된 문서나 그 밖의 자료가 위조되거나 변조된 것인 경우, iii) 제3자의 거짓 진술이 처분의 근거가 된 경우, iv) 처분에 영향을 미칠 중요한 사항에 관하여 판단이 누락된 경우를 말한다(행정기본법 시행령 제12조).

3. 재심사의 대상

재심사 신청의 대상은 행정심판, 행정소송 및 그 밖의 쟁송을 통하여 다툴 수 없게 된 처분이다. 다만 제재처분 및 행정상 강제는 재심사 신청의 대상에서 제외된다(행정기본법 제37조 제1항). 불가쟁력이 발생한 제재처분 및 행정상 강제에 대하여 까지 그 취소·철회 또는 변경을 신청할 수 있게 되면, 그만큼 제재처분이나 행정상 강제의 실효성은 약화될 수밖에 없기 때문에 제재처분 및 행정상 강제를 재심사 대상에서 제외한 것이다.

판결의 기판력과의 충돌 우려를 고려하여 처분에 대한 법원의 확정판결이 있는 경우도 재심사의 대상에서 제외된다(행정기본법 제37조 제1항).

그 밖에도 행정기본법 제37조 제8항은 ① 공무원 인사 관계 법령에 따른 징계 등 처분에 관한 사항, ② 노동위원회법 제2조의2에 따라 노동위원회의 의결을 거쳐 행하는 사항, ③ 형사, 행형 및 보안처분 관계 법령에 따라 행하는 사항, ④ 외국인의 출입국·난민인정·귀화·국적회복에 관한 사항, ⑤ 과태료 부과 및 징수에 관한 사항, ⑥ 개별 법률에서 그 적용을 배제하고 있는 경우도 재심사의 대상에서 제외하고 있다. 이는 공무원 인사 관계 법령에 따른 처분의 특수성, 노사관계의 특수성, 형사·행형·보안처분 관련 사항의 사법작용으로서의 성격, 상호주의가 적용되는 외국인 관련 사항의 특수성 등을 고려한 것이다.

3. 재심사의 절차 등

가. 신청권자

재심사를 신청할 수는 있는 자는 처분의 당사자이다. 처분의 당사자란 처분의 직접 상대방을 말한다. 따라서 처분의 상대방이 아닌 이해관계인은 재심사를 신청할 수 없다.

재심사 신청권자의 범위가 지나치게 확대되면 행정청의 부담이 커진다는 점을 고려한 것이다.

나. 중대한 과실이 없을 것

재심사의 신청은 해당 처분의 절차, 행정심판, 행정소송 및 그 밖의 쟁송에서 당사자가 중대한 과실 없이 제1항 각 호의 사유(재심사의 사유)를 주장하지 못한 경우에만 할 수 있다(행정기본법 제37조 제2항). 이는 재심사 신청의 남용을 막기 위한 장치로서, 해당 처분의 절차와 행정쟁송에서 재심사의 사유를 주장하였거나, 주장하지 못하였더라도 당사자에게 중대한 과실이 있는 경우에는 재심사 신청을 허용하지 않으려는 취지이다.

다. 재심사의 신청기간

재심사의 신청은 당사자가 제1항 각 호의 사유(재심사의 사유)를 안 날부터 60일 이내에 하여야 한다. 다만, 처분이 있은 날부터 5년이 지나면 신청할 수 없다(행정기본법 제37조 제3항).

이처럼 재심사 신청기간에 제한을 두고 있는 것은 처분의 재심사로 야기될 수 있는 법적 불안정 상태를 시간적으로 제한하여 법적 안정성을 기하려는 취지이다.

라. 신청에 대한 처리기간

재심사의 신청을 받은 행정청은 특별한 사정이 없으면 신청을 받은 날부터 90일(합의제행정기관은 180일) 이내에 처분의 재심사 결과(재심사 여부와 처분의 유지·취소·철회·변경 등에 대한 결정을 포함한다)를 신청인에게 통지하여야 한다. 다만, 부득이한 사유로 90일(합의제행정기관은 180일) 이내에 통지할 수 없는 경우에는 그 기간을 만료일 다음 날부터 기산하여 90일(합의제행정기관은 180일)의 범위에서 한 차례 연장할 수 있으며, 연장 사유를 신청인에게 통지하여야 한다(행정기본법 제37조 제4항).

4. 재심사 결과 및 그에 대한 불복

가. 재심사의 결과

처분의 재심사 신청이 있는 경우, 처분청은 해당 신청이 재심사의 사유 및 대상에 해당하는지 여부를 먼저 결정하여야 한다.

재심사 사유 및 대상에 해당하지 않는다고 판단한 경우 그러한 결정을 신청인에게 통지하여야 한다.

처분청이 재심사의 사유 및 대상에 해당된다고 판단하는 경우 재심사를 실시하여 재심사 대상처분을 유지할 것인지, 아니면 해당처분을 취소·철회 또는 변경할 것인지를 결정하여 이를 신청인에게 통지하여야 한다.

나. 불복방법

재심사 신청에 대한 처분청의 위와 같은 결정은 행정행위의 성질을 갖는다고 볼 수 있다.[58]

그런데 처분의 재심사 결과 중 처분을 유지하는 결과에 대해서는 행정심판, 행정소송 및 그 밖의 쟁송수단을 통하여 불복할 수 없다(행정기본법 제37조 제5항). 원처분을 유지하는 결정은 국민의 권리의무에 아무런 변동을 야기하지 않는다는 점, 불필요한 쟁송의 반복을 방지하고 재심사로 인한 행정청의 부담을 완화할 필요성이 있다는 점, 처분의 재심사 제도는 원처분을 다툴 수 없는 상황에서 예외적으로 허용되는 제도라는 점 등을 고려한 것이다.[59] 이에 대하여는 재심사의 사유 및 대상, 요건 등을 감안하면 불필요한 쟁송이 반복될 우려는 크지 않으며, 다른 법률에서 불복을 금지한 사례를 찾아 볼 수 없다는 점에 비추어, 위 조항은 국민의 재판을 받을 권리를 침해하는 것으로서 위헌의 소지가 있다는 견해도 있다.[60]

한편 재심사 결과 중 대상처분을 취소·철회 또는 변경하는 결정은 처분에 해당하므로, 이를 다툴 법률상 이익이 있는 자는 행정쟁송을 제기할 수 있다고 보아야 한다.[61]

5. 재심사와 직권취소·철회의 관계

행정기본법 제37조 제6항은 "행정청의 제18조에 따른 취소와 제19조에 따른 철회는 처분의 재심사에 의하여 영향을 받지 아니한다"고 규정하여, 행정청은 처분의 재심사와 상관없이 직권취소나 직권철회를 할 수 있음을 분명히 하고 있다.

즉 처분의 재심사 제도가 있다고 하여 처분의 직권취소 및 직권철회가 제한을 받는 것은 아니다.

58) 박균성, 행정법론(상)(21판), 2022, 1124면.
59) 석종현·송동수, 앞의 책, 682면.
60) 김남진·김연태, 행정법 I (제26판), 2022, 321면.
61) 박균성, 앞의 책, 1124면.

III. 청 원

개인은 헌법상 보장된 청원권(헌법 제26조)의 행사를 통하여서도, 행정청에 대하여 위법 또는 부당한 행정처분의 취소·변경을 구할 수 있다(청원법 제4조 제2호). 이러한 청원에 대하여 헌법은 국가의 심사의무만을 규정하고 있으나(헌법 제26조 제2항), 청원법은 행정기관의 심사·처리의무와 처리결과의 통지의무까지 규정하고 있으므로(청원법 제9조 제1항, 제2항) 그 한도에서 행정심판과 청원은 차이가 없다. 그러나 행정심판은 개인의 침해된 권리·이익의 구제를 위한 쟁송제도임에 반하여, 청원은 엄격한 의미에서 권리구제 제도라기보다는 국정에 대한 국민의 의사표시를 널리 보장하기 위한 제도라는 점에서 다음과 같이 많은 차이점이 있다.[62]

① 행정심판은 권리·이익이 침해된 경우에만 제기할 수 있으나, 청원은 그에 한하지 않고 법률·명령·조례·규칙 등의 제정 또는 개정이나 공공제도의 개선 등에 관한 희망을 개진하기 위해서도 할 수 있다(청원법 제4조).

② 행정심판은 제기권자·제기기간 등에 제한이 있으나, 청원은 누구든지, 기간의 제한 없이, 어떠한 국가기관에 대하여도 제기할 수 있다.

③ 행정심판은 심사절차·판정형식·판정내용 등이 법률로 정해져 있으나, 청원에 관하여서는 그러한 제한이 거의 존재하지 않는다.

④ 행정심판에 있어서의 재결은 불가쟁력·불가변력 등의 구속력이 발생함에 반하여, 청원에 있어서의 결정은 그와 같은 구속력이 발생하지 않는다.

IV. 고충민원처리제도

고충민원처리제도란 부패방지 및 국민권익위원회의 설치와 운영에 관한 법률에 근거를 두고 있는 것으로서, 국민권익위원회 또는 시민고충처리위원회가 고충민원에 대한 상담·조사·처리 등을 하는 제도를 말한다. 여기서 고충민원(苦衷民願)이란 행정기관 등의 위법·부당하거나 소극적인 처분(사실행위 및 부작위를 포함) 및 불합리한 행정제도로 인하여 국민의 권리를 침해하거나 국민에게 불편 또는 부담을 주는 사항에 관한 민원을 말한다.

고충처리민원제도는 행정심판과는 그 대상·절차·법적 구속력 등에 있어서 차이가 많

---

62) 김동희, 행정법 I (제14판), 2008, 599면.

이 있다. 따라서 고충민원처리절차를 거치더라도 행정심판 전치의 요건을 충족하는 것은 아니다. 다만 일정한 경우에는 고충민원신청서의 제출을 예외적으로 행정심판청구로 볼 수 있는 경우도 있을 수 있다.

판례

가. 국민고충처리위원회에 대한 고충민원의 신청을 행정심판청구로 볼수 있는지 여부: 행정규제및민원사무기본법의 관계 규정을 종합하여 보면, 국민고충처리제도는 국무총리 소속하에 설치된 국민고충처리위원회로 하여금 행정과 관련된 국민의 고충민원을 상담·조사하여 행정기관의 처분 등이 위법·부당하다고 인정할 만한 상당한 이유가 있는 경우에 관계 행정기관의 장에게 적절한 시정조치를 권고하도록 함으로써 국민의 불편과 부담을 시정하기 위한 제도로서 행정심판법에 의한 행정심판 내지 다른 특별법에 따른 이의신청, 심사청구, 재결의 신청 등의 불복구제절차와는 제도의 취지나 성격을 달리하고 있으므로 국민고충처리위원회에 대한 고충민원의 신청이 행정소송의 전치절차로서 요구되는 행정심판청구에 해당하는 것으로 볼 수는 없다.

나. 국민고충처리위원회에 대한 고충민원신청서의 제출을 예외적으로 행정심판청구로 볼 수 있는 경우: 다만 국민고충처리위원회에 접수된 신청서가 행정기관의 처분에 대하여 시정을 구하는 취지임이 내용상 분명한 것으로서 국민고충처리위원회가 이를 당해 처분청 또는 그 재결청에 송부한 경우에 한하여 행정심판법 제17조 제2항, 제7항(*현행 행정심판법 제23조 제2항, 제4항에 해당)의 규정에 의하여 그 신청서가 국민고충처리위원회에 접수된 때에 행정심판청구가 제기된 것으로 볼 수 있다(대법원 1995. 9. 29. 선고 95누5332 판결): <해설> 이 사건 처분의 시정을 구하는 내용의 진정서를 국민고충처리위원회에 제출한 것만으로는 행정심판을 청구한 것으로 볼 수 없고, 위 진정서가 처분청 또는 재결청에 송부된 경우에 한하여 행정심판을 청구한 것으로 볼 수 있다고 본 사례이다. 아울러 위와 같이 송부가 완료된 경우에는 진정서가 국민고충처리위원회에 접수된 때에 행정심판청구가 제기된 것으로 본다.

3장

행정소송

제1절 서 론

Ⅰ. 행정소송의 종류

1. 주관적 소송과 객관적 소송

주관적 소송(主觀的 訴訟)이란 개인의 권리·이익의 구제를 주된 내용으로 하는 소송을 말하고, 객관적 소송(客觀的 訴訟)이란 개인의 권리·이익이 아니라 법규의 적정한 적용의 보장을 주된 내용으로 하는 소송을 말한다.

행정소송법상의 주관적 소송으로는 항고소송과 당사자소송이 있고, 객관적 소송으로는 민중소송과 기관소송이 있다(행정소송법 제3조).

2. 형성소송·이행소송·확인소송

형성소송(形成訴訟)은 법률관계의 변동을 일으키는 일정한 법률요건의 존재를 주장하여, 일정한 형성적 효과의 발생을 목적으로 하는 소송이다. 형성소송의 인용판결을 형성판결이라 한다. 형성판결은 직접 새로운 법률관계를 발생하게 하거나 기존의 법률관계를 변경·소멸시키는 효력을 가진다. 형성판결은 집행에 적합하지 않고, 집행이 필요하지도 않다. 항고소송 중 취소소송이 이에 해당된다.

이행소송(履行訴訟)은 특정한 이행청구권의 존재를 주장하여, 그 확정과 이에 기한 이행명령을 목적으로 하는 소송이다. 이행소송의 인용판결을 이행판결이라 한다. 이행판결은 특정한 작위·부작위·급부·수인 등을 명하는 판결이다. 형성판결과는 달리 집행행위를 통하여 판결의 내용이 실현되게 된다. 당사자소송 중 금전급부를 목적으로 하는 경우 등이 이에 해당된다.

확인소송(確認訴訟)은 특정한 권리 또는 법률관계의 확정을 목적으로 하는 소송이다. 무효등확인소송이나 부작위위법확인소송 등이 이에 해당된다.

3. 행정소송법상의 종류

가. 항고소송

행정청의 처분 등이나 부작위에 대하여 제기하는 소송을 항고소송(抗告訴訟)이라고 한다(행정소송법 제3조 제1호). 항고소송은 다시 취소소송·무효등확인소송·부작위위법확인소송으로 구분된다.

취소소송(取消訴訟)은 행정청의 위법한 처분 등을 취소 또는 변경하는 소송을 말하고, 무효등확인소송(無效等確認訴訟)은 행정청의 처분 등의 효력 유무 또는 존재여부를 확인하는 소송을 말하며, 부작위위법확인소송(不作爲違法確認訴訟)은 행정청의 부작위가 위법하다는 것을 확인하는 소송을 말한다(행정소송법 제4조).

나. 당사자소송

당사자소송(當事者訴訟)이란 행정청의 처분 등을 원인으로 하는 법률관계에 관한 소송 그 밖에 공법상의 법률관계에 관한 소송으로서 그 법률관계의 한쪽 당사자를 피고로 하는 소송을 말한다(행정소송법 제3조 제2호).

다. 민중소송

민중소송(民衆訴訟)이란 국가 또는 공공단체의 기관이 법률에 위반되는 행위를 한 때에 직접 자기의 법률상 이익과 관계없이 그 시정을 구하기 위하여 제기하는 소송을 말한다(행정소송법 제3조 제3호).

지방자치법상의 주민소송(지방자치법 제17조), 국민투표법상의 국민투표무효소송(국민투표법 제92조), 공직선거법상의 선거무효소송(공직선거법 제222조) 및 당선무효소송(공직선거법 제223조) 등이 이러한 경우의 예에 해당된다.

라. 기관소송

기관소송(機關訴訟)이란 국가 또는 공공단체의 기관 상호간에 있어서의 권한의 존부 또는 그 행사에 관한 다툼이 있을 때에 이에 대하여 제기하는 소송을 말한다(행정소송법 제3조 제4호). 다만, 헌법재판소법 제2조의 규정에 의하여 헌법재판소의 관장사항으로 되는 소송은 제외한다.

지방의회 또는 교육위원회의 재의결에 대하여 그 무효를 구하는 소송이 기관소송의 예에 해당된다(지방자치법 제107조, 제172조).

II. 행정사건 재판권의 한계

1. 서 론

헌법은 모든 국민의 재판청구권을 보장하고 있으며(헌법 제27조 제1항), 행정소송법은 행정소송사항에 관하여 개괄주의(概括主義)를 채택하여 권익구제의 폭을 넓히고 있다. 그 결과 위법한 행정처분에 의하여 권익을 침해당한 국민은 일반적으로 행정소송의 제기를 통하여 자신의 권익을 구제받을 수 있다. 그러나 그렇다고 하여 어떠한 경우에나 제한 없이 행정소송의 제기를 허용할 수는 없는 것이고, 사법권의 본질과 권력분립의 견지에서 구체적으로 소송사항의 한계 내지 재판권의 한계를 인정하고 있는 것이 일반적이다.

2. 사법의 본질에 의한 한계

법원조직법 제2조 제1항은 "법원은 헌법에 특별한 규정이 있는 경우를 제외한 일체의 법률상의 쟁송을 심판하고, 이 법과 다른 법률에 의하여 법원에 속하는 권한을 가진다"라고 규정하여 원칙적으로 법률상 쟁송만이 법원의 심판대상임을 명시하고 있다. 법률상 쟁송이라는 말은 '당사자 사이의 구체적인 권리의무 관계에 대한 법률 적용상의 분쟁'을 의미한다. 따라서 행정사건의 재판권에는 위와 같이 사법권의 본질로부터 유래하는 한계가 있다.

가. 구체적인 권리·의무 관계에 대한 분쟁이 아닌 사건

(1) 추상적인 법령의 효력과 해석

(가) 원칙(구체적 규범통제)

현행법은 법령의 효력 또는 해석 자체를 직접 다투는 소송(추상적 규범통제)을 원칙상 인정하고 있지 않다. 이와 같이 추상적 규범통제를 인정하지 않는 이유는 추상적인 법령의 존재만으로는 아직 국민의 권익이 침해되었다고 볼 수 없고, 단지 집행행위의 매개를 통해서만 개인의 권리의무에 영향을 미칠 수 있다고 보기 때문이다. 그리하여 현행법은 위헌 또는 위법인 법령이 집행되어 국민의 권익이 현실적으로 침해된 경우에 당해 처분을 다투고, 이 경우에 그 전제문제로서만 당해 법령의 위헌·위법을 다툴 수 있도록 하고 있다(헌법 제107조 제1항, 제2항).

(나) 예 외

1) 처분적 법령: 그러나 법령이 다른 집행행위의 매개 없이 그 자체에 의하여 i) 직접 국민의 구체적인 권리의무나 법률관계에 변동을 야기하거나(대법원 1996. 9. 20. 선고 95누8003 판결), ii) 직접 국민의 구체적인 권리의무나 법률관계를 규율하는(대법원 2003. 10. 9.자 2003무23 결정) 처분적 성격을 가질 때에는 당해 처분적 법령 자체가 항고소송의 대상이 된다고 보아야 할 것이다.

2) 개별 입법(입법정책)의 문제: 추상적 법령의 효력과 해석에 관한 분쟁사건이 행정소송의 대상이 되지 않는 것은 각 국가의 실정제도를 초월한 절대적인 것이 아니다. 추상적 법령 자체를 다투는 소송을 인정할 것인지 여부는 단지 입법정책의 문제이다. 우리나라에서도 예외적이기는 하지만 조례에 대한 사전적·추상적 규범통제(조례안재의결무효확인소송)가 인정되고 있다.

(2) 반사적 이익

사법은 구체적인 권리의무에 관한 법적 분쟁을 해결하여 국민의 권익을 구제해 주는 것을 목적으로 한다. 따라서 권리 또는 법률상 이익이 침해된 경우에 한하여 행정소송이 가능하며 반사적 이익의 보호를 주장하는 행정소송은 인정될 수 없다(대법원 1991. 12. 13. 선고 90누10360 판결 등).

현행 행정소송법도 법률상 이익이 있는 자만이 항고소송을 제기할 수 있는 것으로 하고 있다(행정소송법 제12조). 한편 판례는 '법률상 이익'을 '처분의 근거 법규 및 관련 법규에 의해 보호되는 이익'이라고 해석하고 헌법상의 기본권 등은 법률상 이익의 범위 속에 포함시키지 않고 있다. 실무에서는 관련 법규의 내용을 가능한 한도에서 폭넓게 해석하여 종래 반사적 이익에 속했던 것을 법률상 이익의 범위 속으로 포함시키는 경향이 있다.

(3) 객관소송

개인의 구체적인 권리·의무와 관계가 있는 소송이 아니고 단지 ① 국민 또는 주민의 한 사람으로서 법치행정의 유지를 위하여 위법한 국가작용의 시정을 구하기 위하여 제기하는 민중소송이나, ② 국가 또는 공공단체의 기관 상호간에 있어서 권한의 존부 또는 그 행사에 관한 다툼이 있을 때에 제기하는 기관소송은 법률에 의하여 특별히 인정된 경우를 제외하고는 허용되지 않는다.

행정소송법은 제45조에서 "민중소송 및 기관소송은 법률이 정한 경우에 법률이 정한 자에 한하여 제기할 수 있다."고 규정하여 이러한 취지를 명백히 하고 있다.

나. 법률의 적용에 관한 분쟁이 아닌 사건

(1) 통치행위[1)]

국민의 권리·의무에 직접 관련 있는 공권력적 행위에 해당하나, 고도의 정치행위여서 사법적 심사의 대상으로 하기에는 부적합할 뿐만 아니라 비록 그에 대한 판결이 있는 경우에도 그 집행이 곤란한 성질의 행위를 통치행위라 한다. 통치행위에 대한 이론적 근거로는 권력분립설(내재적 한계설), 재량행위설, 사법자제설 등 의견이 분분하고, 범위에 관하여도 다툼이 있으나, 사법심사의 대상에서 제외되는 통치행위의 개념을 인정하고 있는 것이 각국의 일반적 상황이다.

이러한 통치행위는 사법심사의 대상에서 제외되므로 항고소송의 대상이 될 수 없으나 점차 그 범위가 축소되는 있는 것이 일반적 추세이다. 판례는 과거 대통령의 계엄선포행위를 통치행위로 본 바가 있고(대법원 1979. 12. 7. 선고 79초70 재정), 현재는 사법부자제설의 입장에서 통치행위의 개념을 인정하고 있는 것으로 보인다.

판례

[1] 입헌적 법치주의국가의 기본원칙은 어떠한 국가행위나 국가작용도 헌법과 법률에 근거하여 그 테두리 안에서 합헌적·합법적으로 행하여질 것을 요구하며, 이러한 합헌성과 합법성의 판단은 본질적으로 사법의 권능에 속하는 것이고, 다만 국가행위 중에는 고도의 정치성을 띤 것이 있고, 그러한 고도의 정치행위에 대하여 정치적 책임을 지지 않는 법원이 정치의 합목적성이나 정당성을 도외시한 채 합법성의 심사를 감행함으로써 정책결정이 좌우되는 일은 결코 바람직한 일이 아니며, 법원이 정치문제에 개입되어 그 중립성과 독립성을 침해당할 위험성도 부인할 수 없으므로, 고도의 정치성을 띤 국가행위에 대하여는 이른바 통치행위라 하여 법원 스스로 사법심사권의 행사를 억제하여 그 심사대상에서 제외하는 영역이 있으나, 이와 같이 통치행위의 개념을 인정한다고 하더라도

---

1) 통치행위를 권력분립에 따르는 행정소송의 한계로 보는 학자도 있다, 그러나 통치행위는 법적 측면보다는 고도의 정치적인 측면이 강하게 부각되는 사안이어서, 그러한 문제를 법적 측면만을 보아 판단하는 것은 타당하지 않다는 관점에서 논의되므로 법률 적용상의 문제로 다루는 것이 적절하다고 생각된다.

과도한 사법심사의 자제가 기본권을 보장하고 법치주의 이념을 구현하여야 할 법원의 책무를 태만히 하거나 포기하는 것이 되지 않도록 그 인정을 지극히 신중하게 하여야 하며, 그 판단은 오로지 사법부만에 의하여 이루어져야 한다.

[2] 남북정상회담의 개최는 고도의 정치적 성격을 지니고 있는 행위라 할 것이므로 특별한 사정이 없는 한 그 당부를 심판하는 것은 사법권의 내재적·본질적 한계를 넘어서는 것이 되어 적절하지 못하지만, 남북정상회담의 개최과정에서 재정경제부장관에게 신고하지 아니하거나 통일부장관의 협력사업 승인을 얻지 아니한 채 북한측에 사업권의 대가 명목으로 송금한 행위 자체는 헌법상 법치국가의 원리와 법 앞에 평등원칙 등에 비추어 볼 때 사법심사의 대상이 된다고 판단한 원심판결을 수긍한 사례(대법원 2004. 3. 26. 선고 2003도7878 판결).

(2) 재량행위

법규가 어떤 요건 아래서 어떠한 행위를 할 것인지에 관하여 의문의 여지가 없도록 일의적·확정적으로 규정함으로써 행정청은 법규가 정한 효과로서의 일정한 행위를 단순히 기계적으로 집행하는데 그치는 경우의 행정행위를 기속행위라고 한다. 이에 반하여 법규가 다의적·불확정적으로 규정되어 행정청에게 그 요건의 판단 또는 효과의 결정에 있어서 선택의 가능을 인정하고 있는 경우의 행정작용을 재량행위라고 한다.

종래 기속행위는 기계적인 법의 집행으로서 그 잘못은 바로 위법이 되어 사법심사의 대상이 되나, 재량행위는 설사 행정청의 판단 등에 잘못이 있다 하더라도 원칙적으로 당·부당의 문제일 뿐 위법의 문제가 아니므로 사법심사의 대상에서 제외된다는 견해가 있었다.

그러나 재량행위라 하더라도 법이 정한 테두리 내에서의 재량일 뿐이고 무제한적인 것은 아니다. 즉 재량에 속하는 처분이라고 할지라도 재량권의 한계를 넘거나 그 남용이 있는 때에는 위법한 처분이 되어 취소소송의 대상이 되는 것이고, 행정소송법 제27조[2]는 이를 명시적으로 규정하고 있다. 재량행위의 취소를 구하는 자는 항상 그 처분이 재량권을 일탈 내지 남용하였음을 주장하는 취지이고, 재량권을 일탈·남용하였는지의 여부는 본안심리를 하여 보아야 판단할 수 있는 것이므로, 결국 재량행위도 기속행위와 마찬가지로 모두 항고소송의 대상이 된다고 할 것이다.

(3) 특별권력관계 내부에서의 행위

과거 국가와 국민간에 당연히 성립되는 일반권력관계와 대비되는 특별권력관계를 인

2) 행정소송법 제27조(재량처분의 취소) 행정청의 재량에 속하는 처분이라도 재량권의 한계를 넘거나 그 남용이 있는 때에는 법원은 이를 취소할 수 있다.

정하고, 이 특별권력관계는 특별한 행정목적을 위하여 특별히 성립하는 관계로서 권력주체가 구체적인 법률의 근거 없이도 특정 신분자에 대하여 필요한 조치를 명할 수 있으며(법률유보의 배제), 특별권력관계 내부의 행위는 사법심사의 대상에서 제외된다는 견해가 있었다(사법심사의 배제).

그러나 오늘날에 있어서는 특수한 생활관계 내에 있는 자라 할지라도 법령의 근거 없는 기본권 제한은 허용될 수 없고, 그 내부의 행위도 모두 사법심사의 대상이 된다고 보는 것이 통설이다. 한편 특별권력관계에 대하여 정면으로 언급한 판례는 없으나, 학설상 특별권력관계의 예로 제시되는 국립대학교 학생에 대한 퇴학처분취소소송에서 처분성을 인정하고, 징계처분이 교육적 재량행위라는 이유만으로 사법심사의 대상에서 당연히 제외되는 것은 아니라고 보아 원고의 청구를 인용한 판결에 비추어 보건대(대법원 1991. 11. 22. 선고 91누2144 판결), 이 이론을 받아들이지 않은 것을 알 수 있다.

3. 권력분립에서 오는 한계

권력분립의 원칙으로부터 도출되는 행정재판권의 한계로 의무이행소송과 예방적 부작위청구소송의 허용 여부가 주로 논의된다. 즉 권력분립의 원칙상 행정청의 제1차적 판단권이 존중되어야 하며 이것이 행정권에 대한 사법심사의 한계가 되므로, 의무이행소송과 예방적 부작위청구소송은 허용될 수 없다고 보는 것이다.

그러나 사법은 법률상의 쟁송이 있는 경우에 개인의 권익을 구제하는 것을 본질적 기능으로 하며, 모든 국민은 헌법상 재판을 받을 권리가 있다는 점을 고려할 때 의무이행소송이나 예방적 금지소송을 인정한다고 하여 권력분립의 원칙에 어긋나는 것이 아니다. 그 인정 여부는 단지 입법정책의 문제라고 보는 것이 타당하다.

가. 의무이행소송

의무이행소송의 허용 여부에 관한 여러 학설 및 행정소송법 개정안의 의무이행소송 내용에 관하여는 제2편 제3장의 '제3절 취소소송 이외의 항고소송' 부분을 참고하기 바람.

나. 예방적 부작위청구소송

예방적 부작위청구소송의 허용 여부에 관한 여러 학설 및 행정소송법 개정안의 예방적 부작위청구소송 내용에 관하여는 제2편 제3장의 '제3절 취소소송 이외의 항고소송' 부분을 참고하기 바람.

제2절 취소소송

제1관 취소소송의 소송요건

제1항 의 의

취소소송을 제기하여 법원의 본안판결을 받기 위해서는 소송요건을 갖추어야 한다. 소송요건이란 소가 적법한 것으로 취급되어 본안에 관하여 심리·판결을 받기 위한 요건을 말한다.

취소소송의 소 제기가 적법하기 위해서는 ① 취소를 구하는 행정작용이 '처분'이어야 하고[대상적격], ② 원고에게 처분의 취소를 구할 '법률상 이익'이 있어야 하며[원고적격], ③ 본안판결을 구할 정당한 이익 또는 필요성이 있어야 한다[협의의 소의 이익]. 또한 ④ '처분을 행한 행정청'을 피고로 하여[피고적격], ⑤ 제소기간 내에[제소기간], ⑥ 관할있는 법원에[관할] 소를 제기하여야 한다. 그리고 ⑦ 원칙적으로 행정심판을 먼저 거칠 필요는 없으나, 예외적으로 개별법에서 행정심판 전치주의를 규정한 처분이라면 행정심판을 거쳐야 한다[예외적 행정심판 전치].

위와 같은 소송요건의 존부는 직권조사사항이고, 자백의 대상이 될 수 없으며, 설사 그 존부를 당사자들이 다투지 아니하더라도 그 존부에 관하여 의심이 있을 때는 이를 직권으로 밝혀보아야 한다(대법원 1993. 7. 27. 선고 92누15499 판결). 소송요건을 갖추지 못하여 소제기가 부적법하면 법원은 소를 각하하여야 한다.

소송요건은 불필요한 소송을 배제하여 법원의 부담을 경감하고, 그에 따라 적법한 소송에 대하여 충실한 심리·판결을 도모하기 위하여 요구되는 것이다. 소송요건을 너무 엄격히 요구하면 국민의 재판을 받을 권리가 침해될 우려가 있고, 소송요건을 너무 넓게 인정하면 법원의 부담이 과중해지고 그 결과 권리구제가 절실히 요구되는 사건에 대해 신속하고도 실효적인 권리구제를 해주지 못하는 문제가 생기게 된다. 소송요건과 관련하여서는 위와 같이 상충하는 목표 상호 간의 적절한 조화를 기할 수 있는 해석이 요구된다.

제2항 취소소송의 대상

제1목 서 론

행정소송법은 취소소송의 대상을 ‘처분 등’, 즉 행정청이 행하는 구체적 사실에 대한 법집행으로서의 공권력의 행사 또는 그 거부와 그 밖에 이에 준하는 행정작용 및 행정심판에 대한 재결이라고 규정하고(행정소송법 제19조, 제2조 제1호), 이를 무효등확인소송 및 부작위위법확인소송에도 준용함으로써(행정소송법 제38조 제1항, 제2항), 항고소송의 대상이 “처분”과 “재결”임을 명시함과 아울러 소송의 대상에 관하여 이른바 열거주의가 아닌 개괄주의를 택하고 있음을 밝히고 있다.

행정청의 어떤 행위가 항고소송의 대상이 될 수 있는지의 문제는 추상적·일반적으로 결정할 수 없고, 구체적인 경우 행정처분은 행정청이 공권력의 주체로서 행하는 구체적 사실에 관한 법집행으로서 국민의 권리의무에 직접적으로 영향을 미치는 행위라는 점을 염두에 두고, 관련 법령의 내용과 취지, 그 행위의 주체·내용·형식·절차, 그 행위와 상대방 등 이해관계인이 입는 불이익과의 실질적 견련성, 그리고 법치행정의 원리와 당해 행위에 관련한 행정청 및 이해관계인의 태도 등을 참작하여 개별적으로 결정하여야 한다(대법원 2010. 11. 18. 선고 2008두167 전원합의체 판결). 또한 행정청의 행위가 ‘처분’에 해당하는지 불분명한 경우에는 그에 대한 불복방법 선택에 중대한 이해관계를 가지는 상대방의 인식가능성과 예측가능성을 중요하게 고려하여 규범적으로 판단하여야 한다(대법원 2021. 1. 14. 선고 2020두50324 판결 등).

이하에서 ‘처분 등’의 내용을 구체적으로 살펴보기로 한다.

제2목 처 분

Ⅰ. 내 용

1. 행정처분은 행정청의 행위이다

일반적으로 행정청이라 함은 국가 또는 지방자치단체의 행정에 관한 의사를 결정하고 이를 외부에 표시할 수 있는 권한을 가진 행정기관을 말한다. 여기서 말하는 행정청에는 원래의 행정기관에는 속하지 아니하나, 국가 또는 지방자치단체의 특정 사무를 위임 또는 위탁받아 행정작용을 행하는 공공단체 및 그 기관 또는 사인(私人)까지도 위임·위탁 받은 그 특정 사무를 행하는 범위에서는 행정청에 포함된다(행정소송법 제2조 제2항).

위와 같이 행정청의 행위일 것을 요하므로, 행정청이 아닌 사립학교 재단이 한 사립학교 교직원에 대한 징계처분은 항고소송의 대상이 아닌 반면, 국·공립학교 교직원에 대한 교육부장관, 교육장 등이 한 징계처분은 항고소송의 대상이다(행정청에 관한 보다 자세한 내용은 제3항 취소소송의 당사자 등 중의 '제4목 피고적격' 부분을 참고하기 바람).

2. 공권력적 행위이다

가. 권력적 행위일 것

통상 공권력적 행위라함은 상대방에 대하여 우월한 지위에서 행하는 고권적 또는 일방적 행위를 말한다. 그러므로 행정청이 상대방과 대등한 지위에서 하는 이른바 공법상의 계약(예: 전문직 공무원에 대한 채용계약)이나 합동행위는 이에 포함되지 아니한다. 따라서 공중보건의사와 같은 전문직 공무원에 대한 채용계약의 해지통보(대법원 1996. 5. 31. 선고 95누10617 판결), 공공기관이 계약에 따라 그 상대방에게 행하는 제재조치(대법원 2020. 5. 28. 선고 2017두66541 판결) 등은 행정처분이라고 볼 수 없다.

한편 공기업·준정부기관이 법령 또는 계약에 근거하여 선택적으로 입찰참가자격 제한 조치를 할 수 있는 경우,[3] 계약상대방에 대한 입찰참가자격 제한 조치가 법령에 근거한 행정처분인지, 아니면 계약에 근거한 권리행사인지는 원칙적으로 의사표시의 해석 문제이다. 이때에는 공기업·준정부기관이 계약상대방에게 통지한 문서의 내용과 해당 조치에 이르기까지의 과정을 객관적·종합적으로 고찰하여 판단하여야 한다(대법원 2018. 10. 25. 선고 2016두33537 판결).

판례

공공기관의 어떤 제재조치가 계약에 따른 제재조치에 해당하기 위한 요건: 계약당사자 사이에서 계약의 적정한 이행을 위하여 일정한 계약상 의무를 위반하는 경우 계약해지, 위약벌이나 손해배상액 약정, 장래 일정 기간의 거래제한 등의 제재조치를 약정하는 것은 상위법령과 법의 일반

3) 공공기관은 법령에 근거한 입찰참가자격 제한 처분과 계약에 근거한 입찰참가자격 제한 조치라는 2개의 수단을 모두 활용할 수 있으며, 개별 사건에서 어느 수단을 사용할지에 대해서는 공공기관에 선택재량이 있다.

원칙에 위배되지 않는 범위에서 허용되며, 그러한 계약에 따른 제재조치는 법령에 근거한 공권력의 행사로서의 제재처분과는 법적 성질을 달리한다.

그러나 공공기관의 어떤 제재조치가 계약에 따른 제재조치에 해당하려면 일정한 사유가 있을 때 그러한 제재조치를 할 수 있다는 점을 공공기관과 그 거래상대방이 미리 구체적으로 약정하였어야 한다. 공공기관이 여러 거래업체들과의 계약에 적용하기 위하여 거래업체가 일정한 계약상 의무를 위반하는 경우 장래 일정 기간의 거래제한 등의 제재조치를 할 수 있다는 내용을 계약특수조건 등의 일정한 형식으로 미리 마련하였다고 하더라도, 약관의 규제에 관한 법률 제3조에서 정한 바와 같이 계약상대방에게 그 중요 내용을 미리 설명하여 계약내용으로 편입하는 절차를 거치지 않았다면 계약의 내용으로 주장할 수 없다(대법원 2020. 5. 28. 선고 2017두66541 판결): <해설> 피고가 자신의 '공급자관리지침' 중 등록취소 및 그에 따른 일정 기간의 거래제한조치에 관한 규정들을 설명하여 원고와의 계약내용으로 편입하는 절차를 거쳤다고 인정하기에는 부족하므로, 피고가 공급자관리지침에 근거하여 행한 '등록취소 및 그에 따른 일정 기간의 거래제한조치'를 계약에 따른 제재조치로 볼 수는 없고, 이는 법령에 근거한 공권력의 행사로서의 제재처분에 해당된다고 본 사례이다.

공기업·준정부기관의 계약상대방에 대한 입찰참가자격 제한 조치가 법령에 근거한 행정처분인지 계약에 근거한 권리행사인지 판단하는 방법: 공기업·준정부기관이 법령 또는 계약에 근거하여 선택적으로 입찰참가자격 제한 조치를 할 수 있는 경우, 계약상대방에 대한 입찰참가자격 제한 조치가 법령에 근거한 행정처분인지 아니면 계약에 근거한 권리행사인지는 원칙적으로 의사표시의 해석 문제이다. 이때에는 공기업·준정부기관이 계약상대방에게 통지한 문서의 내용과 해당 조치에 이르기까지의 과정을 객관적·종합적으로 고찰하여 판단하여야 한다. 그럼에도 불구하고 공기업·준정부기관이 법령에 근거를 둔 행정처분으로서의 입찰참가자격 제한 조치를 한 것인지 아니면 계약에 근거한 권리행사로서의 입찰참가자격 제한 조치를 한 것인지가 여전히 불분명한 경우에는, 그에 대한 불복방법 선택에 중대한 이해관계를 가지는 그 조치 상대방의 인식가능성 내지 예측가능성을 중요하게 고려하여 규범적으로 이를 확정함이 타당하다(대법원 2018. 10. 25. 선고 2016두33537 판결 [입찰참가자격제한처분취소청구]).

나. 공법행위일 것

(1) 의 의

행정처분은 행정청이 법에 의하여 고권적 지위에서 한 공법상 행위를 말한다. 공법관계와 사법관계의 구별기준에 관한 학설로는 주체설, 이익설, 권력설(종속설), 귀속설(신주체설) 등이 있으나, 행정활동의 다양성에 비추어 하나의 기준만으로 공법관계와 사법관계를 구별하는 것은 어렵다고 보아야 한다.

즉 행정주체의 행위가 공법적인지 사법적인지의 구분은 일률적으로 단정하기 어렵고, 그 행위의 근거법령, 목적, 방법, 내용, 분쟁해결에 관한 특별규정의 존재 여부 등 여러 가지 점을 종합적으로 검토하여 결정할 수밖에 없다.

(2) 구체적인 고찰

구체적인 경우에 있어 공법관계와 사법관계의 구별은 우선 문제의 법률관계를 규율하는 관련 법규정이 제1차적 기준이 된다. 다만 공법관계와 사법관계의 구별은 개별 법률 전체에 대해 개괄적으로 하는 것이 아니라 개개의 법률관계마다 구체적·개별적으로 행하여진다. 그 이유는 오늘날 하나의 개별 법률에 있어서도 공법관계와 사법관계가 혼재되어 있는 경우가 적지 않기 때문이다.

(가) 국유재산법상의 국유재산의 매각 또는 사용관계

① 일반재산(잡종재산)의 경우: 국·공유 일반재산(잡종재산)의 대부·매각·교환·양여, 정부 수요품의 매입, 공사도급계약 등은 국유재산법, 국가를 당사자로 하는 계약에 관한 법률 등의 각종 법률의 제한을 받더라도 행정주체가 사인과 대등한 지위에서 행하는 사경제적 작용이고, 이러한 사법상의 계약에 터 잡은 국·공유 일반재산(잡종재산)의 대부에 대한 사용료의 납입고지 역시 사법상의 이행청구에 해당하는 것으로서 항고소송의 대상이 될 수 없다(대법원 2000. 2. 11. 선고 99다61675 판결 등).

② 행정재산의 경우: 일반재산(잡종재산)이 아닌 행정재산의 사용허가나 그에 따른 사용료부과처분은 사경제 주체로서 행하는 사법상의 법률행위라 할 수 없고, 이는 관리청이 공권력을 가진 우월적 지위에서 행하는 행정처분으로서의 성질을 지닌다(대법원 1998. 2. 27. 선고 97누1105 판결).

③ 변상금의 부과: 국·공유재산의 관리청이 그 무단점유자에 대하여 일방적으로 행하는 변상금부과처분은 무단점유의 대상이 행정재산인지 또는 일반재산(잡종재산)인지 여부를 불문하고, 관리청이 공권력을 가진 우월적 지위에서 행한 것으로서 행정소송의 대상이 되는 행정처분이다(대법원 1988. 2. 23. 선고 87누1046,1047 판결).

(나) 국가를 당사자로 하는 계약에 관한 법률상의 입찰관련 행위

① 입찰보증금의 국고귀속조치: 행정기관과 사인 간의 입찰계약은 사법상 계약이다. 따라서 낙찰자가 계약체결의무를 이행하지 아니하여 입찰보증금을 국고에 귀속시키는 조치는 행정기관이 사법상 재산권의 주체로서 행위하는 것이므로 이에 관한 분쟁은 행정소송이 아닌 민사소송의 대상이 될 수밖에 없다(대법원 1983. 12. 27. 선고 81누366 판결).

② 입찰참가자격의 제한: 각 중앙관서의 장은 경쟁의 공정한 집행이나 계약의 적정한 이행을 해칠 염려가 있거나 그 밖에 입찰에 참가시키는 것이 적합하지 아니하다고 인정되는 자에게는 2년 이내의 범위에서 대통령령으로 정하는 바에 따라 입찰참가자격을 제한하여야 하는바(국가를 당사자로 하는 계약에 관한 법률 제27조 제1항), 위 법령에 근거한 입찰참가자격의 제한은 공권력의 행사로서 행정처분에 해당된다(대법원 1983. 12. 27. 선고 81누366 판결).

3. 구체적 집행행위이다

가. 추상적 법령·규칙

행정소송은 구체적 사건에 관한 법적 분쟁을 법에 의하여 해결하기 위한 것이므로, 구체적 사실에 대한 법집행행위만이 소송의 대상이 될 수 있을 뿐, 일반적·추상적인 법령 또는 내규나 사업계획 등은 그 규율대상이 제한되어 있다 하더라도 원칙적으로 항고소송의 대상이 되지 못한다.

그러므로 대통령령 등의 법규나 각종 행정규칙의 위법 여부 또는 피고 행정청에게 일반적·추상적 권한이 있음을 가려 달라는 소송 등은 부적법하다(대법원 1992. 3. 10. 선고 91누12639 판결).

나. 처분적 법령·조례

그러나 법령·조례가 처분적 성격을 가질 때에는 항고소송의 대상이 된다고 보는 것이 일반적 견해이다. 이러한 처분적 명령·조례의 인정범위에 관하여는 다음과 같이 학설이 대립한다.

① 협의설: 이 견해는 법규명령이 별도의 집행행위 없이도 국민에 대하여 직접적이고도 구체적인 법적 효과를 미치는 경우, 즉 국민의 권리의무에 직접 구체적인 변동을 야기하는 경우를 처분적 명령으로 본다. 종래의 판례는 이러한 입장을 취하고 있었다.

판례

조례가 집행행위의 개입 없이도 그 자체로서 직접 국민의 구체적인 권리의무나 법적 이익에 영향을 미치는 등의 법률상 효과를 발생하는 경우 그 조례는 항고소송의 대상이 되는 행정처분에 해당한다(대법원 1996. 9. 20. 선고 95누8003 판결): <해설> 위 조례는 경기 가평군 가평읍 상색국민학교 두밀분교를 폐지하는 내용의 것으로서, 위 분교의 취학아동으로 하여금 영조물인 특정 국민학교를 구체적으로 이용할 이익을 직접적으로 상실하게 하는 것이었다.

② 중간설: 이 견해는 국민의 권리의무에 직접 구체적인 변동을 야기하는 명령(협의의 처분적 법규명령)뿐만이 아니라 다른 집행행위의 매개 없이 그 자체로서 직접 국민의 구체적인 권리의무나 법률관계를 규율하는 명령(자동집행적 법규명령)도 항고소송의 대상이 되는 처분적 명령으로 본다. 최근의 판례는 이러한 경우에도 처분성을 인정하고 있다.

판례

[1] 어떠한 고시가 일반적·추상적 성격을 가질 때에는 법규명령 또는 행정규칙에 해당할 것이지만, 다른 집행행위의 매개 없이 그 자체로서 직접 국민의 구체적인 권리의무나 법률관계를 규율하는 성격을 가질 때에는 항고소송의 대상이 되는 행정처분에 해당한다.

[2] 항정신병 치료제의 요양급여 인정기준에 관한 보건복지부 고시가 다른 집행행위의 매개 없이 그 자체로서 제약회사, 요양기관, 환자 및 국민건강보험공단 사이의 법률관계를 직접 규율한다는 이유로 항고소송의 대상이 되는 행정처분에 해당한다고 한 사례(대법원 2003. 10. 9.자 2003무23 결정).

하지만 대법원이 자동집행적 법규명령에 대하여 위와 같이 처분성을 인정한 경우는 극히 예외적인 현상이다. 따라서 처분성을 인정받지 못하거나 처분성 여부가 불분명한 자동집행적 법규명령에 대하여는 현재 헌법재판소의 헌법소원심판을 통하여 권리구제가 이루어지고 있다.

③ 광의설: 이는 별도의 집행행위 없이 직접 권리의무관계에 변동을 야기하거나 규율하는 명령을 포함하여 별도의 집행행위 없이 국민의 권익에 직접 영향을 미치는 명령을 처분적 명령으로 보는 견해이다.

광의설은 결국 법규명령 일반을 항고소송의 대상으로 보는 것과 다를 바 없게 된다는 점에서 현행법의 해석상 받아들이기 곤란하다.

다. 행정계획

행정계획의 법적 성질은 매우 다양하므로 일률적으로 그 처분성 여부를 논할 수는 없다. 그 처분성 여부는 근거법률 및 행정계획의 내용에 따라 개별적으로 검토되어야 한다. 행정계획은 통상 그로써 바로 국민의 권리를 제약하거나 의무를 부과하는 것이 아니므로 원칙적으로 항고소송의 대상이 되지 아니하나, 그 자체로 바로 특정인의 권리 내지 법률상

이익을 개별적·구체적으로 규제하는 효과가 있는 경우에는 항고소송의 대상이 된다.

대법원은 고시된 도시계획결정(대법원 1982. 3. 9. 선고 80누105 판결), 주택재건축정비사업조합의 사업시행계획(대법원 2009. 11. 2.자 2009마596 결정)과 관리처분계획(대법원 2009. 9. 17. 선고 2007다2428 전원합의체 판결) 등은 그 자체로 개인의 권리 내지 법률상의 이익을 개별적이고 구체적으로 규제하는 효과를 가져오게 하는 행위로서 처분에 해당된다고 보고 있다.

그러나 환지계획(대법원 1999. 8. 20. 선고 97누6889 판결), 농어촌도로기본계획(대법원 2000. 9. 5. 선고 99두974 판결), 하수도정비기본계획(대법원 2002. 5. 17. 선고 2001두10578 판결), 도시기본계획(대법원 2002. 10. 11. 선고 2000두8226 판결), 4대강 살리기 마스터플랜(대법원 2011. 4. 21.자 2010무111 전원합의체 결정) 등은 그 자체로 국민의 권리의무를 개별적·구체적으로 규제하는 효과를 가지는 것이 아니므로 행정처분에 해당되지 않는다고 본다.

라. 일반처분

일반처분은 구체적 사실과 관련하여 불특정 다수인을 상대로 하는 처분을 말한다. 일반처분은 그 규율의 상대방이 불특정 다수인이라는 점에서는 일반적이나, 그 규율대상이 시간·공간·사항 등의 기준에 따라 확정될 수 있다는 점에서는 구체적인 성격을 지닌다. 일반처분은 행정행위이므로 처분성을 가진다.

일반처분은 통상 고시 또는 공고의 방식으로 행하여진다.

판례

구 청소년보호법에 따른 청소년유해매체물 결정·고시의 법적 성격 및 그 효력발생의 요건과 시기: 구 청소년보호법(2001. 5. 24. 법률 제6479호로 개정되기 전의 것)에 따른 청소년유해매체물 결정 및 고시처분은 당해 유해매체물의 소유자 등 특정인만을 대상으로 한 행정처분이 아니라 일반 불특정 다수인을 상대방으로 하여 일률적으로 표시의무, 포장의무, 청소년에 대한 판매·대여 등의 금지의무 등 각종 의무를 발생시키는 행정처분으로서, 정보통신윤리위원회가 특정 인터넷 웹사이트를 청소년유해매체물로 결정하고 청소년보호위원회가 효력발생시기를 명시하여 고시함으로써 그 명시된 시점에 효력이 발생하였다고 봄이 상당하고, 정보통신윤리위원회와 청소년보호위원회가 위 처분이 있었음을 위 웹사이트 운영자에게 제대로 통지하지 아니하였다고 하여 그 효력 자체가 발생하지 아니한 것으로 볼 수는 없다(대법원 2007. 6. 14. 선고 2004두619 판결 [청소년유해매체물결정및고시처분무효확인]): <해설> 청소년유해매체물 결정·고시처분은 일반 불특정 다수인을 상대방으로 한 일반처분에 해당된다. 현재 청소년유해매체물 결정·고시에 관한 처분권한은 여성가족부장관에게 이관되었다(청소년보호법 제2조 제3호 참조).

4. 국민의 권리의무에 직접 영향이 있는 법적 행위여야 한다

항고소송의 대상이 되는 행정처분은 행정청의 공법상 행위로서 특정 사항에 대하여 법규에 의한 권리의 설정 또는 의무의 부담을 명하거나, 기타 법률상 효과를 발생하게 하는 등 국민의 권리의무에 직접 관계가 있는 행위를 가리키는 것이고, 상대방 또는 기타 관계자들의 법률상 지위에 직접적인 영향을 미치지 않는 행위는 항고소송의 대상이 되는 행정처분이 아니다(대법원 1999. 8. 20. 선고 97누6889 판결; 대법원 2002. 5. 17. 선고 2001두10578 판결 등).

이하에서 차례로 이와 관련된 쟁점들을 살펴보기로 한다.

가. 행정청의 내부행위

(1) 내부적 의사결정

과세처분의 선행절차로서 세무서장이 내부적으로 행하는 과세표준결정(대법원 1986. 1. 21. 선고 82누236 판결), 익금가산결정(대법원 1985. 7. 23. 선고 85누335 판결), 원천징수의무자인 행정청의 원천징수행위(대법원 1990. 3. 23. 선고 89누4789 판결), 해난심판원의 재결 중 사고원인규명의 재결(대법원 1994. 6. 24. 선고 93추182 판결) 등은 모두 그로써 아직 납세의무나 징계 등의 불이익이 발생하는 것이 아니므로 항고소송의 대상이 될 수 없다.

또한 징계처분에 있어서의 징계위원회의 결정(대법원 1983. 2. 8. 선고 81누314 판결), 국가유공자등록 과정에서 부상 여부 및 정도를 판정받기 위하여 하는 신체검사판정(대법원 1995. 5. 11. 선고 91누9206 판결), 병역처분의 자료로 군의관이 하는 신체등위판정(대법원 1993. 8. 27. 선고 93누3356 판결), 자동차운전면허의 취소, 정지처분의 기초자료로 제공하기 위한 운전면허 행정처분처리대장상 벌점의 배점(대법원 1994. 8. 12. 선고 94누2190 판결), 경찰공무원의 승진 여부를 결정하기 위한 자료인 시험승진후보자명부에서의 삭제행위(대법원 1997. 11. 14. 선고 97누7325 판결), 정부의 수도권 소재 공공기관의 지방이전시책을 추진하는 과정에서 도지사가 도 내 특정시를 공공기관이 이전할 혁신도시 최종입지로 선정한 행위(대법원 2007. 11. 15. 선고 2007두10198 판결: 국가균형발전 특별법과 그 시행령 및 '혁신도시 입지선정지침'에는 공공기관의 지방이전을 위한 정부 등의 조치와 공공기관이 이전할 혁신도시 입지선정을 위한 사항 등을 규정하고 있을 뿐 혁신도시입지 후보지에 관련된 지역 주민 등의 권리의무에 직접 영향을 미치는 규정을 두고 있지 않다), 법무부장관이 갑의 입국을 금지하는 결정을 하고, 그 정보를 내부전산망인 '출입국관리정보시스템'에 입력하였으나, 갑에게는 통보하지 않은 경우(대법원 2019. 7. 11. 선고 2017두38874 판결) 등도 행정기관의 내부적 의사결정에 불과하고 직접 국민의 권리의무에 영향이 없으므로 항고소송의 대상이 되지 않는다.

(2) 행정기관 상호 간의 내부행위

상급행정기관의 하급행정기관에 대한 승인·동의·지시와 같은 행정기관 상호 간의 내부행위도 국민의 권리의무에 직접 영향을 미치는 것이 아니므로 행정처분에 해당한다고 볼 수 없다(대법원 1997. 9. 26. 선고 97누8540 판결).

그리하여 대법원은 i) 공정거래위원회의 고발조치는 사직 당국에 대하여 형벌권 행사를 요구하는 행정기관 상호 간의 행위에 불과하고, 고발의결은 행정청 내부의 의사결정에 불과할 뿐 최종적인 처분은 아닌 것이므로 항고소송의 대상이 되는 행정처분이라 할 수 없고(대법원 1995. 5. 12. 선고 94누13794 판결), ii) 감사원이 감사원법 제32조[4]에 따라 임용권자 등에게 그 소속 공무원에 대한 징계를 요구하는 것도 행정청 사이의 내부적인 행위에 불과하므로 처분성이 없다(대법원 2016. 12. 27. 선고 2014두5637 판결)고 보고 있다.

판례

공정거래위원회의 고발조치·의결이 항고소송의 대상이 되는 행정처분인지 여부: 이른바 고발은 수사의 단서에 불과할 뿐 그 자체 국민의 권리의무에 어떤 영향을 미치는 것이 아니고, 특히 독점규제및공정거래에관한법률 제71조는 공정거래위원회의 고발을 위 법률위반죄의 소추요건으로 규정하고 있어 공정거래위원회의 고발조치는 사직 당국에 대하여 형벌권 행사를 요구하는 행정기관 상호간의 행위에 불과하여 항고소송의 대상이 되는 행정처분이라 할 수 없으며, 더욱이 공정거래위원회의 고발 의결은 행정청 내부의 의사결정에 불과할 뿐 최종적인 처분은 아닌 것이므로 이 역시 항고소송의 대상이 되는 행정처분이 되지 못한다(대법원 1995. 5. 12. 선고 94누13794 판결): <해설> 공정거래위원회의 고발의결은 위반행위자의 권리·의무에 직접적으로 영향을 미치는 공권력의 행사이므로 행정처분에 해당된다고 보는 것이 타당하다는 점에서, 위 판례의 태도에는 의문이 제기된다.

그런데 최근 대법원은 기존의 판례와는 달리 공정거래위원회가 구 하도급거래 공정화에 관한 법률 제26조 제2항 후단에 따라 관계 행정기관의 장에게 원사업자 또는 수급사

4) 감사원법 제32조(징계요구 등) ① 감사원은 국가공무원법과 그 밖의 법령에 규정된 징계 사유에 해당하거나 정당한 사유 없이 이 법에 따른 감사를 거부하거나 자료의 제출을 게을리한 공무원에 대하여 그 소속 장관 또는 임용권자에게 징계를 요구할 수 있다.

업자에 대한 입찰참가자격을 제한해 줄 것을 요청하는 결정이 항고소송의 대상이 되는 처분에 해당한다고 보고 있는 점이 주목된다.

판례

공정거래위원회가 구 하도급거래 공정화에 관한 법률 제26조 제2항 후단에 따라 관계 행정기관의 장에게 한 원사업자 또는 수급사업자에 대한 입찰참가자격의 제한을 요청한 결정이 항고소송의 대상이 되는 처분인지 여부(적극): 구 하도급거래 공정화에 관한 법률(2022. 1. 11. 법률 제18757호로 개정되기 전의 것, 이하 '법'이라 한다) 제26조 제2항은 입찰참가자격제한 요청의 요건을 구 하도급거래 공정화에 관한 법률 시행령(2021. 1. 12. 대통령령 제31393호로 개정되기 전의 것, 이하 '시행령'이라 한다)으로 정하는 기준에 따라 부과한 벌점의 누산점수가 일정 기준을 초과하는 경우로 구체화하고, 위 요건을 충족하는 경우 공정거래위원회는 법 제26조 제2항 후단에 따라 관계 행정기관의 장에게 해당 사업자에 대한 입찰참가자격제한 요청 결정을 하게 되며, 이를 요청받은 관계 행정기관의 장은 특별한 사정이 없는 한 그 사업자에 대하여 입찰참가자격을 제한하는 처분을 해야 하므로, 사업자로서는 입찰참가자격제한 요청 결정이 있으면 장차 후속 처분으로 입찰참가자격이 제한될 수 있는 법률상 불이익이 존재한다. 이때 입찰참가자격제한 요청 결정이 있음을 알고 있는 사업자로 하여금 입찰참가자격제한처분에 대하여만 다툴 수 있도록 하는 것보다는 그에 앞서 직접 입찰참가자격제한 요청 결정의 적법성을 다툴 수 있도록 함으로써 분쟁을 조기에 근본적으로 해결하도록 하는 것이 법치행정의 원리에도 부합한다. 따라서 공정거래위원회의 입찰참가자격제한 요청 결정은 항고소송의 대상이 되는 처분에 해당한다(대법원 2023. 2. 2. 선고 2020두48260 판결 [입찰참가자격제한요청처분취소청구의소]): <해설> 이 판결로 대법원은 앞서 본 판례(대법원 1995. 5. 12. 선고 94누13794 판결)를 사실상 변경한 것으로 보여진다.

나. 행정편의 등을 위한 장부기재행위

일반적으로 행정사무의 편의나 사실증명의 자료를 얻기 위한 장부에 기재하는 행위나, 그 기재내용의 수정요구를 거부하는 것 등은 그 자체만으로 국민에게 구체적으로 어떤 권리를 제한하거나 의무를 명하는 등 법률적 효과를 발생시키는 것이 아니므로 항고소송의 대상이 될 수 없다.

토지대장(대법원 1995. 12. 5. 선고 94누4295 판결), 임야대장(대법원 1987. 3. 10. 선고 86누672 판결), 지적도(대법원 1990. 5. 8. 선고 90누554 판결) 등의 지적공부, 공무원연금카드(대법원 1980. 2. 12. 선고 79누121 판결), 육군병원의 입원기록(대법원 1992. 2. 11. 선고 91누4126 판결) 등의 기재행위 등이 그것이다.

그런데 최근에 대법원은 지목변경신청에 대한 지적공부 소관청의 거부행위에 대하여 이는 국민의 권리관계에 영향을 미치는 것으로서 항고소송의 대상이 되는 행정처분에 해당한다는 주목할 만한 판결을 내린 바 있고(대법원 2004. 4. 22. 선고 2003두9015 전원합의체 판결), 이어 건축물대장의 용도변경신청을 거부한 행위(대법원 2009. 1. 30. 선고 2007두7277 판결), 신축건물에 대한 건축물대장의 작성신청을 거부한 행위(대법원 2009. 2. 12. 선고 2007두17359 판결), 건축물대장을 직권말소한 행위(대법원 2010. 5. 27. 선고 2008두22655 판결) 등에 대하여도 그 처분성을 인정하는 판시를 하고 있다.

판례

지적공부 소관청의 지목변경신청 반려행위가 항고소송의 대상이 되는 행정처분에 해당하는지 여부(적극): 구 지적법(2001. 1. 26. 법률 제6389호로 전문 개정되기 전의 것) 제20조, 제38조 제2항의 규정은 토지소유자에게 지목변경신청권과 지목정정신청권을 부여한 것이고, 한편 지목은 토지에 대한 공법상의 규제, 개발부담금의 부과대상, 지방세의 과세대상, 공시지가의 산정, 손실보상가액의 산정 등 토지행정의 기초로서 공법상의 법률관계에 영향을 미치고, 토지소유자는 지목을 토대로 토지의 사용·수익·처분에 일정한 제한을 받게 되는 점 등을 고려하면, 지목은 토지소유권을 제대로 행사하기 위한 전제요건으로서 토지소유자의 실체적 권리관계에 밀접하게 관련되어 있으므로 지적공부 소관청의 지목변경신청 반려행위는 국민의 권리관계에 영향을 미치는 것으로서 항고소송의 대상이 되는 행정처분에 해당한다(대법원 2004. 4. 22. 선고 2003두9015 전원합의체 판결).

다만 무허가건물을 무허가건물관리대장에서 삭제하는 행위(대법원 2009. 3. 12. 선고 2008두11525 판결), 토지대장상의 소유자명의변경신청을 거부한 행위(대법원 2012. 1. 12. 선고 2010두12354 판결)에 대하여는 그 처분성을 인정하지 않고 있다.

다. 사실행위

(1) 권력적 사실행위

수용(收容), 유치(留置), 건물철거, 영업소폐쇄 등 권력적 사실행위도 공권력 행사에 해당하는 것으로 항고소송의 대상이 된다. 다만 단기간에 실행행위가 종료되어 버리는 사실행위(예를 들면, 위법건축물의 철거행위 등)는 처분이 더 이상 존재하지 않게 되므로 그 취소나 무효확인 등을 받을 소의 이익이 없게 됨을 주의하여야 한다. 그러나 이 경우에도 위 처분이 위법하다면 국가배상청구는 가능할 것이다.

권력적 사실행위를 명시적으로 행정소송법상의 처분이라고 본 판례는 없지만 권력적 사실행위라고 보여지는 단수처분(대법원 1979. 12. 28. 선고 79누218 판결), 교도소 재소자의 이송조치(대법원 1992. 8. 7.자 92두30 결정) 등에 대하여 판례가 그 처분성을 인정하고 있다고 보는 견해도 있다.[5] 그러나 엄밀한 의미에서 위의 각 행위는 순수사실행위(단수행위, 이송행위)와 행정행위(단수결정, 이송결정)의 합성적인 행위로 이해하는 것이 타당하다.[6] 예컨대 교도소 재소자의 이송조치는 행형법 제12조[7]에 근거한 것으로 보이는바, 이러한 이송조치는 교도소장이 법무부장관의 승인을 얻어 수용자를 다른 교도소 등에 이송하기로 하는 이송결정과 이의 집행행위로서의 이송행위로 이루어진다고 볼 수 있다. 여기서 교도소장의 이송결정은 재소자에 대하여 수인을 명하는 권력적 단독행위이고, 집행행위로서의 이송행위는 순수 사실행위라고 할 수 있다. 위와 같이 권력적 사실행위가 행정처분의 준비 또는 집행단계로서 행하여지거나 행정처분과 결합된 경우(合成的 行政行爲)에는 행정처분에 흡수·통합되어 불가분의 관계에 있다고 할 것이므로 행정처분만이 취소소송의 대상이 되고, 처분과 분리하여 따로 권력적 사실행위를 다툴 실익은 없다. 그러나 권력적 사실행위가 항상 행정처분의 준비 또는 집행행위로 행하여지거나 행정처분과 결합되는 것은 아니므로(예: 경찰의 미행행위) 그러한 사실행위에 대하여는 다툴 실익이 있다고 보아야 할 것이다(헌법재판소 2003. 12. 18. 선고 2001헌마754 결정).

(2) 비권력적 사실행위

원칙적으로 권유·알선·행정지도 등 비권력적 사실행위는 항고소송의 대상이 될 수 없다. 행정지도에 불응한 것을 이유로 어떤 불이익한 부담적 행위가 행하여질 경우 그 부담적 행위를 대상으로 행정지도의 위법성을 간접적으로 다툴 수 있을 뿐이다.

세무당국이 갑 맥주회사에게 을 회사와의 주류거래를 일정 기간 중지하여 줄 것을 요청한 행위(대법원 1980. 10. 27. 선고 80누395 판결), 행정청이 식품접객업영업허가에 붙여진 영업시간을 준수할 것을 재차 촉구하는 행위(대법원 1982. 12. 28. 선고 82누366 판결), 공무원에 대한 징계처분에 속하지 않는 단순 서면경고(대법원 1991. 11. 12. 선고 91누2700 판결) 등은 권고 내지 지도행위로서 항고소송의 대상이 되지 않는다. 또한 행정청이 위법 건축물임을 이유로 구 건축법 제69조 제2항, 제3항에 의하여 한국전력공사 등에게 그 건축물에 대한 전기·전화공급을 중지하여 달라고 요청하는 것 등도 권고적 성격의 행위에 불과하여 항고소송의 대상이 되지 않는다(대법원 1996. 3. 22. 선고 96누433 판결). 재단법인 한국연구재단이 갑 대학교 총장에게 연구개발비의 부당집행을 이유로 연구팀장 을에 대한 대학자체 징

5) 박균성, 행정법론(상)(제10판), 2011, 1057면.

6) 홍정선, 행정법원론(상)(제19판), 2011, 896면.

7) 행형법 제12조(수용자의 이송) 수용자의 수용, 작업, 교화 기타 처우상 특히 필요하다고 인정할 때에는 당해 소장은 법무부장관의 승인을 얻어 수용자를 다른 교도소 등에 이송할 수 있다.

계 요구 등을 통보한 것은 법률상 구속력이 없는 권유 또는 사실상의 통지로서 을의 권리·의무 등 법률상 지위에 직접적인 법률적 변동을 일으키지 않으므로, 항고소송의 대상이 되는 처분에 해당하지 않는다(대법원 2014. 12. 11. 선고 2012두28704 판결).

그러나 행정지도와 같은 비권력적 사실행위도 국민의 권리·의무에 사실상 강제력을 미치고 있는 경우에는 처분으로 볼 수 있다. 그리하여 판례는 국가인권위원회가 성희롱행위자로 지목된 자에 대하여 한 성희롱결정 및 이에 따라 공공기관의 장 또는 사용자에게 행한 시정조치의 권고(대법원 2005. 7. 8. 선고 2005두487 판결), 공정거래위원회의 '표준약관 사용권장행위'(대법원 2010. 10. 14. 선고 2008두23184 판결)를 항고소송의 대상이 되는 행정처분으로 보고 있다.

판례

구 남녀차별금지및구제에관한법률(2003. 5. 29. 법률 제6915호로 개정되기 전의 것) 제28조에 의하면, 국가인권위원회의 성희롱결정과 이에 따른 시정조치의 권고는 불가분의 일체로 행하여지는 것인데 국가인권위원회의 이러한 결정과 시정조치의 권고는 성희롱 행위자로 결정된 자의 인격권에 영향을 미침과 동시에 공공기관의 장 또는 사용자에게 일정한 법률상의 의무를 부담시키는 것이므로 국가인권위원회의 성희롱결정 및 시정조치권고는 행정소송의 대상이 되는 행정처분에 해당한다고 보지 않을 수 없다(대법원 2005. 7. 8. 선고 2005두487 판결).

공정거래위원회의 '표준약관 사용권장행위'가 항고소송의 대상이 되는지 여부(적극): 공정거래위원회의 '표준약관 사용권장행위'는 그 통지를 받은 해당 사업자 등에게 표준약관과 다른 약관을 사용할 경우 표준약관과 다르게 정한 주요내용을 고객이 알기 쉽게 표시하여야 할 의무를 부과하고, 그 불이행에 대해서는 과태료에 처하도록 되어 있으므로, 이는 사업자 등의 권리·의무에 직접 영향을 미치는 행정처분으로서 항고소송의 대상이 된다(대법원 2010. 10. 14. 선고 2008두23184 판결).

(3) 사실행위인 단순한 관념의 통지

기존의 권리의무 관계를 단순히 확인, 통지하는 단순한 사실행위는 처분이 아니다.

따라서 ① 국가공무원법 제69조처럼 일정한 결격사유가 발생하면 당연퇴직하도록 규정되어 있는 경우, 퇴직의 인사발령은 위와 같은 퇴직사유에 해당되어 퇴직하게 되었음을 알려주는 관념의 통지에 불과하고, 새로운 형성적 행위가 아니므로, 항고소송의 대상이 될 수 없다(대법원 1995. 11. 14. 선고 95누2036 판결 등).

② 국세징수법 제21조에 규정된 가산금은 국세를 납부기한까지 납부하지 않으면, 과세

관청의 확정절차 없이 당연히 발생하고 그 액수도 확정되는 것이어서, 과세관청이 납세고지를 하면서 납기일까지 납부하지 아니하면 납기일 후에는 가산금 얼마를 징수하게 된다는 취지를 고지하는 것만으로는 항고소송의 대상인 어떤 처분이 있다 할 수 없다. 다만, 납부기한 이후 과세관청이 독촉장에 의하여 납부를 독촉함으로써 징수절차에 나아갔을 경우, 가산금 납부독촉은 징수처분으로서 항고소송의 대상이 된다(대법원 1996. 4. 26. 선고 96누1627 판결).

라. 질의회신이나 진정에 대한 답변

법령의 해석 질의에 대한 답변, 진정사건이나 청원에 대한 처리결과 통보 등은 모두 그로써 권리를 부여 또는 제한하거나 의무를 부담시키는 것이 아니어서 항고소송의 대상이 되지 못한다.

마. 중간적 행위

어떤 행정목적을 달성하기 위하여 여러 단계의 행위를 거쳐 최종적인 처분이 행해지는 경우가 있다. 이러한 경우에 중간단계에서 행해지는 행정결정이 처분에 해당하여 항고소송의 대상이 되는지가 다투어진다. 일반적으로 말하면 중간행위가 그 자체로서 일정한 법적 효과를 가져오면 당해 행위는 처분이 되고 항고소송의 대상이 되지만, 그렇지 않으면 내부행위에 불과하여 항고소송의 대상이 되지 않으며 중간행위의 위법은 종국처분을 다툼에 있어 종국처분의 위법사유로 주장될 수 있을 뿐이다.

(1) 부분허가: 원자력발전소 건설 등에서 보는 바와 같이, 그 완결까지 장기간의 시간을 요하는 다단계적 행위에 있어서 우선 그 일부에 대해서만 부여되는 허가를 부분허가라고 한다. 부분허가는 그 자체가 규율하는 내용에 대해서는 종국적인 결정이므로 행정행위의 성질을 가진다. 부분허가가 있게 되면 금지의 해제 등 일정한 법적 효과가 발생한다. 따라서 부분허가는 항고소송의 대상이 되는 처분이다. 판례는 구 원자력법상의 원자로시설부지사전승인의 법적 성격을 '사전적 부분허가'로 보면서 원자로 및 관계시설의 부지사전승인 처분을 그 자체로서 건설 부지를 확정하고 사전공사를 허용하는 법률효과를 지닌 독립한 행정처분이라고 보았다(대법원 1998. 9. 4. 선고 97누19588 판결).

부분허가는 일정한 행위를 가능하게 하는 행위이므로 최종적 결정이 내려진 후에도 최종적 결정에 흡수되지 않고 효력이 유지되는 것으로 보아야 한다는 견해도 있으나,[8] 판례는

---

8) 박균성, 앞의 책, 455면.

최종처분이 있게 되면 부분허가는 최종처분에 흡수되어 독립된 존재가치를 상실하므로 그에 대한 쟁송은 소의 이익을 결한다고 보고 있다(대법원 1998. 9. 4. 선고 97누19588 판결).

판례

원자력법 제11조 제3항 소정의 부지사전승인제도의 취지 및 이에 터잡은 건설허가처분이 있는 경우, 선행의 부지사전승인처분의 취소를 구할 소의 이익 유무(소극): 원자력법 제11조 제3항 소정의 부지사전승인제도는 원자로 및 관계 시설을 건설하고자 하는 자가 그 계획중인 건설부지가 원자력법에 의하여 원자로 및 관계 시설의 부지로 적법한지 여부 및 굴착공사 등 일정한 범위의 공사(이하 '사전공사'라 한다)를 할 수 있는지 여부에 대하여 건설허가 전에 미리 승인을 받는 제도로서, 원자로 및 관계 시설의 건설에는 장기간의 준비·공사가 필요하기 때문에 필요한 모든 준비를 갖추어 건설허가신청을 하였다가 부지의 부적법성을 이유로 불허가될 경우 그 불이익이 매우 크고 또한 원자로 및 관계 시설 건설의 이와 같은 특성상 미리 사전공사를 할 필요가 있을 수도 있어 건설허가 전에 미리 그 부지의 적법성 및 사전공사의 허용 여부에 대한 승인을 받을 수 있게 함으로써 그의 경제적·시간적 부담을 덜어 주고 유효·적절한 건설공사를 행할 수 있도록 배려하려는 데 그 취지가 있다고 할 것이므로, 원자로 및 관계 시설의 부지사전승인처분은 그 자체로서 건설부지를 확정하고 사전공사를 허용하는 법률효과를 지닌 독립한 행정처분이기는 하지만, 건설허가 전에 신청자의 편의를 위하여 미리 그 건설허가의 일부 요건을 심사하여 행하는 사전적 부분 건설허가처분의 성격을 갖고 있는 것이어서 나중에 건설허가처분이 있게 되면 그 건설허가처분에 흡수되어 독립된 존재가치를 상실함으로써 그 건설허가처분만이 쟁송의 대상이 되는 것이므로, 부지사전승인처분의 취소를 구하는 소는 소의 이익을 잃게 되고, 따라서 부지사전승인처분의 위법성은 나중에 내려진 건설허가처분의 취소를 구하는 소송에서 이를 다투면 된다(대법원 1998. 9. 4. 선고 97누19588 판결 [부지사전승인처분취소]).

(2) 사전결정(예비결정): 최종적인 행정행위를 하기에 앞서 최종적인 행정행위의 여러 요건 중 일부에 대하여 사전적으로 내리는 결정을 사전결정(예비결정)이라고 한다. 사전결정은 그 자체가 하나의 완결된 행정행위로서 처분에 해당된다.

판례는 구 건축법(1995. 1. 5. 법률 제4919호로 개정되기 전의 것) 제7조와 제8조 제3항의 규정에 의한 '건축에 관한 계획의 사전결정'은 건축허가 신청 전에 시장 등 허가권자로부터 계획하고 있는 건축물을 해당 대지 위에 건축하는 것이 건축법 등 관련 법규에 의하여 허용되는지 여부에 대한 사전결정을 받는 제도라고 보면서 항고소송의 대상이 되는 처분으로 보았다(대법원 1996. 3. 12. 선고 95누658 판결). 또한, 판례는 폐기물관리법령상의 폐기물처리업허가 전의 사업계획에 대한 적정통보 또는 부적정통보를 행정처분으로 보았다(대법원 1998. 4. 28. 선고 97누21086 판결). 다만, 적정통보 또는 부적정통보의 법적 성질을 사전결정이라고 명시하지는 않았지만 그러한 취지의 판시를 하고 있다.

그 밖에 건축허가 신청 전의 건축 관련 입지와 규모의 사전결정(건축법 제10조), 관광숙박업 등록 전의 사업계획승인(관광진흥법 제15조), 등록 체육시설 설치 전의 사업계획승인(체육시설의 설치·이용에 관한 법률 제12조) 등도 사전결정의 예라고 볼 수 있다.

판례

[1] **폐기물관리법 관계 법령에 의한 폐기물처리업 허가권자의 부적정 통보가 행정처분에 해당하는지 여부(적극)**: 폐기물관리법 관계 법령의 규정에 의하면 폐기물처리업의 허가를 받기 위하여는 먼저 사업계획서를 제출하여 허가권자로부터 사업계획에 대한 적정통보를 받아야 하고, 그 적정통보를 받은 자만이 일정기간 내에 시설, 장비, 기술능력, 자본금을 갖추어 허가신청을 할 수 있으므로, 결국 부적정통보는 허가신청 자체를 제한하는 등 개인의 권리 내지 법률상의 이익을 개별적이고 구체적으로 규제하고 있어 행정처분에 해당한다.

[2] **폐기물처리업의 허가에 앞서 사업계획서에 대한 적정·부적정 통보 제도를 둔 취지**: 폐기물관리법 제26조 제1항, 제2항 및 같은법시행규칙 제17조 제1항 내지 제5항의 규정에 비추어 보면 폐기물처리업의 허가에 앞서 사업계획서에 대한 적정·부적정 통보 제도를 두고 있는 것은 폐기물처리업을 하고자 하는 자가 스스로 시설 등을 설치하여 허가신청을 하였다가 허가단계에서 그 사업계획이 부적정하다고 판명되어 불허가되면 허가신청인이 막대한 경제적·시간적 손실을 입게 되므로, 이를 방지하는 동시에 허가관청으로 하여금 미리 사업계획서를 심사하여 그 적정·부적정통보처분을 하도록 하고, 나중에 허가단계에서는 나머지 허가요건만을 심사하여 신속하게 허가업무를 처리하는데 그 취지가 있다(대법원 1998. 4. 28. 선고 97누21086 판결).

(3) 확약: 확약이란 행정기관이 사인에 대하여 일정한 행위를 하거나 하지 않을 것을 약속하는 일방적 의사표시를 말한다. 학설은 원칙상 확약이 행정청에 대하여 구속력을 가지므로 처분이라고 보고 있는 것이 다수이지만, 판례는 종국적 규율성이 없다는 이유로 확약의 처분성을 부정하고 있다(대법원 1995. 1. 20. 선고 94누6529 판결).

판례

어업권면허처분에 선행하는 우선순위결정의 성질: 어업권면허에 선행하는 우선순위결정은 행정청이 우선권자로 결정된 자의 신청이 있으면 어업권면허처분을 하겠다는 것을 약속하는 행위로서 강학상 확약에 불과하고 행정처분은 아니므로, 우선순위결정에 공정력이나 불가쟁력과 같은 효력은 인정되지 아니하며, 따라서 우선순위결정이 잘못되었다는 이유로 종전의 어업권면허처분이 취소되면 행정청은 종전의 우선순위결정을 무시하고 다시 우선순위를 결정한 다음 새로운 우선순위결정에 기하여 새로운 어업권면허를 할 수 있다(대법원 1995. 1. 20. 선고 94누6529 판결).

(4) 공시지가결정: 개별공시지가결정은 토지초과이득세, 택지초과소유부담금, 개발부담금 산정의 기준이 되어 국민의 권리나 의무 또는 법률상의 이익에 직접 관계되는 것으로 항고소송의 대상이 된다(대법원 1993. 6. 11. 선고 92누16706 판결). 나아가 판례는 표준지공시지가결정도 항고소송의 대상이 되는 처분이라고 보고 있다(대법원 1995. 3. 28. 선고 94누12920 판결).

(5) 사업인정의 고시: 토지수용절차 중의 한 단계인 사업인정은 중간적 처분으로 보일지라도 그로써 국민의 권리가 제한되거나 의무가 발생하므로 항고소송의 대상이 된다(대법원 1994. 5. 24. 선고 93누24230 판결 등).

(6) 소득금액변동통지: 대법원은 소득세법상의 인정상여결정과 그에 따른 소득금액변동통지에 대하여 이는 행정기관 내부의 행위로서 소득금액의 지급시에 납세의무가 자동적으로 성립, 확정되는 원천징수의 소득세에 관하여 그 지급시기를 의제하여 과세관청이 징수처분에 나아가기 위한 절차적인 요건을 규정한 것에 불과하고 원천징수의무자의 실체상의 납세의무의 존부나 범위에 어떠한 변동을 가져오는 것이 아니므로 항고소송의 대상이 되는 행정처분이라고 볼 수 없다고 누차 판시하여 오다가(대법원 1991. 2. 26. 선고 90누4631 판결; 대법원 1993. 6. 8. 선고 92누12483 판결 등), 이후 판례를 변경하여 그 처분성을 인정하고 있다(대법원 2006. 4. 20. 선고 2002두1878 전원합의체 판결).

(7) 세무조사결정: 과세관청이 세무조사결정을 하고 이를 사전통지한 경우에, 납세자가 세무조사에 들어가기 전단계에서 위 세무조사결정에 대하여 항고소송을 제기할 수 있는지가 문제된다. 판례에 의하면 세무조사결정은 납세의무자의 권리·의무에 직접 영향을 미치는 공권력의 행사에 따른 행정작용으로서 항고소송의 대상이 되는 행정처분에 해당된다(대법원 2011. 3. 10. 선고 2009두23617,23624 판결).

판례

세무조사결정이 항고소송의 대상이 되는 행정처분에 해당하는지 여부(적극): 부과처분을 위한 과세관청의 질문조사권이 행해지는 세무조사결정이 있는 경우 납세의무자는 세무공무원의 과세자료 수집을 위한 질문에 대답하고 검사를 수인하여야 할 법적 의무를 부담하게 되는 점, 세무조사는 기본적으로 적정하고 공평한 과세의 실현을 위하여 필요한 최소한의 범위 안에서 행하여져야 하고, 더욱이 동일한 세목 및 과세기간에 대한 재조사는 납세자의 영업의 자유 등 권익을 심각하게 침해할 뿐만 아니라 과세관청에 의한 자의적인 세무조사의 위험마저 있으므로 조세공평의 원칙에 현저히 반하는 예외적인 경우를 제외하고는 금지될 필요가 있는 점, 납세의무자로 하여금 개개의 과태료 처분에 대하여 불복하거나 조사 종료 후의 과세처분에 대하여만 다툴 수 있도록 하는 것보다는 그에 앞서 세무조사결정에 대하여 다툼으로써 분쟁을 조기에 근본적으로 해결할 수 있는 점 등을 종합하면, 세무조사결정은 납세의무자의 권리·의무에 직접 영향을 미치는 공권력의 행사에 따른 행정작용으로서 항고소송의 대상이 된다(대법원 2011. 3. 10. 선고 2009두23617,23624 판결):
<해설> 세무공무원은 세무조사를 하는 경우에는 조사를 받을 납세자에게 조사를 시작하기 10일 전에 조사대상 세목, 조사기간 및 조사 사유, 그 밖에 대통령령으로 정하는 사항을 통지하여야 한다(국세기본법 제81조의7). 이 판결 전까지 납세자는 세무조사가 끝나고 세금이 부과된 이후에야 그 조세부과처분만을 다툴 수 있었지만, 이 판결 선고 이후 납세자는 세무조사결정에 대하여 직접적으로 항고소송을 제기하는 것이 가능하게 되었다.

5. 행정소송 이외의 특별 불복절차가 따로 마련되어 있는 처분은 제외된다

행정소송법 제2조 소정의 행정처분이라고 하더라도 그 처분의 근거 법률에서 행정소송 이외의 다른 절차에 의하여 불복할 것을 예정하고 있는 경우에는 항고소송의 대상이 될 수 없다(대법원 2000. 3. 28. 선고 99두11264 판결).

과태료처분이나 통고처분에 대하여 이의가 있는 자는 질서위반행위규제법 또는 즉결심판에 관한 절차법에 의하여 법원의 판단을 받아야 하고, 행정소송을 제기할 수 없다(질서위반행위규제법 제5조, 제20조, 제21조, 제25조, 제36조, 제38조; 비송사건절차법 제247조 이하; 도로교통법 제165조 등).

검사 또는 사법경찰관의 구금, 압수 또는 압수물의 환부에 관한 처분에 대한 불복은 형사소송법 등이 정하는 바에 의하여 법원에 준항고를 제기하는 방법에 의하여야 하고(형사소송법 제417조), 검사의 불기소처분이나 고등검찰청의 항고기각결정도 재정신청제도에 의하여 불복할 수 있을 뿐, 어느 것이나 행정소송의 대상이 되지 못한다(형사소송법 제260조; 대법원 1990. 1. 23. 선고 89누3014 판결). 검사의 기소유예처분에 대하여 피의자는 곧바로 헌법소원심판을 청구할 수 있는데(헌법재판소 2011. 11. 24. 선고 2008헌마627 결정), 헌법소원심판의 보충성 원칙에 비추어 이는 기소유예처분이 행정소송의 대상이 아님을 전제로 한 것이다. 아울러 검사의 공소에 대하여는 형사소송절차에 의하여서만 이를 다툴 수 있고 행정소송의 방법으로 공소의 취소를 구할 수는 없다(대법원 2000. 3. 28. 선고 99두11264 판결).

농지법상의 이행강제금 부과처분에 불복하는 경우에는 비송사건절차법에 따른 재판절차가 적용되어야 하고(농지법 제62조 제1항, 제6항, 제7항), 따라서 위 처분은 행정소송법상 항고소송의 대상이 될 수 없다(대법원 2019. 4. 11. 선고 2018두42955 판결).

판례

법무법인의 공정증서 작성행위가 항고소송의 대상이 되는 행정처분인지 여부(소극): 행정소송 제도의 목적 및 기능 등에 비추어 볼 때, 행정청이 한 행위가 단지 사인 간 법률관계의 존부를 공적으로 증명하는 공증행위에 불과하여 그 효력을 둘러싼 분쟁의 해결이 사법원리에 맡겨져 있거나 행위의 근거 법률에서 행정소송 이외의 다른 절차에 의하여 불복할 것을 예정하고 있는 경우에는 항고소송의 대상이 될 수 없다고 보는 것이 타당하다(대법원 2012. 6. 14. 선고 2010두19720 판결 [공정증서무효등확인])

나. 구 상표법(1990. 1. 13. **법률 제4210호로 전문개정되기 전의 것)상 특허청장의 상표사용권 설정등록행위의 성질(=준법률행위적 행정행위)**: 이들 관계법령의 규정내용을 종합하여 보면, 상표사용권설정등록신청서가 제출된 경우 특허청장은 신청서와 그 첨부서류만을 자료로 형식적으로 심사하여 그 등록신청을 수리할 것인지의 여부를 결정하여야 되는 것으로서, 특허청장의 상표사용권설정등록행위는 사인 간의 법률관계의 존부를 공적으로 증명하는 준법률행위적 행정행위임이 분명하다.

다. 특허청장이 불수리사유가 있는 등록신청을 수리하여 상표사용권 설정등록을 완료한 경우, 상표권자가 행정소송절차를 통하여 그 등록처분의 취소를 청구할 수 있는지 여부(소극): 따라서 특허청장이 상표사용권설정등록을 거부한 처분에 대하여는 달리 특별한 불복절차가 마련되어 있지 아니하므로 원칙적으로 행정소송절차를 통하여 그 거부처분의 취소를 청구할 수 있다고 할 것이지만, 특허청장이 일단 등록신청을 수리하여 상표사용권설정등록을 완료하여 버린 경우에는, 설사 등록상표를 사용할 자인 등록권리자가 구 특허등록령 제15조 제1항을 위반하여 단독으로 상표사용권설정등록을 신청하는 등 등록신청절차에 하자가 있어, 구 특허등록령 제34조 제1항 제2 내지 제9 각호의 1에 해당하는 등록신청의 불수리 사유가 있었다고 하더라도, 상표권자가 민사소송절차를 통하여 사용권자를 상대로 위와 같은 사유를 들어 상표사용권설정등록 말소등록절차의 이행을 청구할 수 있을 뿐, 행정소송절차를 통하여 특허청장을 상대로 그 등록처분의 취소를 청구할 수는 없다(대법원 1991. 8. 13. 선고 90누9414 판결 [상표사용권설정등록처분취소]).

II. 특수한 처분

1. 거부행위

행정소송법은 '공권력 행사의 거부'를 항고소송의 대상으로 하고 있다. 이러한 거부는 신청을 받아들이지 않았다는 점에서는 부작위와 같으나, 적극적으로 거부의사를 나타냈다는 점에서 부작위와 구별된다. 거부행위가 처분이 되기 위하여는 다음과 같은 요건을 충족하여야 한다.

가. 그 신청에 따른 행정행위를 해 줄 것을 요구할 수 있는 법규상 또는 조리상의 신청권이 있어야 한다

위 법규상·조리상 신청권의 존재가 거부처분의 성립요건이 되는가에 대하여는 다음과 같이 견해가 나뉜다.

(1) 대상적격설

이 견해는 먼저 신청권을 실질적 신청권(특정한 처분을 요구하는 권리)과 형식적 신청권(단순한 응답요구권)으로 구분할 수 있다고 본다. 이어 법규상·조리상 신청권을 형식적 의미로 이해하고, 그것을 소송의 대상, 즉 처분성 인정의 요건으로 보는 입장이다.[9] 이것이 판례의 태도이기도 하다. 이 견해에 의하면 신청권이 없는 경우에는 본안심리를 함이 없이 바로 각하판결을 내릴 수 있어 법원의 소송부담을 줄일 수 있다는 장점이 있다.

판례

[1] **거부처분의 처분성을 인정하기 위한 전제요건이 되는 신청권의 존부의 의미**: 거부처분의 처분성을 인정하기 위한 전제요건이 되는 신청권의 존부는 구체적 사건에서 신청인이 누구인가를 고려하지 않고 관계 법규의 해석에 의하여 일반 국민에게 그러한 신청권을 인정하고 있는가를 살펴 추상적으로 결정되는 것이고, 신청인이 그 신청에 따른 단순한 응답을 받을 권리를 넘어서 신청의 인용이라는 만족적 결과를 얻을 권리를 의미하는 것은 아니다. 따라서 국민이 어떤 신청을 한 경우에 그 신청의 근거가 된 조항의 해석상 행정발동에 대한 개인의 신청권을 인정하고 있다고 보여지면 그 거부행위는 항고소송의 대상이 되는 처분으로 보아야 할 것이고, 구체적으로 그 신청이 인용될 수 있는가 하는 점은 본안에서 판단하여야 할 사항인 것이다.

[2] 원고에게 신청의 인용이라는 만족적 결과를 얻을 권리가 없다는 이유만을 들어 피고가 한 거부행위의 처분성을 부인한 원심판결에는 항고소송의 대상이 되는 거부처분에 관한 법리를 오해한 위법이 있다는 이유로 원심판결을 파기한 사례(대법원 1996. 6. 11. 선고 95누12460 판결 등).

(2) 원고적격설

어떠한 거부행위가 항고소송의 대상이 되는 처분에 해당하는가의 여부는 '그 거부된 행위가 행정소송법 제2조 제1항 제1호의 처분에 해당하는가'의 여부에 따라 판단하는 것이 논리적이다. 그래야만 행정소송법이 제2조 제1항 제1호에서 처분 개념에 관한 정의규정을 두고 있는 취지에 부합한다. 그런데 위 '처분'의 개념 속에 법규상·조리상 신청권이라는

9) 김남진·김연태 행정법 I (제10판), 2006, 687면.

내용은 결코 포함되어 있지 않다. 따라서 신청권의 존부는 처분성이 아니라 원고적격(행정소송법 제12조)의 문제로 처리하는 것이 타당하다고 보는 견해이다.[10] 이 견해에 따르면, 현행 판례는 원고적격의 문제를 처분성의 문제로 혼동하고 있다고 보게 된다.

(3) 본안요건설

이 견해는 원고가 사실상 그 신청에 따른 행정행위를 요구할 수 있는 법규상 또는 조리상의 권리를 가지고 있느냐의 여부는 소송요건의 문제가 아니라 본안에 가서야 판단될 문제라고 본다. 아울러 판례의 태도(대상적격설)는 취소소송의 대상(처분성)과 원고적격의 구분을 모호하게 만들 뿐만 아니라, 행정소송법상 거부처분의 개념을 부당하게 제한함으로써 국민의 권익구제의 길을 축소시키는 결과를 가져왔다고 비판한다.[11]

(4) 평 가

신청권을 형식적 신청권과 실질적 신청권으로 따로 구분하지 않는 입장에서는 본안문제설이나 원고적격설도 일리가 있다. 그러나 신청권을 형식상의 단순한 응답요구권 즉 형식적 의미로 이해하게 되면 신청권은 거부행위의 요건(소송대상의 문제)으로 보는 것이 타당하다.

(5) 법규상·조리상 신청권이 문제된 구체적인 사례

판례의 취지에 따르면 신청인의 신청권은 행정청의 응답을 구하는 권리이지 신청된 대로의 처분을 구하는 권리는 아니다. 실무상으로는 이러한 법규상·조리상 신청권이 인정되는 행정작용의 범위를 점차 확대하여 가는 경향을 보이고 있다.

(가) 계획변경신청권

① 원칙: 행정계획은 공익의 보호를 목적으로 하는 것이며 그 성질상 장기성·종합성이 요구되는 것이므로, 계획이 일단 확정된 후에는 어떠한 사정변동이 있다고 하여도 지역주민이나 일반 이해관계인에게 원칙상 그 계획변경을 신청할 권리를 인정하여 줄 수는 없다고 보아야 한다. 기존의 판례는 개별 법률에서 사익을 보호하는 특별규정을 두고 있거나 특별한 사정이 있는 경우가 아니라면 원칙상 행정계획에 대한 변경신청권을 인정하지 않는다(대법원 1984. 10. 23. 선고 84누227 판결; 대법원 1994. 12. 9. 선고 94누8433 판결 등).

② 예외: 특별규정을 두고 있거나 특별한 사정이 있는 경우에는 예외적으로 계획변경

10) 홍정선, 행정법원론(상)(제19판), 2011, 895면.
11) 홍준형, 행정구제법, 2012, 454면.

신청권이 인정될 수 있다. 최근의 판례는 i) 도시계획 등의 변경이 일정한 행정처분의 전제요건인 상황에서, 그러한 행정처분을 구하는 신청을 할 수 있는 법률상 지위에 있는 자의 국토이용계획변경신청을 거부하는 것이 실질적으로 당해 행정처분 자체를 거부하는 결과가 되는 경우(대법원 2003. 9. 23. 선고 2001두10936 판결), ii) 문화재보호구역 내의 토지 소유자가 문화재보호구역의 지정해제를 신청하는 경우(대법원 2004. 4. 27. 선고 2003두8821 판결), iii) 도시계획구역 내 토지 등을 소유하고 있는 사람과 같이 당해 도시계획시설결정에 이해관계가 있는 주민이 도시시설계획의 입안권자 내지 결정권자에게 도시시설계획의 입안 내지 변경을 신청하는 경우(대법원 2015. 3. 26. 선고 2014두42742 판결) 등에는, 예외적으로 그 신청인에게 계획변경을 신청할 권리를 인정하고 있다.

판례

[1] **행정청이 국민의 신청에 대하여 한 거부행위가 항고소송의 대상인 행정처분이 되기 위한 요건**: 국민의 적극적 신청행위에 대하여 행정청이 그 신청에 따른 행위를 하지 않겠다고 거부한 행위가 항고소송의 대상이 되는 행정처분에 해당하는 것이라고 하려면, 그 신청한 행위가 공권력의 행사 또는 이에 준하는 행정작용이어야 하고, 그 거부행위가 신청인의 법률관계에 어떤 변동을 일으키는 것이어야 하며, 그 국민에게 그 행위발동을 요구할 법규상 또는 조리상의 신청권이 있어야만 한다.

[2] **구 국토이용관리법상의 국토이용계획변경신청에 대한 거부행위가 항고소송의 대상이 되는 행정처분에 해당하기 위한 요건**: 구 국토이용관리법(2002. 2. 4. 법률 제6655호 국토의계획및이용에관한법률 부칙 제2조로 폐지)상 주민이 국토이용계획의 변경에 대하여 신청을 할 수 있다는 규정이 없을 뿐만 아니라, 국토건설종합계획의 효율적인 추진과 국토이용질서를 확립하기 위한 국토이용계획은 장기성, 종합성이 요구되는 행정계획이어서 원칙적으로는 그 계획이 일단 확정된 후에 어떤 사정의 변동이 있다고 하여 그러한 사유만으로는 지역주민이나 일반 이해관계인에게 일일이 그 계획의 변경을 신청할 권리를 인정하여 줄 수는 없을 것이지만, 장래 일정한 기간 내에 관계 법령이 규정하는 시설 등을 갖추어 일정한 행정처분을 구하는 신청을 할 수 있는 법률상 지위에 있는 자의 국토이용계획변경신청을 거부하는 것이 실질적으로 당해 행정처분 자체를 거부하는 결과가 되는 경우에는 예외적으로 그 신청인에게 국토이용계획변경을 신청할 권리가 인정된다고 봄이 상당하므로, 이러한 신청에 대한 거부행위는 항고소송의 대상이 되는 행정처분에 해당한다.

[3] 원심이 확정한 사실관계를 관계 법령에 비추어 보건대, 구 폐기물관리법(1999. 2. 8. 법률 제5865호로 개정되기 전의 것, 이하 '폐기물관리법'이라 한다) 제26조, 같은법시행규칙(1999. 1. 5. 환경부령 제56호로 개정되기 전의 것) 제17조 등에 의하면 폐기물처리사업계획의 적정통보를 받은 자는 장래 일정한 기간 내에 관계 법령이 규정하는 시설 등을 갖추어 폐기물처리업허가신청을 할 수 있는 법률상 지위에 있다고 할 것인바, 피고로부터 폐기물처리사업계획의 적정통보를 받은 원고

가 폐기물처리업허가를 받기 위하여는 이 사건 부동산에 대한 용도지역을 '농림지역 또는 준농림지역'에서 '준도시지역(시설용지지구)'으로 변경하는 국토이용계획변경이 선행되어야 하고, 원고의 위 계획변경신청을 피고가 거부한다면 이는 실질적으로 원고에 대한 폐기물처리업허가신청을 불허하는 결과가 되므로, 원고는 위 국토이용계획변경의 입안 및 결정권자인 피고에 대하여 그 계획변경을 신청할 법규상 또는 조리상 권리를 가진다고 할 것이다(대법원 2003. 9. 23. 선고 2001두10936 판결): <해설> 처분성을 인정하기 위한 요건으로서의 법규상·조리상 신청권을 인정한다는 취지이다. 특정한 내용의 처분을 요구할 수 있는 권리인 실질적 신청권이 존재하는지의 여부는 위 처분성 여부와는 별도로 본안에서 따져보아야 할 문제이다.

(나) 조리상의 임용신청권

대법원은 i) 다수의 검사 임용신청자 중 일부만을 검사로 임용하는 결정을 함에 있어서 법령상 검사임용 신청 및 그 처리 제도에 관한 명문 규정이 없다고 하여도 임용권자는 임용신청자들에게 전형의 결과인 임용여부의 응답을 해 줄 조리상 의무가 있다고 보았다. 즉 조리상의 검사임용신청권을 인정하면서 검사임용신청에 대한 거부의 처분성을 인정하였고(대법원 1991. 2. 12. 선고 90누5825 판결), ii) 기간제로 임용된 국공립대학 교수에 대한 재임용거부에 대하여는 그 처분성을 계속하여 부인하여 오다가, 이후 판례를 변경하여 기간제로 임용되어 임용기간이 만료된 국공립대학의 조교수는 재임용 여부에 관하여 합리적인 기준에 의한 공정한 심사를 요구할 법규상 또는 조리상 신청권을 가진다고 보아 그 처분성을 인정하였으며(대법원 2004. 4. 22. 선고 2000두7735 전원합의체 판결), iii) 대학교원의 신규채용에 있어서 심사단계 중 중요한 대부분의 단계를 통과하여 다수의 임용지원자 중 유일한 면접심사 대상자로 선정된 임용지원자는 나머지 심사를 공정하게 진행하여 대학교원으로 임용해 줄 것을 신청할 조리상의 권리가 있다고 보았으며(대법원 2004. 6. 11. 선고 2001두7053 판결), iv) 4급 공무원이 당해 지방자치단체 인사위원회의 심의를 거쳐 3급 승진대상자로 결정되고 임용권자가 그 사실을 대내외에 공표까지 하였다면, 그 공무원은 승진임용 신청을 할 조리상의 권리가 있다고 보았다(대법원 2008. 4. 10. 선고 2007두18611 판결).

(다) 기타 조리상 신청권

한편 대법원은 i) 국민이 행정청에 대하여 제3자에 대한 건축허가의 취소나 준공검사의 취소 또는 제3자 소유의 건축물에 대한 철거 등의 조치를 요구할 수 있는 법규상 또는 조리상의 권리는 없다고 보았으며(대법원 1999. 12. 7. 선고 97누17568 판결), ii) 학교법인의 금전채권자는 학교법인을 대위하여 관할청에 학교법인의 기본재산에 대한 처분허가신청을 할 수 없다고 보았으며(대법원 2011. 12. 8. 선고 2011두14357 판결), iii) 문화재구역 내 토지 소유자 갑이 문화재청장에게 구 공익사업을 위한 토지 등의 취득 및 보상에 관한 법률 제30조 제1항에 의한 재결신청 청구를 하였으나, 문화재청장에게서 문화재청은 위 법 제30조 제2항에 따른 관할 토지수용위원회에 대한 재결신청 의무를 부담하지 않는다는 이유로 거부 회신을 받은 사안에서, 문화재청장이 위 토지에 대하여 구 공익사업법에 따른 수용절차를 개시한 바 없으므로, 갑에게 문화재청장으로 하여금 관할 토지수용위원회에 재결을 신청할 것을 청구할 법규상의 신청권이 인정된다고 할 수는 없다고 보았다(대법원 2014. 7. 10. 선고 2012두22966 판결).

반면에 i) 행정청이 행한 공사중지명령의 상대방은 그 명령 이후에 그 원인사유가 소멸하였음을 들어 행정청에게 공사중지명령의 철회를 요구할 수 있는 조리상의 신청권이 있다고 보았으며(대법원 2005. 4. 14. 선고 2003두7590 판결), ii) 건축주가 토지 소유자로부터 토지사용승낙서를 받아 그 토지 위에 건축물을 건축하는 대물적 성질의 건축허가를 받았다가 착공에 앞서 건축주의 귀책사유로 해당 토지를 사용할 권리를 상실한 경우, 건축허가의 존재로 말미암아 토지에 대한 소유권 행사에 지장을 받을 수 있는 토지 소유자로서는 건축허가의 철회를 신청할 수 있는 조리상의 신청권이 있다고 보아 그 신청을 거부한 행위의 처분성을 인정하였고(대법원 2017. 3. 15. 선고 2014두41190 판결), iii) 피해자의 의사와 무관하게 주민등록번호가 불법유출된 경우에는 피해자에게 주민등록번호의 변경을 요구할 조리상 신청권이 있다고 보아, 구청장의 주민등록번호 변경신청 거부행위의 처분성을 인정하고 있다(대법원 2017. 6. 15. 선고 2013두2945 판결).[12]

---

12) 현재는 주민등록법이 개정되어, 일정한 경우 주민등록번호의 변경신청이 법규상으로도 가능하게 되었다.

주민등록법 제7조의4(주민등록번호의 변경) ① 다음 각 호의 어느 하나에 해당하는 사람은 대통령령으로 정하는 바에 따라 이를 입증할 수 있는 자료를 갖추어 주민등록지의 시장·군수 또는 구청장에게 주민등록번호의 변경을 신청할 수 있다.

1. 유출된 주민등록번호로 인하여 생명·신체에 위해(危害)를 입거나 입을 우려가 있다고 인정되는 사람
2. 유출된 주민등록번호로 인하여 재산에 피해를 입거나 입을 우려가 있다고 인정되는 사람
3. 다음 각 목의 어느 하나에 해당하는 사람으로서 유출된 주민등록번호로 인하여 피해를 입거나 입을 우려가 있다고 인정되는 사람
   가 - 라 (생략)
4. 그 밖에 제1호부터 제3호까지의 규정에 준하는 사람으로서 대통령령으로 정하는 사람

나. 신청한 행위, 즉 신청의 대상이 된 행위가 공권력의 행사 또는 이에 준하는 행정작용이어야 한다

다시 말하면 거부된 행위가 공권력 행사 또는 이에 준하는 행정행위여야 한다. 따라서 국유 일반재산(잡종재산)에 대한 대부신청의 거부는 사경제적 계약체결의 거부이지 공권력 행사의 거부가 아니므로 처분성이 인정될 수 없다(대판 1998. 9. 22. 선고 98두7602 판결). 반면에 행정재산의 사용허가신청에 대한 거부는 그 처분성이 인정된다.

다. 거부의 의사표시가 있어야 한다

거부처분이 있었다고 하기 위하여는 그 처분을 위한 의사결정이 어떠한 형식으로든 행정청의 권한 있는 자에 의하여 외부로 표시되고 그 신청이 거부 내지 각하되었다는 취지가 신청자에게 오해없이 정확하게 전달되어 이를 알 수 있는 상태에 놓여진 경우에 한한다(대법원 1990. 9. 25. 선고 89누4758 판결). 거부의 의사표시는 위와 같이 외부적으로 명백히 표시하는 것이 일반적이지만, 경우에 따라서는 묵시적·소극적으로도 가능하다는 것이 판례의 태도이다(대법원 1991. 2. 12. 선고 90누5825 판결). 아울러 법령상 일정한 기간이 지났음에도 불구하고 가부간의 처분이 없는 경우에는 거부가 의제되는 경우도 있다(구 공공기관의 정보공개에 관한 법률 제11조 제5항; 구 국세기본법 제65조 제5항 등).

라. 거부행위로 인하여 신청인의 법률관계에 어떤 변동을 야기하여야 한다

그 거부행위가 신청인의 법률관계에 어떤 변동을 일으키는 것이어야 하는데, 그 의미는 신청인의 실체상의 권리관계에 직접적인 변동을 일으키는 것은 물론, 그렇지 않다 하더라도 신청인이 실체상의 권리자로서 권리를 행사함에 중대한 지장을 초래하는 것도 포함한다(대법원 2007. 10. 11. 선고 2007두1316 판결).

따라서 거부행위로 인하여 개인의 권리·의무에 직접적인 침해가 발생하지 않으면 거부처분이 될 수 없다. 예를 들어 각종 지적공부 등 법적 효력이 없는 장부에의 기재요청거부 등은 신청인의 권리를 직접적으로 제한하거나 의무를 명하는 것이 아니므로 원칙적으로 거부처분이 아니다(대법원 1995. 12. 5. 선고 94누4295 판결). 하지만 지적공부 등에 일정한 사항을 등재하거나 등재된 사항을 변경하는 행위일지라도 그것이 국민의 권리·의무에 직접적인 영향을 미치는 예외적인 경우에는 그 처분성을 인정하는 경우가 적지 않음은 앞서 본 바와 같다.

2. 부 관

가. 의 의

종래에는 행정행위의 일반적 효과를 제한하기 위하여 주된 의사표시의 내용에 부가된 종된 의사표시를 부관이라고 보아왔다. 이에 대하여 부관은 행정행위의 효과를 제한 또는 보충하기 위하여 행정기관에 의하여 주된 행정행위에 부가된 종된 규율이라고 정의하는 유력한 견해가 있다.[13] 종래의 견해는 의사표시를 내용으로 하는 법률행위적 행정행위에만 부관을 붙일 수 있고, 부관은 행정행위의 효력을 제한하기 위한 것이라고 본다. 반면에 유력설은 의사표시를 내용으로 하지 않는 준법률행위적 행정행위에도 일정한 경우 부관을 붙일 수 있으며 부관은 행정행위의 효력을 제한하기 위해서뿐만 아니라 그 효력을 보충하기 위해서도 부가될 수 있다고 본다. 현대의 다양한 행정수요에 탄력적으로 대응하기 위하여 부관이 활용되고 있는 현실을 감안할 때 유력설의 견해가 타당하다고 생각된다.

나. 학 설

(1) 독립쟁송가능성

부관에 하자가 있는 경우, 그 독립쟁송가능성에 관하여는 다툼이 있다. 부관 중 부담(작위·부작위·급부·수인의무의 부과)만은 그 자체가 독립된 행정행위이므로 분리하여 행정쟁송의 대상이 되지만, 그 이외의 부관은 그 자체로서 하나의 독립된 행정행위로 볼 수 없으므로 독립하여 행정쟁송의 대상이 될 수 없고 부관부 행정행위 전체를 쟁송의 대상으로 삼아야 한다는 견해(부담·기타부관 구분설=부담독립쟁송설)가 판례의 태도이자 종래의 통설이다.[14]

(2) 부관에 대한 쟁송형태

판례이자 통설의 입장인 부담·기타부관 구분설을 취할 경우에도 부관에 대한 소 제기의 방식, 즉 소송형태에 관하여는 다시 견해의 대립이 있다. 먼저 처분성이 인정되어 독립쟁송가능성이 허용되는 부담의 경우 당해 부담만을 취소소송의 직접적인 대상으로 하여 소송을 제기하는 진정일부취소소송을 인정하는 데에는 이견이 없다.

문제는 부담 이외의 부관에 대하여 불복이 있는 경우에 소 제기의 방법을 어떻게 하느냐이다. ① 다수설은 부담 이외의 부관을 다투기 위해서는, 형식적으로 부관부행정행위

13) 김남진·김연태, 행정법 I (제10판), 2006, 229면.
14) 이상규, 신행정법론(상), 1986, 318면; 김남진·김연태, 앞의 책, 242면 등.

전체를 취소소송의 대상으로 하면서도, 내용적으로는 행정행위의 일부취소로서 부관부분만의 취소를 구하는 부진정일부취소소송 형식을 취하여야 한다고 본다.[15] 그러나 소송물은 청구취지로 특정된다는 점에서 청구취지에서는 부관부행정행위 전체의 취소를 구하면서 청구원인에서 부관의 위법성을 주장한다고 하여 취소소송의 소송물이 부관의 위법성으로 특정되지는 아니한다는 점 등을 고려할 때 부진정일부취소소송설은 문제가 있다. ② 그리하여 부담의 경우에는 부담만의 취소를 구하는 소송을 제기하여야 하고, 나머지 부관의 경우에는 부관부행정행위의 전체를 취소하는 행정소송을 제기하거나 부관 없는 행정행위나 부관의 내용을 변경하는 처분을 신청하고 그것이 거부된 경우에 거부처분취소소송을 제기하여야 한다는 소수설이 유력하고, 이것이 판례의 태도이기도 하다.

다. 판 례

판례는 부관 중에서도 부담(負擔)의 경우에는 다른 부관과 달리 그 자체로서 독립하여 쟁송의 대상이 될 수 있다고 본다(대법원 1992. 1. 21. 선고 91누1264 판결 등). 그러나 부담 이외의 부관으로 인해 권리를 침해받은 자는 결국 부관부행정행위 전체의 취소를 구하든지(대법원 1985. 7. 9. 선고 84누604 판결), 아니면 먼저 행정청에 부관 없는 처분이나 부관의 내용을 변경하는 처분을 신청하고 그것이 거부된 경우 거부처분취소소송을 제기할 수밖에 없다는 입장이다(대법원 1990. 4. 27. 선고 89누6808 판결).

예를 들면, 도로점용허가에 있어서 부담인 점용료 납부명령에 위법이 있을 때는 그 점용료 납부명령만의 취소가 가능하지만, 그 외의 부관인 점용허가기간 등에 위법 사유가 있는 경우는 그 기간만의 취소는 불가능하고 기간부 도로점용허가 전체의 취소를 구하거나, 아니면 먼저 기간 없는 도로점용허가나 기간의 내용을 변경하는 도로점용허가를 신청하고 그것이 거부된 경우 거부처분취소소송을 제기하여야 한다는 것이다.

3. 반복된 행위

가. 원 칙

반복된 행위는 원칙상 처분이 아니라는 것이 판례의 태도이다. 그리하여 판례는 건물의 소유자에게 위법 건축물을 일정 기간까지 철거할 것을 명함과 아울러 불이행할 때에는 대집행한다는 내용의 철거대집행계고처분을 고지한 후 이에 불응하자 다시 제2차, 제3차 계고서를 발송하여 일정 기간까지의 자진철거를 촉구하고 불이행하면 대집행을 한다는

15) 박균성, 앞의 책, 358-359면; 김남진·김연태, 앞의 책, 242-243면 등.

뜻을 고지하였다면 행정대집행법상의 건물 철거의무는 제1차 철거명령 및 계고처분으로서 발생하였고, 제2차, 제3차의 계고처분은 새로운 철거의무를 부과한 것이 아니고 다만 대집행기한의 연기 통지에 불과하므로 행정처분이 아니라고 본다(대법원 1994. 10. 28. 선고 94누5144 판결).

그러나 i) 처분성 여부는 법령상의 처분 개념(행정심판법 제2조 제1호 및 행정소송법 제2조 제1항 제1호)에 해당하는지 여부에 의하여 판단되어야 하는바, 제2차, 제3차 계고도 이러한 처분의 요건을 충족한다고 보여지고, ii) 의무자의 불복기회를 폭넓게 보장한다는 측면에서, 제2차, 제3차 계고도 독립된 처분으로 보아 그에 대한 쟁송의 제기를 허용하는 것이 타당하다고 생각된다. 판례는 단순처분이 아닌 거부처분의 경우에는 이러한 취지의 태도를 보이고 있다.

나. 거부처분의 경우

판례는 거부처분은 행정청이 국민의 처분신청에 대하여 거절의 의사표시를 함으로써 성립되고, 그 이후 동일한 내용의 신청에 대하여 다시 거절의 의사표시를 명백히 한 경우에는 새로운 처분이 있은 것으로 보아야 할 것이며, 이 경우 행정심판 및 행정소송의 제기기간은 각 처분을 기준으로 진행된다고 보고 있다(대법원 1992. 10. 27. 선고 92누1643 판결 등). 따라서 판례에 의하면 거부처분에 대한 제소기간이 경과한 뒤에도 동일한 내용의 신청을 다시 하여 그에 대하여 행정청의 거부처분이 행해지면 당해 거부처분은 독립된 새로운 처분이므로 그 거부처분에 대하여 소를 제기할 수 있다.

한편 거부처분이 있은 후 당사자가 다시 신청을 한 경우에는 신청의 제목 여하에 불구하고 그 내용이 새로운 신청을 하는 취지라면 관할 행정청이 이를 다시 거절하는 것은 새로운 거부처분이라고 보아야 한다. 따라서 제목은 이의신청이라고 기재되었다고 할지라도 그 내용이 새로운 신청을 하는 취지라면 이를 다시 거절하는 것은 새로운 거부처분으로서 항고소송의 대상이 된다(대법원 2019. 4. 3. 선고 2017두52764 판결; 대법원 2021. 1. 14. 선고 2020두50324 판결).

판례

원심은, 1998. 6. 18. 피고로부터 압류해제 거부처분을 받은 바 있는 원고가 1999. 2. 19. 동일한 내용의 압류해제신청을 한 것에 대하여 피고는 1999. 2. 22. “원고의 위 압류해제신청과 관련한 압류는 정당하므로 압류해제가 불가능함이 이미 통보한 바와 같다.”는 취지의 회신을 한 사실을 인정한 다음, 피고의 원고에 대한 1999. 2. 22.자 회신은 독립한 압류해제 거부처분으로 취소소송의 대상이 된다고 판단하였다.

앞서 본 법리 및 기록에 비추어 살펴보면, 원심의 위와 같은 인정 및 판단은 정당하고, 거기에 상고이유에서 주장하는 바와 같은 처분에 관한 법리오해의 위법이 없다(대법원 2002. 3. 29. 선고 2000두6084 판결)

원고는 2014. 1. 29. 예방접종 피해보상 신청을 하였고, 피고는 2014. 3. 27. 피해보상 기각결정을 하였다(이하 '제1차 거부통보'라 한다). 원고는 2014. 7. 17.경 피고가 내부적으로 정한 절차에 따라 이의신청을 하였고, 피고는 2014. 9. 29. 이의신청을 기각하였다(이하 '제2차 거부통보'라 한다). 피고는 원고의 이의신청에 따라 추가로 제출된 자료 등을 예방접종피해보상 전문위원회에서 새로 심의하도록 하여 그 의견을 들은 후 제2차 거부통보를 하였다.

그런데 감염병예방법령에는 이의신청에 관한 명문의 규정이 없고, 소멸시효 또는 권리 행사기간의 제한에 관한 규정도 없으므로, 원고는 언제든지 재신청을 할 수 있다. 비록 원고가 제1차 거부통보에 대하여 이의신청 형식으로 불복하였고 제2차 거부통보의 결론이 제1차 거부통보와 같다고 하더라도, 제2차 거부통보는 실질적으로 새로운 처분에 해당하여 독립한 행정처분으로서 항고소송의 대상이 된다고 볼 수 있다(대법원 2019. 4. 3. 선고 2017두52764 판결 [예방접종피해보상거부처분취소]). <해설> 위 판례가 선고된 때는 행정기본법 제36조(처분에 대한 이의신청)가 시행되기 이전이다. 그래서 위 판례에서는 "감염법예방법령에는 이의신청에 관한 명문의 규정이 없고…"라고 판시하면서, 이를 처분성을 인정하기 위한 근거의 하나로 제시하고 있다. 하지만 현행 행정기본법에 의한다면 이는 동법 제36조에 따른 이의신청으로 볼 여지도 있으므로 이제는 위 판시부분이 처분성 인정의 근거가 될 수는 없다고 할 것이다.

4. 신고수리행위

가. 의 의

사인의 공법행위로서의 신고란 사인이 공법적 효과의 발생을 목적으로 행정주체에 대하여 일정한 사실을 알리는 행위를 말한다. 아무런 공법적 효과를 가져오지 아니하는 신고는 사실로서의 신고일 뿐이고 사인의 공법행위로서의 신고에 해당하지 아니한다.

나. 자기완결적 신고(수리를 요하지 않는 신고)

자기완결적 신고는 사인이 행정주체에 대하여 일정한 의사를 표시하거나 사실 또는 관념을 통지하는 통지행위로서 그 통지가 행정기관에 도달하면 그것만으로 일정한 법적 효과가 발생하는 자체완성적 행위를 말한다. 이러한 신고는 형식적 요건만이 신고의 요건이고 아울러 심사의 대상이 된다.

이 경우 ① 형식적 요건을 갖춘 신고가 있으면 행정청의 수리를 기다리지 아니하고, 신고서가 접수기관에 도달된 때에 신고의 의무를 이행한 것이 되어(행정절차법 제40조 제2항), 그로써 바로 법이 정한 신고의 효과가 발생하는 점에서, 신고에 대한 수리거부는 법률상의 권리·의무와 관련이 없는 행위로서 항고소송의 대상이 되지 못한다고 보는 것이 종래의 일반적 견해이다.

이에 대하여 ② 원칙적으로 자기완결적 신고에 대한 수리거부의 처분성을 부인하면서도, 그중 건축신고와 같은 금지해제적 신고의 경우에는 신고가 반려될 경우 시정명령, 이행강제금, 벌금의 대상이 되는 등과 같이 신고인이 법적 불이익을 받을 위험성이 있으므로, 이를 제거하기 위하여 그 수리거부의 처분성을 인정하여야 할 필요성이 있다고 보는 견해,[16] ③ 행정청은 형식적 요건불비 등을 이유로 신고서를 되돌려 보낼 수 있고(행정절차법 제40조 제4항), 그 밖에도 신고가 수리된 경우와 수리가 거부된 경우 사이에 유형·무형의 실질적인 차이가 있으므로(대법원 1989. 12. 26. 선고 87누308 전원합의체 판결 참고), 자기완결적 신고의 경우에도 그 수리거부행위의 처분성을 일반적으로 인정할 필요성이 있다고 보는 견해[17] 등이 존재한다.

최근의 판례는 인·허가 의제 효과가 발생하지 않는 건축신고(자기완결적 신고이자 금지해제적 신고)에 대하여 그 반려행위의 처분성을 인정한 바 있다(대법원 2010. 11. 18. 선고 2008두167 전원합의체 판결).

판례

행정청의 건축신고 반려행위 또는 수리거부행위가 항고소송의 대상이 되는지 여부(적극): 구 건축법(2008. 3. 21. 법률 제8974호로 전부 개정되기 전의 것) 관련 규정의 내용 및 취지에 의하면, … 건축주 등은 신고제하에서도 건축신고가 반려될 경우 당해 건축물의 건축을 개시하면 시정명령, 이행강제금, 벌금의 대상이 되거나 당해 건축물을 사용하여 행할 행위의 허가가 거부될 우려가 있어 불안정한 지위에 놓이게 된다. 따라서 건축신고 반려행위가 이루어진 단계에서 당사자로 하여금 반려행위의 적법성을 다투어 그 법적 불안을 해소한 다음 건축행위에 나아가도록 함으로써 장차 있을지도 모르는 위험에서 미리 벗어날 수 있도록 길을 열어 주고, 위법한 건축물의 양산과 그 철거를 둘러싼 분쟁을 조기에 근본적으로 해결할 수 있게 하는 것이 법치행정의 원리에 부합한다. 그러므로 건축신고 반려행위는 항고소송의 대상이 된다고 보는 것이 옳다(대법원 2010. 11. 18. 선고 2008두167 전원합의체 판결).

---

16) 박균성, 앞의 책, 109면.

17) 법원행정처, 앞의 책, 106면.

다. 행정요건적 신고(수리를 요하는 신고)

실정법상 신고라는 용어를 사용하고 있으나, 위와 같이 자체완성적인 본래적 의미의 신고가 아니라, 사인이 한 신고를 행정청이 심사하여 유효한 행위로 받아들여야만 유효한 행위로서 효력을 갖는 경우가 있는바, 이 경우의 신고를 행정요건적 신고(수리를 요하는 신고)라고 한다. 이러한 신고는 형식적 요건뿐만 아니라 실질적 요건도 신고의 요건이 되고 아울러 심사의 대상이 된다. 이러한 경우의 신고수리를 거부하는 처분이 항고소송의 대상이 됨은 물론이다(대법원 1993. 6. 8. 선고 91누11544 판결 등). 다만 이러한 수리를 요하는 신고는 엄밀히 말하면 신고가 아니라 실질적으로 등록 또는 허가신청으로 보아야 한다는 견해도 있다.[18]

5. 이의신청에 대한 결정

가. 의 의

이의신청은 특별행정심판 절차로서의 성질을 지닌 것, 행정심판이 아닌 임의적인 행정불복 절차로서의 성질을 지닌 것, 새로운 신청으로서의 성질을 지닌 것으로 구분할 수 있다.

나. 구체적인 내용

행정심판에 해당하는 이의신청에 대한 결정은 행정심판 재결로서의 성질을 갖는다.

행정심판이 아닌 임의적인 행정불복 절차에 해당하는 이의신청의 경우, ⅰ) 이의신청을 받아들이는 것을 내용으로 하는 결정은 통상 새로운 처분으로서의 성질을 지닌다.[19] ⅱ) 반면에 이의신청을 받아들이지 아니하는 내용의 결정(기각결정)은 종전의 결정 내용을 그대로 유지하는 것에 불과하므로 처분성이 없고, 따라서 이는 독자적인 항고소송의 대상이 될 수 없다(대법원 2016. 7. 27. 선고 2015두45953 판결 등). 다만 이의신청에 대한 기각결정이 별도의 의사결정 과정과 절차를 거쳐 이루어진 독립된 행정처분으로서의 성질을 갖는 예외적인 경우에는 항고소송의 대상이 될 수도 있다(대법원 2016. 7. 14. 선고 2015두58645 판결).

---

18) 김동희, 앞의 책, 380면.

19) 구체적으로 그 내용을 살피자면, ⅰ) 종전처분을 취소하는 경우는 직권취소에 해당한다. ⅱ) 종전처분을 변경하는 경우에는 처분청에 의해 통상의 변경처분이 이루어진 경우와 동일하게 그 처분성 여부를 판단하여야 한다

새로운 신청에 해당하는 이의신청의 경우, 다시 말하자면 신청서의 제목이 비록 이의신청이라고 기재되어 있다고 할지라도 관련 규정 등에 비추어 볼 때 그 내용이 새로운 신청을 하는 취지라고 볼 수 있다면, 이러한 이의신청에 대한 결정의 통보는 새로운 처분으로 볼 수 있다(대법원 2022. 3. 17. 선고 2021두53894 판결).

판례

국가유공자 등 예우 및 지원에 관한 법률 제74조의18 제1항이 정한 이의신청을 받아들이지 아니하는 결정이 항고소송의 대상이 되는지 여부(소극): 국가유공자 등 예우 및 지원에 관한 법률(이하 '국가유공자법'이라 한다) 제4조 제1항 제6호, 제6조 제3항, 제4항, 제74조의18의 문언·취지 등에 비추어 알 수 있는 다음과 같은 사정, 즉 국가유공자법 제74조의18 제1항이 정한 이의신청은, 국가유공자 요건에 해당하지 아니하는 등의 사유로 국가유공자 등록신청을 거부한 처분청인 국가보훈처장이 신청 대상자의 신청 사항을 다시 심사하여 잘못이 있는 경우 스스로 시정하도록 한 절차인 점, 이의신청을 받아들이는 것을 내용으로 하는 결정은 당초 국가유공자 등록신청을 받아들이는 새로운 처분으로 볼 수 있으나, 이와 달리 이의신청을 받아들이지 아니하는 내용의 결정은 종전의 결정 내용을 그대로 유지하는 것에 불과한 점, 보훈심사위원회의 심의·의결을 거치는 것도 최초의 국가유공자 등록신청에 대한 결정에서나 이의신청에 대한 결정에서 마찬가지로 거치도록 규정된 절차인 점, 이의신청은 원결정에 대한 행정심판이나 행정소송의 제기에도 영향을 주지 아니하는 점 등을 종합하면, 국가유공자법 제74조의18 제1항이 정한 이의신청을 받아들이지 아니하는 결정은 이의신청인의 권리·의무에 새로운 변동을 가져오는 공권력의 행사나 이에 준하는 행정작용이라고 할 수 없으므로 원결정과 별개로 항고소송의 대상이 되지는 않는다(대법원 2016. 7. 27. 선고 2015두45953 판결 [국가유공자비해당처분취소]).

한국토지주택공사가 택지개발사업의 시행자로서 택지개발예정지구 공람공고일 이전부터 영업 등을 행한 자 등 일정 기준을 충족하는 손실보상대상자들에 대하여 생활대책을 수립·시행하였는데, 직권으로 갑 등이 생활대책대상자에 해당하지 않는다는 결정(이하 '부적격통보'라고 한다)을 하고, 갑 등의 이의신청에 대하여 재심사 결과로도 생활대책대상자로 선정되지 않았다는 통보(이하 '재심사통보'라고 한다)를 한 사안에서, 부적격통보가 심사대상자에 대하여 한국토지주택공사가 생활대책대상자 선정 신청을 받지 아니한 상태에서 자체적으로 가지고 있던 자료를 기초로 일정 기준을 적용한 결과를 일괄 통보한 것이고, 각 당사자의 개별·구체적 사정은 이의신청을 통하여 추가로 심사하여 고려하겠다는 취지를 포함하고 있다면, 갑 등은 이의신청을 통하여 비로소 생활대책대상자 선정에 관한 의견서 제출 등의 기회를 부여받게 되었고 한국토지주택공사도 그에 따른 재심사과정에서 당사자들이 제출한 자료 등을 함께 고려하여 생활대책대상자 선정기준의 충족 여부를 심사하여 재심사통보를 한 것이라고 볼 수 있는 점 등을 종합하면, 비록 재심사통보가 부적격통보와 결론이 같더라도, 단순히 한국토지주택공사의 업무처리의 적정 및 갑 등의 편의를 위한 조치에 불과한 것이 아니라 별도의 의사결정 과정과 절차를 거쳐 이루어진 독립한 행정처분으로서 항고소송의 대상이 되므로, 이와 달리 본 원심판단에 법리오해의 잘못이 있다고 한 사례(대법원 2016. 7. 14. 선고 2015두58645 판결 [생활대책용지공급대상자부적격처분취소]).

[2] 수익적 행정처분을 구하는 신청에 대한 거부처분이 있은 후 당사자가 다시 신청을 한 경우에는 신청의 제목 여하에 불구하고 그 내용이 새로운 신청을 하는 취지라면 관할 행정청이 이를 다시 거절하는 것은 새로운 거부처분이라고 보아야 한다. 나아가 어떠한 처분이 수익적 행정처분을 구하는 신청에 대한 거부처분이 아니라고 하더라도, 해당 처분에 대한 이의신청의 내용이 새로운 신청을 하는 취지로 볼 수 있는 경우에는, 그 이의신청에 대한 결정의 통보를 새로운 처분으로 볼 수 있다.

[3] 갑 시장이 을 소유 토지의 경계확정으로 지적공부상 면적이 감소되었다는 이유로 지적재조사위원회의 의결을 거쳐 을에게 조정금 수령을 통지하자(1차 통지), 을이 구체적인 이의신청 사유와 소명자료를 첨부하여 이의를 신청하였으나, 갑 시장이 지적재조사위원회의 재산정 심의·의결을 거쳐 종전과 동일한 액수의 조정금 수령을 통지한(2차 통지) 사안에서, 구 지적재조사에 관한 특별법(2020. 4. 7. 법률 제17219호로 개정되기 전의 것) 제21조의2가 신설되면서 조정금에 대한 이의신청 절차가 법률상 절차로 변경되었으므로 그에 관한 절차적 권리는 법률상 권리로 볼 수 있는 점, 을이 이의신청을 하기 전에는 조정금 산정결과 및 수령을 통지한 1차 통지만 존재하였고 을은 신청 자체를 한 적이 없으므로 을의 이의신청은 새로운 신청으로 볼 수 있는 점, 2차 통지서의 문언상 종전 통지와 별도로 심의·의결하였다는 내용이 명백하고, 단순히 이의신청을 받아들이지 않는다는 내용에 그치는 것이 아니라 조정금에 대하여 다시 재산정, 심의·의결절차를 거친 결과, 그 조정금이 종전 금액과 동일하게 산정되었다는 내용을 알리는 것이므로, 2차 통지를 새로운 처분으로 볼 수 있는 점 등을 종합하면, 2차 통지는 1차 통지와 별도로 행정쟁송의 대상이 되는 처분으로 보는 것이 타당함에도 2차통지의 처분성을 부정한 원심판단에 법리오해의 잘못이 있다고 한 사례(대법원 2022. 3. 17. 선고 2021두53894 판결).

6. 변경처분

가. 의 의

행정청이 처분을 행한 이후 기존처분을 변경하는 내용의 처분이 뒤따르는 경우가 있다. 처분사유의 동일성이 인정되지 아니하는 경우 전후의 처분은 전혀 별개의 처분이므로 양 처분이 병존한다는 것에는 별다른 의문이 없다. 문제는 처분사유의 동일성이 인정되는 경우에 전후의 처분 중 어느 것을 항고소송의 대상으로 삼아야 하는가이다.

나. 경정처분의 경우

(1) 의 의

행정청이 일정한 처분을 한 뒤에 그 처분을 감축(감액) 또는 확장(증액)하는 경우가 있다. 조세부과, 개발부담금부과 등과 같은 각종 금전부과처분의 경우에 주로 나타난다. 이러한 경우 처음의 처분을 당초처분, 뒤의 처분을 경정처분이라 하는데, 어느 것을 항고소송의 대상으로 하여야 하는지가 문제된다.

이에 관한 학설로는 ① 당초처분과 경정처분은 서로 독립하여 별개로 소송의 대상이 된다는 병존설, ② 당초처분은 경정처분에 흡수되어 소멸하고 경정처분만이 소송의 대상이 된다는 흡수설, ③ 경정처분은 당초처분에 흡수되므로 경정처분에 의하여 수정된 형태의 당초처분이 소송의 대상이 된다는 역흡수설 등이 있다.

(2) 증액경정처분

증액경정처분은 당초처분을 그대로 둔 채 당초처분에서의 과세표준과 세액을 추가하는 부분만을 추가 확정하는 처분이 아니고, 당초처분에서의 과세표준과 세액을 포함시켜 전체로서의 과세표준 및 세액을 결정하는 것이므로, 증액경정처분이 있게 되면, 당초처분은 증액경정처분에 흡수되어 독립한 존재가치를 상실하여 당연히 소멸하고, 증액경정처분만이 소송의 대상이 된다는 것이 판례의 태도였다(대법원 1992. 5. 26. 선고 91누9596 판결 등: 흡수설의 입장).

따라서 당초처분에 대한 소송 계속 중 증액경정처분이 있게 되면, 당초처분은 소송의 대상이 될 수 없으므로, 청구취지를 변경하여 경정처분을 소송의 대상으로 하여야 하고, 당초처분에 대한 불복기간이 경과된 뒤라도 경정처분시로부터 불복기간이 경과되지 않았으면, 경정처분(당초처분액이 포함된)에 대하여 소를 제기함으로써 당초의 과세처분액에 대하여도 다툴 수 있다는 것이다. 현재 과세관청은 증액경정처분을 함에 있어 당초의 과세액까지 포함한 증액된 액으로 납부고지서를 발부하는 것이 아니라, 당초의 과세액은 그대로 둔 채 추가된 세액에 대하여만 별도의 추가고지서를 발부하고 있는바, 이러한 경우에도 당초의 처분과 추가된 처분액을 합한 금액으로 증액경정처분이 된 것으로 보아 증액경정처분이 소송의 대상이 된다고 보는 것이 지금까지의 견해였다. 예를 들면 2005. 4. 1. 양도소득세 1,000만원이 부과되고, 이어 2005. 9. 1. 양도소득세 1,000만원이 추가로 부과될 경우 당초의 처분액과 추가된 처분액을 합한 2,000만원으로 경정처분이 된 것으로 보아 2005. 9. 1.

자 양도소득세 2,000만원의 부과처분이 소송의 대상이 된다고 보았다.

(3) 감액경정처분

감액경정처분은 증액경정처분의 경우와는 달리, 당초처분의 전부를 취소하고, 새로이 처분을 한 것이 아니라, 당초처분의 일부 효력을 취소하는 처분으로, 소송의 대상은 경정처분으로 감액되고 남은 당초의 처분이라는 것이 판례의 태도이다(대법원 1991. 9. 13. 선고 91누391 판결; 대법원 2012. 9. 27. 선고 2011두27247 판결 등: 역흡수설의 입장).

따라서 전심절차나 제소기간의 준수 여부도 경정처분을 기준으로 할 것이 아니라, 당초처분을 기준으로 하여야 한다.

(4) 국세기본법 제22조의2(경정 등의 효력) 규정의 신설

국세기본법은 2002. 12. 18. 제22조의2(경정 등의 효력)를 신설하였다. 동조 제1항은 "세법의 규정에 의하여 당초 확정된 세액을 증가시키는 경정은 당초 확정된 세액에 관한 이 법 또는 세법에서 규정하는 권리·의무관계에 영향을 미치지 아니한다"고 규정하고, 제2항은 "세법의 규정에 의하여 당초 확정된 세액을 감소시키는 경정은 그 경정에 의하여 감소되는 세액 외의 세액에 관한 이 법 또는 세법에서 규정하는 권리·의무관계에 영향을 미치지 아니한다"고 규정하고 있다.

위 규정의 해석과 관련하여 첫째, 증액경정처분의 경우에는 i) 위 문언상 종래 판례가 취하여 온 흡수설의 입장을 그대로 유지하기는 어렵고, 따라서 당초의 과세처분과 그 후에 추가된 세액에 관한 처분은 이제 별도의 처분으로 다루어지고, 그 결과 전심절차나 제소기간, 조세징수권의 소멸시효 등도 별도로 진행된다고 보아야 한다는 견해(병존설),[20] ii) 당초처분과 증액경정처분은 모두 동일한 과세단위에 대한 하나의 납세의무를 구체적으로 확정하기 위한 행위이므로 이를 분리하여 따로 과세표준과 세액을 계산할 수 없다는 점, 병존설에 의할 경우 소송경제에 반하고 모순된 소송 결과가 발생할 위험이 존재하는 점 등을 논거로 여전히 증액경정처분만을 소송의 대상으로 삼아야 한다고 보는 견해(흡수설),[21] iii) 증액경정처분에 있어서 당초처분은 경정처분에 흡수·소멸되지만, 다만 불가쟁력이 발생하여 확정된 세액에 대하여는 이를 다투지 못한다는 견해(제한적 흡수설)[22] 등이

20) 사법연수원, 조세법총론, 2007, 354면.

21) 손병준, "국세기본법 제22조의2의 시행 이후 당초처분에 대하여 증액경정처분이 있는 경우 항고소송의 심판대상 및 그 항고소송에서 주장할 수 있는 위법사유의 범위", 대법원판례해설 제80호(2009 상반기), 170면.

22) 백승재, "국세기본법 제22조의2에 대한 합리적 해석", 조세연구 제5집, 2005. 10, 362면.

대립하고 있다. 대법원은 제한적 흡수설의 입장을 취하고 있다(대법원 2011. 4. 14. 선고 2008두22280 판결; 대법원 2020. 4. 9. 선고 2018두57490 판결 등).[23)]

둘째, 감액경정처분의 경우에는 위 국세기본법 제22조의2(경정 등의 효력) 제2항을 감안하더라도 현재 판례가 취하고 있는 역흡수설의 입장을 그대로 적용하는 데에 별다른 무리가 없다.[24)]

판례

당초 과세처분에 대한 증액경정처분이 있는 경우 증액경정처분만이 항고소송의 심판대상이 되는지 여부(원칙적 적극) 및 그 항고소송에서 납세자가 당초 신고나 결정에 대한 위법사유를 함께 주장할 수 있는지 여부(적극) / 이때 확정된 당초 신고나 결정에서의 세액에 대하여 취소를 구할 수 있는지 여부(소극): 증액경정처분이 있는 경우 당초 신고나 결정은 증액경정처분에 흡수됨으로써 독립한 존재가치를 잃게 되어 원칙적으로 당초 신고나 결정에 대한 불복기간의 경과 여부 등에 관계없이 증액경정처분만이 항고소송의 심판대상이 되고, 납세자는 그 항고소송에서 당초 신고나 결정에 대한 위법사유도 함께 주장할 수 있다(대법원 2009. 5. 14. 선고 2006두17390 판결 참조).

그런데 구 국세기본법(2010. 1. 1. 법률 제9911호로 개정되기 전의 것) 제22조의2 제1항은 "세법의 규정에 의하여 당초 확정된 세액을 증가시키는 경정은 당초 확정된 세액에 관한 이 법 또는 세법에서 규정하는 권리·의무관계에 영향을 미치지 아니한다."라고 규정하고 있다. 위 규정의 문언 내용 및 그 주된 입법 취지가 증액경정처분이 있더라도 불복기간의 경과 등으로 확정된 당초 신고나 결정에서의 세액에 대한 불복을 제한하려는 데 있는 점을 고려하면, 확정된 당초 신고나 결정에서의 세액에 관하여는 취소를 구할 수 없고 증액경정처분에 의하여 증액된 세액의 한도 내에서만 취소를 구할 수 있다 할 것이다(대법원 2020. 4. 9. 선고 2018두57490 판결 [법인세부과처분취소]).

다. 잠정처분과 종국처분

사실관계와 법률관계의 계속적인 심사를 유보한 상태에서, 당해 행정법관계의 권리와 의무의 전부 또는 일부를 잠정적으로 확정하는 행위를 가행정행위(잠정적 행정행위)라고 한다. 연말정산에 따른 잠정세액의 부과·징수 등이 그러한 경우의 예이다.

가행정행위는 i) 개략적 심사에 기초한다는 점, ii) 불가변력이 발생하지 않는다는

23) 한편 위 제한적 흡수설은 국세기본법 제22조의2 규정의 신설에 따른 것이므로 세액에 대한 증액경정처분인 경우에만 적용되고, 그 이외의 확장(증액)경정처분에는 흡수설을 취하던 종래의 판례 태도가 여전히 적용되는지 여부에 대하여 의문이 있을 수 있다. 그에 대하여는 아직 별다른 논의나 판례가 존재하지 아니한바, 세액 이외의 확장(증액)경정처분에도 국세기본법 제22조의2 규정을 준용해야 한다는 학설과, 준용할 수 없다는 학설의 대립이 가능할 것으로 보여진다.

24) 사법연수원, 앞의 책, 354면.

점, iii) 종국결정에 의해 대체된다는 점 등을 그 특징으로 한다.

가행정행위(잠정처분)는 비록 잠정적이기는 하지만 행정행위로서의 효력을 가진다. 하지만 이후 최종적인 행정행위(종국처분)가 행하여지면 거기에 흡수되어 효력을 상실한다(대법원 2015. 2. 12. 선고 2013두987 판결).

판례

공정거래위원회가 부당한 공동행위를 한 사업자에게 과징금 부과처분(선행처분)을 한 뒤, 다시 자진신고 등을 이유로 과징금 감면처분(후행처분)을 한 경우, 선행처분의 취소를 구하는 소가 적법한지 여부(소극): 공정거래위원회가 부당한 공동행위를 행한 사업자로서 구 독점규제 및 공정거래에 관한 법률(2013. 7. 16. 법률 제11937호로 개정되기 전의 것) 제22조의2에서 정한 자진신고자나 조사협조자에 대하여 과징금 부과처분(이하 '선행처분'이라 한다)을 한 뒤, 독점규제 및 공정거래에 관한 법률 시행령 제35조 제3항에 따라 다시 자진신고자 등에 대한 사건을 분리하여 자진신고 등을 이유로 한 과징금 감면처분(이하 '후행처분'이라 한다)을 하였다면, 후행처분은 자진신고 감면까지 포함하여 처분 상대방이 실제로 납부하여야 할 최종적인 과징금액을 결정하는 종국적 처분이고, 선행처분은 이러한 종국적 처분을 예정하고 있는 일종의 잠정적 처분으로서 후행처분이 있을 경우 선행처분은 후행처분에 흡수되어 소멸한다. 따라서 위와 같은 경우에 선행처분의 취소를 구하는 소는 이미 효력을 잃은 처분의 취소를 구하는 것으로 부적법하다(대법원 2015. 2. 12. 선고 2013두987 판결 [과징금납부명령등취소청구의소]): <해설> 위 사안에서 후행처분(과징금 감면처분)은 통상의 감액처분이 아니라, 잠정적 처분에 대한 종국처분이다.

라. 적극적인 변경처분의 경우

처분청이 허가취소처분을 영업정지처분으로, 영업정지처분을 과징금부과처분으로 변경하는 경우와 같이 행정처분의 적극적인(질적인) 변경이 이루어진 경우에 무엇을 항고소송의 대상으로 할 것인지가 문제된다.

이에 대하여는 ① 변경된 형태의 당초처분을 대상으로 항고소송을 제기하여야 한다는 견해와, ② 변경처분은 당초처분을 대체하는 새로운 처분이므로 변경처분을 대상으로 항고소송을 제기하여야 한다는 견해가 대립한다.[25] ③ 판례는 변경처분(후행처분)의 내용이 당초처분(선행처분) 전체를 대체하거나 그 주요 부분을 실질적으로 변경하는 경우에는 원칙적으로 변경처분만이 소송의 대상이 된다고 하면서도, 다만 i) 선행처분의 내용 중 일부만을 소폭 변경하는 정도에 불과한 경우(대법원 2012. 12. 13. 선고 2010두20782, 20799 판결), ii) 후행처분이 선행처분의 유효를 전제로 그 내용 중 일부만을 추가·철회·변경하는 것이

25) 박균성, 행정법론(상)(제17판), 2018, 1207면.

고 그 추가·철회·변경된 부분이 그 내용과 성질상 나머지 부분과 가분적인 경우(대법원 2015. 11. 19. 선고 2015두295 전원합의체 판결)에는 선행처분과 후행처분이 병존하여 항고소송의 대상이 된다고 보고 있으므로, 절충설의 입장을 취하고 있는 것으로 파악된다.

생각건대 선행처분의 '주요 부분을 실질적으로 변경', 선행처분의 내용 중 '일부만을 소폭 변경' 등의 구별기준은 극히 애매하고 추상적이어서 실질적이고도 유용한 기준이라고 보기 힘들다. 그런데 변경처분이 행하여진 경우 소송의 대상에 대한 논의의 실익은 주로 불복제기기간의 판단에 있다. 당초처분설을 취할 경우 불복기간은 당초처분을 안 날로부터 90일 이내이지만, 변경처분설을 취할 경우 불복기간은 변경처분을 안 날로부터 90일 이내이다. 따라서 원고에게 유리하게 변경처분이 이루어진 경우에는 변경된 형태의 당초처분이 소송의 대상이 된다고 보아도 불복제기기간의 산정에 있어 원고에게 아무런 불이익이 없으므로[26] 당초처분설이 타당해 보인다.[27] 반면에 원고에게 불리하게 변경처분이 이루어진 경우 또는 당초처분과 변경처분 사이에 경중의 비교가 불가능한 경우에는 원고의 불복제기기간을 보장한다는 측면에서 변경처분이 소송의 대상이 된다고 보는 것이 타당하다.[28]

판례

[1] 선행처분의 주요 부분을 실질적으로 변경하는 내용으로 후행처분을 한 경우에 선행처분은 특별한 사정이 없는 한 그 효력을 상실하지만, 후행처분이 있었다고 하여 일률적으로 선행처분이 존재하지 않게 되는 것은 아니고 선행처분의 내용 중 일부만을 소폭 변경하는 정도에 불과한 경우에는 선행처분이 소멸한다고 볼 수 없다.

[2] 선행처분이 후행처분에 의하여 변경되지 아니한 범위 내에서 존속하고 후행처분은 선행처분의 내용 중 일부를 변경하는 범위 내에서 효력을 가지는 경우에, 선행처분의 취소를 구하는 소를 제기한 후 후행처분의 취소를 구하는 청구를 추가하여 청구를 변경하였다면 후행처분에 관한 제소기간 준수 여부는 청구변경 당시를 기준으로 판단하여야 하나, 선행처분에만 존재하는 취소사유를 이유로 후행처분의 취소를 청구할 수는 없다(대법원 2012. 12. 13. 선고 2010두20782, 20799 판결).

종전처분을 변경하는 내용의 후속처분이 있는 경우 법원이 항고소송의 대상이 되는 행정처분을 확정하는 방법: 기존의 행정처분을 변경하는 내용의 행정처분이 뒤따르는 경우, 후속처분이

---

26) 유리하게 변경된 부분에 대하여 원고가 무효확인 또는 취소를 구하는 소송을 제기한다고 할지라도, 어차피 소의 이익이 없음을 이유로 각하될 수밖에 없기 때문이다.

27) 이 경우 불복제기기간은 당초처분을 안 날부터 90일 또는 당초처분이 있은 날부터 1년이다.

28) 이 경우 불복제기기간은 변경처분을 안 날부터 90일 또는 변경처분이 있은 날부터 1년이다.

종전처분을 완전히 대체하는 것이거나 그 주요 부분을 실질적으로 변경하는 내용인 경우에는 특별한 사정이 없는 한 종전처분은 그 효력을 상실하고 후속처분만이 항고소송의 대상이 되지만(대법원 2012. 10. 11. 선고 2010두12224 판결 등 참조), 후속처분의 내용이 종전처분의 유효를 전제로 그 내용 중 일부만을 추가·철회·변경하는 것이고 그 추가·철회·변경된 부분이 그 내용과 성질상 나머지 부분과 불가분적인 것이 아닌 경우에는, 후속처분에도 불구하고 종전처분이 여전히 항고소송의 대상이 된다고 보아야 한다.

따라서 종전처분을 변경하는 내용의 후속처분이 있는 경우 법원으로서는, 후속처분의 내용이 종전처분 전체를 대체하거나 그 주요 부분을 실질적으로 변경하는 것인지, 후속처분에서 추가·철회·변경된 부분의 내용과 성질상 그 나머지 부분과 가분적인지 등을 살펴 항고소송의 대상이 되는 행정처분을 확정하여야 한다.

원심판결 이유 및 기록에 의하면, 피고 동대문구청장은 2012. 11. 14. 원고 롯데쇼핑 주식회사, 주식회사 에브리데이리테일, 주식회사 이마트, 홈플러스 주식회사, 홈플러스스토어즈 주식회사에 대하여 그들이 운영하는 서울특별시 동대문구 내 대형마트 및 준대규모점포의 영업제한 시간을 오전 0시부터 오전 8시까지로 정하고(이하 '영업시간 제한 부분'이라 한다) 매월 둘째 주와 넷째 주 일요일을 의무휴업일로 지정하는(이하 '의무휴업일 지정 부분'이라 한다) 내용의 처분을 한 사실, 위 처분의 취소를 구하는 소송이 이 사건 원심에 계속 중이던 2014. 8. 25. 위 피고는 위 원고들을 상대로 영업시간 제한 부분의 시간을 '오전 0시부터 오전 10시'까지로 변경하되, 의무휴업일은 종전과 동일하게 유지하는 내용의 처분(이하 '2014. 8. 25.자 처분'이라 한다)을 한 사실을 알 수 있다.

이러한 사실관계를 앞서 본 법리에 비추어 보면, 2014. 8. 25.자 처분은 종전처분 전체를 대체하거나 그 주요 부분을 실질적으로 변경하는 내용이 아니라, 의무휴업일 지정 부분을 그대로 유지한 채 영업시간 제한 부분만을 일부 변경하는 것으로서, 2014. 8. 25.자 처분에 따라 추가된 영업시간 제한 부분은 그 성질상 종전처분과 가분적인 것으로 여겨진다. 따라서 2014. 8. 25.자 처분으로 종전처분이 소멸하였다고 볼 수는 없고, 종전처분과 그 유효를 전제로 한 2014. 8. 25.자 처분이 병존하면서 위 원고들에 대한 규제 내용을 형성한다고 할 것이다.

그러므로 이와 다른 전제에서 2014. 8. 25.자 처분에 따라 종전처분이 소멸하여 그 효력을 다툴 법률상 이익이 없게 되었다는 취지의 피고 동대문구청장의 이 부분 상고이유 주장은 이유 없다(대법원 2015. 11. 19. 선고 2015두295 전원합의체 판결 [영업시간제한등처분취소]).

[사실관계]

소외 세종해운(주)은 1999. 3. 4. 피고(인천해양경찰서장)로부터 도선사업면허를 받아 영업을 하여 왔다. 피고는 2017. 4. 12. 세종해운(주)이 기존에 면허받은 319t 규모의 ▽▽▽호(319t, 정원 394명)를 신형 715t 규모의 ◎◎◎호(715t, 정원 504명)로 교체하는 내용의 도선사업면허변경처분을 하였다(이하 이를 '1차 변경처분'이라 한다). 세종해운(주)과 경업관계에 있는 원고는 1차 변경처분에 대한 취소소송을 제기하여 2018. 8. 16. 1심에서 승소판결을 받았다. 세종해운(주)은 1심 판결이 지적한 위법요소를 제거하면서도 노후화된 ▽▽▽호를 신형 ◎◎◎호로 교체한다는 점 자체는 유지하려는 취지에서, 1차 변경처분의 다른 내용은 그대로 유지하면서도 ◎◎◎호의 정원을 종전 504명에서 1차 변경처분이 이루어지기 전의 ▽▽▽호 정원 394명보다 적은 393명으로 감축하는 내용의 도선사업면허 변경을 신청하였고, 피고는 2018. 9. 3. 이를 받아들이는 내용의 도선사업면허 변경처분을 하였다(이하 '2차 변경처분'이라고 한다). 이후 피고는 항소하여, 2차 변경처분으로 1차 변경처분의 효력이 소멸하였으므로 원고가 1차 변경처분의 취소를 구할 소의 이익이 없고, 2차 변경처분으로 1심 판결이 지적한 위법요소가 제거되었으므로 2차 변경처분은 적법하다고 주장하였다. 이에 원고는 이 사건 항소심 계속 중인 2019. 2. 26. 2차 변경처분에 대하여 주위적으로 무효확인, 예비적으로 취소를 청구하는 내용으로 청구취지를 추가하였다.

[판결요지]

[1] 행정처분을 다툴 소의 이익은 개별·구체적 사정을 고려하여 판단하여야 한다. 행정처분의 무효확인 또는 취소를 구하는 소가 제소 당시에는 소의 이익이 있어 적법하였더라도, 소송 계속 중 처분청이 다툼의 대상이 되는 행정처분을 직권으로 취소하면 그 처분은 효력을 상실하여 더 이상 존재하지 않는 것이므로, 존재하지 않는 처분을 대상으로 한 항고소송은 원칙적으로 소의 이익이 소멸하여 부적법하다고 보아야 한다.

다만 처분청의 직권취소에도 완전한 원상회복이 이루어지지 않아 무효확인 또는 취소로써 회복할 수 있는 다른 권리나 이익이 남아 있거나 또는 동일한 소송 당사자 사이에서 그 행정처분과 동일한 사유로 위법한 처분이 반복될 위험성이 있어 행정처분의 위법성 확인 내지 불분명한 법률문제에 대한 해명이 필요한 경우 행정의 적법성 확보와 그에 대한 사법통제, 국민의 권리구제의 확대 등의 측면에서 예외적으로 그 처분의 취소를 구할 소의 이익을 인정할 수 있다: <해설> 2차 변경처분은 1차 변경처분을 완전히 대체하거나 그 주요 부분을 실질적으로 변경하는 것이 아니라, ◎◎◎호의 정원 부분만 일부 감축하는 것에 불과하고, 1차 변경처분 중 2차 변경처분에 의하여 취소되지 않고 남아 있는 내용, 즉 '노후화된 319t 규모의 ▽▽▽호를 신형 715t 규모의 ◎◎◎호로 교체한다는 점'은 경쟁사업자인 원고에게 적어도 화물운송 분야에서 여전히 불리한 효과로서 유지되고 있으므로, 원고는 '1차 변경처분 중 2차 변경처분에 의하여 취소되지 않고 남아 있는 부분'의 취소를 구할 소의 이익이 있다.

[2] 선행처분의 주요 부분을 실질적으로 변경하는 내용으로 후행처분을 한 경우에 선행처분은 특별한 사정이 없는 한 효력을 상실하지만, 후행처분이 선행처분의 내용 중 일부만을 소폭 변경하는 정도에 불과한 경우에는 선행처분은 소멸하는 것이 아니라 후행처분에 의하여 변경되지 아니한 범위 내에서는 그대로 존속한다: <해설> 2차 변경처분은 1차 변경처분을 완전히 대체하거나 그 주요 부분을 실질적으로 변경하는 것이 아니라, 다만 ◎◎◎호의 정원 부분만 일부 감축하는 것에 불과하다. ◎◎◎호의 정원 부분은 성질상 1차 변경처분의 나머지 부분과 불가분적인 것이 아니므로, 1차 변경처분 중 2차 변경처분에 의하여 취소되지 않고 남아 있는 부분은 여전히 항고소송의 대상이 된다.

[3] 일반적으로 면허나 인허가 등의 수익적 행정처분의 근거가 되는 법률이 해당 업자들 사이의 과당경쟁으로 인한 경영의 불합리를 방지하는 것도 목적으로 하고 있는 경우, 다른 업자에 대한 면허

나 인허가 등의 수익적 행정처분에 대하여 미리 같은 종류의 면허나 인허가 등의 수익적 행정처분을 받아 영업을 하고 있는 기존의 업자는 경업자에 대하여 이루어진 면허나 인허가 등 행정처분의 상대방이 아니라고 하더라도 당해 행정처분의 무효확인 또는 취소를 구할 이익이 있다. 그러나 경업자에 대한 행정처분이 경업자에게 불리한 내용이라면 그와 경쟁관계에 있는 기존의 업자에게는 특별한 사정이 없는 한 유리할 것이므로 기존의 업자가 그 행정처분의 무효확인 또는 취소를 구할 이익은 없다고 보아야 한다: <해설> 2차 변경처분은 피고가 1차 변경처분 중 ◎◎◎호의 정원 중 일부를 직권으로 취소하는 처분이므로 항고소송의 대상에는 해당한다. 그런데 2차 변경처분은 1차 변경처분에서 정한 ◎◎◎호의 정원 504명을 1차 변경처분이 있기 전의 종전 도선의 정원 394명보다 적은 393명으로 감축하는 내용이므로, 도선의 정원에 관한 한 2차 변경처분은 원고에게 유리하다. 따라서 원고는 2차 변경처분의 무효확인이나 취소를 구할 소의 이익이 없다.

[4] 어떤 행정처분을 위법하다고 판단하여 취소하는 판결이 확정되면 행정청은 취소판결의 기속력에 따라 그 판결에서 확인된 위법사유를 배제한 상태에서 다시 처분을 하거나 그 밖에 위법한 결과를 제거하는 조치를 할 의무가 있다(대법원 2020. 4. 9. 선고 2019두49953 판결): <해설> '1차 변경처분 중 2차 변경처분에 의하여 취소되지 않고 남아 있는 부분'을 취소하는 부분이 확정되면 이 사건 항로에서 ◎◎◎호를 도선으로서 운항할 법적 근거가 사라진다. 따라서 그 경우 피고는 취소판결의 기속력에 따라 위법한 결과를 제거하기 위하여 「유선 및 도선 사업법」 제9조 제1항에 의하여 세종해운(주)에 대하여 이 사건 항로에서 ◎◎◎호의 운항을 중단할 것을 명령하는 등의 필요한 조치를 취하여야 한다.

7. 묵시적 행정처분

행정청이 법률을 적법하게 집행하려면 법이론적·논리적 차원에서 필수적으로 2개 이상의 의사표시를 하여야 하는데, 담당공무원의 소양부족 또는 관행적으로 그중 1개의 의사표시만을 한 경우에, 대외적으로 표시된 1개의 의사표시에는 그에 당연히 수반되어야 하는 '관련 의사표시'가 묵시적으로 포함되어 있다고 보는 경우가 있다. 이러한 묵시적 행정처분의 대표적 사례를 몇 가지 살펴보기로 한다.[29)]

① 경원자 관계에서 갑에 대한 선정결정에 내재된 을에 대한 탈락결정: 수익적 행정처분의 발급수량이 제한된 경원자 관계에서는 행정실무상 선정자만을 발표하는 것이 보통이다. 하지만 여기에는 탈락자 결정의 의사표시가 묵시적으로 포함되어 있다고 보아야 한다. 이 경우 탈락자는 ⅰ) 경원자 소송의 형식으로 선정자 결정에 대한 취소소송을 제기할

29) 이상덕. "사회복지법인 임시이사 해임처분의 방식", 대법원판례해설 제126호, 2020년도 하반기, 98-105면.

수 있고, ii) 자신에 대한 탈락결정의 취소를 구하는 소를 제기할 수도 있다.

② 부당이득 징수처분에 내재된 보조금 교부결정의 직권취소·철회: '보조금 관리에 관한 법률'에서는 보조사업자가 거짓 신청이나 그 밖의 부정한 방법으로 보조금을 교부받은 경우에 행정청이 i) 보조금 교부결정을 직권으로 취소하고(제30조), 그 이후에 ii) 지급받은 보조금에 대한 반환명령을 하도록 규정하여(제31조), 양자를 개념적으로 명확히 구분하고 있다. 반면에 화물자동차 운수사업법, 산업재해보상보험법, 국민건강보험법 등 다수의 개별 법률에서는 위의 i)과 ii)를 개념적으로 구분하지 않은 채 단순히 부당이득을 징수하여야 한다(산업재해보상보험법 제84조; 국민건강보험법 제57조) 또는 반환을 명하여야 한다(화물자동차 운수사업법 제44조 제3항)라고만 규정하고 있다. 이때의 부당이득 징수처분의 경우 표면적으로는 지급받은 보험급여·보조금을 반환하라는 명령(명시적 의사표시)만이 있을 뿐이지만, 그 전제로서 보험급여·보조금 교부결정의 직권취소(묵시적 의사표시)가 포함되어 있다고 보아야 한다.

③ 납입고지에 내재된 금전부과처분: 납입고지와 금전부과처분은 서로 규율하는 근거 규정이 다르고, 개념적으로도 구분되는 행위이다. 그런데 행정청이 금전부과에 관한 별도의 처분서 없이 금전납입고지서 발행 형태로만 행정처분을 하는 경우가 있다. 이때 납입고지서에는 처분사유(처분의 원인이 되는 사실과 법적 근거)가 전혀 기재되어 있지 않고, 단지 얼마를 언제까지 납부하라는 결론만이 기재되어 있을 뿐인데도, 실무상으로는 대개 유효·적법한 금전부과처분이 행하여졌다고 판단하고 있다. 이 경우 표시된 행위만을 기준으로 엄밀하게 판단한다면 납입고지(명시적 의사표시) 외에 금전부과처분은 별도로 행하여진 바가 없다고 볼 수도 있다. 하지만 재판실무는 그 납입고지에 금전부과처분(묵시적 의사표시)이 포함되어 있다고 사실인정을 하고 있는 경우가 일반적이다.

④ 행정청의 불완전한 의사표시의 선해: 위에서 본 바와 같이 유형화할 수는 없지만, 그 밖에도 행정청의 불완전한 의사표시를 법원이 유효·타당한 내용으로 선해해 주는 경우가 적지 않다. 관할 행정청이 사회복지법인의 정식이사 선임보고를 수리하는 처분에는 명시적인 의사표시(정식이사 취임승인) 외에 묵시적인 의사표시(임시이사 해임처분)가 포함되어 있다고 해석하는 것(대법원 2020. 10. 29. 선고 2017다269152 판결)이 그러한 경우의 예이다.

판례

검사 지원자 중 한정된 수의 임용대상자에 대한 임용결정만을 하는 경우 임용대상에서 제외

된 자에 대하여 임용거부의 소극적 의사표시를 한 것으로 볼 것인지 여부(적극): 검사 지원자 중 한정된 수의 임용대상자에 대한 임용 결정은 한편으로는 그 임용대상에서 제외한 자에 대한 임용거부결정이라는 양면성을 지니는 것이므로 임용대상자에 대한 임용의 의사표시는 동시에 임용대상에서 제외한 자에 대한 임용거부의 의사표시를 포함한 것으로 볼 수 있고, 이러한 임용 거부의 의사표시는 본인에게 직접 고지되지 않았다고 하여도 본인이 이를 알았거나 알 수 있었을 때에 그 효력이 발생한 것으로 보아야 한다(대법원 1991. 2. 12. 선고 90누5825 판결).

[3] **행정청이 행정처분을 하면서 논리적으로 당연히 수반되어야 하는 의사표시를 명시적으로 하지 않았으나 그것이 행정청의 추단적 의사에도 부합하고 상대방도 이를 알 수 있는 경우, 행정처분에 위와 같은 의사표시가 묵시적으로 포함되어 있다고 볼 수 있는지 여부(적극)**: 행정절차법 제24조 제1항은 행정청이 처분을 할 때에는 다른 법령 등에 특별한 규정이 있는 경우, 신속히 처리할 필요가 있거나 사안이 경미한 경우를 제외하고는 원칙적으로 문서로 하여야 한다고 정하고 있다. 이는 처분 내용의 명확성을 확보하고 처분의 존부에 관한 다툼을 방지하여 처분상대방의 권익을 보호하기 위한 것이므로, 행정청이 문서로 처분을 한 경우 원칙적으로 처분서의 문언에 따라 어떤 처분을 하였는지 확정하여야 한다. 그러나 처분서의 문언만으로는 행정청이 어떤 처분을 하였는지 불분명한 경우에는 처분 경위와 목적, 처분 이후 상대방의 태도 등 여러 사정을 고려하여 처분서의 문언과 달리 처분의 내용을 해석할 수 있다. 특히 행정청이 행정처분을 하면서 논리적으로 당연히 수반되어야 하는 의사표시를 명시적으로 하지 않았다고 하더라도, 그것이 행정청의 추단적 의사에도 부합하고 상대방도 이를 알 수 있는 경우에는 행정처분에 위와 같은 의사표시가 묵시적으로 포함되어 있다고 볼 수 있다.

[4] **관할 행정청이 사회복지법인의 정식이사 선임보고를 수리하는 처분에 종전 임시이사 해임처분이 포함된 것으로 보아야 하는지 여부(원칙적 적극)**: 구 사회복지사업법(2011. 8. 4. 법률 제10997호로 개정되기 전의 것) 제18조 제5항, 구 사회복지사업법 시행규칙(2012. 8. 3. 보건복지부령 제147호로 개정되기 전의 것) 제10조 등에 따르면, 관할 행정청은 사회복지법인으로부터 정식이사 선임에 대한 보고를 받으면 첨부하여 제출된 이사회 회의록, 이력서, 특수관계 부존재 각서 등을 기초로 해당 임원이 적법한 이사회결의를 통해 선임되었는지 여부와 출연자와 특수한 관계가 있는지 등을 심사한 다음 이를 수리하는 처분을 하게 된다. 임시이사는 이사의 결원을 보충하기 위하여 정식이사가 선임될 때까지만 재임하는 것이 원칙이므로, 정식이사의 선임과 종전 임시이사의 해임은 동시에 이루어져야 한다. 따라서 새로 선임된 정식이사와 종전 임시이사가 일시적으로라도 병존하여야 하는 다른 특별한 사정이 없는 한, 관할 행정청이 사회복지법인의 정식이사 선임보고를 수리하는 처분에는 정식이사가 선임되어 이사의 결원이 해소되었음을 이유로 종전 임시이사를 해임하는 의사표시, 즉 임시이사 해임처분이 포함된 것으로 보아야 한다(대법원 2020. 10. 29. 선고 2017다269152 판결 [이사회결의무효확인의소]).

8. 신고납부행위(이른바 확인적 부과처분)

(1) 부과과세방식의 조세에서 납세자가 과세관청의 과세처분이 있기 전에 각종 세법상의 자진신고납세 규정에 의하여 조세를 신고납부한 경우에, 과세관청이 이를 수령만 하고 명시적인 과세처분을 하지 아니하는 경우가 있다.

이러한 경우 과세관청의 확인적 부과처분이 있는 것으로 보아 그 부과처분이 항고소송의 대상이 된다는 견해가 있다.

그러나 이러한 경우를 부과처분이 있는 것으로 보면, 과세처분의 존재 여부가 불분명하여 납세의무자의 권리구제에 충실하지 못할 뿐만 아니라, 부과과세방식의 조세는 과세관청이 과세표준과 세액을 결정함에 따라 확정되고 납세고지서에 의하여 납세의무자에게 통지함으로써 효력이 발생하는 것이므로, 납세고지서에 의한 통지가 없는 부과처분이란 허용될 수 없어 확인적 부과처분은 인정할 수 없다(대법원 1990. 5. 11. 선고 87누553 판결).

(2) 한편 신고납세방식의 국세에 있어서는 납세자가 과세관청에 대하여 과세표준과 세액을 신고한 때에 세액 확정의 효력이 발생하므로(국세기본법 제22조 제1항; 동법 시행령 제10조의2), 확인적 부과처분의 문제는 생길 여지가 없으며, 자진신고납부하는 세금을 과세관청이 수납하는 행위는 단순한 사무적 행위에 불과할 뿐, 부과처분이 있는 것이 아니다(대법원 1990. 3. 27. 선고 88누4591 판결 등).

다만, 지방세법 제72조 제1항은 신고납부 또는 수정신고납부를 하는 경우에는 그 신고납부를 한 때에 처분이 있었던 것으로 본다고 규정하고 있으므로, 신고납부하는 지방세에 있어서는 신고 또는 수정신고 납부시 처분이 있는 것으로 보아 그 처분이 항고소송의 대상이 된다.

9. 경 고

행정상의 법률관계에 있어 경고가 행하여지는 경우가 다수 존재한다. 이러한 경고는 관련 규정의 취지에 비추어 상대방의 권리·의무에 직접적으로 영향을 미친다고 판단되는 경우는 항고소송의 대상이 되는 처분이고, 그러지 아니한 경우는 처분이 아니라고 보아야 한다.

그리하여 판례는 징계의 일환으로 행하여지는 (불문)경고의 경우 관련 규정의 취지에 비추어 상대방의 권리·의무에 직접적으로 영향을 미친다고 판단되는 경우에는 처분성을 인정하고(대법원 2002. 7. 26. 선고 2001두3532 판결), 그렇지 아니한 경우에는 처분성을 부정하고 있다(대법원 2004. 4. 23. 선고 2003두13687 판결).

그 밖에 금융감독원장으로부터 문책경고를 받은 금융기관의 임원이 일정기간 금융업종 임원등선임의 자격제한을 받도록 관계 법령에 규정되어 있는 경우, 그 문책경고는 그 상대방의 권리의무에 직접 영향을 미치는 행위이므로 행정처분에 해당하고(대법원 2005. 2. 17. 선고 2003두14765 판결), 표시·광고의 공정화에 관한 법률에 위반하여 허위·과장광고를 하였다는 이유로 공정거래위원회가 청구인들에게 한 경고는 관련 규정의 취지에 비추어 보건대, 향후 과징금의 부과 및 가중사유에 반영되는 등 청구인들의 권리의무에 직접 영향을 미치므로 행정소송의 대상이 되는 처분으로 보는 것이 타당하다고 본다(헌법재판소 2012. 6. 27. 선고 2010헌마508 결정).

판례

[1] **어떠한 처분의 근거나 법적인 효과가 행정규칙에 규정되어 있는 경우, 그 처분이 항고소송의 대상이 되는 행정처분에 해당하기 위한 요건**: 항고소송의 대상이 되는 행정처분이라 함은 원칙적으로 행정청의 공법상 행위로서 특정 사항에 대하여 법규에 의한 권리의 설정 또는 의무의 부담을 명하거나 기타 법률상 효과를 발생하게 하는 등으로 일반 국민의 권리 의무에 직접 영향을 미치는 행위를 가리키는 것이지만, 어떠한 처분의 근거나 법적인 효과가 행정규칙에 규정되어 있다고 하더라도, 그 처분이 행정규칙의 내부적 구속력에 의하여 상대방에게 권리의 설정 또는 의무의 부담을 명하거나 기타 법적인 효과를 발생하게 하는 등으로 그 상대방의 권리 의무에 직접 영향을 미치는 행위라면, 이 경우에도 항고소송의 대상이 되는 행정처분에 해당한다.

[2] 행정규칙에 의한 '불문경고조치'가 비록 법률상의 징계처분은 아니지만 위 처분을 받지 아니하였다면 차후 다른 징계처분이나 경고를 받게 될 경우 징계감경사유로 사용될 수 있었던 표창공적의 사용가능성을 소멸시키는 효과와 1년 동안 인사기록카드에 등재됨으로써 그 동안은 장관표창이나 도지사표창 대상자에서 제외시키는 효과 등이 있다는 이유로 항고소송의 대상이 되는 행정처분에 해당한다고 한 사례(대법원 2002. 7. 26. 선고 2001두3532 판결). <해설> 징계감경사유를 소멸시키는 효과와 1년 동안 장관표창이나 도지사표창 대상자에서 제외시키는 효과 등에 비추어 보건대, 불문경고조치의 처분성은 인정할 수 있다. 다만 법령의 위임도 없이 국민의 권리의무에 직접 영향을 미치는 사항을 정한 행정규칙은 법률유보의 원칙에 위반되어 무효인 것이며, 따라서 이러한 무효인 행정규칙에 근거한 행정작용(불문경고조치)도 역시 위법한 처분이라고 판단하는 것이 보다 타당하였을 것으로 보여진다.

구 서울특별시교육·학예에관한감사규칙(1999. 1. 15. 교육규칙 제540호로 개정되고 2002. 6. 25. 교육규칙 제605호로 폐지된 것) 제11조, '서울특별시교육청감사결과지적사항및법률위반공무원처분기준'에 정해진 경고는, 교육공무원의 신분에 영향을 미치는 교육공무원법령상의 징계의 종류에 해당하지 아니하고, 인사기록카드에 등재되지도 않으며, '2001년도정부포상업무지침'에 정해진 포상추천 제외대상이나 교육공무원징계양정등에관한규칙 제4조 제1항 단서에 정해진 징계감경사유 제외대상에 해당하지도 않을 뿐만 아니라, '서울특별시교육청교육공무원평정업무처리요령'에 따라 근무평정자가 위와 같은 경고를 이유로 경고를 받은 자에게 상위권 평점을 부여하지 않는다고 하더라도 그와 같은 사정은 경고 자체로부터 직접 발생되는 법률상 효과라기보다는 경고를 받은 원인이 된 비위사실이 인사평정 당시의 참작사유로 고려되는 사실상 또는 간접적인 효과에 불과한 것이어서 교육공무원으로서의 신분에 불이익을 초래하는 법률상의 효과를 발생시키는 것은 아니라 할 것이다. 따라서 위와 같은 경고는, 교육공무원법, 교육공무원징계령, 교육공무원징계양정등에관한규칙에 근거하여 행해지고, 인사기록카드에 등재되며, '2001년도정부포상업무지침'에 따른 포상추천 제한사유 및 교육공무원징계양정등에관한규칙 제4조 제1항 단서에 정해진 징계감경사유 제외대상에 해당하는 불문(경고)과는 달리, 항고소송의 대상이 되는 행정처분에 해당하지 않는다고 할 것이다(대법원 2004. 4. 23. 선고 2003두13687 판결).

제3목 행정심판재결

Ⅰ. 의 의

행정소송법은 행정심판재결을 행정처분과 함께 항고소송의 대상으로 명시하고 있다(제2조 제1항 제1호, 제3조 제1호).

행정심판재결은 준사법작용이기는 하지만, 행정청이 하는 공권력적 행위라는 점에서 당연 항고소송의 대상이 된다고 할 것인데, 행정소송법이 위와 같은 행정심판재결을 일반처분과 구별하여 별도로 항고소송의 대상으로 규정하고 있는 것은 과거 재결이 소송의 대상이 되는지 여부에 대하여 논란이 있었던 점과 관련하여 재결도 항고소송의 대상이 됨을 명확히 하는 한편, 재결의 특성으로 말미암아 일반처분과 달리 규율할 필요성이 있기 때문이다.

아울러 여기서 말하는 재결에는 행정심판법의 규정에 따라 행하여지는 형식적 의미의 행정심판재결뿐만 아니라, 이의신청·심사청구 등 그 명칭 여하와 상관없이 각종 특별법령의 규정에 따라 행하여지는 실질적 행정심판에 따른 재결을 모두 포함하는 개념이다.

II. 원처분주의와 재결주의

1. 의 의

원처분과 이에 대한 재결은 모두 행정청의 공권력적 행위로서 다 같이 항고소송의 대상이 될 수 있다 할 것인데, 아무런 제한 없이 양자를 모두 소송의 대상으로 허용할 경우 판결의 저촉이나 소송경제에 반하는 등의 문제가 발생한다.

그래서 원칙적으로 원처분만을 소송의 대상으로 허용하거나 또는 재결에 대하여만 소를 허용하는 등의 제한이 필요하게 되었는바, 원처분주의와 재결주의가 그것이다.

2. 원처분주의

원처분주의라고 하는 것은 원처분과 재결에 대하여 다 같이 소를 제기할 수 있도록 하되, 원처분의 위법은 원처분취소(무효)소송에서만 주장할 수 있고, 재결취소(무효)의 소에 있어서는 원처분의 하자가 아닌 재결에 고유한 하자에 대하여만 주장할 수 있도록 하는 제도를 말한다.

3. 재결주의

재결주의라고 하는 것은 원처분에 대하여는 제소 자체가 허용되지 아니하고 재결에 대하여서만 제소를 인정하되, 재결 자체의 위법뿐만 아니라 원처분의 위법도 재결취소(무효확인) 소송에서 주장할 수 있도록 하는 제도를 말한다.

4. 현행법의 태도

원처분주의를 채택할 것인가, 아니면 재결주의를 채택할 것인가는 입법정책으로 결정할 문제이다. 그런데 재결주의는 위법한 처분으로 인하여 권리·이익을 침해받았음에도 그에 대하여는 제소하지 못하고, 재결을 기다려 비로소 소를 제기하여야 하는 점에서 권리구제에 충실하지 못할 뿐만 아니라 재결의 위법과 원처분의 위법을 아울러 다투는 경우의 심리 판단의 순서, 판결의 구속력의 범위 등 곤란한 문제가 발생한다. 따라서 우리 행정소송법 제19조 단서,[30] 제38조는 원처분과 아울러 재결에 대하여도 취소소송이나 무효등확인

30) 행정소송법 제19조(취소소송의 대상) 취소소송은 처분 등을 대상으로 한다. 다만, 재결취소소송의 경우에는 재결 자체에 고유한 위법이 있음을 이유로 하는 경우에 한한다.

소송 등 항고소송을 제기할 수 있도록 하면서, 단지 재결에 대한 소송에 있어서는 원처분의 위법을 이유로 할 수 없고, 재결 자체에 고유한 위법이 있음을 이유로 하는 경우에 한하도록 하여 원칙적으로 원처분주의를 채택하고 있다.

다만 예외적으로 개별 법률이 재결주의를 택하고 있는 경우가 있을 수 있다. 지방노동위원회의 원처분은 소송의 대상이 되지 못하고, 그에 대한 재결에 해당하는 중앙노동위원회의 재심판정만이 소송의 대상이 되는 경우가 그러한 예이다(노동위원회법 제26조, 제27조).

Ⅲ. 재결 자체에 고유한 위법

1. 의 의

재결 자체에 고유한 위법이란 원처분에는 없고 재결에만 있는 하자를 말한다. 아래에서 구체적으로 그 내용을 살펴보기로 한다.

판례

행정소송법 제19조 소정의 '재결 자체에 고유한 위법'의 의미: 행정소송법 제19조에서 말하는 '재결 자체에 고유한 위법'이란 원처분에는 없고 재결에만 있는 재결청의 권한 또는 구성의 위법, 재결의 절차나 형식의 위법, 내용의 위법 등을 뜻하고, 그 중 내용의 위법에는 위법·부당하게 인용재결을 한 경우가 해당한다(대법원 1997. 9. 12. 선고 96누14661 판결): <해설> 행정심판재결도 그 자체에 고유한 위법이 있는 경우에는 항고소송의 대상이 된다. 이 경우에는 행정심판위원회가 피고가 된다. 한편 항고소송은 위법한 처분 등만을 대상으로 하므로, 위 판례가 부당한 재결에 대해서도 항고소송을 제기할 수 있는 것처럼 판시한 부분은 표현상 문제가 있다.

2. 주체·절차·형식상의 하자

재결청의 권한 또는 구성에 위법사유(권한이 없는 기관이 재결하거나 행정심판위원회 구성원에 결격사유가 있는 경우 등)가 있거나, 재결의 절차(행정심판법상의 심판절차를 준수하지 아니한 경우)나 형식(서면에 의하지 아니한 재결이나 재결서에 주요 기재 사항이 누락된 경우)에 위법사유가 있는 경우에는 원처분에는 없는 재결 자체의 고유한 하자가 있는 경우로서 원처분뿐만 아니라 재결도 항고소송의 대상이 된다.

3. 내용상의 하자

가. 의 의

행정심판청구가 적법함에도 실체심리를 하지 아니한 채 각하하거나, 사정재결의 사유가 없음에도 불구하고 사정재결을 하여 청구를 기각한 경우 또는 위법하게 인용재결을 한 경우 등과 같이 재결내용에 위법사유가 있는 경우를 말한다.

나. 각하재결

판례는 행정심판청구가 부적법하지 않음에도 각하한 재결은 심판청구인의 실체심리를 받을 권리를 박탈한 것으로서 원처분에 없는 고유한 하자가 있는 경우에 해당하고, 따라서 위 재결은 취소소송의 대상이 된다고 한다(대법원 2001. 7. 27. 선고 99두2970 판결).

다. 기각재결

(1) 원 칙

원처분과 기본적으로 동일한 이유로 원처분을 정당하다고 유지하여 행정심판청구를 기각하는 재결을 항고소송의 대상으로 삼을 수는 없다. 이러한 기각재결에 대하여 그 내용상의 위법을 주장하여 보았자 그것은 원처분과 동일한 하자를 주장하는 것에 불과하고, 이 경우에는 원처분의 취소를 구하는 것이 보다 직접적인 권리구제수단이 될 것이기 때문이다.

(2) 예 외

(가) 사정재결의 경우

원처분이 위법하다고 인정하면서도 이를 취소하는 것이 현저히 공공복리에 적합하지 않는다고 하여 기각한 사정재결에 대하여는 사정재결을 할 사유가 없음을 들어 재결취소의 소를 제기할 수 있다. 이 경우에는 재결 자체에 고유한 위법이 있다고 보아야 한다.

(나) 원처분과는 별개의 사유로 기각재결이 내려진 경우

행정심판위원회가 원처분과는 별개의 사유로 청구를 기각하는 재결을 내릴 수도 있다. 이때 재결 자체의 고유한 위법이 있다고 볼 수 있는가? 이 경우 행정소송법 제19조가 원처분주의를 취하고 있다는 점, 취소소송의 소송물이 위법성 일반이라는 점, 이유 없는 원처분이 있을 수도 있다는 점 등을 들어 원처분설을 취하는 견해가 유력하다. 반면에 처분이유가 달라지면 별개의 처분이 된다는 점, 행정심판위원회가 붙인 이유의 정당성을 원처분청으로 하여금 방어하도록 하는 것은 타당하지 않다는 점 등을 이유로 하여 기각재결설을 주장하는 견해도 있다. 생각건대 다음과 같이 경우를 나누어 살펴 볼 필요가 있다.

1) 원처분의 사유와 기본적 사실관계가 같은 경우: 당초처분의 근거로 삼은 사유와 기본적 사실관계의 동일성이 인정되는 한도 내에서는 처분사유의 그 추가·변경이 허용된다는 것이 판례의 태도이다(대법원 2003. 12. 11. 선고 2001두8827 판결). 따라서 행정심판위원회가 내세운 사유가 원처분의 사유와 기본적 사실관계의 동일성이 인정되는 경우에는 원처분주의의 원칙에 따라 원처분만을 소송의 대상으로 삼아야 한다.

2) 원처분의 이유와 기본적 사실관계가 다른 경우: 기본적 사실관계의 동일성이 인정되지 않는 경우에는 처분사유의 추가·변경이 허용되지 않는다. 따라서 행정심판위원회가 내세운 사유가 원처분의 사유와 기본적 사실관계가 다른 경우에는 전혀 새로운 별개의 처분이 된다고 할 것이므로 이때에는 재결 자체의 고유한 위법이 있는 경우라고 보아야 할 것이다. 이러한 입장에 설 경우 원처분뿐만 아니라 재결도 취소소송의 대상이 된다.

3) 판례: 판례의 태도는 분명하지 않다(대법원 2014. 5. 16. 선고 2013두26118 판결 참조). 생각건대, 비록 직권주의가 가미되어 있다고 하여도 행정소송은 여전히 처분권주의 및 당사자주의·변론주의를 그 기본구조로 하고 있다. 따라서 위 판례의 경우 원고가 원처분만을 소송대상으로 하고 재결에 대하여는 소를 제기하지 아니하였으므로 법원으로서는 원처분만에 대하여 심리·판단할 수밖에 없었던 것으로 보여지고, 만약 원고가 재결에 대해서도 소를 제기하였다면 원처분뿐만 아니라 기각재결도 소송의 대상이 될 수 있었다고 보는 것이 타당하다고 생각된다.

판례

항고소송에서 행정청이 처분의 근거 사유를 추가하거나 변경하기 위한 요건인 '기본적 사실관계의 동일성' 유무의 판단 방법 및 이러한 법리가 행정심판 단계에서도 적용되는지 여부(적극): 행정처분의 취소를 구하는 항고소송에서 처분청은 당초 처분의 근거로 삼은 사유와 기본적 사실관계가 동일성이 있다고 인정되는 한도 내에서만 다른 사유를 추가 또는 변경할 수 있고, 이러한 기본적 사실관계의 동일성 유무는 처분사유를 법률적으로 평가하기 이전의 구체적 사실에 착안하여 그 기초인 사회적 사실관계가 기본적인 점에서 동일한지에 따라 결정되므로, 추가 또는 변경된 사유가 처분 당시에 이미 존재하고 있었다거나 당사자가 그 사실을 알고 있었다고 하여 당초의 처분사유와 동일성이 있다고 할 수 없다. 그리고 이러한 법리는 행정심판 단계에서도 그대로 적용된다(대법원 2014. 5. 16. 선고 2013두26118 판결): <해설> 원고(*원종시장정비사업조합설립추진위원회)는 구 재래시장법에 근거하여 2006. 10. 12. 피고(*경기도지사)에게 원종시장을 시장정비사업시행구역으로 선정해 달라는 신청을 하였고, 피고는 2009. 11. 20. 위 시장정비사업시행구역선정신청에 대한 거부처분을 하였다. 이에 원고는 2010. 2. 2. 중앙행정심판위원회에 위 거부처분의 취소를 구하는 행정심판 청구를 하였는데, 중앙행정심판위원회는 당초 처분사유와 기본적 사실관계가 동일하지 아니한 추가 처분사유에 근거하여 위 행정심판청구를 기각하는 재결을 하였다. 이에 원고가 원처분(거부처분)만을 소송의 대상으로 하고, 원처분청인 경기도지사를 피고로 하여 취소소송을 제기한 경우이다.

위 판례에서 기본적 사실관계가 동일하지 아니한 추가 처분사유는 원처분을 정당화하는 근거가 될 수 없다고 법원이 심리·판단하였다는 점에 있어서는 원처분설을 취하였다고 볼 여지도 있다. 하지만 민사소송뿐만 아니라 행정소송도 처분권주의 및 당사자주의·변론주의를 그 기본구조로 하고 있는바, 원고가 원처분만을 소송대상으로 하고 재결에 대하여는 소를 제기하지 아니하였으므로, 법원으로서는 원처분만에 대하여 심리·판단할 수밖에 없었던 것으로 보여진다. 위 사안의 경우 원고가 재결에 대해서도 소를 제기하였다면 원처분뿐만 아니라 기각재결도 소송의 대상이 될 수 있었다고 보는 것이 타당하다.

라. 인용재결

(1) 원 칙

통상의 경우는 인용재결에 대하여 불복할 이유도, 그 취소 등을 구할 이익도 없다. 청구인으로서는 아무런 불만이 있을 수 없고, 피청구인인 행정청(처분청)은 재결의 기속력으로 인하여 이에 불복할 수 없으므로(행정심판법 제49조 제1항) 쟁송절차는 그대로 종결된다.

(2) 예외-복효적 행정행위의 경우

특정인에게는 이익이 되고 다른 이에게는 불이익이 되는 행정행위인 이른바 제3자효를 수반하는 행정행위에 있어서 인용재결이 있게 되면, 그로 인하여 행정처분의 상대방이나 제3자가 피해를 입을 수 있다. 예를 들면, 특정인에 대한 건축허가에 대하여 인근 주민들이 취소를 구하는 행정심판을 청구하여 그 건축허가를 취소한다는 인용재결이 있을 경우의 그 건축주, 반대로 건축허가거부에 대하여 건축주가 제기한 행정심판(의무이행심판 또는 거부처분취소심판)이 받아들여진 경우의 인근 주민 등이 그들이다. 이와 같이 원처분으로는 피해를 입지 않았으나 재결로 인하여 비로소 피해를 입게 된 행정처분의 상대방이나 제3자로서는 원처분에 대하여는 불복할 이유가 없고, 재결을 대상으로 불복할 수밖에 없다. 다만 인용재결로 인하여 권리이익이 새로이 침해된 것이 아니라 간접적이거나 사실적·경제적 이해관계가 침해되는 것에 불과한 경우에는 인용재결의 취소를 구할 소익이 없다(대법원 1995. 6. 13. 선고 94누15592 판결).

위와 같이 인용재결에 대하여 취소의 소를 제기하는 경우 제①설은 위에서 소송의 대상이 된 인용재결은 원처분과는 내용을 달리하는 것으로, 그 인용재결의 취소를 구하는 소는 원처분에는 없는 재결 자체의 위법을 주장하는 셈이 되고, 따라서 이 경우 인용재결이 취소소송의 대상이 되는 것은 행정소송법 제19조 단서의 규정에 의한 것(재결 자체에 고유한 위법이 있는 경우)이라고 본다. 원처분 취소와는 별도로 재결취소의 소를 인정한 실익은 이러한 복효적 행정행위에 있어서 인용재결로 인하여 비로소 권리를 침해당한 자로 하여금 권리구제를 받을 수 있게 하려는 데에 있다는 것이다.[31] 이것이 판례의 입장이기도 하다(대법원 1997. 12. 23. 선고 96누10911 판결; 대법원 2001. 5. 29. 선고 99두10292 판결 등). 이에 대하여 제②설은 위의 경우에 제3자는 인용재결로 인하여 비로소 권익침해를 받게 되는 것이므로 당해 인용재결은 형식상으로는 재결이지만 실질적으로 제3자에게는 최초의 처분으로서의 성질을 갖는 것이고, 따라서 제3자는 행정소송법 제19조 본문의 규정에 따라 인용재결이라는 처분에 대한 취소소송을 제기할 수 있는 것으로 보는 것이 타당하다고 본다.[32]

판례

제3자효를 수반하는 행정행위에 대하여 제3자가 행정심판을 제기하여 그 처분이 취소되는 재결이 있자 그 원처분의 상대방이 위 재결에 대한 취소소송을 제기한 경우, 위 소송이 재결에 고유한 하자를 주장하는 것이 되는지 여부(적극): 이른바 복효적 행정행위, 특히 제3자효를 수반하는 행정행위에 대한 행정심판청구에 있어서 그 청구를 인용하는 내용의 재결로 인하여 비로소 권리이익을 침해받게 되는 자는 그 인용재결에 대하여 다툴 필요가 있고, 그 인용재결은 원처분과 내용을 달리하는 것이므로 그 인용재결의 취소를 구하는 것은 원처분에는 없는 재결에 고유한 하자를 주장하는 셈이어서 당연히 항고소송의 대상이 된다(대법원 1997. 12. 23. 선고 96누10911 판결 등).

가. 제3자효를 수반하는 행정행위에 대한 행정심판청구의 인용재결에 대하여 제3자가 재결취소를 구할 소의 이익이 있는지 여부: 이른바 복효적 행정행위, 특히 제3자효를 수반하는 행정행위에 대한 행정심판청구에 있어서 그 청구를 인용하는 내용의 재결로 인하여 비로소 권리이익을 침해받게 되는 자(예컨대, 제3자가 행정심판청구인인 경우의 행정처분 상대방 또는 행정처분 상대방이 행정심판청구인인 경우의 제3자)는 재결의 당사자가 아니라고 하더라도 그 인용재결의 취소를

31) 윤영선, "항고소송 대상으로서의 행정심판 재결", 법조 제42권 제12호(통권 447호), 1993. 12, 72면.
32) 박균성, 행정법론(상)(제12판), 2013, 1065면.

구하는 소를 제기할 수 있으나, 그 인용재결로 인하여 새로이 어떠한 권리이익도 침해받지 아니하는 자인 경우에는 그 재결의 취소를 구할 소의 이익이 없다.

나. 어업면허취소처분에 대한 면허권자의 행정심판청구를 인용한 재결에 대하여 제3자가 재결취소를 구할 소의 이익이 없다고 본 사례: 처분상대방이 아닌 제3자가 당초의 양식어업면허처분에 대하여는 아무런 불복조치를 취하지 않고 있다가 도지사가 그 어업면허를 취소하여 처분상대방인 면허권자가 그 어업면허취소처분의 취소를 구하는 행정심판을 제기하고 이에 재결기관인 수산청장이 그 심판청구를 인용하는 재결을 하자 비로소 그 제3자가 행정소송으로 그 인용재결을 다투고 있는 경우, 수산청장의 그 인용재결은 도지사의 어업면허취소로 인하여 상실된 면허권자의 어업면허권을 회복하여 주는 것에 불과할 뿐 인용재결로 인하여 제3자의 권리이익이 새로이 침해받는 것은 없고, 가사 그 인용재결로 인하여 그 면허권자의 어업면허가 회복됨으로써 그 제3자에 대하여 사실상 당초의 어업면허에 따른 효과와 같은 결과를 초래한다고 하더라도 이는 간접적이거나 사실적·경제적인 이해관계에 불과하므로, 그 제3자는 인용재결의 취소를 구할 소의 이익이 없다고 본 사례(대법원 1995. 6. 13. 선고 94누15592 판결): <해설> 위 사안에서 처분의 상대방이 아닌 제3자로서는 자신의 권익을 직접 침해하는 (원상회복된) 당초의 양식어업면허처분을 다투어야 할 것이다. 다만 이 경우에도 불복제기기간은 당초의 양식어업면허처분이 있은 날을 기준으로 기산하여야 한다.

(3) 형성적 재결과 명령적 재결

(가) 의의: 취소심판의 인용재결에는 위원회 스스로가 직접 처분을 취소 또는 다른 처분으로 변경하는 형성적 재결과 피청구인에 대하여 처분을 다른 처분으로 변경할 것을 명하는 명령적 재결(이행적 재결)의 두 종류가 있다(행정심판법 제43조 제3항). 의무이행재결의 경우에도 위원회가 직접 신청에 따른 처분을 하는 형성적 재결과 피청구인에게 신청에 따른 처분을 할 것을 명하는 명령적 재결의 두 종류가 있다(행정심판법 제43조 제5항).

(나) 소송의 대상: 재결로 인하여 피해를 입은 자가 그 효력을 다투고자 하는 경우 형성적 재결에 대하여는 그 재결 외에 그에 따른 행정청의 별도의 처분이 있지 않기 때문에(원행정청이 그 재결에 따라 변경된 처분의 내용을 다시 관계인에게 통지하는 경우가 있으나 이는 법률적인 효력이 없는 은혜적 조치에 불과하다 할 것이다), 재결 자체를 쟁송의 대상으로 하여야 한다(대법원 1997. 5. 30. 선고 96누14678 판결; 대법원 1997. 12. 23. 선고 96누10911 판결 등).

판례

[1] **형성적 재결의 효력**: 행정심판법 제32조 제3항에 의하면 재결청은 취소심판의 청구가 이유

있다고 인정되는 때에는 처분을 취소 또는 변경하거나 처분청에게 취소 또는 변경할 것을 명한다고 규정하고 있으므로, 행정심판에 있어서 재결청의 재결 내용이 처분청의 취소를 명하는 것이 아니라 처분청의 처분을 스스로 취소하는 것일 때에는 그 재결의 형성력이 발생하여 당해 행정처분은 별도의 행정처분을 기다릴 것 없이 당연히 취소되어 소멸되는 것이다.

[2] **형성적 재결의 결과통보가 항고소송의 대상이 되는 행정처분에 해당하는지 여부(소극)**: 재결청으로부터 '처분청의 공장설립변경신고수리처분을 취소한다'는 내용의 형성적 재결을 송부받은 처분청이 당해 처분의 상대방에게 재결결과를 통보하면서 공장설립변경신고 수리시 발급한 확인서를 반납하도록 요구한 것은 사실의 통지에 불과하고 항고소송의 대상이 되는 새로운 행정처분이라고 볼 수 없다(대법원 1997. 5. 30. 선고 96누14678 판결).

[2] **원처분에 대한 형성적 취소재결이 확정된 후 처분청이 다시 원처분을 취소한 경우, 위 처분이 항고소송의 대상이 되는 처분인지 여부(소극)**: 당해 의약품제조품목허가처분취소재결은 보건복지부장관이 재결청의 지위에서 스스로 제약회사에 대한 위 의약품제조품목허가처분을 취소한 이른바 형성재결임이 명백하므로, 위 회사에 대한 의약품제조품목허가처분은 당해 취소재결에 의하여 당연히 취소·소멸되었고, 그 이후에 (처분청이) 다시 위 허가처분을 취소한 당해 처분은 당해 취소재결의 당사자가 아니어서 그 재결이 있었음을 모르고 있는 위 회사에게 위 허가처분이 취소·소멸되었음을 확인하여 알려주는 의미의 사실 또는 관념의 통지에 불과할 뿐 위 허가처분을 취소·소멸시키는 새로운 형성적 행위가 아니므로 항고소송의 대상이 되는 처분이라고 할 수 없다.

[3] 당해 사안에서와 같이 원처분의 상대방이 아닌 제3자가 행정심판을 청구하여 재결청이 원처분을 취소하는 형성재결을 한 경우에 그 원처분의 상대방은 그 재결에 대하여 항고소송을 제기할 수밖에 없고, 이 경우 재결은 원처분과 내용을 달리 하는 것이어서 재결의 취소를 구하는 것은 원처분에 없는 재결 고유의 위법을 주장하는 것이 된다(대법원 1998. 4. 24. 선고 97누17131 판결).

그런데 명령적 재결에 대하여는 재결 외에 그에 따른 행정청의 처분이 있게 되므로 그중 어느 것을 다투어야 하는지에 관하여 견해의 대립이 있을 수 있다. 이에 대하여는 ① 재결과 그에 따른 처분이 모두 독립된 행정처분이라는 데에 근거하여 재결과 그에 따른 처분이 각각 소송의 대상이 될 수 있다는 견해, ② 명령적 재결이 있다 하더라도 그에 따른 행정청의 처분이 있기 전까지는 구체적·현실적으로 권리이익이 침해되었다고 볼 수 없고(권익 침해의 잠재적 가능성만이 있을 뿐이다), 재결에 따른 처분이 있어야 비로소 구체적 권리·이익을 침해받는다는 점에서 명령적 재결은 소송의 대상이 될 수 없고 그에 따른 행정청의 처분만이 소송의 대상이 될 수 있다는 견해,[33] ③ 재결에 따른 행정청의 처분은 행정심판법 제37조 제1항이 규정한 재결의 기속력에 의한 부차적인 처분에 지나지 않은 것으

33) 윤영선, 앞의 논문, 73면.

로서, 재결이 그대로 유지되는 상태에서 그에 따른 처분만을 위법하다고 할 수는 없다는 점 및 행정청이 그와 같은 처분을 하게 된 것은 행정심판위원회의 의사이지 행정청의 의사가 아니므로 그에 대한 다툼의 방어도 행정심판위원회가 함이 적절하다는 점을 고려하여 재결을 소송의 대상으로 하여야 할 것이라는 견해가 존재한다. 대법원은 취소명령재결과 그에 따른 취소처분 모두 취소소송의 대상이 될 수 있다고 보고 있다(대법원 1993. 9. 28. 선고 92누15093 판결). 그러나 취소명령재결에 대한 불복기간이 지나 취소명령재결에 불가쟁력이 발생한 경우에 취소명령재결에 따라 내려진 취소처분에 대한 취소소송이 가능한지에 대하여는 아직 판례가 나오고 있지 않다.

판례

가. 행정심판법 제37조 제1항의 규정에 의하면 재결은 행정청을 기속하는 효력을 가지므로 재결청이 취소심판의 청구가 이유 있다고 인정하여 처분청에게 처분의 취소를 명하면 처분청으로서는 그 재결의 취지에 따라 처분을 취소하여야 하지만, 그렇다고 하여 그 재결의 취지에 따른 취소처분이 위법할 경우 그 취소처분의 상대방이 이를 항고소송으로 다툴 수 없는 것은 아니다.

나. 재결 취지에 따른 취소처분의 상대방이 재결 자체의 효력을 다투는 별소를 제기하였고 그 소송에서 판결이 확정되지 아니하였다 하여 재결의 취지에 따른 취소처분의 취소를 구하는 항고소송 사건을 심리하는 법원이 그 청구의 당부를 판단할 수 없는 것이라고 할 수 없다(대법원 1993. 9. 28. 선고 92누15093 판결). <해설> 위 판결당시 시행 중이던 구 행정심판법은 취소명령재결을 허용하고 있었다. 현행 행정심판법에서는 취소명령재결에 관한 규정이 삭제되어 있으므로(제43조 제3항), 취소명령재결이 불가능하다.

한편 형성적 재결과 명령적 재결이 있는 경우의 소송대상에 관한 위와 같은 논의는, 재결 자체의 고유한 위법이 인정되어 재결에 대한 취소소송이 인정되는 경우에 한한다. 재결 자체의 고유한 위법이 인정되지 않는 경우에는 원처분이 소송의 대상이 되기 때문에 위와 같은 논의는 불필요하다.

[제51회 사법시험 문제] A장관은 소속 일반직공무원인 甲이 '재직 중 국가공무원법 제61조 제1항을 위반하여 금품을 받았다'는 이유로 적법한 징계절차를 거쳐 2008. 4. 3. 甲에 대해 해임처분을 하였고, 甲은 2008. 4. 8. 해임처분서를 송달받았다. 이에 甲은 소청심사위원회에 이 해임처분이 위법·부당하다고 주장하며 소청심사를 청구하였다. 소청심사위원회는 2008. 7. 25. 해임을 3개월의 정직처분으로 변경하라는 처분명령재결을 하였고, 甲은 2008. 7. 30. 재결서를 송달받았다. A장관은 2008. 8. 5. 甲에 대해 정직처분을 하였다. 2008. 8. 10. 정직처분서를

송달받은 甲은 취소소송을 제기하고자 한다.

1. 소청심사위원회의 법적 지위와 처분변경명령재결의 효력을 설명하시오. (10점)

2. 처분을 대상으로 취소소송을 제기하는 경우 어떠한 처분을 대상으로 할 것인가? 또 이 취소소송에서 어느 시점을 제소기간 준수 여부의 기준시점으로 하여야 하는가? (20점)

마. 수정재결(=변경재결)

행정심판 절차에서는 금3,000만원의 조세부과처분이 금1,000만원의 조세부과처분으로 감경되거나, 공무원에 대한 파면처분이 해임처분으로 변경되는 것과 같이 원처분에 대하여 수정재결이 내려지는 경우가 빈번하게 발생한다. 위 수정재결에 불복하여 다시 행정소송을 제기하고자 하는 경우 이때 소송의 대상은 원처분인가 수정재결인가? 또한 원처분청과 재결청 중 누구를 피고로 삼아야 하는가의 문제가 발생한다. 이에 대한 학설 및 판례의 태도를 살펴보기로 한다.

(1) 학설의 태도

(가) 원처분설: 원처분설을 취하는 견해는 다시 그 논거에 따라서 「일부승인, 일부취소설」과 「법률효과의 변경론」으로 나누어진다.

① 일부승인, 일부취소설: 이 학설은 수정재결이란 실질적으로 원처분의 일부를 유지하고 일부를 취소하는 처분이기 때문에 행정소송법 제19조 단서(원처분주의)에 따라 원처분이 소송의 대상이 되고, 따라서 처분청이 피고가 되어야 한다는 견해이다.[34] 이 학설을 취하는 경우에는 일부취소된 형태의 원처분을 소송의 대상으로 보게 된다. 하지만 이 견해는 종류가 달라지는 처분 상호 간에 있어서는 그 논거가 박약하게 된다는 단점이 있다.

② 법률효과의 변경론: 수정재결은 처분청이 행한 처분의 법률효과를 변경시키는 효력밖에 가지지 않으며, 원처분의 「승인」 또는 「취소」를 하거나, 혹은 「새로운 처분」을 하거나 하는 효력은 일체 가지지 않는다는 견해이다. 따라서 원처분은 그 법률효과를 변경하여 그대로(일부조차 취소되지 아니하였다는 의미에 있어서) 존속하는 것이고 따라서 소송의 대상은 재결에 의하여 수정된 원처분이라는 것이다.[35] 이 학설에 따르면 원처분은 동일성을 유지한 채 그 법률효과를 변경하여 그대로 존속하는 것이라고 본다.

원처분설을 취할 경우 처분청이 피고가 된다. 아울러 제소기간도 행정심판을 한 경우

34) 阿部 泰隆, “公務員に対する不利益処分の修正裁決と訴訟の対象” 判例タイムズ No. 627(1982. 4. 15), 28-30頁.

35) 近藤 哲雄, “修正裁決の被告庁(上)-修正裁決の法的側面と地方の実態”, 自治研究 第72巻 第2號(1996. 02), 7頁.

의 제소기간 기산방식에 따라, 행정심판재결서 정본을 송달받은 날로부터 90일 내에 취소소송을 제기하여야 한다.

(나) 수정재결설: 수정재결은 원처분을 전부취소하고 새로운 처분을 하는 것이기 때문에 원처분은 소멸하여 그 효력을 상실하고, 따라서 원처분주의의 적용은 있을 수 없다는 견해이다. 즉 수정재결은 언제나 원처분의 「전부취소, 새로운 처분」이기 때문에 그 내용의 하자는 재결 고유의 하자이며, 따라서 새로운 처분인 수정재결이 소송의 대상이 된다는 것이다.[36)]

수정재결설을 취할 경우에는 재결청(행정심판기관)이 피고가 된다. 아울러 제소기간의 기산방식은 행정심판을 하지 아니한 경우의 제소기간 기산방식에 따라,[37)] 수정재결이 있음을 안 날로부터 90일, 수정재결이 있은 날로부터 1년 이내에 취소소송을 제기하여야 한다.

한편 이 견해를 취할 경우, 형성적 재결이 내려진 경우에는 재결 자체를 쟁송의 대상으로 하는 데에 아무런 문제가 없다. 문제는 명령적 재결의 내려진 경우이다. 명령적 재결에 있어서는 재결 외에도 그에 따른 행정청의 처분이 별도로 있게 되므로 그중 어느 것을 다투어야 하는지에 관하여 견해의 대립이 있을 수 있는바, 이는 이미 앞에서 살펴본 바와 같다('형성적 재결과 명령적 재결' 부분을 참고하기 바람).

(다) 절충설: 절충설에도 그 논거에 따라 다음과 같이 2가지로 견해가 나누어진다.

①설: 정직 3개월의 징계처분을 정직 1개월의 징계처분으로 수정하는 경우와 같이 처분의 종류가 동일한 경우에는 원처분의 「일부승인, 일부취소」로 보아 원처분설의 입장을 취하고, 파면처분을 정직처분으로 또는 정직처분을 감봉처분으로 수정하는 경우와 같이 처분의 종류가 다른 경우에는 원처분의 「전부취소, 새로운 처분」으로 보아 수정재결설의 입장을 취하는 견해이다. 즉 처분의 종류가 달라지는 경우에는 수정재결은 원처분을 완전히 대체하는 새로운 처분이고 당초의 원처분이 존재하지 아니하므로 수정재결을 소송의 대상으로 삼고 재결청을 피고로 삼아 행정소송을 제기하는 것이 타당하다는 입장이다.[38)]

②설: 재결청이 상급행정청이거나 그렇지 않다고 하더라도 고유의 처분권한을 가지고 있는 경우에는 수정재결은 재결청에 의한 독자의 처분이고, 따라서 이 경우 수정재결이 (재결 자체의 하자가 있음을 이유로) 소송의 대상이 되며 아울러 재결청이 피고적격을 가

---

36) 南博方 編, 註釋行政事件訴訟法, 1972, 127頁.

37) 수정재결을 새로운 처분으로 보고 그것을 취소소송의 대상으로 삼을 수 있다고 할지라도, 거기에 다시 행정심판을 제기하는 것은 불필요할 뿐만 아니라 불가능하다.
행정심판법 제51조(행정심판 재청구의 금지) 심판청구에 대한 재결이 있으면 그 재결 및 같은 처분 또는 부작위에 대하여 다시 행정심판을 청구할 수 없다.

38) 박균성, 행정법론(하)(제3판), 2005, 193면.

지게 된다. 반면에 재결청이 상급행정청이 아니고 고유의 처분권한도 가지고 있지 않은 경우에는 수정재결은 일부취소재결에 불과하므로 원처분이 소송의 대상이 되고 아울러 처분청이 피고적격을 가지게 된다는 견해이다.[39]

(라) 자유선택설: 수정재결이 이루어진 경우 원고의 선택에 따라 원처분의 하자를 주장하면서 처분청을 피고로 할 수도 있고, 아니면 재결 자체의 고유한 하자를 주장하면서 재결청을 피고로 하여 소송을 제기할 수도 있다는 견해이다.[40] 이 견해에 대하여는 행정상의 법률관계의 불안정을 야기하게 된다는 비판이 제기될 수 있다.

(마) 학설의 평가: 생각건대 첫째, 수정재결설에 의할 경우 원처분을 그대로 유지하는 재결이 내려지면 원처분주의에 의하여 재결청은 피고가 되지 않고 안전지대에 놓이게 된다. 반면에 재결에 의하여 원처분을 감경하면 재결청이 피고가 되어 왜 보다 감경시키지 못하였는가라는 주장에 대하여 반박을 하지 않으면 안되게 된다. 이럴 경우 재결청은 번거로움을 피하기 위하여 처분의 수정은 될 수 있는 한 하지 않는 쪽으로 유혹을 받게 될 것이다. 이는 당사자의 권익구제에 부정적인 영향을 미치게 될 것이다.

둘째, 소송수행상의 측면에서 살펴 보건대, 재결청보다는 실제로 징계처분 등을 하게 된 처분청이 그 처분을 하게 된 정황 및 실태에 보다 정통하다고 할 것이고, 따라서 처분청이 취소소송의 당사자로서 공격방어를 행하는 것이 적합하다고 생각된다.

결론적으로 원처분설이 실천적으로 우월하다고 보여지고 그 중에서도 법률효과의 변경론에 기초한 원처분설이 타당하다.

(2) 판례의 태도

대법원은 원처분설의 입장을 취한 것으로 보여진다. 즉 대법원은 행정청이 식품위생법령에 따라 영업자에게 행정제재처분을 한 후 재결청의 명령적 재결에 따라 당초 처분을 영업자에게 유리하게 변경하는 처분을 한 경우, 취소소송의 대상 및 제소기간 판단 기준이 되는 처분은 유리하게 변경된 내용의 당초 처분이라고 판시하고 있다(대법원 2007. 4. 27. 선고 2004두9302 판결).

판례

[1] 행정청이 식품위생법령에 따라 영업자에게 행정제재처분을 한 후 당초 처분을 영업자에게 유리하게 변경하는 처분을 한 경우, 취소소송의 대상 및 제소기간 판단 기준이 되는 처분(=당

39) 園部逸夫·時岡泰 編, 裁判實務大系(1) 行政爭訟法, 1984, 148頁.
40) 兼子仁, 行政爭訟法, 1973, 264頁.

초 처분): 행정청이 식품위생법령에 기하여 영업자에 대하여 행정제재처분을 한 후 그 처분을 영업자에게 유리하게 변경하는 처분을 한 경우(이하 처음의 처분을 '당초처분', 나중의 처분을 '변경처분'이라 한다), 변경처분에 의하여 당초처분은 소멸하는 것이 아니고 당초부터 유리하게 변경된 내용의 처분으로 존재하는 것이므로, 변경처분에 의하여 유리하게 변경된 내용의 행정제재가 위법하다 하여 그 취소를 구하는 경우 그 취소소송의 대상은 변경된 내용의 당초처분이지 변경처분은 아니고, 제소기간의 준수 여부도 변경처분이 아닌 변경된 내용의 당초처분을 기준으로 판단하여야 한다. <해설> 위 판시사항에는 논리의 비약에 따른 오류가 있다. 만일 행정청이 스스로 변경처분을 한 것이라면 대상판결과 같이 영업정지처분을 과징금부과처분으로 변경하는 것은 변경처분의 내용이 당초처분의 전체를 대체하거나 그 주요 부분을 실질적으로 변경하는 경우에 해당하여 변경처분인 과징금부과처분이 취소소송의 대상이 되고 제소기간도 변경처분을 안 날부터 기산되지만, 이와 달리 만일 행정청이 수정재결에 따라 변경처분을 한 것이라면 원처분설에 따라 취소소송의 대상은 당초부터 유리하게 변경되어 존속하는 과징금부과처분이 되고 제소기간도 재결서 정본을 송달받은 날부터 기산하게 될 것이다. 위 판시사항에는 "당초처분과 변경처분 사이에 수정재결이 있었고 그 취지에 따라 변경처분이 있었다"는 전제가 누락되어 있다. 따라서 판시내용 중 "행정청이 식품위생법령에 기하여 영업자에 대하여 행정제재처분을 한 후 그 처분을 영업자에게 유리하게 변경하는 처분을 한 경우" 부분은 "행정청이 식품위생법령에 기하여 영업자에 대하여 행정제재처분을 한 후 수정재결에 따라 그 처분을 영업자에게 유리하게 변경하는 처분을 한 경우"로 기술하는 것이 타당하였을 것이다.

[2] 피고는 2002. 12. 26. 원고에 대하여 3월의 영업정지처분이라는 이 사건 당초처분을 하였고, 이에 대하여 원고가 행정심판청구를 하자 재결청은 2003. 3. 6. "피고가 2002. 12. 26. 원고에 대하여 한 3월의 영업정지처분을 2월의 영업정지에 갈음하는 과징금부과처분으로 변경하라"는 일부기각(일부인용)의 이행재결을 하였으며, 2003. 3. 10. 그 재결서 정본이 원고에게 도달한 사실, 피고는 위 재결취지에 따라 2003. 3. 13. "3월의 영업정지처분을 과징금 560만 원으로 변경한다"는 취지의 이 사건 후속 변경처분을 함으로써 이 사건 당초처분을 원고에게 유리하게 변경하는 처분을 하였으며, 원고는 2003. 6. 12. 이 사건 소를 제기하면서 청구취지로써 2003. 3. 13.자 과징금부과처분의 취소를 구하고 있음을 알 수 있다.

앞서 본 법리에 비추어 보면, 이 사건 후속 변경처분에 의하여 유리하게 변경된 내용의 행정제재인 과징금부과가 위법하다 하여 그 취소를 구하는 이 사건 소송에 있어서 위 청구취지는 이 사건 후속 변경처분에 의하여 당초부터 유리하게 변경되어 존속하는 2002. 12. 26.자 과징금부과처분의 취소를 구하고 있는 것으로 보아야 할 것이고, 일부기각(일부인용)의 이행재결에 따른 후속 변경처분에 의하여 변경된 내용의 당초처분의 취소를 구하는 이 사건 소 또한 행정심판재결서 정본을 송달받은 날로부터 90일 이내 제기되어야 하는데 원고가 위 재결서의 정본을 송달받은 날로부터 90일이 경과하여 이 사건 소를 제기하였다는 이유로 이 사건 소가 부적법하다고 판단한 원심판결은 정당하다(대법원 2007. 4. 27. 선고 2004두9302 판결).

4. 재결 자체에 고유한 위법이 없음에도 재결을 대상으로 취소소송을 제기한 경우의 처리

① 각하설: 통상의 처분에 있어서 위법 여부는 본안판단 차원의 문제임에 반하여 재결의 경우에는 고유한 위법이 취소소송의 대상적격의 문제이므로 이는 본안전 판단, 즉 소송제기 요건에 해당된다고 파악하는 견해이다. 이 견해에 따르면 고유한 위법이 없는데도 불구하고 행정심판에 대한 재결취소소송을 제기한 경우에는 이를 각하하여야 한다고 보게 된다.[41]

② 기각설: 우리 행정소송법 제19조 단서가 "재결 취소소송의 경우에는 재결 자체에 고유한 위법이 있음을 이유로 하는 경우에 한한다"라고 하여 이유제한 형식으로 규정하고 있으므로 이는 청구를 이유 있게 하는 본안판단 사항으로 보아야 하고 따라서 이를 결여한 경우에는 청구를 기각하여야 한다는 견해이다.[42]

③ 판례: 판례는 "재결취소소송의 경우 재결 자체에 고유한 위법이 있는지 여부를 심리할 것이고, 재결 자체에 고유한 위법이 없는 경우에는 원처분의 당부와는 상관없이 당해 재결취소소송은 이를 기각하여야 한다"(대법원 1994. 1. 25. 선고 93누16901 판결)라고 판시하여 기각설을 취하고 있다.

판례

재결취소소송에 있어 재결 자체에 고유한 위법이 없는 경우 법원이 취할 조치: 행정소송법 제19조는 취소소송은 행정청의 원처분을 대상으로 하되(원처분주의), 다만 "재결 자체에 고유한 위법이 있음을 이유로 하는 경우"에 한하여 행정심판의 재결도 취소소송의 대상으로 삼을 수 있도록 규정하고 있으므로 재결취소소송의 경우 재결 자체에 고유한 위법이 있는지 여부를 심리할 것이고, 재결 자체에 고유한 위법이 없는 경우에는 원처분의 당부와는 상관없이 당해 재결취소소송은 이를 기각하여야 한다(대법원 1994. 1. 25. 선고 93누16901 판결).

Ⅳ. 원처분주의에 대한 예외

행정소송법이 취하고 있는 원처분주의에 대한 예외로서, 개별 법률이 재결주의를 채택하고 있는 경우가 있다. 위법한 원처분을 소송의 대상으로 하여 다투는 것보다는 행정심판에 대한 재결을 다투는 것이 당사자의 권리구제에 보다 효율적이고, 판결의 적정성을

41) 김용섭, "취소소송의 대상으로서의 행정심판의 재결", 행정법연구 제3호, 1998. 10, 224면; 박균성, 앞의 책, 1081면.

42) 윤영선, 앞의 논문, 77-78면; 김향기, "취소소송의 대상으로서의 재결", 성신법학 제4호, 2005. 2, 8-9면.

더욱 보장할 수 있는 경우에는 행정심판에 대한 재결에 대하여만 제소하도록 하는 것이 국민의 재판청구권의 보장이라는 측면에서 더욱 바람직한 경우도 있으므로, 개별 법률에서 이러한 취지를 정하는 때에는 원처분주의의 적용은 배제되고 재결에 대해서만 제소를 허용하는 이른바 '재결주의'가 인정된다(헌법재판소 2001. 6. 28. 선고 2000헌바77 전원재판부).

위와 같이 재결주의가 채용되어 있는 경우에는 원처분은 취소소송의 대상이 되지 못하고(원처분의 취소를 구하는 경우에는 소 각하 사유이다), 행정심판재결만이 소송의 대상이 되며, 이 경우에는 행정소송법 제19조 단서와 같은 제한이 없으므로 원고는 재결취소의 소에 있어서 재결 고유의 하자뿐만 아니라 재결로서 치유되지 않고 남은 원처분의 하자도 당연히 주장할 수 있다(대법원 1991. 2. 12. 선고 90누288 판결).

이하 재결주의가 채택되어 있는 경우를 구체적으로 살펴보기로 한다.

1. 노동위원회의 처분

지방노동위원회나 특별노동위원회의 처분에 대하여 불복하고자 하는 자는 관계법령에 특별한 규정이 있는 경우를 제외하고는 지방노동위원회나 특별노동위원회가 행한 처분의 통지를 받은 날로부터 10일 이내에 중앙노동위원회에 재심을 신청하여야 한다(노동위원회법 제26조 제1항, 제2항). 중앙노동위원회의 처분에 대한 소송은 중앙노동위원회 위원장을 피고로 하여 처분의 통지를 받은 날로부터 15일 이내에 이를 제기하여야 한다(노동위원회법 제27조 제1항).

이때 지방노동위원회나 특별노동위원회의 원처분은 소송의 대상이 되지 못하고, 그에 대한 행정심판재결에 해당하는 중앙노동위원회의 재심판정만이 소송의 대상이 되는 것으로 해석된다(대법원 1995. 9. 15. 선고 95누6724 판결 등).

2. 감사원의 변상 판정

감사원법 제36조, 제40조는 회계관계직원에 대한 감사원의 변상 판정에 대하여 감사원에 재심의 청구를 할 수 있도록 하고, 그 재심의 판정에 대하여는 감사원을 당사자로 하여 행정소송을 제기하도록 함으로써, 원처분인 변상 판정이 아니라 재결에 해당하는 재심의 판정을 소송의 대상으로 하도록 하고 있다(대법원 1984. 4. 10. 선고 84누91 판결).

3. 특허거절결정 등

특허출원에 대한 심사관의 거절결정에 대하여 불복하기 위해서는 바로 소를 제기할 수 없고, 먼저 특허심판원에 심판청구를 하고 그 심결을 기다려 이를 소송대상으로 특허법원에 심결취소를 구하는 소를 제기하여야 한다(특허법 제186조, 제189조; 실용신안법 제33조).

4. 변협징계위원회의 결정

변호사에 대한 징계의 종류로는 영구제명, 제명, 3년 이하의 정직, 3천만원 이하의 과태료, 견책이 있다(변호사법 제90조).

대한변호사협회 징계위원회(이하 변협징계위원회라고 한다)는 변호사에 대한 징계사건 심의를 마치면 위원 과반수의 찬성으로써 의결하고(변호사법 제98조의4 제1항), 징계의 의결 결과를 징계혐의자와 징계청구자 또는 징계개시 신청인에게 각각 통지하여야 한다(변호사법 제98조의4 제2항). 변협징계위원회의 결정에 불복하는 징계혐의자 및 징계개시 신청인은 그 통지를 받은 날부터 30일 이내에 법무부 변호사징계위원회(이하 법무부징계위원회라고 한다)에 이의신청을 할 수 있다(변호사법 제100조 제1항). 법무부징계위원회의 결정에 불복하는 징계혐의자는 행정소송법으로 정하는 바에 따라 그 통지를 받은 날부터 90일 이내에 행정법원에 소(訴)를 제기할 수 있다(변호사법 제100조 제4항).

변협징계위원회가 행한 변호사 징계처분의 적정성 여부를 심의하는 법무부징계위원회는 특별행정심판위원회에 해당된다(헌법재판소 2000. 6. 29. 선고 99헌가9 전원재판부 결정 참조). 즉 변협징계위원회의 징계결정이 원처분에 해당된다면, 법무부징계위원회의 결정은 행정심판 재결에 해당된다. 한편 변호사법 제100조 제4항이 행정소송에 의한 불복의 대상을 '법무부징계위원회의 결정'이라고 규정하고 있는 점 및 관련 규정의 해석상, 변호사에 대한 징계결정과 관련하여서는 원처분주의가 아닌 재결주의가 채택되어 있다고 보는 것이 타당하다. 따라서 법무부징계위원회의 결정이 아닌, 변협징계위원회의 징계결정에 대한 취소소송은 부적법하다고 보아야 한다.[43)]

5. 교원소청심사위원회 결정의 해당 여부

교원의 처우를 개선하고 신분보장을 강화함으로써 교원의 지위를 향상시키고 교육발전을 도모하는 것을 목적으로 하여 제정된 '교원의 지위 향상 및 교육활동 보호를 위한 특별법'에 의하면, 교원이 징계처분 그 밖에 의사에 반하는 불리한 처분을 당할 경우 그 처분이 있은 것을 안 날로부터 30일 이내에 교육부에 설치되어 있는 교원소청심사위원회

43) 홍정선, 행정법원론(상)(제26판), 2018, 1049면.

에 소청심사를 청구할 수 있고(법 제9조 제1항), 그 심사위원회의 결정에 대하여는 그 결정서의 송달을 받은 날로부터 60일 이내에 행정소송법이 정하는 바에 의하여 소송을 제기할 수 있다(법 제10조 제3항).

사립학교 교원의 경우는 징계처분 등 불이익처분이 민사소송의 대상일 뿐, 행정처분에 속하지 아니하므로 심사위원회의 결정은 행정심판 재결이 아닌 원처분에 해당되고, 위 특별법 제10조 제3항에 의하여 위 심사위원회의 결정이 행정소송의 대상이 된다.

국·공립학교 교원(교육공무원인 교원)의 경우는 징계처분 등 원래의 처분 자체가 행정처분이고, 교원소청심사위원회의 결정은 일반공무원에 대한 소청심사위원회의 결정에 대응하는 행정심판 재결에 해당하는바(국가공무원법 제16조 제2항; 교육공무원법 제53조 제1항 참조), 일반공무원의 경우처럼 소송의 대상이 되는 것은 원처분인 징계처분 등 불이익처분이고, 교원소청심사위원회의 결정은 고유한 위법이 있을 때에만 소송의 대상이 될 수 있다는 것이 판례의 태도이다(대법원 1994. 2. 8. 선고 93누17874 판결).

따라서 교원소청심사위원회의 결정에 대한 불복은 원처분주의에 대한 예외라고 볼 수 없다.

판례

국립대학교 교원이 총장의 징계 등 불리한 처분에 대하여 불복하여 교원소청심사위원회에 소청심사를 청구하였으나 기각된 경우, 원처분인 총장의 징계 등 처분에 하자가 있다거나 소청심사결정에 사실오인 또는 재량권을 남용·일탈한 위법이 있다는 사유로 소청심사결정의 취소를 구할 수 있는지 여부(소극): 국립대학교 총장의 국립대학교 교원에 대한 징계 등 불리한 처분은 행정처분이므로 국립대학교 교원이 국립대학교 총장의 징계 등 불리한 처분에 대하여 불복이 있으면 교원소청심사위원회에 소청심사를 청구하고 위 심사위원회의 소청심사결정에 불복이 있으면 항고소송으로 이를 다퉈야 할 것인데, 이 경우 그 소송의 대상이 되는 처분은 원칙적으로 원처분인 국립대학교 총장의 처분이고, 국립대학교 총장의 처분이 정당한 것으로 인정되어 소청심사청구를 기각한 소청심사결정 자체에 대한 항고소송은 원처분의 하자를 이유로 주장할 수 없고, 그 소청심사결정 자체에 고유한 주체, 절차, 형식 또는 내용상의 위법이 있는 경우, 즉 원처분에는 없고 소청심사결정에만 있는 교원소청심사위원회의 권한 또는 구성의 위법, 소청심사결정의 절차나 형식의 위법, 내용의 위법 등이 존재하는 때에 한하고(대법원 1993. 8. 24. 선고 93누5673 판결, 대법원 1994. 2. 8. 선고 93누17874 판결 등 참조), 신청을 기각하는 소청심사결정에 사실오인이나 재량권 남용·일탈 등의 위법이 있다는 사유는 소청심사결정 자체에 고유한 위법을 주장하는 것으로 볼 수 없다(대법원 2009. 10. 15. 선고 2009두11829 판결).

제3항 취소소송의 당사자 등

제1목 당사자와 소의 이익

Ⅰ. 당사자능력

소송에서 당사자라 함은 법원에 대하여 자기 이름으로 권리보호를 요구하는 자와 그 상대방을 말한다.

당사자능력은 소송에 있어서 당사자(원고·피고·참가인)가 될 수 있는 능력을 말한다. 행정소송에 있어서의 당사자능력에 관하여는 행정소송법에 특별한 규정이 없는 이상 민사소송법의 규정을 준용한다(행정소송법 제8조 제2항). 당사자능력은 사법상 권리능력보다는 넓은 개념이므로, 자연인·법인뿐만 아니라 법인격 없는 사단·재단도 대표자 또는 관리인이 있으면 그 사단이나 재단의 이름으로 당사자가 될 수 있다(민사소송법 제52조).

한편 항고소송의 경우 당사자소송이나 민사소송과는 달리 당사자 쌍방이 서로 권리를 주장하는 것이 아니라, 원고는 위법한 처분 등으로 권리·이익이 침해되었음을 이유로 그 처분의 취소·변경이나 효력배제를 구함에 반하여, 다른 당사자인 피고는 공익을 대표하여 행정법규의 적용에 위법이 없음을 주장함에 그친다. 그리하여 항고소송의 당사자에 관하여는 민사소송에 대한 여러 가지 특례가 인정될 수 있다.

1. 원고로서의 당사자능력

가. 국가·지방자치단체

국가와 지방자치단체는 공법인으로서 권리의무의 귀속주체이므로, 행정소송에서 원고로서의 당사자능력을 가진다.

나. 행정청을 비롯한 행정기관

행정청을 비롯한 행정기관이 행정소송에서 원고로서의 당사자능력을 가지는지가 문제된다. 행정기관은 법인이 아니고 따라서 권리의무의 귀속주체가 될 수 없으므로, 대법원은 원칙적으로 행정청을 비롯한 행정기관에 대하여 원고로서의 당사자능력을 인정하지 않는다. 그리하여 충북대학교 총장이 연기군수를 상대로 제기한 국토이용계획변경신청거부처분 취소사건에서, 충북대학교 총장은 국가가 설치한 충북대학교의 대표자일 뿐 항고소송의 원고가 될 수 있는 당사자능력이 없으므로 충북대학교 총장이 제기한 소는 부적법하다고 보아 이를 각하한 바가 있다(대법원 2007. 9. 20. 선고 2005두6935 판결).

그러나 이후 대법원은 경기도선거관리위원회 위원장이 원고가 되어 국민권익위원회를 피고로 하여 제기한 '불이익처분원상회복등요구처분취소' 사건에서 예외적이나마 행정기관에게 원고로서의 당사자능력을 인정한 바가 있다(대법원 2013. 7. 25. 선고 2011두1214 판결).

판례

갑이 국민권익위원회에 부패방지 및 국민권익위원회의 설치와 운영에 관한 법률에 따른 신고와 신분보장조치를 요구하였고, 국민권익위원회가 을 시·도선거관리위원회 위원장에게 '갑에 대한 중징계요구를 취소하고 향후 신고로 인한 신분상 불이익처분 및 근무조건상의 차별을 하지 말 것을 요구'하는 내용의 조치요구를 한 사안에서, 국가기관인 을에게 위 조치요구의 취소를 구하는 소를 제기할 당사자능력, 원고적격 및 법률상 이익을 인정한 원심판단을 정당하다고 한 사례: 갑이 국민권익위원회에 부패방지 및 국민권익위원회의 설치와 운영에 관한 법률(이하 '국민권익위원회법'이라 한다)에 따른 신고와 신분보장조치를 요구하였고, 국민권익위원회가 갑의 소속기관 장인 을 시·도선거관리위원회 위원장(경기도선거관리위원회 위원장으로서 원고)에게 '갑에 대한 중징계요구를 취소하고 향후 신고로 인한 신분상 불이익처분 및 근무조건상의 차별을 하지 말 것을 요구'하는 내용의 조치요구를 한 사안에서, 국가기관 일방의 조치요구에 불응한 상대방 국가기관에 국민권익위원회법상의 제재규정과 같은 중대한 불이익을 직접적으로 규정한 다른 법령의 사례를 찾아보기 어려운 점, 그럼에도 을이 국민권익위원회의 조치요구를 다툴 별다른 방법이 없는 점 등에 비추어 보면, 처분성이 인정되는 위 조치요구에 불복하고자 하는 을로서는 조치요구의 취소를 구하는 항고소송을 제기하는 것이 유효·적절한 수단이므로 비록 을이 국가기관이더라도 당사자능력 및 원고적격을 가진다고 보는 것이 타당하고, 을이 위 조치요구 후 갑을 파면하였다고 하더라도 조치요구가 곧바로 실효된다고 할 수 없고 을은 여전히 조치요구를 따라야 할 의무를 부담하므로 을에게는 위 조치요구의 취소를 구할 법률상 이익도 있다고 본 원심판단을 정당하다고 한 사례(대법원 2013. 7. 25. 선고 2011두1214 판결): <해설> 위 판결은 국가기관도 항고소송의 당사자능력 및 원고적격을 가진다고 본 최초의 사례이다. 다만 국가기관의 당사자능력 및 원고적격을 일반적으로 인정한 것은 아니고, i) 다른 기관의 처분에 의하여 국가기관이 중대한 불이익을 받을 수 있는 상황이고, ii) 원고와 피고 두 기관 사이의 분쟁을 조정할 상급기관도 없으며, iii) 원고로서는 항고소송 이외에 별다른 구제수단(기관소송·권한쟁의심판 등)이 없는 경우임을 전제로 항고소송을 제기할 수 있다고 본 사안이다.

[1] **법령이 특정한 행정기관 등으로 하여금 다른 행정기관을 상대로 제재적 조치를 취할 수 있도록 하면서, 그에 따르지 않으면 그 행정기관에 대하여 과태료를 부과하거나 형사처벌을 할**

수 있도록 정하는 경우, 제재적 조치의 상대방인 행정기관 등에게 항고소송 원고로서의 당사자 능력과 원고적격을 인정할 수 있는지 여부(한정 적극): 국가기관 등 행정기관(이하 '행정기관 등'이라 한다) 사이에 권한의 존부와 범위에 관하여 다툼이 있는 경우에 이는 통상 내부적 분쟁이라는 성격을 띠고 있어 상급관청의 결정에 따라 해결되거나 법령이 정하는 바에 따라 '기관소송'이나 '권한쟁의심판'으로 다루어진다.

그런데 법령이 특정한 행정기관 등으로 하여금 다른 행정기관을 상대로 제재적 조치를 취할 수 있도록 하면서, 그에 따르지 않으면 그 행정기관에 대하여 과태료를 부과하거나 형사처벌을 할 수 있도록 정하는 경우가 있다. 이러한 경우에는 단순히 국가기관이나 행정기관의 내부적 문제라거나 권한 분장에 관한 분쟁으로만 볼 수 없다. 행정기관의 제재적 조치의 내용에 따라 '구체적 사실에 대한 법집행으로서 공권력의 행사'에 해당할 수 있고, 그러한 조치의 상대방인 행정기관이 입게 될 불이익도 명확하다. 그런데도 그러한 제재적 조치를 기관소송이나 권한쟁의심판을 통하여 다툴 수 없다면, 제재적 조치는 그 성격상 단순히 행정기관 등 내부의 권한 행사에 머무는 것이 아니라 상대방에 대한 공권력 행사로서 항고소송을 통한 주관적 구제대상이 될 수 있다고 보아야 한다. 기관소송 법정주의를 취하면서 제한적으로만 이를 인정하고 있는 현행 법령의 체계에 비추어 보면, 이 경우 항고소송을 통한 구제의 길을 열어주는 것이 법치국가 원리에도 부합한다. 따라서 이러한 권리구제나 권리보호의 필요성이 인정된다면 예외적으로 그 제재적 조치의 상대방인 행정기관 등에게 항고소송 원고로서의 당사자능력과 원고적격을 인정할 수 있다.

[2] **국민권익위원회가 소방청장에게 인사와 관련하여 부당한 지시를 한 사실이 인정된다며 이를 취소할 것을 요구하기로 의결하고 그 내용을 통지하자 소방청장이 국민권익위원회 조치요구의 취소를 구하는 소송을 제기한 사안에서, 처분성이 인정되는 국민권익위원회의 조치요구에 불복하고자 하는 소방청장으로서는 조치요구의 취소를 구하는 항고소송을 제기하는 것이 유효·적절한 수단으로 볼 수 있으므로 소방청장이 예외적으로 당사자능력과 원고적격을 가진다고 한 사례**: 국민권익위원회가 소방청장에게 인사와 관련하여 부당한 지시를 한 사실이 인정된다며 이를 취소할 것을 요구하기로 의결하고 그 내용을 통지하자 소방청장이 국민권익위원회 조치요구의 취소를 구하는 소송을 제기한 사안에서, 행정기관인 국민권익위원회가 행정기관의 장에게 일정한 의무를 부과하는 내용의 조치요구를 한 것에 대하여 그 조치요구의 상대방인 행정기관의 장이 다투고자 할 경우에 법률에서 행정기관 사이의 기관소송을 허용하는 규정을 두고 있지 않으므로 이러한 조치요구를 이행할 의무를 부담하는 행정기관의 장으로서는 기관소송으로 조치요구를 다툴 수 없고, 위 조치요구에 관하여 정부 조직 내에서 그 처분의 당부에 대한 심사·조정을 할 수 있는 다른 방도도 없으며, 국민권익위원회는 헌법 제111조 제1항 제4호에서 정한 '헌법에 의하여 설치된 국가기관'이라고 할 수 없으므로 그에 관한 권한쟁의심판도 할 수 없고, 별도의 법인격이 인정되는 국가기관이 아닌 소방청장은 질서위반행위규제법에 따른 구제를 받을 수도 없는 점, 부패방지 및 국민권익위원회의 설치와 운영에 관한 법률은 소방청장에게 국민권익위원회의 조치요구에 따라야 할 의무를 부담시키는 외에 별도로 그 의무를 이행하지 않을 경우 과태료나 형사처벌까지 정하고 있으므로 위와 같은 조치요구에 불복하고자 하는 '소속기관 등의 장'에게는 조치요구를 다툴 수 있는 소송상의 지위를 인정할 필요가 있는

점에 비추어, 처분성이 인정되는 국민권익위원회의 조치요구에 불복하고자 하는 소방청장으로서는 조치요구의 취소를 구하는 항고소송을 제기하는 것이 유효·적절한 수단으로 볼 수 있으므로 소방청장은 예외적으로 당사자능력과 원고적격을 가진다고 한 사례(대법원 2018. 8. 1. 선고 2014두35379 판결).

2. 피고로서의 당사자능력

국가와 지방자치단체는 공법인이므로, 행정소송에서 이들이 피고로서의 당사자능력을 가진다는 점에 대하여는 별다른 문제가 없다.

다만 항고소송의 경우 당사자소송이나 민사소송과는 달리 행정기관에 불과한 행정청이 피고로서의 당사자능력을 가지고(행정소송법 제13조 제38조),[44] 국가나 지방자치단체의 당사자능력은 배제되어 있다. 행정청이 한 행위의 효과는 결국 법인격체인 국가 또는 지방자치단체에 귀속되는 것이고, 행정청 자체는 원래 당사자능력이 없다. 따라서 항고소송의 피고는 행정상 권리·의무의 귀속주체인 국가 또는 지방자치단체가 되어야 할 것이지만, 소송수행상의 편의를 도모하기 위하여 행정소송법은 행정기관에 불과한 행정청에 대하여 피고능력을 인정하고 있는 것이다.

이처럼 항고소송에 있어서 행정청이 피고로서의 당사자능력을 가지는 것은 행정소송법의 특별규정에 근거한 것이므로, 그러한 규정이 없는 영역, 예를 들면 항고소송의 원고나 당사자소송의 원·피고에 대하여는 원칙적으로 행정청에게 당사자능력이 없다.

II. 당사자적격

당사자적격이란 특정한 소송사건에서 당사자로서 소송을 수행하고 본안판결을 받기에 적합한 자격을 말한다. 당사자적격이 있는 자를 보통 정당한 당사자라고 부른다. 당사자 중에서 원고가 될 수 있는 자격을 원고적격이라고 하고, 피고가 될 수 있는 자격을 피고적격이라고 한다. 원고적격 또는 피고적격이 인정되기 위해서는 그 전제로서 당사자능력의 존재가 선행되어야 한다.

당사자능력은 소송사건의 내용이나 성질에 관계없는 일반적인 자격이지만, 당사자적

---

44) 행정소송법 제13조(피고적격) ① 취소소송은 다른 법률에 특별한 규정이 없는 한 그 처분 등을 행한 행정청을 피고로 한다.
위 조항은 무효등확인소송과 부작위위법확인소송의 경우에만 준용되므로(행정소송법 제38조 제1항, 제2항), 결국 항고소송의 경우에 한하여 행정청이 피고로서의 당사자능력을 지니게 된다.

격은 특정한 소송에서 정당한 당사자로서 본안판결을 받기에 적합한 자격이라는 점에서 상호 구별된다.

Ⅲ. 소의 이익

행정처분의 위법성을 주장하면서 그 취소·변경을 구하는 자는 '소의 이익'을 갖추고 있어야 한다.

소의 이익은 최광의로는 ① 청구의 내용이 소송의 대상이 될 만한 적격성을 가지고 있는가(대상적격의 문제), ② 원고가 청구를 함에 있어서 정당한 이익을 가지고 있는가(원고적격의 문제), ③ 청구에 대하여 법원이 판단을 행할 구체적인 실익이 인정되는가(판단의 구체적 이익 내지 필요성의 문제)의 3가지 측면에서 검토된다. 그러나 광의로는 ①의 대상적격론은 제외되고, 주관적 측면에서 본 소익인 ②의 원고적격론과, 객관적 측면에서 본 소익인 ③의 판단의 구체적 실익론만을 가리키며, 협의로는 ③만을 가리킨다.[45]

Ⅳ. 소송상 취급

당사자능력, 당사자적격, 소의 이익은 소송요건에 해당된다. 따라서 법원은 당사자의 주장에 구애됨이 없이 직권으로 그 존부를 심리·판단하여 그 흠결이 있는 경우에는 본안판단을 하지 않고 곧 바로 소를 각하하여야 한다.

[제53회 사법시험 문제] X시장은 개발제한구역의 지정 및 관리에 관한 특별조치법 제12조 제1항 제1호 마목과 동법 시행령 및 동법 시행규칙의 관련 규정에 의거하여, 개발제한구역 내의 간선도로 중 특정 구간에 고시된 선정기준에 따라 사업자 1인을 선정하여 자동차용 액화석유가스충전소(이하 '가스충전소'라고 한다.) 건축을 허가하기로 하는 가스충전소의 배치계획을 고시하였다. 이에 A와 B는 각자 자신이 고시된 선정 기준에 따른 우선순위자임을 주장하며 가스충전소의 건축을 허가해 줄 것을 신청하였다. 이에 X시장은 각 신청서류를 검토한 결과 B가 고시된 선정기준에 따른 우선순위자라고 인정하여 B에 대하여 가스충전소 건축을 허가하였다.

1. A는 우선순위자 결정의 하자를 주장하면서 X시장의 B에 대한 건축허가 결정을 다투

45) 박윤흔·정형근, 최신 행정법강의(상)(개정30판), 2009, 784면.

려고 한다. 이 경우 A는 행정소송법상 원고 적격이 있는가? (15점)

2. 만약 A가 X시장의 B에 대한 건축허가처분 취소심판을 제기하여 인용재결이 된 경우, B는 인용재결에 대해 취소소송을 제기할 수 있는가? (10점)

3. A가 X시장의 처분에 불복하여 소송을 제기하였을 경우, B는 이에 대응하여 행정소송법상 어떤 방법(B가 아무런 조치를 취하지 못하는 사이 A가 제기한 위 소송에서 A가 승소하여 그 판결이 확정된 경우를 포함한다)을 강구할 수 있는가? (15점)

4. X시장이 B에게 가스충전소 건축허가를 한 후 B가 허위, 기타 부정한 방법으로 건축허가신청을 하였다는 것을 발견하고 건축허가를 취소하였다. 이에, B는 X시장의 가스충전소 신축공사계약 체결을 비롯한 새로운 법률관계를 형성하였기 때문에 취소할 수 없다고 주장한다. B의 주장은 타당성이 있는가? (10점)

제2목 원고적격

Ⅰ. 서 론

원고적격이란 특정한 소송사건에서 원고로서 소송을 수행하고 본안판결을 받기에 적합한 자격을 말한다. 취소소송에서 원고적격의 문제는 구체적인 행정처분에 대하여 누가 원고로서 취소소송을 제기하여 본안판결을 받을 자격이 있느냐에 관한 문제이다.

모든 국민은 재판을 받을 권리를 가지므로(헌법 제27조), 법률에 특별한 규정이 없더라도 원칙적으로 그것이 법률상 쟁송인 한 제소가 가능하여야 할 것이다. 그러나 아무런 법적 가치가 없는 제소까지도 허용한다면, 법원으로서는 사건의 홍수 속에서 보호할 가치가 있는 소송조차 적정하게 심판할 수 없을 뿐만 아니라 피고도 부당하게 강요된 응소에 시달리는 폐단이 있어 이를 막기 위하여 인정된 것이 원고적격의 개념이다.

Ⅱ. 법률상의 이익

취소소송의 원고적격에 관하여 행정소송법 제12조 전단은 “취소소송은 처분 등의 취소를 구할 법률상의 이익이 있는 자가 제기할 수 있다”라고 규정하고 있는바, 여기서 말하는 법률상의 이익이 무엇을 말하는가에 대하여는 학설의 대립이 있다.

1. 학 설

가. 권리구제설

이 견해는 취소소송의 본질도 민사소송과 같이 실체법상의 권리보호에 있다고 보아 위법한 처분 등으로 인하여 권리가 침해된 자만이 원고적격을 갖는다는 견해이다. 여기에서 권리는 공법상 권리를 의미하며 이러한 공권이 성립하기 위해서는 강행법규에 의한 법적 의무(작위 또는 부작위 등)의 존재 및 사익보호성을 갖추어야 한다.

그러나 이 견해에 의하면 ① 국민의 권익구제의 범위가 지나치게 축소되며, ② 엄격한 의미에서의 권리가 침해된 자만이 취소소송을 제기할 수 있고, 법적으로 보호되는 이익을 침해당한 자는 취소소송을 제기할 수 없다는 것은 재판을 받을 권리가 일반적으로 인정되는 오늘날에는 타당하지 않으며, ③ 권리의 개념을 폭넓게 확대하면 본질적으로 법률상 보호되고 있는 이익과의 차이가 없게 된다는 비판이 제기된다.

나. 법률상 보호되는 이익구제설

위법한 처분에 의하여 침해되고 있는 이익이 법률에 의하여 보호되고 있는 이익인 경우에는 그러한 이익이 침해된 자에게도 당해 처분의 취소를 구할 원고적격이 인정된다고 보는 견해이다. 권리를 침해받은 자 이외에도 법률이 보호하고 있는 이익을 침해받은 자에게도 원고적격을 인정하고 있기 때문에 원고적격이 현저하게 확대된다. 이 견해가 다수설 및 판례의 입장이다(대법원 1974. 4. 9. 선고 73누173 판결 등).

이 견해는 원고적격이 인정기준이 되는 보호규범을 처분의 근거 법규나 관련 법규에 한정한다. 따라서 헌법상의 기본권이나 일반 법원리에 의하여 보호되는 이익이 침해된 자에게 대하여는 권익구제의 길이 인정되지 않는다는 문제점이 있다.

다. 보호할 가치 있는 이익구제설

이 견해는 행정소송법 제12조 전단의 법률상 이익의 개념을 법률에 의하여 보호되는 실체법상의 이익이 아니라, 그와는 성질을 달리하는 일종의 소송법상의 이익으로 보고 있다. 즉 법률상 이익의 유무를 실체법상의 규정에 의하여 파악하는 것이 아니라 위법한 처분 등에 의하여 침해된 이익이 재판상 보호할 가치가 있는가의 여부에 따라 판단한다. 침해된 이익이 법률상 보호되는 이익이건, 사실상의 이익이건 실질적으로 보호할 가치가 있는 이익이면 원고적격을 인정하기 때문에 권익보호의 폭이 더욱 확대된다.

이 학설에 대하여는 ① 취소소송을 실체법상의 처분에 의하여 침해된 권익의 구제제도로 보면서도 원고적격의 범위는 소송법적으로 결정하는 점에서 논리가 일관되지 못하다. ② 재판상 보호할 가치가 있는 이익의 존부에 대하여 판단할 수 있는 객관적 기준이 존재하지 않아 법적 안정성을 해칠 우려가 있고, 원고적격의 문제를 법원의 결정에 일임함으로써 법관의 자의적인 판단을 낳을 우려가 있다는 비판이 제기된다.

라. 적법성보장설

이 견해는 취소소송의 주된 목적·기능이 사인의 권익구제보다는 행정의 적법성 보장에 있는 것으로 본다. 따라서 원고적격을 판단함에 있어서는 원칙적으로 개인의 권익침해 여부를 불문하지만, 민중소송과 구별하기 위하여, 당해 처분의 성질상 그 위법성을 다툴 가장 적합한 이해관계를 가지는 자에게 원고적격을 인정해야 한다고 한다.

이 학설에 대하여는 ① 소송은 기본적으로 개인의 권익구제에 그 목적이 있는 것이므로 취소소송의 주된 기능을 적법성보장에만 있다고 보는 것은 타당하지 못하다. ② 이 설에 의하면 그 논리적 귀결로서 누구든지 항고소송을 제기할 수 있도록 하여야 할 것이지만, 이럴 경우 원고적격의 범위가 과도하게 확대되어 법원의 업무가 지나치게 과중하게 된다는 비판이 제기된다.

마. 결 론

취소소송은 주관적 쟁송이라는 점에서 적법성보장설을 취할 수는 없다. 한편 실체법상의 권리의 개념이 보호규범설에 따라 법률에 의하여 보호되는 이익으로 변화함에 따라 권리구제설과 법률상 보호이익설은 본질적으로 차이가 없게 되었다. 결국 행정소송법 제12조 전단의 '법률상의 이익'의 판단을 위한 실질적인 기준으로서는 법률상 보호이익설과 보호할 가치 있는 이익설만이 남게 된다. 보호할 가치 있는 이익설에 의하면 확실히 원고적격의 범위가 확대되는 장점이 있는 것은 분명하다. 그러나 이 설은 원고적격의 인정을 위한 객관적 기준이 결여되어 있다는 치명적인 결함이 있다. 반면에 법률상 보호이익설은 처분의 근거 법규나 관련 법규라는 원고적격의 객관적 기준이 설정되어 있다는 점에서 실천적 우월성이 인정된다.

2. 법률상 보호이익설의 구체적 내용

가. '법률'의 내용

법률에 의하여 보호되는 이익을 침해받은 자가 원고적격을 갖는다고 할 때, 그 법이 당해 처분의 근거 법규만을 말하는지 관련 법규까지 포함하는지 또는 헌법 등 상위법이나 법의 일반원리까지 포함되는지에 관하여 다시 견해의 대립이 있다.

판례는 당해 처분의 근거 법규를 기본으로 하되, 개인의 이익을 보호하는 명문의 규정이 없더라도 근거 법규와 관련 법규의 합리적 해석상, 그 법규에서 행정청을 제약하는 이유가 순수 공익이 아닌 개인적, 구체적 이익을 보호하는 취지가 포함되어 있다고 해석되는 경우에는 법률상 보호되는 이익으로 취급하는 입장에 서 있다고 볼 수 있다. 하지만 헌법상의 기본권이나 법의 일반원리까지는 법률상 보호되는 이익의 범위에 포함시키지 않고 있다.

한편 판례는 절차규정도 보호규범의 범위 속에 포함시키고 있다. 그리하여 이해관계인의 절차적 권리도 법률상 이익으로 본다(대법원 2020. 4. 9. 선고 2015다34444 판결).

판례

지방법무사회가 법무사의 사무원 채용승인 신청을 거부하거나 채용승인을 얻어 채용 중인 사람에 대한 채용승인을 취소하면, 상대방인 법무사로서도 그 사람을 사무원으로 채용할 수 없게 되는 불이익을 입게 될 뿐만 아니라, 그 사람도 법무사 사무원으로 채용되어 근무할 수 없게 되는 불이익을 입게 된다. 법무사규칙 제37조 제4항이 이의신청 절차를 규정한 것은 채용승인을 신청한 법무사뿐만 아니라 사무원이 되려는 사람의 이익도 보호하려는 취지로 볼 수 있다. 따라서 지방법무사회의 사무원 채용승인 거부처분 또는 채용승인 취소처분에 대해서는 처분 상대방인 법무사뿐만 아니라 그 때문에 사무원이 될 수 없게 된 사람도 이를 다툴 원고적격이 인정되어야 한다(대법원 2020. 4. 9. 선고 2015다34444 판결).

나. '이익'의 내용

(1) 직접적·구체적 이익: 법률상 보호이익설에 의할 경우, 처분 등으로 권리뿐만 아니라 이익을 침해받은 자도 그 처분 등의 취소를 구할 원고적격을 가지게 된다. 그러나 여기에서 말하는 이익은 당해 처분의 근거법규와 관련 법규에 의하여 보호되는 개별적·직접적·구체적인 이익이 있는 경우를 말하고, 공익보호의 결과로 국민 일반이 공통적으로 가지는 일반적·간접적·추상적 이익과 같이 사실적·경제적 이해관계를 가지는 데에 불과한 경우는 여기에 포함되지 아니한다(대법원 2015. 7. 23. 선고 2012두19496,19502 판결 등).

판례

점용허가를 받음이 없이 도로부지를 점유하여 온 자에 대하여 제3자에 대한 같은 도로부지의 점용허가 처분의 취소를 구할 원고적격이 없다고 한 사례: 도로부지 위에 점용허가를 받음이 없이 무허가건물을 축조, 점유하여 온 원고가 행정청이 제3자에 대하여 한 같은 도로부지의 점용허가처분으로 인하여 어떠한 불이익을 입게 되었다고 하더라도 처분의 직접상대방이 아닌 제3자인 원고로서는 위 처분의 취소에 관하여 법률상으로 보호받아야 할 직접적이고 구체적인 이해관계가 있다고 할 수 없어 위 처분의 취소를 구할 원고적격이 없다(대법원 1991. 11. 26. 선고 91누1219 판결)

행정처분의 직접 상대방이 아닌 제3자가 행정처분의 취소를 구할 수 있는 요건으로서 '법률상 보호되는 이익'의 의미 및 당해 처분의 근거 법규 및 관련 법규에 의하여 보호되는 법률상 이익의 의미: 행정처분의 직접 상대방이 아닌 제3자라 하더라도 당해 행정처분으로 법률상 보호되는 이익을 침해당한 경우에는 취소소송을 제기하여 당부의 판단을 받을 자격이 있다. 여기에서 말하는 법률상 보호되는 이익은 당해 처분의 근거 법규 및 관련 법규에 의하여 보호되는 개별적·직접적·구체적 이익이 있는 경우를 말하고, 공익보호의 결과로 국민 일반이 공통적으로 가지는 일반적·간접적·추상적 이익과 같이 사실적·경제적 이해관계를 갖는 데 불과한 경우는 여기에 포함되지 아니한다. 또 당해 처분의 근거 법규 및 관련 법규에 의하여 보호되는 법률상 이익은 당해 처분의 근거 법규의 명문 규정에 의하여 보호받는 법률상 이익, 당해 처분의 근거 법규에 의하여 보호되지는 아니하나 당해 처분의 행정목적을 달성하기 위한 일련의 단계적인 관련 처분들의 근거 법규에 의하여 명시적으로 보호받는 법률상 이익, 당해 처분의 근거 법규 또는 관련 법규에서 명시적으로 당해 이익을 보호하는 명문의 규정이 없더라도 근거 법규 및 관련 법규의 합리적 해석상 그 법규에서 행정청을 제약하는 이유가 순수한 공익의 보호만이 아닌 개별적·직접적·구체적 이익을 보호하는 취지가 포함되어 있다고 해석되는 경우까지를 말한다(대법원 2015. 7. 23. 선고 2012두19496, 19502 판결).

(2) 개인적 이익(사적 이익): 법에 의하여 보호되고 있는 개인적 이익(사적 이익)이 있는 자만이 항고소송을 제기할 수 있고, 공익의 침해만으로는 원고적격이 인정될 수 없다. 그런데 순수 공익만을 위한 행정법규나 관계자의 사익만을 위한 행정법규는 오히려 드물고 행정법규는 대부분 공익 및 사익을 함께 보호하기 위한 것이어서, 행정법규가 행정권 행사에 일정한 법적 제한을 가하는 경우, 그것이 관계자의 개인적 이익을 보장하기 위한 것인지, 직접적 목적은 공익 보호를 위한 것이고, 그로 인한 관계자의 이익은 공익 보호로 인한 반사적 이익에 불과한 것인지 여부의 판단 자체도 쉽지 아니할 뿐만 아니라, 양자의 구별은 상대적이며 유동적이기까지 하다. 그리하여 실제에 있어서 법에 의하여 보호되는 개인적 이익을 침해받았는지 여부는 일률적으로 말할 수 없고, 당해 행정법규의 취지·목적, 그 처분으로 침해되는 이익의 내용·성질·태양 등을 종합하여 개별 법규의 해석에 의하여 구체적으로 판단할 수밖에 없다 할 것이다.

다. 법률상 보호이익의 범위 확대

오늘날에 있어서는 환경권과 소비자권리, 문화적 생활을 누릴 권리 등의 중요성이 커짐으로써 과거 공익 내지 단순한 반사적 이익에 불과한 것으로 여겨졌던 것들이 법에 의하여 보호되는 이익으로 해석되는 등 법적 이익의 개념이 확대되고, 그에 따라 원고적격을 인정하는 범위가 넓어져 가고 있는 추세이다.

3. 원고적격이 인정되는 자

가. 처분의 직접 상대방

행정처분의 직접 상대방은 원칙적으로 원고적격을 가진다. 다만 그 논거에 대하여는 일부 견해의 차이가 있다.

① 침익적 처분의 경우: 침익적 처분에 대한 항고소송에 있어서 처분 상대방의 원고적격을 인정하는 근거를 판례가 직접 제시한 바는 없다. 학자들은 독일의 상대방이론(Adressatentheorie)을 가져와 이를 설명하는 것이 보통이다. 상대방이론이란 침익적 행정행위의 직접 상대방은 처분으로 인하여 적어도 자신의 기본권적 자유를 침해받는 것이므로, 개별 실체법과 무관하게(근거 법률의 해석 여부와 무관하게) 기본권의 방어권적 권능에 의하여 처분을 다툴 원고적격이 인정된다는 이론이다.[46] 그런데 국가나 지방자치단체는 기본권의 향유자로서의 지위를 인정받지 못하므로(헌법재판소 2006. 2. 23. 선고 2004헌바50 전원재판부 등), 상대방이론에 의해서는 국가 또는 지방자치단체가 처분의 상대방일 경우 그 원고적격을 인정받을 수 없게 된다는 문제가 있다.

생각건대 항소소송의 대상이 되는 처분은 '국민의 권리의무에 직접적으로 영향을 미치는 행위'를 말한다. 침익적 처분은 그중에서도 처분의 직접 상대방의 권리(법률상 이익)를 제한하거나 의무를 부과하는 행위를 말하는바, 행정권 발동의 법적 근거를 부여함과 동시에 공권력 행사의 한계를 설정함으로써 처분 상대방의 권리를 보호하려는 의도는 모든 침익처분의 근거 법률에서 기본적으로 인정되는 것이다. 또한 행정의 상대방이 자신에게 침익적인 처분에 불복하는 것은 '방어권으로서의 기본권'을 들지 않더라도 항고소송제도가 당연히 예상하고 있는 것으로 보아야 한다.[47] 따라서 침익적 처분의 상대방은 처분의 근거 법률의 해석 및 항고소송제도의 본질에 의하여 원고적격이 인정되는 것으로 보는 것

---

46) 김철용, 행정법 I (제13판), 2010, 655면.

47) 박현정, "국가와 지방자치단체의 항고소송에서의 원고적격- 판례의 최근 경향을 중심으로", 행정법연구 제30호, 2011. 8, 176면.

이 타당하다.

② 거부처분의 경우: 수익적 행정행위의 신청이 있고 그에 대한 거부처분이 행하여진 경우, 거부처분의 상대방은 거부된 수익처분의 근거법규(요건규정)나 관련 법규에 의하여 보호되는 이익이 있는 경우 원고적격이 인정된다.

③ 특수한 사례: 처분의 직접 상대방이라고 할지라도, 그 원고적격이 특히 문제되는 경우로는 외국인, 국가·지방자치단체 등이 있다. 그 구체적인 내용은 이하의 'Ⅲ. 원고적격에 관한 특수한 사례'에서 살펴보기로 한다.

나. 처분의 상대방 이외의 자

행정소송법 제12조는 "취소소송은 처분 등의 취소를 구할 법률상 이익이 있는 자가 제기할 수 있다"고 규정하고 있으므로, 행정처분의 직접 상대방이 아니라고 할지라도 처분 등의 취소를 구할 법률상의 이익이 있는 자는 원고적격을 가지게 된다. 주로 제3자효 행정행위에 있어서 제3자의 원고적격과 관련하여 문제되는바, 이는 결국 '법률상 이익'이 있는 자의 해석 문제라고 할 수 있다.

이와 관련하여 주로 문제가 되는 것은 경업자, 경원자, 인근주민 등의 경우인바, 이하에서 이를 차례로 살펴보기로 한다.

Ⅲ. 원고적격에 관한 특수한 사례

1. 경업자소송

경업자소송(競業者訴訟)이란 여러 영업자가 경쟁관계에 있는 경우에 그 중 한 영업자에 대한 처분 또는 부작위를 다른 영업자가 다투는 소송을 말한다. 다시 말하자면 서로 경쟁적 관계에 있는 수인의 영업자들 사이에 있어서 그 중 어느 한 쪽에 대한 수익적 행정행위 또는 부작위가 이루어지고 그것이 다른 영업자에게는 법률상 불이익을 초래하는 경우에 그 다른 영업자가 위 수익적 행정행위 또는 부작위에 대하여 제기하는 소송을 경업자소송이라고 한다. 아래에서 경업자소송에서의 원고적격과 관련된 쟁점을 차례로 살펴보기로 한다.

가. 기존업자가 신규 경업자에 대한 인허가처분의 취소를 구하는 경우

(1) 의의: 신규업자에 대한 인·허가처분에 의해 기존업자의 법률상 이익이 침해되는

경우에는 기존업자에게 원고적격을 인정하고, 단순한 경제적·사실상 이익만이 침해되는 경우에는 기존업자에게 원고적격을 인정할 수 없다고 할 것이다.

(2) 기존 사업의 성질과의 관련성 : 판례는 일반적으로 기존업자가 특허사업자인 경우에는 그 기존업자가 그 특허로 인하여 받는 이익은 법률상 이익이라고 보아 원고적격을 인정하고(대법원 1974. 4. 9. 선고 73누173 판결; 대법원 2002. 10. 25. 선고 2001두4450 판결 등), 기존업자가 허가를 받아 영업하는 경우에 그 기존업자가 그 허가로 인하여 받은 이익은 반사적 이익 내지 사실상 이익에 불과한 것으로 보아 원고적격을 부정하는 경향이 있다(대법원 1980. 7. 22. 선고 80누33,34 판결; 대법원 1990. 11. 13. 선고 89누756 판결; 대법원 1998. 3. 10 선고 97누4289 판결 등). 이러한 판례의 태도는 일응 타당하다. 그 이유는 특허는 상대방에게 독점적 경영권 내지 지위를 부여하거나 권리를 설정하는 행위이며, 허가는 질서유지의 목적상 설정된 금지를 해제하여 자연적 자유를 회복시키는 행위로서 허가를 받은 자의 경제적인 영업상 이익을 보호하는 것을 목적으로 하지 않기 때문이다.

(3) 허가와 특허 구분의 상대성: 그러나 이러한 구분이 절대적인 것이 될 수는 없다. 즉 허가는 결코 단순한 자유회복에 그치지 않고 적법한 권리·이익의 향유를 가능하게 하는 행위라는 측면이 있고, 특허도 직업선택의 자유라는 헌법상 기본권의 보장과 관련하여 국민의 본래의 자유의 회복이라는 측면이 있는 점에서 보는 바와 같이 허가와 특허의 구분이 상대화되고 있기 때문이다.[48] 따라서 허가의 경우에도 허가요건규정이 공익뿐만 아니라 개인의 이익도 보호하고 있다라고 해석되는 경우에는 기존 허가권자가 당해 허가요건에 위반하는 제3자에 대한 허가를 다툴 원고적격을 가진다고 보아야 할 것이다.

그리하여 최근의 판례는 허가와 특허의 구별 없이 처분의 근거가 되는 법률이 해당 업자들 사이의 과당경쟁으로 인한 경영의 불합리를 방지하는 것도 그 목적으로 하고 있는 경우에는 기존업자의 원고적격을 인정하고 있다.

판례

[1] **행정처분의 직접 상대방이 아닌 제3자가 당해 행정처분의 취소나 무효확인을 구할 수 있는 요건으로서 '법률상 보호되는 이익'의 의미**: 행정처분의 직접 상대방이 아닌 제3자라 하더라도 당해 행정처분으로 인하여 법률상 보호되는 이익을 침해당한 경우에는 그 처분의 취소나 무효확인을 구하는 행정소송을 제기하여 그 당부의 판단을 받을 자격이 있으며, 여기에서 말하는 법률상 보호되는 이익은 당해 처분의 근거 법규 및 관련 법규에 의하여 보호되는 개별적·직접적·구체적 이익을 말한다.

48) 석종현, 일반행정법(상)(제10판), 2003, 268-269면.

[2] **기존의 업자가 경업자에 대한 면허나 인·허가 등 수익적 행정처분의 취소를 구할 원고적격이 있는 경우**: 일반적으로 면허나 인·허가 등의 수익적 행정처분의 근거가 되는 법률이 해당 업자들 사이의 과당경쟁으로 인한 경영의 불합리를 방지하는 것도 그 목적으로 하고 있는 경우, 다른 업자에 대한 면허나 인·허가 등의 수익적 행정처분에 대하여 이미 같은 종류의 면허나 인·허가 등의 수익적 행정처분을 받아 영업을 하고 있는 기존의 업자는 경업자에 대하여 이루어진 면허나 인·허가 등 행정처분의 상대방이 아니라 하더라도 당해 행정처분의 취소를 구할 원고적격이 있다(대법원 2006. 7. 28. 선고 2004두6716 판결): <해설> 구 오수·분뇨 및 축산폐수의 처리에 관한 법률과 같은 법 시행령의 관계 규정이 당해 지방자치단체 내의 분뇨 등의 발생량에 비하여 기존 업체의 시설이 과다한 경우 일정한 범위 내에서 분뇨등 수집·운반업 및 정화조청소업에 대한 허가를 제한할 수 있도록 하고 있는 것은, 분뇨등을 적정하게 처리하여 자연환경과 생활환경을 청결히 하고 수질오염을 감소시킴으로써 국민보건의 향상과 환경보전에 이바지한다는 공익목적을 달성하고자 함과 동시에 업자 간의 과당경쟁으로 인한 경영의 불합리를 미리 방지하자는 데 그 목적이 있는 것이므로, 업종을 분뇨등 수집·운반업 및 정화조청소업으로 하여 분뇨등 관련 영업허가를 받아 영업을 하고 있는 기존업자의 이익은 단순한 사실상의 반사적 이익이 아니고 법률상 보호되는 이익이라고 해석된다고 본 사례이다.

나. 경업자 일부에 대해서만 행하여진 수익처분을 다투는 경우

(1) 의의: 행정청이 경쟁관계에 있는 기존의 업자에게 보조금의 지급과 같은 수익적 처분을 하여 다른 경업자에게 불리한 경쟁상황을 야기한 경우에 다른 경업자는 그 수익적 처분을 다툴 원고적격이 있는지 여부가 문제된다.

(2) 근거법률: 이 경우에 수익적 처분의 요건법규가 공익뿐만 아니라 경쟁관계에 있는 자의 경제적 이익도 보호하고 있다고 여겨지는 경우에 한하여 경업자에게 원고적격이 인정될 수 있을 것이다. 그런데 이 경우에 일반적으로 당해 수익적 처분의 근거법규가 처분의 상대방이 아닌 경업관계에 있는 제3자의 개인적 이익까지도 보호하고 있다고 해석되는 경우는 많지 않을 것이므로 그 경업자에게 원고적격이 인정되기는 어려울 것이다.

(3) 헌법상의 기본권 : 경업자에게 불리한 경쟁상황을 야기했다는 것은 경쟁의 자유를 침해한 것이 되고 경쟁의 자유는 구체적 기본권인 직업의 자유에 포함되므로, 헌법상의 기본권을 원고적격의 인정기준이 되는 법률상 이익에 포함되는 것으로 본다면 직업의 자유, 평등권 등이 침해되었음을 이유로 하여 경업자에게 원고적격을 인정하는 것이 타당하다. 하지만 현재의 판례는 기본권의 침해만으로는 원고적격을 인정하지 않고 있다. 다만

이 경우에도 행정소송이 아닌 헌법소원심판을 통해서는 기본권 침해를 이유로 위 수익처분을 다툴 수 있다고 할 것이다.

다. 기존 경업자에 대한 규제권 발동의 거부 또는 부작위를 다투는 경우

(1) 의의: 경쟁관계에 있는 경업자의 불공정행위에 대하여 규제권을 발동할 것을 행정청에게 청구하였음에도 불구하고 당해 행정청이 규제권을 발동하지 않는 경우(거부 또는 부작위의 경우)에 규제권 발동을 청구한 경업자가 거부처분의 취소소송 또는 부작위위법확인소송을 제기할 원고적격을 가지는지 여부가 문제된다.

(2) 근거법률: 이 경우에 원고적격은 행정청의 규제권의 근거가 되는 법규가 공정한 경쟁질서의 확보라는 공익 이외에 다른 경업자의 개인적 이익도 보호하고 있다고 해석되는 경우에 인정된다. 또한, 헌법상의 기본권도 원고적격 인정의 근거가 될 수 있다고 본다면 경업자의 불공정행위로 불리한 경쟁관계에 놓이게 된 경업자는 영업의 자유가 침해되고 있음을 근거로 하여 행정청의 규제권 불행사를 다툴 원고적격을 가진다고 볼 수 있다. 만일 기본권의 침해만으로 항고소송의 원고적격이 인정되지 않는다면 헌법소원이 가능할 것이다.[49]

(3) 판례의 태도: 경업자가 공정거래법상의 규제권 발동을 청구하였음에도 공정거래위원회가 이를 거부하거나 부작위한 경우에 판례는 경업자의 원고적격 유무에 대하여는 판단하지 아니한 채, 위 거부나 부작위가 그 요건의 결여(대상적격의 흠결)로 행정쟁송의 대상이 될 수 없다고 본다(대법원 2000. 4. 11. 선고 98두5682 판결), 다만 이 경우 보충성의 원칙을 충족하므로 헌법소원의 대상은 될 수 있다고 보게 된다(헌법재판소 1995. 7. 21. 선고 94헌마136 전원재판부).

2. 경원자소송

동일 대상지역에 대하여 수인이 공유수면매립면허나 도로점용허가를 신청하는 경우가 있을 수 있다. 혹은 영업허가 등에 관하여 거리제한 규정이나 업소개수제한규정 등이 적용되는 일정 지역에서 수인이 영업허가를 신청할 수도 있다. 위와 같이 인·허가 등의 수익적 행정처분을 신청한 수인이 서로 경쟁관계에 있어서 일방에 대한 인·허가 등의 처분이 타방에 대한 불허가 등으로 귀결될 수밖에 없는 때에 인·허가 등의 처분을 받지 못한 자가 인·허가처분 등에 대하여 제기하는 소송을 경원자소송(競願者訴訟)이라고 한다.

---

49) 박균성, 행정법론(상)(제10판), 2011, 1121면.

위와 같은 경원관계에 있어서는 인·허가 등의 처분을 받지 못한 자는 타방에 대하여 이루어진 인·허가 등 처분의 직접 상대방이 아니라고 하더라도 당해 처분의 취소를 구할 원고적격이 있다.

판례

경원관계에 있어서 경원자에 대하여 이루어진 허가 등 처분의 상대방이 아닌 자가 그 처분의 취소를 구할 당사자적격이 있는지 여부: 행정소송법 제12조는 취소소송은 처분 등의 취소를 구할 법률상의 이익이 있는 자가 제기할 수 있다고 규정하고 있는바, 인.허가 등의 수익적 행정처분을 신청한 수인이 서로 경쟁관계에 있어서 일방에 대한 허가 등의 처분이 타방에 대한 불허가 등으로 귀결될 수밖에 없는 때(이른바 경원관계에 있는 경우로서 동일대상지역에 대한 공유수면매립면허나 도로점용허가 혹은 일정지역에 있어서의 영업허가 등에 관하여 거리제한규정이나 업소개수제한규정 등이 있는 경우를 그 예로 들 수 있다) 허가 등의 처분을 받지 못한 자는 비록 경원자에 대하여 이루어진 허가 등 처분의 상대방이 아니라 하더라도 당해 처분의 취소를 구할 당사자적격이 있다 할 것이고, 다만 구체적인 경우에 있어서 그 처분이 취소된다 하더라도 허가 등의 처분을 받지 못한 불이익이 회복된다고 볼 수 없을 때에는 당해 처분의 취소를 구할 정당한 이익이 없다고 할 것이다 (대법원 1992. 5. 8. 선고 91누13274 판결).

[제57회 사법시험 문제] 甲은 환경영향평가 대상사업인 X건설사업에 관한 환경영향평가서 초안에 대하여 주민들의 의견을 수렴하고 그 결과를 반영하여 환경영향평가서를 작성한 후 국토교통부장관에게 제출하였다. 국토교통부장관은 환경부장관과의 협의 등 「환경영향평가법」상의 절차를 거쳐 X건설사업에 대한 승인처분을 하였다. 그러나 이후 환경영향평가서의 내용에 오류가 있고 환경부장관의 협의 내용에 따르지 않았다는 사실이 드러났다.

1. 주민 乙은 위와 같은 환경영향평가의 부실을 이유로 국토교통부장관의 사업승인처분은 위법하다고 주장한다. 그 주장의 당부를 검토하시오. (10점)

2. 환경영향평가 대상지역 밖에 거주하는 주민 丙은 사업승인처분의 취소를 구하는 소송을 제기할 수 있는가? (10점)

3. 인인소송

어떠한 시설의 설치를 허가하는 처분에 대하여 당해 시설의 인근에 거주하는 주민이 처분의 위법성을 다투는 소송을 인인소송(隣人訴訟)이라고 한다. 인근주민에게 시설의 설치허가를 다툴 원고적격이 있는지는 원칙상 당해 허가처분의 근거법률의 보호목적에 따라 결정된다. 즉 당해 근거법규가 공익뿐만 아니라 인근주민의 이익도 보호하고 있다라고 해석되는 경우에 한하여 인근주민에게 원고적격이 인정된다고 할 것이다.

가. 허가요건규정의 해석에 의하여 원고적격이 결정된 사례

(1) 대법원은 구 도시계획법상의 주거지역에 허용된 연탄공장 건축허가에 대하여 취소소송을 제기한 인근주민의 원고적격(대법원 1975. 5. 13. 선고 73누96, 97 판결), 구 도시계획법상의 공설화장장설치를 내용으로 하는 도시계획결정에 대하여 그 취소를 구하는 인근주민의 원고적격(대법원 1995. 9. 26. 선고 94누14544 판결), 방사성물질 등에 의한 생명·신체의 안전침해를 이유로 원자로 시설부지사전승인처분에 대하여 취소를 구하는 원자로 시설부지 인근 주민들의 원고적격(대법원 1998. 9. 4. 선고 97누19588 판결), 구 국토의 계획 및 이용에 관한 법률 등의 규제를 받는 건축허가처분에 대하여 그 취소를 구하는 인근주민의 원고적격(대법원 2015. 7. 9. 선고 2015두39590 판결) 등을 인정하고 있다.

(2) 반면에 구 수도법상의 상수원보호구역의 변경에 대하여 그 상수원에서 급수를 받고 있는 인근주민이 제기한 취소소송의 원고적격(대법원 1995. 9. 26. 선고 94누14544 판결: 상수원보호구역 설정의 근거가 되는 수도법 및 그 시행령이 보호하고자 하는 것은 상수원의 확보와 수질보전이라는 공익일 뿐이고, 그 상수원에서 급수를 받고 있는 지역주민들이 상수원의 오염을 막아 양질의 급수를 받을 이익은 위 공익보호에 따른 반사적 이익에 불과하다는 취지이나, 위 판례에는 의문이 제기된다), 생태·자연도 1등급으로 지정되었던 지역을 2등급 또는 3등급으로 변경하는 내용의 생태·자연도 등급변경처분에 대하여 그 무효확인을 구하는 인근 주민의 원고적격(대법원 2014. 2. 21. 선고 2011두29052 판결: 생태·자연도는 자연환경을 체계적으로 보전·관리하기 위한 것일 뿐, 1등급 권역의 인근 주민들이 가지는 생활상 이익을 직접적·구체적으로 보호하기 위한 것이 아님이 명백하고, 1등급 권역의 인근 주민들이 가지는 이익은 환경보호라는 공공의 이익이 달성됨에 따른 반사적 이익에 불과하다), 구 주택법상 주택의 사용검사처분에 대하여 그 취소를 구하는 입주자나 입주예정자의 원고적격(대법원 2014. 7. 24. 선고 2011두30465 판결: 사용검사처분은 건축물을 사용·수익할 수 있게 하는 데에 그치므로 사용검사처분이 이루어졌다는 사정만으로는 건축물에 있는 하자나 건축법 등 관계 법령에 위반되는 사실이 정당화되지는 않는다. 그리고 입주자나 입주예정자들은 사용검사처분을 취소하지 않고서도 민사소송 등을 통하여 분양계약에 따른 법률관계 및 하자 등을 주장·증명함으로써 사업주체 등으로부터 하자제거·보완 등에 관한 권리구제를 받을 수 있다) 등은 이를 부인하고 있다.

나. 환경영향평가 대상지역 주민에게 원고적격을 인정한 사례

어떠한 시설을 설치하기 위해서 환경영향평가를 실시하여야 하는 경우에 환경영향평가 대상지역에 거주하는 주민에게는 당해 시설허가처분을 다툴 원고적격이 인정된다. 즉 판례는 환경영향평가법을 환경영향평가 대상사업에 대한 허가처분의 근거법률 내지 관계법률로 보고, 허가의 대상인 사업으로 인하여 개인적 이익인 환경상 이익(공익으로서의 환경상 이익이 아님)이 직접적으로 침해받거나 침해될 우려가 있는 경우 당해 환경영향평가 대상지역 주민에게 그 허가 또는 승인처분의 취소를 구할 원고적격을 인정하고 있다. 그리하여 대법원은 국립공원 집단시설지구 개발사업으로 인하여 직접적이고 중대한 환경피해를 입으리라고 예상되는 환경영향평가 대상지역 안의 주민에게 환경영향평가대상사업에 관한 변경승인 및 허가처분의 취소를 구할 원고적격이 있다고 하였고(대법원 1998. 4. 24. 선고 97누3286 판결), 환경영향평가 대상지역 안의 주민들이 그 대상사업인 전원(電源)개발사업실시계획승인처분과 관련하여 갖는 환경상 이익은 직접적·구체적 이익으로서 위 주민들에게 위 처분의 취소를 구할 원고적격이 있다고 보았다(대법원 1998. 9. 22. 선고 97누19571 판결).

다만 환경영향평가 대상지역 안의 주민에게 당연히 원고적격이 인정되는 것은 아니며, 대상지역 안의 주민의 경우 환경영향평가의 대상이 되는 사업의 승인으로 인하여 환경상의 개인적 이익이 직접적·구체적으로 침해될 것으로 사실상 추정되기 때문에 원고적격이 인정될 뿐이다. 따라서 환경영향평가 대상지역 안의 주민이라도 환경상의 개인적 이익이 직접 구체적으로 침해될 것이 예상되지 않는 경우에는 원고적격이 인정되지 않는다고 보아야 한다.[50]

판례

[1] **행정처분의 근거 법규 등에 그 처분으로 환경상 침해를 받으리라고 예상되는 영향권의 범위가 구체적으로 규정된 경우, 행정처분의 직접 당사자가 아닌 그 영향권 내의 주민과 영향권 밖의 주민에게 행정처분의 취소 등을 구할 원고적격이 인정되기 위한 요건**: 행정처분의 직접 상대방이 아닌 자로서 그 처분에 의하여 자신의 환경상 이익이 침해받거나 침해받을 우려가 있다는 이유로 취소나 무효확인을 구하는 제3자는, 자신의 환경상 이익이 그 처분의 근거 법규 또는 관련 법규에 의하여 개별적·직접적·구체적으로 보호되는 이익, 즉 법률상 보호되는 이익임을 입증하여야 원고적격이 인정된다. 다만, 그 행정처분의 근거 법규 또는 관련 법규에 그 처분으로써 이루어지는 행위 등 사업으로 인하여 환경상 침해를 받으리라고 예상되는 영향권의 범위가 구체적으로 규정

50) 박균성, 앞의 책, 1103면.

되어 있는 경우에는, 그 영향권 내의 주민들에 대하여는 당해 처분으로 인하여 직접적이고 중대한 환경피해를 입으리라고 예상할 수 있고, 이와 같은 환경상의 이익은 주민 개개인에 대하여 개별적으로 보호되는 직접적·구체적 이익으로서 그들에 대하여는 특단의 사정이 없는 한 환경상 이익에 대한 침해 또는 침해 우려가 있는 것으로 사실상 추정되어 법률상 보호되는 이익으로 인정됨으로써 원고적격이 인정되며, 그 영향권 밖의 주민들은 당해 처분으로 인하여 그 처분 전과 비교하여 수인한도를 넘는 환경피해를 받거나 받을 우려가 있다는 자신의 환경상 이익에 대한 침해 또는 침해 우려가 있음을 입증하여야만 법률상 보호되는 이익으로 인정되어 원고적격이 인정된다.

[2] 환경상 이익에 대한 침해 또는 침해 우려가 있는 것으로 사실상 추정되어 원고적격이 인정되는 사람에는 환경상 침해를 받으리라고 예상되는 영향권 내의 주민들을 비롯하여 그 영향권 내에서 농작물을 경작하는 등 현실적으로 환경상 이익을 향유하는 사람도 포함된다. 그러나 단지 그 영향권 내의 건물·토지를 소유하거나 환경상 이익을 일시적으로 향유하는 데 그치는 사람은 포함되지 않는다(대법원 2009. 9. 24. 선고 2009두2825 판결).

다. 환경영향평가 대상지역 밖의 주민에게 원고적격을 인정하기 위한 요건

최근 환경영향평가와 관련한 판례에서 대법원은 환경영향평가 대상지역 밖의 주민의 경우에도 일정한 요건을 입증할 경우 그 원고적격을 인정하고 있다.

판례

환경영향평가 대상지역 밖의 주민이라 할지라도 공유수면매립면허처분 등으로 인하여 그 처분 전과 비교하여 수인한도를 넘는 환경피해를 받거나 받을 우려가 있는 경우에는, 공유수면매립면허처분 등으로 인하여 환경상 이익에 대한 침해 또는 침해우려가 있다는 것을 입증함으로써 그 처분 등의 무효확인을 구할 원고적격을 인정받을 수 있다(대법원 2006. 3. 16. 선고 2006두330 전원합의체 판결).

4. 단체와 그 구성원 등

가. 단체의 구성원

처분의 상대방은 단체이지만, 그 처분에 대하여 이해관계를 가지는 단체의 구성원에게 원고적격을 인정할 수 있는지가 문제된다.

일반적으로 단체의 구성원은 단체에 대한 행정처분에 대하여 사실상이나 간접적인 이해관계를 가질 뿐이어서, 스스로 그 처분의 취소를 구할 원고적격이 없는 것이 원칙이다(대법원 2004. 12. 23. 선고 2000두2648 판결 등).

다만 예외적으로 법인에 대한 행정처분이 당해 법인의 존속 자체를 직접 좌우하는 처분인 경우나, 그 처분으로 인하여 궁극적으로 주식이 소각되거나 주주의 법인에 대한 권리가 소멸하는 등 주주의 지위에 중대한 영향을 초래하게 되는데도 그 처분의 성질상 당해 법인이 이를 다툴 것을 기대할 수 없고 달리 주주의 지위를 보전할 구제방법이 없는 경우에는 주주도 그 처분에 관하여 직접적이고 구체적인 법률상 이해관계를 가진다고 보이므로 그 취소를 구할 원고적격이 있다(대법원 2004. 12. 23. 선고 2000두2648 판결; 대법원 2005. 1. 27. 선고 2002두5313 판결 등).

나. 구성원이 소속된 단체

단체의 구성원 개인에 대한 처분에 대하여 그 소속 단체에게는 원고적격이 인정되지 않는다. 그리하여 두부제조업체들에 의하여 설립된 연식품협동조합이 두부제조업자에 대한 영업허가취소처분의 취소를 구한 경우(대법원 1987. 5. 26. 선고 87누119 판결), 전국고속버스운송사업조합이 시외버스운송사업자에 대한 사업계획변경인가처분의 취소를 구한 경우(대법원 1990. 2. 9. 선고 89누4420 판결), 사단법인 대한의사협회가 의사들에 대하여 처분성을 지니는 보건복지부 고시 '건강보험요양급여행위 및 그 상대가치점수 개정'의 취소를 구한 경우(대법원 2006. 5. 25. 선고 2003두11988 판결) 등에 대하여 판례는 원고적격을 인정하지 않고 있다.

판례

사단법인 대한의사협회는 의료법에 의하여 의사들을 회원으로 하여 설립된 사단법인으로서, 국민건강보험법상 요양급여행위, 요양급여비용의 청구 및 지급과 관련하여 직접적인 법률관계를 갖지 않고 있으므로, 보건복지부 고시인 '건강보험요양급여행위 및 그 상대가치점수 개정'으로 인하여 자신의 법률상 이익을 침해당하였다고 할 수 없다는 이유로 위 고시의 취소를 구할 원고적격이 없다고 한 사례(대법원 2006. 5. 25. 선고 2003두11988 판결).

5. 외국인

거부처분이나 불이익처분의 상대방이 외국인인 경우에는 그러한 처분과 관련된 외국인의 이해관계가 '법적으로 보호가치 있는 이익'인지 여부를 개별적으로 검토하여 원고적격 유무를 판단하여야 한다.

따라서 외국인이 아직 대한민국에 입국하지 않은 상태에서 대한민국에 입국하게 해 달라고 주장하는 경우에는 대한민국과의 실질적 관련성 내지 대한민국에서 법적으로 보호가치 있는 이해관계를 형성한 경우가 아니어서, 사증발급 거부처분의 취소를 구할 원고적격이 있다고 볼 수 없다. 반면에 대한민국에 적법하게 입국하여 상당한 기간을 체류한 외국인의 경우 이미 대한민국과의 실질적 관련성 내지 대한민국에서 법적으로 보호가치 있는 이해관계를 형성한 경우이어서, 국적법상 귀화불허가처분이나 출입국관리법상 체류자격변경 불허가처분, 강제퇴거명령 등의 취소를 구할 법률상 이익이 인정된다고 보아야 한다(대법원 2018. 5. 15. 선고 2014두42506 판결).

판례

외국인에게 사증발급 거부처분의 취소를 구할 법률상 이익이 인정되는지 여부(소극): … 사증발급 거부처분을 다투는 외국인은, 아직 대한민국에 입국하지 않은 상태에서 대한민국에 입국하게 해달라고 주장하는 것으로, 대한민국과의 실질적 관련성 내지 대한민국에서 법적으로 보호가치 있는 이해관계를 형성한 경우는 아니어서, 해당 처분의 취소를 구할 법률상 이익을 인정하여야 할 법정책적 필요성도 크지 않다. 반면, 국적법상 귀화불허가처분이나 출입국관리법상 체류자격변경 불허가처분, 강제퇴거명령 등을 다투는 외국인은 대한민국에 적법하게 입국하여 상당한 기간을 체류한 사람이므로, 이미 대한민국과의 실질적 관련성 내지 대한민국에서 법적으로 보호가치 있는 이해관계를 형성한 경우이어서, 해당 처분의 취소를 구할 법률상 이익이 인정된다고 보아야 한다(대법원 2018. 5. 15. 선고 2014두42506 판결 [사증발급거부처분취소]): <해설> 우리 출입국관리법의 해석상 외국인에게는 원칙적으로 사증발급 거부처분의 취소를 구할 법률상 이익이 인정되지 않는다. 한편 재외동포[51]의 경우에는 출입국관리법에 우선하여 '재외동포의 출입국과 법적 지위에 관한 법률'의 적용을 받고, 위 법률에 근거하여 사증발급 거부처분의 취소를 구할 법률상 이익이 있다.

6. 국가·지방자치단체와 행정기관

가. 국가와 지방자치단체

국가와 지방자치단체는 공법인이므로 당사자능력이 인정된다. 나아가 그 원고적격의 인정 여부에 대하여는 다음과 같은 학설의 대립이 있다.

(1) 부정설: 국가는 다른 국가기관을 상대로 항고소송을 제기할 수 없으므로 그 원고적

51) 재외동포의 출입국과 법적 지위에 관한 법률 제2조(정의) 이 법에서 "재외동포"란 다음 각 호의 어느 하나에 해당하는 자를 말한다.
1. 대한민국의 국민으로서 외국의 영주권(永住權)을 취득한 자 또는 영주할 목적으로 외국에 거주하고 있는 자(이하 "재외국민"이라 한다)
2. 대한민국의 국적을 보유하였던 자(대한민국정부 수립 전에 국외로 이주한 동포를 포함한다) 또는 그 직계비속(直系卑屬)으로서 외국국적을 취득한 자 중 대통령령으로 정하는 자(이하 "외국국적동포"라 한다)

격을 인정할 수 없다고 보는 견해이다.[52] 그 이유로는 국가가 자기 자신에 대하여 소송을 제기하는 것은 그 자체가 모순이기 때문이라는 것이다.

(2) 긍정설: 국가나 지방자치단체도 처분의 근거법률이 보호하는 개별적·직접적·구체적 이익이 침해되는 경우 항고소송을 제기할 수 있다는 견해이다. 이때 '법률상 이익의 침해'는 국가나 지방자치단체가 사인과 같은 지위에서 사인이 누릴 수 있는 권리나 이익을 침해당하는 경우뿐만이 아니라, 공행정주체로서 헌법과 법률에 의하여 부여받은, 그리하여 사인은 향유할 수 없는 자신의 고유한 권한을 침해받은 경우에도 인정된다고 본다.[53]

(3) 평가: 생각건대, 국가가 국가기관을 상대로 항고소송을 제기하거나, 지방자치단체가 자신에게 소속된 기관을 상대로 항고소송을 제기할 수는 없다고 보는 것이 타당하다. 굳이 항고소송을 제기할 필요없이 내부적 통제수단을 통해서도 그 권익구제가 충분히 가능할 것이기 때문이다.

하지만 i) 국가가 지방자치단체의 기관을 상대로, ii) 지방자치단체가 국가기관을 상대로, iii) 지방자치단체가 법인격을 달리하는 다른 지방자치단체의 기관을 상대로 항고소송을 제기하는 것은 가능하다고 보아야 한다. 위와 같은 경우에는 자기 자신에 대한 소송이라고 볼 수 없을 뿐만 아니라, 내부적 통제를 통한 권익구제가 사실상 불가능하기 때문이다.

(4) 판례: 과거 판례는 국가나 지방자치단체의 원고적격을 부인하는 입장이었지만, 현재는 이를 인정하는 경향이 있다. 그리하여 서울특별시가 추진 중인 장애인 숙박과 휴양을 위한 시설 건립에 대하여 강원도 양양군수가 건축협의를 완료한 이후 이를 취소하고 착공신고를 거부하자, 서울특별시가 양양군수를 상대로 건축협의취소처분의 취소를 구한 사건(대법원 2014. 2. 27. 선고 2012두22980 판결), 법무부가 안양교도소의 재건축을 추진하며 건축협의를 신청하였는데 그동안 교도소를 이전하여 줄 것을 주장하던 안양시장이 건축협의가 불가능하다며 이를 거부하자, 국가가 안양시장을 상대로 건축협의불가처분의 취소를 구한 사건(대법원 2014. 3. 13. 선고 2013두15934 판결) 등에서 국가나 지방자치단체의 원고적격을 인정하고 있다.[54]

52) 정남철, "항고소송에 있어서 국가기관의 원고적격", 저스티스 통권 제140호, 2014. 2, 361면.

53) 박현정, 앞의 논문, 159면.

54) 참고로 관련 법조문을 적시하면 다음과 같다.
건축법 제29조(공용건축물에 대한 특례) ① 국가나 지방자치단체는 제11조, 제14조, 제19조, 제20조 및 제83조에 따른 건축물을 건축·대수선·용도변경하거나 가설건축물을 건축하거나 공작물을 축조하려는 경우에는 대통령령으로 정하는 바에 따라 미리 건축물의 소재지를 관할하는 허가권자와 협

다만 판례는 국가가 기관위임사무를 처리하는 지방자치단체의 장을 상대로 취소소송을 제기하는 것은 허용되지 않는다고 보아 그 소를 각하한 바가 있다(대법원 2007. 9. 20. 선고 2005두6935 판결). 지방자치단체의 장이 기관위임된 국가행정사무를 처리하는 경우에는 국가기관의 지위에서 그 사무를 수행하는 것이다. 국가가 국가기관을 상대로 항고소송을 제기할 수는 없는 것이므로 위 판례의 태도는 타당하다.

판례

구 건축법 제29조 제1항에서 정한 건축협의의 취소가 처분에 해당하는지 여부(적극) 및 지방자치단체 등이 건축물 소재지 관할 허가권자인 지방자치단체의 장을 상대로 건축협의취소의 취소를 구할 수 있는지 여부(적극): 구 건축법(2011. 5. 30. 법률 제10755호로 개정되기 전의 것) 제29조 제1항, 제2항, 제11조 제1항 등의 규정 내용에 의하면, 건축협의의 실질은 지방자치단체 등에 대한 건축허가와 다르지 않으므로, 지방자치단체 등이 건축물을 건축하려는 경우 등에는 미리 건축물의 소재지를 관할하는 허가권자인 지방자치단체의 장과 건축협의를 하지 않으면, 지방자치단체라 하더라도 건축물을 건축할 수 없다. 그리고 구 지방자치법 등 관련 법령을 살펴보아도 지방자치단체의 장이 다른 지방자치단체를 상대로 한 건축협의 취소에 관하여 다툼이 있는 경우에 법적 분쟁을 실효적으로 해결할 구제수단을 찾기도 어렵다.

따라서 건축협의 취소는 상대방이 다른 지방자치단체 등 행정주체라 하더라도 '행정청이 행하는 구체적 사실에 관한 법집행으로서의 공권력 행사'(행정소송법 제2조 제1항 제1호)로서 처분에 해당한다고 볼 수 있고, 지방자치단체인 원고가 이를 다툴 실효적 해결 수단이 없는 이상, 원고는 건축물 소재지 관할 허가권자인 지방자치단체의 장을 상대로 항고소송을 통해 건축협의 취소의 취소를 구할 수 있다(대법원 2014. 2. 27. 선고 2012두22980 판결 [건축협의취소처분취소]): <해설> 지방자치단체(*서울특별시)가 법인격을 달리하는 다른 지방자치단체의 장(*양양군수)을 상대로 항고소송을 제기한 경우이다. 이 경우 지방자치단체의 원고적격을 인정하고 있다.

국가가 허가권자와 건축에 관한 협의를 마치면 구 건축법 제29조 제1항에 의하여 건축허가가 의제되는 법률효과가 발생된다. 건축허가 및 건축협의 사무는 지방자치사무로서, 구 건축법상 국가라 하더라도 미리 건축물의 소재지를 관할하는 허가권자인 지방자치단체의 장과 건축협의를 하지 아니하면 건축물을 건축할 수 없다. 따라서 허가권자인 지방자치단체의 장이 국가에 대하여 건축협

의하여야 한다.
② 국가나 지방자치단체가 제1항에 따라 건축물의 소재지를 관할하는 허가권자와 협의한 경우에는 제11조, 제14조, 제19조, 제20조 및 제83조에 따른 허가를 받았거나 신고한 것으로 본다.
③ 제1항에 따라 협의한 건축물에는 제22조 제1항부터 제3항까지의 규정을 적용하지 아니한다. 다만, 건축물의 공사가 끝난 경우에는 지체 없이 허가권자에게 통보하여야 한다.

의를 거부하는 것은 해당 건축물을 건축하지 못하도록 권한을 행사하여 건축허가 의제의 법률효과 발생을 거부하는 것이며, 한편 구 건축법이나 구 지방자치법 등 관련 법령에서는 국가가 허가권자의 거부행위를 다투어 법적 분쟁을 직접적·실효적으로 해결할 수 있는 구제수단을 찾기 어렵다.

이러한 사정들에 비추어 보면, 허가권자인 지방자치단체의 장이 한 건축협의 거부행위는 비록 그 상대방이 국가 등 행정주체라 하더라도, 행정청이 행하는 구체적 사실에 관한 법집행으로서의 공권력 행사의 거부 내지 이에 준하는 행정작용으로서 행정소송법 제2조 제1항 제1호에서 정한 처분에 해당한다고 볼 수 있고, 이에 대한 법적 분쟁을 해결할 실효적인 다른 법적 수단이 없는 이상 국가 등은 허가권자를 상대로 항고소송을 통해 그 거부처분의 취소를 구할 수 있다고 해석된다(대법원 2014. 3. 13. 선고 2013두15934 판결 [건축협의불가처분취소]): <해설> 국가가 지방자치단체의 장(*안양시장)을 상대로 항고소송을 제기한 경우이다. 이 경우 국가의 원고적격을 인정하고 있다.

국가가 국토이용계획과 관련한 기관위임사무의 처리에 관하여 지방자치단체의 장을 상대로 취소소송을 제기할 수 있는지 여부(소극): 건설교통부장관은 지방자치단체의 장이 기관위임사무인 국토이용계획 사무를 처리함에 있어 자신과 의견이 다를 경우 행정협의조정위원회에 협의·조정 신청을 하여 그 협의·조정 결정에 따라 의견불일치를 해소할 수 있고, 법원에 의한 판결을 받지 않고서도 행정권한의 위임 및 위탁에 관한 규정이나 구 지방자치법에서 정하고 있는 지도·감독을 통하여 직접 지방자치단체의 장의 사무처리에 대하여 시정명령을 발하고 그 사무처리를 취소 또는 정지할 수 있으며, 지방자치단체의 장에게 기간을 정하여 직무이행명령을 하고 지방자치단체의 장이 이를 이행하지 아니할 때에는 직접 필요한 조치를 할 수도 있으므로, 국가가 국토이용계획과 관련한 지방자치단체의 장의 기관위임사무의 처리에 관하여 지방자치단체의 장을 상대로 취소소송을 제기하는 것은 허용되지 않는다(대법원 2007. 9. 20. 선고 2005두6935 판결): <해설> 지방자치단체의 장이 기관위임된 국가행정사무를 처리하는 경우에는 국가의 산하 행정기관의 지위에서 그 사무를 수행하는 것이다. 따라서 위 판례는 국가가 국가기관을 상대로 항고소송을 제기할 수는 없다는 입장을 취한 것으로 보여진다.

한편 위 사안의 경우 항고소송 이외의 방법으로도 그 권익구제가 가능하므로 굳이 항고소송의 제기를 허용할 필요가 없다고 판시하고 있다. 따라서 위 판결은 원고적격을 부인하였다고 보기보다는, 협의의 소익이 없음을 이유로 소를 각하한 것으로 파악하는 것도 가능하다.

나. 행정기관

국가나 지방자치단체의 행정기관은 법인격이 없고, 아울러 원고로서의 당사자능력이 없으므로 원고적격도 당연히 부정적으로 보는 것이 논리적이다.

그러나 최근에 대법원은 경기도선거관리위원회 위원장이 원고가 되어 국민권익위원회를 피고로 하여 제기한 '불이익처분원상회복등요구처분취소' 사건(대법원 2013. 7. 25. 선고 2011두1214 판결)에서, i) 당해 처분에 의하여 원고가 중대한 불이익을 받을 수 있는 상황이고, ii) 원고와 피고 두 기관 사이의 분쟁을 조정할 상급기관도 없으며, iii) 원고로서는 항고소송 이외에 별다른 구제수단(기관소송·권한쟁의심판 등)이 없는 경우라는 제한된 요건 하에서 행정기관의 당사자능력 및 원고적격을 인정하고 있음은 앞서 본 바와 같다.

제3목 소의 객관적 이익

[제44회 행정고시 문제] 甲은 건축사법위반으로 6개월의 업무정지 처분을 받았다. 甲은 이에 불복하여 취소소송을 제기하였으나, 변론종결일까지 위 처분의 효력 또는 그 집행의 정지에 관한 결정을 받지 못한 채 위 제재기간이 도과되기에 이르렀다.

(1) 이 경우 수소법원은 어떤 판결을 내려야 하는가. (20점)

(2) 만일 건축사법 제28조 제1항 제5호(가중적 제재규정)의 내용이 법률에 규정되지 않고 시행령, 시행규칙 및 훈령에 규정되었을 경우, 각각의 경우에 대하여 수소법원은 어떤 판결을 내려야 하는가. (30점)

[제45회 사법시험 문제] 甲은 일반음식점을 경영하는 자로서 식품위생법 위반으로 인하여 2월의 영업정지처분을 받았다. 영업정지기간이 경과한 후 甲은 식품위생법시행규칙에 2회 이상의 법규위반에 대한 가중적 제재규정이 있어 불이익을 받을 우려가 있다는 이유를 들어 당해 처분에 대한 취소소송을 제기하였다. 위 취소소송의 적법 여부를 논하시오(25점).

Ⅰ. 서 론

행정소송법 제12조는 "취소소송은 처분 등의 취소를 구할 법률상 이익이 있는 자가 제기할 수 있다. 처분 등의 효과가 기간의 경과, 처분 등의 집행 그 밖의 사유로 인하여 소멸된 뒤에도 그 처분 등의 취소로 인하여 회복되는 법률상 이익이 있는 자의 경우에는 또한 같다"라고 규정하고 있다. 위 조문의 전문(前文)은 원고적격을 규정한 것이고, 후문(後文)은 소의 객관적 이익을 규정한 것이라고 보는 것이 일반적 견해이다. 소의 객관적 이익이라는 용어는 원고적격을 소의 주관적 이익이라고도 부르는 것과 대응하는 것인바,

통상 협의의 소의 이익 또는 소의 이익이라고 불리기도 한다.

위와 같은 협의의 소의 이익은 분쟁을 재판에 의하여 해결하여 줄 것을 요구하는 것을 정당화시킬 수 있는 현실적 이익 내지 필요성을 의미하는데, 일명 이를 권리보호의 필요라고 부르기도 한다.

II. 행정소송법 제12조 후문의 해석

1. 원고적격에 관한 규정인가, 소의 객관적 이익에 관한 규정인가

통설은 행정소송법 제12조 전문은 취소소송의 원고적격을 규정하고 있고, 후문은 협의의 소의 이익(권리보호의 필요)을 규정하고 있다고 본다. 아울러 행정소송법이 위 양자를 '원고적격'이라는 제목 하에 하나의 조문에서 규정하고, 또한 양자에 대하여 다같이 '법률상 이익'이라는 용어를 사용하고 있는 것에 대하여 의문을 제기한다.[55)]

이에 대하여 동조 후문도 원고적격에 관한 조항으로 보는 견해가 있다. 즉, 동 조항은 처분이 소멸된 경우에도 권리(법률상 이익)가 침해된 자는 취소소송의 원고적격을 갖는다는 조항으로 본다. 그렇지 않으면 처분 등이 소멸된 뒤에 취소소송을 제기할 수 있는 원고적격에 관한 조항은 행정소송법에 없는 것이 된다는 것이다. 따라서 협의의 소의 이익(권리보호의 필요)은 행정소송법에 규정이 없고 판례와 학설에 의해 인정되는 것으로 본다.[56)]

2. 입법취지 및 의미

행정소송법을 전면개정하면서 제12조 후문규정을 도입한 입법취지는 무엇인가? 통설은 제12조 후문규정을 권리보호의 필요성에 관한 규정으로 보면서도, 그 입법취지에 관하여는 다시 다음과 같이 견해가 나뉜다.

① 다수견해는 처분의 효력의 소멸로 인하여 당해 처분에 의해 침해된 기본적인 권리 내지 법적 지위가 회복될 수 없는 경우에도 회복될 가능성이 있는 어떠한 법률상 이익이 있는 경우에는 그것이 비록 부수적인 이익일지라도 그 취소소송을 인정하기 위하여 위 규정이 도입되었다고 해석한다. 그리고 이 견해에 따르면 동 규정은 취소소송에서의 협의의 소의 이익을 규정한 것으로 본다.[57)]

---

55) 김남진·김연태, 행정법 I (제12판), 2008, 673면.

56) 홍정선, 행정법원론(상)(제14판), 2006, 828면.

57) 박균성, 행정법론(상)(제10판), 2011, 1133면; 박윤흔, 최신행정법강의(상)(개정29판), 2004, 934면.

② 이에 대하여 처분의 효력이 소멸된 뒤에도 처분이 존재하였다는 것만으로 어떠한 법적 불이익이 발생할 경우가 적지 않은바, 이에 대한 법적 쟁송을 용이하게 하기 위하여 이 후문 규정이 입법되었다고 보는 견해가 있다. 이 견해에 의하면 동 규정에 의해 인정되는 소송은 독일 행정법원법에서 규정하는 처분의 위법성을 확인하는 소송(계속적확인소송)이라고 한다. 아울러 동 규정상의 '법률상 이익'은 계속적확인소송에서의 권리보호필요성인 '확인의 정당한 이익'과 동일한 것으로 해석한다. 그 이유로 기간의 경과 등으로 인하여 행정처분의 효력이 이미 소멸되었다면 그것은 더 이상 취소의 대상이 될 수 없다는 점, 따라서 취소소송을 제기하여 인용판결을 받더라도 그것은 실질적으로 효력이 이미 소멸된 당해 처분의 위법성을 확인하는 것 이상의 효과를 기대할 수 없다는 점 등을 들고 있다.[58]

3. 법률상 이익의 의미

가. 학 설

행정소송법 제12조 후문의 '법률상 이익'의 범위에 관하여는, 계속적확인소송에서의 '확인의 정당한 이익'을 의식하여 제12조 전문의 법률상 이익(원고적격)보다 넓은 개념이며 부수적 이익도 포함한다고 보는 것이 일반적이다. 그런데, 이 부수적 이익에 어떠한 이익이 포함될 것인지에 관하여는 견해가 나뉘고 있다. 행정소송법 제12조 후문의 '법률상 이익'에는 명예, 신용의 이익은 포함되지 않는다는 견해도 있으나,[59] 명예·신용 등의 인격적 이익, 보수청구와 같은 재산적 이익 및 불이익제거와 같은 사회적 이익도 경우에 따라서는 포함될 수 있다는 견해가 다수설이다.[60]

나. 판례의 태도

판례는 행정소송법 제12조 소정의 '법률상 이익'을 전문의 그것과 후문의 그것을 구별하지 않고 모두 '당해 처분의 근거 법률에 의하여 보호되는 직접적이고 구체적인 이익'이라고 해석하고, 간접적이거나 사실적, 경제적 이해관계를 가지는데 불과한 경우는 여기에 해당되지 아니한다고 보고 있다(대법원 1995. 10. 17. 선고 94누14148 전원합의체 판결).

58) 홍준형, 행정구제법(제4판), 2001, 587-588면.
59) 김동희, 행정법 I (제14판), 2008, 694면.
60) 홍준형, 앞의 책, 592-593면.

4. 권리보호의 필요성(협의의 소익) 유무의 판단기준

권리보호의 필요성(협의의 소익) 유무를 판단함에 있어서는 다음과 같은 원칙이 유용한 판단기준으로 채택될 수 있다.[61)]

① 원고가 추구하는 목적을 재판 이외의 다른 방법이나 절차로 손쉽게 달성할 수 있는 경우에는 권리보호 필요성이 없다. 예컨대, 소송이 아닌 행정적인 방법이나 절차로 간단히 목적을 달성할 수 있음에도 불구하고 굳이 소송을 제기하는 것은 허용될 수 없다. 즉 소송은 권리보호를 위한 최후수단으로 여겨져야 하는 것이다. ② 동일한 목적을 달성할 수 있는 보다 더 단순한 소송유형이 있거나 다른 소송유형을 통해 보다 더 많은 권리구제를 얻을 수 있는 때에는 권리보호 필요성이 부정된다. 일반적으로 확인소송보다는 형성소송·이행소송이 보다 용이하고도 효과적인 것으로 간주된다. ③ 승소하더라도 원고의 법적 지위가 전혀 개선되지 않는 경우, 즉 실제적인 효용 내지는 실익이 없는 경우에는 권리보호 필요성이 부정된다. 취소소송에 있어서 처분의 효력이 소멸한 경우, 권익침해가 해소된 경우, 원상회복이 불가능한 경우에 일반적으로 소익이 부인되는 이유는 이러한 관점(원칙)에 입각한 것이라고 할 수 있다. 그러나 그 경우에도 당해 처분의 위법여부를 다툴 현실적 필요가 있거나 처분의 취소로 회복되는 부수적 이익이 있는 자에게는 권리보호의 필요(협의의 소익)가 인정되어야 할 것이다. ④ 원고가 소송을 통하여 특별히 비난받을 목적을 추구하는 경우는 권리보호 필요성이 없다. 법원이나 피고에게 불필요한 부담이나 손해를 끼치려는 의도가 원고에게 있다고 인정되는 경우(소권남용 등)가 이에 해당된다. ⑤ 예방적 금지소송은 예외적으로 사후적 권리구제 또는 가구제를 기대할 수 없는 특단의 사정이 있는 경우에만 권리보호 필요성이 인정된다. ⑥ 소송포기 후 행정소송을 제기하면 권리보호 필요성이 없다.

Ⅲ. 소의 객관적 이익의 유무

1. 시간의 경과 등으로 처분의 효력이 소멸한 경우

가. 원 칙

취소소송은 위법한 처분 등에 의하여 발생한 위법상태를 배제하여 그 처분으로 침해되거나 방해받은 권리와 이익을 구제하고자 하는 소송이므로, 처분 등의 효력이 존속하고

---

61) 김남진·김연태, 앞의 책, 826-829면.

있어야 한다. 따라서 처분의 효력이 소멸한 경우에는 통상 당해 처분의 취소를 통하여 회복할 법률상 이익이 없다.

그 결과 위법한 처분의 효력이 소멸된 뒤, 예를 들면 i) 영업정지나 면허정지기간이 경과한 후에 있어서는 그 영업정지나 면허정지처분의 취소를 구할 소의 이익이 없다는 것이 원칙이고(대법원 1989. 11. 14. 선고 89누4833 판결; 대법원 1995. 10. 17. 선고 94누14148 전원합의체 판결 등), ii) 처분청이 다툼의 대상이 되는 행정처분을 직권으로 취소하면 그 처분은 효력을 상실하여 더 이상 존재하지 않는 것이므로, 존재하지 않는 그 처분을 대상으로 한 항고소송은 원칙적으로 소의 이익이 없다고 보아야 한다(대법원 2019. 6. 27. 선고 2018두49130 판결; 대법원 2020. 4. 9. 선고 2019두49953 판결 등).

판례

처분청이 당초의 운전면허 취소처분을 신뢰보호의 원칙과 형평의 원칙에 반하는 너무 무거운 처분으로 보아 이를 철회하고 새로이 265일간의 운전면허 정지처분을 하였다면, 당초의 처분인 운전면허 취소처분은 철회로 인하여 그 효력이 상실되어 더 이상 존재하지 않는 것이고 그 후의 운전면허 정지처분만이 남아 있는 것이라 할 것이며, 한편 존재하지 않는 행정처분을 대상으로 한 취소소송은 소의 이익이 없어 부적법하다(대법원 1997. 9. 26. 선고 96누1931 판결 [자동차운전면허취소처분취소]): <해설> 위 판례에서의 '철회'는 그 성질에 비추어 보건대, 그 명칭과는 상관없이 강학상의 직권취소로 보는 것이 타당하다.

행정청이 과징금 부과처분을 하였다가 감액처분을 한 경우 감액처분에 의하여 감액된 부분에 대한 부과처분 취소청구의 적법 여부(소극): 행정처분을 한 처분청은 그 처분에 하자가 있는 경우에는 별도의 법적 근거가 없더라도 스스로 이를 취소하거나 변경할 수 있다고 할 것인바(대법원 1986. 2. 25. 선고 85누664 판결, 대법원 2006. 5. 25. 선고 2003두4669 판결 등 참조), 과징금 부과처분에 있어 행정청이 납부의무자에 대하여 부과처분을 한 후 그 부과처분의 하자를 이유로 과징금의 액수를 감액하는 경우에 그 감액처분은 감액된 과징금 부분에 관하여만 법적 효과가 미치는 것으로서 당초 부과처분과 별개 독립의 과징금 부과처분이 아니라 그 실질은 당초 부과처분의 변경이고, 그에 의하여 과징금의 일부취소라는 납부의무자에게 유리한 결과를 가져오는 처분이므로 당초 부과처분이 전부 실효되는 것은 아니다. 따라서 그 감액처분에 의하여 감액된 부분에 대한 부과처분 취소청구는 이미 소멸하고 없는 부분에 대한 것으로서 그 소의 이익이 없어 부적법하다고 할 것이다(대법원 2008. 2. 15. 선고 2006두4226 판결 [과징금납부명령취소청구의소]): <해설> 당초 17,820,000,000원의 과징금 부과처분 중 일부취소되지 않고 남은 부분인 14,369,000,000원의 과징금 부과처분을 초과하는 부분에 관한 소는 그 취소를 구할 소의 이익이 없어 부적법하다고 판단한 경우이다.

나. 예 외

위와 같이 행정처분의 효력이 상실된 경우에도 그 처분이 외형상 잔존함으로 인하여 어떠한 법률상 이익이 침해되고 있다고 볼 만한 특별한 사정이 있는 경우에는 예외적으로 그 처분의 취소를 구할 소의 이익이 있다고 보아야 할 것이다. 아래에서 구체적으로 그 내용을 살펴보기로 한다.

(1) 집행정지결정이 있는 경우

영업정지처분과 같이 기간을 정한 제재적 처분에 대해 집행정지결정이 있는 경우에는 제재기간의 진행이 정지되어 집행정지된 기간만큼 제재기간이 순연되는 데 불과하고 제재적 처분의 효력이 소멸된 것이 아니므로 처분시 표시된 제재적 처분의 기간이 경과하였어도 그 처분의 취소를 구할 소의 이익이 있다(대법원 1974. 1. 29. 선고 73누202 판결).

(2) 제재적 처분을 받은 전력이 가중적 제재의 요건으로 되어 있는 경우

과거에 제재적 처분을 받은 전력이 장래 제재적 처분을 행할 때의 가중요건으로 되어 있는 경우에는 어떻게 되는가? 즉 시간의 경과 등으로 인하여 이미 효력이 소멸한 제재처분이지만 그 처분을 받은 전력으로 인하여 향후의 제재처분시 처벌이 가중되는 경우가 적지 않은바, 이 경우에 가중적 제재를 피하기 위하여 이미 효력이 소멸된 위 과거의 제재처분에 대하여 취소소송을 제기할 소익이 존재하는가의 문제가 대두된다. 경우를 나누어 따져 볼 필요가 있다.

(가) 법률(法律)로 가중요건이 규정되어 있는 경우

건축사법 제28조, 의료법 제52조에서와 같이 선행 업무정지처분·자격정지처분 등의 제재전력이 후행 제재처분에서의 가중요건이 되도록 법률에 규정되어 있는 경우에는, 선행 제재처분의 정지기간이 경과한 뒤에도 장래의 가중처벌을 피하기 위하여 그 선행 제재처분의 취소를 구할 소익이 인정된다.

판례

가중 제재처분규정이 있는 건축사법에 의한 건축사 업무정지처분의 정지기간이 지난 후 그 취소를 구할 소의 이익이 있는지 여부(적극): 건축사법 제28조 제1항이 건축사 업무정지처분을 연 2회 이상 받고 그 정지기간이 통산하여 12월 이상이 될 경우에는 가중된 제재처분인 건축사사무소 등록취소처분을 받게 되도록 규정하여 건축사에 대한 제재적인 행정처분인 업무정지명령을 보다 무거운 제재처분인 사무소등록취소처분의 기준요건으로 규정하고 있는 이상, 건축사업무정지처분을 받은

> 건축사로서는 위 처분에서 정한 기간이 도과되었다 하더라도 위 처분을 그대로 방치하여 둠으로써 장래 건축사사무소 등록취소라는 가중된 제재처분을 받게 될 우려가 있는 것이므로 건축사로서의 업무를 행할 수 있는 법률상 지위에 대한 위험이나 불안을 제거하기 위하여 건축사 업무정지처분의 취소를 구할 이익이 있다(대법원 1991. 8. 27. 선고 91누3512 판결).

(나) 대통령령(大統領令) 형식으로 가중요건이 규정되어 있는 경우

대법원은 대통령령의 형식으로 규정된 가중요건은 그 성질이 부령인 시행규칙이나 또는 지방자치단체의 규칙과는 달리 대외적으로 국민이나 법원을 구속하는 힘이 있는 법규명령에 해당한다고 보고 있다(대법원 1997. 12. 26. 선고 97누15418 판결). 위와 같이 대통령령의 형식으로 정한 가중요건에 구속력이 인정되는 이상, 그러한 규정에 따라 실제로 가중된 제재처분을 받은 경우는 물론 그 가중요건의 존재로 인하여 장래 가중된 제재처분을 받을 위험이 있는 경우 선행의 제재처분에 대하여 소익을 인정할 필요성이 있게 된다고 할 것이다.

(다) 부령(部令) 형식으로 가중요건이 규정되어 있는 경우

부령인 시행규칙의 형식으로 가중요건이 규정되어 있는 경우의 소익 인정 여부에 관하여는 다음과 같이 학설의 대립이 있다.

1) 부정설: 대법원은 부령의 형식으로 규정된 행정처분의 기준은 그 성질상 행정기관 내부의 사무처리준칙을 규정한 것에 불과한 것으로서 대외적으로 국민이나 법원을 기속하는 힘이 있는 것이 아니라고 보고 있다(대법원 1989. 4. 11. 선고 88누773 판결 등). 위와 같이 부령으로 가중요건을 정한 시행규칙이 구속력이 없다고 한다면 행정청이 그 가중요건의 규정에 따라 가중된 제재처분을 하였더라도, 법원은 이에 구속됨이 없이 그 근거 법률의 규정 및 취지에 따라 가중된 제재처분의 적법 여부를 심리·판단할 수 있다. 이어 가중된 제재처분이 적법한지 여부를 심리·판단하는 기회에 선행처분상의 사실관계 등을 심리한 후 이를 종합하여 가중된 제재처분의 적법 여부를 판단할 수 있어서 굳이 과거의 선행 제재처분의 취소에 대하여 소익을 인정할 필요성이 없게 된다. 이것이 과거 대법원 판례의 입장이었다(대법원 1995. 10. 17. 선고 94누14148 전원합의체 판결).

2) 긍정설: 가중적 제재의 요건이 대통령령인 시행령으로 규정된 경우와는 달리 부령인 시행규칙상의 처분기준으로 규정된 경우에 그 소익을 부정하는 과거 판례의 태도에는 그동안 많은 비판이 제기되어 왔다. 그리하여 그 소익을 인정하고자 하는 긍정설이 현재의

통설 및 판례의 입장이다. 긍정설의 논거는 다음과 같다.

① 부령 형식의 행정규칙의 법규성 유무와 상관없이 그 소익을 긍정하는 견해: 제재적 행정처분의 가중사유나 전제요건에 관한 규정이 법령이 아니라 규칙의 형식으로 되어 있다고 하더라도, 그러한 규칙이 법령에 근거를 두고 있는 이상 그 법적 성질이 대외적·일반적 구속력을 갖는 법규명령인지 여부와는 상관없이, 관할 행정청이나 담당공무원은 이를 준수할 의무가 있으므로 이들이 그 규칙에 정해진 바에 따라 행정작용을 할 것이 당연히 예견된다. 따라서 그러한 규칙이 정한 바에 따라 선행처분을 받은 상대방이 그 처분의 존재로 인하여 장래에 받을 불이익, 즉 후행처분의 위험은 구체적이고 현실적인 것이므로, 상대방으로서는 선행처분의 취소소송을 통하여 그 불이익을 제거할 필요가 있다고 할 것이므로 그 소익을 인정하여야 한다는 것이다. 이는 현재 대법원 전원합의체 판결에서의 다수의견의 입장이다(대법원 2006. 6. 22. 선고 2003두1684 전원합의체 판결).

② 부령 형식의 행정규칙의 법규성을 인정하는 이론적 기초 위에서 그 소익을 긍정하는 견해: 이 견해는 부령 형식의 행정규칙의 법규성을 인정하면서 이 경우에 가중된 제재처분을 받을 불이익은 구체적이고도 현실적이므로 이를 제거하기 위하여 시간의 경과로 효력이 소멸된 과거 제재처분의 취소를 구할 소익이 있다고 본다. 위 전원합의체 판결의 별개의견이 취한 입장이다.

판례

제재적 행정처분이 그 처분에서 정한 제재기간의 경과로 인하여 그 효과가 소멸되었으나, 부령인 시행규칙 또는 지방자치단체의 규칙의 형식으로 정한 처분기준에서 제재적 행정처분을 받은 것을 가중사유나 전제요건으로 삼아 장래의 제재적 행정처분을 하도록 정하고 있는 경우, 선행처분인 제재적 행정처분을 받은 상대방이 그 처분에서 정한 제재기간이 경과하였다 하더라도 그 처분의 취소를 구할 법률상 이익이 있는지 여부(한정 적극): [다수의견] 제재적 행정처분이 그 처분에서 정한 제재기간의 경과로 인하여 그 효과가 소멸되었으나, 부령인 시행규칙 또는 지방자치단체의 규칙(이하 이들을 '규칙'이라고 한다)의 형식으로 정한 처분기준에서 제재적 행정처분(이하 '선행처분'이라고 한다)을 받은 것을 가중사유나 전제요건으로 삼아 장래의 제재적 행정처분(이하 '후행처분'이라고 한다)을 하도록 정하고 있는 경우, 제재적 행정처분의 가중사유나 전제요건에 관한 규정이 법령이 아니라 규칙의 형식으로 되어 있다고 하더라도, 그러한 규칙이 법령에 근거를 두고 있는 이상 그 법적 성질이 대외적·일반적 구속력을 갖는 법규명령인지 여부와는 상관없이, 관할 행정청이나 담당공무원은 이를 준수할 의무가 있으므로 이들이 그 규칙에 정해진 바에 따라 행정작용을 할 것이 당연히 예견되고, 그 결과 행정작용의 상대방인 국민으로서는 그 규칙의 영향을 받을 수밖에 없다. 따라서 그러한 규칙이 정한 바에 따라 선행처분을 받은 상대방이 그 처분의 존재로 인하여 장래에 받을 불이익, 즉 후행처분의 위험은 구체적이고 현실적인 것이므로, 상대방에게는 선행처분의 취소소송을 통하여 그 불이익을 제거할 필요가 있다. 또한, 나중에 후행처분에 대한 취소소송에서 선행처분의 사실관계나 위법 등을 다툴 수 있는 여지가 남아 있다고 하더라도, 이러한 사정은 후행처분이 이루어지기 전에 이를 방지하기 위하여 직접 선행처분의 위법을 다투는 취소소송을 제기할 필요성을 부정할 이유가 되지 못한다. 그러한 쟁송방법을 막는 것은 여러 가지 불합리한 결과를 초래하여 권리구제의 실효성을 저해할 수 있기 때문이다. 오히려 앞서 본 바와 같이 행정청으로서는 선행처분이 적법함을 전제로 후행처분을 할 것이 당연히 예견되므로, 이러한 선행처분으로 인한 불이익을 선행처분 자체에 대한 소송에서 사전에 제거할 수 있도록 해 주는 것이 상대방의 법률상 지위에 대한 불안을 해소하는 데 가장 유효적절한 수단이 된다고 할 것이고, 또한 그 소송을 통하여 선행처분의 사실관계 및 위법 여부가 조속히 확정됨으로써 이와 관련된 장래의 행정작용의 적법성을 보장함과 동시에 국민생활의 안정을 도모할 수 있다. 이상의 여러 사정과 아울러, 국민의 재판청구권을 보장한 헌법 제27조 제1항의 취지와 행정처분으로 인한 권익침해를 효과적으로 구제하려는 행정소송법의 목적 등에 비추어 행정처분의 존재로 인하여 국민의 권익이 실제로 침해되고 있는 경우는 물론이고 권익침해의 구체적·현실적 위험이 있는 경우에도 이를 구제하는 소송이 허용되어야 한다는 요청을 고려하면, 규칙이 정한 바에 따라 선행처분을 가중사유 또는 전제요건으로 하는 후행처분을 받을 우려가 현실적으로 존재하는 경우에는, 선행처분을 받은 상대방은 비록 그 처분에서 정한 제재기간이 경과하였다 하더라도 그 처분의 취소소송을 통하여 그러한 불이익을 제거할 권리보호의 필요성이 충분히 인정된다고 할 것이므로, 선행처분의 취소를 구할 법률상 이익이 있다고 보아야 한다.

[대법관 이강국의 별개의견] 다수의견은, 제재적 행정처분의 기준을 정한 부령인 시행규칙의 법적 성질에 대하여는 구체적인 논급을 하지 않은 채, 시행규칙에서 선행처분을 받은 것을 가중사유나 전제요건으로 하여 장래 후행처분을 하도록 규정하고 있는 경우, 선행처분의 상대방이 그 처분의 존재로 인하여 장래에 받을 불이익은 구체적이고 현실적이라는 이유로, 선행처분에서 정한 제재기간이 경과한 후에도 그 처분의 취소를 구할 법률상 이익이 있다고 보고 있는바, 다수의견이 위와 같은 경우 선행처분의 취소를 구할 법률상 이익을 긍정하는 결론에는 찬성하지만, 그 이유에 있어서는 부령인 제재적 처분기준의 법규성을 인정하는 이론적 기초 위에서 그 법률상 이익을 긍정하는 것이 법리적으로는 더욱 합당하다고 생각한다. 상위법령의 위임에 따라 제재적 처분기준을 정한 부령인 시행규칙은 헌법 제95조에서 규정하고 있는 위임명령에 해당하고, 그 내용도 실질적으로 국민의 권리의무에 직접 영향을 미치는 사항에 관한 것이므로, 단순히 행정기관 내부의 사무처리준칙에 지나지 않는 것이 아니라 대외적으로 국민이나 법원을 구속하는 법규명령에 해당한다고 보아야 한다(대법원 2006. 6. 22. 선고 2003두1684 전원합의체 판결).

(라) 단순 행정규칙(行政規則)으로 가중요건이 규정되어 있는 경우

가중요건이 단순 행정규칙으로 규정되어 있는 경우에도 통상 행정청은 행정규칙에 따라 가중된 제재처분을 행할 것이 예견되고, 따라서 선행처분의 상대방은 이러한 구체적이고도 현실적인 위험을 제거하기 위하여 이미 효력이 소멸된 선행처분의 취소를 구할 수 있다고 보아야 한다.

(3) 처분의 효력이 일부만 소멸한 경우

처분의 효력이 일부만 소멸한 경우에는 나머지 부분에 대하여 그 취소나 무효확인을 구할 소의 이익이 있다. 금전부과처분에 대한 감액경정처분이 행하여진 경우 감액되고 남은 부분에 대한 처분의 취소를 구하는 것이 그러한 경우의 예이다.

(4) 처분의 효력이 소멸되었음에도 불구하고 그 무효확인 또는 취소로써 회복할 수 있는 다른 권리나 이익이 남아 있는 경우

처분청의 직권취소에도 불구하고 완전한 원상회복이 이루어지지 않아, 그 처분의 무효확인 또는 취소로써 회복할 수 있는 다른 권리나 이익이 남아 있는 경우에도 소의 이익을 인정할 수 있다(대법원 2013. 10. 24. 선고 2012두12853 판결 등).

판례

주택재건축사업조합이 새로 조합설립인가처분을 받는 것과 동일한 요건과 절차를 거쳐 조합설립변경인가처분을 받는 경우, 당초 조합설립인가처분의 무효확인을 구할 소의 이익이 소멸하는지 여부(원칙적 소극): 주택재건축사업조합이 새로 조합설립인가처분을 받는 것과 동일한 요건과 절차를 거쳐 조합설립변경인가처분을 받는 경우 당초 조합설립인가처분의 유효를 전제로 당해 주택재건축사업조합이 매도청구권 행사, 시공자 선정에 관한 총회 결의, 사업시행계획의 수립, 관리처분계획의 수립 등과 같은 후속 행위를 하였다면, 당초 조합설립인가처분이 무효로 확인되거나 취소될 경우 그것이 유효하게 존재하는 것을 전제로 이루어진 위와 같은 후속 행위 역시 소급하여 효력을 상실하게 되므로, 특별한 사정이 없으면 위와 같은 형태의 조합설립변경인가가 있다고 하여 당초 조합설립인가처분의 무효확인을 구할 소의 이익이 소멸된다고 볼 수는 없다(대법원 2012. 10. 25. 선고 2010두25107 판결 [조합설립인가처분무효확인]).

조합설립변경인가 후에 다시 변경인가를 받은 경우 당초 조합설립변경인가의 취소를 구할 소의 이익이 있는지 여부: 주택재개발사업조합이 당초 조합설립변경인가 이후 적법한 절차를 거쳐 당초 변경인가를 받은 내용을 모두 포함하여 이를 변경하는 취지의 조합설립변경인가를 받은 경우, 당초 조합설립변경인가는 취소·철회되고 변경된 조합설립변경인가가 새로운 조합설립변경인가가 된다. 이 경우 당초 조합설립변경인가는 더 이상 존재하지 않는 처분이거나 과거의 법률관계가 되므로 특별한 사정이 없는 한 그 취소를 구할 소의 이익이 없다. 다만 당해 주택재개발사업조합이 당초 조합설립변경인가에 기초하여 사업시행계획의 수립 등의 후속 행위를 하였다면 당초 조합설립변경인가가 무효로 확인되거나 취소될 경우 그 유효를 전제로 이루어진 후속 행위 역시 소급하여 효력을 상실하게 되므로, 위와 같은 형태의 변경된 조합설립변경인가가 있다고 하여 당초 조합설립변경인가의 취소를 구할 소의 이익이 소멸된다고 볼 수는 없다(대법원 2013. 10. 24. 선고 2012두12853 판결).

사업시행계획 인가처분의 유효를 전제로 한 일련의 후속행위가 이루어진 경우, 당초 사업시행계획을 실질적으로 변경하는 내용으로 새로운 사업시행계획을 수립하여 시장·군수로부터 인가를 받았다고 하여 당초 사업시행계획의 무효확인을 구할 소의 이익이 소멸하는지 여부(소극) 및 그 소의 이익이 존재하는지 판단하는 기준: 사업시행계획의 경우 그 인가처분의 유효를 전제로 분양공고 및 분양신청 절차, 분양신청을 하지 않은 조합원에 대한 수용절차, 관리처분계획의 수립 및 그에 대한 인가 등 후속 행위가 있었다면, 당초 사업시행계획이 무효로 확인되거나 취소될 경우 그것이 유효하게 존재하는 것을 전제로 이루어진 위와 같은 일련의 후속 행위 역시 소급하여 효력을 상실하게 되므로, 당초 사업시행계획을 실질적으로 변경하는 내용으로 새로운 사업시행계획이 수립되어 시장·군수로부터 인가를 받았다는 사정만으로 일률적으로 당초 사업시행계획의 무효확인을 구할 소의 이익이 소멸된다고 볼 수는 없고, 위와 같은 후속 행위로 토지 등 소유자의 권리·의무에 영향을 미칠 정도의 공법상의 법률관계를 형성시키는 외관이 만들어졌는지 또는 존속되고 있는지 등을 개별적으로 따져 보아야 한다(대법원 2013. 11. 28. 선고 2011두30199 판결).

2. 공사 등의 완료로 원상회복이 불가능한 경우

가. 원 칙

위법한 행정처분의 취소를 구하는 소는 위법한 처분 등에 의하여 발생한 위법상태를 배제하여 원상으로 회복시키고 그 처분으로 침해되거나 방해받은 권리와 이익을 구제하고자 하는 소송이므로, 비록 그 위법한 처분을 취소한다 하더라도 원상회복이 불가능한 경우에는 그 취소를 구할 이익이 없다(대법원 1996. 11. 29. 선고 96누9768 판결). 따라서 집회신고에 대한 불수리처분에 대하여 그 집회일자가 지난 뒤에는 그 취소 등을 소구할 이익이 없고(대법원 1961. 9. 28. 선고 4292행상50 판결), 철거처분이 완료된 이후에 있어서는 대집행계고처분의 취소를 구할 법률상의 이익이 없으며(대법원 1993. 6. 8. 선고 93누6164 판결), 건축허가에 따른 건축공사가 완료된 뒤에는 건축허가나 준공처분의 취소를 구할 법률상의 이익이 없고(대법원 1992. 4. 24. 선고 91누11131 판결; 대법원 1994. 1. 14. 선고 93누20481 판결), 토석채취허가취소처분에 대한 취소쟁송 도중 토석채취허가기간이 만료된 경우(대법원 1993. 7. 27.

선고 93누3899 판결)나 광업권취소처분에 대한 쟁송 중 광업권존속기간이 만료된 경우(1995. 7. 11. 선고 95누4568 판결)는 소의 이익이 소멸하였으므로 부적법 각하하여야 한다.

판례

건축허가가 건축법 소정의 이격거리를 두지 아니하고 건축물을 건축하도록 되어 있어 위법하다 하더라도 그 건축허가에 기하여 건축공사가 완료되었다면 그 건축허가를 받은 대지와 접한 대지의 소유자인 원고가 위 건축허가처분의 취소를 받아 이격거리를 확보할 단계는 지났으며 민사소송으로 위 건축물 등의 철거를 구하는 데 있어서도 위 처분의 취소가 필요한 것이 아니므로 원고로서는 위 처분의 취소를 구할 법률상의 이익이 없다고 한 사례(대법원 1992. 4. 24. 선고 91누11131 판결): <해설> 건축공사의 완료로 건축허가처분의 집행이 종료되었으나, 위법한 건축허가가 취소되면 위 건축물은 위법건축물로서 철거 또는 시정명령의 대상이 될 수도 있다는 점에서 그 취소를 구할 협의의 소익이 있다고 보아야 한다.[62)]

광업권취소처분에 대한 쟁송 중 광업권존속기간이 만료된 경우, 소의이익 유무: 광업권취소처분의 취소 여부를 두고 다툼이 있어 쟁송중에 있는 도중에 존속기간이 만료된 경우, 광업법 제14조 제2항에 근거한 같은법 시행령 제3조 제2항에 의하면 광업권존속기간 연장허가신청은 그 존속기간의 만료 전 3월 이상 6월 이내에 하여야 한다고 규정하고 있어, 당사자간에 분쟁이 있는 경우에는 위 규정의 적용이 배제된다고 할 근거가 없고, 그 연장허가신청이 있더라도 행정청이 이를 수리하지 아니하리라는 점이 예견된다고 하여 달리 볼 수도 없으므로 그 광업권취소처분 취소의 소는 소의 이익이 없다(대법원 1995. 7. 11. 선고 95누4568 판결): <해설> 만약 광업권존속기간 연장허가신청이 적법하게 행하여졌다면, 이 사건 광업권취소처분의 취소에 대하여 협의의 소익이 있다고 보아야 한다. 보다 본질적으로는 광업권취소처분이 취소되면 광업권취소처분은 처분시에 소급하여 그 효력을 상실하게 되므로, 광업권취소처분시부터 존속기간 만료시까지의 잔여 존속기간이 다시 되살아난다고 보는 것이 타당하다고 볼 측면도 있는바(존속기간이 제한된 허가의 경우 비록 종기가 특정되어 있다고 할지라도 그것은 허가의 기간을 산정하기 위한 기준점에 불과하다고 볼 수도 있다), 이러한 점에서도 협의의 소익이 있다고 보는 것이 타당해 보인다.

62) 다음과 같은 판례를 참고할 필요가 있다.
건축허가취소처분을 받은 건축물 소유자가 건축물 완공 후에도 취소처분의 취소를 구할 법률상 이익을 가지는지 여부(적극): 건축허가를 받아 건축물을 완공하였더라도 건축허가가 취소되면 그 건축물은 철거 등 시정명령의 대상이 되고 이를 이행하지 않은 건축주 등은 건축법 제80조에 따른 이행강제금 부과처분이나 행정대집행법 제2조에 따른 행정대집행을 받게 되며, 나아가 건축법 제79조 제2항에 의하여 다른 법령상의 인·허가 등을 받지 못하게 되는 등의 불이익을 입게 된다. 따라서 건축허가취소처분을 받은 건축물 소유자는 그 건축물이 완공된 후에도 여전히 위 취소처분의 취소를 구할 법률상 이익을 가진다고 보아야 한다(대법원 2015. 11. 12. 선고 2015두47195 판결).

나. 부수적인 이익이 있는 경우

기본적인 권리관계의 원상회복은 불가능하다고 하더라도 판결의 소급효에 의하여 당해 처분이 소급적으로 취소되게 됨으로써 원고의 법률상 이익에 해당하는 부수적인 이익이 구제될 수 있는 경우에는 소의 이익이 인정된다.

따라서 i) 공무원에 대한 파면처분 등 징계처분 이후 정년이 도래한 경우, 그 처분의 취소로서 다시 공무원으로 될 수는 없으나, 징계처분 이후의 급료나 퇴직금 청구를 구할 필요가 있거나 다른 공직에의 취임제한 등의 법률상의 불이익배제를 위하여 필요한 때에는 그 취소를 구할 소의 이익이 있다고 보아야 하고(대법원 1977. 7. 12. 선고 74누147 판결), ii) 파면처분이 있은 후에 금고 이상의 형이 확정되어 당연퇴직된 경우에도 파면처분이 있은 때부터 당연퇴직일자까지의 기간에 있어서는 파면처분의 취소를 구하여 그로 인해 박탈당한 이익의 회복을 구할 소의 이익이 있으며(대법원 1985. 6. 25. 선고 85누39 판결), iii) 공장등록이 취소된 후 그 공장시설물이 철거되었고 관계법령상 다시 복구 등을 통하여 공장을 운영할 수는 없는 상태라고 하더라도 대도시 안의 공장을 지방으로 이전할 경우 조세특례제한법상의 세액공제 및 소득세 등의 감면혜택이 있고, 공업배치및공장설립에관한법률상의 간이한 이전절차 및 우선 입주의 혜택이 있는 경우, 그 공장등록취소처분의 취소를 구할 법률상의 이익이 있다(대법원 2002. 1. 11. 선고 2000두3306 판결).

판례

[1] **공장건물의 멸실 여부에 불구하고 그 공장등록취소처분의 취소를 구할 법률상의 이익이 있는 경우**: 일반적으로 공장등록이 취소된 후 그 공장 시설물이 어떠한 경위로든 철거되어 다시 복구 등을 통하여 공장을 운영할 수 없는 상태라면 이는 공장등록의 대상이 되지 아니하므로 외형상 공장등록취소행위가 잔존하고 있다고 하여도 그 처분의 취소를 구할 법률상의 이익이 없다 할 것이나, 위와 같은 경우에도 유효한 공장등록으로 인하여 공장등록에 관한 당해 법률이나 다른 법률에 의하여 보호되는 직접적·구체적 이익이 있다면, 당사자로서는 공장건물의 멸실 여부에 불구하고 그 공장등록취소처분의 취소를 구할 법률상의 이익이 있다.

[2] 공장등록이 취소된 후 그 공장시설물이 철거되었다 하더라도 대도시 안의 공장을 지방으로 이전할 경우 조세특례제한법상의 세액공제 및 소득세 등의 감면혜택이 있고, 공업배치및공장설립에관한법률상의 간이한 이전절차 및 우선 입주의 혜택이 있는 경우, 그 공장등록취소처분의 취소를 구할 법률상의 이익이 있다고 한 사례(대법원 2002. 1. 11. 선고 2000두3306 판결).

3. 처분 후의 사정변경으로 인하여 권익침해가 해소된 경우

처분 후의 사정변경에 의하여 이익 침해가 해소된 경우도 소의 이익이 없다. 예를 들면, 의사국가시험에 불합격한 후 새로 실시된 의사국가시험에 합격하면, 그 불합격처분의 취소를 구할 소의 이익이 없게 되고(대법원 1993. 11. 9. 선고 93누6867 판결), 사법시험 제1차 시험 불합격 처분 이후에 새로이 실시된 사법시험 1차 시험에 합격하였을 경우(대법원 1996. 2. 23. 선고 95누2685 판결) 및 사법시험 제2차 시험 불합격처분 이후에 새로이 실시된 제2차와 제3차 시험에 합격한 경우(대법원 2007. 9. 21. 선고 2007두12057 판결)에는 더 이상 불합격처분의 취소를 구할 법률상의 이익이 없으며, 공익근무요원 소집해제신청을 거부당한 자가 계속하여 공익근무요원으로 복무함에 따라 복무기간 만료를 이유로 소집해제처분을 받은 경우(대법원 2005. 5. 13. 선고 2004두4369 판결)에도 더 이상 위 거부처분의 취소를 구할 소의 이익은 없다.[63]

다만, 이 경우에도 회복되는 부수적 이익이 있는 경우에는 소의 이익이 인정된다. 따라서 고등학교 졸업이 대학입학자격이나 학력 인정으로서의 의미밖에 없다고 할 수는 없으므로, 고등학교에서 퇴학처분을 당한 후 고등학교졸업학력검정고시에 합격하였다고 하더라도 고등학교 학생으로서의 신분과 명예가 회복될 수는 없는 것이니 퇴학처분을 받은 자로서는 퇴학처분의 위법을 주장하여 그 취소를 구할 소송상의 이익이 있다(대법원 1992. 7. 14. 선고 91누4737 판결).

4. 보다 실효적인 권리구제절차가 있는 경우

당해 취소소송보다 더욱 실효적인(직접적인) 권리구제절차가 있는 경우에는 소의 이익이 부정된다. 예컨대, ⅰ) 타인의 법률적 행위를 보충하여 그 효력을 완성시켜 주는 행위를 인가라고 한다. 인가의 경우 기본행위에 하자가 있다 하더라도 인가처분에 하자가 없다면, 기본행위의 하자를 이유로 인가처분을 다투는 것보다는 바로 기본행위의 하자를 다투는 소송이 더욱 실효적인 권리구제수단이므로, 기본행위의 하자를 이유로 인가처분의 취소나 무효확인을 구할 소의 이익이 없다(대법원 1996. 5. 16. 선고 95누4810 전원합의체 판결 등). ⅱ) 당사자의 신청을 받아들이지 않은 거부처분이 재결에서 취소된 경우(거부처분취소재결이 내려진 경우), 그로 인하여 피해를 입게 될 제3자가 재결에 따른 후속처분이 아니라

63) 위와 같이 협의의 소익이 없는 경우, 비록 취소소송은 허용되지 않는다고 할지라도 국가배상청구는 가능하다.

그 재결의 취소를 구하는 것은 실효적이고 직접적인 권리구제수단이 될 수 없으므로 협의의 소익이 없다(대법원 2017. 10. 31. 선고 2015두45045 판결).

한편 다른 권리구제절차가 있는 경우에도 당해 처분의 취소나 무효확인을 구할 현실적 필요성이 있는 경우에는 소익이 인정될 수 있다. 예컨대, 영업양도 등으로 인한 영업자 지위승계신고에 있어서 그 수리는 사업의 적법한 양도·양수가 있었음을 전제로 하는 것이므로 그 수리대상인 사업양도·양수가 존재하지 아니하거나 무효인 때에는 수리를 하였다 하더라도 그 수리는 유효한 대상이 없는 것으로서 당연히 무효이다. 이때 양도인은 비록 민사소송으로 양도·양수행위의 무효확인을 구하는 것이 가능하더라도, 지위승계신고수리의 취소나 무효확인을 통하여 영업허가자의 지위를 유지할 수 있는 현실적 이익이 있으므로 그 취소나 무효확인을 구할 협의의 소익이 있다(대법원 2005. 12. 23. 선고 2005두3554 판결).

판례

당사자의 신청을 받아들이지 않은 거부처분이 재결에서 취소된 경우, 재결의 취소를 구할 법률상 이익이 있는지 여부(소극): 행정청이 한 처분 등의 취소를 구하는 소송은 처분에 의하여 발생한 위법 상태를 배제하여 원래 상태로 회복시키고 처분으로 침해된 권리나 이익을 구제하고자 하는 것이다. 따라서 해당 처분 등의 취소를 구하는 것보다 실효적이고 직접적인 구제수단이 있음에도 처분 등의 취소를 구하는 것은 특별한 사정이 없는 한 분쟁해결의 유효적절한 수단이라고 할 수 없어 법률상 이익이 있다고 할 수 없다.

그런데 당사자의 신청을 받아들이지 않은 거부처분이 재결에서 취소된 경우에 행정청은 종전 거부처분 또는 재결 후에 발생한 새로운 사유를 내세워 다시 거부처분을 할 수 있다. 그 재결의 취지에 따라 이전의 신청에 대하여 다시 어떠한 처분을 하여야 할지는 처분을 할 때의 법령과 사실을 기준으로 판단하여야 하기 때문이다. 또한 행정청이 재결에 따라 이전의 신청을 받아들이는 후속처분을 하였더라도 후속처분이 위법한 경우에는 재결에 대한 취소소송을 제기하지 않고도 곧바로 후속처분에 대한 항고소송을 제기하여 다툴 수 있다. 나아가 거부처분을 취소하는 재결이 있더라도 그에 따른 후속처분이 있기까지는 제3자의 권리나 이익에 변동이 있다고 볼 수 없고 후속처분 시에 비로소 제3자의 권리나 이익에 변동이 발생하며, 재결에 대한 항고소송을 제기하여 재결을 취소하는 판결이 확정되더라도 그와 별도로 후속처분이 취소되지 않는 이상 후속처분으로 인한 제3자의 권리나 이익에 대한 침해 상태는 여전히 유지된다. 이러한 점들을 종합하면, 거부처분이 재결에서 취소된 경우 재결에 따른 후속처분이 아니라 그 재결의 취소를 구하는 것은 실효적이고 직접적인 권리구제수단이 될 수 없어 분쟁해결의 유효적절한 수단이라고 할 수 없으므로 법률상 이익이 없다(대법원 2017. 10. 31. 선고 2015두45045 판결): <해설> 거부처분취소재결이 내려지면 거부처분을 한 행정청은 재결의 취지에 따라 이전의 신청에 대한 처분을 하여야 한다. 위와 같은 기속력이 있기 때문에 거부처분이 재결에서 취소된 경우 이로 인하여 제3자가 장래에 입게 될 피해는 구체적이고도 현실적이다. 또한 거부처분취소재결이 취소되면 위 재결에 따른 후속처분은 그 근거가 없는 것으로서 효력이 없고, 따라서 처분청은 직권으로 이를 취소하게 될 것이다. 위와 같은 점에 비추어 보건대, 거부처분취소재결의 취소를 구하는 소송에 대하여 협의의 소익을 인정하지 않는 판례의 태도는 타당하지 않다.

5. 위법한 처분의 반복 가능성이 있는 경우

헌법재판소는 헌법소원심판 계속 중 주관적인 권리보호이익이 소멸된 경우에도, 같은 유형의 기본권 침해행위가 반복될 위험이 있고 그 해명이 헌법질서의 수호·유지를 위하여 중대한 의미를 지니고 있다고 보이는 경우에는 심판청구의 이익을 폭넓게 인정하여 왔다(헌법재판소 1999. 5. 27. 선고 97헌마137,98헌마5(병합) 전원재판부 등). 헌법소원심판은 단지 주관적인 권리구제절차일 뿐만 아니라 객관적 헌법질서의 수호와 유지에 기여한다는 이중적 성격을 지니고 있기 때문이다. 그 결과 항고소송에서 협의의 소익이 부인되는 경우에도 헌법소원심판을 통하여 구제를 받는 경우가 적지 아니하였다.

한편 처분의 효력이 소멸한 경우이거나 원상회복이 불가능한 경우에도, 동일한 내용의 위법한 처분이 반복될 가능성이 있는 경우에는 항고소송에서 소의 이익을 인정하여야 한다는 논의가 법원에서도 있어 왔다. 그리하여 대법원도 권리보호의 필요성(협의의 소익) 유무의 판단기준과 관련하여 이를 획기적으로 확대하는 내용의 다음과 같은 판결을 선고한 바가 있었다. 즉 대법원은 제소 후 취소 대상 행정처분이 기간의 경과 등으로 그 효과가 소멸하였다고 하더라도, 동일한 소송 당사자 사이에서 동일한 사유로 위법한 처분이 반복될 위험성이 있어 행정처분의 위법성 확인 내지 불분명한 법률문제에 대한 해명이 필요하다고 판단되는 경우에 그 처분의 취소를 구할 소의 이익을 인정한 바가 있다(대법원 2007. 7. 19. 선고 2006두19297 전원합의체 판결). 나아가 최근에는 '해당 사건의 동일한 소송당사자 사이가 아닌 자'에게 '해당 행정처분과 동일한 사유로 위법한 처분이 반복될 위험성이 있는 경우'에도 그 취소를 구할 협의의 소익을 인정함으로써(대법원 2020. 12. 24. 선고 2020두30450 판결) 소익의 범위를 대폭 확장하고 있다.

판례

(나) 제소 당시에는 권리보호의 이익을 갖추었는데 제소 후 취소 대상 행정처분이 기간의 경과 등으로 그 효과가 소멸한 때, 동일한 소송 당사자 사이에서 동일한 사유로 위법한 처분이 반복될

위험성이 있어 행정처분의 위법성 확인 내지 불분명한 법률문제에 대한 해명이 필요하다고 판단되는 경우, 그리고 선행처분과 후행처분이 단계적인 일련의 절차로 연속하여 행하여져 후행처분이 선행처분의 적법함을 전제로 이루어짐에 따라 선행처분의 하자가 후행처분에 승계된다고 볼 수 있어 이미 소를 제기하여 다투고 있는 선행처분의 위법성을 확인하여 줄 필요가 있는 경우 등에는 행정의 적법성 확보와 그에 대한 사법통제, 국민의 권리구제의 확대 등의 측면에서 여전히 그 처분의 취소를 구할 법률상 이익이 있다.

(다) 임시이사 선임처분에 대하여 취소를 구하는 소송의 계속중 임기만료 등의 사유로 새로운 임시이사들로 교체된 경우, 선행 임시이사 선임처분의 효과가 소멸하였다는 이유로 그 취소를 구할 법률상 이익이 없다고 보게 되면, 원래의 정식이사들로서는 계속중인 소를 취하하고 후행 임시이사 선임처분을 별개의 소로 다툴 수밖에 없게 되며, 그 별소 진행 도중 다시 임시이사가 교체되면 또 새로운 별소를 제기하여야 하는 등 무익한 처분과 소송이 반복될 가능성이 있으므로, 이러한 경우 법원이 선행 임시이사 선임처분의 취소를 구할 법률상 이익을 긍정하여 그 위법성 내지 하자의 존재를 판결로 명확히 해명하고 확인하여 준다면 위와 같은 구체적인 침해의 반복 위험을 방지할 수 있을 뿐 아니라, 후행 임시이사 선임처분의 효력을 다투는 소송에서 기판력에 의하여 최초 내지 선행 임시이사 선임처분의 위법성을 다투지 못하게 함으로써 그 선임처분을 전제로 이루어진 후행 임시이사 선임처분의 효력을 쉽게 배제할 수 있어 국민의 권리구제에 도움이 된다(대법원 2007. 7. 19. 선고 2006두19297 전원합의체 판결).

비록 피고(*천안교도소장)가 이 사건 제1심판결 선고 이후인 2013. 2. 12. 원고를 위 '접견내용 녹음·녹화 및 접견 시 교도관 참여대상자'에서 해제하기는 하였지만 앞으로도 원고에게 위와 같은 지정행위(이 사건 처분)와 같은 포괄적 접견제한처분을 할 염려가 있는 것으로 예상되므로, 이 사건 소는 여전히 법률상 이익(소의 이익)이 있다고 판단한 원심판결을 정당한 것으로 수긍한 사례(대법원 2014. 2. 13. 선고 2013두20899 판결).

행정처분의 무효 확인 또는 취소를 구하는 소송계속 중 해당 행정처분이 기간의 경과 등으로 효과가 소멸한 때에 처분이 취소되어도 원상회복은 불가능하더라도 예외적으로 처분의 취소를 구할 소의 이익을 인정할 수 있는 경우 및 그 예외 중 하나인 '그 행정처분과 동일한 사유로 위법한 처분이 반복될 위험성이 있는 경우'의 의미: 행정처분의 무효 확인 또는 취소를 구하는 소가 제소 당시에는 소의 이익이 있어 적법하였는데, 소송계속 중 해당 행정처분이 기간의 경과 등으로 그 효과가 소멸한 때에 처분이 취소되어도 원상회복이 불가능하다고 보이는 경우라도, 무효 확인 또는 취소로써 회복할 수 있는 다른 권리나 이익이 남아 있거나 또는 그 행정처분과 동일한 사유로 위법한 처분이 반복될 위험성이 있어 행정처분의 위법성 확인 내지 불분명한 법률문제에 대한 해명이 필요한 경우에는 행정의 적법성 확보와 그에 대한 사법통제, 국민의 권리구제 확대 등의 측면에서 예외적으로 그 처분의 취소를 구할 소의 이익을 인정할 수 있다. 여기에서 '그 행정처분과 동일한 사유로 위법한 처분이 반복될 위험성이 있는 경우'란 불분명한 법률문제에 대한 해명이 필요한 상황에 대한 대표적인 예시일 뿐이며, 반드시 '해당 사건의 동일한 소송 당사자 사이에서' 반복될 위험이 있는 경우만을 의미하는 것은 아니다(대법원 2020. 12. 24. 선고 2020두30450 판결): <해설> 행정구제는 원칙적으로 개인의 주관적 권익구제를 목적으로 하는 것이다. 따라서 처분의 효력이 소멸한 경우에도 '해당 사건의 동일한 소송당사자 사이'에서 동일한 사유로 위법한 처분이 반복될 위험성이 있는 경우 그 취소를 구할 협의의 소익을 인정하는 것은 충분히 수긍할 수 있다. 그런데 대상 판결은 '해당 사건의 동일한 소송당사자 사이'가 아닌 자에게 '해당 행정처분과 동일한 사유로 위법한 처분이 반복될 위험성이 있는 경우'에도 그 취소를 구할 협의의 소익을 인정함으로써 소익의 범위를 대폭 확장하고 있다. 이 경우 항소소송이 객관소송으로서의 기능을 일부 수행하고 있다고 볼 여지가 있다.

6. 그 밖의 경우

가. 단계적 행정결정에서의 소의 이익

기간의 경과 등으로 (선행)처분의 효력이 소멸한 경우에도, 선행처분과 후행처분이 단계적인 일련의 절차로 연속하여 행하여져 선행처분의 하자가 후행처분에 승계된다고 볼 수 있어 이미 소를 제기하여 다투고 있는 선행처분의 위법성을 확인하여 줄 필요가 있는 경우에는 소익을 인정할 수 있다(대법원 2007. 7. 19. 선고 2006두19297 전원합의체 판결).

반면에 도시 및 주거환경정비법상 조합설립추진위원회 구성승인처분을 다투는 소송 계속 중에 조합설립인가처분이 이루어진 경우에는, (추진위원회 구성승인처분과 조합설립인가처분은 그 법률요건이나 효과가 서로 다른 독립적인 처분이기 때문에) 추진위원회 구성승인처분에 대한 취소 또는 무효확인판결의 확정만으로는 이미 조합설립인가를 받은 조합에 의한 정비사업의 진행을 저지할 수 없으므로, 추진위원회 구성승인처분에 대하여 취소 또는 무효확인을 구할 법률상 이익이 없다(대법원 2013. 1. 31. 선고 2011두11112,2011두11129 판결).

나. 경원자소송

경원자소송의 경우 허가 등 처분을 받지 못한 사람은 신청에 대한 거부처분의 직접 상대방으로서 원칙적으로 자신에 대한 거부처분의 취소를 구할 원고적격이 있다. 아울러 취소판결이 확정되는 경우 행정청은 취소판결의 기속력에 따라 판결에서 확인된 위법사유를 배제한 상태에서 취소판결의 원고와 경원자의 각 신청에 관하여 처분요건의 구비 여부와 우열을 다시 심사하여야 할 의무가 있으며, 재심사 결과 경원자에 대한 수익적 처분이 직권취소되고 취소판결의 원고에게 수익적 처분이 이루어질 가능성을 완전히 배제할 수 없으므로, 특별한 사정이 없는 한 경원관계에서 허가 등 처분을 받지 못한 사람은 자신에 대한 거부처분의 취소를 구할 소의 이익이 있다(대법원 2015. 10. 29. 선고 2013두27517 판결).

판례

인가·허가 등 수익적 행정처분을 신청한 여러 사람이 서로 경원관계에 있는 경우, 허가 등 처분을 받지 못한 사람이 자신에 대한 거부처분의 취소를 구할 원고적격과 소의 이익이 있는지 여부(원칙적 적극): 인가·허가 등 수익적 행정처분을 신청한 여러 사람이 서로 경원관계에 있어서 한 사람에 대한 허가 등 처분이 다른 사람에 대한 불허가 등으로 귀결될 수밖에 없을 때 허가 등 처분을 받지 못한 사람은 신청에 대한 거부처분의 직접 상대방으로서 원칙적으로 자신에 대한 거부처분의 취소를 구할 원고적격이 있고, 취소판결이 확정되는 경우 판결의 직접적인 효과로 경원자에 대한 허가 등 처분이 취소되거나 효력이 소멸되는 것은 아니더라도 행정청은 취소판결의 기속력에 따라 판결에서 확인된 위법사유를 배제한 상태에서 취소판결의 원고와 경원자의 각 신청에 관하여 처분요건의 구비 여부와 우열을 다시 심사하여야 할 의무가 있으며, 재심사 결과 경원자에 대한 수익적 처분이 직권취소되고 취소판결의 원고에게 수익적 처분이 이루어질 가능성을 완전히 배제할 수는 없으므로, 특별한 사정이 없는 한 경원관계에서 허가 등 처분을 받지 못한 사람은 자신에 대한 거부처분의 취소를 구할 소의 이익이 있다(대법원 2015. 10. 29. 선고 2013두27517 판결). <해설> 경원관계에 있는 소외인과 원고가 주유소 운영사업자 선정신청을 하였는바, 피고는 원고에게 불선정처분(이하 '이 사건 거부처분'이라 한다)을 함과 아울러 경원자인 소외인에게 주유소 운영사업자 선정처분을 한 사실 등을 인정한 다음, 원고에 대한 이 사건 거부처분이 취소되더라도 경원관계에 있는 소외인에 대한 주유소 운영사업자 선정처분이 취소되지 아니하는 이상 원고가 주유소 운영사업자로 선정될 수는 없다는 이유로 원고에게는 이 사건 거부처분의 취소를 구할 소의 이익이 없다고 판단한 원심을 파기한 사례이다.

제4목 피고적격

Ⅰ. 의 의

피고적격이란 특정한 소송사건에서 피고로서 소송을 수행하고 본안판결을 받기에 적합한 자격을 말한다. 다른 법률에 특별한 규정이 없는 한 취소소송에서는 그 처분 등을 행한 행정청이 피고가 됨이 원칙이다(행정소송법 제13조 제1항).[64] 따라서 '처분'에 대하여는 처분 행정청이, '재결'에 대하여는 재결청이 각각 피고가 된다.

항고소송의 경우 당사자소송이나 민사소송과는 달리 행정기관에 불과한 행정청이 피고로서의 당사자능력을 가지고(행정소송법 제13조, 제38조), 국가나 지방자치단체의 당사자능력(피고능력)은 배제되어 있다는 점에 대하여는 이미 살펴본 바와 같다(제1목 당사자와 소의 이익 중 'Ⅰ. 당사자능력' 부분 참고).

피고적격이 인정되기 위해서는 위와 같이 피고로서의 당사자능력이 전제되어 있어야 한다. 나아가 행정소송법은 항고소송의 경우 '처분 등을 행한' '행정청'에게 피고적격을 부여하고 있는바(행정소송법 제13조, 제38조), 이하 차례로 그 내용을 살펴보기로 한다.

Ⅱ. 행정청

1. 의 의

행정청이란 소송의 대상인 행정처분 등에 관한 의사를 결정하고 이를 외부에 표시할 수 있는 권한을 가진 기관을 말한다. 따라서 행정청에는 각부장관 등과 같은 단독기관뿐만 아니라 토지수용위원회, 방송위원회 등과 같은 합의제 기관도 물론 포함된다.

위원회 중에서는 의사를 결정하여 그 결정된 의사를 자기의 이름으로 대외적으로 표시할 수 있는 권한을 가진 위원회만이 행정청이다(예: 행정심판위원회). 대외적인 표시권이 없이 심리권이나 의결권만 갖고 있는 위원회는 행정청이 아니다(예: 징계위원회). 즉 행정에 관한 의사를 결정할 수 있는 권한을 가지고는 있으나, 이를 외부에 표시할 권한은 가지고 있지 못하는 기관은 행정청이 아니므로 피고적격을 갖지 못한다(대법원 1989. 1. 24. 선고 88누3314 판결 등).

위와 같이 행정청이 아닌 다른 행정기관에 의결권이 귀속될 수 있는 점에 비추어 보건대, 종래의 행정청 개념에 대하여는 재고가 필요하다. 즉 행정의사를 자기의 이름으로 외부에 표시하는 권한의 존재는 행정청 개념의 필수적인 요소이지만, 행정의사를 결정할 수 있는 권한 유무는 통상적으로 요구되는 요소일 뿐 행정청이 성립하기 위한 필수요소는

---

64) 행정소송법 제13조(피고적격) ① 취소소송은 다른 법률에 특별한 규정이 없는 한 그 처분 등을 행한 행정청을 피고로 한다.
위 조항은 무효등확인소송과 부작위위법확인소송의 경우에만 준용되므로(행정소송법 제38조 제1항, 제2항), 결국 항고소송의 경우에 한하여 행정청이 피고적격을 지니게 된다. 당사자소송은 국가·공공단체 그 밖의 권리주체를 피고로 한다(행정소송법 제39조).

아니라고 보는 것이 타당하다.

2. 합의제 기관의 경우

공정거래위원회, 토지수용위원회, 방송위원회 등과 같은 각종 합의제 행정청이 행한 처분에 대하여는 그 합의체의 대표가 아니라 합의제 행정청 자체가 피고가 되는 것이 원칙이다(대법원 2009. 7. 9. 선고 2007두16608 판결).

다만 중앙노동위원회의 처분에 대한 소송은 '중앙노동위원회 위원장'을 피고로 하고(노동위원회법 제27조), 중앙해양안전심판원의 재결에 대한 소송은 '중앙해양안전심판원장'을 피고로 하도록(해양사고의 조사 및 심판에 관한 법률 제75조) 특별규정을 두고 있으므로, 이들 처분 등에 대한 소는 중앙노동위원회나 중앙해양안전심판원이 아닌 중앙노동위원회위원장, 중앙해양안전심판원장이 각 피고가 되어야 한다.

3. 공법인의 경우

특별한 법률에 근거하여 특수한 존립목적을 부여받아 설립된 공법인이 국가의 특별한 감독 하에 그 존립목적인 특정한 공공사무를 행하는 경우에, 이는 법률상 부여받은 행정작용권한을 행사하는 것에 해당된다. 이 경우 공법인도 항고소송의 피고적격을 가지게 된다. 공무원연금관리공단, 국민연금관리공단, 근로복지공단, 한국자산관리공사, 대한주택공사 등이 그러한 예이다. 이는 국가가 모든 행정을 스스로 행사하지 않고, 국가로부터 독립된 행정주체를 설치하여 그로 하여금 일정 범위의 행정을 자주적으로 행하게 하는 경우라고 볼 수 있다(간접행정).

한편 공법인은 국가나 지방자치단의 사무를 위임·위탁받아 행하는 경우에도, 그 범위 내에서 행정청에 속하며, 따라서 항고소송의 피고적격을 가지게 된다. 이는 국가행정권의 일부가 공공단체 또는 그 기관이나 사인에게 위임되어 이들에 의하여 행사되는 경우라고 할 수 있다(위임행정).

위 양자의 경우 피고적격자는 공법인 자체이지 그 대표자가 아니다. 따라서 처분은 공법인의 이름으로 행하여지고, 그에 대한 항고소송의 피고도 공법인이 되어야 하며 그 대표자는 피고가 될 수 없다.

판례

가. 항고소송을 제기할 수 있는 상대가 되는 행정청의 의의: 항고소송은 행정청의 처분 등이나 부작위에 대하여 처분 등을 행한 행정청을 상대로 이를 제기할 수 있고 행정청에는 처분 등을 할

수 있는 권한이 있는 국가 또는 지방자치단체와 같은 행정기관뿐만 아니라 법령에 의하여 행정권한의 위임 또는 위탁을 받은 행정기관, 공공단체 및 그 기관 또는 사인이 포함되는바 특별한 법률에 근거를 두고 행정주체로서의 국가 또는 지방자치단체로부터 독립하여 특수한 존립목적을 부여받은 특수한 행정주체로서 국가의 특별한 감독 하에 그 존립목적인 특정한 공공사무를 행하는 공법인인 특수행정조직 등이 이에 해당한다: <해설> 판시내용 중 '국가 또는 지방자치단체와 같은 행정기관'이라는 부분은 잘못된 표현이다. 국가 또는 지방자치단체는 행정주체이지 행정기관이 아니다. 따라서 '국가 또는 지방자치단체의 행정기관'이라고 표현하는 것이 보다 정확하였을 것이다.

나. 대한주택공사의 설립목적, 취급업무의 성질, 권한과 의무 및 택지개발사업의 성질과 내용 등에 비추어 같은 공사가 관계법령에 따른 사업을 시행하는 경우 법률상 부여받은 행정작용권한을 행사하는 것으로 보아야 할 것이므로 같은 공사가 시행한 택지개발사업 및 이에 따른 이주대책에 관한 처분은 항고소송의 대상이 된다(대법원 1992. 11. 27. 선고 92누3618 판결).

사업시행자가 국가 또는 지방자치단체와 같은 행정기관이 아니고 이와는 독립하여 법률에 의하여 특수한 존립목적을 부여받아 국가의 특별감독하에 그 존립목적인 공공사무를 행하는 공법인이 관계법령에 따라 공공사업을 시행하면서 그에 따른 이주대책을 실시하는 경우에도, 그 이주대책에 관한 처분은 법률상 부여받은 행정작용권한을 행사하는 것으로서 항고소송의 대상이 되는 공법상 처분이 되므로, 그 처분이 위법부당한 것이라면 사업시행자인 당해 공법인을 상대로 그 취소소송을 제기할 수 있다(대법원 1994. 5. 24. 선고 92다35783 전원합의체 판결).

4. 지방의회

가. 원 칙

지방의회는 지방자치단체 내부의 의결기관(의사결정기관)이지, 지방자치단체의 의사를 외부에 표시하는 기관이 아니므로 항고소송의 피고가 될 수 없음이 원칙이다. 그리하여 지방의회가 의결한 조례가 집행행위의 개입 없이도 그 자체로서 직접 국민의 권리의무에 구체적인 변동을 야기하여 항고소송의 대상이 되는 경우(처분성을 갖춘 경우)에도, 지방의회가 아니라 조례를 공포한 지방자치단체의 장(교육·학예에 관한 조례는 시·도교육감)이 피고가 된다.

판례

[1] **조례가 항고소송의 대상이 되는 행정처분에 해당되는 경우 및 그 경우 조례무효확인 소송의 피고적격(지방자치단체의 장)**: 조례가 집행행위의 개입 없이도 그 자체로서 직접 국민의 구체

적인 권리의무나 법적 이익에 영향을 미치는 등의 법률상 효과를 발생하는 경우 그 조례는 항고소송의 대상이 되는 행정처분에 해당하고, 이러한 조례에 대한 무효확인소송을 제기함에 있어서 행정소송법 제38조 제1항, 제13조에 의하여 피고적격이 있는 처분 등을 행한 행정청은, 행정주체인 지방자치단체 또는 지방자치단체의 내부적 의결기관으로서 지방자치단체의 의사를 외부에 표시한 권한이 없는 지방의회가 아니라, 구 지방자치법(1994. 3. 16. 법률 제4741호로 개정되기 전의 것) 제19조 제2항, 제92조에 의하여 지방자치단체의 집행기관으로서 조례로서의 효력을 발생시키는 공포권이 있는 지방자치단체의 장이다: <해설> 판시내용 중의 '지방자치단체의 의사를 외부에 표시한 권한이 없는 지방의회가 아니라' 부분에는 일부 잘못된 표현이 있다. 위 기재내용은 '지방자치단체의 의사를 외부에 표시할 권한이 없는 지방의회가 아니라'로 표현하는 것이 보다 정확하였을 것이다.

[2] **교육에 관한 조례 무효확인소송에 있어서 피고적격(교육감)**: 구 지방교육자치에관한법률(1995. 7. 26. 법률 제4951호로 개정되기 전의 것) 제14조 제5항, 제25조에 의하면 시·도의 교육·학예에 관한 사무의 집행기관은 시·도 교육감이고 시·도 교육감에게 지방교육에 관한 조례안의 공포권이 있다고 규정되어 있으므로, 교육에 관한 조례의 무효확인소송을 제기함에 있어서는 그 집행기관인 시·도 교육감을 피고로 하여야 한다(대법원 1996. 9. 20. 선고 95누8003 판결).

나. 예외(징계의결 등)

국회의원에 대한 징계처분에 대하여는 헌법 제64조 제4항이 국회의 자율권을 존중하여 법원에 제소할 수 없다고 규정하고 있으므로 행정소송의 대상이 되지 아니하지만, 그러한 특별규정이 없는 지방의회의 의원에 대한 징계의결이 항고소송의 대상이 되는 처분인지 여부가 문제된다. 아울러 그 경우 누가 피고적격을 가지는가에 대하여도 고찰을 요한다.

먼저 지방의회 의원에 대한 징계의결은 당해 의원의 의원직을 박탈시키는 등과 같이 개인의 권리의무에 직접적인 변동을 야기시키는 법률상 효과를 발생시킨다. 위와 같이 징계의결은 일반적·추상적 규율인 조례 등의 의결과는 달리 특정 개인에게 구체적이고도 직접적인 영향을 미치므로 구체적 사실에 관한 법집행으로서 항고소송의 대상이 된다. 다음으로 징계의결에 있어서 지방의회는 스스로 징계에 관한 의사결정을 하고 이를 자신의 이름으로 외부에 표시하므로 행정청으로서 피고적격을 가지게 된다.

판례도 지방의회의 의원징계의결(대법원 1993. 11. 26. 선고 93누7341 판결), 지방의회의 의장선임의결(대법원 1995. 1. 12. 선고 94누2602 판결) 및 지방의회의 의장불신임의결(대법원 1994. 10. 11.자 94두23 결정)에 있어서 위 각 의결은 행정처분의 일종으로서 항고소송의 대상이 되고, 아울러 위의 경우 처분청은 지방의회이므로 이들 처분에 대한 취소나 무효확인소송의 피고는 지방의회가 된다고 보고 있다.

Ⅲ. 처분 등을 행한 행정청

1. 의 의

피고가 되는 '처분 등을 행한' 행정청이라 함은 그의 이름으로 처분을 한 행정기관을 말한다. 위 행정기관이 정당한 처분권한을 가진 행정청인지 여부는 본안의 문제이지 피고적격의 문제는 아니라고 할 수 있다.

2. 권한의 위임·위탁이 있는 경우

가. 원 칙

권한의 위임·위탁이 있는 경우에는 권한이 수임기관에게 이전되므로 위임기관은 권한을 상실하고 수임기관이 처분권한을 가지게 된다. 따라서 이 경우 수임기관이 처분청이 된다. 행정소송법도 동법을 적용함에 있어서 행정청에는 법령에 의하여 행정권한의 위임 또는 위탁을 받은 행정기관, 공공단체 및 그 기관 또는 사인이 포함된다고 명시하고 있다(행정소송법 제2조 제2항).[65] 행정기관뿐만 아니라 공공단체 또는 사인도 행정권한의 위탁을 받은 경우에 위 규정에 따라 행정청에 포함되고 있음이 주목된다.

판례

[1] 구 저작권법 제97조의3 제2호는 '문화관광부장관은 대통령령이 정하는 바에 의하여 법 제53조에 규정한 저작권 등록업무에 관한 권한을 저작권심의조정위원회에 위탁할 수 있다'고 규정하고, 같은 법 시행령 제42조는 '문화관광부장관은 법 제97조의3의 규정에 의하여 저작권 등록업무에 관한 권한을 저작권심의조정위원회에 위탁한다'고 규정하고 있으므로, '저작권심의조정위원회'가 저작권 등록업무의 처분청으로서 그 등록처분에 대한 무효확인소송에서 피고적격을 가진다.

[2] '저작권심의조정위원회 위원장'을 피고로 저작권 등록처분의 무효확인을 구하는 소는 피고적격이 없는 자를 상대로 한 부적법한 것이고, 피고적격에 관하여 석명에 응할 기회를 충분히 제공하였음에도 피고경정을 하지 않은 사정에 비추어, 부적법하여 각하되어야 한다고 한 사례(대법원 2009. 7. 9. 선고 2007두16608 판결).

---

65) 행정소송법 제2조(정의) ② 이 법을 적용함에 있어서 행정청에는 법령에 의하여 행정권한의 위임 또는 위탁을 받은 행정기관, 공공단체 및 그 기관 또는 사인이 포함된다.

나. 내부위임의 경우

내부위임의 경우에는 권한이 내부적으로만 이전될 뿐이고 대외적으로 이전되는 것이 아니다. 따라서 내부위임의 경우에 처분은 위임청의 이름으로 행하여져야 한다. 이 경우에 항고소송의 피고는 처분청인 위임청이 된다(대법원 1991. 10. 8. 선고 91누520 판결). 그런데 내부위임의 경우임에도 불구하고 수임기관이 자신의 이름으로 처분을 행하는 경우가 있다. 이는 위법한 처분으로서 그 취소 또는 무효확인을 구할 수 있다. 항고소송의 피고가 되는 처분청이란 그의 이름으로 처분을 한 행정기관을 말하므로 이때에는 내부위임을 받고서도 자신의 이름으로 처분을 한 행정기관(수임기관)을 피고로 하여야 한다.

판례

내부위임을 받은 데 불과한 하급행정청이 권한 없이 한 행정처분에 대한 행정소송의 피고적격: 행정처분의 취소 또는 무효확인을 구하는 행정소송은 다른 법률에 특별한 규정이 없는 한 그 처분을 행한 행정청을 피고로 하여야 하며, 행정처분을 행할 적법한 권한 있는 상급행정청으로부터 내부위임을 받은 데 불과한 하급행정청이 권한 없이 행정처분을 한 경우에도 실제로 그 처분을 행한 하급행정청을 피고로 하여야 할 것이지 그 처분을 행할 적법한 권한 있는 상급행정청을 피고로 할 것은 아니다(대법원 1994. 8. 12. 선고 94누2763 판결 등).

상급행정청으로부터 내부위임을 받은 데 불과한 하급행정청이 권한없이 한 행정처분에 대한 행정소송의 피고적격(=하급행정청): 행정처분의 취소 또는 무효확인을 구하는 행정소송은 다른 법률에 특별한 규정이 없는 한 그 처분을 행한 행정청을 피고로 하여야 하며, 행정처분을 행할 적법한 권한 있는 상급행정청으로부터 내부위임을 받은데 불과한 하급행정청이 권한 없이 행정처분을 한 경우에도 실제로 그 처분을 행한 하급행정청을 피고로 하여야 할 것이지 그 처분을 행할 적법한 권한 있는 상급행정청을 피고로 할 것이 아니므로 부산직할시장의 산하기관인 부산직할시 금강공원 관리사업소장이 한 공단사용료 부과처분에 대하여 가사 위 사업소장이 부산직할시로부터 단순히 내부위임만을 받은 경우라 하더라도 이의 취소를 구하는 소송은 위 금강공원 관리사업소장을 피고로 하여야 한다(대법원 1991. 2. 22. 선고 90누5641 판결).

가. 항고소송의 피고적격: 항고소송은 원칙적으로 소송의 대상인 행정처분 등을 외부적으로 그의 명의로 행한 행정청을 피고로 하여야 하는 것으로서, 그 행정처분을 하게 된 연유가 상급행정청이나 타행정청의 지시나 통보에 의한 것이라 하여 다르지 않으며, 권한의 위임이나 위탁을 받아 수임행정청이 정당한 권한에 기하여 수임행정청 명의로 한 처분에 대하여는 말할 것도 없고, 내부위임이나 대리권을 수여받은 데 불과하여 원행정청 명의나 대리관계를 밝히지 아니하고는 그의 명

의로 처분 등을 할 권한이 없는 행정청이 권한 없이 그의 명의로 한 처분에 대하여도 처분명의자인 행정청이 피고가 되어야 한다.

나. 농지조성비 및 전용부담금 고지처분이 농지의보전및이용에관한법률시행규칙 제8조의3 제1항, 별지 제5호의4 서식에 의하여 된 것으로 인정되는바, 위 별지 제5호의4 서식에 의하면 그 납입고지권자 명의가 농어촌진흥공사로 되어 있고 달리 대리관계 등이 표시되어 있지 아니하므로 그 처분을 외부적으로 한 행정청은 농어촌진흥공사라 보아야 하고, 농어촌진흥공사에게 정당한 권한이 있는지 여부를 불문하고 위 처분의 취소를 구하는 항소소송의 피고는 농어촌진흥공사가 되어야 한다(대법원 1994. 6. 14. 선고 94누1197 판결).

3. 권한의 대리의 경우

대리기관이 대리관계를 밝히고 처분을 한 경우 피대리관청이 처분청으로서 피고가 된다. 그런데 대리권을 수여받은 행정기관이 대리관계를 밝힘이 없이 자신의 명의로 행정처분을 한 경우에는 처분명의자인 당해 행정기관(대리기관)이 항고소송의 피고가 되는 것이 원칙이다. 다만 비록 대리관계를 명시적으로 밝히지는 아니하였다고 할지라도 실제로 대리권한을 수여받고 피대리 행정청을 대리한다는 의사로 행정처분을 하였고, 처분의 상대방도 그 행정처분이 피대리 행정청을 대리하여 한 것임을 알았거나 알 수 있었을 때에는 민법 제115조 단서의 취지에 따라 적법한 대리행위로 볼 수 있을 것이고 이 경우 피대리 행정청이 피고가 되어야 한다.

판례

[2] **대리권을 수여받은 행정청이 대리관계를 밝힘이 없이 자신의 명의로 행정처분을 한 경우, 그 행정처분에 대한 항고소송의 피고적격**: 대리권을 수여받은 데 불과하여 그 자신의 명의로는 행정처분을 할 권한이 없는 행정청의 경우 대리관계를 밝힘이 없이 그 자신의 명의로 행정처분을 하였다면 그에 대하여는 처분명의자인 당해 행정청이 항고소송의 피고가 되어야 하는 것이 원칙이지만, 비록 대리관계를 명시적으로 밝히지는 아니하였다 하더라도 처분명의자가 피대리 행정청 산하의 행정기관으로서 실제로 피대리 행정청으로부터 대리권한을 수여받아 피대리 행정청을 대리한다는 의사로 행정처분을 하였고 처분명의자는 물론 그 상대방도 그 행정처분이 피대리 행정청을 대리하여 한 것임을 알고서 이를 받아들인 예외적인 경우에는 피대리 행정청이 피고가 되어야 한다.

[3] 근로복지공단의 이사장으로부터 보험료의 부과 등에 관한 대리권을 수여받은 지역본부장이 대리의 취지를 명시적으로 표시하지 않고서 산재보험료 부과처분을 한 경우, 그러한 관행이 약 10년간 계속되어 왔고, 실무상 근로복지공단을 상대로 산재보험료 부과처분에 대한 항고소송을 제기

하여 온 점 등에 비추어 지역본부장은 물론 그 상대방 등도 근로복지공단과 지역본부장의 대리관계를 알고 받아들였다는 이유로, 위 부과처분에 대한 항고소송의 피고적격이 근로복지공단에 있다고 한 사례(대법원 2006. 2. 23.자 2005부4 결정).

대리기관이 대리관계를 표시하고 피대리 행정청을 대리하여 행정처분을 한 경우, 행정처분에 대한 항고소송의 피고적격(=피대리 행정청): 항고소송은 다른 법률에 특별한 규정이 없는 한 원칙적으로 소송의 대상인 행정처분을 외부적으로 행한 행정청을 피고로 하여야 하고(행정소송법 제13조 제1항 본문), 다만 대리기관이 대리관계를 표시하고 피대리 행정청을 대리하여 행정처분을 한 때에는 피대리 행정청이 피고로 되어야 한다(대법원 2006. 2. 23.자 2005부4 결정 참조). …피고 한국농어촌공사가 '피고 농림축산식품부장관의 대행자' 지위에서 위와 같은 납부통지를 하였음을 분명하게 밝힌 이상, 피고 농림축산식품부장관이 이 사건 농지보전부담금 부과처분을 외부적으로 자신의 명의로 행한 행정청으로서 항고소송의 피고가 되어야 하고, 단순한 대행자에 불과한 피고 한국농어촌공사를 피고로 삼을 수는 없다(대법원 2018. 10. 25. 선고 2018두43095 판결).

4. 다른 법률에 특별한 규정이 있는 경우

다른 법률에 피고적격에 관하여 특별한 규정이 있는 경우에는 그에 따른다.

그리하여 대통령·중앙선거관리위원회위원장이 공무원에 대하여 징계처분 기타 강임·휴직·직위해제 또는 면직처분, 그 밖에 본인의 의사에 반하는 불리한 처분을 한 경우에 그에 대한 행정소송은 소속 장관·중앙선거관리위원회사무총장을 피고로 한다(국가공무원법 제16조).[66] 그러나 위와 같이 특별한 규정이 없는 사항에 대하여는 처분청인 대통령·중앙선거관리위원회위원장이 피고로 된다. 예를 들면 대통령이 한국방송공사 사장을 해임한 경우에 그 취소소송의 피고는 대통령이 되며(대법원 2012. 2. 23. 선고 2011두5001 판결: 한국방송공사 사장은 공무원에 해당되지 않는다), 기수여된 서훈을 취소하는 처분에 대하여 다투기 위해서는 처분을 행한 행정청이자 서훈권자인 대통령을 상대로 소를 제기하여야 한다(대법원 2014. 9. 26. 선고 2013두2518 판결).

국회의장·대법원장·헌법재판소장이 행한 처분에 대한 행정소송에 있어서는 각각 국

66) 국가공무원법 제16조(행정소송과의 관계) ① 제75조에 따른 처분, 그 밖에 본인의 의사에 반한 불리한 처분이나 부작위에 관한 행정소송은 소청심사위원회의 심사·결정을 거치지 아니하면 제기할 수 없다.
② 제1항에 따른 행정소송을 제기할 때에는 대통령의 처분 또는 부작위의 경우에는 소속 장관(대통령령으로 정하는 기관의 장을 포함한다)을, 중앙선거관리위원회위원장의 처분 또는 부작위의 경우에는 중앙선거관리위원회사무총장을 각각 피고로 한다.

회사무총장·법원행정처장·헌법재판소사무처장이 피고가 된다(국회사무처법 제4조 제3항; 법원조직법 제70조; 헌법재판소법 제17조 제5항).

판례

국무회의에서 건국훈장 독립장이 수여된 망인에 대한 서훈취소를 의결하고 대통령이 결재함으로써 서훈취소가 결정된 후 국가보훈처장이 망인의 유족 갑에게 '독립유공자 서훈취소결정 통보'를 하자 갑이 국가보훈처장을 상대로 서훈취소결정의 무효 확인 등의 소를 제기한 사안에서, 위 소는 피고를 잘못 지정하였다고 한 사례: 국무회의에서 건국훈장 독립장이 수여된 망인에 대한 서훈취소를 의결하고 대통령이 결재함으로써 서훈취소가 결정된 후 국가보훈처장이 망인의 유족 갑에게 '독립유공자 서훈취소결정 통보'를 하자 갑이 국가보훈처장을 상대로 서훈취소결정의 무효 확인 등의 소를 제기한 사안에서, 갑이 서훈취소 처분을 행한 행정청(대통령)이 아니라 국가보훈처장을 상대로 제기한 위 소는 피고를 잘못 지정한 경우에 해당하므로, 법원으로서는 석명권을 행사하여 정당한 피고로 경정하게 하여 소송을 진행해야 함에도 국가보훈처장이 서훈취소 처분을 한 것을 전제로 처분의 적법 여부를 판단한 원심판결에 법리오해 등의 잘못이 있다고 한 사례(대법원 2014. 9. 26. 선고 2013두2518 판결 [독립유공자서훈취소결정무효확인등]): <해설> 헌법상 훈장 기타 영전의 수여는 대통령에게 부여된 권한이고 그에 대하여는 국무회의 심의를 거치도록 규정되어 있으며(제80조, 제89조), 상훈법상 서훈의 확정 및 서훈의 취소 등은 국무회의의 심의를 거쳐 대통령이 결정하도록 되어 있다(제7조, 제8조). 따라서 서훈의 수여·취소 권한을 가진 행정청은 대통령이다.

그런데 이 사건에서 서훈취소처분의 상대방인 망인은 공무원이 아닐 뿐만 아니라, 서훈취소처분은 징계, 그 밖에 본인의 의사에 반하는(징계에 준하는) 불리한 처분이 아니다. 따라서 대통령의 서훈취소처분에 대하여 항고소송을 제기하는 경우에는 소속 장관이 아니라 대통령을 피고로 하여 소를 제기하는 것이 타당하다고 본 사례이다. 한편 위 사안에서 서훈의 수여 및 취소의 상대방은 망인이지 망인의 유족이 아니다. 다만 망인의 유족은 법률상 이해관계 있는 제3자로서 망인에 대한 서훈취소처분의 무효확인 등을 구할 원고적격이 있다.

Ⅳ. 피고적격자의 변경

(1) 권한승계의 경우: 처분 등이 행하여진 뒤에 그 처분 등에 관계되는 권한이 다른 행정청에 승계된 때에는 이를 승계한 행정청이 피고가 된다(행정소송법 제13조 제1항 단서).

(2) 권한폐지의 경우: 처분이나 재결을 한 행정청이 없게 된 때에는 그 처분 등에 관한 사무가 귀속되는 국가 또는 공공단체가 피고가 된다(행정소송법 제13조 제2항).

여기서 '사무가 귀속되는'이란 의미는 '당해 행정청이 속하는'과는 구별되는 개념이다. 즉, 지방자치단체 소속기관이 국가의 기관위임사무를 처리하다 권한이 폐지된 경우 그 사무는 국가에 귀속되므로 국가가 피고가 되어야 한다.

(3) 피고의 경정: 취소소송이 제기된 후에 위의 각 사유가 발생한 때에는 법원은 당사자의 신청 또는 직권에 의하여 피고를 경정하여야 한다(행정소송법 제14조 제6항).

Ⅴ. 피고의 경정

1. 의 의

피고의 경정(更正)이란 소송의 계속 중에 피고로 지정된 자를 다른 자로 변경하는 것을 말한다. 행정조직이 복잡하고 권한의 변경 등이 자주 이루어지므로 피고를 잘못 지정하는 경우가 자주 발생할 수 있다. 이러한 때에 그 소를 부적법한 것으로 각하하고 다시 새로운 소를 제기하게 하는 것은 소송경제에 반하고, 아울러 취소소송의 경우 제소기간의 도과라는 치명적인 불이익을 받게 될 우려가 있다. 행정소송법은 그러한 결과를 피하고 구제의 효율성을 기하려는 의도에서 피고의 경정이라는 제도를 두고 있는 것이다.

2. 피고의 경정이 허용되는 경우

(1) 피고를 잘못 지정한 경우: 원고가 피고를 잘못 지정한 때에는 법원은 원고의 신청에 의하여 결정으로써 피고의 경정을 허가할 수 있다(행정소송법 제14조 제1항).

(2) 권한승계 등의 경우: 취소소송의 제기 후에 처분 등에 관계되는 권한이 다른 행정청에 승계된 경우 및 행정조직상의 개편으로 처분 등을 한 행정청이 없어지게 된 때에는, 그 권한을 승계한 행정청 및 처분 등에 관한 사무가 귀속되는 국가 또는 공공단체로 피고를 경정한다(행정소송법 제13조 제1항 단서 및 제2항, 제14조 제6항).

(3) 소의 변경이 있는 때: 소의 변경과 당사자의 변경으로서의 피고경정은 구분되는 것이지만, 행정소송법은 소의 변경에 따르는 피고의 경정을 인정하고 있다(행정소송법 제21조 제2항, 제4항).

3. 법원의 조치

행정소송에서 원고가 피고를 잘못 지정하였다면 법원으로서는 당연히 석명권을 행사하여 원고로 하여금 피고를 경정하게 하여 소송을 진행해야 한다. 만약 이러한 조치를 취하지 아니한 채 피고의 지정이 잘못되었다는 이유로 바로 소를 각하한 것은 위법하다(대법원 2004. 7. 8. 선고 2002두7852 판결).

행정소송법 제14조에 의한 피고경정은 사실심 변론종결에 이르기까지 허용되는 것으로 해석하여야 할 것이고, 굳이 제1심 단계에서만 허용되는 것으로 해석할 근거는 없다(대법원 2006. 2. 23.자 2005부4 결정).

4. 피고경정의 효과

피고 경정의 허가결정이 있은 때에는 새로운 피고에 대한 소송은 처음에 소를 제기한 때에 제기된 것으로 본다(행정소송법 제14조 제4항). 따라서 경정허가결정 당시에 이미 제소기간이 도과하고 있는 경우에도 제소기간은 준수한 것이 된다.

아울러 피고 경정의 허가결정이 있은 때에는 종전의 피고에 대한 소송은 취하된 것으로 본다(행정소송법 제14조 제5항). 민사소송에 있어서는 피고가 본안에 관하여 준비서면을 제출하거나 변론준비기일에서 진술하거나 변론을 한 뒤에는 피고의 동의 없이 원고가 일방적으로 소를 취하할 수 없으나(민사소송법 제266조 제2항), 행정소송에서의 피고의 경정은 피고의 동의 없이도 그 효력을 발생한다.

제5목 소송참가

Ⅰ. 제3자의 소송참가

1. 의 의

제3자의 소송참가란 소송의 결과에 의하여 권리 또는 이익의 침해를 받을 제3자가 있는 경우에 당사자나 제3자의 신청 또는 직권에 의하여 그 제3자를 소송에 참가시키는 제도를 말한다(행정소송법 제16조 제1항).

취소소송에 있어서 처분 등을 취소하는 확정판결은 제3자에 대하여도 효력이 미친다(행정소송법 제29조 제1항). 따라서 이해관계 있는 제3자에게도 소송에서 공격·방어방법을 제출할 기회를 제공하여 그의 권익을 보호할 수 있는 제도를 인정할 필요가 있다.

제3자의 소송참가가 인정되는 경우는 대체로 복효적 행정행위에 대한 취소소송의 경우라고 할 수 있다.

제3자의 소송참가는 취소소송 이외의 항고소송, 당사자소송, 민중소송 및 기관소송에도 준용된다(행정소송법 제16조, 제38조, 제44조 제1항, 제46조).

2. 요 건

(1) 타인 간에 소송이 계속 중이어야 한다. 소송이 제1심, 항소심 또는 상고심 중 어느 심급에 있는가는 상관없지만, 소는 적법하게 제기되어 계속 중이어야 한다.

(2) 제3자는 소송의 결과에 의하여 권리 또는 이익의 침해를 받을 것이 예정되어야 한다. 여기에서 '제3자'란 소송당사자 이외의 자를 말하며 국가·공공단체도 이에 포함될 수 있으나, 행정청은 당사자능력이 없으므로 이에 해당하지 아니한다. 따라서 행정청은 행정소송법 제17조의 행정청의 소송참가 규정에 의한 참가만이 가능하다. 또한 '권리 또는 이익'이란 법률상 보호되는 이익을 말하고, 단순한 사실상의 이익이나 경제상의 이익은 이에 포함되지 아니한다.

소송의 결과에 따라 권리 또는 이익의 침해를 받는다는 것은 취소판결의 형성력 때문에 판결의 주문에 의하여 직접 자기의 권리 또는 이익을 침해받는 것을 의미하는 것이 보통이나, 나아가 취소판결의 기속력 때문에 이루어지는 행정청의 새로운 처분에 의하여 권리 또는 이익을 침해받는 경우도 여기서 말하는 권리 또는 이익을 침해받는 경우에 해당된다고 해석하여야 한다.[67] 예를 들면 수용된 토지의 소유자가 토지수용위원회를 피고로 하여 수용재결의 취소소송을 제기하여 승소하는 경우에는 사업시행자도 그 취소의 효과를 받게 되어 수용대상 토지의 소유권을 상실하게 된다. 이에 사업시행자가 피고가 패소하지 않도록 소송에 참가하여 자신의 이익을 옹호하는 경우가 전자의 예이다. 경원관계에 있는 여러 신청인 중에서 허가를 받지 못한 자가 자신에 대한 거부처분의 취소소송을 제기하여 승소할 경우, 다른 신청인에 대한 허가처분이 당연히 효력을 상실하게 되지는 않지만 행정청은 그 판결의 기속력에 의하여 다른 신청인에 대한 허가처분을 취소할 수 있기 때문에 허가처분을 받은 자가 소송에 참가하는 것이 후자의 예이다.[68]

(3) 소송의 결과에 따라 권리 또는 이익의 침해를 받을 제3자인 이상 원고와 피고 어느

---

67) 김철용·최광률, 주석 행정소송법, 2004, 455면; 박균성, 행정법론(상)(제10판), 2011, 1216면.

68) 박균성, 앞의 책, 1216면. 경원관계에 있는 여러 신청인 중에서 허가를 받지 못한 자가 행정청을 피고로 하여 허가를 받은 자에 대한 허가처분의 취소를 구하여 승소할 경우에는, 허가를 받은 제3자는 취소판결의 형성력에 의하여 위 허가처분의 효력을 상실하게 되므로 제3자로서 소송참가를 할 수 있는바, 이 경우의 소송참가는 전자의 예에 속하게 된다.

쪽을 위하여도 참가할 수 있는데, 이 점에서도 피고 행청청을 위해서만 참가가 가능한 행정소송법 제17조의 행정청의 소송참가와 다르다.

3. 절 차

(1) 제3자의 소송참가는 법원이 당사자 또는 제3자의 신청 또는 직권에 의하여 결정으로써 행한다(행정소송법 제16조 제1항).

(2) 법원이 제3자의 소송참가를 결정하고자 할 때에는 미리 당사자 및 제3자의 의견을 들어야 한다(행정소송법 제16조 제2항).

(3) 소송참가 신청을 한 제3자는 그 신청을 각하한 결정에 대하여 즉시항고할 수 있다(행정소송법 제16조 제3항).

(4) 소송참가 신청을 한 제3자는 그 신청을 각하한 결정이 확정될 때까지 참가인으로서 소송행위를 할 수 있다. 참가신청을 각하하는 결정이 확정될 때에는 그때까지 제3자가 행한 소송행위는 효력을 상실하지만, 당사자가 그 소송행위를 원용한 경우에는 소송행위로서의 효력이 유지된다(민사소송법 제75조).

4. 참가인의 지위

소송에 참가한 제3자에 대하여는 민사소송법 제67조의 규정이 준용된다(행정소송법 제16조 제4항). 따라서 참가인은 피참가인과의 사이에 필요적 공동소송에 있어서의 공동소송인에 준하는 지위에 서는 것이나, 당사자에 대하여 독자적인 청구를 하는 것은 아니므로 그 성질은 공동소송적 보조참가인과 유사하다는 것이 통설적 입장이다.[69] 따라서 참가인은 피참가인의 소송행위와 저촉되는 소송행위를 할 수 있고, 독립하여 상소할 수 있으며 참가인에 대한 상소기간은 피참가인의 그것과는 독립하여 기산된다.

II. 제3자의 재심청구

1. 의 의

처분 등을 취소하는 확정판결은 제3자에 대하여도 효력이 미친다(행정소송법 제29조 제1항). 따라서 취소판결의 제3자효가 미치는 제3자로서는 불측의 손해를 입지 않기 위하

69) 김철용·최광률, 주석 행정소송법, 2004, 455면; 김남진·김연태, 행정법 I (제12판), 2008, 683면 등.

여 소송참가를 할 수도 있으나(행정소송법 제16조, 제17조, 제38조 제1항, 제2항), 본인에게 귀책사유 없이 소송에 참가하지 못하는 경우도 있을 수 있으므로 그러한 경우 제3자의 불이익을 구제하기 위하여 행정소송법 제31조에서 규정하고 있는 제도가 제3자에 의한 재심청구이다.

2. 요 건

제3자가 재심청구를 할 수 있는 요건은 다음과 같다(행정소송법 제31조 제1항, 제2항).

① 처분 등을 취소하는 종국판결이 확정되었을 것: 취소판결이 아직 확정되지 않은 상태에서는 소송참가가 가능하므로 제3자의 재심청구는 허용되지 아니한다.

② 재심청구의 원고는 처분 등을 취소하는 판결에 의해 권리 또는 이익의 침해를 받는 제3자일 것: 여기서 '권리 또는 이익의 침해를 받는 제3자'의 의미는 소송참가의 경우와 같다.

③ 자기에게 책임 없는 사유로 소송에 참가하지 못하였을 것: 여기에서 '자기에게 책임 없는 사유' 유무는 사회통념에 비추어 개별적으로 판단되어야 한다. 제3자가 소송의 계속을 알지 못한 경우에는 그것이 통상인으로서 일반적 주의를 다하였어도 알기 어려웠다는 것과, 소송의 계속을 알고 있었던 경우에는 당해 소송에 참가를 할 수 없었던 특별한 사정이 있었을 것을 필요로 한다(대법원 1995. 9. 15. 선고 95누6762 판결).

행정소송법 제31조의 해석상 소송참가를 한 제3자는 판결확정 후 제3자의 재심청구를 할 수 없다.

④ 판결의 결과에 영향을 미칠 공격방어 방법을 제출하지 못하였을 것: 제3자가 공격방어 방법을 종전의 소송에서 제출하였다면 그에게 유리하게 판결의 결과에 영향을 미쳤을 것을 요하고, 위 공격방어방법이 제출되었다고 할지라도 판결의 결과에 영향을 미칠 수 없었으리라고 인정되는 경우에는 재심이 허용될 수 없다.

⑤ 재심청구는 제3자만이 제기할 수 있고, 행정청에 의한 재심청구는 인정되지 않는다.

⑥ 확정판결이 있음을 안 날로부터 30일 이내, 판결이 확정된 날로부터 1년 이내에 제기할 것.

Ⅲ. 행정청의 소송참가

1. 의 의

법원은 다른 행정청을 소송에 참가시킬 필요가 있다고 인정할 때에는 당사자 또는 당해 행정청의 신청 또는 직권에 의하여 결정으로써 그 행정청을 소송에 참가시킬 수 있다(행정소송법 제17조 제1항). 이를 행정청의 소송참가라고 한다. 행정청이 처분 등을 행함에 있어서는 관련 행정청의 동의, 협력을 요하는 경우가 적지 않다. 또한 판결의 기속력은 관련 행정청에도 미치게 된다. 그런데 취소소송은 처분 등을 행한 행정청을 피고로 하여 제기하는 것이 원칙이므로(행정소송법 제13조 제1항), 처분청 이외의 행정청은 중요한 공격·방어방법을 가지고 있다고 하더라도 당해 소송에 참여할 수가 없게 된다. 따라서 관련 행정청으로 하여금 직접 소송에 참여하여 공격·방어방법을 제출케 함으로써 적절한 심리 및 재판을 실현하기 위하여 인정되는 제도가 행정청의 소송참가라고 할 수 있다.

2. 요 건

(1) 제3자의 소송참가와 마찬가지로 타인 간에 소송이 계속 중이어야 한다. 그 소송이 어느 심급에 있는가는 불문한다.

(2) 피고 행정청 이외의 다른 행정청이 참가하여야 한다. 여기에서 '다른 행정청'이란 처분행정청에 지시·감독을 한 상급행정청이나 처분과정에서의 동의·협력 등을 통하여 처분의 근거가 된 자료를 가지고 있는 관련 행정청 등을 말한다.

(3) 피고 행정청을 위하여 참가하여야 한다. 행정의 통일성 확보 및 행정조직상의 체계적 질서유지 등의 측면에서 볼 때, 행정청의 소송참가는 그 성질상 피고 행정청을 위하여만 참가할 수 있을 뿐 원고를 위하여 참가하는 것은 허용되지 않는다.[70)]

(4) 행정청의 소송참가는 법원이 소송에 참가시킬 필요가 있다고 인정할 때에만 허용된다. 이러한 참가의 필요성은 법원이 재량으로 판단할 문제이나 그 취지에 비추어 볼 때 관계되는 다른 행정청을 소송에 끌어들여 소송자료를 모두 제출하게 함으로써 사건의 적정한 심리와 재판을 실현하기 위하여 필요한 경우를 가리킨다고 보아야 한다.

70) 김철용·최광률, 앞의 책, 467면.

3. 절 차

(1) 행정청의 소송참가는 당사자 또는 참가를 희망하는 당해 행정청의 신청이나 법원의 직권에 의한다. 참가의 허부 재판은 결정으로 행한다(행정소송법 제17조 제1항).

(2) 법원은 신청에 의하건 직권에 의하건 간에 참가 여부의 결정을 하기에 앞서 당사자 및 당해 행정청의 의견을 들어야 하나(행정소송법 제17조 제2항), 법원이 그 의견에 기속되는 것은 아니다.

(3) 참가 허부의 결정에 대하여는 당사자나 참가행정청 모두 불복할 수 없다.

4. 참가행정청의 지위

소송에 참가한 행정청에 대하여는 민사소송법 제76조의 규정이 준용된다(행정소송법 제17조 제3항). 따라서 참가행정청은 보조참가인에 준하는 지위에서 소송수행을 하게 된다. 그리하여 참가행정청은 소송에 관하여 공격·방어·이의·상소 및 그 밖의 모든 소송행위를 할 수 있지만, 피참가인의 소송행위와 저촉되는 소송행위를 할 수는 없다. 만약 피참가인의 소송행위와 어긋나는 경우에는 참가행정청의 소송행위는 그 효력을 가지지 아니하게 된다(민사소송법 제76조).

제4항 제소기간

Ⅰ. 서 론

행정상의 법률관계는 개인의 권리뿐만 아니라 일반 공중의 이해와도 관련된 것으로서 이를 장기간 불안정한 상태에 두는 것은 바람직하지 않다. 따라서 행정처분에 어떠한 하자가 있더라도 그 효력을 다툴 수 있는 기간을 제한함으로써 행정법관계의 조속한 안정을 꾀할 필요가 있다. 행정소송법 제20조는 취소소송을 일정 기간 내에 제기하도록 제소기간을 제한하고 있고, 그 밖의 개별법에서도 행정소송법과 다른 특별제소기간을 두고 있는 경우가 많다.

제소기간을 어떻게 정하느냐는 입법정책의 문제로 개별 법률에서 행정소송법과 달리 정할 수도 있다고 할 것이나, 지나치게 짧은 제소기간은 사실상 재판의 거부로서 헌법이 보장한 재판청구권을 침해하여 위헌의 문제가 발생할 수 있다.

II. 제소기간의 제한이 있는 소송

제소기간의 제한은 원칙적으로 취소소송에만 적용되고, 같은 항고소송이라도 무효등 확인소송에는 적용되지 않는다. 행정법관계의 조속한 안정이 필요하다 하더라도 처분에 존속하는 하자가 중대하고 명백하여 처음부터 그 효력이 없는 무효인 처분에 대하여까지 일정 기간이 지나면 그 효력을 다툴 수 없다고 하는 것은 법치행정의 원리상 허용될 수 없기 때문이다.

부작위위법확인의 소는 부작위 상태가 계속되는 한 언제라도 소를 제기할 수 있고, 부작위 상태가 해소되면 소의 이익이 소멸되는 소송이므로 원칙적으로 제소기간의 제한을 받지 않는다.

당사자소송에 관하여는 법령에 특별히 제소기간을 제한하고 있지 않는 한 제소기간의 제한을 받지 않는다. 제소기간의 정함이 있는 경우 그 기간의 성질은 불변기간이다(행정소송법 제41조).

민중소송이나 기관소송의 경우는 그 소송을 인정하는 개별 법률에 제소기간에 관한 특칙을 두는 것이 일반적이나, 그러한 특칙이 없더라도 처분의 취소를 구하는 취지의 소송일 때는 그 성질에 반하지 아니하는 한 취소소송에 관한 제소기간의 제한을 받게 된다(행정소송법 제45조, 제46조 제1항).

III. 취소소송에 있어서의 제소기간

1. 행정심판청구나 이의신청을 하지 않은 경우

행정심판청구나 이의신청을 하지 않는 경우의 취소소송은 처분 등이 있음을 안 날부터 90일, 처분이 있은 날부터 1년 이내에 제기하여야 한다(행정소송법 제20조 제1항, 제2항; 행정기본법 제36조 제4항). 위 두 기간 중 어느 것이나 먼저 도래한 기간 이내에 제기하여야 하고, 어느 하나의 기간이라도 경과하게 되면 부적법한 소가 된다.

가. 처분 등이 있음을 안 날부터 90일

(1) 의 의

'처분 등이 있음을 안 날'이란 당사자가 통지·공고 기타의 방법에 의하여 당해 처분이 있은 것을 현실적·구체적으로 안 날을 말하고, 추상적으로 알 수 있었던 날을 말하는 것이 아니다(대법원 1995. 11. 24. 선고 95누11535 판결; 대법원 2002. 8. 27. 선고 2002두3850 판결 등). 그러나 행정처분이 있음을 앎으로써 족하고 그 구체적 내용이나 위법 여부까지 알아야 하는 것은 아니다(대법원 1991. 6. 28. 선고 90누6521 판결).

(2) 송달: 앎의 추정

처분이 있음을 알았다고 하기 위하여는 단순히 행정처분이 유효하게 송달되어 상대방이 알 수 있는 상태에 놓인 것만으로는 부족하나, 적법한 송달이 있게 되면 특별한 사정이 없는 이상 그 때 처분이 있음을 알았다고 사실상 추정된다.

이때 특별한 사정이 있어 당시에 이를 알지 못하였다는 사정은 원고가 입증하여야 한다(대법원 1995. 11. 24. 선고 95누11535 판결; 대법원 2002. 8. 27. 선고 2002두3850 판결 등). 위와 같은 반증이 성공하면 사실상의 추정은 번복되므로, 그 경우에는 당사자가 처분이 있은 것을 실제로 알게 된 날로부터 90일간의 불복기간이 진행되거나, 처분이 효력을 발생한 날(송달된 날)로부터 1년간의 불복기간이 진행되게 된다.

판례

[1] 국세기본법의 적용을 받는 처분과 달리 행정심판법의 적용을 받는 처분인 과징금부과처분에 대한 심판청구기간의 기산점인 행정심판법 제18조 제1항 소정의 '처분이 있음을 안 날'이라 함은 당사자가 통지·공고 기타의 방법에 의하여 당해 처분이 있었다는 사실을 현실적으로 안 날을 의미하고, 추상적으로 알 수 있었던 날을 의미하는 것은 아니라 할 것이며, 다만 처분을 기재한 서류가 당사자의 주소에 송달되는 등으로 사회통념상 처분이 있음을 당사자가 알 수 있는 상태에 놓여진 때에는 반증이 없는 한 그 처분이 있음을 알았다고 추정할 수는 있다.

[2] **아파트 경비원이 과징금부과처분의 납부고지서를 수령한 날이 그 납부의무자가 '부과처분이 있음을 안 날'은 아니라고 한 사례**: 아파트 경비원이 관례에 따라 부재중인 납부의무자에게 배달되는 과징금부과처분의 납부고지서를 수령한 경우, 납부의무자가 아파트 경비원에게 우편물 등의 수령권한을 위임한 것으로 볼 수는 있을지언정, 과징금부과처분의 대상으로 된 사항에 관하여 납부의무자를 대신하여 처리할 권한까지 위임한 것으로 볼 수는 없고, 설사 위 경비원이 위 납부고지서를 수령한 때에 위 부과처분이 있음을 알았다고 하더라도 이로써 납부의무자 자신이 그 부과처분이 있음을 안 것과 동일하게 볼 수는 없다고 한 사례(대법원 2002. 8. 27. 선고 2002두3850 판결):
<해설> 원고는 아파트 경비원이 과징금부과처분의 납부고지서를 수령하였을 때인 2000. 9. 18.에는 지방에서 단독주택 공사를 하느라 위 납부고지서를 수령하지 못하다가 같은 해 9. 22.에서야 위 아파트로 돌아와 이를 수령하였다고 주장하고 있고, 한편 이 사건 아파트에는 그 무렵 원고 이외에 원고의 처 등 가족이 거주하고 있었던 사실을 인정할 수 있는바, 사정이 그러하다면, 실제 원고나 그 가족에게 이 사건 납부고지서가 전달되어 원고가 현실적으로 이 사건 처분이 있음을 안 날이 언제인지를 심리·확정한 다

음 이 사건 심판청구가 적법한 기간 내에 제기되었는지 여부를 판단하였어야 할 것이라는 이유로 원심을 파기한 사례이다.

(3) 처분이 상대방이 아닌 제3자의 경우

현행법은 제3자효 행정행위의 경우 이해관계 있는 제3자에 대한 처분의 통지의무를 처분청에 부과하고 있지 않다(행정절차법 제21조 제1항, 제2조 제4호). 따라서 행정처분의 상대방이 아닌 제3자는 일반적으로 처분이 있는 것을 바로 알 수 없으므로, 처분 등이 있음을 안 날부터 진행되는 제소기간의 제한은 받지 않음이 원칙이고, '처분이 있은 날부터 1년'이라는 제소기간의 제한을 받게 된다.

그러나 제3자가 어떤 경로로든 행정처분이 있음을 알았을 때는 그 때부터 90일 이내에 소를 제기하여야 한다(대법원 1995. 8. 25. 선고 94누12494 판결).

(4) 처분이 공고 또는 고시된 경우

처분이 공고 또는 고시의 방법에 의해 통지되는 경우에는 처분의 상대방이 실제로 공고 또는 고시를 보았으면 당해 공고 또는 고시를 본 날이 '처분이 있음을 안 날'이 될 것이다. 문제는 처분의 상대방이 공고를 보지 못한 경우인데 이에 관하여는 견해의 대립이 있다.

(가) 불특정 다수인에 대한 처분의 경우

① 불특정 다수인에 대한 처분으로서 관보·신문에의 고시 또는 게시판에의 공고의 방법으로 외부에 그 의사를 표시함으로써 그 효력이 발생하는 처분에 대하여는, 고시일 또는 공고일에 그 행정처분이 있음을 알았던 것으로 보고 그때부터 제소기간을 기산하여야 한다는 것이 판례의 입장이다(대법원 1998. 11. 27. 선고 96누13927 판결). 여기에서 고시일 또는 공고일이라는 것은 실제로 고시 또는 공고가 행하여진 날이 아니라 고시 또는 공고의 효력발생일을 말한다(대법원 2000. 9. 8. 선고 99두11257 판결 등).

공고문서의 경우 그 문서에서 효력발생 시기를 구체적으로 밝히고 있지 않으면 그 고시 또는 공고 등이 있은 날부터 5일이 경과한 때에 효력이 발생한다(행정업무의 효율적 운영에 관한 규정 제6조 제3항).[71]

---

71) 행정업무의 효율적 운영에 관한 규정 제6조(문서의 성립 및 효력 발생) ① 문서는 결재권자가 해당 문서에 서명(전자이미지서명, 전자문자서명 및 행정전자서명을 포함한다)의 방식으로 결재함으로써 성립한다.
② 문서는 수신자에게 도달(전자문서의 경우는 수신자가 관리하거나 지정한 전자적 시스템 등에

판례

고시 또는 공고에 의하여 행정처분을 하는 경우, 행정심판 청구기간의 기산일(=고시 또는 공고의 효력발생일): 통상 고시 또는 공고에 의하여 행정처분을 하는 경우에는 그 처분의 상대방이 불특정 다수인이고, 그 처분의 효력이 불특정 다수인에게 일률적으로 적용되는 것이므로, 그에 대한 행정심판 청구기간도 그 행정처분에 이해관계를 갖는 자가 고시 또는 공고가 있었다는 사실을 현실적으로 알았는지 여부에 관계없이 고시가 효력을 발생하는 날인 고시 또는 공고가 있은 후 5일이 경과한 날에 행정처분이 있음을 알았다고 보아야 한다(대법원 2000. 9. 8. 선고 99두11257 판결).

[1] **구 청소년보호법에 따른 청소년유해매체물 결정·고시의 법적 성격 및 그 효력발생의 요건과 시기**: 구 청소년보호법(2001. 5. 24. 법률 제6479호로 개정되기 전의 것)에 따른 청소년유해매체물 결정 및 고시처분은 당해 유해매체물의 소유자 등 특정인만을 대상으로 한 행정처분이 아니라 일반 불특정 다수인을 상대방으로 하여 일률적으로 표시의무, 포장의무, 청소년에 대한 판매·대여 등의 금지의무 등 각종 의무를 발생시키는 행정처분으로서, 정보통신윤리위원회가 특정 인터넷 웹사이트를 청소년유해매체물로 결정하고 청소년보호위원회가 효력발생시기를 명시하여 고시함으로써 그 명시된 시점에 효력이 발생하였다고 봄이 상당하고, 정보통신윤리위원회와 청소년보호위원회가 위 처분이 있었음을 위 웹사이트 운영자에게 제대로 통지하지 아니하였다고 하여 그 효력 자체가 발생하지 아니한 것으로 볼 수는 없다.

[2]-[3] 생략

[4] **고시 또는 공고에 의하여 행정처분을 하는 경우, 그에 대한 취소소송 제소기간의 기산일(=고시 또는 공고의 효력발생일)**: 통상 고시 또는 공고에 의하여 행정처분을 하는 경우에는 그 처분의 상대방이 불특정 다수인이고 그 처분의 효력이 불특정 다수인에게 일률적으로 적용되는 것이므로, 그 행정처분에 이해관계를 갖는 자가 고시 또는 공고가 있었다는 사실을 현실적으로 알았는지 여부에 관계없이 고시가 효력을 발생하는 날 행정처분이 있음을 알았다고 보아야 한다.

[5] 인터넷 웹사이트에 대하여 구 청소년보호법에 따른 청소년유해매체물 결정 및 고시처분을 한 사안에서, 위 결정은 이해관계인이 고시가 있었음을 알았는지 여부에 관계없이 관보에 고시됨으로써 효력이 발생하고, 그가 위 결정을 통지받지 못하였다는 것이 제소기간을 준수하지 못한 것에 대한 정당한 사유가 될 수 없다고 한 사례(대법원 2007. 6. 14. 선고 2004두619 판결).

② 이에 대하여 고시 또는 공고에 의하여 행정처분을 하는 경우에도 개별통지 등을 통하여 당사자가 처분이 있은 것을 알지 않는 한 이를 의제할 수는 없다는 학설이 있다. 위 학설은 처분이 있음을 알았다고 의제하기 위해서는 개별 법률에 명문의 규정이 있어야

입력되는 것을 말한다)됨으로써 효력을 발생한다.

③ 제2항에도 불구하고 공고문서는 그 문서에서 효력발생 시기를 구체적으로 밝히고 있지 않으면 그 고시 또는 공고 등이 있은 날부터 5일이 경과한 때에 효력이 발생한다.

가능하다는 것을 그 이유로 든다.[72)]

이 견해에 따르면, 처분이 있음을 알지 못한 경우 고시 또는 공고일(효력발생일)로부터 1년 이내에는 소를 제기할 수 있다고 보게 된다. 이 견해가 타당하다.

(나) 특정인에 대한 처분의 경우

특정인에 대한 처분으로서 주소불명이나 송달불가능으로 인하여 관보·공보·게시판·일간신문 등에 공고하는 방법으로 처분서를 송달하는 경우에는, 공고일로부터 14일이 경과한 때에 송달의 효력(따라서 처분의 효력)이 발생하지만(행정절차법 제14조 제4항,[73)] 제15조 제3항[74)]), 원래 고시·공고에 의하도록 되어 있는 처분이 아니므로 고시·공고의 효력발생일에 그 처분이 있음을 알았다고 의제할 수는 없고(사실상의 추정도 허용되지 아니한다), 상대방이 당해 처분이 있었다는 사실을 현실적으로 안 날에 그 처분이 있음을 알았다고 보아야 한다(대법원 2006. 4. 28. 선고 2005두14851 판결).

따라서 처분의 상대방은 처분이 있은 날, 즉 처분의 효력이 발생한 날로부터 1년 이내에는 소를 제기할 수 있다.

판례

특정인에 대한 행정처분을 주소불명 등의 이유로 송달할 수 없어 관보 등에 공고한 경우, 상대방이 그 처분이 있음을 안 날(=현실적으로 안 날): 행정소송법 제20조 제1항 소정의 제소기간 기산점인 '처분이 있음을 안 날'이라 함은 당사자가 통지, 공고 기타의 방법에 의하여 당해 처분이 있었다는 사실을 현실적으로 안 날을 의미하는바, 특정인에 대한 행정처분을 주소불명 등의 이유로 송달할 수 없어 관보·공보·게시판·일간신문 등에 공고한 경우에는, 공고가 효력을 발생하는 날에 상대방이 그 행정처분이 있음을 알았다고 볼 수는 없고, 상대방이 당해 처분이 있었다는 사실을 현실적으로 안 날에 그 처분이 있음을 알았다고 보아야 한다(대법원 2006. 4. 28. 선고 2005두14851 판결).

---

72) 김용섭, "행정행위의 통지와 권리구제기간", 고시연구, 1999. 6, 147-148면.

73) 행정절차법 제14조 ④ 다음 각 호의 어느 하나에 해당하는 경우에는 송달받을 자가 알기 쉽도록 관보, 공보, 게시판, 일간신문 중 하나 이상에 공고하고 인터넷에도 공고하여야 한다.
1. 송달받을 자의 주소 등을 통상적인 방법으로 확인할 수 없는 경우
2. 송달이 불가능한 경우

74) 행정절차법 제15조 ③ 제14조 제4항의 경우에는 다른 법령 등에 특별한 규정이 있는 경우를 제외하고는 공고일부터 14일이 지난 때에 그 효력이 발생한다.

나. 처분 등이 있은 날부터 1년

(1) 의 의

여기서 '처분이 있은 날'이란 처분이 성립한 날을 말하는 것이 아니라 '처분이 효력을 발생한 날'을 의미한다(대법원 1990. 7. 13. 선고 90누2284 판결). 행정행위는 통상 그에 대한 통지가 상대방에게 도달됨으로써 효력을 발생한다(행정 효율과 협업 촉진에 관한 규정 제6조 제2항).

처분의 상대방이 특정되어 있는 경우 그에 대한 통지는 원칙상 송달의 방법에 의한다. 그리고 '도달'이란 상대방이 현실적으로 그 내용을 인식할 필요는 없고, '상대방이 알 수 있는 상태 또는 양지할 수 있는 상태'에 놓여짐으로써 충분하다. 그러므로 처분서가 본인에게 직접 전달되지 않더라도 우편함에 투입되거나, 동거의 친족, 가족, 고용원 등에게 수교되어, 본인의 세력범위 내 또는 생활지배권 범위 내에 들어간 경우(적법하게 송달이 이루어진 경우)에는 도달되었다고 보아야 한다.

불특정 다수인에 대하여 고시 또는 공고의 방식으로 행정처분을 하는 경우에는 고시 또는 공고의 효력발생일이 '처분이 있은 날'에 해당하게 된다.

(2) 예외 - 정당한 사유가 있는 때

(가) 의의 : 처분이 있은 날로부터 1년이 경과하였더라도 정당한 사유가 있는 경우는 제소할 수 있다. 여기서 정당한 사유란 불확정 개념으로서 그 존부는 사안에 따라 개별적, 구체적으로 판단하여야 할 것이나, 불변기간에 관한 민사소송법 제160조의 "당사자가 그 책임을 질 수 없는 사유"나 행정심판법 제27조 제2항 소정의 "천재지변, 전쟁, 사변 그 밖의 불가항력적인 사유"보다 넓은 개념이라고 풀이되므로, 제소기간 도과의 원인 등 여러 사정을 종합하여 지연된 제소를 허용하는 것이 사회통념상 상당하다고 할 수 있는가에 의하여 판단하여야 한다(대법원 1991. 6. 28. 선고 90누6521 판결).

(나) 이해관계 있는 제3자의 경우: 행정절차법은 당사자에게 의무를 부과하거나 권익을 제한하는 처분을 하는 경우에 당사자 등에게 사전통지를 하도록 규정하고 있는바(제21조 제1항), 여기서 '당사자 등'이란 ⅰ) 행정청의 처분에 대하여 직접 그 상대가 되는 당사자, ⅱ) 행정청이 직권으로 또는 신청에 따라 행정절차에 참여하게 한 이해관계인을 말한다(제2조 제4호). 그리하여 처분의 직접 상대방에게는 이익이 되지만, 제3자에게는 침익적 효과가 발생하는 복효적 행정행위의 경우, 이해관계 있는 제3자라고 할지라도 행정청으로부터 처분의 사전통지를 받지 못하는 것이 일반적일 것이다.

위와 같이 행정처분의 직접 상대방이 아닌 제3자로서는 일반적으로 처분이 있는 것을 바로 알 수 없는 처지에 있으므로 처분 있음을 알았거나 쉽게 알 수 있었다고 볼 만한 특별한 사정이 없는 한, 원칙적으로 제소기간을 지키지 못한 데에 정당한 사유가 있다고 보아야 할 것이다(대법원 1992. 7. 28. 선고 91누12844 판결).

(다) 불고지·오고지의 경우: 행정소송법에는 행정소송의 제기에 필요한 사항의 고지의무 및 불고지·오고지의 효과에 관한 규정이 없다.

따라서 행정청이 법정 심판청구기간보다 긴 기간으로 잘못 알린 경우에 그 잘못 알린 기간 내에 심판청구가 있으면 그 심판청구는 법정 심판청구기간 내에 제기된 것으로 본다는 취지의 행정심판법 제18조 제5항의 규정은 행정심판 제기에 관하여 적용되는 규정이지, 행정소송 제기에도 당연히 적용되는 규정이라고 할 수는 없다.(대법원 2001. 5. 8. 선고 2000두6916 판결). 입법론으로는 행정소송법에도 고지제도를 두는 것이 타당하다.

2. 행정심판청구 또는 이의신청을 한 경우

행정심판청구를 한 경우의 취소소송은 행정심판재결서의 정본을 송달받은 날부터 90일, 재결이 있은 날부터 1년 이내에 제기하여야 한다(행정소송법 제20조 제1항 단서, 제2항). 이 두 기간 중 어느 하나의 기간이라도 경과하게 되면, 제소기간이 지난 뒤의 제소가 되어 부적법하게 되는 점은 행정심판을 청구하지 않은 경우와 같다.

이의신청을 한 경우의 취소소송은 이의신청에 대한 결과를 통지받은 날(제2항에 따른 통지기간 내에 결과를 통지받지 못한 경우에는 같은 항에 따른 통지기간이 만료되는 날의 다음 날을 말한다)부터 90일 이내에 제기하여야 한다(행정기본법 제36조 제4항).

가. 행정심판이 있었을 것

(1) 행정심판청구를 한 경우란, ⅰ) 필요적으로 행정심판절차를 거쳐야 하는 처분(행정소송법 제18조 제1항 단서에 해당하는 처분)뿐만 아니라, ⅱ) 임의적으로 행정심판절차를 거칠 수 있는 처분(행정소송법 제18조 제1항 본문에 해당하는 처분), 또는 ⅲ) 행정청이 행정심판청구를 할 수 있다고 잘못 알린 처분, 등에 대하여 행정심판청구를 한 경우를 모두 포함한다(행정소송법 제20조 제1항).

(2) 임의적 전치 사건에 있어서는 행정심판청구를 하였다 하더라도 재결을 기다릴 필요 없이 소를 제기할 수 있으며, 필요적 전치 사건에 있어서도 행정심판청구를 한 후 60일이 지나도록 재결이 없을 때는 바로 소송을 제기할 수 있으나(행정소송법 제18조 제2항 제1

호), 이 경우 소를 제기할 수 있다고 하여 그 때부터 제소기간이 진행되는 것이 아니고, 재결서 정본을 송달받을 때까지는 제소기간이 진행되지 아니한다. 따라서 위 어느 경우에도 재결서 정본을 송달받게 된 날로부터 90일, 재결이 있은 날로부터 1년이 경과되기 전까지는 소를 제기할 수 있다.

(3) 행정청이 행정심판청구를 할 수 있다고 잘못 알린 처분에 대하여 행정심판청구를 한 경우는 다음과 같다. 예를 들어, 행정소송의 전심절차로 별도의 이의신청 절차가 규정되어 있어 행정심판법에 따른 행정심판을 청구할 수 없음에도 불구하고 행정청이 행정심판청구를 할 수 있다고 잘못 알려 행정심판의 청구를 한 경우, 원처분에 대한 취소소송의 제소기간은 행정심판 재결서 정본을 송달받은 날부터 기산하여야 한다(대법원 2006. 9. 8. 선고 2004두947 판결). 그러나 이미 불가쟁력이 발생한 후에 행정청이 행정심판청구를 할 수 있다고 잘못 알린 경우에는 행정소송법 제20조 제1항은 적용되지 않으므로, 그 안내에 따라 행정심판이 청구되었다고 할지라도 그 재결서 정본을 송달받은 날부터 다시 취소소송의 제소기간이 기산되는 것은 아니다(대법원 2012. 9. 27. 선고 2011두27247 판결).

판례

행정소송법 제20조 제1항의 취지 및 이미 제소기간이 지나 불가쟁력이 발생한 후에 행정청이 행정심판청구를 할 수 있다고 잘못 알린 경우, 그 안내에 따라 청구된 행정심판 재결서 정본을 송달받은 날부터 다시 취소소송의 제소기간이 기산되는지 여부(소극): 행정소송법 제20조 제1항은 '취소소송은 처분 등이 있음을 안 날부터 90일 이내에 제기하여야 하나 행정청이 행정심판청구를 할 수 있다고 잘못 알린 경우에 행정심판청구가 있은 때의 기간은 재결서의 정본을 송달받은 날부터 기산한다'고 규정하고 있는데, 위 규정의 취지는 불가쟁력이 발생하지 않아 적법하게 불복청구를 할 수 있었던 처분 상대방에 대하여 행정청이 법령상 행정심판청구가 허용되지 않음에도 행정심판청구를 할 수 있다고 잘못 알린 경우에, 잘못된 안내를 신뢰하여 부적법한 행정심판을 거치느라 본래 제소기간 내에 취소소송을 제기하지 못한 자를 구제하려는 데에 있다. 이와 달리 이미 제소기간이 지남으로써 불가쟁력이 발생하여 불복청구를 할 수 없었던 경우라면 그 이후에 행정청이 행정심판청구를 할 수 있다고 잘못 알렸다고 하더라도 그 때문에 처분 상대방이 적법한 제소기간 내에 취소소송을 제기할 수 있는 기회를 상실하게 된 것은 아니므로 이러한 경우에 잘못된 안내에 따라 청구된 행정심판 재결서 정본을 송달받은 날부터 다시 취소소송의 제소기간이 기산되는 것은 아니다. 불가쟁력이 발생하여 더 이상 불복청구를 할 수 없는 처분에 대하여 행정청의 잘못된 안내가 있었다고 하여 처분 상대방의 불복청구 권리가 새로이 생겨나거나 부활한다고 볼 수는 없기 때문이다(대법원 2012. 9. 27. 선고 2011두27247 판결).

나. 제기된 행정심판은 적법할 것

(1) 판단주체: 행정심판청구 자체가 행정심판 청구기간을 지나 청구되는 등 부적법한 경우는 재결을 기준으로 하여 제소기간을 기산할 수 없다. 행정심판청구의 적법 여부는 행정심판위원회의 의사에 구애받음이 없이 법원이 판단하여야 할 사항이다(대법원 1991. 6. 25. 선고 90누8091 판결).

(2) 행정심판청구의 형식, 절차: 원래 행정심판은 행정심판법 제19조에서 규정하고 있는 사항을 서면으로 기재하여 재결청 또는 처분청에 제출하여야 한다(행정심판법 제17조 제1항). 그러나 행정심판청구가 서면행위이기는 하나 엄격한 형식을 요한다고 볼 수는 없고, 또 심판청구인들이 법에 무지한 것이 보통이므로, 위법·부당한 행정처분으로 말미암아 권리·이익이 침해되었음을 주장하면서 그 처분의 취소 또는 변경을 구하는 취지의 서면이 처분청이나 재결청에 제출되면 그 표제(진정서, 청원서, 이의신청서 등), 형식 여하를 불문하고 이를 행정심판청구로 보아 불비한 사항이 보정 가능한 한 적법한 행정심판청구로 보아야 한다(대법원 1995. 9. 5. 선고 94누16250 판결).

(3) 행정심판청구기간: 행정심판청구는 원칙적으로 처분이 있음을 알게 된 날부터 90일, 처분이 있었던 날부터 180일 이내에 제기하여야 한다(행정심판법 제27조 제1항, 제3항). 다만, 행정청이 처분을 하면서 심판청구기간을 위 기간보다 긴 기간으로 잘못 알린 경우에는 그 잘못 알린 기간 내에 제기하면 되고(행정심판법 제27조 제5항), 심판청구기간을 고지하지 아니하였을 때는 180일 이내에 청구하면 되는 점(행정심판법 제27조 제6항) 등이 행정소송의 제소기간과는 다르다.

(4) 행정심판청구의 대상: 행정소송의 전심절차로 별도의 이의신청 절차가 규정되어 있어 행정심판법에 따른 행정심판을 청구할 수 없음에도 불구하고 행정청이 행정심판청구를 할 수 있다고 잘못 알려 행정심판의 청구를 한 경우에도, 원처분에 대한 취소소송의 제소기간은 행정심판 재결서 정본을 송달받은 날부터 기산하여야 한다(대법원 2006. 9. 8. 선고 2004두947 판결).

다. 재결서의 정본을 송달받은 날 및 재결이 있은 날의 의미

'재결서의 정본을 송달받은 날'이란, 재결서 정본을 본인이 직접 수령한 경우에 한하는 것이 아니라 보충송달, 유치송달, 공시송달 등 민사소송법이 정한 바에 따라 적법하게 송달된 모든 경우를 포함한다(행정심판법 제48조, 제57조). 위와 같이 적법하게 재결서 정본의 송달이 이루어지면 행정심판청구인이 설사 행정심판재결이 있음을 알지 못하였다고 할지라도 그 때부터 제소기간이 기산되고, 특별한 사정이 있어 이를 알지 못하였다는 사정 등은 고려대상이 아니다.

'재결이 있은 날'이란, 재결이 내부적으로 성립한 날을 말하는 것이 아니라 '재결의 효력이 발생한 날'을 말한다. 그런데 행정심판재결은 심판청구인에게 재결서의 정본이 송달된 때에 그 효력이 발생하는 것이므로(행정심판법 제48조 제2항), 재결이 있은 날이란 결국 재결서 정본이 송달된 날을 의미하게 되어, 통상 재결이 있은 날과 재결서 정본을 송달받은 날은 동일하고, 재결서 정본을 송달받은 날로부터 90일이 경과하면 제소기간을 도과하게 되므로, 결국 재결이 있은 날로부터 1년 이내라는 제소기간은 거의 무의미하다.[75]

Ⅳ. 제소기간과 관련된 특수한 문제

1. 소 제기 전 처분의 변경과 제소기간

처분의 단순한 정정은 당초처분을 기준으로 하고 처분의 내용을 변경한 경우에는 동일성이 유지되는가의 여부에 따라 원처분 또는 변경된 처분을 대상으로 제소기간의 준수 여부를 판단하여야 할 것이다.

그런데 조세부과처분에 대한 제소기간과 관련하여서는 몇 가지 살펴볼 점이 있다. 먼저 감액경정처분은 당초처분의 일부취소에 해당하고 소송의 대상이 되는 것은 당초처분(일부취소된)이므로, 당초처분을 기준으로 제소기간의 준수 여부를 따져야 한다(역흡수설의 입장).

반면에 증액경정처분은 종전의 처분이 후의 증액경정처분에 흡수되어 경정처분이 소송의 대상이 되므로 제소기간의 준수 여부도 증액경정처분시를 기준으로 하여야 한다는 것이 이제까지의 판례의 태도였다(흡수설의 입장). 그런데 국세기본법은 2002. 12. 18. 제22조의2(경정 등의 효력)를 신설하였는바, 동조 제1항은 "세법의 규정에 의하여 당초 확정된 세액을 증가시키는 경정은 당초 확정된 세액에 관한 이 법 또는 세법에서 규정하는 권리·의무관계에 영향을 미치지 아니한다"라고 규정하고 있다. 위 규정의 해석과 관련하여 병존설의 입장을 취할 경우에는 당초의 과세처분과 그 후에 추가된 세액에 관한 처분은 이제 별도의 처분으로서 제소기간도 별도로 진행된다고 보아야 할 것이다. 그런데 대법원은 위 규정의 신설 이후에도 종전과 동일하게 흡수설의 입장을 취하고 있으면서도(대법

75) 법원행정처, 법원실무제요(행정), 전정증보, 1997, 162면.

원 2009. 5. 14. 선고 2006두17390 판결), 나아가 취소의 범위와 관련해서는 제소기간의 경과 등으로 불가쟁력이 발생하여 확정된 당초 신고나 결정에서의 세액에 관하여는 취소를 구할 수 없고 증액경정처분에 의하여 증액된 세액의 한도 내에서만 취소를 구할 수 있다(대법원 2011. 4. 14. 선고 2008두22280 판결)고 판시하고 있다(제한적 흡수설). 따라서 판례의 입장에 따르면 당초처분과 이후에 추가된 세액에 관한 처분은 제소기간의 진행에 있어서는 별개의 처분으로 간주되므로 제소기간의 준수 여부도 별도로 따져야 할 것이다.

2. 소 제기 후 처분의 변경과 제소기간

행정소송법 제22조 제2항은 소송계속 중 소송의 대상인 처분이 변경됨으로 말미암아 소를 변경하여야 할 때는 변경이 있음을 안 날로부터 60일 이내에 소 변경 신청을 하여야 한다고 규정하고 있다. 소 제기 후 처분의 변경이 있다고 하여도 전후 처분의 동일성이 유지되는 경우에는 당초의 소 제기시를 기준으로 제소기간의 준수 여부를 판단하는 것이 타당하다. 따라서 위 규정은 그 동일성이 유지될 수 없을 정도로 처분이 변경된 경우에만 적용되는 규정이라고 보아야 한다.

한편 종래 60일로 되어 있던 행정소송의 제소기간이 1998. 3. 1.부터 시행되는 행정소송법에 의하여 90일로 늘어났는데, 위 행정소송법 제22조 제2항은 개정되지 아니하고 그대로 60일로 되어 있어 현행법의 해석상으로는 60일 이내에 소를 변경하여야 하고 그 이후에는 별소를 제기할 수밖에 없다.

3. 소의 변경과 제소기간

가. 의 의

소송 계속 중 소를 변경하는 경우, 원칙적으로 제소기간 내에 소 변경이 이루어져야 하는 것이 원칙이다. 그러나 행정처분 등으로 말미암아 불이익을 받은 자가 그에 불복할 의사를 나타내어 소까지 제기하였음에도 법의 무지로 말미암아 소송형식 등을 잘못 택하였다거나 청구취지 변경 등을 늦게 하였다는 이유로 제소기간이 도과한 부적법한 소라고 보는 것은 당사자에게 가혹한 경우가 적지 않다. 이에 행정소송법은 제소기간의 소급을 인정하는 몇 가지 구제규정을 두고 있고 아울러 해석상 제소기간의 소급을 인정하여야 할 경우도 있다.

나. 구체적인 경우

(1) 피고의 경정: 피고를 잘못 지정한 소에 관하여는 당사자의 신청으로 피고를 경정할 수 있는데(행정소송법 제14조 제1항), 이와 같이 피고를 경정할 때에 있어서 새로운 피고에 대한 소는 처음에 소를 제기한 때에 제기한 것으로 보므로(동조 제4항), 제소기간도 처음의 피고를 상대로 한 제소시를 기준으로 한다.

(2) 소송 종류의 변경: 무효등확인소송이나 부작위위법확인소송을 취소소송으로 변경하거나(행정소송법 제37조), 당사자소송을 항고소송으로 변경하는 경우(행정소송법 제42조), 항고소송을 당사자소송으로 변경하는 경우(행정소송법 제37조, 제21조)는 모두 변경 전 소 제기 당시를 기준으로 제소기간 준수 여부를 판단한다(행정소송법 제14조 제4항).

위와 같은 소의 종류의 변경까지 이르지 않는 소의 변경, 이를테면 착오로 잘못 기재하였거나 불명확한 청구취지나 청구원인을 변경하여 정확히 하거나 명확히 한 경우도 제소기간은 당초의 소 제기시를 기준으로 함이 타당하다(대법원 1991. 3. 12. 선고 90누4341 판결 등).

(3) 변경 전후의 청구가 밀접한 관계가 있는 경우: 변경 후의 청구가 변경 전의 청구와 소송물이 실질적으로 동일하거나 아니면 밀접한 관계가 있어 변경 전의 청구에 이미 변경 후의 청구까지 포함되어 있다고 볼 수 있는 등 특별한 사정이 있는 때에는, 당초의 소 제기시를 기준으로 제소기간의 준수 여부를 살핌이 상당하다.

예를 들면, 과세처분의 취소소송 계속 중 증액경정처분이 있었는데, 증액경정처분으로의 소송대상 변경이 제소기간 경과 후에 이루어졌다 하더라도 주장하는 위법사유(실체적 위법성)가 당초처분에 대한 것과 동일하다면, 당초의 소의 제기가 제소기간 내에 이루어진 이상, 적법하다고 보아야 한다(대법원 1982. 2. 9. 선고 80누522 판결).

4. 위헌결정으로 비로소 취소소송을 제기할 수 있게 된 경우

행정소송법 제20조가 제소기간을 규정하면서 '처분 등이 있은 날' 또는 '처분 등이 있음을 안 날'을 각 제소기간의 기산점으로 삼은 것은 그때 비로소 적법한 취소소송을 제기할 객관적 또는 주관적 여지가 발생하기 때문이므로, 처분 당시에는 취소소송의 제기가 법제상 허용되지 않아 소송을 제기할 수 없다가 위헌결정으로 인하여 비로소 취소소송을 제기할 수 있게 된 경우, 객관적으로는 '위헌결정이 있은 날', 주관적으로는 '위헌결정이 있음을 안 날' 비로소 취소소송을 제기할 수 있게 되어 이때를 제소기간의 기산점으로 삼아야 한다(대법원 2008. 2. 1. 선고 2007두20997 판결).

제5항 행정심판 전치

Ⅰ. 서 론

구 행정소송법은 취소소송 등을 제기하기 전에 반드시 행정심판을 거치도록 하는 행정심판 전치주의를 채택하였는데, 현행 행정소송법(1994. 7. 27. 법률 제4770호)은 행정소송에도 3심제를 채택함과 더불어 행정심판을 원칙적으로 임의적인 절차로 규정하고 있다(행정소송법 제18조, 제38조).

Ⅱ. 행정심판 임의주의

1. 의 의

행정소송법 제18조 제1항 본문은 "취소소송은 법령의 규정에 의하여 당해 처분에 대한 행정심판을 제기할 수 있는 경우에도 이를 거치지 아니하고 제기할 수 있다."고 규정하여, 행정심판 임의주의를 채택하고 있음을 명백히 하고 있다. 이러한 행정심판 임의주의는 부작위위법확인소송에도 준용된다(행정소송법 제38조 제2항).

이는 행정심판을 의무적으로 거치도록 하는 경우 행정소송을 통한 권리구제를 지연시키는 역기능을 가져오고, 또한 행정심판 전치주의가 국민의 법원에 의한 재판을 받을 권리를 제한하고 있다는 비판에 따른 것이다.

위 조문에서 말하는 '행정심판'이란 행정기관이 재결청이 되는 행정쟁송을 총칭하는 것으로서, 실정법상으로 행정심판, 이의신청, 심사청구, 심판청구 등으로 불리는 모든 경우를 포함하는 개념이다.

2. 임의적 전치의 내용

임의적 전치주의 하에서는 행정심판을 거칠 것인지의 여부가 원고의 선택에 맡겨져 있다. 따라서 행정처분으로 권익을 침해당한 자는 곧바로 행정소송을 제기할 수도 있고, 행정심판과 행정소송을 동시에 제기하거나 또는 행정심판을 거쳐 행정소송을 제기할 수도 있다.

3. 임의적 전치에서의 행정심판의 실익 및 그 한계

위와 같이 행정심판을 거칠 것인지 여부가 원고의 선택에 맡겨져 있음에도 행정소송을 제기하기 전에 행정심판을 거치는 경우가 적지 않은바, 그 이유는 다음과 같다. ① 행정심판에서는 행정처분의 위법(違法)뿐만 아니라 그 합목적성 즉 부당(不當)을 다툴 수도 있으므로 행정소송에 비하여 구제의 폭이 상대적으로 넓다. ② 권력분립적 한계로 인하여 행정소송에서는 취소판결만이 가능함에 비하여 행정심판에서는 적극적 변경재결도 가능하다. 그 결과 행정심판에서는 소송에 비하여 구체적이고도 탄력적인 구제가 이루어질 수 있다. 즉 행정심판에서는 운전면허취소처분이 운전면허정지처분으로, 해임처분이 정직처분으로 변경될 수도 있으나, 행정소송에서는 그러한 탄력적인 판결이 불가능하다. ③ 행정심판은 그 절차가 비교적 간편하므로 분쟁 해결에 있어 시간 및 비용을 절감할 수 있다. ④ 행정심판 과정에서 행정청의 전문성을 활용할 수 있다. ⑤ 설사 행정심판에서 권리구제의 목적을 달성하지 못한 경우라도 이후 행정소송절차에서 행정심판기록 제출명령제도(행정소송법 제25조) 등에 의하여 간편하게 소송자료를 얻을 수 있다는 장점도 있다.[76]

위와 같이 행정심판은 나름대로의 장점이 있고, 그리하여 실제로도 행정소송에 비하여 널리 활용되고 있다. 하지만 행정심판은 ① 심판기관이 행정기관이므로 그 독립성과 제3자기관성이 법원보다 취약하다는 점, ② 간이·신속한 절차라는 것이 행정심판의 장점이지만, 이는 다른 측면에서는 사실인정 등과 같은 절차가 재판에서처럼 엄격한 원칙에 의하지는 않는다는 것을 의미하고, 그리하여 국민의 입장에서 보면 그 신뢰성이 행정소송에 미치지 못한다는 점 등의 단점이 있다. 이러한 이유로 국민에게 행정심판을 강제하는 행정심판 전치주의를 일반화할 수는 없는 것이다.

Ⅲ. 예외적인 행정심판 전치주의

1. 의 의

가. 현행 규정

행정소송법 제18조 제1항은 그 단서에서 “다만, 다른 법률에 당해 처분에 대한 행정심판

76) 법원행정처, 법원실무제요(행정)(전정증보), 1997, 126면.

의 재결을 거치지 아니하면 취소소송을 제기할 수 없다는 규정이 있는 때에는 그러하지 아니하다"고 규정하여 예외적으로 필요적 전치주의가 적용되는 사건이 있음을 밝히고 있다.

나. 법률의 명시적 규정

(1) 법률의 근거

소송의 제기에 앞서 필요적으로 행정심판을 거치도록 하기 위해서는 처분의 근거가 되는 '법률'에서 필요적 전치를 요하는 규정을 두고 있어야 한다.

법률 이외에 법규명령이나 조례, 규칙으로는 필요적 전치주의를 규정할 수 없다. 설사 당해 처분이 법규명령이나 조례·규칙에 근거한 것이라고 하더라도 마찬가지이다. 이에 대하여 조례에 근거한 처분에 대하여는 조례로써 필요적 전치로 할 수 있다는 견해도 있을 수 있으나, 필요적 전치주의는 일종의 재판청구권의 제한으로서, 국가사무의 하나인 '사법에 관한 사무'(지방자치법 제11조 제1호)에 해당하므로 조례로써는 필요적 전치주의를 규정할 수 없다고 보아야 한다.[77]

(2) 명시적 규정

형식적 의미의 법률에서 "행정심판의 재결을 거치지 아니하면 취소소송을 제기할 수 없다"는 취지의 명시적 규정을 두고 있어야 한다. 필요적 전치주의는 예외적인 제도이므로 개별 법률에서 위와 같은 명시적 규정을 두지 아니한 이상 행정심판은 임의적인 전치절차에 해당된다고 보아야 한다(대법원 1999. 12. 20.자 99무42 결정 참고).

다. 필요적 전치의 취지

필요적 전치주의는 주로 대량적으로 행하여진 처분이나 전문기술적인 성질을 띤 처분 등에 대하여는 소송에 앞서 행정심판을 거치도록 함으로써 행정청에게 자율적으로 자신의 잘못을 시정할 기회를 마련하여 주고, 행정청이 전문지식을 활용하여 자율적·능률적으로 행정작용을 하도록 하며, 아울러 법원의 부담 경감을 꾀하기 위한 데에 그 취지가 있다.

2. 적용범위

가. 취소소송과 부작위위법확인소송

필요적 전치를 요하는 처분이라 하더라도 그 처분의 취소소송과 부작위위법확인소송

77) 법원행정처, 앞의 책, 128면.

의 제기에만 행정심판을 거칠 필요가 있을 뿐이고, 무효확인소송의 제기에는 행정심판을 거칠 필요가 없다. 처분의 무효는 소송상 또는 소송 외에서 누구나 언제든지 이를 주장할 수 있어 전심절차를 거칠 필요가 없고 제소기간의 제한도 없기 때문이다. 아울러 행정심판은 항고쟁송이기 때문에 성질상 공법상의 법률관계에 관한 소송인 당사자소송에도 그 적용이 없다.

나. 무효를 선언하는 의미의 취소소송

무효선언을 구하는 의미에서의 취소소송에 대하여는 그 실질이 무효확인의 소임을 중시하여 행정심판 전치주의의 적용이 없다는 견해도 있다. 그러나 취소사유와 무효사유의 구분은 상대적일 뿐만 아니라 무효와 취소의 판단은 실체적 심리를 거쳐 밝혀질 성질의 것인데, 소송요건을 갖추었는지 여부는 실체심리에 앞서 형식적으로 판단되어야 한다는 점에 비추어 보면, 취소소송의 형식을 취하고 있는 이상 그것이 실체에 있어서는 무효확인을 구하는 소송이라고 하더라도 취소소송이 갖추어야 할 소송요건인 행정심판 전치주의의 요건을 충족하여야 한다는 것이 판례의 태도이다(대법원 1976. 2. 24. 선고 75누128 전원합의체 판결; 대법원 1990. 8. 28. 선고 90누1892 판결 등).

따라서 행정심판 전치주의가 적용되는 사건에 있어서 당사자가 전치요건을 갖추지 아니하고 행정처분의 취소를 구하는 소를 제기하였으나, 그 주장하는 취지 등이 무효확인을 구하는 것으로 볼 수 있다면, 법원은 적절한 석명권을 행사하여 무효확인소송으로의 변경을 촉구할 필요성이 있다.[78] 그럼에도 불구하고 당사자가 이에 응하지 아니하는 경우에는 부적법한 소로서 각하할 수밖에 없다.

다. 제3자의 제소와 행정심판 전치주의

처분 등의 직접 상대방이 아닌 제3자는 행정심판 청구기간을 지키기 어렵다는 점을 들어, 이들이 행정소송을 제기함에는 원칙적으로 행정심판 전치주의의 적용이 없다는 견해도 있다. 그러나 이들에 대하여는 행정심판 청구기간에 특수성을 인정하는 것으로 족하고(행정심판법 제27조 제3항 단서 소정의 처분이 있었던 날로부터 180일 이내에 행정심판을 제기할 수 없었던 정당한 사유가 있는 경우에 해당하는 것으로 보는 것),[79] 행정심판

---

78) 법원행정처, 법원실무제요(행정)(전정증보), 1997, 129-130면.

79) 행정심판법 제27조(심판청구의 기간) ① 행정심판은 처분이 있음을 알게 된 날부터 90일 이내에 청구하여야 한다.
③ 행정심판은 처분이 있었던 날부터 180일이 지나면 청구하지 못한다. 다만, 정당한 사유가 있는

전치주의의 적용 자체를 부인할 수는 없다는 것이 판례의 태도이다(대법원 1989. 5. 9. 선고 88누5150 판결).

라. 재결이나 재결에 따른 처분

재결 자체에 고유한 위법이 있는 경우에는 행정심판재결도 취소소송의 대상이 될 뿐만 아니라,[80] 개별 법률이 재결주의를 채택하고 있는 경우도 있다. 그런데 행정심판의 재결에 대한 취소소송에서는 다시 행정심판을 청구하는 것이 불필요할 뿐만 아니라 불가능하다(행정심판법 제51조).[81] 아울러 이행재결에 따른 처분에 대한 취소소송(주로 복효적 행정행위에서 제3자가 제기하는 경우가 대부분일 것이다)에서도 다시 행정심판절차를 거칠 필요가 없다.

행정심판 전치주의는 행정청으로 하여금 스스로 자신의 잘못을 시정할 기회를 주는 데 의미가 있는 것인바, 이미 그러한 기회가 주어진 이상 그 뒤에 이루어진 재결이나 재결에 따른 처분의 취소를 구하는 경우에 다시 행정심판 전치주의를 적용할 필요가 없기 때문이다.

3. 행정심판 전치의 이행 여부의 판단

가. 소송요건

행정심판 전치주의가 적용되는 사건에 있어서는 행정심판에 대한 재결의 존재가 소송요건이다. 따라서 이러한 사건에 있어서는 먼저 행정심판을 청구하여 재결이 있은 다음에 제소하여야 하고, 만일 재결 전에 소를 제기하면 부적법한 소로서 각하하여야 한다. 그러나 소송요건 충족 여부는 변론종결시를 기준으로 판단하는 것이므로 소를 부적법 각하하기 전에 행정심판재결이 있으면 그 흠이 치유되며, 행정심판을 청구조차 하지 아니하고 제기된 소송도 변론종결시까지 전치의 요건을 충족하게 되면 부적법 각하할 수 없다(대법원 1987. 4. 28. 선고 86누29 판결).

실무상으로는 행정심판재결이 없이 소가 제기되었다 하여 바로 소를 각하하지 아니하고, 재결이 있을 때까지 기다리는 등 흠의 치유를 기다려 본안판단을 함이 보통이다.

경우에는 그러하지 아니하다.

80) 행정소송법 제19조(취소소송의 대상) 취소소송은 처분 등을 대상으로 한다. 다만, 재결취소소송의 경우에는 재결 자체에 고유한 위법이 있음을 이유로 하는 경우에 한한다.

81) 행정심판법 제51조(행정심판 재청구의 금지) 심판청구에 대한 재결이 있으면 그 재결 및 같은 처분 또는 부작위에 대하여 다시 행정심판을 청구할 수 없다.

나. 부적법한 행정심판청구

행정심판에 대한 재결을 필요적 전치로 한 이유는, 행정처분의 내용을 행정청 스스로가 다시 심사하고 그것이 위법·부당하다고 판단되는 경우 이를 자율적으로 시정할 기회를 부여하기 위한 것이므로 그 심판청구는 적법한 것이어야 한다.

그러므로 행정심판을 제기하였지만 부적법하여 각하되거나, 보정요구를 받고도 이에 불응하여 각하된 때에는 행정청에게 계쟁처분에 대한 실질심사의 기회를 주지 못하였기 때문에 행정심판을 거친 것으로 볼 수 없다.

여기서 행정심판청구가 적법한 것인지 여부는 법원이 판단할 사항이고 행정심판위원회의 판단에 구속되지 아니한다. 따라서 적법한 심판청구를 행정심판위원회가 잘못 각하한 경우에는 행정심판 전치의 요건을 충족한 것으로 보아야 한다(대법원 1990. 10. 12. 선고 90누2383 판결 등). 반면에 부적법한 행정심판청구는 행정심판위원회가 이를 적법한 것으로 오인하고 본안재결을 하였다고 하더라도, 행정심판 전치의 요건을 충족시켰다고 볼 수 없다. 예를 들면 행정심판청구기간이 도과된 뒤에 제기된 부적법한 심판청구에 대하여 행정심판위원회가 이를 각하하지 아니하고 본안판단을 하였다 하더라도 전치요건은 충족되지 아니한다(대법원 1991. 6. 25. 선고 90누8091 판결).

판례

[2] **불비된 사항이 있거나 취지가 불명확한 행정심판청구서의 처리방법**: 행정심판법 제19조, 제23조의 규정 취지와 행정심판제도의 목적에 비추어 보면 행정소송의 전치요건인 행정심판청구는 엄격한 형식을 요하지 아니하는 서면행위로 해석되므로, 위법 부당한 행정처분으로 인하여 권리나 이익을 침해당한 자로부터 그 처분의 취소나 변경을 구하는 서면이 제출되었을 때에는 그 표제와 제출기관의 여하를 불문하고 이를 행정소송법 제18조 소정의 행정심판청구로 보고, 불비된 사항이 보정가능한 때에는 보정을 명하고 보정이 불가능하거나 보정명령에 따르지 아니한 때에 비로소 부적법 각하를 하여야 할 것이며, 더욱이 심판청구인은 일반적으로 전문적 법률지식을 갖고 있지 못하여 제출된 서면의 취지가 불명확한 경우도 적지 않으나, 이러한 경우에도 행정청으로서는 그 서면을 가능한 한 제출자의 이익이 되도록 해석하고 처리하여야 한다.

[3] **'진정서'라는 제목의 서면 제출이 행정심판청구로 볼 수 있다고 한 사례**: 비록 제목이 '진정서'로 되어 있고, 재결청의 표시, 심판청구의 취지 및 이유, 처분을 한 행정청의 고지의 유무 및 그 내용 등 행정심판법 제19조 제2항 소정의 사항들을 구분하여 기재하고 있지 아니하여 행정심판청구서로서의 형식을 다 갖추고 있다고 볼 수는 없으나, 피청구인인 처분청과 청구인의 이름과 주소가 기재되어 있고, 청구인의 기명이 되어 있으며, 문서의 기재 내용에 의하여 심판청구의 대상이 되는 행정처분의 내용과 심판청구의 취지 및 이유, 처분이 있은 것을 안 날을 알 수 있는 경우,

위 문서에 기재되어 있지 않은 재결청, 처분을 한 행정청의 고지의 유무 등의 내용과 날인 등의 불비한 점은 보정이 가능하므로 위 문서를 행정처분에 대한 행정심판청구로 보는 것이 옳다고 한 사례(대법원 2000. 6. 9. 선고 98두2621 판결).

다. 처분 전의 행정심판청구

처분 전에 행해진 행정청의 사전통보 등에 대하여 행정심판청구를 한 경우에 당해 행정심판청구는 부적법한 것이나, 행정심판에 대한 재결이 있기 전에 처분이 행하여졌다면 당해 행정심판의 하자는 치유되는 것으로 볼 것이다(대법원 1989. 10. 10. 선고 88누11292 판결).

라. 2단계 이상의 행정심판절차가 있는 경우

2단계 이상의 행정심판절차가 있는 경우에, 학설은 일반적으로 명문의 규정으로 당해 절차를 모두 거치도록 규정하고 있는 경우를 제외하고는 그 절차 중 하나만 거치면 행정소송을 제기할 수 있는 것으로 보고 있다. 1차의 행정심판절차로 행정청에게 반성의 기회를 주고, 행정청의 전문지식을 활용한다는 행정심판 전치주의의 취지가 충분히 달성될 수 있다는 것이 그 논거이다.

4. 필요적 전치의 완화

가. 행정심판의 재결을 기다릴 필요가 없는 경우(행정소송법 제18조 제2항)

(1) 행정심판청구가 있은 날로부터 60일이 지나도 재결이 없는 때

이는 행정심판의 재결이 부당하게 지연됨으로 인하여 국민이 입게 될 불이익을 구제하기 위하여, 행정심판 청구에 대한 원칙적인 재결기간(행정심판법 제45조 제1항)인 60일이 지나도 그에 대한 재결이 없는 경우, 재결을 기다릴 필요 없이 바로 행정소송을 제기할 수 있도록 한 예외적인 조치이다.

이 요건은 행정소송을 제기한 날에 충족되어야 하는 것이 원칙이나, 소송요건은 변론종결시까지 갖추면 되는 것이므로 당해 소송의 변론종결시까지 '60일의 경과'라는 요건이 충족되면 행정심판 전치주의에 대한 흠이 치유된다.

(2) 처분의 집행 또는 절차의 속행으로 생길 중대한 손해를 예방하여야 할 긴급한 필요가 있는 때

이 경우는 집행정지의 대상이 되기에는 적합하지 않은 거부처분 등에 대하여 속히 본안판단을 받을 필요가 있는 경우에 그 효용이 있을 것이다.

다만 이 경우에도 재결을 기다릴 필요가 없다는 것일 뿐, 행정심판을 청구할 필요성까지 없어지는 것은 아니다. 즉 행정심판은 청구한 상태여야 한다는 점에 주의할 필요가 있다.

(3) 법령의 규정에 의한 행정심판기관이 의결 또는 재결을 하지 못할 사유가 있는 때

행정심판기관이 의결이나 재결을 하지 못할 경우는 일반적으로 상정하기 어려우나, 만약 그러한 사유가 있음에도 불구하고 재결을 기다리는 것은 무용한 시간의 낭비를 초래하고 행정구제의 실효성을 저해할 것이기에 재결을 기다릴 필요없이 바로 행정소송을 제기할 수 있도록 한 것이다.

(4) 그 밖의 정당한 사유가 있는 때

나. 행정심판을 청구할 필요가 없는 경우(행정소송법 제18조 제3항)

(1) 동종사건에 관하여 이미 행정심판의 기각재결이 있은 때

여기에서 '동종사건'에는 당해 사건은 물론이고, 당해 사건과 기본적인 점에서 동질성이 인정되는 사건도 포함되는 것으로서, 당해 사건에 관하여 타인이 행정심판을 제기하여 그에 대한 기각재결이 있었다든지 당해 사건 자체는 아니더라도 그 사건과 기본적인 점에서 동질성을 인정할 수 있는 다른 사건에 대한 행정심판의 기각재결이 있을 때도 여기에 해당한다(대법원 1993. 9. 28. 선고 93누9132 판결).

(2) 서로 내용상 관련되는 처분 또는 같은 목적을 위하여 단계적으로 진행되는 처분 중 어느 하나가 이미 행정심판의 재결을 거친 때

여기에서 '서로 내용상 관련되는 처분'이라 함은 각각 별개의 처분이지만 내용적으로 서로 일련의 상관관계가 있는 복수의 처분을 말한다. 예를 들면, 국세의 납세고지처분과 국세징수법상의 가산금 및 중가산금징수처분(대법원 1986. 7. 22. 선고 85누297 판결) 등을 들 수 있다.

'같은 목적을 위하여 단계적으로 진행되는 처분'이라 함은 동일한 행정목적을 위하여 행해지는 둘 이상의 서로 연속되는 처분을 말한다. 예를 들면, 체납처분에 있어서의 독촉과 압류, 과거 행정심판 전치주의가 적용될 때의 건물철거명령과 그 철거를 위한 대집행계고처분(대법원 1979. 7. 24. 선고 79누129 판결) 등의 관계가 그러한 예이다.

판례

행정심판을 제기함이 없이 취소소송을 제기할 수 있는 사유에 관한 구 행정소송법 제18조 제3항 제2호의 규정 취지: 구 행정소송법(1994. 7. 27. 법률 제4770호로 개정되어 1998. 3. 1. 시행되기 전의 것) 제18조 제3항 제2호에서 '서로 내용상 관련되는 처분 또는 같은 목적을 위하여 단계적으로 진행되는 처분 중 어느 하나가 이미 행정심판의 재결을 거친 때'에는 다른 처분에 관하여 행정심판을 거치지 아니하고도 취소소송을 제기할 수 있는 것으로 규정하고 있는 것은 비록 형식적으로는 그 각 처분이 별개의 처분이라고 하더라도 그 위법사유나 분쟁의 내용이 서로 공통되어 어느 한 처분에 대하여 행정심판을 경유하면 다른 처분과 관련하여서도 그 처분청에게 재고 또는 시정의 기회를 부여한 것으로 볼 수 있는 경우에는 그에 대하여 별도의 행정심판을 거치지 아니하고도 취소소송을 제기할 수 있도록 함으로써 무용한 절차의 반복을 피하고 행정구제제도의 실효를 거두게 하기 위한 것으로 풀이된다(대법원 2000. 12. 8. 선고 99두1953 판결).

(3) 소송계속 중 또는 사실심의 변론종결 후 행정청이 소송의 대상인 처분을 변경하여 당해 변경된 처분에 관하여 소를 제기하는 때

취소소송이 사실심에 계속 중인 동안에 소송의 대상인 처분이 행정청에 의하여 변경된 때에는 그 변경된 처분에 맞추어 소를 변경할 수 있는바, 그러한 경우에는 변경된 처분에 대하여 따로 행정심판을 제기할 필요가 없다(행정소송법 제22조 제3항).

행정청이 사실심의 변론종결 후 소송의 대상인 처분을 변경하여 당해 변경된 처분에 관하여 소를 제기하는 때에도, 행정심판을 거칠 필요없이 바로 그 변경된 처분에 대하여 소를 제기할 수 있다(행정소송법 제18조 제3항 제3호). 예를 들면 공무원에 대한 징계처분에 대하여 재량권 남용을 이유로 이를 취소하는 판결이 있고, 이에 행정청이 징계의 정도를 낮추어 감경된 징계처분을 하였으나,[82] 그에 대하여도 불복하는 경우에 그 새로운 처분에 대하여는 다시 행정심판절차를 거칠 필요가 없이 바로 취소소송을 제기할 수 있다고 보아야 한다.[83]

---

82) 국가공무원법 제78조의3(재징계의결 등의 요구) ① 처분권자는 다음 각 호에 해당하는 사유로 소청심사위원회 또는 법원에서 징계처분 등의 무효 또는 취소(취소명령 포함)의 결정이나 판결을 받은 경우에는 다시 징계 의결 또는 징계부가금 부과 의결을 요구하여야 한다. 다만, 제3호의 사유로 무효 또는 취소(취소명령 포함)의 결정이나 판결을 받은 감봉·견책처분에 대하여는 징계의결을 요구하지 아니할 수 있다.
1. 법령의 적용, 증거 및 사실 조사에 명백한 흠이 있는 경우
2. 징계위원회의 구성 또는 징계의결등, 그 밖에 절차상의 흠이 있는 경우
3. 징계양정 및 징계부가금이 과다(過多)한 경우

83) 사법연수원, 행정구제법, 2015, 156면.

(4) 처분을 행한 행정청이 행정심판을 거칠 필요가 없다고 잘못 알린 때

행정청이 처분을 할 때에는 처분의 상대방에게 i) 해당 처분에 대하여 행정심판을 청구할 수 있는지, ii) 행정심판을 청구하는 경우의 심판청구 절차 및 심판청구 기간을 알려야 한다(행정심판법 제58조 제1항). 그런데 행정청이 착오로 당해 처분에 대하여 행정심판을 제기할 필요가 없는 것으로 잘못 고지한 때(행정심판을 제기할 수 없다고 잘못 고지한 경우도 포함)에는, 행정소송의 원고가 될 자는 그것이 잘못된 고지인 것을 알았는지 여부와 상관없이 행정심판절차를 거치지 아니하고 바로 취소소송 등을 제기할 수 있다.[84)]

이는 행정에 대한 국민의 신뢰를 보호함과 동시에 행정청의 성실한 고지를 도모하려는 취지이다. 따라서 처분청이 아닌 재결청이 이와 같은 잘못된 고지를 한 경우에도 위 규정을 유추적용하여 행정심판을 제기함이 없이 그 취소소송을 제기할 수 있다는 것이 판례의 태도이다(대법원 1996. 8. 23. 선고 96누4671 판결).

Ⅳ. 행정심판 전치주의가 적용되는 대표적인 경우

1. 조세 관련 소송

가. 필요적 전치의 근거

국세기본법, 관세법은 행정소송법 제18조 제1항 본문의 적용을 배제하고 행정소송의 제기에 앞서 필요적으로 각 해당 법률이 정한 특별행정심판절차를 거칠 것을 요구하고 있다(국세기본법 제56조 제2항; 관세법 제120조 제2항).

과세처분은 다른 행정처분과 달리 전문기술적인 성질을 가질 뿐만 아니라 대량적으로 행하여지므로, 행정청 내부에서 지시·감독권을 행사하여 스스로 잘못을 시정하고 아울러 법원의 부담 경감을 도모하려는 데에 그 목적이 있다.

나. 국세 및 관세의 불복절차

(1) 국세기본법(관세법)에 의한 심사청구 또는 심판청구

(가) 원칙: 국세(관세)의 불복절차는, 먼저 ① 해당 처분을 하였거나 하였어야 할 세무서장(세관장)을 거쳐 국세청장(관세청장)에게 심사청구(審査請求)를 하거나(국세기본법 제62조 제1항; 관세법 제119조, 제121조), ② 그 처분을 하였거나 하였어야 할 세무서장(세관장)

---

84) 사법연수원, 앞의 책, 152-153면.

을 거쳐 조세심판원장에게 심판청구(審判請求)를 하여야 한다(국세기본법 제69조 제1항; 관세법 제131조).

(나) 이의신청: 심사청구 또는 심판청구에 앞서 당해 처분을 하거나 하였어야 할 세무서장(세관장)이나 소관 지방국세청장에게의 불복절차인 이의신청(異議申請) 절차를 거칠 수도 있다(국세기본법 제55조 제3항, 제66조; 관세법 제119조 제1항 단서, 제132조). 이의신청을 할 것인가의 여부는 납세자의 자유로운 선택에 맡겨져 있다.

위와 같이 국세(관세 포함)의 불복전심절차는 원칙적인 1단계(심사청구 또는 심판청구), 선택적으로 2단계(이의신청 및 심사청구, 이의신청 및 심판청구)이다.

(다) 청구기간: 이러한 이의신청이나, 이의신청을 거치지 않은 심사청구·심판청구는 해당 처분이 있음을 안 날(처분의 통지를 받은 때에는 그 받은 날)부터 90일 이내에 제기하여야 한다(국세기본법 제61조 제1항, 제66조 제6항, 제68조 제1항; 관세법 제119조 제3항, 제121조 제1항, 제131조). 위 규정 중 '처분의 통지를 받은 날'로부터의 불복기간은 처분의 상대방이나 법령에 의하여 처분의 통지를 받도록 규정된 자(통상의 납세의무자)에게만 적용되고, '처분이 있음을 안 날'로부터의 불복기간은 그 이외의 자에 대하여만 적용되는 것으로 보는 것이 판례의 태도이다(대법원 1998. 9. 22. 선고 98두4375 판결; 대법원 1999. 2. 12. 선고 98두16828 판결). 따라서 통상의 납세의무자 등 법령에 의하여 과세처분의 통지를 받도록 되어 있는 자는, 적법하게 통지를 받으면 설사 처분 있음을 알지 못하였다고 할지라도 그 때부터 청구기간이 기산되고, 반대로 적법하게 통지를 받지 못하였으면 다른 경위로 처분 있음을 알았다고 할지라도 불복기간이 진행되지 아니한다.

여기서 '처분이 있음을 안 날'이란 당해 처분이 있음을 현실적으로 안 날을 의미한다. 그러나 그 구체적 내용이나 위법 여부까지 알아야 하는 것은 아니다.

'처분의 통지를 받은 날'이란 처분이 있음을 알게 된 날과는 구별되는 개념으로서, 현실적으로 알았는지의 여부를 불문하고, '알 수 있는 상태' 즉 송달받을 자의 세력범위 내 또는 생활지배권 범위 내에 도달된 상태를 말한다. 국세기본법(관세법)이 아닌 행정심판법의 적용을 받는 처분의 경우, 적법한 송달이 있게 되면 특별한 사정이 없는 이상 그 처분이 있음을 알았다고 사실상 추정되지만, 반증을 통하여 그러한 사실상의 추정을 벗어날 수 있다(대법원 2002. 8. 27. 선고 2002두3850 판결 등). 하지만 국세기본법(관세법)의 적용을 받는 처분의 경우, 이러한 사실상의 추정 여부와 상관없이 불복기간이 진행되고, 따라서 그에 대한 반증도 불가능하다.

판례

[2] **국세기본법상 심사청구기간의 기산일 및 국세징수법상 압류처분에 대한 심사청구기간의 기산일**: 국세기본법 제61조 제1항은, 심사청구는 당해 처분이 있은 것을 안 날(처분의 통지를 받은 때는 그 받은 날)로부터 60일 내에 하여야 한다고 규정하고 있는바, 위 규정에 따라 심사청구를 함에 있어, 처분의 상대방이나 법령에 의하여 처분의 통지를 받도록 규정된 자 이외의 자의 경우에는 당해 처분이 있은 것을 안 날을 기준으로 청구기간을 계산할 것이나, 처분의 상대방이나 법령에 의하여 처분의 통지를 받도록 규정된 자의 경우에는 처분의 통지를 받은 날을 기준으로 기간을 계산하여야 할 것이고, 한편 국세징수법에 의한 압류처분은 납세자가 독촉장을 받고도 지정된 기한까지 국세를 완납하지 아니하는 경우 납세자의 재산을 압류하는 처분이므로 납세자가 처분의 상대방이 되는 것이고, 또한 국세징수법 제24조 제4항은 세무서장은 납세자의 재산을 압류한 때에는 납세자에게 문서로 통지하여야 한다고 규정하고 있으므로, 납세자는 법령에 의하여 처분의 통지를 받도록 규정된 자에도 해당하여 압류처분에 대한 납세자의 심사청구는 처분의 통지를 받은 날을 기준으로 청구기간을 계산할 것이지 처분사실을 안 날을 기준으로 계산할 것은 아니다.

[3] 국세징수법에 의한 독촉장과 압류통지서를 일반우편으로 납세자가 거주하지 아니하는 주민등록상 주소지로 발송한 경우, 적법한 통지를 받지 않았다는 이유로 압류 및 공매처분에 대한 심사청구기간이 도과하지 않았다고 본 사례(대법원 1998. 9. 22. 선고 98두4375 판결): <해설> 일부 예외적인 경우를 제외하고, 납세의 고지·독촉·체납처분 또는 세법에 따른 정부의 명령에 관계되는 서류의 송달을 우편으로 할 때에는 등기우편으로 하도록 되어 있다(국세기본법 제10조 제2항). 따라서 국제징수법에 의한 독촉 및 체납처분절차를 진행함에 있어 독촉장과 압류통지서를 등기우편이 아닌 일반우편으로 발송한 경우에는 적법한 송달이라고 볼 수 없고, 그 밖에 이 사건 압류처분이 원고에게 통지되었다고 볼 만한 자료가 없는 이상, 압류처분 등에 대한 불복기간은 개시되지 아니한다고 본 사례이다.

한편 이의신청을 거친 후에 심사청구 또는 심판청구를 하려면 이의신청에 대한 결정의 통지를 받은 날부터 90일 이내에 심사청구 또는 심판청구를 하여야 한다(국세기본법 제61조 제2항, 제68조 제2항).

(라) 행정심판 전치주의: 행정소송은 심사청구 또는 심판청구와 그에 대한 결정을 거치지 아니하면 이를 제기할 수 없다(국세기본법 제56조 제2항; 관세법 제120조 제2항). 행정소송은 심사청구 또는 심판청구에 대한 결정의 통지를 받은 날부터 90일 이내에 제기하여야 한다(국세기본법 제56조 제3항; 관세법 제120조 제3항).

(마) 선택적 청구: 위와 같은 심사청구 또는 심판청구는 그중 하나의 절차만을 선택적으로 청구하여야 하므로 양자를 순차적으로 중복하여 청구할 수는 없다(국세기본법 제55

조 제9항; 관세법 제119조 제8항).

종전에는 국세처분(관세처분)에 대하여 취소소송 등을 제기하기 위해서는 국세청장에의 심사청구와 조세심판원장에의 심판청구라는 2단계 절차를 순차적으로 거쳐야 했다. 그리하여 국세처분(관세처분)에 대한 구제절차가 지나치게 복잡하고 최종결정까지 시간과 비용의 낭비가 적지 아니하였다. 이에 1999. 8. 31. 국세기본법을 개정하여 심사청구와 심판청구 중 하나의 절차만을 거치고 바로 소를 제기할 수 있도록 하였다.

(바) 불이익변경금지의 원칙: 심사청구 또는 심판청구에 대하여는 불이익변경금지의 원칙이 적용되므로(국세기본법 제79조 제2항; 국세기본법기본통칙 55-0…12), 행정심판절차에서 경정결정을 함에 있어서는 감액경정만이 가능하고 증액경정은 불가능하다.

(2) 감사원법에 의한 심사청구

위의 불복절차 이외에도 감사원법 제3장에 규정된 심사청구라는 제1단계 절차를 거쳐 바로 소를 제기할 수도 있다. 즉 감사원의 감사를 받는 자의 직무에 관한 처분이나 그 밖의 행위에 관하여 이해관계가 있는 자는 감사원에 그 심사의 청구를 할 수 있고(감사원법 제43조 제1항), 심리결과 그 심사청구에 이유가 있다고 인정되면 감사원은 관계기관의 장에게 시정이나 그 밖에 필요한 조치를 요구하는 결정을 할 수 있는바(감사원법 제46조 제2항), 국세(관세) 행정기관은 감사원의 감사를 받는 자에 해당하므로 국세(관세)의 부과·징수는 감사원법에 의한 심사청구의 대상이 된다.

그리하여 국세(관세)부과처분에 불복이 있는 자는 처분 있음을 안 날(처분의 통지를 받은 때는 그 받은 날)로부터 90일 이내에 당해 세무서장(세관장)을 거쳐 감사원에 심사청구를 할 수 있고(감사원법 제43조; 국세기본법 제55조 제6항; 관세법 제119조 제3항), 감사원법에 의한 심사청구를 거친 경우에는 국세기본법(관세법)에 따른 심사청구 또는 심판청구를 거친 것으로 보며(국세기본법 제56조 제4항; 관세법 제120조 제4항),[85] 심사청구에 대한 결정의 통지를 받은 날로부터 90일 이내에 바로 처분청을 피고로 하여 국세(관세)처분의 취소를 구하는 소를 제기하여야 한다(국세기본법 제55조 제7항; 관세법 제119조 제4항).

다. 지방세의 불복절차

(1) 원칙: 지방세의 불복절차는, ① 도세(특별시세·광역시세 포함)에 대하여는 도지사

85) 다만 조세 관련 소송이 아닌 일반 행정소송의 경우에는 감사원법 제43조 제1항의 규정에 의한 심사청구가 행정소송의 전심절차에 해당된다고 할 수 없다(대법원 1991. 10. 22. 선고 91누5259 판결).

(특별시장·광역시장)에게, 시·군세에 대하여는 시장·군수에게 각 이의신청을 하고(지방세기본법 제118조), ② 이의신청에 대한 도지사 또는 시장·군수의 결정에 대하여 불복이 있으면, 도지사의 결정에 대하여는 조세심판원장에게 심판청구를, 시장·군수의 결정에 대하여는 도지사에게 심사청구를 하거나 조세심판원장에게 심판청구를 하여야 한다(지방세기본법 제119조 제1항).

(2) 예외: 한편 이의신청을 거치지 아니하고 바로 심사청구 또는 심판청구를 할 수도 있다. 이 경우 도세에 대하여는 조세심판원장에게 심판청구를, 시·군세의 경우에는 도지사에게 심사청구를 하거나 조세심판원장에게 심판청구를 하면 된다(지방세기본법 제119조 제3항).

위와 같이 지방세의 전심절차는 원칙적으로 2단계(이의신청 및 심사·심판청구), 예외적으로 1단계(심사·심판청구)이다.

(3) 청구기간: 이러한 이의신청, 이의신청을 거치지 아니한 심사청구 또는 심판청구는 그 처분이 있은 것을 안 날(처분의 통지를 받았을 때에는 그 통지를 받은 날)부터 90일 이내에 제기하여야 한다(지방세기본법 제118조, 제119조 제3항). 여기서 '처분이 있은 것을 안 날(처분의 통지를 받았을 때에는 그 통지를 받은 날)'의 의미는 국세(관세)의 경우와 같다. 한편 이의신청을 거친 후에 심사청구 또는 심판청구를 할 때에는 이의신청에 대한 결정 통지를 받은 날부터 90일 이내에 심사청구 또는 심판청구를 하여야 한다(지방세기본법 제119조 제1항).

(4) 권한의 위임: 주의를 요할 것은, 도세도 원칙적으로 시·군에 그 부과징수가 위임되어 있어(지방세기본법 제67조), 시장·군수가 처분청이 되나(따라서 행정소송의 피고도 시장·군수이다), 이의신청은 처분청인 시장·군수를 경유하여 도지사에게 하여야 한다는 점이다(지방세기본법 시행령 제95조).

(5) 감사원법에 의한 심사청구: 지방세의 불복절차에 있어서도, 감사원법상의 심사청구 절차를 거쳐 바로 소를 제기할 수 있음은 국세(관세)의 경우와 같다(지방세기본법 제117조 참조).

(6) 행정심판 임의주의: 한편, 헌법재판소는 2001. 6. 28. 선고 2000헌바30 전원재판부 결정으로 행정심판의 필요적 전치주의에 관하여 규정한 구 지방세법(1998. 12. 31. 법률 제5615호로 개정되기 전의 것) 제78조 제2항이, 행정심판에 사법절차를 준용하도록 한 헌법 제107조 제3항 및 재판청구권을 보장하는 헌법 제27조에 위반된다고 선언하였고, 이에 따라 동 규정은 효력을 상실하게 되었다. 따라서 이제는 행정소송법 제18조 제1항 본문에 따라 이의

신청 및 심사·심판청구를 거치지 아니하고도 지방세법에 의한 처분에 대해서는 바로 취소소송을 제기할 수 있게 되었다.

판례

지방세법 제78조 제2항에 대한 위헌결정과 관련하여 지방세법상 부과처분취소소송을 제기하기 위하여는 이의신청 및 심사청구를 반드시 거쳐야 하는지 여부(소극) 및 임의적으로 이의신청만을 거친 채 취소소송을 제기할 경우의 제소기간: … 한편 종래에는 지방세법(1997. 8. 30. 법률 제5406호로 개정된 것) 제78조 제2항에 의하여 행정소송을 제기하기 위하여 반드시 거치도록 되어 있던 심사청구가 그 전제로서 이의신청을 거쳐야만 제기할 수 있었던 관계로 그 결과 이의신청과 심사청구를 불가분적으로 모두 거칠 수밖에 없었던 것이지만, 지방세법(1997. 8. 30. 법률 제5406호로 개정된 것) 제78조 제2항이 위와 같이 효력을 상실한 이상 납세자가 임의적으로 이의신청을 거치는 경우에 더 나아가 반드시 심사청구까지 거쳐야만 한다고 볼 근거규정도 없게 되었으므로, 지방세법에 의한 처분에 대한 취소소송을 제기하려는 납세자로서는 지방세법상의 이의신청 및 심사청구를 거치지 아니하고 취소소송을 제기하거나 혹은 임의적으로 이의신청 및 심사청구를 모두 거친 후 취소소송을 제기할 수 있을 뿐만 아니라, 임의적으로 이의신청만을 하여 그 결정을 받은 후 바로 취소소송을 제기할 수도 있는 것이라고 해석할 수밖에 없고, 납세자가 임의적으로 이의신청만을 거친 채 취소소송을 제기할 경우에는 행정소송법 제20조 제1항 본문 및 단서에 따라 그 제소기간은 이의신청에 대한 결정의 정본을 송달받은 날부터 기산하여 90일 이내라고 보아야 한다(대법원 2001. 9. 18. 선고 2000두2662 판결).

위와 같이 지방세의 경우에는 구 지방세법 제78조 제2항이 위헌결정(헌법재판소 2001. 6. 28. 선고 2000헌바30 전원재판부)되고, 그 결과 위 조항과 제81조가 2001. 12. 29. 개정되어 삭제됨으로써 그동안 행정심판 전치주의가 적용되지 않았다.

그 후 지방세기본법이 2010. 3. 31. 법률 제10219호로 신설되어 2011. 1. 1.부터 시행되고 있는바, 위 지방세기본법은 i) 지방세의 경우도 이의신청, 심사청구 또는 심판청구를 할 수 있도록 규정하고(제89조 내지 제91조), ii) 이의신청 및 심사청구와 심판청구에 관한 사항은 국세기본법 제7장을 준용한다고 규정하면서도 필요적 전치주의 등을 규정하고 있는 국세기본법 제56조는 그 준용대상에서 제외하고 있으며(제100조), iii) 필요적 전치주의에 관한 국세기본법 제56조 제2항과 같은 규정을 따로 두고 있지도 않고 있다(제98조 참조). 즉 새로이 제정된 지방세기본법은 임의적 전치주의를 채택하고 있으므로, 이제는 지방세기본법상의 전치절차는 모두가 임의적인 것이다.

2. 공무원의 징계처분 등에 대한 소송

가. 일반공무원의 경우

(1) 소청의 의의

소청이란 공무원의 징계처분, 그 밖에 그 의사에 반하는 불리한 처분이나 부작위에 대하여 불복이 있는 경우에 관할 소청심사위원회에 심사를 청구하는 행정심판의 일종을 말한다.

소청은 행정심판법 제3조 제1항의 '다른 법률에 특별한 규정이 있는' 행정심판에 해당하며, 소청심사위원회는 위와 같이 개별법에 의하여 설치되어 특별한 행정심판을 담당하는 특별행정심판위원회에 해당된다.

(2) 소청사항

소청사항은 '공무원의 징계처분, 그 밖에 그 의사에 반하는 불리한 처분이나 부작위' 이다(국가공무원법 제9조 제1항; 지방공무원법 제13조).

징계처분의 종류로는 파면·해임·강등·정직·감봉·견책이 있다(국가공무원법 제79조). 문제는 '그 밖에 그 의사에 반하는 불리한 처분'이 무엇을 의미하느냐에 있다. 먼저 소청을 행정심판으로 보는 이상 '처분'의 성질을 가지지 않음이 명백한 것(예: 훈계·권고 등)은 소청사항에서 제외된다고 보아야 할 것이다. 일반적으로 징계처분에 준하는 불리한 처분, 예컨대 면직처분(의원면직 포함. 국가공무원법 제70조), 휴직(국가공무원법 제71조), 직위해제(국가공무원법 제73조의3), 강임(국가공무원법 제73조의4), 복직거부(국가공무원법 제73조), 전직·전보(국가공무원법 제28조 제5항), 대기명령, 불리한 경력평정 등이 그에 포함되는 것으로 보고 있다.

(3) 소청심사기관(재결청)

소청사항의 심사는 소청심사위원회가 행한다. 소청심사위원회는 독립적인 합의제 행정청이다.

행정기관 소속 공무원의 징계처분, 그 밖에 그 의사에 반하는 불리한 처분이나 부작위에 대한 소청을 심사·결정하게 하기 위하여 인사혁신처에 소청심사위원회를 두고(국가공무원법 제9조 제1항), 국회·법원·헌법재판소 및 선거관리위원회 소속 공무원의 소청에 관한 사항을 심사·결정하게 하기 위하여 국회사무처, 법원행정처, 헌법재판소사무처 및 중앙선거관리위원회사무처에 각각 해당 소청심사위원회를 둔다(국가공무원법 제9조 제2항).

지방공무원의 징계, 그 밖에 그 의사에 반하는 불리한 처분이나 부작위에 대한 소청을 심사·결정하기 위하여 시·도에 지방소청심사위원회를 둔다(지방공무원법 제13조).

(4) 소청절차

(가) 처분사유설명서의 교부: 국가 또는 지방공무원에 대하여 징계처분을 할 때나 강임·휴직·직위해제 또는 면직처분을 할 때에는 그 처분권자 또는 처분제청권자는 처분의 사유를 기재한 설명서를 교부하여야 한다(국가공무원법 제75조; 지방공무원법 제67조 제1항). 이는 징계처분 등을 신중하게 하도록 하고, 아울러 징계처분 등을 받은 자에 대하여 용이하게 불복의 기회를 부여하기 위함이다. 징계처분의 사유를 기재하지 아니한 경우 이는 이유부기의 하자로 독자적인 위법성 사유가 된다고 할 것이다(대법원 1990. 9. 11. 선고 90누1786 판결).

(나) 심사청구: 징계처분 기타 강임·휴직·직위해제 또는 면직처분을 받은 국가 또는 지방공무원은 처분사유설명서를 받은 날부터, 그 밖에 본인의 의사에 반한 불리한 처분을 받았을 때에는 그 처분이 있은 것을 안 날부터 30일 이내에 소청심사위원회에 이에 대한 심사를 청구할 수 있다(국가공무원법 제76조 제1항; 지방공무원법 제67조 제2항).

(다) 소청심사위원회의 심사: 소청심사위원회는 소청을 접수하면 지체 없이 심사를 진행하여야 한다(국가공무원법 제12조 제1항; 지방공무원법 제17조 제1항). 소청심사위원회는 제1항에 따른 심사를 할 때 필요하면 검증·감정, 그 밖의 사실조사를 하거나 증인을 소환하여 질문하거나 관계 서류를 제출하도록 명할 수 있다(국가공무원법 제12조 제2항; 지방공무원법 제17조 제2항).

소청심사위원회가 소청 사건을 심사할 때에는 대통령령 등으로 정하는 바에 따라 소청인 또는 제76조 제1항 후단에 따른 대리인에게 진술 기회를 주어야 하고(국가공무원법 제13조 제1항), 이러한 진술의 기회를 주지 아니한 결정은 무효가 된다(국가공무원법 제13조 제2항).

(5) 결 정

(가) 결정방법: 소청심사위원회는 원칙적으로 소청심사청구를 접수한 날부터 60일 이내에 이에 대한 결정을 하여야 한다. 다만, 불가피하다고 인정되면 소청심사위원회의 의결로 30일을 연장할 수 있다.

소청 사건의 결정은 재적 위원 3분의 2 이상의 출석과 출석 위원 과반수의 합의에 따르되, 의견이 나뉠 경우에는 출석 위원 과반수에 이를 때까지 소청인에게 가장 불리한 의견에 차례로 유리한 의견을 더하여 그 중 가장 유리한 의견을 합의된 의견으로 본다(국가공무원법 제14조 제1항; 지방공무원법 제19조 제1항).

소청심사위원회의 결정은 그 이유를 구체적으로 밝힌 결정서로 하여야 한다(국가공무원법 제14조 제8항; 지방공무원법 제19조 제8항).

(나) 결정의 종류: 소청심사위원회의 결정은 각하, 기각, 취소·변경, 취소·변경명령, 무효등확인, 처분 또는 처분명령으로 구분된다(국가공무원법 제14조 제5항; 지방공무원법 제19조 제5항). 이는 일반 행정심판에서의 재결의 종류와 동일하다.

(다) 불이익변경금지의 원칙: 징계처분 또는 징계부가금 부과처분에 대한 소청에 있어서는 불이익변경금지의 원칙이 적용된다. 즉 소청심사위원회가 징계처분 또는 징계부가금 부과처분(이하 '징계처분 등'이라 한다)을 받은 자의 청구에 따라 소청을 심사할 경우에는 원징계처분보다 무거운 징계 또는 원징계부가금 부과처분보다 무거운 징계부가금을 부과하는 결정을 하지 못한다(국가공무원법 제14조 제7항; 지방공무원법 제19조 제7항).

한편 이러한 불이익변경금지의 원칙은 파면·해임·강등·정직·감봉·견책과 같은 징계처분 등 사이에만 적용된다. 징계처분 등 상호 간은 그 경중의 비교가 가능하기 때문이다. 반면에 징계처분 등 이외의 불리한 처분 상호 간은 그 경중의 비교가 불가능하므로 불이익변경금지의 원칙이 적용되지 않는다고 보아야 한다.

(라) 결정의 효력: 소청심사위원회의 결정은 처분 행정청을 기속(羈束)한다(국가공무원법 제15조; 지방공무원법 제20조). 소청결정의 기속력은 행정심판 재결의 기속력과 동일하다. 따라서 처분 행정청은 소청심사위원회의 재결에 불복하여 행정소송을 제기할 수 없다.

(6) 불복(소청심사 전치주의)

소청심사위원회의 결정에 불복하는 경우에는 소청심사위원회의 결정서 정본을 송달받은 날부터 90일 이내에 소송을 제기하여야 한다(행정소송법 제20조 제1항).

공무원에 대한 징계처분 기타 강임·휴직·직위해제 또는 면직처분, 그 밖에 본인의 의사에 반한 불리한 처분이나 부작위에 관한 행정소송은 소청심사위원회의 심사·결정을 거치지 아니하면 제기할 수 없다(국가공무원법 제16조 제1항; 지방공무원법 제20조의2). 즉 소청심사 전치주의가 적용된다.

(7) 재징계의결 등의 요구

처분권자(대통령이 처분권자인 경우에는 처분 제청권자)는 i) 법령의 적용, 증거 및 사실 조사에 명백한 흠이 있는 경우, ii) 징계위원회의 구성 또는 징계의결 등, 그 밖에 절차상의 흠이 있는 경우, iii) 징계양정 및 징계부가금이 과다(過多)한 경우에 해당하는 사유로 소청심사위원회 또는 법원에서 징계처분등의 무효 또는 취소(취소명령 포함)의 결정이나 판결을 받은 경우에는 다시 징계의결 또는 징계부가금 부과의결을 요구하여야 한다.

다만, 징계양정 및 징계부가금이 과다(過多)한 경우에 해당하는 사유로 무효 또는 취소(취소명령 포함)의 결정이나 판결을 받은 감봉·견책처분에 대하여는 징계의결을 요구하지 아니할 수 있다(국가공무원법 제78조의3; 지방공무원법 제69조의3)

나. 교원의 경우

(1) 심사기관(재결청)

교원의 처우를 개선하고 신분보장을 강화함으로써 교원의 지위를 향상시키고 교육발전을 도모하기 위한 목적으로 '교원의 지위 향상 및 교육활동 보호를 위한 특별법'이 제정되어 있다. 위 법률에 의하면, 각급학교 교원의 징계처분과 그 밖에 그 의사에 반하는 불리한 처분에 대한 소청심사(訴請審査)를 하게 하기 위하여 교육부에 교원소청심사위원회(이하 '심사위원회'라 한다)를 두고 있다(제7조).[86] 여기서 각급학교는 초등학교·중학교·고등학교·대학교를 모두 포함하며, 아울러 국·공립학교뿐만이 아니라 사립학교까지도 이에 해당된다.

(2) 절 차

(가) 소청심사의 청구: 교원이 징계처분과 그 밖에 그 의사에 반하는 불리한 처분(교원에 대한 재임용 거부처분을 포함한다)에 대하여 불복할 때에는 그 처분이 있었던 것을 안 날부터 30일 이내에 심사위원회에 소청심사를 청구할 수 있다(제9조 제1항).

(나) 심사위원회의 결정: 심사위원회는 소청심사청구를 접수한 날부터 60일 이내에 이에 대한 결정을 하여야 한다. 다만, 심사위원회가 불가피하다고 인정하면 그 의결로 30일을 연장할 수 있다(제10조 제1항).

(다) 불복: 위 심사위원회의 결정에 대하여는 그 결정서를 송달받은 날부터 30일 이내에 행정소송법으로 정하는 바에 따라 소송을 제기할 수 있다(제10조 제4항).

(라) 소청심사 전치주의: 국가공무원법 제16조 제1항은 교육공무원인 교원에 대하여도

---

86) 교원의 지위 향상 및 교육활동 보호를 위한 특별법 제7조(교원소청심사위원회의 설치) ① 각급학교 교원의 징계처분과 그 밖에 그 의사에 반하는 불리한 처분(교육공무원법 제11조의4 제4항 및 사립학교법 제53조의2 제6항에 따른 교원에 대한 재임용 거부처분을 포함한다)에 대한 소청심사(訴請審査)를 하기 위하여 교육부에 교원소청심사위원회를 둔다.

적용되므로(교육공무원법 제53조 제1항), 교육공무원인 교원의 경우 교원소청심사위원회의 위 심사·결정을 거치지 아니하면 징계처분과 그 밖에 그 의사에 반하는 불리한 처분에 대하여 행정소송을 제기할 수 없다.

(3) 소송의 대상

(가) 국·공립학교 교원의 경우

국·공립학교 교원(교육공무원인 교원)의 경우는 징계처분 등 원래의 처분 자체가 행정처분이고, 교원소청심사위원회의 결정은 일반공무원에 대한 소청심사위원회의 결정에 대응하는 행정심판 재결에 해당된다(국가공무원법 제16조 제2항; 교육공무원법 제53조 제1항 참조). 따라서 소송의 대상이 되는 것은 일반공무원의 경우처럼 원처분인 징계처분 등 불이익처분이고, 교원소청심사위원회의 결정은 고유한 위법이 있을 때에만 소송의 대상이 될 수 있다.

판례

재심결정에 사실오인 또는 재량권남용 일탈의 위법이 있다는 주장이 재심결정 취소사유가 되는지 여부: 국공립학교교원에 대한 징계 등 불리한 처분은 행정처분이므로 국공립학교교원이 징계 등 불리한 처분에 대하여 불복이 있으면 교원징계재심위원회에 재심청구를 하고 위 재심위원회의 재심결정에 불복이 있으면 항고소송으로 이를 다투어야 할 것인데, 이 경우 그 소송의 대상이 되는 처분은 원칙적으로 원처분청의 처분이고, 원처분이 정당한 것으로 인정되어 재심청구를 기각한 재결에 대한 항고소송은 원처분의 하자를 이유로 주장할 수는 없고 그 재결 자체에 고유한 주체·절차·형식 또는 내용상의 위법이 있는 경우에 한한다고 할 것이므로, 도교육감의 해임처분의 취소를 구하는 재심청구를 기각한 재심결정에 사실오인의 위법이 있다거나 재량권의 남용 또는 그 범위를 일탈한 것으로서 위법하다는 사유는 재심결정 자체에 고유한 위법을 주장하는 것으로 볼 수 없어 재심결정의 취소사유가 될 수 없다(대법원 1994. 2. 8. 선고 93누17874 판결).

한편 과거에는 국·공립학교 교원에 대한 재임용 거부행위에 대하여 대법원은 그 처분성을 부인하여 왔으나(대법원 1997. 6. 27. 선고 96누4305 판결), 이제는 판례를 변경하여 재임용 거부행위의 처분성을 인정하고 있다(대법원 2004. 4. 22. 선고 2000두7735 전원합의체 판결).

위와 같이 교원소청심사위원회의 결정은 행정심판 재결에 해당하므로, 심사청구를 인용한 결정의 경우 기속력이 발생한다.[87] 따라서 처분청은 위 인용재결에 대하여 행정소송

87) 교원의 지위 향상 및 교육활동 보호를 위한 특별법 제10조의2(결정의 효력) 심사위원회의 결정은 처분권자를 기속한다. 이 경우 제10조 제4항에 따른 행정소송 제기에 의하여 그 효력이 정지되지

을 제기할 수 없다. 반면에 국·공립학교 교원에게는 기속력이 미치지 않으므로, 국·공립학교 교원이 심사위원회의 결정에 불복하는 경우 행정소송을 제기하는 데에는 아무런 문제가 없다.

(나) 사립학교 교원의 경우

① 사립학교 교원의 법률관계: 어떤 행정작용이 처분성을 갖추기 위해서는 그 행위주체가 행정청일 것을 요하므로, 행정청이 아닌 사립학교 재단 또는 사립학교 경영자 등이 사립학교 교원에 대하여 행한 징계처분은 처분성이 없고, 따라서 이는 항고소송의 대상이 될 수 없다.

뿐만 아니라 사립학교 교원은 학교법인 또는 사립학교 경영자에 의하여 임면되는 것으로서 사립학교 교원과 학교법인의 관계를 공법상의 법률관계라고 볼 수도 없으므로, 그에 대한 징계가 무효임을 전제로 교원지위확인을 구하는 등의 공법상 당사자소송을 제기할 수도 없다.

② 민사소송의 제기: 사립학교 교원에 대한 징계처분 등은 위와 같이 사법적(私法的) 성질을 띠고 있다. 따라서 사립학교 교원의 경우에는 소청심사절차를 밟지 않고 바로 징계처분에 대하여 무효확인을 구하는 취지의 민사소송을 제기하여 권리구제를 받거나, 소청심사절차를 밟은 후라도 다시 징계처분 등에 대하여 민사소송을 제기하여 권리구제를 받을 수 있다. 즉 사립학교 교원의 소청심사위원회에 대한 구제요청은 임의적·선택적인 것이다.

③ 소청심사의 청구: 사립학교 교원이 징계처분 등을 받은 경우에는 사법적(私法的) 구제 외에도, 교원소청심사위원회에 심사청구를 할 수도 있다(제7조 제1항). 이 경우 징계처분 등은 행정처분에 속하지 아니하므로 심사위원회의 결정은 행정심판 재결이 아닌 원처분에 해당되고, 위 심사위원회의 결정이 행정소송의 대상이 된다.

한편 과거에는 사립학교 교원이 재임용을 거부당한 경우 그에 대하여 다툴 수 있는 방법이 없었으나,[88] 구 교원지위향상을 위한 특별법은 2005년 1월 27일 일부개정을 통하여

아니한다.

88) 판례는 계약기간을 정하여 임용된 교원은 그 기간이 만료된 때에는 재임용계약을 체결해야 하고 만약 재임용계약을 체결하지 못하면 재임용거부결정 등 특별한 절차를 거치지 않아도 당연퇴직되는 것이므로 교원을 재임용하지 아니하기로 한 결정 및 통지는 교원에 대하여 임기만료로 당연퇴직됨을 확인하고 알려주는데 지나지 아니하고 이로 인하여 교원과 학교법인 사이에 어떠한 법률효과가 발생하는 것은 아니어서 교원은 이에 대한 무효확인을 구할 소의 이익이 없다고 보고 있으므로(대법원 1987. 6. 9. 선고 86다카2622 판결) 사법상(私法上)의 구제방법이 없었고, 아울러 재임용

소청심사의 대상이 될 수 있는 '그 의사에 반하는 불리한 처분' 속에 '교원에 대한 재임용 거부처분'을 포함하도록 규정하였다(제7조). 따라서 이제는 사립학교 교원의 경우에도 재임용을 거부당한 경우에는 이를 소청심사의 대상으로 삼을 수 있고, 이어 위 교원소청심사위원회의 결정을 대상으로 행정소송을 제기할 수 있게 되었다.

④ 행정소송의 제기: 사립학교 교원에 대한 징계처분 등은 행정처분에 속하지 아니하므로, 심사위원회의 결정은 행정심판 재결이 아닌 원처분에 해당된다. 따라서 기속력 등과 같은 재결의 효력이 발생하지도 않는다.

따라서 사립학교 교원의 경우뿐만 아니라 징계처분 등을 행한 학교법인 또는 사립학교 경영자도 심사위원회의 결정에 불복하는 경우 심사위원회를 피고로 하여 위 심사위원회의 결정(원처분)에 대하여 항고소송을 제기할 수 있다(제10조 제4항).[89)]

판례

교원소청심사위원회 결정에 대하여 학교의 장도 행정소송을 제기할 수 있는지 여부(적극): … 학교의 장은 학교법인의 위임 등을 받아 교원에 대한 징계처분, 인사발령 등 각종 업무를 수행하는 등 독자적 기능을 수행하고 있어 이러한 경우 하나의 활동단위로 특정될 수 있는 점까지 아울러 고려하여 보면, 교원소청심사위원회의 결정에 대하여 행정소송을 제기할 수 있는 자에는 교원지위향상을 위한 특별법 제10조 제3항에서 명시하고 있는 교원, 사립학교법 제2조에 의한 학교법인, 사립학교 경영자뿐 아니라 소청심사의 피청구인이 된 학교의 장도 포함된다고 보는 것이 타당하다(대법원 2011. 6. 24. 선고 2008두9317 판결 [재임용거부처분취소처분취소]).

3. 도로교통법에 의한 각종 처분 등에 대한 소송

도로교통법에 의한 운전면허 취소·정지 등의 처분을 받은 사람은 행정심판법에 따른 행정심판을 청구할 수 있다(도로교통법 제94조 제3항). 아울러 도로교통법에 따른 처분으로서 해당 처분에 대한 행정소송은 행정심판의 재결을 거치지 아니하면 이를 제기할 수 없다(도로교통법 제142조). 즉 도로교통법상의 처분에 대하여는 행정심판 전치주의가 적용된다. 이는 행정청 내부에서 각 처분 및 집행의 통일성과 타당성을 도모하는 한편, 도로교

거부처분은 교원지위 향상을 위한 특별법상의 소청심사의 대상이 아니라고 보았기 때문에 행정소송을 통한 구제도 불가능하였기 때문이다.

89) 교원의 지위 향상 및 교육활동 보호를 위한 특별법 제10조(소청심사 결정) ④ 제1항에 따른 심사위원회의 결정에 대하여 교원, 사립학교법 제2조에 따른 학교법인 또는 사립학교 경영자 등 당사자는 그 결정서를 송달받은 날부터 30일 이내에 행정소송법으로 정하는 바에 따라 소송을 제기할 수 있다.

통법상의 처분이 비교적 대량적으로 행하여지므로 법원의 부담 경감을 꾀한다는 측면도 있기 때문인 것으로 보여진다.

판례

라. 도로교통법 제101조의3 규정과 관련하여 행정심판전치주의를 정당화하는 합리적인 이유: 도로교통법 제101조의 3(이하, '이 사건 법률조항'이라 한다)과 관련하여 행정심판 전치주의를 정당화하는 합리적인 이유를 살펴본다면, 교통관련 행정처분의 적법성 여부에 관하여 판단하는 경우, 전문성과 기술성이 요구되므로, 법원으로 하여금 행정기관의 전문성을 활용케 할 필요가 있으며, 도로교통법에 의한 운전면허취소처분은 대량적·반복적으로 행해지는 처분이라는 점에서도 행정심판에 의하여 행정의 통일성을 확보할 필요성이 인정된다.

마. (생략)

바. 도로교통법 제101조의3 규정이 재판청구권을 침해하는지의 여부(소극): 이 사건 법률조항에 의하여 달성하고자 하는 공익과 한편으로는 전심절차를 밟음으로써 야기되는 국민의 일반적인 수고나 시간의 소모 등을 비교하여 볼 때, 이 사건 법률조항에 의한 재판청구권의 제한은 정당한 공익의 실현을 위하여 필요한 정도의 제한에 해당하는 것으로 헌법 제37조 제2항의 비례의 원칙에 위반되어 국민의 재판청구권을 과도하게 침해하는 위헌적인 규정이라 할 수 없다.

사. 도로교통법 제101조의3 규정이 평등권에 위반되는지의 여부(소극): 입법자는 행정심판을 임의적 또는 필요적 전치절차로 할 것인가에 관하여 행정심판을 통한 권리구제의 실효성, 행정청에 의한 자기시정의 개연성, 문제되는 행정처분의 특수성 등을 고려하여 구체적으로 형성할 수 있는데, 이 사건 법률조항에서 교통관련 행정처분에 대하여 행정심판 전치주의를 규정한 것은, '교통관련 행정처분이 대량으로 행해지는 것으로서 행정의 통일을 기할 필요가 있고, 처분의 적법성여부에 관한 판단에 있어서 전문성과 기술성이 요구된다'는 행정심판사항의 특수성에 기인하는 것이다. 따라서 이 사건 법률조항에 나타난 입법자의 결정이 차별을 정당화하는 합리적인 이유를 결여하고 있다고 볼 수 없으므로, 평등권에 위반되지 않는다(헌법재판소 2002. 10. 31. 선고 2001헌바40 전원재판부).

4. 해양수산부장관의 선박검사 등 처분에 대한 소송

해양수산부장관 또는 그 대행검사기관으로부터 선박의 구조·설비 등에 대하여 검사·검정 및 확인을 받은 자가 그 결과에 대하여 불복이 있는 때에는 그 결과에 관한 통지를 받은 날부터 90일 이내에 해양수산부장관에게 재검사·재검정 및 재확인을 신청할 수 있다(선박안전법 제72조 제1항). 해양수산부장관 또는 대행검사기관의 검사·검정 및 확인에 대하여 불복이 있는 자는 제1항 및 제2항의 규정에 따른 재검사·재검정 및 재확인의 절차를 거치지 아니하고는 행정소송을 제기할 수 없다(선박안전법 제72조 제3항).

이는 선박의 구조·설비 등에 대하여 전문성을 가지고 있는 행정청의 전문지식을 활용하기 위한 것으로 보여진다.

제6항 관 할

Ⅰ. 심급관할

과거에는 항고소송과 당사자소송의 제1심법원을 고등법원으로 함으로써 행정사건에 대하여 2심제를 택하였으나, 1998. 3. 1.부터 시행된 개정 행정소송법은 원칙적으로 지방법원급인 행정법원을 제1심법원으로 하고 그 항소심을 고등법원, 상고심을 대법원이 담당하게 함으로써 3심제를 채택하였다. 제1심법원에서 지방법원 단독판사가 심판한 사건의 항소심도 고등법원이 관할한다.

Ⅱ. 토지관할

1. 보통재판적

가. 일반적인 경우

항고소송의 제1심관할법원은 피고의 소재지를 관할하는 행정법원으로 한다(행정소송법 제9조 제1항, 제38조 제1항, 제2항).

나. 중앙행정기관 등의 특례규정

제1항에도 불구하고 각 호(① 중앙행정기관, 중앙행정기관의 부속기관과 합의제행정기관 또는 그 장, ② 국가의 사무를 위임 또는 위탁받은 공공단체 또는 그 장)의 어느 하나에 해당하는 피고에 대하여 항고소송을 제기하는 경우에는 대법원소재지를 관할하는 행정법원(=서울행정법원)에도 제기할 수 있다(행정소송법 제9조 제2항, 제38조 제1항, 제2항).

한편 행정소송법에서는 공공단체와 관련하여 특별한 정의규정을 두고 있지 않으나, 강학상으로 넓은 의미의 공공단체는 '지방자치단체'와 '협의의 공공단체'를 포함하고, 협의의 공공단체는 국가의 특정한 행정목적을 위하여 설립된 법인격이 부여된 단체로서 '공공조합', '영조물법인', '공법상 재단' 등을 포괄하는 것으로 분류되고 있다. 이와 관련하여 행정소송법 제9조 제2항 제2호의 '국가의 사무를 위임 또는 위탁받은 공공단체 또는 그 장'에 '지방자치단체 또는 그 장'이 포함되는지 여부가 문제될 수 있는바, 이에 관하여는 학설의 대립이 있다. 포함설은 일반적으로 공공단체에는 지방자치단체가 포함되는 것으로 인식되고 있는 점, 공공단체라는 용어를 사용하고 있는 행정소송법의 다른 조항들에서도 지방자치단체를 포함하는 의미로 해석되는 것이 있는 점 등을 그 논거로 든다. 이에 반하여 불포함설은 i) 행정소송법 제9조의 개정이유는 세종시로 다수의 중앙행정기관이 이전하는 사정이 발생함에 따라 중앙행정기관 및 그에 부속된 기관 등을 상대로 하는 사건의 토지관할을 합리적으로 배분하기 위한 것이므로 세종시로의 이동과는 전혀 무관한 지방자치단체의 장을 상대로 한 사건을 국가사무를 위임받았다는 이유만으로 구 행정소송법 시행 당시와는 달리 서울행정법원에 관할이 창설되는 것으로 해석하는 것은 그 법률의 개정 취지와는 동떨어지는 것이라는 점, ii) 행정소송법 제9조 제2항 제1호의 해석과 균형을 이루기 위해서도 행정소송법 제9조 제2항 제2호의 공공단체에는 지방자치단체가 포함되지 않는 것으로 보는 것이 합당한 점, iii) 지방자치단체까지 무제한적으로 공공단체에 포함시켜 서울행정법원의 중복관할을 인정하는 것은 행정사건의 서울집중을 야기하고 오히려 2014년 행정소송법 개정의 배경이 되었던 지방 분권화와 지역 균형발전을 위한 다수 중앙행정기관의 지방이전이라는 목적에 역행하게 되는 점 등을 논거로 제시하고 있다.[90] 불포함설이 타당하다고 생각된다.

다. 행정법원이 설치되지 아니한 지역

행정법원이 설치되지 않은 지역에 있어서의 행정법원의 권한에 속하는 사건은 행정법원이 설치될 때까지 해당 지방법원본원 및 춘천지방법원 강릉지원이 관할한다[법원조직법 부칙(법률 제4765호, 1994. 7. 27.) 제2조]. 현재 서울에만 행정법원이 설치되어 있으므로, 피고 소재지가 서울인 경우에는 서울행정법원이, 피고 소재지가 서울 이외의 지역인 경우에는 피고 소재지를 관할하는 지방법원 본원(춘천지방법원 강릉지원의 관할구역은 위 지원)이 제1심관할법원이다. 예를 들어 세종특별자치시에 위치한 행정기관을 피고로 한다면 대전지방법원(행정소송법 제9조 제1항)에 제1심관할이 있다. 만약 위 기관이 중앙행정기관이라면 행정소송법 제9조 제2항에 따라 서울행정법원에도 소를 제기할 수 있다.

90) 사법연수원, 법원실무제요 행정[Ⅰ], 2024, 44면.

2. 특별재판적

토지의 수용 기타 부동산 또는 특정의 장소에 관계되는 처분등에 대한 취소소송은 그 부동산 또는 장소의 소재지를 관할하는 행정법원에 이를 제기할 수 있다(행정소송법 제9조 제3항). '공익사업을 위한 토지 등의 취득 및 보상에 관한 법률'에 따른 사업인정이나 수용재결, 건축물에 대한 철거명령, 도시계획이나 개발행위허가에 관한 처분 등이 여기에 해당한다.

Ⅲ. 사물관할

행정법원의 심판권은 판사 3명으로 구성된 합의부에서 행사한다(법원조직법 제7조 제3항 본문). 다만, 단독판사가 심판할 것으로 행정법원 합의부가 결정한 사건의 심판권은 단독판사가 행사한다(법원조직법 제7조 제3항 단서). 이를 재정단독 사건이라고 한다. 각 법원은 내규로서 단독판사 관할 대상이 되는 사건의 종류를 정하고 있다. 현재 서울행정법원에서는 운전면허나 영업허가의 취소·정지 사건, 외국인의 출입국·난민인정에 관한 사건 등을 재정단독 사건으로 처리하고 있다.

제2관 취소소송의 심리

Ⅰ. 서 론

취소소송의 심리는 먼저 요건심리와 본안심리로 나누어진다.

요건심리는 행정소송이 소송요건을 갖춘 적법한 것인가를 심리하는 것이다. 요건이 불비된 경우 보정을 명하고, 보정할 수 없으면 본안심리를 할 필요 없이 각하의 소송판결을 하게 된다. 취소소송에 있어서의 소송요건은 ① 처분 등의 존재 및 행정소송사항일 것, ② 당사자능력, 당사자적격 및 소의 이익, ③ 재판권 및 관할, ④ 제소기간, ⑤ 전심절차 등이다. 소송요건의 구비 여부의 기준시점은 사실심변론종결시이므로 비록 제소시에는 소송요건에 흠결이 있었다고 하더라도 변론종결시까지 요건이 보완되면 흠결은 치유된다.

소송요건은 당사자의 이익보다도 공익상 이유를 고려할 것이므로 법원은 당사자의 주장이 없더라도 직권으로 이를 조사하여야 하고, 또 그 흠결이 있는 경우에는 당사자가 이의를 하지 않는다고 하여 그대로 본안판결을 하여서는 안 된다.

소송요건에 대하여는 이미 살펴보았으므로, 이하에서는 본안심리와 관련된 쟁점에 대해서만 살펴보기로 한다.

II. 심리의 대상(소송물)

행정소송에 있어서도 민사소송에서와 같이 소송물을 대상으로 심리가 진행된다. 따라서 취소소송을 제기하는 원고는 소장의 기재에 의하여 소송물을 특정하지 않으면 안 되고 소송물을 기준으로 이중제소 해당 여부, 청구의 병합, 소의 변경의 유무가 판정되며, 또한 기판력의 객관적 범위도 소송물에 의하여 정하여진다. 위와 같이 소송물은 행정소송 절차에서도 강학상·실무상으로 중요한 의미를 가지고 있다.

1. 학 설

가. 처분의 위법성 일반으로 보는 견해

취소소송의 소송물은 특정 처분의 위법성 일반(추상적 위법성)이라고 보는 견해이다.[91] 이 견해에 의하면 개개의 위법사유에 관한 주장은 단순한 공격방어방법에 지나지 않는다고 보며, 취소소송에서 판결의 기판력은 처분의 위법 또는 적법 일반에 대하여 미친다고 한다.

이 견해는 ① 분쟁의 일회적 해결의 요청과, ② 행정작용의 조기 확정에 기여한다.

반면에 이 견해는 ① 재판에서 다투어지지 않은 사항에 대하여도 기판력이 미치게 되어 기판력의 범위가 부당히 확대된다는 점, ② 취소소송에서 기각판결이 확정된 경우 그 처분이 적법하다는 점에 관하여 기판력이 생기게 되므로 다른 위법사유를 들어 취소소송을 제기할 수 없게 되므로 국민의 권익구제의 측면에서 문제가 있다는 비판이 제기된다.

나. 처분의 개개의 위법사유라고 보는 견해

처분의 개개의 위법사유가 취소소송의 소송물이라고 보는 견해이다. 이 견해에 의하

---

91) 김동희, 행정법 I (제11판), 2005, 642면.

면 취소소송의 판결의 기판력은 개개의 위법사유에 한정된다. 따라서 청구기각판결의 경우에 원고는 후소(後訴)에서 전소(前訴)에서 주장한 것과 다른 위법사유를 주장할 수 있게 된다.

이 견해는 ① 기판력의 취지가 당사자가 재판에서 다투어 판단된 것에 대해 반대의 주장을 후소에서 할 수 없다는 것이므로 다투어진 것에만 기판력이 미친다고 보는 것이 타당하다는 점, ② 이 견해를 취할 경우 취소소송에서 기각판결을 받아 확정된 경우에도 다른 위법사유를 들어 취소소송을 제기하거나 국가배상청구소송을 제기할 수 있게 된다는 점에서 국민의 권리구제의 범위를 확대시킬 수 있다는 점 등을 그 논거로 든다. 하지만 이 견해에 대하여는 분쟁의 일회적 해결을 기할 수 없다는 비판이 제기된다.

다. 기타의 견해

그 밖에도 취소소송의 소송물은 '처분 등이 위법하고 또한 처분 등이 자기의 권리를 침해한다는 원고의 법률상 주장'이라는 견해,[92] 소송물은 실체법적 내용과는 독립된 소송법적 관점에서 고찰되어야 한다고 주장하면서 소송물 요소에서 위법성을 배제하고 '대상이 되는 처분을 통하여 자신의 권리가 침해되었다는 원고의 법적 권리주장'이라고만 보는 견해[93] 등이 있다.

2. 판 례

대법원은 일반 행정소송의 소송물에 관하여 명백한 입장을 표명하고 있지는 않다. 다만 과세처분 취소소송의 경우 총액주의를 취하는 입장에서 과세처분의 위법성 일반이 소송물이 된다고 판시한 점(대법원 1990. 3. 23. 선고 89누5386 판결), 취소판결의 기판력은 소송물로 된 행정처분의 위법성 존부에 관한 판단 그 자체에만 미치는 것이므로 전소와 후소가 그 소송물을 달리하는 경우에는 전소 확정판결의 기판력이 후소에 미치지 아니한다고 판시한 점(대법원 1996. 4. 26. 선고 95누5820 판결) 등에 비추어 보건대, 처분의 위법성 일반을 소송물로 보는 것으로 여겨진다.

92) 홍정선, 행정법원론(상)(제19판), 2011, 889면.
93) 류지태·박종수, 행정법신론(제15판), 2011, 727면.

Ⅲ. 심리절차

1. 처분권주의

처분권주의라 함은 소송의 개시, 심판의 대상, 그리고 절차의 종결에 대하여 당사자(특히 원고)에게 주도권을 주어 그 의사에 일임하는 것을 말한다. 처분권주의는 사적 자치의 소송법적인 측면이라고도 말하여진다. 행정소송에서도 처분권주의가 지배한다고 할 수 있으나, 뒤에서 살펴보는 바와 같이 '소송의 종결'에 있어서는 약간의 제한이 있다.

처분권주의와 변론주의를 혼동하는 경우가 있지만, 엄격하게 말하면 처분권주의는 소송물에 대한 처분의 자유를 뜻하는 것임에 대하여, 변론주의는 소송자료에 대한 수집·제출의 책임을 당사자에게 부과시키는 것을 의미하므로 양자는 별개의 개념이다.[94]

2. 변론주의 원칙과 직권심리주의의 가미

가. 변론주의와 직권탐지주의

변론주의라 함은 소송자료 즉 사실과 증거의 수집·제출의 책임을 당사자에게 일임하고, 당사자가 수집하여 제출한 소송자료만을 재판의 기초로 삼게 되어 있는 것을 의미한다. 직권탐지주의란 소송자료의 수집·제출 책임을 당사자가 아닌 법원이 지게 되어 있는 입장을 말한다.

행정소송에 관하여 특별한 규정이 없는 사항에 대하여는 민사소송법의 규정을 준용하므로(행정소송법 제8조 제2항), 행정소송의 경우에도 원칙적으로 변론주의가 적용된다. 따라서 재판의 기초가 되는 소송자료는 당사자가 변론에 현출시켜야 하며, 당사자가 주장하지 아니한 사실을 재판의 기초로 삼아서는 아니된다.

나. 직권심리주의의 가미

(1) 의 의

행정소송은 개인의 권익구제뿐만이 아니라, 행정의 적법성 보장을 통한 행정통제수단으로서의 역할도 수행하고 있다. 그런데 행정소송에서 철저하게 대심주의 내지 변론주의를 관철할 경우에는 행정의 적법성 보장 및 실체적 진실을 밝히는 데 장애가 될 수 있다. 그리하여 행정소송법 제26조는 '직권심리'라는 제목 하에 "법원은 필요하다고 인정할 때에

---

94) 이시윤, 신민사소송법(제13판), 2019, 317면.

는 직권으로 증거조사를 할 수 있고, 당사자가 주장하지 아니한 사실에 대하여도 판단할 수 있다"고 규정하고 있는바, 이 규정이 가지는 의미에 대하여는 견해의 대립이 있다.

(2) 직권심리의 범위

(가) 변론주의보충설(직권증거조사주의설)

행정소송법 제26조는 당사자가 주장하는 사실에 대한 당사자의 입증활동이 불충분하여 심증을 얻기 어려운 경우에 당사자의 증거신청에 의하지 아니하고 직권으로 증거조사를 할 수 있음을 의미하는 것으로 보는 견해이다.[95] 이 견해에 따르면 당사자가 주장하지 아니한 사실은 심판의 대상이 될 수 없다.

(나) 직권탐지주의설

행정소송법 제26조는 당사자가 주장한 사실뿐만 아니라, 당사자가 주장하지 아니한 사실에 대하여도 직권으로 증거를 조사하여 이를 판단의 기초로 삼는 직권탐지주의를 인정하고 있는 것으로 보는 견해이다.[96] 이 견해는 행정소송의 목적이 개인의 권리구제뿐만이 아니라 행정의 적법성 통제도 그 목적으로 하고 있으며, 법문이 "… 당사자가 주장하지 아니한 사실에 대하여도 판단할 수 있다"고 규정하고 있다는 것을 그 논거로 든다.

(다) 직권탐지주의보충설

변론주의를 원칙으로 하되, 직권탐지주의는 변론주의에 대한 예외로서 일정한 한도 내에서 보충적으로 인정된다고 보는 견해이다.[97]

(라) 검 토

당사자가 주장하지 아니한 사실에까지 직권탐지를 허용하는 것은 변론주의 원칙에 반하는 것이며, 당사자가 적극적 또는 소극적으로 주장한 사실에 대하여 법원이 보충적으로 직권증거조사를 하는 것은 가능하다고 보아야 한다. 따라서 변론주의보충설(직권증거조사주의설)이 타당하다. 판례에서 말하는 소송기록에 나타난 사항에 대한 직권조사는 소송기록에 나타난 사항을 당사자의 소극적 주장으로 보고 이에 대하여 보충적인 직권증거조사가 행하여진 것이라고 해석할 수 있다. 다만 이렇게 해석할 경우 변론주의보충설(직권증거조사주의설)과 직권탐지주의보충설은 사실상 별다른 차이가 없게 된다.

---

95) 이상규, 신행정법론(상)(제5전정판), 1986, 751면.
96) 정하중, 행정법개론, 2007, 773면.
97) 박균성, 앞의 책, 1200면.

(마) 판례의 태도

판례의 태도를 정리하면 다음과 같다. i) 당사자주의, 변론주의가 원칙이며, 직권증거조사는 예외적으로만 허용된다. ii) 직권증거조사는 소송기록에 나타난 사항에 관하여서만 인정된다. iii) 청구의 범위 내에서만 직권증거조사가 가능하다. iv) 원처분사유와 기본적 사실관계의 동일성이 없는 사유를 직권으로 인정하는 것은 직권심사주의의 한계를 벗어난 것으로 위법하다. v) 직권증거조사는 법원이 필요하다고 인정할 때에 한하여 행하여진다.

판례

행정소송에 있어서 직권심리의 범위: 행정소송법 제26조가 법원은 필요하다고 인정할 때에는 직권으로 증거조사를 할 수 있고, 당사자가 주장하지 아니한 사실에 대하여도 판단할 수 있다고 규정하고 있지만, 이는 행정소송의 특수성에 연유하는 당사자주의, 변론주의에 대한 일부 예외 규정일 뿐 법원이 아무런 제한 없이 당사자가 주장하지 아니한 사실을 판단할 수 있는 것은 아니고, 일건 기록에 현출되어 있는 사항에 관하여서만 직권으로 증거조사를 하고 이를 기초로 하여 판단할 수 있을 따름이고, 그것도 법원이 필요하다고 인정할 때에 한하여 청구의 범위 내에서 증거조사를 하고 판단할 수 있을 뿐이다(대법원 1994. 10. 11. 선고 94누4820 판결 등).

라. 직권심리에 관한 행정소송법 제26조의 법의와 법원의 석명권의 한계: 행정소송법 제26조는 법원이 필요하다고 인정할 때에는 직권으로 증거조사를 할 수 있고 당사자가 주장하지 아니한 사실에 대하여 판단할 수 있다고 규정하고 있으나, 이는 행정소송에 있어서 원고의 청구범위를 초월하여 그 이상의 청구를 인용할 수 있다는 뜻이 아니라 원고의 청구범위를 유지하면서 그 범위 내에서 필요에 따라 주장 외의 사실에 관하여 판단할 수 있다는 뜻이고 또 법원의 석명권은 당사자의 진술에 모순, 흠결이 있거나 애매하여 그 진술의 취지를 알 수 없을 때 이를 보완하여 명료하게 하거나 입증책임 있는 당사자에게 입증을 촉구하기 위하여 행사하는 것이지 그 정도를 넘어 당사자에게 새로운 청구를 할 것을 권유하는 것은 석명권의 한계를 넘어서는 것이다.

마. 참가압류처분 무효확인청구소송에서 참가압류해제신청에 대한 거부처분에 관하여 직권으로 심리판단하지 아니하거나, 석명권을 행사하여 예비적으로 위 거부처분의 취소청구로 경정하도록 권유하지 아니한 조치의 적부(적극): 국세징수법 제24조 제1항에 의한 압류처분에 대한 무효확인청구와 같은 법 제53조에 의한 압류해제신청을 거부한 처분에 대한 취소청구는 각 별개의 독립된 청구이므로, 참가압류처분무효확인청구의 소송에서 심판의 대상이 되지 아니한 참가압류해제신청에 대한 거부처분에 관하여 직권으로 심리판단하지 아니하거나, 석명권을 행사하여 원고에게 예비적으로 위 거부처분의 취소청구로 갱정하도록 권유하지 아니하였다고 하여 행정소송에 있어서의 직권심리조사의 범위에 관한 법리오해나 석명권 불행사의 위법을 저질렀다고 할 수 없다(대법원

1992. 3. 10. 선고 91누6030 판결 [참가압류무효확인]): <해설> 판시사항 중 '갱정'은 '경정(바르게 고침)'의 잘못된 표현이다.

행정소송에서 기록상 자료가 나타나 있다면 당사자가 주장하지 않더라도 판단할 수 있는지 여부(적극): 행정소송에서 기록상 자료가 나타나 있다면 당사자가 주장하지 않았더라도 판단할 수 있고, 당사자가 제출한 소송자료에 의하여 법원이 처분의 적법 여부에 관한 합리적인 의심을 품을 수 있음에도 단지 구체적 사실에 관한 주장을 하지 아니하였다는 이유만으로 당사자에게 석명을 하거나 직권으로 심리·판단하지 아니함으로써 구체적 타당성이 없는 판결을 하는 것은 행정소송법 제26조의 규정과 행정소송의 특수성에 반하므로 허용될 수 없다(대법원 2010. 2. 11. 선고 2009두18035 판결).

같은 국가유공자 비해당결정이라도 그 사유가 공무수행과 상이 사이에 인과관계가 없다는 것과 본인 과실이 경합되어 있어 지원대상자에 해당할 뿐이라는 것은 기본적 사실관계의 동일성이 없다고 보아야 한다. 따라서 처분청이 공무수행과 사이에 인과관계가 없다는 이유로 국가유공자 비해당결정을 한 데 대하여 법원이 그 인과관계의 존재는 인정하면서 직권으로 본인 과실이 경합된 사유가 있다는 이유로 그 처분이 정당하다고 판단하는 것은 행정소송법이 허용하는 직권심사주의의 한계를 벗어난 것으로서 위법하다(대법원 2013. 8. 22. 선고 2011두26589 판결).

명의신탁등기 과징금 부과처분과 장기미등기 과징금 부과처분 중 어느 하나의 처분사유에 의한 과징금 부과처분에 대하여 당해 처분사유가 아닌 다른 처분사유가 존재한다는 이유로 적법하다고 판단할 수 있는지 여부(원칙적 소극): 부동산 실권리자명의 등기에 관한 법률은 누구든지 부동산에 관한 물권을 명의신탁약정에 따라 명의수탁자의 명의로 등기하여서는 아니 된다고 하고(제3조 제1항), 이를 위반한 명의신탁자에게는 해당 부동산 가액의 100분의 30에 해당하는 금액의 범위에서 과징금(이하 '명의신탁등기 과징금'이라고 한다)을 부과하도록 규정하고 있다(제5조 제1항 제1호). 또한 부동산의 소유권이전을 내용으로 하는 계약을 체결하고 반대급부의 이행이 사실상 완료된 날부터 3년 이내에 소유권이전등기를 신청하지 아니한 등기권리자 등에게는 부동산평가액의 100분의 30의 범위에서 과징금(이하 '장기미등기 과징금'이라고 한다)을 부과하도록 규정하고 있다(제10조 제1항).

이와 같이 명의신탁등기 과징금과 장기미등기 과징금은 위반행위의 태양, 부과 요건, 근거 조항을 달리하므로, 각 과징금 부과처분의 사유는 상호 간에 기본적 사실관계의 동일성이 있다고 할 수 없다. 그러므로 그중 어느 하나의 처분사유에 의한 과징금 부과처분에 대하여 당해 처분사유가 아닌 다른 처분사유가 존재한다는 이유로 적법하다고 판단하는 것은 특별한 사정이 없는 한 행정소송법상 직권심사주의의 한계를 넘는 것으로서 허용될 수 없다(대법원 2017. 5. 17. 선고 2016두53050 판결 [과징금부과처분취소]).

3. 행정심판기록 제출명령

법원은 당사자의 신청이 있는 때에는 결정으로써 재결을 행한 행정청에 대하여 행정심판에 관한 기록의 제출을 명할 수 있다(행정소송법 제25조 제1항). 제1항의 규정에 의한 제출명령을 받은 행정청은 지체없이 당해 행정심판에 관한 기록을 법원에 제출하여야 한다(행정소송법 제25조 제2항). 이는 원고 측의 증거수집의 곤란을 덜어주고, 전심심리의 내용을 소송에서 적극적으로 활용하기 위한 것이다.

여기서 '행정심판에 관한 기록'이란 당해 사건과 관련하여 행정심판위원회에 제출된 일체의 서류를 의미한다. 그러므로 행정심판청구서와 그에 대한 답변서 및 재결서뿐만 아니라, 행정심판위원회의 회의록 기타 행정심판위원회의 심리를 위하여 제출된 모든 증거와 기타의 자료를 포괄한다고 보아야 한다.

한편 위 규정은 행정심판에 관한 기록의 제출을 명할 수 있다는 것일 뿐이고, 원고가 직접 행정청에 대하여 처분과 관련된 서류를 열람하거나 복사를 청구할 수 있는 권리를 인정하는 것은 아니다. 행정소송에서 원고의 지위를 피고와 대등하게 하기 위해서는 행정청이 보유하고 있는 처분 관련 서류의 열람 및 복사청구권이 인정되어야 할 것이다.[98]

행정심판기록 제출명령을 규정하고 있는 행정소송법 제25조는 공법상 당사자소송에도 준용된다(행정소송법 제44조 제1항).

4. 주장책임과 입증책임

가. 주장책임

(1) 의 의

변론주의 하에서 주요사실은 당사자가 변론에서 주장하지 않으면, 판결의 기초로 삼을 수 없다는 원칙을 말한다.

(2) 주장책임자

행정소송에 있어 직권주의가 가미되어 있다고 하여도 여전히 당사자주의·변론주의를 그 기본구조로 하는 이상 행정처분의 위법을 들어 그 취소를 청구함에 있어서는 직권조사 사항을 제외하고는 그 취소를 구하는 자가 위법사유에 해당하는 구체적인 사실을 먼저 주장하여야 한다(대법원 1995. 7. 28. 선고 94누12807 판결; 대법원 2000. 3. 23. 선고 98두2768

98) 박윤흔·정형근, 최신 행정법강의(상)(개정30판), 2009, 845면.

판결 등).

(3) 행정소송에 있어서 주장책임의 내용

주장책임은 주요사실에 대하여만 인정되며, 간접사실과 보조사실은 주장책임의 대상이 되지 않는다.

주장책임은 어느 당사자든지 변론에서 주장하였으면 족하고, 당사자 중 누가 진술하였는가는 문제되지 않는다(주장공통의 원칙).

항고소송에 있어서 원고는 전심절차에서 주장하지 아니한 공격방어방법을 소송절차에서 주장할 수 있고 법원은 이를 심리하여 행정처분의 적법 여부를 판단할 수 있는 것이므로, 원고가 전심절차에서 주장하지 아니한 처분의 위법사유를 소송절차에서 새롭게 주장하였다고 하여 다시 그 처분에 대하여 별도의 전심절차를 거쳐야 하는 것은 아니다(대법원 1996. 6. 14. 선고 96누754 판결). 따라서 원고가 취소소송 중에 전심절차에서는 주장하지 않았던, 과세처분에 절차상 하자가 있다는 주장을 하였더라도 법원은 이 주장사실을 심리하여 과세처분의 위법 여부를 판단할 수 있다(대법원 1987. 5. 26. 선고 86누136 판결).

기록상 자료가 나타나 있음에도 불구하고 당사자가 구체적 사실에 관한 주장을 하지 아니하였다는 이유만으로 심리·판단하지 아니함으로써 구체적 타당성이 없는 판결을 하는 것은 위법하다(대법원 2010. 2. 11. 선고 2009두18035 판결). 소송기록에 나타난 사항에 대하여는 당사자의 소극적 주장이 행하여진 것으로 볼 수 있다.

나. 입증책임

(1) 의 의

입증책임이란 소송과정에서 어떠한 사실의 존부가 확정되지 않을 때 그러한 사실이 존재하지 아니한 것으로 취급하고 법적 판단을 하게 됨으로써 당사자 일방이 받게 되는 위험 또는 불이익을 말한다. 사실존부(事實存否)의 불명사태는 직권탐지주의 아래에서도 발생할 수 있기 때문에 입증책임은 변론주의뿐만 아니라 직권탐지주의 아래에서도 문제된다. 따라서 행정소송에 있어서도 입증책임의 원칙에 따라 구체적으로 당사자 어느 쪽이 불이익을 입어야 하느냐 하는 문제는 발생한다.

(2) 학 설

(가) 원고책임설

취소소송에서의 입증책임은 원고에게 있다고 하는 학설로서 행정행위의 적법성 추정 또는 공정력에 관한 이론을 그 논거로 하고 있다. 하지만 오늘날 공정력은 절차법적 효력으로서 잠정적 통용력에 불과하며 적법성을 추정하는 효력은 없다고 보고 있다. 따라서 공정력과 입증책임 사이에는 아무런 관련이 없다고 보는 것이 일반적이다.

(나) 피고책임설

법치행정의 원리상 국가행위의 적법성은 국가가 담보하여야 하므로, 행정행위의 적법성의 입증책임은 피고인 국가에 있다는 학설이다. 이 견해에 대하여는 행정행위에는 부담적 행정행위뿐만 아니라 수익적 행정행위도 있고, 소송상 행정청과 국민은 대등한 당사자임에도 불구하고 사실존부에 관한 진위(眞僞)가 불명(不明)일 경우의 위험을 모두 행정청에만 지우는 것은 부당하다는 비판이 제기된다.

(다) 법률요건분류설

민사소송과 마찬가지로 행정소송에 있어서도 각 당사자는 자기에게 유리한 법규범의 모든 요건사실의 존재에 관하여 입증책임을 진다고 보는 견해이다. 즉 권리를 주장하는 자는 그에게 유리한 권리근거규정에 해당하는 요건사실을 입증하여야 하고, 그 권리를 부인하는 상대방은 권리장애·권리소멸·권리저지 규정에 해당하는 요건사실을 입증하여야 한다는 것이다. 이 견해가 통설이다.

이 견해에 대하여는 사법규정은 대등한 당사자 사이의 이해를 조정하기 위한 규정인 동시에 재판규범으로서의 성질을 가지므로 입증책임의 합리적 분배의 원리를 그 안에 포함시켜 입법되었다고 볼 수 있음에 반하여, 행정법규는 공익과 사익의 조정을 내용으로 하고 재판규범이라기 보다는 행정기관에 대한 행위규범으로서의 성격을 가지고 있으므로 민사소송법상의 원칙을 행정소송에 그대로 적용할 수는 없다는 비판이 가해진다.

(라) 행정법독자분류설

행정소송에서의 입증책임은, 행정소송의 특수성을 감안하여 당사자 간의 공평, 사안의 성질, 입증의 난이(難易) 등에 의하여 구체적 사안에 따라 개별적으로 결정되어야 한다는 학설이다. 그러한 관점에서 i) 국민의 권리·이익을 제한하는 처분은 피고인 행정청이 그 적법성에 대한 입증책임을 지고, ii) 개인의 권리·이익의 확장은 원고인 개인이 입증책임을 지며, iii) 재량권의 일탈·남용은 원고가 입증책임을 진다고 본다.[99)]

그러나 행정법독자분류설은 법률요건분류설을 유형화시켜 놓은 것에 불과하므로 실

99) 김남진·김연태, 앞의 책, 716면; 박윤흔·정형근, 앞의 책, 848면.

질적으로 법률요건분류설과 다를 바가 없다는 비판이 가능하다.[100)]

(3) 판 례

판례가 입증책임 분배에 관하여 어떠한 입장을 취하고 있는지는 분명하지 않다. 학설 중에는 판례가 법률요건분류설을 따르고 있다고 보는 견해도 있고,[101)] 행정법독자분류설의 입장을 취하고 있다고 해석하는 견해도 있다.[102)] 판례는 행정소송에 있어서의 입증책임도 원칙적으로 민사소송의 일반원칙에 따라 당사자 간에 분배되어야 한다고 보지만, 다만 그 경우에도 항고소송의 특성을 아울러 고려하도록 하고 있다(대법원 1984. 7. 24. 선고 84누124 판결).

판례

민사소송법의 규정이 준용되는 행정소송에 있어서 입증책임은 원칙적으로 민사소송의 일반원칙에 따라 당사자간에 분배되고 항고소송의 경우에는 그 특성에 따라 당해 처분의 적법을 주장하는 피고에게 그 적법사유에 대한 입증책임이 있다 할 것인바, 피고가 주장하는 당해 처분의 적법성이 합리적으로 수긍할 수 있는 일응의 입증이 있는 경우에는 그 처분은 정당하다 할 것이며 이와 상반되는 주장과 입증은 그 상대방인 원고에게 그 책임이 돌아간다(대법원 1984. 7. 24. 선고 84누124 판결).

(4) 구체적 검토

행정소송에서의 입증책임을 구체적으로 검토하여 보면 다음과 같다.

첫째, 소송요건(처분성, 원고적격 및 피고적격, 행정심판 전치 여부, 제소기간의 준수 등)은 직권조사 사항이지만, 그 존부가 불분명한 경우에는 부적법한 소로서 원고가 불이익을 받게 되므로 원고에게 입증책임이 있다.

둘째, 국민의 자유와 권리를 제한하거나 의무를 부과하는 처분의 취소를 구하는 소송에서는 피고인 행정청이 처분의 적법성에 대한 입증책임을 진다. 반면에 개인이 자신의 권리·이익 영역의 확장을 구하는 소송에서는 원고인 개인이 그 청구권을 뒷받침하는 사실에 대한 입증책임을 진다.

따라서 과세처분의 위법을 이유로 그 취소를 구하는 행정소송에 있어 처분의 적법성 및 과세요건사실의 존재에 관하여는 원칙적으로 과세관청이 그 입증책임을 부담하므로

100) 홍정선, 행정법원론(상)(제19판), 2011, 988면.
101) 김동희, 행정법Ⅰ(제14판), 2008, 746면.
102) 박윤흔·정형근, 앞의 책, 849면.

(대법원 1996. 4. 26. 선고 96누1627 판결), 처분청은 과세표준 산정의 기준이 되는 소득뿐만 아니라 비용에 대하여도 특별한 사정이 없는 이상 이를 입증하여야 한다. 반대로 과세대상이 된 토지가 비과세 혹은 면제대상이라는 점은 이를 주장하는 납세의무자에게 입증책임이 있다(대법원 1996. 4. 26. 선고 94누12708 판결).

각종 사회보장 급부청구에 대한 거부처분에 대하여는 그 거부사유가 원래 급부요건을 갖추지 못하였음을 이유로 하는 경우에는 급부를 청구한 자가 급부요건사실에 대한 입증책임을 지고(대법원 2004. 4. 9. 선고 2003두12530 판결 등), 급부청구권 발생에 장애사유가 있거나 일단 발생한 급부청구권이 소멸하였음을 이유로 하는 경우에는 처분청에 입증책임이 있다.

셋째, 처분의 절차적 적법성에 대하여는 적극적 처분이든 소극적 처분이든 모두 피고인 행정청에 입증책임이 있다.

넷째, 행정청의 재량행위가 재량권을 일탈·남용하였음을 이유로 한 취소소송에서는 원고가 일탈·남용사실에 대한 입증책임을 진다. 재량처분에 있어서는 행정청이 재량을 그르친 경우에도 근거규정과의 관계에서 당·부당의 문제가 생기는 것에 그치는 것이며, 예외적으로 그것이 위법하게 되는 것은 근거규정에 위반하였기 때문이 아니라 비례원칙·평등원칙 등에 위반하였기 때문이다. 즉 재량행위의 근거규정과 그 한계를 획정하는 이들 불문법원리는 원칙-예외의 관계에 있는바, 후자는 일종의 권리장애 규정으로 보아야 할 것이기 때문이다.[103] 판례도 동일한 입장을 취하고 있다(대법원 2021. 7. 29. 선고 2021두33593 판결).

다섯째, 무효확인소송에 있어서 무효사유에 대한 입증책임에 대하여는 다음과 같이 학설의 대립이 있다.

① 원고책임설: 무효확인소송에서 주장되는 하자의 중대·명백성은 예외에 속하는 특별한 사정이라는 점 등을 이유로, 당해 처분 등의 무효사유에 대하여는 취소소송에서의 취소사유와는 달리 원고에게 그 주장·입증책임이 있다고 보는 견해이다. 이것이 판례의 태도이기도 하다(대법원 2000. 3. 23. 선고 99두11851 판결 등).

② 일반원칙설: 이 견해는 i) 무효등확인소송은 항고소송의 일종으로서, 다투어지는 것은 처분 등의 적법 여부인 점에서 취소소송과 다를 것이 없을 뿐만 아니라, ii) 취소사유인 하자와 무효사유인 하자의 구분이 상대적이고, iii) 하자의 중대·명백성 여부는 사실인정의

---

103) 김동희, 행정법 I (제14판), 2008, 747면.

문제가 아니라 법해석 내지 경험칙에 의하여 판단될 문제이므로 입증책임과는 직접 관련되지 아니한다고 본다. 그리하여 무효등확인소송에 있어서도 처분 등의 적법성을 뒷받침하는 요건사실에 대하여는 피고인 행정청이 입증책임을 부담하는 것이 타당하다고 본다.104)

판례

구 산업재해보상보험법 제4조 제1호에서 규정하는 '업무상 재해'로 인정되기 위한 업무와 재해발생 사이의 인과관계에 관한 입증책임의 소재와 입증 정도 및 판단 기준: 구 산업재해보상보험법(1999. 12. 31. 법률 제6073호로 개정되기 전의 것) 제4조 제1호 에서 말하는 '업무상 재해'라 함은 근로자가 업무 수행중 그 업무에 기인하여 발생한 재해를 말하는 것이므로, 업무와 재해발생 사이에 상당인과관계가 있어야 하고 이 경우 근로자의 업무와 질병 또는 위 질병에 따른 사망 간의 인과관계에 관하여는 이를 주장하는 측에서 입증하여야 하지만, 그 인과관계는 반드시 의학적, 자연과학적으로 명백히 입증하여야만 하는 것은 아니고, 근로자의 취업당시 건강상태, 질병의 원인, 작업장에 발병원인물질이 있었는지 여부, 발병원인물질이 있는 작업장에서의 근무기간 등 제반 사정을 고려할 때 업무와 질병 또는 그에 따른 사망 사이에 상당인과관계가 있다고 추단되는 경우에도 입증이 있다고 보아야 할 것이고, 업무와 재해 사이의 상당인과관계의 유무는 보통 평균인이 아니라 당해 근로자의 건강과 신체조건을 기준으로 판단하여야 할 것이다(대법원 2004. 4. 9. 선고 2003두12530 판결).

국가유공자 인정 요건, 즉 공무수행으로 상이를 입었다는 점이나 그로 인한 신체장애의 정도가 법령에 정한 등급 이상에 해당한다는 점은 국가유공자 등록신청인이 증명할 책임이 있지만, 그 상이가 '불가피한 사유 없이 본인의 과실이나 본인의 과실이 경합된 사유로 입은 것'이라는 사정, 즉 지원대상자 요건에 해당한다는 사정은 국가유공자 등록신청에 대하여 지원대상자로 등록하는 처분을 하는 처분청이 증명책임을 진다고 보아야 한다(대법원 2013. 8. 22. 선고 2011두26589 판결).

Ⅳ. 위법판단의 기준시

1. 일반적인 취소소송의 경우

행정처분은 통상 그 처분이 행하여질 당시의 사실 및 법률 상태를 기초로 하여 이루어진다.105) 그런데, 처분 후 사실상태 또는 법률상태가 변경되는 경우가 있다. 이 경우에

104) 이상규, 신행정법론(상)(제5전정판), 1986, 757면.

105) 행정처분은 통상 처분시의 법령 및 사실상태를 기준으로 행하여지는 것이 원칙이지만, 경우에 따라서는 사실관계의 종결시, 신청시, 위반행위시를 기준으로 행하여질 수도 있다(그에 관한 자세한 내용은 행정법총론 제3편 제3장 제9절 Ⅰ. 개설 중의 '2. 행정처분에의 적용법률'을 참고하기 바람). 이는 행정청이 행정처분을 하는데 있어 어느 시점의 법령 및 사실상태를 기준으로 삼아야 하

있어서 법원이 본안심리의 결과 처분의 위법 여부를 판단함에 있어서 어느 시점의 법률 및 사실 상태를 기준으로 하여야 할 것인가 하는 문제가 제기되는데, 이에 관하여는 처분시설과 판결시설 등이 대립하고 있다.

가. 학 설

(1) 처분시설

행정처분의 위법 여부의 판단은 처분시의 법령 및 사실 상태를 기준으로 하여야 한다는 견해이다. 이 학설이 판례 및 통설의 입장이다. 그 주요 논거는 다음과 같다. ① 판결시설에 따라 법원이 처분 후의 변화한 사정을 참작하여 처분의 위법성을 판단하게 되면 법원이 행정감독적 기능을 수행하게 되며, 그것은 행정청의 제1차적 판단권을 침범하는 것이 되어 권력분립의 원칙에 반한다. ② 판결시설에 의하면 처분시에 위법한 행위가 후일의 법령의 개폐에 의하여 적법하게 되거나, 반대로 적법한 행위가 사후에 위법하게도 될 수 있어 법치주의에 반하게 된다.[106)]

한편 행정처분의 위법 여부를 판단하는 기준 시점이 처분시라고 하는 의미는 행정처분이 있을 때의 법령과 사실상태를 기준으로 하여 위법 여부를 판단한다는 의미이며, 처분 후 법령의 개폐나 사실상태의 변동에 영향을 받지 않는다는 뜻이지, 처분 당시 보유하였던 처분자료나 행정청에 제출되었던 자료만으로 위법 여부를 판단한다는 의미는 아니다(대법원 1995. 11. 10. 선고 95누8461 판결 등).

판례

행정처분의 위법 여부를 판단하는 기준 시점이 처분시라는 의미: 행정처분의 위법 여부를 판단하는 기준 시점에 대하여 판결시가 아니라 처분시라고 하는 의미는 행정처분이 있을 때의 법령과 사실상태를 기준으로 하여 위법 여부를 판단할 것이며 처분 후 법령의 개폐나 사실상태의 변동에 영향을 받지 않는다는 뜻이지 처분 당시 존재하였던 자료나 행정청에 제출되었던 자료만으로 위법 여부를 판단한다는 의미는 아니므로 처분 당시의 사실상태 등에 대한 입증은 사실심 변론종결 당시까지 할 수 있고, 법원은 행정처분 당시 행정청이 알고 있었던 자료뿐만 아니라 사실심 변론종결 당시까지 제출된 모든

는가의 문제인 것이다.
한편 취소소송의 심리와 관련된 위법판단의 기준시는 처분이 행하여진 후 사실상태 또는 법률상태가 변경되는 경우에 법원이 처분의 위법 여부를 판단함에 있어서 어느 시점의 법률 및 사실상태를 기준으로 삼아야 할 것인지의 문제이다. 이하 위법판단의 기준시와 관련해서는 논의의 편의상 처분시만이 아니라 사실관계의 종결시, 신청시, 위반행위시를 모두 포함하여 이를 처분시로 통칭하고, 이에 대비되는 시점인 판결시(정확히는 사실심 변론종결시)와 구분하여 논의를 전개하기로 한다.

106) 김남진·김연태, 행정법 I (제27판), 2023, 982면.

자료를 종합하여 처분 당시 존재하였던 객관적 사실을 확정하고 그 사실에 기초하여 처분의 위법 여부를 판단할 수 있다(대법원 1995. 11. 10. 선고 95누8461 판결).

(2) 판결시설

취소소송의 목적은 당해 처분이 현행 법규에 비추어 유지될 수 있는가 여부를 판단·선언하는 데에 있으므로, 처분의 위법 여부는 판결시(변론종결시)를 기준으로 하여 판단하여야 한다는 견해이다.

(3) 절충설

행정행위의 위법성 판단은 원칙적으로 처분시를 기준으로 하여야 하나, 예외적으로 지속적 행정행위, 미집행 행정행위 및 일련의 행정행위들에 있어서는 위법성 판단을 사실심 변론종결시로 하는 것이 타당하다는 학설이다.[107)]

나. 평 가

법치행정 및 개인의 신뢰보호의 원칙상 행정처분의 위법성 여부는 행정처분이 행하여졌을 때의 법령과 사실상태를 기준으로 하여 판단하여야 하고, 처분 후 법령의 개폐나 사실상태의 변동에 의하여 영향을 받지는 않는다고 보아야 할 것이다(대법원 2002. 7. 9. 선고 2001두10684 판결; 대법원 2008. 7. 24. 선고 2007두3930 판결 등). 즉 행정행위의 발령 후에 행정행위의 근거된 법적 상황이나 사실상태의 변화는 행정행위의 적법·위법 여부의 판단에 아무런 영향을 미치지 아니한다. 다시 말하자면 행정처분 후의 법령 및 사실상태의 변동은 이미 적법하게 발령된 행정행위를 위법하게 하지도 아니하며, 또한 위법하게 발령된 행정행위를 적법하게 만들지도 아니한다.[108)]

다만 이미 발령된 행정행위에 대하여 행정청이 이를 변화된 법적·사실적 상황에 맞추어야 할 필요성이 있다고 판단하는 경우에는 행정행위의 철회가 문제될 뿐이다.

2. 거부처분 취소소송의 경우

가. 처분시설

판례 및 학설의 일반적 견해는 취소소송에서 위법성 판단의 기준시점을 처분시로 하

---

107) 정하중, "취소소송에서 처분의 위법성판단 기준시점", 인권과 정의 제339호, 2004. 11, 113면.
108) 홍정선, 앞의 책, 393면.

여야 한다는 원칙을 거부처분 취소소송에서도 그대로 관철하고 있다. 이 입장에 따르면 처분시를 기준으로 거부처분이 위법하면 처분 후 근거법령이 변경되거나 사실관계가 변경된 경우에도 당해 거부처분을 취소하여야 한다.

이 경우 거부처분 후 확정판결 전에 법령이 개정되거나 사실관계에 변동이 생겨 판결시를 기준으로 한다면 기각판결을 내리는 것이 타당한 경우에도 인용판결(거부처분 취소판결)을 내릴 수밖에 없는 경우가 발생할 수 있게 된다. 그런데 거부처분 취소판결이 확정되면 행정청은 재처분의무를 지게 되고(행정소송법 제30조 제2항), 이 때의 재처분은 새로운 처분이므로 재처분시의 법령 및 사실상태를 기준으로 행하여져야 한다. 그리하여 위 인용판결이 내려져도 처분청은 처분 후의 사정변경을 이유로 다시 거부처분을 할 수 있으므로 인용판결이 권리구제에 기여하지 못할 뿐만 아니라 나아가 판결의 권위를 떨어뜨리며 판결에 대한 국민의 불신을 야기할 수도 있다.

나. 판결시설

이 학설은 거부처분 취소소송의 경우 인용판결은 행정소송법 제30조 제2항과 결부되어 신청에 따른 재처분의무를 행정청에 부과한다는 점에서 실질적으로 의무이행소송의 역할과 기능을 하고 있으므로 일반적인 취소소송과는 성질상 구별되어야 한다고 본다. 즉 의무이행소송은 판결시의 법적·사실적 상황에서 원고의 청구권이 존재하는지 여부가 결정적인 의미를 갖기 때문에 위법성 판단의 기준시는 판결시(사실심 변론종결시)가 될 수밖에 없다. 그런데 거부처분 취소소송은 의무이행소송의 역할과 기능을 하고 있으므로, 행정청의 거부처분에 대한 취소소송에 있어서의 위법성 판단의 기준시점은 판결시를 기준으로 하는 것이 타당하다는 것이다.[109)]

다. 평 가

일반적인 취소소송과는 달리 거부처분 취소소송은 실질적으로 의무이행소송과 같은 역할과 기능을 하고 있으므로, 그 위법성 판단의 기준시점은 판결시(사실심 변론종결시)로 보는 것이 타당하다는 견해도 일리가 있다.

생각건대, 처분시설에 의할 경우 비록 거부처분취소판결(원고승소판결)이 내려졌다고 할지라도 거부처분 이후에 법령이나 사실상태가 변경되었을 경우 이후 재처분시에는 다시 거부처분이 내려질 수도 있다. 이 경우 인용판결이 원고의 권리구제에 기여하지 못할

109) 정하중, 앞의 논문, 113-114면.

뿐만 아니라, 나아가 판결의 권위를 떨어뜨리며 판결에 대한 국민의 불신을 야기할 수 있다. 그러나 i) 일단 거부처분취소판결(원고승소판결)이 내려지면 피고가 소송비용의 부담을 지게 된다는 점, ii) 행정소송은 원고의 권익구제뿐만 아니라 행정통제적 기능도 수행하고 있는바, 일단 거부처분취소판결(원고승소판결)이 내려지면 피고는 인사평정 등에서 불이익을 받게 되고 따라서 피고로 하여금 향후 행정처분을 함에 있어서 신중을 기하게 하는 효과를 거둘 수 있다는 점, iii) 재처분시에 다시 거부처분이 내려진다고 할지라도, 원고로서는 거부처분취소판결(원고승소판결)을 통하여 당해 처분의 위법성을 확인할 수 있으므로, 현행법상 처분의 위법성을 확인하는 소송이 인정되고 있지 않는 단점을 보완할 수 있다는 점, iv) 거부처분에 대하여 의무이행소송이 가능한 경우에도 취소소송을 제기할 수 있다는 것이 일반적으로 받아들여지고 있는바, 의무이행소송에 있어서 위법성 판단의 기준시는 판결시(사실심 변론종결시)가 될 수밖에 없다고 할지라도, 취소소송에 대해서까지 위법성 판단의 기준시를 판결시로 할 논리적 필연성은 없다는 점 등에 등에 비추어 볼 때 처분시설이 타당하다고 생각된다.

판례

행정소송에서 행정처분의 위법 여부는 행정처분이 행하여졌을 때의 법령과 사실 상태를 기준으로 하여 판단하여야 하고, 처분 후 법령의 개폐나 사실상태의 변동에 의하여 영향을 받지는 않으므로, 난민 인정 거부처분의 취소를 구하는 취소소송에서도 그 거부처분을 한 후 국적국의 정치적 상황이 변화하였다고 하여 처분의 적법 여부가 달라지는 것은 아니다(대법원 2008.7.24. 선고 2007두3930 판결).

3. 부작위위법확인소송의 경우

부작위위법확인소송의 경우에는 아무런 처분도 존재하지 않으므로 처분시설을 적용할 수가 없다. 부작위위법확인소송에서 판결시까지 행정청이 그 신청에 대하여 적극 또는 소극의 처분을 함으로써 부작위상태가 해소된 때에는 소의 이익을 상실하게 되고(대법원 1990. 9. 25. 선고 89누4758 판결), 부작위가 위법하다는 판결이 확정되면 행정청은 판결의 취지에 따라 처분을 하여야 하므로(행정소송법 제38조 제2항, 제30조 제2항), 부작위위법확인소송에서의 판단의 대상은 변론종결 당시 처분의무의 존재 유무이다. 따라서 이 경우에는 판결시(변론종결시)를 기준으로 부작위상태의 위법 여부를 판단하여야 한다.

[제54회 사법시험 문제] 甲은 주택을 소유하고 있었는데 그 지역이 한국토지주택공사가 사업자가 되어 시행하는 주택건설사업의 사업시행지구로 편입되면서 甲의 주택도 수용되었다. 사업시행자인 한국토지주택공사는 「공익사업을 위한 토지 등의 취득 및 보상에 관한 법률」 제78조에 따라 이주대책의 일환으로 주택특별공급을 실시하기로 하였다. 그 후 甲은 「주택공급에 관한 규칙」 제19조 제1항 제3호 규정에 따라 A아파트입주권을 특별분양하여 줄 것을 신청하였다. 그런데 한국토지주택공사는 甲이 A아파트의 입주자모집공고일을 기준으로 무주택세대주가 아니어서 특별분양 대상자에 해당되지 않는다는 이유로 특별분양신청을 거부하였다.

1) 甲이 한국토지주택공사를 피고로 하여 특별분양신청 거부처분취소소송을 제기한 경우, 그 적법성은? (제소기간은 준수한 것으로 본다) (15점)

2) 취소소송을 제기하기 전에 특별분양신청 거부에 대하여 행정심판을 제기하려는 경우, 甲이 제기할 수 있는 행정심판법상의 권리구제수단에 대하여 검토하시오. (15점)

3) 취소소송의 계속 중에 입주자모집공고일 당시 무주택세대주였다는 甲의 주장이 사실로 인정될 상황에 처하자 한국토지주택공사는 甲의 주택이 무허가주택이었기 때문에 甲은 특별분양대상자에 해당되지 않는다고 처분사유를 변경하였고, 심리결과 甲의 주택이 무허가주택이었음이 인정되었다. 이 경우 법원은 변경된 처분사유를 근거로 甲의 청구를 기각할 수 있는가? 법원의 판결 확정 후 한국토지주택공사가 甲의 주택이 무허가주택임을 이유로 특별분양신청을 재차 거부할 수 있는지 여부도 함께 검토하시오. (20점)

Ⅴ. 처분사유의 추가·변경

1. 의 의

처분사유의 추가·변경이란 행정처분 당시에 제시된 처분사유를 변경하거나 다른 사유를 추가하는 것을 말한다. 행정처분에는 근거 법규상의 처분요건이 있고 행정청은 처분요건에 해당하는 사실을 인정하여 처분을 하기 때문에, 모든 행정처분에는 행정청이 처분시에 인정한 근거 사실과 적용한 근거 법규가 존재하고, 이 양자를 합하여 처분사유 또는 처분이유라고 한다. 그런데 행정청이 처분시에 사실인정을 그르치거나 근거 법규의 해석·적용을 잘못한 경우가 있을 수 있다. 이와 같은 경우에 취소소송의 심리과정에서 행정청이 처분시 객관적으로 존재하였지만 처분사유로 삼지 않았던 새로운 사실상 및 법률상의 근거를 처분의 적법성을 뒷받침할 사유로서 소송상 주장하는 것이 가능한지가 문제된다.

공무원에 대한 징계처분의 사유로서 법령준수의무 위반을 제시하였다가 소송 도중에

성실의무 위반으로 그 사유를 변경하거나 추가하는 경우가 이러한 예에 해당된다.

2. 유사제도와의 관계

처분사유의 추가·변경은 이유제시의 하자에 대한 치유와 구별된다.

이유제시의 하자란 행정절차법 제23조 제1항에 따라 처분이유를 제시하여야 함에도 불구하고, 처분이유를 전혀 제시하지 아니한 경우(형식상의 하자), 처분이유를 불충분하게 제시한 경우(내용상 하자)를 말한다. 이유제시의 하자의 치유란 위 하자가 사후에 보완되어 없어지는 것을 말한다. 이유제시의 하자의 치유는 기본적 사실관계의 동일성의 범위를 벗어나도 허용된다고 보아야 한다. 이유제시의 하자는 행정절차법상의 하자에 관한 문제로서, 행정쟁송 제기 이전까지만 그 보완이 가능하다는 것이 판례의 태도이다(대법원 1983. 7. 26. 선고 82누420 판결).

처분사유의 추가·변경은 처분시에 이미 존재하였지만 처분사유로 내세우지 않았던 사유를 행정쟁송(행정심판과 행정소송) 계속 중에 처분사유로 주장하는 것이다. 처분사유의 추가·변경은 처분 당시에 처분에 하자가 있을 것을 전제로 하지 않으며, 기본적 사실관계의 동일성이 유지되는 범위 내에서만 가능하다. 아울러 처분사유의 추가·변경은 소송법상의 문제로서, 사실심의 변론종결시까지도 허용된다는 것이 판례의 태도이다(대법원 1997. 5. 16. 선고 96누8796 판결).

3. 허용 여부

가. 긍정설

i) 소송의 대상이 되는 것은 처분의 위법성·적법성 일반이고, 처분사유는 공격·방어방법에 불과하다는 점, ii) 이를 허용하지 않으면 계쟁처분에 대하여 취소판결(원고승소판결)이 선고된 이후에도 처분청은 추가·변경하고자 하는 처분사유을 근거로 다시 동일한 내용의 처분을 하게 되어 소송경제 및 분쟁의 일회적 해결의 요청에 반하게 된다는 점 등을 근거로, 소송물의 변경이 없는 한 처분사유의 추가·변경을 긍정하는 견해이다.

나. 부정설

이 견해는 취소소송의 소송물은 그 처분이유에서 특정된 개개의 위법사유라고 보는 입장에서 주로 주장된다. 이러한 입장에서는 당초의 처분사유를 다른 사유로 대체하는 것은, 별개의 새로운 행정처분에 의하여 행하여져야 할 것이므로, 처분사유의 추가·변경은 허용되지 않는다고 보게 된다.

다. 제한적 긍정설

처분사유의 추가·변경에 대하여 원칙적으로는 이를 인정하면서도 합리적인 범위 내에서 이를 제한하여야 한다는 견해이다. 그 객관적 범위와 관련하여서는 '처분의 동일성'을 해치지 않는 범위라야 한다는 점에 대하여 견해가 일치하고 있다. 이것이 판례의 입장이기도 하다.

여기서 '처분의 동일성'이 무엇인지에 관하여 판례는 이유부기제도의 취지, 행정처분의 상대방인 국민의 신뢰보호 및 방어권 보장의 관점에서 당초처분의 근거로 삼은 사유와 '기본적 사실관계의 동일성'이 인정되는 한도 내에서만 이를 추가·변경할 수 있다고 하여 기본적 사실관계의 동일성을 처분의 동일성 판단기준으로 보고 있다(대법원 2001. 3. 23. 선고 99두6392 판결; 대법원 2003. 12. 11. 선고 2001두8827 판결 등).

라. 개별적 결정설

이 견해는 기속행위·재량행위, 제재처분, 거부행위 등 행위의 유형 및 취소소송·의무이행소송 등 소송의 유형에 따라 처분사유의 추가·변경의 허용범위를 달리 정하여야 한다고 본다.

이 견해에 따르면 의무이행소송에서는 판결시를 기준으로 처분의 적법 여부에 대하여 판결하므로 처분사유의 추가·변경이 자유롭게 인정되어야 한다. 거부처분취소소송에서는 분쟁의 일회적 해결을 위하여 제재처분취소소송에서보다 처분사유의 추가·변경이 넓게 인정될 필요가 있다. 법원의 심사권이 넓게 인정되는 기속행위에서도 분쟁의 일회적 해결을 위하여 재량행위에서보다 처분사유의 추가·변경이 넓게 인정될 필요가 있다고 본다.[110)]

마. 평 가

긍정설은 처분을 하는 때에는 그 처분이유를 제시하도록 한 행정절차법의 취지를 몰각한 것이므로 부당하다(행정절차법 제23조 제1항). 부정설은 소송경제 및 분쟁의 일회적 해결의 요청에 반한다. 개별적 결정설은 획일적인 기준이 아니므로 법적 안정성을 해친다는 비판이 가능하다. 결국 소송경제 및 분쟁의 일회적 해결의 요청과 원고의 방어권 보장 및 신뢰보호의 요청을 조화시킨다는 점에서 제한적 긍정설이 타당하다.

110) 박균성, 행정법론(상)(제10판), 2011, 1222면.

4. 허용기준 및 그 한계

가. 취소쟁송 등이 적법하게 제기된 이후일 것

처분사유의 추가·변경은 취소쟁송 등이 적법하게 제기된 이후에 이루어져야 한다. 취소쟁송 등이 적법하게 제기되기 이전에 이루어진 추가·변경은 이유부기의 하자의 치유문제이지, 처분사유의 추가·변경이 아니다.

나. 기본적 사실관계의 동일성이 유지될 것

처분사유의 추가·변경은 기본적 사실관계의 동일성이 인정되는 범위 내에서만 가능하다. 처분사유의 추가·변경으로 인하여 기본적 사실관계가 변경된다면 이는 소송물이 변경된 것에 해당되어, 이 경우 소의 변경을 하여야 할 것이기 때문이다.

여기서 기본적 사실관계의 동일성은 일반적으로 시간적·장소적 근접성, 행위의 태양·결과 등의 제반 사정을 종합적으로 고려하여, "처분사유를 법률적으로 평가하기 이전의 구체적인 사실에 착안하여 그 기초가 되는 사회적 사실관계가 기본적인 점에서 동일한지 여부에 따라 결정된다"(대법원 2001. 3. 23. 선고 99두6392 판결; 대법원 2003. 12. 11. 선고 2001두8827 판결 등).

따라서 처분청이 처분 당시에 적시한 구체적 사실을 변경하지 아니하는 범위 내에서 단지 그 처분의 근거 법령만을 추가·변경하거나 당초의 처분사유를 구체적으로 표시하는 것에 불과한 경우에는 새로운 처분사유를 추가하거나 변경하는 것이라고 볼 수 없다(대법원 2008. 2. 28. 선고 2007두13791,13807 판결 등). 그러나 처분의 근거 법령을 변경하는 것이 종전 처분과 동일성을 인정할 수 없는 별개의 처분을 하는 것과 다름없는 경우에는 변경이 허용될 수 없다(대법원 2011. 5. 26. 선고 2010두28106 판결). 한편 추가 또는 변경된 사유가 당초의 처분시 그 사유를 명기하지 않았을 뿐 처분시에 이미 존재하고 있었고 당사자도 그 사실을 알고 있었다 하여 무조건 당초의 처분사유와 동일성이 있는 것이라고 말할 수는 없다(대법원 2003. 12. 11. 선고 2001두8827 판결).

판례

[1] **행정처분의 취소소송에서 당초의 처분사유와 기본적 사실관계의 동일성이 없는 별개의 사실을 처분사유로 주장하거나 인정할 수 있는지 여부(소극) 및 기본적 사실관계의 동일성 유무의 판단 기준**: 행정처분의 취소를 구하는 소송에 있어서는 실질적 법치주의와 행정처분의 상대방인 국민에 대한 신뢰보호라는 견지에서, 처분청은 당초의 처분사유와 기본적 사실관계에 있어서 동일성

이 인정되는 한도 내에서만 새로운 처분사유를 추가하거나 변경할 수 있을 뿐, 기본적 사실관계와 동일성이 없는 별개의 사실을 들어 처분사유로서 주장함은 허용되지 아니하고, 법원으로서도 당초 처분사유와 기본적 사실관계의 동일성이 없는 사실은 이를 처분사유로 인정할 수 없다고 할 것이며, 여기서 기본적 사실관계의 동일성 유무는 처분사유를 법률적으로 평가하기 이전의 구체적인 사실에 착안하여 그 기초가 되는 사회적 사실관계가 기본적인 점에서 동일한지 여부에 따라 결정된다.

[2] 의료보험요양기관 지정취소처분의 당초의 처분사유인 구 의료보험법(1999. 2. 8. 법률 제5857호로 개정되기 전의 것) 제33조 제1항이 정하는 본인부담금 수납대장을 비치하지 아니한 사실과 항고소송에서 새로 주장한 처분사유인 같은 법 제33조 제2항이 정하는 보건복지부장관의 관계서류 제출명령에 위반하였다는 사실은 기본적 사실관계의 동일성이 없다고 한 사례(대법원 2001. 3. 23. 선고 99두6392 판결).

[2] **행정처분의 취소를 구하는 항고소송에 있어서 당초의 처분사유와 기본적 사실관계의 동일성이 없는 별개의 사실을 처분사유로 주장하는 것을 허용하지 아니하는 입법취지 및 추가 또는 변경된 사유가 당초의 처분시 이미 존재하고 있었고 당사자도 그 사실을 알고 있었다 하여 당초의 처분사유와 동일성이 있는 것인지 여부(소극)**: 행정처분의 취소를 구하는 항고소송에 있어서, 처분청은 당초 처분의 근거로 삼은 사유와 기본적 사실관계가 동일성이 있다고 인정되는 한도 내에서만 다른 사유를 추가하거나 변경할 수 있고, 여기서 기본적 사실관계의 동일성 유무는 처분사유를 법률적으로 평가하기 이전의 구체적인 사실에 착안하여 그 기초인 사회적 사실관계가 기본적인 점에서 동일한지 여부에 따라 결정되며 이와 같이 기본적 사실관계와 동일성이 인정되지 않는 별개의 사실을 들어 처분사유로 주장하는 것이 허용되지 않는다고 해석하는 이유는 행정처분의 상대방의 방어권을 보장함으로써 실질적 법치주의를 구현하고 행정처분의 상대방에 대한 신뢰를 보호하고자 함에 그 취지가 있고, 추가 또는 변경된 사유가 당초의 처분시 그 사유를 명기하지 않았을 뿐 처분시에 이미 존재하고 있었고 당사자도 그 사실을 알고 있었다 하여 당초의 처분사유와 동일성이 있는 것이라 할 수 없다.

[3] 당초의 정보공개거부처분사유인 공공기관의정보공개에관한법률 제7조 제1항 제4호 및 제6호의 사유는 새로이 추가된 같은 항 제5호의 사유와 기본적 사실관계의 동일성이 없다고 한 사례(대법원 2003. 12. 11. 선고 2001두8827 판결).

[3] **처분청이 처분 당시 적시한 구체적 사실을 변경하지 아니하는 범위 내에서 처분의 근거 법령만을 추가·변경하는 것이 허용되는지 여부(원칙적 적극) 및 처분의 근거 법령 변경이 허용되지 아니하는 경우**: 행정처분이 적법한지는 특별한 사정이 없는 한 처분 당시 사유를 기준으로 판단하면 되고, 처분청이 처분 당시 적시한 구체적 사실을 변경하지 아니하는 범위 내에서 단지 처분의 근거 법령만을 추가·변경하는 것은 새로운 처분사유의 추가라고 볼 수 없으므로 이와 같은 경우에는 처분청이 처분 당시 적시한 구체적 사실에 대하여 처분 후 추가·변경한 법령을 적용하여 처분의 적법 여부를 판단하여도 무방하다. 그러나 처분의 근거 법령을 변경하는 것이 종전 처분과 동일성을 인정할 수

없는 별개의 처분을 하는 것과 다름없는 경우에는 허용될 수 없다.

[4] 행정청이 점용허가를 받지 않고 도로를 점용한 사람에 대하여 도로법 제94조에 의한 변상금 부과처분을 하였다가 처분에 대한 취소소송이 제기된 후 해당 도로가 도로법의 적용을 받는 도로에 해당하지 않을 경우를 대비하여 처분의 근거 법령을 도로의 소유자가 국가인 부분은 구 국유재산법(2009. 1. 30. 법률 제9401호로 전부 개정되기 전의 것, 이하 같다) 제51조와 그 시행령 등으로, 소유자가 서울특별시 종로구인 부분은 구 공유재산 및 물품관리법(2010. 2. 4. 법률 제10006호로 개정되기 전의 것, 이하 같다) 제81조와 그 시행령 등으로 변경하여 주장한 사안에서, 도로법과 구 국유재산법령 및 구 공유재산 및 물품관리법령의 해당 규정은 별개 법령에 규정되어 입법 취지가 다르고, 해당 규정내용을 비교하여 보면 변상금의 징수목적, 산정 기준금액, 징수 재량 유무, 징수절차 등이 서로 달라 위와 같이 근거 법령을 변경하는 것은 종전 도로법 제94조에 의한 변상금 부과처분과 동일성을 인정할 수 없는 별개의 처분을 하는 것과 다름 없어 허용될 수 없으므로, 이와 달리 판단한 원심판결에 법리를 오해한 위법이 있다고 한 사례(대법원 2011. 5. 26. 선고 2010두28106 판결).

컨테이너를 설치하여 사무실 등으로 사용하는 갑 등에게 관할 시장이 건축법 제2조 제1항 제2호의 건축물에 해당함에도 같은 법 제11조의 따른 건축허가를 받지 않고 건축하였다는 이유로 원상복구명령 및 계고처분을 하였다가 이에 대한 취소소송에서 같은 법 제20조 제3항 위반을 처분사유로 추가한 사안에서, 당초 처분사유인 '건축법 제11조 위반'과 추가한 추가사유인 '건축법 제20조 제3항 위반'은 위반행위의 내용이 다르고 위법상태를 해소하기 위하여 거쳐야 하는 절차, 건축기준 및 허용가능성이 달라지므로 그 기초인 사회적 사실관계가 동일하다고 볼 수 없어 처분사유의 추가·변경이 허용되지 않는다고 한 사례(대법원 2021. 7. 29. 선고 2021두34756 판결 [시정명령및계고처분취소]).

다. 추가·변경사유의 기준시: 추가·변경사유는 당초처분 당시부터 존재하고 있었을 것

처분사유의 추가·변경은 기본적 사실관계가 동일하다고 해서 모두 인정되는 것은 아니고 그 시적(時的)인 범위도 충족해야 한다. 이는 행정처분의 위법판단의 기준시와도 연결되는 문제이다.

처분의 위법성 판단시점을 처분시로 보는 경우에는 당초처분이 발령될 당시의 사유로서 기본적 사실관계의 동일성이 인정되는 것만이 추가·변경이 가능한 사유이고, 처분 이후에 발생한 새로운 사실적·법적 사유를 추가하거나 그러한 사유로 변경할 수는 없다. 처분시 이후에 위와 같은 사정변경이 있는 경우 처분청은 사정변경을 이유로 계쟁처분을 직권취소하고 이를 대체하는 새로운 처분을 할 수 있는바, 이 경우 당초의 처분에 대한 취소소송은 소익을 상실하고(대법원 2006. 9. 28. 선고 2004두5317 판결), 원고는 처분변경으로 인한 소의 변경을 신청할 수 있다.

처분의 위법성 판단시점을 판결시로 보는 경우 처분청은 처분이 발령된 후 판결시까지 사이에 발생한 새로운 사실적·법적 상황을 주장할 수 있게 된다. 이것은 기본적 사실관계의 동일성을 요하지 않는다는 점에서 엄밀한 의미에서의 처분사유의 추가·변경은 아니지만, 처분의 정당화사유로 주장된다는 점에서 처분사유의 추가·변경과 유사하다.[111]

라. 소송물의 범위 내일 것

처분사유의 추가·변경은 소송물의 범위 내에서 인정된다.

따라서 취소소송의 소송물을 개개의 위법사유라고 보는 입장에서는 처분사유의 추가·변경을 인정할 여지가 거의 없을 것이다.

처분사유의 추가·변경은 취소소송의 소송물을 처분의 위법성 일반으로 보는 견해에서 긍정된다. 다만 그 경우에도 추가·변경은 기본적 사실관계의 동일성이라는 객관적 한계 및 처분시에 존재하고 있었던 사유라는 시적인 한계의 제약을 받게 된다.

한편 소송물의 범위 내일 것이라는 요건과 기본적 사실관계의 동일성이 유지될 것이라는 요건이 결과적으로 일치하게 된다는 견해도 있으나,[112] 취소소송에서의 소송물과 기본적 사실관계의 동일성은 전혀 별개의 개념이고 아울러 그 범위도 상호 다르므로 수긍하기 힘들다고 보여진다.

마. 사실심의 변론종결시 이전일 것

처분사유의 추가·변경은 사실심의 변론종결시까지만 허용된다(대법원 1997. 5. 16. 선고 96누8796 판결).

5. 효 과

처분사유의 추가·변경이 인정됨에도 불구하고, 처분청이 처분사유의 추가·변경을 하지 아니한 상태에서 계쟁처분에 대한 취소판결이 확정된 경우에는, 취소판결의 기속력(반복금지효)의 제약을 받기 때문에 추가·변경이 가능하였던 처분사유를 들어 다시 동일한 내용의 처분을 할 수 없게 된다.

111) 박균성, 앞의 책, 1224면.

112) 박균성, 앞의 책, 1224면.

VI. 소의 변경

소송의 계속 후 청구를 변경하는 것 즉 청구취지, 청구원인 등의 전부 또는 일부를 변경하는 것을 소의 변경이라고 한다. 단순한 공격방어방법의 변경은 소의 변경이 아니다. 행정소송법은 소의 종류의 변경에 관한 규정(제21조)과 처분변경으로 인한 소의 변경(제22조)에 관한 규정을 두고 있다. 이 외에도 민사소송법상의 소의 변경에 관한 규정이 행정소송에서도 준용될 수 있는가 하는 문제가 대두된다.

1. 소의 종류의 변경

가. 의의

법원은 취소소송을 당해 처분 등에 관계되는 사무가 귀속하는 국가 또는 공공단체에 대한 당사자소송 또는 취소소송 외의 항고소송으로 변경하는 것이 상당하다고 인정할 때에는 청구의 기초에 변경이 없는 한 사실심의 변론종결시까지 원고의 신청에 의하여 결정으로써 소의 변경을 허가할 수 있다(행정소송법 제21조 제1항).

이와 같은 소의 종류의 변경은 피고의 변경을 수반하는 경우가 있다는 점에서 민사소송에서의 소의 변경과 다르다고 할 수 있다. 행정소송에서는 그 소의 종류가 다양한 까닭에 자신의 권리구제를 위하여 어떤 소송의 종류를 선택하여야 하는지 명확하지 않는 경우가 많아 소의 종류를 잘못 선택할 위험성이 높다고 할 수 있다. 따라서 행정구제의 실효성을 높이기 위해서는 소의 종류의 변경을 허용할 필요가 있는 것이다.

나. 요 건

(1) 변경의 대상이 되는 소가 적법하게 제기되어 사실심에 계속 중이고, 사실심 변론종결 전이어야 한다.

(2) 청구의 기초에 변경이 없어어야 한다. 민사소송에서 소의 변경의 요건으로 요구되는 청구의 기초의 동일성의 판단기준에 대하여는 이익설, 사실설, 병용설 등이 있으나, 그 적용 결과에 대하여는 큰 차이가 없는 것으로 알려져 있다. 다만 소의 변경을 인정하는 취지에 비추어 볼 때 전후의 소송이 달성하려는 이익이 동일하고, 동일한 사실적 기반에서 있어 소송자료를 공통으로 사용할 수 있는 경우를 말한다고 할 수 있을 것이다.[113]

(3) 소의 변경이 상당하다고 인정되어야 한다. 상당성은 각 사건에 따라 구체적으로

113) 김철용·최광률, 주석 행정소송법, 2004. 621면.

판단할 것이지만 소송자료의 이용 가능성, 다른 구제수단의 존재 여부, 소송경제, 새로운 피고에 입히는 불이익의 정도 등을 종합적으로 고려하여야 할 것이다.[114)]

(4) 취소소송을 당해 처분 등에 관계되는 사무가 귀속하는 국가 또는 공공단체에 대한 당사자소송 또는 취소소송 외의 항고소송으로 변경하는 것이어야 한다. 또한 행정소송법 제21조는 제37조와 제42조에 의하여 취소소송 이외의 항고소송과 당사자소송에도 준용되므로, 무효등확인소송이나 부작위위법확인소송을 취소소송 또는 당사자소송으로, 당사자소송을 항고소송으로 변경할 수도 있다.

요약하면 항고소송(취소소송·무효등확인소송·부작위위법확인소송) 사이의 소의 변경뿐만 아니라, 항고소송과 당사자소송 사이의 소의 변경도 가능하다.

(5) 변경되는 소가 적법하게 제기될 수 있어야 한다. 따라서 무효등확인소송을 취소소송으로 변경하는 경우 제소기간은 준수되어야 한다.

판례

공법상 법률관계에 관한 당사자소송의 피고적격 및 원고가 고의 또는 중대한 과실 없이 당사자소송으로 제기하여야 할 것을 항고소송으로 잘못 제기한 경우, 법원이 취할 조치: 공법상의 법률관계에 관한 당사자소송에서는 그 법률관계의 한쪽 당사자를 피고로 하여 소송을 제기하여야 한다(행정소송법 제3조 제2호, 제39조). 다만 원고가 고의 또는 중대한 과실 없이 당사자소송으로 제기하여야 할 것을 항고소송으로 잘못 제기한 경우에, 당사자소송으로서의 소송요건을 결하고 있음이 명백하여 당사자소송으로 제기되었더라도 어차피 부적법하게 되는 경우가 아닌 이상, 법원으로서는 원고가 당사자소송으로 소 변경을 하도록 하여 심리·판단하여야 한다(대법원 2016. 5. 24. 선고 2013두14863 판결).

다. 절 차

(1) 직권에 의한 소의 종류의 변경은 있을 수 없고, 그 변경을 위해서는 원고의 신청이 있어야 한다.

(2) 피고의 변경을 수반하는 소의 변경 신청이 있는 경우, 법원은 그 허가결정에 앞서 새로이 피고가 될 자의 의견을 들어야 한다(행정소송법 제21조 제2항). 의견을 듣는 방법에는 아무런 제한이 없다.

(3) 소의 종류의 변경을 위해서는 법원의 허가결정이 있어야 한다. 위 허가결정은 피고에게 고지되어야 하고, 피고가 변경되는 소 변경의 경우에는 허가결정의 정본을 새로운

---

114) 위의 책, 623면.

피고에게 송달하여야 한다(행정소송법 제21조 제4항, 제14조 제2항).

라. 효 과

(1) 소의 변경을 허가하는 결정이 확정되면, 변경되기 전의 소는 취하된 것으로 본다(행정소송법 제21조 제4항, 제14조 제5항).

(2) 소의 변경을 허가하는 결정이 확정되면 새로운 소는 제소기간과 관련하여 변경되기 전의 구소를 제기한 때에 제기된 것으로 본다(행정소송법 제21조 제4항, 제14조 제4항).

(3) 종전의 소송자료, 증거자료는 당사자의 원용 없이도 변경 후의 소송에 그대로 승계된다.

2. 처분변경으로 인한 소의 변경

가. 의 의

행정청이 소송의 대상인 처분을 소가 제기된 후 변경한 때에는 원고의 신청에 의하여 결정으로써 청구의 취지 또는 원인의 변경을 허가할 수 있다(행정소송법 제22조 제1항). 예를 들면 운전면허취소처분에 대하여 취소소송이 진행되는 도중에 행정청이 이를 6개월의 면허정지처분으로 변경한 경우에, 원고가 전자에 대한 소를 후자에 대한 소로 변경한 경우가 그러한 경우에 해당된다.

원래 행정청은 행정소송이 진행되는 동안에도 직권 또는 행정심판의 재결에 따라 행정소송의 대상이 된 처분을 변경할 수 있는 것이며, 이 경우 원고로서는 종전의 처분에 대한 소송을 취하하고 새로운 처분에 대하여 다시 소송을 제기하여야 권익구제를 받을 수 있는바, 이는 소송경제 및 개인의 권익구제기능에 반한다. 그리하여 행정소송법 제22조는 처분변경으로 인한 소의 변경을 인정하고 있는바, 이는 소의 각하 내지 취하나 새로운 소의 제기라는 무용한 절차의 반복을 배제하여 간편하고도 신속하게 개인의 권익구제를 확보하기 위한 것이다.[115)]

나. 적용범위

처분변경으로 인한 소의 변경은 취소소송, 무효등확인소송 및 당사자소송에서 인정되고 있다(행정소송법 제22조, 제38조 제1항, 제44조 제1항). 그런데 부작위위법확인의 소에 있어서는 행정소송법 제22조(처분변경으로 인한 소의 변경)를 준용하는 규정이 없다. 그리하

115) 홍정선, 행정법원론(상)(제19판), 2011, 970면.

여 부작위에 대하여 부작위위법확인소송을 제기한 후 행정청의 거부처분이 있는 경우에 행정소송법 제22조가 아니라, 행정소송법 제37조 및 제21조(소의 종류의 변경)의 규정에 의해 거부처분에 대한 취소소송으로 소를 변경하는 것이 가능한지에 대하여 논란이 있다. ① 부정설은 행정소송법 제37조의 취지가 행정소송을 제기할 당시에 소의 종류를 잘못 선택할 위험이 있어 이 규정에 의해 소의 종류의 변경을 인정한 것이므로 소 제기 이후 부작위가 거부처분으로 발전한 경우에는 부작위위법확인소송을 거부처분취소소송으로 변경할 수 없다고 본다. ② 긍정설은 행정소송법 제22조를 부작위위법확인소송에 준용하지 않고 있는 것은 입법의 불비이므로 해석을 통하여 이를 보완할 필요성이 있고, 따라서 제소 후 부작위가 거부처분으로 발전한 경우에는 행정소송법 제37조 및 제21조를 적용하여 부작위위법확인소송을 거부처분취소소송으로 변경할 수 있다고 본다.

다. 요 건

(1) 당해 소송의 대상인 처분이 소의 제기 후에 행정청에 의하여 변경되어야 한다. 처분의 변경은 원처분에 대한 적극적인 변경이거나 일부취소를 가리지 않는다.

(2) 처분의 변경이 있음을 안 날로부터 60일 이내에 신청하여야 하여야 한다.

(3) 소의 변경의 일반적 요건으로 변경의 대상이 되는 소가 적법하게 제기되어 사실심에 계속 중이고, 사실심 변론종결 전이어야 한다.

라. 효 과

(1) 소의 변경을 허가하는 결정이 확정되면 당초의 소가 처음에 제기된 때에 변경한 내용의 신소가 제기된 것으로 본다.

(2) 처분변경으로 인한 새로운 소는 행정심판 전치주의가 적용되는 경우에도 전치요건을 갖춘 것으로 본다(행정소송법 제22조 제3항).

3. 민사소송법에 의한 소의 변경

가. 의 의

앞서 살펴본 2가지 소의 변경 이외에도 행정소송법 제8조 제2항[116]에 따라, 민사소송법에 의한 소의 변경이 가능한지가 문제된다.

116) 행정소송법 제8조(법적용례) ② 행정소송에 관하여 이 법에 특별한 규정이 없는 사항에 대하여는 법원조직법과 민사소송법 및 민사집행법의 규정을 준용한다.

행정소송법이 규정한 소의 변경은 민사소송법상의 소의 변경에 관한 규정의 특칙이라고 할 것이고, 행정소송법상의 소의 변경에 관한 규정이 민사소송법상의 소의 변경을 배척하는 것은 아니므로 행정소송에 있어서도 원칙상 민사소송법에 의한 소의 변경이 가능하다(대법원 1999. 11. 26. 선고 99두9407 판결).

민사소송법에 의하여 소의 변경이 이루어지는 경우는 다음과 같이 2가지로 나누어 볼 수 있다.

나. 소송의 종류의 변경에 이르지 않고, 아울러 처분의 변경에 의하지 않는 소의 변경

소송의 종류의 변경에 이르지 않고, 아울러 처분의 변경에 의하지 않는 소의 변경에 관하여는 행정소송법에 규정하는 바가 없다. 따라서 이 경우에는 민사소송법에 근거하여 소 변경이 이루어 질 수밖에 없다. 예를 들면 처분의 일부취소만을 구하다가 전부취소를 구하는 것으로 청구취지를 확장하거나, 소송의 대상이 될 수 없는 중간단계의 처분의 취소를 구하다가 소송의 대상이 될 수 있는 최종단계의 처분의 취소를 구하는 것으로 소를 변경하는 것 등이 이에 해당한다.[117)]

다. 행정소송과 민사소송 사이의 소의 변경

행정소송과 민사소송 사이에 소의 변경이 일반적으로 가능한지에 대하여는 다음과 같이 학설의 대립이 있다.

(1) 부정설

ⅰ) 민사소송법상의 소의 변경은 신·구청구가 동종의 소송절차에 의하여 심리될 수 있는 경우에만 가능한 것인바, 민사소송과 행정소송은 동종의 소송절차가 아니라는 점, ⅱ) 민사소송법상 소의 변경은 법원과 당사자의 동일성을 유지하면서 오로지 청구가 변경되는 경우만을 가리키는바, 행정소송과 민사소송은 관할 법원을 달리하는 문제가 있고, 무효확인소송과 같은 항고소송을 부당이득반환청구와 같은 민사소송으로 변경하는 경우 피고가 처분청에서 국가 등으로 되는 것과 같이 당사자가 변경된다는 점 등에 비추어 민사소송을 행정소송으로 변경하거나 행정소송을 민사소송으로 변경하는 것은 허용되지 않는다고 보는 견해이다.[118)]

---

117) 홍정선, 앞의 책, 971면.

118) 법원행정처, 법원실무제요(행정)(전정증보), 1997, 209면.

(2) 긍정설

i) 실무상 어떤 청구가 민사소송인지 행정소송인지 구별이 분명하지 않은 경우가 적지 않다는 점, ii) 실무상 무효확인소송을 부당이득반환청구소송으로 변경하는 것과 같이 항고소송을 처분을 원인으로 하는 민사소송으로 변경하는 경우 피고가 처분청에서 국가 등으로 변경되지만 양자는 그 실질에 있어 동일성을 유지하고 있다는 점, iii) 항고소송과 민사소송은 관할 법원을 달리하는 문제가 있지만 행정법원은 일반 사법법원으로부터 독립된 법원이 아니라 사법법원의 하나로서 전문법원에 불과한 것이므로 행정법원이 당해 민사사건을 심판하는 것도 가능하고, 소의 변경으로 인하여 관할권이 없게 된다면 관할 법원으로 이송하여 문제를 해결할 수도 있을 것이라는 점, iv) 당사자의 권리구제나 소송경제를 위하여 민사소송과 행정소송 사이에서도 소의 변경을 허용하여야 한다는 점 등을 들어 이를 긍정하는 견해가 유력하다.[119)]

(3) 판 례

판례는 ① 행정소송으로 제기하여야 할 사건을 민사소송으로 잘못 제기한 경우, 수소법원이 그 행정소송에 대한 관할도 동시에 가지고 있다면 이를 행정소송으로 심리·판단하여야 하고, 그 행정소송에 대한 관할을 가지고 있지 아니하다면 이를 부적법한 소라고 하여 각하할 것이 아니라 관할 법원에 이송하여야 한다고 보고 있으며(대법원 1997. 5. 30. 선고 95다28960 판결; 대법원 1999. 11. 26. 선고 97다42250 판결), ② 나아가 청구의 기초가 바뀌지 않는 경우, 공법상 당사자소송에서 민사소송으로의 소 변경도 허용된다고 보고 있다(대법원 2023. 6. 29. 선고 2022두44262 판결).

판례

행정사건을 민사사건으로 오해하여 민사소송을 제기한 경우, 수소법원이 취하여야 할 조치: 행정소송법 제7조는 원고의 고의 또는 중대한 과실 없이 행정소송이 심급을 달리하는 법원에 잘못 제기된 경우에 민사소송법 제31조 제1항을 적용하여 이를 관할 법원에 이송하도록 규정하고 있을 뿐 아니라, 관할 위반의 소를 부적법하다고 하여 각하하는 것보다 관할 법원에 이송하는 것이 당사자의 권리구제나 소송경제의 측면에서 바람직하므로, 원고가 고의 또는 중대한 과실 없이 행정소송으로 제기하여야 할 사건을 민사소송으로 잘못 제기한 경우, 수소법원으로서는 만약 그 행정소송에 대한 관할도 동시에 가지고 있다면 이를 행정소송으로 심리·판단하여야 하고, 그 행정소송에 대한 관할을 가지고 있지 아니하다면 당해 소송이 이미 행정소송으로서의 전심절차 및 제소기간을 도과

119) 홍정선, 앞의 책, 971-972면.

하였거나 행정소송의 대상이 되는 처분 등이 존재하지도 아니한 상태에 있는 등 행정소송으로서의 소송요건을 결하고 있음이 명백하여 행정소송으로 제기되었더라도 어차피 부적법하게 되는 경우가 아닌 이상 이를 부적법한 소라고 하여 각하할 것이 아니라 관할 법원에 이송하여야 한다(대법원 1997. 5. 30. 선고 95다28960 판결). <해설> 행정소송으로 제기하여야 할 사건을 민사소송으로 잘못 제기한 경우, 사실상 행정소송으로의 소변경을 허용하고 있는 판례이다.

청구의 기초가 바뀌지 않는 경우, 공법상 당사자소송에서 민사소송으로 소 변경이 허용되는지 여부(적극): 공법상 당사자소송의 소 변경에 관하여 행정소송법은, 공법상 당사자소송을 항고소송으로 변경하는 경우(행정소송법 제42조, 제21조) 또는 처분변경으로 인하여 소를 변경하는 경우(행정소송법 제44조 제1항, 제22조)에 관하여만 규정하고 있을 뿐, 공법상 당사자소송을 민사소송으로 변경할 수 있는지에 관하여 명문의 규정을 두고 있지 않다.

그러나 공법상 당사자소송에서 민사소송으로의 소 변경이 금지된다고 볼 수 없다. 이유는 다음과 같다.

① 행정소송법 제8조 제2항은 행정소송에 관하여 민사소송법을 준용하도록 하고 있으므로, 행정소송의 성질에 비추어 적절하지 않다고 인정되는 경우가 아닌 이상 공법상 당사자소송의 경우도 민사소송법 제262조에 따라 청구의 기초가 바뀌지 아니하는 한도 안에서 변론을 종결할 때까지 청구의 취지를 변경할 수 있다.

② 한편 대법원은 여러 차례에 걸쳐 행정소송법상 항고소송으로 제기해야 할 사건을 민사소송으로 잘못 제기한 경우 수소법원으로서는 원고로 하여금 항고소송으로 소 변경을 하도록 석명권을 행사하여 행정소송법이 정하는 절차에 따라 심리·판단해야 한다고 판시해 왔다. 이처럼 민사소송에서 항고소송으로의 소 변경이 허용되는 이상, 공법상 당사자소송과 민사소송이 서로 다른 소송절차에 해당한다는 이유만으로 청구기초의 동일성이 없다고 해석하여 양자 간의 소 변경을 허용하지 않을 이유가 없다.

③ 일반 국민으로서는 공법상 당사자소송의 대상과 민사소송의 대상을 구분하기가 쉽지 않고 소송 진행 도중의 사정변경 등으로 인해 공법상 당사자소송으로 제기된 소를 민사소송으로 변경할 필요가 발생하는 경우도 있다. 소 변경 필요성이 인정됨에도, 단지 소 변경에 따라 소송절차가 달라진다는 이유만으로 이미 제기한 소를 취하하고 새로 민사상의 소를 제기하도록 하는 것은 당사자의 권리 구제나 소송경제의 측면에서도 바람직하지 않다.

따라서 공법상 당사자소송에 대하여도 청구의 기초가 바뀌지 아니하는 한도 안에서 민사소송으로 소 변경이 가능하다고 해석하는 것이 타당하다(대법원 2023. 6. 29. 선고 2022두44262 판결). <해설> 행정소송으로 제기하여야 할 사건을 민사소송으로 잘못 제기한 경우, 그동안 판례는 행정소송으로의 소 변경을 허용하고 있었다(대법원 1997. 5. 30. 선고 95다28960 판결 참고). 하지만 행정소송과 민사소송 사이에 소 변경이 일반적으로 허용되는지에 관하여는 여전히 다툼의 여지가 있었다. 이 판결은 공법상 당사자소송에서 민사소송으로의 소

변경을 허용함으로써 행정소송과 민사소송 사이의 소 변경이 일반적으로 허용될 수 있다는 취지의 판시를 한 최초의 판결이라고 볼 수 있다.

라. 효 과

소의 변경을 허가하는 결정이 확정되면, 당초의 소가 처음에 제기된 때에 변경한 내용의 신소가 제기된 것으로 본다.

판례

원고가 행정소송법상 항고소송으로 제기해야 할 사건을 민사소송으로 잘못 제기하여 수소법원이 관할법원에 이송하는 결정을 하고 이송결정이 확정된 후 원고가 항고소송으로 소 변경을 한 경우, 그 항고소송에 대한 제소기간 준수 여부를 판단하는 기준 시기(=처음 소를 제기한 때): 행정소송법 제8조 제2항은 "행정소송에 관하여 이 법에 특별한 규정이 없는 사항에 대하여는 법원조직법과 민사소송법 및 민사집행법의 규정을 준용한다."라고 규정하고 있고, 민사소송법 제40조 제1항은 "이송결정이 확정된 때에는 소송은 처음부터 이송받은 법원에 계속된 것으로 본다."라고 규정하고 있다. 한편 행정소송법 제21조 제1항, 제4항, 제37조, 제42조, 제14조 제4항은 행정소송 사이의 소 변경이 있는 경우 처음 소를 제기한 때에 변경된 청구에 관한 소송이 제기된 것으로 보도록 규정하고 있다. 이러한 규정 내용 및 취지 등에 비추어 보면, 원고가 행정소송법상 항고소송으로 제기해야 할 사건을 민사소송으로 잘못 제기한 경우에 수소법원이 그 항고소송에 대한 관할을 가지고 있지 아니하여 관할법원에 이송하는 결정을 하였고, 그 이송결정이 확정된 후 원고가 항고소송으로 소 변경을 하였다면, 그 항고소송에 대한 제소기간의 준수 여부는 원칙적으로 처음에 소를 제기한 때를 기준으로 판단하여야 한다(대법원 2022. 11. 17. 선고 2021두44425 판결). <해설> 「공익사업을 위한 토지 등의 취득 및 보상에 관한 법률」에 따라 공장이주대책용지의 공급대상자로 선정된 원고는 피고로부터 2019. 1. 16.자로 공장이주대책용지 매매계약을 해제한다는 취지의 행정처분인 이 사건 처분을 통보받고 2019. 2. 26. 이를 다투는 취지의 소를 민사소송(이 사건 매매계약 해제가 부적법함을 이유로 매매계약에 따른 소유권이전등기절차의 이행을 구하는 민사소송)으로 잘못 제기하였다. 이후 이 사건 소가 행정소송에 해당하여 관할위반이라는 이유로 관할법원으로 이송하는 결정이 확정된 다음, 원고는 주위적으로 이 사건 처분(피고가 2019. 1. 16. 원고에 대하여 한 공장이주대책 대상자 선정결정 취소처분)의 무효확인을, 예비적으로 이 사건 처분의 취소를 구하는 항고소송으로 소 변경을 하였다.

위와 같은 사실관계를 앞서 본 법리에 비추어 보면, 이 사건 소 중 상고심 심판대상인 예비적 청구 부분은 처음에 소가 제기된 2019. 2. 26.에 제기된 것으로 보아야 하므로, 결국 제소기간 내에 적법하게 제기되었다고 본 사안이다.

Ⅶ. 관련청구소송의 이송 및 병합

1. 의 의

항고소송 특히 취소소송에 있어서는 한편으로는 위법한 처분 등의 취소 또는 변경을 구함과 더불어, 다른 한편으로는 처분 등과 관련되는 손해배상이나 부당이득반환 등을 청구할 필요가 있는 경우가 적지 않다. 이 경우 취소소송은 처분청을 피고로 하여 제기하여야 하는데, 손해배상·부당이득반환 등 청구소송은 공법상 당사자소송 또는 민사소송으로서 국가 또는 공공단체를 피고로 하게 되며, 그 관할법원에서 있어서도 차이가 있다.

이러한 경우에 취소소송과 이와 관련된 수개의 청구를 하나의 소송절차에서 통일적으로 심판하게 되면, 심리의 중복이나 재판의 모순·저촉을 피하고 당사자나 법원의 부담을 경감할 수 있는바, 이러한 취지에서 행정소송법 제10조[120]는 취소소송이 제기된 경우 관련청구소송의 이송과 병합을 인정하고 있다.

한편 행정소송법 제10조는 무효등확인소송(제38조 제1항)·부작위위법확인소송(제38조 제2항)·당사자소송(제44조 제2항)·민중소송과 기관소송(제46조 제1항)에도 준용된다. 따라서 항고소송(취소소송·무효등확인소송·부작위위법확인소송) 및 당사자소송에 관련청구소송인 민사소송을 이송 또는 병합할 수는 있다는 것에는 의문이 없다. 반면에 민사소송에 항고소송 및 당사자소송을 이송 또는 병합할 수 있는지가 문제된다. 생각건대, 민사소송에 항고소송 및 당사자소송을 병합할 수 있다는 명문의 규정이 없고, 민사소송법상 청구의 병합은 같은 종류의 소송절차에 의하여 심판될 수 있을 것을 요건으로 하므로(민사소송법 제253조), 민사소송에 항고소송 및 당사자소송을 이송 또는 병합할 수는 없다고 보는 것이 타당하다.[121]

---

120) 행정소송법 제10조(관련청구소송의 이송 및 병합) ① 취소소송과 다음 각 호의 1에 해당하는 소송(이하 "관련청구소송"이라 한다)이 각각 다른 법원에 계속되고 있는 경우에 관련청구소송이 계속된 법원이 상당하다고 인정하는 때에는 당사자의 신청 또는 직권에 의하여 이를 취소소송이 계속된 법원으로 이송할 수 있다.
1. 당해 처분등과 관련되는 손해배상·부당이득반환·원상회복등 청구소송
2. 당해 처분등과 관련되는 취소소송
② 취소소송에는 사실심의 변론종결시까지 관련청구소송을 병합하거나 피고외의 자를 상대로 한 관련청구소송을 취소소송이 계속된 법원에 병합하여 제기할 수 있다.

121) 박균성, 행정법론(상)(제17판), 2018, 1360면.

2. 관련청구소송의 범위

취소소송에 대한 관련청구소송의 범위는 다음과 같다.

가. 당해 처분 등과 관련되는 손해배상·부당이득반환·원상회복 등 청구소송

여기에서 '당해 처분 등과 관련된다'고 함은 ① 처분이나 재결이 원인이 되어 발생한 청구, ② 처분이나 재결의 취소나 변경을 선결문제로 하는 청구 등을 의미한다고 보고 있다. 그리고 '청구소송'에는 손해배상·부당이득반환·원상회복 청구소송뿐만 아니라 손실보상청구소송, 결과제거청구소송 등이 포함될 수 있다.

나. 당해 처분 등과 관련되는 취소소송

여기에는 ① 당해 처분과 함께 하나의 절차를 구성하는 다른 처분의 취소를 구하는 소송(예: 대집행절차에 있어서 계고처분과 대집행영장의 통지), ② 당해 처분에 대한 행정심판 재결의 취소를 구하는 소송, ③ 행정심판 재결의 대상인 처분의 취소소송, ④ 당해 처분이나 재결의 취소·변경을 구하는 다른 사람의 취소소송(예: 일반처분에 대하여 다수인이 제기하는 취소소송) 등이 포함될 수 있다.

여기에서 '관련'이란 청구의 내용 또는 발생원인이 법률상·사실상 공통되는 것이거나, 병합되는 청구가 당해 행정처분으로 인한 것인 경우 또는 행정처분의 취소·변경을 선결문제로 하는 경우를 의미한다.

판례

[1] **손해배상청구 등의 민사소송이 행정소송에 관련청구로 병합되기 위한 요건**: 행정소송법 제10조 제1항 제1호는 행정소송에 병합될 수 있는 관련청구에 관하여 '당해 처분 등과 관련되는 손해배상·부당이득반환·원상회복 등의 청구'라고 규정함으로써 그 병합요건으로 본래의 행정소송과의 관련성을 요구하고 있는바, 이는 행정소송에서 계쟁 처분의 효력을 장기간 불확정한 상태에 두는 것은 바람직하지 않다는 관점에서 병합될 수 있는 청구의 범위를 한정함으로써 사건의 심리범위가 확대·복잡화되는 것을 방지하여 그 심판의 신속을 도모하려는 취지라 할 것이므로, 손해배상청구 등의 민사소송이 행정소송에 관련청구로 병합되기 위해서는 그 청구의 내용 또는 발생원인이 행정소송의 대상인 처분 등과 법률상 또는 사실상 공통되거나, 그 처분의 효력이나 존부 유무가 선결문제로 되는 등의 관계에 있어야 함이 원칙이다.

[2] **사업인정 전의 사업시행으로 인하여 재산권이 침해되었음을 원인으로 한 손해배상청구가 토지수용사건에 관련청구로서 병합될 수 있는지 여부(적극)**: 공공사업의 시행을 위한 토지수용사건에 있어서 심리의 대상으로 되는 적법한 수용에 따른 손실보상청구권과 당해 공공사업과 관련

하여 사업인정 전에 사업을 시행하여 타인의 재산권을 침해하게 됨에 따라 발생하게 된 손해배상청구권은 위 각 권리가 적법한 행위에 의하여 발생한 것인가 아닌가의 차이가 날 뿐 그것들이 하나의 동일한 공공사업의 시행과 관련하여 타인의 재산권을 침해한 사실로 인하여 발생하였다는 점에서 위 각 청구의 발생원인은 법률상 또는 사실상 공통된다 할 것이고, 토지수용사건에 이러한 손해배상청구사건을 병합하여 함께 심리·판단함으로써 얻게 되는 당사자의 소송경제와 편의 등의 효용에 비하여 심리범위를 확대·복잡화함으로써 심판의 신속을 해치는 폐단이 통상의 경우보다 크다고 할 수도 없으므로, 이와 같은 경우 토지수용사건에 병합된 손해배상청구는 행정소송법 제10조 제2항, 제1항 제1호, 제44조 제2항에 따른 관련청구로서의 병합요건을 갖춘 것으로 보아야 한다

[3] 한편 병합되는 관련청구도 전치절차를 비롯한 출소기간의 준수, 당사자적격 등 그 소송형태에 따른 적법한 소송요건을 갖추어야 한다(대법원 2000. 10. 27. 선고 99두561 판결).

3. 관련청구소송의 이송

가. 의 의

소송의 이송이라 함은 어느 법원에 일단 계속된 소송을 그 법원의 결정에 의하여 다른 법원으로 이전하는 것을 말한다. 이송은 법원 간의 소송의 이전이므로 동일 법원 내에서 담당재판부를 달리하는 것은 사무분담의 문제이지 이송이라고 할 수 없다.

나. 요 건

관련청구소송의 이송을 위해서는 다음의 요건을 필요로 한다.

① 주된 소송(취소소송 등)과 관련청구소송이 각각 다른 법원에 계속되어야 한다. 처분의 취소소송은 서울행정법원에 계속 중인데, 당해 처분과 관련되는 손해배상청구소송이 서울중앙지방법원에 계속된 경우가 이러한 경우의 예에 해당된다.

② 관련청구소송이 계속된 법원이 당해 소송을 주된 소송이 계속된 법원에 이송시킴이 '상당하다고 인정하는 때'에만 이송이 가능하다. 따라서 모든 관련청구소송이 당연히 이송되는 것은 아니며, 상당성의 여부는 이송제도의 취지에 비추어 개별적으로 판단할 일이다.

③ 관련청구소송의 이송은 당사자의 신청에 의하거나 또는 그것이 없더라도 법원의 직권으로 행하여질 수 있다.

④ 관련청구소송은 주된 소송이 계속된 법원으로 이송되어야 한다. 즉 관련청구소송과 주된 소송 중 어떤 것이 먼저 제기되었는지, 관련청구소송이 가지는 중요성이나 소송가액

등은 고려되지 않고 반드시 관련청구소송을 주된 소송이 계속된 법원으로 이송하여야 한다.

다. 효 과

이송결정과 이송신청의 기각결정에 대하여는 즉시항고를 할 수 있다(민사소송법 제39조).

확정된 이송결정은 이송을 받은 법원을 기속하며, 이에 따라 당해 법원은 그 사건을 다른 법원에 이송하지 못한다(민사소송법 제38조).

이송결정이 확정된 때에는 소송은 처음부터 이송받은 법원에 계속(係屬)된 것으로 본다(민사소송법 제40조).

4. 관련청구소송의 병합

가. 의 의

행정소송법상 관련청구소송의 병합이라 함은 주된 소송(취소소송, 무효등확인소송소송, 부작위위법확인소송 또는 당사자소송)에 관련청구소송을 병합하여 제기하는 것을 말한다.

나. 병합의 형태

행정소송법은 취소소송과 관련하여 i) 동일한 피고를 상대로 한 관련청구소송의 병합(객관적 병합, 행정소송법 제10조 제2항 전단), ii) 피고 외의 자를 상대로 한 관련청구소송의 병합(주관적 병합, 행정소송법 제10조 제2항 후단), iii) 수인의 청구 또는 수인에 대한 청구로서의 공동소송(주관적 병합, 행정소송법 제15조) 등을 인정하고 있다. 이러한 소의 병합은 다시 병합의 시점에 따라 제소시부터 행하는 원시적 병합과 소송의 계속 중에 행하는 후발적 병합(추가적 병합)으로 나누어진다.

민사소송법에서는 여러 개의 청구가 같은 종류의 소송절차에 따르는 경우에만 소의 병합을 인정하나(민사소송법 제253조), 행정소송법에서는 행정소송의 특수성을 감안하여 관련청구이면 동종의 소송(행정소송)만이 아니라 이종의 소송(민사소송)도 그 병합을 인정하고 있다.

다. 요 건

관련청구소송의 병합을 위해서는 다음의 요건을 필요로 한다.

① 관련청구의 병합은 그 청구를 병합할 주된 소송을 전제로 하는 것이므로, 주된 소

송은 그 자체로서 소송요건을 구비한 적법한 것이어야 한다(대법원 2001. 11. 27. 선고 2000두697 판결; 대법원 2011. 9. 29. 선고 2009두10963 판결 등). 아울러 병합되는 관련청구도 그 소송형태에 따른 적법한 소송요건을 갖추어야 한다(대법원 2000. 10. 27. 선고 99두561 판결).

② 행정소송법 제10조 제1항의 관련청구소송에 해당되어야 한다.

③ 관련청구의 병합은 사실심 변론종결 이전에 행하여져야 한다(행정소송법 제10조 제2항). 사실심 변론종결 이전이면 원시적 병합(소송 제기시의 병합)이건 후발적 병합(소송 도중의 병합)이건 문제가 되지 않는다.

④ 주된 소송에 관련청구소송이 병합되어야 한다. 항고소송 및 당사자소송에 민사소송이 병합되는 것에는 문제가 없지만, 민사소송에 항고소송이나 당사자소송이 병합될 수 없다는 것은 이미 살펴본 바와 같다.

문제는 항고소송 상호간, 항고소송과 당사자소송 상호간 병합의 문제이다. 관련성이 있다면 항고소송 상호간은 어느 쪽에든지 병합할 수 있다. 아울러 양 청구가 상호 관련되는 청구인 경우 항고소송에 당사자소송을, 당사자소송에 항고소송을 병합할 수도 있다고 보아야 한다(대법원 1992. 12. 24. 선고 92누3335 판결 참고).

라. 심 리

취소소송에 병합되는 관련청구소송이 민사소송에 해당하는 경우, 관련청구의 심리에 행정소송법의 규정(특히 직권심리에 관한 제26조)이 적용되는지에 관하여 견해가 대립하고 있다. 부정설은 병합된다고 하여 소송의 본질이 달라지지는 않기 때문에 본래의 민사사건을 행정소송의 절차로 심리하여서는 안 된다고 본다.[122] 긍정설은 두 소송이 병합되어 함께 진행되는 이상 이들을 분리하여 심리한다는 것은 실질적으로 불가능하며, 따라서 민사사건도 행정소송절차에 따라 심리·재판해야 한다고 본다.[123]

마. 판 결

(1) 주된 소송에 대한 판단을 선결문제로 하는 관련청구소송의 인용 여부 판단시점

행정처분의 취소를 구하는 취소소송에 당해 처분의 취소를 선결문제로 하는 부당이득반환청구가 병합된 경우에 그 청구가 인용되려면 소송절차에서 당해 처분의 취소가 확정되어야 하는지가 문제된다.

판례는 이러한 부당이득반환청구가 인용되기 위해서는 그 소송절차에서 판결에 의해

---

122) 홍정선, 앞의 책, 918면.

123) 김남진·김연태, 행정법 I (제22판), 2018, 799면.

당해 처분이 취소되면 충분하고 그 처분의 취소가 확정되어야 하는 것은 아니라고 본다(대법원 2009. 4. 9. 선고 2008두23153 판결).

판례

[1] **행정처분의 취소를 구하는 취소소송에 당해 처분의 취소를 선결문제로 하는 부당이득반환청구가 병합된 경우, 그 청구가 인용되려면 소송절차에서 당해 처분의 취소가 확정되어야 하는지 여부(소극)**: 행정소송법 제10조는 처분의 취소를 구하는 취소소송에 당해 처분과 관련되는 부당이득반환소송을 관련 청구로 병합할 수 있다고 규정하고 있는바, 이 조항을 둔 취지에 비추어 보면, 취소소송에 병합할 수 있는 당해 처분과 관련되는 부당이득반환소송에는 당해 처분의 취소를 선결문제로 하는 부당이득반환청구가 포함되고, 이러한 부당이득반환청구가 인용되기 위해서는 그 소송절차에서 판결에 의해 당해 처분이 취소되면 충분하고 그 처분의 취소가 확정되어야 하는 것은 아니라고 보아야 한다.

[2] 보험료부과처분에 대한 취소소송에서 90,946,000원의 보험료부과처분 중 67,194,980원의 보험료부과처분을 취소하면서도, 관련 청구로 병합된 부당이득반환소송에서는 그 처분의 취소를 전제로 인용 여부를 판단하지 않고 처분의 취소가 확정되지 않았다는 이유로 기각한 것은 위법하다고 한 사례(대법원 2009. 4. 9. 선고 2008두23153 판결).

(2) 주된 소송에 관련청구소송을 병합하여 제기한 후 주된 소송이 부적법 각하된 경우

이 경우 소송경제상 행정법원이 행정사건과 분리하여 독립적으로 스스로 민사사건을 처리할 수 있는 것으로 보아야 한다는 견해가 있다.124) 하지만 판례는 본래의 소송이 부적법 각하되면 그에 병합된 관련청구소송도 소송요건을 흠결하여 부적합하므로 각하되어야 한다는 입장을 취하고 있다(대법원 2011. 9. 29. 선고 2009두10963 판결).

생각건대 행정법원이 행정사건과 분리하여 독립적으로 민사사건을 처리할 수 없다는 점은 분명하나, 이를 소송요건 흠결을 이유로 부적법 각하하기보다는 관할법원(민사법원)으로 이송하는 것이 보다 타당한 사건처리 방식이라고 보여진다는 점에서, 판례의 태도는 수긍하기 힘들다.

판례

[2] **본래의 당사자소송이 부적법하여 각하되는 경우, 행정소송법 제44조, 제10조에 따라 병합된 관련청구소송도 소송요건 흠결로 부적합하여 각하되어야 하는지 여부(적극)**: 행정소송법 제44조, 제10조에 의한 관련청구소송 병합은 본래의 당사자소송이 적법할 것을 요건으로 하는 것이어서

124) 박균성, 행정법론(상)(제17판), 2018, 1363면.

본래의 당사자소송이 부적법하여 각하되면 그에 병합된 관련청구소송도 소송요건을 흠결하여 부적합하므로 각하되어야 한다.

[3] 택지개발사업지구 내 비닐하우스에서 화훼소매업을 하던 갑과 을이 재결절차를 거치지 않고 사업시행자를 상대로 주된 청구인 영업손실보상금 청구에 생활대책대상자 선정 관련청구소송을 병합하여 제기한 사안에서, 영업손실보상금청구의 소가 재결절차를 거치지 않아 부적법하여 각하되는 이상, 이에 병합된 생활대책대상자 선정 관련청구소송 역시 소송요건을 흠결하여 부적법하므로 각하되어야 한다고 한 사례(대법원 2011. 9. 29. 선고 2009두10963 판결): <해설> 소송요건 흠결을 이유로 관련청구소송을 각하하기보다는, 이를 관할법원(민사법원)으로 이송하는 것이 보다 타당한 사건처리 방식이었을 것으로 보여진다.

Ⅷ. 소송상의 대리인

1. 의 의

행정소송에 관하여 행정소송법에 특별한 규정이 없는 사항에 대하여는 법원조직법과 민사소송법 및 민사집행법의 규정이 준용된다(행정소송법 제8조 제2항). 따라서 원칙적으로 민사소송법의 법정대리나 임의대리에 관한 규정이 행정소송에도 그대로 적용된다.

한편 국가를 당사자 또는 참가인으로 하는 소송 및 행정소송(행정청을 참가인으로 하는 경우를 포함한다)에 필요한 사항을 규정함으로써 소송의 효율적인 수행과 소송사무의 적정한 관리를 도모할 목적으로 '국가를 당사자로 하는 소송에 관한 법률'이 제정되어 있다(법 제1조). 위 법률을 중심으로 행정소송에서의 소송대리와 관련된 사항을 고찰하여 보기로 한다.

2. 소송수행자[125]를 지정할 수 있는 소송의 범위

가. 국가가 당사자인 소송

(1) 의 의

국가를 당사자 또는 참가인으로 하는 소송을 국가소송이라고 하는바, 국가소송에서는 법무부장관이 국가를 대표한다(법 제2조). 주로 민사소송 및 당사자소송이 이에 해당된다.

125) 법령상으로는 '지정대리인'(법 제7조)이라는 용어와 '소송수행자'(법 제8조 제3항, 제9조 등)라는 용어가 함께 사용되고 있으나, 실무상으로는 통상 '소송수행자'라고 한다.

(2) 소송수행자의 지정

국가소송의 경우 법무부장관은 법무부의 직원, 각급 검찰청의 검사 또는 「공익법무관에 관한 법률」에서 정한 공익법무관을 지정하여 그 소송을 수행하게 할 수 있다(법 제3조 제1항).

법무부장관은 행정청의 소관사무나 감독사무에 관한 국가소송에서 필요하다고 인정하면 해당 행정청의 장의 의견을 들은 후 행정청의 직원을 지정하여 그 소송을 수행하게 할 수 있다(법 제3조 제2항)

(3) 소송대리인의 선임

위와 같은 소송수행자의 지정 이외에도, 법무부장관은 변호사를 소송대리인으로 선임(選任)하여 국가소송을 수행하게 할 수 있다(법 제3조 제4항).

나. 항고소송

(1) 피고적격

취소소송은 다른 법률에 특별한 규정이 없는 한 그 처분 등을 행한 행정청을 피고로 한다(행정소송법 제13조 제1항). 위 규정은 무효등확인소송과 부작위위법확인소송에도 준용된다(행정소송법 제38조 제1항, 제2항). 따라서 항고소송에서는 처분 등을 행한 행정청이 피고가 된다.

위 행정청에는 법령에 따라 행정권한의 위임 또는 위탁을 받은 행정기관, 공공단체, 그 기관 또는 사인(私人)이 포함된다(법 제2조의2).

(2) 소송수행자의 지정

항고소송의 경우 행정청의 장은 그 행정청의 직원 또는 상급 행정청의 직원(이 경우에는 미리 해당 상급 행정청의 장의 승인을 받아야 한다)을 지정하여 소송을 수행하게 할 수 있다(법 제5조 제1항).

(3) 소송대리인의 선임

위와 같은 소송수행자의 지정 이외에도, 행정청의 장은 변호사를 소송대리인으로 선임하여 항고소송을 수행하게 할 수 있다(법 제5조 제2항).

(4) 법무부장관의 지휘·감독

항고소송을 수행할 때 행정청의 장은 법무부장관의 지휘를 받아야 한다(법 제6조 제1항).

법무부장관은 항고소송에 관하여 필요하다고 인정되면 법무부의 직원, 검사 또는 공익법무관을 지정하여 그 소송을 수행하게 할 수 있으며, 제5조 제1항 또는 제2항에 따라 행정청의 장이 지정하거나 선임한 사람을 해임하게 할 수 있다(법 제6조 제2항).

한편 지방자치단체의 장이 기관위임사무에 관한 소송을 수행함에 있어서 법무부장관의 지휘를 받는 것에는 문제가 없다. 그런데 자치사무에 관한 소송에 대해서까지 법무부장관의 지휘를 받도록 하고 있는 것은 지방자치단체의 본질을 침해할 우려가 있다고 보여진다.

다. 지방자치단체가 당사자인 소송

지방자치단체는 '국가를 당사자로 하는 소송에 관한 법률' 제5조 제1항 소정의 '행정청'에 해당되지 않는다. 따라서 지방자치단체의 장이 아닌 지방자치단체 자체가 당사자인 소송에 있어서는 소송수행자를 지정할 수 없고, 대표자 본인이 직접 소송을 수행하거나 변호사를 소송대리인으로 선임할 수밖에 없다.

즉 지방자치단체의 장(행정청)이 피고가 되는 항고소송에서는 소송수행자 지정이 가능하나, 지방자치단체 자체가 피고가 되는 당사자소송이나 민사소송에서는 소송수행자에 의한 소송수행이 불가능하다.

판례

변호사 아닌 지방자치단체 소속 공무원으로 하여금 소송수행자로서 지방자치단체의 소송대리를 하도록 한 것은 민사소송법 제424조 제1항 제4호가 정하는 '소송대리권의 수여에 흠이 있는 경우'에 해당한다고 한 사례: 지방자치단체는 국가를 당사자로 하는 소송에 관한 법률의 적용대상이 아니어서 같은 법률 제3조, 제7조에서 정한 바와 같은 소송수행자의 지정을 할 수 없고, 또한 민사소송법 제87조가 정하는 변호사대리의 원칙에 따라 변호사 아닌 사람의 소송대리는 허용되지 않는 것이므로, 원심이 변호사 아닌 피고(인천광역시) 소속 공무원으로 하여금 소송수행자로서 피고의 소송대리를 하도록 한 것은 민사소송법 제424조 제1항 제4호가 정하는 '소송대리권의 수여에 흠이 있는 경우'에 해당하는 위법이 있는 것이다(대법원 2006. 6. 9. 선고 2006두4035 판결).

3. 소송수행자의 권한

소송수행자는 그 소송에 관하여 대리인 선임을 제외한 모든 재판상의 행위를 할 수 있다(법 제7조). 따라서 특별수권이 없더라도 유효하게 소송탈퇴, 상소제기 또는 소의 취하 등을 할 수 있다.

행정실무에서는 소송수행자 지정을 하면서 이와 같은 주요 소송행위는 별도의 승인을 받도록 제한을 두고 있는 것이 보통이고, 소송수행자는 법무부장관, 각급 검찰청의 장, 소송총괄관의 지휘·감독을 받아야 하므로, 소송수행자는 지정서에 기재된 지시사항과 주의사항을 준수하여야 한다. 그러나 이와 같은 대리권의 제한 및 지시는 행정청 내부의 통제에 불과하므로, 그에 반하는 소송수행이라도 소송법적 효력에는 영향이 없다.[126)]

소송수행자 지정의 효력은 당해 심급뿐만 아니라 상급심에도 미친다. 이 점이 소송대리인(변호사) 선임의 효력이 당해 심급에만 미친다는 것과는 다르다.

4. 지휘·감독권의 위임

법무부장관을 피고로 하는 행정소송사건을 제외하고, 법무부장관의 소송수행자 지정 및 소송지휘·감독권은 검찰총장, 고등검찰청검사장 및 지방검찰청검사장에게 위임되어 있다(법 제13조, 법시행령 제2조).

IX. 판결에 의하지 않은 취소소송의 종료

취소소송은 법원의 종국판결에 의하여 종료되는 것이 원칙이나, 소의 취하 등에 의하여 종료될 수도 있다. 취소소송에 있어 청구의 포기·인낙, 소송상의 화해가 허용되는지에 대하여는 일부 견해의 대립이 있다.

1. 소의 취하

소의 취하란 원고가 제기한 소의 전부 또는 일부를 철회하는 법원에 대한 일방적 의사표시를 말한다. 취소소송의 경우에도 처분권주의가 지배하므로 행정소송 실무상 소의 취하는 당연히 허용되고 있다.

다만 행정소송상의 소의 취하에 관하여도 민사소송법이 준용되므로(행정소송법 제8조 제2항), 피고가 본안에 관하여 준비서면을 제출하거나 변론준비기일에서 진술하거나 변론을 한 뒤에는 피고의 동의를 받아야 소 취하의 효력이 생긴다(민사소송법 제266조 제2항).

2. 청구의 포기·인낙

청구의 포기란 원고가 자기의 소송상의 청구가 이유 없음을 자인하는 법원에 대한 일

---

126) 사법연수원, 행정구제법, 2007, 83면.

방적 의사표시를 말하며, 청구의 인낙이란 피고가 원고의 소송상의 청구가 이유 있음을 자인하는 법원에 대한 일방적 의사표시를 말한다. 민사소송의 경우 청구의 포기·인낙을 변론조서·변론준비기일조서에 적은 때에는 그 조서는 확정판결과 같은 효력을 가진다(민사소송법 제220조).

그런데 행정소송에 있어서도 민사소송에서와 동일하게 청구의 포기·인낙을 허용할 것인가에 대하여는 견해의 대립이 있다. 긍정설은 행정소송 사건의 심리에 있어서도 민사소송에서와 마찬가지로 변론주의와 처분권주의를 기본으로 하고, 행정소송법 제25조(직권심리)는 예외적으로 적용된다는 점, 소송경제에 유용하다는 점 등을 논거로 든다. 부정설은 취소소송에 있어서 행정청이나 개인은 소송의 대상인 처분을 임의로 취소·변경할 수 없는 것이어서 청구의 포기·인낙에 민사소송의 확정판결과 동일한 효력을 인정하기 어렵다는 것을 그 논거로 든다.

실무상 청구의 인낙은 인정되지 않으나, 청구의 포기는 그 허용에 긍정적이다.[127)]

3. 소송상의 화해

가. 의 의

소송계속 중 당사자 쌍방이 법원의 면전에서 소송물의 전부 또는 일부에 대하여 상호의 주장을 서로 양보하여 합의함으로써 소송을 종료시키는 행위를 소송상 화해라고 한다. 취소소송에서 소송상 화해가 허용되는가에 대하여는 학설의 대립이 있었다.

나. 학 설

그 동안 통설은 취소소송에 있어서 재판상 화해의 허용성을 부정하고 있었다. 주요한 논거로는 ① 항고소송의 심리에는 직권탐지주의가 적용된다. ② 항고소송의 대상인 행정처분은 고권적 내지 일방적 처분이기 때문에 사인과의 합의에 의하여 발급되거나 취소·변경될 수 없다. ③ 행정의 법률적합성 원칙이 잠탈될 수 있다. ④ 행정처분은 공익에 관한 사항을 담고 있으므로 당사자들이 임의로 처분할 수 없고, 재량행위의 경우에도 행정청의 재량권과 소송물에 대한 처분권은 별개의 것이다. ⑤ 재판상 화해는 확정판결과 동일한 효력을 갖고, 항고소송의 확정판결은 대세적(對世的) 효력을 갖기 때문에 당사자 간의 합의만으로 대세적 효력을 갖는 재판상 화해를 허용할 수는 없다.

한편 위와 같은 통설에 대하여는 다음과 같은 반론이 가능하다. ① 직권탐지주의는

---

127) 홍정선, 행정법원론(상)(제26판), 2018, 1175면.

'사실'의 심리에 관한 것인 반면, 재판상 화해는 '소송물'에 관한 처분권주의의 표현으로서 직권탐지주의와 재판상 화해가 반드시 양립할 수 없는 것은 아니다. 직권탐지주의를 채택하고 있는 독일에서도 행정소송상 화해를 명문으로 인정하고 있다. ② 화해는 (공법상) 계약의 일종인바, 독일 행정절차법에서는 행정행위에 갈음하는 공법상 계약이 명문으로 허용되고 있고, 우리나라에서도 권력행정 분야에 관해서까지 공법상 계약이 체결될 수 있다는 것이 유력한 학설이다. ③ 행정의 법률적합성 원칙은 화해의 내용적 적법성을 화해의 실질적 요건으로 삼음으로써 충분히 확보될 수 있다. ④ 당사자의 처분권에 관하여는, 계쟁 행정처분이 원고의 권리·이익에 속하는 한 원고의 처분권을 인정하기에 어려움이 없고, 행정청은 소송계속 이후에도 당해사건에 관해 직권취소·변경 등 처분권한과 재량권을 보유하고 있으므로 화해를 통해 이러한 권한을 행사하는 것으로 볼 수 있다. ⑤ 재판상 화해가 확정판결과 동일한 효력이 있다고 하더라도 형성력에 의하여 자신의 권리가 침해되는 제3자 또는 기속력에 의해 동의·승인·협의 권한이 침해되는 관계 행정청은 화해에 대한 동의를 거부함으로써 화해를 무효화시킬 수 있도록 하면 된다.[128]

다. 행정소송법 개정안의 화해권고결정

(1) 의 의

현재 논의 중인 행정소송법 개정안에서는 직권에 의한 화해권고결정제도를 도입하고 있다(개정안 제35조). 다만 행정행위의 공익성을 고려하여 항고소송의 당사자에 의한 임의적인 화해는 인정하지 않았다. 그동안 실무상 법원의 권고에 따라 행정청이 계쟁처분을 직권취소 또는 변경하고, 원고가 소를 취하하는 소위 '사실상 화해'가 행해지고 있었는데, 이번 개정에서 이러한 경험을 바탕으로 '직권에 의한 화해권고결정제도'가 도입된 것이다. '직권에 의한 화해권고결정제도'가 도입된 후에도 '사실상 화해'는 계속 행해질 수 있다고 본다.

(2) 화해권고결정의 요건

(가) 법원의 직권사항

법원은 소송에 계속 중인 사건에 대하여 법적·사실적 상태, 당사자의 이익 그 밖의 모든 사정을 참작하여 적정하다고 판단하는 경우에는 직권으로 사건의 해결을 위한 화해권고결정을 할 수 있다(개정안 제35조 제1항). 위와 같이 행정사건 중 화해에 적합한 사건

128) 박정훈, "행정소송에 있어 재판상 화해", 주석행정소송법, 2004, 172-173면.

에 대하여 직권으로 화해권고결정을 할 수 있게 함으로써 분쟁의 자율적·종국적인 해결, 법원의 업무부담 경감, 소송요건의 엄격성 완화에 따른 충실한 권익구제, 소송 반복의 회피 등의 효과를 달성할 수 있게 되었다. 한편 화해권고결정은 법원의 직권사항이므로 당사자의 화해권고 신청은 직권발동을 촉구하는 의미밖에 없다고 할 것이다.

(나) 당사자의 권리 및 권한의 범위 내에서 행하여질 것

처분의 내용이 원고의 권리·이익의 범위에 속하는 경우에 한하여 원고의 처분권을 인정할 수 있고, 아울러 행정청의 처분권한의 범위 내에서 화해권고결정이 이루어져야 행정청이 화해를 통해 이러한 권한을 행사하는 것으로 볼 수 있다. 따라서 원고의 권리 범위를 벗어나거나 행정청의 권한의 범위를 벗어나서 화해권고결정이 내려져서는 안된다.

(다) 일정한 경우 제3자 또는 행정청의 동의가 있을 것

화해에 의하여 직접 권리 또는 이익의 침해를 받을 제3자가 있거나 화해의 대상인 행정행위에 관하여 동의·승인·협의 등의 법령상 권한을 가진 행정청이 있는 경우에는 그 제3자 또는 행정청의 동의 등을 받아야 한다. 이는 확정된 화해권고결정의 형성력으로 인하여 권리가 침해되는 제3자와 기속력으로 인하여 권한이 침해될 우려가 있는 관계행정청을 보호하기 위한 것이다.

(3) 효 력

확정된 화해권고결정은 확정판결과 동일한 효력을 가진다(개정안 제35조 제2항; 민사소송법 제231조).

제3관 취소소송의 판결

제1항 개 설

취소소송의 판결이란 취소소송 사건에 대하여 법원이 원칙적으로 변론을 거쳐서 그에 대한 법적 판단을 선언하는 행위를 말한다.

취소소송의 판결 역시 민사소송의 예에 따라 먼저 중간판결과 종국판결로 나누어질 수 있다. 그러나 판결서 작성의 번거로움 때문에 중간판결은 모든 소송에서 거의 활용되고

있지 않다.

종국판결은 다시 소송판결과 본안판결로 구분할 수 있다. 소송판결은 소송요건 또는 상소요건의 흠결이 있는 경우에 소송을 부적법하다 하여 각하하는 판결을 말한다. 본안판결은 본안심리의 결과 청구의 전부 또는 일부를 인용하거나 기각하는 종국판결을 말한다.

본안판결은 내용에 따라 인용판결과 기각판결로 나누어진다. 기각판결이라 함은 본안심리의 결과 원고의 주장이 이유 없다고 하여 그 청구를 배척하는 판결을 말한다. 인용판결이라 함은 본안심리의 결과 원고의 주장이 이유 있다고 하여 그 청구의 전부 또는 일부를 인용하는 판결을 말한다.

아래에서는 종국판결을 중심으로, 취소소송의 판결의 종류와 그 효력에 대하여 살펴보기로 한다.

제2항 취소소송의 판결의 종류

Ⅰ. 각하판결

취소소송이 소송요건(관할권·전심절차·제소기간·처분성·당사자적격·협의의 소익 등)을 결여하고 있는 경우에 이를 부적법하다 하여 각하하는 판결을 말한다. 소송판결에는 기판력이 발생하지 아니하므로 각하된 이후에도 원고는 결여된 소송요건을 보완하면 다시 소를 제기할 수 있고, 법원은 이를 심리·판결하여야 한다.

소송요건의 충족 여부는 법원의 직권조사사항이고, 변론종결시를 기준으로 판단한다. 따라서 소의 제기시 소송요건을 구비하지 못하였다고 할지라도 변론종결시까지 결여된 요건을 보완하면 그 하자는 치유된다.

Ⅱ. 기각판결

1. 의 의

본안심리의 결과 원고의 주장이 이유 없다고 판단되어 그 청구를 배척하는 판결을 말한다. 기각판결은 ⅰ) 계쟁처분이 위법하지 아니하고 적법하거나 부당에 그친 경우, ⅱ) 아래에서 보는 바와 같이 사정판결을 내리는 경우에 행하여진다.

한편 취소소송의 제기 후에 소의 대상인 처분이나 소의 이익이 소멸된 경우에도 기각판결을 하여야 한다는 견해가 있으나,[129] 소송요건의 구비 여부는 변론종결시를 기준으로 판단하여야 하고, 위 경우에도 소송요건이 결여된 것은 분명하므로 각하판결을 하여야 한다는 견해가 일반적이다.[130]

2. 사정판결

가. 의 의

본안심리의 결과 계쟁처분이 위법하면 이를 취소함이 원칙이다. 그러나 처분이 위법함에도 불구하고 예외적으로 청구를 기각하는 경우가 있다. 즉, 원고의 청구가 이유 있다고 인정하는 경우에도 처분 등을 취소하는 것이 현저히 공공복리에 적합하지 아니하다고 인정하는 때에는 법원은 그 청구를 기각할 수 있다(행정소송법 제28조 제1항 전문). 이와 같은 예외적인 청구기각판결을 사정판결(事情判決)이라고 한다.

나. 요 건

(1) 처분이 위법할 것

사정판결을 하기 위해서는 소송의 대상인 처분이 위법할 것을 요한다. 행정소송법 제28조 제1항의 '원고의 청구가 이유 있다고 인정하는 경우'라는 부분은 소송의 대상인 처분이 위법하다는 것을 인정하는 경우라는 의미이다.

(2) 취소소송일 것

사정판결은 취소소송에서만 인정되고 당사자소송, 객관적 소송은 물론 무효등확인소송이나 부작위위법확인소송과 같은 다른 항고소송에서는 인정되지 않는다는 것이 일반적이다.[131] 무효등확인소송이나 부작위위법확인소송에서 취소소송에서의 사정판결 규정을 준용한다는 규정이 없다는 것을 그 논거로 한다. 판례도 당연무효의 행정처분을 소송목적물로 하는 행정소송에서는 존치시킬 효력이 있는 행정행위가 없기 때문에 행정소송법 제28조 소정의 사정판결을 할 수 없다고 한다(대법원 1996. 3. 22. 선고 95누5509 판결 등).

이에 대하여 ① 처분의 무효·취소의 구별의 상대성, ② 사정판결제도가 분쟁 해결의

129) 박윤흔·정형근, 최신 행정법강의(상)(개정30판), 2009, 854면.

130) 박균성, 행정법론(상)(제10판), 2011, 1245면; 김남진·김연태, 행정법 I (제12판), 2008, 731면.

131) 박균성, 앞의 책, 1252면.

화해적 기능 때문에 반드시 원고에게 불이익하지만은 않다고 하는 점, ③ 무효처분에 대하여도 기성사실을 존중하여야 할 경우가 있을 수 있다는 점 등을 이유로 무효등확인소송에도 이를 허용하여야 한다는 견해가 있다.[132)]

(3) 처분을 취소하는 것이 현저히 공공복리에 적합하지 아니하다고 인정될 것

사정판결은 위법한 처분 등을 취소하지 않고 그대로 유지하는 것이기 때문에 법치행정의 원리 및 재판을 통한 국민의 권익보장이라는 헌법이념에 비추어 볼 때 문제가 있는 제도이다.[133)] 따라서 사정판결의 요건은 매우 엄격하고 제한적으로 해석되어야 한다(대법원 2001. 8. 24. 선고 2000두7704 판결 등).

어떠한 경우에 청구인용의 판결을 함이 현저히 공공복리에 적합하지 않는 것인가에 관하여 구체적인 기준을 정할 수 있는 것은 아니나, 위법한 행정처분의 효력을 유지하는 것 자체가 당연히 공공의 복리를 저해하는 것이므로 위법한 처분을 취소하지 아니하고 방치함으로써 발생하는 공익침해의 정도보다 위법처분을 취소함으로써 발생하는 새로운 공익침해의 정도가 월등하게 큰 경우, 예를 들면 처분이 위법하기는 하나 이미 집행되어 버렸고 그로 말미암아 다수 관계인 사이에 새로운 사실관계, 법률관계가 형성되어 이를 뒤엎을 경우 그로 인한 손해가 크고 이에 비하면 위법한 처분으로 불이익을 받은 자의 손해의 정도는 비교적 근소하며 또 다른 방법으로 그 손해를 보충할 수 있다고 인정되는 경우여야 할 것이다(대법원 1980. 12. 23. 선고 76누70 판결; 대법원 1992. 2. 14. 선고 90누9032 판결 등).

판례

환지예정지지정처분 및 환지예정지변경처분이 위법하지만 이를 취소하는 것이 현저히 공공복리에 적합하지 아니한 경우에 해당하여 사정판결을 할 사유가 있다고 본 사례: 당해 공업용지 조성사업은 그 사업면적이 150,000㎡를 초과하고 있어 구 도시계획법(1991. 12. 14. 법률 제4427호로 개정되기 전의 것) 제86조 제1항 및 같은법시행령 제67조 제2호의 규정상 토지구획정리사업법상의 환지 규정을 준용할 수 없는 사업이므로 그 사업시행자인 지방자치단체장이 위 환지규정을 준용하여 행한 환지예정지지정처분 및 환지예정지변경처분이 위법하지만, 만약 이를 취소할 경우 이미 환지예정지지정(변경)처분에 불복하지 않고 그 처분에 기하여 사실관계를 형성하여 온 사업지역 내 다수의 이해관계인들에 대한 환지예정지지정(변경)처분까지도 이를 변경하게 됨으로써 기존의 사실관계가 뒤집어지고 새로운 사실관계가 형성되는 혼란이 발생할 수 있게 되는 반면에 위 환지예정지지정(변경)처분을 취소하지 않고 유지함으로써 당해 회사에게 다소의 손해가 발생한다고 하더라도

132) 김남진·김연태, 행정법 I (제10판), 2006, 744면.
133) 이상규, 신행정법론(상), 1997, 878면.

이는 금전 등으로 전보될 수 있는 것이므로 당해 환지예정지지정처분을 취소하는 것은 현저히 공공복리에 적합하지 아니한 경우에 해당하여서 사정판결을 할 사유가 있다고 본 사례(대법원 1997. 11. 11. 선고 95누4902, 4919 판결).

법학전문대학원이 장기간의 논의 끝에 사법개혁의 일환으로 출범하여 2009년 3월초 일제히 개원한 점, 전남대 법학전문대학원도 120명의 입학생을 받아들여 교육을 하고 있는데 인가처분이 취소되면 그 입학생들이 피해를 입을 수 있는 점, 법학전문대학원의 인가 취소가 이어지면 우수한 법조인의 양성을 목적으로 하는 법학전문대학원 제도 자체의 운영에 큰 차질을 빚을 수 있는 점, 법학전문대학원의 설치인가 심사기준의 설정과 각 평가에 있어 법 제13조에 저촉되지 않는 점, 교수위원이 제15차 회의에 관여하지 않았다고 하더라도 그 소속대학의 평가점수에 비추어 동일한 결론에 이르렀을 것으로 보여, 전남대에 대한 이 사건 인가처분을 취소하고 다시 심의하는 것은 무익한 절차의 반복에 그칠 것으로 보이는 점 등을 종합하여, 전남대에 대한 이 사건 인가처분이 법 제13조에 위배되었음을 이유로 취소하는 것은 현저히 공공복리에 적합하지 아니하다고 본 사례(대법원 2009. 12. 10. 선고 2009두8359 판결)

이른바 '심재륜 사건'에서의 징계면직된 검사의 복직이 검찰조직의 안정과 인화를 저해할 우려가 있다는 등의 사정은 검찰 내부에서 조정·극복하여야 할 문제일 뿐이고 준사법기관인 검사에 대한 위법한 면직처분의 취소 필요성을 부정할 만큼 현저히 공공복리에 반하는 사유라고 볼 수 없다는 이유로, 사정판결을 할 경우에 해당하지 않는다고 한 사례(대법원 2001. 8. 24. 선고 2000두7704 판결).

관리처분계획의 수정을 위한 조합원총회의 재결의를 위하여 시간과 비용이 많이 소요된다는 등의 사정만으로는 재결의를 거치지 않음으로써 위법한 관리처분계획을 취소하는 것이 현저히 공공복리에 적합하지 아니하다고 볼 수 없다는 이유로 사정판결의 필요성을 부정한 사례(대법원 2001. 10. 12. 선고 2000두4279 판결).

다. 심리절차

사정판결을 할 사정에 관한 주장·입증책임은 피고 처분청에 있다. 그러나 법원은 당사자의 명백한 주장이 없는 경우에도 기록에 나타난 사실을 기초로 하여, 직권으로 석명권을 행사하거나 증거조사를 하여 사정판결의 필요성 여부를 판단할 수 있다(대법원 1992. 2. 14. 선고 90누9032 판결 등).

사정판결의 경우에도 처분의 위법성 여부는 그 처분시를 기준으로 판단한다. 그러나 공공복리를 위하여 사정판결을 하여야 할 필요성에 대한 판단기준시는 변론종결시이다(대법원 1970. 3. 24. 선고 69누29 판결).

사정판결을 함에 있어서는 미리 원고가 그로 인하여 입게 될 손해의 정도와 배상방법 그 밖의 사정을 조사하여야 한다(행정소송법 제28조 제2항).

사정판결을 하는 경우에는 그 처분 등이 위법함을 주문에 명시하여야 하고(행정소송법 제28조 제1항 후문), 사정판결을 하여야 할 사정이 있다는 이유만으로 주문에서 처분 등이 위법함을 명시함이 없이 청구를 기각하는 것은 위법하다(대법원 1990.2.27. 선고 89누1346 판결).[134)]

라. 원고의 권익구제

처분 등이 위법한 이상 사정판결로 원고의 청구가 기각되더라도 처분 등의 위법 자체가 치유되는 것은 아니라 할 것이므로 그로 인한 손해를 전보하고 손해의 발생 내지 확대를 막기 위한 제해시설의 설치 기타 구제방법이 강구되어야 한다. 이를 위하여 원고는 피고인 행정청이 속하는 국가 또는 공공단체를 상대로 손해배상, 제해시설의 설치 그 밖에 적당한 구제방법의 청구를 당해 취소소송 등이 계속된 법원에 병합하여 제기할 수 있다(행정소송법 제28조 제3항).

원고로서는 피고가 사정판결을 구하는 항변을 하는 경우에 만일의 경우를 대비하여 처분 등이 취소되지 않음을 전제로 부수조치에 관한 예비적 청구를 추가적으로 병합하게 되고 이 경우 손해배상, 제해시설의 설치 등의 부수조치의 상대방은 피고 행정청이 아닌 국가 또는 공공단체이므로 주관적·예비적 병합의 형태를 취하게 될 것이다.

한편 사정판결의 경우 형식적으로는 원고패소판결일지라도 그 실질은 계쟁처분이 위법하다는 것이므로, 그 소송비용은 피고가 부담한다(행정소송법 제32조).

Ⅲ. 인용판결

1. 의 의

본안심리의 결과 처분의 취소·변경을 구하는 원고의 청구가 이유 있음을 인정하여 그 청구의 전부 또는 일부를 인용하는 형성판결을 말한다.

---

134) 참고로 사정판결의 주문 기재례를 하나 적시하면 다음과 같다.
「1. 원고의 청구를 기각한다.
2. 피고가 2021. 1. 10. 원고에 대하여 한 ○○○처분은 위법하다
3. 소송비용은 피고의 부담으로 한다.」

2. 취소 또는 변경의 의미

취소소송은 위법한 처분 등의 취소 또는 변경을 구하는 소송이므로(행정소송법 제4조 제1호), 그 인용판결은 위법한 처분 등을 취소 또는 변경하는 판결이다. 여기서 '변경'의 의미가 무엇인지가 문제된다. ①설은 행정소송법이 의무이행소송을 명문화하지 못하고 부작위위법확인소송만을 채택하는데 그친 점으로 보아 행정소송법상의 '변경'이란 소극적 변경, 즉 일부취소만을 의미하는 것으로 본다.[135] ②설은 권력분립 원칙을 실질적·기능적으로 이해하여, 법원이 위법한 행위를 취소함과 동시에 새로운 처분을 내용으로 하는 적극적 변경판결을 하는 것도 가능한 것으로 새기는 것이 바람직하다고 본다.[136] 판례는 전자의 견해를 취하고 있다.

3. 일부취소

가. 원 칙

처분의 일부만이 위법한 경우에 위법한 부분만의 취소가 가능한지가 문제된다. 외형상 하나의 행정처분이라 하더라도 가분성이 있거나 그 처분대상의 일부가 특정될 수 있다면 그 일부만의 취소도 가능하고 그 일부의 취소는 당해 취소부분에 관하여 효력이 생긴다는 것이 판례의 태도이다(대법원 1995. 11. 16. 선고 95누8850 전원합의체 판결).

일부취소의 가능성은 일부취소의 대상이 되는 부분의 분리가능성 및 당해 처분의 법적 성질 등에 따라 결정된다.

나. 기속행위의 경우

기속적 행정처분의 경우, 즉 조세부과처분, 개발부담금부과처분 등과 같은 금전부과처분이 기속행위인 경우에는, 납부하여야 할 액수가 추상적으로 존재하고 이를 소송상 산정할 수 있으므로 부과처분 전체를 취소할 것이 아니라 정당한 부과금액을 초과하는 부분만에 대하여 일부취소를 하여야 한다. 처분이 기속행위에 해당하면 전부취소판결이 내려지더라도 나중에 행정청은 그 정당한 부과금액에 대하여 다시 부과처분을 하여야 하기 때문이다.

그런데 금전부과처분이 기속적 행정처분이라고 할지라도 소송상 정당한 부과금액 등

135) 박균성, 행정법론(상)(제10판), 2011, 1247면; 김남진·김연태, 행정법 I (제19판), 2015, 861면.
136) 홍정선, 행정법원론(상)(제19판), 2011, 1003면.

을 산정할 자료가 없는 경우에는, 법원이 처분청의 역할을 할 수는 없으므로 일부취소는 허용되지 아니하고 당해 처분을 전부 취소할 수밖에 없다.

판례

과세처분취소소송의 처분의 적법 여부는 과세액이 정당한 세액을 초과하느냐의 여부에 따라 판단되는 것으로서 당사자는 사실심 변론종결시까지 객관적인 조세채무액을 뒷받침하는 주장과 자료를 제출할 수 있고 이러한 자료에 의하여 적법하게 부과될 정당한 세액이 산출되는 때에는 그 정당한 세액을 초과하는 부분만 취소하여야 할 것이고 전부를 취소할 것이 아니다(대법원 2000. 6. 13. 선고 98두5811 판결).

개발부담금부과처분 취소소송에 있어 당사자가 제출한 자료에 의하여 적법하게 부과될 정당한 부과금액이 산출할 수 없을 경우에는 부과처분 전부를 취소할 수밖에 없으나, 그렇지 않은 경우에는 그 정당한 금액을 초과하는 부분만 취소하여야 한다(대법원 2004. 7. 22. 선고 2002두868 판결 등).

일반적으로 금전 부과처분 취소소송에서 부과금액 산출과정의 잘못 때문에 부과처분이 위법한 것으로 판단되더라도 사실심 변론종결 시까지 제출된 자료에 의하여 적법하게 부과될 정당한 부과금액이 산출되는 때에는 부과처분 전부를 취소할 것이 아니라 정당한 부과금액을 초과하는 부분만 취소하여야 하지만, 처분청이 처분 시를 기준으로 정당한 부과금액이 얼마인지 주장·증명하지 않고 있는 경우에도 법원이 적극적으로 직권증거조사를 하거나 처분청에게 증명을 촉구하는 등의 방법으로 정당한 부과금액을 산출할 의무까지 부담하는 것은 아니다(대법원 2016. 7. 14. 선고 2015두4167 판결 [기반시설부담금부과처분취소]).

다. 재량행위의 경우

영업정지 또는 과징금부과처분 등과 같은 재량적 행정처분에 있어서는 일부취소판결이 허용되지 않고 전부취소판결을 내려야 한다. 재량행위에 있어서는 재량권의 범위 내에서 어느 정도가 적정한 것인지를 가리는 것은 행정청이 결정하는 것이 합목적적이고, 법원이 그 범위를 정하는 것은 사법심사의 범위를 벗어나기 때문이다.

예컨대 영업정지처분에서 그 정지기간이 과다하다고 인정되는 경우에도 어느 정도가 적정한 영업정지 기간인지를 가리는 일은 사법심사의 범위를 벗어나므로 적정한 한도를 초과하는 일부만을 취소할 수는 없으며(대법원 1982. 9. 28. 선고 82누2 판결), 과징금부과처분에 있어서 부과금액이 법이 정한 한도액을 초과하였다 하여도 처분청으로서는 과징금을 부과하지 않고 다른 제재수단을 택할 재량 등이 있으므로 법원으로서는 그 전부를 취소할 수밖에 없고 그 한도액을 초과하는 일부만을 취소할 수는 없다(대법원 1993. 7. 27. 선고 93누1077 판결 등).

판례

영업정지처분이 적정한 영업정지기간을 초과하여서 위법한 경우 그 초과부분만을 취소할 수 있는지 여부(소극): 행정청이 영업정지처분을 함에 있어서 그 정지기간을 어느 정도로 할 것인지는 행정청의 재량권에 속하는 사항인 것이며, 다만 그것이 공익의 원칙이나 평등의 원칙 또는 비례의 원칙 등에 위반하여 재량권의 한계를 벗어난 재량권 남용에 해당하는 경우에만 위법한 처분으로서 사법심사의 대상이 되는 것이나, 법원으로서는 영업정지처분이 재량권 남용이라고 판단될 때에는 위법한 처분으로서 그 처분의 취소를 명할 수 있을 뿐이고, 재량권의 한계내에서 어느 정도가 적정한 영업정지 기간인지를 가리는 일은 사법심사의 범위를 벗어난다(대법원 1982. 9. 28. 선고 82누2 판결).

자동차운수사업 면허조건 등에 위반한 사업자에 대하여 행정청이 행정제재수단으로서 사업정지를 명할 것인지, 과징금을 부과할 것인지, 과징금을 부과키로 하였다면 그 금액은 얼마로 할 것인지 등에 관하여 재량권이 부여되어 있다 할 것이고, 과징금 최고한도액 5,000,000원의 부과처분만으로는 적절치 않다고 여길 경우 사업정지 쪽을 택할 수도 있다 할 것이므로 과징금 부과처분이 법이 정한 한도액을 초과하여 위법할 경우 법원으로서는 그 전부를 취소할 수밖에 없고, 그 한도액을 초과한 부분이나 법원이 적정하다고 인정되는 부분을 초과한 부분만을 취소할 수는 없다(대법원 1993. 7. 27. 선고 93누1077 판결).

제3항 판결의 효력

Ⅰ. 개 설

취소소송의 판결이 확정되면 형성력, 기속력, 기판력, 집행력 등의 효력이 발생한다. 여기서 형성력, 기속력 및 집행력은 인용판결(취소판결)에서만 인정되는 효력이고, 기판력은 인용판결뿐만 아니라 기각판결에서도 인정되는 효력이다.

Ⅱ. 형성력

1. 의 의

판결의 형성력이란 일반적으로 판결의 취지에 따라 법률관계의 발생·변경·소멸을 가져오는 효력을 말한다. 그에 따라 처분의 취소판결이 확정되면 처분청의 별도의 행위를 기다릴 것 없이 당해 처분은 처분시에 소급하여 당연히 효력을 상실한다(대법원 1993. 6. 25. 선고 93도277 판결). 예를 들면 해임처분을 받은 공무원이 그에 대한 취소소송을 제기하여 취소판결이 확정되면, 당해 처분은 처분시에 소급하여 효력을 상실하므로 당해 공무원은 소급하여 공무원의 신분을 회복하게 된다.

형성력은 위법상태를 시정하여 원상회복을 구하는 소송이라는 취소소송의 목적을 달성하도록 하기 위하여 인정되는 효력으로서, 인용판결(취소판결)에서만 인정된다.

취소판결의 형성력을 명시한 규정은 없으나 판결의 당연한 효력으로 간주되며, 다음에 보는 '취소판결의 제3자효'에 대한 규정이 간접적 근거가 될 수 있을 것이다.

2. 형성력의 내용

가. 형성효

형성효란 계쟁처분의 효력을 상실시키는 효력을 말한다. 행정처분을 취소한다는 확정판결이 있으면 그 취소판결의 형성력에 의하여 당해 행정처분의 취소나 취소통지 등의 별도의 절차를 요하지 아니하고 당연히 취소의 효과가 발생하므로, 별도로 취소의 절차를 취할 필요는 없게 된다(대법원 1991. 10. 11. 선고 90누5443 판결).

나. 소급효

취소판결에 있어서 취소의 효과는 처분시에 소급한다. 따라서 취소판결 후에 취소된 처분을 대상으로 하는 처분(예: 경정처분)은 존재하지 아니한 처분을 대상으로 한 처분으로서 당연무효의 처분이 된다(대법원 1989. 5. 9. 선고 88다카16096 판결). 영업허가취소처분을 취소하는 판결이 확정되면 영업허가취소처분은 처분시에 소급하여 효력을 상실하게 되고 원래의 영업허가가 원상회복되므로, 영업허가취소처분 후에 행한 영업은 무허가 영업이 되지 않는다(대법원 1993. 6. 25. 선고 93도277 판결 등).

판례

과세처분취소 판결의 확정 후에 한 경정처분의 효력: 과세처분을 취소하는 판결이 확정되면 그 과세처분은 처분시에 소급하여 소멸하는 것이므로 과세처분을 취소하는 판결이 확정된 뒤에는 그 과세처분을 경정하는 이른바 경정처분을 할 수 없는 것이다. 원심이 확정한 바와 같이 원판시 이 사건 과세처분이 법원의 확정판결에 의하여 취소된 뒤에 과세관청에서 그 과세처분을 경정하는 경정처분을 한 것이라면 이는 존재하지 아니하는 과세처분을 경정한 것으로서 그 하자가 중대하고 명백한 당연무효의 처분이라고 보아야 할 것이다(대법원 1989. 5. 9. 선고 88다카16096 판결).

영업의 금지를 명한 영업허가취소처분 자체가 나중에 행정쟁송절차에 의하여 취소되었다면 그 영업허가취소처분은 그 처분시에 소급하여 효력을 잃게 되며, 그 영업허가취소처분에 복종할 의무가 원래부터 없었음이 확정되었다고 봄이 타당하고, 영업허가취소처분이 장래에 향하여서만 효력을 잃게 된다고 볼 것은 아니므로 그 영업허가취소처분 이후의 영업행위를 무허가영업이라고 볼 수는 없다(대법원 1993. 6. 25. 선고 93도277 판결).

운전면허취소처분을 받은 후 자동차를 운전하였으나 위 취소처분이 행정쟁송절차에 의하여 취소된 경우, 무면허운전의 성립 여부(소극): 피고인이 행정청으로부터 자동차 운전면허취소처분을 받았으나 나중에 그 행정처분 자체가 행정쟁송절차에 의하여 취소되었다면, 위 운전면허취소처분은 그 처분시에 소급하여 효력을 잃게 되고, 피고인은 위 운전면허취소처분에 복종할 의무가 원래부터 없었음이 후에 확정되었다고 봄이 타당할 것이고, 행정행위에 공정력의 효력이 인정된다고 하여 행정소송에 의하여 적법하게 취소된 운전면허취소처분이 단지 장래에 향하여서만 효력을 잃게 된다고 볼 수는 없다(대법원 1999. 2. 5. 선고 98도4239 판결).

[1] **도시 및 주거환경정비법상 주택재개발사업조합의 조합설립인가처분이 법원의 재판에 의하여 취소된 경우, 주택재개발사업조합이 조합설립인가처분 취소 전에 도시 및 주거환경정비법상 적법한 행정주체 또는 사업시행자로서 한 결의 등 처분이 소급하여 효력을 상실하는지 여부(원칙적 적극) 및 이때 종전 결의 등 처분의 법률효과를 다투는 소송의 당사자지위까지 함께 소멸하는지 여부(소극)**: 도시 및 주거환경정비법(이하 '도시정비법'이라고 한다)상 주택재개발사업조합의 조합설립인가처분이 법원의 재판에 의하여 취소된 경우 그 조합설립인가처분은 소급하여 효력을 상실하고, 이에 따라 당해 주택재개발사업조합 역시 조합설립인가처분 당시로 소급하여 도시정비법상 주택재개발사업을 시행할 수 있는 행정주체인 공법인으로서의 지위를 상실하므로, 당해 주택재개발사업조합이 조합설립인가처분 취소 전에 도시정비법상 적법한 행정주체 또는 사업시행자로서 한 결의 등 처분은 달리 특별한 사정이 없는 한 소급하여 효력을 상실한다고 보아야 한다. 다만 그 효력 상실로 인한 잔존사무의 처리와 같은 업무는 여전히 수행되어야 하므로, 종전에 결의 등 처분의 법률효과를 다투는 소송에서의 당사자지위까지 함께 소멸한다고 할 수는 없다.

[2] 갑 주택재개발정비사업조합설립 추진위원회가 주민총회를 개최하여 주택재개발정비사업의 시공자로 을 주식회사를 선정하는 결의(이하 '제1결의'라고 한다)를 하였고, 조합설립인가처분 후 갑 주택재개발정비사업조합이 조합총회를 개최하여 을 회사를 시공자로 선정(추인)하는 결의(이하 '제2결의'라고 한다)를 하였는데, 위 각 결의의 무효확인을 구하는 소송 계속 중에 갑 조합에 대한 조합설립인가처분을 취소하는 내용의 대법원판결이 선고된 사안에서, 갑 조합에 대한 조합설립인가처분은 법원의 재판에 의한 취소로 소급하여 효력을 상실하였고, 갑 조합 역시 조합설립인가처분

당시로 소급하여 도시 및 주거환경정비법(이하 '도시정비법'이라고 한다)상 주택재개발사업을 시행할 수 있는 행정주체인 공법인으로서 지위를 상실하였으므로, 갑 조합이 조합설립인가처분 취소 전에 도시정비법상 적법한 사업시행자임을 전제로 개최한 조합총회에서 이루어진 제2결의는 소급하여 효력을 상실하였고, 한편 시공자 선정은 추진위원회 또는 추진위원회가 개최한 주민총회의 권한범위에 속하는 사항이 아니라 조합총회의 고유권한이므로, 추진위원회가 개최한 주민총회에서 주택재개발사업의 시공자를 선정한 제1결의도 무효라고 보아, 원심판결을 파기하고 자판한 사례(대법원 2012. 3. 29. 선고 2008다95885 판결).

다. 제3자효(대세효)

(1) 의 의

행정소송법 제29조 제1항은 "처분 등을 취소하는 확정판결은 제3자에 대하여도 효력이 있다"라고 규정하여 취소판결의 제3자에 대한 구속력을 명문화하고 있다. 이를 취소판결의 제3자효 또는 대세효라고 한다.

제3자효는 취소판결뿐만 아니라, 무효등확인소송(대법원 1982. 7. 27. 선고 82다173 판결) 및 부작위위법확인소송의 인용판결에 대하여도 인정된다(행정소송법 제38조 제1항, 제2항). 아울러 제3자효는 집행정지의 결정 또는 집행정지결정의 취소결정에도 준용된다(행정소송법 제29조 제2항).

제3자효는 주로 제3자가 취소판결의 효력을 부인할 수 있는가의 소극적인 측면에서 파악되는 것이 일반적이다. 하지만 예외적인 경우에는 제3자가 취소판결의 효력을 적극적으로 원용하고 향수할 수 있는가의 측면에서도 고찰할 필요가 있다.

(2) 취 지

위와 같이 제3자효를 인정한 것은 승소한 자의 권리를 확실히 보호하기 위한 것이다.[137] 예를 들어 토지소유자가 토지수용위원회를 피고로 하여 제기한 수용재결취소소송에서 취소판결이 확정된 경우 그 효력은 제3자인 사업시행자에게도 미친다. 만약 이를 부인한다면 토지소유자가 사업시행자에게 토지의 인도 및 소유권확인을 구하더라도 사업시행자가 수용재결의 효력이 존속함을 주장하게 되어 분쟁의 종국적 해결을 어렵게 하기 때문이다. 또한 특허기업의 기존업자가 신규업자에 대한 신규면허처분의 취소소송을 제기한 경우(경업자소송) 및 경원관계에 있는 여러 신청인 중에서 허가를 받지 못한 자가 허가를

137) 홍정선, 행정법원론(상)(제19판), 2011, 1008면.

받은 자에 대한 허가처분의 취소를 청구한 경우(경원자소송)에도 사정은 마찬가지이다. 위와 같은 복효적 행정행위의 취소소송에 있어서는 비록 처분행정청이 피고로 되어 있으나 분쟁의 실질적 상대방은 사업시행자, 신규업자 등 제3자인 점에 비추어 취소판결의 효력을 실질적 상대방인 제3자에게 미치게 할 필요가 있는 것이다.

이에 대하여 제3자효를 인정한 취지는 행정상의 법률관계를 통일적으로 규율하고자 하는 데에 그 기본적인 취지가 있다고 보는 견해도 있다.[138]

(3) 제3자의 범위

취소판결의 형성력이 제3자에게 미친다고 할 때에, 그 제3자의 범위를 어떻게 볼 것인가에 대하여는 견해의 대립이 있다. 이는 형성력의 주관적 범위에 관한 문제라고 할 수 있다.

(가) 복효적 행정행위: 먼저 복효적 행정행위에서와 같이 당해 처분의 취소에 대하여 직접적인 법적 이해관계를 가지는 제3자가 취소판결의 효력이 미치는 제3자임은 명백하다. 앞서 본 수용재결취소소송에서의 사업시행자, 기존업자가 제기한 신규면허취소소송에서의 신규업자 및 경원자가 제기한 허가취소소송에서의 수허가자 등이 그러한 예이다. 이 경우에 제3자가 취소판결의 효력을 부인할 수 없다는 것은 행정소송법 제29조 및 제3자의 소송참가(제16조)·제3자의 재심청구(제31조)의 규정에 비추어 볼 때 분명하다고 할 수 있다.

(나) 일반처분의 경우: 다음으로 일반처분의 취소판결에 있어서는 견해가 갈린다. 예를 들면 공공요금의 인상에 대한 인가처분, 의료비인상의 직권고시 등에 대하여 甲이 취소소송을 제기하여 승소한 경우 甲(원고) 이외의 제3자에게도 판결의 효력이 미치는 지의 여부가 그러한 경우이다. 이 경우는 제3자가 취소판결의 효력을 적극적으로 원용하고 향수할 수 있는가의 측면에서의 문제이다.

① 상대적 형성력설: 취소소송은 주관적 소송으로서, 그 효력은 원칙적으로 당사자 사이에서만 미치는 것이므로 명시적 규정이 없음에도 불구하고, 제3자가 그 효력을 적극적으로 향수할 수 있다고 인정하는 데에는 문제가 있다고 보는 견해이다.[139]

② 절대적 형성력설: 행정법관계의 획일적인 규율의 요청, 법률상태 변동의 명확화의 요청 등에 비추어 소송에 참가하지 아니한 일반 제3자에게도 형성력이 미친다고 본다.[140] 절대적 형성력설이 일반적인 견해이다.

---

138) 박균성, 행정법론(상)(10판), 2011, 1257면.

139) 김동희, 행정법 I (제14판), 2008, 756면.

140) 김철용, 행정법 I (제13판), 2010, 749면; 박윤흔·정형근, 최신 행정법강의(상)(개정30판), 2009, 860면.

③ 절충설(장래효·소급효 구별설): 이 견해는 i) 먼저 장래효와 관련하여, 일반처분이 취소되면 일반처분은 장래에 향하여 절대적으로 효력을 상실한다고 본다. ii) 다음으로 소급효는 불가쟁력의 발생 여부에 따라 달라진다. 즉 불가쟁력이 발생한 제3자에 대하여는 일반처분의 취소판결이 소급효를 갖지 않는다고 보고, 불가쟁력이 발생하지 아니한 제3자에 대해서는 취소판결의 소급효가 미친다고 본다.[141)]

(4) 제3자효의 의미

취소판결의 형성력이 제3자효를 갖는다는 것의 의미를 정리하면 다음과 같다.

① 취소된 처분에 의하여 형성된 법률관계는 그 효력을 상실한다. 예를 들면 수용재결에 대한 취소판결이 확정된 경우 제3자인 사업시행자는 수용재결에 의해 취득한 소유권을 상실한다. 또한 기존업자가 신규업자에 대한 신규면허처분의 취소를 구하여 취소판결이 확정된 경우 제3자인 신규면허자는 면허자로서의 지위를 상실하게 된다.

② 취소된 처분을 전제로 하여 행하여진 후속처분 등은 달리 특별한 사정이 없는 한 소급하여 효력을 상실한다(대법원 2012. 3. 29. 선고 2008다95885 판결).

③ 취소된 처분에 의하여 형성된 법률관계를 기초로 하여 행하여진 사법상(私法上) 법률행위도 그 효력을 상실하게 된다. 다만 이 경우에는 제3자의 법률관계에 당연형성을 가져오는 것이 아니라 새로운 법률관계 형성의 원인, 즉 새로운 법률요건이 된다는 의미로 판례는 이해한다(대법원 1986. 8. 19. 선고 83다카2022 판결).

판례

[1] 행정처분을 취소하는 확정판결이 제3자에 대하여도 효력이 있다고 하더라도 일반적으로 판결의 효력은 주문에 포함한 것에 한하여 미치는 것이니 그 취소판결 자체의 효력으로써 그 행정처분을 기초로 하여 새로 형성된 제3자의 권리까지 당연히 그 행정처분 전의 상태로 환원되는 것이라고는 할 수 없고, 단지 취소판결의 존재와 취소판결에 의하여 형성되는 법률관계를 소송당사자가 아니었던 제3자라 할지라도 이를 용인하지 않으면 아니된다는 것을 의미하는 것에 불과하다 할 것이며, 따라서 취소판결의 확정으로 인하여 당해 행정처분을 기초로 새로 형성된 제3자의 권리관계에 변동을 초래하는 경우가 있다 하더라도 이는 취소판결 자체의 형성력에 기한 것이 아니라 취소판결의 위와 같은 의미에서의 제3자에 대한 효력의 반사적 효과로서 그 취소판결이 제3자의 권리관계에 대하여 그 변동을 초래할 수 있는 새로운 법률요건이 되는 까닭이라 할 것이다.

[2] **행정처분을 취소하는 판결이 확정되고 그 판결이 근거가 되어 소유권이전등기말소소송에서 패소함으로써 소유권을 상실한 토지소유자가 그 손해를 알게 된 시기**: 환지계획변경처분으

141) 박균성, 앞의 책, 1258면.

로 원고명의의 소유권이전등기가 경료되었으나 그후 위 변경처분으로 인하여 불이익을 입게 된 소외인이 동 처분의 취소를 구하는 행정소송을 제기하여 승소판결을 받아 이를 근거로 원고명의의 소유권이전등기의 말소청구소송을 제기하여 동 소외인 승소판결이 확정됨에 따라 원고가 그 소유권상실의 손해를 입게 된 경우, 원고명의의 소유권이전등기는 위 취소판결 자체의 효력에 의하여 당연히 말소되는 것이 아니라 소외인이 위 취소판결의 존재를 법률요건으로 주장하여 원고에게 그 말소를 구하는 소송을 제기하여 승소의 확정판결을 얻어야 비로소 말소될 수 있는 것이며, 위 말소청구소송에서의 승패 또한 위 취소판결의 존재가 주장되었다는 한가지 사실만으로 바로 판가름나는 것이라 할 수 없고 당사자의 주장 입증내용에 따라 달라질 여지가 있는 것이라 할 것이므로 원고는 위 말소청구의 소장부본을 송달받은 때가 아니라 위 말소청구의 소에서 원고패소가 확정됨으로써 비로소 그 손해를 알게 되었다고 봄이 상당하다(대법원 1986. 8. 19. 선고 83다카2022 판결).

(5) 제3자 보호의 필요와 장치

소송에 참가하여 자기의 이익을 방어하거나 주장할 기회를 가지지 아니한 제3자에 대하여 판결의 효력을 미치게 한다는 것은 소송법의 원칙에 어긋나며 자칫 국민의 재판청구권을 침해할 우려도 없지 않다. 그리하여 행정소송법은 제3자의 이익을 보호하기 위하여 제3자의 소송참가(제16조), 제3자의 재심청구(제31조)를 두어 이해관계의 균형을 꾀하고 있다.

III. 기속력[142)]

1. 의 의

처분 등을 취소하는 확정판결은 그 사건에 관하여 당사자인 행정청과 그 밖의 관계행정청을 기속한다(행정소송법 제30조 제1항). 이를 기속력이라고 한다.

기속력은 처분 등을 취소하는 판결(인용판결)에만 인정되며, 청구기각판결과는 무관하다. 기속력은 무효등확인소송 및 부작위위법확인소송의 경우에도 준용된다(행정소송법 제38조 제1항, 제2항).

142) 제30조(취소판결 등의 기속력) ① 처분 등을 취소하는 확정판결은 그 사건에 관하여 당사자인 행정청과 그 밖의 관계행정청을 기속한다.
② 판결에 의하여 취소되는 처분이 당사자의 신청을 거부하는 것을 내용으로 하는 경우에는 그 처분을 행한 행정청은 판결의 취지에 따라 다시 이전의 신청에 대한 처분을 하여야 한다.
③ 제2항의 규정은 신청에 따른 처분이 절차의 위법을 이유로 취소되는 경우에 준용한다.

2. 법적 성질

기속력의 법적 성질에 대하여는 기판력설과 특수효력설이 대립한다.

먼저 기판력설에 따르면 취소판결의 기속력은 기판력의 한 측면에 불과하다고 본다. 즉 취소의 확정판결이 있은 이상 판결을 받은 행정청은 이후 동일 당사자 간의 동일 사안을 처리함에 있어 법원이 위법이라고 확정한 판단을 존중하여야 하고, 동일한 과오를 되풀이할 수 없는바, 이는 기판력의 한 모습이라는 것이다.

다음으로 기속력은 취소판결의 실효성을 보장하기 위하여 행정소송법이 부여한 특수한 효력이라고 보는 특수효력설이 있는바, 이것이 통설의 입장이다. 이 견해에 따르면 ① 기판력은 모든 본안판결에서의 효력이지만 기속력은 청구기각 판결에는 미치지 않고 취소판결(인용판결)에서만 나타나는 효력이라는 점, ② 기판력은 당사자와 후소의 법원에 그 효력이 미치지만 기속력은 당사자인 행정청과 그 밖의 관계 행정청에 그 효력이 미친다는 점, ③ 기판력은 주문에 포함된 것에 한하여 효력이 미치지만 기속력은 주문뿐만 아니라 판결이유에서 적시된 개개의 위법 사유에도 미친다는 점, ④ 기판력은 법적 안정성을 위하여 후소의 재판을 구속하여 모순된 재판을 금하는 소송법상의 효력임에 반하여, 기속력은 판결의 실효성을 확보하기 위하여 판결의 취지에 따라 행동하도록 관계 행정청을 구속하는 실체법상의 효과를 발생시키는 효력이라는 점에서 양자는 본질을 달리한다고 본다.

판례는 특수효력설의 입장을 취하고 있다(대법원 2016. 3. 24. 선고 2015두48235 판결).

판례

행정소송법 제30조 제1항이 규정하는 취소 확정판결의 '기속력'과 같은 법 제8조 제2항에 의하여 행정소송에 준용되는 민사소송법 제216조, 제218조가 규정하는 '기판력'의 의미: 행정소송법 제30조 제1항은 "처분 등을 취소하는 확정판결은 그 사건에 관하여 당사자인 행정청과 그 밖의 관계행정청을 기속한다."라고 규정하고 있다. 이러한 취소 확정판결의 '기속력'은 취소 청구가 인용된 판결에서 인정되는 것으로서 당사자인 행정청과 그 밖의 관계행정청에게 확정판결의 취지에 따라 행동하여야 할 의무를 지우는 작용을 한다. 이에 비하여 행정소송법 제8조 제2항에 의하여 행정소송에 준용되는 민사소송법 제216조, 제218조가 규정하고 있는 '기판력'이란 기판력 있는 전소 판결의 소송물과 동일한 후소를 허용하지 않음과 동시에, 후소의 소송물이 전소의 소송물과 동일하지는 않더라도 전소의 소송물에 관한 판단이 후소의 선결문제가 되거나 모순관계에 있을 때에는 후소에서 전소 판결의 판단과 다른 주장을 하는 것을 허용하지 않는 작용을 한다(대법원 2016. 3. 24. 선고 2015두48235 판결).

[제49회 사법시험 문제] 유흥주점 영업허가를 받아 주점을 경영하는 甲은 청소년인 乙을 유흥접객원으로 고용하여 유흥행위를 하게 하였다는 이유로 관할 행정청인 A로부터 위 유흥주점 영업허가를 취소하는 처분을 받았다. 甲은 이에 불복하여 행정소송을 제기하여 위 취소처분을 취소하는 판결을 선고받아 그 판결이 확정되었다. 다음의 경우 A의 처분의 위법 여부와 그 논거를 검토하시오. (30점)

(1) 위 확정판결은 A가 청문절차를 거치지 않았다는 점을 이유로 위 영업허가취소처분을 취소하는 것이었다. A는 위 판결 확정 후 청문절차를 거친 다음 다시 위 영업허가를 취소하는 처분을 하였다.

(2) 위 확정판결은 乙이 청소년임을 인정할 증거가 없다는 이유로 위 영업허가취소처분을 취소하는 것이었다. A는 위 판결 확정 후 乙이 청소년임을 인정할 만한 증거가 새로이 발견되었다는 이유로 다시 위 영업허가를 취소하는 처분을 하였다.

(3) 위 확정판결은 乙을 유흥접객원으로 고용하였다는 점을 인정할 증거가 없다는 이유로 위 영업허가취소처분을 취소하는 것이었다. A는 甲이 청소년 丙을 유흥접객원으로 고용하여 유흥행위를 하게 한 사실이 있었다는 이유로 다시 위 영업허가를 취소하는 처분을 하였다.

(4) 위 확정판결은 영업허가취소처분이 甲에게는 지나치게 가혹하여 재량권을 일탈·남용하였다는 이유로 취소하는 것이었다. A는 위 판결 확정 후 새로이 甲에게 영업정지 3개월의 처분을 하였다.

[제45회 사법시험 문제] 甲은 여관을 건축하기 위하여 관할 군수 乙에게 건축허가 신청을 하였으나 乙은 관계법령에 근거가 없는 사유를 들어 거부처분을 하였다. 이에 甲은 乙을 상대로 거부처분취소소송을 제기하여 승소하였고 이 판결은 확정되었다. 그런데도 乙은 위 판결의 취지에 따른 처분을 하지 아니하였다.

다음의 물음에 대하여 논하시오. (50점)

가. 乙이 위 판결의 취지에 따른 처분을 하지 않고 있는 동안, 甲이 강구할 수 있는 행정소송법상 구제방법은?

나. 위 승소판결 확정 후 관계법령이 개정되어 위 건축허가를 거부할 수 있는 근거가 마련되자 乙은 이에 의거하여 다시 거부처분을 하였다. 乙이 한 새로운 거부처분은 적법한가?

다. 만일 위 나.항의 개정법령에서 당해 개정법령의 시행 당시 이미 건축허가를 신청 중인 경우에는 종전 규정에 따른다는 경과규정을 두었다면, 乙이 한 새로운 거부처분의 효력은?

3. 내 용

가. 소극적 효력: 반복금지효(저촉금지효)

(1) 의 의

취소판결이 확정되면 행정청(처분청 및 관계행정청)은 확정판결의 취지에 저촉되는 행위를 하여서는 안 될 의무를 진다. 이는 소극적 관점에서의 기속력이다. 여기서 '판결의 취지'란 판결의 주문(主文)과 판결이유 중에 설시된 개개의 위법사유를 포함한다.

(2) 범 위

(가) 동일한 처분의 금지

취소된 처분과 동일한 처분을 하는 것은 취소판결의 기속력(반복금지효)에 반한다. 여기서 '동일한 처분'이란 동일한 사실관계 아래에서 동일한 당사자에 대하여 동일한 내용을 가지는 행위를 말한다.

① 기본적 사실관계의 동일성: 처분의 사실관계가 동일하지 않으면 취소판결이 확정된 후 동일 당사자에 대하여 동일한 내용의 처분을 하여도 기속력에 반하는 것이 아니다. 처분의 사실관계가 동일한지의 여부는 기본적 사실관계에 있어 동일성이 인정되는지 여부에 따라 판단되어야 한다.

따라서 청소년 고용을 이유로 1개월의 영업정지 처분을 받고 위 처분의 취소소송에서 원고가 승소하였더라도, 처분청이 다시 청소년에게 주류를 제공하였다는 이유로 1개월의 영업정지처분을 발령한 경우 기속력에 위반되지 않는다. 반면에 청소년 乙을 유흥접객원으로 고용하여 유흥행위를 하게 하였다는 이유로 행하여진 영업허가취소처분에 대하여 취소소송이 제기되고, 위 소송에서 乙이 청소년이 아니라는 이유로 취소판결이 확정되었다면, 이후 乙이 청소년임을 인정할 만한 증거가 새로이 발견되었다 할지라도 다시 영업허가취소처분을 하면 기속력에 반하게 된다(자세한 내용은 후술하는 기속력의 객관적 범위를 참고하기 바람).

② 판단시점: 판례·통설에 따르면 처분의 위법성 판단의 기준시점은 처분시이므로 처분청이 처분시 이후의 사유를 내세워 새로이 처분을 하는 경우에는 반복금지효에 위배되지 않는다(자세한 내용은 후술하는 기속력의 시간적 범위를 참고하기 바람).

③ 동일한 내용의 처분: 취소판결이 확정된 후 동일한 사실관계 아래에서 동일한 당사자에 대하여 다시 처분을 하여도 처분의 내용이 동일하지 않으면 기속력에 반하는 것이

아니다. 예를 들면 파면처분이 재량권의 일탈·남용을 이유로 취소된 후 감경된 형태의 징계인 정직처분을 새로이 하거나, 3개월 영업정지 처분이 취소된 후 새로이 1개월 영업정지 처분을 내려도 기속력에 반하지 않는다.

④ 취소사유가 절차 또는 형식의 하자인 경우: 취소사유가 절차 또는 형식의 하자로 인한 경우에 있어서 이후 행정청이 적법한 절차 또는 형식을 갖추어 동일한 내용의 처분을 하더라도 반복금지효에 위반되지 않는다(대법원 1987. 2. 10. 선고 86누91 판결 등). 종전의 처분과 위법사유를 보완한 처분은 별개의 처분으로 보아야 하기 때문이다.

(나) 위법사유의 반복금지

기속력은 판결의 이유에 제시된 개개의 위법사유에 대해서도 미치므로 판결이유에서 제시된 위법사유를 반복하는 것은 동일한 처분이 아닌 경우에도 기속력에 반하게 된다. 예를 들면, 법규위반 사실이 없는 것을 이유로 영업허가취소처분이 취소된 경우에 동일한 법규위반을 이유로 영업정지처분을 내리는 것은 기속력에 반한다.

(다) 취소된 처분을 기초로 하는 행위금지

처분 행정청 및 관계 행정청은 취소된 처분을 기초로 하는 일체의 행위를 하여서는 아니 된다. 따라서 취소된 처분에 기초하여 그에 관련되는 처분이나 부수되는 행위를 하는 것은 기속력에 반한다.

(3) 반복금지효(저촉금지효) 위반의 효과

취소판결에 의하여 취소된 처분과 기본적 사실관계가 동일함에도 불구하고, 행정청이 다시 종전과 동일한 내용의 처분을 발령한 경우에는 하자 있는 처분이 된다. 그 효과에 대하여는 경우에 따라 무효 또는 취소의 대상이 된다는 견해도 있다.[143] 그러나 이를 단순히 취소사유가 있는 것에 불과하다고 본다면 당해 처분이 제소기간의 경과 등으로 확정력이 발생할 수도 있어 이 경우 행정소송법이 기속력을 인정한 취지에 반하는 결과가 되므로, 그 처분은 취소사유가 있는 것이 아니라 당연무효라고 보는 것이 타당할 것이다.[144] 판례도 당연무효설을 취하고 있는 것으로 보여진다(대법원 2002. 12. 11.자 2002무22 결정).

143) 석종현·송동수, 일반행정법(상)(제14판), 2013, 909면.
144) 류지태·박종수, 행정법신론(제15판), 2011, 729-730면.

나. 적극적 효력 1: 재처분의무

(1) 의 의

어떤 행정처분을 위법하다고 판단하여 취소하는 판결이 확정되면 행정청은 취소판결의 기속력에 따라 그 판결에서 확인된 위법사유를 배제한 상태에서 다시 처분을 할 의무가 있다. 이를 재처분의무라고 한다.

(2) 거부처분취소에 따른 재처분의무

판결에 의하여 취소되는 처분이 당사자의 신청을 거부하는 것을 내용으로 하는 경우에는 그 처분을 행한 행정청은 판결의 취지에 따라 다시 이전의 신청에 대한 가부간의 처분을 하여야 한다(행정소송법 제30조 제2항).

이때 행정청의 재처분의 내용은 '판결의 취지'를 존중하는 것이면 된다. 반드시 원고가 신청한 내용대로 처분해야 하는 것은 아니다. 따라서 재처분의무의 내용은 당해 거부처분의 취소사유에 따라 다르다.

(가) 거부처분이 형식적 위법(무권한, 형식의 하자, 절차의 하자)을 이유로 취소된 경우

이 경우에는 적법한 절차를 거치는 등 적법한 형식을 갖추어 신청에 따른 처분을 하여야 한다. 적법한 형식만을 갖추면 되므로, 이 경우 행정청은 실체적 요건을 심사하여 신청된 대로 처분을 할 수도 있고 다시 거부처분을 할 수도 있다.

판례

행정청이 확정판결의 취지에 따라 절차, 방법의 위법사유를 보완하여 다시 종전의 신청에 대한 거부처분을 할 수 있는지 여부(적극) 및 그러한 처분도 행정소송법 제30조 제2항에 규정된 재처분에 해당하는지 여부(적극): 행정소송법 제30조 제2항의 규정에 의하면 행정청의 거부처분을 취소하는 판결이 확정된 경우에는 그 처분을 행한 행정청이 판결의 취지에 따라 이전의 신청에 대하여 재처분할 의무가 있다고 할 것이나, 그 취소사유가 행정처분의 절차, 방법의 위법으로 인한 것이라면 그 처분 행정청은 그 확정판결의 취지에 따라 그 위법사유를 보완하여 다시 종전의 신청에 대한 거부처분을 할 수 있고, 그러한 처분도 위 조항에 규정된 재처분에 해당한다(대법원 2005. 1. 14. 선고 2003두13045 판결).

(나) 거부처분이 실체상 위법을 이유로 취소된 경우

① 원칙: 이 경우 판결의 취지는 행정청이 상대방의 신청을 인용하지 않은 것이 위법이

라는 것이므로, 행정청은 원칙적으로 신청된 대로 처분을 하여야 한다.[145)]

② 예외: 거부처분이 실체상 위법을 이유로 판결에 의하여 취소된 경우에도, i) 해당 거부처분의 이유와 기본적 사실관계의 동일성이 없는 다른 사유에 기하여 재처분을 하는 경우(이는 기속력의 객관적 범위에 관한 문제이다), ii) 거부처분 이후에 법령 또는 사실상태의 변경이라는 사정변경이 있는 경우(이는 기속력의 시간적 범위에 관한 문제이다)에는 그 재처분의무에 관하여 구체적으로 다시 살펴볼 필요가 있다. 이하 기속력의 범위에 관한 부분에서 이를 자세히 살펴보기로 한다.

(3) 신청에 따른 인용처분이 절차상의 위법을 이유로 취소된 경우의 재처분의무

신청에 따른 처분이 절차의 위법을 이유로 취소된 경우에는 거부처분취소판결에 있어서의 재처분의무에 관한 제30조 제2항의 규정을 준용한다(행정소송법 제30조 제3항). 여기에서 '신청에 따른 처분'이라 함은 '신청에 대한 인용처분(認容處分)'을 말한다.

입법취지는 신청에 따른 인용처분이 복효적 행정행위에 해당하는 경우, 위 처분으로 인하여 권익을 침해당한 제3자가 제소하고 그 과정에서 위 인용처분이 절차에 위법이 있음을 이유로 취소될 수가 있다. 이 경우 판결의 취지에 따른 적법한 절차에 의하여 신청에 대한 처분을 다시 하도록 하여 신청인의 권익을 보호하기 위한 것이다.

(4) 재처분의무 위반의 효과

(가) 재처분을 하지 아니한 경우: 이 경우에는 간접강제의 대상이 된다. 간접강제의 자세한 내용은 후술한다.

(나) 판결의 취지에 따르지 않은 재처분을 한 경우: 행정청이 재처분을 하였지만, 그것이 취소판결의 취지에 따르지 않음으로써 기속력에 반하는 경우 그러한 처분은 무효이고, 아울러 이러한 경우에도 간접강제의 사유가 된다(대법원 2002. 12. 11.자 2002무22 결정).

다. 적극적 효력 2: 원상회복의무(결과제거의무)

어떤 행정처분을 위법하다고 판단하여 취소하는 판결이 확정되면 행정청은 위법한 처분에 의하여 초래된 위법한 결과를 제거하여 원상을 회복할 의무를 지게 된다. 예를 들면, 자동차압류처분이 취소되면 행정청은 당해 자동차를 원고에게 반환하여야 할 의무를 진다. 또한 과세처분이 취소되면 세무서장은 그것을 전제로 한 압류처분을 취소하여야 한다.

---

145) 김동희, 행정법 I (제14판), 2008, 759면.

취소판결의 기속력에 원상회복의무가 당연히 포함되는지에 대하여 명문의 규정은 없지만, 취소소송의 본질상 긍정하는 것이 타당하다.[146] 판례도 기속력에 근거하여 이러한 원상회복의무(결과제거의무)를 인정하고 있다(대법원 2019. 10. 17. 선고 2018두104 판결).

행정청의 이러한 의무(원상회복의무)에 대응하여 원고는 결과제거청구권을 갖는다. 이러한 시각에서 행정소송법 제30조 제1항을 공법상 결과제거청구권의 법적 근거 중의 하나로 보는 견해도 있다.[147]

판례

가. 위법한 행정처분에 대한 취소판결이 확정된 경우, 행정청이 취할 조치 및 행정처분이 불복기간의 경과로 확정될 경우, 그 효력으로서 확정력의 의미: 어떤 행정처분을 위법하다고 판단하여 취소하는 판결이 확정되면 행정청은 취소판결의 기속력에 따라 그 판결에서 확인된 위법사유를 배제한 상태에서 다시 처분을 하거나 그 밖에 위법한 결과를 제거하는 조치를 할 의무가 있다(행정소송법 제30조). 그리고 행정처분이 불복기간의 경과로 인하여 확정될 경우 그 확정력은, 처분으로 인하여 법률상 이익을 침해받은 자가 해당 처분이나 재결의 효력을 더 이상 다툴 수 없다는 의미일 뿐, 더 나아가 판결에 있어서와 같은 기판력이 인정되는 것은 아니어서 그 처분의 기초가 된 사실관계나 법률적 판단이 확정되고 당사자들이나 법원이 이에 기속되어 모순되는 주장이나 판단을 할 수 없게 되는 것은 아니다.

나. 이 사건 주민소송에서 이 사건 도로점용허가를 취소하는 판결이 확정되면, 피고는 취소판결의 기속력에 따라 위법한 결과를 제거하는 조치의 일환으로서 피고 보조참가인에 대하여 도로법 제73조, 제96조, 제100조 등에 의하여 이 사건 도로의 점용을 중지하고 원상회복할 것을 명령하고, 이를 이행하지 않을 경우 행정대집행이나 이행강제금 부과 조치를 하는 등 이 사건 도로점용허가로 인한 위법상태를 제거하는 것이 가능하게 된다.

또한, 취소판결의 직접적인 효과로 이 사건 건축허가가 취소되거나 그 효력이 소멸되는 것은 아니지만, 이 사건 도로점용허가가 유효하게 존재함을 전제로 이루어진 이 사건 건축허가는 그 법적·사실적 기초를 일부 상실하게 되므로, 피고는 수익적 행정행위의 직권취소 제한에 관한 법리를 준수하는 범위 내에서 일정한 요건하에 직권으로 그 일부를 취소하거나 변경하는 등의 조치를 할 의무가 있다(대법원 2019. 10. 17. 선고 2018두104 판결 [도로점용허가처분무효확인등]): <해설> 도로점용허가에 대한 취소판결의 기속력에 근거하여, 불가쟁력이 발생한 관련 처분(건축허가처분)의 일부에 대해서도 직권취소의무가 발생하였다고 본 경우이다.

제재처분에 대한 행정쟁송절차에서 처분에 대해 집행정지결정이 이루어졌더라도 본안에서 해당 처분이 최종적으로 적법한 것으로 확정되어 집행정지결정이 실효되고 제재처분을 다시 집행할

146) 박균성, 앞의 책, 1262면.

147) 김남진·김연태, 앞의 책, 584면.

수 있게 되면, 처분청으로서는 당초 집행정지결정이 없었던 경우와 동등한 수준으로 해당 제재처분이 집행되도록 필요한 조치를 취하여야 한다. 집행정지는 행정쟁송절차에서 실효적 권리구제를 확보하기 위한 잠정적 조치일 뿐이므로, 본안 확정판결로 해당 제재처분이 적법하다는 점이 확인되었다면 제재처분의 상대방이 잠정적 집행정지를 통해 집행정지가 이루어지지 않은 경우와 비교하여 제재를 덜 받게 되는 결과가 초래되도록 해서는 안 된다. 반대로, 처분상대방이 집행정지결정을 받지 못했으나 본안소송에서 해당 제재처분이 위법하다는 것이 확인되어 취소하는 판결이 확정되면, 처분청은 그 제재처분으로 처분상대방에게 초래된 불이익한 결과를 제거하기 위하여 필요한 조치를 취하여야 한다(대법원 2020. 9. 3. 선고 2020두34070 판결).

4. 범 위

가. 주관적 범위

기속력은 당사자인 행정청뿐만 아니라 그 밖의 관계행정청에도 미친다(행정소송법 제30조 제1항). 여기에서 '관계행정청'이라 함은 피고 행정청과 동일한 행정주체에 속하는 행정청이나 동일한 사무계통을 이루는 상하관계에 있는 행정청에 한하지 않는다. 그것은 당해 판결에 의하여 취소된 처분 등에 관계되는 어떠한 처분권한을 가지는 행정청, 즉 취소된 처분 등을 기초로 하여 그와 관련되는 처분이나 부수되는 행위를 할 수 있는 행정청을 총칭하는 것이라고 할 것이다.[148)]

나. 객관적 범위

기속력은 '판결의 취지'에 따라 행정청을 구속하는 효력인데, 판결의 취지는 판결의 주문(主文)과 판결이유 중에 설시된 개개의 위법사유를 포함한다(대법원 2001. 3. 23. 선고 99두5238 판결). 그러나 판결의 결론과 직접 관계없는 방론(傍論)이나 간접사실에는 미치지 아니한다.

기판력은 후소법원을 구속하는 효력으로서 판결의 주문에 포함된 것에 한하여 효력이 미치지만, 기속력은 행정청을 구속하는 효력으로서 판결이유에서 적시된 개개의 위법사유에도 미친다.

한편 기속력은 법원이 위법이라고 판단한 것과 동일한 사유에 기하여 동일한 처분을 하는 것을 금할 뿐, 별도의 사유에 기하여 동일한 내용의 처분을 하는 것까지 금하는 것은 아니다. 동일한 사유인지 아니면 별도의 사유인지는 기본적 사실관계의 동일성이 인정되는지 여부를 기준으로 판단되어야 한다(대법원 2005. 12. 9. 선고 2003두7705 판결). 왜냐하면

148) 이상규, 앞의 책, 886면.

기본적 사실관계의 동일성이 인정되는 범위 내에서만 처분사유의 추가·변경을 허용하고 있으므로 처분사유의 추가·변경을 할 수 없는 경우에는 소송종료 후 그 사유에 기하여 재처분을 할 수 있다고 보아야 할 것이고, 그러한 재처분은 기속력에 반하지 않는다고 보아야 할 것이기 때문이다.[149] 이는 처분사유의 추가·변경과 기속력의 객관적 범위가 표리의 관계에 있음을 근거로, 기속력이 처분사유의 추가·변경이 허용되는 기본적 사실관계의 동일성이 인정되는 범위까지 확장된다고 보는 입장이라고 할 수 있다.

판례

[1] **확정된 거부처분취소 판결의 취지에 따라 이전 신청에 대하여 재처분을 할 의무가 있는 행정청이 종전 처분 후 발생한 '새로운 사유'를 내세워 다시 거부처분을 할 수 있는지 여부(적극) 및 '새로운 사유'인지를 판단하는 기준**: 행정소송법 제30조 제2항에 의하면, 행정청의 거부처분을 취소하는 판결이 확정된 경우에는 처분을 행한 행정청이 판결의 취지에 따라 이전 신청에 대하여 재처분을 할 의무가 있다. 행정처분의 적법 여부는 행정처분이 행하여진 때의 법령과 사실을 기준으로 판단하는 것이므로 확정판결의 당사자인 처분 행정청은 종전 처분 후에 발생한 새로운 사유를 내세워 다시 거부처분을 할 수 있고, 그러한 처분도 위 조항에 규정된 재처분에 해당한다. 여기에서 '새로운 사유'인지는 종전 처분에 관하여 위법한 것으로 판결에서 판단된 사유와 기본적 사실관계의 동일성이 인정되는 사유인지에 따라 판단되어야 하고, 기본적 사실관계의 동일성 유무는 처분사유를 법률적으로 평가하기 이전의 구체적인 사실에 착안하여 그 기초인 사회적 사실관계가 기본적인 점에서 동일한지에 따라 결정되며, 추가 또는 변경된 사유가 처분 당시에 그 사유를 명기하지 않았을 뿐 이미 존재하고 있었고 당사자도 그 사실을 알고 있었다고 하여 당초 처분사유와 동일성이 있는 것이라고 할 수는 없다.

[2] 고양시장이 갑 주식회사의 공동주택 건립을 위한 주택건설사업계획승인 신청에 대하여 미디어밸리 조성을 위한 시가화예정 지역이라는 이유로 거부하자, 갑 회사가 거부처분의 취소를 구하는 소송을 제기하여 승소판결을 받았고 위 판결이 그대로 확정되었는데, 이후 고양시장이 해당 토지 일대가 개발행위허가 제한지역으로 지정되었다는 이유로 다시 거부하는 처분을 한 사안에서, 재거부처분은 종전 거부처분 후 해당 토지 일대가 개발행위허가 제한지역으로 지정되었다는 새로운 사실을 사유로 하는 것으로, 이는 종전 거부처분 사유와 내용상 기초가 되는 구체적인 사실관계가 달라 기본적 사실관계가 동일하다고 볼 수 없다는 이유로, 행정소송법 제30조 제2항에서 정한 재처분에 해당하고 종전 거부처분을 취소한 확정판결의 기속력에 반하는 것은 아니라고 본 원심판단을 수긍한 사례(대법원 2011. 10. 27. 선고 2011두14401 판결 [건축불허가처분취소]): <해설> '주택건설사업계획이 고양시의 도시관리계획상 부적합하다'는 사유와 '거부처분 이후에 사업부지가 국토의 계획 및 이용에 관한 법률에 따라 개발행위허가 제한지역으로 지정되었으므로 주택건설사업계획이 부적합하다'는 사유는 기본적 사실관계의 동일성이 인

149) 홍정선, 행정법원론(상)(제19판), 2011, 1015면.

정되지 아니하므로, 고양시장이 후자의 사유를 이유로 주택건설사업계획승인 신청에 대하여 다시 거부처분을 한 것은 종전 거부처분을 취소한 확정판결의 기속력에 반하지 않는다고 본 사례이다.

취소소송에서 처분 등을 취소하는 확정판결의 기속력의 범위 및 거부처분에 대한 취소판결이 확정된 경우 행정청이 사실심 변론종결 이전의 사유를 내세워 다시 거부처분을 할 수 있는지 여부(소극): 행정소송법 제30조 제1항에 의하여 인정되는 취소소송에서 처분 등을 취소하는 확정판결의 기속력은 주로 판결의 실효성 확보를 위하여 인정되는 효력으로서 판결의 주문뿐만 아니라 그 전제가 되는 처분 등의 구체적 위법사유에 관한 이유 중의 판단에 대하여도 인정되고, 같은 조 제2항의 규정상 특히 거부처분에 대한 취소판결이 확정된 경우에는 그 처분을 행한 행정청은 판결의 취지에 따라 다시 처분을 하여야 할 의무를 부담하게 되므로, 취소소송에서 소송의 대상이 된 거부처분을 실체법상의 위법사유에 기하여 취소하는 판결이 확정된 경우에는 당해 거부처분을 한 행정청은 원칙적으로 신청을 인용하는 처분을 하여야 하고, 사실심 변론종결 이전의 사유를 내세워 다시 거부처분을 하는 것은 확정판결의 기속력에 저촉되어 허용되지 아니한다(대법원 2001. 3. 23. 선고 99두5238 판결): <해설> 위 판례는 거부처분에 대한 위법성 판단의 기준시점을 판결시(사실심 변론종결시)로 보는 경우에는 타당한 측면도 있다. 반면에 처분시설을 취하는 입장에서는 위 판례는 표현상 문제가 있다. 그리하여 '사실심 변론종결 이전의 사유'라는 표현은 처분시와 사실심 변론종결 사이에 사정변경이 없는 사안에서 관행적으로 행하여진 표현이라고 볼 수밖에 없다(대법원 2011. 10. 27. 선고 2011두14401 판결 참조). 이 판례의 '사실심 변론종결 이전의 사유'라는 표현은 기속력을 기판력의 일종으로 보아 양자를 구분하지 않고 혼용하던 과거의 오류에서 비롯된 잘못으로 보여진다.

취소 확정판결의 기속력은 판결의 주문 및 전제가 되는 처분 등의 구체적 위법사유에 관한 판단에도 미치나, 종전 처분이 판결에 의하여 취소되었더라도 종전 처분과 다른 사유를 들어서 새로이 처분을 하는 것은 기속력에 저촉되지 않는다. 여기에서 동일 사유인지 다른 사유인지는 확정판결에서 위법한 것으로 판단된 종전 처분사유와 기본적 사실관계에서 동일성이 인정되는지 여부에 따라 판단되어야 하고, 기본적 사실관계의 동일성 유무는 처분사유를 법률적으로 평가하기 이전의 구체적인 사실에 착안하여 그 기초인 사회적 사실관계가 기본적인 점에서 동일한지에 따라 결정된다. 또한 행정처분의 위법 여부는 행정처분이 행하여진 때의 법령과 사실을 기준으로 판단하므로, 확정판결의 당사자인 처분 행정청은 종전 처분 후에 발생한 새로운 사유를 내세워 다시 처분을 할 수 있고, 새로운 처분의 처분사유가 종전 처분의 처분사유와 기본적 사실관계에서 동일하지 않은 다른 사유에 해당하는 이상, 처분사유가 종전 처분 당시 이미 존재하고 있었고 당사자가 이를 알고 있었더라도 이를 내세워 새로이 처분을 하는 것은 확정판결의 기속력에 저촉되지 않는다(대법원 2016. 3. 24. 선고 2015두48235 판결).

다. 시간적 범위

(1) 원칙: 일반론

처분의 위법 여부의 판단시점은 처분시이기 때문에 기속력은 처분 당시까지 존재하던 사유에 대하여만 미치고 그 이후에 생긴 사유에는 미치지 아니한다. 따라서 취소된 처분 후에 새로운 처분사유가 생긴 경우(법령 또는 사실상태가 변경된 경우)에는 행정청은 동일한 내용의 처분을 다시 할 수도 있다.

(2) 거부처분취소판결의 경우

거부처분 이후에 법령이나 사실상태가 변경된 경우, 즉 처분 당시에는 요건을 구비하였음에도 불구하고 행정청이 위법하게 거부처분을 하여 판결로 위법한 거부처분이 취소되었으나, 거부처분 이후 법령변경 등으로 인하여 이제는 그 요건을 갖추지 못하게 된 경우에 재처분으로 다시 거부처분을 할 수 있는가의 문제가 대두된다. 재처분으로 다시 거부처분을 할 수 있다고 볼 경우, 처분 당시의 법령에 따른 행정청의 적법한 처분에 의해 허가 등을 받은 자는 법령이 변경되어 이제는 그러한 허가 등이 주어질 수 없게 된 상황에서도 허가 등으로 인한 이익을 누리는 반면에, 당시의 사실 및 법상태에 비추어 보면 허가 등을 해 주어야 하였음에도 불구하고 행정청이 위법하게 허가 등 수익적 처분을 해 주지 않아 허가 등을 받지 못한 자는 그에 불복하여 인용판결을 받아도 이제는 법령이 바뀌어 허가 등 수익적 처분을 받지 못하게 된다는 불합리한 결과가 야기된다.

이 문제는 다시 판결선고 이전에 사정변경이 있는 경우와 판결선고 이후에 사정변경이 있는 경우를 나누어 살펴 볼 필요가 있다.

(가) 판결선고 이전에 사정변경이 있는 경우

① 처분시설에 의할 경우: 취소소송에서 처분의 위법성 여부의 판단은 처분시를 기준으로 하는 것이 원칙이다. 따라서 처분시의 법령 및 사실상태에 기초할 때에 거부처분이 위법한 경우에는 원고의 청구가 인용되어 거부처분취소판결이 내려질 수밖에 없다.

이 경우 재처분의무가 발생하는바, 재처분은 새로운 처분이므로 재처분시의 법령 및 사실 상태를 기초로 하여 행하여져야 한다. 따라서 종전의 거부처분 후에 법령 및 사실상태의 변경이 있고 그 변경된 법령 및 사실상태에 기초할 때에 재처분으로 거부처분을 내리는 것이 적법한 경우에는 원칙상 거부처분을 내려야 한다고 보는 것이 판례 및 다수설의 견해이다.

판례

[2] 행정처분의 적법 여부는 그 행정처분이 행하여 진 때의 법령과 사실을 기준으로 하여 판단하는 것이므로 거부처분 후에 법령이 개정·시행된 경우에는 개정된 법령 및 허가기준을 새로운 사유로 들어 다시 이전의 신청에 대한 거부처분을 할 수 있으며 그러한 처분도 행정소송법 제30조 제2항에 규정된 재처분에 해당된다.

[3] 건축불허가처분을 취소하는 판결이 확정된 후 국토이용관리법시행령이 준농림지역 안에서의 행위제한에 관하여 지방자치단체의 조례로써 일정 지역에서 숙박업을 영위하기 위한 시설의 설치를 제한할 수 있도록 개정된 경우, 당해 지방자치 단체장이 위 처분 후에 개정된 신법령에서 정한 사유를 들어 새로운 거부처분을 한 것이 행정소송법 제30조 제2항 소정의 확정판결의 취지에 따라 이전의 신청에 대한 처분을 한 경우에 해당한다(대법원 1998. 1. 7.자 97두22 결정 [간접강제]): <해설> 신청인이 1995. 9. 14.경 피신청인(*장성군수)에게 준농림지역인 이 사건 토지상에 숙박시설 용도의 건축물을 신축하고자 건축허가 신청을 하였으나 피신청인은 같은 달 21. 위 숙박시설 건축이 마을 전체의 경관, 조망 및 주민정서를 해친다는 등의 이유로 그 신청을 거부하는 처분을 하였다. 그런데 국토이용관리법시행령이 위 불허가처분 후인 1995. 10. 19. 개정되면서 준농림지역 안에서의 행위제한에 관하여 지방자치단체의 조례로써 일정 지역에서 숙박업을 영위하기 위한 시설의 설치를 제한할 수 있도록 새로이 규정되었는데, 그 부칙에서 위 규정의 변경에 따른 경과조치는 따로 두지 아니하였다. 장성군에서는 위 시행령 개정에 따라 1996. 2. 16. '준농림지역안에서의행위제한에관한조례'를 제정하고 같은 날 이를 공포하였다. 한편 신청인은 피신청인을 상대로 건축불허가처분의 취소를 구하는 소송을 제기하였는데, 법원은 1996. 5. 16. 위 불허가처분 사유는 그 당시 시행중이던 건축법, 국토이용관리법, 도시계획법 등 관계 법규에서 정하는 어떠한 건축제한 사유에도 해당하지 아니하므로, 이러한 이유를 들어 피신청인이 위 건축허가신청을 불허가한 것은 위법하다고 판단하여 피신청인의 위 불허가처분을 취소하는 판결을 선고하였고 동 판결은 같은 해 6. 13. 확정되었다. 피신청인은 위 판결이 확정된 후인 1996. 7. 16. 신청인의 위 건축허가신청에 대하여 위 조례에 근거하여 다시 건축불허가처분을 한 사안이다.

② 판결시설에 의할 경우: 일반적인 취소소송과는 달리 거부처분 취소소송에서의 위법성 판단의 기준시점은 판결시(사실심 변론종결시)로 하는 것이 타당하다는 유력한 견해가 있다.[150] 이 견해를 취할 경우 판결시(사실심 변론종결시) 이전에 법령 등이 변경되고 그 변경된 법령 및 사실상태에 기초할 때에 거부처분을 내리는 것이 적법한 경우에는 판결시의 법령 및 사실상태에 따라 원고의 청구가 기각될 수밖에 없을 것이고 따라서 원고의 청

150) 정하중, "취소소송에서 처분의 위법성판단 기준시점", 인권과 정의 제339호, 2004. 11, 113-114면.

구가 인용될 것을 전제로 하는 재처분의무는 발생하지 않을 것이다.

③ 판결취지설: 거부처분의 위법성은 처분시를 기준으로 판단하되, 거부처분이 위법을 이유로 취소되는 경우에 법원은 판결시를 기준으로 그 때까지의 사정변경에 의해 행정청의 처분발급의무가 소멸하였는지 여부를 판단하여 판결이유에 명시함으로써, -그 '판결의 취지'에 따라(행정소송법 제30조 제2항)- 판결시를 기준으로 거부처분 취소판결의 기속력이 발생하도록 하는 방법이 가능하다는 견해이다. 이에 따르면 거부처분이 취소되고 판결이유에서 판결시까지 행정청의 처분발급의무가 소멸하지 않았다는 점이 명시된 경우에는 행정청은 더 이상 판결시 이전의 사정변경을 이유로 처분의 발급을 거부할 수 없게 된다는 입장이다.[151)]

④ 이익형량설: 재처분은 새로운 처분이므로 재처분시의 법령 및 사실상태를 기준으로 발령되어야 하지만, 개정 전 법령(거부처분시의 법령)의 존속 및 인용판결에 대한 신뢰라는 사익과 개정된 법령의 적용에 관한 공익을 비교형량하여 사익이 더 보호가치가 있다고 인정되는 경우에는 국민의 신뢰를 보호하기 위하여 개정 전의 법령을 적용하여야 한다는 견해이다.[152)]

(나) 판결선고 이후에 사정변경이 있는 경우

판결선고(사실심 변론종결) 이후에야 법령 및 사실상태의 변경이 있는 경우에는, 처분시설 및 판결시설 중 어느 견해를 취하건 원고의 청구가 인용되어 거부처분취소판결이 내려질 수밖에 없다.

다만 이 경우에도 재처분은 새로운 처분이므로 판결선고(사실심 변론종결) 이후 발생한 새로운 사유에 기하여서는 다시 이전의 신청에 대하여 거부처분을 할 수 있다(대법원 1999. 12. 28. 선고 98두1895 판결).

(다) 평 가

일반적인 취소소송과는 달리 거부처분 취소소송은 실질적으로 의무이행소송과 같은 역할과 기능을 하고 있으므로, 그 위법성 판단의 기준시점은 판결시(사실심 변론종결시)로 보는 것이 타당하다는 견해도 일리가 있다.

한편 처분시설에 의할 경우 비록 거부처분취소판결(원고승소판결)이 내려졌다고 할지라도 거부처분 이후에 법령이나 사실상태가 변경되었을 경우 이후 재처분시에는 다시 거

151) 박정훈, 행정소송의 구조와 기능, 2006, 585면.

152) 박균성, 행정법론(상)(제10판), 2011, 1266면.

부처분이 내려질 수 있다. 그러나 그 경우에도 거부처분취소판결(원고승소판결)을 통하여 i) 피고가 소송비용의 부담을 하게 된다는 점, ii) 피고에 대한 행정통제적 기능을 수행할 수 있다는 점, iii) 현행법상 처분의 위법성을 확인하는 소송이 인정되고 있지 않는 단점을 보완할 수 있다는 점 등에 비추어 볼 때 처분시설도 나름대로 의미가 있다고 생각된다(제2관 취소소송의 심리 중 'Ⅳ. 위법판단의 기준시'를 참고하기 바람).

현재 판례와 다수설은 처분시설을 취하고 있는바, 이러한 처분시설의 문제점을 보완할 수 있는 방법은 다음과 같다.

① 경과규정: 개정되기 전인 구 법령의 존속에 대한 국민의 신뢰가 개정 법령의 적용에 관한 공익상의 요구보다 더 보호가치가 있다고 인정되는 경우에는 개정 법령의 부칙에서 '이 법(개정 법령) 시행 전에 이미 구 법령에 근거한 허가 신청이 있는 경우에는 구 법령의 규정을 적용한다'는 취지의 경과규정을 두는 것이 바람직하다. 개정 법령에 이러한 경과규정이 있음에도 불구하고, 구 법령에 따른 재처분을 하지 아니한 채 개정 법령을 적용하여 행하여진 새로운 거부처분은 기속력에 저촉되어 당연무효이다(대법원 2002. 12. 11.자 2002무22 결정).

② 신의성실의 원칙: 재처분의무를 지는 행정청이 정당한 이유 없이 재처분의무의 이행을 늦추어 그 사이 법령 및 사실상태가 변경된 경우라면, 이후 개정 법령에 근거한 재처분(거부처분)은 기속력을 무력화시키는 행위로서 신의성실의 원칙에 반한다고 보아야 한다(대법원 1992. 12. 8. 선고 92누13813 판결 참조).

판례

주택건설사업 승인신청 거부처분의 취소를 명하는 판결이 확정되었음에도 행정청이 그에 따른 재처분을 하지 않은 채 위 취소소송 계속 중에 도시계획법령이 개정되었다는 이유를 들어 다시 거부처분을 한 사안에서, 개정된 도시계획법령에 그 시행 당시 이미 개발행위허가를 신청 중인 경우에는 종전 규정에 따른다는 경과규정을 두고 있으므로 위 사업승인신청에 대하여는 종전 규정에 따른 재처분을 하여야 함에도 불구하고 개정 법령을 적용하여 새로운 거부처분을 한 것은 확정된 종전 거부처분 취소판결의 기속력에 저촉되어 당연무효라고 한 사례(대법원 2002. 12. 11.자 2002무22 결정).

인, 허가신청 후 처분 전에 관계 법령이 개정 시행된 경우 새로운 법령 및 허가기준에 따라서 한 처분의 적부(한정적극): 행정행위는 처분 당시에 시행중인 법령 및 허가기준에 의하여 하는 것이 원칙이고, 인, 허가신청 후 처분 전에 관계 법령이 개정 시행된 경우 신 법령 부칙에서 신 법령 시행 전에 이미 허가신청이 있는 때에는 종전의 규정에 의한다는 취지의 경과규정을 두지 아니한 이상 당연히 허가신청 당시의 법령에 의하여 허가 여부를 판단하여야 하는 것은 아니며, 소관 행정청이 허가신청을 수리하고도 정당한 이유 없이 처리를 늦추어 그 사이에 법령 및 허가기준이 변경된 것이 아닌 한 새로운 법령 및 허가기준에 따라서 한 불허가처분이 위법하다고 할 수 없다(대법원 1992. 12. 8. 선고 92누13813 판결).

Ⅳ. 기판력

1. 의 의

기판력은 일단 판결이 확정된 때에는 동일한 소송물에 대하여는 다시 소를 제기할 수 없고 법원도 위 확정판결과 내용적으로 모순·저촉되는 판단을 하지 못하는 효력을 말한다. 국가의 재판기관이 분쟁을 공권적으로 판단하였다는 것에 근거를 두고 법적 안정성의 요청에 기인한 제도이다. 행정소송법에서 기판력에 대한 명문의 규정은 없지만, 민사소송법의 기판력에 관한 규정은 행정소송법에도 준용되므로(행정소송법 제8조 제2항) 행정소송의 판결에도 기판력이 인정된다고 말할 수 있다.

2. 범 위

가. 주관적 범위

취소소송의 기판력은 당사자 및 이와 동일시할 수 있는 자(예컨대 승계인)에게만 미치며 제3자에게는 미치지 않는다.

한편 취소소송의 피고는 처분청이지만 그 취소판결의 기판력은 당해 처분이 귀속하는 국가 또는 공공단체에도 미친다. 본래 소송의 당사자는 법주체여야 하며 따라서 취소소송의 피고는 처분의 효과가 귀속되는 국가 또는 공공단체여야 하는데 소송편의상 처분청을 피고로 한 것이기 때문이다. 따라서 세무서장을 피고로 하는 과세처분취소소송에서 패소한 자가 다시 국가를 피고로 하여 과세처분의 무효를 주장하여 과오납금반환청구소송을 제기한 경우에 과세처분의 무효의 주장은 위 취소소송의 기판력에 반한다고 할 것이다.

나. 객관적 범위

(1) 원 칙

일반적으로 기판력은 판결의 주문에 포함된 것에 한하여 인정된다(민사소송법 제216조

제1항). 즉 기판력은 판결주문에 표시된 소송물에 관한 판단에 대해서만 발생한다. 따라서 판결이유 중에서 설시된 사실인정, 선결적 법률관계, 항변 등에는 기판력이 미치지 않는다.

(2) 국가배상소송과의 관계

(가) 먼저 취소소송 판결의 기판력이 국가배상 청구소송의 수소법원에 어떠한 영향을 미치는지가 문제된다. 이는 취소소송에 있어서의 처분의 위법성과 국가배상책임의 성립요건으로서의 위법성의 관계를 어떻게 설정할 것인가와 관련이 있다.

① 취소소송의 소송물을 위법성 일반이라고 보는 경우에는 다음과 같이 견해가 갈린다.

i) 긍정설: 취소소송에서의 위법과 국가배상소송에서의 위법이 동일한 개념이라고 보는 입장(협의의 행위위법설)에서는 취소소송에서의 판결의 기판력은 그것이 인용판결이건 기각판결이건 불문하고 국가배상 청구소송에 미치게 된다. 그리하여 청구기각판결의 경우 후소인 국가배상소송에서 그 처분의 위법성을 주장할 수 없게 되고, 청구인용판결의 경우에는 후소인 국가배상소송에서 법원은 처분의 위법성을 인정하여야 한다.

ii) 부정설: 국가배상소송에서의 위법을 취소소송에서의 위법과 다른 개념으로 보는 입장(결과불법설, 상대적 위법성설)을 취하면 취소소송에서의 판결의 기판력은 국가배상 청구소송에 미치지 않는다고 보게 된다.

iii) 인용판결·기각판결 구별설: 국가배상책임의 성립요건으로서의 위법 개념이 취소소송에 있어서의 위법 개념보다 넓은 개념이라고 보는 입장(광의의 행위위법설)에 의하면 취소소송의 인용판결의 기판력만이 국가배상 청구소송에 미치고, 취소소송의 기각판결의 기판력은 국가배상 청구소송에 미치지 않게 된다.

② 취소소송의 소송물을 개개의 위법사유라고 본다면 개개의 위법사유에 관한 판단에 한하여 기판력이 미친다. 따라서 청구기각 판결의 경우에 원고는 후소인 국가배상 청구소송에서 전소인 취소소송에서 주장한 것과 다른 위법사유를 주장할 수 있게 된다.

(나) 다음으로 국가배상 판결의 기판력이 취소소송의 수소법원에 어떠한 영향을 미치는지가 문제된다. 국가배상소송에서의 소송물은 손해(적극손해·소극손해·위자료)이고, 여기서 처분의 위법성은 판결의 기판력이 미치는 소송물에 해당되지 않는다. 따라서 국가배상 판결의 기판력은 처분의 취소소송에 영향을 미치지 않게 된다.

(3) 무효확인소송과의 관계

취소소송에서의 소송물은 처분의 위법성 일반이다. 그런데 무효확인소송에서의 소송물은 처분의 위법성 중에서도 하자가 중대·명백한 위법성으로 취소소송에 비해 소송물의 범위가 좁다.

취소소송에서 기각판결이 확정되면 그 처분이 위법하지 않다는 것, 즉 적법하다는 점에 관하여 기판력이 생긴다. 따라서 원고가 다시 해당 처분을 무효라고 주장하면서 그 무효확인을 소구할 수는 없다(대법원 1992. 12. 8. 선고 92누6891 판결; 대법원 1996. 6. 25. 선고 95누1880 판결 등).

한편 무효확인소송의 기판력은 인용판결의 경우에는 당해 처분의 위법성이 중대·명백하다는 점(처분이 위법하고 그 하자가 중대·명백하다는 점)에 대하여 미치고, 기각판결의 경우에는 당해 처분이 무효가 아니라는 점(처분이 위법하지 않거나 위법하더라도 그 하자가 중대·명백하지 않다는 점)에 미친다. 따라서 무효확인소송에서 기각판결이 난 경우에도 취소소송의 요건이 갖추어진 경우에는 취소소송을 제기할 수 있고, 국가배상청구소송도 제기할 수 있다.

판례

과세처분 취소소송에서 청구가 기각된 확정판결의 기판력이 과세처분 무효확인소송에 미치는지 여부(적극): … 과세처분의 취소소송은 위와 같은 과세처분의 실체적, 절차적 위법을 그 취소원인으로 하는 것으로서 그 심리의 대상은 과세관청의 과세처분에 의하여 인정된 조세채무인 과세표준 및 세액의 객관적 존부 즉 당해 과세처분의 적부가 심리의 대상이 되는 것이며, 과세처분취소청구를 기각하는 판결이 확정되면 그 처분이 적법하다는 점에 관하여 기판력이 생기고 그 후 원고가 다시 이를 무효라 하여 그 무효확인을 소구할 수는 없는 것이어서, 과세처분의 취소소송에서 청구가 기각된 확정판결의 기판력은 그 과세처분의 무효확인을 구하는 소송에도 미친다(대법원 1996. 6. 25. 선고 95누1880 판결).

(4) 사정판결의 경우

사정판결을 하는 경우 법원은 그 판결의 주문에서 그 처분 등이 위법함을 명시하여야 한다(행정소송법 제28조 제1항 후문). 그런데 기판력은 판결의 주문에 포함된 것에 미치므로, 사정판결을 하는 경우에도 당해 처분의 위법성에 대하여는 기판력이 발생한다.

다만 사정판결은 원고의 청구를 기각하는 판결이므로 기속력은 발생하지 않는다. 기속력은 청구인용판결의 경우에만 인정되는 효력이기 때문이다.

(5) 새로운 처분과의 관계

기판력은 해당 처분에 한하여 미치므로 동일한 처분에는 미치나 새로운 처분에 대하여는 미치지 않는다. 따라서 행정처분을 취소하는 판결이 확정되어 행정관청이 새로운 처분을 하는 경우에 후의 처분은 종전의 처분과는 다른 별개의 처분이라고 할 것이며 종전 처분에 대한 취소판결의 기판력은 후의 처분에는 미치지 않는다(대법원 1992. 5. 26. 선고 91누5242 판결 등). 다만, 기속력은 동일한 처분뿐만 아니라 새로운 처분에도 미친다고 할 것이므로, 취소판결의 기속력에 의하여 취소판결의 내용에 저촉되는 처분을 할 수 없게 될 뿐이다.

다. 시간적 범위

기판력은 사실심변론 종결시를 기준으로 하여 발생한다.

Ⅴ. 집행력

1. 의 의

집행력이란 본래 이행판결에서 명령된 이행의무를 강제집행절차를 통하여 실현할 수 있는 효력을 말하는데, 이 경우의 집행력은 이행판결에 한하여 인정된다. 따라서 형성판결인 취소판결에는 성질상 강제집행할 수 있는 효력, 즉 집행력이 인정되지 않는다. 다만 광의의 집행력은 강제집행 이외의 방법에 의하여 판결의 내용에 적합한 상태를 실현할 수 있는 수단(간접강제)까지도 포함하는데, 이러한 의미의 집행력은 확인판결과 형성판결에서도 인정될 수 있다.[153)]

2. 간접강제

가. 의 의

거부처분에 대한 취소판결 및 부작위위법확인판결 등이 확정되면 판결의 기속력에 의하여 처분행정청은 당해 판결의 취지에 따라 다시 이전의 신청에 대한 처분을 하여야 할 의무를 지게 된다(행정소송법 제30조 제2항). 그럼에도 불구하고 행정청이 재처분의무를 이행하지 아니하는 경우에는 그 판결의 집행력이 문제되는바, 행정소송법은 위 판결의 실효성을 확보하기 위하여 간접강제 제도를 두고 있다.

나. 요 건

(1) 거부처분취소 등의 판결이 확정되었을 것

거부처분취소판결이나 부작위위법확인판결이 확정되거나, 신청에 따른 처분이 절차

153) 김남진·김연태, 행정법 I (제12판), 2008, 741면.

의 위법을 이유로 취소가 된 후 확정되어야 한다(행정소송법 제34조 제2항, 제30조 제2항·제3항, 제38조 제2항).

거부처분무효확인의 판결에도 간접강제가 가능할 것인지에 대하여는 견해의 대립이 있다. 판례는 무효등확인소송에서는 간접강제에 관한 행정소송법 제34조를 준용한다는 규정을 두지 않고 있으므로, 거부처분무효확인 판결이 내려진 경우에는 행정청에 판결의 취지에 따른 재처분의무가 인정될 뿐 그에 대하여 간접강제까지 허용되는 것은 아니라고 본다(대법원 1998. 12. 24.자 98무37 결정). 그러나 거부처분 무효확인 판결에도 기속력이 인정되어 행정청은 판결의 취지에 따라 다시 이전의 신청에 대한 처분을 하여야 할 의무가 있으며(행정소송법 제38조 제1항, 제30조 제2항), 그 의무를 불이행할 경우 이를 강제할 필요성이 있다는 점에서는 취소판결의 경우와 다를 바가 없으므로 거부처분무효확인 판결에 대하여도 간접강제가 가능하다고 보는 것이 타당하다.[154] 대법원 행정소송법개정안은 간접강제 제도를 무효등확인소송에도 준용하고 있다.

한편 어떤 행정처분을 위법하다고 판단하여 취소하는 판결이 확정되면 행정청은 취소판결의 기속력에 따라 그 판결에서 확인된 위법사유를 배제한 상태에서 다시 처분을 하거나 그 밖에 위법한 결과를 제거하는 조치를 할 의무가 있다(대법원 2019. 10. 17. 선고 2018두104 판결). 즉 취소판결이 확정되면 행정청은 재처분 의무만이 아니라, 위법 결과를 제거하기 위한 관련 조치를 취할 의무도 있다. 이러한 원상회복의무(결과제거의무)의 이행을 확보하기 위해서도 간접강제 제도를 활용할 필요성이 있다. 따라서 거부처분취소판결이나 부작위위법확인판결의 경우만이 아니라 일반처분의 취소판결이 확정된 경우에도 간접강제를 허용하여야 할 것이다.

(2) 상당한 기간 내에 판결의 취지에 따른 처분을 하지 아니할 것

위와 같이 거부처분취소판결 등이 확정되었음에도 불구하고 행정청이 상당한 기간 내에 판결의 취지에 따른 처분을 하지 않아야 한다.

어느 정도의 기간을 상당한 기간으로 볼 것인지는 사회통념에 따라 결정될 것이다.

행정청이 아무런 재처분을 하지 않은 경우뿐만 아니라 재처분이 있다고 하더라도 그것이 취소판결의 취지에 따르지 않음으로써 기속력에 반하는 경우도 간접강제 사유가 된다(대법원 2002. 12. 11.자 2002무22 결정).

다만 행정청은 취소판결 등의 취지에 따라 재처분을 할 의무를 지고 있을 뿐이지, 반드시 원고 등이 신청한 내용대로의 처분을 하여야 할 의무를 지는 것은 아니다. 즉 취소소

154) 김남진·김연태, 행정법 I (제19판), 2015, 891면.

송에서 처분의 위법성 판단의 기준시는 처분시이므로, 취소된 거부처분이 있은 이후에 사실관계나 법령의 변경이 있는 경우 그에 근거하여 재차 거부처분을 하더라도 이는 행정소송법 제30조 제2항에 규정된 재처분에 해당되므로 간접강제의 대상이 되지 않는다(대법원 1998. 1. 7.자 97두22 결정).

판례

[1] **거부처분취소판결의 간접강제신청에 필요한 요건**: 거부처분에 대한 취소의 확정판결이 있음에도 행정청이 아무런 재처분을 하지 아니하거나, 재처분을 하였다 하더라도 그것이 종전 거부처분에 대한 취소의 확정판결의 기속력에 반하는 등으로 당연무효라면 이는 아무런 재처분을 하지 아니한 때와 마찬가지라 할 것이므로 이러한 경우에는 행정소송법 제30조 제2항, 제34조 제1항 등에 의한 간접강제신청에 필요한 요건을 갖춘 것으로 보아야 한다.

[2] 주택건설사업 승인신청 거부처분의 취소를 명하는 판결이 확정되었음에도 행정청이 그에 따른 재처분을 하지 않은 채 위 취소소송 계속중에 도시계획법령이 개정되었다는 이유를 들어 다시 거부처분을 한 사안에서, 개정된 도시계획법령에 그 시행 당시 이미 개발행위허가를 신청중인 경우에는 종전 규정에 따른다는 경과규정을 두고 있으므로 위 사업승인신청에 대하여는 종전 규정에 따른 재처분을 하여야 함에도 불구하고 개정 법령을 적용하여 새로운 거부처분을 한 것은 확정된 종전 거부처분 취소판결의 기속력에 저촉되어 당연무효라고 한 사례(대법원 2002. 12. 11.자 2002무22 결정).

거부처분 취소의 확정판결을 받은 행정청이 거부처분 후에 법령이 개정·시행된 경우, 이를 새로운 사유로 내세워 다시 거부처분을 한 경우도 행정소송법 제30조 제2항 소정의 재처분에 해당하는지 여부(적극): 행정처분의 적법 여부는 그 행정처분이 행하여 진 때의 법령과 사실을 기준으로 하여 판단하는 것이므로 거부처분 후에 법령이 개정·시행된 경우에는 개정된 법령 및 허가기준을 새로운 사유로 들어 다시 이전의 신청에 대한 거부처분을 할 수 있으며 그러한 처분도 행정소송법 제30조 제2항에 규정된 재처분에 해당된다(대법원 1998. 1. 7.자 97두22 결정).

다. 절 차

(1) 당사자는 제1심 수소법원에 간접강제를 신청하여야 한다. 판결이 항소심이나 대법원에서 확정되었다고 할지라도 간접강제의 신청은 제1심 수소법원의 전속관할에 속한다.

(2) 간접강제의 결정은 변론 없이 할 수 있다. 다만, 그 경우에는 결정하기 전에 처분의무 행정청을 심문하여야 한다(행정소송법 제34조 제2항; 민사집행법 제262조). 통상 심문기일을 지정하여 처분의무 행정청을 소환하여 서면이나 구술로서 진술할 기회를 부여하면 족하다. 이러한 심문절차를 거치지 않고 행한 간접강제 결정은 위법하여 취소를 면할 수 없다.

라. 결 정

(1) 법원은 심리의 결과 간접강제의 신청이 이유 있다고 인정되면 간접강제의 결정을 하게 된다. 결정의 내용은 '상당한 기간을 정하고[155] 행정청이 그 기간 내에 이행하지 아니하는 때에는 그 지연기간에 따라 일정한 배상을 할 것을 명하거나 즉시 손해배상을 할 것을 명하는 것'이 된다(행정소송법 제34조 제1항).

여기서 '상당한 기간'은 판결이 확정된 때로부터 경과된 기간, 새롭게 행하여질 처분의 내용 등 여러 가지 사정을 종합하여 법원이 재량으로 정할 것이다.

배상금의 지급방법은 재처분을 하지 아니한 채 상당한 기간이 경과하는 경우에 일정 금액의 배상금(금 ○○○원)을 일시에 지급할 것을 명할 수도 있지만, 지연기간에 따라 일정비율에 의한 배상금(매일 금 ○○○원, 매월 금 ○○○원)을 처분시까지 지급할 것을 명하는 방법이 일반적이다.[156]

(2) 간접강제의 결정은 소송비용의 부담에 관한 재판과 마찬가지로 금전지급의무의 주체가 될 수 없는 행정청에게 금전배상을 명하게 되는바, 결국 그 배상의무는 당해 행정청이 소속하는 국가 또는 공공단체가 부담하게 된다(행정소송법 제34조 제2항, 제33조).

(3) 간접강제 신청에 대한 인용결정 및 기각결정에 대하여는 즉시항고가 가능하다(행정소송법 제34조 제2항).

마. 배상금의 추심

(1) 간접강제의 결정이 있음에도 불구하고 결정으로 정한 기간 내에 재처분을 하지 않으면, 간접강제결정 자체가 집행권원이 되어 여기에 집행문을 부여받아 일반적인 금전채권의 집행방법으로 배상금을 추심하게 된다.

간접강제의 결정은 피신청인이었던 행정청이 소속하는 국가 또는 공공단체에 그 효력이 미치므로 이들 소유의 재산에 대하여 집행한다(행정소송법 제34조 제2항, 제33조).

(2) 간접강제의 결정에 기한 배상금의 추심에도 불구하고 행정청이 처분 등을 행하지 않는 경우에는, 결정내용이 지연기간에 따라 일정 비율에 의한 배상금의 지급을 명한 경우

---

155) 판결확정시로부터 상당한 기간 내에 재처분을 하지 아니하였다는 간접강제 결정의 요건을 이미 충족한 상태에서, 다시 상당한 기간을 부여할 수 있다는 의미이다.

156) 참고로 간접강제 결정의 주문 기재례를 하나 적시하면 다음과 같다.
「피신청인이 이 결정의 정본을 받은 날로부터 ○일 이내에 신청인에 대하여 이 법원 2002구127○○거부처분취소사건의 확정판결의 취지에 따른 처분을 하지 아니할 때에는, 피신청인은 신청인에게 위 기간이 마치는 다음날부터 처분시까지 1일 ○○원의 비율에 의한 금원을 지급하라.」

에는 재차 배상금을 추심할 수 있고, 일시금의 배상을 명한 경우에는 재차 간접강제 신청을 할 수 있다.

(3) 간접강제의 결정에 기한 배상금은 확정판결의 취지에 따른 재처분의무의 이행을 담보하기 위한 심리적 강제수단이지, 재처분의 지연에 대한 제재나 손해배상이 아니다. 따라서 특별한 사정이 없는 한 간접강제결정에서 정한 의무이행기한이 경과한 후에라도 확정판결의 취지에 따른 재처분이 행하여지면 배상금을 추심함으로써 심리적 강제를 꾀한다는 당초의 목적이 소멸하므로 처분상대방이 더 이상 배상금을 추심하는 것이 허용되지 않는다(대법원 2004. 1. 15. 선고 2002두2444 판결; 대법원 2010. 12. 23. 선고 2009다37725 판결). 실무상으로는 간접강제결정의 집행력을 배제하기 위하여, 먼저 재처분의무를 이행한 다음에 청구이의의 소를 제기하는 것이 일반적이다.

판례

[1] **행정소송법 제34조 소정의 간접강제결정에 기한 배상금의 성질 및 확정판결의 취지에 따른 재처분이 간접강제결정에서 정한 의무이행기한이 경과한 후에 이루어진 경우, 간접강제결정에 기한 배상금의 추심이 허용되는지 여부(소극)**: 행정소송법 제34조 소정의 간접강제결정에 기한 배상금은 거부처분취소판결이 확정된 경우 그 처분을 행한 행정청으로 하여금 확정판결의 취지에 따른 재처분의무의 이행을 확실히 담보하기 위한 것으로서, 확정판결의 취지에 따른 재처분의무 내용의 불확정성과 그에 따른 재처분에의 해당 여부에 관한 쟁송으로 인하여 간접강제결정에서 정한 재처분의무의 기한 경과에 따른 배상금이 증가될 가능성이 자칫 행정청으로 하여금 인용처분을 강제하여 행정청의 재량권을 박탈하는 결과를 초래할 위험성이 있는 점 등을 감안하면, 이는 확정판결의 취지에 따른 재처분의 지연에 대한 제재나 손해배상이 아니고 재처분의 이행에 관한 심리적 강제수단에 불과한 것으로 보아야 하므로, 특별한 사정이 없는 한 간접강제결정에서 정한 의무이행 기한이 경과한 후에라도 확정판결의 취지에 따른 재처분의 이행이 있으면 배상금을 추심함으로써 심리적 강제를 꾀할 목적이 상실되어 처분상대방이 더 이상 배상금을 추심하는 것은 허용되지 않는다.

[2] 원심판결의 이유는 위법하지만 결론이 정당하다는 이유로 상고기각판결이 선고되어 원심판결이 확정된 경우 행정소송법 제30조 제2항에서 규정하고 있는 '판결의 취지'는 상고심판결의 이유와 원심판결의 결론을 의미한다(대법원 2004. 1. 15. 선고 2002두2444 판결 [청구이의]).

제4관 취소소송에 있어서의 가구제

제1항 개 설

행정소송법은 취소소송에 의한 권리구제의 실효성을 확보하기 위하여 가구제(假救濟)로서 집행정지제도를 규정하고 있으며(제23조), 이를 무효등확인소송에도 준용하고 있다(제38조 제1항).

한편 행정소송법은 가처분에 관한 규정을 두고 있지 않은데, 민사집행법상의 가처분에 관한 규정을 행정소송에도 준용하여 가처분을 인정할 수 있는지에 관하여는 다툼이 있다.

제2항 집행정지

Ⅰ. 원칙-집행부정지의 원칙

행정처분이 위법한 것임을 전제로 취소소송이 제기되었다 하더라도 권한 있는 기관에 의하여 그 처분이 취소되지 않는 한 처분 등의 효력이나 그 집행 또는 절차의 속행에는 영향을 주지 않는다(행정소송법 제23조 제1항). 행정소송법이 위와 같이 집행부정지의 원칙을 채택한 근거를 행정행위의 공정력 또는 자력집행성에서 찾는 견해도 있으나, 그보다는 행정의 원활한 수행과 행정소송의 남용을 방지하기 위한 입법정책적 고려에서 비롯된 것이라고 보는 것이 타당하다.

따라서 행정의 원활한 수행 및 남소방지보다는 국민의 권익구제에 더 비중을 둘 경우에는 입법으로 집행정지원칙을 채택하는 것도 가능하다. 우리와는 달리 독일 행정법원법은 명문으로 집행정지의 원칙을 천명하고 있으며,[157] 예외적으로 집행부정지의 사유를 규정하고 있다.[158]

---

157) 독일 행정법원법(VwGO) 제80조 ① 행정심판 또는 취소소송의 제기는 행정처분의 집행을 정지하는 효력을 갖는다. 이는 형성적·확인적 행정행위에서뿐만 아니라 복효적 행정행위에서도 동일하다.

158) 독일 행정법원법(VwGO) 제80조 ② 다음 각 호의 1에 해당하는 경우에 집행정지의 효력은 배제된다.
제1호 공과금 및 공적 비용을 청구하는 경우.
제2호 경찰집행관이 연기할 수 없는 명령 및 조치를 발하는 경우.
제3호 연방 법률에 규정된 그 밖의 경우.
제4호 행정처분을 행하였거나 행정심판에 대하여 재결을 내려야 하는 행정청이 공익 또는 이해관

[제46회 행정고시 문제] A는 미결수로서 안양교도소에 수감 중인데, 대법원에 상고 제기 후 진주교도소로 이송되었다. A는 즉시 그러한 이송조치로 인해 서울에서 거주하는 변호인 및 가족 등과의 접견이 어려워져 방어권의 행사에 지장을 받는 등 회복하기 어려운 손해를 입게 된다고 주장하면서 이송조치를 취소하라는 행정소송을 제기함과 동시에 이송조치의 효력정지신청을 하였다. A의 권리구제 가능성을 설명하시오. (50점)

[제46회 사법시험 문제] 사행행위 영업의 하나인 투전기영업허가를 받은 甲은 3년의 허가유효기간이 얼마 남지 아니하여 허가관청에 대하여 허가갱신신청을 하였으나 거부당하였다. 이에 甲은 허가갱신거부처분 취소소송을 제기함과 동시에 허가갱신거부처분의 집행정지결정을 신청하였다. 甲의 집행정지 주장의 당부와 그 논거를 제시하시오. (30점)

II. 예외-집행정지

1. 의 의

집행부정지의 원칙을 획일적으로 적용하게 되면 행정소송을 제기한 원고가 후일 승소하는 경우에도 이미 집행이 종료되는 등의 사정으로 인하여 회복할 수 없는 손해를 입게 되는 부당한 결과를 초래하는 경우가 있을 수 있다. 이에 행정소송법은 집행정지에 관한 일반적인 규정을 두어(행정소송법 제23조 제2항 내지 제6항) 일정한 요건 아래 예외적으로 집행정지를 허용하고 있다.

2. 집행정지의 요건

가. 형식적 요건

(1) 대상인 처분 등의 존재

(가) 취소소송과 무효등확인소송이 제기된 경우일 것

집행정지가 성립하기 위해서는 집행정지의 대상인 처분 등이 존재하여야 한다. 따라서 처분 등의 취소 또는 변경을 구하는 취소소송과 처분 등의 효력 유무 또는 존재 여부의

계인의 우월적 이익에 기초하여 즉시집행을 특별히 지시하는 경우.

③ 제2항 제4호의 경우에는 즉시집행을 하여야 할 특별한 이익의 근거를 서면으로 제시하여야 한다. 다만, 집행의 지연으로 인하여 생명, 건강 또는 재산권에 대한 중대한 위험이 예상되어 예방적 긴급조치를 취할 경우에는 이유서의 제시를 필요로 하지 아니한다.

확인을 구하는 무효등확인소송에서만 집행정지의 신청이 가능하고, 처분 등을 대상으로 하지 않는 부작위위법확인소송이나 당사자소송에서는 집행정지가 허용되지 않는다.

행정소송법도 먼저 취소소송에서 집행부정지의 원칙을 규정하고, 이어 무효등확인소송에서 이를 준용하고 있다(행정소송법 제23조 제1항, 제38조 제1항). 따라서 예외적으로 허용되는 집행정지도 위 취소소송과 무효등확인소송이 제기된 경우에만 인정될 수 있다.

(나) 거부처분과 집행정지

거부처분이 집행정지의 대상이 될 수 있는 처분에 해당하는가에 대하여는 다음과 같이 학설이 갈리고 있다.

1) 긍정설: 거부처분도 행정청의 적극적인 의사표시이고, 집행정지결정에는 기속력이 인정되므로(행정소송법 제23조 제6항, 제30조 제1항) 집행정지결정으로 행정청이 사실상 구속력을 가지게 된다는 점에서 거부처분도 집행정지의 대상이 될 수 있다고 보는 견해이다.

2) 부정설: 침해적 처분만이 집행정지의 대상이 되고, 수익적 행정처분의 신청에 대한 거부처분은 집행정지의 대상이 되지 않는다고 하는 견해이다. 그 이유로는 각종 신청에 대한 불허처분, 소위 거부처분은 그 효력을 정지하여도 신청인의 법적 지위는 거부처분이 없는 상태, 즉 신청시의 상태로 돌아가는 것에 그치고 만다는 것이다. 즉 집행정지에 관한 행정소송법 제23조 제6항은 판결의 기속력에 관한 제30조 제1항만을 준용하고 거부처분에 대한 재처분의무를 규정한 같은 조 제2항은 준용하지 않고 있다. 따라서 거부처분의 효력이 정지되어도 처분행정청은 위 정지결정의 취지에 따라 다시 신청에 대한 처분을 할 의무를 지는 것은 아니어서 거부처분에 대한 집행정지결정을 얻은 신청인의 법적 지위는 신청시의 법적 지위 이상이 될 수 없다. 결국 거부처분에 대한 집행정지는 당해 거부처분에 의하여 생긴 손해를 방지하는 데 무력하고 따라서 그 집행정지신청은 신청의 이익을 흠결한 부적법한 것이 될 수밖에 없다.[159] 대법원도 이러한 법리에 의하여 불허가처분에 대한 집행정지신청을 부적법하다고 보고 있다.

판례

행정청의 거부처분의 효력정지를 구할 이익이 있는지 여부: 신청에 대한 거부처분의 효력을 정지하더라도 거부처분이 없었던 것과 같은 상태 즉 거부처분이 있기 전의 신청시의 상태로 되돌아가는 데에 불과하고 행정청에게 신청에 따른 처분을 하여야 할 의무가 생기는 것이 아니므로, 거부

159) 법원행정처, 법원실무제요(행정)(전정증보), 1997, 215면.

> 처분의 효력정지는 그 거부처분으로 인하여 신청인에게 생길 손해를 방지하는 데에 아무런 소용이 없어 그 효력정지를 구할 이익이 없다(대법원 1995. 6. 21.자 95두26 결정 등).

3) 제한적 긍정설: 거부처분에 대한 집행정지신청이 부적법하다고 보는 이유는 그 거부처분의 효력을 정지한다 하더라도 목적하는 바 효과를 달성할 수 없기 때문이므로, 거부처분의 집행정지만으로, 즉 거부처분이 있기 전의 상태로 돌아가는 것만으로도 법적 이익이 있다고 인정되는 경우에는 예외적으로 집행정지 신청을 인정하여야 한다는 견해가 있다.[160] 예를 들어 외국인의 체류기간연장신청에 대한 거부가 이에 해당될 수 있을 것이다. 즉 이 경우 거부처분이 집행정지되면 불법체류자로서의 문책을 면하고 아울러 강제출국을 당하지 않을 이익이 있으므로 집행정지 요건을 충족한다고 보아야 할 것이다. 또한 인허가 등에 붙여진 기간이 갱신기간(허가조건의 존속기간)이라고 볼 수 있고 그 허가의 종료 전에 갱신허가를 신청한 경우에는 그에 대한 거부처분의 경우에도 집행정지 신청의 이익을 인정할 수 있을 것이다. 즉 이 경우 거부처분이 집행정지되면 조건의 존속 여부에 대한 최종판단이 내려지기까지는 비록 원래의 허가기간이 경과되었더라도 잠정적으로 원래의 허가된 행위를 계속하여 행할 수 있다고 보는 것이 법령의 취지에 부합한다고 보아야 할 것이기 때문이다.[161]

(다) 부관과 처분의 일부

행정행위의 부관 또는 가분적 처분의 일부가 집행정지의 대상이 될 수 있는가 하는 것이 문제된다.

부관 중 부담은 그 자체가 독립한 행정행위로서의 성질을 가지므로 집행정지가 인정된다.

아울러 처분이 가분적인 경우에는 처분의 일부에 대한 집행정지도 가능하다. 예를 들면 압류재산의 일부에 대한 압류의 집행정지, 영업정지처분 중 일정 기간에 대한 효력정지

---

160) 박균성, 행정법론(상)(제10판), 2011, 1179면.

161) 투전기업소허가갱신신청을 거부한 불허처분의 효력을 정지하더라도 이로 인하여 신청인에게 허가의 효력이 회복되거나 또는 행정청에게 허가를 갱신할 의무가 생기는 것은 아니므로 불허처분의 효력정지로서는 신청인이 입게 될 손해를 피하는 데에 아무런 보탬이 되지 아니하여 그 불허처분의 효력정지를 구할 이익이 없다는 이유로 그 신청을 각하한 사례(대법원 1992. 2. 13.자 91두47 결정)가 있으나, 이 경우 갱신불허가처분의 취소소송과 함께 집행정지 신청을 하고 그에 기하여 집행정지가 이루어지면 잠정적으로 기존의 허가된 행위를 행할 수 있다고 보는 것이 갱신허가제를 채택한 법의 취지에 부합한다고 보아야 할 것이다.

등이 그러한 예이다. 행정소송법도 처분 등의 일부에 대한 집행정지가 가능함을 명시적으로 규정하고 있다(행정소송법 제23조 제2항). 그런데 계쟁처분이 재량행위인 경우에 처분의 일부에 대한 집행정지가 처분청의 재량권을 침해하는 것은 아닌지 여부가 문제된다. 집행정지는 계쟁처분의 효력을 종국적으로 상실시키는 것이 아니라 잠정적으로 그 집행을 정지하는 것에 그치는 것이므로 재량행위인 경우에도 그 일부의 집행정지가 가능하다고 보는 것이 타당하다.[162)]

(2) 본안소송이 적법히 계속(係屬) 중일 것

(가) 본안소송의 제기

집행정지는 민사소송에서의 가처분과는 달리 본안소송이 제기되었음을 요한다(행정소송법 제23조 제2항, 제38조). 집행정지만 하여 놓고 본안소송을 제기하지 않을 경우 행정법관계의 안정성을 해할 수 있기 때문이다.

따라서 집행정지의 신청은 본안소송의 제기 후 또는 본안소송의 제기와 동시에 하여야 한다. 다만, 본안의 소보다 집행정지의 신청이 먼저 행하여진 경우에도 신청에 대한 결정이 이루어지기 이전에 본안의 소가 제기되면 그 하자는 치유된다고 할 것이다. 실무상은 본안의 소 및 집행정지 신청이 거의 동시에 이루어지고 있는 경우가 대부분이다.

(나) 제기된 본안소송은 적법할 것

계속된 본안소송은 소송요건(원고적격, 피고적격, 제소기간 등)을 갖춘 적법한 것이어야 한다. 따라서 행정심판 전치가 필요한 경우에는 이를 갖추어야 할 것이나, 집행정지의 신청 당시 행정심판재결까지 거쳤어야 할 필요는 없다. 위 본안소송의 적법요건은 집행정지 신청에 대한 결정이 이루어지기 전에 갖추어지면 된다.

(다) 본안소송 대상과 집행정지 대상의 관련성

본안소송의 대상과 집행정지의 대상은 원칙적으로 동일하여야 한다. 그러나 i) 선행처분과 후행처분이 연속된 일련의 절차를 구성하여 일정한 법률효과의 발생을 목적으로 하는 경우(하자의 승계가 인정되는 경우일 것이다), 또는 ii) 목적을 달리하는 별개의 처분이지만 속행처분이 선행처분의 집행으로서의 성질을 갖는 등 밀접한 관계가 있는 경우에는 선행처분의 취소소송을 본안으로 하여 후행처분의 효력, 집행 또는 절차의 속행을 정지할 수 있다고 보아야 한다. 그러한 예로는 체납처분절차에 있어서의 압류처분취소를 본안

162) 박균성, 행정법론(상)(제14판), 2015, 1241면.

으로 하는 공매절차의 속행정지, 과세처분취소를 본안으로 한 체납처분절차의 속행정지 등을 들 수 있다.[163)]

한편 위와 같이 집행정지의 대상인 행정처분이 본안소송의 대상인 행정처분이 아니라 그 집행 또는 절차의 속행행위일 경우에는 그 집행 또는 절차의 속행을 담당하는 행정청이 본안소송의 피고 행정청과 다를 수도 있다. 이 경우에는 본안소송의 피고와 집행정지 신청사건의 피신청인이 서로 다르게 된다. 과세처분청과 체납처분청이 서로 다른 경우가 그러한 예에 해당된다.[164)]

(라) 본안소송의 지속

본안소송의 계속은 집행정지 결정의 요건일 뿐만 아니라 그 효력지속의 요건이기도 하므로, 비록 집행정지의 결정이 있었다고 하더라도 이후 본안의 소가 취하되면 별도의 집행정지 취소결정을 할 필요 없이 집행정지의 결정은 당연히 그 효력이 소멸된다(대법원 1975. 11. 11. 선고 75누97 판결).

(3) 신청인적격

집행정지의 신청인은 본안소송의 당사자이다. 신청인은 '법률상의 이익'이 있는 자여야 한다. 집행정지 신청의 요건인 '법률상의 이익'은 항고소송의 요건인 '법률상의 이익'과 동일하다. 신청인적격이 없는 자의 신청은 각하의 대상이 된다.

복효적 행정행위에 있어서는 제3자도 소송당사자인 경우 집행정지 신청이 가능하다고 보아야 한다. 예를 들면 이웃에 건설되는 연탄공장이나 LPG충전소의 건설·설치를 저지할 목적으로 인근주민이 위 건설허가처분의 취소를 구하면서, 위 공장이나 충전소가 완공되어 기성사실화되기 전에 가구제를 위한 조치를 취할 필요성은 충분히 있다고 할 것이다.[165)]

(4) 신청이익

신청이익이란 집행정지의 결정으로 현실적으로 보호될 수 있는 이익을 말한다. 달리 말하면 집행정지 결정의 현실적 필요성을 말하며, 본안소송에서의 협의의 소익에 대응하는 개념이다.

그러므로 철거집행이 완료된 뒤에 있어서의 계고처분에 대한 집행정지와 같이 이미 집행이 완료되어 회복이 불가능한 경우에는 집행정지신청은 신청의 이익이 없어 부적법

---

163) 법원행정처, 법원실무제요(행정)(전정증보), 1997, 217면.

164) 위의 책, 223면.

165) 김남진·김연태, 행정법 I (제12판), 2008, 714-715면.

하다고 할 것이다. 다만 교도소장의 이송처분과 같이 집행이 완료된 경우라도 위법상태가 계속 중이거나 처분의 효력정지효과로서 사실상태를 원상으로 복구할 수 있는 경우에는 집행정지가 가능하다고 보아야 할 것이다.

판례

미결수용중 다른 교도소로 이송된 피고인이 그 이송처분의 취소를 구하는 행정소송을 제기하고 아울러 그 효력정지를 구하는 신청을 제기한 데 대하여 법원에서 위 이송처분의 효력정지신청을 인용하는 결정을 하였고 이에 따라 신청인이 다시 이송되어 현재 위 이송처분이 있기 전과 같은 교도소에 수용중이라 하여도 이는 법원의 효력정지 결정에 의한 것이어서 그로 인하여 효력정지신청이 그 신청의 이익이 없는 부적법한 것으로 되는 것은 아니다(대법원 1992. 8. 7.자 92두30 결정).

나. 실체적 요건

(1) 적극적 요건

(가) 회복하기 어려운 손해 발생의 우려가 있을 것

1) 의의: '회복하기 어려운 손해'라 함은 특별한 사정이 없는 한 금전으로 보상할 수 없는 손해를 말하는바, 여기서 다시 '금전으로 보상할 수 없는 손해'는 금전보상이 불가능한 경우뿐만 아니라 금전보상으로는 사회관념상 행정처분을 받은 당사자가 참고 견딜 수 없거나 또는 참고 견디기가 현저히 곤란한 경우의 유형·무형의 손해를 일컫는다(대법원 1987. 6. 23.자 86두18 결정; 대법원 1992. 4. 29.자 92두7 결정 등).

2) 판정기준: 일차적으로는 처분의 성질과 태양에 의하여 이 요건의 해당 여부가 결정될 것이다. 그리하여 현역병입영명령(대법원 1992. 4. 29.자 92두7 결정), 교도소장의 이송명령(대법원 1992. 8. 7.자 92두30 결정), 외국인퇴거 강제처분, 학생의 퇴학·정학 등과 같은 비재산적 처분으로 인한 것은 일응 회복하기 어려운 손해로 볼 것이나, 토지수용재결, 과세처분, 체납처분 등과 같은 재산적 처분으로 인한 것은 회복곤란한 손해로 인정되기 어렵다고 생각할 수 있다.

그러나 비재산적 처분으로 인한 손해라고 하더라도 금전보상이 불가능한 것은 아니며, 재산적 처분이라 하여 일단 입은 손해의 완전한 보상이 가능하다고 볼 수만은 없다. 조세부과나 과징금부과와 같은 재산적 처분도 경우에 따라서는 금전납부로 인하여 받는 손해가 '회복하기 어려운 손해'에 해당할 수 있다(대법원 2001. 10. 10.자 2001무29 결정). 따라서 재산적 처분이냐 비재산적 처분이냐가 위 판단의 절대적 기준이 될 수는 없다.

아울러 처분이 명백히 위법함에도 불구하고 회복 가능한 손해를 입힐 처분이라고 하여 집행정지를 허용하지 않는 것은 법감정에 반하며, 반대로 회복하기 어려운 손해라고 하여 무조건 집행을 정지하는 것은 남소를 조장하는 폐단을 낳을 수도 있을 것이다.[166] 그리하여 행정소송법 개정안은 집행정지의 요건을 '회복하기 어려운 손해'에서 '중대한 손해'로 완화하여 금전상 손해라도 손해의 정도가 중대한 경우에는 집행정지가 가능하도록 하고 있다(행정소송법 개정안 제24조 제2항).

판례

현역병입영처분취소의 본안소송에서 신청인이 승소판결을 받을 경우에는 신청인이 특례보충역으로 해당 전문분야에서 2개월 남짓만 더 종사하여 5년의 의무종사기간을 마침으로써 구 병역법 제46조 제1항에 의하여 방위소집복무를 마친 것으로 볼 것이나, 만일 위 처분의 효력이 정지되지 아니한 채 본안소송이 진행된다면 신청인은 입영하여 다시 현역병으로 복무하지 않을 수 없는 결과 병역의무를 중복하여 이행하는 셈이 되어 불이익을 입게 되고 상당한 정신적 고통을 받게 될 것임은 짐작하기 어렵지 아니하며 이와 같은 손해는 쉽게 금전으로 보상할 수 있는 성질의 것이 아니어서 사회관념상 위 '가'항의 '회복하기 어려운 손해'에 해당된다고 한 사례(대법원 1992. 4. 29.자 92두7 결정).

나. **행정소송법 제23조 제2항 소정의 "회복하기 어려운 손해"의 의의**: 행정처분의 집행정지나 효력정지결정을 하기 위하여는 행정소송법 제23조 제2항에 따라 회복하기 어려운 손해를 예방하기 위하여 긴급한 필요가 있어야 하고, 여기서 말하는 "회복하기 어려운 손해"라 함은 특별한 사정이 없는 한 금전으로 보상할 수 없는 손해라 할 것이며 이는 금전보상이 불능한 경우뿐만 아니라 금전보상으로는 사회관념상 행정처분을 받은 당사자가 참고 견딜 수 없거나 또는 참고 견디기가 현저히 곤란한 경우의 유형, 무형의 손해를 일컫는다.

다. 상고심에 계속중인 형사피고인을 안양교도소로부터 진주교도소로 이송함으로써 위 "나"항의 "회복하기 어려운 손해"가 발생할 염려가 있다고 본 사례(대법원 1992. 8. 7.자 92두30 결정).

[4] **행정소송법 제23조 제2항 소정의 행정처분 등의 집행정지 요건인 '회복하기 어려운 손해'의 의미 및 기업의 손해가 이에 해당하기 위한 요건**: 행정소송법 제23조 제2항에 정하고 있는 행정처분 등의 집행정지 요건인 '회복하기 어려운 손해'라 함은 특별한 사정이 없는 한 금전으로 보상할 수 없는 손해로서 이는 금전보상이 불능인 경우 내지는 금전보상으로는 사회관념상 행정처분을 받은 당사자가 참고 견딜 수 없거나 또는 참고 견디기가 현저히 곤란한 경우의 유형, 무형의 손해를 일컫는다 할 것인바, 당사자가 처분 등이나 그 집행 또는 절차의 속행으로 인하여 재산상의 손해를 입거나 기업 이미지 및 신용이 훼손당하였다고 주장하는 경우에 그 손해가 금전으로 보상될 수 없

166) 사법연수원, 행정구제법, 2007, 214면.

어 '회복하기 어려운 손해'에 해당한다고 하기 위해서는 그 경제적 손실이나 기업 이미지 및 신용의 훼손으로 인하여 사업자의 자금사정이나 경영전반에 미치는 파급효과가 매우 중대하여 사업자체를 계속할 수 없거나 중대한 경영상의 위기를 맞게 될 것으로 보이는 등의 사정이 존재하여야 한다

[5] 항정신병 치료제의 요양급여 인정기준에 관한 보건복지부 고시의 효력이 계속 유지됨으로 인한 제약회사의 경제적 손실, 기업 이미지 및 신용의 훼손은 행정소송법 제23조 제2항 소정의 집행정지의 요건인 '회복하기 어려운 손해'에 해당하지 않는다고 한 사례(대법원 2003. 10. 9.자 2003무23 결정).

독점규제및공정거래에관한법률상의 과징금 납부명령의 집행으로 인하여 행정소송법 제23조 제2항 소정의 '회복하기 어려운 손해'가 발생함을 이유로 그 집행정지를 구할 수 있는지 여부(적극) 및 그 주장·소명책임의 소재(=신청인): 독점규제및공정거래에관한법률상의 과징금 부과의 사유와 그 산정시 참작하여야 할 사항 및 그 납부와 관련된 유예제도의 내용을 종합하여 보면, 같은 법의 과징금 납부명령은 그 발령과 집행에 있어 이미 위반행위의 태양과 같은 객관적 사유뿐만 아니라 해당 사업자의 사업여건이나 자금사정 등과 같은 주관적 사항을 아울러 고려하게 되어 있는 것이어서, 그 집행에 따른 손해도 통상의 경우에는 사후의 금전배상에 의하여 그 전보가 가능한 경제적 손실에 그치는 것으로 볼 수가 있으나, 그렇다고 하여 구체적인 경우에 그 집행에 따른 경제적 손실이 기업 경영 전반에 미치는 파급효과로 말미암아 해당 사업자의 전체 자금사정이나 사업에 중대한 영향을 미칠 가능성을 일률적으로 배제할 수는 없고 그러한 사유가 있는 경우에는 과징금 납부명령의 집행으로 인한 손해의 추상적 성질 또는 태양이 재산상의 손해에 속한다고 하여 언제나 '회복할 수 없는 손해'에 해당하지 아니한다고 단정할 수 없지만, 구체적 사건에서 그러한 사유로 인하여 '회복할 수 없는 손해'가 발생할 것으로 인정하기 위하여는 어디까지나 당해 과징금 납부명령의 집행정지를 구하는 신청인측에서 그에 관한 주장·소명책임을 다하여야만 한다(대법원 1999. 12. 20.자 99무42 결정): <해설> 이 사건 기록에 의하면, 과징금 납부명령에서 부과를 명한 금액만이 현출되어 있을 뿐, 이 사건 과징금의 납부가 신청인의 구체적 사업 내용과 이를 위한 자금수급 계획 및 그 실제 운용 등에 미치는 영향으로 인하여 신청인이 기업경영과 관련하여 사후 금전배상으로는 전보하기 어려운 손해를 입게 될 것이고 나아가 이를 예방하기 위한 긴급한 필요가 있다고 인정할 수 있는 소명이 있지 아니하다. 그럼에도 불구하고 원심이 이 사건 과징금의 집행으로 신청인에게 회복할 수 없는 손해가 발생할 우려가 있다고 단정하여 집행정지의 결정을 한 것은 집행정지 요건과 그 주장·소명책임에 관한 법리를 오해하여 재판에 영향을 미친 위법을 저지른 것이라고 본 사례이다.

과징금납부명령의 처분이 사업자의 자금사정이나 경영전반에 미치는 파급효과가 매우 중대하다는 이유로 그로 인한 손해는 효력정지 내지 집행정지의 적극적 요건인 '회복하기 어려운 손해'에 해당한다고 한 사례: 사업여건의 악화 및 막대한 부채비율로 인하여 외부자금의 신규차입이

사실상 중단된 상황에서 285억 원 규모의 과징금을 납부하기 위하여 무리하게 외부자금을 신규차입하게 되면 주거래은행과의 재무구조개선약정을 지키지 못하게 되어 사업자가 중대한 경영상의 위기를 맞게 될 것으로 보이는 경우, 그 과징금납부명령의 처분으로 인한 손해는 효력정지 내지 집행정지의 적극적 요건인 '회복하기 어려운 손해'에 해당한다고 한 사례(대법원 2001. 10. 10.자 2001무29 결정): <해설> 공정거래위원회의 과징금 납부명령이 재산적 처분이지만, 그로 인하여 사업자의 자금사정이나 경영전반에 중대한 악영향을 미칠 가능성이 있는 경우에, 그 처분으로 인한 손해를 회복하기 어려운 손해에 해당한다고 본 사례이다.

시장이 도시환경정비구역을 지정하였다가 해당구역 및 주변지역의 역사·문화적 가치 보전이 필요하다는 이유로 정비구역을 해제하고 개발행위를 제한하는 내용을 고시함에 따라 사업시행예정구역에서 설립 및 사업시행인가를 받았던 甲 도시환경정비사업조합에 대하여 구청장이 조합설립인가를 취소하자, 甲 조합이 해제 고시의 무효확인과 인가취소처분의 취소를 구하는 소를 제기하고 판결 선고 시까지 각 처분의 효력 정지를 신청한 사안에서, 정비구역 지정이 취소되고 이에 대하여 불가쟁력이 발생하는 경우 정비사업 시행을 전제로 하는 후속 처분들은 모두 그 의미를 상실하게 되고 甲 조합에 대한 조합설립인가 취소처분은 甲 조합이 적법하게 취득한 공법인의 지위를 甲 조합의 귀책사유 없이 사후적 사정변경을 이유로 박탈하는 것이어서 신중하게 판단해야 하므로 위 각 처분의 위법성에 관하여 甲 조합이 본안소송에서 주장·증명할 기회가 충분히 보장되어야 하는 점, 각 처분의 효력을 정지하지 않을 경우 甲 조합이 정비사업과 관련한 후속 조치를 실행하는 데 사실상, 법률상 장애가 있게 될 뿐 아니라 시장 및 구청장이나 관계 행정청이 정비사업의 진행을 차단하기 위한 각종 불이익 조치를 할 염려가 있는 점 등을 종합하면, 각 처분의 효력을 정지하지 않을 경우 甲 조합에 특별한 귀책사유가 없는데도 정비사업의 진행이 법적으로 불가능해져 甲 조합에 회복하기 어려운 손해가 발생할 우려가 있으므로 이러한 손해를 예방하기 위하여 각 처분의 효력을 정지할 긴급한 필요가 있다고 한 사례(대법원 2018. 7. 12.자 2018무600 결정 [집행정지]).

3) 개인적 손해: 항고소송이 개인의 권리구제를 목적으로 하는 것인 이상 집행정지에 의하여 구제하려는 '손해'는 개인적(자연인, 법인, 단체 등) 손해에 한하고 공익상 손해 또는 제3자의 손해는 포함되지 않는다고 보는 견해가 일반적이다.[167] 따라서 영업취소처분으로 인하여 그 영업소를 이용하는 고객이나 인근주민에게 회복할 수 없는 손해를 입힐 우려가 있음을 이유로 한 집행정지 신청은 허용되지 않는다. 또한 공무원해임처분의 집행정지를 구함에 있어 공무원 자신이나 가족의 생계유지가 곤란하다는 등을 이유로 드는 것은 가능해도, 자신의 해임으로 공무수행에 지장이 있어 회복할 수 없는 손해가 발생할 수 있다는 등의 주장은 허용되지 않는다.

167) 박균성, 행정법론(상)(제14판), 2015, 1237면; 사법연수원, 행정구제법, 2007, 215면.

(나) 긴급한 필요성

회복곤란한 손해의 발생이 시간적으로 절박하여 손해를 회피하기 위하여 본안판결을 기다릴 여유가 없는 것을 말한다(대법원 1994. 1. 17.자 93두79 결정). 긴급성의 요건은 회복하기 어려운 손해 발생의 우려와 밀접하게 관련되어 있으므로 회복하기 어려운 손해 발생의 우려가 있는 경우에는 원칙적으로 '긴급한 필요'는 충족되는 것으로 보아야 한다.

(다) 주장·소명책임

회복하기 어려운 손해 발생의 우려 및 긴급한 필요성은 집행정지의 적극적 요건으로서, 이러한 집행정지의 적극적 요건에 대한 주장·소명책임은 원칙적으로 신청인에게 있다(대법원 1999. 12. 20.자 99무42 결정).

(2) 소극적 요건

(가) 공공복리에 중대한 영향을 미칠 우려가 없을 것

집행정지는 공공복리에 중대한 영향을 미칠 우려가 있을 때에는 허용되지 아니한다(행정소송법 제23조 제3항). 그런데 모든 행정처분은 공익목적 달성을 위한 것이므로 그 집행을 정지하는 것은 그 자체가 공익에 해가 된다고 할 것이다. 따라서 여기서의 '공공복리에 중대한 영향을 미칠 우려'란 그와 같은 추상적·일반적인 공익침해의 우려가 아니라, 처분의 집행정지로 인하여 구체적이고도 개별적으로 공익에 중대한 해를 입힐 우려가 높은 경우를 의미한다.

한편 구체적인 경우에 있어서의 집행정지는 신청인의 '회복하기 어려운 손해'와 '공공복리' 양자를 비교·형량하여, 전자를 희생하더라도 후자를 옹호하여야 할 필요가 있는지 여부에 따라 상대적·개별적으로 판단되어야 한다. 따라서 처분의 집행정지가 공공복리에 중대한 영향을 미칠 우려가 있고 그것이 신청인이 입을 손해를 희생시켜서라도 옹호할 만한 것이라고 인정되는 때에는 집행정지를 할 수 없다.

다만 위법한 처분을 집행하는 것은 그 자체가 공공복리에 적합하지 않는 것이므로 위법함이 명백한 경우, 즉 신청인의 본안청구가 이유 있음이 명백한 경우에는 사정판결을 할 경우가 아닌 이상 이 요건에 해당한다고 보아 집행정지 신청을 배척하여서는 아니될 것이다.[168]

168) 사법연수원, 행정구제법, 2007, 216면.

판례

[1] **출입국관리법상의 강제퇴거명령의 집행이 정지되면 강제퇴거명령의 집행을 위한 보호명령의 집행도 당연히 정지되어야 하는지 여부(소극)**: 출입국관리법 제63조 제1항, 같은법시행령 제78조 제1항에 기한 보호명령은 강제퇴거명령을 받은 자를 즉시 대한민국 밖으로 송환할 수 없는 경우에 송환할 수 있을 때까지 일시적으로 보호하는 것을 목적으로 하는 처분이므로, 강제퇴거명령을 전제로 하는 것이나, 그렇다고 하여 강제퇴거명령의 집행이 정지되면 그 성질상 당연히 보호명령의 집행도 정지되어야 한다고 볼 수는 없다.

[2] **출입국관리법상의 강제퇴거명령에 대하여는 집행정지를 허용하면서, 강제퇴거명령의 집행을 위한 보호명령에 대하여는 그 집행정지시 공공복리에 중대한 영향을 미칠 우려가 있다는 이유로 집행정지를 허용하지 않은 사례**: 출입국관리법상의 강제퇴거명령 및 그 집행을 위한 같은 법 제63조 제1항, 같은법시행령 제78조 제1항 소정의 보호명령에 대하여 그 취소를 구하는 소송이 제기되고 나아가 강제퇴거명령의 집행이 정지되었다면, 강제퇴거명령의 집행을 위한 보호명령의 보호기간은 결국 본안소송이 확정될 때까지의 장기간으로 연장되는 결과가 되어 그 보호명령이 그대로 집행된다면 본안소송에서 승소하더라도 회복하기 어려운 손해를 입게 된다고 할 것이나, 그 보호명령의 집행을 정지하면 외국인의 출입국 관리에 막대한 지장을 초래하여 공공복리에 중대한 영향을 미칠 우려가 있다는 이유로, 그 보호명령의 집행정지를 허용하지 않은 사례(대법원 1997. 1. 20.자 96두31 결정).

(나) 본안청구가 이유 없음이 명백하지 아니할 것

위 요건은 행정소송법상 명문으로 규정되어 있지는 않지만 집행정지의 요건이 될 것인지에 관하여는 학설상 견해의 대립이 있다.

① 집행정지는 임시적 보전절차이므로 집행정지의 단계에서 본안의 이유 유무를 따질 필요가 없다는 견해가 있다. 하지만 이 경우 집행정지 결정이 너무 쉽게 이루어지고 그에 따라 집행정지 신청의 남용을 야기할 우려가 있다. ② 본안청구에 관하여 이유 있음이 명백하여야 한다는 것을 집행정지의 적극적 요건으로 보는 견해가 있다.[169] 이 견해에 의하면 본안청구에 관하여 승소할 것이 명백한 경우에만 집행정지가 허용된다. 하지만 이는 본안심리의 선취를 초래할 위험성이 있고 아울러 집행정지 결정을 얻어 내기가 너무 어려워진다는 문제가 있다. ③ 집행정지는 가구제이므로 본안문제인 행정처분 자체의 적법 여부는 그 판단대상이 되지 않는 것이 원칙이지만, 행정의 원활한 수행 및 집행정지신청의 남용을 방지할 필요도 있으므로 본안청구가 이유 없음이 명백하지 아니할 것을 집행정지의 소극적

169) 김도창, 일반행정법론(상), 1985, 568면.

요건으로 하는 것이 타당하다는 견해가 있다.[170] 이 견해에 의하면 본안청구에 관하여 패소할 것이 명백하지만 않으면 집행정지가 허용된다. 판례도 같은 취지이다(대법원 1992. 8. 7.자 92두30 결정). 따라서 신청인의 주장 자체에 의하더라도 위법하다고 볼 수 없거나 행정청이 적극적으로 적법함을 소명한 경우에는 집행정지 신청을 받아들일 수 없을 것이다.

판례

행정처분의 효력정지나 집행정지를 구하는 신청사건에서의 판단대상 및 본안소송에서 처분취소가능성 없음이 명백할 경우 행정처분의 효력정지나 집행정지의 가부(소극): 행정처분의 효력정지나 집행정지를 구하는 신청사건에 있어서는 행정처분 자체의 적법 여부는 원칙적으로는 판단할 것이 아니고 그 행정처분의 효력이나 집행을 정지할 것인가에 대한 행정소송법 제23조 제2항 소정의 요건의 존부만이 판단의 대상이 되나 본안소송에서의 처분의 취소가능성이 없음에도 불구하고 처분의 효력정지나 집행정지를 인정한다는 것은 제도의 취지에 반하므로 집행정지사건 자체에 의하여도 신청인의 본안청구가 이유 없음이 명백할 때에는 행정처분의 효력정지나 집행정지를 명할 수 없다(대법원 1992. 8. 7.자 92두30 결정).

(다) 주장·소명책임

이러한 집행정지의 소극적 요건에 대한 주장·소명책임은 행정청에 있다(대법원 1999. 12. 20.자 99무42 결정).

3. 결정의 내용

가. 각하 또는 기각결정

집행정지의 신청이 형식적 요건을 결여한 경우에는 각하결정을 내리고, 실체적 요건을 결여한 경우에는 기각결정을 내린다. 다만 신청이 부적법하여 각하되어야 할 것을 기각하였다고 할지라도 신청을 배척한 결론에 있어서는 정당하고, 아울러 결정에는 기판력이 생기지도 아니하므로 상소심에서 취소나 파기사유가 되지는 아니한다(대법원 1995. 6. 21.자 95두26 결정).

나. 인용결정

집행정지의 요건을 구비한 경우에는 당사자의 신청 또는 직권에 의하여 결정으로 처분 등의 효력이나 그 집행 또는 절차의 속행의 전부 또는 일부를 정지할 수 있다(행정소송법 제23조 제2항).

---

170) 박균성, 행정법론(상)(제10판), 2011, 1184면.

여기서 '효력정지'란 행정처분의 효력(구속력·공정력·집행력 등) 그 자체가 존속하지 않는 상태에 놓는 것을 말한다. 별도의 집행행위 없이 의사표시만으로 처분목적이 달성되는 처분, 예를 들면 영업허가의 취소나 공무원면직처분 등에 대하여 효력정지가 행하여진다. '집행정지'란 처분이 가지는 효력은 유지하면서 그 내용을 실현하기 위한 집행력의 행사만을 정지하는 것을 말한다. 강제출국명령을 받은 당사자에 대하여 잠정적으로 강제출국되지 않도록 하는 경우가 그러한 예이다. '절차의 속행정지'란 여러 단계의 절차를 통하여 일정한 행정목적이 달성되는 경우에, 처분의 효력은 유지하면서 당해 처분의 후속절차의 속행이나 법률관계의 진전을 금지하는 것을 말한다. 즉 연속된 과정 중의 어느 하나의 처분을 다투어 인용되더라도, 그 후속조치가 진행되어 완료되어 버리면 사후의 권리구제가 무의미하게 될 우려가 있는 경우에 행하여진다. 토지수용절차, 행정대집행절차, 체납처분절차의 속행정지가 그러한 예이다.

이론상 그 강도 면에서 효력의 정지가 가장 강력하다고 할 것인바, 잠정처분은 필요한 최소한도에 그쳐야 할 것이므로 효력정지는 집행정지 또는 절차의 속행을 정지함으로써 목적을 달성할 수 있는 경우에는 허용되지 아니한다(행정소송법 재23조 제2항 단서).

그런데 효력정지 결정이 소급효가 없고 장래에 향해서만 그 효력이 미친다고 보는 이상, 실제에 있어서 효력정지와 집행정지, 절차의 속행정지는 그 효과면에서 큰 차이가 없어 실무상은 집행정지를 효력정지와 절차의 속행정지까지 포함하는 광의의 의미로 사용하기도 한다.[171] 그러나 현행 실정법이 위 3가지를 명백히 구분하여 규정하고 있고, 그 실질적 내용이 다른 것은 분명하므로 이를 구별하여 사용하는 것이 적절하다고 생각된다.

한편 효력정지를 포함한 광의의 집행정지는 직권에 의해서도 결정이 가능하므로 처분권주의의 적용을 받는다고 할 수 없다. 따라서 법원은 당사자의 신청내용에 구애받지 않고 법원이 상당하다고 인정하는 형태의 정지결정을 할 수 있다고 해석된다.

4. 집행정지의 효력

가. 형성력

집행정지 결정이 고지되면 처분의 효력정지, 처분의 집행정지 및 절차의 속행정지의 종별에 따라 처분의 효력 그 자체의 전부 또는 일부가 존속하지 않는 법률상태에 놓이게 되는 형성력이 발생한다. 집행정지의 결정은 제3자에 대하여도 효력이 미친다(행정소송법 제29조 제2항).

문제는 처분의 효력정지의 경우에 형성력이 장래에 향하여서만 발생하느냐 아니면

---

171) 사법연수원, 행정구제법, 2007, 219면.

처분 등이 성립한 때에 소급하여 발생하는가에 있다. 처분의 효력정지는 장래에 향하여서만 발생하고 처분 등이 있는 때에 소급하여 발생하는 것은 아니라고 보는 것이 통설이다. 따라서 국립대학생 퇴학처분이 효력정지되어도 정지결정 전의 기간은 수업일수에 산입되지 아니하며, 정지결정 이후의 기간만이 수업일수에 산입된다.[172)]

나. 기속력

집행정지 결정은 당사자인 행정청과 그 밖의 관계 행정청을 기속한다(행정소송법 제23조 제6항, 제30조 제1항). 따라서 행정청은 집행정지된 처분과 동일한 내용의 처분을 다시 하거나 이에 관련된 처분을 할 수 없다. 집행정지결정에 위배되는 후속행위들은 그 하자가 중대하고 명백하여 무효가 된다. 그러나 집행정지 결정 전에 이미 집행된 부분에 대하여는 영향을 미치지 아니한다.[173)]

집행정지의 결정은 판결이 아니므로 기판력은 없다.

다. 효력의 시간적 범위

(1) 직권에 의한 결정: 집행정지 결정은 당사자의 신청뿐만 아니라 직권에 의하여서도 행할 수 있어 처분권주의는 그 적용이 배제된다. 따라서 법원은 신청인이 구하는 정지기간에 구속됨이 없이 그 집행정지의 시기(始期)와 종기(終期)를 자유롭게 정할 수 있다. 다만 처분의 효력을 소급하여 정지하는 것은 허용되지 않는다.[174)]

(2) 시기: 집행정지의 결정에서 효력발생시기를 정하고 있는 경우에는 그 시기에 효력이 발생하나, 이를 정하고 있지 아니한 경우에는 결정이 고지된 때로부터 효력이 발생한다.

(3) 종기: 종기의 결정방식으로는 본안판결선고시, 본안판결확정시 또는 본안판결선고일로부터 7일 등의 방식을 임의로 정할 수 있다. 실무상으로는 본안판결선고시를 가장 많이 사용한다. 종기의 정함이 없으면 본안판결확정시까지 정지의 효력이 존속한다.

집행정지 결정의 효력은 결정주문에서 정한 종기의 도래와 동시에 그 효력이 당연히 소멸한다. 따라서 법원이 집행정지 결정을 하면서 주문에서 본안소송의 판결선고시까지 처분의 효력을 정지하였을 경우에는 본안판결의 선고에 의하여(가령 원고승소의 판결이라고 할지라도) 당해 정지결정의 효력은 소멸하고 이와 동시에 당초의 처분의 효력이 당연히 부활하게 된다. 예를 들면, 영업정지처분의 효력을 제1심 판결선고시까지 정지할 경우,

---

172) 법원행정처, 법원실무제요(행정)(전정증보), 1997, 231면; 김철용, 행정법Ⅰ(제13판), 2010, 722면.
173) 홍정선, 행정법원론(상)(제19판), 2011, 978면.
174) 사법연수원, 행정구제법, 2007, 220면; 박균성, 앞의 책, 1186면.

제1심 판결의 선고가 있게 되면 효력정지의 효력은 당연히 소멸하고, 그때부터 바로 영업정지처분의 효력이 부활되어 영업정지기간이 다시 진행하게 되므로, 상급심 계속 중 영업정지기간이 만료되면 소의 이익이 없는 소로서 각하를 피할 수 없게 된다(대법원 1993. 8. 24. 선고 92누18054 판결; 대법원 1999. 2. 23. 선고 98두14471 판결 등).

그러므로 본안판결선고시까지 효력을 정지하게 되면, 원고승소의 본안판결이 있더라도 그 선고시부터 처분의 집행력 등이 회복되어 본안판결확정시까지의 사이에 처분이 집행될 수 있으므로, 이를 방지하기 위해서는 추가로 상소심판결선고시까지 또는 판결확정시까지 집행을 정지시키는 별도의 조치(신청 또는 직권에 의한 집행정지결정)를 받아야 한다.

현행 실무는 원칙적으로 제1심 판결선고시까지 효력을 정지하되, 원고승소의 판결을 선고할 때에 직권으로 제2심 판결선고시까지의 효력정지 결정을 다시 하고 있다. 그것이 번거롭다고 하여 아예 처음 집행정지 결정을 할 때에 정지기간을 본안판결확정시까지로 정하게 되면 남상소(濫上訴)를 조장할 우려가 있기 때문에 실무상 본안판결선고시까지로 정지기간을 정하는 경우가 많다.[175)]

한편 이와는 반대로 집행정지의 기간을 본안판결확정시까지로 하되, 만일 본안에 대하여 심리한 결과 원고청구를 기각하게 되어 집행정지를 존속하게 하는 것이 부당하다고 인정되면, 그 때 직권으로 집행정지 결정을 취소하는 방식으로 실무를 운용하는 것이 바람직하다는 견해도 있다.[176)] 생각건대, 실무상 행정소송에서의 원고승소율이 그다지 높지 않다는 점을 감안하면, 본안판결선고시까지로 종기를 정하는 것이 타당해 보인다.

(4) 기간을 정한 제재처분의 경우: 기간을 정한 제재처분에 있어 그 제재의 시기와 종기가 특정 일자로 표시된 경우, 집행정지 신청이 받아들여져 처분의 집행을 본안판결선고시까지 정지한다는 결정이 내려졌다고 할 때, 본안사건의 심리 도중에 위 제재기간의 종기가 경과하게 되면 그로써 본안사건의 소의 이익이 소멸하는 것이 아닌가하는 의문이 제기될 수 있다.

그러나 통상의 제재처분은 그 제재기간에 중점이 있는 것이고, 비록 제재의 시기와 종기가 특정되어 있다고 하더라도 이는 단순히 기간을 정하는 의미가 있을 뿐이라고 보아야 할 것이다. 따라서 집행정지 결정에 의하여 처분에서 정한 제재기간의 진행이 정지되면, 그 집행정지된 기간만큼 제재기간이 당연히 순연(順延)되는 것에 불과하고(대법원 1999. 2. 23. 선고 98두14471 판결 등), 그 제재처분시에 기재된 종기가 경과하였다고 할지라도 그 처분의 취소를 구할 소익이 소멸하였다고 볼 수는 없다(대법원 1974. 1. 29. 선고 73누202 판결).

---

175) 사법연수원, 행정구제법, 2007, 221면.

176) 법원행정처, 법원실무제요(행정)(전정증보), 1997, 227면;

5. 집행정지 결정에 대한 불복과 취소

가. 불 복

집행정지의 결정 또는 기각의 결정에 대하여는 즉시항고 할 수 있다(행정소송법 제23조 제5항 전문). 민사소송에서는 즉시항고의 경우 결정의 집행을 정지하는 효력이 있다. 그러나 집행정지의 결정에 대한 즉시항고에는 결정의 집행을 정지하는 효력이 없다(행정소송법 제23조 제5항 후문).

나. 취 소

집행정지의 결정이 확정된 후 집행정지가 공공복리에 중대한 영향을 미치거나 그 정지사유가 없어진 때에는 당사자의 신청 또는 직권에 의하여 결정으로써 집행정지의 결정을 취소할 수 있다(행정소송법 제24조 제1항).

본안소송에서 패소의 판결이 선고된 것만으로는 위 요건을 충족한 것으로 단정할 수는 없을 것이나, 일반적으로는 집행정지 결정을 취소하는 것이 상당할 것이다.

집행정지 결정의 취소를 신청하기 위해서는 그 이유에 대한 소명이 있어야 하고, 취소결정에 불복하는 자는 즉시항고 할 수 있다. 다만 취소결정에 대한 즉시항고는 취소결정의 집행을 정지하는 효력이 없다(행정소송법 제24조 제2항, 제23조 제4항, 제5항).

집행정지 결정이 취소되면 처분의 원래의 효과가 발생하게 된다.

다. 취소판결의 선고와 집행정지의 관계

행정처분의 취소판결이 선고되더라도 그것이 확정되기 전에는 행정처분의 효력이 정지되지 아니한다. 그러나 본안심리를 한 후 처분이 위법하다고 판단하여 취소판결을 하는 경우에는 당해 처분에 대한 집행정지의 요건도 입증되었다고 보는 것이 타당하다. 따라서 취소판결을 하면서 행정처분의 효력을 유지시키는 것은 취소판결의 성질에 반한다고 할 것이다. 비록 우리 행정소송법이 집행부정지의 원칙을 채택하고 있으나, 취소판결이 선고된 경우에는 그 판결의 확정 전이라도 집행정지 결정이 있는 것으로 보도록 행정소송법을 개정할 필요성이 있다.[177]

---

177) 박윤흔·정형근, 최신 행정법강의(상)(개정30판), 2009, 829면.

제3항 가처분

Ⅰ. 현행법상 가처분의 인정 여부

행정소송법 제8조 제2항은 "행정소송에 관하여 이 법에 특별한 규정이 없는 사항에 대하여는 법원조직법과 민사소송법 및 민사집행법의 규정을 준용한다"라고 규정하고 있다. 위 규정의 해석과 관련하여 민사집행법상의 가처분에 관한 규정을 행정소송에 준용할 수 있는가에 대하여는 학설의 대립이 있다.

1. 부정설

부정설의 논거는 다음과 같다. 이 견해가 판례의 입장이기도 하다(대법원 1992. 7. 6.자 92마54 결정).

첫째, 행정소송법상 집행정지에 관한 규정은 민사집행법상의 가처분제도를 배제하기 위한 특별규정이다.

둘째, 가처분을 인정하면 법원이 일정한 행위를 행정기관에게 명하는 결과가 되는바, 이는 사법권의 범위를 벗어나는 것이다.

셋째, 행정청의 수익적 처분을 잠정적으로 실현시키는 가처분 등은 본안소송으로서의 의무이행소송 등이 인정되어 있음을 전제로 하는 것인데, 우리 행정소송법은 의무이행소송을 인정하고 있지 않으므로 소극설을 취할 수밖에 없다.[178]

2. 긍정설

긍정설의 논거는 다음과 같다.

첫째, 우리 행정소송법은 가처분을 배제하는 규정을 특별히 두고 있지 않으므로 이 문제는 행정소송법 제8조 제2항에 의해 해결되어야 하고, 따라서 가처분에 관한 민사집행법의 규정이 행정소송에 준용되어야 한다.

둘째, 가처분을 통하여 국민의 권리보호를 실효성 있게 하는 것은 사법권의 본질에 반하는 것이 아니며, 헌법 제27조 제1항이 보장하는 재판을 받을 권리에도 포함된다.

---

178) 박균성, 앞의 책, 917-918면; 박윤흔·정형근, 앞의 책, 831면.

3. 제한적 긍정설

행정소송법이 집행정지 제도를 두고 있는 관계상 처분 등의 집행정지제도가 효력을 미치지 않는 범위에서만 가처분제도가 허용된다고 보는 견해이다.[179] 즉 집행정지에 의해서는 실효적인 권리구제가 되지 아니하는 경우에 한하여 민사집행법상의 가처분에 관한 규정을 준용할 수 있다고 보는 견해이다.

Ⅱ. 행정소송법 개정안의 가처분

1. 의 의

현재 논의 중인 행정소송법 개정안에서는 의무이행소송을 명시적으로 도입하고 있다(개정안 제4조 제3호). 가처분 등은 본안소송으로서의 의무이행소송이 인정되고 있음을 전제로 하는 것인바, 위와 같이 의무이행소송이 도입된 이상 가처분을 인정하는 데에 장애요소는 사라졌다고 할 것이다. 그리하여 개정안은 행정행위 등이 위법하다는 상당한 의심이 있는 경우로서 다음 각 호의 1에 해당하는 때에는 본안의 관할법원은 당사자의 신청에 따라 결정으로 가처분을 할 수 있다고 규정하여(개정안 제26조 제1항) 가처분을 명시적으로 도입하고 있다.

2. 가처분의 종류

가. 계쟁물에 관한 가처분

다툼의 대상에 관하여 현상이 바뀌면 당사자가 권리를 실행하지 못하거나 이를 실행하는 것이 매우 곤란할 염려가 있어 다툼의 대상에 관한 현상을 유지할 필요가 있는 경우에 행하여지는 가처분을 말한다(개정안 제26조 제1항 제1호).

나. 임시의 지위를 정하는 가처분

다툼이 있는 법률관계에 관하여 당사자의 중대한 불이익을 피하거나 급박한 위험을 막기 위하여 임시의 지위를 정하여야 할 필요가 있는 경우에 행하여지는 가처분을 말한다(개정안 제26조 제1항 제2호).

---

179) 김남진·김연태, 앞의 책, 710-711면.

3. 한 계

행정소송에 있어서의 가처분은 집행정지에 의하여 그 목적을 달성할 수 있는 경우에는 허용되지 아니한다(개정안 제26조 제3항).

제3절 취소소송 이외의 항고소송

제1관 개 설

항고소송은 행정청의 처분 등이나 부작위에 대하여 제기하는 소송을 말한다(행정소송법 제3조 제1호). 행정청의 위법한 처분 등을 취소 또는 변경하는 취소소송이 항고소송의 대표적인 형식이다. 하지만 그 밖에도 행정청의 처분 등의 효력 유무 또는 존재 여부를 확인하는 무효등확인소송, 행정청의 부작위가 위법하다는 것을 확인하는 부작위위법확인소송, 행정청의 거부행위 또는 부작위에 대하여 작위의무의 이행을 구하는 의무이행소송 등이 취소소송 이외의 항고소송으로 논의되고 있다.

제2관 무효등확인소송

Ⅰ. 의 의

행정청의 처분이나 재결의 효력 유무 또는 존재 여부를 확인하는 소송을 무효등확인소송이라고 한다. 무효등확인소송에는 처분 등의 무효확인소송·유효확인소송, 처분 등의 부존재확인소송·존재확인소송 등이 있다.

무효 또는 부존재인 행정처분은 처음부터 당연히 법률상 효력이 없거나 부존재하므로 누구든지 아무런 기간의 제한 없이 아울러 확인의 필요 없이 그 효력을 부인할 수 있는 것이나, 처분 등이 외형상 존재함으로써 행정청이 유효한 처분으로 오인하여 집행할 우려 등이 있다. 이러한 경우 무효 또는 부존재인 처분 등의 상대방이나 이해관계인은 그 무효 또는 부존재임을 공적으로 선언받을 필요가 적지 아니하다. 반대로 처분 등이 유효하거나 존재함에도 불구하고 행정청이 그것을 부인하는 내용의 처분을 함으로써 상대방의 법률상 이익을 침해할 수 있는바, 이 경우에는 유효확인소송이나 존재확인소송과 같은 적극적 확인의 소의 방법으로 공적 확정을 받을 필요가 있다. 위와 같은 점에 무효등확인소송의 존재 의의가 있다.

Ⅱ. 법적 성질

현행법은 무효등확인소송을 항고소송의 일종으로 규정하고 있다. 그런데 실질에 있어서는 무효등확인소송은 항고소송의 성질과 확인소송의 성질을 아울러 갖는 것으로 보아야 한다. 즉 무효등확인소송은 처분 등으로 인한 현재의 법률관계의 확인을 구하는 것이 아니라 처분 등의 존부, 효력 자체를 그 대상으로 하는 점에서 항고소송의 성질을 가진다. 그러나 다른 한편으로는 무효등확인판결은 적극적으로 처분 등의 효력을 소멸시키거나 발생시키는 것이 아니라 처분 등의 존부나 효력의 유무를 확인·선언하는데 지나지 않으므로 확인소송의 성질을 갖는다고 보아야 한다.

Ⅲ. 주요 소송요건

1. 소송의 대상 및 법적 규율

무효확인소송의 대상도 취소소송과 같이 '처분 등'이다. 즉 '행정청이 행하는 구체적 사실에 관한 법집행으로서의 공권력의 행사 또는 그 거부와 그 밖에 이에 준하는 행정작용 및 행정심판에 대한 재결'을 소송의 대상으로 한다. 그리고 무효확인소송의 대상인 처분은 외관상으로는 존재하여야 한다. 다시 말하자면 적어도 유효한 처분 등으로 오인될 만한 외견적 존재가 있어야 한다.

아울러 무효확인소송에서는 취소소송과는 달리 행정심판 전치주의, 제소기간, 사정판결, 간접강제 등의 규정이 적용되지 않는다.

2. 당사자와 참가인

가. 원고적격

무효등확인소송은 처분등의 효력 유무 또는 존재 여부의 확인을 구할 법률상 이익이 있는 자가 제기할 수 있다(행정소송법 제35조). 그런데 여기에서의 '확인을 구할 법률상 이익'이 무엇인가에 대하여는 견해가 갈린다.

① 기존의 통설은 무효등확인소송의 법률상 이익과 취소소송에 있어서의 법률상 이익을 동일한 것으로 보고 있다. 즉 행정소송법 제35조는 원고적격만을 규정한 것으로 보고(협의의 소익은 판례와 학설에 의하여 인정되는 것으로 본다), 나아가 무효등확인소송의 경우에는 확인의 이익(즉시확정의 이익)을 요하지 않는다고 본다.[180] ② 반면에 행정소송법 제35조 소정의 '법률상 이익'은 원고적격뿐만이 아니라 협의의 소익에 관한 규정도 내포하고 있는 것으로 보는 소수설이 있다. 위 견해는 나아가 확인의 이익(즉시확정의 이익)은 위 협의의 소익으로부터 도출될 수 있다고 본다.[181] 또한 ③ 행정소송법 제35조 소정의 '법률상 이익'은 원고적격뿐만이 아니라 협의의 소익에 관한 근거규정이라고 볼 여지가 있음을 인정하면서도, 이 조항의 해석으로부터 무효등확인소송의 보충성이 곧바로 도출되지는 않으며, '법률상의 이익'이라는 명백한 표현을 무시하고 이를 '즉시확정의 이익'이라는 취지로 연결하는 것은 부당하다는 견해도 있다.[182]

나. 피고적격

취소소송의 관련 규정이 준용된다. 따라서 무효등확인소송은 다른 법률에 특별한 규정이 없는 한 그 처분 등을 행한 행정청을 피고로 한다. 다만, 처분 등이 있은 뒤에 그 처분 등에 관계되는 권한이 다른 행정청에 승계된 때에는 이를 승계한 행정청을 피고로 한다(행정소송법 제38조 제1항, 제13조 제1항). 그러나 권한을 승계한 행정청이 없게 된 때에는 그 처분 등에 관한 사무가 귀속되는 국가 또는 공공단체를 피고로 한다(행정소송법 제38조 제1항, 제13조 제2항). 그리고 원고가 피고를 잘못 지정한 때에는 법원은 원고의 신청에 의하여 결정으로써 피고의 경정을 허가할 수 있다(행정소송법 제38조 제1항, 제14조 제1항).

다. 소송참가

취소소송에서 적용되고 있는 제3자의 소송참가(행정소송법 제38조 제1항, 제16조)와 행정청의 소송참가(행정소송법 제38조 제1항, 제17조)도 무효등확인소송에서 준용된다.

---

180) 홍정선, 행정법원론(상)(제19판), 2011, 1027면 등.

181) 김남진·김연태, 행정법 I (제12판), 2008. 749면.

182) 홍준형, 행정구제법, 2012, 639면.

3. 권리보호의 필요 등

무효확인소송에서도 취소소송의 경우와 같이 권리보호의 필요성(협의의 소익)이 요구된다. 그런데 그 이외에도 민사소송인 확인소송에서와 같이 '확인의 이익'이 요구되는지에 관하여는 학설이 대립하고 있다.

이는 다음과 같은 상황에서 발생하는 문제이다. 즉 행정청이 조세·부담금과 같은 금전부과처분을 하였고, 상대방은 일단 이를 납부하였으나 처분에 하자가 있다고 판단하여 이를 돌려받고자 한다. 해당 처분에 존재하는 하자가 단순위법의 정도라면 공정력이 있어 먼저 취소소송을 제기하여야 하지만, 그 하자가 당연무효에 이른다면 금전부과처분의 무효를 선결문제로 하여 부당이득반환청구소송을 제기할 수 있다. 이러한 상황에서 부당이득반환청구소송을 제기하지 않고 처분의 무효확인을 구할 확인의 이익이 있는지가 문제되는 것이다. 민사소송에 있어서는 이행의 소를 제기할 수 있음에도 확인소송을 제기하는 것은 당사자의 법적 불안을 제거하는 데 유효적절한 수단이라고 할 수 없어 원칙적으로 확인의 이익이 없다고 본다. 이것이 확인소송의 보충성이다. 행정소송의 하나인 무효등확인소송도 이행의 소(앞의 예에서의 부당이득반환청구소송)에 대한 관계에서 보충적인 것인지가 문제되는바,[183] 이에 대하여는 다음과 같이 학설의 대립이 있다.

가. 긍정설

긍정설의 논거는 다음과 같다.[184]

① 무효확인소송도 실질적으로는 확인소송으로서의 성질을 가지고 있으므로 확인소송에서의 일반적 소송요건인 '확인의 이익'이 요구된다.

② 행정소송법 제35조 소정의 '법률상 이익'은 원고적격뿐만이 아니라 협의의 소익에 관한 규정도 내포하고 있는바, 즉시확정의 이익은 위 협의의 소익으로부터 도출될 수 있다.

③ 원래 확인소송은 원고의 권리 또는 법률상 지위에 현존하는 불안이나 위험이 있고, 그 불안이나 위험을 제거하기 위해서는 확인판결을 받는 것이 가장 유효적절한 수단일 때 인정되는 것이다. 달리 말하면 확인소송은 보다 실효적인 구제수단이 존재하는 경우에는 허용되지 않는다. 이를 확인소송의 보충성이라고 한다. 따라서 무효인 행정처분이 아직 집행되지 아니한 경우(예: 무효인 조세부과처분이 있었지만 아직 세금을 납부하지 않은 경우)에는 그 집행의무를 면하기 위하여 처분의 무효확인을 구할 이익이 있지만, 무효인 행

183) 김동희·최계영, 행정법 I (제27판), 2023, 766면.

184) 정하중, 행정법개론, 2007, 809면.

정처분이 이미 집행되었고(예: 무효인 조세부과처분에 따라 세금이 이미 납부된 경우) 그에 따라 형성된 위법상태의 제거를 위한 보다 직접적인 소송방법(기납부된 조세의 반환을 구하는 부당이득반환청구소송)이 있을 때에는 행정처분의 무효확인을 구할 소익이 없다고 보는 것이 타당하다.

나. 부정설

이 견해는 다음과 같은 이유에서 무효등확인소송의 경우 확인의 이익이 요구되지 않는다고 본다.[185)]

① 현행 행정소송법이 무효확인소송을 항고소송의 일종으로 규정하고 있는 점을 보아도 무효확인소송은 본질에 있어서 행정청의 처분을 다투는 항고소송인 것이며, 단지 다투는 형식이 확인소송의 방식을 취하고 있을 뿐이다.

② 행정소송은 공익을 추구하는 행정작용에 대하여 특수한 취급을 하기 위하여 별도로 마련한 소송제도로서 민사소송과는 그 목적과 취지를 달리하므로 민사소송에서의 확인의 이익론이 행정소송에서도 그대로 타당할 수는 없다.

③ 행정소송법 제38조 제1항은 취소판결의 기속력 및 행정청의 재처분의무에 관한 행정소송법 제30조를 무효등확인소송에도 준용하고 있고, 그에 따라 무효판결 자체만으로도 그 실효성을 확보할 수 있으므로 민사소송에서와 같이 분쟁의 궁극적 해결을 위한 확인의 이익 여부를 논할 필요가 없다.

④ 현행 행정소송법은 일본과는 달리 무효확인소송의 보충성을 요구하는 명문의 규정이 없다.

다. 소 결

행정소송은 민사소송과는 다른 논리 및 구조를 가지고 있으므로 부정설의 입장이 타당하다. 대법원은 과거 긍정설을 취하였으나, 최근 판례를 변경하여 이제는 부정설의 입장을 취하고 있다(대법원 2008. 3. 20. 선고 2007두6342 전원합의체 판결).

판례

행정소송법 제35조에 규정된 '무효확인을 구할 법률상 이익'이 있는지를 판단할 때 행정처분의 무효를 전제로 한 이행소송 등과 같은 직접적인 구제수단이 있는지를 따져보아야 하는지 여부(소극): 행정소송은 행정청의 위법한 처분 등을 취소·변경하거나 그 효력 유무 또는 존재 여부를

185) 홍정선, 앞의 책, 1029면; 박균성, 행정법론(상)(제14판), 2015, 1203면.

확인함으로써 국민의 권리 또는 이익의 침해를 구제하고 공법상의 권리관계 또는 법 적용에 관한 다툼을 적정하게 해결함을 목적으로 하므로, 대등한 주체 사이의 사법상 생활관계에 관한 분쟁을 심판대상으로 하는 민사소송과는 목적, 취지 및 기능 등을 달리한다. 또한 행정소송법 제4조에서는 무효확인소송을 항고소송의 일종으로 규정하고 있고, 행정소송법 제38조 제1항에서는 처분 등을 취소하는 확정판결의 기속력 및 행정청의 재처분 의무에 관한 행정소송법 제30조를 무효확인소송에도 준용하고 있으므로 무효확인판결 자체만으로도 실효성을 확보할 수 있다. 그리고 무효확인소송의 보충성을 규정하고 있는 외국의 일부 입법례와는 달리 우리나라 행정소송법에는 명문의 규정이 없어 이로 인한 명시적 제한이 존재하지 않는다. 이와 같은 사정을 비롯하여 행정에 대한 사법통제, 권익구제의 확대와 같은 행정소송의 기능 등을 종합하여 보면, 행정처분의 근거 법률에 의하여 보호되는 직접적이고 구체적인 이익이 있는 경우에는 행정소송법 제35조에 규정된 '무효확인을 구할 법률상 이익'이 있다고 보아야 하고, 이와 별도로 무효확인소송의 보충성이 요구되는 것은 아니므로 행정처분의 무효를 전제로 한 이행소송 등과 같은 직접적인 구제수단이 있는지 여부를 따질 필요가 없다고 해석함이 상당하다(대법원 2008. 3. 20. 선고 2007두6342 전원합의체 판결).

Ⅳ. 판결의 효력

무효등확인판결에는 취소판결의 제3자효와 기속력에 관한 규정(행정소송법 제29조, 제30조)이 준용된다(행정소송법 제38조 제1항).

그러나 간접강제에 관한 규정(행정소송법 제34조)은 무효등확인판결에 준용되고 있지 않다.

Ⅴ. 다른 소송과의 관계

1. 취소소송과의 관계

가. 병렬관계

취소소송과 무효확인소송은 그 소송의 요건을 달리하는 별개의 독립된 소송이다. 양 소송은 상호 병렬관계에 있다. 행정청의 처분 등에 불복하는 자는 소송요건을 충족하는 한, 바라는 목적을 가장 효과적으로 달성할 수 있는 항고소송의 종류를 선택할 수 있다. 따라서 취소소송을 제기하건 무효확인소송을 제기하건 그것은 당사자의 의사에 달려 있는 문제이다.

그런데 두 청구를 병합하여 제기할 수 있는지가 문제된다. 행정처분에 대한 무효확인과 취소청구는 서로 양립할 수 없는 청구로서 주위적·예비적 청구로서만 병합이 가능하고 선택적 청구로서의 병합이나 단순 병합은 허용되지 아니한다는 것이 판례의 태도이다(대법원 1999. 8. 20. 선고 97누6889 판결). 통상 무효확인소송을 주위적 청구로, 취소소송을 예비적 청구로 병합 제기하는 것이 일반적일 것이다. 그러나 경우에 따라서는 취소청구가 제소기간의 경과 등 소송요건의 미비로 각하되는 경우에 대비하여 취소청구를 주위적으로, 무효확인청구를 예비적으로 제기할 수도 있다.

나. 포용관계: 판결의 형태

취소소송과 무효확인소송은 종류를 달리하는 별개의 소송이기는 하나 다 같이 행정처분 등에 위법한 흠이 있음을 이유로 그 효력의 배제를 구하는 점에서 동일하고, 그 사유도 흠의 정도 등에 따른 상대적 차이가 있음에 불과하여, 위 두 소송은 실제에 있어서는 서로 포용성을 가진다.

구체적으로 경우를 나누어 그 내용을 살펴보면 다음과 같다.

(1) 처분취소의 소를 제기한 경우

당사자가 처분취소의 소를 제기하였지만, 그 처분에 취소사유를 넘어선 무효사유에 해당하는 흠이 있으면, 처분을 취소하는 원고 전부승소의 판결을 하여야 한다. 다만 이 경우에도 형식적으로는 취소소송의 형태를 취하고 있으므로, 그 내용에 불구하고 행정심판전치주의, 제소기간과 같은 취소소송의 요건은 구비하여야 하고(대법원 1984. 5. 29. 선고 84누175 판결), 만약 이를 구비하지 못하였다면 무효확인소송으로의 소의 변경이 없는 이상 인용판결을 할 수는 없다.

(2) 처분무효확인의 소를 제기한 경우

반대로 처분무효확인을 구하는 소를 제기하였으나, 그 처분에 단지 취소사유에 불과한 흠이 있는 경우에 법원은 어떠한 판결을 내려야 하는지가 문제된다.

① 당해 무효확인소송이 취소소송의 요건을 갖추지 못한 경우에는 기각판결을 내려야 한다.

② 당해 무효확인소송이 취소소송의 요건을 갖춘 경우에 어떠한 판결을 내려야 하는지에 대하여는 견해의 대립이 있다.

i) 소변경필요설: 무효확인소송과 취소소송은 그 종류를 달리하는 별개의 소송이므로, 법원이 원고의 청구를 일방적으로 변경할 수는 없다. 따라서 법원은 석명권을 행사하여 무효가

아니면 취소라도 구하는 취지인지를 물어보고, 처분의 취소를 구하지 않음이 명백하지 않은 이상, 무효확인의 소를 취소의 소로 변경하도록 한 후 취소판결을 하여야 한다는 견해이다.[186)]

ii) 취소소송포함설: 행정처분의 무효확인을 구하는 소에는 그 취소를 구하는 취지가 포함되어 있다고 보아, 이 경우 소의 변경이 필요 없이 일부승소의 형식으로 바로 취소판결을 할 수 있다고 보는 견해이다. 판례는 이러한 입장을 취하고 있다(대법원 1987. 4. 28. 선고 86누887 판결; 대법원 1994. 12. 23. 선고 94누477 판결 등).

판례

일반적으로 행정처분의 무효확인을 구하는 소에는 원고가 그 처분의 취소를 구하지 아니한다고 밝히지 아니한 이상 그 처분이 만약 당연무효가 아니라면 그 취소를 구하는 취지도 포함되어 있는 것으로 보아야 한다(대법원 1994. 12. 23. 선고 94누477 판결).

하자 있는 행정처분을 놓고 이를 무효로 볼 것인지 아니면 단순히 취소할 수 있는 처분으로 볼 것인지는 동일한 사실관계를 토대로 한 법률적 평가의 문제에 불과하고, 행정처분의 무효확인을 구하는 소에는 특단의 사정이 없는 한 그 취소를 구하는 취지도 포함되어 있다고 보아야 하는 점 등에 비추어 볼 때, 동일한 행정처분에 대하여 무효확인의 소를 제기하였다가 그 후 그 처분의 취소를 구하는 소를 추가적으로 병합한 경우, 주된 청구인 무효확인의 소가 적법한 제소기간 내에 제기되었다면 추가로 병합된 취소청구의 소도 적법하게 제기된 것으로 봄이 상당하다(대법원 2005. 12. 23. 선고 2005두3554 판결).

2. 당사자소송과의 관계

처분이 무효인 경우는 이른바 공정력이 없고 누구나 어떠한 방법으로나 그 효력을 부인할 수 있다. 따라서 무효확인소송을 제기하건 당사자소송을 제기하건 그것은 당사자의 의사에 달려 있는 문제이다. 예를 들면, 공무원 파면처분이 무효인 경우 항고소송으로서의 파면처분무효확인의 소가 가능할 뿐만 아니라 당사자소송으로서 그 파면처분이 무효임을 전제로 한 공무원지위확인소송도 가능하다. 또한 과세처분이 무효이면 항고소송으로서 과세처분무효확인의 소와 당사자소송으로서의 조세채무부존재확인의 소도 가능하다고 보아야 한다.

186) 박균성, 앞의 책, 1017면; 법원행정처, 법원실무제요(행정)(전정증보), 1997, 18면.

제3관 부작위위법확인소송

Ⅰ. 의 의

부작위위법확인소송이란 행정청의 부작위가 위법하다는 것을 확인하는 소송이고(행정소송법 제4조 제3호), 부작위란 행정청이 신청에 대하여 상당한 기간 내에 일정한 처분을 하여야 할 법률상 의무가 있음에도 불구하고 이를 하지 않는 것을 말한다(행정소송법 제2조 제1항 제2호).

주의하여야 할 것은 이 소송은 행정청이 신청에 대하여 가부간의 처분을 하여야 함에도 아무런 응답(신청을 받아들이는 처분이건 기각하는 처분이건 관계없이)을 하지 않는 것이 위법하다는 것의 확인을 구하는 것이지, 원고가 신청한 특정처분을 행하지 아니한 것이 위법하다는 것의 확인을 구하는 소송이 아니라는 점이다.

Ⅱ. 요 건

1. 대상적격(부작위)

가. 법규상·조리상 신청권이 있는 자의 신청이 있을 것

(1) 신청권의 필요성 여부

법규상·조리상 신청권의 존재가 부작위의 성립요건이 되는지에 대하여는 ① 대상적격설, ② 원고적격설, ③ 본안요건설의 대립이 있다(자세한 내용은 제3장 제2절 제1관 제2항 제2목 처분 중 'Ⅱ. 특수한 처분' 부분을 참고하기 바람). 대상적격설에 의하면 신청권은 형식적 신청권(단순한 응답요구권)과 실질적 신청권(특정한 처분을 요구하는 권리)으로 구분할 수 있다고 본다. 이어 법규상·조리상 신청권을 형식적 의미로 이해하고, 그것을 소송의 대상, 즉 부작위 인정의 요건으로 본다. 이것이 판례의 태도이기도 하다. 한편 원고적격설과 본안요건설의 입장에서는 부작위의 성립에 있어 신청권은 그 요건이 아니라고 본다.

이하 대상적격설의 입장에서 신청권의 내용을 살펴보기로 한다.

(2) 신청권의 내용

(가) 형식적 신청권과 실질적 신청권

부작위의 성립요건으로서의 신청권은 단순한 응답요구권(형식적 신청권)을 말하는 것이지, 특정한 처분을 요구하는 권리(실질적 신청권)를 의미하는 것이 아니다. 다만 실질적 신청권은 그 안에 형식적 신청권을 당연히 내포하고 있으므로, 실질적 신청권이 존재하는 경우에는 형식적 신청권의 존재 여부는 따로 문제되지 않는다.

(나) 법규상의 신청권과 조리상의 신청권

형식적 신청권은 다시 법규상의 신청권과 조리상의 신청권으로 구분할 수 있다.

① 법규상의 신청권: 행정절차법 제17조에서는 처분을 구하는 신청의 절차를 규정하고 있다. 아울러 민원사무처리에 관한 법률 시행령 제2조 제2항은 처분에 대한 신청, 법령 해석의 신청 등을 규율하고 있다. 기타 개별 법률에서도 신청권을 규정하고 있는 경우가 많다.

② 조리상의 신청권: 조리상의 신청권이란 실정법상의 권리의 행사 내지 구제의 수단이 없는 경우 정의, 형평의 관념에 기초해서 보충적으로 인정되는 신청권을 의미한다(헌법재판소 2003. 10. 30. 선고 2002헌가24 전원재판부). 조리상의 신청권은 그 성질상 법원의 판례를 통해 구체화될 수밖에 없는바, 판례는 거부행위의 처분성 내지 부작위의 범위를 확대하기 위하여 조리상 신청권의 범위를 점진적으로 확대하는 경향이 있다.

(3) 신청권 결여의 효과

법규상 또는 조리상 신청권이 없는 자의 신청은 단지 행정청의 직권발동을 촉구하는데 지나지 않는 것이므로 그에 대한 무응답은 부작위위법확인소송의 대상이 될 수 없다(대법원 1993. 4. 23. 선고 92누17099 판결).

한편 신청절차, 방식 등이 부적법하더라도 행정청이 이를 무시하여 응답하지 않을 수는 없고, 보정을 명하거나 각하하여야 하는 것이므로 신청절차 등이 부적법하다는 이유로 응답하지 않은 경우도 부작위위법확인의 소의 대상이 된다.

나. '처분'의 신청일 것

신청인의 신청내용이 행정청에 대하여 행정소송의 대상인 '처분'을 요구하는 것이어야 한다. 처분의 의미·내용에 관하여는 제3장 제2절 제1관 제2항 취소소송의 대상 중 '제2목 처분'에서 살핀 바와 같다.

그러므로 비권력적 사실행위나 사경제적 계약체결 등을 구하는 신청 등에 대한 무응답은 부작위위법확인소송의 대상이 될 수 없다.

행정소송법 제2조 제1항 제2호는 '처분 등'이 아니라, '처분'을 하지 아니한 것만을 부작위라 정의내리고 있어, 마치 '재결'을 하지 아니하는 것은 부작위위법확인소송의 대상이 아닌 것처럼 규정하고 있다. 그러나 재결신청에 대한 부작위를 소송에서 제외할 특별한 이유가 없고, 재결신청에 대한 부작위를 부작위위법확인소송에서 제외하게 되면, 재결주의가 채택되어 있는 처분에 있어서 재결신청에도 불구하고, 아무런 응답을 하지 않을 경우, 구제수단이 없게 되는 등의 불합리가 발생하므로 재결신청에 대한 부작위도 부작위위법확인소송의 대상이 된다고 보아야 할 것이다.

다. 상당한 기간이 경과될 것

행정소송의 대상인 부작위가 되기 위하여는 행정청이 일정한 처분을 하여야 할 '상당한 기간'이 지나도 아무런 처분을 하지 아니하여야 한다. 어느 정도의 기간을 상당한 기간이라 볼 것인지는 사회통념상 당해 신청에 대한 처분을 하는 데 필요한 것으로 인정되는 기간을 가리키는 것이라 할 것이다.

그런데 부작위위법확인소송은 사실심변론종결시를 기준으로 위법 여부를 판단하여야 하는 것이고, 변론종결시까지는 통상 상당한 기간이 경과할 것이므로, 실무상 이 요건에 대하여는 특별한 경우를 제외하고는 크게 문제될 것이 없다.

라. 처분의 부존재

부작위위법확인소송은 당사자의 신청에 대한 행정청의 처분이 존재하지 아니하는 경우에 허용되는 것이고, 처분이 존재하는 이상은 가령 그 처분이 무효인 행정처분처럼 중대하고 명백한 하자로 말미암아 처음부터 당연히 효력이 발생하지 아니하는 경우라도 부작위위법확인소송의 대상이 될 수 없다(대법원 1992. 9. 14. 선고 91누8807 판결). 또한 당사자의 신청에 대한 거부행위는 취소소송의 대상이지 부작위위법확인소송의 대상이 될 수 없다. 한편 신청이 있은 뒤 일정기간 내 행정청의 결정이 없으면 신청이 인용된 것으로 본다거나 기각된 것으로 본다는 등, 법령이 일정기간의 부작위에 대하여 인용처분이나 거부처분으로 의제하는 특별규정을 두고 있는 경우(구 공공기관의 정보공개에 관한 법률 제11조 제5항 등 참조)에는 처분이 있는 것으로 보아야 하므로, 부작위위법확인소송의 대상이 될 수 없다.

실무상 거부처분이 있었는지 아니면 부작위인지 애매한 경우가 적지 않다. 이 경우에는 거부처분취소소송과 부작위위법확인소송 중의 어느 한 소송을 주위적 청구로 하고 다른 청구를 예비적 청구로 하여 소를 제기할 수 있다.

부작위위법확인소송을 제기한 뒤 판결시까지 사이에 행정청이 그 신청에 대하여 적극 또는 소극의 처분을 함으로써 부작위상태가 해소된 경우 당해 소는 소의 이익을 상실하게 되어 각하를 면할 수 없다(대법원 1990. 9. 25. 선고 89누4758 판결). 따라서 부작위위법확인소송 중 거부처분이 내려진 경우에는 행정소송법 제37조 및 제21조(소의 종류의 변경)의 규정을 적용하여{처분변경으로 인한 소의 변경에 관한 규정(행정소송법 제22조)을 부작위위법확인소송의 경우에는 준용하는 규정이 없다} 부작위위법확인소송을 거부처분취소소송으로 변경할 수 있다고 보아야 한다.[187)]

판례

가. 부작위위법확인의 소의 제도의 취지: 행정소송법 제4조 제3호에 규정된 부작위위법확인의 소는 행정청이 당사자의 법규상 또는 조리상의 권리에 기한 신청에 대하여 상당한 기간 내에 그 신청을 인용하는 적극적 처분 또는 각하하거나 기각하는 등의 소극적 처분을 하여야 할 법률상의 응답의무가 있음에도 이를 하지 아니하는 경우에 그 부작위가 위법하다는 것을 확인함으로써 행정청의 응답을 신속하게 하여 부작위 또는 무응답이라고 하는 소극적인 위법상태를 제거하는 것을 목적으로 하는 제도이다.

나. 부작위위법확인의 소의 요건: 부작위위법확인소송은 처분의 신청을 한 자로서 부작위의 위법의 확인을 구할 법률상의 이익이 있는 자만이 제기할 수 있다 할 것이며, 이를 통하여 구하는 행정청의 응답행위는 행정소송법 제2조 제1항 제1호 소정의 처분에 관한 것이라야 하므로, 당사자가 행정청에 대하여 어떠한 행정행위를 하여 줄 것을 신청하지 아니하거나 그러한 신청을 하였더라도 당사자가 행정청에 대하여 그러한 행정행위를 하여 줄 것을 요구할 수 있는 법규상 또는 조리상의 권리를 갖고 있지 아니하든지 또는 행정청이 당사자의 신청에 대하여 거부처분을 한 경우에는 원고적격이 없거나 항고소송의 대상인 위법한 부작위가 있다고 볼 수 없어 그 부작위위법확인의 소는 부적법하다(대법원 1995. 9. 15. 선고 95누7345 판결)

가. 검사가 압수 해제된 것으로 간주된 압수물의 환부신청에 대하여 아무런 결정·통지도 하지 아니한 경우, 부작위위법확인소송의 대상이 되는지 여부: 형사본안사건에서 무죄가 선고되어 확정되었다면 형사소송법 제332조 규정에 따라 검사가 압수물을 제출자나 소유자 기타 권리자에게 환부하여야 할 의무가 당연히 발생한 것이고, 권리자의 환부신청에 대한 검사의 환부결정 등 어떤 처분에 의하여 비로소 환부의무가 발생하는 것은 아니므로 압수가 해제된 것으로 간주된 압수물에 대하여 피압수자나 기타 권리자가 민사소송으로 그 반환을 구함은 별론으로 하고 검사가 피압수자의 압수물 환부신청에 대하여 아무런 결정이나 통지도 하지 아니하고 있다고 하더라도 그와 같은 부작위는 현행 행정소송법상의 부작위위법확인소송의 대상이 되지 아니한다.

나. 검사에 대한 압수물 환부이행청구소송이 허용되는지 여부: 검사에게 압수물 환부를 이행하라는 청구는 행정청의 부작위에 대하여 일정한 처분을 하도록 하는 의무이행소송으로 현행 행정소송법상 허용되지 아니한다(대법원 1995. 3. 10. 선고 94누14018 판결).

187) 박균성, 앞의 책, 1018면.

2. 원고적격

부작위위법확인소송은 처분의 신청을 한 자로서 부작위의 위법의 확인을 구할 법률상 이익이 있는 자만이 제기할 수 있다(행정소송법 제36조). 따라서 처분을 신청하지 않은 제3자에게는 부작위위법확인소송을 제기할 원고적격이 인정되지 않는다.

한편 판례는 "부작위위법확인의 소에 있어 당사자가 행정청에 대하여 어떠한 행정행위를 하여 줄 것을 요구할 수 있는 법규상 또는 조리상 권리를 갖고 있지 아니한 경우에는 원고적격이 없거나 항고소송의 대상인 위법한 부작위가 있다고 볼 수 없어 그 부작위위법확인의 소는 부적법하다"(대법원 1999. 12. 7. 선고 97누17568 판결 등)고 판시하여, 법규상·조리상 신청권을 부작위 성립의 문제이자 동시에 원고적격의 문제로도 보고 있다. 뒤에서 살펴보는 바와 같이 현재 부작위위법확인소송의 심리대상을 응답의무의 존부라고 보는 이상 판례의 태도를 잘못이라고는 할 수 없다. 그러나 향후 의무이행소송이 도입될 경우에는 특정처분의무의 존부까지가 심리의 대상이 될 것이므로, 그 때에는 법규상·조리상 신청권은 부작위 성립의 요건만에 불과하다고 보아야 할 것이다.

3. 협의의 소익

당사자의 신청이 있은 이후 당사자에게 생긴 사정의 변화로 인하여 위 부작위가 위법하다는 확인을 받는다고 하더라도 종국적으로 침해되거나 방해받은 권리와 이익을 보호·구제받는 것이 불가능하게 되었다면 그 부작위가 위법하다는 확인을 구할 이익은 없다(대법원 2002. 6. 28. 선고 2000두4750 판결).

또한 변론종결시까지 행정청이 그 신청에 대하여 적극 또는 소극의 처분을 함으로써 부작위상태가 해소된 경우에도 부작위위법확인의 소는 소의 이익을 상실하게 된다(대법원 1990. 9. 25. 선고 89누4758 판결).

판례

부작위위법확인소송의 변론종결시까지 행정청의 처분으로 부작위 상태가 해소된 경우 소의 이익 유무(소극): 부작위위법확인의 소는 행정청이 국민의 법규상 또는 조리상의 권리에 기한 신청에 대하여 상당한 기간내에 그 신청을 인용하는 적극적 처분 또는 각하하거나 기각하는 등의 소극적 처분을 하여야 할 법률상의 응답의무가 있음에도 불구하고 이를 하지 아니하는 경우, 판결(사실심의 구두변론 종결)시를 기준으로 그 부작위의 위법을 확인함으로써 행정청의 응답을 신속하게 하여 부작위 내지 무응답이라고 하는 소극적인 위법상태를 제거하는 것을 목적으로 하는 것이고,

나아가 당해 판결의 구속력에 의하여 행정청에게 처분 등을 하게하고 다시 당해 처분 등에 대하여 불복이 있는 때에는 그 처분 등을 다투게 함으로써 최종적으로는 국민의 권리이익을 보호하려는 제도이므로, 소제기의 전후를 통하여 판결시까지 행정청이 그 신청에 대하여 적극 또는 소극의 처분을 함으로써 부작위상태가 해소된 때에는 소의 이익을 상실하게 되어 당해 소는 각하를 면할 수가 없는 것이다(대법원 1990. 9. 25. 선고 89누4758 판결).

4. 피고적격

취소소송의 피고적격에 관한 규정인 행정소송법 제13조는 부작위위법확인소송의 경우에도 준용된다(행정소송법 제38조 제2항). 따라서 부작위 행정청이 피고가 된다.

5. 제소기간

가. 행정심판을 거쳐 부작위위법확인소송이 제기된 경우

취소소송의 제소기간 제한에 관한 규정인 행정소송법 제20조는 부작위위법확인소송의 경우에도 준용된다(행정소송법 제38조 제2항). 그런데 행정심판을 거쳐 부작위위법확인소송을 제기하는 경우에는 처분 등(재결 포함)이 존재하게 되는 바, 이 경우 처분 등을 기준으로 제소기간을 정하고 있는 행정소송법 제20조의 적용에 문제가 없다. 따라서 이 경우에는 재결서의 정본을 송달받은 날부터 90일 이내에 소를 제기하여야 한다.

나. 행정심판을 거치지 않고 부작위위법확인소송이 제기된 경우

행정심판 임의주의 원칙에 따라 행정심판을 거치지 않고 부작위위법확인소송을 제기하는 경우에는 그 제소기간에 관하여 견해의 대립이 있다. 이 경우에는 외관상 아무런 명시적인 처분 등(재결 포함)이 없기 때문에 처분 등을 기준으로 제소기간을 정하고 있는 행정소송법 제20조는 그대로 적용될 수 없기 때문이다.

먼저 부작위 개념의 성립요소 중의 하나인 신청 후 상당기간이 경과하면 '그때'에 처분이 있는 것으로 보고, 행정소송법 제20조 제2항에 따라 '그때'부터 1년 이내에 제소할 수 있다고 새기는 견해가 있다.[188] 다음으로 행정소송법상 명문의 규정이 없기 때문에 이 경우에는 제소기간의 제한이 없다고 보는 견해가 있다.[189] 생각건대, 부작위에 대하여 행정

188) 김성수, 일반행정법, 939면.

189) 김동희, 행정법 I (제14판), 2008, 774면; 박윤흔·정형근, 앞의 책, 879면; 홍정선, 앞의 책 1044-1045면.

심판을 제기하는 경우 행정심판 청구기간에 제한이 없는 점, 전자가 말하는 상당한 기간이라는 개념 자체가 불확정적이므로 전자의 입장을 취할 경우 행정법관계의 안정성을 해칠 우려가 있다는 점에서 후자의 견해가 타당하다. 판례도 후자의 입장을 취하고 있다(대법원 2009. 7. 23. 선고 2008두10560 판결).

판례

부작위위법확인의 소의 제소기간: 부작위위법확인의 소는 부작위상태가 계속되는 한 그 위법의 확인을 구할 이익이 있다고 보아야 하므로 원칙적으로 제소기간의 제한을 받지 않는다. 그러나 행정소송법 제38조 제2항이 제소기간을 규정한 같은 법 제20조를 부작위위법확인소송에 준용하고 있는 점에 비추어 보면, 행정심판 등 전심절차를 거친 경우에는 행정소송법 제20조가 정한 제소기간 내에 부작위위법확인의 소를 제기하여야 한다(대법원 2009. 7. 23. 선고 2008두10560 판결).

III. 심리의 범위

부작위위법확인소송의 심리범위와 관련하여 법원이 부작위의 위법 여부만이 아니라, 신청의 실체적 내용의 이유 유무까지 심리할 수 있는가에 대하여 견해의 대립이 있다. 이는 인용판결의 기속력에 따른 적극적 효력으로서의 재처분의무(행정소송법 제38조 제2항, 제30조 제2항)의 내용과 밀접한 관련을 가진다.[190)]

1. 절차적 심리설

부작위위법확인의 소에 있어서 법원은 부작위의 위법성 여부를 확인하는데 그칠 뿐, 행정청이 행하여야 할 처분의 내용까지 심리·판단할 수는 없다는 견해이다. 현행 행정소송법이 의무이행소송을 도입하지 않고 부작위위법확인소송만을 규정한 입법취지에 비추어 실체적 심리설은 타당하지 않다는 것이 그 논거이다.[191)] 판례는 절차적 심리설을 취하고 있다(대법원 1990. 9. 25. 선고 89누4758 판결).

2. 실체적 심리설

법원은 부작위의 위법성 여부뿐만 아니라, 신청의 실체적 내용이 이유 있는 것인지(신청에 따른 특정처분의무가 있는지)도 심리하여, 그에 대한 적정한 처리방향에 관한 법률적

190) 김남진·김연태, 앞의 책, 759면.
191) 김동희, 앞의 책, 776면; 박윤흔·정형근, 앞의 책, 881면.

판단을 하여야 한다는 견해이다. 그리고 이렇게 하는 것이 행정청이 '판결의 취지'(행정소송법 제30조 제2항)에 따르는 처분의무를 이행하는 요건이 된다는 것이다.[192)]

Ⅳ. 판결의 효력

부작위위법확인판결에는 취소판결의 제3자효와 기속력에 관한 규정(행정소송법 제29조, 제30조) 및 거부처분취소판결의 간접강제에 관한 규정(행정소송법 제34조)이 준용된다(행정소송법 제38조 제2항).

부작위위법확인판결에 대한 기속력의 핵심은 판결의 취지에 따른 재처분의무이다. 그런데 위 재처분의무는 행정청의 응답의무인가, 아니면 신청에 따른 특정한 내용의 처분의무인가에 관하여 견해가 대립하고 있다.

1. 응답의무설

부작위위법확인판결의 기속력으로서의 재처분의무는 행정청의 응답의무라고 보는 견해이며 판례의 태도이기도 하다(대법원 1990. 9. 25. 선고 89누4758 판결). 이 견해에 의하면 행정청은 신청의 대상이 기속행위인 경우에 거부처분을 하여도, 판결의 기속력의 내용인 재처분의무를 이행하는 것이 된다.[193)]

이 견해의 논거는 다음과 같다.

첫째, 부작위위법확인판결은 부작위가 위법하다는 것을 확인하는 것에 불과하므로 이 재처분의무의 내용은 행정청의 가부(可否)간의 응답의무이며 신청에 따른 적극적인 처분을 하여야 할 의무는 아니다.

둘째, 부작위의 성립요건으로서의 법령상, 조리상 신청권은 행정청의 응답을 구하는 권리에 불과하다. 행정소송법 제2조 제1항 제2호는 부작위의 성립요건으로 '일정한 처분을 하여야 할 법률상 의무'를 요구하고 있는데, 여기에서 '일정한 처분'이라 함은 특정 내용의 처분을 의미하는 것은 아니며 신청에 대한 가부의 응답을 말한다고 보아야 한다.

2. 특정처분의무설

부작위위법확인소송 인용판결의 기속력의 내용으로서의 처분의무는 당초 신청된 특

192) 김도창, 일반행정법론(상), 1985, 592면; 홍정선, 앞의 책, 1047면.
193) 김동희, 앞의 책, 777면.

정한 처분을 뜻하는 것으로 보는 견해를 말한다. 이 견해의 논거는 다음과 같다.

첫째, 부작위위법확인소송의 본안에서 부작위의 위법성을 판단하기 위하여는 행정청의 처분을 구할 실체법적 권리(청구권)의 유무가 다투어지는 것이 일반적이다.

둘째, 행정소송법 제2조 제1항 제2호의 '일정한 처분을 하여 줄 의무'란 '신청에 따른 처분을 하여 줄 의무'라고 보아야 한다.

셋째, 부작위위법확인소송의 기속력을 응답의무로 이해하면 처분청이 다시 거부처분을 하는 것이 가능하다는 결론이 되며, 권리구제를 위하여는 그 거부처분에 대하여 다시 취소소송을 제기하여야 하므로 무용한 소송의 반복을 방지하기 위하여는 부작위위법확인소송의 인용판결에 실질적 기속력을 인정하는 것이 타당하다.[194]

제4관 의무이행소송

Ⅰ. 현행법의 해석상 의무이행소송의 가능 여부

행정청의 거부행위 또는 부작위에 대하여 작위의무의 이행을 구하는 소송을 의무이행소송이라고 한다. 국가의 기능이 적극적 복지국가로 변천함에 따라 오늘날 국민의 생활은 국가의 적극적·수익적 행위에 크게 의존하게 되었다. 국가가 위 수익적 처분을 거부하거나 부작위로 일관하는 경우의 효과적인 구제수단이 의무이행소송이다. 현행법의 해석상 의무이행소송이 가능한지 여부의 문제는 주로 행정소송법 제4조 제1호의 "취소 또는 변경"에 있어서 '변경'의 의미를 '적극적 변경'으로 해석할 수 있는지 여부 및 동법 제4조의 항고소송의 종류를 예시적으로 보아 법정외 항고소송으로서 무명항고소송을 인정할 수 있는지 여부와 관련되고 있다.[195]

1. 부정설

부정설의 논거는 다음과 같다. 이 견해가 판례의 입장이기도 하다(대법원 1990. 9. 25. 선고 89누4758 판결).

첫째, 권력분립의 원칙상 행정작용에 대한 제1차적 판단권은 행정청에 있는데, 법원이

194) 홍준형, 행정구제법(제4판), 2001, 724-725면.

195) 정선균·정하중, 행정쟁송법강의, 2011, 304면

행정청에 대하여 어떠한 처분을 명하는 것은 행정청의 제1차적 판단권을 침해하는 것이 된다.

둘째, 의무이행소송의 인정 여부는 입법정책의 문제인데, 현행법은 거부처분의 취소소송과 부작위위법확인소송만을 인정하고 있고, 의무이행소송을 인정하지 않으려는 것을 분명히 하였으므로 입법론으로는 몰라도 해석론으로는 의무이행소송을 인정할 수 없다.

셋째, 소송의 유형은 법적 안정성을 위하여 법률로 명시적으로 인정되어야 하며 해석에 의해 의무이행소송을 인정할 수는 없다. 따라서, 행정소송법 제4조의 항고소송의 유형의 규정은 제한적으로 이해하여야 한다.

넷째, 행정소송법 제4조 제1호에서의 '변경'은 적극적인 변경이 아니라 소극적인 일부취소로 이해하여야 한다.[196)]

2. 긍정설

긍정설의 논거는 다음과 같다.

첫째, 오늘날은 권력분립을 실질적·기능적으로 이해한다. 사법권은 법령의 적정한 집행의 보장을 통하여 개인의 권익을 보호하는 기능을 하는 것이므로 행정청의 위법한 거부처분 또는 부작위에 대해 적극적인 이행판결을 인정하는 것은 사법작용에 속하며 권력분립의 원칙에 반하지 않는다.[197)]

둘째, 의무이행소송이 행정청의 제1차적 판단권을 침해한다는 부정설의 논거는 오늘날 설득력을 잃어 가고 있다. 의무이행소송이 인정되는 거부처분이나 부작위의 경우에도 행정청에 1차적 판단의 기회는 충분히 보장되고 있다. 즉, 거부처분이 행정청의 제1차적 판단권의 행사에 속하는 것은 분명하고 부작위는 처분에 필요한 상당한 기간이 지났음에도 가부간의 처분을 하지 않는 것이므로 부작위도 행정청의 판단권의 행사에 준하는 것으로 볼 수 있기 때문이다.

세째, 행정소송법 제4조 제1호에서의 '변경'은 소극적인 일부취소가 아니라 적극적인 변경으로 이해하여야 한다.

3. 절충설

이 견해는 행정작용으로 인한 권익침해에 대하여 현행의 법정항고소송에 의해서는

---

196) 류지태·박종수, 행정법신론(제15판), 2011, 645면.

197) 박균성, 행정법론(상)(제10판), 2011, 1020면.

실효성 있는 구제가 주어질 수 없는 경우, 헌법상의 재판을 받을 권리에 비추어 의무이행소송이 보충적으로 인정될 수 있다는 견해이다.

그리하여 절충설은 다음과 같은 허용 요건 하에 의무이행소송을 보충적으로 인정하고 있다. ① 행정청에게 제1차적 판단권을 행사하게 할 것도 없을 정도로 처분요건이 일의적으로 정하여져 있고, ② 사전에 구제하지 않으면 회복할 수 없는 손해가 발생할 우려가 있으며, ③ 다른 구제방법이 없는 경우에만 의무이행소송이 인정된다.[198]

II. 행정소송법 개정안의 의무이행소송

1. 의 의

현재 논의 중인 행정소송법 개정안에서는 의무이행소송을 명시적으로 도입하고 있다. 즉 개정안은 당사자의 신청을 거부하는 것을 내용으로 하는 행정청의 행정행위(이하 거부행위라 한다) 또는 행정청의 부작위에 대하여 행정행위를 하도록 하는 소송을 의무이행소송이라고 규정하고 있다(개정안 제4조 제3호). 따라서 의무이행소송은 거부행위(拒否行爲)로 인한 의무이행소송과 부작위(不作爲)로 인한 의무이행소송으로 구분된다(개정안 제49조 제1항, 제2항).

위와 같은 의무이행소송은 행정청에 대하여 특정한 행정처분을 하여 줄 것을 신청하였으나 행정청이 그와 같은 처분을 할 것을 거부하거나 부작위 상태에 있는 경우에, 소극적으로 그와 같은 거부처분의 취소나 부작위의 위법성을 확인받는 것에 그치지 아니하고, 적극적으로 법원에 대하여 행정청으로 하여금 그러한 행정행위를 하도록 의무를 지워줄 것을 구하는 소송유형이다.

2. 의무이행소송의 요건

가. 신청된 행위가 공권력의 행사 또는 이에 준하는 행정작용일 것

현행 행정소송상 취소소송의 대상이 되기 위해서는 우선 그 대상이 되는 행정작용이 행정처분으로서의 성질을 갖는 것으로 평가되어야 한다. 이와 마찬가지로 원고가 행정청에 대하여 구하는 행정작용이 행정처분이어야 그 신청에 대한 거부행위 또는 부작위에 대하여 의무이행소송을 제기할 수 있다. 만약 원고가 신청한 행정작용이 행정처분이 아니고

198) 박윤흔, 최신행정법강의(상)(개정29판), 2004, 895-896면.

금전의 지급이나 사실행위라면 그 거부 또는 부작위는 의무이행소송의 대상이 될 수 없다. 독일에서는 행정청을 상대로 의무이행소송뿐 아니라 일반이행소송도 가능한바, 양자는 이행소송이라는 점에서는 동일하나 의무이행소송은 행정작용 중 행정처분만을 대상으로 하고, 일반이행소송은 행정처분 이외의 나머지 행정작용을 대상으로 한다는 점에서 본질적인 차이점이 있다.

나. 법규상·조리상 신청권이 있는 자의 신청이 있을 것

거부처분 또는 부작위가 성립하기 위해서는 당사자의 신청이 있어야 한다. 그러나 그 신청은 법규상 또는 조리상 일정한 행정처분을 요구할 수 있는 자의 것이어야 한다. 그러한 신청권이 없는 자의 신청은 단지 행정청의 직권발동을 촉구하는 것에 지나지 않으므로 그에 대한 거부 또는 부작위에 대하여는 의무이행소송을 제기할 수 없다.

다. 기타 요건

그 밖에도 거부행위로 인한 의무이행소송에서는 거부처분이 존재하여야 하고, 부작위로 인한 의무이행소송의 경우에는 ① 상당한 기간의 경과, ② 처분의 부존재 등의 요건을 아울러 갖추어야 한다.

3. 제소기간

(1) 행정청의 거부행위로 인한 의무이행소송은 거부행위 있음을 안 날로부터 90일 이내에, 거부행위가 있은 날로부터 1년 이내에 제기하여야 한다(개정안 제49조 제1항, 제21조).

(2) 행정청의 부작위로 인한 의무이행소송은 법령에 행정행위의 기간이 정하여져 있는 경우에는 그 기간이 지나기 전에는 제기할 수 없고, 법령에 행정행위의 기간이 정하여져 있지 아니한 경우에는 행정행위를 신청한 날로부터 90일이 지난 뒤에 제기할 수 있다(개정안 제49조 제2항). 다만 다른 행정청의 협력을 구하기 위하여 상당한 기간이 필요한 경우 등과 같이 부작위에 정당한 이유가 있는 경우에는 법원은 당사자의 신청에 의하여 결정으로 상당한 기간 소송절차를 중지하도록 명할 수 있고, 이 기간은 연장될 수 있다(개정안 제49조 제3항). 원고가 구하는 행정처분이 그 기간 이내에 발하여지면 법원은 본안사건이 종결된 것으로 선언하여야 한다.

4. 판결의 내용

가. 인용판결

법원은 원칙적으로 원고의 신청을 허용하기 위한 모든 요건을 검토하여 그 요건 충족 여부를 심사한다. 그리하여 당사자의 신청에 따른 행정행위를 할 의무가 있음이 명백하고 그 의무를 이행하도록 하는 것이 상당하다고 인정하는 경우에 법원은 행정청이 그 행정행위를 하도록 선고한다(개정안 제51조 제1호). 한편 새로운 행정처분을 할 의무를 부담하는 것은 논리필연적으로 종래의 거부처분의 취소를 전제로 하는 것이므로 행정청에 대하여 행정처분을 할 의무를 부담시키는 이외에 따로 거부처분의 취소는 불필요하다고 할 것이다. 그러나 개정안은 법적 명료성을 기하기 위하여 거부행위에 대하여도 이를 함께 취소하도록 하고 있다(개정안 제51조 본문). 따라서 원고가 2003. 4. 1. 건축허가를 신청하고, 피고가 2003. 5. 1. 위 신청에 대한 거부처분을 하였다고 했을 경우에 인용판결의 주문을 예시하면 “피고가 2003. 5. 1. 원고에 대하여 한 건축허가거부처분을 취소한다. 피고는 2003. 4. 1.자 원고의 건축신청을 허가할 의무를 부담한다.”라는 형식이 될 것이다.

나. 지침판결

의무이행소송이 제기된 경우 원고의 신청이 인정될 만큼 모든 요건이 심리되어 긍정되는 경우에는 위와 같은 인용판결이 선고된다. 그러나 심리된 범위 내에서는 모든 요건이 충족된 것으로 인정되나 아직 행정청에 의한 재량행사의 여지가 남아 있는 경우와 같이 일부 판단이 불가피하게 행정청에게 유보될 수밖에 없는 경우에는 지침판결이 선고되게 된다.[199] 위와 같이 심리하여 본 결과 행정처에 의한 재량행사의 여지가 남아 있어 지침판결의 대상이 된다고 판단하면 법원은 의무이행소송을 구하는 청구를 지침판결을 구하는 것으로 변경하도록 석명권을 행사하여야 하며, 이러한 법원의 촉구에도 불구하고 원고가 의무이행판결을 하여줄 것만을 고집할 경우에는 원고의 청구를 기각할 수밖에 없다.

5. 판결의 효력

가. 기속력

행정청에게 당사자의 신청에 따른 행정행위를 하도록 선고하거나(인용판결), 또는 판

199) 지침판결의 주문을 예시하면 “피고가 2003. 5. 1. 원고에 대하여 한 건축허가거부처분을 취소한다. 피고는 2003. 4. 1.자 원고의 건축허가신청에 관하여 이 법원의 법적 견해를 존중하여 새로이 판단할 의무를 부담한다.”가 될 것이다.

결의 취지에 따라 행정행위를 하도록 선고한 확정판결(지침판결)은 그 사건에 관하여 당사자인 행정청과 그 밖의 관계행정청을 기속한다(개정안 제52조).

나. 간접강제

행정청이 제51조의 확정판결에 의한 행정행위를 하지 아니하는 때에는 제1심 수소법원은 당사자의 신청에 따라 결정으로 간접강제를 명한다. 그 결정에는 상당한 이행기간을 정하고, 행정청이 그 기간 이내에 이행을 하지 아니하는 때에는 늦어진 기간에 따라 일정한 배상을 하도록 명하거나 즉시 손해배상을 하도록 명할 수 있다(개정안 제53조 제1항).

[제44회 사법시험 문제] 甲은 건축법령상 고도제한으로 자기 소유의 대지상에 2층 건물밖에 지을 수 없다는 것을 알고 사위(詐僞)의 방법으로 고도기준선을 낮춰 잡아 관할 행정청에 3층 건물에 대한 건축허가를 신청하였다. 이에 위 대지의 바로 북쪽에 가옥을 소유하고 있는 乙은 위 건물이 완공될 경우 일조권이 침해되므로 위 건물에 대한 건축허가와 공사를 막고자 한다. 乙이 그 구제방법으로 생각할 수 있는 항고소송에는 어떤 것이 있으며 그러한 항고소송이 현행법상 허용되는지 여부를 아래 단계별로 논하시오. (50점)

가. 건축허가가 나오기 전 단계
나. 甲이 신청한 대로 건축허가가 나온 단계
다. 甲이 신청한 대로 건축허가가 나와 그에 따라 건축공사가 완료된 단계

제5관 예방적 부작위청구소송

Ⅰ. 현행법의 해석상 예방적 부작위소송의 가능 여부

예방적 부작위소송은 장래 행정청이 일정한 처분을 할 것이 명백한 경우에 그 처분을 하지 않을 것(부작위)을 구하는 내용의 소송을 말한다. 현행법상 그 허용 여부에 대하여는 다음과 같은 학설이 있다.

1. 부정설

부정설의 논거는 다음과 같다. 이 견해가 판례의 입장이기도 하다(대법원 1987. 3. 24. 선고 86누182 판결).

첫째, 현행 행정소송법은 행정소송의 유형을 열거하고 있으므로 법정된 항고소송 이외의 소송은 원칙적으로 인정되지 않는다.

둘째, 현행법상 법정된 소송에 의해서도 침해된 권익의 구제가 불가능하지 않다. 즉, 공권력 행사를 기다려 당해 공권력 행사에 의해 권익이 침해된 경우에 위법한 공권력 행사의 취소를 구하는 소송을 제기하면 침해된 권익을 구제받을 수 있다.

셋째, 예방적 부작위소송은 권력분립제도 하에서 사법권의 한계를 넘는 것이므로 인정될 수 없다고 한다. 보다 정확히 말하면 예방적 부작위소송은 침익적인 공권력 행사가 행하여지기 전에 공권력 행사를 막는 소송으로서 행정의 1차적 판단권이 행하여지지 않은 상태에서 행하여지는 사전적 통제제도이기 때문에 권력분립주의 내지 사법권의 본질에 반한다고 한다.

2. 긍정설

긍정설의 논거는 다음과 같다.

첫째, 현행 행정소송법 제4조의 항고소송의 종류에 관한 규정은 예시적인 규정이지 항고소송의 종류를 제한적으로 열거한 것이 아니다.

둘째, 공권력의 행사 중에는 행정강제와 같이 즉시에 완결되어 버리는 행위가 적지 않고 이 경우 사후의 취소소송을 통해서는 그 구제의 실효성이 없다.

셋째, 특정의 권익침해가 예상되고 있는 경우에 있어서도 권익침해를 기다려서 침해된 권익을 구제받는 취소소송보다는 권익의 침해를 미리 막는 예방적 부작위소송이 보다 국민의 권익구제에 적절한 소송제도이다.

3. 평 가

어떤 종류의 소송을, 어느 범위까지 허용할 것인지는 결국 입법정책으로 결정할 문제이다. 따라서 현행법에 명시되지 아니한 소송유형을 해석에 의하여 인정할 수는 없다고 생각된다. 판례도 예방적 부작위청구소송에 대하여는 부정적인 입장을 취하고 있다(대법원 2006. 5. 25. 선고 2003두11988 판결).

판례

행정소송법상 행정청이 일정한 처분을 하지 못하도록 그 부작위를 구하는 청구는 허용되지 않는 부적법한 소송이다(대법원 2006. 5. 25. 선고 2003두11988 판결).

II. 행정소송법 개정안의 예방적 금지소송

1. 의 의

현재 논의 중인 행정소송법 개정안에서는 예방적 금지소송을 명시적으로 도입하고 있다. 즉 개정안은 행정청이 장래에 일정한 행정행위를 할 것이 임박한 경우에 그 행정행위를 금지하는 소송을 예방적 금지소송이라고 규정하고 있다(개정안 제4조 제4호). 따라서 예방적 금지소송이 허용 여부에 대한 학설 논의는 이제 더 이상 불필요하게 되었다.

2. 예방적 금지소송의 요건

가. 긴급성

행정청이 장래에 일정한 행정행위를 할 것이 임박한 경우에만 가능하다.

나. 법적으로 정당한 이익이 있는 자의 신청이 있을 것

행정행위의 금지를 구할 법적으로 정당한 이익이 있는 자만이 예방적 금지청구를 소구할 수 있다. 이는 취소소송의 원고적격과 동일하다.

다. 보충성

사후에 그 행정행위의 효력을 다투는 방법(취소소송과 집행정지)으로는 회복하기 어려운 손해를 입을 우려가 있을 경우여야 한다. 이와 같이 보충성의 요건을 엄격히 요구하는 것은 남소를 예방하고 아울러 행정권한에 대한 침해를 최소화하기 위한 것이다.

3. 판결의 내용

법원은 행정청의 장래의 행정행위가 위법하고, 그 행정행위를 하지 않도록 하는 것이 상당하다고 인정하는 때에는 행정청에게 그 행정행위를 하지 않도록 선고한다(개정안 제57조). 문제되는 장래의 행정행위가 위법하다고 하여 바로 금지판결을 선고할 수 있는 것이 아니고, 그 상당성이 인정될 경우에 한하여 금지판결이 가능하다. 이는 상당성의 관점에서 행정청의 권한이 존중될 수 있는 여지를 남겨두기 위한 것이다.

4. 판결의 효력

가. 기속력

행정청에게 당사자의 신청에 따른 금지명령을 선고한 확정판결은 그 사건에 관하여 당사자인 행정청과 그 밖의 관계행정청을 기속한다(개정안 제58조, 제52조).

나. 간접강제

행정청이 제57조의 확정판결에 의한 금지명령에 위반할 때에는 제1심 수소법원은 당사자의 신청에 따라 결정으로 간접강제를 명한다(개정안 제58조, 제53조 제1항).

제4절 항고소송 이외의 행정소송

제1관 개 설

항고소송 이외의 행정소송으로는 당사자소송(행정소송법 제3조 제2호), 민중소송(행정소송법 제3조 제3호), 기관소송(행정소송법 제3조 제4호)이 있다. 이하 위 소송형식에 대하여 살펴보기로 한다.

제2관 당사자소송

Ⅰ. 의 의

당사자소송은 행정청의 처분 등을 원인으로 하는 법률관계에 관한 소송, 그 밖에 공법상의 법률관계에 관한 소송으로서 그 법률관계의 한쪽 당사자를 피고로 하는 소송이다(행정소송법 제3조 제2호).

당사자소송에서는 행정청의 처분 등을 원인으로 하더라도 처분 자체가 소송의 대상이 아니라 그로 인한 법률관계가 소송의 대상이 되고, 처분 등을 행한 행정청이 아닌 그 법률관계의 권리주체인 한쪽 당사자를 피고로 하는 점에서 항고소송과 다르다. 또한 당사자소송은 공법상의 법률관계를 소송의 대상으로 하는 점에서 사법상의 법률관계를 소송의 대상으로 하는 민사소송과도 다르다.

II. 다른 소송과의 관계

1. 취소소송과의 관계

가. 취소소송과 당사자소송의 구별

계쟁행위가 공권력의 행사에 해당하는 경우, 즉 행정처분성을 인정할 수 있는 경우에 이는 취소소송의 대상이 된다. 반면에 계쟁행위가 비권력적인 공행정작용인 경우 그에 기한 법률관계는 당사자소송의 대상이 된다.

한편 각종 공법상의 금전급부가 거부된 경우에 이를 항고소송으로 다투어야 하는지 아니면 당사자 소송으로 다투어야 하는지 애매한 경우가 적지 않다. 문제된 권리의 존부 및 범위가 법령에 규정되어 있지만 행정청의 결정에 의하여 비로소 당해 권리가 창설되거나 그 범위가 구체적으로 확정된다고 보는 경우에는 그 지급 여부의 결정에 대하여 취소소송을 제기하여야 할 것이다. 반면에 권리의 존부 및 범위가 법령 등에 의하여 바로 구체적으로 명확하게 확정되어 있어 금전지급 여부의 결정이 단순한 사실행위에 불과하다고 보는 경우에는 당사자소송을 제기하여야 한다.[200]

하지만 구체적인 경우에 있어 취소소송과 당사자소송 중 어느 방식을 취하여야 할 것인지의 판단이 쉬운 것만은 아니다. 이는 결국 개별 법률규정의 해석을 통하여 해결할 수밖에 없는 문제이다. 판례는 i) 법령상 행정청의 결정에 대한 불복절차(이의신청 또는 행정심판)가 규정되어 있는 경우, ii) 급부청구권의 요건사실에 관하여 행정청의 조사·확인이 필요하거나 급부액의 인정에 있어 행정청에게 재량판단의 여지가 있는 경우에는 이를 원칙적으로 취소소송의 대상으로 보고 있다(대법원 2020. 10. 15. 선고 2020다222382 판결 참고).

나. 소송의 우선순위

행정처분은 일단 행하여지면 비록 거기에 하자가 있다고 하더라도 그 하자가 중대·명백하여 당연무효가 아닌 이상, 권한 있는 기관에 의하여 취소되기 전까지는 일단 유효한 것으로 취급된다(공정력). 따라서 행정처분에 취소사유인 하자가 있는 경우, 처분취소소송 이외의 방법으로 그 효력을 부인할 수는 없다. 그러므로 파면처분을 당한 공무원은

200) 박균성, 행정법론(상)(제10판), 2011, 1096면.

그 처분에 비록 흠이 있더라도 무효사유가 아닌 취소사유에 해당하는 흠인 경우 파면처분 취소소송을 제기하여야 하고, 바로 당사자소송으로 공무원지위확인소송을 제기할 수 없다. 위법한 과세처분에 의하여 세금을 납부한 자도 그 과세처분이 당연무효가 아닌 이상, 과세처분 취소소송을 제기하여야 하고, 취소소송을 제기함이 없이 납부한 세금의 반환을 구하는 소송을 제기할 경우 기각될 수밖에 없다.

다만 후술하는 바와 같이 형식적 당사자소송이 허용되는 예외적인 경우에는, 공정력 있는 처분을 그대로 둔 채 당해 처분으로 인하여 형성된 법률관계를 직접 다투는 소송을 제기할 수도 있다.

2. 무효확인소송과의 관계

처분이 무효인 경우는 이른바 공정력이 없고 누구나 어떠한 방법으로나 그 효력을 부인할 수 있는 것이므로, 예를 들면 공무원 파면처분이 무효인 경우 항고소송으로서의 파면처분무효확인의 소가 가능할 뿐만 아니라 당사자소송으로서 그 파면처분이 무효임을 전제로 한 공무원지위확인소송도 가능하고, 과세처분이 무효이면 항고소송으로서 과세처분무효확인의 소와 당사자소송으로서의 조세채무부존재확인의 소도 가능하다고 보아야 한다.

3. 민사소송과의 관계

당사자소송은 공법상의 법률관계를 대상으로 한다는 점에서 사법관계를 대상으로 하는 민사소송과 구분된다.

그러나 무엇을 기준으로 공법관계와 사법관계를 구분할 것인지에 관하여는, 첫째로 소송물을 기준으로 그것이 공법상의 권리이면 행정사건이고 사법상의 권리이면 민사사건이라는 견해가 있다(소송물 기준설). 이 견해에 따르면 공무원의 지위확인소송 등은 행정사건이지만, 소유권확인이나 부당이득반환청구사건은 그 전제가 되는 법률관계가 공법관계인지 여부를 묻지 않고 민사사건에 해당하게 된다. 둘째로 소송물의 전제가 되는 법률관계를 기준으로 양자를 구분하는 견해가 있다(원인된 법률관계 기준설). 이 견해에 따르면 동일한 소유권확인소송이라도 행정처분의 무효 등을 원인으로 할 때는 행정사건, 매매계약 무효를 원인으로 할 때는 민사사건에 해당하게 된다. 또한 동일한 부당이득반환청구소송이라도 과세처분 등의 무효를 원인으로 할 때는 행정사건, 민사상 계약의 무효를 원인으로 할 때는 민사소송이라고 보게 된다.

학자들은 대체로 후자의 견해를 지지하고 있으나, 판례는 전자의 입장에 서 있다고 할 수 있다.

Ⅲ. 당사자소송의 종류

1. 형식적 당사자소송

가. 의 의

행정청의 처분·재결 등이 원인이 되어 형성된 법률관계에 다툼이 있는 경우 그 원인이 되는 처분·재결 등의 효력을 직접 다투는 것이 아니고, 처분 등의 결과로서 형성된 법률관계에 대하여, 그 법률관계의 한쪽 당사자를 피고로 하여 제기하는 소송을 말한다.[201) 즉 소송형태상으로는 당사자소송의 형식을 취하고 있지만 실질적으로는 처분 등의 효력을 다투는 항고소송의 성질을 가지는 소송을 말한다.

나. 필요성

형식적 당사자소송은 처분 등을 원인으로 하는 법률관계의 내용(예: 토지수용위원회의 재결에 의해 결정된 보상액)에 대하여 불복하는 소송인데, 만일 형식적 당사자소송이 인정되지 않으면 먼저 항고소송으로 처분의 효력을 다투어야 하고, 그 소송의 결과(예: 취소판결)에 따라 처분청의 새로운 처분(예: 새로운 보상액의 결정)이 있어야 권리구제가 실현된다. 그런데 만일 새로운 처분에 의해 형성된 새로운 법률관계 역시 불복한 자에게 만족을 주지 못하면 다시 그 새로운 처분의 효력을 다투는 항고소송을 제기하여야 하므로 권리구제가 지체되고 무용한 소송의 반복을 가져오는 결과가 되기 쉽다. 따라서 권리구제의 실효성을 제고하고 소송경제를 확보하기 위하여 일정한 처분 등을 원인으로 하는 법률관계의 내용에 불복하는 때에는 직접 그 법률관계의 내용을 다투고 수소법원이 직접 그 법률관계의 내용을 시정하도록 하는 소송을 인정할 필요가 있는 것이다. 형식적 당사자소송은 바로 이러한 소송경제의 필요성에 부응하기 위하여 인정되는 소송형식이다.[202)]

---

201) 김남진·김연태, 행정법 I (제10판), 2006, 757면.

202) 이상규, 신행정법론(상), 1997, 803-804면.

다. 근 거

개별 법률의 규정 없이 행정소송법 제3조 제2호에만 근거하여 바로 형식적 당사자소송을 제기할 수 있는가에 대하여는 다음과 같이 견해가 나누인다.

(1) 긍정설: 이 견해는 ① 행정소송법이 "민중소송 및 기관소송은 법률이 정한 경우에 법률에 정한 자에 한하여 제기할 수 있다"라고 한 동법 제45조와 같은 제한을 당사자소송에 대하여는 두지 아니하였다는 점, ② 공정력은 행정행위에 본질적으로 내재하는 것이 아니라 실정법에 근거하는 것이므로, 공정력 있는 처분을 그대로 둔 채 당해 처분을 원인으로 하는 법률관계를 다투는 소송을 행정소송법 제3조 제2호에 따라 일반적으로 인정하더라도 그것이 곧 공정력에 반하는 것으로는 보기 어렵다는 점 등을 근거로 한다.[203)]

(2) 부정설: ① 원인이 되는 처분 등은 그대로 둔 채 당해 처분의 결과로서 형성된 법률관계에 관하여 소송을 제기하여, 그에 대하여 법원이 심리·판단한다는 것은 행정행위의 공정력 및 구성요건적 효력에 반한다는 점,[204)] ② 개별법의 규정이 없으면 형식적 당사자소송의 원고·피고의 적격성, 소송제기기간 등 소송요건이 불분명하여 현실적으로 소송을 진행하기 어렵다는 점[205)] 등을 논거로 한다. 달리 말하면 행정소송법 제3조 제2호에 따라 형식적 당사자소송의 유형 자체는 인정하고 있지만, 형식적 당사자소송이 실제로 인정되기 위해서는 개별법상의 명시적 규정이 있어야 한다는 것이 부정설의 입장이다.

라. 개별법상의 근거규정

(1) 공익사업법: 공익사업을 위한 토지 등의 취득 및 보상에 관한 법률 제85조 제2항에 의하여 보상금의 증감을 구하는 소송을 제기하는 경우, 이는 형식적 당사자소송이라고 보는 견해가 일반적이다.

(2) 특허법: 특허법 제133조 제1항 등의 규정에 의한 특허의 무효심판 등에 대한 소 제기에 있어서는 그 청구인 또는 피청구인을 피고로 하여야 한다(특허법 제187조).

보상금 또는 대가에 관한 불복의 소에 있어서는 보상금을 지급할 관서 또는 출원인 등을 피고로 하여야 한다(특허법 제191조).

---

203) 위의 책, 804-805면.

204) 김남진·김연태, 앞의 책, 758면.

205) 홍정선, 행정법원론(상)(제19판), 2011, 1062면.

2. 실질적 당사자소송

가. 공법상 신분·지위 등의 확인소송

공무원이나 공립학교 학생의 신분이 있음의 확인을 구하는 소가 당사자소송에 속함은 이론이 없다.

다만, 면직처분이나 제적처분 등 처분의 효력(유효·무효) 여하에 따라 지위의 유무가 결정되는 때는, 당사자소송의 형식이 아니라 처분무효확인이라는 항고소송의 형식으로 바라는 목적을 달성할 수 있으므로, 당사자소송으로서의 지위확인의 소가 자주 이용되지는 않는다.

그러나 정년에 해당되었는지 여부에 관한 다툼이 있는 경우와 같이 처분이 개재되어 있지 아니한 때에는 당사자소송으로서의 지위확인의 소를 제기할 수밖에 없다.

또한, 공무원이 재직 중 임용결격사유의 하나(국가공무원법 제33조 제5호는 제외)에 해당하게 되면 당연히 퇴직한다(국가공무원법 제69조), 이때 당연퇴직의 인사발령은 행정처분이 아니고 단순한 관념의 통지에 불과하므로 취소소송의 대상이 되지 않는다(대법원 1995. 11. 14. 선고 95누2036 판결). 따라서 당연퇴직을 다투기 위해서는 공무원 지위의 확인을 구하는 공법상 당사자소송을 제기하여야 한다.

나. 각종 공법상의 급부청구

(1) 원칙: 행정청의 결정에 의해 급부가 확정되는 경우

산업재해보상보험법, 고용보험법, 공무원연금법, 군인연금법, 국가유공자등 예우 및 지원에 관한 법률 등 각종 사회보장관계법률은 각 급부를 받기 위하여는 당사자의 신청과 이에 대한 행정청의 심사를 거친 인용결정에 의하도록 규정하고 있어, 법령의 요건에 해당하는 것만으로 바로 구체적 청구권이 발생하는 것이 아니라 행정청의 인용결정에 의하여 비로소 구체적 청구권이 발생하는 것으로 되어 있다. 그러므로 이러한 경우에는 법령이 규정한 요건에 해당하여 급부를 받을 권리가 있는 자라 할지라도 행정청의 인용결정 없이 곧바로 급부청구를 하는 것은 허용되지 않는다. 이때 당사자의 신청에 대하여 행정청이 기각결정(거부결정)을 내린 경우에는, 그 결정의 취소를 구하는 항고소송을 제기하는 방법으로 구제를 받을 수밖에 없다. 공무원연금법상의 퇴직급여청구(대법원 1996. 12. 6. 선고 96누6417 판결 등), 의료보호법상의 보호비용청구(대법원 1999. 11. 26. 선고 97다42250 판결), 민주화운동관련자 명예회복 및 보상 등에 관한 법률에 따른 보상금지급청구(대법원 2008. 4.

17. 선고 2005두16185 전원합의체 판결), 특수임무수행자 보상에 관한 법률에 기한 보상금지급청구(대법원 2008. 12. 11. 선고 2008두6554 판결) 등이 그러한 경우의 예이다.

한편 위의 경우 행정청의 인용결정이 있었음에도 불구하고 급부가 이루어지지 않을 때에 그 급부를 청구하는 소는 당사자소송이 될 것이다(대법원 2010. 5. 27. 선고 2008두5636 판결 등).

판례

구 공무원연금법상 퇴직급여결정이 행정처분인지 여부(적극): 구 공무원연금법(1995. 12. 29. 법률 제5117호로 개정되기 전의 것) 제26조 제1항, 제80조 제1항, 공무원연금법시행령 제19조의2의 각 규정을 종합하면, 같은 법 소정의 급여는 급여를 받을 권리를 가진 자가 당해 공무원이 소속하였던 기관장의 확인을 얻어 신청하는 바에 따라 공무원연금관리공단이 그 지급결정을 함으로써 그 구체적인 권리가 발생하는 것이므로, 공무원연금관리공단의 급여에 관한 결정은 국민의 권리에 직접 영향을 미치는 것이어서 행정처분에 해당하고, 공무원연금관리공단의 급여결정에 불복하는 자는 공무원연금급여재심위원회의 심사결정을 거쳐 공무원연금관리공단의 급여결정을 대상으로 행정소송을 제기하여야 한다(대법원 1996. 12. 6. 선고 96누6417 판결).

의료보호법상 진료기관의 보호비용 청구에 대하여 보호기관이 심사 결과 지급을 거부한 경우, 진료기관의 구제 방법(=항고소송): 구 의료보호법(1995. 8. 4. 법률 제4974호로 개정되기 전의 것) 제1조, 제4조, 제6조, 제11조, 제21조, 같은법시행령(1997. 2. 19. 대통령령 제15279호로 개정되기 전의 것) 제17조 제1항, 제2항, 제21조, 같은법시행규칙(1997. 9. 1. 보건복지부령 제55호로 개정되기 전의 것) 제28조, 제29조에 따른 의료보호의 목적, 의료보호대상자의 선정절차, 기금의 성격과 조성방법 및 운용절차, 보호기관의 심사결정의 내용과 성격, 진료기관의 보호비용의 청구절차 등에 비추어 볼 때, 진료기관의 보호기관에 대한 진료비지급청구권은 계약 등의 법률관계에 의하여 발생하는 사법상의 권리가 아니라 법에 의하여 정책적으로 특별히 인정되는 공법상의 권리라고 할 것이고, 법령의 요건에 해당하는 것만으로 바로 구체적인 진료비지급청구권이 발생하는 것이 아니라 보호기관의 심사결정에 의하여 비로소 구체적인 청구권이 발생한다고 할 것이므로, 진료기관은 법령이 규정한 요건에 해당하여 진료비를 지급받을 추상적인 권리가 있다 하더라도 진료기관의 보호비용 청구에 대하여 보호기관이 심사 결과 지급을 거부한 경우에는 곧바로 민사소송은 물론 공법상 당사자소송으로도 지급 청구를 할 수는 없고, 지급거부 결정의 취소를 구하는 항고소송을 제기하는 방법으로 구제받을 수밖에 없다(대법원 1999. 11. 26. 선고 97다42250 판결).

'민주화운동관련자 명예회복 및 보상 심의위원회'의 보상금 등의 지급 대상자에 관한 결정이 행정처분인지 여부(적극) 및 '민주화운동관련자 명예회복 및 보상 등에 관한 법률'에 따른 보상금 등의 지급을 구하는 소송의 형태(=취소소송): '민주화운동관련자 명예회복 및 보상 등에 관한 법률' 제2조 제1호, 제2호 본문, 제4조, 제10조, 제11조, 제13조 규정들의 취지와 내용에 비추어 보면, 같은 법 제2조 제2호 각 목은 민주화운동과 관련한 피해 유형을 추상적으로 규정한 것에 불과하여 제2조 제1호에서 정의하고 있는 민주화운동의 내용을 함께 고려하더라도 그 규정들만으로는 바로 법상의 보상금 등의 지급 대상자가 확정된다고 볼 수 없고, '민주화운동관련자 명예회복 및 보상심의위원회'에서 심의·결정을 받아야만 비로소 보상금 등의 지급 대상자로 확정될 수 있다. 따라서 그와 같은 심의위원회의 결정은 국민의 권리의무에 직접 영향을 미치는 행정처분에 해당하므로, 관련자 등으로서 보상금 등을 지급받고자 하는 신청에 대하여 심의위원회가 관련자 해당 요건의 전부 또는 일부를 인정하지 아니하여 보상금 등의 지급을 기각하는 결정을 한 경우에는 신청인은 심의위원회를 상대로 그 결정의 취소를 구하는 소송을 제기하여 보상금 등의 지급대상자가 될 수 있다(대법원 2008. 4. 17. 선고 2005두16185 전원합의체 판결).

(2) 예외: 법령의 규정에 의해 급부가 확정되는 경우

위와 같은 통상의 경우와는 달리, 어떤 공법상의 급부청구권이 근거 법령상 행정청의 1차적 판단 없이 곧바로 구체적 청구권이 발생하는 것으로 해석된다면, 행정청의 인용결정을 기다릴 필요 없이 곧바로 당사자소송으로 이행을 구할 수 있다 할 것이다. 광주민주화운동관련자보상 등에 관한 법률에 기한 보상금청구(대법원 1992. 12. 24. 선고 92누3335 판결),[206] 석탄산업법에 의한 석탄가격안정지원금청구(1997. 5. 30. 선고 95다28960 판결), 부가가치세 법령의 규정에 의한 부가가치세 환급세액 지급청구(대법원 2013. 3. 21. 선고 2011다95564 전원합의체 판결), 행정청의 인정에 의하여 퇴직연금 등을 지급받아 오던 중 법령의 개정 등으로 일부 금액의 지급이 정지(감액)된 경우에 그 미지급 금액의 지급청구(대법원 2003. 9. 5. 선고 2002두3522 판결; 대법원 2004. 7. 8. 선고 2004두244 판결), 명예퇴직수당 지급대상자로 결정된 법관이 이미 수령한 명예퇴직수당액이 관계 법령에서 정한 정당한 수당액에 미치지 못한다고 주장하면서 요구하는 차액의 지급청구(대법원 2016. 5. 24. 선고 2013두14863 판결) 등이 그러한 예이다.

206) 과거 당사자소송 활용론이 강조되던 시기의 판례이다. 그러나 법원은 이후 이와 유사한 규정체계를 가진 '민주화운동관련자 명예회복 및 보상 등에 관한 법률'에 따른 보상금지급청구(대법원 2008. 4. 17. 선고 2005두16185 전원합의체 판결)에 있어서는 취소소송설을 취하고 있다.
법원이 위와 같이 항고소송 원칙론으로의 방향 전환을 한 이유는, 항고소송의 경우 처분의 위법 여부에 관해서만 심리·판단하는 것으로 족한데, 당사자소송의 경우 급여지급에 필요한 모든 요건사실에 관하여 심리한 후 구체적인 급여액수까지 일일이 산정하여야 하기 때문에 매우 번거롭고 심리의 부담이 가중된다는 점을 그 배경으로 보는 견해도 있다.

판례

부가가치세 환급세액 지급청구가 당사자소송의 대상인지 여부(적극): … 이와 같은 부가가치세법령의 내용, 형식 및 입법 취지 등에 비추어 보면, 납세의무자에 대한 국가의 부가가치세 환급세액 지급의무는 그 납세의무자로부터 어느 과세기간에 과다하게 거래징수된 세액 상당을 국가가 실제로 납부받았는지와 관계없이 부가가치세법령의 규정에 의하여 직접 발생하는 것으로서, 그 법적 성질은 정의와 공평의 관념에서 수익자와 손실자 사이의 재산상태 조정을 위해 인정되는 부당이득 반환의무가 아니라 부가가치세법령에 의하여 그 존부나 범위가 구체적으로 확정되고 조세 정책적 관점에서 특별히 인정되는 공법상 의무라고 봄이 타당하다. 그렇다면 납세의무자에 대한 국가의 부가가치세 환급세액 지급의무에 대응하는 국가에 대한 납세의무자의 부가가치세 환급세액 지급청구는 민사소송이 아니라 행정소송법 제3조 제2호에 규정된 당사자소송의 절차에 따라야 한다(대법원 2013. 3. 21. 선고 2011다95564 전원합의체 판결).

공무원연금관리공단이 공무원연금법령의 개정에 따라 퇴직연금 중 일부 금액에 대하여 지급거부의 의사표시를 한 경우, 그 의사표시가 항고소송의 대상이 되는 행정처분인지 여부(소극) 및 이 경우 미지급 퇴직연금의 지급을 구하는 소송의 성격(=공법상 당사자소송): 구 공무원연금법(2000. 12. 30. 법률 제6328호로 개정되기 전의 것) 소정의 퇴직연금 등의 급여는 급여를 받을 권리를 가진 자가 당해 공무원이 소속하였던 기관장의 확인을 얻어 신청하는 바에 따라 공무원연금관리공단이 그 지급결정을 함으로써 그 구체적인 권리가 발생하는 것이므로, 공무원연금관리공단의 급여에 관한 결정은 국민의 권리에 직접 영향을 미치는 것이어서 행정처분에 해당할 것이지만, 공무원연금관리공단의 인정에 의하여 퇴직연금을 지급받아 오던 중 구 공무원연금법령의 개정 등으로 퇴직연금 중 일부 금액의 지급이 정지된 경우에는 당연히 개정된 법령에 따라 퇴직연금이 확정되는 것이지 같은 법 제26조 제1항에 정해진 공무원연금관리공단의 퇴직연금 결정과 통지에 의하여 비로소 그 금액이 확정되는 것이 아니므로, 공무원연금관리공단이 퇴직연금 중 일부 금액에 대하여 지급거부의 의사표시를 하였다고 하더라도 그 의사표시는 퇴직연금 청구권을 형성·확정하는 행정처분이 아니라 공법상의 법률관계의 한쪽 당사자로서 그 지급의무의 존부 및 범위에 관하여 나름대로의 사실상·법률상 의견을 밝힌 것일 뿐이어서, 이를 행정처분이라고 볼 수는 없고, 이 경우 미지급퇴직연금에 대한 지급청구권은 공법상 권리로서 그의 지급을 구하는 소송은 공법상의 법률관계에 관한 소송인 공법상 당사자소송에 해당한다(대법원 2004. 7. 8. 선고 2004두244 판결).

다. 손실보상금 청구소송

현재 손실보상금의 결정절차 및 불복방법에 관하여는 통칙적인 규정이 없이 관계법률에서 개별적으로 정하고 있을 뿐이다.

① 공익사업을 위한 토지 등의 취득 및 보상에 관한 법률 제85조 제1항, 제2항에 규정

된 절차 및 방법에 의하여 보상금의 증감을 구하는 경우는 공법상 당사자소송으로 본다. 위 소송이 형식적 당사자소송에 해당함은 이미 살펴본 바와 같다.

② 하천구역에의 편입으로 인한 하천법상의 손실보상청구권은 공법상의 권리로서 그에 관한 쟁송은 행정소송법상의 당사자소송의 대상이 된다(대법원 2006. 5. 18. 선고 2004다6207 전원합의체 판결).

③ 사업주체인 행정청 또는 제3의 행정청(토지수용위원회 등)이 보상금액을 결정하도록 하면서, 그 불복방법에 대하여 특별한 규정이 없는 경우(예: 수산업법 제81조[207] 등)에 보상금액을 다투기 위해서는 행정청의 보상금결정처분에 대한 취소 또는 무효확인을 구하는 항고소송을 제기하여야 한다고 보는 것이 다수설이다.[208] 하지만 이 경우에는 공법상 당사자소송으로 보상금지급청구를 하는 것이 타당하다고 생각된다.

판례는 이 경우 민사소송으로 직접 손실보상금 지급청구를 하여야 한다고 보고 있다(대법원 1996. 7. 26. 선고 94누13848 판결 등).

판례

공익상의 필요에 의한 면허어업제한 등으로 인한 수산업법 제81조 소정의 손실보상청구권의 법적 성질(사권) 및 그 손실보상청구 소송이 민사소송인지 여부(적극): 내수면어업개발촉진법 제16조에 의하여 준용되는 수산업법 제81조 제1항 제1호는 같은 법 제34조 제1항 제1호 내지 제5호의 소정의 공익상 필요에 의한 사유로 인하여 면허어업을 제한하는 등의 처분을 받았거나 어업면허 유효기간의 연장이 허가되지 아니함으로써 손실을 입은 자는 행정관청에 대하여 보상을 청구할 수 있다고 규정하고 있는바, 이러한 어업면허에 대한 처분 등이 행정처분에 해당된다 하여도 이로 인한 손실은 사법상의 권리인 어업권에 대한 손실을 본질적 내용으로 하고 있는 것으로서 그 보상청구권은 공법상의 권리가 아니라 사법상의 권리이고, 따라서 같은 법 제81조 제1항 제1호 소정의 요건에 해당한다고 하여 보상을 청구하려는 자는 행정관청이 그 보상청구를 거부하거나 보상금액을 결정한 경우라도 이에 대한 행정소송을 제기할 것이 아니라 면허어업에 대한 처분을 한 행정관청(또는 그 처분을 요청한 행정관청)이 속한 권리주체인 지방자치단체 또는 국가를 상대로 민사소송으로 직접 손실보상금 지급청구를 하여야 한다(대법원 1996. 7. 26. 선고 94누13848 판결):

---

207) 수산업법 제81조(보상) ① 다음 각 호의 어느 하나에 해당하는 처분으로 인하여 손실을 입은 자는 그 처분을 행한 행정관청에 보상을 청구할 수 있다.

1. 제34조 제1항 제1호부터 제6호까지 또는 제35조 제6호(제34조 제1항 제1호부터 제6호까지의 규정에 해당하는 경우를 말한다)에 해당하는 사유로 인하여 이 법에 따른 면허·허가를 받거나 신고한 어업에 대하여 제한 등의 처분을 받았거나 제14조에 따른 어업면허의 유효기간 연장이 허가되지 아니한 경우. …(이하 생략)

208) 법원행정처, 법원실무제요 행정(전정증보), 1997, 122면; 박균성, 행정법론(상)(제10판), 2011, 1104면; 김남진·김연태, 행정법 I (제22판), 2018, 663면.

<해설> 공익사업을 위한 토지 등의 취득 및 보상에 관한 법률에 근거하여 토지 등을 수용하는 경우 이로 인한 손실은 사법상의 권리인 재산권에 대한 손실을 본질적 내용으로 하고 있는바, 그 경우에도 보상청구권을 공법상의 권리로 보고 아울러 공법상 당사자소송으로 보상금지급청구를 하도록 하고 있는 점에 비추어 보건대 위 판례의 태도는 부당하다.

④ 법령에서 전심절차를 거쳐 보상금지급청구의 소를 제기하도록 되어 있는 경우(예: 징발법 제19조, 제24조의2 등)에는 전심절차를 거친 후 보상금지급 청구소송을 제기한다.

⑤ 법령에서 공공필요에 의한 재산권의 침해 및 그에 대한 보상의무에 대하여서만 규정하고, 보상금결정방법 및 불복절차에 관하여 아무런 규정을 두지 않은 경우(예: 소방기본법 제25조 제4항)에는 곧바로 보상금지급 청구소송을 제기할 수 있다. 이는 유추적용설에 의하여 손실보상청구권을 행사하는 경우라고 할 수 있다.

④와 ⑤의 경우 보상금지급 청구권의 성질에 관하여 다수의 학자들은 공법상의 권리로 이해하여 그 소송을 당사자소송으로 보고 있으나, 판례는 일관하여 그 권리를 사법상의 권리로 보고 민사소송으로 다루고 있다(대법원 1969. 6. 10. 선고 68다2389 판결; 대법원 2014. 5. 29. 선고 2013두12478 판결 등).

라. 처분 등으로 형성된 법률관계를 다투는 소송

과세처분무효를 전제로 한 조세채무부존재확인소송 등처럼 처분으로 형성된 법률관계 그 자체를 다투는 소송이 당사자소송에 속함은 대체로 견해가 일치되어 있다. 소송물을 기준으로 하더라도 이 경우 소송물은 납세의무의 존부라는 공법상의 법률관계 그 자체이기 때문이다. 판례도 "납세의무부존재확인의 소는 공법상의 법률관계 그 자체를 다투는 소송으로서 당사자소송이라 할 것이므로 행정소송법 제3조 제2호, 제39조에 의하여 그 법률관계의 한쪽 당사자인 국가·공공단체 그 밖의 권리주체가 피고적격을 가진다"(대법원 2000. 9. 8. 선고 99두2765 판결)고 하여 동일한 입장이다.

그러나 처분 등을 기초로 하면서도 처분으로 형성된 법률관계 그 자체가 아닌 다른 법률관계를 다투는 소송, 예를 들면 과세처분의 무효를 전제로 이미 납부한 세금의 반환을 청구하는 소송 등이 당사자소송에 속하는지에 관하여는 견해가 나누어져 있다. 다수의 학자들은 행정소송법 제3조 제2호 전단의 "행정청의 처분 등을 원인으로 하는 법률관계에 관한 소송"에 속하는 것으로 보아 전형적인 당사자소송으로 이해하는데 반하여, 판례는 이를 민사상의 부당이득반환청구로서 민사소송의 절차에 따라야 한다고 보고 있다(대법원 1995.4.28. 선고 94다55019 판결).

한편 국가배상청구소송에 관하여도 이를 당사자소송으로 보는 견해가 행정법 학자들 간의 다수설이나, 판례는 이를 민사사건으로 다루고 있다(대법원 1972. 10. 10. 선고 69다701 판결).

마. 공법상 계약에 관한 소송

(1) 원 칙

공법상 계약이란 공법적 효과의 발생을 목적으로 하여 대등한 당사자 사이의 의사표시의 합치로 성립하는 공법행위를 말한다. 공법상 계약의 한쪽 당사자가 다른 당사자를 상대로 효력을 다투거나 이행을 청구하는 소송은 공법상의 법률관계에 관한 분쟁이므로 특별한 사정이 없는 한 공법상 당사자소송으로 제기하여야 한다(대법원 2021. 2. 4. 선고 2019다277133 판결).

지방자치단체와 그 소속 지방공무원 사이의 근무관계는 사법상의 근로계약관계가 아니라 공법상의 근무관계에 해당되고, 그 근무관계의 주요한 내용 중 하나인 보수에 관한 법률관계는 공법상의 법률관계라고 보아야 한다. 아울러 관계 법령의 규정을 종합하여 보면 지방공무원의 초과근무수당 지급청구권은 법령에 규정된 지급요건에 해당하는 경우에는 곧바로 발생한다고 할 것이므로, 그 지급을 구하는 소송은 행정소송법상 당사자소송의 절차에 따라야 한다(대법원 2013. 3. 28. 선고 2012다102629 판결).

(2) 공법상 계약의 일방적인 종료의 경우

(가) 의 의

행정청이 당사자와 사이에 대등한 지위에서 형성한 법률관계(공법상 계약 등)를 일방적인 의사표시로 종료시키는 경우에는, 행정청의 그 의사표시가 공권력의 행사로서 처분적 성격을 갖는지, 아니면 계약관계의 한쪽 당사자로서 대등한 지위에서 행하는 의사표시의 성격을 갖는지에 따라 소송형태가 달라지게 되는데, 전자는 항고소송의 대상이 되고 후자는 당사자소송의 대상이 된다.

행정청이 자신과 상대방 사이의 법률관계를 일방적인 의사표시로 종료시켰다고 하더라도 곧바로 의사표시가 행정청으로서 공권력을 행사하여 행하는 행정처분이라고 단정할 수는 없고, 관계 법령이 상대방의 법률관계에 관하여 구체적으로 어떻게 규정하고 있는지에 따라 의사표시가 항고소송의 대상이 되는 행정처분에 해당하는지 아니면 공법상 계약관계의 일방 당사자로서 대등한 지위에서 행하는 의사표시인지를 개별적으로 판단하여야 한다(대법원 2015. 8. 27. 선고 2015두41449 판결 등). 법률관계의 종료에 따른 불이익이 관계 법령에서 규정되어 있다면 그 종료에 관한 행정청의 의사표시를 행정처분으로 볼 여지가 크나, 그 불이익이 당사자 상호 간의 계약 등에서 정한 것에 불과하다면 그 종료에 관한 행정청의 의사표시를 행정처분으로 보기는 어려울 것이다.[209)]

(나) 당사자소송으로 본 경우

국가·지방자치단체와의 채용계약에 의하여 일정한 기간 전문지식이 요구되는 업무에 종사하는 공무원인 계약직공무원(구 국가공무원법 제2조 제3항 제3호)의 임명행위는 공법상 계약에 해당한다. 그런데 계약직공무원에 관한 법령의 규정에 비추어 볼 때, 계약직공무원 채용계약해지의 의사표시는 일반공무원에 대한 징계처분과는 달라서 항고소송의 대상이 되는 처분 등의 성격을 가진 것으로 인정되지 아니하고, 일정한 사유가 있을 때에 국가 또는 지방자치단체가 채용계약 관계의 한쪽 당사자로서 대등한 지위에서 행하는 의사표시로 취급되는 것으로 이해되므로, 위 공무원이 위 일방적 채용계약 해지통고의 효력을 다투는 방법은 채용계약 해지의 의사표시에 대한 무효확인을 구하거나 공법상지위확인을 구하는 당사자소송에 의하여야 한다(대법원 1993. 9. 14. 선고 92누4611 판결; 대법원 2002. 11. 26. 선고 2002두5948 판결 등). 판례는 전문직공무원인 공중보건의사 채용계약 해지의 의사표시(대법원 1996. 5. 31. 선고 95누10617 판결), 광주광역시문화예술회관장의 시립합창단원에 대한 재위촉 거부(대법원 2001. 12. 11. 선고 2001두7794 판결) 등도 위와 마찬가지의 이유로 당사자소송의 대상이 된다고 보고 있다.

또한 대법원은 중소기업기술정보진흥원장이 갑 주식회사와 중소기업 정보화지원사업 지원대상인 사업의 지원에 관한 협약을 체결하였는데, 협약이 갑 회사에 책임이 있는 사업실패로 해지되었다는 이유로 협약에서 정한 대로 지급받은 정부지원금을 반환할 것을 통보한 사안에서, 위 지원금 환수에 관한 구체적인 법령상 근거가 없으며, 단지 협약이 정한 바에 따라 해지의 효과가 정해질 뿐 달리 협약 해지의 효과 또는 이에 수반되는 행정상 제재 등에 관하여 관련 법령에 아무런 규정을 두고 있지 아니한 점 등을 이유로 위 협약의 해지 및 그에 따른 환수통보는 행정처분에 해당하지 않으므로 공법상 당사자소송으로 이를 다투어야 한다고 보았다(대법원 2015. 8. 27. 선고 2015두41449 판결).

---

209) 사법연수원, 법원실무제요 행정[I], 2024, 299면.

(다) 항고소송의 대상으로 본 경우

대법원은 관계 법령에 해지통보에 수반되는 법적 의무 및 그 의무를 불이행한 경우의 형사적 내지 행정적 제재 등이 규정되어 있음을 이유로 i) 산업단지 관리업무를 위탁받은 산업단지공단이 산업집적활성화 및 공장설립에 관한 법률 제42조 제1항에 근거하여 행한 산업단지 입주계약의 해지통보(대법원 2011. 6. 30. 선고 2010두23859 판결), ii) 재단법인 한국연구재단이 연구개발비의 부당집행을 이유로 갑 대학교 총장에게 행한 두뇌한국(BK)21 사업 협약의 해지통보(대법원 2014. 12. 11. 선고 2012두28704 판결), iii) 한국환경산업기술원장이 환경기술개발사업 협약을 체결한 갑 주식회사 등에게 연차평가 실시 결과 절대평가 60점 미만으로 평가되었다는 이유로 행한 연구개발 중단 조치 및 연구비 집행중지 조치(대법원 2015. 12. 24. 선고 2015두264 판결) 등은 모두 항고소송의 대상이 되는 것으로 보았다.

바. 공법상 합동행위에 관한 소송: 공공조합을 상대로 조합 총회결의의 효력 등을 다투는 소송

공법상 합동행위도 공법상 계약과 마찬가지로 공법상의 법률관계의 형성의 원인이 된다는 점에서는 차이가 없다. 공공조합의 총회결의는 공법상 합동행위로서 공법상 계약과 같이 비권력적 공행정작용에 해당된다. 따라서 조합원이 공공조합을 상대로 조합 총회결의의 효력 등을 다투는 소송은 당사자소송에 해당된다. 아울러 행정객체가 제기하는 당사자소송의 피고는 행정주체가 되어야 하므로, 이 경우 공공조합의 기관인 조합 총회가 아니라 행정주체인 공공조합이 피고가 되는 것이다.[210)]

판례

[1] **도시 및 주거환경정비법상의 주택재건축정비사업조합을 상대로 관리처분계획안 또는 사업시행계획안에 대한 조합 총회결의의 효력 등을 다투는 소송의 법적 성질(=행정소송법상 당사자소송)**: 도시 및 주거환경정비법에 따른 주택재건축정비사업조합은 관할 행정청의 감독 아래 위 법상의 주택재건축사업을 시행하는 공법인(위 법 제18조)으로서, 그 목적 범위 내에서 법령이 정하는 바에 따라 일정한 행정작용을 행하는 행정주체의 지위를 갖는다. 따라서 행정주체인 재건축조합을 상대로 관리처분계획안에 대한 조합 총회결의의 효력 등을 다투는 소송은 행정처분에 이르는 절차적 요건의 존부나 효력 유무에 관한 소송으로서 그 소송결과에 따라 행정처분의 위법 여부에 직접 영향을 미치는 공법상 법률관계에 관한 것이므로, 이는 행정소송법상의 당사자소송에 해당하고, 재건축조합을 상대로 사업시행계획안에 대한 조합 총회결의의 효력 등을 다투는 소송 또한 행

210) 박균성, 앞의 책, 1106면.

정소송법상의 당사자소송에 해당한다.

[2] 도시 및 주거환경정비법상의 주택재건축정비사업조합을 상대로 관리처분계획안과 사업시행계획안에 대한 총회결의의 무효확인을 구하는 소를 민사소송으로 제기한 사안에서, 그 소는 행정소송법상 당사자소송에 해당하므로 행정법원에 전속관할이 있다고 한 사례(대법원 2009. 10. 15. 선고 2008다93001 판결).

[1] 도시 및 주거환경정비법상 행정주체인 주택재건축정비사업조합을 상대로 관리처분계획안에 대한 조합 총회결의의 효력 등을 다투는 소송은 행정처분에 이르는 절차적 요건의 존부나 효력 유무에 관한 소송으로서 그 소송결과에 따라 행정처분의 위법 여부에 직접 영향을 미치는 공법상 법률관계에 관한 것이므로, 이는 행정소송법상의 당사자소송에 해당한다.

[2] **도시 및 주거환경정비법상의 주택재건축정비사업조합이 같은 법 제48조에 따라 수립한 관리처분계획에 대하여 관할 행정청의 인가·고시가 있은 후에, 그 관리처분계획안에 대한 총회결의의 무효확인을 구할 수 있는지 여부(소극)**: 도시 및 주거환경정비법상 주택재건축정비사업조합이 같은 법 제48조에 따라 수립한 관리처분계획에 대하여 관할 행정청의 인가·고시까지 있게 되면 관리처분계획은 행정처분으로서 효력이 발생하게 되므로, 총회결의의 하자를 이유로 하여 행정처분의 효력을 다투는 항고소송의 방법으로 관리처분계획의 취소 또는 무효확인을 구하여야 하고, 그와 별도로 행정처분에 이르는 절차적 요건 중 하나에 불과한 총회결의 부분만을 따로 떼어내어 효력 유무를 다투는 확인의 소를 제기하는 것은 특별한 사정이 없는 한 허용되지 않는다: <해설> 판례는 관리처분계획에 대하여 관할 행정청의 인가·고시가 있은 후에는 관리처분계획안에 대한 조합 총회결의의 하자를 다투고자 하는 경우에도 항고소송의 방식으로 관리처분계획의 취소 또는 무효확인을 구하여야 하고, 그와 별도로 관리처분계획안에 대한 조합 총회결의 부분만을 따로 떼어내어 그 효력 등을 다투는 소송(조합총회결의무효확인소송)을 제기하는 것은 소의 이익(확인의 이익)이 없다고 본 경우이다. 다만 관리처분계획안에 대한 관할 행정청의 인가·고시가 있기 전에는 총회결의의 무효확인을 구하는 소송을 제기할 소의 이익(확인의 이익)이 있다.

[3] 도시 및 주거환경정비법상의 주택재건축정비사업조합을 상대로 관리처분계획안에 대한 총회결의의 무효확인을 구하는 소를 민사소송으로 제기한 사안에서, 그 소는 행정소송법상 당사자소송에 해당하므로 전속관할이 행정법원에 있다고 한 사례.

[4] 주택재건축정비사업조합의 관리처분계획에 대하여 그 관리처분계획안에 대한 총회결의의 무효확인을 구하는 소가 관할을 위반하여 민사소송으로 제기된 후에 관할 행정청의 인가·고시가 있었던 경우 따로 총회결의의 무효확인만을 구할 수는 없게 되었으나, 이송 후 행정법원의 허가를 얻어 관리처분계획에 대한 취소소송 등으로 변경될 수 있음을 고려하면, 그와 같은 사정만으로 이송 후 그 소가 부적법하게 되어 각하될 것이 명백한 경우에 해당한다고 보기 어려우므로, 위 소는 관할법원인 행정법원으로 이송함이 상당하다고 한 사례(대법원 2009. 9. 17. 선고 2007다2428 전원합의체 판결).

사. 기타: 공법상 의사의 진술을 구하는 경우

각종 의사의 진술을 구하는 경우도 그것이 공법상의 법률관계에 관한 것이라면 당사자소송에 해당된다.

판례

국토의 계획 및 이용에 관한 법률 제130조 제3항에서 정한 토지 소유자 등이 사업시행자의 일시 사용에 대하여 정당한 사유 없이 동의를 거부하는 경우, 사업시행자가 토지 소유자 등을 상대로 동의의 의사표시를 구하는 소를 제기할 수 있는지 여부(적극) / 토지의 일시 사용에 대한 동의의 의사표시를 할 의무의 존부에 관한 소송이 행정소송법상 당사자소송인지 여부(적극) 및 사인을 피고로 하는 당사자소송이 허용되는지 여부(적극) / 현저한 손해를 피하기 위해 필요한 경우, 사업시행자가 행정소송법 제8조 제2항, 민사집행법 제300조 제2항에 따라 '임시의 지위를 정하기 위한 가처분'을 신청할 수 있는지 여부(적극): 국토의 계획 및 이용에 관한 법률 제130조 제3항에서 정한 토지의 소유자·점유자 또는 관리인(이하 '소유자 등'이라 한다)이 사업시행자의 일시 사용에 대하여 정당한 사유 없이 동의를 거부하는 경우, 사업시행자는 해당 토지의 소유자 등을 상대로 동의의 의사표시를 구하는 소를 제기할 수 있다. 이와 같은 토지의 일시 사용에 대한 동의의 의사표시를 할 의무는 '국토의 계획 및 이용에 관한 법률'에서 특별히 인정한 공법상의 의무이므로, 그 의무의 존부를 다투는 소송은 '공법상의 법률관계에 관한 소송으로서 그 법률관계의 한쪽 당사자를 피고로 하는 소송', 즉 행정소송법 제3조 제2호에서 규정한 당사자소송이라고 보아야 한다.

행정소송법 제39조는, "당사자소송은 국가·공공단체 그 밖의 권리주체를 피고로 한다."라고 규정하고 있다. 이것은 당사자소송의 경우 항고소송과 달리 '행정청'이 아닌 '권리주체'에게 피고적격이 있음을 규정하는 것일 뿐, 피고적격이 인정되는 권리주체를 행정주체로 한정한다는 취지가 아니므로, 이 규정을 들어 사인을 피고로 하는 당사자소송을 제기할 수 없다고 볼 것은 아니다.

그리고 당사자소송에 대하여는 행정소송법 제8조 제2항에 따라 민사집행법상 가처분에 관한 규정이 준용되므로, 사업시행자는 민사집행법 제300조 제2항에 따라 현저한 손해를 피하기 위해 필요한 경우 '임시의 지위를 정하기 위한 가처분'을 통하여 공익사업을 신속하고 원활하게 수행할 수 있다(대법원 2019. 9. 9. 선고 2016다262550 판결 [토지사용동의의사표시]).

IV. 주요 소송요건 및 절차

1. 원고적격

당사자소송의 원고적격에 관하여는 행정소송법에서 규정하는 바가 없다. 그런데 당사자소송은 민사소송에 유사한 것이므로 당사자소송에도 민사소송의 경우와 같이 권리보호의 이익이 있는 자가 원고가 된다고 보아야 할 것이다(행정소송법 제8조 제2항).

2. 소의 이익

행정소송법은 당사자소송의 경우 소의 이익에 관한 규정을 두고 있지 않다. 따라서 당사자소송의 소의 이익에 관해서도 민사소송법이 준용된다(행정소송법 제8조 제2항).

먼저 당사자소송에서의 협의의 소익은 민사소송에서의 소의 이익에 관한 법리에 따른다.

다음으로 확인의 이익에 관하여 살펴본다. 확인의 소에서 확인의 이익은 원고의 권리 또는 법률상 지위에 현존하는 불안·위험이 있고, 그 불안·위험을 제거하기 위하여 확인판결을 받는 것이 가장 유효적절한 수단일 때에만 인정된다. 공법상 법률관계의 확인을 구하는 당사자소송의 경우도 확인소송에 해당하므로 확인의 이익(즉시확정의 이익)이 요구된다(대법원 2008. 6. 12. 선고 2006두16328 판결 등). 따라서 이행의 소나 형성의 소를 바로 제기할 수 있는데도 확인의 소를 제기하는 것은 소송경제에 비추어 원칙적으로 허용되지 않는다. 이는 처분의 무효확인을 구하는 항고소송에서 확인의 이익(즉시확정의 이익)을 요구하지 않는 것(대법원 2008. 3. 20. 선고 2007두6342 전원합의체 판결)과는 구별되는 점이라고 할 수 있다.

판례

지방자치단체와 채용계약에 의하여 채용된 계약직공무원이 그 계약기간 만료 이전에 채용계약 해지 등의 불이익을 받은 후 그 계약기간이 만료된 때에는 그 채용계약 해지의 의사표시가 무효라고 하더라도, 지방공무원법이나 지방계약직공무원규정 등에서 계약기간이 만료되는 계약직공무원에 대한 재계약의무를 부여하는 근거 규정이 없으므로 계약기간의 만료로 당연히 계약직공무원의 신분을 상실하고 계약직공무원의 신분을 회복할 수 없는 것이므로, 그 해지의사표시의 무효확인청구는 과거의 법률관계의 확인청구에 지나지 않는다 할 것이고, 한편 과거의 법률관계라 할지라도 현재의 권리 또는 법률상 지위에 영향을 미치고 있고 현재의 권리 또는 법률상 지위에 대한 위험이나 불안을 제거하기 위하여 그 법률관계에 관한 확인판결을 받는 것이 유효 적절한 수단이라고 인정될 때에는 그 법률관계의 확인소송은 즉시확정의 이익이 있다고 보아야 할 것이나, 계약직공무원에 대한 채용계약이 해지된 경우에는 공무원 등으로 임용되는 데에 있어서 법령상의 아무런 제약사유가 되지 않을 뿐만 아니라, 계약기간 만료 전에 채용계약이 해지된 전력이 있는 사람이 공무원 등으로 임용되는 데에 있어서 그러한 전력이 없는 사람보다 사실상 불이익한 장애사유로 작용한다고 하더라도 그것만으로는 법률상의 이익이 침해되었다고 볼 수는 없으므로 그 무효확인을 구할 이익이 없다(대법원 2002. 11. 26. 선고 2002두1496 판결 등 참조). 또한, 이 사건과 같이 이미 채용기간이 만료되어 소송 결과에 의해 법률상 그 직위가 회복되지 않는 이상 채용계약 해지의 의사표시의 무효확인만으로는 당해 소송에서 추구하는 권리구제의 기능이 있다고 할 수 없고, 침해된 급료지급청구권이나 사실상의 명예를 회복하는 수단은 바로 급료의 지급을 구하거나 명예훼손을 전제로 한 손해배상을 구하는 등의 이행청구소송으로 직접적인 권리구제방법이 있는 이상 무효확인소송은 적절한 권리구제수단이라 할 수 없어 확인소송의 또 다른 소송요건을 구비하지 못하고 있다 할 것이며, 위와 같이 직접적인 권리구제의 방법이 있는 이상 무효확인 소송을 허용하지 않는다고 해서 당사자의 권리구제를 봉쇄하는 것도 아니다(대법원 2008. 6. 12. 선고 2006두16328 판결): <해설> 당사자소송의 경우에도 취소판결의 기속력에 관한 규정이 준용되므로(행정소송법 제44조 제1항, 제30조 제1항), 채용계약 해지 의사표시의 무효확인 판결 자체만으로도 기속력에 의해 판결의 실효성(봉급지급의무의 인정)을 확보할 수 있다. 따라서 공법상 법률관계의 확인을 구하는 당사자소송의 경우에도 항고소송과 마찬가지로 확인의 이익은 필요하지 않다고 보는 것이 타당하다.

행정청이 도시 및 주거환경정비법 등 관련 법령에 의하여 행하는 조합설립인가처분의 법적 성격 및 조합설립인가처분이 있은 후에 조합설립결의의 하자를 이유로 그 결의 부분만을 따로 떼어내어 무효 등 확인의 소를 제기하는 것이 허용되는지 여부(소극): 행정청이 도시 및 주거환경정비법 등 관련 법령에 근거하여 행하는 조합설립인가처분은 단순히 사인들의 조합설립행위에 대한 보충행위로서의 성질을 갖는 것에 그치는 것이 아니라 법령상 요건을 갖출 경우 도시 및 주거환경정비법상 주택재건축사업을 시행할 수 있는 권한을 갖는 행정주체(공법인)로서의 지위를 부여하는 일종의 설권적 처분의 성격을 갖는다고 보아야 한다. 그리고 그와 같이 보는 이상 조합설립결의는 조합설립인가처분이라는 행정처분을 하는 데 필요한 요건 중 하나에 불과한 것이어서, 조합설립결의에 하자가 있다면 그 하자를 이유로 직접 항고소송의 방법으로 조합설립인가처분의 취소 또는 무효확인을 구하여야 하고, 이와는 별도로 조합설립결의 부분만을 따로 떼어내어 그 효력 유무를 다투는 확인의 소를 제기하는 것은 원고의 권리 또는 법률상의 지위에 현존하는 불안·위험을 제거하는 데 가장 유효·적절한 수단이라 할 수 없어 특별한 사정이 없는 한 확인의 이익은 인정되지 아니한다(대법원 2009. 9. 24. 선고 2008다60568 판결): <해설> 조합설립인가처분이 행하여진 이후에는 조합설립결의의 하자를 다투고자 하는 경우에도 항고소송의 방식으로 조합설립인가처분의 취소 또는 무효확인을 구하여야 하고, 그와 별도로 조합설립결의 부분만을 따로 떼어내어 그 효력 등을 다투는 확인의 소를 제기하는 것은 소의 이익(확인의 이익)이 없다고 본 경우이다. 다만 조합설립인가처분이 있기 이전에는 조합설립결의의 무효확인을 구할 소의 이익(확인의 이익)이 있다.

3. 피고적격

(1) 당사자소송은 국가·공공단체 그 밖의 권리주체를 피고로 한다(행정소송법 제39조). 여기에서 '그 밖의 권리주체'라 함은 통상 공권력을 수여받은 행정주체인 사인, 즉 공무수탁사인을 의미하는 것이 일반적일 것이다. 다만 행정소송법 제39조는 당사자소송의 경우 항고소송과 달리 '행정청'이 아닌 '권리주체'에게 피고적격이 있음을 규정하는 것일 뿐, 피고적격이 인정되는 권리주체를 행정주체로 한정한다는 취지가 아니므로, 이 규정을 들어 사인을 피고로 하는 당사자소송을 제기할 수 없다고 볼 것은 아니다(대법원 2019. 9. 9. 선고 2016다262550 판결).

위와 같이 당사자소송의 피고는 권리주체를 대상으로 한다는 점에서 처분청을 피고로 하는 항고소송과는 다르다.

(2) 국가를 당사자 또는 참가인으로 하는 소송(이하 '국가소송'이라 한다)에서는 법무부장관이 국가를 대표한다(국가를 당사자로 하는 소송에 관한 법률 제2조). 법무부장관은 법무부의 직원, 각급 검찰청의 검사 또는 공익법무관 그리고 행정청의 직원을 지정하여 국가소송을 수행하게 할 수 있다(법 제3조 제1항, 제2항). 또한 법무부장관은 변호사를 소송대리인으로 선임하여 국가소송을 수행하게 할 수 있다(법 제3조 제4항). 지방자치단체를 당사자로 하는 소송의 경우에는 지방자치단체의 장이 당해 지방자치단체를 대표한다(지방자치법 제114조).

(3) 피고의 경정도 허용된다. 즉 원고가 피고를 잘못 지정한 때에는 법원은 원고의 신청에 의하여 결정으로써 피고의 경정을 허가할 수 있다(행정소송법 제14조 제1항). 취소소송에서 국가배상 청구소송으로 소를 변경하는 경우에, 국가배상소송을 당사자소송으로 보는 다수설의 견해에 따르면 이는 행정소송법 제21조의 소의 변경으로 허용되고 아울러 피고의 경정도 가능하다. 그러나 국가배상소송을 민사소송으로 보는 판례 및 소수설의 입장에 따르면 이는 민사소송법 제262조 제1항 본문에 근거한 청구의 변경으로 인정된다고 보아야 하며 이 경우 형평상 피고의 경정까지 허용된다고 보아야 할 것이다.

4. 제소기간

당사자소송에 관하여 법령에 제소기간이 정하여져 있는 때에는 그 기간은 불변기간으로 한다(행정소송법 제41조).

그런데 행정소송법은 당사자소송의 제기기간에 대하여 별다른 제한을 두고 있지 않다. 따라서 당사자소송은 공법상 권리가 시효 등에 의하여 소멸하지 않는 한 언제든지 제기할 수 있다.

5. 관할법원

당사자소송의 관할법원은 취소소송의 경우와 같다. 다만, 국가 또는 공공단체가 피고인 경우에는 관계행정청의 소재지를 피고의 소재지로 본다(행정소송법 제40조).

제3관 민중소송

Ⅰ. 의 의

민중소송(民衆訴訟)이란 국가 또는 공공단체의 기관이 법률에 위반되는 행위를 한 때에 직접 자기의 법률상 이익과 관계없이 그 시정을 구하기 위하여 제기하는 소송이다(행정소송법 제3조 제3호).

개인의 권리구제 보다는 국가 또는 공공단체의 기관의 위법행위를 시정하는 것을 목적으로 일반인에게 소송의 제기를 할 수 있게 한 예외적인 소송형태이다. 일반인이 제소할 수 있다고 하여도 그 범위가 무제한이 아니고, 또한 모든 위법사항에 대하여 제소를 인정할 수도 없는 것이어서, 어느 범위의 일반인이 어떤 위법사항에 대하여 시정을 소구할 수 있는지는 입법정책적으로 결정될 사항으로, 결국 민중소송은 법률이 정한 경우에 법률에 정한 자만이 제기할 수 있는 특수한 소송이다.

Ⅱ. 민중소송의 예

1. 국민투표무효소송

국민투표의 효력에 관하여 이의가 있는 투표인은 투표인 10만 인 이상의 찬성을 얻어 중앙선거관리위원장을 피고로 하여 투표일로부터 20일 이내에 대법원에 소를 제기할 수 있다(국민투표법 제92조).

대법원은 제92조의 규정에 의한 소송에 있어서 국민투표에 관하여 이 법 또는 이 법에 의하여 발하는 명령에 위반하는 사실이 있는 경우라도 국민투표의 결과에 영향이 미쳤다고 인정하는 때에 한하여 국민투표의 전부 또는 일부의 무효를 판결한다.

2. 선거무효소송

(1) 대통령선거 및 국회의원선거에 있어서 선거의 효력에 관하여 이의가 있는 선거인·정당(후보자를 추천한 정당에 한한다) 또는 후보자는 선거일부터 30일 이내에 당해 선거구선거관리위원회위원장을 피고로 하여 대법원에 소를 제기할 수 있다(공직선거법 제222조 제1항).

(2) 지방의회의원 및 지방자치단체의 장의 선거에 있어서 선거의 효력에 관하여 이의가 있는 선거인·정당(후보자를 추천한 정당에 한한다) 또는 후보자는 선거일부터 14일 이내에 당해 선거구선거관리위원회위원장을 피소청인으로 하여 관할선거관리위원회에 소청할 수 있고(공직선거법 제219조 제1항), 선거의 효력에 관한 제220조의 결정에 불복이 있는 소청인(당선인을 포함한다)은 해당 소청에 대하여 기각 또는 각하 결정이 있는 경우에는 해당 선거구선거관리위원회 위원장을, 인용결정이 있는 경우에는 그 인용결정을 한 선거관리위원회 위원장을 피고로 하여 그 결정서를 받은 날부터 10일 이내에 비례대표시·도의원선거 및 시·도지사선거에 있어서는 대법원에, 지역구시·도의원선거, 자치구·시·군의원선거 및 자치구·시·군의 장 선거에 있어서는 그 선거구를 관할하는 고등법원에 소를 제기할 수 있다(공직선거법 제222조 제2항).

(3) 소청이나 소장을 접수한 선거관리위원회 또는 대법원이나 고등법원은 선거쟁송에 있어 선거에 관한 규정에 위반된 사실이 있는 때라도 선거의 결과에 영향을 미쳤다고 인정하는 때에 한하여 선거의 전부나 일부의 무효를 결정하거나 판결한다(공직선거법 제224조).

3. 당선무효소송

(1) 대통령선거 및 국회의원선거에 있어서 당선의 효력에 이의가 있는 정당(후보자를 추천한 정당에 한한다) 또는 후보자는 당선인결정일부터 30일 이내에 제52조 제1항·제3항 또는 제192조 제1항부터 제3항까지의 사유에 해당함을 이유로 하는 때에는 당선인을, 제187조 제1항·제2항, 제188조 제1항 내지 제4항, 제189조 또는 제194조 제4항의 규정에 의한 결정의 위법을 이유로 하는 때에는 대통령선거에 있어서는 그 당선인을 결정한 중앙선거관리위원회위원장 또는 국회의장을, 국회의원선거에 있어서는 당해 선거구선거관리위원회위

원장을 각각 피고로 하여 대법원에 소를 제기할 수 있다(공직선거법 제223조 제1항).

(2) 지방의회의원 및 지방자치단체의 장의 선거에 있어서 당선의 효력에 관하여 이의가 있는 정당 또는 후보자는 당선인결정일부터 14일 이내에 제52조 제1항부터 제3항까지 또는 제192조 제1항부터 제3항까지의 사유에 해당함을 이유로 하는 때에는 당선인을, 제190조 내지 제191조의 규정에 의한 결정의 위법을 이유로 하는 때에는 당해 선거구선거관리위원회위원장을 각각 피소청인으로 하여 관할선거관리위원회에 소청할 수 있다(공직선거법 제219조 제2항).

지방의회의원 및 지방자치단체의 장의 선거에 있어서 당선의 효력에 관한 제220조의 결정에 불복이 있는 소청인 또는 당선인인 피소청인은 해당 소청에 대하여 기각 또는 각하 결정이 있는 경우에는 당선인을, 인용결정이 있는 경우에는 그 인용결정을 한 선거관리위원회 위원장을 피고로 하여 그 결정서를 받은 날부터 10일 이내에 비례대표시·도의원선거 및 시·도지사선거에 있어서는 대법원에, 지역구시·도의원선거, 자치구·시·군의원선거 및 자치구·시·군의 장 선거에 있어서는 그 선거구를 관할하는 고등법원에 소를 제기할 수 있다(공직선거법 제223조 제2항).

(3) 당선무효소송의 경우에도 선거무효소송의 경우와 마찬가지로, 소청이나 소장을 접수한 선거관리위원회 또는 대법원이나 고등법원은 선거에 관한 규정에 위반된 사실이 있는 때라도 당선의 결과에 영향을 미쳤다고 인정하는 때에 한하여 당선의 무효를 결정하거나 판결할 수 있다(공직선거법 제224조).

4. 주민소송

가. 의 의

주민소송(住民訴訟)이라 함은 주민이 지방자치단체의 위법한 재무회계행위를 시정하기 위하여 법원에 제기하는 소송을 말한다(지방자치법 제22조).

주민소송은 주민의 구체적인 권리침해가 없어도 제기될 수 있다는 점에서 객관소송(민중소송)으로서의 성질을 지니며, 지방행정에 대한 주민의 참여, 감시 및 통제의 기능을 수행한다.

나. 주민소송의 종류

지방자치법 제22조 제2항은 주민소송의 종류를 다음과 같이 4가지로 규정하고 있다.

(1) 제1호 소송(중지청구소송): 해당 행위를 계속하면 회복하기 곤란한 손해를 발생시킬

우려가 있는 경우에는 그 행위의 전부나 일부를 중지할 것을 요구하는 소송

(2) 제2호 소송(취소 또는 무효등확인소송): 행정처분인 해당 행위의 취소 또는 변경을 요구하거나 그 행위의 효력 유무 또는 존재 여부의 확인을 요구하는 소송

(3) 제3호 소송(부작위위법확인소송): 게을리한 사실의 위법 확인을 요구하는 소송

(4) 제4호 소송(손해배상청구 또는 부당이득반환청구소송): 해당 지방자치단체의 장 및 직원, 지방의회의원, 해당 행위와 관련이 있는 상대방에게 손해배상청구 또는 부당이득반환청구를 할 것을 요구하는 소송

다. 소송요건

(1) 대상: 주민소송의 대상은 주민감사를 청구한 일정한 재무회계사항(공금의 지출에 관한 사항, 재산의 취득·관리·처분에 관한 사항, 해당 지방자치단체를 당사자로 하는 매매·임차·도급 계약이나 그 밖의 계약의 체결·이행에 관한 사항 또는 지방세·사용료·수수료·과태료 등 공금의 부과·징수를 게을리한 사항)과 관련이 있는 위법한 행위나 업무를 게을리한 사실이다(제22조 제1항).

(2) 원고적격: 주민감사(住民監査)를 청구한 주민만이 주민소송을 제기할 수 있다. 즉, 감사청구전치주의가 적용된다. 그러나 제소대상을 감사청구한 주민이라면 누구나 제소할 수 있으므로 1인에 의한 제소도 가능하다. 감사청구전치주의는 주민소송의 남용을 막고, 주민감사기관의 전문성을 활용하고 법원의 부담을 줄이기 위하여 도입되었다.

(3) 피고적격: 주민소송의 피고는 해당 지방자치단체의 장이다(제17조 제1항).

(4) 관할: 주민소송은 해당 지방자치단체의 사무소 소재지를 관할하는 행정법원(행정법원이 설치되지 아니한 지역에서는 행정법원의 권한에 속하는 사건을 관할하는 지방법원본원을 말한다)의 관할로 한다(제17조 제9항).

제4관 기관소송

Ⅰ. 의 의

기관소송(機關訴訟)이란 국가 또는 공공단체의 기관 상호간에 있어서의 권한의 존부 또는 그 행사에 관하여 다툼이 있을 때에 이에 대하여 제기하는 소송을 말한다. 다만, 헌법

재판소법 제2조의 규정에 의하여 헌법재판소의 관장사항으로 되는 소송은 제외한다(행정소송법 제3조 제4호).

행정소송법상의 기관소송은 동일한 행정주체에 속하는 기관간의 소송, 다시 말하면 단일한 법주체 내부에서의 행정기관 상호간의 권한분쟁이므로 상이한 행정주체간 또는 상이한 행정주체에 속하는 기관간의 소송은 이에 해당하지 않는다는 것이 통설적 견해이다.[211] 그 논거로는 i) 원래 기관소송은 독일에서 서로 다툴 이익이 없는 자기소송(Insichprozess)의 관념에서 유래한 것이므로 동일한 법주체 내부의 기관간의 소송을 의미하는 것으로 보아야 한다는 점, ii) 우리 행정소송법의 법문상으로도 기관소송은 동일한 법주체 내부의 다툼만으로 해석하는 것이 옳다는 점 등을 든다. 통설에 따르면 기관소송의 유형에는 국가기관 상호간의 기관소송과 공공단체의 기관 상호간의 기관소송이 있을 수 있다. 다만, 헌법과 헌법재판소법에 의하여 국가기관 상호간, 국가기관과 지방자치단체간 및 지방자치단체 상호간의 권한쟁의에 관한 심판은 헌법재판소의 관장사항에 해당하므로(헌법 제111조 제1항 제4호; 헌법재판소법 제2조 제4호), 국가기관 상호간의 기관소송은 행정소송으로서의 기관소송에서 제외된다. 결국 기관소송은 동일한 지방자치단체에 속하는 기관 상호간의 권한분쟁에 한하여 발생한다고 할 것이다.

이에 대하여 상이한 행정주체간, 상이한 행정주체에 속하는 기관간의 소송 등도 행정소송법 제3조 제4호의 기관소송에 해당될 수 있는 것으로 보는 견해가 있다.[212] 이 견해는 서로 다른 행정주체간, 서로 다른 행정주체에 속하는 기관간의 다툼을 기관소송이 아닌 일반행정소송, 즉 일반사인과 행정주체간의 소송과 동일하게 보는 것은 법체계상 어려운 점이 있다는 점을 근거로 든다.

II. 필요성

원래 동일한 행정주체에 속하는 기관 상호간의 권한을 둘러싼 분쟁은 공통의 상급기관이 해결하는 것이 원칙이다(행정절차법 제6조 제2항), 그런데 행정주체 내에 이러한 분쟁을 해결할 수 있는 적당한 기관이 없거나 특히 공정한 제3자의 판단을 요구하는 경우가 있을 수 있다. 이러한 경우에 법원에 제소하여 문제를 해결하도록 한 제도가 기관소송이다. 이러한 기관소송은 국민의 구체적 권익구제와는 관련이 없는 객관소송으로서 개별 법률에 특별한 규정이 있는 경우에 한하여 인정되고 그 법률에 정한 자만이 제기할 수 있다

211) 김남진·김연태, 앞의 책, 763면; 홍정선, 앞의 책, 1069면; 정하중, 앞의 책, 840면.
212) 박윤흔·정형근, 앞의 책, 895면; 박균성, 앞의 책, 1038면.

(행정소송법 제45조).

III. 기관소송의 예

1. 지방의회 또는 교육위원회의 재의결에 대한 소송

(1) 지방자치단체의 장은 지방의회의 의결이 월권 또는 법령에 위반되거나 공익을 현저히 해한다고 인정되는 때에는 먼저 지방의회에 재의를 요구하고, 재의결된 사항도 역시 법령에 위반된다고 인정되면 재의결된 날로부터 20일 이내에 대법원에 재의결된 사항의 무효를 구하는 소를 제기할 수 있다(지방자치법 제107조 제3항, 제172조 제3항). 이 소송이 기관소송이라는 데에는 이견이 없다.

(2) 지방의회의 의결이 법령에 위반되거나 공익을 현저히 해한다고 판단될 때에는 시·도에 대하여는 주무부장관이, 시·군 및 자치구에 대하여는 시·도지사가 하위 지방자치단체의 장에게 재의를 요구하게 할 수 있고, 재의결된 사항이 여전히 위법함에도 하위 지방자치단체의 장이 그 의결의 무효를 구하는 소를 제기하지 아니할 때에는 직접 그 무효를 구하는 소를 제기할 수 있다(지방자치법 제172조 제1항, 제4항). 이 경우 지방의회를 상대로 소를 제기하여야 하고 지방자치단체의 장을 피고로 하여 소를 제기할 수는 없다(대법원 1999. 10. 22. 선고 99추54 판결). 이 또한 기관소송이라는 견해도 있으나,[213] 기관소송을 동일한 법주체 내부에서의 행정기관 상호간의 소송으로 보는 입장에서는 기관소송이 아닌 특수한 소송으로 본다.

(3) 지방의회의 의결이 법령에 위반된다고 판단되어 주무부장관이나 시·도지사로부터 재의요구지시를 받은 지방자치단체의 장이 재의를 요구하지 아니하는 경우(법령에 위반되는 지방의회의 의결사항이 조례안인 경우로서 재의요구지시를 받기 전에 그 조례안을 공포한 경우를 포함한다)에는 주무부장관이나 시·도지사는 제1항에 따른 기간이 지난 날부터 7일 이내에 대법원에 직접 제소 및 집행정지결정을 신청할 수 있다(지방자치법 제172조 제7항).

(4) 교육감은 교육위원회의 의결 또는 교육·학예에 관한 시·도의회의 의결이 법령에 위반되거나 공익을 현저히 저해한다고 판단될 때에는 재의를 요구할 수 있고, 재의결된 사항이 여전히 법령에 위반된다고 판단되면, 재의결된 날로부터 20일 이내에 대법원에 그

213) 박균성, 앞의 책, 1039면.

무효를 구하는 소를 제기할 수 있다(지방교육자치에 관한 법률 제28조 제1항, 제3항). 교육감이 제소하지 않을 때에는 교육부장관이 직접 제소할 수도 있다(지방교육자치에 관한 법률 제28조 제4항).

2. 감독처분에 대한 이의소송

(1) 자치사무에 관한 장의 명령이나 처분을 취소·정지하는 처분에 대하여 지방자치단체의 장이 제기하는 소송

지방자치단체의 사무에 관한 그 장의 명령이나 처분이 법령에 위반되거나 현저히 부당하여 공익을 해친다고 인정되면 시·도에 대하여는 주무부장관이, 시·군 및 자치구에 대하여는 시·도지사가 기간을 정하여 서면으로 시정할 것을 명하고, 그 기간에 이행하지 아니하면 이를 취소하거나 정지할 수 있다. 이 경우 자치사무에 관한 명령이나 처분에 대하여는 법령을 위반하는 것에 한한다(지방자치법 제169조 제1항).

여기서 '지방자치단체의 사무'란 자치사무와 단체위임사무를 의미하고, 기관위임사무는 포함되지 아니한다. 기관위임사무에 관하여는 후술하는 직무이행명령 및 대집행에 의한 통제가 가능하고, 기관위임사무는 지방자치법 제167조 및 행정권한의 위임 및 위탁에 관한 규정 제6조에 의해 국가기관의 일반적인 지휘·감독을 받으므로 감독기관은 지휘·감독권의 일환으로서 시정명령을 발하고 취소·정지권을 행사할 수 있기 때문이다. '사무에 관한 그 장의 명령이나 처분이 법령에 위반되는 경우'라 함은 사무의 집행이 명시적인 법령의 규정을 구체적으로 위반하는 경우뿐만이 아니라 그러한 사무의 집행이 재량권을 일탈·남용하여 위법하게 되는 경우를 포함한다(대법원 2007. 3. 22. 선고 2006추62 판결). 자치사무에 관한 명령이나 처분에 대해서는 법령을 위반하는 것에 한하여 통제의 대상이 되고(적법성 통제), 단체위임사무에 있어서는 법령위반뿐만이 아니라 현저히 부당하여 공익을 해하는 경우에도 시정명령 및 취소·정지의 사유가 된다(적법성 통제+합목적성 통제).

지방자치단체의 장은 자치사무에 관한 명령이나 처분의 취소 또는 정지에 대하여 이의가 있으면 그 취소처분 또는 정지처분을 통보받은 날부터 15일 이내에 대법원에 소를 제기할 수 있다(지방자치법 제169조 제2항). 지방자치법 제169조 제2항은 시정명령 그리고 단체위임사무에 관한 명령이나 처분의 취소·정지에 대하여는 대법원에 소를 제기할 수 있다는 규정을 두고 있지 않다. 판례도 시정명령에 대해서는 소를 제기할 수 있다는 명문의 규정이 없으므로, 이러한 시정명령의 취소를 구하는 소송은 허용되지 않는다고 보고 있다(대법원 2014. 2. 27. 선고 2012추183 판결 등). 지방자치단체의 장은 자치사무에 관한 시정명령에 대하여 이의가 있으면 그 시정을 하지 않으면 될 것이고, 이후 감독청이 취소·정지의 처분을 하게 되면 그 때 이에 대하여 대법원에 소를 제기하여 다투면 될 것이다. 이 소송의 성질에 대하여 첫째, 지방자치단체는 자치사무를 수행함에 있어서는 국가로부터 독립된 법인이므로 위 소송은 동일한 법인격 내부의 소송이라고 볼 수 없는 점, 둘째, 지방자치단체의 장의 명령이나 처분에 대한 감독청의 취소 또는 정지는 처분의 성질을 가진다는 점 등을 들어 이를 기관소송이 아닌 취소소송으로 보는 견해가 있다.[214] 이 견해가 타당하다.

(2) 주무부장관이나 시·도지사의 이행명령에 대한 지방자치단체의 장의 소송

지방자치단체의 장이 법령의 규정에 의하여 그 의무에 속하는 기관위임사무의 관리 및 집행을 명백히 해태하고 있다고 인정되는 때에는 시·도에 대하여는 주무부장관이, 시·군 및 자치구에 대하여는 시·도지사가 기간을 정하여 서면으로 그 이행할 사항을 명령할 수 있다(지방자치법 제170조 제1항). 이에 이의가 있는 지방자치단체의 장은 그 이행명령서를 접수한 날로부터 15일 이내에 대법원에 소를 제기할 수 있다. 이 경우 지방자치단체의 장은 이행명령의 집행을 정지하게 하는 집행정지결정을 신청할 수 있다(지방자치법 제170조 제3항).

이 소송의 성질은 기관소송으로 보아야 한다. 기관위임 사무를 수행함에 있어서 지방자치단체의 장은 지방자치단체의 기관이 아니라 국가기관 또는 위임한 자치단체의 기관의 지위를 가지므로 이 소송은 동일한 행정주체 내부의 기관 상호간의 다툼을 대상으로 하는 소송이 되기 때문이다.[215]

(3) 교육자치사무에 관한 시정명령이나 취소·정지처분에 대한 교육감의 소송

교육부장관은 교육·학예에 관한 자치사무에 대한 교육감의 명령 또는 처분이 법령에 위반될 때에는 기간을 정하여 서면으로 시정을 명하고 그 기간 내에 이행하지 아니할 때에는 그 명령 또는 처분을 취소하거나 그 집행을 정지할 수 있다(지방교육자치에 관한 법률 제3조; 지방자치법 제169조 제1항).

교육감은 교육·학예에 관한 자치사무에 대한 위 시정명령이나 취소·정지처분에 대하여 이의가 있을 때에는 15일 이내에 대법원에 제소할 수 있다(지방교육자치에 관한 법률

---

214) 박균성, 행정법론(상)(제10판), 2011, 1040면.
215) 박균성, 앞의 책, 1040면.

제3조; 지방자치법 제169조 제2항). 앞서 본 바와 같은 이유로 위 소송은 취소소송의 성질을 띤다고 보아야 한다.

(4) 주무부장관의 이행명령에 대한 교육감의 소송

교육감이 법령의 규정에 의하여 그 의무에 속하는 국가위임사무의 관리 및 집행을 명백히 해태하고 있다고 인정되는 때에는 교육부장관은 기간을 정하여 서면으로 이행할 사항을 명령할 수 있다. 이에 이의가 있는 교육감은 그 이행명령서를 접수한 날로부터 15일 이내에 그 이행명령에 대한 이의의 소를 대법원에 제기할 수 있다(지방교육자치에 관한 법률 제3조; 지방자치법 제170조 제1항, 제2항). 이는 기관소송의 성질을 지닌다고 할 것이다.

Ⅳ. 기관소송의 법적 규율

기관소송은 개별 법률에서 특별히 정한 사항을 제외하고는 행정소송법의 규정을 준용한다.

기관소송으로써 처분 등의 취소를 구하는 소송(취소소송형 기관소송)에는 그 성질에 반하지 아니하는 한 취소소송에 관한 규정을 준용한다(행정소송법 제46조 제1항).

기관소송으로써 처분 등의 효력 유무 또는 존재 여부나 부작위의 위법의 확인을 구하는 소송에는 그 성질에 반하지 아니하는 한 각각 무효등확인소송 또는 부작위위법확인소송에 관한 규정을 준용한다(행정소송법 제46조 제2항).

기관소송으로서 제1항 및 제2항에 규정된 소송 외의 소송에는 그 성질에 반하지 아니하는 한 당사자소송에 관한 규정을 준용한다(행정소송법 제46조 제3항).

제3편

그 밖의 행정구제 수단

1장

개 설

이미 살펴본 행정상 손해전보 및 행정상 쟁송 이외에도 행정구제수단이 다수 존재한다. 그중 가장 대표적인 것이 헌법소송을 통한 행정구제, 청원제도와 고충민원처리제도 등이다. 이하 위 구제방식에 대하여 살펴보기로 한다.

2장

행정구제 수단으로서의 헌법소송

제1절 서 론

최근 행정구제수단으로서의 헌법소송의 역할이 증대되고 있다. 행정구제수단과 밀접하게 관련된 헌법소송 형태는 위헌법률심판과 헌법소원심판이다. 그중에서 특히 헌법소원을 통한 행정구제 현상이 두드러진다. 이는 항고소송에 있어서 처분성 및 원고적격의 범위가 제한되어 있는 결과로 인하여 나타난 현상이다. 즉 권력적 사실행위 등과 같은 고권적 행정작용 중 법원에 의하여 처분성을 인정받지 못한 행정작용은 항고소송을 통하여 구제를 받을 수 없으므로 이 경우 헌법소원심판을 청구할 수 있게 된다. 아울러 법원은 원고적격의 인정기준인 법률상의 이익을 처분의 근거법규 또는 관련 법규에 의하여 보호되는 이익으로 한정하고 헌법상의 기본권 침해에 대하여는 원고적격을 인정하지 않고 있다. 그리하여 기본권의 침해를 당했음에도 불구하고 법원에 의하여 원고적격을 인정받지 못할 경우 헌법소원심판을 통하여 구제를 받는 방법을 모색할 수밖에 없게 된다. 기본권 개념의 포괄성으로 인하여 이러한 현상은 더욱 현저하여진다.

[제56회 사법시험 문제] A 세무서장은 甲 주식회사에 대하여 1996년 사업연도 귀속 법인세 8억원을 부과하였다. 甲 회사가 이를 체납하고 甲 회사 재산으로는 위 법인세 충당에 부족하자 A 세무서장은 1997. 10. 22. 甲 회사의 최대주주인 乙의 아들 丙에 대하여 과점주주이자 乙과 생계를 같이하는 직계비속인 이유로 구 국세기본법 제39조 제1항 제2호 다.목상 제2차 납세의무자로 지정하고, 위 법인세를 납부하도록 통지하였다. 그 후 위 丙에 대한 법인세부과처

분이 확정되자 A 세무서장은 2005. 10. 11. 丙이 체납 중이던 체납액 10억원(가산세 포함)을 징수하기 위하여 丙 명의의 부동산을 압류하였다. 한편, 1998. 5. 28. 헌법재판소는 위 구 국세기본법 제39조 제1항 제2호에 대하여 위헌결정을 하였다.

1. 丙에 대한 위 법인세부과처분의 효력은 어떻게 되는가? (단, 각 처분과 관련된 시효 및 제척기간은 도과되지 않았다고 간주함) (17점)

2. A 세무서장의 丙에 대한 압류처분의 효력은 어떻게 되는가? (13점)

제2절 위헌법률심판과 행정구제

Ⅰ. 의 의

현행 헌법상 위헌법률심판은 국회가 제정한 법률의 위헌 여부가 일반법원에서 재판의 전제가 되는 경우에 법원이 헌법재판소에 위헌심판을 제청하고 헌법재판소가 그 위헌 여부를 심사·판단하는 사후적·구체적인 규범통제제도이다(헌법 제107조 제1항; 헌법재판소법 제111조 제1항 제1호). 위 제도는 원래 개인의 주관적 권리구제보다는 객관적 헌법질서의 보장을 목적으로 하는 제도이다. 하지만 위헌법률에 근거하여 행하여진 행정처분의 효력과 관련하여서는 개인의 주관적 권익구제에도 직접적인 영향을 미치게 된다.

Ⅱ. 위헌결정의 시간적 효력

1. 학 설

위헌결정의 효력에 관한 논의는 헌법재판 분야에서 가장 격렬한 논쟁이 있는 부분의 하나로 평가되고 있다. 그에 관한 학설을 간단히 소개하면 다음과 같다.

① 당연무효설: 헌법에 위반되는 법률은 처음부터(ex tunc), 별도의 조치가 없어도 당연히(ipso iure) 효력이 발생하지 않는 것으로서 원천적으로 무효라고 보는 학설이다. 위헌인 법률은 처음부터 효력을 가지지 않았기 때문에 상실시킬 효력이 존재할 수 없고, 따라서 헌법재판소의 위헌결정은 무효인 것을 사후에 유권적으로 확인하여 선언하는 것에 지나지 않는다고 본다.[1)]

---

1) 정종섭, 헌법소송법(제8판), 2014, 348면 등.

당연무효설에 의하면, 위헌인 법률은 처음부터 시원적으로 무효이므로 헌법재판소에 의하여 위헌이라는 것이 확인된 시점 이전으로 소급하여 법률이 존재하기 시작한 시점부터 무효인 것이 된다.

② **폐지무효설**: 위헌결정이 있어도 그 법률의 효력이 처음부터 당연히 무효인 것은 아니고, 헌법재판소의 결정에 의하여 비로소 법률의 효력이 폐지될 수 있다는 견해이다[2]. 이 경우 위헌결정은 단순한 위헌확인의 선언적인 것이 아니라 형성적인 행위이고, 위헌으로 결정된 법률이 효력을 상실하는 시점도 당연히 처음으로 소급하는 것은 아니라는 결론에 이르게 된다. 따라서 입법정책에 따라 법률의 효력이 상실되는 시점을 소급효, 향후효(장래효), 미래효 중의 어느 하나로 정할 수도 있다.

2. 현행법의 규정 및 그 해석

가. 원칙: 장래효

위헌으로 결정된 법률 또는 법률의 조항은 그 결정이 있은 날로부터 효력을 상실하는 것이 원칙이다(헌법재판소법 제47조 제2항). 즉 법률에 대한 위헌결정은 원칙적으로 즉시효 내지 장래효를 갖는다. 이처럼 우리의 입법자는 헌법재판소법 제47조 제2항의 규정을 통하여 위헌결정의 소급효를 원칙적으로 부인함으로써 법적 안정성을 더 높이 평가하는 방안을 선택하였다.

나. 예외: 소급효

(1) 법정 소급효

위헌결정은 원칙적으로 장래효를 갖지만, 예외적으로 형벌에 관한 법률 또는 법률의 조항은 소급하여 그 효력을 상실한다(헌법재판소법 제47조 제3항). 이 경우 위헌으로 선언된 형벌에 관한 법률 또는 법률의 조항에 근거한 유죄의 확정판결에 대하여는 재심을 청구할 수 있다(헌법재판소법 제47조 제4항). 이 재심에 대하여는 형사소송법의 규정을 준용한다(헌법재판소법 제47조 제5항). 유의할 것은 헌법재판소법 제47조 제4항의 규정이 법원에 의하여 이미 선언된 유죄판결을 그 자체로 무효로 만든다거나 유죄확정판결의 집행을 정지시킨다거나 또는 진행 중인 형의 집행을 금지시키는 것은 아니고, 다만 유죄판결을

2) 이부하, "법률조항에 대한 헌법재판소의 위헌결정의 소급효에 대한 고찰", 공법학연구 제14권 제2호, 2013. 5, 384면; 정태호, "법률에 대한 위헌결정의 소급효문제에 대한 비판적 고찰", 법학논총 제19집, 2000. 1, 220-224면 등.

받은 자가 재심청구를 통하여 유죄의 확정판결을 다툴 수 있을 뿐이라는 것이다.[3]

(2) 해석에 의한 소급효

헌법재판소는 다음과 같은 경우에는 예외적으로 법률의 위헌결정에 소급효를 인정할 수 있다고 보고 있다(헌재 1993. 5. 13. 선고 92헌가10 등).

첫째, 구체적 규범통제의 실효성을 보장하는 견지에서 소급효를 인정하는 경우는 다음과 같다. ① 법원의 제청·헌법소원의 청구 등을 통하여 헌법재판소에 법률의 위헌결정을 위한 계기를 부여한 사건(헌법재판소의 위헌결정의 계기가 된 당해사건), ② 위헌결정이 있기 전에 이와 동종의 위헌여부에 관하여 헌법재판소에 위헌제청을 하였거나 법원에 위헌제청신청을 한 사건(동종사건), ③ 따로 위헌제청신청을 하지 아니하였지만 당해 법률 또는 법률의 조항이 재판의 전제가 되어 법원에 계속 중인 사건(병행사건).

둘째, 당사자의 권리구제를 위한 구체적 타당성의 요청이 현저한 반면에 소급효를 인정하여도 법적 안정성을 침해할 우려가 없고 나아가 구법에 의하여 형성된 기득권자의 이득이 해쳐질 사안이 아닌 경우로서 소급효의 부인이 오히려 정의와 평등 등 헌법적 이념에 심히 배치되는 때에도 소급효를 인정할 수 있다.

그런데 대법원은 위 ①, ②, ③의 경우뿐만 아니라, ④ 위헌결정 이후에 위와 같은 이유로 제소된 일반사건에도 위헌결정의 효력이 미친다고 보아, 소급효의 범위를 전면적으로 확장하고 있다. 다만 그 경우에도 위헌결정의 효력이 미치는 범위가 무한정일 수는 없고 다른 법리에 의하여 그 소급효를 제한하는 것까지 부정되는 것은 아니라 할 것이며, 법적 안정성의 유지나 당사자의 신뢰보호를 위하여 불가피한 경우에는 위헌결정의 소급효를 제한하는 것이 오히려 법치주의의 원칙상 요청된다고 보고 있다(대법원 1994. 10. 25. 선고 93다42740 판결 등). 이미 취소소송의 제기기간을 경과하여 확정력이 발생한 행정처분에는 위헌결정의 소급효가 미치지 않는다고 보는 것(대법원 1994. 10. 28. 선고 92누9463 판결), 과세처분의 취소소송에서 청구기각판결이 확정되어 기판력이 발생한 경우에는 이후 위 과세처분의 근거규정에 위헌결정이 내려지더라도 그 소급효가 미치지 않는다고 보는 것(대법원 1993. 4. 27. 선고 92누9777 판결) 등이 그러한 예이다.[4]

---

3) 헌법재판소, 헌법재판실무제요(제2개정판), 2015, 183면.

4) 독일 헌법재판소법 제79조 제1항, 제2항은 처분의 근거규범에 대한 위헌결정의 선고는 확정된 재판(형사판결 제외)이나, 확정력이 발생한 행정행위에 대하여는 영향을 미치지 아니한다는 것을 명문으로 규정하고 있다.

Ⅲ. 위헌법률에 근거한 행정처분의 효력

1. 의 의

위헌법률에 근거한 행정처분은 하자 있는 행정처분이라고 할 수 있다.

먼저 위헌결정이 이루어졌음에도 불구하고 그 이후에 해당 위헌법률에 근거하여 발령되는 행정처분은 그 하자가 중대·명백하므로 당연무효이다.

다음으로 위헌결정이 내려지기 이전에 위헌법률에 근거하여 행하여진 행정처분이 당연무효인지 아니면 취소할 수 있는 행위에 불과한지가 문제된다. 이를 논하는 실익은 취소소송의 제기기간이 경과한 경우에 당해 처분에 의하여 침해된 권익의 구제를 받을 수 있는가에 있다. 위헌법률에 근거한 처분이 당연무효인 경우에는 당해 처분의 무효확인소송이나 당해 처분이 무효임을 전제로 한 공법상의 당사자소송이나 민사소송을 제기하여 권익구제를 받을 수 있다. 반면에 위헌법률에 근거한 처분이 취소할 수 있는 행위에 불과한 경우에는 제소기간의 경과로 인하여 당해 처분은 더 이상 다툴 수 없고, 아울러 하자의 승계가 인정되는 경우를 제외하고는 당해 처분을 전제로 하여 행하여지는 후행처분을 다툴 수도 없게 된다.[5)]

이하 위헌결정이 이루어지기 전에 위헌법률에 근거하여 행정처분이 행하여진 경우를 중심으로 그 내용을 살펴보기로 한다.

2. 무효와 취소의 구별기준

가. 중대·명백설

행정행위가 당연무효이기 위하여는 그 하자가 내용상 중대함과 동시에 외견상 명백한 것이어야 하고, 그 중대성이나 명백성 중 어느 하나 또는 두 가지 전부를 결여하면 단지 취소사유로 될 뿐이라는 견해이다.

이때 하자의 중대성이란 행위의 본질에 영향을 미치는 중대한 법규위반을 의미한다. ① 이는 행정행위의 발령근거가 된 법규가 중대하다는 것이 아니라 당해 행정행위가 그 적법요건을 충족시키지 못함으로써 지니는 하자가 중대하다는 것을 의미한다는 견해가 일반적이다.[6)] ② 이에 대하여 행정행위의 근거법규의 종류·성질에 대한 고려, 즉 법규의

5) 박균성, 행정법론(상)(제10판), 2011, 398면.

6) 홍정선, 행정법원론(상)(제19판), 2011, 400면.

중요성도 하자의 중대성을 판단하기 위한 자료로 삼아야 한다는 견해가 있다. 이 견해에 따르면 하자의 중대성이란 행정행위가 중요한 법률요건을 위반하고, 그 위반의 정도가 상대적으로 심하여 그 흠이 내용상 중대하다는 것을 말한다.[7]

하자의 명백성이란 당사자의 시각이나 법률전문가의 인식능력에 의해서가 아니라 통상적인 주의력과 이해력을 갖춘 일반인의 판단에 의해서도 그 하자가 있음이 외견상 분명한 것을 의미한다. 중대·명백설이 통설 및 판례의 입장이다.

중대·명백설은 국민의 권익구제의 측면에서 볼 때 다소 엄격한 기준을 요구하고 있으므로, 명백성요건을 완화 내지 삭제할 필요성이 있다는 비판이 제기되고 있다.

나. 그 밖의 학설

행정행위의 무효와 취소의 구별기준에 관한 그 밖의 학설로는 조사의무위반설,[8] 명백성보충요건설,[9] 중대설,[10] 구체적 가치형량설[11] 등이 대립되고 있으나, 이에 대한 자세한 논의는 생략하기로 한다(행정법총론의 해당부분을 참고하기 바람). 이하 중대·명백설의 입장에서 논의를 전개하기로 한다.

3. 위헌법률에 근거한 행정처분의 당연무효 여부

가. 소급효와의 관련성

(1) 소급효를 전제로 하는 견해

행정처분의 발령 후에 그 근거법률이 위헌결정된 경우 처분 자체에 하자를 인정하는 견해- 그 하자를 무효사유로 보든 취소사유로 보든 간에 -는 적어도 위헌결정의 소급효가

---

7) 박균성, 앞의 책, 383면.

8) 원칙적으로는 중대·명백설을 취하면서도, 명백성 요건을 완화하여 무효사유를 넓히려고 하는 견해이다. 즉 일반인의 인식능력에 비추어(일반인이 인식할 수 있는 사실관계에 비추어) 명백한 경우뿐만 아니라, 관계 공무원이 그 직무를 성실하게 수행함에 있어 당연히 요구되는 정도의 조사에 의하여 인식할 수 있는 사실관계에 비추어 명백한 경우에도 하자의 명백성을 인정하여야 한다는 견해이다.

9) 행정행위가 무효로 되기 위해서는 하자의 중대성은 항상 그 요건이 되지만, 명백성은 일률적으로 요구되는 것이 아니고 구체적 사안에 있어서의 이익형량에 따라 보충적 가중요건으로 하는 것이 타당하다고 보는 견해이다.

10) 행정행위에 중대한 하자만 있으면 무효가 되고, 명백성은 무효의 요건이 아니라고 하는 견해이다.

11) 중대·명백성이라는 단일기준에 의하여 무효와 취소를 구분하는 것은 무리이고, 개개의 구체적인 경우에 각종 구체적 이익을 고려하여 무효와 취소 여부를 결정하여야 한다는 견해이다.

당해 처분에 미치는 것을 전제로 하고 있는 경우가 일반적이다. 행정행위의 하자 유무를 판단하는 기준시점은 처분시인데, 위헌결정에 소급효가 인정되지 않고 장래에 향해서만 효력이 인정된다면 당해 처분은 처분시를 기준으로는 합헌적인 유효한 법률에 근거한 처분이었으므로 그 경우 행정처분의 하자 문제는 생기지 않기 때문이라는 것을 그 논거로 든다.[12]

이 경우 그 하자의 효과에 관하여는 ① 법률이 헌법에 위반된다는 하자는 그에 근거한 처분을 무효로 만든다고 보는 견해,[13] ② 그러한 하자는 원칙적으로 그에 근거한 처분의 취소사유에 해당하되, 예외적으로 특별한 사정이 있는 경우(법적 안정성에 대한 침해가 적고 구체적 타당성의 요청이 현저한 경우)에는 무효사유로 인정할 수도 있다는 견해[14] 및 ③ 그러한 하자는 취소사유에 불과하다고 보는 견해[15]로 다시 입장이 나뉜다.

(2) 소급효와의 관련성을 부인하는 견해

반면에 위헌법률에 기한 행정처분의 효력은 위헌결정의 소급효와는 관계없이 행정행위 그 자체의 하자이론에 근거하여 판단되어야 한다는 견해도 있을 수 있다. 즉 헌법재판소의 위헌결정 유무와 상관없이, 위헌적인 법률[16]에 근거하여 행정처분이 행하여졌다면 거기에 존재하는 하자는 중대한 것이고, 다만 위헌결정이 있기 전에는 그 하자의 명백성을 인정하기 어려울 뿐이라는 것이다. 뒤에서 보는 바와 같이, 대법원이 취소소송의 제기기간을 경과하여 확정력이 발생한 행정처분에는 위헌결정의 소급효가 미치지 않는다고 보면서도, 헌법재판소의 위헌결정 전에 행하여진 행정처분의 근거법률이 헌법에 위반된다는 사유는 특별한 사정이 없는 한 그 행정처분의 취소사유가 된다고 보는 것(대법원 1994. 10. 28. 선고 92누9463 판결)은 바로 이러한 견해에 입각한 것이라고 보여진다.

(3) 평가

위헌법률에 기한 행정처분의 효력은 위헌결정의 소급효와는 관계없이 행정행위 그 자체의 하자이론에 근거하여 판단하는 것이 타당하다.

한편 행정처분이 아직 확정되지 않은 상태에서(제소기간이 도과하지 않은 상태에서),

12) 정호경, "행정처분 발령 후 근거법률이 위헌결정된 경우의 행정처분의 효력", 행정법연구 제17호, 2007. 5, 88면; 성중탁, "선행 과세처분의 근거 법률이 위헌선고된 경우, 과세채권의 집행을 위한 후행 체납처분의 효력", 저스티스 제136호, 2013. 6, 237면 등.

13) 정남철, "법률의 위헌결정의 효력과 행정처분의 법적 효과", 행정판례연구 제20-1호, 2015. 6, 138면.

14) 정호경, 앞의 논문, 105면.

15) 남복현, "위헌법률에 기한 처분의 법적 성격", 법률신문 1995. 2. 27.

16) 위헌결정이 있기 전에는 유효한 법률이지만, 위헌적인 요소를 지닌 법률 및 그에 근거한 행정처분의 하자가 위헌결정이 없다는 이유만으로 무조건적으로 정당화될 수는 없을 것이다.

그 근거법률이 위헌무효라는 이유로 처분의 무효 또는 취소를 구하는 소가 제기될 수 있다. 이 경우에는 아직 행정처분의 확정력이 발생하지 않았으므로 위헌결정의 소급효가 미치게 된다. 위와 같이 위헌결정의 효력이 소급되는 경우, 위헌법률에 근거한 행정처분의 하자가 무효사유인지 취소사유인지에 대하여는 앞서 본 바와 같은 학설의 대립이 있을 뿐 아직 판례의 태도는 명확하지 않다. 향후 위와 같은 상황에서 무효확인소송을 주위적 청구로, 취소소송을 예비적 청구로 병합제기하여 판례의 입장을 살필 필요가 있다고 보여진다.

나. 대법원의 입장

대법원 판례의 주류적인 태도[17]는 위헌법률에 근거한 행정처분은 당연무효가 아니라 취소할 수 있는 행위에 불과하다는 입장을 취하고 있다. 즉 "하자 있는 행정처분이 당연무효가 되기 위하여는 그 하자가 중대할 뿐만 아니라 명백한 것이어야 하는데, 일반적으로 법률이 헌법에 위반된다는 사정이 헌법재판소의 위헌결정이 있기 전에는 객관적으로 명백한 것이라고 할 수는 없으므로 헌법재판소의 위헌결정 전에 행정처분의 근거되는 당해 법률이 헌법에 위반된다는 사유는 특별한 사정이 없는 한 그 행정처분의 취소소송의 전제가 될 수 있을 뿐 당연무효사유는 아니라고 봄이 상당하다"(대법원 1994. 10. 28. 선고 92누9463 판결 등)는 것이다.

따라서 위헌법률에 근거한 행정처분의 하자를 다투는 때에는 원칙적으로 취소소송을 제기하여야 하고, 이 경우 제소기간의 제한을 받게 된다.

판례

가. 위헌법률에 근거하여 발하여진 행정처분의 효력: 법률에 근거하여 행정처분이 발하여진 후에 헌법재판소가 그 행정처분의 근거가 된 법률을 위헌으로 결정하였다면 결과적으로 행정처분은 법률의 근거가 없이 행하여진 것과 마찬가지가 되어 하자가 있는 것이 되나, 하자 있는 행정처분이 당연무효가 되기 위하여는 그 하자가 중대할 뿐만 아니라 명백한 것이어야 하는데, 일반적으로 법률이 헌법에 위반된다는 사정이 헌법재판소의 위헌결정이 있기 전에는 객관적으로 명백한 것이라고 할 수는 없으므로 헌법재판소의 위헌결정 전에 행정처분의 근거되는 당해 법률이 헌법에 위반된다는 사유는 특별한 사정이 없는 한 그 행정처분의 취소소송의 전제가 될 수 있을 뿐 당연무효사유는 아니라고 봄이 상당하다.

나. 확정력이 발생한 행정처분에 위헌결정의 소급효가 미치는지 여부: 위헌인 법률에 근거한 행정처분이 당연무효인지의 여부는 위헌결정의 소급효와는 별개의 문제로서, 위헌결정의 소급효가

17) 극히 소수이지만 무효사유라고 본 경우도 있기 때문이다(대법원 1993. 2. 26. 선고 92누12247 판결; 대법원 1996. 7. 12. 선고 94다52195 판결 등).

인정된다고 하여 위헌인 법률에 근거한 행정처분이 당연무효가 된다고는 할 수 없고, 오히려 이미 취소소송의 제기기간을 경과하여 확정력이 발생한 행정처분에는 위헌결정의 소급효가 미치지 않는다고 보아야 한다.

다. 행정처분의 근거법률이 위헌이라는 이유로 행정처분무효확인의 소가 제기된 경우, 법원의 조치: 어느 행정처분에 대하여 그 행정처분의 근거가 된 법률이 위헌이라는 이유로 무효확인청구의 소가 제기된 경우에는 다른 특별한 사정이 없는 한 법원으로서는 그 법률이 위헌인지 여부에 대하여는 판단할 필요 없이 그 무효확인청구를 기각하여야 한다(대법원 1994. 10. 28. 선고 92누9463 판결).

다. 헌법재판소의 입장

헌법재판소는 위헌법률에 근거한 행정처분은 원칙적으로 취소사유가 있는 것에 불과하다고 보면서도, 예외적으로 법적 안정성의 요구에 비하여 하자의 중대성 및 권리구제의 필요성이 큰 경우에는 무효사유가 될 수도 있음을 인정하는 태도를 취하고 있다.

판례

불가쟁력이 발생한 행정처분에 대하여 그 근거법규가 위헌임을 이유로 무효확인의 소를 제기한 경우 위 근거법규의 위헌여부가 재판의 전제가 되는지 여부: 행정처분의 집행이 이미 종료되었고 그것이 번복될 경우 법적 안정성을 크게 해치게 되는 경우에는 후에 행정처분의 근거가 된 법규가 헌법재판소에서 위헌으로 선고된다고 하더라도 그 행정처분이 당연무효가 되지는 않음이 원칙이라고 할 것이나, 행정처분 자체의 효력이 쟁송기간 경과 후에도 존속 중인 경우, 특히 그 처분이 위헌법률에 근거하여 내려진 것이고 그 행정처분의 목적달성을 위하여서는 후행 행정처분이 필요한데 후행 행정처분은 아직 이루어지지 않은 경우와 같이 그 행정처분을 무효로 하더라도 법적 안정성을 크게 해치지 않는 반면에 그 하자가 중대하여 그 구제가 필요한 경우에 대하여서는 그 예외를 인정하여 이를 당연무효사유로 보아서 쟁송기간 경과 후에라도 무효확인을 구할 수 있는 것이라고 봐야 할 것이다(헌법재판소 1994. 6. 30. 선고 92헌바23 전원재판부): <해설> 관련 소송사건에서 청구인이 무효확인을 구하는 행정처분의 진행정도는 마포세무서장의 압류만 있는 상태이고 그 처분의 만족을 위한 환가 및 청산이라는 행정처분은 아직 집행되지 않고 있는 경우이므로 위 예외에 해당되는 사례로 볼 여지가 있다고 본 경우이다.

Ⅳ. 재판의 전제성 충족 여부

1. 의 의

법원은 법률의 위헌 여부가 '재판의 전제'가 되는 경우에 한하여, 즉 위헌결정에 의하여 당해 재판의 결과가 달라지는 경우에 한하여 위헌제청을 할 수 있고, 헌법재판소 역시 이에 대하여 위헌심판을 할 수 있게 된다.

2. 재판의 전제성의 내용

가. '재판'의 의미

법률의 위헌 여부가 재판의 전제가 된다고 할 때의 '재판'은 그 절차나 형식에 관계없이 법원이 행하는 모든 형태의 사법작용을 포괄하는 의미이다. '판결'과 '결정' 그리고 '명령'이 모두 포함되며, 심급을 종국적으로 종결시키는 종국재판뿐만 아니라 중간재판도 이에 포함된다.

나. 재판의 '전제성'의 의미

재판의 '전제성'이라 함은 원칙적으로 첫째, 구체적인 사건이 법원에 적법하게 계속 중이어야 하고, 둘째, 위헌 여부가 문제되는 법률 또는 법률조항이 당해 소송사건의 재판에 적용되는 것이어야 하며, 셋째, 그 법률 또는 법률조항의 위헌 여부에 따라 당해 사건을 담당하는 법원이 다른 내용의 재판을 하게 되는 경우를 말한다. 여기서 '다른 내용의 재판을 하게 되는 경우'라 함은 원칙적으로 제청법원이 심리 중인 당해 사건의 재판의 결론이나 주문에 어떠한 영향을 주는 것뿐만이 아니라, 문제된 법률의 위헌 여부가 비록 재판의 주문 자체에는 아무런 영향을 주지 않는다고 하더라도 재판의 결론을 이끌어 내는 이유를 달리 하는데 관련되어 있거나 또는 재판의 내용과 효력에 관한 법률적 의미가 전혀 달라지는 경우도 포함된다(헌법재판소 1992. 12. 24. 선고 92헌가8 전원재판부). 다만 이 중에서 가장 중요한 것은 주문에 영향을 미치는 경우이다.

3. 주문에 영향을 미치는 경우

가. 의 미

헌법재판소는 "법률이 위헌일 때는 합헌일 때와 다른 판단을 할 수밖에 없는 경우, 즉 판결 주문이 달라질 경우"가 다른 내용의 재판을 하게 되는 대표적인 경우에 해당한다고 판시하였다(헌법재판소 1989. 12. 18. 선고 89헌마32, 33 전원재판부). 당해 법률이나 법률조항의 위헌 여부에 따라 재판결과, 즉 재판결론인 주문에 어떠한 영향을 준다면 그것으로서 재판의 전제성이 성립되어 제청결정은 적법한 것으로 취급될 수 있는 것이고, 제청신청인의 권리에 실제적으로 어떠한 영향이 있는가 여부는 헌법소원심판사건이 아닌 위헌법률심판사건에 있어서 그 제청결정의 적법 여부를 가리는 데 무관한 문제이다(헌법재판소 1990. 6. 25. 선고 89헌가98내지101 전원재판부).

나. 전제성 판단의 주체

재판의 전제성 판단시에 있어서 어느 국가기관이 원칙적으로 또는 전반적으로 재판의 전제성 여부를 판단할 권한이 있는가에 대하여는 견해가 일치되어 있지 않다. 독일의 통설적 견해는 제청법원의 견해가 원칙적으로 중요한 기준이 되고, 예외적인 경우에만 헌법재판소의 판단권한이 인정될 수 있다는 입장이다.[18] 우리의 헌법재판소도 이러한 견해에 동조하고 있는 것으로 보인다(헌법재판소 2004. 6. 24. 선고 2003헌바30 전원재판부). 구체적으로 경우를 나누어 살펴보기로 한다.

(1) 법원이 전제성을 인정한 경우

제청법원이 재판의 전제성을 인정하여 위헌여부심판을 제청한 경우 이를 배척할 만한 특별한 사정이 없으면 헌법재판소는 제청법원의 견해를 존중하여 재판의 전제성을 인정하는 것이 원칙이다. 다만 재판의 전제와 관련된 제청법원의 법률적 견해가 명백히 유지될 수 없는 것으로 보이면 헌법재판소는 이를 직권으로 조사할 수도 있다(헌법재판소 1993. 5. 13. 선고 92헌가10 등 전원재판부).

(2) 법원이 전제성을 부정한 경우

어떤 법률이나 법률조항에 대하여 법원이 재판의 전제성이 인정되지 않는다고 판단하여 직권제청을 하지 아니한 경우에는 헌법재판소로서는 전제성의 유무에 대하여 판단할 여지가 아예 없게 된다.

그러나 당사자가 위헌심판 제청신청을 하고 이어 당해 법원이 재판의 전제성이 인정되지 않는다는 이유로 위 제청신청을 기각하여 제청신청인이 위헌심사형(헌법재판소법 제68조 제2항) 헌법소원심판을 청구한 때에는 헌법재판소가 전제성을 인정하는 경우가 발생할 수도 있다.[19]

---

18) 이부하, “구체적 규범통제에 있어서 재판의 전제성 판단시 권한문제”, 한양법학 제16집, 2004. 12, 13-19면.

19) 정종섭, 앞의 책, 314-315면.

판례

쟁송기간이 경과한 후에 행정처분의 근거법률의 위헌 여부를 다투는 경우 재판의 전제성 인정 여부(소극): … 행정처분에 대한 쟁송기간이 경과된 후에 그 행정처분의 근거가 된 법률의 위헌여부에 대한 심판을 구한 경우에는 당해사건을 담당하는 법원이 그 법률에 대한 위헌결정이 있는 경우 다른 내용의 재판을 할 예외적인 사정이 있는지 여부에 대하여 내린 판단에 따라 재판의 전제성유무가 달라지게 된다고 할 것인데, 그 법률에 대한 위헌결정이 행정처분의 효력에 영향을 미칠 여지가 없는 경우에는 그 법률의 위헌여부에 따라 당해사건에 대한 재판의 주문이 달라지거나 재판의 내용과 효력에 관한 법률적 의미가 달라질 수 없는 것이므로 재판의 전제성을 인정할 수 없게 된다. 한편, 위와 같은 경우 행정처분이 무효인지 여부는 당해사건을 재판하는 법원이 판단할 사항이라고 할 것이다(헌법재판소 2004. 6. 24. 선고 2003헌바30 전원재판부).

4. 처분의 근거법률이 위헌임을 이유로 항고소송이 제기된 경우의 법원의 조치

가. 쟁송기간 이내에 소송을 제기한 경우

쟁송기간 내에 소송을 제기한 경우에는 처분의 확정력이 아직 발생하지 아니하였으므로, 위헌결정의 소급효가 미치게 된다.

이 경우 취소소송을 제기한 경우에는 취소판결이 내려지게 되고,[20] 따라서 재판의 전제성을 인정할 수 있으므로 법원은 위헌심판제청을 하여야 한다.

다음으로 무효확인소송을 제기한 경우를 살펴본다. 위헌결정의 효력이 소급하는 경우에, 위헌법률에 근거한 행정처분의 하자를 무효사유라고 보는 경우에는 무효확인판결이 내려질 것인바, 이 경우에는 재판의 전제성을 인정할 수 있게 된다. 반면에 그러한 하자는 원칙적으로 취소사유에 해당하고, 예외적으로 특별한 사정이 있는 경우(법적 안정성에 대한 침해가 적고 구체적 타당성의 요청이 현저한 경우)에만 무효사유로 인정할 수 있다는 입장에서는 그와 같은 특별한 사정이 없는 한 청구기각판결을 할 수밖에 없으므로 이 경우 재판의 전제성을 인정할 수 없게 된다. 재판의 전제성을 인정하지 않는 경우에는 위헌심판제청 없이 원고의 청구를 기각하게 된다.

---

20) 행정처분의 근거되는 당해 법률이 헌법에 위반된다는 사유는 특별한 사정이 없는 한 그 행정처분의 취소소송의 전제가 될 수 있을 뿐 당연무효사유는 아니라고 봄이 상당하다(대법원 1994. 10. 28. 선고 92누9463 판결). 한편 위헌결정의 효력이 소급하는 경우에, 위헌법률에 근거한 행정처분의 하자를 무효사유라고 본다고 할지라도, 무효선언을 구하는 의미의 취소소송이 허용되는 이상 취소판결이 내려진다는 점에서는 아무런 차이가 없다.

나. 쟁송기간이 경과한 후에 소송을 제기한 경우

쟁송기간이 경과한 후에 취소소송을 제기한 경우에는 제소기간을 도과한 부적법한 소이므로 각하판결을 내릴 수밖에 없다. 비록 행정처분에 존재하는 하자가 무효사유에 해당하는 경우라고 할지라도 형식적으로 취소소송의 형태를 취하고 있는 이상, 그 내용에 불구하고 제소기간과 같은 취소소송의 요건은 구비하여야 하고(대법원 1984. 5. 29. 선고 84누175 판결) 이를 구비하지 못할 경우 각하될 수밖에 없다. 따라서 이 경우에는 재판의 전제성을 인정할 수 없게 된다.

쟁송기간이 경과한 후에 무효확인소송을 제기하였다고 할지라도, 판례는 위헌법률에 근거한 행정처분에 존재하는 하자는 원칙적으로 취소사유에 불과하다고 보고 있으므로, 그것이 무효사유에 해당한다는 등의 특별한 사정이 없는 이상 원고의 청구는 기각될 수밖에 없을 것이다. 따라서 이 경우에도 행정처분의 효력에는 영향이 없게 되므로 재판의 전제성은 인정될 수 없다.

Ⅴ. 위헌법률에 근거한 행정처분의 집행력

1. 의 의

위헌인 법률에 근거한 행정처분에 대하여 집행력을 인정할 수 있는가. 달리 말하면 위헌인 법률에 근거한 행정처분이 제소기간의 도과로 확정되었으나 아직 집행되지는 않고 있는 사이에 처분의 근거법률에 위헌결정이 내려질 경우가 있다. 이때 위 확정된 행정처분의 집행이 가능한가, 아니면 이는 위헌결정의 기속력에 반하므로 처분의 집행은 가능하지 않다고 보아야 할 것인가 하는 문제가 발생한다.

위헌결정이 내려지기 전에, 위헌인 법률에 근거하여 행정처분이 행하여진 경우 그에 존재하는 하자가 무효사유인지 취소사유인지에 대하여 견해의 대립이 있다는 것은 이미 앞에서 살펴보았다.

먼저 그 하자를 무효사유로 보는 경우에는 당연히 그 집행력을 인정할 수 없을 것이지만, 그 논거는 학자에 따라 다르다. 먼저 선행 행정행위가 무효이므로 그 성질상 선행행위의 하자는 후행행위에 승계되므로 그 집행력을 인정할 수 없다고 보는 견해가 있다.[21] 이에 대하여 선행행위가 당연무효인 경우에는, 이를 전제로 하여 행하여지는 후행행위는

21) 박윤흔·정형근, 앞의 책, 363면; 류지태·박종수, 앞의 책, 213면.

그 근거사유가 없는 것으로서 하자 있는 처분이 될 수밖에 없어, 이 경우는 하자의 승계를 논할 필요도 없이 원칙적으로 후행행위의 무효를 주장할 수 있다는 견해도 있다.[22]

문제는 그 하자를 취소사유로 보는 경우이다. 그 경우 후행행위의 집행력에 관하여는 다음과 같이 학설이 갈린다.

2. 학 설

가. 집행력 긍정설

① 위헌법률에 근거한 행정처분은 취소사유가 있음에 불과하다고 보는 이상, 위 행정처분에 불가쟁력이 발생하였다면 사후에 처분의 근거법률에 위헌결정이 선고되었다고 하더라도 그 구제는 위법성(하자)의 승계론에 의할 수밖에 없다고 보는 견해가 있다.[23] 그런데 선행행위에 취소사유에 불과한 하자가 있을 경우 그 하자가 후행행위에 승계되는지에 관하여 통설·판례는 원칙적으로 선행행위와 후행행위가 서로 독립하여 별개의 효과를 목적으로 하는 경우에는 하자의 승계가 인정되지 않고, 선행행위와 후행행위가 서로 결합하여 하나의 효과를 완성하는 경우에는 하자의 승계가 인정된다는 태도를 취하고 있다(대법원 1994. 1. 25. 선고 93누8542 판결). 한편 선행 조세부과처분과 후행 체납처분은 목적을 달리하는 전혀 별개의 절차에 속하는 행정처분이므로 선행행위인 과세처분의 하자는 당연무효사유를 제외하고는 후행행위인 체납처분에 승계되지 않는다. 따라서 선행 조세부과처분이 위헌인 법률에 근거하여 행하여졌다고 하더라도 불가쟁력이 발생한 경우 후행 체납처분을 다툴 수 있는 길은 더 이상 없게 된다.

② 처분의 근거법령에 대한 위헌·위법결정의 구속력은 처분의 근거법령의 위헌·위법에만 미치는 것이며 강제집행의 근거규정에까지는 미치지 않는 것으로 보아야 한다는 논거에서 집행력을 긍정하는 견해도 있다.[24]

나. 집행력 부정설

① 위헌인 법률에 근거한 처분을 당해 법률에 대한 위헌결정이 내려진 후에도 계속 집행되도록 하는 것은 헌법재판소법 제47조 제1항에서 규정하는 위헌결정의 기속력에 반

22) 김동희, 앞의 책, 336면; 박균성, 앞의 책, 403면.
23) 윤진수, "위헌인 법률에 근거한 행정처분의 당연무효 여부", 대법원판례해설 제22호(1994년 하반기), 469면.
24) 박균성, 앞의 책, 401면.

하는 것이므로 처분의 집행은 허용되지 않는다는 견해가 있다.[25] 즉 법원을 비롯한 국가기관은 헌재의 위헌결정에 기속되므로 처분의 근거법률에 위헌결정이 내려지면 그 결정의 취지를 존중하여 집행기관도 후속 집행절차를 진행하여서는 아니된다는 입장이다.

② 구체적 규범통제(사후적 규범통제)를 채택하고 있는 이상 규범은 무효라고 할지라도 그에 기한 개별행위(행정행위)가 반드시 무효라고 볼 수는 없다. 따라서 위헌결정시점 이전에 형성된 법률관계와 관련해서는 과거의 상태를 그대로 유지시켜 줄 수밖에 없지만, 결정시점 이후에는 더 이상 위헌법률의 적용상태를 그대로 방치해서는 안되므로, 위헌법률에 기한 행정처분의 집행력을 배제하여야 한다는 견해도 있다.[26] 이 견해는 처분의 근거법률이 위헌결정 된 이후에도 위헌법률에 기한 처분을 계속 유효한 것으로 집행되도록 보장하는 것은 합리성을 결여한 것으로서, 만약 집행을 허용할 경우 법률의 위헌결정은 법원을 비롯한 국가기관을 기속한다는 헌법재판소법 제47조 제1항, 위헌결정된 법률의 장래적인 일반적 적용배제라는 의미를 도출할 수 있는 헌법재판소법 제47조 제2항, 국가의 기본권보장의무를 규정한 헌법 제10조 후단 등에 어긋난다는 것을 근거로 든다.

다. 평 가

위헌법률에 기초한 조세부과처분을 위헌결정이 선고된 뒤에도 그대로 집행하는 것은 결과적으로 위헌법률의 집행과 다를 바 없다고 보여진다. 부정설의 입장이 타당하다. 판례의 경우 처음에는 행정처분의 근거법률은 물론 그 집행처분의 근거법률까지 모두 위헌결정된 경우에 한하여 집행력을 부정하였으나(대법원 2002. 4. 12. 선고 2002다2294 판결; 대법원 2002. 8. 23. 선고 2001두2959 판결 등), 이후에는 집행처분의 근거규정 자체에 대하여는 따로 위헌결정이 내려진 바 없다고 하더라도, 행정처분의 근거법률만이 위헌결정된 것만으로도 전면적으로 그 집행이 허용되지 않음을 분명히 밝히고 있으며, 나아가 이러한 위헌결정의 효력에 위배하여 이루어진 집행처분은 그 하자가 중대·명백하여 당연무효라고 보고 있다(대법원 2012. 2. 16. 선고 2010두10907 전원합의체 판결).

판례

과세처분 이후 조세 부과의 근거가 되었던 법률규정에 대하여 위헌결정이 내려진 경우, 그 조세채권의 집행을 위한 체납처분이 당연무효인지 여부(적극): [다수의견] 구 헌법재판소법(2011. 4. 5. 법률 제10546호로 개정되기 전의 것) 제47조 제1항은 "법률의 위헌결정은 법원 기타 국가기관

25) 이동흡, "위헌법률에 근거한 처분에 대한 집행력 허용여부", 행정판례연구 제6집, 2001, 67면.
26) 남복현, "위헌법률에 기한 처분의 집행력 허용여부에 관한 검토", 헌법실무연구 제1권, 2000, 434면.

및 지방자치단체를 기속한다."고 규정하고 있는데, 이러한 위헌결정의 기속력과 헌법을 최고규범으로 하는 법질서의 체계적 요청에 비추어 국가기관 및 지방자치단체는 위헌으로 선언된 법률규정에 근거하여 새로운 행정처분을 할 수 없음은 물론이고, 위헌결정 전에 이미 형성된 법률관계에 기한 후속처분이라도 그것이 새로운 위헌적 법률관계를 생성·확대하는 경우라면 이를 허용할 수 없다. 따라서 조세 부과의 근거가 되었던 법률규정이 위헌으로 선언된 경우, 비록 그에 기한 과세처분이 위헌결정 전에 이루어졌고, 과세처분에 대한 제소기간이 이미 경과하여 조세채권이 확정되었으며, 조세채권의 집행을 위한 체납처분의 근거규정 자체에 대하여는 따로 위헌결정이 내려진 바 없다고 하더라도, 위와 같은 위헌결정 이후에 조세채권의 집행을 위한 새로운 체납처분에 착수하거나 이를 속행하는 것은 더 이상 허용되지 않고, 나아가 이러한 위헌결정의 효력에 위배하여 이루어진 체납처분은 그 사유만으로 하자가 중대하고 객관적으로 명백하여 당연무효라고 보아야 한다(대법원 2012. 2. 16. 선고 2010두10907 전원합의체 판결).

VI. 위헌법률의 적용상태를 벗어나기 위한 방안

1. 의 의

집행력 부정설의 입장에 설 경우에는, 처분의 근거법률에 대하여 위헌결정이 내려진 이후에는 당해 처분의 집행이 허용되지 않는다. 그런데 위헌결정 이전에 위 처분의 집행이 이루어질 수가 있다. 이 경우에 당사자가 당해 위헌법률의 적용상태를 벗어나기 위하여 취할 수 있는 구체적인 방안은 무엇인지도 고찰할 필요성이 있다.

2. 압류해제신청

처분의 근거법률에 위헌결정이 선고되면 그 이전에 당해 처분(조세 또는 택지초과소유부담금 부과처분)에 대하여 이미 불가쟁력이 발생하였다고 할지라도 더 이상 국세징수법에 의한 집행절차는 진행될 수 없으므로(집행력 부정설에 의할 경우임), 그에 반하여 위헌결정 후 새로운 압류처분을 하였다면 그 처분은 위법하게 된다. 아울러 그 하자는 중대·명백하므로 위헌결정 후에 행하여진 위 압류처분은 당연무효이다.

그런데 위헌결정 이전에 이미 집행절차인 압류처분이 행하여지고 그에 대하여 불가쟁력이 발생하였다면 이와 같은 사정은 국세징수법 제53조 제1항 제1호[27]가 정한 압류해제

27) 국세징수법 제53조(압류 해제의 요건) ① 세무서장은 다음 각 호의 어느 하나에 해당하는 경우에는 그 압류를 즉시 해제하여야 한다.
1. 납부, 충당, 공매(公賣)의 중지, 부과의 취소 또는 그 밖의 사유로 압류할 필요가 없게 된 경우

사유, 즉, "그 밖의 사유로 압류할 필요가 없게 된 경우"에 해당한다고 볼 수 있을 것인지가 문제된다.

가. 긍정설

긍정설의 논거는 다음과 같다.[28] i) 위헌결정 이전에 이미 압류처분이 이루어졌고, 불가쟁력이 발생하였다고 하더라도, 위헌법률에 근거한 처분의 집행은 위헌결정의 기속력에 위반되어 공매처분 등 후속 체납처분을 속행할 수 없다고 보는 이상, 조세 또는 택지초과소유부담금 등의 체납으로 인한 압류는 더 이상 존속할 필요가 없게 되었다고 보아야 할 것이고, 따라서 위 조항 소정의 '그 밖의 사유로 압류할 필요가 없게 된 경우'에 해당한다고 보아야 한다. ii) 압류의 필요적 해제사유를 규정한 국세징수법 제53조 제1항 제1호의 규정은 '압류할 필요가 없게 된 경우'에 해당하는 사유를 예시적으로 열거한 것이라고 할 것이므로, 여기에서 '그 밖의 사유'는 과세처분 및 그 체납처분절차의 근거 법령에 대한 위헌결정으로 후속 체납처분을 진행할 수 없어 체납세액에 충당할 가망이 없게 되는 등으로 압류의 근거를 상실하거나 압류를 지속할 필요성이 없게 된 경우가 포함된다(대법원 2002. 8. 23. 선고 2001두2959 판결).

긍정설에 의할 경우 압류해제신청을 하고 그 신청이 거부될 경우에는, 거부처분의 취소를 구하는 소송을 제기하여 위헌법률의 적용을 벗어날 수 있다고 보아야 할 것이다.

판례

[2] **구 택지소유상한에관한법률에 대한 위헌결정에 따라 체납 부담금에 대한 징수가 불가능하게 되어 압류처분을 해제하는 경우, 압류해제에 관한 국세징수법 제53조 제1항이 유추적용되는지 여부(적극)**: 택지초과소유부담금은 국세의 일종이 아니라 구 택지소유상한에관한법률(1998. 9. 19. 법률 제5571호로 폐지)이 정한 의무위반에 대한 제재로서 부과하는 금전적 부담으로서 같은 법의 목적을 실현하기 위한 이행강제수단에 불과하므로 국세와 서로 성질을 달리하여 국세에 관한 법 규정을 위 부담금에 대하여 함부로 준용 또는 유추적용할 수 없음이 원칙이지만, 같은 법에 대한 헌법재판소의 위헌결정에 따라 같은 법 제30조의 효력이 상실되었다는 이유를 들어 체납부담금에 기한 압류처분에 대한 압류를 해제함에 있어서 같은 법 제30조에서 인정하였던 국세징수법 제53조 제1항의 규정에 의한 압류해제를 인정하지 아니한다면 위헌결정이 있기 이전의 상태보다 더 헌법질서에 반하는 결과를 초래하게 되므로, 위헌결정의 취지에 따라 체납 부담금에 대한 징수가 불가능하게 되어 압류처분을 해제함에 있어서는 압류해제에 관한 국세징수법 제53조 제1항을 유추적용하

(제2-3호 생략)

28) 이동흡, 앞의 논문, 72면.

여 압류를 해제하여야 한다.

[3] **압류의 필요적 해제사유를 규정한 국세징수법 제53조 제1항 제1호의 규정 성격(=예시적 규정) 및 같은 호 소정의 '기타의 사유로 압류의 필요가 없게 된 때'에 과세처분 및 그 체납처분 절차의 근거 법령에 대한 위헌결정으로 후속 체납처분을 진행할 수 없어 체납세액에 충당할 가망이 없게 되는 등으로 압류의 근거를 상실하거나 압류를 지속할 필요성이 없게 된 경우가 포함되는지 여부(적극)**: 국세징수법 제53조 제1항 제1호는 압류의 필요적 해제사유로 '납부, 충당, 공매의 중지, 부과의 취소 기타의 사유로 압류의 필요가 없게 된 때'를 들고 있는바, 여기에서의 납부·충당·공매의 중지·부과의 취소는 '압류의 필요가 없게 된 때'에 해당하는 사유를 예시적으로 열거한 것이라고 할 것이므로 '기타의 사유'는 위 법정사유와 같이 납세의무가 소멸되거나 혹은 체납처분을 하여도 체납세액에 충당할 잉여가망이 없게 된 경우는 물론 과세처분 및 그 체납처분절차의 근거 법령에 대한 위헌결정으로 후속 체납처분을 진행할 수 없어 체납세액에 충당할 가망이 없게 되는 등으로 압류의 근거를 상실하거나 압류를 지속할 필요성이 없게 된 경우도 포함하는 의미라고 새겨야 한다(대법원 2002. 8. 23. 선고 2001두2959 판결).

나. 부정설

부정설의 논거는 다음과 같다.[29] i) 피고(징수관청)가 공매처분 등 후속 체납처분에 나아갈 수 없다고 하더라도, 원고(체납자)의 체납액이 소멸하지 않은 이상, 위 압류로 인한 처분제한, 시효중단 등의 효력으로 재산권 행사에 제약을 가하고, 다른 채권자가 위 부동산에 대한 강제집행을 실시할 경우 배당에 참여할 수도 있으므로, 그 한도에서 부담금 납부의무의 이행을 강제·담보할 수 있어, 국세징수법 제53조 제1항 제1호 소정의 압류해제사유에는 해당되지 않는다. ii) 또한, 피고가 국세징수법상의 체납처분절차를 통해 체납부담금을 강제징수할 수 없다고 하더라도, 피고는 공법상의 당사자소송이나 민사소송의 방법으로 별도의 채무명의를 얻어 강제집행절차를 통해 체납부담금을 징수할 수 있으므로, 피고가 그 과정에서 이 사건 압류를 다른 보전처분으로 대체하기 전까지는 위 압류를 유지할 필요가 있다.

3. 부당이득반환의 청구

가. 의 의

위헌법률이지만 아직 그에 대하여 위헌결정이 내려지기 전에 이 위헌법률에 근거하여 조세 또는 택지초과소유부담금 등의 부과처분에 내려질 수 있다. 그리하여 이를 납부하

29) 장석조, "위헌 법률에 기초한 과세처분의 집행력", 사법논집 제34집, 2002, 754-755면.

거나 강제징수를 당한 사람이 이후 위 처분의 근거법률에 위헌결정이 내려졌음을 이유로 위 금원의 반환을 청구할 수 있는지가 문제된다.

부당이득이 성립하기 위해서는 i) 타인의 재산 또는 노무로 인하여 이익을 얻었을 것, ii) 그러한 이익을 얻음으로 인하여 타인에게 손해를 가하였을 것, iii) 수익과 손실 사이에 인과관계가 있을 것, iv) 법률상의 원인이 없을 것이라는 4가지 요건이 필요하다. 그런데 본 논의와 관련해서는 4번째 요건인 '법률상의 원인이 없을 것'에 대한 고찰이 핵심적 요소이다. 급부행위에 의하여 수익이 생긴 경우(급부 부당이득의 경우)에는 급부의 근거가 되는 채권의 존재가 법률상의 원인이다. 따라서 채권행위가 무효이거나 취소·해제된 경우라야 법률상의 원인이 없게 되어 부당이득이 성립하게 된다.[30]

나. 원 칙

위헌법률에 근거하여 부과된 조세 또는 택지초과소유부담금 등의 부과처분이라고 하더라도 그에 대한 위헌결정이 있기 전에 이를 납부하거나 강제징수를 당한 사람은 이후 그 금원에 대하여 부당이득반환을 청구할 수 없는 것이 원칙이다.

왜냐하면 부당이득반환청구의 경우에는 급부의 원인이 된 법률행위(행정행위)가 무효이거나 취소된 경우에만 비로소 법률상 원인이 없는 급부에 해당되어 그 청구가 인용될 수 있다. 그런데 특별한 사정이 없는 한 위헌법률에 기한 행정처분은 취소사유에 불과할 뿐 당연무효사유가 아니어서, 국가가 이미 확정력이 발생된 처분에 의하여 수납하거나 징수한 조세 또는 택지초과소유부담금을 그대로 보유하는 것이 법률상 원인이 없는 것이 아니기 때문이다(대법원 2002. 6. 28. 선고 2001다60873 판결).

다. 예 외

(1) 부득이 집행에 응한 경우

위에서 본 바와 같이 위헌결정 이전에 조세 또는 택지초과소유부담금 등에 대한 수납 및 징수가 완료된 경우에는 법적 안정성의 측면에서 부득이 과거의 상태를 그대로 유지시켜야 하고, 그 반환청구를 허용할 수는 없다. 하지만 위헌결정 이후에는 국민의 권리구제의 측면에서 위헌법률의 적용상태를 그대로 방치하거나 위헌법률의 종국적인 실현을 위한 국가의 추가적인 행위를 용납하여서는 아니되므로, 위헌결정 이후 조세 등의 납부의무가 없음을 알면서도 압류해제거부로 인한 사실상의 손해를 피하기 위하여 부득이 조세 등

30) 송덕수, 신민법강의, 2014, 1593면.

을 납부하게 된 경우 등 그 납부가 자기의 자유로운 의사에 반하여 이루어진 것으로 볼 수 있는 사정이 있는 때에는 납부자가 그 반환청구권을 상실하지 않는다(대법원 2003. 9. 2. 선고 2003다14348 판결).[31)]

(2) 특별법의 제정

한편 위헌결정 이전에 조세 또는 택지초과소유부담금 등에 대한 수납 및 징수가 완료된 경우라고 하더라도, 피해자가 다수이고 그 결과 구제의 필요성에 대한 여론의 공감대가 형성될 수도 있다. 이에 그 반환을 허용하는 내용의 특별법이 제정된 경우에는 이를 통한 구제가 가능하다. 학교용지부담금 환급 등에 관한 특별법[32)]이 그러한 경우의 예이다.

4. 국가배상의 청구

가. 의 의

위헌법률에 근거하여 조세 또는 택지초과소유부담금 등의 부과처분이 내려지고, 이어 그 금원을 납부하거나 강제징수를 당한 사람이 이후 위 처분의 근거법률에 위헌결정이 내려졌음을 이유로 국가배상을 청구할 수 있는지에 대하여도 검토할 필요가 있다.

나. 국가배상책임의 성립요건

공무원의 직무상 불법행위로 인한 손해배상청구권이 발생하기 위해서는 i) 공무원이, ii) 직무를 집행하면서, iii) 고의 또는 과실로, iv) 법령에 위반하여, v) 타인에게 손해를 가하고, vi) 직무행위와 손해발생 사이에 인과관계가 인정되어야 한다.

위헌법률에 근거한 행정처분의 집행으로 발생한 손해에 대하여 국가배상을 청구하는 경우에 주로 문제가 되는 요건은 'iii) 고의 또는 과실로, iv) 법령에 위반하여'이다. 이하 위법성과 고의·과실을 중심으로 국가배상책임의 성립 가능성을 살펴보기로 한다.

---

31) 원고가 회사 갱생을 위하여 이 사건 토지의 시급한 매각을 추진하였으나 이 사건 압류등기로 인하여 무산되었고, 부산광역시 동구청장으로부터 압류해제를 거부당하여 행정심판까지 제기하였으나 기각되어 부득이 이 사건 토지를 매각하기 위하여 부담금 등을 납부하게 되었다는 사정 등에 비추어 볼 때, 원고의 이 사건 부담금 등 납부행위는 부담금 등의 납부의무가 없음을 알면서도 압류해제거부로 인한 사실상의 손해를 피하기 위하여 그 자유로운 의사에 반하여 부득이 변제한 것이라고 할 것이므로 원고는 그 반환청구권을 상실하지 않는다고 본 사례이다.

32) 종전의 학교용지 확보에 관한 특례법 제5조 제1항에 대하여 헌법재판소가 위헌결정(2005. 3. 31.)을 함에 따라 학교용지부담금을 이미 납부한 자에 대하여는 그 납부액을 환급하고, 납부하지 아니한 자에 대하여는 그 납부의무를 면제하려는 것이 그 제정이유이다.

(1) 행정행위의 위법성 판단- 선결문제

국가배상책임의 원인행위가 행정처분에 의하여 이루어진 경우에는 민사소송절차에 의한 손해배상청구(국가배상청구)에 있어서 위 행정처분의 위법성을 확인하는 것이 선결문제가 된다. 이 때 제소기간이 도과하여 확정력이 발생한 행정처분에 대하여 민사법원이 그 위법성을 확인할 수 있는가에 대하여는 부정설과 긍정설이 대립한다. 판례는 국가배상사건에서 민사법원이 선결문제로서 행정행위의 위법성 여부에 대한 심사를 할 수 있다는 입장을 취하고 있다(대법원 1972. 4. 28. 선고 72다337 판결).

(2) 고의 또는 과실

공무원은 법령의 위헌 여부를 심사할 권한이 없다. 오히려 공무원에게는 법령을 성실하게 집행할 의무가 있다. 따라서 위헌결정이 나기 전에 법률에 근거하여 조세 등의 금원을 납부받거나 그에 대하여 강제징수를 한 공무원에게 통상 고의 또는 과실이 있다고 보기는 어려울 것이다.

다. 평 가

위헌법률에 근거한 행정처분의 집행으로 발생한 손해에 대하여 국가배상을 청구하는 경우에 다른 요건의 충족 여부는 앞서 살펴 본 바와 같이 별다른 문제가 없다. 다만 위헌결정이 나기 전에 당해 위헌법령을 집행한 공무원에 대하여 통상적으로는 그 고의 또는 과실을 인정할 수 없다고 보아야 한다. 따라서 고의·과실 요건의 결여로 국가배상청구는 인정되기 어려운 경우가 일반적일 것이다.

제3절 헌법소원심판과 행정구제

Ⅰ. 의 의

헌법소원에는 두 종류가 있다. 하나는 공권력의 행사 또는 불행사로 인하여 기본권이 침해된 경우에 기본권을 침해받은 자가 제기하는 권리구제형 헌법소원(헌법재판소법 제68조 제1항에 의한 헌법소원)이고, 다른 하나는 법원에 위헌법률심판의 제청신청을 하였으나 기각된 경우에 제청신청을 한 당사자가 헌법재판소에 제기하는 위헌심사형 헌법소원(헌

법재판소법 제68조 제2항에 의한 헌법소원)이다.[33]

이 중 행정구제수단으로서 중요한 것은 권리구제형 헌법소원이다. 권리구제형 헌법소원에서는 공권력의 행사 또는 불행사가 다투어지는데, 여기에서의 공권력에는 행정권도 포함되므로 헌법소원심판이 행정구제수단으로서 작용할 여지가 크게 된다.

II. 헌법소원심판의 적법요건

1. 권리구제형 헌법소원심판

가. 청구권자와 피청구인

(1) 청구권자(기본권주체성)

기본권의 주체가 될 수 있는 자, 즉 기본권능력이 있는 자만이 헌법소원심판을 청구할 수 있다. 대한민국 국적을 가진 모든 자연인은 기본권의 주체가 되며, 따라서 모든 국민은 헌법소원심판을 청구할 수 있다. 외국인의 경우에는 국민의 권리가 아닌 인간의 권리(자연권적 성질을 가지는 기본권)의 범위 내에서만 청구인적격이 인정된다. 청구인이 될 수 있는 자는 자연인뿐만 아니라 법인과 권리능력 없는 사단이나 정당도 포함된다.

한편 국가나 국가기관은 국민의 기본권을 보호 내지 실현할 의무를 지는 기본권의 수범자이므로 기본권의 주체가 될 수 없고, 따라서 헌법소원심판의 청구권자가 될 수 없다(헌법재판소 2000. 8. 31. 선고 2000헌마156 전원재판부). 그러나 개인의 지위를 겸하는 국가기관의 경우 공권력 작용이 넓은 의미의 국가 조직영역 내에서 공적 과제를 수행하는 주체의 권한 내지 직무영역을 제약하는 성격이 강한 경우에는 그 기본권 주체성이 부정될 것이지만, 그것이 일반 국민으로서 국가에 대하여 가지는 헌법상의 기본권을 제약하는 성격이 강한 경우에는 기본권 주체성을 인정할 수 있다(헌법재판소 2008. 1. 17. 선고 2007헌마700 전원재판부).

---

33) 헌법재판소법 제68조(청구 사유) ① 공권력의 행사 또는 불행사로 인하여 헌법상 보장된 기본권을 침해받은 자는 법원의 재판을 제외하고는 헌법재판소에 헌법소원심판을 청구할 수 있다. 다만, 다른 법률에 구제절차가 있는 경우에는 그 절차를 모두 거친 후에 청구할 수 있다.
② 제41조 제1항에 따른 법률의 위헌 여부 심판의 제청신청이 기각된 때에는 그 신청을 한 당사자는 헌법재판소에 헌법소원심판을 청구할 수 있다. 이 경우 그 당사자는 당해 사건의 소송절차에서 동일한 사유를 이유로 다시 위헌 여부 심판의 제청을 신청할 수 없다.

판례

국가기관 또는 이를 구성하는 자가 그 직무상의 권한 침해를 이유로 헌법재판소법 제68조 제1항에 의한 헌법소원을 청구할 수 있는지 여부(소극): 헌법재판소법 제68조 제1항의 규정에 의한 헌법소원은, 헌법이 보장하는 기본권의 주체가 국가기관의 공권력의 행사 또는 불행사로 인하여 그 기본권을 침해받았을 경우 이를 구제하기 위한 수단으로 인정된 것이므로, 헌법소원을 청구할 수 있는 자는 원칙으로 기본권의 주체로서의 국민에 한정되며 국민의 기본권을 보호 내지 실현할 책임과 의무를 지는 국가기관이나 그 일부는 헌법소원을 청구할 수 없다(헌법재판소 2000. 8. 31. 선고 2000헌마156 전원재판부).

(2) 피청구인(공권력 행사의 주체)

피청구인은 공권력의 행사 또는 불행사를 통하여 국민의 기본권을 침해한 자이다. 사인(私人)은 공권력 행사의 주체가 될 수 없으므로 피청구인적격이 없다. 즉 사인은 기본권 규범의 수범자가 아니므로, 기본권적 보호법익에 대하여 사실상의 제약을 가할 수는 있으나 기본권을 '침해'할 수는 없다.

나. 대상: 공권력의 행사 또는 불행사

권리구제형 헌법소원심판이 성립하기 위해서는 공권력의 행사 또는 불행사가 존재하여야 한다(이에 대하여는 'Ⅲ. 권리구제형 헌법소원심판의 대상' 참고).

다. 법적 관련성

권리구제형 헌법소원심판은 원칙적으로 자신의 기본권이, 현재 그리고 직접 침해당한 경우라야 제기할 수 있다. 이와 같은 법적 관련성을 자기관련성, 현재성, 직접성이라고 한다.

(1) 침해의 자기관련성

원칙적으로 기본권을 침해당하고 있는 자만이 헌법소원심판을 청구할 수 있고, 제3자는 특별한 사정이 없는 한 기본권침해에 대하여 직접 관련되었다고 볼 수 없다. 다만 예외적으로 제3자에게 자기관련성이 인정되는 경우도 있는바, 어떠한 경우에 제3자인 청구인의 자기관련성을 인정할 수 있는가의 문제는 무엇보다도 법의 목적 및 실질적인 규율대상, 법규정에서의 제한이나 금지가 제3자에게 미치는 효과나 진지성의 정도, 규범의 직접적인 수규자에 의한 헌법소원 제기의 기대가능성 등을 종합적으로 고려하여 판단하여야 한다(헌법재판소 1997. 9. 25. 선고 96헌마133 전원재판부; 헌법재판소 2013. 5. 30. 선고 2009헌마514

전원재판부 등).

침해의 자기관련성 요건은 헌법소원제도가 민중소송화 하는 것을 방지하기 위한 것이다(헌법재판소 2006. 12. 28. 선고 2004헌마229 전원재판부).

(2) 침해의 현재성

청구인은 공권력작용과 현재 관련이 있어야 하며, 장래 어느 때인가 관련될 수 있을 것이라는 것만으로는 헌법소원을 제기하기에 족하지 않다. 즉 청구인이 현재 기본권을 침해당한 경우여야 한다.

다만 판례는 기본권침해가 장래에 발생하더라도 그 침해가 틀림없을 것으로 현재 확실히 예측된다면 기본권구제의 실효성을 위하여 침해의 현재성을 인정한다(헌법재판소 1992. 10. 1. 선고 92헌마68,76 전원재판부).

(3) 침해의 직접성

청구인은 공권력작용으로 인하여 직접적으로 기본권이 침해되어야 한다. 이 직접성의 요건은 법령에 대한 헌법소원에서 특히 중요한 의미를 가진다. 즉 법령에 대한 헌법소원에서 말하는 기본권침해의 직접성이란 집행행위에 의하지 아니하고 법령 그 자체에 의하여 자유의 제한, 의무의 부과, 권리 또는 법적 지위의 박탈이 생긴 경우를 뜻하므로, 구체적인 집행행위를 통하여 비로소 당해 법령에 의한 기본권 침해의 법률효과가 발생하는 경우에는 직접성의 요건이 결여된다(헌법재판소 1992. 11. 12. 선고 91헌마192 전원재판부).

한편 법령에 대하여 집행행위가 예정되어 있다고 하더라도 i) 법령의 내용이 일의적이고 명백한 것이어서 집행기관이 심사와 재량의 여지없이 그 법령에 따라 일정한 집행행위(기속행위)를 하여야 하는 때, 또는 ii) 법규범의 내용이 집행행위 이전에 이미 국민의 권리관계를 직접 변동시키거나 국민의 법적 지위를 결정적으로 정하는 것이어서 국민의 권리관계가 집행행위의 유무나 내용에 의하여 좌우될 수 없을 정도로 확정된 상태라면 그 법규범에는 권리침해의 직접성이 인정된다(헌법재판소 2005. 12. 22. 선고 2004헌마142 전원재판부). 따라서 당해 법령에 근거한 구체적인 집행행위가 '재량행위'인 경우, 이때의 기본권침해는 집행기관의 의사에 따른 집행행위, 즉 재량권의 행사에 의하여 비로소 이루어지고 현실화되므로 법령에 의한 기본권침해의 직접성이 인정될 여지가 없다(헌법재판소 2003. 7. 24. 선고 2003헌마3 전원재판부).

판례

법률 또는 법률조항 자체가 헌법소원의 대상이 되기 위한 요건으로서의 기본권침해의 직접성의 의미: 법률 또는 법률조항 자체가 헌법소원의 대상이 될 수 있으려면 그 법률 또는 법률조항에 의하여 구체적인 집행행위를 기다리지 아니하고 직접, 현재, 자기의 기본권을 침해받아야 하는 것을 요건으로 하고, 여기서 말하는 기본권 침해의 직접성이란 집행행위에 의하지 아니하고 법률 그 자체에 의하여 자유의 제한, 의무의 부과, 권리 또는 법적 지위의 박탈이 생긴 경우를 뜻하므로, 구체적인 집행행위를 통하여 비로소 당해 법률 또는 법률조항에 의한 기본권 침해의 법률효과가 발생하는 경우에는 직접성의 요건이 결여된다(헌법재판소 1992. 11. 12. 선고 91헌마192 전원재판부).

법령에 대한 헌법소원에 있어서 당해 법령에 근거한 구체적인 집행행위가 "재량행위"인 경우와 "직접성"요건: 법령에 대한 헌법소원에 있어서 "기본권침해의 직접성"을 요구하는 이유는, 법령은 일반적으로 구체적인 집행행위를 매개로 하여 비로소 기본권을 침해하게 되므로 기본권의 침해를 받은 개인은 먼저 일반 쟁송의 방법으로 집행행위를 대상으로 하여 기본권침해에 대한 구제절차를 밟는 것이 헌법소원의 성격상 요청되기 때문이다. 특히, 법령에 근거한 구체적인 집행행위가 "재량행위"인 경우에는 법령은 집행기관에게 기본권침해의 가능성만을 부여할 뿐 법령 스스로가 기본권의 침해행위를 규정하고 행정청이 이에 따르도록 구속하는 것이 아니고, 이때의 기본권침해는 집행기관의 의사에 따른 집행행위, 즉 재량권의 행사에 의하여 비로소 이루어지고 현실화되므로 이러한 경우에는 법령에 의한 기본권침해의 직접성이 인정될 여지가 없다(헌법재판소 2003. 7. 24. 선고 2003헌마3 전원재판부).

라. 보충성

(1) 의 의

헌법재판소법 제68조 제1항 단서는 "다른 법률에 구제절차가 있는 경우에는 그 절차를 모두 거친 후가 아니면 헌법소원심판을 청구할 수 없다"라고 규정하고 있다. 따라서 행정구제수단으로서 헌법소원은 기존의 통상적 구제절차가 존재하는 경우에는 그 구제절차를 거친 후에만 제기될 수 있다. 이를 헌법소원의 보충성의 원칙이라 한다.

(2) 사전구제절차의 의미

여기서 '다른 법률에 의한 구제절차'라 함은 항고소송 등과 같이 공권력의 행사 또는 불행사를 직접 대상으로 하여 그 효력을 다툴 수 있는 권리구제절차를 의미하고, 손해배상청구, 손실보상청구 등과 같이 사후적·보충적 구제수단을 뜻하는 것은 아니다(헌법재판소 1989. 4. 17. 선고 88헌마3 전원재판부).

즉 간접적인 구제절차나 보충적인 구제절차는 사전구제절차에 해당하지 않는다.

(3) 보충성 원칙의 완화

보충성 요건을 갖추지 못한 상태에서 헌법소원심판이 청구된 경우에도, 헌법재판소의 심리종결시까지 사전구제절차를 모두 거치게 되면 보충성 요건의 하자는 치유될 수 있다(헌법재판소 1996. 3. 28. 선고 95헌마211 전원재판부).

한편 법률상 다른 구제절차가 없는 경우 및 사전에 다른 구제절차를 거칠 것을 기대하기가 곤란한 경우 등에도 보충성의 요건은 배제될 수 있다(헌법재판소 1989. 9. 4. 선고 88헌마22 전원재판부).

판례

헌법소원에 있어서 보충성의 원칙의 예외사유: 헌법소원심판청구인이 그의 불이익으로 돌릴 수 없는 정당한 이유 있는 착오로 전심절차를 밟지 않은 경우 또는 전심절차로 권리가 구제될 가능성이 거의 없거나 권리구제절차가 허용되는지의 여부가 객관적으로 불확실하여 전심절차이행의 기대가능성이 없을 때에도 예외적으로 헌법재판소법 제68조 제1항 단서 소정의 전심절차 이행요건은 배제된다(헌법재판소 1989. 9. 4. 선고 88헌마22 전원재판부).

마. 권리보호의 이익과 심판이익

(1) 권리보호의 이익

헌법소원제도는 국민의 기본권침해를 구제해 주는 제도이므로 그 제도의 목적상 권리보호의 이익이 있는 경우에야 비로소 이를 제기할 수 있다. 즉 권리보호의 이익이 없는 헌법소원심판청구는 부적법하여 각하를 면할 수 없다. 이는 헌법소원심판이 가지는 주관소송으로서의 성질에서 요구되는 적법요건이다.

이러한 권리보호의 이익은 헌법소원심판을 청구할 때뿐만 아니라 헌법재판소의 결정 당시에도 존재하여야 한다. 심판청구 당시 권리보호의 이익이 인정되더라도 심판 계속 중에 사실관계 또는 법령제도의 변동과 같은 사정변경으로 인하여 권리보호의 이익이 소멸 또는 제거된 경우에는 원칙적으로 심판청구는 부적법하게 되어 각하를 면할 수 없다(헌법재판소 1994. 8. 31. 선고 92헌마174 전원재판부 등).

(2) 심판이익

심판의 이익이란 헌법소원심판이 청구된 사건에 있어서 헌법재판소가 심판의 대상에 대하여 본안판단을 하여야 할 필요를 의미한다.

주관적인 권리보호이익이 존재하는 경우에는 통상 심판의 이익도 존재한다. 그런데 주관적 권리보호이익이 존재하지 아니하더라도 예외적으로 심판의 이익이 존재하는 경우가 있다. 왜냐하면 헌법소원심판은 단지 주관적인 권리구제절차일 뿐만 아니라 객관적 헌법질서의 수호와 유지에 기여한다는 이중적 성격을 지니고 있기 때문이다(헌법재판소 1997. 12. 24. 선고 96헌마172,173(병합) 전원재판부). 그리하여 헌법소원심판 계속 중 주관적인 권리보호이익이 소멸된 경우에도, 그러한 기본권 침해행위가 반복될 위험이 있고 그 해명이 헌법질서의 수호·유지를 위하여 긴요한 사항으로서 중대한 의미를 지니고 있다고 보이는 경우에는 심판청구의 이익이 인정된다(헌법재판소 1999. 5. 27. 선고 97헌마137,98헌마5(병합) 전원재판부 등).

헌법재판소는 미결수용자에 대하여 재소자용 의류를 입게 한 행위(헌법재판소 1999. 5. 27. 선고 97헌마137,98헌마5(병합) 전원재판부: 헌법소원심판 계속 중 청구인들이 석방되었음),[34] 수형자의 서신에 대한 검열행위(헌법재판소 1998. 8. 27. 선고 96헌마398 전원재판부: 서신검열행위는 이미 종료되었고, 청구인도 형기만료로 이미 출소하였음), 유치인으로 하여금 차폐시설이 불충분한 유치장 내 화장실을 사용하도록 강제한 행위(헌법재판소 2001. 7. 19. 선고 2000헌마546 전원재판부: 침해행위는 이미 종료되었음),[35] 검사가 법원의 증인으로 채택된 수감자를 그 증언에 이르기까지 거의 매일 검사실로 하루 종일 소환하여 피고인측 변호인이 접근하는 것을 차단하고, 검찰에서의 진술을 번복하는 증언을 하지 않도록 회유·압박하는 행위(헌법재판소 2001. 8. 30. 선고 99헌마496 전원재판부: 증인이 이미 법정에 출석하여 증언하였고 청구인에 대한 형사사건도 사실심 재판이 종결되었으며 검사(피

---

34) 이 결정에서의 주문은 다음과 같다.

【주 문】

피청구인 성동구치소장이 청구인 강○현을 1997. 3. 28.부터 같은 해 5. 8.까지 성동구치소에, 피청구인 영등포구치소장이 청구인 서○식을 1997. 11. 12.부터 1998. 2. 5.까지 영등포구치소에, 각 수용하는 동안 재소자용 의류를 입게 하여 수사 또는 재판을 받게 한 행위는 무죄추정의 원칙에 반하고 청구인들의 인격권, 행복추구권, 공정한 재판을 받을 권리를 침해한 것으로 위헌임을 확인한다.

35) 이 결정에서의 주문은 다음과 같다.

【주 문】

청구인들이 2000. 6. 18. 09:00경부터 같은 달 20. 02:00경까지 서울 영등포구 당산동 3가 2의 11 소재 영등포경찰서 유치장에 수용되어 있는 동안 차폐시설이 불충분하여 사용과정에서 신체부위가 다른 유치인들 및 경찰관들에게 관찰될 수 있고 냄새가 유출되는 실내화장실을 사용하도록 강제한 피청구인의 행위는 헌법 제10조에 의하여 보장되는 청구인들의 인격권을 침해한 것으로 위헌임을 확인한다.

청구인)는 더 이상 증인을 소환하지 아니하므로 청구인의 신속·공정한 재판을 받을 권리는 현재로는 더 이상 침해받고 있지 않다고 할 수 있는 상태임)[36] 등에 대하여 제기된 헌법소원심판에서 같은 유형의 침해행위가 반복될 위험성 및 헌법적 해명의 필요성이 있다고 하여 심판청구의 이익을 인정하고 있다.

(3) 보충성의 원칙과의 관계

기본권의 포괄적 성격으로 인하여 헌법소송에서의 권리보호이익은 항고소송에서의 원고적격(법률상 이익)보다 그 범위가 넓다. 아울러 주관적 권리보호이익이 존재하지 아니하더라도 위와 같이 예외적으로 심판의 이익이 존재할 수 있는바, 헌법소원의 심판의 이익은 항고소송에서의 소의 이익보다 인정의 폭이 넓다고 할 수 있다.

처분에 대한 항고소송에 있어서 원고적격 또는 소의 이익이 없을지라도, 헌법소원의 권리보호의 이익 또는 심판의 이익이 있는 경우에는 헌법소원의 보충성의 요건이 충족된다.

바. 청구기간

(1) 원 칙

권리구제형 헌법소원의 심판은 그 사유가 있음을 안 날부터 90일 이내에, 그 사유가 있는 날부터 1년 이내에 청구하여야 한다. 다만, 다른 법률에 따른 구제절차를 거친 헌법소원의 심판은 그 최종결정을 통지받은 날부터 30일 이내에 청구하여야 한다(헌법재판소법 제69조 제1항).

(2) 법령에 대한 헌법소원심판의 경우

법령에 대한 헌법소원심판은 법령의 시행과 동시에 기본권의 침해를 받게 되는 경우에는 그 법령이 시행된 사실을 안 날부터 90일 이내에, 그 법령이 시행된 날부터 1년 이내에 청구하여야 한다. 하지만 법령이 시행된 후에 비로소 그 법령에 해당하는 사유가 발생하여 기본권의 침해를 받게 되는 경우에는 그 사유가 발생하였음을 안 날부터 90일 이내에, 그 사유가 발생한 날부터 1년 이내에 헌법소원심판을 청구하여야 한다.

여기서 '법령이 시행된 후에 비로소 그 법령에 해당하는 사유가 발생하는 경우'란 법령 시행 이후에 당해 법령의 적용을 받게 되는 영업을 개시하여 기본권의 침해를 받게 되

---

36) 이 결정에서의 주문은 다음과 같다.

【주 문】

청구인에 대한 특정범죄가중처벌등에관한법률위반 피고사건에서 검찰측 증인으로 채택된 청구외 이○학을 피청구인이 별지 소환목록(1) 기재와 같이 전후 145회에 걸쳐 소환한 것은 청구인의 공정한 재판을 받을 권리를 침해한 것으로서 위헌임을 확인한다.

는 것 등과 같은 경우를 말한다.

한편 종래 합법적으로 영위하여 오던 영업을 유예기간 이후 금지 또는 제한하는 법규정의 경우, 유예기간이 경과한 후에야 비로소 기본권에 대한 침해가 발생하는 게 아니라, 이미 법규정의 시행 당시에 기본권의 제한 내지 법적 강제가 구체적·현실적으로 발생한 것으로 보는 것이 타당하므로, 청구기간도 이 시행일을 기산점으로 보아야 한다는 것이 과거 판례의 입장이었다(헌법재판소 1996. 3. 28. 선고 93헌마198 전원재판부; 헌법재판소 2013. 11. 28. 선고 2011헌마372 전원재판부). 위 판례에 대하여는 기본권 침해가 실제로 발생하기도 전에 헌법소원을 청구하도록 강요하면서 정작 기본권 침해가 실제로 발생한 때에는 그 위헌성을 다툴 기회를 부여하지 않게 되는 불합리한 결과를 초래하여 국민의 헌법재판을 받을 권리를 박탈하고 있다는 비판이 있어 왔다.[37] 그리하여 헌법재판소는 이후 판례를 변경하여 유예기간을 두고 있는 법령의 경우, 위 법령이 구체적이고 현실적으로 청구인들에게 적용되는 것은 유예기간을 경과한 때부터라는 이유로 '유예기간이 경과한 때'를 청구기간의 기산점으로 보고 있다(헌재 2020. 4. 23. 선고 2017헌마479 결정).

판례

유예기간을 두고 있는 법령의 경우, 헌법소원심판의 청구기간 기산점을 그 법령의 시행일이 아니라 유예기간 경과일이라고 본 사례: 유예기간을 경과하기 전까지 청구인들은 이 사건 보호자동승조항에 의한 보호자동승의무를 부담하지 않는다. 이 사건 보호자동승조항이 구체적이고 현실적으로 청구인들에게 적용된 것은 유예기간을 경과한 때부터라 할 것이므로, 이때부터 청구기간을 기산함이 상당하다. 종래 이와 견해를 달리하여, 법령의 시행일 이후 일정한 유예기간을 둔 경우 이에 대한 헌법소원심판 청구기간의 기산점을 법령의 시행일이라고 판시한 우리 재판소 결정들은, 이 결정의 취지와 저촉되는 범위 안에서 변경한다(헌재 2020. 4. 23. 선고 2017헌마479 결정).

(3) 국선대리인 선임신청을 한 경우

헌법소원심판을 청구하려는 자가 변호사를 대리인으로 선임할 자력이 없는 경우에는 헌법재판소에 국선대리인을 선임하여 줄 것을 신청할 수 있는바, 이 경우 헌법재판소법 제69조에 따른 청구기간은 국선대리인의 선임신청이 있는 날을 기준으로 정한다(헌법재판소법 제70조 제1항). 선정된 국선대리인은 선정된 날부터 60일 이내에 제71조에 규정된 사항을 적은 심판청구서를 헌법재판소에 제출하여야 한다(헌법재판소법 제70조 제5항). 헌법재판소가 국선대리인을 선정하지 아니한다는 결정을 한 때에는 지체 없이 그 사실을 신청

37) 김하열, 헌법소송법(제2판), 2016, 542면 등.

인에게 통지하여야 하며, 이 경우 신청인이 선임신청을 한 날로부터 그 통지를 받은 날까지의 기간은 헌법재판소법 제69조의 청구기간에 산입하지 아니한다(헌법재판소법 제70조 제4항).

(4) 기간의 계산방법

기간의 말일이 토요일 또는 공휴일에 해당한 때에는 기간은 그 익일로 만료하며(헌법재판소법 제40조 제1항; 민법 제161조), 대법원 판례에 의하면 기간이 초일이 공휴일이라 하더라도 기간은 초일부터 기산된다(대법원 1982. 2. 23. 선고 81누204 판결).

사. 변호사강제주의

각종 심판절차에서 당사자인 사인(私人)은 변호사를 대리인으로 선임하지 아니하면 심판청구를 하거나 심판 수행을 하지 못한다(헌법재판소법 제25조 제3항). 즉 헌법소원심판절차에서는 변호사강제주의가 적용된다. 따라서 청구인은 변호사를 대리인으로 선임하거나(헌법재판소법 제25조 제3항) 헌법재판소에 국선대리인선임신청을 하여(헌법재판소법 제70조) 위 선정된 대리인이 헌법소원심판청구서를 제출하여야 한다.

2. 위헌심사형 헌법소원심판

가. 청구인

위헌심사형 헌법소원은 당해사건의 당사자로서 위헌법률심판 제청신청을 하였다가 기각(또는 각하)된 사람이 청구인이 되는 것이 원칙이다. 이와 관련하여 판례는 민사소송의 보조참가인(헌법재판소 2003. 5. 15. 선고 2001헌바98 전원재판부), 행정소송의 피고나 그 보조참가인인 행정청(헌법재판소 2008. 4. 24. 선고 2004헌바44 전원재판부)의 경우에도 위헌심사형 헌법소원심판의 청구인적격을 인정하고 있다.

나. 대 상

위헌심사형 헌법소원심판청구의 대상으로서의 '법률'은 국회의 의결을 거친 형식적 의미의 법률뿐만 아니라 법률과 동일한 효력을 가지는 조약 등도 포함된다(헌법재판소 2001. 9. 27. 선고 2000헌바20 전원재판부). 그러나 법률보다 하위의 효력을 지닌 대통령령, 부령, 규칙 및 조례를 대상으로 한 헌법재판소법 제68조 제2항의 헌법소원심판청구는 부적법하다(헌법재판소 1992. 10. 31. 선고 92헌바42 제1지정재판부 등).

다. 위헌법률심판 제청신청에 대한 기각(또는 각하)결정

위헌심사형 헌법소원은 법률의 위헌여부심판의 제청신청을 하여 그 신청이 기각된 때에만 청구할 수 있는 것이므로, 청구인이 당해 소송법원에 위헌여부심판의 제청신청을 하지 않았고 따라서 법원의 기각결정도 없었던 부분에 대한 심판청구는 그 심판청구요건을 갖추지 못하여 부적법하다(헌법재판소 2000. 2. 24. 선고 98헌바73 전원재판부 등). 그러나 당사자가 위헌법률심판 제청신청의 대상으로 삼지 않았고 또한 법원이 기각결정의 대상으로도 삼지 않았음이 명백한 법률조항이라 하더라도, 예외적으로 ① 위헌제청신청을 기각 또는 각하한 법원이 위 조항을 실질적으로 판단하였거나, ② 위 조항이 명시적으로 위헌제청신청을 한 조항과 상호 필연적 연관관계를 맺고 있어서 법원이 위 조항을 묵시적으로나마 판단하였다고 보이는 경우에는 이러한 법률조항에 대한 심판청구도 적법하다고 보아야 할 것이다(헌법재판소 2001. 1. 18. 선고 2000헌바29 전원재판부; 헌법재판소 2012. 3. 29. 선고 2010헌바432 전원재판부 등).

한편 기각결정을 하여야 됨에도 불구하고 당사자의 제청신청을 '각하'결정이라는 재판형식으로 배척한 경우에도 위헌심사형 헌법소원심판의 청구는 허용된다.

라. 재판의 전제성

위헌법률심판의 제청(헌법재판소법 제41조)이나 규범통제형 헌법소원심판의 청구(헌법재판소법 제68조 제2항)를 위해서는 재판의 전제성이 요구된다. 재판의 전제성이란 법률이 헌법에 위반되는 여부가 법원(군사법원 포함)이 담당하는 당해 사건의 재판에 전제가 되는 것을 말한다(그 자세한 내용에 대하여는 제2절. 위헌법률심판과 행정구제 중 'Ⅳ. 재판의 전제성 충족여부' 부분을 참고하기 바람).

마. 청구기간

위헌심사형 헌법소원심판은 위헌 여부 심판의 제청신청을 기각(또는 각하)하는 결정을 통지받은 날부터 30일 이내에 청구하여야 한다(헌법재판소법 제69조 제2항). 여기서 '통지'란 상당하다고 인정되는 방법으로 상대방에게 알리는 것을 의미하며 반드시 문서에 의할 것을 요하지 않는다. 따라서 기각(또는 각하)결정 통지가 반드시 문서로 이루어질 필요는 없고, 법정에 위헌법률심판제청 신청인이 출석한 가운데 재판서에 포함된 위헌법률심판 제청신청을 기각하는 취지의 주문을 낭독하는 방법으로 이루어지는 경우도 기각(또는 각하)결정의 통지로 볼 수 있다(헌법재판소 2021. 5. 27. 선고 2019헌바227 참조).

국선대리인 선임신청을 한 경우의 청구기간 및 기간의 계산방법은 권리구제형 헌법소원심판에서 살펴본 것과 동일하다.

바. 변호사강제주의

위헌심사형 헌법소원심판절차에서도 변호사강제주의가 적용된다(헌법재판소법 제25조 제3항).

Ⅲ. 권리구제형 헌법소원심판의 대상(인정범위)

1. 입법작용

가. 법 률

국회가 제정한 법률은 헌법재판소법 제68조 제1항 본문에 규정된 '공권력의 행사'에 해당된다. 그러나 모든 법률이 헌법소원의 대상이 되는 것은 아니고, 그 법률이 구체적 집행행위를 기다리지 아니하고 직접적으로 그리고 현재적으로 헌법상 보장된 기본권을 침해하는 경우에 한하여 헌법소원심판의 대상이 된다.

다만 이 경우에도 당해 법률이 처분적 성질을 띠는 경우에는 항고소송이 가능하므로 헌법소원은 인정될 수 없다.

나. 국회의 입법부작위

(1) 단순입법부작위

입법을 할 것인지의 여부와 입법의 내용을 어떻게 정할 것인가 하는 것이 전적으로 국회에 맡겨진 경우에, 국회가 이러한 입법형성의 자유에 의하여 입법을 하지 아니하는 것을 단순입법부작위라고 한다. 이러한 경우에 국회는 입법의무를 지지 않는다.

단순입법부작위의 경우에 국민은 특정 법률을 제정할 것을 국회에 요구할 권리를 가지지 못한다. 따라서 이 경우에 헌법소원심판은 원칙적으로 허용되지 않는다.

판례

어떠한 사항을 법규로 규율할 것인가의 여부는 특단의 사정이 없는 한 입법자의 정치적, 경제적, 사회적 각종 고려하에서 정하여지는 입법정책의 문제이므로, 국민이 국회에 대하여 일정한 입법을 해달라는 청원을 함은 별론으로 하고, 법률의 제정을 소구하는 헌법소원은 헌법상 기본권보장을 위하여 명시적인 입법위임이 있었음에도 입법자가 이를 방치하고 있거나 헌법 해석상 특정인에게 구체적인 기본권이 생겨 이를 보장하기 위한 국가의 행위 내지 보호의무가 발생하였음에도 불구하고 국가가 아무런 입법조치를 취하지 않고 있는 경우가 아니면 원칙적으로 인정될 수 없다(헌법재판소 1992. 12. 24. 선고 90헌마174 전원재판부).

(2) 진정입법부작위

헌법이 국회에 구체적 입법의무를 지우고 있음에도 불구하고 국회가 현실적으로 그 입법의무를 이행하지 아니하여 법률이 존재하지 아니하는 경우를 말한다.

진정입법부작위는 헌법재판소법 제68조 제1항 본문에 규정된 '공권력의 불행사'에 해당되므로 헌법소원이 허용된다(헌법재판소 2009. 7. 14. 선고 2009헌마349 전원재판부).

(3) 부진정입법부작위

헌법이 국회에 입법의무를 부과하고 있고, 그에 따라 국회가 입법의무를 이행하여 법률을 제정하거나 개정하였지만 그것이 불완전하거나 불충분하게 규정되어 위 불완전 또는 불충분한 부분에 있어서 사실상 입법작용이 없는 경우를 말한다

부진정입법부작위를 대상으로 헌법소원을 제기하려면 그 입법부작위를 헌법소원의 대상으로 삼을 수는 없고, 결함이 있는 당해 입법규정 그 자체를 대상으로 하여 그것이 평등의 원칙에 위배된다는 등 헌법위반을 내세워 적극적인 헌법소원을 제기하여야 한다(헌법재판소 2009. 7. 14. 선고 2009헌마349 전원재판부).

다. 기타 국회의 공권력작용

그 밖에 국회의장이 국회의원을 상임위원회의 위원으로 선임하는 행위는 국회조직 구성에 관한 기관 내부의 행위에 불과하고(헌법재판소 1999. 6. 24. 선고 98헌마472·488 전원재판부), 대통령의 법률안 제출행위는 국가기관간의 내부적 행위에 불과하여(헌법재판소 1994. 8. 31. 선고 92헌마174 전원재판부) 국민의 권리의무에 대하여 직접적인 법률효과를 발생시키는 행위라고 할 수 없다. 한편 예산은 일종의 법규범이고 법률과 마찬가지로 국회의 의결을 거쳐 제정되지만 법률과 달리 국가기관만을 구속할 뿐 일반국민을 구속하지 않는다(헌법재판소 2006. 4. 25. 선고 2006헌마409 제2지정재판부). 위와 같은 점에 비추어 보건대, i) 국회의장이 국회의원을 상임위원회의 위원으로 선임하는 행위, ii) 대통령의 법률안 제출행위, iii) 국회가 의결한 예산 또는 국회의 예산안 의결 등은 헌법재판소법 제68조 제1항

소정의 '공권력의 행사'에 해당하지 않고 따라서 헌법소원의 대상이 되지 아니한다.

반면에 국회는 청원에 대하여 심사할 의무를 지고 청원한 청구인에게는 심사를 요구할 수 있는 권리가 있으므로, 국회의장의 청원심사부작위는 헌법소원의 대상이 될 수 있다(헌법재판소 2000. 6. 1. 선고 2000헌마18 전원재판부).

2. 행정작용

가. 통치행위

고도의 정치적 결단에 의한 국가행위를 일반적으로 통치행위라고 부르고 있다. 이러한 통치행위는 행정소송의 대상이 되지 않는다고 보는 것이 보통이다. 그러나 통치행위를 포함하여 모든 국가작용은 국민의 기본권적 가치를 실현하기 위한 수단이라는 한계를 반드시 지켜야 하는 것이고, 헌법재판소는 헌법의 수호와 국민의 기본권 보장을 사명으로 하는 국가기관이므로 비록 고도의 정치적 결단에 의하여 행해지는 국가작용이라고 할지라도 그것이 국민의 기본권 침해와 직접 관련되는 경우에는 당연히 헌법재판소의 심판대상이 된다고 보아야 할 것이다(헌법재판소 1996. 2. 29. 선고 93헌마186 전원재판부).

그런데 헌법재판소는 대통령 긴급재정경제명령은 국가긴급권의 일종으로서 고도의 정치적 결단에 의하여 발동되는 행위이고 그 결단을 존중하여야 할 필요성이 있는 행위라는 의미에서 이른바 통치행위에 속한다고 하면서도 이를 헌법소원심판의 대상으로 보고 있다(헌법재판소 1996. 2. 29. 선고 93헌마186 전원재판부). 반면에 군대의 해외파견에 대한 대통령의 결정과 국회의 동의행위는 고도의 정치적인 결단에 해당하므로 헌법재판소는 이의 위헌여부에 대한 판단은 자제하는 것이 타당하다는 이유로 이에 대한 헌법소원심판 청구를 각하하였다(헌재 2004. 4. 29. 선고 2003헌마814).

나. 권력적 사실행위

일반적으로 어떤 행정행위가 헌법소원의 대상이 되는 권력적 사실행위에 해당하는지의 여부는 당해 행정주체와 상대방과의 관계, 그 사실행위에 대한 상대방의 의사·관여정도·태도, 그 사실행위의 목적·경위, 법령에 의한 명령·강제수단의 발동 가부 등 그 행위가 행하여질 당시의 구체적 사정을 종합적으로 고려하여 개별적으로 판단하여야 한다(헌법재판소 1994. 5. 6. 선고 89헌마35 전원재판부).

한편 권력적 사실행위가 직접 국민의 구체적인 권리의무나 법적 이익에 영향을 미치는 경우에는 원칙적으로 처분성이 인정되어 항고소송의 대상이 된다. 따라서 이 경우의 권력적 사실행위는 보충성의 원칙에 따라 헌법소원의 대상이 될 수 없다. 하지만 권력적 사실행위 중에서도 법원에 의하여 처분성을 인정받지 못한 행위가 광범위하게 존재한다. 또한 행정소송법은 법률상 이익이 있는 자에게만 원고적격을 인정하고 있고(행정소송법 제12조), 위 법률상 이익의 범위 속에 헌법상의 기본권은 포함되지 않는다. 따라서 권력적 사실행위가 행정소송에 의하여 구제될 수 없고(처분성 및 원고적격의 결여 등), 그것이 헌법상의 기본권을 침해하는 경우에는 헌법소원을 제기할 수 있다고 할 것이다.

헌법재판소는 교도소내 접견실의 칸막이 설치행위(헌법재판소 1997. 3. 27. 선고 92헌마273), 구치소장이 미결수용자로 하여금 수사 및 재판을 받을 때 재소자용 의류를 입게 한 행위(헌법재판소 1999. 5. 27. 선고 97헌마137 등), 유치장관리자가 현행범으로 체포된 피의자에게 차폐시설이 불충분한 화장실을 사용하도록 한 행위(헌법재판소 2001. 7. 19. 선고 2000헌마546) 등은 이른바 권력적 사실행위로서 헌법소원의 대상이 된다고 하였다.

다. 행정상 입법

(1) 법규명령

헌법 제107조 제2항은 "명령·규칙 또는 처분이 헌법이나 법률에 위반되는 여부가 재판의 전제가 된 경우에는 대법원은 이를 최종적으로 심사할 권한을 가진다."라고 규정하고 있다. 위 규정에 따르면 법규명령의 심사는 일반적인 재판절차에 의하여 구체적 규범통제의 방법에 의하도록 명시되어 있으므로, 당사자는 구체적 사건의 심판을 위한 선결문제로서 법규명령의 위법성을 주장할 수 있을 뿐 법규명령 자체의 합법성의 심사를 목적으로 하는 독립한 신청을 제기할 수는 없다(대법원 1994. 4. 26.자 93부32 결정).

그러나 헌법재판소법 제68조 제1항이 규정하고 있는 헌법소원심판의 대상으로서의 공권력이란 입법·사법·행정 등 모든 공권력을 말하는 것이므로, 행정부에서 제정한 시행령이나 시행규칙 및 사법부에서 제정한 규칙 등도 그것들이 별도의 집행행위를 기다리지 않고 직접 기본권을 침해하는 것일 때에는 모두 헌법소원심판의 대상이 될 수 있는 것이다(헌법재판소 1997. 6. 26. 선고 94헌마52 전원재판부).

다만 명령·규칙(법규명령)이 처분적 성질을 띠는 경우에는 항고소송이 가능하므로 이 경우 헌법소원은 인정될 수 없다. 예를 들어, 대법원은 항정신병 치료제의 요양급여 인정기준에 관한 보건복지부 고시가 다른 집행행위의 매개 없이 그 자체로서 제약회사, 요양기관, 환자 및 국민건강보험공단 사이의 법률관계를 직접 규율한다는 이유로 항고소송의 대상이 되는 행정처분에 해당한다고 판시한 바 있는바(대법원 2003. 10. 9.자 2003무23 결정),

이 경우에는 보충성의 원칙에 따라 더 이상 헌법소원심판의 대상이 될 수 없다. 그러나 법규명령의 처분성을 인정한 위 대법원 판례는 예외적인 현상이므로 위 판례가 집행행위 없이 직접 기본권을 침해하는 법규명령에 대한 헌법소원을 일반적으로 배제할 근거는 될 수 없을 것이다.

(2) 행정규칙

행정규칙은 일반적으로 행정조직 내부에서만 효력을 가지는 것이고 대외적인 구속력이 없으므로, 원칙상 헌법소원의 대상이 되는 '공권력의 행사'에 해당되지 아니한다.

그러나 예외적으로 i) 행정규칙이 법규성을 지니는 경우(예: 법령보충적 행정규칙, 헌법재판소 1992. 6. 26. 선고 91헌마25 전원재판부), ii) 비록 법규성은 없다고 할지라도 대외적으로 사실상 강한 구속력을 가지는 경우(헌법재판소 1992. 10. 1. 선고 92헌마68,76 전원재판부),[38] iii) 행정규칙이 평등원칙이나 신뢰보호원칙을 매개로 하여 간접적·대외적 구속력을 미치는 경우(헌법재판소 2001. 5. 31. 선고 99헌마413 전원재판부)[39] 등에는 직접 국민의 기본권을 침해할 수도 있으므로, 그 경우에는 헌법소원의 대상인 '공권력의 행사'에 해당된다고 보아야 할 것이다.

(3) 조 례

지방의회가 제정한 조례도 자치입법권력의 행사로서 공권력의 행사에 해당하므로 헌법소원심판 청구의 대상이 된다. 헌법재판소도 조례가 헌법소원심판의 대상이 된다고 판시하고 있다(헌법재판소 1995. 4. 20. 선고 92헌마264, 279 전원재판부 등).

판례

조례가 헌법소원의 대상이 될 수 있는지 여부: 조례는 지방자치단체가 그 자치입법권에 근거하여 자주적으로 지방의회의 의결을 거쳐 제정한 법규이기 때문에 조례 자체로 인하여 직접 그리고 현재 자기의 기본권을 침해받은 자는 그 권리구제의 수단으로서 조례에 대한 헌법소원을 제기할 수 있다(헌법재판소 1995. 4. 20. 선고 92헌마264, 279 전원재판부 등).

그런데 대법원은 조례가 집행행위의 개입 없이 그 자체로서 직접 국민의 구체적인 권리의무나 법적 이익에 영향을 미치는 등의 법률상 효과를 발생하는 경우 그 조례는 항고소송의 대상이 되는 행정처분에 해당한다고 판시한 바 있다(대법원 1996. 9. 20. 선고 95누8003 판

38) 박윤흔·정형근, 앞의 책, 245면.

39) 류지태·박종수, 행정법신론(제15판), 2011, 315면.

결). 위와 같이 조례가 직접적으로 개인의 구체적인 권리의무나 법률상 이익을 침해하여 항고소송의 대상이 되는 경우에는 보충성의 원칙에 따라 더 이상 헌법소원의 대상이 될 수는 없다고 할 것이다. 그러나 조례의 처분성을 인정한 위 대법원 판례는 예외적인 현상이므로 위 판례가 조례에 대한 헌법소원을 일반적으로 배제할 이유는 될 수 없다고 보아야 한다.

(4) 행정입법의 부작위

행정입법부작위는 그 성질상 부작위위법확인소송(항고소송)의 대상이 되지 않는다고 보는 것이 판례의 태도이다(대법원 1992. 5. 8. 선고 91누11261 판결). 따라서 보충성의 요건을 충족하므로 행정입법부작위에 대하여는 헌법소원심판의 제기가 가능하다(헌법재판소 2004. 2. 26. 선고 2001헌마718 전원재판부).

다만 행정입법부작위가 헌법소원심판의 대상이 되기 위해서는 ① 행정권에게 법규명령을 제정·개폐할 법적 의무가 있어야 하며, ② 상당한 기간이 지났음에도 불구하고, ③ 법규명령이 제정 또는 개폐되지 않았어야 한다(헌법재판소 1998. 7. 16. 선고 96헌마246 전원재판부).

행정입법부작위도 국회의 입법부작위에서와 같이 단순입법부작위는 헌법소원심판의 대상이 되지 못하고, 진정입법부작위와 부진정입법부작위만이 헌법소원심판의 대상이 될 수 있다(자세한 내용은 Ⅲ. 권리구제형 헌법소원심판의 대상, 1. 입법작용 중 '나. 국회의 입법부작위' 부분 참고).

판례

가. 행정입법의무의 헌법적 성격: 우리 헌법은 국가권력의 남용으로부터 국민의 자유와 권리를 보호하려는 법치국가의 실현을 기본이념으로 하고 있고, 자유민주주의 헌법의 원리에 따라 국가의 기능을 입법·행정·사법으로 분립하여 견제와 균형을 이루게 하는 권력분립제도를 채택하고 있어, 행정과 사법은 법률에 기속되므로, 국회가 특정한 사항에 대하여 행정부에 위임하였음에도 불구하고 행정부가 정당한 이유 없이 이를 이행하지 않는다면 권력분립의 원칙과 법치국가의 원칙에 위배되는 것이다.

나. 구 군법무관임용법 제5조 제3항 및 군법무관임용등에관한법률 제6조가 군법무관의 봉급과 그 밖의 보수를 법관 및 검사의 예에 준하여 지급하도록 하는 대통령령을 제정할 것을 규정하였는데, 대통령이 지금까지 해당 대통령령을 제정하지 않는 것이 청구인들(군법무관들)의 기본권을 침해하는지 여부(적극): …법률이 군법무관의 보수를 판사, 검사의 예에 의하도록 규정하면서 그 구체적 내용을 시행령에 위임하고 있다면, 이는 군법무관의 보수의 내용을 법률로써 일차적으로 형성한 것이고, 따라서 상당한 수준의 보수청구권이 인정되는 것이라 해석함이 상당하다. 그러므로

이 사건에서 대통령이 법률의 명시적 위임에도 불구하고 지금까지 해당 시행령을 제정하지 않아 그러한 보수청구권이 보장되지 않고 있다면 그러한 입법부작위는 정당한 이유 없이 청구인들의 재산권을 침해하는 것으로써 헌법에 위반된다(헌법재판소 2004. 2. 26. 선고 2001헌마718 전원재판부)[40]: <해설> 진정행정입법부작위에 대하여 헌법소원심판을 청구한 경우이다.

라. 검사의 처분

검사의 불기소처분도 헌법재판소법 제68조 제1항 '공권력의 행사'에 해당하므로 헌법소원심판의 대상이 된다. 공소권 없음, 혐의 없음, 기소중지, 기소유예, 죄가 안됨 등이 모두 이에 해당된다. 공소권 없음·혐의 없음·죄가 안됨에 대하여는 범죄피해자만이 헌법소원심판을 제기할 수 있으나, 기소중지·기소유예에 대하여는 범죄피해자뿐만 아니라 범죄피의자도 헌법소원심판을 청구할 수 있다.

한편 검찰권 행사에 대한 통제방법으로는 헌법소원보다는 법원의 재판이 보다 합리적이고도 효율적이다. 2007. 6. 1. 일부 개정된 형사소송법(2008. 1. 1. 시행) 제260조는 재정신청의 대상을 모든 고소사건 범죄로 확대하였다. 그 결과 고소사건에 대한 검찰의 불기소처분의 경우 이제는 헌법소원심판의 대상이 될 여지가 없어졌다.[41]

마. 행정청의 거부행위

(1) 항고소송의 대상(처분성)

국민의 적극적 행위 신청에 대한 행정청의 거부행위가 항고소송(거부처분취소소송)의 대상이 되기 위해서는, i) 그 신청한 행위가 공권력의 행사 또는 이에 준하는 행정작용이어야 하고, ii) 그 거부행위가 신청인의 법률관계에 어떤 변동을 일으키는 것이어야 하며, iii) 그 국민에게 그 행위발동을 요구할 법규상 또는 조리상의 신청권이 있어야 한다. 그리고 여기에서 '신청인의 법률관계에 어떤 변동을 일으키는 것'이라는 의미는 신청인의 실체상의 권리관계에 직접적인 변동을 일으키는 것은 물론, 그렇지 않다 하더라도 신청인이 실체상의 권리자로서 권리를 행사함에 중대한 지장을 초래하는 것도 포함한다(대법원

40) 위 헌법재판소 결정의 주문은 다음과 같다.
【주 문】
피청구인(*대통령)이 구 군법무관임용법 제5조 제3항 및 군법무관임용등에관한법률 제6조의 위임에 따라 군법무관의 봉급과 그 밖의 보수를 법관 및 검사의 예에 준하여 지급하도록 하는 대통령령을 제정하지 아니하는 입법부작위는 위헌임을 확인한다.

41) 허영, 헌법소송법론(제9판), 2014, 375면.

2007. 10. 11. 선고 2007두1316 판결).

위와 같이 거부행위가 항고소송의 대상이 되는 경우에는 보충성의 원칙에 따라 헌법소원심판을 제기할 수 없다.

(2) 헌법소원심판의 대상

국민의 신청에 대한 행정청의 거부행위도 헌법재판소법 제68조 제1항 본문에 규정된 '공권력의 행사'에 해당하므로 헌법소원심판의 대상이 될 수 있다.

한편, 일반적으로 조리란 사물의 본성 내지는 본질적 법칙으로서, 실정법의 흠결을 보충하는 해석상, 재판상의 기초를 의미한다. 따라서 조리상의 신청권이란 실정법상의 권리의 행사 내지 구제의 수단이 없는 경우 정의, 형평의 관념에 기초해서 보충적으로 인정되는 신청권을 의미한다(헌법재판소 2003. 10. 30. 선고 2002헌가24 전원재판부). 그런데 헌법재판소도 국민의 신청에 대한 행정청의 거부행위가 헌법소원심판의 대상인 공권력의 행사가 되기 위해서는 국민이 행정청에 대하여 신청에 따른 행위를 해줄 것을 요구할 수 있는 권리가 있어야 한다고 보고 있다(헌법재판소 1999. 6. 24. 선고 97헌마315 전원재판부). 즉 행정청의 거부행위가 헌법소원심판의 대상이 되기 위해서도 법규상 또는 조리상의 신청권이 있어야 하는바, 이는 거부행위의 처분성 요건 중 iii)과 동일하다. 따라서 거부행위가 처분성을 지니기 위한 앞의 세 가지 요건 중 i) 또는 ii) 요건을 결여하여 처분성을 인정받지 못한 '공권력의 행사'만이 헌법소원심판의 대상이 될 수 있다고 할 것이다.

(3) 판례의 변화

종래 대법원은 토지대장 등 지적공부에 일정한 사항을 등재하거나 등재된 사항을 변경하는 행위는 당해 토지에 대한 실체상의 권리관계에 어떤 변동을 가져오는 것이 아니라는 이유로, 그 등재사항에 대한 변경신청을 거부한 행정청의 행위에 대하여 처분성을 부인하여 왔다(대법원 1993. 6. 11. 선고 93누3745 판결; 대법원 1995. 12. 5. 선고 94누4295 판결 등). 그런데 헌법재판소가 구 지적법 제38조 제2항에 따른 지목정정신청에 대한 반려행위에 대하여 그것이 헌법소원의 대상이 되는 공권력의 행사에 해당된다고 판시하자(헌법재판소 1999. 6. 24. 선고 97헌마315 전원재판부; 헌법재판소 2001. 1. 18. 선고 99헌마703 전원재판부), 이후 전원합의체로 판례를 변경하여 지적공부 소관청의 지목변경신청 반려행위는 국민의 권리관계에 영향을 미치는 것으로서 항고소송의 대상이 되는 행정처분에 해당한다고 보아 그 처분성을 인정하고 있다(대법원 2004. 4. 22. 선고 2003두9015 전원합의체 판결).

또한 대법원은 국공립대학교 교수의 재임용신청에 대한 거부행위에 대하여 재임용거부행위로 인하여 어떠한 법률효과가 발생하는 것은 아니라는 이유로 그 처분성을 부인하여 오다가(대법원 1997. 6. 27. 선고 96누4305 판결), 이후 헌법재판소에서 관련 조항에 대하여 위헌결정(헌법불합치결정)이 내려지자(헌법재판소 2003. 2. 27. 선고 2000헌바26 전원재판부), 전원합의체로 판례를 변경하여 재임용거부는 대학교원의 법률관계에 영향을 주는 것으로서 행정소송의 대상이 되는 처분에 해당한다고 보고 있다(대법원 2004. 4. 22. 선고 2000두7735 전원합의체 판결).

따라서 이제는 보충성의 원칙에 따라 지목변경신청반려행위 및 교수재임용거부행위에 대하여는 더 이상 헌법소원심판을 청구할 수 없다고 할 것이다.

바. 행정청의 부작위

행정청의 부작위는 그것이 '공권력의 불행사'에 해당되면 헌법소원의 대상이 된다. 그런데 '처분'의 부작위는 항고소송(부작위위법확인소송)의 대상이 되므로 보충성의 원칙에 의해 헌법소원의 대상이 되지 못한다. 반면에 앞서 살펴본 바와 같이 행정입법부작위는 부작위위법확인소송의 대상이 될 수 없다는 것이 판례의 입장이다(대법원 1992. 5. 8. 선고 91누11261 판결). 따라서 행정입법부작위에 대해서는 헌법소원심판의 제기가 가능하다.

위와 같이 '공권력의 불행사'가 처분의 부작위가 아니거나(예: 행정입법부작위), 처분의 부작위라도 항고소송의 대상이 되는지 여부가 불분명한 경우에 한하여 헌법소원심판의 대상이 될 수 있다.

행정권력의 부작위에 대한 헌법소원은 공권력의 주체에게 헌법에서 유래하는 작위의무가 특별히 구체적으로 규정되어 이에 의거하여 기본권의 주체가 행정행위를 청구할 수 있음에도 공권력의 주체가 그 의무를 해태하는 경우에 허용되므로(헌법재판소 1996. 11. 28. 선고 92헌마237 전원재판부), 기본권의 침해가 없거나 공권력 행사의 의무(작위의무)가 없는 경우의 단순한 공권력의 불행사는 헌법소원의 대상이 되는 '공권력의 불행사'가 아니다.

한편 헌법재판소는 사인에 의한 기본권 침해상태에 대한 공권력의 불행사도 헌법소원의 대상이 될 수 있는 것으로 보았다. 즉 사인(私人)에 의한 기본권침해 상태를 방치하고 있는 공권력의 부작위에 대한 헌법소원은 국가가 그 공권력을 행사하였더라면 사인에 의한 기본권의 침해상태가 제거될 수 있었음에도 불구하고 이를 행사하지 아니함으로써 사인에 의한 기본권침해가 계속되고 있는 경우에 가능하다(헌법재판소 1997. 3. 27. 선고 94헌마277 전원재판부).

판례

가. 사인에 의한 기본권침해 상태를 방치하고 있는 공권력의 부작위에 대한 헌법소원에서의 자기관련성: 이 사건의 경우 공권력의 불행사로 인한 기본권침해는, 국가가 그 공권력을 행사하였더라면 사인(私人)에 의한 기본권의 침해상태가 제거될 수 있었음에도 불구하고 이를 행사하지 아니함으로써 사인에 의한 기본권의 침해상태가 계속되고 있음을 전제로 하는 것이므로, 원칙적으로 현재 직접적으로 사인으로부터 기본권을 침해당하고 있는 자만이 헌법소원심판을 청구할 수 있다고 할 것이고 제3자는 특단의 사정이 없는 한 기본권침해에 직접 관련되었다고 볼 수 없다.

나. 청구인들은 고신대학교의 재학생들이므로 신입생자격 제한조치의 직접적인 상대방이 아닌 제3자이다. 청구인들은 신입생자격제한으로 인하여 재학생인 자신들의 학문의 자유, 대학자치에의 참여권이 침해당했다고 주장하나, 고신대학교의 신입생자격제한으로 인하여 고신대학교에 입학하고자 하는 자의 기본권이 직접 침해되었는지 여부는 별론으로 하고, 신입생자격제한으로 인하여 이미 고신대학교에 입학한 재학생들인 청구인들의 기본권이 침해될 여지는 없다고 보이므로 청구인들에게는 교육부장관의 부작위가 위헌인지의 여부를 다툴 기본권침해의 자기관련성이 결여되었다고 할 것이다(헌법재판소 1997. 3. 27. 선고 94헌마277 전원재판부).

사. 법원의 재판을 거친 행정처분(원행정처분)

항고소송의 대상이 되는 처분은 원칙적으로 헌법소원심판의 대상이 되지 않는다(보충성의 원칙). 문제는 처분에 대하여 항고소송을 거쳤으나 인용되지 않은 경우에 법원의 재판이 아닌 원처분에 대하여 다시 헌법소원을 제기할 수 있는가에 있다. 이는 법원의 재판을 거쳐 확정된 행정처분, 이른바 원행정처분에 대하여 그 위헌성을 주장하면서 그에 대한 취소를 구하는 헌법소원심판을 청구할 수 있는가의 문제인바, 이에 대하여는 다음과 같은 학설의 대립이 있다.[42)]

(1) 부정설: 원행정처분에 대한 헌법소원을 부정하는 견해는, ① 행정처분에 대하여는 헌법 제107조 제2항이 대법원에 재판의 최종적인 심사권한을 부여하고 있는 점, ② 법원도 기본권 보장의 의무를 지므로 원행정처분에 대한 헌법소원심판이 반드시 필요한 것은 아니라는 점, ③ 원행정처분에 헌법소원심판을 허용하면 법원의 확정판결이 가지는 기판력이 침해된다는 점, ④ 원행정처분에 대한 헌법소원 심판을 인정하는 것은 재판에 대한 헌법소원심판을 허용하지 않는 헌법재판소법 제68조 제1항에 저촉된다는 점 등을 근거로 들고 있다.

(2) 긍정설: 원행정처분에 대한 헌법소원을 긍정하는 견해는, ① 원행정처분도 공권력의 행사에 해당하고 모든 공권력은 헌법의 통제를 받아야 한다는 점, ② 법원의 재판을 헌

---

42) 정종섭, 헌법소송법(제8판), 2014, 592면.

법소원심판에서 제외함으로 인한 기본권보장의 공백을 보완할 필요가 있다는 점, ③ 헌법재판소법 제75조 제3항, 제4항, 제5항은 행정처분에 대한 헌법소원을 예정하고 있는 규정이라는 점, ④ 헌법재판소법 제75조의 기속력에 의하여 법원판결의 기판력은 깨어질 수 있다는 점, ⑤ 헌법 제107조 제2항은 명령, 규칙, 처분이 재판의 전제가 된 경우에 관한 규정이므로 원행정처분에 대한 헌법소원심판을 배제할 근거가 되지 못한다는 점 등을 근거로 든다.

(3) 평가: 원처분에 대한 헌법소원심판을 인정한다는 것은 항고소송에 한하여 실질적으로 제4심제를 채택하는 결과가 된다. 이는 항고소송 이외의 다른 소송과의 형평성에도 어긋나고 헌법재판소에 커다란 업무부담을 가중시키는 원인이 될 것이라고 생각한다. 따라서 부정설이 타당하다.

(4) 판례: 헌법재판소는 원칙적으로 원행정처분에 대한 헌법소원심판을 부정한다. 다만 당해 행정처분을 심판의 대상으로 삼았던 법원의 재판이 예외적으로 헌법소원심판의 대상이 되어 그 재판 자체까지 취소되는 경우에 한하여 원행정처분에 대한 헌법소원심판을 청구할 수 있다는 견해를 취하고 있다.

판례

행정처분이 헌법에 위반된다는 등의 이유로 그 취소를 구하는 행정소송을 제기하였으나 그 청구가 받아들여지지 아니하는 판결이 확정되어 법원의 소송절차에 의하여서는 더 이상 이를 다툴 수 없게 된 경우에, 당해 행정처분 자체의 위헌성 또는 그 근거법규의 위헌성을 주장하면서 그 취소를 구하는 헌법소원심판을 청구하는 것이 허용되는지 여부(소극): …이 사건의 쟁점은, 행정처분이 헌법에 위반된다는 등의 이유로 그 취소를 구하는 행정소송을 제기하였으나 그 청구가 받아들여지지 아니하는 판결이 확정되어 법원의 소송절차에 의하여서는 더 이상 이를 다툴 수 없게 된 경우에, 당해 행정처분(이하 "원행정처분"이라고 한다) 자체의 위헌성 또는 그 근거법규의 위헌성을 주장하면서 그 취소를 구하는 헌법소원심판을 청구하는 것이 가능한지 여부이다.

그런데 우리 재판소는 96헌마172 · 173(병합) 사건에 관하여 1997.12. 24. 선고한 결정에서, 헌법재판소가 위헌으로 결정한 법령을 적용함으로써 국민의 기본권을 침해한 법원의 재판은 예외적으로 헌법소원심판의 대상이 될 수 있음을 선언하면서, 그와 같은 법원의 재판을 취소함과 아울러, 그 재판의 대상이 되었던 원행정처분에 대한 헌법소원 심판청구까지 받아들여 이를 취소한 바 있다.[43)]

43) 이 결정에서의 주문은 다음과 같다.
【주 문】
1. 헌법재판소법 제68조 제1항 본문의 '법원의 재판'에 헌법재판소가 위헌으로 결정한 법령을 적용함으로써 국민의 기본권을 침해한 재판도 포함되는 것으로 해석하는 한도내에서, 헌법재판소법 제68조 제1항은 헌법에 위반된다.

그러나 위 결정에서 보는 바와 같이 원행정처분에 대한 헌법소원심판청구를 받아들여 이를 취소하는 것은, 원행정처분을 심판의 대상으로 삼았던 법원의 재판이 예외적으로 헌법소원심판의 대상이 되어 그 재판 자체까지 취소되는 경우에 한하여, 국민의 기본권을 신속하고 효율적으로 구제하기 위하여 가능한 것이고, 이와는 달리 법원의 재판이 취소되지 아니하는 경우에는 확정판결의 기판력으로 인하여 원행정처분은 헌법소원심판의 대상이 되지 아니한다고 할 것이다. 원행정처분에 대하여 법원에 행정소송을 제기하여 패소판결을 받고 그 판결이 확정된 경우에는 당사자는 그 판결의 기판력에 의한 기속을 받게 되므로, 별도의 절차에 의하여 위 판결의 기판력이 제거되지 아니하는 한, 행정처분의 위법성을 주장하는 것은 확정판결의 기판력에 어긋나기 때문이다. 따라서 법원의 재판이 위 96헌마172등 사건과 같은 예외적인 경우에 해당하여 그 역시 동시에 취소되는 것을 전제로 하지 아니하는 한, 원행정처분의 취소 등을 구하는 헌법소원심판청구는 허용되지 아니한다고 할 것이다. 뿐만 아니라 원행정처분에 대한 헌법소원심판청구를 허용하는 것은, "명령·규칙 또는 처분이 헌법이나 법률에 위반되는 여부가 재판의 전제가 된 경우에는 대법원은 이를 최종적으로 심사할 권한을 가진다."고 규정한 헌법 제107조 제2항이나, 원칙적으로 헌법소원심판의 대상에서 법원의 재판을 제외하고 있는 헌법재판소법 제68조 제1항의 취지에도 어긋나는 것이다.

따라서 청구인들이 앞에서 본 바와 같은 원행정처분의 취소를 구하고 있을 뿐, 법원의 재판에 대하여는 헌법소원심판청구를 제기하고 있지 아니함이 명백하고, 달리 법원의 재판이 취소되었다는 사정도 보이지 아니하는 이 사건에 있어서, 원행정처분의 취소를 구하는 이 사건 헌법소원심판청구는 더 나아가 살펴 볼 필요도 없이 부적법하다 할 것이다(헌법재판소 1998. 5. 28. 선고 91헌마98, 93헌마253(병합) 전원재판부).

3. 사법작용

가. 법원의 재판

(1) 의 의

법원의 재판이 헌법소원심판의 대상이 될 수 있는지가 문제된다. 독일의 연방헌법재판소는 사법부 내에서 최고법원의 지위를 차지하고 있으면서 재판에 대한 헌법소원심판을 관장하고 있다. 반면에 오스트리아 헌법재판소는 행정청의 공권력작용에 대한 헌법소원심판만을 행하고, 법원의 재판에 대한 헌법소원심판은 관장하고 있지 않다. 법원의 재판이 헌법소원심판의 대상이 되는지 여부는 선험적으로 결정되는 것이 아니라, 각국의 역사적 경험 및 재판제도를 어떻게 인식하는가에 따라 입법적으로 결정될 사항이다.

---

2. 대법원 1996. 4. 9. 선고 95누11405 판결은 청구인의 재산권을 침해한 것이므로 이를 취소한다.
3. 피청구인 동작세무서장이 1992. 6. 16. 청구인에게 양도소득세 금736,254,590원 및 방위세 금147,250,910원을 부과한 처분은 청구인의 재산권을 침해한 것이므로 이를 취소한다.

(2) 현행 헌법재판소법의 규정

헌법재판소법 제68조 제1항 본문은 "공권력의 행사 또는 불행사로 인하여 헌법상 보장된 기본권을 침해받은 자는 '법원의 재판을 제외하고는' 헌법재판소에 헌법소원심판을 청구할 수 있다"고 규정하고 있다. 위 규정은 법원의 재판 자체를 대상으로 하는 헌법소원심판은 원칙적으로 허용되지 아니한다는 취지이다. 여기서 법원의 재판에는 판결뿐만 아니라 소송절차의 파생적 및 부수적 사항에 대한 공권적 판단(결정·명령)도 포함된다.

(3) 재판에 대한 헌법소원의 가능성

(가) 학 설

① 불허용설: 헌법재판소법 제68조 제1항에서 규정하고 있는 명문의 표현으로 볼 때, 법원의 재판은 헌법소원심판의 대상이 되지 않는다는 견해이다.

② 예외적 허용설: 법원의 재판은 원칙적으로 헌법소원심판의 대상이 될 수 없다고 본다. 다만 예외적으로 헌법재판소가 위헌으로 결정한 법령을 적용함으로써 국민의 기본권을 침해한 재판에 한해서는 헌법소원심판을 청구할 수 있다고 보는 견해이다.

③ 허용설: 헌법재판소법 제68조 제1항에서 '법원의 재판을 제외하고'라고 한 부분은 헌법재판소가 위헌이라고 판시할 수 있으므로, 먼저 이 부분에 대하여 위헌결정을 하여 효력을 없애고 법원의 재판에 대하여 심판할 수 있다는 견해이다. ⅰ) 법원의 재판작용을 포함한 모든 국가권력은 헌법에 의하여 창설된 권력이므로 헌법상 보장된 기본권이 이러한 재판권력에 의하여 침해되는 것을 방치하는 것은 헌법국가원리에 배치된다는 점, ⅱ) 헌법이 정하고 있는 헌법소원심판제도에 있어서 입법자가 심판의 대상에 대하여 마음대로 정한다고 할 경우에는 헌법소원심판제도가 형해화될 우려가 있다는 점 등을 그 논거로 든다.[44)]

(나) 판 례

헌법재판소는 재판에 대한 헌법소원을 원칙적으로 부인하면서도, "헌법재판소법 제68조 제1항 본문의 '법원의 재판'에 헌법재판소가 위헌으로 결정하여 그 효력을 상실한 법률을 적용함으로써 국민의 기본권을 침해한 재판도 포함되는 것으로 해석하는 한도 내에서, 헌법재판소법 제68조 제1항은 헌법에 위반된다"고 판시하여 예외적으로 재판에 대한 헌법소원심판을 인정하고 있다(헌법재판소 1997. 12. 24. 선고 96헌마172,173(병합) 전원재판부).

요컨대 헌법재판소가 위헌결정(한정합헌·한정위헌·헌법불합치결정 포함)한 법률을 법원이 적용함으로써 국민의 기본권을 침해하는 경우 그 법원의 재판은 예외적으로 헌법

---

44) 정종섭, 앞의 책, 607면.

소원심판의 청구대상이 된다.

판례

(1) 헌법재판소법 제68조 제1항이 원칙적으로 헌법에 위반되지 아니한다고 하더라도, 법원이 헌법재판소가 위헌으로 결정하여 그 효력을 전부 또는 일부 상실하거나 위헌으로 확인된 법률을 적용함으로써 국민의 기본권을 침해한 경우에도 법원의 재판에 대한 헌법소원이 허용되지 않는 것으로 해석한다면, 위 법률조항은 그러한 한도내에서 헌법에 위반된다.

(2) 모든 국가기관은 헌법의 구속을 받고 헌법에의 기속은 헌법재판을 통하여 사법절차적으로 관철되므로, 헌법재판소가 헌법에서 부여받은 위헌심사권을 행사한 결과인 법률에 대한 위헌결정은 법원을 포함한 모든 국가기관과 지방자치단체를 기속한다. 따라서 헌법재판소가 위헌으로 결정하여 그 효력을 상실한 법률을 적용하여 한 법원의 재판은 헌법재판소 결정의 기속력에 반하는 것일 뿐 아니라, 법률에 대한 위헌심사권을 헌법재판소에 부여한 헌법의 결단(헌법 제107조 및 제111조)에 정면으로 위배된다(헌법재판소 1997. 12. 24. 선고 96헌마172,173(병합) 전원재판부).

나. 재판의 부작위

법원은 법령에서 정한 국민의 정당한 재판청구행위에 대해서만 재판을 할 의무를 부담한다. 따라서 법령에서 규정하지 아니한 재판청구행위에 대해서는 재판을 할 작위의무가 존재하지 않는다(헌법재판소 1994. 6. 30. 선고 93헌마161 전원재판부).

판례

국민의 재판청구행위에 대하여 법원이 헌법에서 유래하는 재판을 할 작위의무가 있다고 볼 수 없는 사례: 법원은 국민의 재판청구권에 근거하여 법령에 정한 국민의 정당한 재판청구행위에 대하여만 재판을 할 의무를 부담하고 법령이 규정하지 아니한 재판청구행위에 대하여는 그 의무가 없다고 할 것이다. 종국판결이 상소기간 도과로 확정된 후, 동 판결선고 전에 청구의 인낙이 있었다는 이유로 하는 기일지정신청은 법령에 규정한 바 없고 위 기일지정신청을 인정하는 법리도 없으므로 그러한 기일지정신청은 법원에 대하여 아무런 의미도 부여할 수 없고 법원이 이에 대하여 재판을 하여야 할 의무를 부담하지 않으므로 위 기일지정신청에 대하여 법원이 아무런 재판을 하고 있지 않은 데 대한 헌법소원은 헌법에서 유래하는 작위의무가 없는 공권력의 불행사에 대한 헌법소원이어서 부적법하다(헌법재판소 1994. 6. 30. 선고 93헌마161 전원재판부).

다. 재판의 지연

실정법에서 재판의 기간을 정하고 있는 경우에 이런 재판기간을 도과하면 재판의 지연을 이유로 헌법소원심판을 청구할 수 있는지가 문제된다.

재판기간을 정하고 있는 실정법의 규정을 훈시규정이라고 하면 기간의 도과만으로는 재판청구권을 침해하였다고 볼 수 없으므로 이를 위헌이라고 할 수는 없다. 그러나 사건의 성질, 재판의 종류, 재판기관의 특성, 재판기간의 장단 등을 고려할 때 그 재판기간이 강행규정으로 정해진 것으로 보여 지고, 따라서 그 기간 내에 재판을 하여야 할 의무가 법원에 부과되었다고 볼 수 있는 경우에는 정당한 사유가 없는 재판지연행위는 재판청구권 또는 평등권의 침해로 위헌일 수 있다.[45)]

45) 정종섭, 앞의 책, 631면.

3장

청원제도

Ⅰ. 의 의

청원(請願)이란 국민이 국가나 지방자치단체 등에 대하여 불만이나 희망사항을 개진하고 그 시정을 구하는 것을 말한다. 이는 헌법상 기본권의 하나로서 모든 국민에게 보장되어 있다(헌법 제26조 제1항; 청원법). 이 밖에 국회법(제123조 내지 제126조), 지방자치법(제73조 내지 제76조)에도 청원에 관한 규정이 있다.

Ⅱ. 청원사항

청원은 ① 피해의 구제, ② 공무원의 위법·부당한 행위에 대한 시정이나 징계의 요구, ③ 법률·명령·조례·규칙 등의 제정·개정 또는 폐지, ④ 공공의 제도 또는 시설의 운영, ⑤ 그 밖에 국가기관 등의 권한에 속하는 사항에 대하여 할 수 있다(청원법 제4조). 위 규정은 예시적인 것이므로 청원금지사항을 제외하고는 그것이 공공기관의 권한에 속하는 것이라면 모두가 청원의 대상이 될 수 있다. 청원은 일정한 행위를 하지 말 것을 구하는 예방적인 것도 가능하다.

다만 청원이 ① 감사·수사·재판·행정심판·조정·중재 등 다른 법령에 의한 조사·불복 또는 구제절차가 진행 중인 때, ② 허위의 사실로 타인으로 하여금 형사처분 또는 징계처분을 받게 하거나 국가기관 등을 중상모략하는 사항인 때, ③ 사인간의 권리관계 또는 개인의 사생활에 관한 사항인 때, ④ 청원인의 성명·주소 등이 불분명하거나 청원내용이 불명확한 때에 해당하는 경우에는 이를 수리하지 아니한다(청원법 제5조 제1항). 청원서를 접수한 기관은 위의 사유로 청원을 수리하지 아니하는 때에는 그 사유를 명시하여 청원인에게 통지하여야 한다(청원법 제5조 제2항).

Ⅲ. 청원절차

1. 청원인

청원은 자기의 권리·이익을 침해당한 자는 물론이고, 그 외에 국가에 대하여 불만 또는 희망사항을 개진하고 시정을 요구하는 자는 누구나 청원할 수 있다. 자연인이거나 법인이거나 가리지 않는다(헌법 제26조 제1항). 한편 청원권은 '인간의 권리'라고 할 수 있으므로 외국인도 그 주체가 될 수 있다고 보는 것이 타당하다.[1]

청원인은 청원을 하였다는 이유로 차별대우를 받거나 불이익을 강요당하지 아니한다(청원법 제12조).

2. 청원의 방식

청원은 청원인의 성명(법인인 경우에는 명칭 및 대표자의 성명을 말한다)과 주소 또는 거소를 기재하고 서명한 문서(「전자정부법」에 의한 전자문서를 포함한다)로 하여야 한다(청원법 제6조 제1항). 다수인이 공동으로 청원을 하는 때에는 그 처리결과를 통지받을 3인 이하의 대표자를 선임하여 이를 청원서에 표시하여야 한다(청원법 제6조 제2항). 청원서에는 청원의 이유와 취지를 밝히고, 필요한 때에는 참고자료를 첨부할 수 있다(청원법 제6조 제3항).

한편 국회와 지방의회에 대한 청원은 국회의원·지방의원의 소개가 있어야 한다(국회법 제123조 제1항[2]; 지방자치법 제73조 제1항[3]). 위 규정은 필요 이상으로 국민의 청원권을 제한하고 있으므로 위헌적 요소가 있다. 하지만 판례는 위 규정이 위헌은 아니라고 보고 있다(헌법재판소 2006. 6. 29. 선고 2005헌마604 전원재판부; 헌법재판소 1999. 11. 25. 선고 97헌

---

1) 권영성, 헌법학원론(개정판), 2005, 590면; 성낙인, 헌법학(제18판), 2018, 1451면 등.

2) 국회법 제123조(청원서의 제출) ① 국회에 청원을 하려는 자는 의원의 소개를 받거나 국회규칙으로 정하는 기간 동안 국회규칙으로 정하는 일정한 수 이상의 국민의 동의를 받아 청원서를 제출하여야 한다.

3) 지방자치법 제73조(청원서의 제출) ① 지방의회에 청원을 하려는 자는 지방의회의원의 소개를 받아 청원서를 제출하여야 한다.

마54 전원재판부).

판례

국회에 청원을 할 때 의원의 소개를 얻어 청원서를 제출하도록 한 국회법 제123조 제1항(이하 '이 사건 법률조항'이라 한다)이 국회에 청원을 하려는 자의 청원권을 침해하는지 여부(소극): 청원권의 구체적 내용은 입법활동에 의하여 형성되며, 입법형성에는 폭넓은 재량권이 있으므로 입법자는 청원의 내용과 절차는 물론 청원의 심사·처리를 공정하고 효율적으로 행할 수 있게 하는 합리적인 수단을 선택할 수 있는 바, 의회에 대한 청원에 국회의원의 소개를 얻도록 한 것은 청원 심사의 효율성을 확보하기 위한 적절한 수단이다. 또한 청원은 일반의안과 같이 처리되므로 청원서 제출단계부터 의원의 관여가 필요하고, 의원의 소개가 없는 민원의 경우에는 진정으로 접수하여 처리하고 있으며, 청원의 소개의원은 1인으로 족한 점 등을 감안할 때 이 사건 법률조항이 국회에 청원을 하려는 자의 청원권을 침해한다고 볼 수 없다(헌법재판소 2006. 6. 29. 선고 2005헌마604 전원재판부).

지방의회에 청원을 하고자 할 때에 반드시 지방의회 의원의 소개를 얻도록 한 것이 청원권의 과도한 제한에 해당하는지 여부(소극): 지방의회에 청원을 할 때에 지방의회 의원의 소개를 얻도록 한 것은 의원이 미리 청원의 내용을 확인하고 이를 소개하도록 함으로써 청원의 남발을 규제하고 심사의 효율을 기하기 위한 것이고, 지방의회 의원 모두가 소개의원이 되기를 거절하였다면 그 청원내용에 찬성하는 의원이 없는 것이므로 지방의회에서 심사하더라도 인용가능성이 전혀 없어 심사의 실익이 없으며, 청원의 소개의원도 1인으로 족한 점을 감안하면 이러한 정도의 제한은 공공복리를 위한 필요·최소한의 것이라고 할 수 있다(헌법재판소 1999. 11. 25. 선고 97헌마54 전원재판부).

3. 청원의 처리

청원서는 청원사항을 관장하는 기관에 제출하여야 한다(청원법 제7조 제1항). 청원서를 접수한 기관은 청원서에 미비한 사항이 있다고 판단할 때에는 그 청원인에게 보완하여야 할 사항 및 기간을 명시하여 이를 보완할 것을 요구할 수 있다(청원법 제7조 제2항). 청원서를 접수한 기관은 청원사항이 그 기관이 관장하는 사항이 아니라고 인정되는 때에는 그 청원사항을 관장하는 기관에 청원서를 이송하고 이를 청원인에게 통지하여야 한다(청원법 제7조 제3항).

청원을 수리한 기관은 성실하고 공정하게 청원을 심사·처리하여야 하며, 아울러 청원을 접수한 때로부터 특별한 사유가 없는 한 90일 이내에 그 처리결과를 청원인에게 통지하여야 한다(청원법 제9조 제1항, 제3항). 다만 통지된 내용에 관해서는 아무런 법적 효과가 생기지 아니한다. 따라서 청원에 대한 심사처리결과의 통지 유무는 행정소송의 대상이 되는 행정처분이 아니다(대법원 1990. 5. 25. 선고 90누1458 판결). 또한 청원의 처리결과는 헌법소원의 대상이 되는 공권력의 행사 내지 불행사라고는 볼 수 없다(헌법재판소 1994. 2. 24. 선고 93헌마213,214,215 전원재판부).

판례

청원에 대한 심사처리결과의 통지 유무가 행정소송의 대상이 되는 행정처분인지 여부(소극): 헌법 제26조 제1항의 규정에 의한 청원권은 국민이 국가기관에 대하여 어떤 사항에 관한 의견이나 희망을 진술할 권리로서 단순히 그 사항에 대한 국가기관의 선처를 촉구하는데 불과한 것이므로 같은 조 제2항에 의하여 국가가 청원에 대하여 심사할 의무를 지고 청원법 제9조 제4항에 의하여 주관관서가 그 심사처리결과를 청원인에게 통지할 의무를 지고 있더라도 청원을 수리한 국가기관은 이를 성실, 공정, 신속히 심사, 처리하여 그 결과를 청원인에게 통지하는 이상의 법률상 의무를 지는 것은 아니라고 할 것이고, 따라서 국가기관이 그 수리한 청원을 받아들여 구체적인 조치를 취할 것인지 여부는 국가기관의 자유재량에 속한다고 할 것일 뿐만 아니라 이로써 청원자의 권리의무, 그 밖의 법률관계에는 하등의 영향을 미치는 것이 아니므로 청원에 대한 심사처리결과의 통지 유무는 행정소송의 대상이 되는 행정처분이라고 할 수 없다(대법원 1990. 5. 25. 선고 90누1458 판결).

청원권의 보호범위와 청원에 대한 처리방법: 헌법상 보장된 청원권은 공권력과의 관계에서 일어나는 여러 가지 이해관계, 의견, 희망 등에 관하여 적법한 청원을 한 모든 국민에게 국가기관이 청원을 수리할 뿐만 아니라 이를 심사하여 청원자에게 그 처리결과를 통지할 것을 요구할 수 있는 권리를 말하나, 청원사항의 처리결과에 심판서나 재결서에 준하여 이유를 명시할 것을 요구하는 것은 청원권의 보호범위에 포함되지 아니하므로, 청원 소관관서는 청원법이 정하는 절차와 범위 내에서 청원사항을 성실·공정·신속히 심사하고 청원인에게 그 청원을 어떻게 처리하였거나 처리하려 하는지를 알 수 있는 정도로 결과통지함으로써 충분하다.

따라서 적법한 청원에 대하여 국가기관이 수리, 심사하여 그 처리결과를 청원인 등에게 통지하였다면 이로써 당해 국가기관은 헌법 및 청원법상의 의무이행을 필한 것이라 할 것이고, 비록 그 처리내용이 청원인 등이 기대한 바에 미치지 않는다고 하더라도 더이상 헌법소원의 대상이 되는 공권력의 행사 내지 불행사라고는 볼 수 없다(헌법재판소 1994. 2. 24. 선고 93헌마213,214,215 전원재판부).

Ⅳ. 청원권의 제한과 한계

청원권도 헌법 제37조 제2항에 따라 제한될 수 있다. 다만 그 제한이 필요·최소한의 정도를 넘으면 과잉금지의 원칙에 위배될 수 있다.

이하에서는 청원법이 규정하고 있는 제한 내용을 살펴보기로 한다.

1. 반복청원 및 이중청원의 처리

동일인이 동일한 내용의 청원서를 동일한 기관에 2건 이상 제출하거나 2 이상의 기관에 제출한 때에는 나중에 접수된 청원서는 이를 반려할 수 있다(청원법 제8조).

2. 모해의 금지

누구든지 타인을 모해(謀害)할 목적으로 허위의 사실을 적시한 청원을 하여서는 아니된다(청원법 제11조). 제11조의 규정을 위반한 자는 5년 이하의 징역 또는 5천만원 이하의 벌금에 처한다(청원법 제13조).

다만 청원권 행사가 위축되도록 법을 운용하는 것은 청원권의 기본취지에 맞지 아니하므로, 위 '허위사실의 적시'라는 요건의 해석은 엄격하게 제한적으로 이루어져야 한다.

판례

[1] **청원법 제11조에 정한 '허위사실의 적시' 여부의 판단 방법**: 국민이 가지는 청원권은 국가기관에 대하여 자신의 의견이나 관심사를 전달할 자유를 보장하는 동시에 이를 통하여 공적인 국가의사의 형성에 영향을 미칠 수 있도록 하는 헌법상의 권리로서 중요한 의미를 가지므로, 이를 제한하여 국민의 청원권 행사가 위축되도록 법을 운용하는 것은 이러한 청원권의 기본취지에 맞는다고 할 수 없다. 그러므로 "누구든지 타인을 모해할 목적으로 허위의 사실을 적시한 청원을 하여서는 아니된다."고 정하는 청원법 제11조에서 '허위사실의 적시'라는 요건을 해석함에 있어서도 청원의 내용이 남김없이 객관적 사실에 부합하는 것이 아니면 바로 위 요건에 해당한다고 볼 것은 아니고, 청원내용의 일부에 객관적 사실에 반하는 점이 포함되었다 하더라도 그것이 전체적으로 볼 때 청원의 중요취지가 허위인 것으로 평가되게 하는 등으로 그로 인하여 국가기관의 의사형성을 오도할 객관적인 우려가 있는 성질의 것이 아니라면 위 요건이 충족된다고 할 수 없다. 이는 국가기관에 대하여 다른 사람의 비위를 알리면서 그에 대한 조치를 구하는 내용의 청원이라고 하여 다르지 않다.

[2] 공소외 주식회사가 의약품 동등성이 입증되지 아니하고 보험가도 없는 이부프로펜을 약국에 판매한 사실은 인정되므로, 피고인이 이러한 사실에 기초하여 약국에서 불법대체조제 등으로 사용되도록 조장한다는 내용으로 그 사실의 정황을 다소 과장하였다고 하더라도, 전체적으로 볼 때 이부프로펜 판매의 점에 관한 청원내용이 허위라고 볼 수 없다는 이유로 무죄를 선고한 원심의 판단을 수긍한 사례(대법원 2009. 9. 10. 선고 2009도6027 판결 [청원법위반])

4장

고충민원처리제도

Ⅰ. 의 의

고충민원처리제도(苦衷民願處理制度)란 '부패방지 및 국민권익위원회의 설치와 운영에 관한 법률'에 근거를 두고 있는 것으로서, 국민권익위원회 또는 시민고충처리위원회가 고충민원에 대한 상담·조사·처리 등을 하는 제도를 말한다. 여기서 고충민원이란 행정기관 등의 위법·부당하거나 소극적인 처분(사실행위 및 부작위를 포함한다) 및 불합리한 행정제도로 인하여 국민의 권리를 침해하거나 국민에게 불편 또는 부담을 주는 사항에 관한 민원(현역장병 및 군 관련 의무복무자의 고충민원을 포함한다)을 말한다(제2조 제5호).

이는 행정작용과 관련된 국민의 불편과 부담을 줄여 그 권익을 보호하고, 불합리한 행정제도를 개선하여 그 적정성을 확보하기 위하여 설치된 것인바, 외국의 「옴부즈만제도」에 상응하는 제도라고 할 수 있다.

Ⅱ. 고충처리위원회의 종류와 지위

1. 종 류

고충처리위원회에는 ① 행정기관 등에 관한 고충민원의 처리와 이에 관련된 불합리한 행정제도를 개선하고, 부패의 발생을 예방하며 부패행위를 효율적으로 규제하도록 하기 위하여 국무총리 소속 하에 두는 국민권익위원회(제11조)와, ② 지방자치단체 및 그 소속기관에 관한 고충민원의 처리와 행정제도의 개선 등을 위하여 각 지방자치단체에 두는 시민고충처리위원회가 있다(제32조, 제2조 제8호).

2. 지 위

국민권익위원회와 시민고충처리위원회는 그 권한에 속하는 업무를 독립하여 수행한다(제39조 제1항). 국민권익위원회 또는 각 시민고충처리위원회는 상호 독립하여 업무를 수행하고, 상호 협의 또는 지원을 요청받은 경우 정당한 사유가 없는 한 이에 협조하여야 한다(제54조 제1항). 국민권익위원회는 시민고충처리위원회의 활동을 적극 지원하여야 한다(제54조 제2항).

Ⅲ. 고충민원의 절차

1. 고충민원의 신청

누구든지(국내에 거주하는 외국인을 포함) 위원회에 고충민원을 신청할 수 있다. 고충민원은 문서(전자문서를 포함)로 신청하되, 문서에 의할 수 없는 특별한 사정이 있는 경우에는 구술로 신청할 수 있다(제39조 제1항, 제2항). 위원회는 고충민원의 신청이 있는 경우에는 다른 법령에 특별한 규정이 있는 경우를 제외하고는 그 접수를 보류하거나 거부할 수 없으며, 접수된 고충민원서류를 부당하게 되돌려 보내서는 아니 된다. 다만, 위원회가 고충민원서류를 보류·거부 또는 반려하는 경우에는 지체 없이 그 사유를 신청인에게 통보하여야 한다(제39조 제4항).

위원회는 접수된 고충민원이 다음 각 호의 어느 하나에 해당하는 경우에는 그 고충민원을 각하하거나 관계 기관에 이송할 수 있다. ① 고도의 정치적 판단을 요하거나 국가기밀 또는 공무상 비밀에 관한 사항, ② 국회·법원·헌법재판소·선거관리위원회·감사원·지방의회에 관한 사항, ③ 수사 및 형집행에 관한 사항으로서 그 관장기관에서 처리하는 것이 적당하다고 판단되는 사항 또는 감사원의 감사가 착수된 사항, ④ 행정심판, 행정소송, 헌법재판소의 심판이나 감사원의 심사청구 그 밖에 다른 법률에 따른 불복구제절차가 진행 중인 사항, ⑤ 법령에 따라 화해·알선·조정·중재 등 당사자간의 이해조정을 목적으로 행하는 절차가 진행 중인 사항, ⑥ 판결·결정·재결·화해·조정·중재 등에 따라 확정된 권리관계에 관한 사항 또는 감사원이 처분을 요구한 사항, ⑦ 사인간의 권리관계 또는 개인의 사생활에 관한 사항, ⑧ 행정기관 등의 직원에 관한 인사행정상의 행위에 관한 사항(제43조 제1항). 위원회는 제1항에 따라 고충민원을 각하 또는 이송한 경우에는 지체 없이 그 사유를 명시하여 신청인에게 통보하여야 한다(제43조 제2항).

2. 위원회의 조사

위원회는 고충민원을 접수한 경우에는 지체 없이 그 내용에 관하여 필요한 조사를 하여야 한다. 그러나 법 제43조 제1항 각 호의 각하사유에 해당하는 사항, 고충민원의 내용이 거짓이거나 정당한 사유가 없다고 인정되는 사항, 그 밖에 고충민원에 해당하지 아니하는 경우 등 위원회가 조사하는 것이 적절하지 아니하다고 인정하는 사항 등은 조사를 하지 아니할 수 있다(제41조 제1항).

위원회는 조사를 함에 있어서 필요하다고 인정하는 경우에는 다음의 조치를 할 수 있다. ① 관계 행정기관 등에 대한 설명요구 또는 관련 자료·서류 등의 제출요구, ② 관계 행정기관 등의 직원·신청인·이해관계인이나 참고인의 출석 및 의견진술 등의 요구, ③ 조사사항과 관계있다고 인정되는 장소·시설 등에 대한 실지조사, ④ 감정의 의뢰(제42조 제1항).

Ⅳ. 고충민원의 처리

1. 합의의 권고 및 조정

위원회는 조사 중이거나 조사가 끝난 고충민원에 대한 공정한 해결을 위하여 필요한 조치를 당사자에게 제시하고 합의를 권고할 수 있다(제44조).

위원회는 다수인이 관련되거나 사회적 파급효과가 크다고 인정되는 고충민원의 신속하고 공정한 해결을 위하여 필요하다고 인정하는 경우에는 당사자의 신청 또는 직권에 의하여 조정을 할 수 있다(제45조 제1항). 조정은 당사자가 합의한 사항을 조정서에 기재한 후 당사자가 기명날인하고 권익위원회가 이를 확인함으로써 성립한다(제45조 제2항). 제2항에 따른 조정은 「민법」상의 화해와 같은 효력이 있다(제45조 제3항).

2. 각종 권고 및 의견의 표명

가. 시정의 권고 및 의견의 표명

위원회는 고충민원에 대한 조사결과 처분 등이 위법·부당하다고 인정할 만한 상당한 이유가 있는 경우에는 관계 행정기관 등의 장에게 적절한 시정을 권고할 수 있으며(제46조 제1항), 고충민원에 대한 조사결과 신청인의 주장이 상당한 이유가 있다고 인정되는 사안에 대하여는 관계 행정기관 등의 장에게 의견을 표명할 수 있다(제46조 제2항).

나. 제도개선의 권고 및 의견의 표명

위원회는 고충민원을 조사·처리하는 과정에서 법령 그 밖의 제도나 정책 등의 개선이 필요하다고 인정되는 경우에는 관계 행정기관 등의 장에게 이에 대한 합리적인 개선을 권고하거나 의견을 표명할 수 있다(제47조).

다. 의견제출 기회의 부여 등

위원회는 제46조 또는 제47조에 따라 관계 행정기관 등의 장에게 시정 또는 제도개선의 권고를 하기 전에 그 행정기관 등과 신청인 또는 이해관계인에게 미리 의견을 제출할 기회를 주어야 한다(제48조 제1항). 관계 행정기관 등의 직원·신청인 또는 이해관계인은 위원회가 개최하는 회의에 출석하여 의견을 진술하거나 필요한 자료를 제출할 수 있다(제48조 제2항).

라. 권고 또는 의견을 받은 기관의 의무

제46조 또는 제47조에 따른 권고 또는 의견을 받은 관계 행정기관 등의 장은 이를 존중하여야 하며, 그 권고 또는 의견을 받은 날부터 30일 이내에 그 처리결과를 위원회에 통보하여야 한다(제50조 제1항). 제1항에 따른 권고를 받은 관계 행정기관 등의 장이 그 권고 내용을 이행하지 아니하는 경우에는 그 이유를 위원회에 문서로 통보하여야 한다(제50조 제2항).

3. 결정 등의 통지

위원회는 고충민원의 결정내용을 지체 없이 신청인 및 관계 행정기관 등의 장에게 통지하여야 한다(제49조). 또한 제50조 제1항 또는 제2항에 따른 행정기관 등의 처리결과 및 불이행 사유를 통보받은 위원회는 다시 신청인에게 그 내용을 지체 없이 통보하여 주어야 한다(제50조 제3항).

4. 감사의 의뢰

고충민원의 조사·처리과정에서 관계 행정기관 등의 직원이 고의 또는 중대한 과실로 위법·부당하게 업무를 처리한 사실을 발견한 경우 국민권익위원회는 감사원에, 시민고충처리위원회는 당해 지방자치단체에 감사를 의뢰할 수 있다(제51조).

5. 공 표

위원회는 다른 법률의 규정에 따라 공표가 제한되거나 개인의 사생활의 비밀이 침해될 우려가 없는 한, ① 제46조 및 제47조에 따른 권고 또는 의견표명의 내용, ② 제50조 제1항에 따른 처리결과, ③ 제50조 제2항에 따른 권고내용의 불이행사유를 공표할 수 있다(제53조).

찾아보기

[ㅈ]

[저자 약력]

이 영 무

서울대학교 법과대학 졸업
서울대학교 행정대학원 졸업
광주지방법원 판사
변호사
현 전남대학교 법학전문대학원 교수

제3판
행정구제법

제3판발행 2024년 8월 30일

지은이 이영무
펴낸이 김중용

편 집 심성보·김인숙

펴낸곳 도서출판 정독
경기도 고양시 일산서구 하이파크로 113, 102-204
등록 제406-2014-000093호
전 화 031)924-7203 팩 스 031)935-0345
홈페이지 www.jeongdok.co.kr 이메일 admin@jeongdok.co.kr
ISBN 979-11-6858-292-7 93360

정 가 30,000원